南康年鉴

NAN KANG NIAN JIAN

2014

赣州市南康区地方志办公室 编

全国百佳图书出版单位
时代出版传媒股份有限公司
黄山书社

图书在版编目（CIP）数据

南康年鉴. 2014 / 赣州市南康区地方志办公室编著. -- 合肥 ： 黄山书社，2014.11
ISBN 978-7-5461-4775-8

Ⅰ. ①南… Ⅱ. ①南… Ⅲ. ①南康区—2014—年鉴 Ⅳ. ①Z525.63

中国版本图书馆CIP数据核字（2014）第254457号

出品人　任耕耘
责任编辑　石松
装帧设计　肖琼
出版发行　时代出版传媒股份有限公司(http://www.press-mart.com)
　　　　　黄山书社(http://www.hspress.cn)
地址邮编　安徽省合肥市蜀山区翡翠路1118号出版传媒广场7层230071
印　　刷　赣州华印印刷有限公司
版　　次　2014年10月第1版
印　　次　2014年10月第1次印刷
开　　本　889mm×1194mm　1/16
字　　数　800千
印　　张　33.25
书　　号　ISBN 978-7-5461-4775-8
定　　价　260.00元

服务热线　0551-63533706
销售热线　0551-63533761
官方直销书店(http://hsssbook.taobao.com)

赣州市南康区地方志办公室
地址：江西赣州市南康区区政大楼1410室《南康年鉴》编辑部
电话：0797-6605132（传真）邮编：341400
E-mail：nkszb2006@126.com　网址：WWW:nkfz.cn

《南康年鉴》供稿人员名单

单　位	供稿人员	单　位	供稿人员
市委办	曾慧平、简琛	组织部	饶州平
宣传部	蒋斌斌	农工部	李建新
统战部	杨　志	老干局	幸虎军
党校	丁　峰	对台办	罗志华
党史办	王义桂	市直工委	杨晗
人大办	王　剑	政府办	李雅旺
人力资源和社会保障局	沈君慧	编办	王业忠
信访局	刘泉芸	民族宗教事务局	卢峰林、吴莉
扶贫办	李爱荣	市志办	倪贵清
档案局	杨　林	行政审批服务中心	郑瑞山
机关事务管理局	李明明	接待处	徐超明
旅游办	李　平	安全生产监督局	郭生华
政协办	靳　涛	纪委	张蕾
工商联	刘颜尧	总工会	温咏梅
团市委	钟　丹	妇联	阳　吉
科协	余冬琴	社联	蒙汉峰
文联	扶诗生	残联	李　添
侨联	卢立智	计划生育协会	罗义平
政法委	刘化铿	公安局	刘　晖
检察院	何　涛	司法局	叶新生
交管大队	钟　尤	法院	赵晓林
人武部	卓明西	人防办	张平盛
武警中队	袁华利	消防大队	甘锦江
发改委	钟泽玉	统计局	朱秋平
物价局	武振发、赖金水	审计局	卢　超
质监局	黄海孝	工商局	刘桂成
国土局	钟香源	土地收购储备中心	杜喜平
市场物业管理局	黄成举	农业和粮食局	谢振良
粮食流通服务	阳振祥	农业综合开发办	胡花明、晏昱婕
矿产资源管理局	肖孔波、曾敏	畜牧水产局	刘学仲
果业局	刘涵龙	林业局	邓春意
水保局	陈　中	水利局	陈华英、黄学连、彭秋生等

单　位	供稿人员	单　位	供稿人员
农机局	冯　勇	中小企业局	刘学仲
供电公司	钟利霞	龙岭工业管理区	兰春生
东山工业管理区	朱穆超	赣南卷烟厂	刘　军
家具产业促进局	袁华忠	南康火车站	朱林斌
交通运输局	温纪平	高速办	陈　勇
赣州黄金机场	钟剑霞	地方海事处	李　斌
公路养护公司	王先珉	电信公司	林　欣
邮政局	欧阳玉玲	联通公司	温裕芳
移动公司	章晓斐	房管局	肖　鹏
规划建设局	俞传福、肖银花	南水开发办	郭芷君
住房公积金	黄冬梅	城市管理行政执法局	曹建平
城市管理局	黄惠友等	财政局	郭　锦
环保局	蔡建南	地税局	李年英
国税局	卢金梅、汪传等	人民银行	王香明
银行业监管会	曾　玲	农业银行	李科明
工商银行	郭谋忠	建设银行	张远伟
农业发展银行	郭宇琛	农村信用合作联社	肖　波
中国银行	高华英	邮政储蓄银行	林　燕
赣州银行	王沪慧	人民财产保险股份有限公司	洪华华
赣商村镇银行	罗孜梅	人寿财产保险公司	李坊津
人寿保险股份有限公司	梁　静	商务局	幸　平
供销社	刘烈锋	烟草专卖局	廖宝贞
石油公司	谢晓明	教育局	刘建平
广电新闻中心	黄丽霞	广播电影电视局	黄丽霞
科技局	王功平	广电网络公司	李　健
体育局	刘永平	气象局	钟奉银
新华发行集团	刘康丰	卫生局	肖长江
农保局	谢玉珍	食品药品监督局	王　玲
医保局	肖诗清、卢伟周	民政局	黄　娟
文明办	许悦明	坪市乡	曾世敏
人口和计划生育	饶足敏	大坪乡	周兆森
隆木乡	杨志杰	横市镇	钟毅、郭文峰
工业和信息化	曾广恩	麻双乡	周高翔

单　位	供稿人员
龙华乡	刘昭元
凤岗镇	卢　嵘
太窝乡	王　朝
镜坝镇	伍人营
龙岭镇	肖　利
十八塘	肖文玉
三江乡	郑　伟
横寨乡	董毅、黄丹
蓉江街道	刘红莲

单　位	供稿人员
社保局	赖允模
劳动就业局	李　丽
文化局	王河昇
赤土畲族乡	管满发
龙回镇	曹秋平
唐江镇	曹　悦
朱坊乡	兰希群
浮石乡	康登峰
东山街道	李芳津

《南康年鉴》编辑人员分工

编辑人员	分　　工
倪贵清 蒙象骅 钟恢飞	特载、大事记、中共南康市委员会、南康市人大常委会、南康便览、南康市人民政府(至市政府办)、南康市概貌、编辑说明
张玉玲 何建海	南康市人民政府(人社局始)、政协南康市委员会、纪检·监察、民主党派人民团体、政法、军事、经济管理、农业(至果业)
黎庆愉 肖道平	农业(林业始)、工业、交通·邮政·通信、城建·环保、财税·金融·保险、贸易
肖　琼 黄敬芳	教育、文化、科技·体育、卫生医药、社会生活、人物荣誉、乡镇、附录
蓝婷婷 陈玉苹 廖声莲	编委会、编辑部、供稿人员名单、索引

编辑说明

一、《南康年鉴》是赣州市南康区人民政府主办的具有公报性质的综合性地方年鉴。旨在记载南康区经济和社会发展的主要情况，收录年度性主要文献，为各级党政机关和社会各界了解、认识、研究南康提供较全面、系统的信息资料，并为南康区积累史料。《南康年鉴》每年出版一部，由赣州市南康区地方志编纂委员会承办，具体由区地方志办公室组成编辑部编纂。

二、《南康年鉴》(2014)框架按类目、分目、条目三个层次设计，以条目为主要栽体。2014年卷共设26个类目，依次是：特载、大事记、南康概貌、中共南康市委员会、南康市人大常委会、南康市人民政府、政协南康市委员会、纪检·监察、民主党派·人民团体、政法、军事、经济管理、农业、工业、交通·邮政·通信、城建·环保、财税·金融·保险、贸易、教育、文化、科技体育、卫生医药、社会生活、人物荣誉、乡镇简介、附录。卷首设南康便览，卷末设有索引。

三、书中所刊数据，除国家统计部门正式公布的外，均由南康区各有关单位提供。并经供稿单位领导审核。由于来源、统计方法或使用角度不同，不同部门提供的同项数据常不一致，虽经编辑人员反复核实，仍有一些难以统一。如遇同一项目或名称的数字不一致的情况，应以统计部门正式公布的数据为准。一些分目标题过长，如银行的名称采用俗成的简化称谓，全称在条目中补述。涉及面积的数据以本地常用的“亩”为计量单位。

四、《南康年鉴》(2014)收录范围，以2013年南康市行政区划为界，以2013年1月1日至12月31日为限，彩页相片资料延至2014年10月，所收录内容以“南康市”为主，极个别不好调整说明的改用“南康区”称呼，所用含义一样。

五、《南康年鉴》的编纂工作在中共南康区委、南康区政府的领导下，得到各部门、各乡镇领导的支持，各有关单位撰稿人的通力合作，使本书得以顺利出版。在此深表谢忱！由于任务重，时间紧，人手不足，书中难免有疏漏和失误之处，恳请广大读者批评指正。

赣州市南康区地方志办公室

2014年10月

南康便览（2009~2013年）

项　目	单　位	2009年	2010年	2011年	2012年	2013年
土地面积	平方公里	1781	1722	1722	1722	1722.35
人平耕地面积	亩	0.48	0.6	0.47	–	–
年末总人口	人	803017	803463	817517	829447	8327
非农业人口	人	135823	138319	141581	145602	146470
人口密度	人/平方公里	451	445	474	–	–
生产总值	万元	741125	849132	1059852	1228860	1372921
第一产业	万元	127283	138229	151662	208840	22893
第二产业	万元	353745	412358	570259	639860	722173
第三产业	万元	260097	298545	337931	380159	421817
全社会固定资产投资	亿元	51.00	71.4	90	80.41	100.2
农民人均纯收入	元	4059	4564	5069	5728	6755
在岗职工平均工资	元	22930	25845	2896	32376	38578
财政总收入	万元	70018	82009	110359	150029	184020
人平居民储蓄存款余额	元	9093	13369	14654	17793	20926
社会消费品零售总额	万元	225595	267569	253850	247519	281598
电话年末到达户数	部	112313	98300	97800	100700	112178
年末移动电话数	部	347770	396210	514759	579104	657862

2014年5月28日上午，中国(赣州)第一届家具产业博览会在南康开幕。左起：赣州市政府市长冷新生，江西省林业厅长阎钢军，江西省委常委、赣州市委书记史文清，国家林业局纪检组长陈述贤，江西省政府顾问、党组成员熊盛文，中国家具协会副理事长陈宝光。

2014年1月13日，副省长李贻煌(中)到南康市调研园区建设及产业发展情况。

2014年1月10日，副省长谢茹(右三)到南康市走访慰问困难群众和敬老院老人。

南康体育公园
2014年10月

2014年3月17日上午，全区党的群众路线教育实践活动调度会召开。区委书记徐兵出席会议并讲话，市委第五督导组组长张春凤到会指导，何善锦、曹子海、韩水生、彭秀生、庄平、黄琨、严国雄、陈钰滢等区四套班子领导出席，余学明主持。

2014年4月1日上午，区委书记徐兵深入市民服务中心和蓉江街道泰康西路社区，实地指导党的群众路线教育实践活动。市委第五督导组组长张春凤，区领导庄平、黄琨、陈钰滢参加。

2014年5月28~29日，全国政协常委、文史和学习委员会主任委员王太华到南康区调研经济社会发展情况。市委副书记、市长冷新生，市政协主席曾新方，市政协副主席胡来知，以及南康区区领导徐兵、彭秀生、钟旭辉先后陪同。

2014年1月3日下午，赣州市委副书记、市长冷新生到南康市检查指导柑橘黄龙病防控工作。赣州市副市长刘建平以及南康市市委书记徐兵陪同。

2014年1月26日～28日，中国证监会机构部巡视员欧阳昌琼率调研组到南康市就苏区振兴发展对口支援工作进行专题调研，并召开对口支援工作座谈会。市领导徐兵、何善锦、曹子海、彭秀生、钟旭辉、赖联春参加有关活动。

2014年2月19日上午，全国人大代表视察组马志武(右一)等一行到南康市视察。赣州市人大常委会主任陈晓春，南康市领导何善锦、韩水生、钟旭辉、谢业雄陪同。

2014年4月19~20日，市委常委、组织部长孙正森就深入开展党的群众路线教育实践活动到南康区大坪、坪市、隆木等地调研指导。区领导徐兵、余学明、陈钰滢、刘丽华，市委第五督导组成员先后陪同。

2014年 2月 7日 上午，春季就业招聘大会在文化广场举行。市委书记徐兵、代市长何善锦来到招聘会现场调研指导。市委常委、市政府副市长赖联春陪同。

2014年6月10日，国家质检总局副司长陈洪俊(左二)到南康区考察调研。

2014年5月14日上午，南康区举行2014年度基干民兵集结点验大会。市委常委、赣州军分区司令员刘瑄出席并讲话，区委书记、区国动委第一主任徐兵出席并讲话，区委副书记、区长、区国动委主任何善锦，区领导沈光泽、赖联春出席，区人武部部长、区国动委常务副主任张东主持。

南康区领导

区委书记
徐 兵

区委副书记、区政府区长
何善锦

区委副书记、区政府副区长
曹子海

区委副书记
刘文彦

区人大常委会主任
韩水生

区政协主席
彭秀生

区委常委、区政府
副区长 熊 惺

区委常委、纪委书记
庄 平

区委常委、宣传部部长
黄 琨

区委常委、政法委书记
严国雄

区委常委、组织部部长
陈钰滢

区委常委、区人武部政委
沈光泽

区委常委、区政府副区长
王纪恩

区委常委、常务副区长
连天浪

区人武部部长
张 东

区人大常委会副主任
谢业雄

区人大常委会副主任
施明生

区人大常委会副主任
张晓良

区人大常委会副主任
李大庆

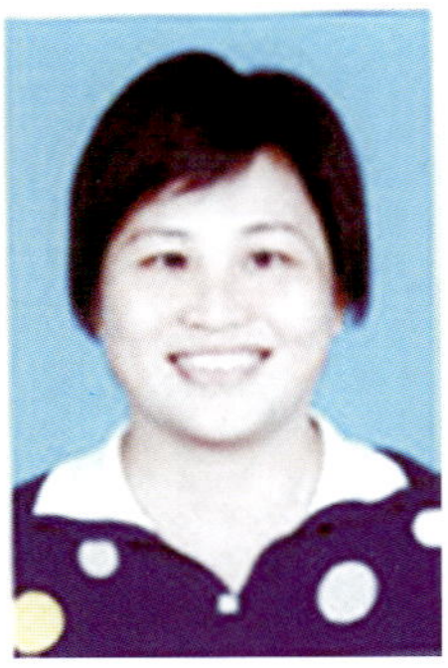
区人大常委会副主任
刘小玉

区人大常委会副主任
吴 健

区政府副区长
朱国英

区政府副区长
李春平

区政府副区长
钟定岩

区政府副区长
刘丽华

区政协副主席、
区委统战部部长 赖剑鸣

区政协副主席
李 旭

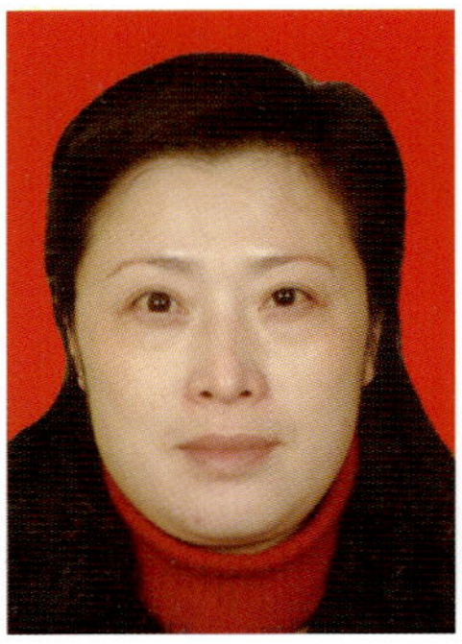
区政协副主席
黄绍莲

区政协副主席
温 熹

区政协副主席
倪 静

区政协副主席
谢 康

区检察院检察长
马维新

区人武部副部长
李长荣

乡镇、单位领导

隆木乡书记
陈 华

隆木乡乡长
杨振华

坪市乡书记
许志雄

坪市乡乡长
程宗毅

横市镇书记
刘吉军

横市镇镇长
杨 丽

大坪乡书记
朱隆泽

大坪乡乡长
曹健生

麻双乡书记
朱 芳

麻双乡乡长
邹建华

十八塘乡书记
刘泽文

龙华乡书记
李立生

龙华乡乡长
赖正祥

唐江镇书记
谢 兴

唐江镇镇长
肖礼兵

凤岗镇书记
李绍武

凤岗镇镇长
黎 俊

三江乡书记
刘朋生

三江乡乡长
叶福平

太窝乡书记
张雪刚

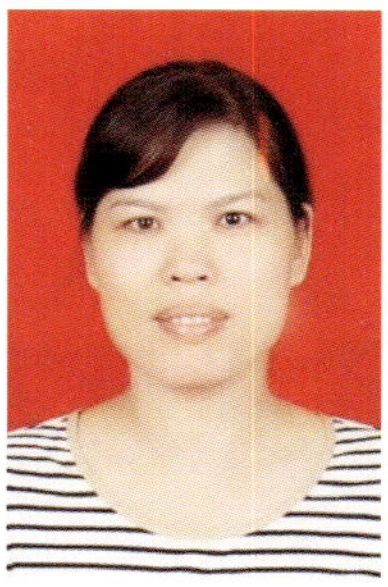
太窝乡乡长
刘芳艳

朱坊乡书记
陈国正

朱坊乡乡长
李 江

镜坝镇书记
钟 伟

镜坝镇镇长
何新民

横寨乡书记
仲玉峰

横寨乡乡长
余 文

赤土乡书记
蓝永清

赤土乡乡长
卢洸华

浮石乡书记
黄清华

浮石乡乡长
张齐武

龙岭镇镇长
王 俊

龙回镇书记
李坊富

龙回镇镇长
黄孝斌

蓉江街道党工委书记
刘经辉

蓉江街道办事处主任
王华兵

东山街道党工委书记
钟春莲

东山街道办事处主任
江晋斌

南水新区党工委书记
刘引建

南水新区开发办主任
曾庆民

区委办主任
刘乘波

人大办主任
邱启忠

政协秘书长
明经才

政协办主任
卓华林

区直工委书记
王礼伟

区委农工部部长
廖祥益

区委农工部副部长、
新村办主任 张华源

区委农工部副部长、
农办主任罗慕忠

机关事务管理局
局长黄春玲

信访局局长
董来顺

区委党校常务
副校长 陈 健

科技局、知识产权局
局长 谢伟高

民政局局长
何 瑜

人力资源和社会保障局
局长 刘连生

人力资源和社会保障局
书记 郭名华

人力资源和社会保障局副局长
社保局局长 邓世平

人力资源和社会保障局副局长
医保局局长 卢伟周

人力资源和社会保障局副局长
劳动就业局局长刘忠萍

人力资源和社会保障局副局长
农保局局长 朱润芝

审计局局长
曹世明

审计局书记
谢楚平

安全生产监督管理局
局长 吴 斌

安全生产监督管理局
书记 钟华旺

食品药品监督管理局
局长 张立伟

食品药品监督管理局
书记 张志平

民宗局局长
罗福民

行政服务中心管理办公室
主任 宗小凡

赣州市城乡规划建设局南康区
规划分局、赣州市南康区建设
局党委书记、局长 刘九生

城市管理行政执法局党委
书记、局长 陈伟生

城市管理局党委书记、
局长 伍祖培

统计局局长
刘吉贵

组织部副部长
刘锡敏

房管局局长
张祥明

市场物业管理局
局长 王志军

人防办主任
胡声平

土地收购储备中心
主任 吴梦喜

经济开发区党工委书记
谢小龙

经济开发区管委会主任
廖信江

工业和信息化局党委书记、
局长 胡伏生

高速办主任
戴丁山

家具产业促进局局长
蔡湖南

经济开发区党工委副书记、国
家家具产品质量监督检验中心
筹建办常务副主任 吴 皓

经济开发区党工委副书记、中小
企业投资发展有限公司总经理
张时清

人口和计生委主任
周德任

农业和粮食局局长
龙清生

农机局局长
邬正林

果业局局长
康 兴

畜牧水产局局长
卢致融

林业局局长
曹伍生

水利局局长
欧阳效桂

水保局局长
刘传玉

国土分局党组书记、
局长 罗峰

矿产资源管理局党组
书记、局长 沈立平

扶贫和移民办
主任 刘其海

驻昌办主任
曾 宇

旅游局局长
邓玉蓉

教育局党委
书记、局长黄万林

体育局局长
张 洪

体育局党支部
书记、副局长李德华

农业综合开发办
主任 黄逸清

卫生监督所所长
王齐明

文广局局长
朱吉祥

广电新闻中心主任
刘述洗

档案局局长
杨 林

区地方志办公室
主任 倪贵清

公安局党委副书记、
政委 郭万龙

公安局副局长、交管大队
大队长 钟世华

交管大队教导员
邹天翼

司法局局长
刘 举

总工会常务副主席
刘海鹏

苏区振兴办主任
刘福建

残联理事长
钟名德

南康二中支部
书记、校长 黄忠东

唐江中学书记、
校长 吉金平

职业中专校长
仲承全

进修学校校长
刘家玉

工商银行行长
许含放

农村信用社
理事长 李斌

人民财产保险公司
经理 赖叶华

工商局党组书记、
局长 徐广城

质量技术监督局党组
书记、局长 朱红英

电信分公司总经理
罗九发

烟草专卖局局长
黄春海

供销社主任
陈超峰

科协主席
蓝希华

物价局局长
曾静萍

发改委主任
黄 光

农业银行行长
李 华

交通运输局党委书记、
局长 肖 立

老干局局长
钟圣源

农医中心主任
朱小琪

区第一人民医院
院长 曾毓平

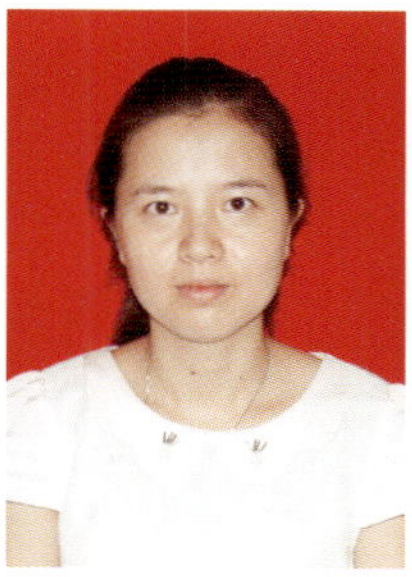

妇联主席
黄 莹

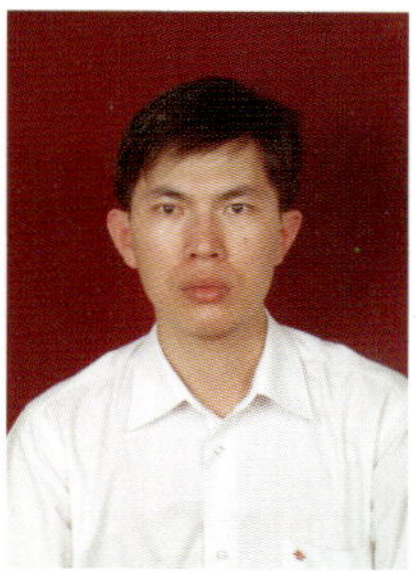

中国联合通信有限公司
总经理 廖桂生

文明办主任
廖永峰

金融工作局
局长 吴 云

商务局局长
蓝海燕

团区委书记
杨 春

党史办主任
江宗金

土地房屋征收办
主任 赖新林

公路管理局局长
李国良

公路管理局书记
姚若兰

医药总公司总经理
朱星星

妇保院院长
黄正平

南康区人民武装部

2014年5月25日，江西省军区司令员张晓光（中）在人武部检查指导工作。

2013年10月15日，省市领导看望演习部队过境保障人员。

2013年10月15日，军地领导在演习部队过境保障“前指”召开协调会议。

2013年12月22日，南康市人武部领导在现场研究切割和搬运方案。

赣州市南康区人民武装部，位于南康区东山街道南水开发区天马山大道与南山大道交汇处，与区政大楼、区文化艺术中心和建设中的区体育公园在同一条南北轴线上，距区政广场约1.5千米。

2013年，南康人武部认真学习贯彻省军区、军分区党委全会精神，紧紧围绕学习贯彻十八大精神这个首要政治任务和“能打仗、打胜仗”这个总目标要求，坚持“全方位、全时域、全过程”按纲抓建，全面建设继续保持良好发展势头。人武部被江西省军区表彰为“全面建设先进单位”和“军事训练先进单位”，新闻报道工作被赣州军分区评为“先进单位”，政工科长刘春生获赣州军分区“新闻报道二等奖”，后勤科长龙云在军分区组织的“练将练官考核比武竞赛”活动中取得个人第二名好成绩。

水上队形训练

水面装机练习

专业分队民兵宣誓

征兵政策咨询服务

赣州市国土资源局南康分局

←国家土地副总督察张德霖、南京督察局局长刘天增、省厅厅长刘定明、赣州市政府市长冷新生等领导深入南康家具产业基地考察调研

→ 国家土地南京督察局领导深入南康市家具产业企业调研

2013年，南康市国土资源局在市委、市政府以及上级国土资源部门的正确领导和大力支持下，深入贯彻落实党的十八大和十八届三中全会精神，坚持以科学发展观为统领，以服务经济建设为中心，以保护资源为己任，严格规范国土资源管理，切实转变工作作风，圆满完成了全年各项工作任务，为赣南苏区振兴发展和全市经济社会平稳较快发展做出了积极贡献。

← 市委书记徐兵同志（右一）深入镜坝灯饰基地产业园调研

← 南康市国土局局长罗峰向国土资源部、省厅、赣州市委、市政府等领导介绍南康市开展低丘缓坡试点项目实施情况

→赣州市国土资源局局长邓海鹰（右一）、南康区政府区长何善锦（中）为赣州市国土资源局南康分局揭牌

省厅对南康市土地开发整理项目验收

召开国土资源系统党的群众路线教育实践活动动员大会

国家土地督察南京局副专员李恩才在南康市召开家具产业用地座谈会

清明节组织局机关党员到南康纪念碑祭奠革命先烈

南康区家具产业促进局

省委书记强卫视察南康家具产业

局长 蔡湖南

南康区家具产业促进局成立于2009年，是区政府一级事业单位。在区委、区政府的正确领导下，区家具产业促进局紧紧抓住赣南苏区振兴发展的历史机遇，以推进家具产业转型升级为目标，按照园区化、品牌化、专业化的总体思路，着力推进家具产业做大做强做优。一是抓规模发展，大力引导企业入园入规，培育龙头标杆性企业；二是抓产业配套，大力引进先进项目，不断完善产业链条；三是抓平台升级，快速推进产业园区建设，全力推动家具检测、木材烘干、家具喷涂、研发培训、进境木材检验检疫监管区、电子商务中心等一体化的产业公共服务平台；四是抓品牌建设，引导企业重视产品质量，同时推动建立南康实木家具地方联盟标准，鼓励支持企业争创品牌；五是抓观念提升，大力组织从业人员培训，注重企业老板观念的改变，引导其更新理念。

书记、区长调研家具产业

全区家具企业消防安全整改技改工作推进会暨家博会总结表彰大会

企业培训

南康区委书记徐兵深入家具企业调研

家博会盛况

党群服务中心

南康区区长何善锦深入家具产业园调研

车水马龙的家具城

南康区知识产权局

局长 谢伟高

2013年8月5日，经市委常委会研究决定，成立南康市知识产权局，与市科技局两块牌子一套人马。编制12人（行政、事业编制各6人），班子成员4人。为抓好知识产权维权援助，2013年12月成立了“江西知识产权维权援助中心南康工作站”，并与家具产业促进局、家具产业协会共同组建了“南康区家具产业知识产权保护协调工作办公室”，全面开展了家具维权工作。

揭牌仪式

参加工作站揭牌的省市知识产权局领导和南康市委市政府领导

2013年南康的专利申请量741件，授权量631件，居全省县（市）之首，为切实保护专利权人的合法权益，打击专利侵权行为，2013年6月成立“南康家具产业知识产权保护协调工作办公室”，协调办由市知识产权局牵头，家具产业促进局和家具协会协办，共同参与协调的工作。自协调办成立至今，已成功调解侵权纠纷60余件。此项工作被国家列为全国三个“人民调解”试点之一。

为进一步加大识产权保护力度，2013年，经赣州市知识产权局同意，南康市知识产权局向省知识产权局申报了成立“江西知识产权维权援助中心南康工作站”的请求，省局破例同意，正式批准南康市成立全省第一个县级市知识产权维权援助工作站，并由省知识产权局局长亲自揭牌。“工作站”开设了“12330维权援助热线”、“维权援助网站www.nk12330.com”，成立了维权执法队。

局领导班子

一年来，南康市政府被省知识产权局批准实施“知识产权富民强县”工程，获无偿项目资金60万元。

2013年12月，省知识产权局与市政府签订了“支持南康打造知识产权强市战略框架协议”，同时，南康市被评为“专利工作十强县（市）”。

2013年11月省知识产权局局长作专题讲座

协调办工作人员及办公场所

战略合作协议

协调办工作人员在家具市场调解

工作站入园开展专利维权行动

工作站办公场所

南康区东山街道

书记　钟春莲

主任　江晋斌

办公大楼

东山街道位于南康市区东部，2003年10月由原金鸡镇与原西华乡5个村（居）合并而成。东临龙岭镇，南临龙回镇，西临蓉江街道，北临镜坝镇。

2003年10月—2012年12月全境国土面积82.3平方公里，辖有窑边、坪塘、官坑、石塘、上垅、坨圳、上坪、桐梓、大卫、南山、文峰11个行政村，金鸡、朱边、坪岭、南水、东山5个社区居委会，280个村（居）民小组，常住人口9.9万人。2013年元月因辖内南水社区、南山村、大卫村成建制划归南水开发办代管，现辖9个行政村和4个社区，228个村（居）民小组。全镜现国土面积69.64平方公里，其中山地面积49089亩，耕地面积13449亩。常住人口达7.9万人，户籍人口4.2万人，其中农业人口30475人；总户数1.23万户，其中农业户数8744户；党支部37个（其中"两新"党组织21个），党员785名。

区第一人民医院

家具中心市场

2013年东山街道牢牢紧扣"强党建、谋发展、惠民生、促和谐"这根工作主线，突出"三大重点"，①强党建，改作风，高效为民树形象；②强城建，重拆迁，统筹城乡助发展；③强基础，惠民生，社会稳定促和谐。努力实现"五个牢牢把握，五个着力推进"工作目标。①牢牢把握党的建设这个关键，着力建设基层组织和干部队伍建设工作；②牢牢把握项目建设这个重点，着力推进征地拆迁工作；③牢牢把握民生幸福这个根本，着力推进民生工程工作；④牢牢把握全面统筹这个原则，着力推进农业农村各项工作；⑤牢牢把握社会维稳这个抓手，着力推进和谐社会建设工作。街道上下始终保持了一种"风清、气正、心齐、劲足"、"争一流、创一流"的良好工作氛围，呈现出情况在一线掌握、问题在一线破解、作风在一线转变、成效在一线体现的良好工作作风。一心一意谋发展，一以贯之抓落实，一往无前攻难关，一体同心争先列。

南康中学

中电信南康分公司

2014年，中电信南康分公司在省、市公司和南康区委、区政府的正确领导下，深入落实科学发展观，围绕省、市公司总体要求和区委、区政府信息化建设目标，精确管理，强化执行，扎实有效的开展了各项工作。

近年来，中国电信紧紧把握住信息通信产业日益呈现的大变革、大融合的发展趋势，秉承“开放、合作、创新”的互联网精神，定位于“智能管道的主导者、综合平台的提供者、内容和应用的参与者”，打破传统思维禁锢，全面深化企业改革，持续推进战略转型：优化客户服务方式、扩大价值创造领域，通过市场化运作深层次激发企业活力，通过差异化经营持续打造竞争优势，进一步解放生产力、增强企业发展动力，推动公司向互联网化运营模式演进。

2013年12月中国电信获得国家工信部颁发的4G运营牌照，开启了4G运营的新时代，2014年2月在全国百余城市实现4G业务运营。我们将积极推进4G网络建设，通过混合组网搭建无缝高速移动网络，并统筹做好4G、3G和宽带业务的协同发展，打造全场景网络优势，加快4G商用的步伐，为用户提供更快更好的天翼4G服务体验，与广大用户一道畅享美好信息新生活。同时，中电信南康分公司在城区及各乡镇圩镇区域大力实施光纤到户改造工作，计划2015年内基本完成主城区光纤到户改造工作，实现百兆速率光纤能力普及。

南康区横市镇

曙光广场

镇村联动建设点—增坑村

横市镇辖区面积122平方公里，下辖13个行政村、1个居委会（相安居委会），人口25375人。镇政府驻横市圩，距南康市区49公里，距赣州市区51公里，交通便利。横市镇是南康区北部交通中心，唐江至隆木、横市至大坪、横市至社溪、横市至沙地4条公路在此交叉汇合。赣粤高速公路穿境而过，横市出口距圩镇仅1公里。

2013年，横市镇修通了联接高速路与圩镇的明珠大道，迎来了历史上难得的发展机遇。2013年，横市镇入选了江西省首批百强中心镇，被列入赣州市小城镇建设示范镇，2014年7月，入选全国重点镇，增坑村入选全国“美丽乡村”首批创建试点。横市镇紧紧围绕“做亮康北明珠，打造魅丽山城”的目标，抢抓机遇，开拓进取，全年完成地区生产总值1.9亿元，同比增长16%；农民人均纯收入5248元，比上年增长28%；财政总收入164.95万元，累计完成139%。

横市高速出口

赣州市南康区丰泰粮油有限公司

横市圩镇全景图

赣州市中心城区蔬菜供应基地——横市洪鑫蔬菜基地

南康区高速办 支铁办

领导调研

现场协调

现场协调

施工现场

赣韶铁路施工现场

南康区人口计生委

省、市人口计生委领导参观南康开展的“婚育新风进万家”活动

赣州市计划生育特色工作现场会受到上级部门的一致好评

成功举办2013迎新春“国策杯”孕前优生知识有奖竞赛

召开贯彻落实十八届三中全会精神座谈会

镜坝镇洋江村获基层群众自治“示范村居”荣誉称号

给外来务工子女送去一片爱心过一个快乐的“六一”儿童节

南康区建设局（规划分局）

省住建厅副厅长李道鹏（左一）莅临南康区横市镇调研指导百强中心镇建设工作，赣州市城乡规划建设局党委书记廖光斌（右一），区建设局局长刘九生（右二），区建设局党委委员、工会主席罗少伟（左二），横市镇党委书记刘吉军（右三）陪同调研。

赣州市委常委、组织部部长孙正森（右二）来我区视察体育公园体育馆项目建设，区委书记徐兵（右三）、区委常委、宣传部部长黄琨（左二）、区建设局局长刘九生（左一）陪同调研。

2013年，南康市城乡规划建设局抢抓苏区振兴发展机遇，紧扣“同城发展，富民强区”战略，主动衔接赣州城乡总体规划要求，科学谋划南康的城乡规划、基础设施和产业布局，加快把南康打造成赣州都市区的核心增长极和宜居宜业的活力新城，取得新成效。年末，新增城镇人口1.33万人，达36.50万人；新增建成区面积1.2平方公里，达30.8平方公里；城镇化率提高1.6个百分点，达44.5%。

高起点抓好城市规划。坚持规划先行，完善了南康中心城区农贸市场、教育、商业网点、排水专项规划。完善了东山新区1：500地形图测绘、物流园区1：1000测区地形图测绘、龙华高速公路出入口1:500测区、镜坝镇新屋下1:1000地形图测绘工程、东山坨圳精细化工基地地形图测绘等区域的地形图测绘工程。健全长效管理机制，出台了《南康市房地产开发项目规划设计联合审批、规划批后监管和竣工联合验收暂行管理办法》、《南康市市政工程管线规划建设管理办法》、《南康市建设工程招标投标活动及标后管理办法》、《南康市建设项目规划变更管理办法（试行）》、《南康市城乡居民个人建房审批管理暂行办法》等规章制度。

高品位抓好项目建设。完成了旭山北路拓宽改造工程、章江“一江两岸”防洪工程（南康大桥——康东大桥）工程建设、康唐线旭山北路旭山岭坡段边坡治理工程建设、赣南大道与工业大道连接线工程、城市管道天然气对接工程等项目建设，金河路工程、东山北路贯通工程实现通车，着力推进体育公园体育馆工程、工业大道安置地道路工程建设、污水管网建设工程等续建项目建设。启动了国际板材城规划路等新建项目建设。积极支持服务赣州职校园、物流园、汽车城、金融小区、大广高速南康南互通等项目建设，为项目开工落地提供技术保障。

高标准抓好建筑业监管。规范施工图审查，房屋建筑和市政工程图审率达到100%，组织了102个项目进行招标，应招标项目招标率、应公开招标工程公开招标率均达到100%。加强工程质量安全监管，先后组织了4次安全质量专项大检查，共检查工程项目468个，累计发出质量安全隐患整改通知单321份，累计发现安全隐患782起，质量缺陷274处，落实整改的质量安全隐患1025处。加强燃气安全检查，组织节日前安全检查4次，日常检查24次，检查出安全隐患45处，发放整改通知书20份，切实杜绝全区燃气安全生产问题。

2013年，该局荣获全省住房城乡建设系统工作先进集体，南康市招商引资工作二等奖、城区“治脏治乱治堵工作”三等奖、提案承办先进单位、公共机构节能工作先进单位、行政服务红旗窗口等荣誉称号。

南康区体育馆（内景）

南康体育公园

东山北路贯通工程

南康区城市管理局

党委书记、局长　伍祖培

2013年，城管局全面实施“产业兴康，教育强市，品质铸城，和谐福民”战略，以赣南苏区振兴发展为契机，纵深推进“三治”活动，扎实开展园林绿化、环境卫生、市政建设维护、城市供水、公园管理等各项工作，城市管理事业取得了新的更大进步。

截止12月底，全区建成区绿化覆盖面积达1240.60公顷，绿地面积达1181.50公顷，公园绿地面积318公顷。建成区绿化覆盖率、绿地率和人均公园绿地面积分别达44.15%、42.05%和12.64平方米。承担着全区21条主干道及市区内次干道475万平方米面积的清扫保洁、垃圾收集和主干道350多万平方米的路面洒水，每日清运处理生活垃圾达到220吨。

据统计，2013年新安装高压钠灯总计617盏，新铺线路30850米。全年完成售水量1606万吨，与去年同比增长9.6 %，水质综合合格率100%，新增供水主管15950多米，完成供水管网改造1000米，新增用水户6912户。城市环境进一步改善，城市功能进一步完善，广大市民对城市管理工作的满意度进一步提高。2013年，我局先后荣获“2013年度代表建议承办先进单位”、“2013年度政协提案承办先进单位”称号；被区委、区政府授予城区三治工作一等奖荣誉。

管理有序风景优美的旭山公园

园林绿化精耕细作

环卫工人不辞辛劳保洁城市

自来水公司积极拓展用水范围解决居民用水

市政处工作人员现场研究处理积水内涝

南康区城市管理行政执法局

省法制办领导莅临指导工作

党委书记、局长陈伟生

学习习近平总书记重要讲话精神

支持配合全区重点项目建设

2013年，市城市管理行政执法局紧紧围绕市委、市政府“主动融入都市区，提速提质促发展，千方百计惠民生，真抓实干兴南康”发展战略和把南康建设成为赣州都市区核心增长极和宜居宜业的活力新城目标，扎实推进城区“三治”、“两违”治理等重点工作，全力完成市委、市政府交办的中心工作任务，城市面貌和形象有了较大改观，“两违”的高发、频发、多发态势得到较全面遏制，全市重点项目和工程建设扎实推进。

2013年，该局被中共江西省委、江西省人民政府授予“江西省第十三届文明单位”、南康市人民代表大会常委会授予“代表建议承办先进单位”、政协南康市委员会授予“提案办理工作先进单位”。

开展城区“三治”工作

开展“两违”治理工作

依法拆除大型违建钢架棚

践行群众路线，主动问计于民

强化车辆停放管理

南康区第一人民医院

院内一角

住院部大楼

始建于1932年，是一所集医疗、教学、科研为一体的综合性二级甲等医院、爱婴医院、卫生部指定国际紧急救援中心网络医院、江西省"园林化单位"、南昌大学第一附属医院、赣南医学院第一附属医院协作医院、赣州市"群众满意医院"、赣州市卫生科技先进单位、南康区城镇职工、居民医疗保险、新型农村合作医疗定点医院。

新院占地100亩，开放病床800张，建筑面积54000平方米。现有在职职工794人，其中副主任以上医师37人，中级职称200人，研究生29人。

2013年，医院深入开展"医疗质量万里行"、"三好一满意"、抗菌药物临床应用专项整治、优质护理和临床路径工作，抓好医疗质量的综合管理。全年门诊人次325486人次，住院人次28635人次，120接诊病人4463人次，手术病人18732人次。医院被评为赣州市"2013年度无偿献血先进单位"、南康区定点医疗机构新型农村合作医疗工作先进单位；病理科获江西省临床病理质量控制检查第一名。选送医师、护士、医技人员参加赣州市卫生局临床技能大比武，获优胜单位精神科组一等奖、妇产科组二等奖、病历书写组、外科组、消毒供应组三等奖，7人获"岗位技能标兵"荣誉称号。

医院秉承"仁心仁术、精益求精"的院训，实施"科技兴院、人才强院、管理规范、人文和谐"的四大发展战略，着力打造"三级甲等医院"和"群众满意医院"，全心全意为全区人民群众的健康服务，实现医院跨越式发展。

急救电话：120-1　办公电话：0797-7781129　传真：0797-7781128

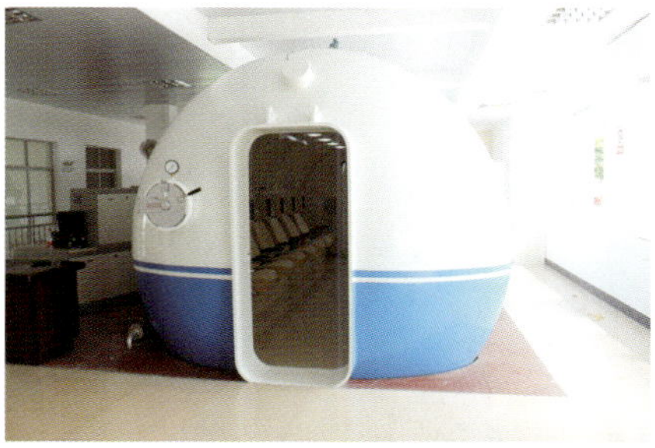

高压氧仓

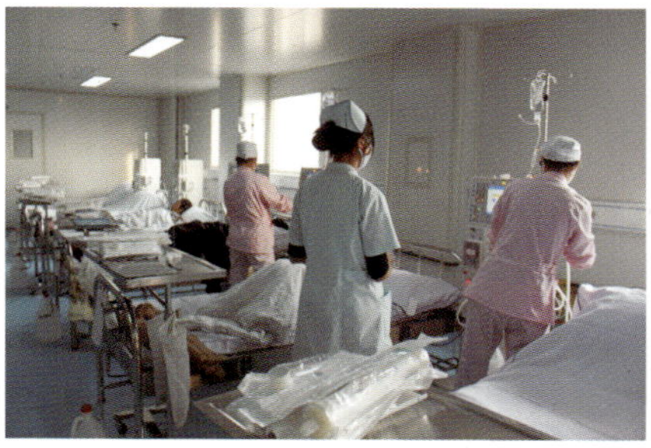

院内一角

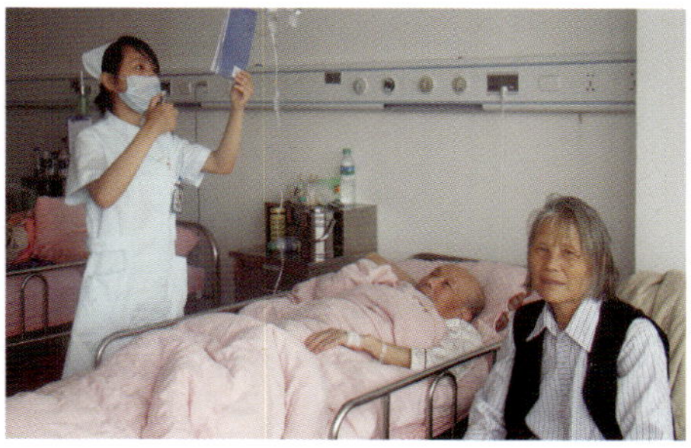

精心治疗

南康区皮肤病防治所

2010年竣工的康复村新病区

2000年竣工的康复新村

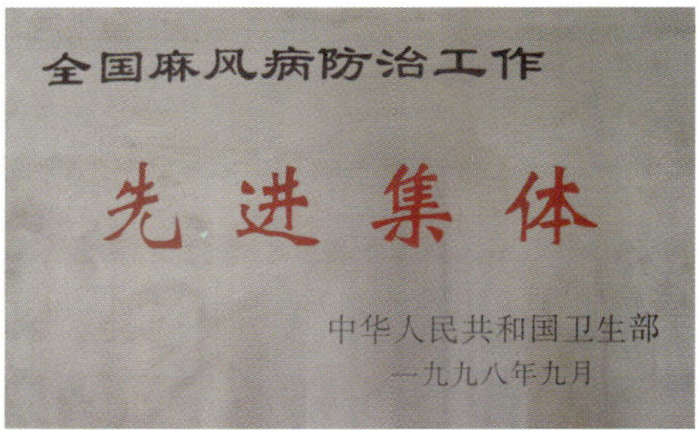

区皮防所成立于1958年，办公地点位于泰康中路64号（成衣市场左侧），是我区皮肤病防治专业机构，承担全区的麻风病及皮肤病的防治。拥有经验丰富的专业医生，规范准确的检验手段，安全有效的专科药物。承担的麻风病防治工作，经过几代麻防工作者的努力，疫情已达到基本消灭麻风的标准。新开展的医疗美容服务能更好地满足广大市民对美的需求，引进的过敏原检测为查找病因及预防复发指明了方向。

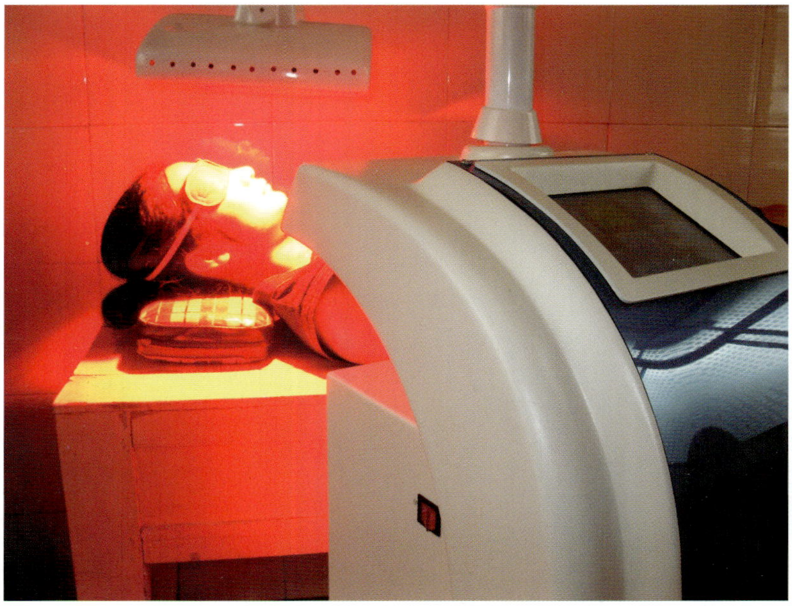

红蓝光治疗仪为痤疮的治疗增添有效措施

过敏原检测为查找病因及预防复发提供了新方法

南康区风岗镇

书记　李绍武

镇长　黎俊

风岗镇地处南康区东部，东接赣州经济技术开发区蟠龙镇，南滨上犹江，与三江乡依水为邻，西临唐江镇，北连十八塘乡和赣州经济技术开发区湖边镇。全镇土地面积63平方公里，辖16个行政村1个居委会，总人口4.6万。

2014年，风岗镇在区委、区政府的正确领导下，始终坚持“加快融入主城区，提速提质促发展，千方百计惠民生，真抓实干兴南康”发展理念，把握好南康撤市设区后“五年过渡期，六个基本不变”的扶持政策，全面开展党的群众路线教育实践活动和“三送”工作，团结带领全镇广大干部群众，牢固树立敢于担当、主动作为、攻坚克难、务实清廉、争创一等五种工作理念，严格执行例会制、述职制、督查制、通报制、问责制、测评制、谈话制、考核制等八项工作制度，蓄力壮大经济实力、扎实推进重点项目建设、全力维护社会安全稳定、有效开展“两违”整治、切实保障和改善民生、着力加强服务“三农”和全面提升村级服务水平，开启了社会稳定、经济发展的良好新局面。

农业产业发展

民主生活会

敬老爱老

土坯房改造集中建设点

拆除“两违”

南康区太窝乡

农村公路综合服务站

职教园区清表

绿色生态果园

太窝乡位于南康区中部，东邻三江乡和龙岭镇，南临镜坝镇，西接朱坊乡，北连唐江镇，总面积36.52平方公里，辖9个行政村，153个村民小组，总人口21809人。太窝乡交通十分便利，赣粤高速公路贯穿中边、高山、范塘三个行政村，长约4公里，康唐公路纵贯境内5公里。2013年，全乡财政收入完成326.04万元，占任务数的108 68%。家具产业健康有序发展，企业数400余家，2家被列为全省100强企业，17家通过ISO质量认证，30余家通过环境测评。

2013年，太窝乡紧紧围绕区委、区政府“主动融入都市区，提速提质促发展，千方百计惠民生，真抓实干兴南康”发展战略和乡“115”工作目标，实现了经济社会跨越发展。一是各类项目建设提档加速。赣州职教园区征地拆迁快速推进，太窝乡充分发扬了“5+2”、“白加黑”、“晴加雨”的连续作战精神，不断突破节点、难点，完成拆迁86户，计44987.19平方米，完成率97.70%，征地270.92亩，迁坟147穴；太窝农村汽车综合客运站正在抓紧施工建设；开展了“两违”集中整治月活动，严厉打击“两违”行为和现象，辖区内违章建筑和违法用地现象得到有效遏制。二是农业农村快速发展。果业、生猪产业加快发展。农村基础设施大为改善，完成乡村道路硬化12公里，增加变压器7台，改线增线12000余米。柑橘黄龙病得到有效防控。三是社会事业全面进步。教育文化卫生事业协调发展。计生工作进一步加强，新农保、新农合等社会保障工作开展良好,被评为市先进单位。扎实开展和谐平安创建工作，着力化解了一批信访积案。四是土坯房改造有序推进。完成土坯房改造632户，占2013年任务数的100.01%。完成新增土坯房改造734户，占2013年新增任务数的122.5%。

修路便民行

土坯房改造集中建设点

严厉打击两违

南康区唐江镇

区委书记徐兵到唐江镇调研

书记 谢兴

镇长 肖礼兵

唐江镇位于江西省南康市中部，上犹江畔，距离赣州市主城区仅20公里。东临凤岗镇、三江乡，南连太窝乡，西至龙华、朱坊乡，北接十八塘乡。自古以来，唐江就是赣南地区的重要商贸中心，民间素有“小赣州”、“头唐江，二营前”之美称，是江西四大历史名镇之一。辖30个行政村、3个社区，镇域面积96平方公里（其中镇区面积9000亩、耕地40198.82亩，山地140010亩），人口11.8万人，占南康市总人口的六分之一。

2013年，唐江镇深入贯彻落实党的十八大精神，以赣南苏区振兴发展为统领，以“三送”工作为抓手，以加快发展、转型发展、跨越发展为要求，坚持“产业兴康、教育强市、品质铸城、和谐富民”发展战略，打造富裕和谐秀美新唐江。高标准建设了九驳桥社区、木塘村、白石村、坳里村、隘孜村5个“三送”示范点。加大新区开发建设力度，科学规划，高标准规划建设财富商贸新区，实施唐兴大道绿化亮化提升工程及老街老巷硬化修补工程，逐步完善配套设施，提升镇区品位。引导和扶持做大唐南、唐西蔬菜、平田草莓、村尾鱼苗、章良、西坑生猪、果业等基地建设，引进重点项目唐南蔬菜基地，扶持了平田、横江、唐西三个蔬菜合作社，围绕“一个基地三个合作社”的目标做出唐江蔬菜产业特色。一年以来，在“三送”工作、城镇建设、社会管理、产业发展、和谐秀美乡村建设等方面创新提升成效显著，被列为了全省首批百强中心镇和全市商品蔬菜基地重点乡镇。

2014年，以撤市设区为契机，以全省首批百强中心镇为动力，大力推进新型城镇化建设，努力建设一个商贸、生态、宜居、创业、平安新唐江。

千年古镇风貌-卢屋村民居

富裕和谐秀美乡村建设

财富商贸新区设计图

服务惠民—红石岭道路改造工程

服务惠民-九驳桥改扩建工程

特色产业-唐南蔬菜基地

丰富多彩的群众文化活动

“永远热爱党 永远跟党走”
庆祝建党92周年歌咏比赛

南康区龙岭镇

区委书记徐兵上党课

龙岭镇领导班子专题民主生活会

物流商贸城拔地而起

龙岭镇位于南康市东南部，东界赣州经济技术开发区潭口镇，南连赣县，西接东山街道、镜坝镇，北邻太窝乡，镇域面积68平方公里。辖19个行政村，1个居委会，人口达4.5万。

龙岭镇围绕打造工业重镇这个目标，不断拓展经济发展平台和活力，保持了经济发展的良好势头。2013年，全镇财政收入达到11809.98万元，完成任务的116.81%。其它主要经济指标与2012年相比均有较大幅度提高。全镇拥有家具企业970多家，从业人员达3.8万人。

龙岭是南康工业化、城镇化的主战场。2013年，物流商贸综合体项目征地1312亩，拆迁495户、拆迁面积21.8万㎡，迁坟668穴。汽车城项目完成征地801亩，拆迁369户、拆迁面积24.3万㎡，迁坟510穴。家具产业园一期全面完成征地拆迁任务，二、三期遗留问题得到有力解决，全年完成征地177亩，拆迁22户、拆迁面积9424㎡。国际建材板材城、污水管网延伸项目全面完成征地拆迁任务。同时，积极推进秀峰、马鞍岭和井坑安置点建设工作。成立了镇综合执法中队，强势推进“两违”整治工作。2013年度共查处两违264户、面积8.5万㎡，拆除143户、面积4.8万㎡.

2013年，龙岭镇社会事业取得全面进步。新建了李源、清田土坯房集中建设点，全镇共新建102户，维修加固419户。党管武装工作荣获全市一等奖，电子政务试点工作代表南康市顺利通过省级验收，扎实开展了家具企业火灾隐患整改工作，打造了邱边等一批党风廉政建设示范村。2013年被赣州市委、市政府评为作风建设模范单位。

国际建材板材城运营中

项目建设如火如荼

南康区蓉江街道

改造后的接官亭

城郊蔬菜产业

蓉江街道位于南康市主城区，是市委、市政府所在地，全境总面积约39平方公里，共辖8个社区居委会和11个行政村，总人口13.6万。街道区位优越、交通便利，市场繁荣，经济活跃。

2013年，蓉江街道紧紧围绕“提升经济实力、建设品质城市、加快城乡统筹、共创和谐文明”这一主线，扎实抓好经济发展、城市建设、城乡一体化建设、改善民生、干部作风建设五项工作，开创了蓉江振兴发展的新局面。个体工商户和私营企业突破6300家，农村的水、电、路等基础设施日臻完善，危旧土坯房改造扎实推进，旭山北路、康赤线拓宽等重点工程顺利完工，接官亭、岭背等城中村改造初步成功，各项民生工程深入实施，科教文卫等社会事业全面发展，社会和谐翻开了新篇章。

拓宽改造后的旭山北路

丰富多彩的社区文化活动

农村危旧土坯房改造

兴建的苏茅村老年公寓

唐江中学

“爱我唐中 兴我唐中”

在红色苏区赣州南康，有一片人杰地灵的热土；在江南千年古镇唐江，闪耀着一颗璀璨的明珠；在赣南教育光辉的史册上，永远隽刻着她的辉煌，她就是江西省重点中学——南康唐江中学。

走进唐江中学，醉人的花香扑鼻而来，校园里处处郁郁葱葱，鸟语花香。各项设施齐全，功能完善，学校占地面积79072平方米，建筑面积52625平方米。现有教职工255人，现有教学班68个，在校学生3998人。整个校园人文环境温馨和谐，随处可见的温馨提示、学生风采、名人名言是一部部真实可见可感的“教科书”，岭北园、兰苑、桂苑、竹苑、厚德石、博学石等无不体现了唐江中学深厚的校园文化，“文明礼仪”宣传长廊、中国传统文化教育走廊更是唐中人致力传承文明的见证。

近两年，高考屡创佳绩，一本、二本完成率雄踞全区榜首，学校被授予2013-2014学年度全区“教育教学质量评估先进单位”集体荣誉称号，让全区人民为之瞩目和振奋，为“重振唐中雄风”添上了浓墨重彩的一笔。

校长 吉金平

美丽校园 温馨家园

凝心聚力抓高考

越飞越高

南康区职业中等专业学校
南 康 区 第 四 中 学

校长 仲承全

校企合作洽谈会

多媒体机房

服装智能吊挂流水线

机械实训室

学校是区属公办职业学校，创办于1983年，是“国家级重点职业中专”、“国家中职教育改革发展示范校”建设学校；2007年，南康市委、市政府以学校为主体，创办了市农民学院；随后相继增设市农村党员创业培训基地、市创业人才培训基地。2014年8月，为做大南康区高中教育资源总量，缓解普通高中学校招生压力，南康区政府在学校院内设立了区属普通高中—赣州市南康区第四中学。

学校校园面积150亩，校舍3.5万平方米；新学期学校在全区范围内选调了二十多位优秀教师，师资力量显著增强，在编正式教师有142人。职业中专开设有“农经管理、机械、电子商务、财会、幼师、服装、电子”等多个专业，在校生千余人；农民培训开设了“服装、家具、电子、甜柚栽培、生猪养殖”等38个中、初级培训工种，以及农民创业班、农民企业家MBA课程班两个高级班，年培训农民6万人次以上；第四中学仅开设普通高中学历教育，第一年招生人数达到700余人。目前，学校形成了“多块牌子，一套人马”的管理格局，在全省率先创建了“学历教育与短期培训有机结合”的县域职业教育新体系。

学校秉承“学校与企业合作、专业与产业对接、学历与培训并举”的办学特色；

新的学期提出“规范管理，建设书香、仁爱、美丽、活力学校”的办学理念；创设金榜题名团队、技术报国团队、师爱如海团队、情满南康团队四大团队的教师队伍；校内实习实训室（含果园、苗圃）共计35个，仪器设备总值近3000万元；四中价值40多万元的教学一体机已全部安装使用。学校设施先进，教学楼、公寓楼、实训室、计算机室、多媒体教室、运动场一应俱全，完全达到既能办好职业中专又能做优普通高中的办学水平。

学校先后荣获过“全国教育系统先进集体”、“全国职业教育先进单位”、“江西省职业教育先进单位”等多项殊荣；新华社、人民日报、中国教育报、中央电视台等国内主流媒体先后报道学校办学情况。国家部委和省、市领导、专家多批次莅临学校视察、调研。

创新发展的南康三中

校长 王建明

区领导慰问优秀教师

赣州市南康区第三中学成立于2006年7月，是在江西省南康中学老校址上兴办的一所新学校。学校位于南康区泰康西路53号，占地面积105亩，现有教职工317人，其中特级教师1人，江西省骨干教师3人，高级教师110人，中级教师95人，现有初、高中教学班97个，在籍学生6400多人。

南康三中校园布局合理，教学、活动、生活区域功能明确，整体性强，环境优美，各项配套设施齐全，学校拥有综合大楼一栋，教学楼四栋，图书馆、科技楼、标准塑胶篮球场、综合性塑胶运动场等，每个教室均已装备多媒体教学设备，同时还装备多个标准计算机网络教室，学校电教中心、教师电子备课室、电视演播中心等设施装备一流，学校还配有校园网网管中心，建立了南康三中网站（http://www.jxnksz.net/），为学校开展丰富多彩的教育教学活动提供了充足的物质保障。

2014年，南康三中以实现“中国梦”作引领，以做强“江西省科技创新教育特色中学”为载体，在区委、区政府的正确领导下，认真落实“同城发展”战略，全体教职工大力弘扬“特别能吃苦、特别能拼搏、特别能创新、特别能攻坚、特别能奉献”的三中精神，全面提升教育教学管理水平，努力做强初中教育、做优高中教育，全面提升办学品位，努力把学校建设成为“办学条件优越、育人环境优美、教师队伍优秀、学生素质优异、管理手段优化、教学质量优良”的“一流学校”，促进学校和谐、健康发展。

军事夏令营活动

重温入党誓词

走进高三动员大会

群众路线教育实践活动

南康区第六中学

美丽整洁的校园环境

扎实有效的课堂改革

团结有力的班子集体

南康区第六中学原名金鸡中学，创办于1968年。现有教学班80个，学生人数5408人。学校秉承“厚德树人、自信共进”的发展理念，以“德智双全、身心两健、彰显个性、成就人生”为育人目标，以开展“讲文明、懂礼仪”、“我自信、我成功”、“日行一善”等主题教育活动为手段，以“落实名师工程、集体打磨课堂”、“实行小组合作、改革课堂模式”为措施，不断提升教育教学质量，引领师生共同成长。

近年来，学校先后荣获全国科学教育优秀实验基地、中国语文教育学会《导读导写》实验基地、江西省中小学德育示范学校、江西省安全文明校园、江西省教育系统“规范管理年”活动先进集体、江西省“素质教育月”活动先进集体、赣州市师德师风先进集体、赣州市人民群众满意学校、赣州市教育系统“十佳服务品牌”等多项荣誉。

南康区“十佳校长”黄巾

丰富多彩的校园生活

南康区第二小学

风光旖旎的芙蓉江畔，巍峨高耸的旭山脚下，一颗璀璨夺目的教育明珠熠熠生辉。这里环境优雅、青草茵茵、墨香浓郁、诚信满园；这里是梦想起航的地方；这里是孩子成长的乐园；这里是放飞希望的摇篮。这就是南康区第二小学。

南康二小现有学生2775人，共有38个教学班。学校实现教育现代化，办学行为规范化，管理精致化，教育质量和社会美誉度不断攀升，展现出优质学校的勃勃生机和持久活力。荣获江西省现代教育技术示范学校，是省级课题“文化立校”的实验基地，赣州市“文明校园德育示范校”，南康新课程改革“先进单位”，南康教育教学综合评估“先进单位”。

青年教师研讨课

首届校园文化艺术节

团结务实的领导班子

“广州名校展”助力工程走进二小

“梦之声•祖国颂”庆国庆合唱比赛

南康区第四小学

鸟瞰图

校长 黄先湖

南康区第四小学创办于2011年8月，学校现开设了53个教学班，有学生3708人，教师132人。学校设施一流，配有教学楼、科技实验楼、综合楼、食堂及标准化运动场等。

创校至今四年多来，学校坚持走特色发展之路，在内涵上下功夫，在特色上做文章。学校形成了以“心在哪里，幸福就在哪里”为文化主题，提出“幸福教育”的办学特色，倾力打造“幸福四小”校园文化和品牌。在2012、2013、2014年全国科技创新大赛上，学校开展的科技实践活动连续3年荣获全国一等奖，两次荣获“全国十佳科技实践活动”专项奖。学校先后被区教育局授予“综合评估先进单位”、“宣传报道工作先进集体”、“先进党支部”、“小学教学质量目标考评先进单位”、“工会工作先进集体”等。

学校科技实践活动剪影

第二届学校校园文化艺术节

教师毛笔字训练

江西鲲鹏家具有限公司

江西鲲鹏家具有限公司位于中国·中部家具产业基地—南康，成立于1992年，公司前身是南康双南木业，是一家集研发、生产，销售于一体的大型民用实木家具企业。公司拥有标准生产厂房，生产技术工人及管理团队成员100多人。

江西鲲鹏家具有限公司自成立就本着“质量第一、顾客第一、服务至上”并不断学习国内外成功企业的先进技术和管理理念，公司实木家具产品100%为纯实木，雅致精美的实木家具迎合了现代化家居生活的品味与享受，潮流与感观，以原生态的古朴、风情、自然、典雅设计于一体，充分体现了绿色、环保、健康的生活理念，将纯自然风情带给每一个家庭，满足了现代人亲近自然和安逸舒适的生活要求，纯正的实木文化元素，更是体现了家庭时代与众不同的档次和品味。经历20年辛勤耕耘、不断完善、提升的过程，逐步形成了重艺术品位、文化内涵、款式独特的产品风格。近年来，公司严格按照ISO9001国际质量体系认证标准，采用国内外先进的流水线设备，产品追求个性化、品位化、多元化的发展战略。

江西林海家具有限公司

林海家具是一家集设计、制造、家具销售为一体的综合家具企业，所生产的实木家具全部选用进口橡木精装而成。橡木纹理美丽、质地细密，有山形的木纹、良好的触感，最适合制造实木家具。公司经过十几年的发展，兼容并蓄，在发展橡木文化与养生文化的同时，吸取前沿时尚设计理念和先进制造工艺，不断创新，制造出适合中国居家生活追求和审美取向的橡木家具。

林海家具产品始终秉承绿色、健康、环保的企业理念，坚持时尚的设计、精细的做工，并在设计上充分体现现代和古典艺术的完美结合，充分体现您高贵、典雅的非凡品味。

江西兴隆芳华家具有限公司

本公司创办1996年，是一家专业生产高档实木家具的企业，集设计、生产、销售、服务一体化的大型企业，企业员工335人，其中管理人员56人。企业拥有8万3千平方米的家具生产基地和国内现代化生产家具的先进机械设备，拥有一批强大集生产、设计、营销为一体的工作团队。

企业坚持不懈地在创新开拓市场上下苦工；使企业在2001年度获得消费者信得过企业；2003年获得产品信得过单位；2010年获得中国知名品牌，全国用户满意品牌，中国绿色环保产品，国家竹木产品质量检验合格；2011年被评为中国中部实木家具十大品牌，中国家具协会理事单位，省家具协会常务理事单位，市守合同重信用，荣获市级龙头企业，江西省著名商标，赣州市知名商标，中国家具行业十佳实木品牌，中国家具行业最具竞争力品牌，中国家具行业最受消费者欢迎品牌，创新型企业，企业通过ISO-9001：2008质量管理体系认证，ISO-14001:2004环境管理体系认证，2013年荣获江西名牌产品、江西省守合同重信用AAA单位、江西省规模企业称号、优秀实木家具企业奖，江西名牌战略促进会“理事单位”。2014年被评为产品质量跟踪定点服务企业、诚信经营单位、家具质量守信企业。

江西优邦家具有限公司

江西优邦家具有限公司是一家专业生产江西南康品牌实木家具的生产厂家，公司最早成立于2002年10月，拥有标准化生产厂房，生产技术工人300多人，年生产过亿的江西南康实木品牌家具专业供应商。

江西优邦家具有限公司集研发、生产、营销、服务为一体的大型综合性家具生产企业，拥有大规模现代化生产基地，先进的家具生产流水线及高素质的专业技术人员。产品选用优质环保的原辅材料，企业从原材料采购、生产流程、售后服务等各个环节制订了完整的质量控制体系和企业标准。发扬“视设计为企业灵魂，视质量为企业生命”的精神不断为社会制造精品家具、提供专业服务、创建人才发展平台。本着“以人为本”的家具设计理念，生产出洋溢现代风范的高品质产品。聘请家具设计名家和生产总监，以洗练考究、简洁实用的设计风格与工业化的生产完美融合。致力于将优邦家具打造成为中国家具行业的领军企业！

优邦家具在全国范围内建立了广泛的销售网络，产品远销海外。通过诚信经营，持续创新，以“全心全意为消费者服务”作为企业宗旨、企业文化，打造中国环保第一品牌，引领潮流。

南康区朱坊中心卫生院

朱坊中心卫生院位于南康区朱坊乡朱坊圩健康路1号，是城镇职工（居民）基本医疗保险、新型农村合作医疗保险定点医疗单位，为一级甲等医院。服务人口约4万人。

院长 李德平

医院共有在职职工33人。其中，卫生技术人员28人；中级以上职称4人；大专以上学历18人。占地面积2900平方米，医疗及辅助用房建筑面积2061平方米，开放床位40张。

医院拥有200毫安—X光机、B超、乳腺诊断仪、全自动生化分析仪、全自动血液分析仪及尿液分析仪、心电图机、电频手术刀、麻醉机、心电监护仪等一批较先进的医疗设备。医院为辖区居民提供医疗、预防、保健、康复、健康教育、计划生育技术指导等服务。

医院始终坚持一切以病人为中心、全心全意为患者服务的宗旨。把患者满意当作永恒的追求，把科技兴院作为不懈的目标，把发展作为医院的第一要务，努力地把医院办成老百姓自己的医院，着力解决老百姓“看病难”、“看病贵”的问题。

报账

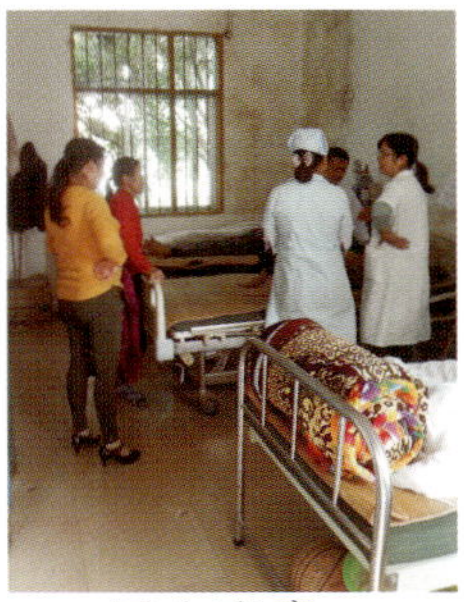
医生查房

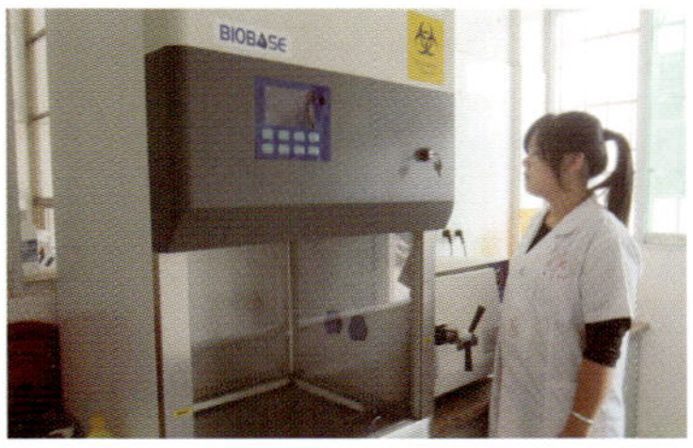
新设备

医院大楼

南康金鸡医院

南康金鸡医院位于南康泰康东大道，东山公园旁。是一所非营利性医院，是新型农村合作医疗和城镇职工医保定点医院。开设内科、外科、妇产科、儿科、口腔科、中医科、康复科等临床科室。有检验、B超、心电图、放射等辅助科室。拥有迈瑞血细胞分析仪、科华全自动生化分析仪，翔生B超、心电图机、200mAX光机、多功牵引床、中低频治疗仪等仪器设备。救护车24小时接诊。

内儿科：诊治上道呼吸感染、慢性支气管炎、肺心病、高血压、心律失常、慢性胃炎、消化性溃疡、慢性肝炎、肝硬化、急慢性肾炎。

外科：清创缝合、体表肿瘤切除、阑尾、疝气、痔疮手术。

妇产科：常见妇科炎症，如阴道炎、宫颈炎、宫颈糜烂、月经不调；计划四项手术，如结扎、引产、人流及放置、取出宫内节育器。

口腔科：口腔内科、口腔外科、口腔修复、口腔正畸、口腔预防保健。

颈肩腰腿痛特色专科：不打针、不辅以牵引，运用小针刀治疗颈椎骨质增生、颈椎间盘突出、肩周炎、腰椎骨质增生、腰椎间盘突出引起之颈肩腰腿痛，疗效独特。

康复科：集物理治疗、针灸、拔罐、刮痧、艾灸、推拿、按摩于一体的综合性治疗室。主治骨质疏松、中风偏瘫、各种周围神经损伤、三叉神经痛、坐骨神经痛、颈腰椎病等。

咨询电话：0797-6632864 6637120

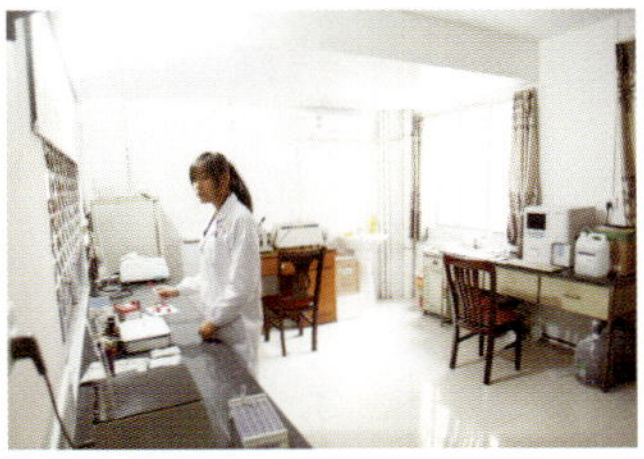
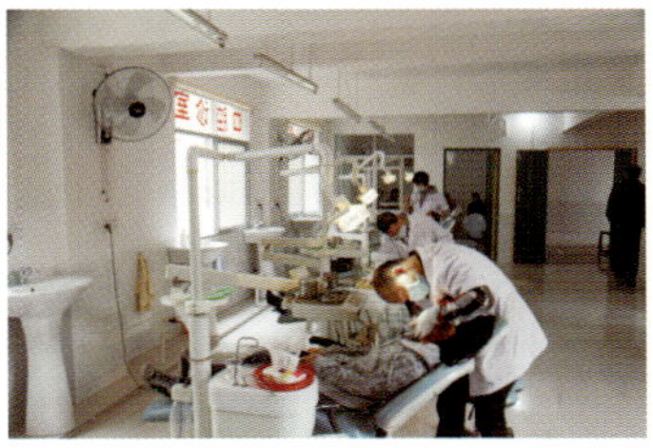
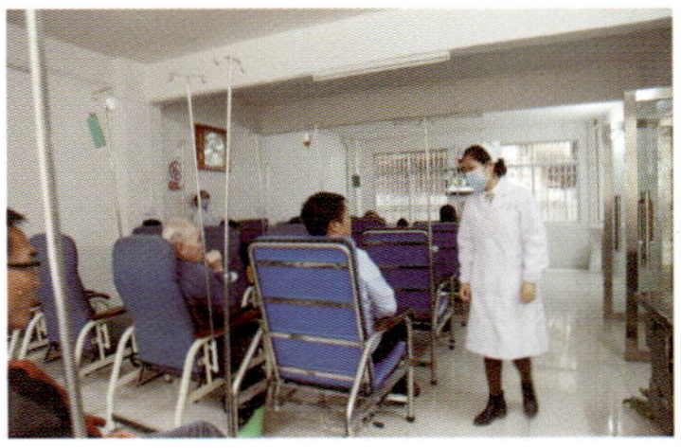

赣南骨科 GAN NAN GU KE

南康市骨创伤医院

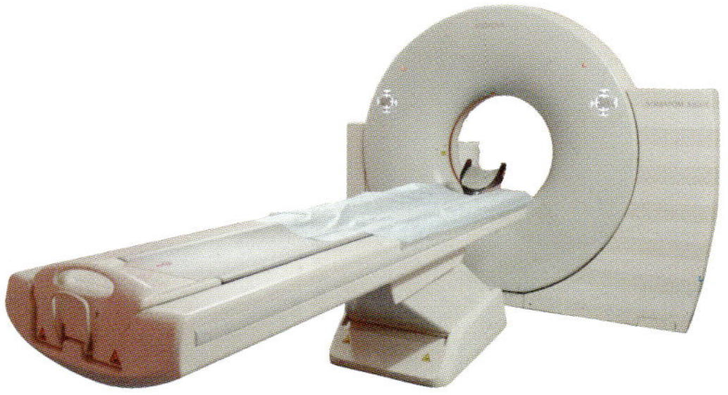

西门子螺旋CT

南康市骨创伤医院创建于2002年5月,是一家以"创伤骨科,手外伤,风湿与骨质疏松症"为专业特色,以"人本主义,全信息化,换位思考"为管理特色的大专科小综合性医院,现有病床130张,职工110余人,中高级职称以上的有20人.

医院的医疗设备有：德国西门子双排螺旋CT、核磁共振、进口施乐辉关节镜、进口富士数字X光（DR）、意大利进口双能X线骨密度仪、阿洛卡3500三维彩超、全自动生化仪、北琪射频控温热凝治疗仪、多功能麻醉机、动态心电图、各种薰蒸治疗仪以及一大批康复理疗设备。

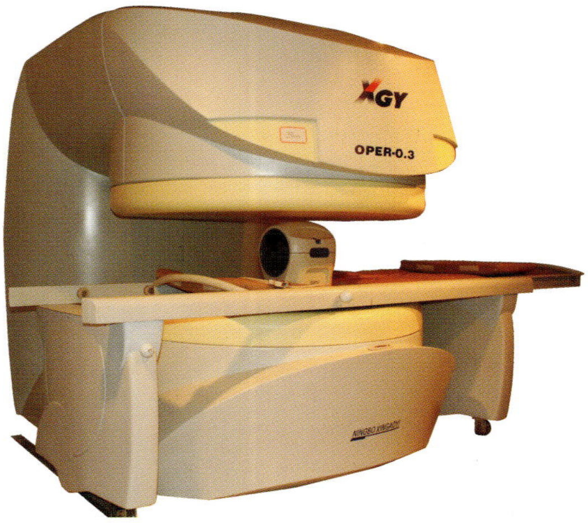

核磁共振

医院微信公众平台
健康热线：0797-6638120
急救热线：0797-6636120

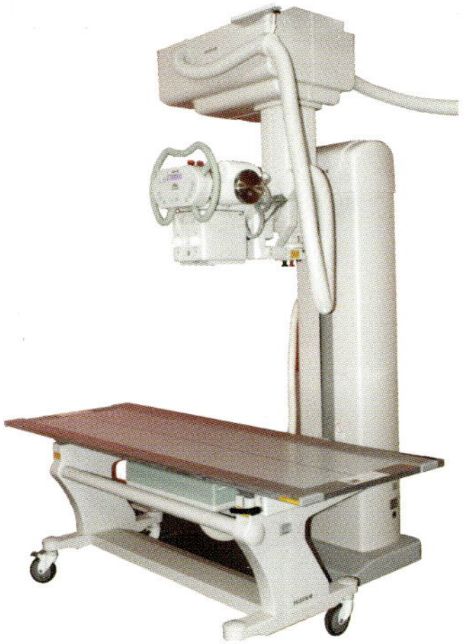

富士DR

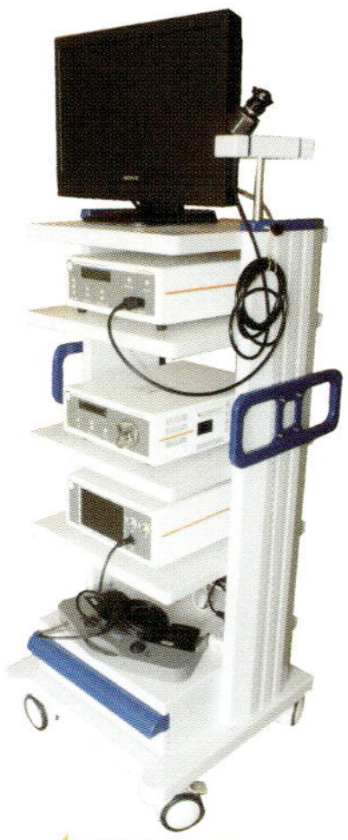

关节镜

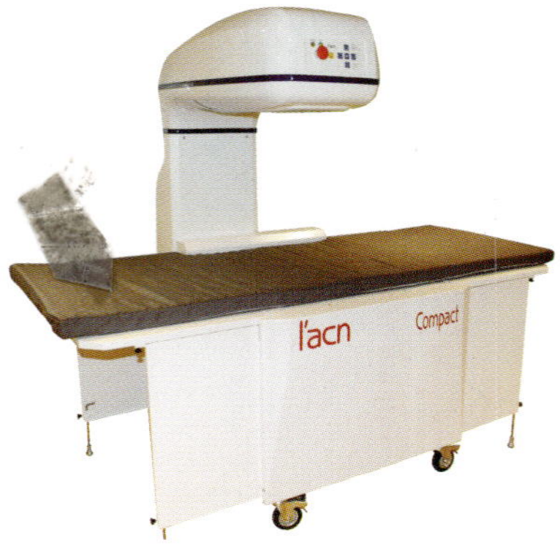

双能X骨密度仪

医院地址:江西省赣州市南康区东山南路16号(东山公园正对面)

赣州方向坐115路公汽到东山公园站下车即到，市内公交1路/6路均可到东山公园站下车即到

龙回中心卫生院

龙回中心卫生院位于南康区龙回镇龙回圩12号，交通便利，是南康区7家中心卫生院之一，是职工保险、城镇居民医疗保险、新型农村合作医疗的定点机构。始终坚持“救死扶伤、全心全意为人民”的服务宗旨，不断强化科学管理，狠抓医德医风建设，严把医疗安全和医疗质量关，保障了一方群众的健康平安。

龙回中心卫生院大门

医院环境优美整洁，收费合理，科室齐全，设备先进。拥有带工作站B超机、心电图机、白球分析仪、尿十项分析仪、全自动化分析仪、心电监护仪、新生儿抢救辐射台等，医院新建住院大楼一栋，新病房、产房装修一新，带空调卫生间。

门诊楼

妇产科

医院技术力量雄厚，医务人员40余人，其中中级职称4人，先后选送多名医务人员在省、地、市级医院进修学习。能提供常见病多发病的诊疗服务，常年开展公共卫生服务，引导全体居民树立健康行为方式及生活习惯，不断为人民健康提供知识与技术支撑，为人民健康和经济建设保驾护航。

南康区镜坝卫生院

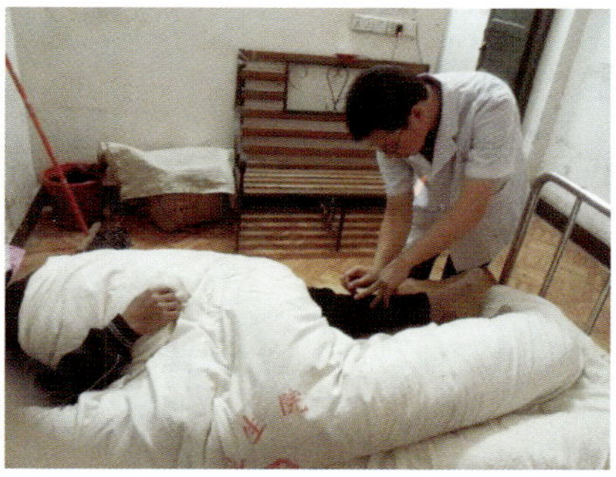

南康区镜坝卫生院位于南康的中南部、康唐公路旁。是一所非营利性公立医院，是新型农村合作医疗和城镇职工医保定点医院。开设内科，外科，妇产科，儿科，中医等特色临床科室。有较先进的自动化检验设备。彩超、心电图、多普勒、500mA X光机等辅助科室。拥有全市著名的医学专家和一大批全国各大医学院校毕业的优秀医生，人才梯队已经形成，医疗水平不断提高。

中国民生银行赣州南康支行

2014年3月6日，中国民生银行赣州南康支行举办开业庆典

2014年6月15日，中国民生银行赣州南康支行全行员工合照

中国民生银行是中国首家主要由非公有制企业入股的全国性股份制商业银行，成立于1996年1月，先后在上海证交所及香港证交所挂牌上市。中国民生银行赣州南康支行于2014年3月6日正式开业，开业当日各项存款突破14亿，各项贷款突破11亿元，存、贷款规模均刷新当地股份制商业银行开业记录，显示了强劲的发展势头。

目前，中国民生银行赣州南康支行下设两个小微团队、一个厅堂团队、两个小区支行，现有员工29人。民生银行南康支行积极响应政府号召，大力支持地方经济发展和建设，结合自身产品优势，推出了商贷通、鲁班贷、手机银行、理财等核心产品，主动融入家具、服装、矿产、房地产等行业，为南康各个行业的小微企业主提供更快捷、更专业的服务。

营业地址：南康区天马山大道9号文化艺术中心B座一楼；

咨询电话：0797-6557088。

2014年9月22日，中国民生银行赣州南康锦绣城社区支行开业

2014年3月14日，南昌分行行长朱东勇拜会南康区人民政府副区长赖联春

营业厅

2014年6月23日，中国民生银行赣州南康支行举办财富大课堂

担当社会责任 做最好的银行

中国银行南康支行

江西省中行傅正辉行长、赣州市分行程学文行长在南康中行调研座谈

江西省中行傅正辉行长亲临南康中行调研指导工作

中国银行南康支行认真贯彻省、市分行2014年工作会议精神，围绕“拓客户、调结构、控风险、强队伍”工作主旨，秉承“张弛有度、发展有方、内控有效、执行有力”的企业文化，充分发挥产品优势、队伍优势、当地区域优势，实施资产业务带动、营销推动及重点项目拉动等多措并举的发展策略，充分发挥重点支行的带动作用，继续实施人民币存款、客户基础、内控和文明优质服务四个“一把手”工程，着力推动改革创新和转型发展，着力提高经营效益和发展质量，着力激发内生动力和竞争活力。

江西省中行钟鼎礼副行长、赣州市分行程学文行长等领导亲临南康中行授牌

中国银行南康支行积极响应南康市委、市政府号召，大力支持地方经济发展和经济建设，主动融入家具、服装、矿产、房地产等行业，创新思路、积极拓展，打造了“微型金融服务”、“商户小额银保贷款”、“家俱通宝”等特色产品，有效拓宽了当地企业融资渠道。支持当地贷款近20亿元，支持授信企业70多户。

省、市分行贷款审批人深入企业调研

中国银行南康支行将继续紧跟省市分行发展步伐，以“资产业务带动，营销推动及重点项目拉动”的发展模式，以“控风险、扩客户、抓负债、带队伍”为工作方针，结合市场实际，乘势而上，顺势而为，扎实推进“市场份额持续提升，资产负债规模赶超同业，系统内争创第一，做当地最好银行”四大目标。

宽敞整洁的中行营业大厅

2014年1月13日上午，中共南康市委五届七次全体（扩大）会议召开。徐兵、何善锦、余学明、曹子海、韩水生、彭秀生、熊惺、庄平、黄琨、严国雄、钟旭辉、陈钰滢、沈光泽、赖联春、王纪恩等出席。

2014年2月25日，赣州市南康区揭牌仪式在南康行政中心大楼前举行。

2014年2月27日上午，赣州市南康区第一届人民代表大会第一次会议在文艺术中心隆重开幕。

2014年2月26日上午，中国人民政治协商会议赣州市南康区第一届委员会第一次会议在文化艺术中心隆重开幕。

2014年10月25日，刘蒙将军（左四刘伯承元帅之子）到南康百家姓和谐城了解姓氏文化。

荣誉证书

《南康年鉴》(2012年卷) 获第七届全国年鉴编校质量检查评比三等奖。

特发此证，以资鼓励。

中国出版协会年鉴工作委员会

二〇一二年八月二十六日

全国方志

先进集体

中国地方志指导小组

二〇〇五年十二月

获奖证书

南康年鉴(2009)

荣获全国地方志系统第二届年鉴评奖二等奖。

特颁此证，以资鼓励。

中国地方志指导小组办公室　中国地方志协会

二〇一〇年十一月

荣誉证书

《南康年鉴》(2011年卷) 获第六届全国年鉴编校质量检查评比三等奖。

特发此证，以资鼓励。

中国出版工作者协会年鉴工作委员会

二〇一二年八月三日

南 康 古 桥

大坪乡蒋坑村橡棋湾石拱桥

凤岗镇长江村石拱桥

横市镇新坑村洞下石拱桥

大坪乡上洛村景福桥

隆木乡小东村加口石拱桥

麻双乡东排村荷包陂石拱桥

麻双乡里若村龙尾桥

坪市乡永安桥

四眼桥

目 录

南康市人大常委会

南康市人民政府

政协南康市委员会

纪检·监察

民主党派·人民团体

政　法

军　事

经济管理

农 业

工　业

交通·邮政·通信

城建·环保

财税·金融·保险

贸　易

教 育

文　化

科技·体育

卫生医药

社会生活

人物·荣誉

乡镇简介

附　录

索　引

特　载

中共南康市委常委会 2013 年工作报告

2013 年是全面贯彻落实党的十八大精神开局之年，是实施“十二五”规划关键之年，是赣南苏区振兴发展全面加快推进之年。一年来，在省委、赣州市委的正确领导下，市委常委会团结带领全市党员干部群众，以邓小平理论、“三个代表”重要思想、科学发展观为指导，认真贯彻落实党的十八大、十八届二中、三中全会精神和习近平总书记系列重要讲话精神，围绕振兴发展这个主题，紧扣“发展升级、小康提速、绿色崛起、实干兴赣”方针，树立发展为先、生态为重、创新为魂、民生为本理念，践行“主动融入都市区，提速提质促发展，千方百计惠民生，真抓实干兴南康”路径，合心合力破难题，全心全力创新业，经济建设、政治建设、文化建设、社会建设、生态文明建设和党的建设取得了新进展，城乡面貌和干部群众的精神风貌发生了新变化。特别是国务院批复同意南康撤市设区，成为了南康发展进程中具有深远意义的一个里程碑，标志着南康发展翻开了崭新的篇章。

回顾一年来的工作，主要有以下几个特点：

——创新思维“作决策”，不断完善提升思路，振兴发展开辟了新局面。“主动融入都市区，提速提质促发展，千方百计惠民生，真抓实干兴南康”把南康的发展理念和战略提升到了一个新的水平。特别是把“主动融入都市区”作为首要任务，坚持先行一步、先手布局、先入为主，为争取过渡期政策赢得了先发优势，得到了赣州市委、市政府过渡期的政策支持，为南康将来很长一段时间的持续平稳发展提供了最重要的保障；把“提速提质促发展”作为核心内容，把“工业强市”放在更加突出的位置，同时大力加快城乡发展一体化，促进了经济总量和发展质量的“双提升”。实践证明，市委提出这些既延续历届市委好的思路和做法，又根据发展变化的实际充实了新内容、赋予了新内涵的发展思路，是完全正确的。

——统揽全局“抓大事”，着力破解难点节点，各项工作取得了新突破。失地农民保障制度、项目建设安置点先行、提高房屋重置价等群众长久期待的改革举措一一落实，表明了我们让利于民的立场；交通路网、征地拆迁、工业平台等制约发展升级的瓶颈问题实现历史性大突破，展示了我们主动攻坚的决心；信访维稳事件较多、舆情网事声音较杂、消防安全压力较大等影响社会稳定的无序局面得到扭转，体现了我们破解难题的能力。实践证明，市委总揽全局、协调各方，敢于担当、攻坚破难的坚强、科学领导，是事业大踏步迈进的有力保证。

——率先垂范“带队伍”,全面弘扬实干作风,干部素质实现了新提升。组织“学报告、议市情、谋发展”大讨论,先行一步、边学边改开展“四风”问题自查自纠,狠刹乡镇干部“走读”之风,选调后备干部到征地拆迁和信访维稳工作一线锻炼培养、考察识别,严格“三送”督查倒逼干部作为,干部队伍推动工作的责任心显著增强、攻坚破难的能力极大提升。实践证明,市委以身作则、率先垂范带班子建队伍是有力的,南康干部队伍奋发进取、苦干实干推进工作落实是过硬的。

一年来,我们集中精力主抓了以下具体工作:

一、在深入学习贯彻习近平总书记系列重要讲话精神中深化市情认识,进一步理清了振兴发展的方向思路

市委强调,确保全市上下在思想上、政治上、行动上与以习近平同志为总书记的新一届党中央保持高度一致,是市委的首要政治责任;在理性分析形势、充分把握市情的基础上,进一步完善提升发展思路,是市委的基本能力体现。一年来,我们始终坚持深入学习贯彻党的十八大、十八届二中、三中全会精神和习近平总书记系列重要讲话精神以及省委十三届七次全会精神,并做到学以致用、知行合一,在学习贯彻的同时进一步深化市情认识,全面完善和提升发展思路,不断把学习贯彻的过程转化为武装头脑、统一思想的过程,转化为解放思想、开阔视野的过程,转化为提升能力、解决问题的过程,转化为指导实践、推动工作的过程,为全面加快推进南康振兴发展把握了正确方向、凝聚了社会共识、提供了强大动力。

1.*学习上级精神,把握发展方向*。把学习贯彻党的十八大、十八届二中、三中全会精神和习近平总书记系列重要讲话精神以及省委十三届七次全会精神作为首要政治任务,市委一班人先学先行,通过召开常委会、中心组理论学习会、市四套班子联席会等,做到原原本本学习、紧贴实际贯彻。同时,通过组织宣讲团、“三送”干部深入基层一线广泛宣讲、新闻媒体开辟专题专栏、举办专题研讨班等形式,教育引导全市干部群众全面把握、准确领会精神实质,保持政治坚定性,增强改革自觉性,提高发展积极性,以高度的思想自觉、政治自觉、行动自觉,坚定不移沿着中国特色社会主义道路前进,牢牢把握全市各项工作的正确政治方向。

2.*把握基本市情,理清发展思路*。按照党的十八大“把握发展规律、创新发展理念、破解发展难题”的要求,特别是结合贯彻落实省委十三届七次全会精神,理性分析南康振兴发展面临的新形势,找准融入赣州都市区势在必行、经济发展方式不转不行、与全国同步全面建成小康社会任务艰巨、干部作风亟须提升等关键节点问题,在广泛调查研究、充分征求意见、科学论证完善的基础上,于市委五届六次全会提出了“主动融入都市区,提速提质促发展,千方百计惠民生,真抓实干兴南康”的发展路径,明确了“把南康建设成为赣州都市区核心增长极和宜居宜业的活力新城”的发展目标。之后,又结合贯彻落实党的十八届三中全会精神,在吃透中央、省委、赣州市委有关政策,摸清自身底数的基础上,着手研究制定“1+N”系列实施意见,提出全面深化改革的总体思路、重点任务和工作举措,明确时间表和路线图。此外,主动策应撤市设区的要求,加强调查研究、积极沟通衔接,适时调整了规划理念、优化了项目布局、创新了体制机制。这些对南康发展思路的完善和提升,贯彻了中央、省委和赣州市委精神,切合了南康实际,顺应了全市上下强烈的发展愿望,在具体的工作中已成为全市上下加快发展的共识、大干苦干的动力、共同奋斗的追求,成为了推进振兴发展的强大力量。

二、在转变发展方式中优化经济结构,进一步壮大了振兴发展的核心实力

市委强调,欠发达、后发展仍然是南康最大的市情,加快发展仍然是解决我们所有困难和问题的关键,转型升级已经成为当前最紧迫的课题。一年来,我们始终坚持发展为先、发展为重、发展为上,按照“稳中有进、稳中有为、稳中提质”的要求,关键抓项目,核心抓产业,全力抓改革,重点抓城乡,着力在扩张总量中优化结构、在创新发展中推动转型,打造南康发展“升级版”的步伐加快。在宏观经济下行压力加大的情况下,绝大部分主要经济指标保持“两位数”增长,增幅高于省、赣州市平均水平,财政总收入、公共财政收入、500万元以上固定资产投资等主要经济指标更是实现“2字头”的高位增长。全年实现生产总值135亿元,增长11%;财政总收入18.4亿元,增长22.7%,财政总收入占GDP比重达13.6%,税性收入占财政收入比重达85.5%,其中公共财政收入13.5亿元,增长23.5%;500万元以上固定资产投资100亿元,增长28.8%；地方规模以上工业增加值56亿元，增长14.5%。

1.项目建设提档升级。以项目建设为龙头，大力实施项目带动战略，项目建设作为投入之源、增长之源、后劲之源的积极作用有效发挥。一是争取项目的成效更加明显。紧抓赣南苏区振兴发展、罗霄山片区扶贫攻坚的重大机遇，全面提升政策转化、项目集成和资金汇聚的水平，全年争取国家、省级投资项目136个，争取用地指标6096亩，争取资金15.7亿元。对接并争取了中电建、中节能2家央企进驻，投资总额23亿元；中国民航局、中国证监会对口支援有序开展，其中中国民航局明确表示安排1208万元补贴资金，并将在安全专项、节能减排资金安排上加大扶持力度；先后争取了国家开发银行直贷县(市)等一批政策和项目，列入省重点调度项目8个，列入省战略性新兴产业重大推进项目5个。二是推进项目的措施更加有力。组织实施了108个、总投资达315亿元的重点项目建设，共有98个项目开工，开工率达90%，完成投资86.5亿元。从中筛选重中之重的31个项目，组织开展了重点项目建设攻坚年活动，按照“落实责任、强化措施、挂图作业、倒排工期”的要求，实行“每月一督查一考评”，举全市之力加以推进。三是承载项目的平台更加优化。按照专业建园的要求，重点推进龙岭工业区扩园，重点推进家具产业园、龙华工业园、镜坝工业园、龙回工业园等园区平台建设，园区建设生态化、集聚化、配套化和特色化等特点得到彰显，承载项目的能力快速提升。南康工业园经省政府批准更名为“南康经济开发区”，被列为省级经济开发区。

2.产业发展提质增效。以优化产业结构为目标，着力推进产业集聚和优化升级，提升产业竞争力，以农业为基础、以工业为支撑、以服务业为驱动的现代产业体系日趋成型。一是工业迈出新步伐。把“主攻工业”作为第一战略，分别出台了加快工业主导产业转型升级、培育骨干企业的思路措施和优惠政策，家具、矿产品、电子、服装等工业主导产业加快发展。严查家具企业非法供电，狠抓家具生产消防安全，着重引进涂装、烘干、物流、原材料供应等产业链企业，加快建设国家级家具检测中心，被国家质检总局授予“全国实木家具知名品牌创建示范区”，成为我国家具行业首个国家级知名品牌创建示范区、江西省首个知名品牌创建示范区、赣州首个商标战略示范园区；南康家具博览会成功升格为国家林业局和江西省政府主办；新增11家家具企业进入国家规模以上统计范畴，新增51家家具企业成为一般纳税人企业。以龙华工业园为平台，以开源矿业澳斯麦特炉精锡技改项目为龙头，突出发展了铜铝有色金属加工和资源综合回收利用产业。以高新技术产业和终端应用产品为导向发展电子产业，对德普特科技等高新技术企业的扶持力度进一步加大，广东中山节能照明企业抱团转移发展的成效初步显现。积极鼓励服装企业二次创业，重点扶持康意服装等企业走创意发展之路，服装产业的创新研发能力和产品档次有新提升。二是农业取得新成效。以工业的理念抓农业生产，“龙头企业+农民合作社+生产基地+农户”等农业产业化经营模式广泛推行。稳定了粮食生产，确保了粮食安全，全年粮食种植面积61.3万亩，总产量23.7万吨，成功创建了全国粮食流通监管示范单位；巩固提升了甜柚、生猪两大农业主导产业，果业新开发面积6000亩，出栏生猪83万头；优质稻、蔬菜、花生、油茶等区域特色产业在种植面积规模、产品质量档次等方面有新进展。三是现代服务业实现新突破。积极参与赣州都市区产业分工，充分利用区位优越、交通发达、周边人口密集的优势，加快发展现代物流业，货运物流产业绿色通道等多项优惠政策相继出台，国际物流商贸综合体开工建设；创新发展现代金融业，策应赣州金融改革试验区建设，启动了金融中心项目的规划建设工作；大力发展旅游业，以恐龙文化产业园为平台，与外商达成意向协议，着力把南山森林公园打造成集科普教育、健身养生、旅游度假、游乐休闲为一体的国家5A级旅游景区；培植发展汽车贸易产业，汽车城项目征地拆迁进展顺利，将打造赣州乃至全省规模最大、功能最全的汽车市场；着手发展电子商务业，家具电子商务异军突起，家具电商企业超300家。

3.改革开放提速跨越。以贯彻落实党的十八届三中全会精神为契机，不断适应新形势、新任务、新要求，打开“心门”、走出“山门”，全面深化改革，着力扩大开放，改革开放呈现崭新局面。一是改革创新深入推进。深化行政管理体制改革，“两集中、两到位”为主要内容的行政审批制度改革全面推进，“依托电子政务平台加强县级政府政务公开和政务服务”国家级试点工作深入开展。深化金融体制改革，发挥了城发公司、工投公司等融资平台的作用，完善了政银企合作平台和激励机制，推进了“财园信贷通”、互助合作基金组织抱团融资等金融产品创新。健全集体土地上房屋拆迁补偿安置办法，实行重置价补偿，坚持安置点先行规划建设，大力推进“阳光”拆迁。充分利用低丘缓坡综合开发利用试点、城乡建设用地“增减挂”等政策，加快盘活闲置存量土地，用地难问题得到缓解。二是对外开放日益深化。适应经济全球化新形势，充分利用《若干意见》执行西部大开发政策的优势，出台了鼓励投资促进开放型经济发展的有关政策。突出招大引强和招新引优，积极参加中国光彩事业赣州行活动、央企入赣投资合作洽谈会、赣台会、赣州(香港)经贸合作活动等招商引资活动，提高招商引资实效，共签约合同项目7个，投资总额105.6亿元。三是民营经济发展活跃。及时梳理编制支持民营企业发展的各项优惠政策并加以广泛宣传，为民营经济发展营造了良好的政策环境和舆论氛围。深入调查研究，积极搭建平台，民营企业融资难、用地难等问题有效缓解。优化服务方式，扎实推进“中小企业成长工程”，扶持50家有实力的成长性民营企业做大做强。全市民营企业从业人数28万，占全市就业人口的80%；民营经济实现税收13.5亿元，占全市财政总收入的73.3%。

4.城乡建设提质扩容。以撤市设区为动力，突出人的城镇化，通过理念创新、机制创新和方法创新，促进了城乡的同步规划、同质建设、同效管理，推动了城乡的同发展共繁荣。全市城镇化率41.8%，比上年提高1.8个百分点。一是城市品质有提升。突出与《赣州都市区总体规划》的融入和对接，完善规划编制，抓好规划实施，强化规划管理，城市控制性详规覆盖率达93.7%。大广高速南康南出口及连接线工程加紧实施，东山北路、旭山北路等9条“断头路”基本打通，体育公园等重点项目建设扎实推进，供水、供电、供气、照明、污水处理等市政基础设施日渐完善，城市建设品质更加接近赣州都市区标准。深入开展“治脏、治乱、治堵”活动，城区市容市貌、环境卫生、交通秩序进一步好转。坚持“疏堵结合”和“治旧控新”原则，出台《南康市城乡个人建房管理办法》，规范城乡个人建房行为，有效遏制了“两违”蔓延势头。二是城镇功能有提升。围绕“功能分区明晰、空间布局合理、设施配套完善、商住环境一流”的总体要求，乡镇规划建设管理体系逐步完善，人口、产业和基础设施等要素加快向城镇集中，横市、唐江、赤土、龙回等类型多样、功能完备、各具特色的一批中心城镇发展壮大，辐射带动了其他乡镇和农村腹地的发展。横市、唐江被列为江西省首批百强中心镇，横市被列为赣州市示范镇。三是乡村面貌有提升。高标准推进了北部乡镇、大广高速唐江枢纽以北沿线、赤土—横寨等3条富裕和谐秀美乡村示范线建设，全面铺开了192个村庄整治点建设，横市增坑、坪市小安、大坪上期等一批集农业产业园、农民美好家园、旅游观光园为一体的综合示范点初步成型，农村生产生活条件和人居环境全面改善。

三、在保障和改善民生中促进社会和谐，进一步优化了振兴发展的氛围环境

市委强调，没有民生的切实改善，没有福祉的切实增进，就没有全面小康的同步实现。一年来，我们始终坚持把人民幸福作为一切工作的出发点和落脚点，在大力发展经济的同时，以保障和改善民生为重点，统筹推进社会建设，努力让最广大人民群众得到更多实惠，使社会大局更加和谐稳定。

1.民生保障不断强化。从群众最关心、最直接、最现实的利益问题入手，坚持把更多的财力向民生事业倾斜，全市民生支出23.8亿元，占财政总支出的72%。实施积极就业政策，千方百计扩大就业和再就业，全市城镇新增就业人员1.3万人，城镇登记失业率控制在3.6%以内。出台了完全失地农民养老保障实施办法，养老、失业、医疗、工伤和生育保险运转平稳且覆盖面不断扩大。城乡低保救助标准逐步提高，临时救助、医疗救助、教育救助等专项救助和自然灾害应急救助覆盖城乡。新建保障性住房3220套，全面完成28022户农村危旧土坯房改造任务，有效解决了城乡困难群体住房问题。总投资3.8亿元的中北部城乡供水一体化项目开工建设，将解决近10万人安全饮水问题。以整村推进、产业扶贫、“雨露计划”和移民搬迁等为手段，大力推进扶贫开发工作，27个省定贫困村整村推进工作富有成效，3.7万人实现脱贫。

2.各项事业协调发展。把教育作为事关未来发展的重大基础性工作来抓，筹资1.3亿元用于实施校安工程、农村义务教育薄弱学校改造工程等项目，赣州职业教育园区项目建设全面启动，优化了教育资源布局；提升了教育教学质量，中、高考成绩继续保持赣州市领先优势，共有4人考取清华、北大。医药卫生体制改革有序推进，基本药物制度基本实现广覆盖，继市一医院和中医院整体搬迁后，市妇保院整体搬迁工程开工建设，健康教育、妇幼保健、疾病防控等城乡医疗卫生服务水平全面提高。积极推进国家公共文化服务体系创建工作，市文化馆、图书馆、博物馆和乡镇综合文化站实现免费开放，打造了10个高标准文化特色新村，文化资源城乡共享新格局初步形成。全国科普示范县(市)创建成果得到巩固，专利申请量、授权量分别居全省首位，成立了全省第一个知识产权维权援助中心县级工作站，被评为全国县(市)科技进步考核先进县(市)。

3.社会治理全面加强。突出抓好维护社会和谐稳定的源头性、根本性、基础性工作，社会治理体制逐步完善，为发展创造了良好的环境氛围。对全市80多件重大决策事项进行了社会稳定风险评估，健全了社会矛盾纠纷动态排查、化解、稳控、处置“四位一体”工作机制，建立了市矛盾纠纷调解中心，源头防范的措施不断增强。着力畅通群众利益诉求表达渠道，明确市委班子成员的主管责任、分管责任和挂点责任，市委班子成员带头落实领导坐班接访、包案化解信访积案等制度，强化乡镇(街道)信访维稳工作的属地管理责任，有效化解了一批影响全市稳定的突出矛盾和信访问题。推进了非公企业服务管理试点，铺开了社区矫正工作，加强了对流动人口、刑释解教人员、重点青少年群体等特殊人群的服务管理，突出了社区网络化管理，社会治理创新工作稳步推进。深入推进平安南康建设，严厉打击严重暴力犯罪、侵财性犯罪等各类违法犯罪行为，社会治安形势明显好转。严格落实安全生产责任制，深入开展非煤矿山、道路交通、森林防火、建筑施工、食品药品、家具行业等重点行业领域的安全生产专项整治活动，形成了较为完善的安全监管保障体系。

4.生态环境逐步改善。坚持生态底线，积极探索循环发展、绿色发展、低碳发展之路，环境对经济发展的支撑能力进一步增强，对社会和谐的贡献度进一步提高。全面推进“森林城乡、绿色通道”工程建设，大力实施长防林、退耕还林、生态公益林等工程建设，加强森林资源管理，实际完成造林1.83万亩，全市森林覆盖率达60.82%。严格落实耕地和基本农田保护责任制，全市耕地保有量和基本农田保护实现面积不减少、质量不降低。通过开展专项环保行动，较好地确保了犹江、章江水系环境安全。加强环境监测执法，对重点行业、重点企业排放实行重点监控和治理，完成了主要污染物减排和重金属污染物减排任务，经济开发区被列为省循环化改造试点园区。继续推行农村垃圾无害化处理“3351”模式，农村垃圾处理及卫生保洁工作全面开展，乡村“脏乱差”状况有所改善。

四、在全面加强党的建设中建树良好形象，进一步夯实了振兴发展的政治保障

市委强调，事业成败，关键在党。一年来，我们始终坚持牢牢把握加强党的执政能力建设、先进性和纯洁性建设这根主线，以改革创新精神全面加强和改进党的建设，形成了一心一意谋发展、众志成城促振兴的强大合力。

1.意识形态得到提升。牢牢把握意识形态工作的领导权、管理权和话语权，在加强宣传思想工作中构筑精神高地，唱响了主旋律，凝聚了正能量。精心组织学习贯彻党的十八大和十八届三中全会精神、“中国梦”宣传教育、“永远热爱党、永远跟党走”主题教育实践、《若干意见》实施一周年等重大主题和重大活动的宣传，广大党员干部理想信念更加坚定。开展了社会主义核心价值体系通俗表述语征集以及“十大道德模范”评选等活动，引导市民自觉加强社会公德、职业道德、家庭美德、个人品德建设，进一步增强发展自信、责任意识和担当精神。《南康手机报》发展成为实行正面宣传的一大媒体，健全了网络舆情监测、研判、预警和处置机制，对传统媒体和新兴媒体两大阵地的掌控能力不断增强，为振兴发展营造了良好的思想舆论环境。

2.干部队伍得到优化。在积极开展集中培训、选人调学的基础上，整合各种资源，创新方式方法，开通了“在线学习城”，满足了干部多元化、个性化学习的需求。健全领导班子和领导干部考核评价机制，促进绩效考评结果的科学合理运用，领导班子结构进一步优化。深入推进干部人事制度改革，完善中层干部初始提名、公开选拔等制度，做好了赣州市从县以下事业单位工作人员中公开选拔乡镇副科级领导干部工作，安排后备干部到征地拆迁一线、信访维稳一线、重点项目一线等“急难险重”工作中接受实践历练，注重培养选拔年轻干部、妇女干部、党外干部,树立了鲜明正确的选人用人导向,提高了选人用人的公信度。深入实施人才强市战略,创新人才工作机制,强化人才信息资源的开发和利用,建立人才资源数据库,开展享受市政府特殊津贴人才评选工作,优化了人才队伍结构,激发了人才队伍活力。

3.基层组织得到夯实。通过农村、城市社区、"两新"组织等层面党建工作的创新推进,基层组织的战斗堡垒作用充分发挥。推行党员发展全程纪实联审制,提高发展党员质量,创新形式加强流动党员和农村无职党员的教育管理工作。按照"一好三强"的要求加强了村党支部书记队伍建设,对村干部绩效考核制度进行了完善,"农事村办"制度和"五步台账"工作法全面推行,16个后进基层党组织在整顿之后实现进位升级,农村工作基础进一步夯实。健全"1+5"社区党建工作机制,创设社区党员"365工作室",实施社区网格化服务管理,社区党建工作服务水平有新提高。通过单独建、联合建、委派建、挂靠建、派驻建等方式,广泛布点,服务连线,集中成面,非公有制经济组织和新社会组织党的建设实现从"有形覆盖"到"有效覆盖"的转变,规模以上企业实现党组织和党的工作全覆盖,在工商部门进行登记的企业党组织覆盖率达98.2%。

4.作风建设得到深化。坚决贯彻落实中央八项规定、省委若干规定以及赣州市实施意见,出台26条实施意见,加强宣传教育,严格督促检查,严惩违规行为,改进作风实现常态化。深入学习《党政机关厉行节约反对浪费条例》和《党政机关国内公务接待管理规定》,持续开展干部队伍"治庸、治懒、治散"活动,机关干部的节俭意识、工作效率和服务质量明显提升。在"三送"工作中创新"六个率"考核机制,开展矛盾纠纷大排查大调处活动,建立"96333"平台、民情夜访等制度,干部直接联系服务群众"双向全覆盖"常态化机制更趋完善,党群、干群关系不断改善,共为群众解决实际困难和问题2830多个,办好事实事1360多件。超前谋划第二批党的群众路线教育实践活动,坚持以上带下、以下促上、上下联动、上下结合,先学一步、边学边改,开展"送万卷进万家"问卷调查、"五访纳谏"、"下访听诉"等活动,深入基层调研,广泛征求意见,开展自查自纠,抵制形式主义、官僚主义、享乐主义和奢靡之风的敏感性和主动性同步增强。

5.党风廉政建设得到加强。认真落实党风廉政建设责任制,强化"一岗双责",领导带头、班子带动、全员发动的反腐倡廉工作格局全面完善。推行警示教育常态化,健全勤政廉政访谈和约谈制度,实施廉能风险防控和农村党风廉政建设"两个标准化作业",在全市党员干部职工中开展违规收送"红包"问题专项治理活动,筑牢了党员干部拒腐防变的防线。突出专项治理,大力开展公共资源交易市场突出问题、企业发展环境和行业不正之风突出问题、民生资金管理和使用等集中整治活动,深入推进民主评议基层站所工作,解决侵害群众利益突出问题工作取得实效。保持惩腐高压态势,依法严肃查处了一批违纪违法案件。

6.民主法治得到健全。切实加强和改进对人大、政协工作的领导,注重发挥班子的整体作用和集体智慧,重大项目、重大决策积极向人大代表、政协委员征求意见,最大程度凝聚了方方面面的智慧和力量。巩固和扩大最广泛的爱国统一战线,党的民族、宗教和对台政策全面落实。切实加强政法工作,支持法检"两院"依法独立行使审判权、检察权,维护社会的公平正义。加强党管武装工作,推动双拥共建。积极支持工会、共青团、妇联等人民团体按照各自章程开展工作,群团工作取得新成绩。推进"六五"普法和依法治市工作,公民学法、守法、用法意识逐步增强,基层民主法制建设全面发展。

一年来,市委常委会高度重视自身建设,健全完善了《市委常委会议事决策规则》,新老搭配的班子在思想上相互尊重、在运行上民主集中、在工作上分工协作,较快缩短了磨合期,充分发挥了总揽全局、协调各方的领导核心作用,巩固发展了心齐气顺、风正劲足的良好工作局面。坚持解放思想,带头学习,开拓创新力不断增强;坚持谋全局、把方向、管大事,立足实际,广开言路,科学决策力不断增强;坚持以德才论干部,以公认选干部,凭实绩用干部,群众公信力不断增强;坚持紧盯项目,务求实效,落实执行力不断增强;坚持不争论、不懈怠、不折腾,在团结中干事创业,团结凝聚力不断增强;坚持带头落实党风廉政建设责任制,讲党性、重品行、做表率,自我约束力不断增强。

在充分肯定成绩的同时,我们更清醒地认识到,工作中还存在不少差距,发展中还面临许多问题。一是经济总量偏小，结构不尽合理，产业层次不高，企业自主创新能力不足；带动发展的大产业、大项目较少，用地、用工、电力和资金等要素制约突出，经济增长后劲不足。二是尽管撤市设区获批，但交通瓶颈制约问题尚未解决，城乡基础设施建设相对滞后，城市形象和品位仍需大力提升。三是扶贫解困、劳动就业、社会保障等关系群众切身利益的问题仍然不少，保障和改善民生任务繁重。四是涉法涉诉、征地拆迁、安全生产、环境保护等方面的矛盾和问题仍有发生，新的历史条件下加强和创新社会治理、维护社会和谐稳定的任务还很艰巨。五是干部的思想境界、能力素质、工作作风与振兴发展的要求仍有不相适应之处，少数干部缺乏干事创业激情，“四风”问题不同程度存在。对此，我们将高度重视，并采取有力措施认真加以解决。

2014年，是南康撤市设区、开启新征程的起步之年，是推进赣南苏区振兴发展承前启后的关键一年，也是全面建成小康社会的重要一年。我们将全面贯彻落实党的十八大、十八届三中全会和习近平总书记系列重要讲话精神，以及省委十三届八次全会和赣州市委四届五次全体(扩大)会议精神，紧扣“发展升级、小康提速、绿色崛起、实干兴赣”方针，牢固树立发展为先、生态为重、创新为魂、民生为本理念，以稳中求进为总基调，以改革创新为主动力，以撤市设区为新起点，主动融入赣州中心城区，提速提质促发展，千方百计惠民生，真抓实干兴南康，全面加快振兴发展步伐，为把南康建设成为赣南苏区振兴发展的核心增长极和宜居宜业的活力新城，与全国同步全面建成小康社会打下坚实基础。

①

①2013年9月3日，省委常委、赣州市委书记史文清来到南康市，就深入贯彻省委十三届七次全体(扩大)会议精神，服务企业发展促进发展升级进行调研。

②2013年8月4日下午，市委书记徐兵在市政协主席彭秀生、副市长邓晓楠的陪同下，来到南水新区，调研南山森林公园的建设与管理工作。

③2013年12月26日上午，市委副书记、代市长何善锦对泓泰家具产业园项目建设工作进行调度。

②

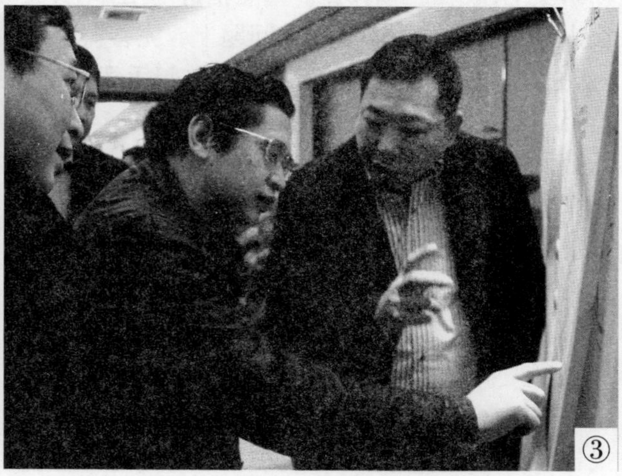

③

南康区人民代表大会常务委员会工作报告

——2014年2月28日在南康区第一届人民代表大会第一次会议上

区人大常委会主任　韩水生

各位代表:

受区人大常委会委托,我向大会报告工作,请予审议,并请列席会议的同志提出意见。

2013年主要工作回顾

2013年,市人大常委会在中共南康市委的正确领导下,以邓小平理论、"三个代表"重要思想、科学发展观为指导,深入贯彻落实党的十八大、十八届三中全会和习近平总书记系列重要讲话精神,以及省委十三届七次全会、赣州市委四届四次全体(扩大)会议和市委五届六次全体(扩大)会议精神,紧紧围绕"主动融入都市区,提速提质促发展,千方百计惠民生,真抓实干兴南康"发展路径,坚持党的领导、人民当家作主、依法治国有机统一,积极服务全市工作大局,依法履职,扎实工作,为加快我市社会主义民主法制建设,不断开创南康振兴发展新局面,努力把南康建设成为赣州都市区核心增长极和宜居宜业的活力新城,与全国同步全面建成小康社会作出了积极贡献。

一、监督工作实效增强

常委会按照围绕中心、突出重点、讲求实效的原则,把监督的重点放在市委重大决策部署的贯彻落实上,放在"一府两院"重点推进的工作上,放在人民群众普遍关心的热点问题上,完善监督方式,拓宽监督渠道,综合运用各种监督手段,加强监督工作。全年共召开8次常委会会议、14次主任会议,听取和审议专项工作报告11项,开展专题询问1次,组织视察、检查和调查活动23次,有效地支持和促进了行政机关依法行政、司法机关公正司法。

着力推进苏区振兴发展相关工作落实。听取市政府关于贯彻落实《国务院关于支持赣南等原中央苏区振兴发展的若干意见》情况的专项工作报告、关于落实罗霄山脉连片区域发展与扶贫攻坚规划实施情况的专项工作报告和关于全市农村危旧土坯房改造项目资金归集、管理和使用情况的专项工作报告。组织部分市人大代表视察浮石乡罗坳村、蓉江街道苏茅村农村危旧土坯房改造建设并提出建议。配合全国人大常委会预算工委就我市贯彻《国务院关于支持赣南等原中央苏区振兴发展若干意见》落实情况进行调研。

着力推动市委重大决策部署贯彻落实。在听取和审议城区"治脏治乱治堵"专项报告的基础上,围绕如何解决安置点无物业管理生活区脏乱差、农贸市场周边道路交通拥堵、城区商业噪音扰民等18个问题,对城区"三治"工作进行了专题询问。对市政府工作部门开展询问在我市人大监督工作中尚属首次。市政府及有关部门对此高度重视,有些问题已得到了较好地解决。组织部分市人大代表先后视察东山北路、体育公园、节能照明灯饰产业园建设并提出建议,推动了有关工作。与市政协联合组成调研组对我市循环经济产业园和城乡客运一体化发展进行调研,并形成调研报告,为市委、市政府提供决策参考。

着力促进经济社会平稳较快发展。听取和审议2013年全市国民经济和社会发展、财政预算上半年执行情况的报告;听取和审议2012年市本级财政决算情况(草案)的报告和2012年度市本级财政预算执行和其他财政收支情况的审计工作报告,审查和批准了2012年市本级财政决算;听取2013年市本级财政超收收入及新增财力安排支出情况的报告。对上述报告有针对性地提出了审议意见,做出了相应的决议决定。市政府及其有关部门认真研究和落实常委会的审议意见,采取了一系列有效措施,进一步加强了计划和预算执行工作,并及时向常委会报告了落实情况。通过加强监督,常委会既准确掌握了计划、预算的执行情况,又及时了解了经济运行中的困难和问题,有针对性地提出了意见建议，促进了我市全年经济目标任务的完成。同时，对审计工作报告反映的问题提出了审议意见，进行了跟踪督办，促进审计查出问题整改到位。认真监督审查市工信局、市食品药品监督局2012年部门预算、决算执行情况，指出了存在的问题，并提出了建议，督促了相关部门整改。配合省人大调研组在我市就优化发展环境工作进行调研。

着力推动群众关注热点难点问题的解决。为更好地保护章江南康流域水质，保障城区饮水安全，组成专题调研组先后深入镜坝河、赤土河、赤土集中供水工程、城区水厂取水口等地进行实地视察；为更好地推动我市扩大就业、促进再就业，组织部分市人大代表深入到市劳动就业局、职业中专、农民学院、泰康中路社区、钜盛鞋业等地进行调研；为更好地促进全市义务教育阶段农村薄弱学校办学条件改善，组成专题调研组先后深入坪市、龙回两个乡（镇）10个教学点进行视察；为全面了解我市城区公立卫生资源整合情况，促进我市公共医疗服务整体水平提升，组织部分市人大代表视察市一医院、市妇幼保健院、市中医院运行情况。以上调研或视察均形成专题报告，并主持召开常委会讨论，以文件形式交由市政府研究处理，促使了一些有关问题整改落实。听取和审议市政府关于民政工作的专项报告，提出了4个方面的审议意见，尤其针对我市福利院在建设、使用等方面存在的突出问题，专门进行跟踪视察，督促整改，推动了其投入运行。配合省人大开展“松材线虫病防治”调研；配合赣州人大开展中心城区饮用水安全情况专题调研和“解决突出民生问题赣州行”活动。

着力推进依法行政和公正司法。为有力地推动相关法律法规在我市的贯彻实施，营造良好的法治环境，配合省人大开展《江西省促进散装水泥和预拌混凝土发展条例》实施情况调研和《江西省法律援助条例》调研；配合赣州人大开展《中华人民共和国归侨侨眷权益保护法》执行情况专题调研和《中华人民共和国大气污染防治法》、《江西省水资源条例》、《江西省河道管理条例》、计划生育“一法一例”执法检查。对市检察院侦监、市法院民事审判、市公安局刑侦、市司法局基层法律服务等4个专项工作报告的审议意见进行跟踪问效；对涉法涉诉信访等问题进行跟踪督办，并针对性地提出了建议。

一年来，常委会始终坚持党管干部与人大依法任免干部相统一的原则，依法行使人事任免权。在人事任免过程中，坚持拟任命人员任前考察、法律考试、任前发言、投票表决、颁发任命书等一系列行之有效的制度，确保了任免工作的规范性和严肃性。全年共任免国家机关工作人员17人（次）。

二、代表工作扎实有效

常委会始终把做好代表工作、发挥代表作用作为基础性工作来抓，加强沟通、强化服务，增强了代表工作实效。

加强联系，拓宽代表知情知政渠道。坚持常委会组成人员联系代表制度，重大事项、重要工作听取代表意见；坚持邀请代表列席常委会会议制度，全年共邀请市人大代表46人次列席常委会会议。认真组织代表参加视察、调研和执法检查等活动，为代表依法履行职责、管理国家事务创造了条件，进一步密切了与代表的联系。同时，坚持向代表印发人大工作情况资料，为代表订阅人大刊物，拓宽了代表知情知政渠道。

搭建平台，充分发挥代表作用。继续以“人大代表在行动”主题活动为平台，与“送政策、送温暖、送服务”全覆盖常态化工作紧密结合，充分调动全市1400多名各级人大代表履职激情。全市各级人大代表积极响应，主动作为，积极投身征地拆迁、重点项目建设、化解矛盾纠纷、为民办实事等工作中，涌现了一大批先进典型，树立了人大代表榜样，得到了社会各界的认可。

规范建设，增强代表小组活动实效。为有针对性地组织代表培训和开展闭会期间的代表活动，常委会创新服务代表履职的工作机制，按照代表所学专业、从事职业及特长，将在康的赣州市四届人大代表及南康市五届人大代表分成选举任免和代表议案组、农业农村和城建规划组、政法组、文化卫生和产业发展组、外侨民宗和科技教育组、工业交通和财贸金融组等6个代表活动组，进一步提高了代表活动质量。

强化督办，做好代表建议办理工作。通过召开专题督办会、现场督办、对口督办等方式，督促市政府及有关单位办理代表建议工作。市五届人大四次会议以来，共收到代表建议84件，其中32件已经解决，占38.1%；48件已落实逐步解决的措施,占57.1%;因政策等原因无法解决的4件,占4.8%。开展了优秀代表建议评选活动,共评选优秀代表建议5件,代表履职的积极性得到提高。

三、乡镇人大工作规范有序

常委会坚持把加强对乡镇人大工作的联系和指导作为一项重要工作来抓,努力推进乡镇人大规范化和制度化建设,促进乡镇人大依法履行职权、充分发挥作用。

依法规范,发挥乡镇人大职能作用。为提升乡镇人大工作总体水平,常委会从抓基层、夯基础入手,根据《江西省乡镇人大工作条例》,及时出台《南康市人大常委会关于规范和加强乡镇人大工作的意见》,要求乡镇人大依法履行职权、充分发挥作用。该项工作还得到赣州市人大的充分肯定,并将《意见》转发到全市各县(市、区)学习借鉴。

加强指导,推动乡镇人大工作开展。坚持常委会领导和各工委、办挂点联系乡(镇、街道)制度,进一步加强工作业务指导。常委会还通过召开全市乡(镇、街道)人大工作会议、邀请乡镇人大专职副主席或分管人大工作的领导、街道人大联络办副主任列席常委会议、组织人大主席团成员业务知识考试、不定期对乡镇人大工作进行专项督查等形式,推动了乡镇人大工作规范、有序开展。

四、自身建设效果显著

常委会始终把自身建设放在重要位置,切实加强常委会自身建设,推动人大工作全面发展。

注重提高素质。认真组织常委会组成人员和机关干部深入学习党的十八大、十八届三中全会精神和习近平总书记一系列重要讲话精神,传达学习十二届全国人大一次会议、省十二届人大一次、二次会议精神,进一步提高了常委会组成人员和机关干部思想素质和业务能力。组织召开人大机关自身建设研讨会,进一步改进了工作作风,提高了机关效能。开展"两月一法"专题讲座,提高了常委会组成人员法律意识。同时,常委会注重调查研究,认真执行中央"八项规定",坚持民主集中制原则,提高科学决策、依法决策水平,形成了政治坚定、业务精通、务实高效、作风过硬、团结协作、勤政廉洁的良好风气。

加强人大宣传。常委会进一步加大对人民代表大会制度的宣传力度,充分利用各种新闻媒体,宣传人民当家作主的生动实践和人大代表的履职风貌。认真办好"代表通讯"内部刊物。全年在市电视台报道40多篇(次),在《南康手机报》报道30多篇(次);在赣州市级以上媒体发表宣传人大工作的文章11篇,有效地提高了我市人大工作的影响力和知名度。

做好信访工作。常委会把信访工作作为维护群众合法权益的重要途径,不断探索人大信访工作的新思路、新方法。把信访工作与监督工作有机结合起来,实现由一般的接访、转访、催办逐步向实施信访监督转变。全年共收到群众来信来访85件(次),重点交办案件3件,一批信访件得到了妥善处理,维护了社会稳定。

完成中心任务。按照市委的统一安排,市人大常委会主任、副主任积极参与市里的重点项目建设、招商引资、社会稳定等中心工作,经常深入一线,密切联系群众,尽职尽责帮助解决工作中的具体问题。常委会主任、副主任分工抓的汽车城、城乡供水一体化工程、国家家具产品质量监督检验中心、保障性住房建设工程、灯饰市场、旭山北路连接323国道平交口及渠化岛工程、南水新区中心幼儿园、鸿泰家具交易市场等重点项目建设,均取得了较好的进展。市人大机关的招商引资、联系服务企业、"三送"常态化全覆盖等工作也取得了较好成效。

各位代表,上述成绩的取得,得益于市委的正确领导,得益于常委会组成人员积极工作、全体人大代表的共同努力,得益于市政府、市法院、市检察院、市直各单位及各乡(镇、街道)、离退休老同志和广大人民群众的大力支持。在此,我代表区人大常委会向大家表示衷心的感谢!

回顾过去一年的工作,我们也清醒地看到:监督工作机制还有待完善,监督实效有待提高;有的视察报告、专题调研、意见建议质量不高;密切联系群众、解决群众切身利益问题的工作力度还需要加大;服务代表工作、常委会及机关自身建设有待加强;对乡镇人大工作的指导需要进一步加强。这些存在的问题和不足,我们将在今后的工作中采取有效措施,切实加以改进。

政府工作报告

——2014年2月27日在南康区第一届人民代表大会第一次会议上

区政府代区长 何善锦

各位代表：

现在，我代表区人民政府向大会作工作报告，请予审议，并请区政协委员和其他列席人员提出意见。

一、2013年工作回顾

2013年，是南康发展进程中承前启后的重要一年。一年来，在市委的坚强领导下，在市人大、市政协的监督支持下，市政府团结带领全市人民，大力实施"主动融入都市区，提速提质促发展，千方百计惠民生，真抓实干兴南康"发展战略，振兴发展步伐加快。实现生产总值137亿元，增长10.7%；财政总收入18.4亿元，增长22.7%；公共财政预算收入13.5亿元，增长23.4%；500万以上固定资产投资100亿元，增长28.8%；社会消费品零售总额28.2亿元，增长13.9%；城镇居民可支配收入1.8万元，增长13.3%；农民人均纯收入6755元，增长17.9%。

（一）《若干意见》实施效应凸显。把握国家密集出台支持赣南苏区振兴发展配套政策的机遇，争取了国家开发银行直贷县（市）、低丘缓坡未利用地综合利用试点等一批优惠政策，争取国家、省级投资项目136个，项目资金15.7亿元，争取用地指标6096亩。南康家博会升格为国家林业局和江西省政府联合主办。国家质检总局批准南康建设国家级家具产品检测中心。南康工业园升格为"南康经济开发区"。中电建屋顶光伏发电、中节能重金属污染综合防治等央企投资项目落户。正在引进中国电科南康产业园、国星公司优势矿种电子交易平台和赣州国际矿业金融大厦等项目。国家民航局、中国证监会对口支援有序进行，下派挂职干部已经到位，对口支援方案即将出台。两个部委明确表示将在赣州黄金机场改扩建、扩大企业直接融资、保障和改善民生等方面给予南康大力支持。

（二）项目建设提档加速。全年安排重点项目108个，项目总投资315亿元，累计开工建设98个，完成投资86.5亿元。家具产业园、家具市场和龙回、镜坝、龙华工业园等平台建设全面提速。赣州职教园区、物流商贸综合体、汽车城、金融中心等重大项目快速推进。东山北路、工业大道与赣南大道连接线、金河路等9条多年未通的断头路建成通车。"一江两岸"防洪工程投入使用。南水、蓉江110千伏变电站新（扩）建工程加快推进，大广高速南康南互通、芙蓉北大道、旭岭路东延、中北部城乡供水一体化等项目顺利启动。东进农牧、建华集团、华星集团等农业重点项目建设加快。

（三）产业结构持续优化。工业产业加快转型。实现工业总产值336.7亿元，增长17.5%，净增规模以上企业32家。家具类新增一般纳税人企业57家、市场面积20万平方米，被授予"全国实木家具产业知名品牌创建示范区"称号，以南康为主体的赣州家具基地成功列入第三批国家外贸转型升级专业示范基地。德普特科技、博晶科技、超越电子、格棱电子等企业快速成长，开源矿业澳斯麦特炉、小兰金属扩建等项目加快推进。现代服务业蓬勃发展。总部经济招商和建设取得历史性突破。招商银行、银座村镇银行正式营业，民生、兴业银行入驻南康，金融机构各项存款余额223亿元、贷款余额139.9亿元，分别增长26%、33.4%。家具电商超300家，交易额突破10亿元。房地产市场保持平稳。南山森林公园打造国家5A级旅游景区正式启动。现代农业稳步发展。新开发甜柚6000亩、油茶5300亩，生猪出栏85万头，柑橘黄龙病得到有效防控，新增省级农业龙头企业3家。成功创建全国粮食流通监管示范单位，利农农机专业合作社被评为全国示范社。

（四）改革创新成效提升。行政审批制度改革全面推进，市民服务中心"两集中、两到位"改革取得实效，基本实现行政审批服务事项全覆盖。国家级"依托电子政务平台加强县级政府政务公开和政务服务”试点工作通过省级验收。金融改革创新成效明显。城发公司、工投公司全年融资4亿元。中电华通公司注册5亿元在南康设立网络小贷公司。70家企业获得“财园信贷通”贷款3.2亿元。改革征地拆迁工作机制，启动完全失地农民养老保障工作，实行集体土地上房屋按重置价补偿、宅基地和返迁房安置并行和安置点建设先行等优厚农民政策，征地拆迁快速推进。发挥苏区振兴政策利好招大引强，一批重点产业项目成功落户，现汇进资同比增长2倍多。民营经济保持活跃，实现税收13.5亿元。专利申请量、授权量位居全省首位，被评为全国县(市)科技进步先进单位。

(五)城乡建设统筹推进。强化与《赣州都市区总体规划》的对接，高标准完成规划编制项目24个，城区控规覆盖率达93.7%。城区建成区面积31.1平方公里，新增1.2平方公里，城区人口达到31.8万人，新增1.33万人，城镇化率达到44.2%，提高1.3个百分点。大力整治城区环境，加强主要路段和重要景点绿化，市容市貌、交通秩序持续好转。出台《南康市城乡个人建房管理暂行办法》，依法拆除违章建筑，“两违”势头有效遏制。村镇规划建设管理覆盖所有乡镇。唐江被评为全省首批百强中心镇，横市被列入赣州市小城镇建设示范镇。北部乡镇、大广高速唐江枢纽以北沿线、赤土一横寨等3条富裕和谐秀美乡村示范线建设成效显著。192个新农村建设点和农村清洁工程有序推进，横市增坑、坪市小安、大坪上期等高标准示范点基本成型。横市增坑入选全国“美丽乡村”首批创建试点。新增植树造林1.85万亩。全面完成污染物减排任务。蓉江河湿地公园被列入省级湿地公园创建示范点。

(六)民生福祉加快改善。全年民生支出24.8亿元，占财政总支出的73.6%。完成农村危旧土坯房改造任务2.8万户。完成水利建设投入1.5亿元。完成农村公路建设245公里、县道改造23公里。教育基建投入突破2亿元。赣州职教园区建设全面启动，中、高考成绩继续保持赣州领先地位，4人考取清华、北大。医药卫生体制改革有序推进，基本药物制度覆盖面更广，妇保院新院开工建设。体育馆建设快速推进。市文化馆、图书馆、博物馆和乡镇综合文化站免费开放。养老、失业、医疗、工伤和生育保险覆盖面不断扩大，社会救助、优待抚恤保障水平进一步提高。新建保障性住房3220套。改扩建唐江、浮石等一批敬老院，新福利中心建成启用，新增床位500张。新增就业人员1.3万人。27个省定贫困村整村推进富有成效，3.7万人实现脱贫。

(七)社会治理平稳有序。高度重视群众利益维护机制建设，不断畅通群众诉求表达渠道，坚持领导干部带班接访、包案化解制度，着力解决了一大批信访积案，依法处理缠访、闹访和非正常访等违法行为，信访秩序进一步规范。建立完善重大决策社会稳定风险评估机制，从源头上预防和减少矛盾纠纷。构建了市、乡、村、组矛盾纠纷排查调处网络，健全人民调解、行政调解、司法调解衔接联动机制，积极化解矛盾纠纷。加强社会治安防控体系建设，积极开展社会管理创新试点工作。加强校园安全、食品安全、交通安全、消防安全等公共安全监管，安全生产形势整体平稳，家具企业消防安全状况明显好转。

一年来，政府着力加强自身建设，认真做好国务院、省政府和赣州市政府取消、下放行政审批事项的衔接落实工作，加快转变政府职能。坚决贯彻落实中央“八项规定”，积极整治“四风”问题，干部作风进一步好转。以“三送”工作为载体，各级干部累计为群众解决困难和问题2800多个，办好事实事1300多件。办理人大代表建议、政协委员提案253件，办复率达100%，满意和基本满意率达100%。公开政府信息9.6万条。反腐倡廉有新加强，严肃查处了一批违纪违法案件。人口计生、外事侨务、拥军优属、防震减灾、妇女儿童、审计、统计、人防、水保、广电、档案、地方志、老龄、残联、供销、气象、通讯等各项工作取得新成效。

各位代表，一年来，我们积极应对复杂的宏观经济形势，主动优化发展思路，勇于投身改革大潮，争取赣州市委、市政府对南康撤市设区后实行“五年过渡期，六个基本不变”的扶持政策，既实现了南康经济社会发展稳中有进、稳中提质，又赢得了南康未来持续发展的有利条件。这种坚毅担当、敢于负责的品格最为宝贵、最值得坚持！一年来，面对改革进入深水区，发展进入攻坚期，我们强力破解重大项目征地拆迁瓶颈，强势推进市区道路交通节点建设，夯实责任强化信访维稳工作，实现了改革、发展、稳定的相互促进。这种动真碰硬、攻坚克难的精神最为宝贵、最值得坚持！一年来，我们秉持“空谈误国、实干兴邦”的理念，谋实绩、出实招、求实效，立说立行、踏石留印、抓铁有痕，工作一件一件落实，目标一项一项推进，发展一步一步加快。这种注重实干、务求实效的作风最为宝贵、最值得坚持！一年来，我们贯彻执政为民的要求，实施完全失地农民养老保障、提高征地拆迁房屋重置价、重大项目拆迁安置点先行等改革，大力发展教育、卫生等社会事业，着力解决农村危旧土坯房、安全饮用水等突出民生问题，切实维护群众利益，保障和改善民生得到加强。这种关注民生、优厚百姓的情怀最为宝贵、最值得坚持！

上述成绩和经验的取得，是市委科学决策、统揽全局，人大、政协严格监督、大力支持，全市人民凝心聚力、顽强拼搏的结果。在此，我代表区人民政府，向奋战在各行各业的全区干部群众，向各位老领导、老同志、驻区部队和武警官兵，向各级人大代表、政协委员、人民团体，向关心、支持南康振兴发展的各界人士，致以崇高的敬意和衷心的感谢！

在充分肯定成绩和进步的同时，我们也清醒地看到，南康经济总量不大，发展质量不高，农业特征依然明显，经济社会发展仍然面临不少困难和问题，特别是产业层次较低，生产要素制约较多，发展环境不优，安全生产和信访维稳形势还不容乐观，等等。对此，区政府将高度重视，采取有力措施，切实加以解决。

二、2014 年工作任务

2014 年是全面深化改革之年，是赣南苏区振兴发展的关键之年，也是南康撤市设区的起航之年。尽管宏观经济环境依然复杂严峻，但加快发展仍然大有希望。党的十八届三中全会对全面深化改革作出总体部署，改革红利将逐步释放，发展活力将持续迸发。《若干意见》的深入实施，中央支持力度持续加大，各类政策叠加效应加速显现。罗霄山片区扶贫攻坚纵深推进，贫困地区脱贫致富的进程将大大加快。特别是南康撤市设区，将进一步凸显南康的区位优势和品牌价值，有利于赣州市级层面在南康布局重大项目，有利于南康重大基础设施建设、城市品质提升和各类生产要素集聚。加之争取到赣州市委、市政府给予南康撤市设区后“五年过渡期，六个基本不变”的扶持政策，使南康既得撤市设区之利，又不受行政体制调整束缚，必将推动南康掀起新一轮发展高潮。

今年政府工作的总体要求是：全面贯彻落实党的十八大、十八届三中全会和习近平总书记系列重要讲话精神，以及省委、赣州市委和南康市委今年全会精神，紧扣“发展升级、小康提速、绿色崛起、实干兴赣”方针，牢固树立“发展为先、生态为重、创新为魂、民生为本”理念，以撤市设区为新起点，全面实施“同城发展、富民强区”发展战略，加快融入主城区，提速提质促发展，千方百计惠民生，真抓实干兴南康，为把南康建设成为赣南苏区振兴发展的核心增长极和宜居宜业的活力新城，在全省率先全面建成小康社会打下坚实基础。

今年经济社会发展主要预期目标是：生产总值增长 11%；财政总收入增长 17%，迈上 20 亿元台阶，达到 21.53 亿元；公共财政预算收入增长 18%，达到 15.95 亿元；固定资产投资增长 25%；规模以上工业增加值增长 14.5%；社会消费品零售总额增长 16%；实际利用外资增长 10%；外贸出口增长 5%；城镇居民人均可支配收入增长 11%；农民人均纯收入增长 13%；城镇化率提高 1.5 个百分点；人口自然增长率控制在 7.6‰以内；城镇登记失业率控制在 3.4%以内；居民消费价格总水平涨幅控制在 3.5%左右；完成上级下达的节能减排任务。

实现上述目标，我们将重点抓好八个方面的工作：

（一）全面深化重点领域改革，充分激发各类市场主体活力。坚持问题导向，紧紧抓住制约南康经济社会发展的节点难点问题，积极稳妥地推进各项改革。

加快政府职能转变。厘清政府和市场的职责边界，使市场在资源配置中起决定性作用。改革工业园区管理体制，组建经济开发区管委会，加快构筑“一区六园”的开发管理构架，争取列入省级重点工业园区。改革城市管理行政执法体制，理顺执法主体，推进权责一体、综合执法和执法力量下沉。推进卫生、计生和食品药品监督管理机构改革工作。深化行政审批制度改革，接住、管好上级下放的行政审批事项，取消和精简一批审批事项。健全完善重大项目联审快办机制和单位内部并联审批机制。建立技术中介服务体系和优胜劣汰竞争机制。加快事业单位分类改革，推进行业协会、商会与行政机关脱钩。调整、理顺南水开发办管理职能，提升南水新区城市规划建设管理水平。探索赋予唐江、横市部分县级管理权限。

加快要素市场改革。大力实施城乡建设用地增减挂项目，争取扩大低丘缓坡未利用地综合利用试点规模。加快农村集体土地所有权、农村集体建设用地使用权和宅基地使用权的确权登记颁证工作，开展农村土地承包经营权确权登记颁证工作。积极稳妥开展农村集体经营性建设用地流转试点改革。扶持、引导农村承包耕地、林地向农业大户、规模种养基地流转,探索建立农村土地流转信托公司。积极推进金融创新,充分发挥中国证监会对口支援优势,推动企业通过IPO上市和到“新三板”、深圳前海股权交易中心挂牌,实现更大规模的直接融资。争取发行城投类企业债券。按照“股东本土化、股权多元化”原则,推进赣商村镇银行、农信社增资扩股。支持小额贷款公司改制成村镇银行或民营银行。探索建立小微企业征信系统、家具产权交易中心、家具企业融资增信平台。争取赣州金盛源担保公司、赣州发投融资租赁公司、招商致远壹号股权投资基金支持南康企业发展。扩大“财园信贷通”规模,利用财政间隙资金并引入民间资本设立“家具企业信贷通”,帮助更多中小微企业实现免担保贷款。

深化财税体制改革。全面加强和规范预算管理，探索建立跨年度预算平衡机制和项目预算管理体系,推行绩效预算。完善公共财政、政府基金、社会保险预算编制体系,改进部门预算管理,推进“三公”经费公开。加强税源培育,推进综合治税,规范招商引资税收优惠政策,加大涉企、涉农规费清理力度。强化地方政府性债务管理,在安全可控的前提下,适度举债、撬动发展。积极争取中央、省一般性转移支付,弥补地方财力不足。

创新各种所有制经济发展机制。把握“央企入赣”机遇,积极引入央企国有资本,通过股权并购等方式改组改造本地经济主体;在园区平台、标准厂房、电力设施建设等领域推出一批项目,吸纳社会资本参与;推进城发公司、工投公司建立法人治理结构,引入民资改组成为混合所有制企业,增加收益性融资比例。按照“非禁即入”原则,鼓励民间资本通过合作设立基金、参股换股、合作经营、民办公助等途径进入基础设施和公用事业领域,制定并实行非公有制企业进入特许经营领域管理办法。推进政府购买公共服务,鼓励民间资本通过参与政府购买公共服务等方式，投资公共服务设施建设和运营。

(二)着力推进重大项目建设,强化发展抓手、增强发展后劲。把重大项目作为投入之源、增长之源、后劲之源，以重大项目建设推动南康加快发展、转型发展、跨越发展。

千方百计争取项目。加强苏区振兴发展和罗霄山片区扶贫等政策研究，通过聘请专业机构等多种途径和方法,策划、包装一批重大项目,全力争取一批民生工程、基础设施和发展平台项目,积极申报国家级新型工业化示范基地、现代农业示范区和生态工业示范园区。深化细化中国证监会、国家民航局对口支援工作,争取对口支援项目化。加强央企、省企对接,促成中国电科、国星公司、中铝广西公司等投资项目尽快落户。积极争取赣州市级层面重大项目布局南康,力促新能源汽车、深圳工业园等投资百亿元以上重大项目落户南康。

全力以赴推进项目。扎实推进100个、总投资超500亿元的重大项目计划，力争年内完成投资125亿元。继续实行“一个项目、一名区领导、一个部门、一套方案、一张倒计时推进表”的重大项目推进工作机制,建立健全重大项目建设考核机制,把项目推进与年度奖励、干部使用相挂钩。全面梳理和妥善解决安置点建设遗留问题。强化督查、通报和宣传,营造项目推进的浓厚氛围,形成重大项目快开工、快推进、快建成的工作格局。

齐心协力服务项目。充分发挥业主单位的牵头作用、职能部门的协同配合作用和乡镇征拆的主体作用,为项目建设解决用地指标、征地拆迁、项目融资、规划审批、预算审核、招标投标、环评及施工建设等服务，力争有更多的项目实现当年开工、当年见效。

(三)强势主攻工业,挺起南康经济发展的脊梁。更加突出“工业强区”的战略地位,整合资源、集中力量,加快培植壮大百亿元、千亿元优势产业集群，把南康经济大厦建立在雄厚发达的工业基础之上。

培植壮大优势产业集群。进一步完善家具、服装、矿产品、电子等主导产业发展规划,编制战略性新兴产业发展规划，完善龙头骨干企业帮扶政策措施,倾斜资金、技术、土地等生产要素,加快推动家具产业跨入千亿产业集群行列,推动服装、矿产品、电子等产业突破百亿产值。全力推进家具产业转型发展，加快家具企业入园及入园企业建设速度,确保年内有50家以上企业开工建设、20家以上企业建成投产。开工建设检测中心、烘干中心、喷涂中心等家具产业公共服务平台。加大“全国实木家具知名品牌创建示范区”创建力度,推进“质量兴区”。抓住赣州家具基地列入国家级外贸转型升级专业示范基地契机,积极申请赣州进境木材指定口岸资格,扶持鼓励家具外贸出口,推动南康家具走出国门。精心办好升格后的首届家具博览会。推动矿产品产业改造升级。深化产学研合作,提升技术和工艺水平,发展精深加工。促成开源矿业澳斯麦特炉项目年底投产。积极引导服装、电子等产业依托技术创新和产品研发转型升级。积极培育战略性新兴产业,加快LED核心关键部件生产项目的引进,培植以节能照明产业为主的电子产业集群。规划建设南康服装创意产业园。

着力招大引强。充分发挥南康的区位、交通、土地、劳动力及产业基础等优势,积极宣传推介赣南苏区振兴发展各项优惠政策,创新招商工作机制,突出以商招商、专业招商、产业链招商等方式,全面提升南康招商引资水平。尤其要围绕家具、服装、矿产品、电子等主导产业和电子商务、总部经济,紧盯世界500强、行业100强和大型民营企业,着力引进一批龙头项目、配套产业链项目、总部经济项目、高新企业和知名企业。

夯实工业发展平台。按照专业、特色、高效建园的要求,着力夯实工业发展平台。加快镜坝、龙回、龙华工业园和家具产业园征地拆迁及基础设施建设步伐。全面清理东山、龙岭工业园闲置用地、非工业用地,完善园区市政配套。加快园区配套公租房建设,鼓励支持企业建设职工住房。规范企业入园,实行项目供地与投资强度、提供税收和就业岗位直接挂钩,督促入园企业加快开工建设、竣工投产步伐。

(四)大力发展现代服务业,推动城市化与工业化融合发展。抓住赣州中心城区快速向南扩张和南康撤市设区机遇,大力发展生产性服务业和城市现代服务业,使其成为主攻工业的有力抓手和区域经济发展新的增长点。

发展现代金融业。加快金融商务中心建设,促进银行业等金融机构集聚。积极引进域外银行、赣州市级银行分支机构、小额贷款公司、民营银行、村镇银行及担保、保险等法人金融机构入驻南康。鼓励证券、基金、期货、信托等法人机构在南康设立分支机构或专业子公司。大力引进培育会计、审计、法律、资产评估、资信评级、保险经纪等服务组织,构建专业化金融中介服务体系。积极引进电子商务分支机构。探索建立钨和稀土产品实物交割库、木材期货交易中心。探索与深圳前海股权交易中心合作组建区域股权交易所。

发展现代物流业。立足把南康打造成为赣粤闽湘四省九市边际物流枢纽目标,科学编制南康物流业发展规划。加快物流商贸综合体项目建设,着力培育成集仓储、配送、信息、金融、保险、担保等功能于一体的现代化物流中心,提升南康乃至赣州在全国物流业发展中的地位。出台优惠政策,引进一批实力雄厚、经营理念先进的大型物流企业入驻南康。逐步引导现有物流企业抱团、重组、提升,建立现代物流企业制度,促进物流业与家具等优势主导产业融合发展。

发展现代商贸业。积极引进有实力的战略投资商,在南康兴建一批大型商贸综合体,规划建设南康会展中心、南康蔬菜水果批发市场、木工机械和家具五金市场,着力打造一批现代商业中心。加快汽车城项目建设,将其打造成为赣州乃至全省规模最大、功能最全的汽车市场。依托现有家具、服装、建材等专业市场,强化金融、物流、电子商务保障,建成集商品展示、物资交易、贸易信息服务等功能于一体的商业集聚区。

(五)加快城乡发展一体化步伐,全面提升新型城镇化水平。以撤市设区为新的起点,全面提升南康城乡规划建设管理水平,加快融入赣州主城区,打造宜居宜业的南康新城。

加快重大基础设施建设。按照赣州都市区总体规划,围绕同城化发展,大力推进重大基础设施和市政公用设施建设,支撑南康城区扩容提质。全面启动大广高速南康南出口暨105与323国道连接线及赣南大道南延工程建设,拉开城南片区发展新框架。加快绕城高速龙岭出入口与赣南大道连接线项目建设,支持配合城西大道、职教园区进出道路桥梁、昌吉赣客专、黄金机场改扩建等项目建设。尽早启动105国道改线和机场快速干道建设。完成芙蓉北大道、东山北路、旭岭路等续建项目。启动天马山大道改造、倚峰大道、文峰大道改造二期工程、南山大道东延、南平路南延、金赣大桥等项目建设。完成自来水厂扩容工程。开工建设南康汽车总站,改造提升汽车东站、西站,规划建设汽车南站,加快与赣州中心城区公交一体化步伐,改善提升城区通往各乡镇公交条件,满足城乡群众出行需求。

精细管理城市。深入持久开展城区“治脏、治乱、治堵”工作。引入保洁竞争机制,加大机械设备投入,提高城区清扫保洁水平。规范工地设置和场地管理,加强散体物运输行为监管,强力整治渣土扬尘污染。进一步完善城区道路交通软、硬件设施,规范城区道路交通秩序,推进“数字城管”建设。在人流密集区规划建设城市人行天桥。加强城区车辆停放、广告标牌设置等管理。实施“大树进城”,建设“森林通道”、“森林社区”、“森林公园”,增加城市绿量,改造提升城市节点位置景观。加强对安置点、城中村(棚户区)改造、危旧房改造等建设行为的监管,严厉打击违章建设行为。

加快小城镇建设。结合赣州职教园区和重大产业项目建设,拉开唐江新城区建设框架,全面提升唐江城区规划建设管理水平,焕发千年古镇的现代魅力。推进横市示范镇建设,开工建设明珠大道、横市大道及学校、医院、商贸、给排水等市政和公共服务设施建设,提升横市镇吸纳就业、集聚人口的能力。加快赤土民族乡建设。引导扶持镜坝、太窝、龙华、龙回、浮石等乡镇因地制宜搞好圩镇建设。加强圩镇规划建设管理和城管执法,大力整治“脏乱差”,改善人居环境、提升小城镇品位。

推进农村转移人口市民化。优先解决已经转移到城镇的农村人口落户、住房、就业和权益保障等问题。结合土坯房改造、扶贫移民、征地拆迁安置,在城郊结合部和工业园区建设一批面向进城农民的公租房和经济型住房。逐步把进城落户农民纳入保障性住房分配范围,试点保障性住房共有产权模式,吸引进城农民落户。扩大教育、医疗、养老保险等公共服务向进城农民的覆盖面。

(六)着力加强“三农”工作,夯实发展基础、促进农民增收。落实强农惠农富农政策,扶持发展新型农业经营主体,改善农村生产生活条件,促进农民增收致富和农村社会和谐稳定。

扶持发展现代农业。研究出台扶持鼓励政策,大力发展农业龙头企业、家庭农场和农民专业合作社等新型农业经营主体。结合南康城区“菜篮子”工程建设,在北六乡重点发展一批蔬菜等规模种养基地。深入实施农业标准化战略,着力抓好甜柚、脐橙黄龙病防治工作,进一步提升南康甜柚、油茶、蔬菜、优质稻等产业发展水平。加快推进华星生态园、东进农牧、建华集团等农业龙头项目建设。深入推进“全国新型职业农民培养示范县(市)”建设,依托农民学院,整合“阳光工程”、“雨露计划”、“金蓝领工程”等培训资源,大力开展农民培训,服务家具、服装等优势特色产业发展,增强就业创业技能。

加强农业基础保障。加强防洪预警和抢险救灾组织系统建设,抓紧水毁水利工程修复,强化农业用水调度,全面做好防汛抗旱工作。深入实施小农水重点县工程。实施中小河流治理项目,启动五河治理项目唐江、浮石段防洪工程建设。加快推进章江灌区续建配套与节水改造工程建设。加大科技兴农力度,强化气象服务“三农”工作,健全农业科技服务体系。推进高标准农田、土地治理、农发水保和农业综合开发等项目建设,增强农业保障能力。

改善农村人居环境。完善村庄规划编制,加强村镇规划管理,坚决打击非法占用耕地建房和其他违法违章建筑,推进镇村联动和村落连片整治,全面完成175个村庄整治点建设任务。继续巩固富裕和谐秀美乡村示范线建设成果。抓好赤土、大坪等“森林乡镇”和陈源、罗洞等27个“森林村庄”创建工程。深入实施农村清洁工程,加快建设乡镇垃圾填埋场,有序推进农村垃圾无害化处理。全面整治规模养殖基地,建设粪污处理设施,减少农村面源污染。

(七)切实保障和改善民生,增进民生福祉、提升幸福指数。加大民生投入,倾斜照顾困难群众和弱势群体,保基本、兜底线、促公平,让改革发展成果惠及更多群众。

解决突出民生问题。实施城区学校扩容工程,新建康中北校区、家具希望学校和天马山大道区域九年一贯制学校,推进一小、三小、四小、东山中心小学、六中、八中等学校扩(续)建工程,加快南水新区和乡镇公办幼儿园建设步伐,鼓励城区村(居)以集体土地入股、引入社会资本建设民办公助幼儿园。实施城区备用水源工程,规划建设大山脑水库,配合赣州水务集团实施上犹江引水工程,加快中北部城乡供水一体化项目建设,从根本上解决城乡群众饮水安全问题。实施乡镇敬老院改造工程,力争2—3年新建敬老院1万平方米以上,新增入院对象3000人以上。继续推进农村危旧土坯房改造,实施叠加优惠政策,突出解决好困难群体危房改造问题。加强保障性住房建设管理，建设一批城区学校教师公寓和农村教师周转房，全面落实并逐步提高农村边远山区教师津补贴。推进2.9万户农村危旧土坯房和老城区(棚户区)改造。大力发展卫生、文化、体育等社会事业，启动二医院新院建设，完成妇保院整体搬迁，争取一医院、中医院升格为三级乙等医院。依法落实“单独两孩”生育政策。全面落实完全失地农民参加城镇职工基本养老保险工作，逐步探索多元化保障办法。积极培育和弘扬社会主义核心价值观，大力实施文化惠民工程。加快体育场项目建设，大力实施乡镇和村级农民体育健身工程。

扎实推进扶贫攻坚。全面推进罗霄山片区区域发展与扶贫攻坚规划，抓紧抓好129个重点项目的实施。通过引农进城(镇)、进工业园区以及劳务输出、农业龙头企业辐射带动和特殊困难群体政府供养等多种途径，推动扶贫开发由零星式、输血式、分散式向连片式、造血式、集中式转变，建立精准扶贫工作机制。加强与省直单位的对接汇报，进一步提升“四个一”组合式扶贫工作成效。全面实施27个贫困村的整村推进项目。结合农村危旧土坯房改造，大力实施扶贫搬迁工程，鼓励边远山区农民搬迁进城区、进工业园、进圩镇、进中心村(社区)。

创新社会治理机制。深入推进平安南康、法治南康建设，提高社会治理工作水平。健全和落实重大决策社会稳定风险评估机制。健全区、乡、村、组矛盾排查调处网络，构筑“三调联动”和第三方调解并用的矛盾调处格局，着力化解矛盾纠纷。坚持领导带案下访、约访、定期接访和包案化解积案，落实信访工作责任，着力解决群众信访合理诉求。加强食品、药品安全和消防、交通安全整治，多措并举抓好家具企业消防安全工作。加强流动人口管理，加强新型农村社区服务管理，建立健全特殊人群服务管理机制，创新立体化社会治安防控体系，严厉打击“两抢一盗”和各类刑事犯罪。完善公共安全事件应急体系，加强防震减灾工作，提高综合应急能力。

加强生态环境保护。大力实施净水、净空、净土工程。加快构建重点污染源自动监控网络，加密主要河流断面水质监测，加强大气和地下水污染防治。规划建设建筑垃圾填埋场。加快城镇生活污水处理厂配套管网建设。确保工业园区污水处理厂年内投入运营。推进污水管网建设并向乡镇延伸，争取开工建设唐江污水处理厂。抓住省环保厅挂点扶贫契机，加快矿产品加工企业退城进园(郊)及环保整改，抓好矿产品加工企业的整合搬迁和污水集中处理工作。探索实施环保审批终身负责制和责任追究制。启动赤土河重金属污染防治一期工程。

(八)勤政、廉政、依法行政，努力建设人民满意政府。以党的群众路线教育实践活动为契机，切实转变作风，提高效能，依法行政，努力建设人民满意政府。

改进工作作风。政府的主要职责在于抓落实。全面提高各级干部的理解力、执行力和操作力，提高攻坚克难和运用市场经济手段、法治思维解决问题的能力。大力倡导敢于担当、积极进取的精神，大力弘扬脚踏实地、埋头苦干的作风，只争朝夕、雷厉风行，全力以赴推进区委、区政府确定的中心工作和各项重大工程建设项目。

坚持依法行政。增强依法行政意识，自觉规范政府行为。健全行政决策机制，完善行政决策程序，打造开放式、多元化、参与式行政管理新机制。自觉接受人大和政协的监督，认真办理人大代表建议和政协委员提案。推进政府信息公开，主动接受社会监督和新闻舆论监督。

坚持清正廉洁。深入推进党风廉政建设和反腐败工作，健全权力运行制约和监督机制。继续推进政务公开和电子政务平台建设，强化行政监察和审计监督，加大对财政资金使用、工程项目建设等重点领域的监管力度，坚决查处各类违法违纪案件。加强制度建设和廉政教育，健全完善工程建设项目招投标、公共资源交易等管理制度，筑牢拒腐防变底线。探索公务用车改革，规范办公用房使用管理，严控“三公”经费，把有限的财力用到促进发展和改善民生上去。

各位代表，继往开来谱新篇，振兴发展正当时。让我们紧密团结在以习近平同志为总书记的党中央周围，在南康区委的坚强领导下，解放思想、凝心聚力，同城发展、富民强区，为把南康建设成为赣南苏区振兴发展的核心增长极和宜居宜业的活力新城，在全省率先全面建成小康社会而努力奋斗！

中国人民政治协商会议
南康市第五届委员会常务委员会工作报告

——2014年2月26日在政协赣州市南康区第一届委员会第一次会议上

彭秀生

各位委员、同志们:

我代表政协赣州市南康区第一届委员会常务委员会,向大会报告五届市政协常委会工作,请委员们审议,并请列席会议的同志提出意见。

一、过去一年工作回顾

市政协五届三次会议以来,在中共南康市委的正确领导下,全市人民万众一心、破难攻坚、砥砺奋进,各项重点工作和重大项目建设快速推进,经济结构不断优化,社会事业加快推进,人民生活明显改善,在全面建成惠及全市人民的小康社会、把南康建设成为赣州都市区核心增长极和宜居宜业的活力新城征程上迈出了坚实的步伐。一年来,市政协常委会坚持以邓小平理论、"三个代表"重要思想和科学发展观为指导,深入贯彻中共十八大和十八届三中全会精神,围绕全面加快推进赣南苏区振兴发展这条主线,紧扣市委、市政府的中心工作和发展思路,突出团结和民主两大主题,认真履行政协职能,努力实践"亲民协政、为民履职"工作定位,齐心协力谋发展,尽心竭力惠民生,凝心聚力促和谐,为我市经济社会又好又快发展和谱写"中国梦"南康新篇章作出了新贡献。

(一)围绕中心、致力发展,服务大局成效更为显著

充分发挥人民政协智力密集的优势,紧紧抓住事关我市发展全局的重大问题,积极开展各种形式的协商议政、视察调研活动,为推进党政科学民主决策发挥重要作用。

献策南康长远发展。围绕全面完成"十二五"规划目标、政府工作报告和《若干意见》的贯彻落实进行广泛深入地协商,五届三次会议期间,组织委员围绕"农村土坯房改造、做优南康旅游业、工业企业退城进园、农村公路养护、幼儿教育发展"等选题进行协商议政。委员们对南康经济社会发展事业等重大问题积极议政建言,呈现齐心协力破难题,凝心聚力谋发展的良好格局。

共谋经济转型升级。组织委员开展了"关于进一步加快我市产业转型升级,强力推进工业强市战略"重大课题调研,课题成果成为我市出台优化政策服务环境、加快产业转型升级措施的重要参考。组织委员深入调研节能照明灯饰产业发展状况,形成《关于我市节能照明灯饰产业发展的建议》,市委主要领导作出重要批示,市政府专门召集有关职能部门研究并落实相关措施。市政协领导在中心工作中积极作为,分别参与了南山恐龙文化产业园、赣州职教园区、金融中心、汽车城、国际物流商贸综合体、循环经济发展等重点项目建设工作,为各个项目的建设做了大量卓有成效的工作,助推了项目建设进程。

建言融入主城区建设。开展了构建大交通重点课题调研,提出完善现代立体交通体系、贯通赣南大道主要连接线,加快建设大广高速南康南出口等建议,为拓展南康城市发展空间资政建言。为缓解城区交通拥堵这一突出问题,联合有关单位就城市公共交通建设和开通市区出租车开展调研,引起市委主要领导的高度重视,有关部门正抓紧推进公交线路的优化完善,为市民工作、生活提供便利。

推动文化发展繁荣。建设文化强市、推动文化大发展大繁荣是市政协履行职能的重要内容。组织委员开展调研视察、研讨论证,为保护谭邦古城、唐江古镇等历史文化名村、名镇鼓与呼。对我市民间工艺保护发展情况开展专题调研,为抢救非物质文化遗产出力。与百家姓和谐城姓氏文化研究会联合收集和整理客家姓氏族谱等资料,编纂了《和谐城志》,较全面地反映了和谐城建设和客家姓氏文化的相关史料。文史资料征集、编辑工

作取得新成效，被省政协评为文史工作先进单位。

(二)关注民生、促进和谐，为民履职工作深入推进

不断强化人民政协为人民的理念，增进关注民生的真感情，搭起服务民生的大舞台，织起反映民意的信息网，协助党委和政府推进民生问题的解决，让发展成果更好地惠及全市人民。

促进城市人居环境改善。继续对城区综合整治进行跟踪式监督，就“治脏、治乱、治堵”问题组织委员深入调研，召开市政协常委会对城区散体物运输问题进行专题协商，推动了整治工作的顺利开展；提出“加大工作力度，着力整治城区小型矿产品加工企业”的建议，市委市政府高度重视，采纳政协委员建议，正着力加快对现有的51家小型矿产品加工企业的整合搬迁工作。围绕工业园区节能减排等组织视察调研，为改善城市人居环境出谋划策。

献计民生福利事业发展。针对群众看病难的问题，政协就有关城区医疗资源布局调整建言献策，所提的建议被市政府采纳，推进了中医院的整体搬迁和妇幼保健院建设步伐。组织开展城区饮用水源安全、农产品质量安全等民生问题联动调研，力求使广大群众能够喝上干净水、吃上放心菜。深入了解南康新居民和弱势群体的生活工作状况，呼吁相关部门帮助解决就业难、讨薪难、住房难、子女上学难等问题。针对我市农村文化建设现状开展调研，围绕加强基层文化阵地建设、丰富农村文化生活等方面提出许多建议，进一步推进了农村基层文化建设。

畅通反映社情民意渠道。发挥反映社情民意工作在政协服务民生中的重要作用，力求通达民情，引导社会热点，疏导公众情绪。制定下发了《关于进一步加强反映社情民意工作的意见》，建立健全信息工作目标考核机制，调整充实信息员队伍，加强业务培训，了解和反映社情民意工作有新突破。一年来，共收到反映社情民意信息200多条，整理报送市委、市政府社情民意专报5期，市委、市政府领导批示20人次，报送省政协社情民意信息3条。

竭诚为民办实事做好事。市政协领导深入扶贫结对村察民情送温暖，助推农村危旧土坯房改造、和谐秀美乡村建设等统筹城乡发展重大举措的顺利实施。争取项目资金6万元，对横市镇增坑村沙芜、窑背组一条年久失修的灌溉水渠进行了维修加固，解决了300多亩农田的灌溉，深受群众好评。发挥政协组织在加强和创新社会管理中的优势作用，围绕预防家庭暴力、建设和谐文明社区、流动人口管理等问题献计献策，为促进社会和谐发挥重要作用。积极开展扶贫济困、捐资助学、下乡义诊、法律援助等慈善惠民活动，主动纾解民忧民困。一年来，共组织各类献爱心活动10余批次。全市政协委员主动参与赈灾救援活动，与全市人民共同奏响团结协作、扶危济困、守望相助的感人乐章。

(三)增进共识、凝聚力量，团结民主氛围日益浓厚

坚持大团结、大联合方针，把加强社会各界人士的合作共事摆上重要位置，凝聚各方的智慧和力量，助推我市经济社会事业蓬勃发展。

不断巩固多党合作局面。精心组织全体政协委员融入到谱写“中国梦”南康新篇章的实践中等系列活动，巩固社会各界人士团结奋斗的共同思想政治基础，为南康科学发展、和谐发展、率先发展凝聚力量。以政协例会为平台、调研视察为载体、界别活动为纽带，加强与民主党派、工商联和无党派人士的团结合作，努力营造民主和谐的履职环境。充分发挥民主党派、工商联、无党派人士在政协中的骨干作用，广泛团结新的社会阶层，共同致力于南康振兴发展事业。

积极拓宽交往联谊渠道。协助做好民族宗教工作，专题调研视察赤土畲族少数民族乡经济社会发展和全市宗教场所建设与管理等问题，促进民族和谐与宗教和睦。充分利用客联会平台，扩大政协对外交往，积极推介南康投资环境。走访异地南康商会，加强与在外乡亲的联络，动员和促进在外乡亲资本回流、人才回归。密切与省内外政协组织的协作联系，积极配合、热情接待，认真做好上级政协来康的视察调研的配合协调工作，配合省政协调研视察组完成了“重金属污染治理”、“加快发展服装创意产业”、“食品安全”等调研视察。

有序扩大委员政治参与。充分发挥政协协商民主重要渠道的作用，推荐政协委员列席市委市政府的有关会议；全力办好《委员之声》内部刊物，使其成为协商互动的有效平台，政协委员表达观点、反映问题的重要窗口，党委政府科学决策的民意渠道。向社会公开征集提案和社情民意线索，鼓

励委员开通博客和微博等,拓宽民主渠道,畅通政情民意,具有地方特色民主氛围。

(四)立足特色、着眼创新,履行职能水平不断提升

立足政协工作特色,积极探索履行职能的新形式、新领域、新途径,以创新求发展,以创新求实效,推动履职水平的整体提升。

拓展协商议政领域。在协商内容上,注重结合我市发展实际,围绕市委市政府中心工作,紧紧抓住事关全市经济社会发展大局的重大问题,多形式、多角度地开展协商建言活动,进一步拓宽了协商领域,深化了协商效果。为了在更高层面推动南康家具产业转型升级,组织委员就南康家具产业转型升级问题开展了专题协商,提出的"培育南康家具区域品牌"、"加快实施人才体系建设"、"打造千亿家具产业集群"等建议,进入了党政决策程序。目前,我区正奋力推进全国实木家具产业知名品牌示范区和中国中部家具产业基地的建设,人才已成为力推南康家具产业转型升级最具活力的强大"引擎"。在协商形式上,注重搭建全会协商、常委会协商、主席会议协商、专题会议协商等平台,构筑多层次协商议政格局,共举行常委会议4次、主席会议11次、专题协商会5次。通过各种协商活动,提高了委员参与协商的积极性。

完善民主监督方式。在完善民主监督机制方面,先后出台了《关于开展民主评议工作的实施意见》、《关于对提案承办单位进行民主评议的实施意见》,使政协的民主监督工作有载体、有规章、有手段。建立了统一选派特约监督员制度,向13个市直部门选派50多名政协委员担任特约监督员,使特约监督员的监督行为由个人意志变为组织意志、个体监督变为整体监督,有效提高了民主监督的组织化程度。对"东山北路贯通工程"、"体育公园建设项目"、"赣州市2013年民生工程100件实事落实情况"、"柑橘黄龙病防控"等专项工作,开展民主监督视察活动,确保了相关工作的有序推进。在监督视察评议中,始终坚持准确性、客观性、公正性和可行性的原则,努力做到不造声势真监督、不走过场求实效、与人为善建诤言,力助提高效率、改进工作。

注重参政议政实效。坚持紧扣全市工作大局,充分运用调研、视察、提案、社情民意等形式,选准角度、突出重点,富有成效地做好参政议政工作。"党政出题,政协破题"已成为我市政协调研的工作常态。为使委员们提出的意见建议符合当地经济社会发展的实际,年初将谋划的调研视察课题报送市委、市政府,或者请市委、市政府主要领导拟定课题,2013年,党政交给政协的调研视察课题就有:"节能照明灯饰产业发展"、"农民专业合作社发展情况"、"循环经济产业园建设情况"、"家具企业消防安全"等等。政协组织委员通过专题调研视察,提出了许多有益有价值的参考意见,市委、市政府主要领导多次作出重要批示,一批好的意见建议进入到党政的决策层面。如提出的"切实加强家具生产企业消防安全问题整治"的建议得到采纳,市政府也及时下发了《南康市深入开展家具行业消防安全整改及职业病防治工作方案》,相关职能部门已对辖区内5000多家家具企业进行全面排查,并对排查梳理出的消防安全隐患做好台账,要求相关企业限期整改到位。

创新提案工作机制。为进一步规范提案办理工作,市委、市政府下发了《关于进一步加强人民政协提案办理工作的实施意见》,该文件对如何加强政协提案办理工作提出了严格的要求,对政协更好发挥职能将起到巨大促进作用。政协例会前1个月左右,向党政部门征集提案知情材料和参考选题,为委员撰写高质量提案创造条件;开展提案办理工作民主评议,建立提案办理工作考核机制;组织部分政协委员视察城建重点项目建设,与承办单位面对面交流沟通,不断推动提案办理工作取得实效。一年来,共立案并交办提案163件,现已全部办复,提案反映的大部分问题得到解决或基本解决,许多建议已在我市有关政策措施和部门工作中得到体现。

改进政协宣传工作。市政协高度重视新时期人民政协的宣传工作,营造政协新闻宣传的良好氛围。与南康电视台共同推出《委员风采》电视专题栏目,全年安排了18位委员就个人成长历程、创业亮点、履职业绩进行展示。通过《委员风采》栏目的推介,展现了委员创业履职的风采,提升了政协委员的社会影响力和知名度。栏目在市电视台黄金时段滚动播出后,获得了社会各界人士好评。重视对外宣传,《光华时报》在头版头条以《南康市政协"适销对路"履职创出新天地》为题报道了我市政协履职成效,在政协系统影响广泛。

(五)健全机制、夯实基础,政协自身建设全面

加强

着眼于人民政协事业的长远发展，按照“创新、务实、高效”的工作要求，全面加强自身建设，提升了政协工作的科学化水平。

着力搭建学习研究平台。以理论学习中心组、专题辅导报告等形式，组织委员深入学习贯彻党的十八大、十八届三中全会和习近平总书记系列重要讲话精神以及省委十三届七次会议精神，切实增强贯彻落实科学发展观的自觉性和坚定性，切实增强履行职能的使命感和责任感，为助推南康振兴发展凝心聚力。贯彻落实中央八项规定和《党政机关厉行节约反对浪费条例》以及《党政机关国内公务接待管理规定》，进一步促使大家切实转变工作作风，牢记宗旨，廉洁自律，工作效率和服务质量明显提升。围绕协商民主、加强和创新社会管理等主题，组织开展各类理论研讨活动并取得一定的成效，其中《南康市政协协商工作扎实推进、有为有效》等文章在赣州市政协召开的“发挥人民政协协商民主渠道作用研究”专题调研会上作了介绍。

着力发挥界别独特优势。制定《关于重视和发挥界别作用的意见》等制度，设立13个界别活动组，明确界别活动的组织领导、内容形式、责任分工。支持和鼓励在政协全会、专题协商会等会议中以界别名义发表意见，提出建议。发挥界别在提案、调研视察、反映社情民意中的作用。探索开展委员向界别述职等界别活动的新方法新途径，把界别活动与经常性履职工作有机结合起来，调动各界别参政议政的积极性。一年来，各界别活动组共开展各类活动达30多次，密切了与各界群众的感情。

着力强化委员主体作用。《南康市政协委员管理办法》，为发挥委员主体作用提供制度保障。实行政协领导联系常委、常委联系委员制度，了解委员具体情况，帮助解决实际困难。认真组织委员学习和培训，一年来，共组织各类学习培训2批次，参加委员500人次，委员履职能力得到进一步提高。建立委员履职服务管理系统，开展评选优秀委员、优秀提案等活动，调动委员参政议政自觉性和积极性。一年来，委员参与调研视察活动的有230多人次，在政协履职工作中的主体作用得到进一步彰显。

着力提升机关服务水平。加强政协机关党组织建设、干部队伍建设、机关制度建设和工作作风建设，认真开展“四风”自查自纠活动和违规收送“红包”问题专项治理活动，抵制形式主义、官僚主义、享乐主义和奢靡之风的敏感性、自觉性和主动性明显增强，作风建设取得了新成效。加大机关干部培养力度，让年轻干部到征地拆迁一线锻炼，激励机关干部勤于学习、诚于团结、勇于担当、善于创新，提高了工作水平和效率。认真做好老干部服务工作，支持政协各委员活动小组开展活动。

各位委员，一年来，中共南康市委不断加强对政协工作的领导，进一步优化政协履职环境，政府和社会各界对政协工作的支持力度不断加大，政协的履职成效不断凸显。特别是市委徐兵书记高度重视人民政协工作，百忙中抽时间参加政协五届九次常委会，并在会上作了重要讲话。市委常委会坚持每年至少两次专题听取市政协党组工作汇报，及时研究解决政协工作有关问题。市委、市政府领导坚持每年一次向政协通报全市经济社会运行情况和工作思路，经常对市政协的建议案、调研报告、提案和社情民意作出批示，并责成相关部门及时反馈办理结果。所有这些，都给我们以极大的鼓舞和有力的鞭策。在此，我代表五届市政协常委会，向长期以来关心、重视和支持政协工作的中共南康市委、市政府和社会各界表示衷心的感谢！向为市政协工作付出辛勤努力的全体委员致以崇高的敬意！

回顾过去的一年，我们清醒地认识到，与党和人民的要求相比，与人民政协肩负的使命相比，与广大政协委员的期望相比，我们的工作还有一定的差距。比如，重大事项协商需要更加规范，民主监督形式需要更加丰富，界别参政议政作用需要更加突出，调研视察工作需要更加强化，民生民情需要更加关注，委员主体作用还有待进一步加强等。这些都有待在今后的工作中认真探索、努力实践，加以改进。

二、2014年工作任务

2014年，是南康撤市设区、开启新征程的起步之年，是全面推进赣南苏区振兴发展承前启后的关键一年，也是全面建成小康社会的重要一年。站在新的历史起点上，我们将全面贯彻落实中共十八大、十八届三中全会和习近平总书记系列重要讲话精神，以及中共江西省委十三届八次全会、赣州市委四届五次全会和南康市委五届七次全会精神,以撤市设区为新起点,紧扣"同城发展、富民强区"发展战略,围绕"加快融入主城区,提速提质促发展,千方百计惠民生,真抓实干兴南康"的发展思路,牢牢把握团结和民主两大主题,认真履行政协职能,充分发挥政协协商民主重要渠道作用,为把南康建设成为赣南苏区振兴发展的核心增长极和宜居宜业的活力新城作出新的贡献。

(一)深入学习研究,在开创工作局面上有新作为

要认真组织学习、贯彻落实中共十八大和十八届三中全会精神,深刻领会习近平总书记系列重要讲话精神,着力提高对全面深化改革重大战略意义和系统性部署的认识,不断深化对新时期协商民主使命和责任的认识,切实把广大政协委员和社会各界人士的思想行动、智慧力量统一和凝聚到市委五届七次全会精神上来,努力协助党委政府做好各项工作。要不断丰富学习形式,创新学习方法,健全学习制度,特别要认真组织好中心组学习讨论、委员小组活动、委员培训、辅导讲座等活动,使学习成果转化为指导实践和推动工作的强大动力。要充分发挥人民政协理论研究的作用,立足我区政协工作的生动实践,积极探索履行职能的新思路、新举措,深化对新时期人民政协工作的特点和规律的认识,不断增强政协工作的预见性、主动性和有效性。

(二)紧扣中心工作,在推动科学发展上有新贡献

要深刻把握"十二五"时期发展的主题和主线,切实把推动赣南苏区振兴发展作为人民政协履行职能的第一要务,共同为转变发展方式、破解发展难题献计出力。要聚焦党委、政府中心工作,找准着力方位,发挥自身优势,使协商议政活动更加符合南康经济社会发展需要。要注重研究新情况、新问题,围绕我区加快产业转型升级、统筹城乡发展、打造金融中心、主动推进与主城区功能对接等重大问题,开展专题调研和协商讨论,多建睿智之言,多献务实之策,多谋创新之举。要坚持在参与中支持、在支持中服务、在服务中监督,抓住影响我区转型发展中的突出问题,特别是对生态保护、文明倡导、市容改善、政风行风等方面进行民主监督,进一步优化城市人居环境。

(三)高度关注民生,在促进社会和谐上有新突破

要不断深化对人民政协人民性的本质属性认识,切实把为民履职的工作理念落实到政协工作实践中,使协商民主成为民意进入党政决策的重要渠道,使民主监督成为保障公众权益的有效方式,使参政议政成为促进群众利益实现的重要过程。重点关注大山脑城市饮用水源建设、环境污染治理、公共交通建设、教育优先发展、社会保障体系建设、农村养老事业发展、食品安全、社会管理创新等问题,通过提案、社情民意、视察等方式,充分反映民意,致力为民谋利,努力促进基本公共服务均等化。建立健全为群众办实事、做好事、解难事的长效机制,继续组织科技、农业、医卫、文艺等界别的委员和专家,开展科技兴农、扶贫义诊、文化惠民、法律援助等活动。继续以"三送"工作为平台,做好对口联系点的结对帮扶,努力做好新形势下的政协群众工作。

(四)努力协调关系,在实现广泛团结上有新成果

要坚持把发扬民主、增进团结、协调关系、化解矛盾作为履行职能的重要着力点,努力协助党委政府做好凝心聚力的工作,为促进政党关系、干群关系、阶层关系的和谐发挥积极作用。要充分发挥多党合作制度的政治参与、利益表达、社会融合、民主监督的价值和功能,加强同民主党派、工商联、无党派人士的合作共事,更好地发挥在政协工作中的骨干作用。要充分发挥民族、宗教界代表人士的作用,做好政协民族宗教工作,促进民族团结、宗教和睦、社会稳定。要充分调动人民团体的履职积极性,关注不同阶层的利益诉求,反映所联系群众的愿望呼声,协调各阶层人士的利益关系。要多渠道、多形式、多领域地加强与全国各地南康商会的沟通联系,调动各方面力量共同致力于南康的建设发展。要深入研究探索"请群众走进政协"、"让政协深入群众"的方法途径,继续办好《社情民意》、《委员之声》等内部刊物,拓宽公民有序政治参与的有效载体,不断推进政协工作向基层延伸、向网络延伸、向新社会阶层延伸。

(五)坚持务实创新,在加强自身建设上有新进展

要以开展第二批群众路线教育实践活动为切入点,广听民情民意,汇聚助推南康全面深化改革的强大合力。要以南康列入全省综合改革试点区为契机,进一步创新政治协商的工作机制,不断丰

富协商内容、完善协商形式、规范协商程序，使协商民主真正成为党政决策的重要环节，有序扩大群众政治参与。要加强常委会建设，建立健全常委会工作机制，提升常委会议议事质量。要积极探索界别活动的新方法新途径，强化界别的民意通道功能，提高界别履职的组织化程度。要加强委员队伍建设，提升委员履职质量，强化委员履职管理，进一步精心打造“委员风采”电视专题栏目，充分发挥委员在本职工作中的带头作用、政协工作中的主体作用、界别群众中的代表作用。要发挥专委会在重点课题调研、重点提案督办、联系界别和委员中的基础作用，完善工作制度，提升履职能力。要加强政协机关思想、组织、作风和信息化建设，不断增强机关干部爱岗敬业、忠诚服务的使命感和责任感，促使政协工作务实、有序、高效。要加强与上级政协、兄弟县（市、区）政协工作的联系，构建交流平台，深化工作联动，努力形成共谋科学发展、共促事业进步的强大合力。

各位委员、同志们：回顾过去，我们为所取得的可喜成绩深感欣慰；展望未来，我们对南康的美好愿景充满信心。让我们更加紧密地团结在以习近平同志为总书记的党中央周围，在中共南康区委的坚强领导下，在区人民政府的大力支持下，以更加强烈的责任意识建言献策，以更加亲民的工作作风履行职能，以更加严谨的履职态度破难攻坚，积极投身赣南苏区振兴发展的伟大实践，为把南康建设成为赣南苏区振兴发展的核心增长极和宜居宜业的活力新城作出新的更大的贡献。

①

②

③

① 2013 年 5 月 13 日上午，全市“政务公开和政务服务”国家级试点及行政审批“两个集中”工作推进会召开。

② 2013 年 8 月 16 日至 18 日，首届江西省鄱阳湖绿色农产品（深圳）展销会在深圳举办。南康市东坚米业公司和友家食品有限公司参加了本次展销会，参展商品深受消费者喜爱。

③ 2013 年 6 月 20 日，南康市“百姓说赣州”巡回宣讲活动在龙回镇新圩村拉开了帷幕。

中国(赣州)家具产业博览会专辑

南康家具博览会升格为国家级展会

2014年3月，从南康有关部门获悉,2014年中国(赣州)第一届家具产业博览会由国家林业局和江西省人民政府主办，将于5月28~30日隆重举行,正式升格为国家级展会。

据悉,升格为国家级展会,南康家具博览会将亮点纷呈:第一是更高规格的主办承办单位:本届家具产业博览会将由国家林业局和江西省人民政府主办,江西省林业厅和赣州市人民政府承办。将邀请国家林业局领导;江西省、赣州市领导;台湾企业代表;中部六省林业部门负责人;中国家协和家具生产和销售重点省市及家协领导、中国林产业和中部六省林产业联合会领导；三明市、义乌市、菏泽市、牡丹江市等林产业展会举办城市有关领导;家具产业相关专家学者;国内著名家具品牌厂商、主要家具卖场运营商;新闻媒体记者等嘉宾出席本届展会,规模空前,盛况在即。

第二是展览规模、展览产品、参展人数空前,南康家具经过近20年的发展,交易市场总展览面积达120万平方米，恢弘的展览规模带你体验中部家具的魅力；本届展品打破以往只有清一色产品的陈规,拓展到涵盖家具、家居饰品、木结构、木建材;木竹工艺品、日用品、深林食品药品、木工机械等。更多的泛家居展品将以多姿多彩的展览形势呈现在世人眼前。

第三是全面的协调机制,凸显特色展馆。中部六省和省内各县市林产品展览馆；广东深圳、东莞、顺德等地的家具企业馆;广东家居饰品馆;台湾馆和外国馆;竹制品馆和红木馆等;来自全球范围的泛家居产品将被引进本届展会。丰富展会内容,吸引更多客商观展采购、投资兴业。

第四是更广泛的宣传支持，国内一线媒体纷纷表示对国家级展会的浓厚兴趣，在政府和各级协会等多方配合支持下,诸多国家级媒体、重点省市媒体届时将莅临现场进行详细专题报道，第一时间传达南康家博会盛况。本届家博会将得到比以往任何一届展会更广泛的媒体支持。

近年来,南康家具产业发展迅速,目前全区家具企业达8000余家,2013年工业总产值450亿元。从事家具产业人员约26万,加上间接拉动就业人员总数超过30万人。2011年,南康被中国家具协会授予“中国中部家具产业基地”称号,2013年,南康被国家质检总局授予“全国实木家具知名品牌示范区“称号,并连续两年被评为”全国优秀家具产业集群”,形成了中部地区具有相当代表性的产业集群,中国家具行业不可或缺的主力军。升格后的家博会将贯彻落实“中部崛起”战略,加强与全国各家具生产区的合作,注重区域发展,强强联手,扩大南康家具的影响力,实现中部崛起和苏区振兴发展战略。

南康家具产业发展大事记

1993年,第一家家具企业诞生。

1997年,建起1万平方米的家具专业市场。

2002年,政企联建工业园,成立行业协会。

2006~2008年,展销面积猛增到42万平方米。

2009年底,家具企业工业总产值32.5亿元。

2011年,家具产业生产总值首次突破80亿元。

2013年,家具实现总产值超450亿元。

2014年5月,中国(赣州)第一届家具产业博览会召开;赣州(南康)进境木材检验检疫监管区正在筹建。

中国(赣州)第一届家具产业博览会在南康区开幕

2014年5月28日上午,中国(赣州)第一届家具产业博览会在赣州市南康区开幕,会展为期3天。

在国家林业局主办的6个林产品展会中,中国(赣州)家具产业博览会是唯一一个以家具产业命名的展会,特色鲜明。

据了解,本届博览会参展总面积120万平方米,主展览区分为“一馆两区”,即:主展馆6万平方米,红木博物馆展区3万平方米,木工机械展区1万平方米。本届家博会是一届名副其实的国家级展会,这既体现在主办方是国家林业局和江西省政府,又体现在安徽、湖南、湖北、广东、福建、浙江、山东、黑龙江、贵州、广西等兄弟省份林业部门的积极参与,体现在中国家协、中国林业产业联合会、中国林产工业协会、中国林业机械协会等业内主业行业协会的积极参与和对展会的鼎力支持。本届展会有4000多家企业参加展示,预计国内外采购商达10多万人次。

近年来,南康家具产业发展迅速,目前全区家具企业达8000余家,销售网络基本覆盖县级城市。产品出口越南、马来西亚等十多个国家。2013年工业总产值450亿元。从事家具产业人员约30万人。2011年,南康被中国家具协会授予“中国中部家具产业基地”称号。

当前,南康家具产业迎来了历史上最好的发展机遇。《国务院关于支持赣南等原中央苏区振兴发展的若干意见》明确支持包括“南康家具”在内的产业基地建设。南康家具正推进转型升级发展战略,朝着集约化、集群化、集团化发展,向“打造千亿产业集群”的目标奋力迈进。

此外,高峰论坛、国家林业重点展会城市座谈会、客商见面会暨优秀展品颁奖仪式、家具人才交流大会、家具优秀摄影作品展、北方家具之都河北廊坊市香河县与中部家具产业基地南康区签订友好县区战略合作框架协议等活动将同期举行,为家博会增光添彩。

中国(赣州)第一届家具产业博览会在南康区圆满闭幕

2014年5月30日,中国(赣州)第一届家具产业博览会在南康区圆满闭幕。据不完全统计,在为期3天的会展期间,共吸引了4000多家家具企业前来参展,累计观展人数12万余人次,签约金额逾10亿元。

本届家具博览会正式升格成为国家级展会,由国家林业局和江西省人民政府主办,江西省林业厅和赣州市人民政府承办。这次展会规模和产品档次得到大幅提升,参展商、观展商人数及成交额再创新高。展会总展览面积达120万平方米,集中展示了南康自主精品、新品,全方位展示了南康区本土家具企业的生产工艺、生产水平和研发能力。

业内人士指出,本届家具博览会的成功举办,提升了南康家具区域品牌影响力,推动了南康家具产业转型升级,加快了南康区振兴发展的步伐,为南康区打造千亿元家具产业集群迈出了坚实一步。截至5月底,南康家具产业销售收入200多亿元,同比增长282.4%,实现了历史性突破。

中国(赣州)家具产业高峰论坛

2014年5月28日,中国(赣州)家具产业高峰论坛在南康区举行。国家林业局计财司副司长、国家木材行业管理办公室主任孙健,市领导刘建平出席。

本次高峰论坛由中国家具协会主办,旨在为南康家具产业发展把脉,助推南康家具产业转型升级,打造千亿元产业集群。其间,北京林业大学材料学院教授、博士生导师、亚太家具协会理事长林作新,广东楷模集团有限公司董事长徐国芳及索菲亚家居股份有限公司副总经理张挺等发表主题演讲。

与会嘉宾一致认为,南康家具产业历经20多年发展,已初步形成了集加工制造、销售流通、专业配套、家具基地等为一体的产业发展格局,已成为全国家具行业的重要组成部分,并在全国具有一定的影响力;希望南康能以举办中国(赣州)第一届家具产业博览会为契机,稳步推进家具产业转型升级发展战略,以高起点规划引领产业发展,以品牌建设提升产业影响力,以平台建设促进产业转型升级,突出创新驱动提升发展水平。

南康家具从草根产业到千亿产业集群

清晨,一轮朝阳从地平线上冉冉升起,江西南康“一江两岸”鳞次栉比的高楼大厦,在朝霞的映衬下,呈现出层次分明、错落有致的剪影。在繁忙的建筑工地上,林立的塔吊在蓝天下舞动长空巨臂,装载机川流不息;在美丽的旭山公园、文化广场上,人们练着太极拳,跳着扇子舞,脸上写满了幸福;东山公园文峰塔和旭山公园鲤山塔,与绚丽的朝阳一起醒来,对映成景,点缀着整座城市;南康家具城,早已是车水马龙,熙熙攘攘。

与此同时,通往四面八方的物流也“醒”了过来,一辆辆装载家具、玻纤、矿产品等货物的车辆来往穿梭;赣粤高速、赣韶高速、105国道、323国道、赣丰线、康唐线、京九铁路,以及在赣韶铁路上和赣州黄金机场里,来自四面八方的客商纷纷朝红红火火的家具市场奔去,朝绿油油的柚子林奔去,朝百家姓和谐城奔去,朝大山脑、莲花山、白鹤岭奔去……一条条笔直宽阔、四通八达的公路,跃动着畅达快捷的发展节奏;一处处应接不暇、令人神往的美景,描绘着绿色宜居的美好家园;一个个不断壮大、充满朝气的产业,演绎着转型发展的不朽传奇……

正是在南康1722平方公里这片神奇的土地上,83万多人民凭着勤劳朴实、吃苦耐劳、坚忍不拔的创业精神,创造了一个奇迹:在木材资源缺乏的情况下,将“做木匠”这个千百年来的南康客家老行当,发展成了一个名扬全国的家具产业。著名社会学家费孝通先生在南康考察后,说南康经济是“无中生有,有中生特,特在其人,人联四方”。

如果把民营经济说成“草根经济”,那么南康家具产业就是典型的“草根产业”。上世纪90年代初,在广东务工的部分南康人开始回乡创办家具企业。经过20多年的发展,南康家具这个“草根产业”实现了从无到有、从小到大的转变。截至去年12月底,该区家具企业达5000多家,初具规模企业64家,家具从业人员达20多万,加上间接带动就业人员总数超过30万人;家具产业实现总产值243亿元,同比增长31.3%,销售收入233亿元,同比增长47.8%。家具市场占地面积达1000亩,总建筑面积突破120万平方米。家具物流企业238家,物流线路630条,基本覆盖全国各地。

如今,站在撤市设区新起点上,南康力争通过3年~5年的努力,将这个“草根产业”打造成千亿产业集群。

宏伟蓝图催人奋进,有力举措可圈可点。

抓观念提高

逐步引导家具业主更新发展理念,增强现代经营意识,并不断加强与专业高等院校的合作,长期开展人才培训活动。目前,该地区有超百名家具业主主动攻读MBA,整个行业的发展理念大大提高。

抓规模发展

引导本地家具企业通过兼并、股份制改造、企业联盟、资源整合等方式增强实力;引导企业集中入园,通过对入园企业的用地、资金等方面的扶持,培育龙头标杆性企业,促进企业规模化发展。

抓品牌建设

通过采取质量评比、原料检查等多种手段,促使企业重视产品质量的提高,目前,已有8家企业被评为省质量守信AAA级企业;着力扶持培育一批家具品牌,目前南康家具行业获国家驰名商标3个、省著名商标47个、江西名牌产品15个、赣州市知名商标97个,在整个赣州地区和各行业中名列前茅;积极开展质量诚信企业、物流诚信企业评比活动,已有136家企业通过了各类管理体系认证;推动制定南康实木家具地方联盟标准。2013年9月,国家质检总局授予南康“全国实木家具产业知名品牌示范区”称号,成为国内第一个实木家具产业知名品牌示范区。

抓产业配套

持续坚持家具研发设计,加强与专业机构的合作,成立家具研究开发院,提高产品档次和附加值;大力发展物流仓储、五金配件、油漆化工、木材交易等配套产业,直接服务于家具产业发展;加强专业化分工合作,目前正在筹建的有木材烘干中心、喷涂中心、国家家具检测中心、电子商务中心等项目,不仅能节约企业用地和降低成本,更能提高产品质量和拓展销售渠道。

抓平台升级

持续推进5000亩家具产业园建设,积极引导、筛选本地初具规模企业和优质企业入园,带动整个产业规范、集约发展;建设进口木材监管区,让进口木材直接在南康进关,大大降低了木材的采购成本;不断提高家博会影响力,首次由国家林业局、江西省人民政府主办的中国(赣州)第一届家具产业博览会将于5月28日~30日在南康隆重举办,将进一步扩大南康家具产业的知名度。

“日头出山一点黄,思思想想想木匠。嫁个木匠真正好,一有橱柜二有箱,还有火笼烤衣裳”。我们坚信,南康这首旧有歌谣将不断焕发出新的魅力。

“南康木匠”迎春天　家具产业创奇迹

2014年5月30日,中国(赣州)第一届家具产业博览会在南康区圆满闭幕。据不完全统计,在5月28日至30日三天的会展期间,共吸引了4000多家家具企业前来参展,累计观展人数12万余人次,签约金额逾10亿元。此次展会是南康区撤市设区后举办的第一届家具产业博览会,展会由国家林业局和江西省人民政府共同主办,是名副其实的“国家级展会”。

因南康人多地少,资源缺乏,改革开放后,外出务工成了南康人的首选,而做木匠又是他们职业的首选,造就了外出务工的“木匠大军”,也造就了全国劳务品牌——“南康木工”(2007年,在河南省郑州市召开的全国劳务品牌交流展示会上被授予)。

上世纪90年代初,在广东务工的部分南康木匠开始返乡创办家具企业。经过当地政府的积极引导,经过20多年的发展,南康家具这个“草根产业”实现了从无到有、从小到大的转变。

目前,南康家具产业发展迅速,业内人士指出,截至5月底,家具企业已达5000多家,销售收入200多亿元,同比增长282.4%,实现了历史性突破。从事家具产业人员约26万,加上间接带动就业人员总数超过30万人。2011年,南康被中国家具协会授予“中国中部家具产业基地”称号,并连续3年被评为“全国优秀家具产业集群”。与之相配套,现有家具市场占地面积达1000亩,总建筑面积突破120万平方米;现有家具物流企业238家,物流线路630条,基本覆盖全国各地。历经20多年发展,南康家具产业已初步形成了集加工制造、销售流通、专业配套等为一体的产业发展格局,已成为南康的一个最重要的支柱产业、民生产业和富民产业,成为全国家具行业的重要组成部分,并在全国具有一定影响力。

正是“南康木匠”凭着勤劳朴实、吃苦耐劳、坚忍不拔的创业精神,加上当地政府对返乡创业工作的高度重视,创造了一个奇迹:在木材资源缺乏的情况下,将“做木匠”这个千百年来的南康客家老行当,发展成了一个名扬全国的家具产业。

2012年6月28日印发的《国务院关于支持赣南等原中央苏区振兴发展的若干意见》(国发〔2012〕21号)把南康家具产业列为推动老区脱贫致富的一个重要项目,自此,南康家具产业已由一个县区级的发展战略直接上升到国家级发展战略,加以培育。如今,南康区委、区政府已提出了“推动转型升级,打造千亿产业集群”的发展思路。因此,我们相信,随着“中国(赣州)第一届家具产业博览会”这一国家级展会在该区的成功召开,提升了南康家具区域品牌影响力,推动了南康家具产业转型升级,为该区打造千亿元家具产业集群迈出了坚实一步,“南康木匠”也将再次迎来创业的春天。

千亿元家具产业集群是这样打造的

5月28日,中国(赣州)第一届家具产业博览会的召开,吸引了大批来自国内外家具行业的批发商及消费者参观。

2014年3月,经国家林业局批准,之前成功举办了八届的南康家具博览会升格为国家级盛会。在国家林业局主办的6个林产品展会中,中国(赣州)家具产业博览会还是唯一一个以家具产业命名的展会,特色鲜明。

熙熙攘攘的人群,品种繁多的家具,分分秒秒都在跃升的成交金额,让不少对南康了解不多的客商惊叹不已:是什么力量孵化出如此巨大的家具产业?未来,南康家具产业又将如何发展?

“蓝色经济”溯源

南康人常津津乐道一个话题:我们有“蓝色经济”!飞机飞过南康上空。如果你正好在飞机上往下望,你就会惊奇地发现,地面上一块块蓝色区域数不胜数,犹如一块巨大的毛毯,遮去了大地的本色,颇为壮观。如果飞机能贴近地面飞行,你就能发现,一块块蓝色区域实际上就是南康各地家具车间的蓝色棚顶。一块块家具车间蓝色棚顶,汇聚起来,就是南康给地球绘就的色彩。这也是“蓝色经济”的由来。

南康不靠海不近岸,南康人自嘲:“地下没矿,山上没林,田里没水,人守三分地”。这样的地方兴起家具产业,南康人奋战了20多年。

“我是木匠出身,十几岁就走村串户给人做嫁妆家具,但还是难维持温饱。”文华家瑞家具实业有限公司的总经理吴述文,上世纪90年代初期,加入了南下广东顺德打工的大军。1996年,他带回了技术、管理经验,完成了资本原始积累的他,怀揣4万元回乡,拉了一个七八人的队伍,办起了家具小作坊。也就那段时间,南康“村村点火、户户冒烟”,有公路的地方都有家具作坊。

经过初期的快速发展,南康家具产业“散、乱、小”的问题也随之显现出来。为实现规模集约发展,2009年南康专门成立了家具产业促进局,遴选、整合出30家企业进行重点培育。南康实行了“一个企业一个政策”和“一个领导、一个区直单位、一家银行”的帮扶制度,引导企业摆脱恶性竞争,实现良性循环。

迈向全球拥抱世界

在南康佳兴国际家具材料中心,直径达一米的缅甸花梨、被誉为“世界上最名贵木材之一”的马达加斯加紫檀、老挝大红酸枝、非洲的乌金木和虎斑木、俄罗斯的榆木、北美的胡桃木、欧洲的榉木,还有国内河南、新疆的杨木,广西、贵州、湖南的椿木、桦木……世界上28个国家和国内多个省份的近30种木材,应有尽有。

今天的南康人,不仅成功地把南康这片土地“染成”蓝色,更是把家具产业“买卖”推向世界,漂洋过海,向全球化迈进。

为了从源头上保证木材供应,很多南康家具企业已经迈出国门,直接到非洲买山。

2013年,南康木材进口量占到木材消费量的八成,达285万立方米,其中80%以上为进口高档木材。“进口高档木材的普遍使用,不仅提高了南康家具的品质和档次,更改善了产品形象,保护了当地资源和环境。”南康区副区长钟旭辉细细算了一笔账,虽然木材进口价格高昂,但只要品质过硬,南康人照样能把家具摆进洋人的客厅里。

昭玺家具有限公司的总经理曾昭玺是南康家具“走出去”的代表之一。“我从2006年开始和一个马来西亚客户合作。这个客户要求非常严格,不仅制定了严格的工序标准,还派了一个技术员常驻厂里。当时,有的师傅抱怨,‘又不是造飞机,搞得这么严格’,但我只有一个要求——精细再精细。”两年后,客户不仅撤走了技术员,而且对其公司新研发的赣南风格产品,直接免检放行。如今,昭玺家具远销马来西亚、印尼等十几个国家和地区,外销份额占公司总销售份额70%以上。

而整个南康家具,不仅在国内布下6000余家销售网点,600多条物流线路,更将出口触角伸向了世界几十个国家。

拥抱产业发展的春天

曾几何时,有人说家具产业,是“夕阳产业”。

但在南康,却一直流传着这样一句话:“没有夕阳的产业,只有夕阳的产品。”

在南康维平家具公司的车间里,一条从意大利引进的机器人油漆喷涂线正在作业,机器人手臂快速进行着3D扫描,立体自动涂喷油漆,一分钟不到,油漆干燥完成。这条机器人喷涂线是目前国内仅有的3条之一。油漆喷涂线使用机械手,3D扫描设计路线,比人工快几十倍,油漆的回收利用率在90%以上。

除了科技,南康还特别注重提升“木匠老板”们的思想观念。

“政府出三分之二学费让我去读MBA。现在,我们厂生产的床垫更加关注消费者的睡眠质量。”港之澳床垫有限公司总经理李化高说,学习让他尝到了产品高附加值的甜头。在南康,主动攻读知名高校MBA的家具老板有360多人。

“2016年,南康家具要打造成为千亿元产业集群;2020年,南康要成为中高端实木家具生产基地。”根据《南康家具转型升级规划》,南康区政府早已对未来有了清晰的目标。两年时间,家具产业年产值由450亿元上升到1000亿元,南康人的信心来源于政府不断打造家具公共服务平台,推动产业实现转型升级,更来源于方方面面的大力支持,汇聚而来的巨大推动产业上升的合力。

2012年6月《国务院关于支持赣南等原中央苏区振兴发展的若干意见》出台,明确支持南康家具产业基地建设,支持建设国家级检验检测技术研发服务平台,为南康家具发展提供了千载难逢的历史机遇。

目前,赣州(南康)进境木材检验检疫监管区也在紧锣密鼓地筹建中。建成后,原料成本和物流成本将大大降低,每年节省资金将达29.5亿元。之后,南康每年进口的280多万木材再也不通过沿海港口中转,而是从赣州直接进口。

借用南康区委书记徐兵在家具产业博览会开幕式上说过的话:“南康家具产业,从无中生有,从小到大,从大到强。以《国务院关于支持赣南等原中央苏区振兴发展的若干意见》出台为契机,终于迎来了跨越式大发展和裂变的春天。”

(本专辑由编辑部整理汇辑)

大事记

2013年大事记

1月

4日，赣崇高速路段正式建成通车。赣崇高速全长88公里，总投资69亿，在南康市境内全长13.8公里，途径唐江镇、朱坊乡、龙华乡共计3个乡镇15个行政村。

9日，副省长谢茹到南康市走访慰问困难群众、优抚对象和困难企业。省政府副秘书长晏驹腾，赣州市委常委、副市长陈晓春以及市领导谢德强、宋英陪同。

10日，历时两个半月的龙华乡腊树村人行栈桥全面完工，正式投入使用，可供行人和两轮车通行。该桥长149.3米，宽2.5米，投资111.8万元。

13日，南康市举行首届“红鼎轩杯”十大木匠工艺师大赛。

△上午，中共南康市委五届四次全体(扩大)会议召开。会议通过了市委常委会2013年工作报告，党风廉政责任制报告，干部选拔作用工作报告。

15日，赣州市政协扶贫救助会在市政大楼15楼会议室举行资助困难学生(孤儿)捐助行动。市政协主席彭秀生参加捐助仪式。

16日，中国人民政治协商会议南康市第五届委员会第三次会议在市文化艺术中心开幕。

17日上午，南康市第五届人民代表大会第四次会议在市文化艺术中心开幕。

△下午，赣州市委副书记王少玄、赣州市人大常委会副主任温会礼到南康市走访慰问。

△城区一住宅内发现5具尸体，包括2名成年女性和3名小孩。经过省、市、县三级公安机关组成的专案组连夜奋战，于1月18日早晨将犯罪嫌疑人抓获。

18日，赣州市农村危旧土坯房改造工作视频会议召开。南康市在市政大楼14楼会议室设立分会场，组织部分领导干部收听收看了会议实况。

21日，全市民政工作会议召开，要求全面提高社会救助水平，落实双拥优抚政策，加快养老服务事业发展，切实维护困难群体、特殊群体的基本权益，维护社会公平正义，促进社会和谐。

22日下午，赣州市委常委、副市长陈晓春在南康市主持召开赣州职教园区建设调度会。赣州市政府副秘书长刘树明及市领导谢德强、黄琨、黄菊兰出席。

△省检察院纪检组长魏运亭到南康市检查指导工作。

30日上午，全市召开党管武装暨民兵预备役工作会议。

是月，南康市投入近300万元资金购置了洗扫车、40吨位大型洒水车、垃圾压缩车以及护栏洗扫车等一批环卫作业车辆。

是月，市政处抓住“一江两岸”改造机会，在两岸更新安装了新式路灯140盏。

2月

1日上午，南康市在迎宾馆召开社会各界人士迎春茶话会。

△东山街道办事处整体搬迁到家具城城市壹号往坪塘方向100米处（原驾校考试中心办公楼）。

4日下午,全市召开“两违”治理工作调度会。

5日下午，全市召开专题会议部署春节期间安全生产及安全监管工作。

17日上午,市委中心组召开学习会议,集中学习习近平总书记在新进中央委员会委员、候补委员学习贯彻党的十八大精神研讨班和十八届中央纪委二次全会上的重要讲话精神。

△南康市在文化广场举办2013年春季就业招聘大会。招聘大会为期2天,共有320家用人单位提供26000个就业岗位。

18日,全市召开专项会议部署城区、圩镇及公路沿线环境卫生整治工作。

19日,市政府与广东省惠州市华星集团有限公司就葡萄产业园项目举行签约仪式。市葡萄产业园项目位于隆木乡晓源村,投资5亿元,计划用6年时间,分三期建设一个占地3000余亩,集葡萄种植、葡萄酒加工、农业旅游观光为一体的现代农业产业项目。

22日上午,市五届人大常委会第九次会议召开。会议学习了习近平总书记在新进中央委员会的委员、候补委员学习贯彻党的十八大精神研讨班开班式上的重要讲话和在第十八届中央纪律检查委员会第二次全体会议上的重要讲话精神,传达学习了省第十二届人大一次会议精神提纲。

25日,副省长胡幼桃到南康市调研家具产业发展情况。赣州市副市长胡聚文陪同。

26日,国家教育部发展规划司副司长陈锋到南康市调研教育发展情况。

△国家民政部副部长戴均良一行来到南康市调研。副省长胡幼桃、赣州市市长冷新生陪同。

28日,南康市举办赣州市执行西部大开发税收优惠政策培训班。

是月,南康市成功查处首例欠薪入罪案件,拒不支付20多名工人5万余元工资的某服装厂经营者赵某被警方刑事拘留。

是月,市委、市政府下发《关于表彰首届市政府特殊津贴人才的通报》，对王卫东等10名首届市政府特殊津贴人才进行了通报表彰。

3月

3日，市家具外贸参展团首次组团赴马来西亚参加国际家具展，共选派了17家企业42人参加。

△赣州市政协副主席曾凡到南康市调研“三送”工作。

5日,江西省新闻出版局巡视员程利民、赣州市新闻出版局局长章隆元到南康市就文化产业发展等进行调研。

△全市召开2013年妇女工作会议。

6日，为期40天的2013年春运工作全面结束。共投入客车236辆,安全输送旅客115.95万人次。

7日上午,全市召开2013年《政府工作报告》主要目标任务分解落实暨人大代表建议政协提案交办会。

△国家开发银行江西省分行副行长张国良一行到南康市考察。

8日，省工商联副主席刘星平一行到南康市调研。赣州市人大常委会副主任唐玉英陪同。

11日,正式对蓉江路、泰康路、东门南路、东坝路、金赣大道、宝林路、接官亭路、芙蓉大道八条城区主要道路车辆停放进行停车收费。

12日,全市召开大广高速唐江枢纽以北沿线及示范线路富裕和谐秀美乡村建设动员大会。

13日,以省公安厅巡视员曹水根为组长的省综合应急救援工作督导组一行对南康市综合应急救援工作进行督导。

△全市在迎宾馆举行金融形势分析年会暨2013年中小微企业融资对接签约仪式。

△广东省委政研室调研组到南康市调研。省委政研室副主任陈强,赣州市委副秘书长、政研室主任何善锦陪同。

14日,省卫生厅副厅长万筱明、省疾控处副处长朱世鸣、省疾控中心主任胡国良等一行到南康市调研疾病预防控制工作。

△南康市在章江河畔开展增殖放流活动。现场共放流鱼苗3万尾,其中草鱼10000尾、鲢鳙鱼

12000尾、鲤鱼8000尾。

△全市城区深入推进治脏治乱治堵工作动员大会召开。

19日,全市政法工作会议召开。

20日,为期3天的中国中部第三届暨南康第八届家具博览会在泓泰家具市场隆重举办。赣州市政府副市长常国武、省轻工行业办副主任魏斌和中国家具协会理事长朱长岭出席。

22日,2013年全市"送政策、送温暖、送服务"工作动员大会在市文化艺术中心召开。

23日上午,省老年体协副主席任魁庆、罗水保和秘书长冯起毛一行,到凤岗镇就农村老年体育工作进行调研。

△全市举行"从优秀村(居)党组织书记、主任选聘乡镇(街道)事业单位工作人员"考试,共有62名村(居)党组织书记、主任参加。

26日,市委副书记、市长柯岩松调度防汛工作,向各乡(镇、街道)下达了防汛目标任务书。

28日,省林业厅党组书记、厅长阎钢军率领全省"森林城乡、绿色通道"工程建设流动现场会与会人员,到南康市参观"一江两岸"绿道建设和南山森林公园百家姓和谐城。

3月27日,赣州市政协"关于食品安全工作专题调研组在副巡视员曹小秋带领下到南康市进行调研,先后到润田、独一处、宝林大厦、中心农贸市场等地实地考察,与企业主进行座谈。市领导彭秀生、黄菊兰、谢康陪同。

31日至4月1日,赣州市举办领导干部学习贯彻党的十八大精神研讨班。南康市在市政大楼15楼会议室设立分会场,组织领导干部参加研讨班学习。

是月,最高人民法院在北京召开表彰大会,市法院被授予"全国优秀法院"光荣称号。

4月

1日,"全国百名科技专家和致富能手赣南苏区行"活动组的13名专家到南康市开展科技下乡活动。

2日,全市举办乡镇防汛业务培训班,市防汛相关人员共计105人参加了业务培训。

3日,市委副书记、市长柯岩松在市交管大队召集相关责任主体单位召开调度会,专题调度"三治"工作。

5日,全国政协常委、文史和学习委员会主任委员王太华一行到南康市调研城市建设、富裕和谐秀美乡村建设、家具产业发展等,赣州市领导陈晓春、胡来知、南康市领导柯岩松、彭秀生陪同。

9日上午,国家发改委派员到南康市督查中央财政补贴照明产品推广工作。

10日,市第二自来水厂扩建工程(10万吨/日)项目可研报告通过赣州市专家评审。

11日,南康市在南康大酒店举办房志刚教授对接钨产业发展交流会。

16日下午,副市长黄菊兰深入市疾病预防控制中心、市第一人民医院,就全市H7N9禽流感防控工作进行督导检查。

8日,赣州市政协副主席曾凡同志一行到南康市就成立赣州市政协家具产业发展促进会事项在文华家瑞家具有限公司进行座谈协商。市领导钟旭辉、李旭参加。

17日,赣州市人大常委会副主任、总工会主席廖明耕到南康市调研工会工作。

19日上午,全市召开出租房屋和流动人口集中普查登记专项工作会议。

20日,原全国总工会书记处书记李永海到南康市考察调研。原赣州市政协副主席雷汉生陪同调研。

21日,全市举行公开招录高中教师考试,851名应、历届本科及以上学历大学毕业生和在市外工作的在编在职高中教师参加了考试。

4月19~21日,全市23家家具企业组团参加青岛国际家具暨木工机械展览会。

25日,赣州市委副书记、市长冷新生到南康市调研赣州职业教育园区建设工作。

△赣州市委常委、纪委书记彭光华率调研组到南康市调研赣南苏区振兴发展项目进展情况,以及电子政务和电子监察试点工作。

26日,赣州市政协副主席钟健生一行来南康市就社会管理机制评估工作进行专题调研。市领导严国雄、倪静陪同。

27日,赣州市委副书记王少玄到南康市调研富裕和谐秀美乡村建设和党建、"三送"工作。

△下午,中北部城乡供水一体化项目合作签约仪式在南康大酒店隆重举行。

28日,全市在市文化艺术中心广场组织召开基干民兵集结点验大会，赣州市军分区副政委谢亨舜出席。共22个民兵应急分队1300人参加集结点验。

是月,赤土畲族乡在辖区内12个行政村安装了13个雨量监测器,并在小水、爱莲、莲塘、青塘等村安装了4个末端预警系统，能够实时动态地监测全乡的雨量变化，确保汛期群众生产生活安全。

5月

1日,投资近40万元购买的交通护栏清洗车正式投入使用。

2日,全市一季度经济形势分析会召开。

3日,全市以“三送”统筹富裕和谐秀美乡村建设流动现场会召开。

6日，赣州市政协副主席胡来知带领部分赣州市政协委员到南康市开展历史文化名镇名村保护和利用情况专题调研。

7日,国土资源部党组成员、国家土地副总督察张德霖一行到南康市调研国土资源管理有关工作。省政府副秘书长谢茂林,省国土资源厅厅长刘定明，赣州市市长冷新生、副市长刘建平陪同调研。

△下午,全市重点项目建设调度会召开。

8日,省政协“重金属污染治理工作情况”调研组由省政协人资环委主任文红莲带队来南康市调研。市领导彭秀生、肖志东、李干东陪同。

5月9~17日,政协主席彭秀生带领相关部门到苏州、楚雄、深圳等地就建设恐龙保护基地项目进行考察与洽谈。

10日,全市召开机场快速干道规划设计汇报会。

13日,全市“政务公开和政务服务”国家级试点及行政审批“两个集中”工作推进会召开。

15日,赣州市召开部分县(市、区)农房改造提升工作流动现场会，与会人员现场观摩了横市镇增坑村、横市圩镇建设点。

16日,省纪委副书记、监察厅厅长刘卫平在赣州市委常委、纪委书记彭光华的陪同下,就重大重点项目建设、民生资金管理使用、电子政务、电子监察等工作在南康市开展调研。

20日,政协主席彭秀生到横市镇增坑村走访联系农户,了解群众诉求。

22日,政协主席彭秀生主持召开市委、市政府关于重点项目攻坚年活动几个重要文稿讨论座谈会,政协在家的副主席参加。

23日,市人大调研组就章江南康流域水质保护工作开展调研。

24日,全市农村危旧土坯房改造工作会议召开。

28日,全市组织工作会议召开。

29日,南康市举行开源矿业3万吨精锡生产线项目签约仪式。项目位于循环经济产业园,占地530亩,预计总投资20.6亿元。投产后预计可实现年总产值61.5亿元,实现利税6.5亿元,税收3亿元。

30日,南康市与江西省水利投资集团有限公司签订了《南康市城乡供水一体化项目合作协议书》,项目涵盖农村供水管线、清水池、村内管网及水表入户等工程,总投资3.8亿元,计划分两期建设,项目建成后可解决10.1万农村人口饮水安全问题。

△市政协主席彭秀生到横市镇增坑村走访联系农户,指导完善村级组织活动场所建设。

31日,新干县政协主席张梅生一行来南康市考察家具、服装市场。市领导彭秀生、倪静陪同。

31日上午,省委副书记、省长鹿心社轻车简从深入南康市考察调研。省委常委、赣州市委书记史文清,省政府秘书长谭晓林,赣州市委副书记、市长冷新生陪同。

是月，全市正式开通干部在线学习平台,在“南康市干部在线学习城”网站上开设干部必修及选修课程，依托网上电子系统自动记录干部在线学习学时,对干部进行“学分制”考核。

是月,市体育局完成60个行政村全民健身工程项目申报工作。

6月

3日，会昌县党政考察团到南康市参观考察泓泰家具市场、家具中心市场、赣南大道南康段、“一江两岸”、文化艺术中心、百家姓和谐城。

5日，赣州市民政局局长李桂生先后到十八塘乡马头村、十八塘中学等地视察灾情、指导防汛救灾工作。

6日，省民宗局调研组到南康市调研少数民族地区经济社会发展工作。

4~7日，市长柯岩松率团参加了2013年赣州(香港)经贸合作活动。

7日上午9时，全国普通高考正式开始。全市参加高考的考生有5040人，其中文科考生2106人、理科考生2917、“三校类”考生17人，考生人数较去年减少92人。

14日下午，全市召开市委常委(扩大)会议。

15日，市长柯岩松先后来到大广高速沿线以及横市镇增坑村，大坪乡桥庄村、上期村，坪市乡罗洞村、小安村等地察看富裕和谐秀美乡村建设情况，并召开工作调度会。

17日，赣州市人口计生特色亮点工作流动现场会的与会人员到南康市参观。

△下午，全市召开东山北路征地拆迁工作调度会。

19日，市长柯岩松主持召开会议，调度机场快速干道建设工作。

△全市2013年“两新”组织党建工作指导员暨党组织书记培训班开班。

20日，南康市“百姓说赣州”巡回宣讲活动在龙回镇新圩村正式启动。

△最高人民法院组织部分全国人大代表到南康市视察法院工作。

23日，江西省高考成绩与录取控制线公布。全市一本上线人数492人，列赣州市各县市第一名。

24日，省政府批准南康工业园区正式更名为“江西南康经济开发区”。

25日，全市招商引资工作调度会召开。

△全市开展党员干部参观警示教育基地，接受党风廉政教育活动，各乡镇(街道)党政主要负责人及部分单位主要负责人共60余人参加。

26日，副省长谢茹到到德普特科技有限公司、市质监局、招商银行南康支行和坪市乡小安村、罗洞村等地调研。

△2013年度全市征兵工作会议召开。

28日，“开源矿业3万吨精锡生产线澳斯麦特炉精锡冶炼技术改造项目”和“中北部城乡供水一体化项目”集中开工。

是月，中央下达全市2013年边远艰苦地区农村学校教师周转宿舍建设投资计划156万元，其中龙回祖炎小学78万元，麻双中心小学78万元，项目资金用于建设教师周转宿舍和购置生活用具。

是月，国际家俬城视频监控系统建设完工并投入使用。该系统总投资近30万元，51个高清摄像头将对市场范围内进行24小时全方位实时监控。

7月

1日，该日起全市全面推行网络发票，除机动车销售统一发票、二手车销售统一发票、通用手工发票(百元版)、出租车机打发票、客运定额发票以外的所有普通发票都将升级为网络发票。

2日，市政协机关党员干部职工到“三送”挂点村横市镇增坑村开展组织生活。通过参加道路扩建劳动、走访困难党员老党员等方式纪念中国共产党成立92周年，以实际行动牢记党员誓言，铭记党恩。

3日，南康市新任市委书记徐兵上任履职。

4日下午，市委书记徐兵先后来到泓泰家具市场、蓝天木业有限公司、家具产业园、板材市场等地，调研全市家具产业发展情况。

5日，市委书记徐兵调研工业园区建设和城市建设管理工作。

6日，市委书记徐兵到成衣市场、康意服装有限公司、南山锡业和开源矿业等地，对全市服装和矿产品产业发展情况进行深入调研。

8日下午，市委书记徐兵深入横市、大坪、坪市等地，调研富裕和谐秀美乡村建设工作。

10日，市人大常委会组织部分市人大代表对全市民政工作开展调研。

△由团市委、南康义工联举办的“我爱我家”公益夏令营正式开营，共有120名青少年参加。

12日，泰和县政协一行来南康市考察家具市场、服装市场，了解南康市的市场建设情况。市领导李旭陪同。

14日上午，市委书记徐兵深入南水新区、东山新区等地调研城市规划、建设与管理工作。

16日上午，市人大常委会组织部分人大代表对东山北路等城区主要道路贯通工程进行专题视察。

16日，市人大常委会组织部分市人大代表对全市财政工作开展调研。

△南康市96333群众信息服务平台正式开通。

△清华大学创新社会责任研究中心邓国胜教授一行在南康市召开母亲健康快车项目运行情况座谈会。

17日，市委书记徐兵深入三江、唐江等地调研职教园区规划选址和唐江示范镇建设工作。

18日，市政协组织部分政协委员专题视察东山北路贯通工程。市领导李旭、张立相参加视察。

19日，南康市2013年清华北大奖颁奖仪式在南康中学举行。全市考取清华北大人数4人。

△省人大常委会办公厅副主任李元生率调研组到南康市专题调研优化发展环境工作。

△省教育厅副巡视员吕玉琪一行到南康市督查校园安全管理工作。

20日，国土资源部规划司司长董祚继一行到镜坝镇节能照明灯饰产业园施工现场，实地评估检查了南康市低丘缓坡荒滩等未利用地开发利用试点工作情况。

22日，省人大选任联工委副主任公艳萍一行先后到市泓泰家具市场、家具城中心市场、蓝天木业公司调研。

23日上午，赣州市委常委、组织部长孙正森到大坪乡调研"三送"工作。

△中福在线开业暨TCL集团扶贫惠民工程启动仪式举行，TCL集团向南康市敬老院、福利院捐赠了洗衣机、冰柜等物资，向低保户、优抚对象发放了总价值425万元的家电购机优惠券。

24日，由市委政法委、市综治办主办的"平安南康·法治南康"文艺晚会在文化广场举行。

△赣州市人大常委会副主任张建华带队到南康市检查《江西省水资源条例》和《江西省河道管理条例》实施情况。

25日上午，广东省江西赣州商会组织30多名会员到南康市考察，了解南康市家具产业发展和工业园区建设情况。

26日下午，市委书记徐兵深入城区就交通拥堵治理工作进行调研。

27日，团中央青少年发展基金会副秘书长杨春雷一行来到南康市调研希望工程工作。

28~29日，南康市"梦响2013"五星杯首届青年歌手电视大奖赛预赛在南康大酒店举行。比赛分民族唱法、通俗唱法和美声唱法三种类型，全市共有150多名选手参加比赛。

29日，市委副书记、市长柯岩松深入蓉江街道莲花村召开开展集中解决"四风"问题调研座谈会，广泛征求基层干部群众意见建议。

29日，市政协主席彭秀生到横市镇宣讲省委十三届七次全体(扩大)会议精神。

30日，赣州市人大常委会副主任温会礼率调研组到南康市调研体育馆工程建设情况。

△下午，市委书记徐兵到龙岭镇采取个别谈话、召开座谈会等形式，开展集中解决"四风"问题专项调研活动。

31日上午，市委书记徐兵看望慰问人武部、消防大队官兵以及军队离休干部。

7月起，市疾控中心开通儿童预防接种短信预约系统，成为首个在赣州市开通预防接种短信通知服务的县(市)。

是月，南康市被江西省公共机构节能领导小组评为2012年度全省公共机构节能先进县（市、区）。

8月

1日，省人大常委会办公厅副主任李元生率调研组一行到南康市专题调研优化发展环境工作。

4日下午，市委书记徐兵到南水新区，调研南山森林公园的建设与管理工作。

6日，市体育局和市老年体协共同组织的"舞动赣鄱健康江西"全民健身广场舞展示活动在市体育场举行，1500多名群众参加展示表演。

7日上午，"百姓说赣州"赣州市级宣讲团到南康市巡回宣讲，全市近300名干部群众聆听了宣讲报告。

8日20时45分左右，龙岭镇黎边村米石岭一家具厂着火，火势蔓延至相邻一家具厂，过火面积8000平方米左右。省委常委、赣州市委书记史文清现场指挥调度，组织人员做好邻近火场村民的疏导和安全转移准备工作，及时调集消防车辆和运水车等，全力扑救，有效阻断了火势蔓延，火势基本得到控制，未有蔓延危害周边建筑。

11~13日，第七届国际稀土开发与应用研讨会暨第二届中国稀土峰会在南康市举行。

13日上午，南康市参会代表团团长、市委书记徐兵率团参加了在赣州锦江国际酒店举行的第六届海峡两岸客家高峰论坛和第十一届赣台经贸文化合作交流大会。

△市委组织部、团市委联合开展全市青年干部联谊活动,100多位青年干部参加了活动。

15日,市人大常委会组织部分赣州市及南康市人大代表到市一医院、妇幼保健院和中医院,了解三家医院的硬件建设情况和管理运行情况,收集人大代表对提升南康市公共医疗卫生保障水平的意见和建议。

△由南康电视台主办的“梦响2013”五星杯青年歌手电视大奖赛决赛暨颁奖晚会在南康大酒店举行。

16日,市总工会在市总职工服务中心举行2013年“金秋助学”资金发放仪式,向34名大学贫困新生发放了助学金共计4.4万元。

20日,市委书记徐兵一行到家具产业园、家具市场等地现场踏看并主持召开座谈会,调研全市家具产业发展情况。

22日上午,国家质监总局组织专家组在南康大酒店召开现场验收询审会,对南康市“全国实木家具产业知名品牌示范区”创建工作进行检查验收。

26日,市委书记徐兵到龙岭镇就征地拆迁工作进行专题调研。

26~27日,省政协副主席、民进江西省委主委汤建人率调研组来到南康市,就服装产业发展情况开展专题调研。赣州市政协副主席满瑾及南康市领导柯岩松、彭秀生、肖志东、李旭等陪同。

28日上午,市委书记徐兵深入凤岗、镜坝、东山等地调研工业发展情况。

29日,经过2年的筹建,南康市“全国实木家具知名品牌创建示范区”通过国家质检总局专家组验收,这是中国家具行业首个国家级知名品牌创建示范区,也是江西省首个知名品牌创建示范区。

30日,全市96333群信通信息服务平台建设培训班在市移动公司举行。

是月,南康三中科技创新项目在第二十八届全国青少年科技创新大赛中获国家级银牌奖1项、国家级铜牌奖2项。

△由南康市人民政府主办,南康市地方志办公室编纂的《南康年鉴》(2012)在第七届全国年鉴编校质量检查评比中获三等奖,是江西省县级综合年鉴唯一获奖年鉴。

△市城乡规划建设局开展了全市建筑施工消防安全大排查大整治活动,对全市79个(含小区)在建工程进行拉网式排查,共排查出安全质量隐患307处,下发事故隐患整改通知单74份。

△赤土自来水厂竣工并投入使用。总投资915.4万元,供水规模5000吨/日,与建成的赤土爱莲、花园以及朱坊集中供水工程并网后,供水能力达到1万吨/日,受益人口达6.6万人。

9月

1日上午,太窝乡中边光骅希望小学举行教学综合楼竣工暨捐赠仪式。中国军事科学院科研指导部副部长袁志明出席捐赠仪式,并向该校捐赠了价值10多万元的物资。

2日,市政协主席彭秀生主持召开主席会议,专题协商讨论“市体育公园项目”,就项目的建设方案提出了意见建议。

3日,省委常委、赣州市委书记史文清到南康市赣州博晶科技有限公司、罗边玻纤有限公司、家具产业园、木材交易市场、金泽制衣有限公司、格棱电子有限公司等地,就深入贯彻省委十三届七次全体(扩大)会议精神,服务企业发展促进发展升级进行调研。

3日下午,市委书记徐兵在市政大楼主持召开国家部委对口支援工作调度会。市领导柯岩松、赖联春出席。《中央国家机关及有关单位对口支援赣南等原中央苏区实施方案》安排证监会、民航局对口支援南康。

5日,市委书记徐兵在龙华乡调度龙华产业园建设工作。

9日上午,市委书记徐兵、市长柯岩松等市领导走访慰问了部分教师代表,并向全市广大教师和教育工作者致以节日问候和良好祝愿。

9日下午,全市党政领导干部违反规定接受和赠送现金、有价证券、支付凭证问题专项治理活动动员部署会议召开。

10日,康唐线(旭山北路旭山岭坡段)边坡治理工程完工,重新通车。

10日上午,中国中部第二届秋季家具展销会在南康泓泰家具产业交易市场开幕。中国家具协会、全国20多个省市家具协会和全市有关领导，以及全国40余家权威媒体、500余家参展及采购商代表、本地企业代表共计600余人参加展销会开幕式。展会为期3天。

13日，市卫生系统"道德讲堂"在市第一人民医院开讲。

14日，南康市举行希望工程助学金集中发放仪式。向145名大一新生和高中生集中发放助学金15.1万元。

15日，市农业和粮食局植保植检站在大坪乡举办重大农作物病虫灾害防控培训班，有100多位种粮大户参加了培训。

16日上午，全市举行"2013年赣州·南康市质量月"宣传咨询日暨"全国实木家具产业知名品牌创建示范区"活动启动仪式。市领导钟旭辉、李大庆、吴健、李旭出席。

18日，市人大常委会教科文卫工委、市食品药品监督管理局、市教育局组成联合督察组对全市部分学校的餐饮安全进行重点督察。

22日上午，市委书记徐兵到超越电子、木牛家具、德普特电子、文华家瑞家具、仟亿酒店家具、赣州光联陶瓷、大澳涂料等企业调研。市领导钟旭辉、吴健陪同。

23日，赣州市人大常委会副主任谢赣健率调研组对南康市中心城区饮水安全情况进行专题调研。

24日，国家林业局计财司副司长、木材行业管理办公室主任孙健一行来到南康市调研家具产业发展情况，并对以国家林业局和江西省政府名义主办南康家具博览会相关事宜进行具体指导。

25日上午，市委书记徐兵在市政大楼主持召开金融小区建设座谈会。市领导赖联春出席。

23~25日，全省消除疟疾考核评估现场培训班在南康市举办，安排部署了全省消除疟疾考核评估工作。

26日上午，全市召开专题会议总结部署全市森林防火暨松材线虫病防控工作。

27日，南康市第20届"南埜之声"文化艺术节文艺汇演在市文化艺术中心举行。10个乡镇和老年体协参加。

△南康经济开发区被列为省循环化改造试点园区。

△南康市组建家具企业人才招聘中心。

△市妇联举行"春蕾计划"助学金发放仪式，共资助贫困学子13名，其中大学生4名，中小学生9名，资助金额共计6700元。

△市民政局慈善会举办"中国郎升学梦"捐资助学活动，千秋食品、迎宾馆、西华加油站、康意服装、腾飞家具和仟亿家具等企业捐助助学资金25089元，并现场发放给贫困学子。

△唐江镇、横市镇入选全省首批百强中心镇。

△由南康俊萍果树示范场承担、中国农业科学院柑橘研究所协作共同完成的"龙回红脐橙选育"项目，通过了江西省种子管理委员会新品种认定，并获得2013年江西省第四批科技成果登记。

10月

12日上午，南康市举行中国赣州(南康)国际物流商贸综合体项目签约仪式。市领导徐兵、柯岩松、韩水生、彭秀生、赖联春、邓晓楠出席活动。

14日，赣州市发改委调研组到南康市调研前三季度经济运行情况。市领导黄菊兰陪同。

17日，省人大常委会法工委副主任周雍率调研组来到南康市，就《江西省法律援助条例(草案)》进行立法调研。

△市城市建设发展有限责任公司在市公共资源交易中心首次对户外10处广告位5年经营权进行拍卖，成交总额为680.2万元。

21日，省委书记强卫到龙回万亩果业基地、泓泰家具市场A区和德普特科技有限公司等地考察。省委常委、省委秘书长赵智勇，南康市领导徐兵、柯岩松、余学明、黄琨、钟旭辉陪同考察。

23~25日，由江苏省文联和中共南康市委宣传部联合举办举办"眷恋故乡——著名画家、中国大漠山水画创始人黄名芊画展"在市文化艺术中心展出。

25日上午，广州军区某部队派员专程来南康市感谢给予部队的大力支持，并将一面体现部队官兵与苏区人民鱼水情深的金字红色锦旗赠送给市委、市政府。市委书记徐兵，市领导沈光泽、赖联春出席仪式。

27日，省高级人民法院司法巡查组一行到南康市人民法院开展司法巡查工作。

28日上午，全市组织收听收看"百名法学家百场报告会"江西专场报告会。

11月

4日上午，赣州军分区军营文化建设观摩会在南康市人武部举行。省军区政治部主任罗晓东，赣州市委常委、军分区司令员刘瑄，赣州军分区政委陈庆阳，南康市市委书记徐兵，市委常委、人武部政委沈光泽，人武部部长张东等出席观摩会。

5日，市人大常委会组织部分人大代表对体育公园项目进行视察。

△下午，全市在文化艺术中心举行学习贯彻习近平总书记系列讲话精神宣讲报告会。余学明、韩水生、彭秀生、熊惺、严国雄、钟旭辉、陈钰滢等在家的市四套班子领导和近千名干部群众在现场聆听报告会。

6日，新疆伊宁市市委书记李宁平率团先后来到泓泰家具市场、家具城中心市场、5000亩家具产业园和文华家瑞家具公司，考察家具产业发展情况。市委书记徐兵，市委常委、副市长钟旭辉陪同。

△市政协主席彭秀生率部分政协委员专题视察市体育公园，了解项目建设情况，并深入拆迁户做好思想教育工作。市领导黄菊兰、谢康参加。

8日上午，市委书记徐兵深入龙岭镇邱边村蓝屋组、岭下组、窑下二组等地，调研“三送”工作。

7~8日，市委宣讲团分别在龙岭镇、镜坝镇宣讲习近平总书记系列重要讲话精神。

11日，省政协副主席钟利贵、郑小燕一行到南康市就“加快赣南等原中央苏区振兴发展”情况开展专题视察，先后到德普特、罗边玻纤、泓泰家具市场、家具中心市场等地。赣州政协副主席曾凡及南康市市领导徐兵、彭秀生、钟旭辉、李旭等陪同视察。

12~13日，赣州市政协第六视察组到位于横市镇、大坪乡、坪市乡、麻双乡、龙华乡、蓉江街道、东山新区等17个民生工程项目建设点，视察2013年民生工程落实情况。市领导彭秀生、赖联春、李干东陪同。

13日上午，省人民检察院检察长刘铁流一行到市检察院办公大楼、办案区和案件管理中心等地调研。赣州市委常委、政法委书记马玉福，赣州市人民检察院检察长胡火箭以及南康市领导徐兵、严国雄等陪同。

△下午，全市召开柑橘黄龙病防控工作会议。

16日，来自江西中医药大学附属医院，省人民医院的15名教授和医学博士在南康市义诊，并为基层医生举行中西医结合危重病、急救医学学术讲座。

18日，市委书记徐兵到工业大道、金河路、东山北路、芙蓉北大道、旭岭路和旭山北路等地现场调度城区道路建设。市领导余学明、赖联春、李大庆、邓晓楠、李旭随同。

19日下午，省财政厅副厅长辜华荣及中行、工行、建行省行负责人一行赴南康调研工业园区“财园信贷通”融资工作，赣州市政府融资监督局局长郭国荷、南康市领导柯岩松、赖联春等陪同调研。

20日，省扶贫和移民办主任章康华到大坪乡上期村整村推进示范点、坪市乡小安村整村推进示范点以及龙华乡新华村库区移民示范点，调研扶贫和移民工作，市领导柯岩松、熊惺陪同。

23日，南康市被命名为“全国老年气排球之乡”。

27~29日，国家民航局发展计划司司长刁永海率领调研组到赣州黄金机场、路福国际服装城、金泽制衣有限公司、大广高速路南康城南互通工程、木材交易市场、家具产业园、赣州德普特科技有限公司、罗边玻纤有限公司、文华家瑞家具实业有限公司、泓泰家具市场、家具城中心市场等地，就对口支援工作进行专题调研。市领导徐兵、余学明、韩水生、彭秀生、赖联春、朱国英出席活动。

30日，“江西省知识产权维权援助中心南康工作站”挂牌成立。

是月，南康市被科技部授予2013年全国科技进步考核先进县（市）。

12月

2日，全市领导干部会议召开，宣布何善锦同志为中共南康市委副书记，市人民政府市长提名人选。

3日，全国人大常委会预算工作委员会副主任苏军率调研组一行，来到南康市就《若干意见》贯彻落实情况进行专项调研。赣州市领导张圣泽、温会礼、黄金龙及南康市领导徐兵、韩水生、赖联春陪同。

△上午，省委政法委常务副书记刘和平到德普特科技有限公司、文华家瑞家具实业有限公司、家具市场党群服务中心等地，调研非公企业综治工作。赣州市委常委、政法委书记马玉福以及南康市领导徐兵、余学明、严国雄陪同。

△市委副书记何善锦到大广高速路南康城南互通工程、体育公园、国际物流商贸综合体、汽车城项目安置点、家具产业规划展示中心、家具产业园等地调研重点项目推进情况，副市长黄菊兰、朱国英先后陪同调研。

4日，市委书记徐兵深入龙华工业园、赣州职教园区、节能照明产业园、镜坝返乡农民工创业园等地调研项目建设工作，市领导何善锦、吴健、邓晓楠、李干东陪同。

△中国中部家具电子商务发展论坛暨市家具电子商务协会成立庆典在南康大酒店举行。市领导赖联春、李大庆、李旭、叶伦汉参加活动。协会有会员48家。

5日，市人大常委会组织部分人大代表视察重点项目建设情况。

9日上午，南康市举行预防和处置群体性事件应急综合演练，有公安、武警、消防、卫生等部门共500多名演习人员参加演练。赣州市委常委、市委政法委书记马玉福到场观摩指导，南康市市领导徐兵、何善锦、余学明、严国雄、赖联春等出席演练活动。

△市委书记徐兵主持召开征求老干部意见座谈会，听取老干部们对全市干部作风和经济社会发展等各方面的意见和建议。

10日，市委书记徐兵深入隆木、麻双、十八塘、太窝、朱坊等地，就农村危旧土坯房改造、干部作风、项目建设、民生工程、教育、“三送”等工作进行调研。

12日，赣州市委宣讲团到南康市举行学习贯彻党的十八届三中全会精神报告会。

12~13日，赣州市政协副主席曾凡一行来南康市就2013年100件民生工程实事落实情况进行专题视察，与相关部门进行座谈。市领导彭秀生、熊惺、赖联春、李干东参加视察。

16日，市委副书记、代市长何善锦深入龙岭工业园区、东山坪岭社区、廉租住房小区等保障性住房建设现场，调研保障性住房建设工作。

17日，南康市人民法院被授予全国“人民满意的公务员集体”荣誉称号。

24日上午，全市举办部分科级(后备)干部、公务员、大学生村官学习贯彻党的十八届三中全会精神专题培训班。

27日，由团市委、妇联、电信公司联合举办的全市青年干部迎新年联谊会在南康大酒店举行。全市有400余人青年干部参加了联谊会。

△南康市在广电新闻中心演播室举行了第四批廉租住房摇号分配仪式，438户中签获得配租。

28日，全市举办山地自行车比赛，比赛由市体育局、市自行车运动协会举办。

是月，市粮食流通服务中心获评全国粮食流通监督检查示范单位。

△南康市获中央财政奖励产粮大县奖励资金938万元，这是南康市首次获此项奖励。

△南康市横市镇增坑村成功入选农业部首批创建试点全国“美丽乡村”。

①

②

① 2013年6月28日上午，“开源矿业3万吨精锡生产线澳斯麦特炉精锡冶炼技术改造项目”和“中北部城乡供水一体化项目”集中开工。

② 2013年12月3日，全国人大常委会预算工作委员会副主任苏军率调研组一行，来到南康市就《若干意见》贯彻落实情况进行专项调研。

南康概貌

地　情

〔历史沿革〕　南康,春秋时先后为楚吴属地,秦时属南埜地,汉为南埜县(东汉改为南野县)地。三国吴分南野县地立南安县,晋太康元年(公元280年)改名南康县,隶属于庐陵南部都尉。此后,南康县的建制历史长达1700多年。庐陵南部都尉于晋太康三年(公元282年)改为南康郡,南朝宋永初元年(公元420年)改为南康国,齐永明元年(公元483年)复名南康郡,隋开皇九年(公元589年)改名虔州,隋炀帝大业元年(公元605年)再度复名南康郡,唐高祖武德五年(公元622年)又改为虔州,唐高宗神龙元年(公元705年)第三次复名南康郡,唐肃宗乾元元年(公元758年)第三次改名虔州,五代后梁开平四年(公元910年)合虔、韶二州置百胜军,南唐昇元元年(公元937年)改为昭信军,宋开宝九年(公元976年)第四次改为虔州,宋淳化元年(公元990)分虔州置南安军,元至元十四年(公元1277年)改为南安路总管府,明洪武元年(公元1368年)改为南安府,清沿明制仍为南安府。南康县先后隶属于上述之南康郡、南康国、虔州、百胜军、昭信军、南安军、南安路、南安府。民国元年(1912年)废府,南康县直属于江西省,后又先后隶属于赣南道和第十一、第四行政区。1949年8月14日,南康解放,先后属赣州分区、赣西南行政区。1951年6月起属赣州专区,1954年6月起属赣南行政区,1964年5月起属赣州专区,1971年1月起属赣州地区。1995年3月6日国务院批准撤销南康县建制,设立南康市(县级)。

〔南康撤市设区获批〕　2013年11月12日,南康撤市设区获批。根据《国务院关于同意江西省调整赣州市部分行政区划的批复》(国函〔2013〕114号)精神,南康撤市设区的有关事项为:1.同意撤销县级南康市,设立赣州市南康区,以原南康市(不含潭东镇、潭口镇)的行政区域为南康区的行政区域。南康区人民政府驻蓉江街道金赣大道1号。2.将南康区三江乡的解胜、博罗、筱坝3个行政村划归潭东镇管辖,潭口镇的下坝、金塘、台头、村头行政村划归龙岭镇管辖。将调整后的潭东镇、潭口镇划归章贡区管辖。

〔行政区划〕　2013年,南康市辖龙岭、龙回、镜坝、唐江、凤岗、横市6镇,隆木、坪市、大坪、十八塘、麻双、龙华、三江、朱坊、太窝、浮石、横寨、赤土(畲族)12乡和蓉江、东山2个街道、南水开发办1个。全市共278个行政村4542个村民小组和27个居委会。

〔区域位置〕　南康市位于江西省南部章江中下游流域,地处北纬25°28′~26°14′24″、东经114°29′9″~114°55′24″之间,东邻赣县、章贡区,南连信丰、大余,西接上犹、崇义,北界遂川、万安,总面积

1844.96平方公里(含潭东镇、潭口镇)。市人民政府驻地市区蓉江街道，距赣州市中心城区33公里,距省会南昌市455公里。

〔**地势地貌**〕 境内大部分为丘陵至低山地貌,北部边缘地区有中、低山地貌,沿章江、上犹江两岸一带有较广阔的河谷平原，是赣南较平坦的一个区域。整个地势西高东低,南北高中部低,由南北两端向中、由西向东,逐渐倾斜,中东部形似敞口盆地。一般海拔中部为110~150米,北部为350~500米,南部为300~450米。丘陵、山地、平原各约占总面积的59%、27%、14%。

〔**山脉河流**〕 南康市境内山脉属南岭山系罗霄山脉和大庾岭山脉的支脉,从6个地方延伸入境,形成6个区域性山系，共有12条主山脉:(1)钯泥岭——斗笠脑主山脉,(2)庙背白水洞——燕坑崇主山脉,(3)钯泥岭——红岭上主山脉,(4)莲花坞-佛坳崇主山脉,(5)障背——苏访贤岭主山脉,(6)障背——陈访岭主山脉,(7)瑞坑北——蓝坝主山脉,(8)云山——三江肖边岭主山脉,(9)马孜崇——罗边岭主山脉,(10)马孜坳南崇——半境主山脉,(11)田螺丘崇——城防崇主山脉,(12)社背——齐溪口东岸之齐岭下主山脉。千米以上的山峰有2座,即隆木与遂川交界处的白鹤岭(海拔1042米)和斗笠脑(海拔1029.8米)。境内以章江、上犹江为泾,大小河流60条,其中干流2条,一级支流10条,二级支流19条,三级支流18条,四级支流7条,五级支流4条。境北隆木水与黄沙水属遂川水系,西南的梅源水属信丰水系,其余河流都属章江水系。除章江、上犹江、龙华江、朱坊河、燕溪属过境河外其余均发源境内的南北山区。章江在境内名蓉江,长58公里,流域面积为859平方公里,落差43米,有蕉溪水、赣桥水、龙回河、南水河等11条支流。上犹江在境内长34公里,流域面积911平方公里,落差16米,有燕溪水、沙溪水、龙华江、木林水、桥头水5条主要支流。隆木水属遂川水系,源出小东,流经樟村、曲潭、瑞坑,出境流入遂川市石河，境内长13.5公里，流域面积43.8平方公里。梅源水在境内西南面的浮石乡境内。

〔**自然资源**〕 *土地资源* 全市国土面积1848平方千米(含潭口、潭东)。其中耕地总面积32280公顷(48.42万亩),占国土面积的17.5%;其中基本农田保护面积26903.3公顷(39.14万亩),保护率达80.8%,林地面积占59.5%;水域面积占4.5%。

矿产资源 南康矿产资源较丰富,种类较多,金属矿产、非金属矿产、燃料矿和地下水、矿泉水4大类均有。金属矿产中有黑色金属、有色金属、贵重金属、放射性金属、稀有金属和稀土金属矿产,非金属矿产有冶金、化工、陶瓷、玻璃、水泥原料,还有燃料和地下水资源等。

探明储量的矿产有27种,未探明储量的矿产有32种,合计59种矿产,135个矿区、点。已经开采,储量较大的有钨、锡、铜、金、稀土、石材、砂石、粘土。已计算储量的27种矿产有铁、锰、钛、铜、钨、锡、钼、钴、金、银、钽、铌、钕、钐、镧、铈、铕、石英、钾长石、泥炭、高岭石、长石、石灰岩、煤、石煤、地下热水、矿泉水等。未计算储量的有铅、锌、铀、锂、铍、锆、钇、钬、铒、镥、萤石、硫铁矿、岩盐、碘、白云母、建筑花岗岩、饰面用花岗岩、板岩、砂、砾石、砖用黏土、压电石英、胶岭石、蛭石、绿柱石、熔炼水晶、滑石、刚玉、地下水、医疗用矿水。

主要矿区有:有浮石岗子地前铁矿、三益梅子坑铁矿,龙华石人坑钴锰矿、横市黄土斜钛,有红桃岭钨锡矿、平安脑钨矿、邹家地白钨矿、水松山钨、锡砂矿、径背铜矿点,白石钼矿、罗龙钨铋矿、赤土钴矿,黄金坑金矿、官坑孜金矿、谷田金银矿、赤土砂金矿，大坪阳团铌钽矿、大坪陈源坑铌钽矿、大坪水保站铌钽矿,龙井稀土矿、寨足下稀土矿、蛇含里稀土矿,圩下花潭铜铀矿,横市鹅窝里萤石矿,隆木塘上钾长石矿、大坪钾长石矿,赤土青塘磷矿点,隆木邹家地石灰岩矿,大坪石码头泥炭矿,龙华湖元坑草炭矿、大坪江背泥炭矿、大坪上期岭背坑泥炭矿、坪市林子坑泥炭矿,潭口含碘盐卤水,三益刘屋瓷土矿、三益老雅山瓷土矿、朱坊新民、七井高岭土矿,西华销江砖用粘土矿、龙岭砖用粘土矿,内潮李村刚玉矿,坪市横沙坑一带水晶矿点、大坪阳团白云母矿,龙华高山煤矿、赤土花园地前石煤矿,潭口地下热水矿、浮石山矿泉水。

野生动植物资源 有国家级保护野生植物6种,省级保护野生植物5种。其中国家一级保护植物为银杏、苏铁,国家二级保护植物为杜仲、花榈木、樟树、喜树;省二级保护植物为天竺桂,省三级

保护植物为金毛狗蕨、竹柏、草珊瑚、七叶一枝花。有国家级保护野生动物4种，省级保护野生动物11种。其中国家级保护动物为穿山甲、斑林狸、猫头鹰、虎纹蛙(田鸡);省级保护动物为果子狸、翠鸟、王锦蛇(大王蛇)、灰鼠蛇(黄金条)、金环蛇、银环蛇、眼镜蛇、眼镜王蛇、尖吻蛇(五步蛇)、黑斑里蛙(青蛙)、大蟾蜍(癞蛤蟆)。

森林资源　有林地面积163.75万亩,占国土面积的62.7%,其中国有林地面积13.1万亩,集体林地146.28万亩，林木蓄积量211.13万立方米，森林覆盖率60.82%,林木绿化率63.97%。按林业分类经营要求，已初步规划公益林面积39万亩，商品林面积81.4万亩,其中油茶面积14万亩,果业面积13万亩。

〔**气象水文**〕气象　2013年,年平均气温20.2℃,较多年平均值19.3℃偏高0.9℃，除12月气温偏低，其余月份气温均偏高，年极端最高气温为39.8℃，出现在8月10日，年极端最低气温为-2.4℃,出现在12月28日。年降水量为1330.9毫米,较多年平均值1449.3毫米偏少118.4毫米。全年共出现5次暴雨,分别出现在5月8日、10日、16日、27日、和12月16日，日雨量分别为54.4毫米、67.4毫米、79.6毫米、50.6毫米和65.3毫米。年日照时数1816.5小时，较多年平均值1673.2小时偏多143.3小时。

水文　南康市地处赣江流域，境内河流分布有赣江流域的章江水系，遂川水系和桃江水系。全市土地总面积中,94%的面积集中分布在章江水系,5%的面积分布在境北部的遂川江水系,1%的面积分布在境南部的桃江水系。境内河系发育较好，集水面积在10平方公里以上大小河流共计51条（其中社溪河是龙华江干流的分段命名河流),河流总长754.4公里,平均河网密度0.4l公里/平方公里。

入境河流众多，集水面积大。集水面积大于10方公里的入境河流共计13条。其中,境外集水面积10平方公里的入境河流共计6条,境外入境河流集水面积之和为5696平方公里。入境河流中，尤其以上犹江及其支流在南康境外的集水面13732平方公里为最大。

南康市多年平均降水量1446.1毫米,平均年降水总量26.68亿立方米。年内丰、枯水季节变化明显,丰、枯水年降水量相差悬殊,在很大程度上影响了农业生产的发展。

南康市水文站在章水设有窑下坝水文站,在上犹江设有田头水文站，两站水文测验项目有降水量、水位、流量等。2008年撤销龙回、麻双、坪市、小林等四个雨量站,启用龙岭、潭口、横寨、浮石、赤土、龙回、三江、唐江、内潮、凤岗、十八塘、麻双、横市、大坪、隆木、镜坝、朱坊、龙华、坪市等暴雨山洪预警系统自动测报雨量站点，数据直接传送市防汛办。2010年又相继增设了南康梅源水库、石孜坳水库、横寨水库、龙虎陂水库、上洛水库、黄龙水库、红卫水库、木林、洋田、罗洞、李村、圩下、黄坑等自动水位及雨量站点。2013年5月16日,窑下坝站出现最高水位为119.64米(黄海基面),相应洪峰流量为991立方米/秒。2013年5月22日，田头水文站出现最高水位为115.43米(假定基面,加上2.101米为黄海基面),相应洪峰流量为926立方米/秒。

〔**自然灾害**〕2013年5月8日、10日、16日和27日，受高空低槽、中低层切变和西南气流共同影响，分别出现了日雨量为54.4毫米、67.4毫米、79.6毫米和50.6毫米的暴雨天气。

12月16日，受高空低槽东移和弱冷空气影响,出现了日雨量为50.6毫米的暴雨天气。

8月1日至12日,受副热带高压控制,全市中南部乡镇出现了不同程度的干旱。

〔**人口民族**〕全市2013年末总人口832792人。其中，非农业人口146470人。年内出生人口15432人,死亡人口10840人。

族内人口分属于汉、畲、回、蒙古、藏、苗、彝、壮、布依、满、侗、瑶、土家、黎、维吾尔、朝鲜、白、佤、土、伦佬等20个民族,共有198个姓氏。

〔**历史名人**〕唐代,江西第一个及第进士、著名诗人綦毋潜。宋代,省元(状元)刘必达;“大隐居士”田辟。清代,著名方志学家谢启昆。著名的早期工人运动先驱陈赞贤；马列主义政治经济学家、《资本论》译者之一的郭大力;抗日名将赖传湘;原中顾委委员、原山西省省长罗贵波。

〔**景观名胜**〕陈赞贤烈士墓、南康革命烈士纪念碑、解放十周年纪念碑、太窝天主教堂、生佛寺、文峰塔、鲤山塔和南山森林公园、东山公园、旭山公园、大山脑旅游区、莲花山、罗边水利枢纽工程、文峰。

〔**名优特产**〕 甜柚、板鸭、花生巴、南瓜巴、辣椒酱、腐竹、荷包肉、南瓜子养生油、雪片糕、家具、服装。

国民经济和社会发展

〔**综述**〕 国民经济平稳增长。初步测算，2013 年全区(南康撤市设区后，“全市”改用“全区”下同)实现生产总值 137.29 亿元，按可比价计算，比上年增长 10.7%。其中，第一产业 22.89 亿元，增长 2.9%；第二产业 72.22 亿元，增长 14.3%；第三产业 42.18 亿元，增长 8.4%。三次产业分别拉动 GDP 增长 1.5、6.1、3.1 个百分点。产业结构由 2012 年的 16.9:52.1:30.9 调整至 2013 年的 16.7:52.6:30.7。非公有制经济实现增加值 92.95 亿元，同比增长 11.8%。

财政收入较快增长。2013 年，全区完成财政总收入 18.4 亿元，增长 22.7%；其中税收收入 15.73 亿元，增长 25.8%，占财政总收入 85.5%。公共财政预算收入 13.5 亿元，增长 23.4%。

民生福祉加快改善。全年民生支出 24.8 亿元，占财政总支出的 73.6%。“三送”活动取得实效，完成农村危旧土坯房改造任务 2.8 万户。完成水利建设投入 1.5 亿元。完成农村公路建设 245 公里、县道改造 23 公里。新建保障性住房 3220 套。改扩建唐江、浮石等一批敬老院，新福利中心建成启用，新增床位 500 张。新增就业人员 1.3 万人。27 个省定贫困村整村推进富有成效，3.7 万人实现脱贫。

〔**农业**〕 农业经济稳步发展。2013 年，粮食播种面积 61.36 万亩，比 2012 年增加 0.11 万亩，产量 23.84 万吨，增产 0.8%；油料播种面积 17.53 万亩，比 2012 年增加 8.8 万亩，产量 3.50 万吨，增产 103.6%；蔬菜、瓜类播种面积 17.19 万亩，比 2012 年增加 0.19 万亩，产量 24.32 万吨，增产 21.1%。全年生猪存栏 46 万头，增长 1.1%；出栏 79.1 万头，增长 1.3%；肉类总产量 7.24 万吨，增长 1.7%；水产品产量 2.17 万吨，增长 4.8%。

〔**工业和建筑业**〕 工业企业加速发展。在转型升级步伐的强力推动下，2013 年全区工业取得长足发展，完成工业总产值 336.73 亿元，增长 17.5%，实现工业增加值 65.34 亿元，增长 13.0%。规模企业培育初见成效，新增规模以上工业企业 38 家，使全区规模以上企业超过“百家”，达到 112 家，同比增长 36.6%；实现规模以上工业增加值 56.06 亿元，增长 12.7%。企业经营效益积极向好。规模以上工业企业主营业务收入、利润和利税总额均增长三成以上，分别增长 36.3%、35.8%和 42.3%。

建筑业稳步发展。2013 年全区建筑业实现增加值 6.88 亿元，增长 28.2%。具有资质等级的总承包和专业承包建筑企业房屋施工面积 307.3 万平方米，增长 29.8%，房屋竣工面积 78.26 万平方米，增长 710.5%。

〔**固定资产投资**〕 固定资产投资较快增长。2013 年全区 500 万元以上项目完成固定资产投资 100.02 亿元，同比增长 28.8%。其中，第一产业 2.96 亿元，下降 5.0%；第二产业 47.61 亿元，增长 56.8%；第三产业 49.45 亿元，增长 10.8%。

房地产投资较快发展。全年房地产开发完成投资 23.02 亿元，增长 17.2%。商品房销售面积 65.79 万平方米，增长 30.4%，销售额 38.79 亿元，增长 33.5%。

〔**国内贸易**〕 消费需求稳步发展。2013 年，全区实现社会消费品零售总额 28.16 亿元，增长 13.9%。按销售单位所在地分，城镇消费品零售总额 23.20 亿元，增长 14.0%；乡村消费品零售总额 4.96 亿元，增长 13.7%。

〔**对外贸易与民营经济**〕 外贸出口较快发展。全年完成进出口总额 11392 万美元，增长 29.0%，其中，出口总额 10454 万美元，增长 34.4%，比全省、赣州市分别快 22.2、31.8 个百分点。

招商引资取得实效。全年合同引资 33.64 亿元，增长 28.4%，实际进资 27.65 亿元，增长 18.7%；外商直接投资签约项目 6 个，实际利用外资 9182 万美元，增长 10.1%。

民营经济较快发展。年末个体私营企业

31334户,增长18.4%,从业人员25.51万人,增长12.0%,注册资金116.82亿元,增长25.9%。民营经济实现税收13.5亿元。

〔**金融**〕 金融市场保持稳健。年末,全区金融机构人民币各项存款余额223.04亿元,比年初增加46.08亿元,增长26.0%,其中城乡居民储蓄存款150.58亿元,比年初增加22.47亿元。全区金融机构人民币各项贷款余额139.95亿元,比年初增加35.03亿元,增长33.4%。其中短期贷款70.62亿元,比年初增加19.47亿元,中长期贷款46.50亿元,比年初增加14.61亿元。存贷比为62.7%,比上年提高3.4个百分点。

〔**交通、邮电与旅游**〕 交通运输业稳步发展。年末公路通车里程达到1896公里,全年公路客运周转量46320万人公里,同比下降5.0%。公路货运周转量97282万吨公里,同比下降7.0%。

邮电通信业平稳发展。2013年,全区邮电通信业完成业务总量11.29亿元,增长11.2%。全区年末固定电话用户11.22万户,增长22.4%;移动电话用户达到65.79万部,同比增长13.6%;全年互联网用户达到7.82万户,同比增长17.3%。

旅游事业稳步发展。2013年全区接待境内游客60.9万人次,同比增长11.8%;接待境外游客5.0万人次,同比增长13.5%;实现旅游总收入1.5亿元,同比增长6.1%。

〔**教育和卫生**〕 教育事业蓬勃发展。2013年全区拥有普通中学41所,在校学生55071人,专任教师2913人;小学304所,在校学生87953人,专任教师3752人。

卫生事业稳步发展。2013年末全区拥有医疗卫生机构871个,其中:医院13个,农村卫生院20个。现有床位数2722张,同比增长15.2%;卫生专业技术人员3711人,同比增长5.5%;执业医师1407人,同比增长10.4%。

〔**人口和人民生活**〕 据公安户籍年报显示,2013年末全区总户数28.51万户,总人口83.27万人;其中,农业人口68.63万人,非农业人口14.64万人。

城乡居民收入稳步提升。2013年,全区城镇居民人均可支配收入19519元,同比增长22.7%;农民人均纯收入6413元,同比增长12.0%。

〔**环境保护**〕 生态环境继续改善。全区主要河流断面优质水率达100%,空气质量达到二级。化学需氧量排放、二氧化硫排放、氨氮排放和氮氧化物排放等总量削减率分别为1.5%、1.0%、2.0%和0.5%。

〔**城乡建设**〕 城乡建设统筹推进。完成规划编制项目24个,城区控规覆盖率达93.7%。城区建成区面积31.1平方公里,新增1.2平方公里,城区人口达到31.8万人,新增1.33万人。村镇规划建设管理覆盖所有乡镇。唐江被评为全省首批百强中心镇,横市被列入赣州市小城镇建设示范镇。北部乡镇、大广高速唐江枢纽以北沿线、赤土—横寨等3条富裕和谐秀美乡村示范线建设成效显著。192个新农村建设点和农村清洁工程有序推进,横市增坑、坪市小安、大坪上期等高标准示范点基本成型。横市增坑入选全国“美丽乡村”首批创建试点。

(注:国民经济和社会发展中所列各项数据为年度初步统计数据;本公报所列生产总值、规模以上工业增加值指标按当年价格计算,增长速度按可比价格计算;国民经济和社会发展与年鉴数据不符时,以年鉴为准。)

赤土畲族乡小岭村果园一角

中共南康市委员会

综　述

2013年是全面贯彻落实党的十八大精神开局之年，是实施“十二五”规划关键之年，是赣南苏区振兴发展全面加快推进之年。一年来，在省委、赣州市委的正确领导下，市委常委会团结带领全市党员干部群众，以邓小平理论、“三个代表”重要思想、科学发展观为指导，认真贯彻落实党的十八大、十八届二中、三中全会精神和习近平总书记系列重要讲话精神，围绕振兴发展这个主题，紧扣“发展升级、小康提速、绿色崛起、实干兴赣”方针，树立“发展为先、生态为重、创新为魂、民生为本”理念，践行“主动融入都市区，提速提质促发展，千方百计惠民生，真抓实干兴南康”路径，合心合力破难题，全心全力创新业，经济建设、政治建设、文化建设、社会建设、生态文明建设和党的建设取得了新进展，城乡面貌和干部群众的精神风貌发生了新变化。特别是国务院批复同意南康撤市设区，成为了南康发展进程中具有深远意义的一个里程碑，标志着南康发展翻开了崭新的篇章。全年实现生产总值135亿元，增长11%；财政总收入18.4亿元，增长22.7%，财政总收入占GDP比重达13.6%，税性收入占财政收入比重达85.5%，其中公共财政收入13.5亿元，增长23.5%；500万元以上固定资产投资100亿元，增长28.8%；地方规模以上工业增加值56亿元，增长14.5%。

机构设置

2013年，市委机关内设机构32个，分别是办公室（政研室、保密局、机要局、督查室）、组织部（村建办、组织员办、两新组织党工委）、宣传部（市委报道组、文明办）、统战部（外事侨务办）、政法委（综治办、维稳办、610办）、农工部（农工办、新村办）、编委办、机关事务管理局、接待办、老干局（关工委办公室）、直属工委、党校、党史办、台办、信访局、侨联。

市委常委会2013年工作总体要求

市委常委会工作的总体要求是：深入贯彻落实党的十八大精神，高举中国特色社会主义伟大旗帜，以邓小平理论、“三个代表”重要思想、科学发展观为指导，牢固树立“发展为先、生态为重、创新为魂、民生为本”的理念，以加快发展、转型发展、跨越发展为要求，以保增长、调结构、提质量、增效益为重点，以新型工业化和新型城镇化为主动力，深入推进“产业兴康，教育强市，品质铸城，和谐福民”发展战略，推动经济社会持续健康发展，加快建设经济强市和活力新城进程，争当赣南苏区振兴发展排头兵，在全面建成小康社会新征程上迈出坚实步伐。

全市经济社会发展的主要预期目标是：实现生产总值135亿元，增长11.2%；财政总收入17亿元，增长13.3%；公共财政收入12.3亿元，增长12%；全社会固定资产投资144.6亿元，增长28.5%；社会消费品零售总额29亿元，增长15.2%；实际利用外资9169万美元，增长10.2%；外贸出口8059万美元，增长10.5%；城镇居民人均可支配收入17983元，增长13%；农民人均纯收入6473元，增长13%；城镇登记失业率控制在3.6%以内；人口自然增长率控制在7.6‰以内；居民消费价格总水平涨幅控制在3.5%以内。

重要会议

〔**市委常委会议**〕 市委五届第二十四次常委会 1月11日上午，市委书记谢德强在市政大楼9楼会议室主持召开了市委五届第二十四次常委会议。讨论并原则通过了《中共南康市委常委会2012年工作报告》、《中共南康市委关于改进工作作风、密切联系群众的实施意见》、《南康市人民政府工作报告》、《关于南康市2012年国民经济和社会发展计划执行情况与2013年国民经济和社会发展计划(草案)的报告》、《关于南康市2012年财政预算执行情况和2013年财政预算(草案)的报告》、《南康市人大常委会工作报告》、《政协南康市第五届委员会常委会工作报告》等"两会"相关文稿、《关于2013年财政收支预算初步安排意见》、《南康市鼓励投资促进开放型经济发展的若干意见》、《市政府与江西鼎轩实业有限公司合作实施2012年土地增减挂项目协议书》。会议讨论了市"两会"有关事项，讨论了招聘南康籍免费师范生到南康市高中任教事项，讨论了《中国中部第三届暨南康第八届家具博览会筹备工作方案》。传达了全省经济工作会议、全省农村工作会议以及赣州市委四届四次全体(扩大)会议精神、全国政法工作电视电话会议精神。讨论了对有关人员违纪问题立案事项以及对有关违纪人员的处理意见。

市委五届第二十六次常委会 2月27日下午，市委书记谢德强在市政大楼9楼会议室主持召开了市委五届第二十六次常委会议。讨论了2013~2020年三项主要经济指标设定事项、对2012年19名"三定向"生进行安置事项、适时启动赣州河西片机场快速干道建设事项、设立南康市公园管理站有关事项、赤土畲族乡设立凤凰社区居委会事项、市公安局设立出入境管理大队、情报信息中心、审计室三个内设机构事项，并听取了全市土地执法工作情况汇报。讨论并原则通过了《南康市2013年矿产品行业财政奖励办法》、《关于进一步解决城区中小学生"入学难"问题的实施意见》。传达了全省组织部长会议精神，研究部署了全国"两会"期间信访维稳安保工作。

市委五届第二十八次常委会 5月23日上午，市委副书记柯岩松在市政大楼6楼会议室主持召开了市委五届第二十八次常委会议。讨论并原则通过了《关于整合力量加强全市重点工作督查的通知》、《南康市重点项目攻坚年活动实施方案》及其《考评细则》。会议讨论了市人力资源和社会保障局成立(撤销)相关内设机构事项、市城发公司在北京投资房产事项、出资参与招商致远壹号股权投资基金事项、解决市综合应急队员事业编制事项、增加市委老干部局全额拨款事业编制事项、"三送"工作有关事项。研究部署了当前南康市防汛抗灾工作有关事项。传达了上级有关会议精神，并研究部署了南康市贯彻落实意见。

市委五届第二十九次常委会 6月13日上午，市委副书记柯岩松在市政大楼6楼会议室主持召开了市委五届第二十九次常委会议。讨论并原则通过了《2013年目标管理考核细则》、《关于2013年1~5月财政收入情况的通报》、《南康市土地例行督察整改工作实施方案》、《南康市2013年农村危旧土坯房改造工作方案》。讨论了建设恐龙古生物化石遗迹保护基地事项、调整有关市领导挂点联系乡镇(街道)和南水新区事项、有关干部人事任免事项和对有关人员违纪问题立案事项。会议传达了6月9日赣州市委常委会扩大会议精神，并研究部署了南康市贯彻落实意见。

市委五届第三十一次常委会 8月5日晚上，市委书记徐兵在市政大楼9楼会议室主持召开了市委五届第三十一次常委会议。讨论并原则通过了《在市委五届六次全体(扩大)会议上的讲话》、《南康市城乡个人建房管理办法(试行)》、《南康市依法征收土地房屋协调联动工作意见》、《南康市城市建设发展有限责任公司、南康市中小企业投资发展有限责任公司经营者年度经营业绩考核办法（试行)》、《中国中部第二届秋季家具展销会筹备工作方案》。讨论了市委"三送"办和"三送"

信息与服务中心机构设置和人员编制事项、设立市直机关党员教育培训中心事项、设立市知识产权局事项、部分机关事业单位设立行政审批服务科事项、市汽车客运总站项目建设用地选址工作事项、组织参加上级两个会议有关事项和南康市大广高速唐江枢纽以北沿线富裕和谐秀美乡村建设资金筹措计划事项。

市委五届第三十二次常委会　9月8日，市委书记徐兵在市政大楼9楼会议室主持召开了市委五届第三十二次常委会议。讨论并原则通过了《中共南康市委常委会议事决策规则(试行)》。传达了全省组织工作会议和全国宣传思想工作会议精神，传达了全省开展党政领导干部违反规定接受和赠送现金、有价证券、支付凭证问题专项治理活动动员部署会议精神，并研究部署了南康市贯彻落实意见。讨论了对有关违纪人员的处理意见、中国中部第二届秋季家具展销会事项、《关于进一步加强信访工作的意见》、关于工业发展和家具产业园建设的有关事项、2013年拆迁补偿重置价有关事项、关于城市建设的有关事项。

市委五届第三十三次常委会　9月29日，市委书记徐兵在市政大楼9楼会议室主持召开了市委五届第三十三次常委会议。传达了全省党委秘书长办公室主任会议精神。讨论了选调曾凡龙等10名民警到南康市工作事项、安置定向培养乡镇卫生院医学生事项、对南康市2011年“三支一扶”大学生进行安置事项、市民政局人员编制、机构等事项、市迎宾馆经营权收回及收回后经营管理事项、矿产品企业税收奖励政策调整事项、市体育公园建设有关事项、对有关违纪人员的处理意见和有关干部任免事项。讨论并原则通过了《关于进一步加强南康市家具行业消防安全管理工作的实施意见》、《南康市完全失地农民养老保障实施办法(试行)》、《南康市金融中心筹建工作实施方案》、《关于中国赣州(南康)国际物流商贸综合体项目建设框架协议》、《关于加快产业转型升级推进工业强市的实施意见》和《关于进一步加强信访工作的意见》。听取了2013年上半年土地动态巡查工作情况汇报。

市委五届第三十四次常委会　10月14日，市委书记徐兵在市政大楼9楼会议室主持召开了市委五届第三十四次常委会议。讨论了市重点项目建设有关事项、抽调干部参加重点项目征地拆迁工作事项、“中国光彩事业赣州行活动”南康市有关筹备工作安排、重申乡镇干部有关工作纪律事项和召开市委中心组理论学习会事项。讨论并原则通过了《迎接省赣南等原中央苏区振兴发展工作领导小组在南康参观考察筹备工作方案》。

〔其他重要会议〕　市委五届五次全体扩大会议　1月14日上午，南康市在迎宾馆8楼会议室召开全市经济工作会议。市委书记谢德强出席会议并讲话，在家的市四套班子领导及其他县级领导干部，各乡(镇、街道)党政主要负责人，市委各部门、市直(驻市)各单位、各人民团体主要负责人参加了会议。会议书面传达了全省经济工作会议精神和全省农村工作会议精神，传达了赣州市委四届四次全体(扩大)会议精神，要求面对新形势，实现新跨越，争当苏区振兴发展的排头兵。

市委五届六次全体扩大会议　8月6日上午，南康市在市迎宾馆8楼会议室召开市委五届六次全体(扩大)会议。市委书记徐兵做了重要讲话，市长柯岩松总结了近年以来的工作、布置了下一步工作，在家的市四套班子领导及其他县级领导干部出席会议。会议确定了当前和今后一个时期全市的发展总思路是，高举中国特色社会主义伟大旗帜，以邓小平理论、“三个代表”重要思想、科学发展观为指导，以实现中华民族伟大复兴中国梦为引领，以与全国同步全面建成小康社会为目标，准确把握“发展升级、小康提速、绿色崛起、实干兴赣”的方针，牢固树立“发展为先、生态为重、创新为魂、民生为本”的理念，进一步解放思想、开拓进取，统筹兼顾、重点突破，主动融入都市区，提速提质促发展，千方百计惠民生，真抓实干兴南康，不断开创南康振兴发展新局面，努力把南康建设成为赣州都市区核心增长极和宜居宜业的活力新城。

全市三级干部会议　8月6日上午，全市三级干部会议在市文化艺术中心召开。市四套班子领导及其他县级领导干部，各乡镇(街道)党政负责人，市委各部门，市直驻市各单位，各人民团体主要负责人，公检法科级以上干部，城建局、执法局、城管局、国土局、房管局股级以上干部，各村(居、社区)党支部书记、村主任。会议宣读表彰决定，传达了上级有关土地管理会议精神，就“两违”整治工作做了部署。

全市领导干部会议 11月7日上午，全市领导干部会议在市政大楼3楼会议室召开。在家的市四套班子领导及其他县级领导干部，各乡(镇、街道)党政主要负责人，市委各部门、市直(驻市)各单位、各人民团体主要负责人参加了会议。会议传达了《中共中央关于薄熙来严重违纪违法案件及其教训的通报》(中发电〔2013〕 4号)，要求必须加强党性修养，恪守党性，保持共产党人政治本色；必须自觉遵守党的纪律，始终同党中央保持高度一致；必须认真贯彻民主集中制，主动接受党和人民监督；必须严格执行党的干部路线方针政策，公道正派选人用人；必须增强法治观念，坚决维护法律的尊严和权威。

市委领导班子及领导分工

〔领导班子名录〕

书　记：徐　兵(2013.7~　)
副书记：何善锦(市政府代市长)
　　　余学明(兼任公安局局长)
　　　曹子海(市政府副市长)
常　委：熊　悝(市政府副市长)
　　　庄　平(纪委书记)
　　　黄　琨(市委宣传部部长)
　　　严国雄(市委政法委书记)
　　　钟旭辉(市政府副市长)
　　　陈钰滢(市委组织部部长)
　　　沈光泽(市人武部政委)
　　　赖联春(市政府常务副市长)
　　　王纪恩(市政府副市长)

〔领导分工〕

徐　兵同志：主持市委全面工作。

何善锦同志：主持市政府全面工作，兼管编制、人事、监察、审计工作。

余学明同志：负责市公安局工作；协助书记分管党的群众路线教育实践活动工作；分管党的建设、统战、对台、党史、党校、群团、市委办工作。

曹子海同志：协助相关常委分管金融、改革创新、苏区振兴发展等方面工作。

熊　悝同志：协助相关常委分管财源建设、城乡规划建设、重点工程等方面工作。

庄　平同志：负责市纪委工作；分管纪检、监察工作；分管督查工作。

黄　琨同志：负责市委宣传部工作；分管意识形态工作；分管教育、文化、科技、体育工作；分管卫生与计划生育工作；分管农业农村、民政工作。

严国雄同志：负责市委政法委工作；分管政法、社会治理、社会稳定、信访工作。

钟旭辉同志：分管工业经济、民营经济、开放型经济工作；分管交通、环保、消防、安全生产工作。

陈钰滢同志：负责市委组织部工作；分管党的基层组织建设、干部人事、老干部、机关工委工作；分管"三送"工作。

沈光泽同志：负责党管武装工作。

赖联春同志：协助市长主持市政府日常工作；协助市长分管经济和社会发展、改革创新、苏区振兴发展等方面工作；分管城乡规划建设工作；分管接待工作。

王纪恩同志：协助相关常委分管教育、人力资源和社会保障、科技创新、旅游等方面工作。

〔市委委员、候补委员〕

市委委员(44名)

徐　兵　何善锦　余学明　曹子海　韩水生
彭秀生　熊　悝　庄　平　黄　琨　严国雄
钟旭辉　陈钰滢　沈光泽　赖联春　王纪恩
黄菊兰(女)　邓晓楠　李干东　李春平
黄亚珍(女)　马维新　朱国清　蓝希高
曹世明　刘连生　陈国正　许志雄　朱隆泽
刘吉军　谢　兴　吴　斌　李立生　黄万林
邹焕铁　刘其海　赖忠猛　钟　伟　康　兴
蓝永清　钟春莲(女)　李绍武　欧阳效桂
谢小龙　肖　立(女)

市委候补委员(7名)

龙清生　朱吉祥　刘乘波　张立伟　黄　光
蓝海燕(女)　赖新林

重要文件目录

2013年中共南康市委重要文件目录

发文时间	文号	标题
1月21日	康字〔2013〕2号	关于印发《中共南康市委常委会2012年工作报告》的通知
2月8日	康字〔2013〕5号	关于印发《南康市鼓励投资促进开放型经济发展的若干意见（试行）》的通知
2月21日	康字〔2013〕7号	关于印发《中共南康市委常委会2013年工作要点》的通知
3月4日	康发〔2013〕2号	关于改进工作作风、密切联系群众的实施意见
3月15日	康字〔2013〕9号	关于2013年开放型经济工作的意见
4月26日	康字〔2013〕17号	关于对全市村干部实行绩效考核的实施意见
5月21日	康字〔2013〕19号	关于进一步推进家具产业转型升级的实施意见
5月24日	康字〔2013〕21号	关于加快旅游产业发展的工作意见
6月17日	康字〔2013〕22号	关于2013–2015年主攻工业工作意见
7月19日	康字〔2013〕24号	关于关于印发《南康市稀土专项整治工作方案》的通知
9月16日	康发〔2013〕4号	关于印发《中共南康市委常委会议事决策规则(试行)》的通知
9月27日	康发〔2013〕5号	关于深化平安南康建设的实施意见
10月18日	康字〔2013〕29号	关于进一步加强信访工作的意见
10月25日	康字〔2013〕30号	关于加快产业转型升级推进工业强市的实施意见

市委办公室工作

〔综述〕 2013年，市委办在市委的正确领导和赣州市委办公厅的关心指导下，深入贯彻落实党的十八大、十八届三中全会精神和习近平总书记系列重要讲话精神，紧紧围绕赣南苏区振兴发展和市委中心工作，严格按照全国、全省、赣州市党办系统有关文件和会议要求，进一步解放思想、开拓创新、强化管理、细化服务，努力当好市委的“前哨”和“后院”，在协助市委统揽全局、联系上下、协调各方，推进南康振兴发展上发挥了积极作用。

〔文秘政研工作〕 规范收文操作程序，紧抓收发、阅办、归档三个环节，缩短办事流程，一年以来共收发上级来文1132件，确保了所有文件及时传达到位，提高了文件流转效率。认真做好文稿审核工作，对由有关部门、单位代拟的稿件，由政务人员分口把关、认真审核，力求发文正确无误，一年来共下发各类文件305件，同比减少41件。加强对机要、保密、秘书科等部门工作的综合协调，理顺了密级文件、机要文件的办理流程，既确保了文件的传递、处理速度，又加强了文件的保密管理。积极在文稿、调研工作中动脑子、花力气，进一步提升了决策服务的参谋作用。完善了“专人负责、分头酝酿、集中讨论、统一提纲、联合起草、综合统稿、反复校改、对照评析”的文稿起草工作机制，较好地完成了市委常委会工作报告、市委常委会工作要点等综合文稿，以及市委主要领导在市委全委会、全市领导干部会议等重要会议上的讲话文稿的起草工作。结合赣州市委政研室“走基层、报实情、当参谋”活动，围绕赣南苏区振兴发展等经济社会发展问题开展调研，为全市经济社会发展提供了翔实的基础资料支撑。全年共撰写专题调研文章68篇，其中在上级刊物发表6篇。

〔信息工作〕 围绕中心，服务大局，努力提高参谋服务水平，为市委科学决策、掌握动态、指导工作提供了大量有价值的信息，发挥了重要作用。有效整合信息综合、应急值班、社情民意、网络舆情等信息服务职能，不断强化党委系统“信息总汇”、“归口把总”的地位，建立起大信息格局。全年共收集处理紧急信息1154条，跟踪处理网络舆情信息超过3000条，得到市委领导批示158条(次)，一大批紧急重大信息根据市委领导批示得到妥善处置，及时化解了社会矛盾，消除了不稳定因素。一是信息报送做到及时、准确、全面；二是紧紧围绕市委的中心工作开展；三是在深入挖掘信息内容；

四是以创新精神提高了信息服务质量和水平。

〔**督查工作**〕 市委督查室不断强化组织领导、优化督查格局、健全工作制度、改善督查条件、提高队伍素质,着力建设党委大督查格局,在促进市委中心工作落实、推进苏区振兴发展上起了积极作用。一是加强了组织领导。成立了由市委副书记任组长,市委常委、市政府常务副市长任副组长,相关部门和单位主要负责人为成员的督查工作领导小组。二是完善大督查机制。整合市委督查室、市政府督查室、市纪委、市委组织部等督查部门资源,对重大工作进行联合督查,避免单个督查单位在督促检查重大工作落实情况中力量薄弱。三是实行督查申报制度。各项重点工作牵头单位提出需要进行督查考核的,必须进行申请,由市委督查室统一组织督查,以避免多头督查、重复督查,把乡镇(街道)、部门、单位从疲于应付检查中解放出来。四是建立健全分解立项制度。对市委重大决策部署,市委督查室及时进行分解立项,明确责任单位和落实时限,有计划、有重点地开展督查,通过强化调度抓督查、对照进度抓督查、持续跟踪抓督查、奖优罚劣抓督查的“四抓”模式,促使责任单位如期完成所承担的任务。五是建立督查台账管理制度。将每个阶段工作任务细化到各督查组,按照有工作进展、有存在问题、有分析研究、有整改要求、有销号时限、有督查通报的“六有”要求,构建严密的督查管理体系。六是建立健全督查情况通报制度。通过印发《南康督查》,对市委重大决策部署和领导同志批示交办事项的落实情况进行通报。注重督查成果运用,实行督查成果与干部任用结合、与物质奖励结合、与年度考核结合的“三个结合”,充分调动干部抓好工作落实的积极性。

〔**机要工作**〕 以习近平总书记在密码工作调研报告上的重要批示为主线,以确保“生命线、保障线、指挥线”三个方面为抓手,全面落实省委密码工作领导小组第十二次(扩大)会议精神。认真开展以“忠诚、责任、奉献”为主题的爱岗敬业教育活动,积极参加省委机要局组织的密码干部业务培训,着力提高密码通信保障能力,换装了密码通信设备,确保了密码通信的畅通。全年共收到明电 834 份,其中特提 398 份;收到密电 281 份,其中特提 120 份;收到上级红头文件 490 份;上传明电 29 份、密电 50 份;发送乡镇加密文件 130 份,其中特提 75 份。

〔**保密工作**〕 一是抓好了保密宣传培训,以全国保密普查工作为契机对相关涉密人员进行了进一步培训,重点抓好领导干部、涉密人员、国家公务员的教育培训,以密级文件和会上传达相结合的方式学习汲取各地发生泄密事件的教训。二是开展了保密专项活动。一方面根据上级工作安排,抽调人员参与全国保密普查工作;另一方面依托参照赣州市开展保密工作“调查研究年”活动,开展了南康保密工作“调查研究年”活动。通过开展保密专项活动,既增强了大家的保密意识,也调动了大家对保密工作的积极性,进一步夯实了南康市保密工作基础。三是加强了计算机保密管理。对全市涉密计算机和涉密网络、网站进行了重新登记备案,要求各单位按照有关文件要求,严格实行计算机分类、分级管理,专人负责,严格执行涉密电脑必须安装保密技术防护专用系统,禁止以任何方式与国际互联网连接,做到“涉密不上网、上网不涉密”,同时,要求和指导各单位加强涉密移动存储介质的管理。

〔**综合协调工作**〕 一是积极做好在对上协调联络服务工作。加强与赣州市委办公厅相关处室的沟通联系。建立对口协调联络服务工作制度,归口做好协调联络服务工作,加强源头参与,主动跟进,做到多请示、多汇报,确保各项工作规范、有序进行。二是积极发挥好对外协调的中枢作用。调整充实了办公室主任联席会议制度,由市委办主任牵头,人大、政府、政协三套班子办公室主任和其他常委所在办公室主任共同参与,实行一月一例会制度,定期通报相关情况,统筹协调好全市各方面的工作,形成整体合力。三是充分发挥对下协调中的指导作用。制定公文办理和重大活动工作流程等制度,印发全市遵照执行,以规范工作、提高效率,避免差错失误和扯皮现象的发生。调整和充实了市委领导交办事项落实工作流程、市委领导出席有关会议等重要活动安排工作流程,加强对行文规则遵守、办文程序以及涉密公文的管理工作,实行规范化管理,做到有章可循。

〔**会务和后勤工作**〕 坚持和完善了大型会议活动

审批制度，按照中央“八项规定”，从严控制，尽可能地精简会议，提高会务服务质量。较好地完成了3月中国中部第三届暨南康第八届家具博览会、5月省长鹿心社来南康调研、10月省委书记强卫来南康调研、11月省政协主席黄跃金来南康调研、12月国家民航局对口支持赣南等原中央苏区振兴发展来南康调研等会务接待工作。一年以来，共承办市委常委会议13次，全市性领导干部会议6次，做到了圆满周到、不出差错。坚持和完善了机要和办公室24小时双线值班制度，有效保障了政令畅通。完善了财务管理制度，严格财经纪律，按章办事，合理使用资金，提高财政资金的使用效益。严格执行《南康市党政机关公务用车配备使用管理实施细则》。制定和完善了学习制度、工作确认、衔接和落实反馈制度、请销假制度、公务接待制度、车辆管理制度等一系列制度，并汇编成册，供办公室所有成员学习领会、贯彻执行。

〔领导班子名录〕

市委办公室：
主　任：朱国清
副主任：黄春铃（女）
　　　　方宣文
　　　　叶美焱
　　　　董来顺
　　　　赖建明
　　　　张世圣
　　　　朱占玉
工会主席：温笑娟（女）
市委政研室：
主　任：张世圣
副主任：曾慧平
国家保密局：
局　长：赖建明
副局长：张　丽
市委机要局：
负责人：曾慧平
副局长：刘伟明
市委督查室：
主　任：廖　剑

组织工作

〔综述〕 2013年，在市委的正确领导和赣州市委组织部的大力指导下，市委组织部坚持以科学发展观为指导，紧紧围绕市委中心工作任务，全面贯彻落实党的十八大精神，扎实推进“三送”工作全覆盖常态化工作，努力推进领导班子、党员干部队伍、人才队伍、党的基层组织建设和组织部门自身建设，不断开创组织工作新局面，为南康经济社会发展提供了坚强的组织保证和人才支持。

〔机构队伍〕 市委组织部现有在编干部23人，其中部长1人，副部长3人，其中兼职1人；组织员办主任1人，“两新”组织党工委书记1人，村建办主任1人；办公室3人，干部科3人，组织员办2人，组织科1人，村建办2人，人才科2人，党员电教中心2人，档案室2人，“两新”组织党工委2人；正科级干部6人，主任科员1人，副科级组织员8人，一般干部7人。

〔党建工作〕 *农村基层党组织建设* 一是加强村干部队伍建设。打造“一好三强”（思想政治素质好，致富带富能力强，帮扶服务能力强，组织协调能力强）村党支部书记队伍。下发了《关于规范村干部调整任用的通知》，实行村党（总）支部书记调整任前报审，其他村干部的调整任用备案制度；4月份开展了从村书记、主任中招录乡镇事业站所工作人员工作。二是进一步完善了村干部绩效考核制度。下发了《中共南康市委关于对全市村干部实行绩效考核的实施意见》（康字〔2013〕17号），对考核内容、方法、程序等方面作了修改，实现了“六有”目标（工作有目标、努力有方向、作风有改进、能力有提升、待遇有保障、干好有出路）。三是继续抓好了大学生村官队伍建设。坚持了结对联系、年度考核、定期召开座谈会等制度，重点完善了大学生村官“包组联户”培养工作机制，下发了《关于继续推行大学生村官“包组联户”培养锻炼机制的通知》，建立档案，跟踪培养，促进大学生村官融入基层。开展了从服务期满、考核合格大学生村官中选聘社区工作人员工作，有2人经过考核选聘在南水管委会社区工作。四是全面落实基层党建工作责任制。市委与各基层党委签订《基层组织建设目标管理责任书》，并制定基层党建工作考核细则，细化考核指标，增加基层党建工作在各乡镇和各单位年度综合目标管理考核中的比重。五是以项目化手段推进基层组织建设。着力抓好培训项目,加大对村(社区)党组织书记、市直单位党务干部以及“两新”组织党建指导员的教育培训工作,共举办各类培训6期次,受训人员420多人次,全面提升了基层党务干部的业务能力和工作水平。着力抓好村级和社区组织活动场所完善项目,采取“以奖代补”与结对帮扶等措施,对22个村(社区)活动场所进行维修改建,对35个村(社区)活动场所进行了规范管理并完善其办公服务设施。六是探索推进服务型基层组织建设。在全市推行了“农事村办”服务工作制度,共设立村级“农事村办”服务站278个、“农事村办”服务点480多个;在基层党组织中推行了“五步台账”工作法,对党员干部联系走访群众所收集到的群众意见、建议以及困难和诉求等。2013年以来,全市各基层党组织通过“五步台账”工作法,及时为群众解决实际困难和问题4830多个,办好事实事1960多件,化解矛盾纠纷1320多起。

“两新”组织党建工作　一是抓覆盖。采取单独建、联合建、委派建等方式,抓好“两新”组织、党群组织组建工作。先后组建了皇都家具、泓泰家具市场、青年商会等一批党组织。华利纸品有限公司、文华家瑞家具实业有限公司被评为赣州市先进基层党组织。二是抓规范。在企业党组织中按照“一室六有”(设立活动室,有标牌、有制度、有党旗、有公章、有电教设备、有宣传栏)的要求,提升全市“两新”组织、党群组织活动场所的规范化建设水平。三是抓示范。在家具市场精心打造了家具市场(产业)党群服务中心,为家具市场、家具企业党员提供了一个集培训、教育、办证等服务功能的平台,为党员提供学习、活动、维权等服务。党群服务中心被评为“江西省党建带妇建先进单位”,同时接受了省第二巡视组创先争优活动组的督查。四是抓机制。建立市领导挂点联系“两新”组织、市直机关单位与“两新”组织结对帮扶制度,全市31名党员市领导干部、56个市直机关单位党组织与“两新”组织进行了挂点联系和结对共建。五是抓制度。在党组织内部建立起了矛盾纠纷及安全生产排查信息上报机制,坚持了“两新”组织党建工作信息报送制度,全年共排查调处矛盾纠纷19起、查处隐患23起;建立了全市31名党员领导挂点联系31家“两新”组织、56个市直机关单位与56家“两新”组织结对帮扶制度;坚持了党建指导员考核制度;建立了“党群议事会”制度和“双向例会制度”。六是抓载体。在家具、服装等专业市场开展党员“定区联户”活动,通过每名党员负责一个维稳责任区,联系5名以上非党员从业户,帮助其解决实际问题,彰显党员先进性。全市“两新”组织中共创建党员“责任示范区”357个,设立青年先锋岗530个、巾帼建功岗459个、职工维权岗630个。在非公企业中推行“一区三岗”党群共建活动、开展“四亮一评议”活动;开展了万名干部进家具企业“送政策、送温暖、送服务”等活动,其中,在专业市场开展党员“定区联户”活动和非公企业“一区三岗”党群共建活动的主要做法得到了赣州市委常委、组织部长孙正森的批示,并在《赣州组工信息》刊发。

社区党建工作　一是协调国土、房管、民政、规划等部门各司其职,做好城市新建社区公共服务与管理用房工作。共有5个新建城市小区,落实了社区预留公共服务与管理用房,为社区党建奠定基础。二是推行和谐社区“1+5”党建工作机制,“1”即1个社区党支部,“5”即社区楼院党小组、党员志愿服务组、社区业主委员会、社区治安维稳服务组、社区物业管理公司五个专业机构。通过以服务群众为根本,突出社区卫生、治安、物业等管理,发挥社区党员先锋模范作用,引导社区群众参与民主管理,全方位提升社区管理水平。全市14个城市社区中全部实现“1+5”工作机制全覆盖,社区党建与创新社区管理得到有机结合,提升了社区服务水平和社区党建影响力。三是创建社区“党员365工作室”。做到一年365天、每天24小时为居民提供热情、周到、持续的服务,帮助居民解决难题。党员365工作室”建立以来,共发放“党员服务卡”3730多张,为群众提供信息咨询和代办事务1246人次,上门办理事务297件,调处矛盾纠纷83起。四是做好了机关、国企等党建工作。成立了市工业园党工委及家具城党委,调整了龙岭职业中专、唐江中学等党组织的隶属关系。深入开展以“比素质,创一流学风;比团结,创一流团队;比干劲,创一流风貌;比服务,创一流作风;比工作,创一流业绩”为主要内容的“五比五创”活动,引导单位科室创建“效能科室”,干部职工争当“业务之星”。在国有企业党组织,广泛开展了争创“党员示范岗”、“党员先锋岗”、“党员责任区”等活动。

党员队伍建设　一是在发展党员过程必须履

行“八项制度”,即发展党员“公示”制、“票决”制、培训考试制、预先审核和备案制、组织员谈话制、述职制、责任追究制、农村入党积极分子“先上岗后入党”制;认真做好入党积极分子集中培训工作。二是实行发展党员预审关和全程纪实关。制作了发展党员程序记录表,从入党申请人递交申请书到预备党员期间,按照时间先后顺序,对发展重点环节进行纪实,清晰反映发展党员过程和相关人员责任。三是市直工委对全市机关事业单位的入党积极分子进行集中培训,市委组织部对全市278个行政村共280名“一村一名”重点入党积极分进行了集中培训。四是严明了发展党员工作纪律。下发了《关于严肃发展党员工作“五个严禁”纪律要求的通知》(康组通〔2012〕63号),对发展党员工作提出“五个严禁”纪律要求。五是做好流动党员管理工作。建立了市、乡、村三级“二表二册二簿”台账到2012年底,全市共有流入党员13名,流出省外党员407名;建立了返乡农民工(党员)创业孵化基地—南康市镜坝镇返乡创业园,为农民工党员提供创业服务;出台了《关于进一步加强在农村和外出务工人员中发展党员工作的通知》。开展市级集中查验《流动党员活动证》活动4次,使得流出的407名党员全部持证。同时,举办了乡镇外出务工党员座谈会和培训,进行了未回乡流动党员短信拜年慰问活动,加强了对流动党员的教育管理。

党员电教工作　一是在推进“三送”工作常态化全覆盖中,结合赣州市开展党员干部现代远程教育直接联系基层、服务群众“三服务三促进”活动,主动融入助推南康振兴发展。二是全市299个站点的学用工作扎实推动,积极与省委组织部远程办和市电信局联系沟通,寄省维修机顶盒44台,改善了86个站点的网络信号。全年站点播放学用工作取得突破,299个站点点播率达到100%,每月4小时,每季度12小时播放率达到100%。三是扎实推动“远程教育+IP广播”试点工作。在大坪乡上期村、龙华乡双江村、凤岗镇朱家村、蓉江街道莲花村顺利开展“远程教育+IP广播”试点工作,扩大了远程教育覆盖面,把远教的声音传到田间地头,向村组进一步延伸。

〔干部人才工作〕　干部选任任用工作　一是公开公平公正做好从县以下事业单位工作人员中公开选拔乡镇副科级领导干部工作。2013年9月,根据中共赣州市委组织部《关于开展从县以下事业单位工作人员中公开选拔乡镇副科级领导干部人选工作的通知》(赣市组字〔2013〕109号)精神,南康市从事业单位工作人员中公开选拔了7名乡镇副科级领导干部人选工作。二是做好了从优秀大学生村官中公开选拔副科级领导干部工作中,南康市2008年省聘大学生村官朱生强被选拔为副科级领导干部,经市委常委会研究,任命朱生强为三江乡党委委员,并提名为副乡长。三是认真协助上级推荐考察干部工作。先后7次协助省、赣州市考察组,对南康市廖琦等10位同志进行了推荐、考察,圆满完成考察任务。

干部监督管理工作　一是2013年3月配合赣州市对原市委书记谢德强同志进行了履行干部选拔任用工作职责离任检查。二是加强了乡镇干部管理,重申乡镇干部工作纪律,与市纪委联合不定期对乡镇干部值班情况进行督察,着力解决乡镇干部“走读”问题。三是严格实行股级干部任前审核备案制度,各单位股级干部管理工作进一步规范化、科学化。四是有序开展公务员录用、干部考核等日常工作。2013年新录用乡镇公务员77人,对2012年录用的28名选拔生及市法院、检察院新录用公务员进行了登记。

人才队伍建设　一是认真做好2013年新录用公务员政审及初任培训工作。8月上旬,从组织、人事、公安等系统抽调16人,组成了8个工作小组开展政审工作,对77名报考南康市公务员职位的考生进行了政审。9月13日,组织77名新录用公务员进行了为期7天的脱产、封闭式岗前培训。二是认真组织开展人才工作专项调研。围绕“人才工作服务产业转型升级”主题,通过走访相关部门,选取50余家涵盖大、中、小以及各种产品类型的典型企业,召开企业主座谈会、发放调查问卷等形式开展调研,形成了人才工作服务产业转型升级的调研报告,在调研报告的基础上,制定了《关于进一步加强全市人才工作的若干意见》。三是积极推进南康籍在外高层次人才信息库建设。目前,已完成了全市500余名在外高层次人才的建档入库工作。四是积极做好“西部之光”访问学者的管理及服务工作。在“西部之光”访问学者尹英斌同志出发前,市委书记徐兵同志、市委常委、组织部部长陈钰滢同志先后与尹英斌同志进行了谈话,详细了解尹英斌同志的研修准备情况,对其在工作、生活方面给予关心,并专门指派专人作为联络员,帮助其解决各方面困难,使其能够免除后顾之忧,全身心投入研修。五是完善建立人才工作制度。建立了人才评比激励机制。开展了享受市政府特殊津贴人才评选工作; 建立了人才跟踪培养机制;开展新进公务员与乡镇党政班子成员“互帮互学”活动。六是加大了青年人才交流力度。

干部培训工作　一是举办了2013年新录用公务员初任培训班,对新录用的77名乡镇公务员进行了集中培训。二是投入15万元资金打造干部在线学习城,开通了“南康市干部在线学习城”,力求满足干部多元化、个性化学习需求,并制定了《南康市科级干部在线学习学分制管理办法》,规定在线学习学分为50分,加分满分为50分(分组织调训、学历进修、实践锻炼、挂职锻炼、技能教育、在岗自学、论文发表等七类加分情形)。同时,还明确规定,当年学分制考核不合格的,年度考核不得确定为优秀等次; 连续两年学分制考核不合格的,在全市进行通报;连续三年学分制考核不合格的,第三年度考核不能评为称职,且不得列为提拔重用对象。市委组织部每年年底回头有关部门对学员完成在线情况进行督察检查,并予以通报。三是开展了调学工作。分别选调3名领导干部参加了全省县乡党政领导干部(潍坊)培训班;1名乡镇党委书记参加了省委党校2013年春季乡镇(街办)党委书记进修班;3名乡镇长参加了省委组织部、省人社厅在井冈山举办的全省乡镇长培训班;8名县(处)级领导干部参加了县(处)级领导干部进修班;42人参加了乡镇(街道)党政副职干部培训班;6人参加了科级妇女干部培训班;33人参加了选拔生能力建设培训班;4名领导干部参加了市县机关正科级领导干部进修班等培训班。

干部档案管理　以干部人事档案目标管理达一级标准工作为契机,按照干部管理权限,抓好市委组织部干部人事档案材料的收集、整理、归档和完善工作,及时为干部任免、公务员管理、干部退休等工作提供准确的信息服务。2013年查阅干部档案800多人/卷,强化了干部档案日常管理的服务功能;加强了档案信息化建设。近几年以来,为全市副科级以上干部建立了完整、准确的信息档案,2013年,按照公务员登记的有关要求,对《公务员登记表》、《参照公务员法管理机关(单位)工作人员登记表》的内容与干部档案记载不相一致的,进行认真核对、纠正,为干部的任免提供了准确信息依据。

〔组织部门自身建设〕　按照打造过硬队伍和模范部门的要求,坚持以推进“三送”工作及开展群众教育实践活动为契机,不断加强组织部门自身建设,全面提升组工干部的创造精神、创新能力。一是开展“我为组织工作献金点子”活动。通过“献金点子活动”,集思广益,进一步理清思路,明确目标,出台举措,落实责任,全力推进各项工作任务的完成。共收集点子40多条,并下发了实施方案,范围内形成为组织工作创新争先人人出点子,个个献计策的良好氛围,推动了组织工作创新。二是实施组工干部“能力素质提升工程”。坚持周二和周五集中学习制度,邀请国土资源、地税国税、财政、信访等相关部门进行授课,提升组工干部综合素质,成为组织工作的“行家里手”,各项工作的“多面手”。三是坚持制度建设,完善组织部门制度体系。深入研究新形势、新任务对组织部门、组工干部提出的新要求,对组织部门行为规范进行了修缮,把日常学习、工作中的好经验、好做法,以制度的形式固定下来,纳入到自身建设的经常性工作之中,有目的、有计划、有步骤地建立起科学、规范的制度体系,不断建立并完善组织部门的规章制度和工作规范。四是坚持完善服务,提升组织部门工作效能。扎实做好内部管理、后勤服务等日常工作,推行厉行节约,全力做好了部机关效能工作。

〔领导班子名录〕

部　长:傅小新(　　~2013.7)
　　　　陈钰滢(女,2013.7~　　)
副部长:刘锡敏
　　　　钟圣源(兼职)
　　　　左　兵
组织员办主任:黄　征
“两新”组织党工委书记:吴　昊
村建办主任:王兴明

宣传工作

〔综述〕 2013年,南康市宣传思想工作在市委的正确领导和赣州市委宣传部的指导下,认真学习宣传党的十八大、十八届三中全会和习近平总书记系列重要讲话精神,围绕中心、服务大局,勇于创新、积极作为,全力助推南康振兴发展,各项工作取得新进展、新成绩,为南康经济社会发展提供了强大的精神动力和坚强的舆论支持。

〔机构队伍〕 市委宣传部有部长1名、副部长4名,机关干部职工(含文明办)共计19人;全市20个乡镇党委、街道党工委和南水新区配备了党(工)委宣传委员。

〔理论宣传〕 坚持和完善了市委中心组学习制度,以集中研讨与个人自学、专家讲座与常规学习、调查研究与独立思考相结合,坚持“三会一课”、民主生活会等制度,深入开展全市领导干部集中调研活动,主要结合“三送”活动组织了干部调研,中心学习组主要学习了党的十八大精神、十八届三中全会精神、习近平同志系列讲话精神等。同时结合庆祝《若干意见》出台实施一周年、“百姓说赣州”、“中国梦”主题教育活动等组织宣讲团深入基层宣讲,为全市领导干部开展工作提供厚实的理论基础。

市委宣传部把学习宣传、贯彻落实党的十八大精神和习近平同志系列讲话精神列为宣传思想工作的重中之重,并与学习贯彻党的十八届三中全会精神紧密结合起来,通过组织广泛、深入的学习讨论,深刻领会全会和讲话精神,利用理论中心组学习、专题培训、基层宣讲等多种形式,分阶段、分专题、有步骤地开展好学习宣传活动,确保将全会和讲话精神学深、学实、学透。针对干部群众普遍关注的重大理论和现实问题,抓好了巡回宣讲、专题讲座、理论政策下基层和社会科学普及活动。同时,加大了对全市学习贯彻的宣传报道,南康手机报、南康电视台、网站等媒体开辟了专栏宣传各地各部门各单位学习贯彻的动态和经验;充分发挥基层文化站的作用,把学习宣传融入到广大群众日常的各种文化体育活动中;积极利用橱窗、专栏、简报、标语以及主题实践活动等多种方式,营造出良好的舆论氛围和宣传氛围。通过多形式、多载体的学习宣传活动,统一了干部群众的思想和行动,增强了广大干部群众的信心,使学习成果不断推动各项工作的前进。

〔新闻和对外宣传〕 紧扣南康市发展实际,全方位、多角度、深层次宣传了市委、市政府在调整产业结构、促进产业升级、调整经济增长方式等方面的创新举措。内宣方面,市电视台着重办好《南康新闻》、《关注》、《农村科苑》、《南康警视》、《卫生与健康》等5个栏目,并结合全市工作制作专题。外宣方面,市委报道组积极向《江西日报》、《赣南日报》投稿,如《南康绿色理念撑起“工业腰杆”》、《绿色理念撑起南康工业“腰杆”》等系列稿件报道了南康市坚持发展“绿色工业”,不断推动循环经济发展,淘汰落后产能,实现了经济效益和环境保护的“双赢”。市电视台积极向国家、省、赣州市级广播电台、电视台供稿,用稿排名一直位居赣州市前列。《南康手机报》越办越好,逐渐成为南康市一大重要媒体。

〔新兴媒体宣传〕 充分利用网络这个新兴媒体,做好政务公开,积极引导舆论,加强对网络舆情的监督管理,建立完善了一支80人的全市网评员队伍,争取到网评员补贴,加强网上思想舆论阵地建设,提高网上引导水平,开展了整治网络谣言的系列活动,处理了一起典型案例。同时落实网络新闻发言人制度,推进和规范网络新闻发布工作,及时关注“百度南康贴吧”等本地人群较为集中的网络媒体,实行每日信息汇总制度,听取民意,吸收建议,编发《舆情专报》258期。

〔社会宣传及文化建设〕 深入开展公共文化服务体系示范区的创建工作;结合“秀美乡村”建设,整合村文化广场、农家书屋、信息资源共享工程、党员远程教育、农村数字电影放映、科技培训、文艺队、健身队、秧歌队等文化资源,完成了9个高标准文化特色村工作,构筑了新的城乡文化一体化发展格局;加大文化稽查以及“扫黄打非”工作力度;做好文化体制改革的后续工作;争取资金120万元,用于图书馆的维修改造,提升免费开放能力;充分发挥“工运先驱——陈赞贤烈士生平事迹陈列展”基地作用,免费接待观众7.6万人次;完善覆盖全市的无线电视网络,积极实施无线数字广播工程,大力实施广播电视“村村通”工程,为边远山区2720户农户安装了卫星电视接收设施,解决了边远山区群众收看电视难的问题；同时充分建立发挥民间协会的作用,不断丰富活动载体,抓好文化信息资源共享工程基层站点建设工作,进一步完善村级文化共享工程村级站点建设。电影放映方面,建设和完善了数字电影院线,观影人数大大增多,已成为市民重要的娱乐休闲方式。深入乡村送戏下乡活动,全年送戏下乡118场,送电影下乡4436场,乡村自身开展文体活动824场。数字影院(南康大地影院)票房稳居全省前五。为提高送戏质量,还邀请省京剧公司来康演出36场。同时,3月和8月,南康市结合春季和秋季的家具博览会开展了系列文化宣传活动;《南康文艺》佳作不断,南埜诗社等文学团体也很活跃;5月成立了南康市收藏协会;10月23~27日,南康市在市文化艺术中心举办了《眷恋故乡——著名画家、中国大漠山水画创始人黄名芊书画展》,吸引了广大市民和艺术爱好者的观展热情,观展人数达12000余人(次)。

〔**精神文明建设**〕 在全市广泛开展社会主义核心价值观学习教育和市情教育活动,开展社会主义核心价值体系通俗表述语、红色经典故事征集评选活动,积极组织开展"十大道德模范"、"十大杰出青年"评选塑造典型,进一步营造全民讲文明、树新风的浓厚氛围,组织道德模范访谈、巡讲,提高干部群众思想道德水平。大力弘扬新时期雷锋精神,成立了"学雷锋志愿者服务大队",人员达1000余人,各级文明单位成立了"学雷锋志愿者服务队"20多支,全年有组织开展医疗卫生、文明交通、助老助残等服务活动80余次,受到社会广泛好评。深入开展了"全民读书月"活动,积极开展"书香门第"评选活动,大兴读书学习之风,蒋美才家庭被评为赣州市首届"书香门第"之一;在广大青少年中开展以"读南康、看南康、写南康、说南康"为主要内容的市情教育活动,不断夯实未成年人思想道德建设。围绕全面增强全市中小学生文明素质和交通安全意识,在城区中小学校扎实开展了"爱我南康争做文明礼貌小市民"主题教育活动,发放"爱我南康争做文明礼貌小市民"倡议书38000多份,利用"小手拉大手,共向文明走"、"讲文明,树新风,除陋习"、"争做环保卫士"等教育活动,进一步增强了全市人民的文明素质。在赣州市2013年"美德少年"评选表彰活动中,市第八中学黎超和逸夫小学王天宇分获赣州市"美德少年"和"美德少年"提名奖。另外,大力完善农家书屋,实施"留守孩关爱工程",促进农村社会的和谐协调发展。

〔**领导班子名录**〕

部　长:黄　琨

副部长:廖永峰

　　　邱昌军

　　　吴荣康(2013.12~　)

　　　林兰兰(女,2013.2~　　)

工会主席:蒋斌斌(2013.2~　　)

农业和农村工作

〔**综述**〕 2013年,在市委、市政府的正确领导下,市委农工部深入贯彻落实党的十八大精神,以统筹城乡发展为目标,以促进农民增收为核心,工作大胆创新、团结协作、狠抓落实,圆满地完成了各项工作任务。

〔**机构队伍**〕 市委农工部在编在职干部17人,临时工4人,见习生1人,借调人员1人,合计23人。其中部长1人,副部长4人,新村办主任1人(兼任),农工办主任1人(兼任),新村办副主任1人(兼任),主任科员1人,副主任科员5人,一般干部5人;内设人秘科、督查科、农村建设科、产业发展科、科教科,下设农村科教信息政策研究中心和农村危旧土坯房改造工作领导小组办公室。

〔**新农村建设**〕 全面启动了全市192个建设点整治建设和农村清洁工程工作,共拆除"空心房"8.6万平方米;完成改水户5234户;改厕5471座;硬化通村组公路101公里,通户便道96公里,修建排水沟122公里,种植绿化树8.2万余株,广大农村人居环境得到明显改善,农村面貌焕然一新。横市增坑、坪市小安、大坪上期等一批集农业产业园、农民美好家园、旅游观光园为一体的秀美乡村综合示范点已初步建设成型。继续围绕"3351"农村垃圾处理模式,以提高村民环保意识为基础,以改变脏乱差状况为目标,有序推进了全市农村垃圾处理及卫生保洁工作。全市共投入各项资金1000多万元,已建乡镇垃圾焚烧处理中心8座,新招聘农村保洁员130人，建设垃圾中转站26座，垃圾池2103座，新增农村沼气池691座，统一购置清运手推车1000辆，发展市级可利用废品回收龙头企业3个，建立乡镇可利用废品回收中心20个，村组回收点2081个，农村垃圾处理设施逐步完善，乡村环境面貌明显改观。按“示范镇、精品线、一般改造带”三个层次，采取“统一规划、统一设计、统一采购、统一施工”的方式，高标准、高品位开展了大广高速唐江枢纽以北沿线、北部乡镇、横寨-赤土三条富裕和谐秀美乡村示范线沿线可视范围内民房立面装饰和坡顶改造工作。共完成房屋装饰5391栋，装饰面积154.6万平方米，完成房屋坡顶改造3282栋，改造面积24.6万平方米。

〔**农村危旧土坯房改造**〕 2013年，南康市共拆除空心房16150户，完成土坯房改造新建、修缮加固14275户(其中拆旧建新7902户，维修加固6373户)，任务完成率达到了120%，打造了浮石乡罗坳、龙华乡双江、横市镇水车坝、坪市乡罗洞等一批设计新颖、特色鲜明、功能齐全的农村危旧土坯房集中建设精品示范点。通过示范带动，农村面貌进一步改观，群众居住条件大有改善。

〔**农业产业发展**〕 一是“两主四特”产业稳步发展。坚定不移地把甜柚产业当作推进现代农业发展的先行产业和彰显南康特色的“名片”产业来抓，甜柚产业呈现竞相开发、全面推进的强劲发展态势，建有赤土~横寨循环农业示范园、龙回~浮石现代农业科技示范园和朱坊万亩农民创业园及大坪-坪市4万亩现代农业示范区等四个万亩以上集生态绿色、高效示范、休闲观光为一体的甜柚产业基地。2013年，果业新开发6000亩，全市果业面积达到12.35万亩。按照“三园五化”模式，建有赤土——横寨循环农业示范园等13个生态养猪园区，生猪产业由分户散养向基地化、规模化、园区化、清洁化、标准化的方向发展。全年生猪饲养量131.58万头，增长2.3%，其中生猪出栏83.13万头，增长2.25%。油茶、花生、蔬菜、优质稻四大特色产业态势良好。2013年，完成油茶种植5275亩，油茶低产林改造面积5000亩，油茶总面积达到14.2万亩；全年粮食种植面积61.3万亩，总产量达23.7万吨；全年花生播种面积8.65万亩，总产量1.74万吨；有7个蔬菜基地列为赣州市中心商品蔬菜基地，面积1255亩。二是农业产业龙头企业不断壮大。全市有省级农业龙头企业6家，赣州市级农业龙头企业20家（含6家省级），其中2013年新增5家。其中年销售收入5000万元以上的有9家，年销售收入1亿元以上的有3家。三是农民专业合作经济组织蓬勃发展。坚持发展和规范并重，大力推进农民专业合作社的发展和提升。2013年，南康市经工商部门登记注册的农民合作社已达174家，新注册28家，金色果业、利农农机、明兴养鸭、红心果业、众和脐橙等5家合作社被农业厅评为“省级示范社”，鑫发生猪产业专业合作社被省供销社评为“省级示范社”，利农农机专业合作社被农业部评为“全国农机合作社示范社”。南康市恬凯稻业专业合作社的产品获得有机转换产品认证，是南康市首家获得有机转换产品认证的农民专业合作社。进一步完善了市农民专业合作社联合会，在横寨、赤土、龙回、龙岭等乡镇建立了农民专业合作社联合分会。重点抓了以甜柚为主的果业专业合作社的发展，全市已有70%的果农进入了合作社。四是农产品品牌培育进一步加强。南康市有效使用绿色食品标志的企业有3家，有绿色食品品牌产品7个，有江西名牌产品1个，省著名商标7个，无公害农产品3个。“南康甜柚”地理标志产品保护获得国家质监总局评审通过。

〔**新农民培训**〕 一是进一步提升了农民学院办学能力和水平。共培训农民60155人次(其中农业实用技术培训33092人次，职业技能类24037人次，四大素质类培训3026人次。举办了1期农民企业家MBA课程班和2期农民创业班。二是进一步抓好了农民远程培训教育工作，继续抓好“三农信息服务短信群发平台”建设，发送相关各类信息136条，接收人次达98万多人次。三是扎实搞好返乡农民工转移培训就业工作，重点打造了龙岭、镜坝两个农民返乡创业园。四是继续开展了“一村一名大学生”工程，招收学员104名。

〔**农村信息化建设**〕 2013年，紧紧围绕建设学习型农村、全面推进农村信息化的总体工作目标要求，积极探索与实践农村信息化的新方法、新路径，牵头制定并下发了一系列政策文件，进一步完善了农村信息化服务体系，加大了村级信息服务站建设工作力度。已有225个行政村(社区)都设立了信息服务站,占全区行政村个数80.9%,基本达到了“六有”标准,全区已发展农村信息户2400户,完成赣州市下达任务的101.9%。积极组织了“信息乡村行”和“信息化技术培训”活动,推动了农村信息化工作的健康有序发展。

〔领导班子名录〕

部　长:廖祥益

副部长:张华源

　　　廖信江

　　　罗慕忠

　　　朱隆文

新村办主任:张华源

新村办副主任:廖信江

农工办主任:罗慕忠

统一战线工作

〔综述〕 2013年,南康市统一战线工作在南康市委的正确领导下，在赣州市委统战部的精心指导下,充分发挥统战工作优势,围绕服务赣南苏区振兴发展、促进非公有制经济健康发展、加强党外干部的培养教育和推荐使用、维护民族宗教领域和谐稳定,勤奋务实,扎实工作,取得明显成效,被赣州市委统战部评为“2013年度全市统战工作综合先进单位”。

〔机构队伍〕 市委统战部现有在编人员7人,其中部长1人,副部长2人,主任科员1人,副主任科员1人,科员1人,工人1人。2013年5月,因政府机构改革,市外侨办整建制并入市政府办。全市20个乡镇党委、街道党工委和南水新区配备了党(工)委统战委员。

〔苏区振兴发展工作〕 做好“中国光彩事业赣南苏区行”活动有关工作。10月中旬,积极组织南康市非公经济人士参与“中国光彩事业赣南苏区行”活动和开展社会公益事业捐赠活动。积极参与南康投资项目的推介，主动做好全国知名民营企业家到南康投资考察工作，争取更多的民营企业家关心、支持南康的发展,争取更多的人脉、智力、资金和项目支持。

〔党外干部工作〕 一是着力做好党外后备干部的储备工作。坚持增加党外后备干部的储备量。建立了包括4名党外副县级后备干部、11名党外正科级后备干部、45名党外副科级后备干部人才库。坚持对党外后备干部队伍进行跟踪考察了解,及时向市委推荐，将优秀的后备干部调整充实到领导岗位上去，同步吸纳党外人士进入后备干部人才库,始终保持党外后备干部队伍储备充足、结构合理。

二是努力提高党外干部的综合素质。坚持提高党外干部的综合素质，着力提高党外干部的思想政治素质和参政议政及发展创业能力。多渠道加强理论教育培训。一年来,选送了部分优秀的年轻党外干部到省、赣州市社会主义学院培训,完成了上级统战部门的调学任务。多途径安排挂职锻炼。推荐乡镇的党外后备干部到市直单位跟班学习;选派了多名党外干部参加脱产锻炼,在重点工作(如征地拆迁、招商引资)中跟踪督察考核,多岗位加强磨炼。针对年轻干部阅历浅、工作经验不够丰富和岗位流动慢、工作较单一的情况,向市委推荐部分党外干部进行轮岗交流。

三是大力选拔使用党外干部。积极推荐具备担任领导职务条件的党外后备干部，并得到合理使用。对原来由党外领导干部担任的岗位出现缺位的,建议市委原则上还是安排党外干部任职。同时,注重优先在教育、卫生、文化、司法和城市建设等知识分子集中，与群众利益密切相关的部门安排党外领导干部。2013年,南康市人大、政府、政协领导班子配备党外副职均达到规定比例,法、检两院也配备了党外副职，政府工作部门商务局局长由党外干部担任。

〔党外代表人士队伍建设〕 一是加强非公有制经济代表人士队伍建设。为贯彻落实中央关于新的社会阶层人士统战工作的方针政策，推动南康市外企管理和技术人员统战工作开展。根据省委统战部、省商务厅《关于开展受聘于外商投资企业管理和技术人员统战工作的意见》文件精神,对南康市受聘于外商投资企业管理和技术人员进行了摸底调查，汇总形成了南康市受聘于外商投资企业管理和技术人员人才库,共计20人。

二是开展了“无党派知识分子联谊会的现状、问题和对策”专题调研。5月，根据省委统战部关于开展重点难点问题调研的通知精神，开展了“无党派知识分子联谊会的现状、问题和对策”专题调研。在全面了解南康市知联会人员、机构、经费和工作运行情况后，查找工作中存在的问题和难题，提出了加强南康市知联会建设的意见和建议。

三是开展了港澳人士调查摸底工作。为落实2013年统战部长会议精神，全面掌握南康市港澳人士情况，开展了港澳人士调查摸底工作。

四是开展了黄埔同学有关资料收集工作。根据省委统战部以及赣州市委统战部有关文件要求，对黄埔同学资料及其亲属情况开展了一次集中摸底调查。共收集统计了3位黄埔同学信息和8位黄埔同学亲属信息。

〔**非公有制经济发展工作**〕 一是开展了蓝领员工问题专项调研。围绕南康市家具和矿产品两大支柱产业，针对蓝领员工这一支撑产业发展的基础要素，会同市工商联，开展了为期半年多的调研，共同撰写了《南康市产业员工问题的调研报告》。报告分析了蓝领员工在产业发展中的重要性，研究员工的现状与问题，提出符合南康家具产业发展需求的对策与建议，获得了各方赞同。

二是举办了大规模的培训教育活动。在全球性金融危机的大背景下，针对南康家具产业在转型升级中面临的巨大压力和困难，从8月份开始，组织开展了“万名员工教育培训计划”。开发了“经济危机、产业危机与我们的责任”培训课程。共举办了22场培训教育活动，培训员工4400多人，全面提高了员工素质，取得了较好的效果。从4月份开始，举办了“千名经销商、经销人员培训教育活动”。一方面创办了“南康家具营销人员培训夜校”。与赣南师院商学院合作，每月举办1~2次夜间培训，已举办了10期培训，共培训营销人员2200多人次，对其中参训人员发放了结业证书。另一方面，在昆明、西安、苏州、成都等南康籍家具经销人员聚集的城市举办培训活动，已培训1000多人次，社会和企业反响较好。

三是创办了《中部家具家居》内刊杂志。9月份，创办了《中部家具家居》内刊，暂定为季刊，发行量达5000份以上。杂志聘请了全国家具理论界权威人士作顾问，刊物对南康家具产业的发展有较强的指导性，得到各界人士认可。

四是加大异地商会和外埠商会的组建力度。推动了“西安、昆明、成都、苏州、香河”等异地商会的组建，加强了与异地商会的沟通交流。特别是通过商会的努力，在西安原点新城开办了“南康品牌家具直销中心”，增加了40多位南康家具经销商，推动了南康家具产业的发展。同时，批准建立了福建泉州、丰城、信丰、赣县、潭口等外埠商会，每个商会人数有100至500人。

〔**民族乡村发展工作**〕 一是打造赤土富裕和谐秀美乡村。以苏区振兴发展为统领，按照“五美四和谐”的要求，遵守“连片规划、整体推进、重点突破、彰显特色、镇村联动”的原则，着力打造示范线路和精品特色亮点、生态旅游走廊、文化旅游走廊、产业旅游走廊。重点打造的精品特色亮点有赤土虎岗畲乡秀美乡村暨农村危旧土坯房改造示范点、赤土虎岗家具创业小区、赤土花果园生态农庄等11个示范点。

二是注重政策扶持落实。认真落实市委、市政府《关于进一步加强新形势下民族宗教工作的若干意见》和市两办《贯彻落实〈关于进一步加强新形势下民族宗教工作的若干意见〉工作任务分解安排》文件精神，安排了20个单位对口支援赤土畲族乡，每个民族村安排2名市领导挂点、2个单位帮扶，每个村小组安排1名市领导挂点、1个单位帮扶。

三是加大项目资金扶持力度。赤土畲族乡以争资立项为突破口，把项目建设作为经济发展强大引擎，不断壮大经济总量。紧紧抓住省发改委对口支援赤土畲族乡的契机，积极申报项目，着力加大交通道路、水利设施、电力电网改造、教育卫生等方面的基础设施建设力度，较好的完善了公共服务等基础设施。

〔**宗教领域和谐稳定工作**〕 市宗教工作领导小组出台了《关于加强城区、校区、园区、景区宗教工作的意见》和《关于落实宗教工作基层网络建设工作的通知》。对“四区”宗教工作的原则目标、重点任务、体制机制和组织领导进行了明确。加强了基层宗教工作网络建设，健全和完善了“四级网络，三级责任制”工作机制。乡镇、街道成立了民族宗教事务所，各村、社区落实了宗教工作协管员，每个村小组都有宗教工作信息员,实现了全市所有乡、村、组宗教工作有人管事、有人做事。

〔**统战理论研究和信息宣传工作**〕 深入开展“同心·理论研究创新”活动,组织市直统战系统各单位人员、党外干部、乡镇统战委员撰写统战理论文章或调研报告,其中李干东同志撰写的《念好“紧箍咒”打破“保险箱”》在光华时报刊发、《发挥委员作用的有益探索》在《赣州政协》刊发。同时,积极撰写统战宣传信息,反映南康市统战工作动态,宣传统战工作新成就、新变化。

〔**领导班子名录**〕
部　长:李干东
副部长:赖朝荣
　　　　钟义元(兼市工商联党组书记)
　　　　张春林

老干部管理

〔**综述**〕 2013 年,南康市离退休干部总人数为 3633 人,离休干部 58 人,其中行政机关 19 人,事业单位 27 人,企业单位 12 人;退休干部 3575 人,其中行政机关 972 人,事业单位 2260 人,企业单位 343 人。离退休干部中副县级以上 68 人,其中担任过正副县级领导职务的 40 人。2013 年,南康市老干部工作以党的十八大精神为指导,以赣南苏区发展振兴为主线,紧紧围绕市委、市政府的工作大局,按照“全面做好离退休干部工作”的总体要求,切实加强离退休干部思想政治建设和党支部建设,全面落实离退休干部政治、生活待遇,进一步发挥离退休干部的积极作用,为南康的加快发展、转型发展献计出力,为实现中国梦做出应有贡献。从作风建设入手,狠抓干部职工素质教育,扎实推进了各项工作任务的完成。

〔**机构队伍**〕 市委老干部局内设机构 1 个:秘书科。下属股级事业单位 1 个:市老干部活动室。挂靠副科级单位 1 个:市关心下一代工作委员会办公室。2013 年共有编制 10 名,在编人员 9 人,局长 1 人,副局长 2 人(其中副局长兼关工委办主任 1 人),主任科员 1 人,科员 1 人,工勤人员 4 人,退休人员 2 人。

〔**落实老干部政策**〕 落实好老干部政治待遇。完善老干部工作制度,抓好老干部阅文、听报告、参加重要会议和重大活动、通报形势、参观考察等制度的落实。一是认真抓好阅文日学习。每月 26 日、27 日为老干部阅文学习日,为了保证老干部政治学习不走过场,制定了详细的学习计划,确定每月一主题,由老干部局领导担任主持人,集中学习十八大精神、中央“八项规定”、中国梦、整治“四风”、“红包”治理专项活动、向龚全珍同志学习等和市委市政府的重点工作和活动,让老干部及时了解国家形势、政策及经济、社会发展情况。二是邀请老干部参加重要会议、活动,征求老干部的建议和意见。如:党代会、人代会、政协会及其他重大会议活动,均邀请离退休干部代表参加,充分发挥老干部参政议政职能,共商全市发展大计。2013 年市委、市政府召开老干部座谈会、征求意见会共计 3 次,向老干部征求意见和建议有四方面内容共 40 多条。三是为老干部订阅了一份《老友》杂志,方便老干部自学,使老干部始终在思想上、行动上与各级组织保持一致,自觉做到政治坚定,思想常新,与时俱进。四是较好地执行了参观考察制度。对曾任副县级以上实职的老干部由市财政每人每年拨款 3600 元,由老干部根据身体状况自行确定参观考察地点、自由进行组合考察。组织市离退休老干总支党员参观考察了秀美乡村建设,组织老年大学学员到浮石、唐江、朱坊、横市和安远三百山等地参观学习。各乡镇(街道)、各单位也适时组织了离退休干部就地就近或外出参观考察。如:唐江镇支部组织老干部参观赣州新机场、五龙客家城和本市的城市建设。五是开展春节和端午节的走访慰问工作。根据市委的统一安排,对全市离休干部和副县级以上的退休干部进行了走访慰问。各乡镇(街道)、各单位也在春节前对老干部进行了走访慰问。六是做好老干部住院、去世探望工作。2013 年,老干部局代表市委、市政府看望生病住院的老干部 30 多人次,慰问去世老干部家属 7 人。七是做好了信访接待协调工作。建立了信访首问责任制和来信来访接待登记制度,实行谁接待谁督办、谁分管谁负责的责任追究制,做到及时办理、回复、反馈,协调督促有关部门、单位解决落实。2013 年共走访老干部 129 人,接待来访的老干部 53 人。为老干部康昕彧、朱生秀协调解决了多年未解决的拆迁未安置的问题。

落实好老干部生活待遇。完善三个机制。一是切实抓好中央、省、市各项老干部政策规定的落实到位。离休干部的离休费、护理费、交通费、取暖费、降温费、特需经费、公用活动经费均按政策规定落实到位。二是进一步落实和完善了离休干部“三个机制”和医药费保障机制的有效运转，及时加强与财政、人力资源和社会保障、卫生等相关部门的协调，解决好机制运行过程中出现的问题。财政拨款的机关事业单位离休干部发放离休干部医保卡，按规定实行实报实销。2013年按企业1.8万元/人·年，机关事业2.8万元/人·年的标准安排预算，但实际执行不足部分仍由财政追加资金解决。同时，根据离休干部的要求，在上级规定的医保目录基础上，增加其他正常用药近80种。退休干部的医药费按医保规定报销。三是建立了离退休干部共享经济社会发展成果机制。在出台生活性津补贴政策时，离休干部按在职干部的95%享受，全部由市财政负担，退休干部按在职干部的75%享受。四是进一步健全完善了特困离退休干部帮扶机制，对有特殊困难的离休干部给予特殊的关心照顾，帮助他们解决在生活、医疗等方面的实际困难和问题，2013年对困难离休干部进行了一次帮扶解困走访慰问，发放解困资金4.6万元。五是做好了提高离休干部护理费标准的协调落实工作。

〔**老干部思想政治工作**〕 注重政治学习，重点学习宣传十八大和十八届三中全会精神。十八大报告把老干部工作纳入党和国家事业发展总体部署，提出了“全面做好离退休干部工作”的要求。为深入学习宣传十八大和十八届三中全会精神，号召全市离退休干部认真学习宣传党的十八大和十八届三中全会精神，老干部局组织两个宣传指导组，深入各离退休干部党支部，指导学习宣传工作。全市离退休干部党支部结合自身特色，开展了形式多样的学习宣传活动。如：卫生系统支部开展了“四学、四看、四做”主题教育活动，即：“学习中国梦的内涵，看理想信念是否坚定，做实现中国梦的带头人；学习中央政治局‘八项规定’，看遵守纪律好不好，做遵纪守法的模范；学习党的章程，看组织观念强不强，做履行党员义务的模范；学习党的群众路线，看联系群众好不好，做帮扶困难群众的贴心人”，认真组织广大老干部学习党的十八大和十八届三中全会精神。唐江镇老干部党支部请镇党委书记做形势报告会，向老干部宣讲十八大的精神和中国梦的内涵。

注重思想工作。为加强离退休干部的思想政治工作，强化教育管理，老干部局领导和工作人员经常上门入户，及时了解老干部的思想情况和家庭生活情况，真心与老干部交流，沟通与老干部之间的感情，做深入细致的思想政治工作，耐心疏导教育，帮助解决问题，并做到“四知”：即知人、知门、知心、知情况，采取“四访”：一是对有思想疑虑的老干部进行回访，及时落实好帮导措施，帮其理顺情绪、更新观念、解开思想疙瘩，解决其现实困难；二是对身体状况较差、行动不便的老干部进行探访，交心谈心，帮助其克服困难，及时把老干部政策和市委、市政府的重大决策向他们传达；三是对身体较好的老干部采取不定期走访，督其积极参加政治学习，交流思想情况，了解思想动向和要求，做到老有所教，确保思想稳定；四是对事迹突出的老干部进行专访，推出典型，发挥老干部先锋模范的激励作用。

注重支部建设。一是继续在全市离退休干部党支部和老干部党员中开展了创先争优活动。引导老干部在赣南苏区振兴发展中创先争优，在支持当地党委政府工作大局中创先争优，在维护社会和谐稳定中创先争优。二是在全市离退休干部中开展了向龚全珍同志学习活动。三是在全市离退休干部中开展了“同心共筑中国梦”主题宣传活动。四是创新了工作方法，提升了离退休干部党支部建设水平。如：蓉江街道老干支部通过结对帮扶，关心关爱留守孩。卫生系统老干支部把隔代教育融入到创先争优中，有33名党员参加了隔代教育，教育影响了42名孙辈。市法院支部由审判经验丰富的老党员参与到速裁庭，为基层群众进行调解，大大节省了诉讼时间和费用。唐江镇老干支部通过开展“两个一”活动，即：为群众办一件好事实事，为党委政府献计献策一件。市工商局老干部支部建立了支委联系党员，党员联系离退休干部制度，通过联系制度，及时掌握老同志的动态情况向局领导和机关党委及时反映，有问题、有困难能得到及时解决。五是通过老干部党建带动老干部队伍的和谐稳定。全市离退休干部党支部以支部为平台，开展丰富多彩的文体活动和健身活动，为广大老干部提供老有所为、老有所乐的平台，有效地保持了老干部队伍的和谐稳定。

〔老干部活动〕 加强老干部活动阵地建设，丰富老同志文化娱乐活动。一是市、乡(单位)、村(社区)三级老干部活动场所不断得到扩展,软硬件设施条件逐步得到改善,管理服务水平稳步提高。全市形成了以老年宫为中心,遍布各乡镇(街道)、延伸至村(社区)的老年活动场所,较好地满足了老同志活动的需求。二是老干部文化娱乐活动丰富多彩,进一步推动了文化养老。元旦、五一、国庆、重阳等重要节日组织老干部开展了扑克、麻将等比赛活动。如:市老年体协活动开展频繁,开展了网球、气排球、门球、太极拳、象棋比赛活动,基本做到了月月有活动,季季有比赛。市老年书画协会举办了"我的中国梦"、"国土杯"和纪念毛泽东同志诞辰120周年书画展。三是市老年大学工作进一步得到巩固和发展,通过加强学校管理、完善规章制度、充实教学内容、改进教学方法等措施,进一步规范了市老年大学各项工作。2013年开展校园文化建设得到了上级的肯定。2013年招收学员480名,开设了书法、摄影、绘画、声乐、民乐、戏曲、电脑、保健、诗词、舞蹈等10个课程15个班,同时，成功举办了第四届运动会和一年一度的文艺演出。

发挥离退休干部的积极作用。一是激励和引导广大离退休干部一如既往地关心和支持各级党委、政府的工作,义务担任"宣传员"、"协调员"、"联络员"、"辅导员"，在宣传党的路线、方针、政策,加强党的建设,落实科学发展观,普及科学、移风易俗、计划生育、构建和谐社会、关心教育下一代、环境保护、城市建设、兴办公益事业等工作中作出新贡献。二是引导离退休干部广泛开展建言献策、专业指导、政策咨询、科学研究、技术服务,积极参与创建文明城市、文明社区、文明村镇、文明家庭等活动,开展群众性思想政治工作,反映社情民意,协助党和政府做好统筹协调各方关系、妥善处理社会矛盾的工作,促进社会和谐。2013年,市委成立了南康市重大项目建设老干部督导组,由黎德辛等3位德高望重的老领导组成，对秀美乡村项目、东山北路贯通工程、市妇幼保健院新院建设项目、市体育公园建设项目和其他重大项目进行督导检查。充分发挥了老干部的智慧优势、经验优势,确保了重点项目的顺利推进。三是充分发挥离退休干部党支部、老年体协、关工委、老年大学、老科技工作者协会等老年群团组织的作用,在加强思想政治工作、开展专题调研、丰富精神文化生活、倡导文明新风、关心下一代、开展各项活动等方面发挥积极作用。市老科协依据自身优势,开展了送科技下乡活动和建言献策活动。

〔关心下一代工作〕一是抓领导班子建设，夯实了关心下一代工作基础。市(县)级关工委领导班子强,队伍齐,建立了"关爱"报告团、普法宣讲团、网吧义务管理联络员等3支队伍。基层关工委组织的覆盖面不断扩大。2013年全市20个乡(镇、街道)278个行政村,20个社区,348所中小学都建立了关工委组织,覆盖率达100%,并及时调整充实了领导班子,做到了"四有"(有班子、有队伍、有制度、有活动)。二是抓骨干队伍建设,充分发挥"五老"作用。各级关工委通过多种形式,广泛动员"五老"，特别是动员刚从岗位上退下来，身体较好、能力较强、经验丰富又热心下一代事业的教师参与关心下一代工作,逐步建立起报告团、普法宣讲团、网吧义务管理联络员等骨干队伍。广大"五老"围绕社会主义核心价值体系这条主线,突出感恩、励志、礼仪、普法和家教"五个重点",通过"关爱明天、普法先行""学雷锋""振兴苏区发展"等主题,引导教育下一代,树立远大理想,立志报效祖国,争做社会主义事业的优秀接班人。如:市关爱报告团根据各个成员的特长,划分了五个宣讲组,即:中学宣讲组、小学宣讲组、法制宣讲组、家教宣讲组和协调联络组,以"一条主线一个梦、两个重点一张网" 为主题入校宣讲,2013年共宣讲24场,受教育人数达15630人次。全市参加宣讲教育的"关爱"报告团22个、普法宣讲团27个、普法宣讲团聘请法制副校长157人,全市参与"五老"人数1726人。三是抓工作制度建设,保障关心下一代工作有序开展。市关工委积极探索建立和完善长效机制,始终把制度建设放在首要位置。在全市关工委组织建立了《学习制度》、《工作制度》、《请示汇报制度》、《例会制度》、《交流协调制度》和《关心下一代工作网络图》等制度,并规范上墙。通过制度的落实和工作机制的完善，保障工作的有序开展。四是抓主题活动开展,丰富关心下一代工作的载体。继续开展了"关爱明天、普法先行"活动。聘请了157名法制副校长，创建"零犯罪" 学校126所,"零犯罪"社区5个。开展了"学雷锋、心向党、讲品德、见行动"主题教育活动。各级关工委根据自身实际，开展了形式多样的主题活动，进一步丰富了关工工作的形式和内容。如：蓉江关工委充分利用辖区单位、辖区各类人才多的优势，积极开展与辖区单位共驻共建活动，创新思路，积极开展形式多样的教育活动，开展了“荣辱在我心中，劳动最光荣”演讲比赛和“拒绝诱惑、远离网吧”千人签名活动。唐江镇关工委开展了老少携手心连心活动。从小培养幼儿对上辈的亲切感、亲情感，使心灵的花蕾得到充分绽放。此外，市关工委联合赣州电视台少儿频道《七彩欢乐园》、赣州红孩子电视艺术团、南康悠悠宝贝专业儿童摄影举办了“悠悠杯”欢乐夏季红动全城少儿明星征集赛，展示了南康少儿的才艺，并对优秀少儿选手进行了颁奖。五是抓特色创新工作，探索关心下一代工作的新路子。充实加强了网吧义务管理联络员队伍。关工工作进民营企业取得了新突破。关注青少年的健康成长，继续做好“留守孩”的工作。全市各级关工委通过“校外教育辅导站”、“假日学校”关心、关爱留守孩，丰富他们的课余生活。如：南康籍爱心人士何建生创办“康和园关爱中心”，2013 年接收了 22 名父母双亡、离异的学生，提供食宿、学习辅导和安全教育。提高青少年的安全防范意识。2013 年暑假前，市关工委下发了《关于协助做好暑期学生安全的通知》，要求全市关工委开展暑期安全教育，防范孩子溺水。各基层关工委根据自身特点，不断探索新方法，做好关心下一代工作。如：蓉江街道的“村企共建”，实行“组织联建、发展联动、公益联做、事务联办”的“四联”模式，把关心下一代工作和企业的发展融合起来。镜坝镇的“校企共建”，通过企业对学校献爱心，对贫困生和留守孩进行结对帮扶，学校对企业的外地务工人员子女入学实行和当地孩子一样的入学条件，学校和企业相互支持。企业对学校的捐助达 30 多万元，学校吸收广西、重庆、贵州、四川等地的务工子女入学 200 多人。此项活动引起了《江西日报》、《信息日报》、《赣南日报》和赣州电视台等新闻媒体的跟踪报道。唐江镇校企共建促关工，富龙皇冠实业有限公司为西坑小学捐赠了办公设备一套、为全体学生捐了书包一个、雨伞一把；江西升伟家具实业有限公司为竹下小学捐赠了两张乒乓球桌、200 套课桌椅，价值 6 万多元。六是各级关工委组织协调社会力量资助学生 897 人，特别值得一提的是南康市充分利用百家姓和谐城这个平台，各姓建立教育基金会，用于奖励品学兼优学生和帮扶贫困学生，基金总和已达 550 万元以上。

〔**领导班子名录**〕
局　长：钟圣源
副局长：李仲秋
古林生（兼关工委办主任）

党校工作

〔**综述**〕2013 年，南康市委党校在市委、市政府的正确领导下，在赣州市委党校的关心指导下，根据《中国共产党党校工作条例》的规定，紧贴南康市经济社会发展的工作大局，围绕市委、市政府的总体思路和工作部署，认真落实党校姓党的要求，以进一步提高全市党员干部综合能力素质为目标，充分发挥党校在干部教育培训中的主阵地、主渠道作用，有针对性地开展了一系列教育培训工作，为促进全市经济社会又好又快发展作出了积极的贡献。

〔**机构队伍**〕党校为市委直属工作部门，属正科级事业单位，实行校务委员会领导体制。由市委副书记兼任党校校长，常务副校长主持日常工作。下设办公室、教务处、函大辅导站、总务处等四个处室机构。全校编制 25 人，实有人员 21 人，其中干部 18 人、工人 3 人。隶属市委党校的“南康市职工培训学校”编制 5 人，现有教师 5 人。

〔**党员干部培训**〕党员干部培训是党校工作的核心。2013 年，党校积极发挥党员干部培训主阵地作用，努力办好各类主体班次培训。一是集中精力办好主体班次培训班，强化主体意识，积极推进干部培训、轮训工作的开展。举办主体班次培训 3 期，其中“一村一名入党积极分子”培训班 1 期 278 人次；村支部书记培训班 2 期共 279 人次。二是高度重视理论宣传和宣讲工作。2013 年派出 6 名骨干教师深入乡镇（社区）重点宣讲了党的十八大、十八届三中全会、习近平总书记一系列重要讲话以及省委十三届七次全会、市委五届六次全会精神，培训人员达 2600 多人次。三是积极办好各种专业培训班。2013 年市委党校举办业务骨干培训班 4 期。其中举办全市专业技术人员继续教育培训班3期,培训专业技术人员423人;与市直机关工委共同举办市直机关党务干部培训班1期,培训干部230多人。

〔学历教育〕 一是继续努力做大做强电大开放教育。不断扩大招生规模,同时扎实做好在校电大学员的教学和管理工作。2013年共招收"一村一名大学生"63名、电大开放教育学员95名,现有在校电大学员357名。二是着重抓好南康奥鹏学习中心网络教育。2013年共招收中国医科大学、中国地质大学、东北师范大学网络教育学院学员91名,现有在校学员291名。

〔其他成人教育〕 发挥"南康市职工培训学校"的培训作用,做好在职干部职工的培训工作,培训专业技术人员423人,老年大学学员56人。

〔教学科研工作〕 2013年,党校把理论研究的重点放在经济建设与社会发展的热点、难点和焦点问题上,紧紧围绕市委、市政府中心工作,创新管理机制,不断提高教学质量和科研水平,发挥党校"思想库"的作用。一是学习和借鉴沿海发达地区的办学经验,从各级党校、高等院校选择政治素质较高、理论水平较强,热心干部教育的20多名优秀师资,纳入党校师资信息库,优化师资队伍结构,提高干部教育成效。二是创新管理机制,加强师资培训,继续在校内开展"打造精品课"活动,围绕本市经济社会发展和干部培训的需要,教学专题的更新率达70%以上。三是在科研方面,制定了详细的管理制度,严格考核,坚持重奖科研成果。刘小平撰写的论文《感而化之、顺其自然、学而明人伦—论〈淮南子〉的德育方法》发表在国家级刊物《中国科教创新导刊》2013年第36期;肖跃龙撰写的论文《挂靠企业法律问题分析》发表在省级刊物《美与时代·城市》2013年第六期;丁峰撰写的论文《建设社会主义新农村的几点思考》、《加强党风廉政建设的重要性》、《浅议当前社会管理的现状、问题及其对策》分别发表在省级刊物《新农村》2013年第11期、《西江月》2013年第32期和《劳动保障世界》2013年第11期。

〔参加市委中心工作〕 树立大局意识,把精力凝聚到市委市政府中心工作上。一是强化领导责任,认真抓好党风廉政建设工作。严格执行中央八项规定,进一步加强对领导干部的教育和管理,规范领导干部的工作行为。二是服务基层,认真抓好"三送"工作。2013年市委党校选派了3名驻点干部和13名非驻点干部在坪市乡坪市村、大路坪村和镜口村抓"三送"工作。"三送"队员充分发挥党校的理论宣传作用,深入宣讲党的十八大和十八届三中全会精神,扎实有效地开展"三送"活动各项工作,得到了基层干部群众的一致好评。三是大力开展招商引资。积极开展招商和安商活动,全力抓好市重点企业服务工作,挂点服务的江西维平创业家具有限公司被评为2013年"全国实木家具品牌示范区骨干企业"。

〔领导班子名录〕
校　长:廖　琦(市委副书记兼)(　　~2013.3)
常务副校长:陈　健
副校长:钟一平
　　　　黄名生

对台工作

〔综述〕 2013年,台办在市委、市政府和上级主管部门的领导下,坚持以邓小平理论、"三个代表"重要思想为指导,深入贯彻落实科学发展观,按照中央对台工作方针政策,围绕南康市"主动融入都市区,提速提质促发展,千方百计惠民生,真抓实干兴南康"工作目标,解放思想,结合实际,纵深推进全市对台工作,为南康经济社会平稳发展发挥了积极的作用。

一年来,台办共寄发了180多份宣传资料给台胞台商。内容包括《南康招商引资项目》、《南康年鉴》、《南康文艺》、《南康家具》、《南康乡情》等,介绍南康市改革发展变化,介绍南康市良好的软硬环境和南康市取得的经济建设成就。

8月12~15日2013年第六届海峡两岸客家高峰论坛和第十一届赣台经贸文化合作交流大会召开,以市委徐兵书记为团长的代表团参加了在赣州锦江国际酒店召开的研讨会及论坛。台办还与商务局精心组织筹备,把南康市具有资源优势的项目向与会台商推荐,并热情邀请台商来参观考察。同时按照上级台办的要求,认真做好邀请4家台资企业参会工作。

6月，台办在走访台资企业期间了解到侨宏渔具(赣州)有限公司经理何进传先生反映在金石工业小区门口人行道设点招工，被龙岭城管大队11中队违规执法一事，台办迅速与龙岭工业区和市城市管理局联系，经过调解协调，事情得到圆满解决。

10月25日，台办还应邀参加了赣州市台资企业协会在赣州海景国际大酒店举行的“赣州市台湾同胞投资企业协会第四、第五届理监事会就职典礼”联谊活动，通过活动，沟通了感情，促进了友谊。

2013年，南康市台资企业共有7家。

〔机构队伍〕 2013年，中共南康市委台湾工作办公室共有3人(其中主任、副主任、科员各一名)。

〔联络接待〕 4月4日，台办与统战部组织了回康祭祖探亲的“台北市江西南康市同乡会”成员一行12人参观南康市政建设。“同乡会”会长阳纯诸先生一行在南康市政协副主席、统战部部长李干东的陪同下，先后参观了南康中学、南山森林公园中的百家姓和谐城及生佛寺，弘泰家具产业基地以及国际家具城。

中秋节期间，台办还走访慰问了台胞台属12人，其中定居台胞1人，召开了台胞台属座谈会1次。通过走访交流，增强了台胞台属们对和平统一的认同感和对祖国的向心力。

2013年，台办共接待台胞台商156人次。其中团组5个，协助48人次的台属办理赴台探亲探病领取遗产手续。

2013年台办共受理台胞台属31件信访案件，都得到妥善处理，做到事事有回声，件件有着落，受到了台胞台属的好评，有力地维护了社会稳定。

〔对台宣传〕 一是认真组织学习中央领导在对台方面的讲话精神和《中国台湾问题》等系列业务知识读本。二是台办在抓好向涉台新闻媒体供稿的同时还非常着重入岛宣传，台办继续编印好反映南康市经济建设成就和发展动态的《南康乡情》，并利用清明节期间分发给了38名台胞。三是组织向《江西对台工作》等媒体刊物发稿10篇，用稿1篇。向《南康同乡会会刊》供稿65篇(章)，用稿30篇，图片20张。征订《台湾工作通讯》杂志20份，《两岸关系》5份，完成了上级台办交办的任务。三是整理了一些反映南康市经济建设成就的宣传资料发放给台胞，进行了面对面的宣传，增进了友情，加强了了解。

〔台胞捐赠〕 2013年，超越电子有限公司在南康大坪乡大坪中学发放6000元人民币奖学金，赠送该校两张乒乓球桌和一副篮球架等体育设施，共价值一万多元人民币。

〔领导班子名录〕

主　任：叶美焱

副主任：罗志华

党史工作

〔综述〕 2013年，党史办紧紧围绕市委、市政府“主动融入都市区，提速提质促发展，千方百计惠民生，真抓实干兴南康”发展路径，按照党史工作“三个面向”、“三个服务”的工作方针，充分发挥党史工作“资政育人”的职能作用，在党史资料征集、党史宣传教育、党史研究成果转化方面，辛勤耕耘，扎实工作。2013年，评为江西省党史系统党史宣传教育先进集体、赣州市党史工作先进单位。

〔机构队伍〕 2013年，南康市委党史工作办公室有工作人员3人(其中主任1名，副主任1名，见习生1名)。

〔党史资料征集工作〕 1.继续抓好党史大事记的记载、编写、上报工作，根据上级业务部门的要求，党史办完成2012年南康党史大事记，约3万字。

2. 开展离退休老同志个人留存资料征集工作。根据省委有关文件精神，党史办与老干部局联合印发了《关于征集离退休老同志个人留存资料实施方案》。

3.积极做好《龙回苏区史》资料征集工作。

4.征集完善《辉煌南康——纪念中国共产党成立九十一周年》大型画册的资料。

〔党史编辑工作〕 1.配合南康市落实国家支持赣南等原中央苏区振兴发展工作和南康市扶贫工

作,筹备编辑《红土地——南康市贫困现状纪实》。

2. 抓好建国后各时期党史专题的编撰工作,党史专题工作是编撰地方史的前提工作,这项工作开展以来,已完成48个各类专题,约48万字。

3.积极筹备和编辑《中国共产党南康历史(第一卷)》、《龙回苏区史》。

(三)党史研究成果转化

编辑出版了《辉煌南康——纪念中国共产党成立九十一周年》大型画册。画册全面展示了改革开放以来,尤其是近10年来,南康的经济建设和社会发展的突出成就。

〔党史宣传教育〕 1. 为纪念毛泽东诞辰120周年,中共南康市委办公室转发《市委宣传部、市委党史办关于毛泽东同志诞辰120周年纪念活动方案》。根据该文件精神,党史办开展了学进社区、进学校活动。

2.征订2013年度《党史文苑》151份,完成任务,达到了扩大党史宣传教育的目的。

3.协助武装部完成红色历史文化资源概览。

4.配合南康市委组织部编辑《中国梦——南康市英雄人物事迹》。

5.与文广局博物馆合作完善陈赞贤烈士纪念馆建设。

6.协助发行新时期模范共产党员《杨善州》电影票2000张。

〔领导班子名录〕

主　任:江宗金

副主任:王义桂

市直机关党的工作

〔综述〕 2013年,市直工委下辖直属支部(总支)共76个,其中总支18个,所辖党员1895人。2月12日市委《关于贯彻〈中国共产党党和国家机关基层组织工作条例〉的实施意见》出台理顺关系后,将市公安局等12个设立党委的市直(驻市)单位机关党组织关系调整为隶属为市直机关工委管理,党员人数增加到5182人。

〔机构队伍〕 市直工委现有编制6个,在职人员3人。

〔贯彻落实《实施意见》〕 2013年2月21日以康发〔2013〕1号文件印发《中共南康市委关于贯彻〈中国共产党党和国家机关基层组织工作条例〉的实施意见》,按照全省机关党的建设工作会议的要求,一是优化和理顺市直机关党组织隶属关系,将市公安局等12个设立党委的市直(驻市)单位的机关党组织关系调整隶属为市直机关工委管理。市直工委直属机关党支部(总支)75个,党员总计达5182人。二是设立了市直机关党员教育培训中心。2013年8月16日批复成立市直机关党员教育培训中心,为工委下属股级全额拨款事业单位,核定全额拨款事业编制3名、股级领导职数1名,其主要职责为负责市直属机关的党员教育培训工作。三是按照机关工委所辖党员数按标准保证工作经费及党员教育经费,保障了工委各项工作的正常运转。

〔思想建设〕 1. 学习贯彻十八大精神系列活动。组织各机关单位党员干部认真学习宣传贯彻党的十八大报告和党章,学习习近平总书记一系列重要讲话,突出抓好理想信念教育、党性教育、"中国梦"教育。加强舆论引导,强化全市机关党建网作用,营造学习宣传贯彻十八大精神的浓厚氛围。2.继续推进"学习型"机关创建活动,按照"加强学习型党组织建设,机关站前头"的要求贯彻落实《实施意见》,继续大力推进市直机关学习型党组织建设。始终把建设学习型机关党组织作为机关党建的一项战略任务,不断提高党员干部的思想政治素质。结合学习贯彻落实十八大及三中全会精神,进一步提高机关党的建设工作,于11月份举办全市市直机关党务干部培训班,不断提升机关党员干部综合素质,增强服务科学发展的能力和水平。

〔组织建设〕 抓好支部换届改选工作和新支部的组建工作。新组建市食品药品监督管理局总支,成立了南康市效权平价大药房连锁有限公司支部,为开展好党组织活动和更好地发挥党员的先锋模范作用奠定完备的组织基础。推进基层党组织按期换届,保障党员民主权利的正常行使。结合基层组织建设年工作要求,严格和规范市直机关基层党组织的换届工作,2013年换届的基层党组织有15个。解决了部分单位长期没有改选换届的现状,保障党员的选举权和被选举权,充实党的基层组织，始终保持基层党组织的生机和活力。积极开展党员干部教育培训工作。组织各支部采取中心组领学、个人自学、“三会一课”、专家辅导、培训办班、在线学习、研讨交流、知识竞赛等方式，带领各机关总支、支部（党工委）抓好机关党员干部和党务干部培训。

〔**队伍建设**〕 着力开展党员“先锋创绩”、“党员示范岗（窗口）”和“党员明星（先锋）岗”活动。立足岗位创先争优，提高机关党员干部的理解力、执行力和操作力，为机关党员干部在推进赣南苏区振兴发展宏伟大业中建功立业搭建平台。

认真抓好发展党员工作，严格按照发展党员的“十六字”方针，坚持发展新党员的培训、考察、谈话、公示的要求，把好审核、审批关，重点在生产、工作一线和青年、妇女、高知识分子中发展党员，努力保证新发展党员的质量，使机关党员结构日趋合理。举办了市直机关入党积极分子培训班。共有一百多名先进青年接受了为期五天的系统培训。全年共审批吸收23名预备党员，审批25名预备党员转正。

〔**作风建设**〕 1.开展以“三抓三提三着力”为主要内容的“围绕赣南苏区振兴发展建新功，推动跨越式发展作贡献”主题活动。“三抓三提三着力”即：抓学习宣讲，提振精气神，着力在推进赣南苏区振兴发展中当先锋；抓对接转化，提升工作效能，着力在推进赣南苏区发展中建新功；抓项目落地，提高执行力度，着力在推进赣南苏区振兴发展中作贡献。2.开展党员“先锋创绩”、“党员示范岗（窗口）”和“党员明星（先锋）岗”活动。立足岗位创先争优，提高机关党员干部的理解力、执行力和操作力，为机关党员干部在推进赣南苏区振兴发展宏伟大业中建功立业搭建平台。3.开展“三治三提”活动。开展了以“治庸治懒治散作表率，提速提质提效当先锋”为主题的“三治三提”活动。活动有效地加快了政府职能转变，加强了政务服务工作，优化了办事流程，简化办事环节，落实了行政审批“两集中、两到位”改革，开展服务受理“零推诿”、服务方式“零距离”、服务质量“零差错”、服务结果“零投诉”的窗口单位“四零”服务竞赛活动，不断提高服务质量和水平。

〔**制度建设**〕 1、积极开展创先争优工作。以机关党建“建制夯基”年为契机，抓好机关党建制度化、规范化和项目化建设，推进落实基层党组织晋位升级、党员“先锋创绩”承诺践诺工作。严格党内组织生活，坚持“三会一课”制度，领导干部带头参加双重组织生活。制订了《南康市直机关发展党员工作制度》，规范发展党员程序，严格落实发展党员工作责任，确保发展党员质量。2、坚持了党费收缴制度。坚持了党员管理、党员学习等各种长效机制，充分发挥了党支部的战斗堡垒作用和党员的先锋模范作用。

〔**“三送”工作**〕 积极开展“三送三比三看”活动。市直工委挂点蓉江街办西街居委会，为西街办好事实事5件，其中疏通下水沟近200米，翻修臭水沟道50多米，为居民营造清洁优美的居住环境，联系南康新华医院为西街居民免费体检，赢得居民好评。

〔**领导班子名录**〕

书　记：王礼伟

副书记：刘红萍（女）

2013年3月13日下午，广东省委政研室调研组一行来南康市调研。

南康市人大常委会

综　述

2013 年,市人大常委会在中共南康市委的正确领导下,以邓小平理论、“三个代表”重要思想、科学发展观为指导,深入贯彻落实党的十八大、十八届三中全会和习近平总书记系列重要讲话精神,以及省委十三届七次全会、赣州市委四届四次全体(扩大)会议和市委五届六次全体(扩大)会议精神,紧紧围绕“主动融入都市区,提速提质促发展,千方百计惠民生,真抓实干兴南康”发展路径,坚持党的领导、人民当家作主、依法治国有机统一,积极服务全市工作大局,依法履职,扎实工作,为加快南康市社会主义民主法制建设,不断开创南康振兴发展新局面,努力把南康建设成为赣州都市区核心增长极和宜居宜业的活力新城,与全国同步全面建成小康社会作出了积极贡献。

机构队伍

2013 年,市五届人大常委会共有代表 261 名,常委会组成人员 25 名。

市人大机关内设机构有 6 个,分别是人大常委会办公室、选举任免联络工作委员会、内务司法工作委员会、教科文卫工作委员会、财政经济工作委员会、农业农村工作委员会,均为正科级工作机构。

市人大常委会机关定编 24 人(不含常委会主任、副主任,其中行政编 24 人)。年末,机关实有在编工作人员 29 人(其中:国家干部 26 人,工勤人员 3 人),其中常委会主任 1 人,副主任 6 人(其中有 1 名不占编的兼职常委会副主任),副处级干部 2 人,副县级干部 1 人。

重要会议

〔市五届人大四次会议〕 2013 年 1 月 17 日~2013 年 1 月 19 日,南康市第五届人民代表大会第四次会议在市文化艺术中心召开。

大会听取和审议了南康市人民政府市长柯岩松所作的市人民政府工作报告;审议了关于市 2012 年国民经济和社会发展计划执行情况与 2013 年计划的报告(书面)、关于市 2012 年财政预算执行情况的报告及 2013 年财政预算草案的报告(书面);听取和审议南康市人大常委会主任韩水生所作的市人大常委会工作报告、市人民法院院长黄亚珍所作的市人民法院工作报告、市人民检察院检察长马维新所作的市人民检察院工作报告;听取和审查议案审查委员会主任委员谢业雄所作的关于代表议案及建议处理意见的报告。

大会经举手表决,通过了关于政府工作报告的决议;通过了关于市 2012 年国民经济和社会发展计划执行情况与 2013 年计划的决议;通过了关于市 2012 年财政预算执行情况的报告及 2013 年财政预算草案的决议；通过了关于市人大常委会工作报告的决议；通过了关于南康市人民法院工作报告的决议；通过了关于南康市人民检察院工作报告的决议。

大会还对2012年度人大工作先进单位、先进个人,2012年度代表建议先进承办单位、先进承办个人、优秀代表建议进行了表彰。

〔**市五届人大常委会第八次会议**〕 2013年1月10日,市人大常委会主任韩水生主持召开了市五届人大常委会第八次会议，市人大常委会副主任谢业雄、施明生、张晓良、李大庆、刘小玉、吴健出席了会议。会议应到25人,实到25人,符合法定人数。市委常委、市政府副市长宋英,市政协副主席李旭,市人大常委会正处级干部陈冬生、副处级干部钟炳东、副县级干部高真泉、副处级干部林豪煜、副县级干部卢何生,市检察院检察长马维新,市法院、市政府办、市财政局、市发改委有关负责同志,市人大常委会非组成人员的各工委(办)有关负责人,及市人大代表、凤岗镇人大副主席王华人,市人大代表、龙华乡人大副主席钟运滨等同志列席了会议。

1.会议组织学习了赣州市四届人大三次会议精神。

2. 会议听取了市政府关于2012年市本级财政超收收入及新增财力安排支出情况的报告。

3.会议研究作出了召开市五届人大四次会议的决定。

4.会议审议了市五届人大四次会议六个报告及其他有关会议材料。

〔**市五届人大常委会第九次会议**〕 2013年2月22日,市人大常委会主任韩水生主持召开了市五届人大常委会第九次会议，市人大常委会副主任谢业雄、施明生、李大庆、刘小玉、吴健出席了会议。会议应到25人,实到23人,符合法定人数。市委常委、市政府常务副市长杨晓斌,市政协副主席李旭,市人大常委会副处级干部钟炳东、林豪煜,市人大常委会副县级干部卢何生，市检察院检察长马维新,市法院、市政府办有关负责同志,市人大常委会非组成人员的各工委(办)有关负责人,及浮石乡党委副书记、纪委书记、市人大代表何新民,横寨乡党委组织委员、市人大代表李泽华等同志列席了会议。

1.会议传达学习了习近平总书记在新进中央委员会的委员、候补委员学习贯彻党的十八大精神研讨班开班式上的重要讲话和在第十八届中央纪律检查委员会第二次全体会议上的重要讲话。

2.会议传达了江西省第十二届人大一次会议精神。

3.会议依法补选了曾建生同志为赣州市第四届人民代表大会代表，并报赣州市人大常委会代表资格审查委员会审查确认。

4.会议通过了人事任免事项。

免去：

陈启华同志的市人民法院民一庭副庭长职务。

任命：

邱旭林同志为市人民法院审判监督庭副庭长；

赖新民同志为市人民法院民一庭副庭长；

方代昌同志为市人民检察院检察员。

〔**市五届人大常委会第十次会议**〕 2013年5月10日,市人大常委会主任韩水生主持召开了市五届人大常委会第十次会议，市人大常委会副主任谢业雄、施明生、张晓良、刘小玉出席了会议。会议第一阶段由韩水生主持,第二阶段由张晓良主持。会议应到25人,实到22人,符合法定人数。市政府副市长黄菊兰，市人大常委会副处级干部林豪煜、副县级干部卢何生,市法院、市检察院有关负责同志,市人大常委会非组成人员的各工委(办)有关负责人,及十八塘乡人大专职副主席、市人大代表董世荣,麻双乡人大专职副主席、市人大代表李志彪列席了会议，部分政法组市人大代表列席第二阶段会议。

1.会议传达学习了传达省十二届人大二次会议精神。

2.会议宣读了《南康市人大常委会2013年工作要点》。

3.会议宣读了市人大常委会办公室《关于将在康赣州市四届人大代表及南康市五届人大代表分成若干活动组的通知》。

4.会议听取了市人大常委会调研组关于全市义务教育阶段农村薄弱学校办学情况的专题调研报告。

5.会议组织学习了《中华人民共和国刑事诉讼法》,市人大常委会副处级干部林豪煜为常委会组成人员及部分政法组人大代表讲授了刑事诉讼法2012年修正案。

〔市五届人大常委会第十一次会议〕 2013年7月30日,市人大常委会主任韩水生主持召开了市五届人大常委会第十一次会议,市人大常委会副主任谢业雄、施明生、张晓良、李大庆、刘小玉、吴健出席了会议。会议应到25人,实到24人,符合法定人数。市政府副市长刘晓方,市政协副主席李旭,市人大常委会正处级干部陈冬生,副处级干部林豪煜,市政府办、市法院、市检察院、市发改委、市财政局、市民政局、市水利局、市环保局有关负责人,市人大常委会非组成人员的各工委(办)有关负责人,横市镇组织委员、市人大代表张欣,大坪乡组织委员、市人大代表谢莉,以及政法组部分市人大代表列席会议。

1.会议传达学习了强卫在省委十三届七次全体(扩大)会议上的重要讲话精神。

2.会议听取了市人大常委会调研组关于对章江南康流域水质保护工作的专题调研报告。

3.会议听取了市人大常委会调研组关于对全市劳动就业工作的专题调研报告。

4. 会议听取和审议了南康市2013年上半年国民经济和社会发展计划执行情况的报告。

5. 会议听取和审议了关于南康市2013年上半年财政预算执行情况的报告。

6.会议听取和审议了市人民政府关于民政工作的专项报告。

7.会议通报了《南康市人大常委会关于对东山北路等城区主要道路贯通工程视察情况的报告》。

〔市五届人大常委会第十二次会议〕 2013年9月12日,市人大常委会主任韩水生主持召开了市五届人大常委会第十二次会议,市人大常委会副主任谢业雄、施明生、张晓良、李大庆、刘小玉、吴健出席了会议。会议应到25人,实到24人,符合法定人数。市政府副市长黄菊兰,市政协副主席李旭,市人大常委会正处级干部陈冬生,副处级干部钟炳东、林豪煜,市法院、市检察院、市政府办、市财政局、市审计局有关负责人,市人大常委会非组成人员的各工委(办)有关负责人及市人大代表、隆木乡党委组织委员钟利,市人大代表、坪市乡党委组织委员李晓明等列席了会议。

1.会议通过了人事任免事项。

会议通过:

依法接受杨晓斌、宋英辞去南康市人民政府副市长职务,并报市人大五届五次会议备案;

决定任命:

钟旭辉、赖联春同志为南康市人民政府副市长。

2. 会议听取和审议了市人民政府关于2012年市级财政决算情况的报告和审计工作报告,审查了2012年市级财政决算,并作出了相关决议。

〔市五届人大常委会第十三次会议〕 2013年9月13日,市人大常委会主任韩水生主持召开了市五届人大常委会第十三次会议,市人大常委会副主任谢业雄、施明生、张晓良、李大庆、刘小玉、吴健出席了会议。会议应到25人,实到24人,符合法定人数。市政府副市长黄菊兰,市政协副主席李旭,市人大常委会正处级干部陈冬生,副处级干部钟炳东、林豪煜,市检察院检察长马维新,市法院、市政府办、市卫生局有关负责人,市人大常委会非组成人员的各工委(办)有关负责人及市人大代表、龙回镇人大副主席曾宪有等同志列席了会议。

1.会议通过了人事任免事项。

决定免去:

刘晓方同志的南康市人民政府副市长职务;

决定任命:

熊悍同志为南康市人民政府副市长。

2.会议听取了市人大常委会关于全市城区医疗机构资源整合情况的视察报告。

3.会议举行了《中华人民共和国大气污染防治法》专题讲座。

〔市五届人大常委会第十四次会议〕 2013年11月19日,市人大常委会主任韩水生主持召开了市五届人大常委会第十四次会议,市人大常委会副主任谢业雄、施明生、张晓良、李大庆、吴健出席了会议。会议应到25人,实到23人,符合法定人数。市政府副市长邓晓楠,市政协副主席李旭,市人大常委会正处级干部陈冬生、副处级干部林豪煜,市法院院长黄亚珍,市检察院、市政府办、市城市管理局、市交通运输局、市城市管理行政执法局、市市场物业管理局、市公安局、市公安交管大队、市环保局、市环卫所、南水开发办有关负责人，市人大常委会非组成人员的各工委（办）有关负责人，市人大代表、蓉江街道人大联络办副主任陈渊贵，市人大代表、东山街道人大联络办副主任卢和池，以及部分参加城区治脏治乱治堵工作调研的人大代表列席了会议。

1.会议通过了人事任免事项。

会议通过：

依法接受肖志东同志辞去市人民政府副市长职务，并报市五届人民代表大会第五次会议备案。

决定任命：

朱国英同志为市人民政府副市长。

2.会议听取和审议了市人民政府关于城区治脏治乱治堵工作专项报告，并开展专题询问。

〔**市五届人大常委会第十五次会议**〕 2013年12月13日，市人大常委会主任韩水生主持召开了市五届人大常委会第十五次会议，市人大常委会副主任谢业雄、施明生、李大庆、刘小玉、吴健出席了会议。会议应到25人，实到21人，符合法定人数。市委常委、市政府副市长赖联春，市政协副主席李旭，市人大常委会正处级干部陈冬生，市人大常委会副处级干部钟炳东、林豪煜，市法院院长黄亚珍，市检察院、市政府办、市振兴办、市扶贫和移民办、市农工部、市财政局有关负责，市人大常委会非组成人员的各工委（办）有关负责人，及市人大代表、镜坝镇人大副主席李巧明，市人大代表、横寨乡党委组织委员李泽华等同志列席了会议。

1.会议听取了市人民政府关于贯彻落实国务院《若干意见》情况的报告。

2.会议听取了市人民政府关于落实罗霄山片区区域发展与扶贫攻坚规划实施情况的报告。

3.会议听取了听取市人民政府关于全市农村危旧土坯房改造项目资金归集、管理和使用情况的专项报告。

4. 会议听取了听取市人民政府关于2013年市本级财政超收收入及新增财力安排支出情况的报告。

5.会议通过了人事任免事项。

会议通过：

依法接受柯岩松同志辞去市人民政府市长职务，并报市五届人民代表大会第五次会议备案。

决定任命：

何善锦同志为市人民政府副市长，代理市长职务。

任命：

王四珠同志为市人民法院审判员、横市人民法庭副庭长；

胥　宁同志为市人民法院审判员、刑事审判庭副庭长；

李金峰同志为市人民法院审判员。

人大主要工作

〔**法律监督**〕 2013年，市人大常委会配合省人大开展了《江西省促进散装水泥和预拌混凝土发展条例》实施情况调研和《江西省法律援助条例》调研；配合赣州人大开展了《中华人民共和国归侨侨眷权益保护法》执行情况专题调研和《中华人民共和国大气污染防治法》、《江西省水资源条例》、《江西省河道管理条例》、计划生育“一法一例”执法检查。

〔**工作监督**〕 2013年，市人大常委会对劳动就业、农村薄弱学校办学情况、城区公立卫生资源整合情况、城区饮水安全、城乡客运一体化等开展了专题调研，对东山北路、体育公园、节能照明灯饰产业园等重点工程进行了视察，听取和审议了市政府关于贯彻落实《国务院关于支持赣南等原中央苏区振兴发展的若干意见》情况的专项工作报告，关于落实罗霄山片区区域发展与扶贫攻坚规划实施情况的专项工作报告，关于全市农村危旧土坯房改造项目资金归集、管理和使用情况的专项工作报告、民政工作专项报告，对市检察院侦监、市法院民事审判、市公安局刑侦、市司法局基层法律服务等4个专项工作报告的审议意见进行跟踪问效。此外，常委会配合省人大开展“松材线虫病防治”调研；配合赣州人大开展中心城区饮用水安全情况专题调研和“解决突出民生问题赣州行”活动。

〔**人事任免**〕 2013年，市人大常委会共任免国家机关工作人员17人次。

〔**代表建议办理工作**〕 市五届人大四次会议以来,共收到代表建议84件,其中32件已经解决,占38.1%;48件已落实逐步解决的措施,占57.1%;因政策等原因无法解决的4件,占4.8%。开展了优秀代表建议评选活动,共评选优秀代表建议5件,代表履职的积极性得到提高。

〔**来信来访**〕 全年共收到群众来信来访85件(次),重点交办案件3件,一批信访件得到了妥善处理。

市人大常委会领导班子及领导分工

〔**领导班子名录**〕

主　任:韩水生

副主任:谢业雄

施明生

张晓良

李大庆(女)

刘小玉(女)

吴　健

正处级干部:陈冬生(　~2013.11)

副处级干部:钟炳东

林豪煜

副县级干部:高真泉(　~2013.8)

卢何生

〔**领导分工**〕

韩水生:主持人大常委会全面工作,兼管办公室工作。

谢业雄:协助分管人大常委会选任联工委工作,分管议案、人事劳动、编制、监察、邮政、电信、移动、联通、质监、火车站、地方海事、人大宣传和老干部等工作,负责与市人民政府的联系。

施明生:协助分管农业农村工委工作,分管农办、农粮、农机、林业、果业、水保、水利、畜牧水产、国土、扶贫、供销、人防、气象、城建、规划、城管、城市执法、房管、物业、环保、土地收储、南水开发办等工作,负责与市政协的联系。

张晓良:协助分管人大常委会内务司法工委工作,分管信访、保密、公安、交警、检察院、法院、民政、残联、司法、安监、综治、武警、消防等工作。

李大庆:协助分管人大常委会教科文卫工委工作,分管文广、卫生、电视网络、体育、工会、团委、妇联、文联、社联、工商联、医药、食品药品、计划生育、家具产业发展等工作。

刘小玉:协助分管人大常委会教科文卫工委工作,分管教育、外侨、民族宗教、旅游、科技、科协、档案、市志、新华书店、精神文明建设等工作。

吴　健:协助分管人大常委会财政经济工委工作,分管发改委、工信、交通、民营企业、高速办、工业园区、财政、国税、地税、金融、保险、审计、统计、物价、商务、供电、工商、公路养护、烟草、石油、招商、行政服务、招投标等工作。

正处、副县(处)级干部暂不分工。

〔**工作部门负责人名录**〕

人大常委会办公室

主　任:邱启忠

副主任:朱明莲(女)

工会主席:林传湘

选举任免联络工作委员会

主　任:(缺)

内务司法工作委员会

主　任:严　政

教科文卫工作委员会

主　任:明艳秀(女)

财政经济工作委员会

主　任:叶　平

农业农村工作委员会

主　任:华典梅

重要文件目录

2013年南康市人大常委会重要文件目录

发文时间	文号	文件标题
4月2日	康常字〔2013〕8号	关于印发《南康市人大常委会关于规范和加强乡镇人大工作的意见》的通知

南康市人民政府

综　述

2013年，是南康发展进程中承前启后的重要一年。一年来，在市委的坚强领导下，在市人大、市政协的监督支持下，市政府团结带领全市人民，大力实施"主动融入都市区，提速提质促发展，千方百计惠民生，真抓实干兴南康"发展战略，振兴发展步伐加快。实现生产总值137亿元，增长10.7%；财政总收入18.4亿元，增长22.7%；公共财政预算收入13.5亿元，增长23.4%；500万以上固定资产投资100亿元，增长28.8%；社会消费品零售总额28.2亿元，增长13.9%；城镇居民可支配收入1.8万元，增长13.3%；农民人均纯收入6755元，增长17.9%。

政府主要工作

〔《若干意见》实施效应凸显〕 把握国家密集出台支持赣南苏区振兴发展配套政策的机遇，争取了国家开发银行直贷县(市)、低丘缓坡未利用地综合利用试点等一批优惠政策，争取国家、省级投资项目136个，项目资金15.7亿元，争取用地指标6096亩。南康家博会升格为国家林业局和江西省政府联合主办。国家质检总局批准南康建设国家级家具产品检测中心。南康工业园升格为"南康经济开发区"。中电建屋顶光伏发电、中节能重金属污染综合防治等央企投资项目落户。正在引进中国电科南康产业园、国星公司优势矿种电子交易平台和赣州国际矿业金融大厦等项目。国家民航局、中国证监会对口支援有序进行，下派挂职干部已经到位，对口支援方案即将出台。两个部委明确表示将在赣州黄金机场改扩建、扩大企业直接融资、保障和改善民生等方面给予南康大力支持。

〔项目建设提档加速〕 全年安排重点项目108个，项目总投资315亿元，累计开工建设98个，完成投资86.5亿元。家具产业园、家具市场和龙回、镜坝、龙华工业园等平台建设全面提速。赣州职教园区、物流商贸综合体、汽车城、金融中心等重大项目快速推进。东山北路、工业大道与赣南大道连接线、金河路等9条多年未通的断头路建成通车。"一江两岸"防洪工程投入使用。南水、蓉江110千伏变电站新(扩)建工程加快推进，大广高速南康南互通、芙蓉北大道、旭岭路东延、中北部城乡供水一体化等项目顺利启动。东进农牧、建华集团、华星集团等农业重点项目建设加快。

〔产业结构持续优化〕 工业产业加快转型。实现工业总产值336.7亿元，增长17.5%，净增规模以上企业32家。家具类新增一般纳税人企业57家、市场面积20万平方米，被授予"全国实木家具产业知名品牌创建示范区"称号，以南康为主体的赣州家具基地成功列入第三批国家外贸转型升级专业示范基地。德普特科技、博晶科技、超越电子、格棱电子等企业快速成长,开源矿业澳斯麦特炉、小兰金属扩建等项目加快推进。现代服务业蓬勃发展。总部经济招商和建设取得历史性突破。招商银行、银座村镇银行正式营业,民生、兴业银行入驻南康,金融机构各项存款余额223亿元、贷款余额139.9亿元,分别增长26%、33.4%。家具电商超300家,交易额突破10亿元。房地产市场保持平稳。南山森林公园打造国家5A级旅游景区正式启动。现代农业稳步发展。新开发甜柚6000亩、油茶5300亩,生猪出栏85万头,柑橘黄龙病得到有效防控,新增省级农业龙头企业3家。成功创建全国粮食流通监管示范单位,利农农机专业合作社被评为全国示范社。

〔**改革创新成效提升**〕 行政审批制度改革全面推进,市民服务中心"两集中、两到位"改革取得实效,基本实现行政审批服务事项全覆盖。国家级"依托电子政务平台加强县级政府政务公开和政务服务"试点工作通过省级验收。金融改革创新成效明显。城发公司、工投公司全年融资4亿元。中电华通公司注册5亿元在南康设立网络小贷公司。70家企业获得"财园信贷通"贷款3.2亿元。改革征地拆迁工作机制,启动完全失地农民养老保障工作,实行集体土地上房屋按重置价补偿、宅基地和返迁房安置并行和安置点建设先行等优厚农民政策,征地拆迁快速推进。发挥苏区振兴政策利好招大引强,一批重点产业项目成功落户,现汇进资同比增长2倍多。民营经济保持活跃,实现税收13.5亿元。专利申请量、授权量位居全省首位,被评为全国县(市)科技进步先进单位。

〔**城乡建设统筹推进**〕 强化与《赣州都市区总体规划》的对接,高标准完成规划编制项目24个,城区控规覆盖率达93.7%。城区建成区面积31.1平方公里,新增1.2平方公里,城区人口达到31.8万人,新增1.33万人,城镇化率达到44.2%,提高1.3个百分点。大力整治城区环境,加强主要路段和重要景点绿化,市容市貌、交通秩序持续好转。出台《南康市城乡个人建房管理暂行办法》,依法拆除违章建筑,"两违"势头有效遏制。村镇规划建设管理覆盖所有乡镇。唐江被评为全省首批百强中心镇,横市被列入赣州市小城镇建设示范镇。北部乡镇、大广高速唐江枢纽以北沿线、赤土—横寨等3条富裕和谐秀美乡村示范线建设成效显著。192个新农村建设点和农村清洁工程有序推进,横市增坑、坪市小安、大坪上期等高标准示范点基本成型。横市增坑入选全国"美丽乡村"首批创建试点。新增植树造林1.85万亩。全面完成污染物减排任务。蓉江河湿地公园被列入省级湿地公园创建示范点。

〔**民生福祉加快改善**〕 全年民生支出24.8亿元,占财政总支出的73.6%。完成农村危旧土坯房改造任务2.8万户。完成水利建设投入1.5亿元。完成农村公路建设245公里、县道改造23公里。教育基建投入突破2亿元。赣州职教园区建设全面启动,中、高考成绩继续保持赣州领先地位,4人考取清华、北大。医药卫生体制改革有序推进,基本药物制度覆盖面更广,妇保院新院开工建设。体育馆建设快速推进。市文化馆、图书馆、博物馆和乡镇综合文化站免费开放。养老、失业、医疗、工伤和生育保险覆盖面不断扩大,社会救助、优待抚恤保障水平进一步提高。新建保障性住房3220套。改扩建唐江、浮石等一批敬老院,新福利中心建成启用,新增床位500张。新增就业人员1.3万人。27个省定贫困村整村推进富有成效,3.7万人实现脱贫。

〔**社会治理平稳有序**〕 高度重视群众利益维护机制建设,不断畅通群众诉求表达渠道,坚持领导干部带班接访、包案化解制度,着力解决了一大批信访积案,依法处理缠访、闹访和非正常访等违法行为,信访秩序进一步规范。建立完善重大决策社会稳定风险评估机制,从源头上预防和减少矛盾纠纷。构建了市、乡、村、组矛盾纠纷排查调处网络,健全人民调解、行政调解、司法调解衔接联动机制,积极化解矛盾纠纷。加强社会治安防控体系建设,积极开展社会管理创新试点工作。加强校园安全、食品安全、交通安全、消防安全等公共安全监管,安全生产形势整体平稳,家具企业消防安全状况明显好转。

机构设置

〔**综述**〕 2013年市人民政府机构:市政府工作部

门有25个,直属事业单位有17个,驻市代管单位有31个。

〔**工作部门**〕 市政府办公室(外事侨务办、科技局、法制办)、发展和改革委员会(物价局)、工业和信息化局、人口和计划生育委员会、审计局、财政局(国资办)、民政局、人力资源和社会保障局、教育局(教育督导室)、城乡规划建设局、农业和粮食局、林业局、水利局、交通运输局、卫生局、国土资源局、文化和广播电影电视局、商务局、环境保护局、公安局(交警大队)、司法局、监察局(不列入机构数)、安全生产监督管理局、民族宗教事务局、城市管理行政执法局、食品药品监督管理局。

〔**直属事业单位**〕 档案局、房地产管理局、体育局、家具产业促进局、地方志办公室、旅游局、供销合作社联社、土地收储中心、人民防空办公室、农业综合开发办公室、城市管理局、扶贫和移民办公室、南水新城区开发建设委员会办公室、工业园区企业服务局(原东山工业区管理办公室)、工业园区开发建设局(原龙岭工业区管理办公室)、防震减灾局、行政服务中心管理委员会(原行政服务中心)。

〔**驻市代管单位**〕 国税局、地税局、工商局、人民银行、银监办、工商银行、农业银行、建设银行、中国银行、农业发展银行、赣州银行南康支行、人寿保险公司、农信联社、电信局、人民财产保险公司、联通公司、移动公司、食品药品监督局、邮政局、质监局、医药总公司、气象局、烟草专卖局、交通稽征所、公路分局、石油公司、新华书店、供电局(供电公司)、火车站、广电网络南康分公司、住房公积金中心、地方海事处。

重要会议

〔**市长办公会议**〕 2月16日会议 2013年2月16日下午,市政府市长柯岩松在市政大楼六楼会议室主持召开了市长办公会,副市长杨晓斌、宋英、肖志东、黄菊兰、邓晓楠、刘晓方,副调研员张立相、方长华、刘瑞金,副县级干部叶伦汉,市政府党组成员、政府办主任何瑜,市政府党组成员、行政服务中心管理办主任宗小凡,市政府党组成员、监察局局长蓝希高参加了会议。会议议定的主要事项如下:

一、会议听取了市政府领导对各自分管工作近期和全年重点工作计划情况汇报。

二、会议对2013年度政府工作进行了研究谋划

(一)关于工作方向。要力争在五个方面有新成效:

1."产业兴康"要有新成效。重点抓好五个方面:一是抓好产业集聚发展。要按照专业建园、高标准建园、科学建园的要求,做到每个园区产业相对集中。二是抓好产业转型升级。要按照抓质量、抓品牌、抓研发、抓创新、抓延伸的要求,推进产业转型升级,在巩固和发展家具产业转型升级良好势头的同时,着力加快有色金属、电子、服装等主导产业的转型升级,特别是有色金属产业,要利用循环经济产业园的土地杠杆来撬动,延伸产业链,生产应用产品、终端产品。三是抓好产业平台建设。要按照既定推进计划,进一步完善园区基础设施建设,扩大园区规模。四是要抓好龙头企业特别是上市企业的培育。五是要抓好招商引资,要围绕主攻工业、发展现代服务业和现代农业招大引强,节能照明产业园原则上要安排大项目、好项目。

2."品质铸城"要有新成效。重点抓好八个方面:一是抓好城市基础设施建设。要全力以赴抓好机场快速干道建设、绕城高速城南出入口建设以及东山北路等"断头路"的打通。二是抓好东山新区建设。要结合机场快速干道的建设,以适当方式实质性启动东山新区建设。三是抓好城市管理。要把城市管理作为城建工作的重点,着力抓好城区治脏、治乱、治堵,力争城市管理水平有明显提升。四是抓好康唐统筹城乡发展试验区建设,扎实推进职教园区、节能照明产业基地等项目建设。五是抓好"两违"治理,保持"两违"治理的高压态势,力争更大成效。六是抓好土地收储工作,按计划及早启动。七是抓好南水新区完善。特别是"城中村"改造要有大的推进。八是抓好"森林城市"创建工作。

3.民生实事要有新成效。重点抓好八个方面:一是抓好民生保障的日常工作,要体现公开公平公正的原则。二是抓好廉租住房建设,做到早谋划、早安排、早启动。三是抓好农村危旧土坯房改造,确保完成任务。四是抓好农民建房的疏导工作。五是抓好民生实事。要围绕老百姓关注的就业、就医、就学、养老等重要问题来推进。六是抓好

人大代表建议和政协委员提案的办理工作。七是抓好事关老百姓日常生活的小街小巷改造、通组公路建设等方面的工作。八是抓好扶贫移民工作，要体现南康市的工作特点。

4.维护稳定要有新成效。重点抓好六个方面：一是要下大力气建设法治南康，形成“政府依法行政、干部依法办事、群众依法维权、秩序依法规范、纠纷依法调处、社会依法管理”的局面。特别是维持信访维稳秩序方面，要立场坚定、态度坚决。二是要下大力气建设平安南康，抓好社会治安管理，打击“两抢一盗”和各类违法犯罪活动，增强公众安全感。三是要下大力气推进社会管理综合治理，扎实抓好整改工作。四是要下大力气疏导和化解一批社会矛盾，特别是信访积案的化解，要按照分工负责、分管负责的原则着力调处好。五是要下大力气做好安全生产工作。六是要及早谋划好全国“两会”期间的信访维稳工作，

5.改革创新要有新成效。改革不刻意超前，要以调动各方面积极性为目标，以社会主义市场经济为取向，针对影响和制约经济社会发展的现实困难和问题，深化改革，勇于探索，提高改革创新的针对性和实效性，使苏区振兴发展有良好的制度保障。其中，医药公司的改制、疏导农民建房、国有土地征地拆迁及安置补偿等要有实质性启动。

(二)关于工作重点。做到心中有数，把握工作重点。

(三)关于重点文件。要抓紧重点文件的草拟、完善、出台和落实。

三、会议对做好当前工作进行了研究部署

(一)关于项目建设。要在进一步梳理好苏区振兴发展的对接项目、招商引资项目的基础上，加快推进2013年重点项目建设。

(二)关于有关会议。严格按照中央转变会风、文风要求，近期筹备好有关会议，对相关工作进行动员部署。一是全市三级干部(总结表彰)会，二是社会管理综合治理整改工作会，三是富裕和谐秀美乡村建设和“森林城乡”创建工作动员会，四是市人大代表建议和政协委员提案办理交办会，五是城区“治脏、治乱、治堵”工作会议，六是由杨晓斌常务副市长牵头调度，筹备召开第一季度银企对接和金融形势分析会。

(三)关于当前工作。一是市政府各副市长要对照省、赣州市对县(市、区)政府的考核要求，主动跟进落实，积极创先争优。二是由杨晓斌常务副市长牵头调度，积极做好依托电子政务平台加强县级政府政务公开和政务服务国家级试点的迎检工作。三是由宋英副市长牵头调度，与赣州水务集团对接，争取将原定省水投公司投资的龙华10万吨水厂项目纳入赣州水务集团建设盘子。四是由肖志东、刘晓方副市长牵头负责，就华亿公司土地的处置提出意见报市政府研究。五是由宋英副市长牵头负责，就建设蔬菜基地和花卉苗木基地提出意见报市政府研究。六是由杨晓斌常务副市长牵头筹备，近期赴赣州市人民银行对接，争取增加市农信社信贷规模。七是由杨晓斌常务副市长牵头调度，继续跟进赣森人造板厂等几宗拖欠农民工工资案件，争取尽快处置到位，确保社会稳定。

4月17日会议　2013年4月17日上午，市政府市长柯岩松在市政大楼六楼会议室主持召开了市长办公会，副市长杨晓斌、宋英、肖志东、黄菊兰、邓晓楠、刘晓方，市政府党组成员、政府办主任何瑜参加了会议；市发改委、市财政局、市统计局、市工信局、市商务局、市城乡规划建设局、市国土局、市委农工部、市交通运输局、市民营企业局、市科技局、市人民银行等单位负责人列席了会议。会议议定主要事项如下。

一、会议对《赣州市县域经济发展考核评价实施办法(征求意见稿)》进行了专题讨论。

二、会议认为，赣州市对县域经济发展实行分类考评，将南康市列为重点发展区，全市上下要积极主动应对，梳理对照《实施办法》，强化争先创优意识，做到既注重加快发展，又注重均衡发展，包括产业之间、时序进度的均衡；既要苦练内功，也要巧用外力；既贵在平时，又注重年终，确保“进位赶超”、“争二进一”目标的实现。

三、会议对下一步工作开展进行了强调。

1.要十分重视统计工作

2.要十分重视项目建设。一是由市发改委牵头，对照《县域经济发展考核评价体系》，尽快拟定《关于抓好项目建设的实施意见》报市政府研究；二是由商务局加强督办，按照已出台的开放型经济工作意见，加大招商引资特别是招大引强的力度。三是对照《县域经济发展考核评价体系》，研究制定对企业的导向性政策。

6月21日会议　2013年6月21日下午，市政府市长柯岩松在市政大楼六楼会议室主持召开

了市长办公会议，副市长宋英、肖志东、黄菊兰、邓晓楠、刘晓方，副调研员张立相、方长华、刘瑞金，副县级干部叶伦汉，市政府党组成员、政府办主任何瑜，市政府党组成员、行政服务中心管理办主任宗小凡，市政府党组成员、监察局局长蓝希高参加了会议；常务副市长杨晓斌因公请假。会议议定的事项纪要如下：

一、会议讨论了有关工程预算审核意见

1.关于南水中学3#、4#教学楼室外附属及连廊工程预算的审核意见。会议原则同意市财政局会同市审计局提出的审核意见，该工程最高限价为149.4万元(其中室外附属工程87.2万元、连廊工程62.2万元)；因该工程必须在2013年9月开学前交付使用，会议同意提前进入公开招投标程序。

2.关于龙岭镇樟桥村井下安置点道路及排水工程预算的审核意见。会议原则同意市财政局会同市审计局提出的审核意见，即该工程以最高限价776万元(含暂列金50万元)依法按程序公开招投标。

3.关于康唐线(市区旭山北路旭山岭坡段)边坡治理工程预算的审核意见。会议原则同意市财政局会同市审计局提出的审核意见，即审定该工程最高限价为250.3万元(含暂列金22万元)。

4. 关于和谐大道西侧40米范围土石方工程预算的审核意见。会议原则同意市财政局会同市审计局提出的审核意见，审定该工程最高限价为107.4万元。

5.关于北部乡镇精品点富裕和谐秀美乡村建设工程预算的审核意见。会议原则同意市财政局会同市审计局提出的审核意见，即审定该工程最高限价3558.7万元(其中：房屋风貌改造2613万元，含暂列金208.2万元；景园945.7万元，含暂列金79.9万元)。

二、会议讨论了有关资金拨付问题

1.关于返还泓泰置业投资有限公司项目建设所缴纳税收问题。经审核，2013年1月22日至5月17日，该公司项目建设共缴纳税收7686820.94元。根据市政府与该公司签订的《合同书》和康府办抄财字〔2011〕 59号文件精神，会议同意由市财政奖返该公司项目建设第一次交易税收地方所得部分的50%共计2612243.87元。

2.关于返还泓泰置业投资有限公司交易市场D区土地所缴纳税收问题。经审核，2013年5月27日该公司缴纳交易市场D区K-2-02、K-2-03地块土地转让契税、耕地占用税、土地产权转移印花税共计5391663.14元。根据市政府与该公司签订的《合同书》和康府办抄字〔2009〕 184号文件精神，会议同意由市财政拨付兑现该公司奖励资金5391663元。

3.关于拨付大广高速唐江枢纽以北沿线房屋风貌改造灰瓦采购资金问题。根据康府办抄字〔2013〕69号抄告单精神，市委农工部与纪检、市政府采购办、物价等部门组成询价小组，对大广高速唐江枢纽以北沿线房屋风貌改造用灰瓦进行了询价采购，采购灰瓦130万片(2元/片)、脊瓦2万米(25.5元/米)，共需资金311万元。会议同意从新农村建设资金中安排311万元拨付至采购办，由采购办按合同及供货进度支付货款。会议要求，由市委农工部按上级检查或考评要求，将该资金落实到沿线相关村点。

4.关于拨付城管局部分工程进度款问题。根据合同约定，会议同意由市财政拨付924万元至重财办，用于市城管局所负责项目的工程进度款，其中文峰路改造工程394万元、“一江两岸”整治改造工程530万元。

5.关于拨付金河路建设工程费用问题。鉴于金河路建设工程即将完工，经市财政审核，会议同意由市城发公司在已拨付2011.15万元的基础上，再拨付610.873万元(其中：工程款600万元、其他费用10.873万元)至市财政局重财办，用于支付工程进度款及相关费用。

6.关于安排小型水库水雨情监测系统建设资金问题。根据省水利厅赣水建管函〔2013〕28号文件精神并结合南康市实际，会议同意将康阳、上洛等11座小(一)型水库和山塘坑、罗洞等12座重点小(二)型水库作为南康市2013年小型水库水雨情监测系统建设范围。工程由市水利局组织实施，按105.8万元为控制价实行招投标，资金由市财政根据合同和项目进度从河道拍卖采砂权收入中支付，如上级有相关资金安排，则相应减少本级资金安排。

7.关于增加龙岭工业西区110千伏高压线迁改资金问题。会议同意该线路改迁总价在2007年协议价220万元的基础上增加173万元（其中改迁费155万元、勘察设计费18万元)，所需资金由工投公司列支。

8.关于拨付文化艺术中心有关款项问题。鉴于市文化艺术中心已全面完工并投入使用，现已进入工程结算审核阶段。根据合同约定,经市财政核实,现需支付该工程市政配套工程款225.71万元(含质保金),政府采购赣州群威电梯设备有限公司电梯设备款2.72万元,高压配电工程款10.8万元(含质保金),未纳入统一招租店面空调末端安装工程款0.15万元，建设单位管理费5万元,其他费用1.07万元,以上合计245.45万元。会议原则同意拨付245.45万元至市财政局重财办,由其根据合同约定支付。

9.关于支付赣州市循环经济产业园控制性详细规划等项目规划设计费问题。鉴于循环经济产业园等6个项目已经赣州市城乡规划设计研究院南康分院、市城乡规划设计研究院完成规划设计,市财政局审定设计总费用为339.53万元,由市中小企业投资发展有限公司分批支付上述设计费。

三、会议讨论了其他有关议题

1.关于市公安局增加警力问题。鉴于市公安局工作任务繁重、警力不足与老化的现状,为适应新形势公安工作需要，会议原则同意市公安局向上申报在全省公务员招考中招录民警30名,并在核定政法专项编制内,从外县(市、区)公开选调南康籍民警10名。

2. 关于增加128名民办教师离岗退养费问题。会议同意从2013年8月1日起将南康市民办教师离岗退养费由原来的550元/人·月提高到650元/人·月,并建立长效机制,以后按每两年时间提高一次标准,每次提标100元/人·月。

3.关于“三送”工作有关资金安排及机构编制问题。根据“三送”工作开展实际需要和赣州“三送”平台建设推进会要求,会议同意市财政局提出的资金安排意见:(1)由市财政在年初预算安排经费30万元基础上,待“三送”办及“三送”信息管理办机构、人员到位后,按标准据实增加人员等相关经费。(2)96333群信通服务平台建设所需经费66.52万元,由市财政专项追加,由市“三送”办根据实际启用月份与市移动公司签订协议（按一年计需延伸至明年),做好使用、管理等相关工作;原96333使用的相关设备全部整合，新购设备及装修费用控制在35万元以内,所需经费由市财政根据中标价据实追加，涉及政府采购的按政府采购有关要求办理；由市委组织部牵头公开招聘6名话务员,人员待遇按1.8万元/人·年,按实际工作月份计算,由市财政专项追加,养老保险实行个人先缴后补。(3)整合安排项目资金1885万元用于“三送”工作。一是安排1300万元示范点建设资金,其中1200万元用于横市增坑、坪市小安、大坪上期、横寨三塘、赤土虎岗5个富裕和谐秀美乡村和“三送”示范点;二是年初预算安排的100万元用于其他13个“三送”精品点建设;三是安排385万元“一事一议”财政奖补资金;四是安排五小水利资金200万元。会议原则同意市编办提出的机构设置意见:(1)同意设立市委“送政策、送温暖、送服务”工作办公室,为市委组织部管理的正科级全额拨款事业单位，核定全额拨款事业编制10名,领导职数1正2副。(2)设立市委“送政策、送温暖、送服务”信息与服务中心,为市委“三送”办下属副科级全额拨款事业单位，核定全额拨款事业编制9名,领导职数1正2副。机构设置事项报市委审议通过后报赣州市编委审批。

4. 关于2013年上半年事业单位公开招聘工作人员安置意见。根据赣市人社发〔2013〕5号文件精神,通过笔试、面试、体检、政审等环节,确定了周承勇等81人拟聘用到南康市事业单位工作。会议原则同意按照对口安置和公开选岗的原则,将上述81人安置到相关单位或其下属基层站(所)工作。其中基层财政所、基层卫生院岗位接收涉及超编问题,由市财政局、市卫生局商市编委办在系统内部协调解决。

5.关于国家家具产品质量监督检验中心场地平整工程招标问题。鉴于该中心建设需平整面积51.09亩,回填土方73005.5立方,会议同意,该土方回填工程以最高限价16元/立方、控制总价116.8088万元、最低价中标的方式向社会公开招投标。

6.关于选择确定旭山北路边坡治理工程施工队伍问题。根据市监察局、发改委、财政局、城乡规划建设局、交易中心市场管理办等单位对邀标报名单位资格标、商务标的综合审查意见,会议同意选定中铁九桥工程有限公司为旭山北路边坡治理工程施工单位。

7. 关于市委宣传部等单位新购公务用车问题。根据《关于南康市党政机关公务用车编制配备的意见》(康办字〔2013〕32号)、《南康市党政机关公务用车配备使用管理实施细则》(康办字〔2013〕33号)和市政府第三十次常务会议精神,会议同意市委宣传部等确因工作需要、符合编制规定的11个单位按标准购置公务用车,所需资金自筹解决(市委宣传部本次购车除外)。

8.关于提高南康市2010~2012年度新增建设用地供地率实行划拨供应问题。鉴于总面积为456.5亩的市廉租房等20个用地项目是2010~2012年度的新增建设用地批次项目,为提高新增国有建设用地供地率,会议同意将该20宗地划拨给市廉租住房办公室等相关用地单位。

9.关于《南康市节能照明产业园F-10-1地块国有建设用地使用权网上挂牌出让方案》。节能照明产业园F-10-1地块面积为13370平方米(20.055亩),土地用途为工业用地,建设项目为汽车检测中心。鉴于市城乡规划建设局已编制好该地块相关规划技术指标,会议同意将该宗地以164万元为起始价依法按程序网上公开挂牌出让。

10.关于《市机动车驾驶人考训中心建设项目征地拆迁工作实施方案》。会议原则同意该《实施方案》,要求东山街办进一步修改完善后印发实施。

11.关于《南康市行政审批"两集中、两到位"改革工作整改实施方案》。会议原则同意该《整改实施方案》,要求市监察局、市行政服务中心管委会进一步修改完善后印发执行。

12.关于《南康市污水处理厂一期(第二步)工程特许权协议》。会议原则同意该《协议》。

9月11日会议　2013年9月11日上午,市政府市长柯岩松在市政大楼六楼会议室主持召开了市长办公会议,市政府领导赖联春、熊惺、钟旭辉,副市长黄菊兰、邓晓楠,副调研员张立相、方长华、刘瑞金,副县级干部叶伦汉,市政府党组成员、政府办主任何瑜,市政府党组成员、行政服务中心管理办主任宗小凡,市政府党组成员、监察局局长蓝希高参加了会议。会议议定的主要事项如下:

一、会议讨论了有关工程预算审核意见。

1.关于凤岗镇中心小学综合楼工程预算的审核意见。会议原则同意市财政局会同市审计局提出的审核意见,即该工程以最高限价158.6万元依法按程序公开招投标。

2.关于横寨乡中心小学教学楼工程预算的审核意见。会议原则同意市财政局会同市审计局提出的审核意见,即该工程以最高限价144.9万元依法按程序公开招投标。

3.关于市第三中学第二教学楼工程预算的审核意见。会议原则同意市财政局会同市审计局提出的审核意见,即该工程以最高限价391.8万元依法按程序公开招投标。

4.关于麻双乡中心小学幼儿园综合楼工程预算的审核意见。会议原则同意市财政局会同市审计局提出的审核意见,即该工程以最高限价364.7万元依法按程序公开招投标。

5. 关于节能照明产业园安置点道路排水一、二标工程预算的审核意见。会议原则同意市财政局会同市审计局提出的审核意见,即该工程以最高限价1196.1万元依法按程序公开招投标,其中一标段619.2万元(含暂列金51万元)、二标段576.9万元(含暂列金48万元)。

6.关于南康35KV线路坪恒窑线N22-N32迁改光缆线路工程预算的审核意见。会议原则同意市财政局会同市审计局提出的审核意见,审定该工程预算1162.6万元(其中建安费用1137.6万元、设计费25万元)。

7.关于芙蓉北大道延伸一期工程(幸福河东岸污水收集干管工程)预算的审核意见。会议原则同意市财政局会同市审计局提出的审核意见,即该工程以最高限价1419万元依法按程序公开招投标,其中一标段504.6万元(含暂列金37万元)、二标段914.4万元(含暂列金67万元)。

8.关于东湖污水干管一期工程及湖滨北路污水管网工程预算的审核意见。会议原则同意市财政局会同市审计局提出的审核意见,即该工程以最高限价834.9万元依法按程序公开招投标,其中东湖污水干管一期工程120.2万元(含暂列金9.3万元)、湖滨北路污水管网工程714.7万元(含暂列金56.5万元)。

9.关于金河路建设工程二标段排水变更增加预算的审核意见。该工程原合同中标价为1010.3万元,在实施过程中,因排污管网变更增加了部分工程量。会议原则同意市财政局会同市审计局提出的审核意见,即审定该增加工程量的工程预算为169.4万元。

10.关于龙岭工业西区23米路新建工程预算的审核意见。会议原则同意市财政局会同市审计局提出的审核意见，即该工程以最高限价 205.6 万元（含暂列金 17 万元）依法按程序公开招投标。

11. 关于龙岭工业东区扩园道路及排水工程一标段预算的审核意见。会议原则同意市财政局会同市审计局提出的审核意见，即该工程以最高限价 345.4 万元（含暂列金 28 万元）依法按程序公开招投标。

12.关于赣南大道坪塘安置点（二期）道路排水及土石方工程预算的审核意见。会议原则同意市财政局会同市审计局提出的审核意见，即该工程以最高限价 484.9 万元（其中一标段 230.4 万元、二标段 142.6 万元、三标段 101.4 万元、土石方工程 10.5 万元）依法按程序公开招投标。

13.关于赣韶铁路上坪安置点（一期）道路及排水工程预算的审核意见。会议原则同意市财政局会同市审计局提出的审核意见，即该工程以最高限价 378.1 万元（含暂列金 30 万元）依法按程序公开招投标。

14. 关于市第一人民医院新院住院大楼等四个工程结算的审核意见。这四个工程原批准预算为 3950.8 万元，在施工过程中，由于地基条件较差导致大量基础超深和换填工程、征地拆迁未及时到位导致工期延长，以及按政策和合同调整了工日及材料单价等原因，增加了工程造价。鉴于该四个工程已全部完工，根据市财政局会同市审计局提出的审核意见，会议同意该四个工程结算价为 5151.6 万元。

15. 关于赣南大道三个标段工程结算的审核意见。这三个标段原批准预算为 8377.5 万元，合同价为 7885.1 万元，在施工过程中，由于设计单位调整路基标高及软弱基础换填、石方开挖、修筑 323 国道临时通车便道、按合同调整工日及材料单价等原因，增加了工程造价。鉴于该三个标段已全部完工，根据市财政局会同市审计局提出的审核意见，会议同意该三个标段工程结算价为 9103.2 万元（其中路基一标 1951.2 万元、路基二标 2587.4 万元、路面工程 4564.6 万元）。

16. 关于文峰路改造工程路基设计变更及其他工程增加造价的预算审核意见。该工程原批准预算为 3764.5 万元，合同价为 3387.6 万元，因施工过程中部分路基承载力达不到设计要求需抛石换填处理，以及部分沟槽开挖需机械破除石方等原因，增加了部分工程量。会议原则同意市财政局会同市审计局提出的审核意见，审定该工程路基设计变更及其他工程增加工程预算 404.2 万元（其中一标段 75.6 万元、三标段 138.7 万元、四标段 189.9 万元）。

17. 关于龙岭工业西区外环路工程预算的审核意见。会议原则同意市财政局会同市审计局提出的审核意见，即该工程的最高限价为 104.1 万元（含暂列金 8.7 万元），并同意由市城发公司下属的市政管网投资经营有限公司组织实施。

18.关于板材市场东侧道路（一标段）工程预算的审核意见。会议原则同意市财政局会同市审计局提出的审核意见，即该工程以最高限价 461.5 万元（含暂列金 38 万元）依法按程序公开招投标。

19.关于板材市场规划路建设工程二标段（南侧道路）工程预算的审核意见。会议原则同意市财政局会同市审计局提出的审核意见，即该工程以最高限价 124.5 万元（含暂列金 10 万元）依法按程序公开招投标。

20.关于凤岗镇大塘小学教学楼、综合楼基础变更及屋面增加工程预算的原因及处理意见。根据市城乡规划建设局牵市财政、监察、审计、教育等单位调查核实后提出的处理意见，该工程确因基础超深、楼面设计变更等原因增加了工程造价，会议原则同意市财政局提出的审核意见，审定新增工程预算价为 56.26 万元。

二、会议讨论了有关资金拨付问题。

1.关于拨付大广高速唐江枢纽以北沿线和北部乡镇精品点建设资金问题。鉴于南康市年初财政预算安排和谐秀美乡村建设资金 2000 万元，现余 1629.3 万元，结合富裕和谐秀美乡村建设工程进度情况，根据相关合同条款，会议同意由市财政从结余资金中下拨 1522 万元给相关乡镇，专项用于支付所涉项目。

2.关于将横市镇中心镇建设工程纳入全市富裕和谐秀美乡村补助资金问题。横市圩镇富裕和谐秀美乡村中心镇建设工程包括外墙装饰、新建马头墙、圩镇路面整修，总概算约 970.9 万元，所需资金从明珠大道两侧土地拍卖款中安排。鉴于目前该宗地块尚未交地，拍卖款未到位，会议同意由市财政先预借 600 万元给横市镇，由横市镇按规定和要求统筹安排相关工程款的支付，待土地拍卖款到位后，从拍卖款中扣除相应资金归还市财政。

3.关于拨付机场快速干道第一批前期工作经费问题。因赣丰线南康至唐江段公路项目立项审批工作需要，会议同意由市城发公司拨付第一批急需的15项前期工作经费500.63万元至市赣丰线南康至唐江段公路工程建设指挥部办公室，由其统筹用于项目前期经费支出

4.关于拨付旭山岭坡段边坡治理工程款等费用问题。由旭山北路拓宽改造工程领导小组办公室组织实施的旭山北路旭山岭坡段边坡治理工程合同价为220.8万元。鉴于该工程工期较短，为加快工程进度，会议同意预拨工程款及相关费用208.6万元(其中预拨工程款200万元，监理费按合同价1.2%计取为2.6万元，工程设计、地形测量及地质勘探费按6万元包干)。

5.关于返还泓泰置业投资有限公司项目建设所缴纳有关税收问题。经市财政等部门审核，2013年6月3日至2013年7月31日，该公司项目建设共缴纳相关税收4987652元。根据市政府与该公司签订的《合同书》和康府办抄财字〔2011〕59号文件精神，会议同意由市财政拨付兑现该公司项目建设第一次交易税收地方所得部分的50%共计1829719.45元。

6.关于返还泓泰置业投资有限公司家具产业园二期13宗土地所缴纳有关税收问题。经市财政等部门审核，2013年8月23日该公司缴纳家具产业园二期13宗土地转让相关税收7821242.04元。根据市政府与该公司签订的《合同书》和康府办抄字〔2009〕184号文件精神，会议同意由市财政拨付兑现该公司奖励资金7821242元。

7.关于返还泓泰置业投资有限公司交易市场D区两宗土地所缴纳有关税收问题。经市财政等部门审核，该公司所缴纳交易市场D区k-2-04b、k-2-05b两宗土地转让相关税收3619475.52元。根据市政府与该公司签订的《合同书》和康府办抄字〔2009〕184号文件精神，会议同意由市财政拨付兑现该公司奖励资金3619475.52元。

8.关于拨付龙岭工业西区(扩征)征地拆迁资金问题。鉴于该项目现已正式启动，经龙岭镇政府测算，共需征地910亩，拆迁房屋面积72189平方米，征拆资金共需4528.3万元，会议同意由市中小企业投资发展有限责任公司按进度拨付4000万元征地拆迁资金至龙岭镇征拆专户。

9.关于小街小巷路灯及市政设施改造建设工程款问题。根据市财政局会同市政处、蓉江街办、东山街办实地踏看后提出的意见，会议同意:(1)对蛇坑安置点、安居工程、上篮路安置点等9处无照明设施的小街小巷安装路灯，费用控制在110万元以内，其中上坝欧陆风情园及南平路安装高杆灯，其余安装简易悬臂灯。(2)对三角庙、夜市街张启良巷道、二建公司旁等5处进行市政道路及排水改造，费用控制在45万元以内。(3)为加快工程建设，由市财政预拨50万元至市政处专户。

10.关于预拨矿产品企业纳税奖励资金问题。根据《南康市2013年矿产品行业财政奖励办法》(康府办发〔2013〕1号)文件精神，会议同意对今年上半年全市矿产品和再生资源加工企业中达到奖励条件的汇丰矿业有限公司等5户企业，预拨奖励资金682.27万元(其中:汇丰矿业254.46万元、源广矿业88.41万元、南山锡业156.05万元、众鑫矿业100万元、新源有色83.35万元);对未达到文件规定条件的3户企业暂不予奖励。

11.关于预拨南水开发办征地拆迁资金问题。为确保征地拆迁资金及时足额发放，会议同意由市财政从土地收入中预拨1500万元至市土地储备供应中心(南水开发办)征地拆迁专户，用于龙珠坊区域、四小、妇保院及周边土地储备、塔坳安置点三期扩建及2013年土地收储出让地块等项目的征地拆迁费用支出。

12. 关于暂借市中小企业投资发展有限公司征地拆迁资金问题。为加快相关工程建设进度，会议同意由市财政局暂借市中小企业投资发展有限公司征地拆迁资金3000万元，待银行项目贷款资金到位后归还。

13. 关于拨付体育公园土石方调增工程款问题。为加快推进体育公园项目施工进度，根据市政府批示及测绘结果，应对原体育公园剩余的30.04万立方米土石方按5元/立方米单价进行调增，调增工程款合计150万元，其中一标段10.42万立方米调增52万元，二标段18.61万立方米调增93万元，三标段1.01万立方米调增5万元。按合同约定工程竣工验收后应按80%比例支付进度款，鉴于体育公园土石方工程已基本施工到位，根据重点项目建设资金调度管理工作调研会议精神，会议原则同意由城发公司将调增工程款120万元(其中一标段42万元、二标段74万元、三标段4万元)拨付至市财政局重财办。

14. 关于拨付城区增设道路标牌等交通设施费用问题。为确保赣台会召开期间外来车辆通行通畅,需要在城区部分路段增设道路标牌,鉴于工程组织实施时间较紧,根据市财政的审核意见,会议同意该工程审定预算价为108.4万元,由市政处直接发包确定施工单位,并由市财政预拨65万元至市政处专户,余款待验收后拨付。

15.关于返还龙华乡政府资产处置款问题。根据市财政局调查核实情况及资产处置资金使用有关规定,会议同意将龙华乡政府位于集贸小区的一宗房地产处置收益剩余资金1336744.6元返还给龙华乡政府,专项用于龙华乡政府干部宿舍楼建设。

16.关于拨付2012年自主就业退役士兵一次性经济补助资金问题。2012年南康市共接受退役士兵176人,根据省政府办公厅《关于做好自主就业退役士兵一次性经济补助工资的通知》(赣府厅字〔2013〕7号)文件精神,经测算,南康市需发放补助金额共计249.75万元。为尽快落实自主就业退役士兵一次性补助政策,会议同意由市财政、民政部门从优抚结余资金中整合249.75万元专项用于退役士兵一次性补助。

17.关于解决消防二中队营房建设任务、落实车辆装备经费和追加消防经费问题。根据市委、市政府"8.8"火灾事故后续处置工作会议精神,会议原则同意:(1)由市财政追加资金953.9万元,为消防大队购置10辆消防车和随车器材装备904件,购置消防员基本防护装备254件、特种防护装备193件、训练器材装备17件、灭火器材335件、救援器材10件。根据康府办抄财字〔2013〕123号抄告单精神,剔除市政府已批准购置高层供水消防车及装备购置经费195万元,实际追加资金758.9万元。(2)根据上级文件精神和参照周边县(市)做法,市消防大队的经费安排和应急队员工资水平暂时维持不变。(3)同意在龙岭镇选址建设消防大队二中队,建设主体为市消防大队。

三、会议讨论了赣州职教园区建设工作有关事项。

会议听取了赣州职教园区建设工作进展情况汇报,并就相关事项进行了讨论。

(一)关于赣州职教园区建设的有关事项。

1.关于组织构架。会议原则同意成立南康市赣州职教园区建设指挥部,指挥部下设1办6组,工作人员从相关单位抽调。设立运营独立、专账管理、单独核算的赣州职教园区开发投资有限责任公司。职教园区项目区内的各类项目建设由赣州职教园区开发投资有限责任公司作为业主单位,负责建设资金筹措,具体实施由赣州职教园区建设指挥部下设的工程建设组负责。此事项报市委审议。

2.关于实施方案。会议同意经修改后的《赣州职教园区启动区征地拆迁工作实施方案》,由邓晓楠副市长牵规划、国土、财政、执法等部门和唐江、三江、太窝等乡镇,进一步完善后印发实施,要对群众反映较多的已实施"造地增粮"土地、已进行果园开发耕地的补偿认定办法予以明确。

3.关于规划设计。会议原则同意拆迁户安置点的规划选址及方案设计;对坟墓安置点的规划选址经踏看后再行确定。

(二)关于赣州职教园区建设的有关要求。

1.要严格控制"两违"。

2.要善于调处纠纷。

3.要加强协调配合。

(三)关于下一步工作开展。

1.要尽快启动征地拆迁工作。会议明确,9月13日在三江乡召开赣州职教园区征地拆迁工作动员大会,并邀请赣州市国土局、教育局领导参会指导。

2.要先行启动安置点建设。建设资金在赣州市下达的2亿元资金中给予适当安排。规划、执法部门和相关乡镇要严格监管安置点的建房行为,确保建房户能按照规划设计方案的标准和要求建设。

3.要抓紧编制总体规划。赣州职教园区总体规划要抓紧编制,并按程序报市规委会审议和赣州市组织的专家组评审。

4.要尽快启动项目区外的基础设施建设。由市城乡规划建设局代拟文,以市政府名义请示赣州市政府,尽快明确项目区外的水、电、路等基础设施建设内容。

12月9日会议　2013年12月9日下午,市委副书记、市政府党组书记何善锦在市政大楼六楼会议室主持召开了市长办公会议,副市长赖联春、钟旭辉、黄菊兰、邓晓楠、朱国英,副调研员张立相、方长华、刘瑞金,副县级干部叶伦汉,市政府党组成员、政府办主任何瑜,市政府党组成员、行政服务中心管理办主任宗小凡,市政府党组成员、监察局局长蓝希高参加了会议;副市长熊惺因公请假;市发改委、市振兴办、市财政局、市统计局、市人社局、市城乡规划建设局、市城管局、市城市管理行政执法局、市国土局、市委农工部、市果业局、市民政局、市扶贫移民办、市公安交管大队、市公路分局等单位负责人列席了会议。会议议定的主要事项如下:

一、会议对当前急需加强的几项工作进行了研究部署。

1.关于安全生产。由分管副市长加强调度,对消防安全尤其是家具企业消防安全、森林防火、道路交通安全以及其他领域安全,要在原有工作基础上,进一步强化工作措施和责任落实,减少安全生产事故发生,杜绝较大以上安全事故。

2.关于信访维稳。鉴于南康正在实施的重点项目多,征地拆迁范围大,各类矛盾纠纷易发多发,分管副市长和项目挂点领导要加强督办,责任部门和所在乡镇要快速处置,把矛盾纠纷解决在一线,解决在萌芽状态。对可能发生集体访的行为,公安部门和各乡(镇、街道)要及时掌握社情民意,做到及时有效应对。年关将近,要保障农民工工资及时发放,其中政府投资工程的工程款拨付要与农民工工资挂钩,社会投资项目的农民工工资发放由市人社局加强监管。

3.关于城乡建设管理。要抓紧推进城区园林绿化,治理尘土污染,修复破损路面,加强对重要交通节点的交通疏导等,增加必要的人员和设备,市财政在经费上予以保障。为加快工程进度,同意由市政处组织力量对城区道路破损路面进行修复,市交通、公路部门按职责范围做好管辖路段的路面修复工作;涉及城区园林绿化同意采取询价方式采购苗木。要对家具市场进行整治,进一步规范市场内外秩序。对家具中心市场前十字路口渠化岛建设和南侧道路改造分别采取邀标方式确定施工队伍,确保春节前竣工投入使用。要对"一江两岸"栈道增加必要的安全和便民设施。要强化"两违"整治。要加强监管力量,进一步推进监管重心下移,坚持打早、打小、打了,严控新增"两违";要抓好典型,特别是重点区域要依法强制拆除一批,增强威慑力。

4.关于重点项目建设。要抓紧当前有利施工的黄金季节,加快各类重点项目建设进度,以倒计时方式推进各项工作。其中:大广高速南康南互通及连接线工程,由高速办牵发改委,在完善手续的前提下,对该工程采取邀标方式确定项目设计单位,项目设计、可研由同一单位负责,以节约成本、提高成效,并争取列入省重大项目调度;南水110KV变电站建设要加快资金拨付,涉及用地的"三通一平"可采取邀标方式确定施工队伍。

5.关于今冬明春绿化工作。要对照"森林城乡、绿色通道"的建设要求,尽快完成工程招投标,确保春节前完成栽种。要注意苗木质量,严禁调运"断头树",确保美观度和存活率。

6.关于柑橘黄龙病防治工作。由熊惺副市长加强调度,市果业局具体负责,加快工作推进力度。市财政予以经费支持。

二、会议对做好年度工作扫尾和明年工作谋划进行了商议明确

1.要加强对接汇报。要在充分研究十八届三中全会精神,研究对口支援国家部委的职能,研究省、赣州市政策前提下,加强与上级对口部门的对接汇报,充分发挥南康人脉资源优势,巩固和扩大争政策、争项目、争资金的信息渠道,为南康发展赢得更多支持帮助。

2.要强化指标调度。

3.要科学安排计划。一是项目计划。由市发改委、财政局牵头负责,提出明年重点项目安排计划。二是财政计划。由市财政局负责,全面梳理今年财政收支状况、政府债务情况,并充分考虑政策影响和各类增收、减收因素,科学测算好明年的财政预算安排。三是土地收储和出让计划。由市国土局牵头,城乡规划建设等有关职能部门和有关乡(镇、街道)负责,既要加快拟出让地块的征地拆迁工作,确保土地出让年度计划完成。又要谋划好明年出让计划,为保障财政收支平衡、积极应对上级政策调整打好基础。四是民生实事安排计划。

4.要加强工作研究。一是关于上级审批权限下放问题。由市政府法制办、发改委牵头负责,把国家、省、赣州市级下放到县级的管理权限进行梳理汇总,按照下放、简化、缩短时限、优化流程等审批项目分门别类后报市委、市政府研究。二是关于农村危旧土坯房改造。对无力实施改造的困难群众要摸清底数,叠加使用各种政策,强化工作措施,加快推进,确保2014年底前全部改造完毕。具体由市委农工部提出意见,经市委、市政府审定后

报赣州市委办公厅。三是关于扶贫开发。由熊惺副市长加强调度,市扶贫移民办具体负责,就贯彻落实好各项扶贫政策,有效减少贫困人口,提出意见经市委、市政府审定后报赣州市委办公厅。

三、会议对加强政府班子建设提出了明确要求

1.要明确分工,各负其责。

2.要加强沟通,密切协作。

3.要加强研究,抓住重点。

4.要以人为本,改善民生。

5.要廉洁自律,坚守底线。要把贯彻落实中央八项规定、《党政机关厉行节约反对浪费条例》、《党政机关国内公务接待管理规定》作为政治态度、政治纪律来看待,严格按照要求、标准执行。财政、审计、监察等有关部门要加强监管,建立长效机制。

〔市政府常务会议〕 *五届市政府第二十六次常务会议* 2013年1月9日下午,市政府市长柯岩松在市政大楼六楼会议室主持召开了五届市政府第二十六次常务会议,副市长杨晓斌、宋英、肖志东、黄菊兰、邓晓楠、刘晓方,副调研员张立相、方长华、刘瑞金,副县级干部叶伦汉,市政府党组成员、政府办主任何瑜,市政府党组成员、行政服务中心管理办主任宗小凡,市政府党组成员、监察局局长蓝希高参加了会议;市人武部政委沈光泽、市人大常委会副主任谢业雄、市政协副主席倪静应邀列席了会议。会议议定的主要事项如下:

一、会议讨论了有关工程预算的审核意见

1.关于赤土畲族乡政府干部宿舍综合楼工程预算的审核意见。会议原则同意市财政局会同市审计局提出的审核意见,即该工程以最高限价364.1万元(其中干部宿舍楼一号楼为283.9万元、干部宿舍楼二号楼为80.2万元)依法按程序进行公开招投标。

2.关于龙华乡丹材农村危旧土坯房改造集中建设点一期工程预算的审核意见。会议原则同意市财政局会同市审计局提出的审核意见,即该工程以最高限价451.1万元依法按程序公开招投标。会议明确市工投公司为该建设点业主单位,建设资金由市财政调度。

3.关于东山农贸市场第一栋加层工程预算的审核意见。会议原则同意加层建设和市财政局会同市审计局提出的审核意见,即该工程以最高限价233.7万元依法按程序公开招投标,建设资金由市市场物业管理局自筹解决。

4.关于麻双乡坝孜至黄埠段公路改造工程预算的审核意见。会议原则同意市财政局会同市审计局提出的审核意见,即该工程以最高限价160.96万元依法按程序公开招投标。

5.关于市老年活动中心工程预算的审核意见。会议原则同意市财政局会同市审计局提出的审核意见,即该工程以最高限价721.7万元依法按程序公开招投标。

6.关于市中医院新住院大楼工程预算的审核意见。会议原则同意市财政局会同市审计局提出的审核意见,即该工程以最高限价3564万元(含暂列金254万元)依法按程序公开招投标。

二、会议讨论了有关资金拨付问题。

1.关于拨付旭山北路拓宽改造征地拆迁补偿款问题。为保证征地拆迁款及时发放到位,会议同意由市财政在已累计拨付800万元基础上,再拨付300万元至蓉江街办,用于该工程征地拆迁费用支出。

2.关于拨付康赤公路拓宽改造征地拆迁补偿款问题。为保证征地拆迁款及时发放到位,会议同意由市财政在已累计拨付870万元基础上,再拨付300万元至蓉江街办,用于该工程蓉江段的征地拆迁费用支出。

3.关于拨付东山北路安置点占用建设用地款问题。根据康府办抄字〔2012〕222号文件,核定农四所补偿金额为3097.72万元。按照"谁占用、谁补偿"原则,东山北路项目负担399.32万元。会议同意由市财政从土地收入中拨付399.32万元至城发公司,用于支付东山北路安置点占用建设用地款。

4.关于拨付南水开发办征地拆迁补偿款问题。为保证征地拆迁款及时发放到位,会议同意由市财政从土地收入中再拨付1200万元至市土地储备供应中心(南水开发办)征地拆迁专户,用于城中村、四小、妇保院等项目的征地拆迁费用支出。

5.关于拨付南康中学2012年高考奖资金问题。根据康府办抄字〔2012〕187号文件精神,"高考成绩目标管理考评奖"应予规范,由市教育局会商市财政局提出考评方案报市政府批准实施。由

于政策出台时2012年高考已结束，考虑到南康中学奖励方案所需资金额度在择校费的60%以内，会议同意先拨付110.11万元，专项用于南康中学兑现发放2012年高考考评奖。

6.关于拨付太窝乡政府土地拍卖款问题。鉴于太窝乡政府经市政府批准，依法按程序公开拍卖了院内(宝元路)一宗国有存量土地(面积4924平方米)，成交价款813.5万元已全额缴入财政专户。扣除相关税费和土地出让金后，剩余资产处置款为6811207.5元。根据国有资产处置资金使用有关规定，会议同意由市财政先返还太窝乡政府资产处置款350万元，用于支付相关工程款；余款按“资金跟着项目走”的原则根据项目实施进度分批拨付。

7.关于拨付市土地收储中心土地收储资金问题。根据康府办抄字〔2012〕222号文件，核定农四所补偿金额为3097.72万元。按照“谁占用、谁补偿”原则，市土地收储中心应负担2532.6万元。鉴于目前市土地收储中心收储任务较重，会议同意由市财政从土地收入计提的土地收益基金中拨付1000万元至市土地收储中心收储专户，增加土地收储基金。

8.关于拨付横市镇明珠大道两侧土地拍卖款问题。横市镇政府依法按程序拍卖了明珠大道东南侧面积为15.0435亩土地，总成交价款1925.568万元已全部缴入国库。根据国有资产处置资金使用有关规定，会议同意将该宗地的处置收益扣除市本级规定的上缴部分和法定计提基金30%后，70%部分计1347.89万元返还给横市镇政府。

三、会议讨论了其他有关议题。

1.关于批准龙华中学一宗建设用地问题。会议同意龙华中学占用院内国有存量土地(老宅基地)3138.2平方米兴建教工宿舍楼(教师周转房)，由市国土局依法办理用地手续。

2.关于批准南康市祥光实业发展有限公司一宗建设用地问题。鉴于该公司2012年9月10日通过网上公开拍卖依法取得了东山工业区文峰大道西侧一宗面积为6016平方米的国有存量建设用地，用于商住楼开发，会议同意由市国土局依法办理用地手续。

3.关于制定城区主要路段占道停车收费标准问题。考虑到城区主要路段占道停车收费国家、省发改委有明文规定，且市物价局已就收费问题依规按程序经过了价格听证，为了加强城市管理，以市场手段调节车辆停放，规范城区交通秩序，会议原则同意市物价局和市城市管理行政执法局提出的意见，在城区蓉江路、泰康路、东门南路、东坝路、金赣大道、宝林路、接官亭路、芙蓉大道这8条主要路段按2元/辆的标准收取占道停车费。

4.关于市广电新闻中心下属三宗国有资产处置意见。鉴于市广电新闻中心下属南康影剧院、百花招待所、唐江电影院等三宗资产已失去原有功能，且因房屋设施陈旧存在较大安全隐患。为确保国有资产不流失，会议同意由黄菊兰副市长牵相关部门拿出方案，将该三宗资产通过“招拍挂”形式依法公开处置。

5.关于卫生系统闲置资产处置意见。会议原则同意市国资办的审核意见，要求：(1)对镜坝卫生院、赤土民族中心卫生院两宗土地资产和太窝卫生院房地产按程序进行公开拍卖处置，由市卫生局聘请具有资质的中介机构对出让资产价值进行评估，评估结果经市国资办审核并报市政府确认批准后，将出让资产进入市公共资源交易中心公开拍卖；(2)由市国土、房管部门对市中医院南门门诊部土地使用权面积按房屋产权比例进行分割，由中医院聘请具有资质的中介机构对拥有产权的房地产价值重新评估，评估结果经市国资办审核并报市政府确认批准后，将出让资产进入市公共资源交易中心公开拍卖；(3)鉴于市财政已借款3000万元用于一医院新院建设，借款200万元用于中医院搬迁装修。上述资产处置变现资金全额缴入国资办资产处置资金专户，扣缴资产出让税费后，剩余资金专项用于归还两院向市财政借款。(4)对存在产权纠纷的赤土民族中心卫生院三层办公楼，由市卫生局妥善处理好产权纠纷后再行处置。(4)横寨卫生院土地、风岗中心卫生院房产不再对外出租，收回单位使用。

6.关于刘知普补办原赣江轧钢厂土地使用权证问题。鉴于该宗土地为刘知普从原蓉江镇政府通过协议转让取得，转让时该宗用地属工业用地，但仅预缴部分出让金且未履行完程序导致转让办证中止。会议原则同意按照“历史问题、历史解决”的原则依法处置该宗土地，具体处置办法由市国土局拟文请示赣州市国土局后再报市政府确定。会议明确，该宗地不论是何种方式处置，均须按现行土地性质，经有资质的中介机构评估后确定的土地价格作为基数；该宗地是因受让人未缴足土地出让金且因受让人自身原因导致没及时完善法律手续、办理土地权证,受让人应负完全责任。

7.关于《市政府与江西鼎轩实业有限公司合作实施2013年土地增减挂项目协议书》。会议原则同意该《协议书》,要求市国土局进一步修改完成后报市委审议。

8.关于《中国中部第三届暨南康第八届家具博览会筹备工作方案》。会议原则同意该《工作方案》,要求市家具产业促进局进一步完善后报市委审议。

9.关于《南康市鼓励投资促进开放型经济发展若干意见(试行)》。会议原则同意该《若干意见》,要求市商务局再征求市工投公司、市总工会等相关单位意见,进一步修改完善后报市委审议。

10.关于市政府与惠州华星集团的《南康市葡萄产业园项目合同书》。会议原则同意该《合同书》,要求市委农工部进一步修改完善,明确投资的具体项目以及相对应的投资额投资期限后,由市政府与该集团公司签定。

11. 关于招聘南康籍免费师范生到南康市高中任教问题。鉴于上级文件对免费师范生就业有明确要求，结合南康市高中学校教师岗位需求情况,会议原则同意按照公平、公正、公开的原则,择优招聘2013届南康籍免费师范生到南康市高中任教，要求成立招聘领导小组依程序按招录方案进行面试(说课)、体检、政审、考核合格并报市政府批准后,由招聘学校与毕业生直接签约,市人社局办理聘任相关手续。所有签约人员按规定实行人事代理。此事项报市委审议。

12.关于《南康市2012年国民经济和社会发展计划执行情况与2013年计划的报告》和《南康市2013年国民经济和社会发展计划》。会议原则同意该《报告》和《计划》,要求发改委进一步修改完善后报市委、市人大常委会审议，报市政协协商。

13.关于《2013年政府工作报告》。会议原则同意该《工作报告》,要求市政府办进一步修改完善后报市委、市人大常委会审议,报市政协协商。

14.关于《2013年财政预算安排意见》。会议原则同意该《安排意见》,要求市财政局进一步修改完善后报市委、市人大常委会审议，报市政协协商。

五届市政府第二十七次常务会议 2013年1月14日下午,市政府市长柯岩松在市政大楼六楼会议室主持召开了五届市政府第二十七次常务会议,副市长杨晓斌、宋英、肖志东、邓晓楠、刘晓方,副调研员张立相、方长华、刘瑞金,副县级干部叶伦汉,市政府党组成员、政府办主任何瑜,市政府党组成员、行政服务中心管理办主任宗小凡,市政府党组成员、监察局局长蓝希高参加了会议;市长黄菊兰因公请假;市人大常委会副主任刘小玉、市政协副主席倪静应邀列席了会议。会议议定的主要事项如下:

一、会议讨论了有关工程预算

1. 关于2012年现代农业标准粮田建设工程预算的审核意见。会议原则同意市财政局会同市审计局提出的审核意见，即该工程以最高限价489.3万元(其中一标段123.6万元、二标段365.7万元)依法按程序公开招投标。会议要求,今后涉及标准粮田、造地增粮、土地整理等项目一律要报市政府同意立项后再实施，工程款必须待土地重新确权到位、工程审查评估验收确定无历史遗留问题后再拨付。

2.关于麻双中学新建学生宿舍楼、食堂工程预算的审核意见。会议原则同意市财政局会同市审计局提出的审核意见，即该工程以最高限价283.7万元依法按程序公开招投标。

3.关于龙华中心小学龙华中心幼儿园综合楼及厨房工程预算的审核意见。会议原则同意市财政局会同市审计局提出的审核意见，即该工程以最高限价340.7万元(含暂列金10万元)依法按程序公开招投标。

4.关于东山街道官坑农村危旧土坯房改造集中建设点工程预算的审核意见。会议原则同意市财政局会同市审计局提出的审核意见，即该工程以最高限价369.4万元(含暂列金20万元)依法按程序公开招投标。

5. 关于横市镇横市桥工程预算的审核意见。会议原则同意市财政局会同市审计局提出的审核意见，即该工程以最高限价155.5万元依法按程序公开招投标。

二、会议讨论了其他有关议题。

1.关于拨付统筹城乡发展康唐试验区规划设计经费问题。经市城乡规划建设局、市财政局等部门审核并报市政府第23次常务会议批准，审定该项目业务金额为220万元。根据市政府与赣州市城乡规划设计研究院的框架协议和市城乡规划建设局与市城乡规划设计院的合同约定，鉴于该规划项目编制已基本完成，会议同意由市财政追加市城乡规划建设局220万元，用于支付该项目规划设计费。

2. 关于2013~2020年三项主要经济指标问题。会议原则同意市统计局提出的2013~2020年生产总值、财政总收入和固定资产投资等三项主要经济指标安排意见，要求市统计局进一步修改完善后报市委、市人大审议，报市政协协商。

3. 关于对封晓琴等14名教师作自动离职处理问题。鉴于封晓琴等14名教师未经任教学校和市教育局批准，擅自离开工作岗位1个月以上，对南康市教师队伍的稳定和学校教学工作带来了极大负面影响，根据人事部《全民所有制事业单位专业技术人员和管理人员辞职暂行规定》（人调发〔1990〕19号）、《关于在事业单位试行人员聘用制度的意见》的相关规定，会议原则同意对封晓琴等14名教师作自动离职处理，予以除名，由市教育局会同市人社局、市编委办按规定办理相关手续。

4.关于对2012年19名“三定向”生进行安置问题。会议同意将19名“三定向”生安置到其自主选择乡（镇）的农业服务中心工作。由市人社局按规定办理相关手续，统一由市人才交流中心实行人事代理。此事项报市委审议。

5. 关于赤土畲族乡设立凤凰社区居委会问题。为充分发挥社区居民的自治作用，促进当地经济社会发展，赤土畲族乡经广泛征求群众意见并报市民政局审核，会议原则同意将赤土畲族乡原赤土村的圩口组、圩背组、上街组、圩下组、桥头组及街道居委会划分新设立赤土畲族乡凤凰社区居委会，隶属赤土畲族乡政府管理。

6.关于批准东进农牧公司等两宗设施农地问题。鉴于南康市东进农牧有限公司通过集体土地流转，租用坪市乡白马塘村集体土地2387.48亩（其中农用地2344.42亩、未利用地43.06亩），用于生猪规模化养殖（其中生产设施占地2372.48亩、附属设施占地15亩）。建华农牧（南康）有限公司通过集体土地流转，租用坪市乡罗洞村集体土地873.75亩（其中农用地659.68亩、未利用地214.07亩），用于生猪规模化养殖（其中生产设施占地858.75亩、附属设施占地15亩）。根据国土资发〔2010〕155号文件和《南康市设施农用地管理实施办法》，会议同意由市国土局依法为该两宗地办理设施农用地手续。

7.关于提高供地率实行划拨供地问题。为进一步提高南康市建设用地供地率，会议原则同意将8宗共计367.8亩批而未供土地划拨给浮石乡政府等8个单位。

8.《关于机场走廊经济带K2、K11、K12地块国有建设用地使用权网上公开拍卖出让方案》。机场走廊经济带K2、K11、K12地块，面积分别为21279.31平方米（折合31.92亩）、13333.5平方米（折合20亩）、13333.91平方米（折合20亩），规划用途均为商业用地（汽车4S店），土地使用年限为商业40年。鉴于赣州市城乡规划建设局已编制该三宗建设用地规划技术指标，会议同意将K2、K11、K12地块分别以评估价75万元/亩、78万元/亩、77万元/亩为起始价依法按程序网上公开拍卖出让，并设置保留价。

9.关于继续执行南康市财政投资工程节能项目实施标准问题。鉴于南康市处于夏热冬暖气候地区，与外墙、外窗节能设计标准不配套，会议同意财政投资工程继续执行屋面保温节能设计标准，外墙、外窗节能设计标准再延期三年执行。

10. 关于适时启动赣州河西片机场快速干道建设问题。鉴于该项目已完成前期工作，仅待省发改委立项和列省重大项目调度，已基本具备适时启动的条件，会议原则同意正式启动该项目建设。

11. 关于赣州河西片机场快速干道项目设计问题。为便于该项目争资争项，会议原则同意通过有条件公开招投标方式确定项目设计

12.关于《南康市粮食系统资产情况及处置意见》。经市国资办审核，会议原则同意市粮食流通服务中心提出的粮食系统资产处置意见，对不能储粮的库点和有安全隐患的资产有序进行处置。

三、会议听取了土地执法工作情况汇报。会议认为，2012年，市国土局、市城市管理行政执法局会同各乡（镇、街道）和各有关单位，加强了日常动态巡查，查处了一批典型案例，积极推进了国土和规划行政执法体制重心下移，启动了疏导农民建房的机制调研，土地执法监察工作卓有成效。但是违法用地和违章建设行为没有得到根本遏制，与上级要求和群众期望仍有较大差距，需要进一步

加大举措,综合施策,遏制“两违”现象的发生。

五届市政府第二十八次常务会议　2013年2月7日下午，市政府市长柯岩松在市政大楼六楼会议室主持召开了五届市政府第二十八次常务会议,副市长杨晓斌、宋英、肖志东、黄菊兰、邓晓楠、刘晓方,副调研员方长华、刘瑞金,副县级干部叶伦汉,市政府党组成员、政府办主任何瑜,市政府党组成员、行政服务中心管理办主任宗小凡,市政府党组成员、监察局局长蓝希高参加了会议;副调研员张立相因公请假;市人武部政委沈光泽、市人大常委会副主任谢业雄列席会议议定的主要事项如下:

一、会议讨论了有关工程预算的审核意见

1.关于市第三中学科技楼工程预算的审核意见。会议原则同意市财政局会同市审计局提出的审核意见,即该工程以最高限价611.7万元(含预留金28万元)依法按程序公开招投标。

2.关于南山大道(燃气站段)道路排水工程预算的审核意见。会议原则同意市财政局会同市审计局提出的审核意见,即该工程以最高限价116.1万元依法按程序公开招投标。

3.关于市妇幼保健院综合楼工程预算的审核意见。2012年6月28日市政府第十七次常务会议批准该工程限价为3261.3万元,由于未及时招标,根据业主单位的调整意见和相关规定,需重新审定最高限价。会议原则同意市财政局会同市审计局提出的审核意见，即该工程以最高限价3533.7万元依法按程序公开招投标。

4.关于市妇幼保健院后勤楼工程预算的审核意见。2012年6月28日市政府第十七次常务会议批准该工程限价为374.4万元，由于未及时招标,根据业主单位的调整意见和相关规定,需重新审定最高限价。会议原则同意市财政局会同市审计局提出的审核意见,即该工程以最高限价404.5万元依法按程序公开招投标。

5.关于东山北路安置点安装变压器工程预算的审核意见。会议原则同意市财政局会同市审计局提出的审核意见，即该工程以最高限价119.2万元依法按程序公开招投标。

二、会议讨论了有关资金拨付问题

1.关于拨付东山街道朱边农村危旧土坯房改造集中建设点工程款问题。经核实,由东山街办组织施工的朱边农村危旧土坯房改造集中建设点工程合同价为1147.3万元,该工程目前已完成30%工程量。会议同意由市财政拨付东山街办211万元,用于工程进度款及相关费用的支付。

2.关于拨付龙岭镇马鞍岭农村危旧土坯房改造集中建设点工程款问题。经核实,由龙岭镇政府组织实施的马鞍岭农村危旧土坯房改造集中建设点工程合同价为839.9万元，该工程目前已基本完成土石方、挡土墙工程,预计完成工程量400万元,按合同支付工程量的60%需240万元。会议同意由市财政拨付龙岭镇政府240万元，用于支付工程进度款。

3.关于拨付循环经济产业园征地拆迁资金问题。为保证征地拆迁款及时发放到位,会议同意由市中小企业投资有限责任公司按程序拨付300万元至龙华乡政府，用于循环经济产业园征地拆迁费用支出。

4.关于解决通道绿化仰面山等绿化工程资金问题。根据市林业局的规划设计,经市财政审核,会议同意:(1)审定富裕和谐秀美精品线路仰面山、大广高速沿线仰面山、坪市乡小安村绿化工程投资分别为49.15万元、30.44万元、14.1万元,合计93.69万元,上述工程由市林业局组织实施,工程实行公开招投标，建设资金由市财政从预算安排的“一大四小”造林绿化资金中据实拨付。(2)审定森林乡镇(横市镇)绿化工程投资为89.4万元，该工程由横市镇政府组织实施，市林业局负责指导,工程实行招投标,资金从横市镇土地拍卖收入中安排。

5. 关于拨付新市民公寓A区收购资金问题。根据市政府与赣州天盛置业有限公司签订的收购协议,鉴于A区主体工程已基本完工,会议同意在市财政已预付2000万元收购款的基础上,再从中央下达的公共租赁住房建设资金中拨付1500万元至市廉租房建设办公室,由其按规定程序拨付。

6.关于返还泓泰置业投资有限公司项目建设所缴纳税收问题。经市财政审核,2012年12月17日至2013年1月6日，该公司共缴纳营业税、城建税、土地增值税、印花税等税收共计9422474.83元。根据市政府与该公司签订的《合同书》和康府办抄财字〔2011〕59号文件精神,应奖返项目建设第一次交易税收地方所得部分的50%共计3322781元。会议同意由市财政拨付以上奖励资金,用于项目的基础设施建设。

7.关于返还泓泰置业投资有限公司交易D区土地所缴纳有关税收问题。经市财政审核，2013年1月5日，该公司缴纳交易市场D区土地转让契税、耕地占用税、土地产权转移印花税共计4094409.12元。根据市政府与该公司签订的《合同书》和康府办抄字〔2009〕184号文件精神，会议同意由市财政局按程序拨付兑付该公司奖励资金4094409元。

8.关于2013年春节建设资金(第一批)安排意见。根据合同约定并经市财政局审核，会议原则同意由市财政安排拨付331.8万元(第一批)，用于拨付相关项目建设资金。

9. 关于预拨南水开发办征地拆迁资金问题。根据南水开发办"城中村"改造及重点项目征地拆迁进展情况，会议同意由市财政从土地收入中预拨1500万元至市土地储备供应中心(南水开发办)征地拆迁专户，用于龙珠坊区域、黎屋区域"城中村"改造、南山安置点、南水新村安置点、大卫安置点等项目的征地拆迁费用支出。

10. 关于缴交华亿家具产业园罚款和勘测费问题。根据赣国土资罚字〔2013〕009号行政处罚决定书，龙岭工业区管理办公室需在2013年2月6日前支付罚款计122.81万元，另需支付省国土资源勘测规划院涉案项目用地勘测费计10651.5元。由于华亿家具产业园用地挂牌出让，收入归市中小企业投资有限责任公司支配使用，会议同意由市中小企业投资有限责任公司按要求自行缴交上述罚款122.81万元和涉案勘测费10651.5元，作为该宗地的收储成本列支。

11. 关于拨付华亿家具产业园征地拆迁资金问题。为保证征地拆迁款及时发放到位，会议同意由市工投公司拨付300万元至龙回镇政府，用于华亿家具产业园的征地拆迁费用支出。

12. 关于给予招商银行南康支行优惠政策问题。鉴于招商银行南昌分行为南康市对口扶贫行，为鼓励其加大对南康经济发展的支持力度，会议同意对招商银行南康支行给予如下优惠政策：(1)由市财政在招商银行赣州南康支行开设"南康市苏区振兴发展项目建设工程财务管理办公室"账户，苏区振兴发展项目建设工程资金财政性存款向其重点倾斜。(2)招商银行赣州南康支行设立起第一年至第三年内所缴纳的营业税分别按100%、80%、50%比例予以返还。(3)从2013年起纳入全市银行业金融机构目标考核范围。会议要求，由市财政局牵头，市人民银行参与，结合2011年、2012年全市银行业金融机构支持地方经济发展的情况，就一级财政账户设立安排提出意见报市政府研究；招商银行赣州南康支行高管人员享受个人所得税奖励政策在调研后一并提出意见报市政府研究。

13.关于拨付2012年度村干部绩效考核奖励资金问题。根据康字〔2012〕13号文件精神和2012年度全市村干部绩效考核总评结果，会议同意由市财政追加2012年度村干部绩效考核奖励资金153.1万元，资金由市财政通过财政国库集中支付平台下拨给各乡(镇、街道)，由其按规定予以落实。

三、会议讨论了其他有关议题

1.关于对康东大桥路灯进行单一来源采购问题。为提升赣南大道南康段进城道路亮化景观，需在康东大桥安装路灯12杆，根据市场询价，灯杆、灯具采购共需5万元左右。为实现路灯造型的顺利衔接，并加快工程进度，确保在春节前亮灯，会议同意按单一来源方式采购康东大桥路灯灯杆，按赣南大道南康段路灯中标价跟标采购灯具。

2.关于章江"一江两岸"防洪工程(南康大桥至康东大桥)景观路灯购置问题。鉴于章江"一江两岸"防洪工程景观路灯招标时未将主材纳入招投标清单，为实现"一江两岸"景观的协调美观，使路灯安装在材质、间距与上游景观做到衔接统一，会议同意对所需安装的83套高杆金卤灯，参照蓉江大桥至南康大桥段的路灯样式实行跟标采购，其他路灯主材实行政府采购，所需资金由市财政据实拨付。

3.关于审定金赣北大道原部分挡土墙加固处理工程造价及确定选择施工单位方式问题。考虑到金赣北大道南康大桥至社会停车场路口排涝站路段原挡土墙需要实施加固处理的实际，且已编制了工程施工设计。会议原则同意市财政的审核意见，即审定该工程项目建安费用控制在208万元以内。为加快工程进度，确保在汛期前完成工程施工，并与正在实施的金赣北大道景观提升工程相衔接，同意采取邀请招标的方式确定该工程的施工单位。

4.关于"一江两岸"整治改造工程变更增加费用问题。鉴于该工程原有设计不够周全，存在一定缺陷。为使“一江两岸”整治改造工程景观更加美观和安全,会议同意:对存在安全隐患的地方增设护栏约1300米,各标段适当增加木芙蓉、小叶榕、桂花等苗木,工程变更部分的造价按中标价和市场询价的方式确定,增加造价控制在147万元以内。

5.关于设立南康市公园管理所有关问题。随着南康市公园数量的增加和管理范围的扩大,为进一步整合力量和资源,提升城区公园的专业化、精细化管理水平,会议同意:(1)设立南康市公园管理所,为市园林管理所下属股级全额拨款事业单位,统一负责对文化公园、旭山公园、东山公园及“一江两岸”整治改造成的公园进行日常运行维护管理。(2)核定公园管理所人员编制15名,配备3名股级领导(一正二副),同时撤销东山公园管理处,收回差额拨款事业编制5名。公园管理所人员采取公开招录方式确定并实行人事代理,具体招录办法由市人社局商市财政、编委办、城管等单位提出意见报市政府研究。(3)公园管理所财务实行独立核算管理,做到收支两条线,由市财政根据核定的编制和实际人员数,按照本级财政预算编制办法安排人员经费和公用经费。(4)公园管理所专项公用支出根据已安排的三大公园专项公用支出从原管理单位中核减后列入,新增加的花带按4.5元/平方米·年,乔木4元/平方米·年,绿地2.5元/平方米·年,清扫2.3元/平方米·年,保洁1元/平方米·年,公厕1.5万元/平方米·年的标准核拨,其他非标准项目需增加的费用报经市政府审批后核拨。

6.关于接管赣南大道南康段环境卫生工作有关问题。根据赣市府办抄字〔2012〕94号文件精神,南康市已全面接管赣南大道南康段环境卫生工作,鉴于该路段里程长且车流量大,为确保清扫质量,会议同意:(1)增加市环卫所8吨位洗扫车2辆、40吨位洒水车1辆、垃圾压缩清洗车1辆、护栏清洗车1辆,所需设备按照考察询价的方式实行政府采购,采购金额控制在300万元以内,采购完成后由市财政据实拨付。(2)按现行2.3元/年·平方米标准,结合赣南大道南康段54.96万平方米清扫面积,核定年清扫经费126.4万元,由市财政列入市环卫所2013年度财政支出预算,并追加2012年该路段清扫经费15.81万元。

7.关于调整金河路章惠渠段倒虹吸管入口端承设计方案问题。鉴于金河路建设工程在项目设计时未考虑渠道的承重问题,为确保干渠安全,经金河路项目设计单位赣州市城乡规划设计研究院根据市章惠渠管理局提供的相关资料,对金河路跨章惠渠段进行了承重设计调整,设计变更后需增加造价130万元。根据市政府相关调度会精神,会议同意由市城发公司支付设计变更后增加的工程费用。

8.关于市城乡规划建设局出让4宗国有资产问题。为防止国有资产流失,实现国有资产的保值增值,根据国有资产管理相关规定,会议同意对市城乡规划建设局所属位于沿江东路龙事达小区背后一宗占地182平方米、建筑面积127平方米的房地产和两宗占地分别为211平方米、109平方米的土地,沿江大道安居工程别墅小区34号一宗占地43.73平方米、建筑面积43.63平方米的房产等4宗国有资产依法按程序公开出让。会议明确:(1)该4宗国有资产出让前,由市城乡规划建设局聘请有资质的中介机构对资产价值进行评估,评估结果经市国资办审核并报市政府批准。(2)该4宗资产公开拍卖所得资金按规定缴纳相关税费后,全部缴入国资办专户,由市政府根据市城乡规划建设局申报的项目及资金需求予以核拨。

9. 关于批准市赞贤小学一宗建设用地问题。鉴于市赞贤小学占用官坑小学院内国有存量土地(老宅基地)436.8平方米兴建教学综合楼,会议同意由市国土局依法办理该宗建设用地相关手续。

10.关于批准市中医院一宗建设用地问题。鉴于市中医院占用院内国有存量土地(老宅基地)1675平方米兴建住院大楼,会议同意由市国土局依法办理该宗建设用地相关手续。会议明确,为加强对农(居)民建房用地的审查,拟成立由市政府分管副市长任组长,国土、规划、水利、交通、林业、公路、新村办等部门主要负责人为成员的农(居)民建房批地审查工作领导小组,领导小组原则上实行每季会审制度,对上报的农(居)民建房进行会审,确需报市政府审批的,由领导小组提出意见后上报。具体由市国土局代拟文稿,报经市政府审议后执行。

11. 关于重新核定旭山东路拆迁安置户肖铭拆迁安置面积问题。经蓉江街办调查核实,2006年确因蓉江街办工作人员疏忽,将旭山东路肖铭(安置户肖士华之子)安置面积误报为81平方米。

为妥善解决安置户的建房用地审批手续问题，本着历史问题历史解决的原则，会议同意将肖铭安置面积调整为108平方米。

12.关于《南康市农村自来水工程规划报告》。会议原则同意市水利局会同有关部门编制的《南康市农村自来水工程规划报告》。根据省赣发改农经字〔2006〕46号文件精神，由市水利局进一步修改完善后上报省发改委、省水利厅。

13.关于2013年拟入规家具企业设立有关条件问题。为规范家具企业入园入规工作，缓解家具产业园供地压力，提高家具业主的纳税意识，会议原则同意市家具产业促进局提出的意见，对2013年拟入规家具企业的准入门槛予以适当提高，即申报企业年纳税达20万元以上的，或获得省著名商标、江西名牌产品等省级以上荣誉，当年纳税达10万元以上的，可直接列入待入规企业上报；新办企业申报入规，从企业注册之日起至申报入规时止的纳税额达到年纳税总额20万元的纳税进度时，可列入待入规企业；同时取消此前已出台的促进家具企业入规和办理一般纳税人的奖励政策。会议要求，由市家具产业领导小组负责，结合苏区振兴发展的优惠政策和“三送”进家具企业活动开展情况，重新梳理促进家具产业转型升级的实施意见，于3月底前报市政府研究。会议明确，2013年重新梳理家具产业发展的优惠政策，不再执行2012年及以前的家具产业各项优惠政策。

14.关于市公安局设立出入境管理大队、情报信息中心、审计室三个内设机构问题。根据公安工作需要，会议原则同意设立市公安局出入境管理大队、情报信息中心、审计室，为市公安局正股级内设机构，人员编制在其内部调剂解决，核定出入境管理大队、情报信息中心股级领导职数为1正2副，审计室股级领导职数为1正1副，同时撤销市公安局国内安全保卫大队出入境管理科。此事报市委审议。

15. 关于处置赣州金文投资公司回购债权问题。会议原则同意市国资办提出的赣州金文投资公司回购债权的处置意见，由市国资办逐项交办、督办有关单位处置到位，并妥善办理所有债权权属证件的移接交手续，做到化解矛盾，不留尾巴。其中关于江西赣南蓉江铝型材厂债权1831.56万元，抵押物为东门村所属南康布市店面，由蓉江街办承担债务，作挂账处理，先从化解乡（镇）债务第一批资金196万元中清偿，以后逐步清偿，第一批资金到位后，将南康布市店面的权属证件归还蓉江街道东门村。

16.关于《家具产业园二期、三期国有建设用地使用权网上挂牌出让方案》。鉴于市城乡规划建设局已编制家具产业园二期C-02-01、C-03-02、C-04-01、C-05-02、C-06-01、C-07-02、C-011-01、C-08-02、C-09、C-10、C-12-01等11宗地，家具产业园三期D-01-01、D-02-01、D-03-01、D-04-01、D-05-01、D-08-01等6宗地规划技术指标，根据国有建设用地使用权招拍挂出让计划，会议同意对以上17宗工业建设用地分别按446万元、825万元、967万元、204万元、423万元、681万元、1279万元、355万元、700万元、731万元、844万元、335万元、287万元、277万元、300万元、1011万元、550万元为起始价，依法在网上公开挂牌出让。会议要求，市国土、规划建设部门要对上述17宗工业用地的土地用途、规划条件进行审查，必须严格按照市规委会审定的规划条件执行。

17.关于《东山家具交易市场4宗国有建设用地使用权网上拍卖出让方案》。东山家具交易市场K-2-02、K-2-03地块，面积分别为56929平方米、34209平方米，规划用途均为商住用地；K-2-04b地块，面积为33777平方米，规划用途为商业用地；K-2-05b地块，面积为31716平方米，规划用途为商业用地（兼容物流仓储）。鉴于市城乡规划建设局已编制该四宗建设用地规划技术指标，会议同意将以上四宗地分别以评估价84万元/亩、82万元/亩、76万元/亩、76万元/亩为起始价依法按程序网上公开拍卖出让，并设置保留价。会议要求：（1）市家具产业发展领导小组要加强对泓泰公司上市工作的跟踪服务，促其尽早进入上市辅导。（2）市国土局对家具交易市场征地拆迁已到位、具备出让条件的宗地，要及时网上公开拍卖出让，其中B地块尚未出让部分，一并纳入本次出让范围。

18.关于《镜坝燃气接收门站地块国有建设用地使用权网上公开挂牌出让方案》。镜坝燃气接收门站地块，土地面积3636.29平方米，规划用途为工业用地，建设项目为供燃气用地。鉴于市城乡规划建设局已编制相关规划技术指标，会议同意将该宗地以43.7万元为起始价依法按程序网上公开挂牌出让。

19. 关于确定开源矿业3万吨精锡生产线项目用地问题。鉴于市工业用地领导小组已实地考察和组织专家评审，根据项目生产工艺和规划建设需要，会议同意：(1)对该项目在循环经济产业园一次性供地530亩。(2)对循环经济产业园区主干道规划作适当调整，以满足项目建设的实际需要。(3)原则上按照2012年9月29日市政府第二十一次常务会议议定的优惠条件，给予企业优惠。

20. 关于江西正源仁和置业有限公司建设商务办公楼问题。该公司于2012年10月31日依法取得了南水新区E-08C西地块(面积为67120平方米)国有土地使用权，该地块规划用地性质为居住、商业，其中商业建筑面积不大于8000平方米，现该公司申请，在容积率不变的前提下增加商业建筑面积调减相应居住面积以兴建商务办公楼。根据相关法律法规和专家论证意见，会议原则同意在不突破既定容积率的前提下，按法定程序组织专家再论证并报经市规委会审议通过后，调整该宗地的规划设计条件。规划设计条件调整后，由国土部门聘请有资质的评估机构对改变用途土地面积的价差予以评估，用地单位足额补交土地出让金后方可办理《土地出让合同》相关补充合同。

21.关于《南康市2013年矿产品行业财政奖励办法》。会议原则同意该《奖励办法》，要求市财政局进一步修改完善后报市委审议。

五届市政府第二十九次常务会议 2013年3月14日上午，市政府市长柯岩松在市政大楼六楼会议室主持召开了五届市政府第二十九次常务会议，副市长宋英、肖志东、黄菊兰、邓晓楠、刘晓方，副调研员方长华、刘瑞金，副县级干部叶伦汉，市政府党组成员、政府办主任何瑜，市政府党组成员、行政服务中心管理办主任宗小凡，市政府党组成员、监察局局长蓝希高参加了会议；副市长杨晓斌因公请假；市人武部政委沈光泽、市人大常委会副主任谢业雄、市政协副主席倪静列席了会议。会议议定的主要事项如下：

一、会议议论了有关工程预核意见

1.关于富裕和谐秀美乡村建设(大广高速唐江枢纽以北沿线两厢)房屋风貌改造工程预算的审核意见。会议原则同意市财政局会同市审计局提出的审核意见，即该工程以最高限价4602.9万元(含暂列金355.7万元)依法按程序公开招投标。

2.关于东山街道官坑小学综合楼工程预算的审核意见。会议原则同意市财政局会同市审计局提出的审核意，即该工程以最高限价177万元(含暂列金7万元)依法按程序公开招投标。

二、会议讨论了有关资金拨付问题

1.关于拨付家具市场征地拆迁资金问题。该项目征地拆迁资金预算为4857万元，现已累计发放4756万元，其中东山街办垫付956万元，为不影响征地拆迁补偿款发放，会议同意由市土地收储中心拨付956万元至东山街办征地拆迁专户。

2.关于拨付工业大道与赣南大道连接线项目征地拆迁资金问题。经东山街办测算，该项目共需征地拆迁资金1382.7万元，现已累计发放1183.2万元，其中东山街办垫付383.2万元。为不影响征地拆迁补偿款发放，会议同意由市财政拨付383.2万元至东山街办征地拆迁专户。

3.关于解决大广高速唐江枢纽以北沿线仰面山绿化工程资金问题。根据市林业局的作业设计和相关要求，会议同意由市林业局按市财政局审定投资额121.5万元组织实施，工程实行招投标，资金由市财政根据合同约定和市林业局验收情况从预算安排的"一大四小"绿化资金中拨付。

4. 关于拨付窑边电灌站工程建设资金问题。因东山新区规划，东山北路安置点及东山新区返迁房工程相继开工，原章惠渠南干渠窑边支渠的供水系统遭到破坏。为尽快解决东山社区、窑边村1500亩农田的灌溉问题，确保农业生产顺利进行，根据相关单位实地踏看提出的意见，会议同意在章水左岸323国道公路桥下游(康阳电站库区内)新建窑边电灌站，工程由水利局直接实施，所需资金按市财政审定的19.8万元由市财政拨付。

5.关于拨付东山工业区一宗土地收储成本问题。根据市政府第二十五次、二十八次常务会议精神，由市土地收储中心将新佳新有限公司位于东山工业园的一宗265.87亩工业用地按评估价21571.33万元有偿收回，再按程序调整为商住用地后依法在网上公开拍卖出让。该宗地(含地上建筑物)最终由新佳新有限公司竞得，成交总价款为4.39亿元。为确保市政府常务会议定事项得到有效落实，会议同意：(1)由市财政将21571.33万元拨至市土地收储专户，用于支付新佳新公司土地收购款。(2)由市财政将出让该宗地的前期勘测费

2.65万元、工作经费64.713万元总计67.36万元拨至市土地收储中心基本户。(3)新佳新公司在收到由到市土地收储中心土地收购款项前，不收取违约金，款项到达后应及时缴交欠缴的土地款，从款项到达新佳新公司次日起收取违约金。

6. 关于安排2011年度自主就业退役士兵一次性经济补助资金问题。根据赣府厅字〔2013〕7号文件精神，会议同意由市财政、民政部门从优抚结余资金中整合279.9万元，为2011年南康市接收选择自主就业退役士兵195人发放一次性经济补助。

三、会议讨论了其他有关议题

1.关于对横市镇、大坪乡、坪市乡富裕和谐秀美乡村精品示范点建设灰瓦采用询价方式进行采购问题。鉴于横市、大坪、坪市等乡(镇)富裕和谐秀美乡村示范镇和精品点建设工程时间紧，任务重，为如期完成各项工作任务，会议同意横市增坑村、土桥村、横市圩镇，大坪上期村、大坪村、桥庄村，坪市小安村、罗洞村工程量采取邀标形式进行招标，灰瓦项目采购由相关部门组成询价小组进行现场询价采购。

2.关于大广高速唐江枢纽以北沿线富裕和谐秀美乡村房屋风貌改造用灰瓦进行公开招标问题。经市委农工部初步统计，大广高速沿线坡顶采购灰瓦约207879平方米，按每平方米单价22元算，约需资金457万元。根据市财政、法制办、监察、公共资源交易中心的审核意见，会议同意以2元/片的单价(含税费、运输费、上下车费)按程序进行公开招标采购灰瓦。

3. 关于给予金汇小额贷款公司扶持政策问题。鉴于该公司为支持当地经济发展做出了积极贡献，为扶持其发展，参照周边县(市)的做法和对村镇银行的扶持政策，会议原则同意对该公司前三年所缴营业税地方实得部分分别按100%、80%、50%给予奖补。

4.关于收回市污水处理厂二期工程投资及相应调整污水处理服务费单价问题。鉴于市污水处理厂二期扩建工程已正式投产，总投资额为490万元。根据市政府与江西洪城水业环保有限公司签订的《南康市污水处理厂特许经营权出让项目特许权协议》及补充协议相关条款，南康市应收回此次二期扩建投资并相应调整污水处理服务费单价。会议同意：(1)将二期扩建工程按总价1000万元出让，出让价款超出工程实际投资部分用于城区污水管网建设和改造。(2)按此出让价核定污水处理服务费单价为0.9146元/吨，结算日期自2013年1月1日起执行。(3)调整后的水量及水价要签订相关补充协议予以明确。

5.关于明确市城发公司下属子公司经营范围问题。根据市政府第二十四次常务会议精神，结合城发公司现状及发展需要，会议同意市城发公司下属子公司经营范围确定为：(1)南康市国有资产经营投资有限公司：市政府授权范围内经营性国有资产经营，包括南康市行政机关、事业单位、党派、人民团体及其所属事业单位所有，用于从事生产经营活动、取得经营收益的资产，如店面、厂房、酒家、宾馆、招待所、培训中心等；市属原国有企业改制剩余资产；市直机关用国有资金对外投资形成的股权；特许经营权等无形资产；资源性资产租赁、抵押、担保；农村、城镇基础设施建设投资，农业综合开发投资。(2)南康市城发房地产开发有限公司：房地产开发，销售、出租本公司开发的商品房，房屋工程设计，提供物业服务，承接棚户区改造、公租房、安置房等保障性住房的开发建设与管理，旧城改造。(3)南康市户外广告经营有限公司：城市公共空间广告资源招标、代理；广告策划设计制作；大型户外广告牌制作；会展服务；滚动换画灯箱；城市楼宇LED亮化照明工程施工；店铺装潢设计与施工。(4)南康市市政管网投资经营有限公司：城市基础设施项目的建设、经营，地下管网建设、经营，项目投资咨询，城市综合开发，园林绿化、城市道路照明建设施工，建筑材料，装修材料经营，工程设备租赁。

6.关于2013年招聘高中教师问题。根据南康市高中教师队伍编制情况及办学需要，会议原则同意2013年招聘100名高中教师，具体由市委、市政府成立专门的招聘工作领导小组，制定招聘方案后组织实施，其中招聘条件要符合康办字〔2011〕172号文件要求。此事项通报市委分管领导和市委组织部。

7.关于国家家具产品质量监督检验中心建设用地问题。鉴于该项目已被列入赣南苏区振兴项目且对提升南康市家具产业发展水平有积极的促进作用，为加快项目建设进度，会议同意在105国道旁龙岭镇台头村规划50亩土地用作国家家具产品质量监督检验中心建设用地，以满足项目建设需要为原则，实行分期供地和办证，一期供地面积控制在10亩以内。

8. 关于调整变更龙岭银龙小区容积率问题。该宗地位于龙岭镇金龙大道中段北侧，面积9.08亩，由赣州德福房地产开发有限公司于2009年2月通过公开挂牌出让方式依法取得。由于地块出让时尚未编制控规，根据出让合同所附规划条件中容积率依据《江西省城市规划管理技术导则》确定为2.4。现该公司请求按照已经批准实施的龙岭新区控制性详细规划调整该地块容积率至≤3.0。依据《江西省城乡规划条例》、住建部《建设用地容积率管理办法》的相关规定，经市城乡规划委员会第四十三次会议审议，原则同意按法定程序调整该地块容积率≤3.0。鉴于市城乡规划建设局已组织专家委员会对该地块调整容积率后的方案进行了论证，论证结果基本可行，会议原则同意在征得该宗地规划地段内利害关系人同意的前提下，按法定程序调整该地块容积率至≤3.0。宗地容积率调整后，由国土部门聘请有资质的评估机构评估出单位地价经市政府同意后，补缴土地出让金。

9.关于赣州职教园区建设有关问题。根据赣州市有关调度会议精神，为加快推进赣州职教园区建设，会议明确：(1)由市规划建设局负责，会同国土、教育、规划设计院、太窝乡、镜坝镇等单位，再次现场踏看，慎重确定启动区选址及划定用地红线范围，并与赣州市城乡规划建设局对接，争取以书面形式确定好项目选址、建设规模和范围等。(2)由赣州市城乡规划设计研究院南康分院负责，尽快完成职教园区测绘、总体规划初步方案及相关控规编制。(3)由市国土局负责，尽快完成职教园区2012年500亩用地指标土地预审工作，同时要积极加大用地指标争取力度。(4)由市发改委负责，做好职教园区建设项目的申报、立项及争资工作。(5)由市城发公司作为职教园区运作主体和融资平台，负责园区内公共道路、供水、供电、供气及公共场地的绿化等基础设施建设。(6)由市教育局负责，与赣州市教育局对接，落实至少1所赣州市“退城进园”院校或实训中心，并制定南康市职业中专搬迁方案。(7)由镜坝镇政府、太窝乡政府负责，根据启动区用地红线图做好启动区范围内的征地拆迁调查摸底和测算工作，拟定《赣州市职教园区建设征地拆迁工作方案》报市政府研究。

10. 关于市机动车驾驶人考训中心建设项目选址问题。鉴于该项目对南康市发展第三产业有积极推动作用，且已完成项目立项和用地林地审批，会议原则同意：(1)该考训中心选址于东山街道上坪村105国道西侧，用地面积约50亩。具体选址要按照规划更方正，偏离拟实施的大广高速南康南出入口连接线即倚峰大道的原则确定，并报市规委会审议。(2)同意作为临时用地办理规划许可，待条件成熟后调整为规划区内的建设用地依法公开出让。会议明确：(1)该项目的征地补偿必须按南康市现行的征地补偿政策执行，并由当地政府组织实施，企业不得擅自开展征地工作。(2)该考训中心应按生态型要求进行建设，具体由市城乡规划建设局予以监督把关。

11.关于接管赣南大道有关问题。根据赣市府办抄字〔2012〕94号抄告单精神，按照属地化管理原则，赣南大道南康辖区段部分将由南康市接管，为加强赣南大道南康段的园林绿化、路灯管理，会议明确：(1)在工程质保期到期前，南康市可先行接管园林绿化和市政设施养护，其中园林绿化的接管要与赣南大道建设指挥部再行洽谈，明确接管方式，并特别载明在质保期满后需经市政、园林等部门盖章签字后方能支付质保金。(2)鉴于赣南大道南康段与城区距离较远，为便于管理和绿化养护，同意新增1辆园林工具车、4台割灌机、2台绿篱机、1辆绿化喷洒车，新增设备实行政府采购，采购资金由市财政据实拨付，总价控制在32.8万元以内，其中园林工具车要按要求报批。(3)鉴于赣南大道南康段园林养护经费已按核实养护面积及现行养护经费计算列入市园林所2013年度财政支出预算，不另行增加人员经费。(4)同意在路灯质保期满后增加市政处路灯日常维护经费，暂不安装全市路灯控制系统，可适当予以增加市政处人员巡逻费用。鉴于该路段现有人居稀疏，可采取法定节假日全线亮灯，其余时间间隔亮灯的方式，以节约费用支出。

12.关于《2013年中心城区土地出让和土地收储计划》。会议原则同意该《出让和收储计划》，由市国土局进一步修改完善后印发实施。

13. 关于开源矿业3万吨精锡生产线等4个工业项目用地问题。根据市工业项目用地审查小组审查意见，会议原则同意：(1)开源矿业3万吨精锡生产线项目落户循环经济产业园，供地530亩，其中第一期400亩，剩余130亩待土地报批后按程序供地。(2)市公安交管大队机动车检测中心项目落户节能照明产业园基地F1-2地块，供地20亩，用地性质为工业用地，以评估价(不得低于土地成本价)挂牌出让方式供地。(3)集盛科技年处理4000吨汝铁硼废料和1000吨荧光粉废料综合回收利用项目落户循环经济产业园，供地100亩，其中先行对集盛科技年处理4000吨汝铁硼废料项目供地50亩，1000吨荧光粉废料综合回收利用项目待项目条件成熟后再供地。(4)八0一钨业迁(扩)建仲钨酸铵、钨粉和硬质合金项目落户循环经济产业园，供地100亩

14. 关于赣州八O一钨业有限公司落户循环经济产业园的有关问题。根据《南康市鼓励投资促进开放型经济发展的若干意见》，该项目不符合南康市招商引资“一事一议”优惠政策，但考虑到该项目有较强实力和资源技术优势，会议同意该企业在符合环保要求的前提下落户循环经济产业园，供地100亩，由企业按照80004元/亩的标准先行缴纳购地款，再由工投公司按5万元/亩的标准借款给该企业，如果供地第5年起税收能够达到1亿元，则该笔借款可作该企业的奖励资金。会议要求，工投公司要以该宗地土地使用权证作为质押，制定相应的约束条件。

15. 关于机关事业单位工作人员参加工伤保险问题。鉴于机关事业单位工作人员参加工伤保险，能有效分散机关事业单位工作人员的工伤风险，充分保障其合法权益，有利于拓宽工伤保险筹资渠道，增强工伤保险基金抗风险能力，会议原则同意将全市机关事业单位工作人员纳入工伤保险覆盖范围，缴费基数依照城镇职工基本医疗保险缴费基数执行，初次缴费费率标准为0.5%，先试行一年。

16.《关于加快旅游产业发展工作意见》。会议原则同意该《工作意见》，由市旅游局进一步修改完善后报市委审议。

17.关于《南康市社会管理综合治理工作整改实施方案》。会议原则同意该《整改方案》，由市综治办进一步修改完善后报市委审议。

18.关于《2013年城区治脏治乱治堵工作实施方案》。会议原则同意该《实施方案》，由市城管局进一步修改完善后报市审议。

19.关于《招商引资项目库》。会议原则同意该《招商引资项目库》，由市商务局进一步修改完善按程序会签后印制。

20.关于《苏区振兴发展争资争项项目库》。会议原则同意该《争资争项项目库》，由市振兴办进一步修改完善后以“两办”名义印发。

五届市政府第三十次常务会议　2013年4月12日上午，市政府市长柯岩松在市政大楼六楼会议室主持召开了五届市政府第三十次常务会议，副市长杨晓斌、宋英、肖志东、黄菊兰、邓晓楠、刘晓方，副调研员张立相、方长华、刘瑞金，副县级干部叶伦汉，市政府党组成员、政府办主任何瑜，市政府党组成员、监察局局长蓝希高参加了会议；市政府党组成员、行政服务中心管理办主任宗小凡因公请假；市人武部政委沈光泽、市人大常委会副主任谢业雄、市政协副主席倪静应邀列席了会议

会议议定的主要事项如下：

一、会议讨论了有关工程预算审核意见

1.关于市逸夫小学综合楼及其附属工程预算的审核意见。会议原则同意市财政局会同市审计局提出的审核意见，即该工程以最高限价329.4万元(含暂列金12.9万元)依法按程序公开招投标。

2.关于市第五小学第二综合楼工程预算的审核意见。会议原则同意市财政局会同市审计局提出的审核意见，即该工程以最高限价233.8万元依法按程序公开招投标。

3.关于市第一小学新建教学综合楼(北栋)工程预算的审核意见。会议原则同意市财政局会同市审计局提出的审核意见，即该工程以最高限价277万元依法按程序公开招投标。

4.关于浮石乡中心幼儿园综合楼工程预算的审核意见。会议原则同意市财政局会同市审计局提出的审核意见，即该工程以最高限价259.4万元(含暂列金20万元)依法按程序公开招投标。

5.关于保障性住房Ⅱ标段建设工程预算的审核意见。会议原则同意市财政局会同市审计局提出的审核意见，即该工程以最高限价5805.7万元(含暂列金441万元)依法按程序公开招投标，监理费费率控制在合同价款1.2%即总价67万元以内。

6.关于廉租房五期道路及排水工程预算的审核意见。会议原则同意市财政局会同市审计局提出的审核意见，即该工程以最高限价141.2万元

（其中预留金8万元）依法按程序公开招投标。

7. 关于廉租房五期10KV配变及户表安装工程预算的审核意见。会议原则同意市财政局会同市审计局提出的审核意见，确定该工程最高限价为135.6万元。

二、会议讨论了有关资金拨付问题

1.关于拨付家具产业园二期（东山范围内）征地拆迁资金问题。家具产业园二期征地拆迁资金预算为3723万元，市财政已累计拨付2200万元，为不影响征地拆迁补偿款发放，会议同意由市财政拨付1000万元至东山街办征拆专户。会议要求，东山街办要加快工作进度，尽早交付净地。

2.关于拨付资金归还农行贷款问题。经市政府同意，南水开发办2009年10月以市土地储备供应中心为贷款主体，向市农行贷款1.8亿元，截至2013年3月，贷款余额为9600万元。根据2011年9月15市土地储备供应中心与市农行签定的《合同补充协议》，会议同意由市财政从土地收入中拨付3650万元至市土地储备供应中心（南水开发办），由其按程序归还市农行贷款。

3.关于拨付龙岭镇秀峰、马鞍岭、李家山农村危旧土坯房改造集中建设点供水设施工程款问题。鉴于龙岭镇政府组织实施的秀峰、马鞍岭、李家山农村危旧土坯房改造集中建设点已基本完工，需由市自来水公司完成集中建设点外供水主管和集中建设点内配水管的施工。会议同意市财政局会同市审计局对三个集中建设点供水工程的审核意见，即工程预算造价为176万元。根据康府办抄字〔2011〕123号文件精神，会议同意上述工程建设资金由市财政全额负担，从上级下达的老区转移支付资金中解决，并根据目前进度先拨付龙岭镇政府90万元。

4. 关于返还泓泰家具市场超出地价款问题。经核实，2013年3月11日，该公司通过网上竞拍取得家具交易市场地块总面积234.9465亩，总成交价为18846.963万元，根据约定总成交价款将于5月11日前缴清。根据市政府与该公司签订的《合同书》有关约定条款，会议同意在该公司全部缴清总成交价款18846.963万元后，对超出20万元/亩部分即14148.033万元奖励给该公司，用于家具市场基础设施建设。

5.关于拨付蓉江街办旭山北路拓宽改造征地拆迁补偿款问题。该工程已累计发放征地拆迁补偿款1181.4万元（内含增加奖137.6万元），经蓉江街办丈量测算仍需发放补偿款116.6万元，为确保该工程征地拆迁顺利进行，会议同意在市财政已累计拨付1100万元的基础上，再拨付160万元至蓉江街办征拆专户。

6.关于拨付蓉江街办康赤线拓宽改造征地拆迁补偿款问题。根据蓉江街办实地丈量统计，该工程已签协议应发放征地拆迁补偿款1377.85万元（含安置点规划设计费5万元）。为确保该工程征地拆迁顺利进行，会议同意在市财政已累计拨付1170万元的基础上，再拨付180万元至蓉江街办征拆专户。

7.关于拨付康唐公路建设项目贷款本金及利息问题。经市政府批准，市国资经营公司2010年2月向市农发行贷款5000万元用于康唐公路拓宽改造工程，截至2012年底，贷款余额为3800万元。根据市国资经营公司与市农发行签定的《固定资产借款合同》，会议同意由市财政从土地收入中拨付540.9万元至市国资经营公司，由其分期归还2013年的市农发行贷款本息。

8. 关于奖返赣商村镇银行2012年已缴税费问题。鉴于赣商村镇银行服务地方经济发展做出了积极贡献，根据康府办抄字〔2011〕162号抄告单精神，经市财政审核，会议同意由市财政拨付该行奖励资金202.31万元（其中缴纳营业税奖励56.32万元、缴纳企业所得税奖励144.73万元、高管人员缴纳个人所得税奖励1.26万元）。

9.关于返还南康市金汇小额贷款股份有限公司所缴纳营业税问题。根据康府办抄财字〔2013〕47号抄告单精神，经审核，市财政应全额返还该公司2011年缴纳营业税483387元，按80%返还2012年缴纳营业税539109元，会议同意由市财政拨付上述奖励资金1022496元。

10.关于保障综治工作专项经费问题。根据赣财行〔2012〕93号文件精神，为确保南康市综治工作经费足额保障到位，会议同意由市财政补拨2012年综治专项经费53万元，使其达到83万元（人平1元）的标准，2013年预算安排市委政法委综治维稳等各类工作经费166万元。

11. 关于拨付市矿管局办公楼工程项目费用问题。根据城区规划需要，市矿管局办公楼拟在东山新区重新选址建设，鉴于南水新区E-08C地块已拍卖，会议同意由市财政从该宗地拍卖收入中拨付市矿管局116.9万元，用于弥补其在原国土资源系统培训中心大楼的前期建设投入。

12. 关于安排五河治理城市防洪工程配套资金问题。鉴于该工程省发改委、省水利厅批复2012年度东山片区段投资5271.62万元（其中上级财政资金2635.81万元、南康市配套2635.81万元）。为确保工程顺利实施，并为南康市进一步争取该类项目资金打下基础，会议同意：(1)由城发公司负责，根据工程招投标及实际发生情况，按1:1的比例筹措配套资金，并于工程招标前上划600万元至省五河治理防洪工程项目部。除去该笔上划资金及包干用于征地拆迁的1479.52万元，其余部分配套资金以后据实上划。(2)工程参照金赣北大道防洪工程标准建设，其中属五河治理项目部分由市水利局牵头实施，拓宽部分由城发公司牵头实施。征地拆迁一步到位，如项目安排的征地拆迁资金不足，由城发公司另行筹措。

三、讨论其他有关议题

1.关于调整大广高速唐江枢纽以北沿线房屋风貌改造用灰瓦采购方式问题。鉴于该改造工程用灰瓦公开招标采购未成功，为确保灰瓦颜色、质地统一和及时供应，会议同意将该改造工程用灰瓦采购方式调整为单一来源方式采购。

2.关于循环经济产业园道路更改增加土石方工程直接发包问题。鉴于开源矿业公司地块经市政府同意变更后，产业园区道路规划相应调整，需新增路基土石方开挖总量27983立方米。考虑到新增工程大部分是石方，施工难度大，为加快园区建设，会议同意采取直接发包形式确定施工队伍，并按第一期土石方中标价10.2元/立方米标准核算工程费用。

3.关于对省产检院南康实验室家具检测设备进行接收问题。因南康市即将启动国家家具产品质量监督检验中心(南康)建设，省产检院中止了与南康市合作的南康实验室建设，为理顺与省产检院关系，会议同意：(1)由市质监局对省产检院南康实验室家具检测设备进行接收并按原价进行货币补偿(含安装调试费用)，但利息及无形资产价值不予补偿，所需资金193万元由市财政借给市质监局。(2)具体接收事宜由市质监局与省产检院协商办理，资产移接交清单需报市国资办。市质监局在此基础上具体负责筹建国家家具产品质量监督检验中心(南康)事宜。(3)市财政借款由市质监局从家具产品质量监督检验收入中分三年归还。

4.关于成立赣州市职业教育园区投资开发有限责任公司问题。根据赣州市职教园区建设调度会和市政府第二十九次常务会议精神，由市城发公司作为赣州职教园区的运作主体和融资平台，负责园区公共道路、供水、供电、供气及公共场地的绿化等基础设施建设。为保障职教园区项目顺利实施，会议同意由市城发公司注资2000万元成立赣州市职业教育园区投资开发有限责任公司，属市城发公司法人独资子公司，具体承担职教园区的基础设施投资和地产运作，注资资金由市城发公司自行调剂。此事项报市委审议。

5.关于廉租住房小区沿街店铺进行公开招租问题。为确保国有资产保值增值，进一步完善廉租住房小区生活服务设施，根据《南康市经营性国有资产管理暂行办法》规定，会议同意通过市公共资源交易中心以挂牌方式公开出让该小区1~3期60间店铺经营权，租赁期限为5年，租金每年递增5%。会议要求，由市廉租住房管理办会同市国资办对周边店铺租金进行摸底调查，并根据店铺面积及区位合理设定各店铺挂牌起始价和保底价。

6.关于市烟草专卖局新建办公楼不予重新选址问题。考虑到市烟草专卖局根据康府办抄字〔2008〕43号抄告单精神，已办理了新建办公楼的国有土地权证并按规定缴交了相关费用，现该单位已取消法人资格，重新报批难度较大，会议原则同意该局新建办公楼仍按原方案建设，不另选址。

7.关于2013年规划编制项目问题。会议原则同意市城乡规划建设局提出的2013年规划编制项目安排意见，由市城乡规划建设局进一步修改完善后印发实施。

8.关于提高供地率划拨供地问题。为提高南康市建设用地供地率，尤其是经省政府批准的重点项目用地供地率，盘活批而未供土地，会议原则同意将龙华循环经济产业园和镜坝节能照明产业园中经省政府批准的新增建设用地以划拨形式供地，但不宜布局到道路建设中，具体由副市长邓晓楠牵头市国土局与上级部门沟通协调解决。

9.关于将金鸡医院纳入新农合乡级定点医疗机构问题。根据康府办抄字〔2007〕211号抄告单精神，经市农村合作医疗管理中心审查和市新农合管委会讨论通过，南康金鸡医院已具备民营医院纳入新农合定点医疗机构的条件，会议同意将金鸡医院纳入新农合乡级定点医疗机构。

10.关于对胡春妹等11名教师作自动离职处理和对黄风平作开除处理问题。(1)鉴于胡春妹等11名教师未经任教学校和市教育局批准，擅自离开工作岗位达2个月以上，对南康市教师队伍的稳定和学校教学工作带来了较大的负面影响，根据《全民所有制事业单位专业技术人员和管理人员辞职暂行规定》(人调发〔1990〕19号)的相关规定，会议同意对胡春妹等11名教师作自动离职处理，予以除名，由相关部门根据上级规定按程序办理手续。(2)鉴于黄风平因犯罪被判处有期徒刑，根据人社部、监察部《关于事业单位工作人员处分暂行规定》(第18号令)第二十二条“事业单位工作人员被依法判处有期徒刑以上刑罚的，给予开除处分”的规定，会议同意对黄风平作开除处理，由相关部门按程序办理手续。

11. 关于硕士研究生报考南康市中小学教师放宽年龄条件问题。根据康办字〔2011〕172号文件要求，报考南康市中小学教师的年龄为大学毕业生30周岁以下，市外在职教师40周岁以下。鉴于上级教育主管部门有关文件规定，高中学校教师取得硕士研究生学位的比例要达到10%以上，且有部分超过年龄限制的硕士研究生有强烈报考愿望，为更好地引进人才，会议同意将硕士研究生报考市中小学教师的年龄条件放宽到45周岁。

12.关于申报南康市2013年特岗教师计划问题。根据赣市教师字〔2013〕3号)文件精神及南康市义务教育学校编制情况和教育教学工作实际需要，会议同意南康市2013年申报省统招特岗教师计划350人(其中初中110人、小学240人)。此事项报市委审议。

13.关于2013年义务教育学校自主招聘入编教师问题。根据编制情况和教育教学工作需要，会议原则同意2013年义务教育学校自主招聘入编教师150人(其中初中50人、小学100人)，具体由市委、市政府成立专门的招聘工作领导小组，制定招聘方案后组织实施。

14.关于镜坝镇红星、洋坑返乡农民工家具创业园继续采取原有政府运作模式问题。为加快和规范镜坝镇红星、洋坑返乡农民工家具创业园建设，根据市家具产业发展领导小组的调研意见，会议同意镜坝镇、蓉江街道的红星、洋坑返乡农民工家具创业园继续采取原有运作模式，即由镜坝镇政府和蓉江街办运作，利用现行投融资主体进行建设。

15.《关于龙华、唐江、凤岗松材线虫病绩效防治承包方案》。根据南康市实际并借鉴九江市庐山区治理经验，会议原则同意市林业局提出的《承包方案》，分三年对龙华、唐江、凤岗松材线虫病进行综合防治，具体由市林业局按市财政审核的预算449.95万元(其中疫木伐除清理费95.42万元、三年综合防治354.53万元)进行工程招投标，所需资金由市财政从森林植被恢复费中据实支付。

16.《关于南康市城区市政设施维修改造工作实施方案(2013~2015)》。会议原则同意按照轻重缓急、受益面大小和参与度高低的原则实施2013~2015年市政设施维修改造，即：(1)应属开发商或单位(公司)等实施的非财政性投资项目，由市城管局根据相关规划、批文等监督、协调好相关单位尽快~落实到位；(2)对难以区分的，由市城管局按受益方集资、政府奖励方式筹资解决；(3)应属市财政投资的公共市政配套工程，由市财政按2013年500万元、2014年300万元、2015年300万元安排专项市政维修改造资金，由市政处或其委托方编制具体工程施工预算，经市财政审核并报市政府批准后实施。

17. 关于2012年度目标考评先进乡（镇、街道)和单位问题。鉴于市目标考评工作领导小组按照既定考核方案，考核评选出了2012年度目标考评先进乡(镇、街道)和单位，会议原则同意该考评结果，要求市委办、市政府办进一步修改完善后报市委审议。

18.关于《南康市乡镇财政所办公用房改造实施方案》。根据省财政厅赣财乡指〔2012〕2号文件精神，结合南康市乡镇财政所办公用房的实际，会议原则同意市财政局提出的《实施方案》，对目前自有产权办公用房的镜坝、浮石、龙回等3个财政所进行维修，对赤土、东山、十八塘等3个财政所在原有办公用房置换后重新选址建设，对其余14个无办公用房的财政所进行新建。会议明确：(1)市财政参照按照康府办〔2009〕114号文件规定，按建筑面积400元/平方米的标准予以补助，除上级财政部门安排的补助资金外，不足部分由市财政局自行筹集。(2)新建财政所用地由所在乡镇政府(街道办)无偿划拨,原则上在乡镇政府(街道办)院内建设,建成后产权归市财政局,由乡镇政府(街道办)统筹使用。

19.关于《南康市建设工程招标投标活动及标后管理办法》。会议原则同意该《管理办法》,由市城乡规划建设局进一步修改完善后印发实施。

20.关于《南康市党政机关公务用车配备使用管理实施细则》《南康市党政机关公务用车编制配备意见》《南康市党政机关公务用车配备使用管理建议》。会议原则同意。

21.《关于进一步规范和改进南康市公务接待工作的意见》。会议原则同意该《意见》,要求市接待办进一步修改完善后报市委审议。

22.《关于2013年主攻工业工作意见》。会议原则同意该《工作意见》,要求市工信局进一步修改完善后报市委审议。

23.《关于进一步推进家具产业转型升级的实施意见》。会议原则同意该《实施意见》,要求市家具产业促进局进一步修改完善后报市委审议。

24.关于《南康市争做赣南苏区振兴发展排头兵的实施意见》。会议原则同意该《实施意见》,要求市振兴办进一步修改完善后报市委审议。

五届市政府第三十一次常务会议 2013年5月17日下午,市政府市长柯岩松在市政大楼六楼会议室主持召开了五届市政府第三十一次常务会议,副市长杨晓斌、邓晓楠、刘晓方,副调研员张立相、方长华、刘瑞金,副县级干部叶伦汉,市政府党组成员、政府办主任何瑜,市政府党组成员、行政服务中心管理办主任宗小凡,市政府党组成员、监察局局长蓝希高参加了会议;副市长宋英、肖志东、黄菊兰因公请假;市人武部部长张东、市人大常委会副主任施明生、市政协副主席倪静应邀列席了会议。会议议定的主要事项项如下:

一、会议讨论了有关工程预算审核意见

1.关于赤土中心小学教工宿舍楼工程预算的审核意见。会议原则同意市财政局会同市审计局提出的审核意见,即该工程以最高限价109.5万元依法按程序公开招投标。

2.关于市第六小学教学综合楼工程预算的审核意见。会议原则同意市财政局会同市审计局提出的审核意见,即该工程以最高限价214.3万元(含暂列金8万元)依法按程序公开招投标。

3.关于龙回镇祖炎小学幼儿园综合楼工程预算的审核意见。会议原则同意市财政局会同市审计局提出的审核意见,即该工程以最高限价344.7万元(含暂列金15万元)依法按程序公开招投标。

4.关于龙回亚森产业园土石方开挖平整工程预算的审核意见。会议原则同意市财政局会同市审计局提出的审核意见,即该工程土石方开挖以单价13元/立方米为最高限价依法按程序公开招投标,报价最低者确定为中标人。

5.关于大广高速横市出入口道路改造增加工程预算的审核意见。该工程原批准限价341.1万元、中标合同价304.6万元,在施工过程中发现该路段基础较差,为确保工程质量,采取了块石加粘土换填软基及石渣填筑路基等措施,增加了工程造价。会议原则同意市财政局会同市审计局提出的审核意见,审定新增工程量预算总价为111.2万元。

二、会议讨论了有关资金拨付问题

1. 关于拨付南水开发办2013年第一季度协征(拆)费问题。南水开发办2013年第一季度发放征地款994.13万元,拆迁补偿款722.37万元。鉴于所发放征地拆迁补偿款为2009年启动的老项目,根据康府发〔2012〕2号文件精神和“老项目老办法,新项目新办法”的原则,会议同意拨付应计提协征协拆费128.3万元的80%即102.64万元至南水开发办基本户。

2. 关于预拨南水开发办征地拆迁资金问题。根据南水开发办“城中村”改造及重点项目征地拆迁进展情况,会议同意由市财政从土地收入中预拨1600万元至市土地储备供应中心(南水开发办)征地拆迁专户,用于相关重点项目征地拆迁费用支出。

3.关于返还泓泰置业有限公司家具产业园超出合同地价款问题。鉴于该公司2013年3月通过网上竞拍取得了家具产业园总面积为1275.778亩的17宗工业用地,根据市政府与该公司签订的《合同书》有关约定条款,会议同意由市财政在该公司按期缴清总成交价款10215万元后,对超出2万元/亩部分即7663.444万元奖励给该公司,用于家具产业园基础设施建设。

4. 关于拨付2012年度重点个私工业企业纳税大户和增效企业奖励资金问题。根据《关于2012年工业经济工作的意见》(康发〔2012〕4号)、《南康市2012年有色金属行业财政奖励办法》(康府办字〔2012〕10号）等文件精神，经市财政、审计、国税、地税等部门审核，会议同意由市财政兑现拨付2012年度15户矿产品和再生资源加工企业纳税奖励资金3398.44万元，22户重点个私企业纳税增量奖46.25万元、纳税大户奖32.86万元，市重点项目和重点企业挂点市领导及市直单位主要负责人奖励资金20.25万元。

5.关于拨付家具市场第三批用地征拆资金问题。经东山街办测算，家具市场第三批用地征地拆迁资金预算为2540万元，为确保征地拆迁款及时发放，会议同意由市土地收储中心预拨1000万元至东山街办征地拆迁专户。

6.关于拨付循环经济产业园征地拆迁资金问题。为不影响征地拆迁进度和补偿款发放，会议同意由市中小企业投资发展有限公司再预拨1000万元至龙华乡征地拆迁专户。

7. 关于拨付节能照明产业园征地资金问题。鉴于该项目二期建设需在朱坊乡实施征地拆迁工作，为确保征地拆迁款及时发放，会议同意由市中小企业投资发展有限公司预拨500万元至朱坊乡征地拆迁专户。

8. 关于返还赣州机场走廊土地出让价款问题。鉴于面积为20亩的赣州机场走廊经济带K12号宗地已成功出让，出让总价2100万元已全部缴清，根据《赣州机场走廊项目土地收储协议》相关约定，会议同意扣除各项计提基金和土地开发收益共计657万元后，将剩余出让价款1443万元返还赣州市城投公司。

9.关于拨付2012年度中国驰名商标、省著名商标、赣州市知名商标奖励资金问题。根据《南康市推进商标品牌战略五年规划（2011~2015）实施意见》（康府办发〔2011〕44号）和康府办抄财字〔2012〕79号文件精神，会议同意由市财政从工业发展资金中兑现拨付2012年度中国驰名商标、省著名商标、赣州市知名商标奖励资金121万元。

10.关于预借龙华乡卫东大桥（危桥）重建工程建设资金问题。该工程投资概算980.18万元，考虑到该项目已列入国家交通部危桥改造项目库，但上级投资计划短期内难以下达，现有人行钢架便桥使用期限截止为2015年上半年。为加快大桥重建步伐，根据《南康市维修、重建农村公路桥梁实施方案》（康府办字〔2012〕 32号）并参照大坪永丰桥重建等做法，会议同意由市财政预借540万元用于大桥重建，视工程进度分两年拨付（其中2013年安排200万元、2014年安排340万元），所借资金由市交通运输局按照工程进度调度使用，待上级立项并下达补助资金到位后再清算。

11. 关于老城区治堵工作中增设部分交通安全设施问题。为进一步优化城区道路交通环境，根据《南康市城区2013年治脏治乱治堵工作实施方案》（康办字〔2013〕17号）精神，会议原则同意市财政所提审核意见，在城区部分路口增设一批交通安全设施，所需设备经政府采购后由公安交管大队负责安装，采购费用由市财政据实拨付，控制在市财政审定的工程最高限价160.7万元以内（不含宝林南路东侧人行道上设置护栏项市财政审定限价4.5万元）。

12.关于拨付2012年度争资争项工作经费和奖金问题。根据《关于2012年争资争项工作意见》（康府发〔2012〕9号）精神，会议同意由市财政兑现拨付2012年度争资争项工作经费19万元、奖金216.55万元。会议要求：（1）由常务副市长杨晓斌牵头，进一步梳理和完善争资争项的奖励政策报市政府研究，以更好发挥政策激励作用。（2）奖金发放、使用要严格按文件规定执行，体现多劳多得、赏罚分明原则。（3）由常务副市长杨晓斌、副市长邓晓楠牵有关部门，抓紧拟定提高土地出让率的操作办法报市政府研究。（4）由副市长肖志东、邓晓楠牵有关部门，认真做好省发改委、省国土厅对省大项目调度项目、省战略性新兴产业重大项目用地情况的迎检工作。（5）市发改、国土等单位要抓紧包装华星葡萄园酒庄、散粮中转库和南山森林公园等项目，积极向上争取用地指标。

13. 关于2012年度体彩公益金使用计划问题。2012年度省财政厅、体育局下达南康市体彩公益金238万元，根据体育工作开展需要和“量入为出、先重点后一般”原则，会议同意市财政局会同市体育局提出的安排使用意见，即2013年从体彩公益金中安排各类专项经费142.88万元，剩余95.12万元作为机动资金专项报批后使用。

14.关于2012年市本级储备粮轮换收购借款问题。鉴于农发行贷款方式改变，会议同意市粮食收储公司对2012年轮出陈粮1582683.5公斤作销售后，归还农发行陈粮贷款322.43万元，销售价差按《南康市本级储备粮管理办法》（康府办发〔2012〕15号）规定另行结算并上缴财政；轮入新粮1582683.5公斤按成本单价2.74元/公斤计总价款433.65万元，由市粮食收储公司向农发行借贷。原康府办抄字〔2013〕20号抄告单批准事项不再执行。

三、会议讨论了其他有关议题

1.关于《南康市循环经济产业园一宗工业用地国有建设用地使用权网上公开挂牌出让方案》。鉴于市城乡规划建设局已编制好市循环经济产业园内一宗面积为269199平方米（403.7985亩）工业用地相关规划技术指标，会议同意将该宗地以3230.5万元为起始价依法按程序网上公开挂牌出让。会议明确，今后所有土地使用权的“招拍挂”，均归口至市国土局，由其呈报方案报市政府审定。

2.关于对节能照明产业园一期道路排水工程置换问题。节能照明产业园一期道路排水工程已于2012年12月6日分两个标段进行招标，一标段中标价为1350万元，二标段中标价为1025万元。目前，由于节能照明产业园安置方式的改变，不再建设一标段安置点内两条干道及二标段的全部工程，一标段取消造价为265万元，二标段取消造价为1025万元。为妥善解决此问题，加快安置点建设步伐，会议同意，在二期道路排水工程中划出与所取消工程预算价相近的标段由原中标单位承包，以中标下浮系数确定合同价。

3. 关于提前安排2014年度教育费附加资金用于中小学D级危房拆除重建问题。根据赣州市对中小学D级危房拆除重建工作要求，为消除安全隐患，改善办学条件，会议原则同意提前安排2014年度教育费附加1864万元，用于南康市中小学剩余22625平方米D级危房拆除重建。

4.关于平田片隘孜小学校舍改造问题。鉴于该校校舍均为砖瓦结构，存在一定安全隐患，需新建一栋教学综合楼，会议同意将该教学综合楼项目列为2014年教育费附加校安工程项目，提前立项、安排资金并组织实施。

5. 关于将南水中学更名为市第八中学问题。为使该校校名更加规范和易以辨别，经市教育局广泛征求意见，会议同意将南水中学更名为南康市第八中学。

6.关于市城乡规划建设局出让资产价值评估结果审核确认问题。市城乡规划建设局根据康府办抄字〔2013〕36号抄告单精神，已聘请具有相关资质的中介机构对拟出让4宗房地产进行了评估，且经过了市国资办审核，会议同意将该4宗房地产设置保留价后，进入市公共资源交易中心公开拍卖或挂牌出让。其中：(1)沿江大道安居工程别墅小区34号房地产，土地面积43.63平方米，起始价为31万元；(2)金赣大道龙事达小区北侧房地产，土地面积182平方米，起始价为118万元；(3)金赣大道龙事达小区北侧房地产，土地面积211平方米，起始价为130万元；(4)金赣大道龙事达小区北侧房地产，土地面积22平方米，起始价为15万元。

7.关于章江“一江两岸”金赣北大道景观工程调增造价问题。鉴于该工程招标代理公司在编制工程预算时，未多渠道深入调查询问，造成部分项目的控制价与市场价相差甚远。应中标人调增工程造价的请求，市政府组成询价工作组进行了广泛的市场询价调查，根据询价工作组的意见，会议同意：(1)本着实事求是的原则，对该工程涉及四大项11个小项的工程造价进行调增，合计调增393.7219万元，对中标人提出的其他调增造价不予认可。(2)对招标代理公司予以3000元经济处罚，对控制价编制人员个人给予2000元罚款，并记不良行为一次，以示警戒。

8.关于以合同能源管理模式申报全省十大城镇绿色照明示范工程建设项目问题。考虑到申报该项目有利于争取省财政节能专项补助资金，且南康市正培植发展节能照明产业，会议同意将南康市城区路灯LED改造项目申报为全省十大城镇绿色照明示范工程建设项目。为便于争资争项，会议同意由南昌市彩宴科技节能公司为项目单位，以合同能源管理模式向上申报。

9. 关于三江乡农贸市场扩容改造立项问题。鉴于三江乡现有农贸市场面积较小，配套设施落后，难以发挥市场应有作用。根据全市土地利用总体规划和《三江乡集镇建设规划（2006-2020年）》，会议同意对三江农贸市场予以扩容改造，项目选址在现有农贸市场沿河西侧的新红村长塘尾组，用地面积控制在12.16亩以内，用地指标及占用耕地占补平衡指标由三江乡政府通过实施“增减挂”项目自行解决，建设资金自筹解决。

10.关于市法院兴建羽毛球馆问题。鉴于市法院已被最高人民法院确定为法院文化建设试点单位，根据试点工作需要和相关单位勘察论证意见，会议同意市法院在审判大楼顶层兴建层高9米、钢架、玻璃全封闭结构的羽毛球馆一座,建设资金由市法院自筹解决。

11.关于增加老干局全额拨款事业编制问题。会议原则同意增加市委老干局下属的市老干部活动室全额拨款事业编制2名,专门服务于各类老干部组织。

12.关于调整市人社局相关内设机构问题。为便于工作开展和职能转变,会议原则同意:(1)将在市人社局调解仲裁管理科挂牌的“南康市劳动人事争议仲裁院”,调整为市人社局下属股级全额拨款事业单位,核定全额拨款事业编制5名、股级领导职数1正1副。(2)撤销市人社局劳动关系科、劳动监察科、调解仲裁管理科等3个正股级内设机构,不再保留“南康市劳动争议仲裁委员会办公室”、“南康市人事争议仲裁委员会办公室”牌子。(3)设立市人社局事业单位人事管理科、工伤保险科、社会保障信息化综合管理科,均为市人社局正股级内设机构,核定股级领导职数1正1副,人员编制在市人社局内部调剂解决。此事项报市委审议。

13.关于将唐江等6个乡(镇)管道天然气特许经营权直接发包给深圳市燃气集团有限公司问题。鉴于唐江等6个乡(镇)管道天然气特许经营权经两次公开招标均流标,根据《赣州市进一步规范招标投标活动实施办法(暂行)》有关规定,会议原则同意将唐江等6个乡(镇)管道天然气特许经营权直接发包给深圳市燃气集团有限公司。

14. 关于补办刘知普用地手续有关事项的处理意见。根据市政府第二十六次常务会议精神,鉴于该事项市国土局已征求赣州国土局意见,本着“历史问题、历史解决”原则,会议同意:(1)认定赣江轧钢厂转让给刘知普时,用地性质为工业用地。当事人需按当时工业用地标准足额补交土地出让金后,由国土部门以当时协议出让方式按程序补办工业用地出让手续及《国有土地使用权证》。(2)鉴于该宗地现已规划为居住用地,如当事人提出申请,可依法按程序变更该宗土地的土地性质,即按现行规划条件、用途的市场评估价减去原工业用途的差价,征缴土地出让金后,予以办理居住性质的规划和用地等手续。

15.关于2012年已出让土地欠缴土地价款或违约金的处理意见。根据市政府第二十一次常务会议精神,鉴于南康市2012年公开出让的部分宗地仍存在欠缴土地价款或违约金的现象,本着实事求是、分类处理的原则,会议同意:(1)对确属在约定付款期限内征地拆迁未到位未净地交付,影响竞得人进场施工或未约定付款期限,现已缴清土地价款的,免收违约金。具体为南水新区E-06地块、B-16a地块、E-03a(s1)地块、A-08和赣南大道北侧E-08地块。(2)对确属在约定付款期限内征地拆迁未到位未净地交付,影响竞得人进场施工,仍未缴清土地价款的,需按合同约定缴交土地总价款的70%,先行预办理宗地总面积70%的土地使用证,余款在完成征地拆迁交地时付清,免收违约金。但交地后(凭征地拆迁单位交地书面通知书)逾期缴交土地价款的,应按日收取应缴未缴土地价款1‰的违约金。具体为横市明珠大道西北侧面积为20.2095亩地块、南水新区E-08c西地块(面积100.68亩)。(3)对确属征地拆迁已到位,但未按约定期限缴清土地价款,按约定收取违约金,具体为太窝乡政府院内面积为7.386亩的地块。

16.关于建设唐江镇九驳桥加油站有关问题。鉴于唐江镇九驳桥新老赣丰线交界处位置(唐江国税分局西侧)符合全市土地利用总体规划和省工信委的规划确认要求以及省成品油零售点安全距离,会议同意在该交界处规划4亩土地用于建设唐江镇九驳桥加油站。会议明确:(1)项目用地的地类为农村集体建设用地,必须依法报省人民政府批准征收土地手续后再公开“招拍挂”出让。(2)项目的征地拆迁工作由唐江镇负责,办理相关手续的一切费用由中标方承担。

17. 关于南康市国家家具产品质量监督检验中心建设有关问题。为加快检验中心建设步伐,会议同意:(1)在检验中心规划50亩用地范围内,按照同等面积置换的原则,划拨5亩用于市质监局新办公大楼建设,25亩作为预留用地,根据实际需要分批分期供给,剩余20亩由市工投公司收储用作房地产开发,其中一期开发10亩。(2)市质监局现有办公大楼宗地划归市工投公司名下,由其按程序调整为国有综合用地性质后进行公开处置,处置收益用于检验中心用地开发。

18. 关于贯彻落实赣州市公安工作会议精神有关问题。鉴于公安队伍在全市服务经济发展、维护社会稳定方面发挥了重要作用,根据赣州市公安工作会议以及省财政厅、公安厅《关于提高县级公安机关公用经费保障标准的通知》精神，南康市公安机关公用经费须达到一类区保障标准，即每人每年不低于4.5万元，会议同意：(1)从2013年起全面提高公安机关公用经费保障标准，分4年落实到位，2013年保障标准由2.1万元/人年提高到2.82万元/人年，所需342.72万元由市财政追加。(2)因涉及面广，津补贴保障仍维持原财政负担政策，涉及今后的提标部分，按提标后新的财政负担政策执行。(3)由副市长邓晓楠督办，由市规划建设局牵国土局、蓉江街办、公安局、蓉江派出所，就蓉江派出所办公场所问题，于5月底前提出选址方案报市政府研究。(4)原则同意每年在市应急处突大队中择优选拔2名队员转为差额拨款事业编制。此事由常务副市长杨晓斌督办，由市人社局牵市编办、公安局代市政府拟文向赣州市政府专题呈报，并与赣州市人社局、赣州市编办沟通协调，争取理解和支持。本议题所涉编制事项报市委研究。

19.《关于康赤公路工程建设项目施工绕道毁坏乡村道路修复方案》。会议原则同意该《方案》，要求市交通运输局进一步修改完善后印发实施。会议明确：(1)该修复工程总投资计划控制在487.19万元，市本级补助计划控制在438.47万元，市本级补助按验收面积补助，相关乡(镇、街道)在计划内组织修复，超计划不补。(2)该修复工程由乡(镇、街道)招标确定施工单位，招标控制价水泥路面修复为95元/平方米，直径50厘米圆管涵为300元/米，路基边沟加盖板为350元/米，跨径2米内钢筋砼盖板涵为850元/米。市本级补助按控制价内中标价负担90%，乡村自筹10%。(3)修复资金分两次拨付，修复工程达到50%以上(以乡镇为单位)并提供水泥路面取芯强度和厚度达标鉴定的，预拨50%的市本级补助资金，其余资金竣工验收后拨付，修复资金在农村公路养护专项资金中支付。(4)参照康唐公路绕行线路损毁修复方案，按市级补助资金总额的1%从农村公路养护资金中给予市交通运输局工程管理经费。(5)市交通运输局要加强工程指导，各有关乡(镇、街道)作为责任主体，所有环节要明确责任，做到责任到人并实行工程档案管理。

20.关于《南康市2013年金融业信贷投放目标管理考核方案》。会议原则同意该《考核方案》，要求市财政局进一步修改完善后印发执行。

21.《关于建立重大建设项目联审快办机制的实施意见》。会议原则同意该《实施意见》，由市行政服务中心管理办进一步修改完善后印发执行。

22.关于整顿规范砖厂问题。会议原则同意市矿管局、市工信局联合调研后提出的整顿规范意见，要求市矿管局、市工信局进一步修改完善后，形成《实施方案》以市政府名义下发执行。

23.关于商品混凝土市场发展问题。目前南康市商品混凝土站点分布基本合理，供求总体保持平横，但也存在着推广力度不够，政策执行不到位，企业无序竞争、质量检验长效机制不健全等方面的问题。为促进商品混凝土市场健康发展，节约资源，保护和改善环境，会议原则同意：(1)科学布局站点。按照“平衡建设、突出重点、就近供应、合理布局”的原则，近期除新增2个年生产能力30万立方米的商品混凝土搅拌站(其中：龙华或唐江新增1个，东山新区新增1个)，以满足循环经济产业园、唐江小城镇示范镇建设及东山新区建设需要之外，全市原则上不再新设商品混凝土搅拌站。要设置好商品混凝土搅拌站审批条件，尽量使审批公开、公平、公正。新布局的站点建设必须在东山新区和循环经济产业园全面进入建设期后，按程序逐级报批获准后启动，以避免产生新的供求矛盾，引发行业恶性竞争。(2)严格临时搅拌站点的审批与管理。全市原则上不再审批新设临时搅拌站点，确需新设的必须按程序逐级报批，并明确限定建设规模、自供范围和服务年限，签订到期自行拆除协议书。(3)加大推广应用力度，加强施工现场巡查，依法查处擅自现场搅拌混凝土行为。(4)市环保、质监、物价等部门，要加强对预拌混凝土企业的监督管理，对生产企业的“三废”治理、产品质量、销售价格等实行定期的监督检查，并逐步形成长效机制

24《关于整合力量加强全市重点工作督查的通知》。会议原则同意该《通知》事项，由市委办、市政府办进一步修改完善后报市委审议。

25关于《南康重点项目建设攻坚年活动实施方案》及其《考评细则》。会议原则同意该《实施方案》及其《考评细则》，进一步修改完善后并报市委审议。

五届市政府第三十二次常务会议 2013年6月3日上午，市政府市长柯岩松在市政大楼六楼会议室主持召开了五届市政府第三十二次常务会

议,副市长杨晓斌、宋英、黄菊兰、邓晓楠、刘晓方,副调研员张立相、方长华、刘瑞金,副县级干部叶伦汉,市政府党组成员、政府办主任何瑜,市政府党组成员、行政服务中心管理办主任宗小凡,市政府党组成员、监察局局长蓝希高参加了会议;副长肖志东因公请假;市人大常委会副主任谢业雄、市政协副主席倪静应邀列席了会议。会议议定的主要事项如下:

一、会议讨论了有关工程预算审核意见

1.关于南水新区南水二、三期安置小区道路工程(一、二标段)预算的审核意见。会议原则同意市财政局会同市审计局提出的审核意见,即该工程一标段以最高限价315万元(含暂列金26万元)、二标段以最高限价586.2万元(含暂列金50万元)依法按程序公开招投标。

2.关于东山官坑污染水塘治理工程预算的审核意见。会议原则同意市财政局会同市审计局提出的审核意见,审定该工程最高限价为250万元。考虑到该工程主要为废水、污染处理和后期修复,专业技术性强,相关资质要求高,为确保工程质量,达到治理效果,会议同意采取邀标方式确定施工单位。

3.关于龙华中学学生宿舍、食堂及附属工程预算的审核意见。会议原则同意市财政局会同市审计局提出的审核意见,即该工程以最高限价332.6万元(含暂列金25万元)依法按程序公开招投标。

4.关于太窝农村公路综合服务站工程预算的审核意见。会议原则同意市财政局会同市审计局提出的审核意见,即该工程以最高限价202.6万元(含暂列金16万元)依法按程序公开招投标。

5.关于倚胜路一标段截污干管工程预算的审核意见。会议原则同意市财政局会同市审计局提出的审核意见,即该工程以最高限价194.9万元(含暂列金10万元)依法按程序公开招投标。

二、会议讨论了有关资金拨付问题

1.关于拨付金河路西侧5#、6#地块土地收储项目征地拆迁资金问题。经东山街办调查摸底和市财政局测算,该项目共需征地拆迁资金1286万元。为不影响征地拆迁补偿款发放,会议同意由市财政预拨800万元至东山街办征地拆迁专户。会议要求,该项目要对照年度土地收储出让时间要求,加快推进征地拆迁工作。

2.关于增拨土地收储资金问题。根据康府办抄字〔2013〕58、85号抄告单精神,市土地收储中心需拨付东山街办家具大市场项目征地资金1956万元。鉴于市土地收储中心收储帐户现有余额不足,为保障家具大市场项目征地资金,会议同意由市财政从土地收入计提的土地收益基金中再拨2000万元至市土地收储中心收储专户。

三、会议讨论了其他有关议题

1.关于提高建设用地供地率问题。鉴于赣韶铁路、京九铁路电气化改造、赣崇高速、西气东输二线赣崇管道等重点项目南康段总面积为186.7736公顷(2801.6亩)的4宗单独选址建设用地已经国务院批准,会议同意将上述4宗地划拨给相关用地单位,以提高南康市建设用地供地率。

2.关于将市工商局干部职工公费医疗经费纳入财政预算问题。根据赣财社〔2003〕170号文件精神,参照赣州市本级及周边县(市)做法,会议同意从2013年元月份起,将市工商局干部职工公费医疗保险补助经费纳入财政预算,由市本级财政负担。会议要求,市财政局、市医保局要了解其他县(市)的负担原则和处理办法,提出进一步完善的措施报市政府研究。

3.关于实施南康市"十二五"罗霄山脉集中连片特困地区农村公路等建设项目有关问题。为充分调动乡村两级积极性,推进南康市2013~2015年罗霄山脉集中连片特困地区县乡道升级改造项目顺利实施,会议明确:(1)结合目前公路养护管理现状,按照地域管辖原则,除市直管唐隆路、康赤路外,其余县乡公路升级改造建设项目均由乡(镇、街道)为业主单位。(2)对"十二五"期间农村公路建设补助政策予以调整,其中升级改造为三级及以上公路的建安费加工程监理费包干补助调整为:罗霄山脉集中连片特困地区安排的项目每公里配套补助140万元(配套资金含建安费、征地拆迁费等),苏区振兴安排的项目每公里配套补助50万元;乡道升级改造为四级及以上公路和农村客运网络拓宽改造项目,每公里配套补助30万元;通村组路和桥梁建设配套标准维持不变。

4.关于实施生猪调出大县奖励政策问题。鉴于省财政厅、农业厅已下达南康市2012年生猪调出大县奖励资金442万元,会议同意由市畜牧水产局按照省财政厅、农业厅文件《关于2012年生猪调出大县奖励资金使用计划的批复》(赣财建

〔2012〕249号),实施好相关奖补政策,所需资金从2012年生猪调出大县奖励资金中支付。

5.《关于市城市管理行政执法局"两违"治理专项经费与工作进展考核结果挂钩核拨管理办法》。会议原则同意该《管理办法》,要求市财政局进一步修改完善后印发执行。

6.关于《南康市第二自来水厂扩建工程实施方案》。会议原则同意该《实施方案》,要求市自来水公司进一步修改完善后印发实施。

7.关于《南康市建设项目规划变更管理办法(试行)》。会议原则同意该《管理办法(试行)》,要求市城乡规划建设局进一步修改完善后印发执行。

四、会议听取了全市财政收支情况汇报。受矿产品税收下滑、一次性收入降低、新的税源增长点不多等因素影响,1~5月,南康市财政收入增速放缓,在赣州市排位后移,全年财政收入形势不容乐观。会议原则同意《南康市2013年1~5月财政收支情况报告》,决定由市委办、市政府办将全市1~5月财政收支情况通报市四套班子、各部门、各乡(镇、街道)。

五、会议听取了关于外出考察建设恐龙古生物化石遗迹保护基地的情况汇报。会议认为此项目属第三产业的大项目,应积极推进;会议原则同意参照深圳东部华侨城的运作模式,通过招商引资在南山森林公园区域建设恐龙古生物化石遗迹保护基地。

六、会议通报了国家土地督察南京局例行督察意见反馈会议精神。2013年5月底,国家土地督察南京局对南康市进行了土地例行督察,在5月30日反馈会上,国家土地督察南京局指出了南康市在土地管理工作中存在的问题,并要求认真整改到位。会议原则同意市国土局提出的《南康市土地例行督察整改工作实施方案》,要求市国土局进一步修改完善后报赣州市政府审批并牵头抓好组织实施,确保在规定时间完成整改任务,达到整改工作要求。此事项报市委审议。

七、会议书面传达了省长鹿心社在南康调研时的重要讲话精神。要求市政府有关领导、各有关单位按照鹿省长的指示精神,认真研究并抓好贯彻落实。

八、会议组织学习了《中共中央关于在全党深入开展党的群众路线教育实践活动的意见》。要求市政府领导按照"照镜子、正衣冠、洗洗澡、治治病"的总要求,结合各自工作、生活和作风的实际,抓好落实。

五届是政府三十三次会议 2013年7月22日下午和23日下午,市政府市长柯岩松在市政大楼六楼会议室主持召开了五届市政府第三十三次常务会议,副市长杨晓斌、宋英、肖志东、黄菊兰、邓晓楠,副调研员张立相、方长华、刘瑞金,副县级干部叶伦汉,市政府党组成员、政府办主任何瑜,市政府党组成员、行政服务中心管理办主任宗小凡,市政府党组成员、监察局局长蓝希高参加了会议;刘晓方副市长因公请假;市人大常委会副主任谢业雄、刘小玉,市政协副主席倪静应邀列席了会议。会议议定的主要事项如下:

一、会议讨论了有关议题

1. 关于设立市直机关党员教育培训中心问题。根据赣市发〔2012〕16号和康发〔2013〕1号文件精神,为切实加强市直机关党员教育培训工作,会议原则同意设立"南康市直机关党员教育培训中心",为市直机关工委下属股级全额拨款事业单位,核定全额拨款事业编制3名、股级领导职数1名,其主要职责为负责市直属机关的党员教育培训工作。此事项报市委审议。

2.关于设立市知识产权局问题。根据《国家知识产权战备纲要》、《江西省专利促进条例》及康字〔2013〕19号文件精神,为加大对专利保护和维权力度,会议同意在南康市科学技术局增挂南康市知识产权局牌子,实行"两块牌子,一套人马"运行机制。此事项报市委审议。

3.关于部分机关事业单位设立行政审批服务科问题。根据康府办字〔2010〕153号文件和康府办字〔2013〕77号文件精神,为进一步深化行政审批制度改革,建立规范高效的行政审批运行机制,提高行政服务效能,会议原则同意:(1)市物价局、市统计局、市司法局、市畜牧水产局、市房管局、市农机局、市水保局、市科技局、市残联、市公安交管大队等10个单位在其内设的秘书科(办公室)增挂行政审批服务科牌子。(2)市农医中心、市农保局、市医保局、市社保局、市劳动就业局、市疾控中心、市城管局、市人防办、市档案局、市体育局、市防震减灾局、市旅游局等12个单位设立行政审批服务科或相关服务科室(不具备行政审批职能的二级经办机构设立相关服务科室,具体名称由常务副市长杨晓斌牵法制办、人社局、编委办和行政服务中心管委会酌定)。此事项报市委审议。

4.关于选址新建市公安局蓉江派出所办公用房问题。经市城乡规划建设局牵市国土局、市公安局及其蓉江派出所实地踏勘，会议同意将位于蓉江街道洋坝村旭山北路旁、现为市城发公司收储、办证面积为1794平方米的一宗国有土地，由国土、规划部门按程序调整用地性质和用地规划后，无偿划拨市公安局用于兴建蓉江派出所办公用房。

5.关于公开拍卖市公安局金鸡派出所房地产问题。鉴于市公安局金鸡派出所新办公场所已开工建设,为解决资金短缺问题,会议同意将市公安局金鸡派出所现有房地产先行由市政府收回,经国土部门调整为商住用地，规划建设部门出具规划设计条件并经有资质中介机构评估后，按法定程序向社会公开拍卖，拍卖所得返还市公安局用于基层派出所基础设施建设。会议明确,该宗地的处置程序及方案等由市政府领导以会签形式确定,以加快处置进度。

6.关于建设市军地联合指挥所(人防应急救援中心）规划选址问题。根据赣府厅发〔2011〕30号文件精神,并考虑到军地联合指挥所(人防应急救援中心)建设的特殊性,经相关单位现场踏看,会议同意将南水新区天马山大道与40米规划路交叉口西南侧地块,按评估价划拨给市人防办,用于建设军地联合指挥所(人防应急救援中心)。

7.关于商业企业转制剩余资产处理问题。为防止国有资产流失，会议同意将商业系统企业转制剩余七宗资产，由市城乡规划建设局出具规划设计条件,国土部门调整用地性质,市商务局聘请具有资质的中介机构评估，资产评估结果经市国资办审核、市政府批准同意并设置保留底价后,予以挂牌出让或公开拍卖。

8.关于部分房地产开发项目绿地率不达标的处理意见。经核实,南康市部分2013年前开工建设的房地产开发项目，因规划编制存在较大随意性、部门监管不严等因素影响,竣工后绿地率达不到规划设计条件要求,造成无法验收。本着妥善解决历史问题和化解矛盾的原则，会议同意:(1)对绿地率达不到规划设计条件要求的房地产开发项目,能补种的进行补种,补种到位后再行验收。(2)对绿地率达不到规划设计条件要求且无法补种的2012年年底前已竣工的房地产开发项目,不足绿化面积按400元/平方米标准收取绿化补偿费;如能主动如实申报并在9月底前按要求处置到位的,绿化补偿费可按300元/平方米标准收取。(3)对2013年元月以后开工建设的项目,严格按照规划设计条件验收,并按照《南康市房地产开发项目规划设计联合审批、规划批后监管和竣工联合验收暂行管理办法》(康府发〔2013〕1号)文件和康府办抄字〔2011〕160号抄告单规定执行。

9.关于全市路灯由路灯管理所负责采购安装问题。为规范路灯建设和管理,会议明确:(1)凡是财政性投资的项目涉及路灯建设的,路灯灯具、电缆等相关材料实行政府采购，由市路灯管理所负责建设管理。(2)对房地产开发小区内外应由房地产开发企业负责建设和管理的路灯，由房地产开发企业按照审批通过的工程建设规划方案组织实施,列入房地产开发项目规划设计联合审批、规划批后监管和竣工联合验收的内容，市路灯管理所负责监管。

10. 关于统筹市汽车客运总站和物流项目建设用地选址问题。根据市交通运输局、市家具产业促进局的联合调研意见，会议原则同意市汽车客运总站选址在东山新区赣南大道与机场快速干道平面交叉口的东南角(赣南大道南侧、机场快速干道东侧),占地面积约120亩。

11.关于确定机场快速干道线路走向问题。经市交通、国土、规建、规划设计院和沿线乡镇现场踏看并经广泛征求意见，根据省专家对项目工程可行性报告的评审意见。会议明确:(1)关于线路走向。按中咨公司编制的工程可行性报告推荐批复的线路走向，即项目起于105国道与泰康路交汇口,经东山街道朱边村枇杷树下(与赣南大道交汇)、朱边村上围,镜坝镇镜坝村园全岭、镜坝小学、峨岭村峨岭背,太窝乡傲塘村坑尾、宝林农庄、龙潭村印背、陂头下、洋田村黄芽塘,唐江镇村尾村庙下、章良村朱屋、章良埠、上山下,三江乡伍岭村园艺场,然后接赣丰线唐江镇横江村下屋子、沿赣丰线改造终于飞翔路。(2)关于设计建设标准。统一按上级批复标准设计建设,即采用城市-Ⅰ级主干道(一级公路)设计时速60公里、道路宽度50米、双向六车道标准设计建设,道路横断面布局参照赣南大道。(3)关于项目名称。采用“一个项目、两个名称、同一标准”方式组织实施。对应省重大项目调度,其项目名称为“赣州河西片机场快速干道工程”;为做好向上争资争项工作,其项目名称为“赣州至丰州公路南康至唐江段升级改建工程”。为此,在项目前期评估、批复等方面,要取得与之对应的两套批文(包括土地预审意见、环境影响评价、规划选址意见、压覆矿产和地质灾害危险性评估、压覆和地面文物评估、节能评估、通航意见、林地征占评价、防洪评价、水土保持评估等)。各项汇报、请示统一使用机场快速干道名称,落款统一以“南康市赣丰线南康至唐江段公路工程建设指挥部”名义。(4)关于实施方式。采用分段分步方式实施。一期工程为南康(市汽车东站)至唐江镇横江村(赣丰线)段15.903公里,二期工程为唐江镇横江村至飞翔路岔路口段3.543公里。为对接赣州中心城区规划建设,二期工程暂不组织实施。此事项报市委审议。

12.关于2013年拆迁补偿重置价问题。为依法确定拆迁补偿重置价,本着实事求是的原则,市国土局委托深圳市鹏信资产评估土地房地产估价有限公司赣州分公司对南康市各种结构标准定义下的房屋建筑物重置价格进行了评估,鉴于评估工作客观公正,评估方法科学合理,并经公开征求意见,会议原则同意该房屋重置价格标准。

13.关于《赣州职教园区启动区征地拆迁工作实施方案》。会议原则同意该《实施方案》,要求市国土局根据赣州市委常委会审定的该项目建设方案,进一步修改完善后再行下发,具体实施工作待土地规划调整和土地指标到位后再启动。

14.关于《南康市贯彻实施〈国有土地上房屋征收与补偿条例〉若干意见(试行)》。会议原则同意该《意见》,要求市房管局进一步修改完善后印发实施。

15.关于《南康市国有土地上房屋征收评估机构选择办法(试行)》《南康市国有土地上非住宅房屋征收停产停业损失补偿办法(试行)》。会议原则同意该两个《办法》。

16.关于《南康市违法用地处置办法(试行)》。鉴于该《办法》涉及面广,操作性不强,会议决定暂缓通过该《办法》,由副市长邓晓楠牵国土、规划建设、城市管理行政执法、林业、城发、工投、市政府法制办等相关部门进一步修改完善后再提交市政府研究。

17.关于《南康市城乡个人建房管理办法(试行)》。会议原则同意该《管理办法》,要求市城乡规划建设局进一步修改完善后报市委审议,并报市人大常委会备案。

18.关于正源时代部分住宅面积改为商业写字楼有关问题。经市政府第二十八次常务会议研究,原则同意正源时代小区在不突破既定容积率的前提下,按法定程序调整项目的规划设计条件。现业主单位提报的规划设计调整方案已经专家委员会论证和市规委会审议通过且公示无异议,根据《江西省建设用地规划条件管理办法(试行)》、《南康市建设项目规划变更管理办法(试行)》,会议原则同意该规划设计调整方案。会议明确,该宗地规划设计调整后,由国土部门尽快聘请有资质的评估机构对改变用途土地面积的价差予以评估,用地单位足额补交土地出让金后再完善《土地出让合同》相关补充条款。

19.关于东山新区选址迁建窑边小学问题。鉴于目前窑边小学迁建条件尚不成熟,为解决窑边小学拆迁后学生入学问题,缓解东山片区小学就学压力,推进东山新区建设,根据《南康市中心城区中小学布局规划(2011~2030年)》,会议同意在窑边小学迁建前,划拨土地在泰康东路以北、机场快速干道以西、赣南大道以南、金河路区域,择址兴建一所小学。选址及用地面积、学校名称等,由黄菊兰副市长牵教育、规划建设、国土、财政、城发公司、东山街办现场踏看并提出意见报市政府审定。

20.关于录用王馀意等245名同志到南康市中小学任教问题。鉴于市招聘教师工作领导小组经笔试、说课考试等程序,确定拟录用王馀意等245名同志(其中签约免费师范生2名,免试调入省骨干教师1名,招聘高中教师97名,招聘义务教育学校入编教师145名),会议同意将上述人员安排到南康市中小学任教。会议强调,市教育局要不断完善、规范教育系统的管人用人制度,最大程度调动教师积极性,提高教学质量。

21.关于《南康市2013~2014学年农村义务教育学生营养改善计划课间餐食品采购工作实施方案》。会议原则同意该《实施方案》。

22.关于《南康市绿化工程建设和验收管理办法》。会议原则同意该《管理办法》,由林业局进一步修改完善后印发执行,其中所涉奖惩制度由市政府法制办牵监察、财政、交通、林业、城管等单位予以优化明确。

23.《关于南康市大广高速唐江枢纽以北沿线富裕和谐秀美乡村建设资金筹措计划》。会议原则同意市财政局提出的资金筹措计划，统筹安排资金13097.5万元用于打造该项目。

24.《南康市政府投资项目所涉管线工程建设拆迁资金补助暂行办法》。会议原则同意该《暂行办法》,相关要求以市政府办名义分别抄告各相关单位执行。

25. 关于《南康市有色金属污染企业整治方案》。会议原则同意该《整治方案》,要求市环保局进一步修改完善印发实施。会议明确:(1)对已不再生产的有色金属污染小企业，由市政府依法下达关闭决定,环保、工商部门同时注销该企业。(2)对在主要河流岸边的污染企业,责令停止生产,限其2013年年内按入园条件整改、整合到位后,可申请进入循环经济产业园发展。(3)对具备一定规模、有环评手续的企业,限其2013年年内按入园条件整改、整合到位后,可申请进入循环经济产业园发展。会议要求,关停整改工作要严格按法定程序进行,既要坚决的态度,又要体现服务精神。环保等部门要积极主动地指导企业整改、整合工作,对每个企业要细化工作方案,相关部门密切配合,并做到宣传先行。整个整改整合工作要邀请江西理工大学业务指导。

26.关于《中国中部第二届秋季家具展销会筹备工作方案》。会议原则同意该《工作方案》,要求市家具产业促进局进一步修改完善后报市委审议。

27.《关于市家具产业园一期第一批、第二批入园企业有关情况的调查报告》。会议原则同意该《调查报告》，由市监察局代市政府拟文批转市家具产业领导小组及有关单位执行，并在南康市政府网站公开。

28. 关于《南康市城市建设发展有限责任公司、南康市中小企业投资发展有限责任公司(市工投公司)经营者年度经营业绩考核办法(试行)》。会议原则同意该《考核办法》,由市财政局进一步修改完善后报市委审议。

29.关于《南康市扶持引导工业主导产业转型升级若干意见(试行)》。会议原则同意该《意见》,要求市工信局进一步修改完善后报市委审议。

30. 关于增加节能照明产业园项目房屋拆迁奖励补偿问题。鉴于该事项涉及面广,难于兼顾平衡,会议决定暂缓出台该奖励补偿政策,要求副市长邓晓楠牵规划建设、房管、国土、财政和有关乡镇在调研论证基础上，进一步修改完善后于8月15日前再提交市政府研究,尽量做到以时间为节点,兼顾平衡节能照明产业园、循环经济产业园两大产业园的拆迁补偿标准。

31.关于《南康市依法征收土地房屋协调联动工作意见》。会议原则同意该《工作意见》,要求市房管局进一步修改完善后报市委审议。

二、会议讨论了有关工程预算审核意见

1.关于龙华乡卫东大桥重建工程预算的审核意见。会议原则同意市财政局会同市审计局提出的审核意见,即该工程以最高限价683.5万元(其中:建安费663.6万元、预备费19.9万元)依法按程序公开招投标。

2.关于麻双乡圩下片中心小学教学综合楼工程预算的审核意见。会议原则同意市财政局会同市审计局提出的审核意见，即该工程以最高限价136.6万元依法按程序公开招投标。

3.关于凤岗中心卫生院门诊住院综合楼工程预算的审核意见。会议原则同意市财政局会同市审计局提出的审核意见，即该工程以最高限价234.7万元依法按程序公开招投标。

4.关于南水新区龙珠坊安置点10KV电缆、配变及低压线路安装工程预算审核意见。会议原则同意市财政局会同市审计局提出的审核意见,即该工程最高限价为117.7万元。

三、会议讨论了有关资金拨付问题

1.关于拨付工业大道与赣南大道连接线项目新增3户民房拆迁资金和8户国有用地家具厂过渡费问题。经核实,工业大道与赣南大道连接线项目还需拆迁3户民房计2476.51平方米，需拆迁资金101.25万元(不含协拆费)。已完成拆迁的8家国有用地家具厂因在家具产业园一期的安置用地尚未交地放线,根据协议,厂房拆迁后到落实安置用地后三个月内的过渡期间,过渡费按5元/平方米·月标准发放,8家厂每月共需补助12.14万元,至6月份,需发放过渡费共计72.84万元。以上两项合计174.09万元(不含协拆费),会议同意由市财政拨付上述款项至东山街办征拆专户。

2. 关于预拨新市民公寓A区收购资金问题。经市政府同意回购的由赣州天盛置业有限公司开发建设的新市民公寓（公租房）A区（住宅1124套、柴间781间）项目已进入小区园林景观配套及水电工程安装阶段，为保证工程施工正常，会议同意在市财政已预付3500万元的基础上，再从上级下拨的保障性住房建设资金中拨付2000万元至市廉租住房建设办公室，由其按规定程序拨付。会议要求，市廉租住房建设办公室要与赣州天盛置业有限公司签订好回购协议并办理好相关手续。

3.关于返还市供销社潭东农资仓库拆迁补偿款问题。鉴于该宗资产处置第一批拆迁补偿款304.504152万元已经市供销社资产经营有限公司全额缴入市国资办资产处置资金专户，根据国有资产处置资金收入使用有关规定，会议同意：(1)返拨市供销社47.9706万元，用于补偿原农资仓库承租户建筑物及搬迁费25.0706万元、归还南康市法院裁定市供销社垫付的土地补偿金3.9万元、归还市供销社农资公司欠省农资集团货款19万元。(2)鉴于该宗资产已被拆迁征用，市供销社资产经营管理有限公司已丧失资产租赁收益，同意拨返其50万元，用于弥补工作经费及工资、缴交社保金等。(3)拆迁安置房装修补助款按实际到账资金缴交市国资办资产处置资金专户。

4.关于对曾照财非法经营稀土案件罚没收入进行分配问题。根据市法院、市检察院、市公安局、市矿管局、市财政局的审查意见，会议同意：(1)关于举报人举报奖励。经查，该举报人实际举报的稀土系在大广高速南康横市路段运输途中查获的35吨稀土，结合当前市价，该收缴的稀土总价值约为525万元。根据《罚没财物和追回赃款赃物管理办法》(财政部〈86〉财预字228号文件)和《检察机关执法工作基本规范》(2013版)规定，同意从稀土处置收入中支付30万元奖励该案举报人，由市财政先行垫付，款拨市矿管局，由该局负责兑现。市公安局要安排专门人员与举报人进行对接沟通。(2)由市国资办对判决归属南康市的55吨稀土择机按程序公开处置。(3)由市财政局对市法院、市矿管局在该案件中列支的总计99.25万元的各项费用进行审核，核实后从稀土处置所得中据实拨付。(4)鉴于市法院、市检察院、市公安局、市矿管局在该案的侦破与稀土的保管运输中投入了大量的人力、物力、财力，并做了大量工作，稀土处置所得在扣除举报奖励30万元，市法院、市矿管局在案件处置过程中实际垫付的各项费用和市国资办处置稀土实际发生的费用支出后，剩余部分按20%上缴市财政，80%返还给各单位用以弥补工作经费，其中返还部分各单位的比例为：市法院32%，市检察院21%，市公安局39%，市矿管局8%。各单位在返拨收入中，可按40%以下的比例奖励参与此案的工作人员。

5.关于拨付龙岭工业区建设资金问题。经审核，龙岭工业区在建工程剩余老项目11个，总工程款1682.47万元，财政已拨1075.6万元，尚需拨付606.87万元，会议同意从年初预算的工业园建设资金中拨付303.86万元至重财办，用于支付相关项目工程进度款和相关费用，其中工业西区二期土石方E标段工程余款55.86万元，110KV潭南Ⅰ线迁改工程余款60万元、设计变更新增工程费用173万元，李家山安置点30米路工程款10万元，零星工程款及审计费5万元。会议明确，生活污水处理厂门口至厂区道路回填石渣工程和进场道路回填土方工程属于新工程项目，由工投公司负责支付。

五届市政府第三十四次常务会议　2013年9月18日，市政府市长柯岩松在市政大楼六楼会议室主持召开了五届市政府第三十四次常务会议，副市长赖联春、熊惺、钟旭辉、黄菊兰、邓晓楠，副调研员张立相、方长华，副县级干部叶伦汉，市政府党组成员、政府办主任何瑜，市政府党组成员、行政服务中心管理办主任宗小凡，市政府党组成员、监察局局长蓝希高参加了会议；市人大常委会副主任谢业雄，市政协副主席倪静应邀列席了会议。会议议定的主要事项如下：

一、会议讨论了有关资金拨付问题

1.关于拨付南水新区工程款问题。经市财政审核，会议同意由市财政拨付665.15万元至重财办，用于支付南水新区重点工程和安置点建设工程进度款及相关费用。

2.关于返还泓泰置业投资有限公司家具产业园二期4宗土地所缴纳有关税收问题。经市财政等部门审核，2013年8月23日至9月4日，该公司缴纳家具产业园二期4宗土地转让相关税收6461734.2元。根据市政府与该公司签订的《合同书》和康府办抄字〔2009〕184号文件精神，会议同意由市财政拨付兑现该公司奖励资金6461734元。

3.关于拨付朱坊乡节能照明产业园征地拆迁

资金问题。为确保征地拆迁资金及时足额发放,会议同意由市中小企业投资发展有限责任公司按规定程序再拨付500万元至朱坊乡征地拆迁专户。

4.关于拨付五河治理城市防洪工程设计变更费用问题。为配合市政建设,经征得省水利厅同意,南康市计划对该工程的规划设计进行变更,设计变更费用由南康市承担。经南康市相关部门与原设计单位充分协商,会议同意由城发公司拨付市水利局107.82万元,由其支付该工程的设计变更费用。

5.关于拨付《南康市消防专项规划》编制费用问题。为预防和减少火灾危害,加强应急救援工作,保护群众生命财产安全,会议原则同意编制该《规划》,由市城乡规划建设局按程序列入2013年新增规划编制项目,并委托赣州市城乡规划设计院南康分院、南康市城乡规划设计院组织编制,所需费用由市财政提出意见报市政府。

6. 关于安排赣丰线G357国道南康至唐江段一级公路升级改造工程项目勘察设计费用问题。根据该工程建设指挥部与中咨公司的合作框架协议,经市财政、交通等部门审核,会议同意由市城发公司按实际完成协议相应金额的70%支付项目勘察设计费用1139.35万元。

二、会议讨论了其他有关议题

1.关于与上学年课间餐食品供应商签订补充合同问题。鉴于采购过程中有候选供应商对招标代理机构提出了质疑,南康市相关单位调查核实后,于8月20日对该公司进行了书面答复。按照《政府采购法》相关规定,对招标代理机构质疑进行答复15个工作日后才能出具中标通知书。根据《政府采购法》第四十九条规定,为确保全市农村中小学校开学后正常供餐,会议同意市营养办与上学年课间餐供应商签订补充合同,合同标的与上学年一致,供餐时间为18天。

2.关于对323国道与金赣北大道交叉路口设置交通信号灯及电子警察抓拍系统问题。为满足车辆通行及迎接赣台会召开的需要,会议同意在该路口设置交通信号灯及电子警察抓拍系统,所需设备实行单一来源采购,费用由市财政据实拨付,由市政处具体组织实施。

3.关于对天马山大道与南山大道交叉路口等设置交通信号灯及电子警察抓拍系统并实行产品单一来源采购问题。根据交通秩序整治需要,会议同意在天马山大道与南山大道交叉路口、文峰大道与工业一路交叉路口、南水大道与105国道交叉路口等3处设置交通信号灯及电子警察抓拍系统,所需设备按市财政审核的最高限价141.6万元实行单一来源采购,费用由市财政据实拨付,由市政处具体组织实施。

4. 关于南康大桥结构检测与现状评定问题。根据江西省交通桥梁检测加固有限公司出具的检测报告,该大桥确有一定安全隐患。

5.关于对南康大桥东西端路口设置交通信号灯及电子警察抓拍系统并实行产品单一来源采购问题。为满足车辆通行需求,会议同意在该大桥东、西端路口设置交通信号灯及电子警察抓拍系统,所需设备按市财政审核的最高限价92.9万元实行单一来源采购,费用由市财政据实拨付,由市政处具体组织实施。

6.关于对南康市2011年度"三支一扶"大学生进行安置问题。鉴于南康市2011年接收的"三支一扶"大学生服务期已满,根据赣市人社字〔2011〕168号文件精神,经市人社局等部门考核。会议原则同意将除自愿放弃安置外的17名"三支一扶"大学生安置到原服务单位工作,由市人社局、市编委办统一办理正式安置手续,人事关系统一由市人才交流中心实行人事代理。此事项报市委审议。

7.关于市民政局人员编制、机构等问题。根据民政工作开展需要和市政府有关协调会议精神,会议原则同意:(1)增设市民政局下属3个全额拨款股级事业单位。即设立南康市流浪乞讨人员救助管理站,核定全额拨款事业编制4名、股级领导职数1正1副;设立南康市社会救助服务中心,核定全额拨款事业编制8名、股级领导职数1正2副;设立南康市婚姻登记中心,核定全额拨款事业编制4名、股级领导职数1正1副。(2)根据目前空编情况,同意先行选调谢腾飞等3名工作人员到该局(含下属单位)工作,以缓解人员紧缺现状。新增编制人员的招录,由副市长赖联春牵人社、编办、民政等单位提出意见,报市政府审定后实施。(3)在编制增加、人员逐步到位后,市财政按预算原则相应增加经费。所涉人员、编制问题报市委审议。

8. 关于安置定向培养乡镇卫生院医学生问题。根据《江西省关于定向培养乡镇卫生院医学生工作实施办法》,经市卫生局、市人社局、第二纪工委等单位组织择岗考试，会议原则同意按考试成绩从高到低自主择岗原则,将曾璐等21名定向生安置到相关乡镇卫生院工作。此事项报市委审议。

9. 关于选调曾凡龙等10名民警到南康市工作问题。鉴于市人社局和市公安局根据既定工作方案,经笔试、政审、体检等程序,确定拟从外县(市)选调曾凡龙等10名南康籍民警到市公安局工作,会议原则同意选调上述人员。此事项报市委审议。

10. 关于将市职业中专闲置用地无偿划拨给龙岭镇中心小学使用问题。为解决龙岭镇中心小学建设用地问题，会议同意将市职业中专院内靠近龙岭镇中心小学北面围墙2603平方米闲置用地无偿划拨给龙岭镇中心小学，用作该校新建教学楼项目用地。

11. 关于对赣州德福房地产开发有限公司龙岭金福花苑小区土地价值评估结果确认问题。龙岭金福花苑小区宗地,面积为6053.36平方米,土地用途为商住用地，由赣州德福房地产开发有限公司于2009年3月13日通过公开挂牌方式依法取得。该地块出让时依据《江西省城市规划管理技术导则》核定的容积率为≤2.4。后该公司根据批准实施的《龙岭新区控制性详细规划》,要求提高该地块容积率至3.0。经市城市规划委员会第四十三次会议审议，同意该地块按控规标准调整容积率至≤3.0,相应增加建筑面积3632平方米。现市国土局按程序委托具有评估资质的评估公司对该宗地新增容积率部分进行了价值评估，评估单位面积地价为902.37元/平方米。鉴于评估机构评估方法得当,评估价值合理,会议同意确认该宗土地价值评估结果，即该宗地需补交土地出让金109.2469万元。

12. 关于对江西正源仁和置业有限公司正源时代土地价值评估结果确认问题。正源时代宗地由江西正源仁和置业有限公司于2012年10月31日通过网上公开拍卖出让依法取得,土地面积67120平方米,土地用途为商住用地,容积率为≤2.6。市政府第二十八次常务会议原则同意该宗地在不突破既定容积率的前提下，将19600平方米住宅改变用途为商务办公用房。现市国土局按程序委托具有评估资质的评估公司对该宗地进行了价值评估,评估住宅用途楼面地价1139.7元/平方米,商务办公用途楼面地价为1504.18元/平方米。鉴于评估机构评估方法得当,评估价值合理,会议同意确认该宗土地价值评估结果，即该宗地需补交土地出让金714.38万元。

13.关于肖树生、邱际花一宗商住用地土地价值评估结果确认问题。肖树生、邱际花一宗商住用地因征地拆迁安置在文峰大道东侧，土地面积2700平方米，土地用途为商住用地，原容积率为≤2.2。经市城市规划委员会第四十三次会议审议,同意该地块容积率调整至≤5.0,相应增加建筑面积7560平方米。现市国土局按程序委托具有评估资质的评估公司对该宗地新增容积率部分进行了价值评估，评估变更前容积率2.2的地价为1453.1万元，变更后容积率5.0的地价为1934.8万元。鉴于评估机构评估方法得当，评估价值合理,会议同意确认该宗土地价值评估结果,即该宗地需补交土地出让金481.7万元。

14. 关于启动旭山北路拓宽改造工程拆迁安置点基础设施建设问题。为加快推进旭山北路与323交叉路口红绿灯渠化岛的拆迁和旭山北路拓宽改造拆迁户的安置工作，根据市城乡规划建设局会同市财政局、市国土局、蓉江街办现场踏看意见，会议同意启动旭山北路拓宽改造工程拆迁安置点基础设施建设,资金预算为250万元。因征地拆迁原因,岭背桥变更为单边拓宽,使旭山北路拓宽改造工程二标段实际施工量比原中标价减少250万元左右。鉴于该安置点建设地点位于二标段施工范围内，为便于旭山北路安置点建设的施工对接和进出口施工管理，会议同意不另行组织工程招标，将该安置点建设任务直接由二标段施工单位按原中标单价进行施工，以划抵二标段因设计变更减少的工程量。

15. 关于蓉江街道旭山南路两厢危旧房屋改造问题。鉴于旭山南路两厢危旧房屋存在老化、结构差、安全隐患大等情况,为消除安全隐患,改善居住条件，会议原则同意对该道路两厢危旧房屋实施改造,由蓉江街办、市城乡规划建设局拟定具体实施方案报市政府研究。

16. 关于建设龙岭台头40米规划路工程问题。为优化龙岭片区路网,方便龙岭台头安置点居民出行,会议同意启动龙岭台头40米规划路工程建设,增列2013年度全市重点项目进行调度。会议明确:(1)该工程原则上按城市总体规划的道路红线宽度一次性建设到位,对确不具备条件的,可分段组织实施。(2)项目勘测和设计工作委托市城乡规划设计研究院承担,收费标准按框架协议执行。(3)项目的责任市领导为市人大常委会副主任吴健,征地拆迁责任单位为龙岭镇,投资与业主单位为市城发公司。(4)该区域内的土地收储工作(含地上建(构)筑物)由市土地收储中心负责,与道路建设的征地拆迁同步进行,具体收储范围由市土地收储中心会同龙岭镇政府提出方案报市政府研究,原则上纳入龙岭工业园东、西区扩区范围并按扩区征地拆迁工作实施方案执行。

17.关于体育公园建设有关事项。体育公园内体育馆项目是承接2014年全省体育运动会的场所,必须在2014年5月31日前竣工。鉴于市体育公园规划设计方案已经专家多次论证,综合考虑了南康经济社会和城镇化发展趋势等因素,充分吸纳了市人大代表、市政协委员提出的意见、建议,会议原则同意:(1)按照"总体规划、分步实施"原则,先行尽快启动体育馆及周边配套设施建设;体育场及周边配套设施建设纳入2014年重点项目建设计划,由市城乡规划建设局做好施工设计等前期工作,2013年年底前完成工程招投标;游泳馆项目视财力情况适时启动。(2)按照"不浪费、不重复建设"的原则,对体育公园周边的下水道、人行道、绿化按原设计方案和标准组织实施,但绿化必须在2013年底到位;对确需重新开挖、重复建设造成浪费的工程不予实施或采取临时性措施低标准建设。具体由业主单位牵头论证后组织实施。(3)调整体育馆出入口前大广场设计方案,由铺设大理石改为铺设彩色沥青。为加快工程进度,确保工程如期竣工,会议同意在确保安全和质量的前提下,对体育馆工程建设实行奖惩措施,即:①以2014年5月31日24时为时间节点,在该时间前完成体育馆工程建设(质量安全零事故并通过第十四届省运会场馆验收)的,奖励施工单位350万元,在此基础上,每提前一天另行奖励5万元;奖励监理单位6万元,在此基础上,每提前一天另行奖励2000元;奖励业主单位60万元。②若未按规定时间完成,则施工单位除不享受350万元奖励外,每延误工期一天处罚5万元;监理单位除不享受6万元奖励外,每延误工期一天处罚2000元,最高处罚额度6万元。③在该时间点前完成并获得了省优工程,对施工单位和监理单位分别另行奖励120万元、5万元。

18.关于办公场所建设清理有关事项。根据中办、国办《关于党政机关停止新建楼堂馆所和清理办公用房的通知》(中办发〔2013〕17号)规定,会议同意市发改委、市监察局为落实上级文件精神所提出的审查意见:(1)未动工新建的大坪、横市、朱坊、龙华、三江等5个乡镇财政所办公用房停止建设。(2)市城发公司在北京融达国际楼盘投资购置房产项目停止购置。(3)市人防应急救援中心项目不属于该文件规定的停建范围,但其建设规模应在上级主管部门规定的范围,即地面建筑面积控制在2000平方米以内。(4)已列入2010年中央预算内投资计划的4个派出所业务用房,建筑面积应控制在上级批准的范围内(其中隆木360平方米、凤岗405平方米、坪市360平方米、镜坝450平方米);蓉江、太窝派出所业务用房建设尚未列入中央预算内投资计划,可按规划要求开展项目选址、用地、环评、可研、设计等前期工作,待列入中央预算内投资计划后建设,建设规模应控制在上级批准的范围内。会议明确:(1)市烟草专卖局就新建办公楼问题立即向上级主管单位请示,并在9月底前将明确意见反馈市政府。如不建设,则由市政府按成本价收回建设用地或等面积异地置换。(2)蓉江派出所业务用房建设的选址不变,建设方案由市发改委牵国土、公安提出意见报市政府研究。对确需维修的公安派出所业务用房按程序报批。(3)市城发公司停止在京购房事项报市委审议。

19. 关于市迎宾馆经营权收回及收回后经营管理问题。(1)关于经营权收回问题。会议原则同意市接待办、国资办提出的意见,在9月15日前终止迎宾馆租赁合同。会议明确:①对承租人在经营期间投资添置或改造的硬件设施不予补偿;②对承租人仓库中剩余食材及办公家具等,由市接待办盘点造册报审计、财政联合审核后予以补偿并接收;③退还承租人已缴交的合同期内剩余2.5个月租金64312.5元;④补偿承租人因中止合同所造成的损失,具体由市国资办会同财政、审计等单位提出意见报市政府审定。(2)关于收回后经营管理问题。会议原则同意市接待办、市机关事务局提出的意见:①由市编委办牵头协调,为市接待办下属的接待服务中心增加1个编制,配齐工作人员,并为接待办增加一名副主任领导职数,由一名市接待办副主任兼任市接待服务中心主任（市迎宾馆总经理），负责市迎宾馆的日常管理和经营服务工作。②市迎宾馆保留公务接待功能不变，不对外营业，所有开支由市财政负担；③市接待办根据实际需要核定迎宾馆回聘工作人员，涉及身份问题由人社局介入并把握好政策。回聘人员薪酬待遇由市接待办报市政府审定后由市财政下拨；水电、燃料费用由市财政据实核拨。(3)关于干部职工食堂筹建及运转问题，会议原则同意：①干部职工食堂筹建工作由市机关事务管理局具体负责，统筹做好场所维修改造、装修和设备设施采购等工作，待食堂稳定运行后再交市接待办接管。②食堂服务对象为市直各单位（单位已有食堂的除外）家不在南康城区的单身在岗职工，补助标准为财政补助6元/餐、所在单位补助3元/餐，当月食堂用餐不到22餐的，按实际用餐数补助，超过22餐的按22餐补助。其余干部职工加班工作用餐问题由所在单位自行解决。

20.关于批准《龙华乡总体规划（2011~2030年）》问题。根据《城乡规划法》和省《城乡规划条例》的规定，鉴于《龙华乡总体规划（2011~2030年）》已依法按程序经市第四十一次规委会审议并经龙华乡人民代表大会审议通过，会议同意批准该《总体规划》。

21. 关于南康大地针织制衣有限公司等四宗地块规划调整问题。根据相关法律法规和《南康市国有建设用地性质变更管理暂行办法》，结合南康城乡建设发展需要，会议原则同意市城乡规划建设局提出的有关规划调整或覆盖的意见，其中：(1)南康大地针织制衣有限公司宗地，位于市东山工业园一路路口，紧临105国道坪岭转盘，现状为工业用地。根据《南康市东山工业园控制性详细规划》并经第四十四次规委会审议，会议原则同意该地块用地性质按规划调整为商业、住宅用地。(2)南康市有色金属有限公司及周边区域宗地，位于迎宾东大道南侧，东与家具产业园40米入园大道相接，南与30米规划路相邻，西靠大广高速出入口匝道，用地面积约300亩，现状为工业用地、少量住宅用地。根据《南康市龙岭新区控制性详细规划》并经第四十四次规委会审议，会议原则同意该地块用地性质按规划调整为商业、住宅用地。(3)畜牧水科所及周边区域宗地，位于东山新区，北与赣南大道相邻，南与105国道相接，用地面积约1000亩。该区域未编制控制性详细规划，会议原则同意将该区域规划为二类物流仓储（商业住宅）用地。(4)赣州钜盛鞋厂宗地，位于凤岗飞翔大道西北侧，用地面积500亩，现状为工业用地。该区域未编制控制性详细规划，会议原则同意将该区域规划为商业、居住用地。会议明确：(1)南康市有色金属有限公司及周边区域宗地规划性质的调整要将家具产业园40米入园大道东侧地块纳入。(2)南康市有色金属有限公司及周边区域宗地内含的47.85亩刘学春用地可在统一政策、符合规划的前提下，在家具产业园等面积置换。

22. 关于南康市有色金属有限公司及周边区域用地出让问题。鉴于该宗地已经第四十四次规委会审议，会议原则同意将该宗地由工业用地调整为商业、住宅用地，由市国土局进一步修改完善《南康市有色金属有限公司及其周边区域改变土地用途的实施方案》后报市政府批复后组织实施。为依法按程序完成该宗用地性质的调整，会议原则同意成立南康市有色金属有限公司及其周边区域改变土地用途工作领导小组，领导小组下设办公室，设在市国土局，具体负责该项工作的组织实施及协调。

23.关于有关项目规划选址问题。根据节约用地、集约发展的原则，会议同意金融小区等5个相关项目的规划选址：(1)南康市金融小区。选址东山北大道西北侧，用地规模约300亩，重点是以金融保险为主的商业、商务用地。(2)南水新区安置点选址。其中：①长排上安置点二期选址南水新区田心、大岭背区域，即长排上安置点一期、第四小学以南，文澜北路以东，幸福路以西，二十米规划路以北区域，用地面积约246亩，安置占地约142亩。②大巷口安置点二期选址和谐大道文化新城以东，南山公路以南，规划南水二路以西区域，用地面积约14.6亩，安置占地约8亩。(3)光明安置点扩建。选址该安置点东北侧、站前大道西侧，用地面积约50亩，用于安置东山街道金鸡社区烂围组村民。(4)赣州市中小学生书画艺术馆。选址南水新区生佛寺北侧果园农庄内，规划的倚峰大道以南，用地面积约15亩。(5)大广高速南出入口及互通连接线路径选线。该路径起点位于大广高速南出口，终点与323国道相交，线路走向与规划中的倚峰大道基本重叠，按双向六车道标准建设，线路长3.5公里。会议明确，金融小区的规划可适当超前。

24. 关于赣州市中小学生书画艺术馆筹建工作有关问题。为贯彻《国家中长期教育改革和发展规划纲要(2010~2020)》精神,全面实施素质教育,继承与弘扬中华民族优秀文化,赣州市委、市政府决定在南康市新建一个集书画艺术展及书画培训于一体的赣州市中小学生书画艺术馆,投资概算1800万元。为加快工程进度,会议同意:(1)该项目选址于南水新区生佛寺北侧果园农庄内,所需用地15亩由市政府无偿划拨。(2)成立由市委、市政府分管领导任正副组长,相关职能单位为成员的筹建工作领导小组,领导小组下设办公室,设在市教育局。(3)将该项目增列2013年市重点工程项目,纳入中小学校舍安全工程,享受校舍安全工程相关优惠政策。

25.关于对工人文化宫改造及资产置换问题。鉴于市工人文化宫办公及召开大型会议的功能已基本丧失,且存在较大安全隐患,为最大限度发挥国有资产效益,会议原则同意市总工会请示事项,即:(1)对工人文化宫进行改造,改造方案经规划建设部门审核后报市政府审批。(2)由市城发房地产开发有限责任公司(市城发公司下属子公司)为项目业主单位,具体负责项目设施。(3)改造后的4~5楼房产与工会文化宫资产进行置换,由市总工会报上级工会组织审批。

26.关于龙岭工业东(西)区扩园、循环经济产业园规划修编问题。(1)根据龙岭新区控制性详规,龙岭工业西区扩园范围内有超过50%的用地规划用途为中小学用地和公园绿地,会议同意修改规划,将该区域调整为商住用地。同时就近补回中小学用地和公园绿地用地规划,具体由市城乡规划建设局提出意见报市政府审定。(2)会议同意由市城乡规划建设局牵相关单位尽快完成编制龙岭工业园东区扩园范围控制性详规。(3)化工产业集中区安排在循环经济产业园东南侧安全防护带内,会议同意由市城乡规划建设部门对该区域控制性详规进行适当调整。

27. 关于坪岭安置点道路及排水工程建设有关事项。为加快坪岭安置点基础设施建设,根据市城乡规划建设局、市财政局、市监察局提出的意见,会议同意:(1)将坪岭安置点道路及排水工程分为两个标段,安置点前面约170米道路及排水工程为第一标段,安置点后面消防道及排水工程为第二标段。先行实施第一标段。(2)根据市委、市政府有关信访案件化解调度会议精神,要求第一标段于8月10日前进场开工建设,同意采取直接发包的方式确定施工建设单位及监理单位。(3)对该工程造价的核定,由施工单位依据江西省工程定额等规定编制工程预算,市财政局会同市审计局核定工程最高控制价后,取文峰路改造工程一、三、四标段投标报价下浮系数的平均值,核定该工程造价。

28. 关于公开拍卖市房产公司已拆除危旧直管公房的闲置土地问题。鉴于市房产公司位于蓉江街道及唐江镇的部分安全隐患大的直管公房经市政府批准已拆除并闲置,为使国有资产不被侵占流失,会议原则同意对蓉江街道赖屋巷等9宗闲置土地,由规划部门出具规划设计条件后依法公开“招拍挂”出让,出让收益专账存储,优先用于市房产公司改制。

29.关于矿产品企业税收奖励政策调整问题。为促进南康市矿产品行业稳步发展,会议原则同意按照“以推进产业转型升级、完成财税任务相结合,市财政不垫资”原则,适当提高南康市矿产品行业奖励标准,并按月兑现奖励。(1)对矿产品企业符合《关于2013~2015年主攻工业工作意见》(康字〔2013〕22号)中纳税奖励政策和项目奖励政策条件的,按《工作意见》明确的奖励标准给予奖励。(2)对符合《南康市2013年矿产品行业财政奖励办法》(康府办发〔2013〕1号)中奖励条件的,按《奖励办法》明确的奖励标准给予项目奖励。(3)对矿产品企业符合《南康市扶持引导工业主导产业转型升级的若干意见》(文件待发)中各相关项目奖励条件的,按《若干意见》明确的奖励标准给予项目奖励。(4)除执行上述文件明确的奖励政策外,对矿产品企业环保达标、转型升级、延伸产业链和有色金属产品精深加工的企业,对企业实际缴纳增值税上划中央部分给予奖励,奖励标准按全市上划中央“两税”返还年平均增长值比列计算;符合此项奖励条件并超额完成2013年下达计划的,可在享受以上奖励政策的基础上按“一事一议”另行奖励。此事项报市委审议。

30. 关于财政性投融资计划调整问题。根据2013年1~8月南康市财政投融资运行情况,结合南康市重点项目调整情况,会议原则同意调整后的《南康市财政性投融资计划》,要求市财政局进一步完善后批转执行。

31.关于《〈南康市财政性投融资建设项目管理暂行办法〉补充规定》。会议原则同意该《补充规定》,要求市财政局进一步修改完善后印发实施。

32.关于《旭岭路征地拆迁工作实施方案》。会议原则同意该《实施方案》,要求蓉江街办进一步修改完善后印发实施。

33.关于《东山街道金鸡社区烂卫组“5·19”倒房户和危房户灾后安置工作方案》。会议原则同意该《工作方案》,要求东山街办进一步修改完善后印发实施。

34. 关于收回江西钧茂金属有限公司土地及建筑物有关问题。鉴于该公司已停止生产且将土地及建筑物租给其他企业使用，根据有关法律法规和合同约定,会议决定收回该公司土地。根据市财政、审计部门的审核意见,会议同意:(1)由市工投公司出资，按土地及建安成本加财务费用总计3889.42 万元收回该宗资产,资产收回后由市工投公司管理。(2)鉴于东山工业区管理办为收回做了大量工作,同意予以适当弥补工作经费,具体由市财政提出意见报市政府审定。

35.关于昌盛公司用地的处理问题。经查实,昌盛公司开发建设的“永盛楼”住宅项目,总用地面积 1460 平方米,其中 822.6 平方米已办理国有土地使用权初始登记，剩余的 637.4 平方米在未办理国有土地使用权初始登记及未取得《建设工程规划许可证》的情况下进行建设并已处罚。鉴于昌盛公司采取不正当手段取得该宗土地使用权,且土地成交价款 84.5 万元未缴财政,为妥善解决该宗地历史遗留问题,会议同意:(1)由市国土局完善该宗土地征用手续，并根据该宗地违法现状依法予以处罚。(2)根据目前土地供应政策,该宗地未办理国有土地使用权初始登记部分需通过土地“招拍挂”方式出让。(3)鉴于昌盛公司已支付了该宗地征地成本及缴纳了相关规费，并接受了相关部门的处理，同意其在竞得该宗土地并全额上缴成交价款至市财政后，由市财政按现行政策扣除相关基金 30%后的剩余部分给予返还该公司。

36.《关于深圳市八百通智能科技有限公司项目投资合同书》《关于香港宏长实业有限公司项目投资合同书》《关于格能电子有限公司项目投资合同书》。会议原则同意该三个项目投资合同书,要求市商务局进一步修改完善再与投资商协商沟通后签订。会议明确:(1)赣州市宏长实业有限公司新建香水、烟具项目。同意在节能照明产业园 I3-1 地块供地 80 亩,用地性质为工业用地,第一期供地 60 亩,预留 20 亩企业发展用地,视企业建设情况按程序供地；同意在龙岭工业区安排 20 亩用地,按市场评估价招拍挂供地,建设公司总部。(2)南康万维物联网科技有限公司新建物联网智能设备项目。同意在节能照明灯饰产业园 E4-2 地块供地 60 亩，用地性质为工业用地，第一期供地 40 亩,预留 20 亩企业发展用地,视企业建设情况按程序供地。(3)南康市格能灯饰有限公司年产 20 万套高效节能 LED 灯具项目。同意在节能照明产业园 F2-5 地块供地 30 亩,用地性质为工业用地,第一期供地 20 亩,预留 10 亩企业发展用地,视企业建设情况按程序供地。

37.《关于切实解决特别困难农户农村危旧土坯房改造工作实施方案》。会议原则同意该《实施方案》,要求市委农工部进一步修改完善后报市委审议。

38.关于《南康市完全失地农民养老保障实施办法(试行)》。会议原则同意该《实施办法》,要求市人社局进一步修改完善后报市委审议。

39. 关于《南康市医疗卫生机构设置规划(2012~2020 年)》。会议原则同意该《规划》,要求市卫生局进一步修改完善后印发实施。

40.关于《南康市 2013~2014 年度“发展生态产业、建设森林城乡”实施方案》。会议原则同意该《实施方案》，要求市林业局进一步修改完善后印发实施。

三、会议听取了上半年土地动态巡查工作情况汇报。会议明确:(1)建议由市纪委书记和市委、市政府分管领导对上半年“两违”数量、规模排名前三位的蓉江街道、龙岭镇、唐江镇的行政主要负责人进行联合约谈。(2)市政府领导班子要对所挂点乡(镇、街道)的土地管理工作加强督促指导,力争“两违”治理取得更大成效。此事项报市委审议。

五届市政府第三十五次常务会 2013 年 9 月 27 日下午,市政府市长柯岩松在市政大楼六楼会议室主持召开了五届市政府第三十五次常务会议,副市长赖联春、熊惺、钟旭辉、黄菊兰、邓晓楠,副调研员方长华、刘瑞金,副县级干部叶伦汉,市政府党组成员、政府办主任何瑜，市政府党组成员、行政服务中心管理办主任宗小凡,市政府党组

成员、监察局局长蓝希高参加了会议;市人大常委会副主任谢业雄,市政协副主席倪静应邀列席了会议。会议议定的主要事项如下:

一、会议讨论了有关工程预算审核意见

1.关于唐江镇财富商贸新区道路排水工程预算的审核意见。会议原则同意市财政局会同市审计局提出的审核意见,即该工程以最高限价794.1万元(其中一标段251.1万元、二标段289万元、三标段254万元)依法按程序公开招投标。

二、会议讨论了有关资金拨付问题

1.关于拨付2013年南康市“天网”工程建设经费问题。根据康府办抄字〔2013〕164号抄告单精神,市综治委参照周边县市“天网”工程建设的经费标准,制定了南康市“天网”工程建设的预算,并经市公安局“110”指挥中心专业技术人员审核。会议同意按市综治委提供的预算和设备技术参数,在预算控制价257.86万元内,对“天网”工程建设政府采购按程序公开招标,资金由市财政据实追加。

2.关于拨付《南康市东山新区东区(灯饰市场)》、《南康市东山工业园控制性详细规划》、《南康市南水东片区控制性详细规划》编制费用问题。鉴于《南康市东山工业园控制性详细规划》、《南康市南水东片区控制性详细规划》2个项目已完成相关设计,审定业务金额228万元,根据市政府与赣州市城乡规划设计研究院签订的框架协议,会议同意由市财政拨付市城乡规划建设局228万元,用于支付2个规划项目的编制费用。会议明确,《南康市东山新区东区(灯饰市场)》规划编制项目按程序报批后再实施。

3.关于拨付大广高速唐江枢纽以北沿线和北部乡镇示范线路建设等项目规划设计费问题。考虑到打造富裕和谐秀美乡村建设时间紧、任务重,经市政府同意,市委农工部委托江西农业大学园林设计院有限公司承担了全市富裕和谐秀美乡村建设相关项目的规划设计,目前此项工作已基本完成。经市委农工部与编制单位充分协商,规划设计费原则上按工程造价1%收取。会议同意由市财政专项追加130万元用于支付规划设计费用。

三、会议讨论了其他有关议题

1.关于对南康市土地开发项目变更部分地类问题。根据全市土地整治专项规划和农业结构调整与发展规划,经国土、林业部门实地调查查明,会议同意依据现状确认大坪乡上期村、大坪村,坪市乡白马塘村的土地开发项目区部分地块为未利用地(其他草地)。

2.关于划拨供应赣州至大余高速公路茅店至三益(南康段)建设用地问题。鉴于该项目是经2008年8月22日国务院批准的跨区域线性工程,为不影响赣州市重大建设项目报批,提高土地供应率,会议同意将该建设项目(南康段)用地89.2254公顷(折合1338.38亩)划拨给用地单位赣州赣康高速公路有限责任公司。

3.《关于龙岭工业东区A1地块国有建设用地使用权网上挂牌出让方案》。会议原则同意将位于龙岭工业东区,编号为A1、面积为19878平方米(折合29.82亩)、用地性质为工业用地的一宗国有建设用地,以239万元为起始价依法在网上公开挂牌出让。

4.关于赣州市职业教育园区开发投资有限责任公司有关变更事项。经市政府批准,市城发公司于2013年4月出资2000万元设立了法人独资子公司“赣州职业教育园区开发投资有限责任公司”。鉴于该公司的性质及治理结构已不适用并承担职教园区融资及开发建设职能,为进一步明晰责权利、统一财权与事权,顺利推进职教园区融资、建设等各项工作,会议原则同意:(1)将该公司性质由市城发公司法人独资子公司变更为市政府直管的法人独资公司,公司名称保持不变。(2)公司出资人由市城发公司变更为市国资办。(3)公司注册资本由2000万元增加到2亿元,资金来源为赣州市财政拨入的赣州职教园区建设启动资金。市城发公司原有的2000万元出资以协议形式转让给市国资办,待赣州市财政拨入资金到位后予以归还。(4)公司法人由市政府任命。公司不设董事会,设执行董事一人,兼任公司总经理。5.关于市计生委等13个单位新购公务用车问题。根据《关于南康市党政机关公务用车编制配备的意见》(康办字〔2013〕32号)、《南康市党政机关公务用车配备使用管理实施细则》(康办字〔2013〕33号)文件精神,会议同意市计生委等13个符合条件的单位配备(更新)公务用车。会议明确,森林消防运兵车和医院救护车作为业务用车,不占单位公务用车编制,具体由用车单位商市机关事务局报请上级公务用车主管部门审定。

6. 关于对府后路实施占道停车收费管理问

题。为方便群众办事,经 2013 年 1 月 19 日市政府府第二十六次常务会议研究，同意对府后路及市民服务中心周边路段暂不收取占道停车费。现因该路段停车秩序较为混乱,群众反映意见较大。为规范该路段停车秩序,提高停车泊位利用率,会议同意对该路段实施占道停车收费管理，标准为每次 2 元/辆。

7. 关于南康市建设项目招标代理有关事项。鉴于南康市现行的招标代理入闸制度没有达到预期效果,部分入闸招标代理公司存在服务态度差、效率低、质量差的情况,根据市城乡规划建设局、市财政局、市公共资源交易中心调研后提出的会商意见,会议同意取消现行的招标代理入闸制度,按照招投标法相关规定，由业主单位选择招标代理机构,代理费用控制在市政府批准费率(即原入围费率)范围内,除 500 万元以上的市政工程由下浮 35%调整至 40%外,其余工程维持不变。会议明确，全市建设项目招标代理的管理职能部门是市城乡规划建设局。

8. 关于合理确定土石方工程评标单价问题。为合理确定土石方工程中标价，防止出现恶意低价中标而又拖延工程等现象发生，会议同意市财政局会同市城乡规划建设局、市公共资源交易中心提出的《土石方工程招标、投标评定办法》,要求市财政局进一步修改完善后印发执行。

9.《关于增加南康市 2013 年重点项目和调整部分重点项目责任市领导的通知》。会议原则同意该《通知》,要求市发改委进一步修改完善并由副市长赖联春代表市政府向市人大常委会、市政协主要领导沟通汇报后报市委审议。

10.关于家具产业园一期土地置换有关事项。鉴于家具产业园一期因征地拆迁未到位或其他工程占用等原因，致使泓泰公司部分已揭牌土地未能交付使用,根据市委、市政府有关会议及市政府与泓泰公司的合同约定，经市家具产业促进局牵国土局、城乡规建建设局和东山街办、龙岭镇实地测量和核定，会议同意在家具产业园二期按产业园总体规划对等置换 373.86 亩工业用地给泓泰公司。

11. 关于在家具产业园二期设立木材加工仓储中心问题。为优化家具产业结构,提升家具产品质量，会议原则同意泓泰公司在家具产业园二期设立木材加工仓储中心。

12.关于《中国赣州(南康)国际物流商贸综合体项目建设框架协议》。鉴于该项目对提升南康市现代服务业具有重大促进作用，会议原则同意该《框架协议》，要求市商务局进一步修改完善后报市委审议。

13.关于《家具产业园入园补充办法》。鉴于该文稿尚不成熟,会议决定暂缓通过该《补充办法》,要求市家具产业促进局与深圳家具协会沟通,进一步修改完善后再提交市政府常务会议研究。

14.《关于加快产业转型升级推进工业强市的实施意见》。会议原则同意该《实施意见》,要求市工信局进一步修改完善后报市委审议。

15.《关于进一步加强信访工作的意见》。会议原则同意该《意见》,要求市信访局进一步修改完善后报市委审议。

16. 关于《南康市金融中心筹建工作实施方案》。会议原则同意该《实施方案》,要求市城乡规划建设局进一步修改完善后报市委审议。

17.关于《东山新区启动区征地拆迁工作实施方案》。会议原则同意尽早出台该《实施方案》,要求由副市长赖联春、邓晓楠牵头,东山街办并城发公司具体负责,以《赣州职教园区征地拆迁工作实施方案》为蓝本,将《实施方案》作进一步修改完善并经市政府法制办、国土局、财政局、城乡规划建设局、城市管理行政执法局、家具产业促进局等部门(单位)主要负责人审核、签字并加盖单位公章后,于 9 月 30 日前报市政府研究。会议明确:(1)考虑到灯饰市场建设需要，该启动区征地拆迁范围要将灯饰市场用地范围一并纳入。(2)安置点建设要先行，具体规划选址由市城乡规划建设局商东山街办提出意见报市政府审定。(3)同步组建相关工作机构,具体由副市长赖联春、邓晓楠商常委陈钰滢提出意见报市委、市政府审定。(4)鉴于《实施方案》有关政策已作重大调整,待《实施方案》出台后,要及时报市人大常委会、市政协备案。

五届市政府第三十六次常务会议 2013 年 10 月 11 日下午，市政府市长柯岩松在市政大楼六楼会议室主持召开了五届市政府第三十六次常务会议,副市长赖联春、熊悝、钟旭辉、黄菊兰、邓晓楠,市政府领导朱国英,副调研员张立相、方长华、刘瑞金,副县级干部叶伦汉,市政府党组成员、政府办主任何瑜,市政府党组成员、行政服务中心

管理办主任宗小凡，市政府党组成员、监察局局长蓝希高参加了会议；市人大常委会副主任刘小玉，市政协副主席倪静应邀了会议。会议议定的主要事项如下：

一、会议讨论了有关工程预算审核意见

1.关于南水新区中心幼儿园综合楼及消防水泵房工程预算的审核意见。会议原则同意市财政局会同市审计局提出的审核意见，即该工程以最高限价1298.1万元（含暂列金97万元）依法按程序公开招投标。

2.关于龙回镇祖炎小学综合楼工程预算的审核意见。该工程2012年6月批准预算最高限价为167.2万元，由于未及时招标，现业主单位委托工程招标代理机构重新编制了预算。会议原则同意市财政局会同市审计局提出的审核意见，即该工程以最高限价173.5万元依法按程序公开招投标。

3.关于体育公园综合高架平台工程预算的审核意见。会议原则同意市财政局会同市审计局提出的审核意见，即该工程以最高限价531.4万元（含暂列金45万元）依法按程序公开招投标。

4.关于唐江镇敬老院长寿楼B2、B3栋工程预算的审核意见。会议原则同意市财政局会同市审计局提出的审核意见，即该工程以最高限价375万元（含暂列金18万元）依法按程序公开招投标，其中B2栋188.1万元（含暂列金9万元）、B3栋186.9万元（含暂列金9万元）。

二、会议讨论了其他有关议题

1.关于返还横市镇明珠大道一宗土地拍卖款问题。鉴于横市镇明珠大道一宗面积为20.2095亩的土地已依法按程序公开拍卖，截止2013年7月，总成交价款2728.2825万元的70%即1907.7978万元已缴入国库。为提升横市镇富裕和谐秀美乡村建设品位，加快建设进程，根据国有资产处置资金使用有关规定，会议同意将该宗地已入库土地出让收入1907.7978万元全额返还给横市镇政府。

2.关于龙华工业园开源矿业澳斯麦特炉冶炼技术改造项目地块回填土石方问题。考虑到该项目厂房建设已进场施工，在该项目用地西北角尚差191683.7立方米暂无土石方来源回填。为不影响项目建设，根据市工投公司提出的处理意见，会议同意：（1）在不影响园区道路排水标高的前提下，采取其场地下降0.6米的方式取土填方完成土地平整，测算挖方量为195600.4立方米。（2）考虑到下降0.6米取土施工难度较大，同意下降部分的土石方单价在现行该地块B2、B3、B4标段中标价的平均价基础上，再增加1元/立方米，即7.23元/立方米。（3）取土回填工程由开源矿业自行组织实施，总价不高于141.419万元，完工验收合格后由市工投公司据实拨付。

3.关于西班牙费拉玛吉斯公司要求总部综合用地与工业用地同时供地问题。该公司与市政府已签定总投资4500万美元新建香水项目正式合同，考虑到香水项目生产的特殊性，要求总部建设先行等相关原因，会议同意对该项目实行综合用地和工业用地同时供地。其中综合用地由商务局会同该公司实地踏看后提出选址意见报市政府审定，按不低于市场评估价供地。

4.关于东山新区筹建一所小学有关问题。为推进东山新区建设，解决窑边小学拆迁后周边学生的入学问题，减轻东山片区逸夫小学和赞贤小学的就学压力，会议同意由市政府划拨30亩教育用地，在东山街道金河路西侧选址新建“东山中心小学”，为市教育局管理的股级学校，建筑面积约11300平方米、投资概算约2000万元。会议明确：（1）成立由市委、市政府分管领导为正副组长，相关职能单位为成员的筹建工作领导小组，领导小组办公室设在市教育局。（2）市教育局为项目业主单位，市城发公司为投资主体和代建单位。（3）项目列为市委、市政府重点调度项目，纳入中小学校舍安全工程，享受校舍安全工程相关优惠政策。（4）由市城发公司商市国土局、市城乡规划建设局另选地块，等面积补回因校建所占收储土地。

5.《关于2014年度教育费附加校建项目安排意见》。考虑到项目和资金计划是根据《南康市教育专项资金管理实施细则》，并结合了2014年市财政财力状况和全市中小学校基础设施建设需求情况提出的，会议同意2014年本级财政安排教育费附加4664万元用于全市校建项目（校安工程）。

6.关于唐江中学发展有关问题。根据财政、教育部门就做强做优唐江中学的专题调研意见，为加大扶持力度，改善办学条件，会议原则同意调研报告所提意见，并明确：（1）2014年优先解决学校教工公租房问题。由市教育局商房管、财政等部门，整合利用公租房政策配套资金，按公租房建设标准兴建两栋教工公租房，年内完成项目规划设计、招投标等工作，争取在2014年建成投入使用。(2)科技楼项目等其他事项视财力情况逐年安排，确保每年至少安排一个校建项目，通过3~5年的努力，改变学校面貌。

7.关于设立市专业森林消防大队南山公园中队问题。为应对南山森林公园及周边区域日益严峻的防火形势，提高处置能力。会议同意：(1)市森林消防大队下设南山公园中队，值勤范围为南水新区南山村、大围村，东山街道桐梓村、上坪村，龙回镇茶叶坳村，浮石乡江口村，林地面积3.6万亩。(2)中队采用定编定岗不定人的管理模式，核定聘用制人员编制10名，人员招聘由市林业局拟订方案报市政府同意后组织实施，做到公开公平公正；人员经费由市财政参照大队标准、按人员到岗情况据实核拨；正常运作经费暂缓安排，明年编制财政预算时一并考虑；扑火装备物资按政府采购程序组织采购，费用由市财政根据实际中标价据实追加；办公场所由南水开发办负责安排；(3)新增市森林消防大队运兵车一辆，由其统筹安排使用。此事项报市委审议。

8.关于派出所业务用房修缮问题。经市发改委牵公安、监察、财政、国资办等单位调查核实，市公安局朱坊、十八塘、龙回3个乡(镇)派出所业务用房使用时间较长，存在较大安全隐患，严重影响了办公、办案工作，根据中办、国办《关于党政机关停止新建楼堂馆所和清理办公用房的通知》(中办发〔2013〕17号)文件精神，会议同意对朱坊、十八塘、龙回3个乡(镇)派出所业务用房进行修缮改造，要按程序履行审批手续，修缮经费自筹解决。会议明确：(1)坪市派出所业务用房已列入2010年中央预算内投资计划，属新建项目，不列入修缮对象，建设标准要严格执行上级规定。(2)业务用房修缮要以消除安全隐患、恢复和完善使用功能为重点，严禁豪华装修，修缮资金控制在市财政批准的预算范围之内。

9.关于华星集团生态农庄项目商业用地评估价问题。鉴于该项目所处区域较为偏远，交通、水电等基础设施缺乏，为加大项目引进力度，加快建设步伐，会议原则同意按照解放思想、有利长远、该项目商业用地按评估价就低不就高并适当优惠的原则评估该项目商业用地价格，具体由市国土局牵市委农工部、市城乡规划建设局、市财政局、市商务局、隆木乡政府，根据评估机构实地踏看后出具的评估结果，提出合理意见报市政府会签批准。

10.关于中国赣州(南康)国际物流商贸综合体项目《框架协议》的修改意见。会议原则同意常务副市长赖联春牵国土、规划建设、商务、财政等部门实地考察后提出的修改意见，要求市商务局根据修改意见对《框架协议》进一步充实完善后尽快与投资方签约。

11.关于《南康市农村自来水工程规划报告》。会议原则同意该《规划报告》，要求市水利局进一步修改完善后上报。

12.《关于进一步加强南康市家具行业消防安全管理工作的实施意见》。会议原则同意该《实施意见》，要求市消防大队进一步修改完善并经市政府法制办审核后印发执行。

13.关于《南康市家具企业用电整治工作实施方案》。会议原则同意该《实施方案》，要求市供电公司进一步修改完善并经市政府法制办审核后印发执行。

14.关于《东山新区启动区征地拆迁工作实施方案》。会议原则同意该《实施方案》，要求东山街办牵市征拆办、城发公司进一步修改完善并经市政府法制办、国土、财政、规划建设、行政执法、家具产业等单位审核，报市政府审定后印发实施。会议明确：(1)灯饰市场建设用地同步纳入启动区征地拆迁范围。(2)东山街办要做实做细东山新区启动区征地拆迁的各项工作，做到准备充分、推进有序。(3)今后所有建设项目的征地拆迁实施方案均归口市征拆办起草。

15.关于南康市2013年军队转业干部及随调家属安置问题。2013年上级军队转业干部安置部门下达给南康市计划安置军转干部2人、随调家属2人。根据上级关于军队转业干部安置相关政策规定及其本人志愿，结合接收单位人员编制情况及接收意见。会议原则同意副连级军转干部刘为安置到市公安局；随调家属闫明玉安置到市第三中学、吴玫兰安置到市科技局信息服务站(对口安置原则)。此事项报市委审议。

五届市政府第三十七次常务会 2013年10月28日下午，市政府市长柯岩松在市政大楼六楼会议室主持召开了五届市政府第三十七次常务会议，副市长赖联春、熊惺、钟旭辉、黄菊兰、邓晓楠，副调研员张立相、方长华、刘瑞金,副县级干部叶伦汉,市政府党组成员、政府办主任何瑜,市政府党组成员、行政服务中心管理办主任宗小凡,市政府党组成员、监察局局长蓝希高参加了会议;市政府领导朱国英因公请假;市人大常委会副主任谢业雄,市政协副主席倪静应邀列席了会议。会议议定的主要事项如下:

一、会议讨论了有关工程预算审核意见

1. 关于市第四小学 2# 教学楼及二期附属工程预算的审核意见。会议原则同意市财政局会同市审计局提出的审核意见,即该工程以最高限价 1238 万元(含暂列金 65 万元)依法按程序公开招投标。

2.关于东山新区返迁房(I)期工程二标段工程预算的审核意见。该工程 2012 年 9 月批准预算最高限价为 1.13 亿元(含暂列金 835 万元),由于未及时招标,根据省住建厅《关于调整建筑、装饰等工程定额综合工日单价的通知》(赣建价〔2013〕5 号)文件精神,需要对建筑、装饰等工程定额综合工日单价以及主要材料按最新信息价进行调整。会议原则同意市财政局会同市审计局提出的审核意见,重新审定该工程最高限价为 11739.7 万元(含预留金 818 万元)。

3.关于浮石乡敬老院扩建工程预算的审核意见。会议原则同意市财政局会同市审计局提出的审核意见,即该工程以最高限价 384.8 万元(其中:1# 楼 135.4 万元、2# 楼 157.1 万元、3# 楼 92.3 万元)依法按程序公开招投标。

二、会议讨论了有关资金拨付问题

1.关于拨付家具产业园一期及配套园区征地拆迁资金问题。为全面完成该项目一期及配套园区的征地拆迁工作,确保征地拆迁资金及时发放,会议同意由市财政再拨付 180 万元至龙岭镇征地拆迁专户,剩余资金待该项目完成并经清算后再予拨付。

2.关于拨付家具产业园二、三期征地拆迁资金问题。为全面完成该项目二、三期征地拆迁工作,确保征地拆迁资金及时发放,会议同意由市财政再拨付 500 万元至龙岭镇征地拆迁专户,剩余资金待该项目完成并经清算后再予拨付。

3. 关于拨付 2013 年度中央财政小型农田水利重点县建设项目县级财政配套资金问题。根据财政部、水利部《关于实施中央财政小型农田水利重点县建设的意见》(财农〔2009〕92 号)文件精神,2013 年度中央和省级项目对南康市(重点县)投资为 1600 万元,要求本级财政按不少于总投资的 25%进行配套。为确保南康市小农水项目建设顺利进行,达到上级绩效考评要求,会议同意由市财政从河道采砂权拍卖收入中再安排拨付项目建设配套资金 450 万元。

4.关于拨付龙华乡圩镇防洪工程配套资金问题。根据《江西省水利厅关于中小河流治理项目南康市龙华乡圩镇防洪工程初步设计报告的批复》(赣水建管字〔2013〕160 号)文件要求,为保证该治理项目顺利完成,会议同意由市财政从本级土地收益提取的用于水利设施建设资金中,安排龙华乡圩镇防洪工程配套资金 403 万元,用于征地补偿、环境工程等方面开支,资金由市财政按合同及工程进度拨付。

5.关于拨付赤土畲族乡防洪工程配套资金问题。根据《江西省水利厅关于中小河流治理项目南康市赤土畲族乡防洪工程初步设计报告的批复》(赣水建管字〔2013〕209 号)文件要求,为保证该治理项目顺利完成,会议同意由市财政从本级土地收益提取的用于水利设施建设资金中,安排赤土畲族乡防洪工程配套资金 536 万元,用于征地补偿、环境工程等方面开支,资金由市财政按合同及工程进度拨付。

6.关于拨付南水开发办资金归还农行贷款问题。经市政府同意,南水开发办于 2009 年 10 月以市土地储备供应中心为贷款主体向农行南康支行贷款 1.8 亿元。根据相关合同约定,会议同意由市财政从土地收入中拨 2650 万元至市土地储备供应中心,由其按程序归还农行贷款(2013 年第二期)。

7.关于返还城发公司已缴纳的土地出让价款问题。鉴于市政府已批准同意对该公司已揭牌的 20 宗土地分批次办理土地使用权证,根据康府办抄字〔2013〕137 号抄告单精神,会议同意对该公司已办证 4 宗土地缴交的土地出让价款共计 20474.05 万元由市财政以增加公司资本金方式全额返还该公司,用于后续办证需要。会议明确,对该公司后续 16 宗土地因办证需要缴交的土地出让价款按照康府办抄字〔2013〕137 号抄告单执行,即上缴的土地出让金由市财政以增加资本金方式全额返还,六项基金缓提,所涉税收缓征,费用予以免收。

8.关于拨付朱坊乡节能照明产业园征地拆迁资金问题。为加快征地拆迁进度,确保征地拆迁资金及时发放，会议同意由市中小企业投资发展有限责任公司按规定程序再拨付300万元至朱坊乡征地拆迁专户。

9.关于拨付体育公园工程费、桩基检测等费用问题。根据合同约定和市政府有关调度会议精神，会议同意由市城发公司拨付1348.75万元至市财政局重财办，用于支付该工程进度款及相关费用。

三、会议讨论了其他有关议题

1.关于批准东山街道东山社区居委会一宗集体建设用地问题。会议同意东山街道东山社区居委会占用本社区居委会15组集体建设用地3014平方米兴建东山社区服务中心，由市国土局依法办理相关手续。

2.关于批准赣州德福房地产开发有限公司一宗建设用地问题。鉴于该公司通过挂牌方式依法取得了原龙岭镇政府国有存量建设土地(空余坪)6053.36平方米兴建金福花苑商住小区,会议同意由市国土局依法为该宗建设用地办理相关手续。

3.关于批准肖树生、邱际花一宗建设用地问题。鉴于肖树生、邱际花因工业大道东延项目拆迁安置在文峰路东侧，占用国有存量土地（余坪）2700平方米兴建商住楼,会议同意由市国土局依法为该宗建设用地办理相关手续。

4.关于批准刘知普一宗建设用地问题。鉴于刘知普于1996年8月经批准协议转让取得了位于蓉江街道岭背村的原赣江轧钢厂土地，面积1536.21平方米。经市政府第三十一次常务会议研究,同意认定赣江轧钢厂协议转让给刘知普时,用地性质为工业用地。鉴于当事人已按当时工业用地标准足额补缴土地出让金，会议同意由市国土局依法为该宗工业用地办理相关手续。

5. 关于2013年度低丘缓坡试点项目区选址问题。根据省国土资源厅有关试点工作要求,会议同意在符合土地利用总体规划和低丘缓坡试点专项规划的前提下,确定南康市2013年度低丘缓坡试点项目区选址及面积为:镜坝、朱坊1192亩,龙华472亩,太窝336亩,合计2000亩。

6.关于2013年度“增减挂”项目城镇建新区分布问题。南康市2013年度“增减挂”项目城镇建新区总用地计划指标1095.14亩，其中留存城镇建新区用地计划指标781.61亩，会议同意对该781.61亩土地指标分布到有关乡(镇、街道),用于相关重点项目建设。

7.关于市公园管理站有关人员、经费问题。为进一步加强全市各个公园的管理,理顺管理体制,根据市政府有关调度会议精神，会议原则同意将市公园管理站更名为市公园管理所，由市园林管理所下属股级全额拨款事业单位调整为市城管局直属的股级全额拨款事业单位，负责统筹文化公园、旭山公园、东山公园、“一江两岸”公园及其河道、南山森林公园的管理工作。考虑到市公园管理所接管南山森林公园后,增加了较大工作量,会议原则同意:(1)由市编委办从全市事业编制总量内调剂增加该所10名全额拨款事业编制,使编制总数达到25名,人员由市人社局按程序向上争取分步招录到位。(2)从2014年1月1日起,由该所全面接管“五大公园”的日常运行维护管理工作。在全面接管之前,暂时维持“五大公园”管理体制、经费保障体制不变,但考虑到工作需要,同意该所在核定编制范围内采取临时聘用的方式补足人员，经费按1.8万元/人·年的标准按月核拨,以实际聘用时间起计算;在全面接管后,公园的日常养护经费由市财政根据已安排的“五大公园”日常养护经费从原管理单位中核减后列入该所,公园的花带、乔木、绿地等养护经费以及清扫保洁经费按现行口径和标准计算核拨，管理人员经费和公用经费视人员招录情况据实核增，其他非标准项目需增加的费用报经市政府审批后核拨。(3)本着节约利用的原则，市公安消防大队经批准淘汰但仍可使用的消防车辆,按规定程序调剂该所使用。此事项涉及人员、编制事宜报市委审议。

8. 关于招聘陈济飞等322名同志为南康市2013年特岗教师问题。鉴于按照既定招聘计划，经全省统一笔试、市招聘教师工作领导小组组织面试及网上补报等环节，南康市实际招聘了陈济飞等322名同志为特岗教师，会议同意聘用陈济飞等322名同志为特岗教师。

9.关于将唐江纺织厂划拨给唐江红旗学校办学的有关事项。考虑到企业改制的实际情况和唐江红旗学校办学需要，会议原则同意将该宗地调整规划为教育用地并由市政府按市场评估价补偿企业，待企业完成改制后再无偿划拨给唐江红旗学校办学使用。

10.《关于规范乡(镇、街道)机关奖金发放工作的意见》。会议原则同意该《意见》,要求市财政局进一步修改完善后报市委审议。

11.关于南康物流商贸综合体项目有关事项。该项目选址龙岭工业西区扩园区域，占地约821亩。为更好地对物流商贸综合体项目进行规划建设,会议原则同意:(1)将物流园区约300亩(含开发商自持物业自主经营的200亩)区域规划安排临赣南大道路旁。(2)将原工业西区扩园所规划的、占地约100亩的大塘下安置点移出项目区,与临赣南大道东侧区域内安置用地合并，形成面积约250亩的安置点。

12. 关于章江两岸污水管网检查情况的有关问题。章江两岸污水管网全长约10.5公里,于2009年竣工投入运行，现该管网已造成一定损坏，发生多处渗漏并致污水处理COD浓度偏低。会议原则同意对该管网进行维修改造，其中对市疾控中心至323国道段污水管网管道开挖并全包封处理，对323国道至康阳电站水坝段污水管道重新顶管。会议明确:(1)维修改造工程预算由业主单位市城乡规划建设局负责编制并报市财政审核，由市财政按照编制最高限价的口径乘以同等工程下浮系数确定。(2)鉴于该工程时间紧,为在康阳电站空库运行期间与金赣北大道挡土墙加固工程、“一江两岸”修复工程同步实施并限期完成,会议同意采取邀标方式确定工程施工单位。(3)业主单位要与施工单位签定合同，做到工程款拨付以工程验收合格、以及污水处理COD浓度达标为前提。此项工作由副市长邓晓楠具体调度。

13.关于《南康市2013年度土地收储蓉江片区12号地块征地拆迁工作实施方案》。会议原则同意该《实施方案》,要求蓉江街办商市征拆办进一步修改完善后印发实施。

14.关于《南康市国有建设用地性质变更管理暂行办法》。会议原则同意该《暂行办法》,要求市城乡规划建设局进一步修改完善后报市委审议。

15.关于《南康汽车城项目征地拆迁工作实施方案》。会议原则同意该《实施方案》,要求龙岭镇政府进一步修改完善后印发实施。

16.《关于南康公交与赣州中心城区对接工作情况的报告》。会议原则同意该《报告》,要求市交通运输局进一步修改完善后以市政府名义向赣州市人民政府呈报。

17.《关于全省扶贫开发工作会议主要精神及贯彻落实意见的报告》。会议原则同意该《报告》。

18.《关于大广高速南康南互通项目合作建设框架协议》。会议原则同意该《框架协议》。

建议提案办理

〔**综述**〕 2013年,南康市政府系统共收到人大代表建议90件,其中市本级85件(平时件2件),赣州市级5件;政协委员提案163件,其中平时提案1件,均为市本级提出,总计253件。建议、提案内容涉及工业交通、城建环保、农林水利、科教文卫体和社会保障等诸多方面。另外,市政府对人大代表审议《政府工作报告》时提出的66条意见建议及政协委员提出的167条建言一并进行了交办办理。共计确定79个承办单位,并于2013年3月6日召开了代表建议和政协提案交办会，市政府班子成员(不含副调)参加了会议,对建议、提案的办理工作进行了全面部署，对办理工作提出了具体要求。会后,各承办单位根据办理规定,高度重视,指定专门领导负责,落实了具体人员办理,按时保质地办理好全部建议提案,办结率达100%,意见反馈满意率达100%。具体办理结果如下:

(一)所提问题已经得到解决或基本解决(即A类)的有151件,占办理总数的59.68%,特别是赣州市人大代表所提的五件建议均得到有效解决。

(二)所提问题正在解决或已列入计划正创造条件逐步解决的(即B类)有90件,占办理总数的35.57%。

(三)所提问题因条件限制或政策不允许,不能解决或留作参考的(即C类)有12件,占总数的4.75%。

乡镇人民政府与街道办事处

2013年,南康市有隆木乡、坪市乡、横市镇、大坪乡、麻双乡、十八塘乡、龙华乡、唐江镇、凤岗镇、三江乡、太窝乡、镜坝镇、朱坊乡、赤土畲族乡、横寨乡、浮石乡、龙岭镇、龙回镇等18个乡镇人民政府和蓉江、东山2个街道办事处。

市政府领导班子及领导分工

〔领导班子名录〕

市　长：柯岩松
代市长：何善锦
市委常委、常务副市长：杨晓斌
市委常委、常务副市长：赖联春
市委常委、副市长：宋　英（女）
市委常委、副市长：熊　惺
市委常委、副市长：钟旭辉
副市长：肖志东
副市长：黄菊兰（女）
副市长：邓晓楠
副市长：刘晓方
副市长：朱国英

〔领导分工〕

市长柯岩松（~2013.11）：主持市政府全面工作，兼管监察、审计工作。

代市长何善锦（2013.11~）：主持市政府全面工作，兼管监察、审计工作。

市委常委、常务副市长杨晓斌（~2013.8）：协助市长抓好市政府日常工作，并协助市长分管市政府办公室、发展和改革（物价）、重点工程建设、城市建设投融资、财政、税务、人力资源和社会保障、统计、工商、信访、金融、保险、政府法制、行政服务中心、应急管理、住房公积金、征兵、机关事务和接待工作；负责与市人大常委会、市人武部的联系协调工作。

市委常委、常务副市长赖联春（2013.8~）：负责市政府日常工作；分管市政府办公室（政府法制、应急管理、防震减灾、外事侨务）、发展和改革（物价）、统计、财政、税务、苏区振兴发展、重点工程建设、投融资、人事编制、信访、机关事务、接待、行政服务中心、征兵、金融、保险、住房公积金、驻外办事处等方面工作；分管公安、交管、武警、司法等方面工作；负责与市人大常委会、市人武部、市法院、市检察院的联系协调工作。

市委常委、副市长宋英（~2013.8）：协助市长分管农业农村工作和新农村建设、统筹城乡发展、水利、水保、农业和粮食、农办、农机、畜牧水产、果业、农业综合开发、扶贫和移民、民政、残联、供销、气象、水文工作；负责与市政协的联系协调工作。

市委常委、副市长熊惺（2013.8~）：负责农业农村工作；分管农办、农业和粮食（粮食流通、农机、畜牧水产、果业）、林业、农业综合开发、水利、水保、扶贫开发、民政、残联、供销、气象、水文等方面工作。

市委常委、副市长钟旭辉（2013.8~）：负责工业发展工作；分管工业和信息化、经济开发区、工业主导产业发展（家具产业）、工业发展投融资、开放型经济、民营经济、企业上市、商务、安全生产、地矿、工商、质监、供电、邮政、通信、石油、盐业等方面工作；负责与市政协的联系协调工作。

副市长肖志东（~2013.9）：协助市长分管工业和信息化、工业园区建设、工业主导产业发展、林业、家具产业、开放型经济、民营经济、商务、交通运输、地方海事、环保、科技、安全生产、矿管、质量技术监督、供电、石油、火车站工作。

副市长黄菊兰：负责教文卫体工作；分管教育、卫生、体育、食品药品安全、人口和计划生育、文化和广播电影电视、新闻出版（版权）、旅游、精神文明、烟草、档案、市志、对台、民族宗教等方面工作；负责与市总工会、市妇联、团市委、市老年体协的联系协调工作。

副市长邓晓楠：负责城乡规划建设管理工作；分管城乡规划建设、房地产管理、城市管理、城市管理行政执法、国土资源、城市建设投融资、土地收储、供水、人民防空等方面工作。

副市长刘晓方（~2013.8）：协助市长分管科技、旅游、邮政、通信、无线电管理工作，负责与市科协的联系协调工作，主抓企业上市工作；协助常务副市长分管财税、城市建设投融资、金融、保险、争资争项工作。

副市长朱国英（2013.9~）：负责交通运输方面工作；分管交通运输、公路、环保、科技、消防、地方海事、火车站等方面工作。

重要文件目录

2013年南康市政府重要文件目录

发文时间	文　号	文件标题
1月12日	康府发1号	关于印发南康市房地产开发项目规划设计联合审批、批后监管和竣工联合验收暂行管理办法的通知
1月12日	康府发2号	关于下发南康市市政工程管线规划建设管理办法的通知
1月16日	康府发3号	关于印发南康市企业上市引导资金管理暂行办法的通知
4月26日	康府发5号	关于印发南康市建设工程招标投标活动及标后管理办法的通知
5月10日	康府发6号	关于印发南康市校车安全管理实施办法的通知
6月5日	康府发8号	关于印发南康市建设项目规划变更管理办法(试行)的通知
8月20日	康府发10号	关于印发南康市国家同土地上非住宅房屋征收停产停业损失补偿办法(试行)的通知
8月20日	康府发11号	关于印发南康市贯彻实施国有土地上房屋征收与补偿条例的若干意见(试行)的通知
8月20日	康府发12号	关于印发南康市国有土地上房屋征收评估机构选择办法(试行)的通知
10月7日	康府发14号	关于全面推进预算绩效管理的实施意见
11月7日	康府发15号	关于进一步加强最低生活保障工作的实施意见的通知
12月31日	康府发18号	关于印发《南康市副食品价格调节基金征集使用和管理办法的通知
3月28日	康府办发3号	关于印发南康市经营性、闲置国有资产清查工作实施方案的通知
10月7日	康府办发7号	关于印发南康市突发公共卫生事件应急预案(修订)的通知
10月11日	康府办发8号	关于印发南康市医疗机构设置规划(2012-2020年)的通知
11月14日	康府办发9号	关于巩固完善基本药物制度和基层运行机制的实施意见

市政府办公室工作

〔综述〕 2013年,是贯彻落实党的十八大精神的开局之年,在市委、市政府的正确领导下,市政府办公室全体人员积极创新工作理念,转变工作作风,优化工作流程,有效推进市政府办公室各项工作提速、提质、提效。

〔队伍建设〕 1.强化意识导向。一是强化宗旨意识。牢固树立全心全意为人民服务的宗旨,深入学习贯彻党的十八大、十八届三中全会和习近平总书记系列重要讲话精神,保持正确的政治方向,树立正确的价值观、政绩观。二是强化争先意识。在工作坚持高标准、严要求,力争各项工作在赣州市政府办公室系统中保持领先。三是强化效率意识。坚持务实高效、雷厉风行的办事作风,特别在应对突发事件、加强应急管理中,做到信息通畅、行动迅速、应对有力。

2.抓好班子建设。一是率先垂范。班子成员带头遵守各项规章制度,要求别人做到的,自己先做到。二是发扬民主。坚持民主集中制,班子成员做到大事、要事集体研究,小事、琐事及时沟通。三是坚持团结协作。坚持集体领导和个人分工负责相结合, 班子成员互相配合不离心、相互补台不拆台,班子整体能力得到了提高。

3.强化队伍管理。一是强化学习提升。把学习作为提高素质、搞好服务的重要前提,结合党的群众路线教育和创建学习型机关活动, 组织全体干部职工认真学习政治理论、业务知识、工作技能等,不断提高理论水平和解决实际问题的能力。二是强化制度管理。坚持以制度管人管财管事,建立健全了应急值班、财务管理、档案管理、信访接待等各项规章制度,对办文、办会、办事等各个方面制定了更加严格的操作程序。三是强化责任落实。合理划分岗位职责,对各个科室、各个岗位的职责任务、目标要求进行量化分解,责任到人,切实做到平时分工明确,任务具体,各尽其职,各负其责,始终保持高效快速有序运转。

〔信息调研〕 紧紧围绕市委、市政府的重大决策部署以及市域经济和社会事业发展的热点、难点问题开展调研,并形成了一些有见地的调研报告,为领导决策提供了科学依据。2013 年,共撰写了调研报告 23 余篇,在国家、省、赣州市级刊物上发表各类文章 20 多篇, 收集上报信息 358 余条,其中 58 条被《江西政务》、《赣州政讯》所采用,位居全市前列。搞好政务信息公开。

〔办文办会工作〕 牢固树立"细节决定成败"的理念,积极搞好办文办会,推进以文辅政。一年来,制发、转发各类文件、会议纪要 52 个,抄告单 202 个,承办上级来文来电 1262 个,收发处理公文 1.2 万件, 承办市政府常务会及各类协调会议 80 多次,公开政府信息 3 万多条,没有出现一次重大纰漏,得到了市政府领导的肯定。加强保密工作,文档管理有序。

〔综合协调工作〕 按照市政府的工作部署, 紧紧围绕市委、市政府中心工作,做了大量的组织协调工作。针对 2013 年度市政府领导人事调整较为频繁的实际,办公室主动加强协调服务,有效保障了政府工作的连续性;全市共协调组织做好省、赣州市领导来南康调研工作 52 次,同时积极协调市政府部门及各乡(镇)政府的工作,推进了市政府工作开展。

〔督查工作〕 积极发挥政府督查室的职能作用,积极参与重大项目建设、民生实事工程等进展情况,及时为市委、市政府决策提供参考;对政府工作报告、政府常务会议、市长办公会议提出的每一项工作,定期进行督查,确保政务畅通,做到"件件有着落,事事有回音",促进全市各项重点工作的顺利开展。一年来,办公室跟踪落实市领导批示件 810 件,牵头和配合各类督查 32 次,督促办理各类人大代表建议、政协委员提案,满意和基本满意率达 100%。

〔信访法制工作〕 认真受理群众诉求, 累计受理群众来电 880 件次,办结率为 100%。办理群众来信 156 件,办结率为 100%,接待群众来访 520 批次,全部给予了较满意的答复。充分发挥政府法制办的职能作用,认真做好行政复议工作。累计收到行政复议申请 62 件,受理 56 件,累计参与各类纠纷调处 45 起,根据有关规定备案重大行政处罚案件 3 件。

〔应急管理工作〕 一年来,报请市政府加大投入,打牢基础,突发应急能力、防震减灾工作得到进一步增强; 指导各有关单位按要求做好预案编制和修订工作,健全和完善了基层应急管理预案体系。完成总体应急预案修订稿, 完成专项应急预案 3 个、部门应急预案 23 个。完善应急值班制度。全天 24 小时接受群众应急救援,受理的各种急件快速有效办理。

〔机关自身建设〕 1.推动精文简会。对照中央八项规定要求,严格控制发文程序和数量,切实做到没有实质内容、可发可不发的文件一律不发,能通过面对面或电话解决的问题不再另行发文。坚持开短会、讲短话,力戒空话、套话,从严控制会议数量、时间和规模,减少无关领导陪会,压缩领导讲话篇幅。

2.改进工作作风。全体机关干部结合党的群众路线教育活动,抓好联系点的"三送"工作,抓好挂点企业服务工作,坚持问需于民、问政于民、问计于民,自觉地深入基层、深入群众、深入企业开展调查研究, 积极探索加快全市经济社会发展的新思路和新措施,形成高质量的调研报告,为市委、市政府委决策提供全面、准确、翔实的科学依据。

3.保持清正廉洁。严格遵守领导干部廉洁从政《若干准则》《党政机关厉行节约反对浪费条例》《党政机关国内公务接待管理规定》, 积极履行党风廉政建设"第一责任人"责任,落实"一岗双责"责任制,班子成员自觉带头执行八项规定,严格管理亲属和身边工作人员,始终保持清正廉洁本色。

〔领导班子名录〕

主　任:何　瑜

副主任:刘显华

　　　　刘忠群

工会主席:刘永春(女)

人力资源和社会保障

〔综述〕 2013 年,南康市人力资源和社会保障工作在市委、市政府的正确领导下,在上级主管部门的关心指导下,深入贯彻党的十八大和十八届三中全会精神,始终坚持"民生为本、人才优先"的工作主线,各项工作取得新的成绩,为努力把南康建设成为赣州都市区核心增长极和宜居宜业活力新城提供了更强有力的人才支撑和社会保障。

〔**机构队伍**〕 局机关内设秘书科(行政审批服务科)、公务员科(事业单位人事管理科、人事考试中心)、技术人员管理科、工资福利科、人才交流中心(职业教育培训中心、人事档案室)、社会保障信息化综合管理科(社会保险基金管理中心)、养老失业保险科、医疗工伤生育保险科、劳动保障监察大队、劳动人事争议仲裁院,有干部职工45人。下设4个二级事业单位:劳动就业服务管理局、社会保险事业管理局、医疗保险局、农村社会养老保险管理局。

〔**公务员管理**〕 完成了2012年度全市公务员及参照公务员单位(政府系统)一般工作人员、全市事业单位管理人员和工勤人员的考核工作。公务员参加考核总人数为997人,考核为优秀的148人,考核为称职的849人。事业单位管理人员和工勤人员考核总人数为2039人,其中考核为优秀的265人,考核为称职的1766人,考核为不称职的4人,考核为不确定等次的1人,还有3人未参加考核。

〔**人事管理**〕 在公开招聘制度、岗位设置管理制度基础上实行了全员合同聘用制度,人事制度进一步完善。建立了公务员(参公人员)、事业单位工作人员调动的审核程序,规范了全市事业单位工作人员进、管、出的管理。在全市各乡(镇、街道)及市直各单位开展了吃"空饷"专项清理整治工作,严肃了人事、编制、财政工作纪律,从源头上预防治理腐败,有效防止"占编制、不上班、吃空饷"等现象滋生。

继续做好高校毕业生就业工作,进一步解决高校毕业生就业难问题。吸收录(聘)用了775名大学毕业生到有关单位工作。其中,聘用245名大学生到基层学校任教,接收320名特岗教师到基层学校任教;录用77名选拔生到乡(镇)街道工作;聘用了19名农业定向生到乡(镇)街道涉农站所工作;聘用72名大学毕业生到市直事业单位工作;接收20名"三支一扶"大学生到教育、卫生系统及乡(镇)工作;接收了21名卫生系统定向毕业生到乡(镇)街道卫生院工作。

认真做好服务期满"三支一扶"大学生和省"村官"的考核安置工作。对2011年分配到南康市从事"三支一扶"工作,服务期满2年的19名大学生进行了考核,为15名愿意留在南康市工作的大学生办理了接收聘用手续。同时为11名服务期满的大学生"村官"办理了接收聘用手续。

继续做好引才引智工作。从外县市(区)选调公安民警10人,引进外地教师23人,与教育部直属师范院校2名免费师范生签约毕业后到市第三中学和职业中专任教,从外地免试调入省骨干教师1名到南康中学任教。柔性引进人才1000余人次。

认真组织2013年新农村建设试点村发展"一村一品"产业项目申报工作。

〔**军转干部管理**〕 重视军队转业干部及随调家属的安置工作,进一步加强企业军转干部解困稳定工作。2013年,南康市接收安置了1名军队转业干部和2名随调家属。为128名企业军转干部落实了解困政策,调整了解困标准;在2013年春节及2013年"八一"建军节共走访慰问了41人次有特殊困难的企业军转干部并送去慰问金24600元。

〔**人才服务与人才交流**〕 认真执行国家新出台的人事代理政策,秉持"把握政策、规范管理、搞好服务"工作理念,扎实做好人事代理工作。

一是扎实做好国家新出台的人事代理政策的宣传工作,共印发了专门面向大中专毕业生的人事代理业务政策宣传单15000份。

二是扎实做好大中专毕业生人事档案接收工作,全年新接收大中专毕业生档案2200件。

三是扎实做好教育系统、卫生系统和其他事业单位新进人员的人事代理工作。全年新接收新进事业单位工作人员人事档案共计759件,其中教育系统527件,卫生系统49件,三支一扶20件,村官36件,赣州农校定向生毕业分配19件,2013年村干部录用事业编制人员11件,退伍士官安置人员9件,外县市调入人员41件,2012年

3月录用事业编人员转入52件。

〔**专业技术人才管理**〕 继续教育工作深入开展，组织了公需科目《专业技术人员科学素养与科研方法》的学习，参学者9542人。严格执行职称工作政策，规范专业技术资格申报、评审认定和晋升工作。年内评审认定企、事业单位初级专业技术职称780人；晋升中级专业技术资格人员400人（含以考代评），其中中学一级教师148人、小学高级教师184人、卫生中级61人、工程师2人、非国有工程师3人、会计师2人；晋升高级专业技术资格人员114人，其中中学高级教师76人、小学特高级教师23人、副主任中药师1人、副主任护师3人、副主任医师10人、高级讲师1人。

〔**晋升中级专业技术资格人员**〕（400人）

中学一级教师：(148人)

潘曹生 刘光海 朱六香 江麒麟 刘 岚
黎敏燕 郑 新 杜丽娟 何燕兰 吴贤奇
卢甫龙 康 晋 叶新芳 李坊锋 李春明
黄仁福 曾祥燕 钟远平 高 帝 刘妮华
赖福明 郭良香 郭燕萍 王建清 刘伏文
雷信文 方 兵 李赣强 张玉磷 丁中月
李勇飞 张启康 谢南石 叶小平 邓兰英
叶莉莉 黄春香 赵江伟 陈先发 施玉珍
肖学春 周光生 周卫花 张 建 钟乐生
王晓芳 何步前 黄敬平 高芳平 王乙明
邓聪兰 欧阳玮 刘克根 姚青华 黄 宁
吴秀娟 陈园园 温珍翠 肖 琳 蓝淑琼
古 燕 董红樱 胡淑娣 严 晋 陈 靓
廖晓花 刘 琼 赖星亮 王建红 谢靓靓
钟韵婷 盛建梅 章慧金 张祥琴 蒋艳霞
刘华清 吴礼怀 罗来燕 邓 婧 肖金华
邱春燕 孙泽飞 洪 玲 钟丽锋 周江愉
廖官华 朱丽敏 李 彦 郭秀萍 何定凤
陈先华 尹琳英 幸晨亮 邹细根 周路先
王少鹏 王忠华 邱际临 戴 杰 张会娟
李水龙 卢 红 郭云华 李虹战 张文瑜
张华尧 谢维峰 谢启峰 蓝 天 邱维旺
陈泽洲 曾小兰 黄华明 沈星星 吴鸿艳
杨水平 严考亮 吴 寒 陈华春 明春芳
刘连华 伍惠萍 胡协禄 林 康 曾祥言
阳贤兰 钟 蕾 文祥栋 钟 婧 朱凤娇
王姗姗 袁晓强 董双音 李金洋 陈庆涛
幸国华 刘丽华 刘艺凯 朱同瑞 王丽萍
谢万良 陈健峰 范小清 严匡苹 朱翠玉
邓 云 肖嘉平 刘金瑶

小学高级教师：(184人)

郭 芳 王华东 崔 芳 李幸富 叶贤卫
游廷慧 方 锢 张兰芳 黎秀梅 薛 飞
钟 敏 张俊梅 刘蒙园 李叶青 黄艳红
陈 艳 康 健 李 松 李雪梅 袁 媛
吴效玲 卢肖勤 刘丽娟 段艳风 卢小春
邱 娟 刘庭花 肖平平 刘丽丽 王莲花
蓝桂花 陈 惠 刘馥兰 何定丽 周章星
龚春华 卢 钒 吴艳芳 肖丽媛 曾树贞
杨志香 刘小英 段德琴 谢秀昌 肖 静
兰春梅 卢 琼 江 苹 肖 娟 朱贤琼
朱钰莹 肖芳芳 江传辉 张沛鹏 钟宝元
陈德沅 陈福梅 廖春丽 幸 莉 张申秀
许世富 林 芳 杜 丽 朱贤润 李祥福
张 震 周一波 李宗莲 游 茵 揭勇娟
黎 倩 王 芳 练 苹 薛廉珍 刘高�
吴中玉 赖凤英 温 鹏 黄雪花 陈晓敏
阳红梅 罗 芳 刘香梅 黄礼菁 王玉芳
胡小艳 黎远英 钟 娟 陈 艳 许 丽
王春华 朱杭娟 朱明香 彭玉林 施崇庆
黄惠玲 刘艳平 温祖才 刘芳玲 幸金桃
林明辉 王 兴 朱清华 黄罗保 潘 晨
刘志红 吴庆燕 吴 雄 陈 燕 王斯芳
邓小丽 杨 娟 王 璐 蔡春林 刘 茂
张玉梅 罗英锋 赵春鲜 王芳萍 谢 佳
肖 俐 蔡 莹 龚小伟 张贤文 刘林燕
赖香英 王致莲 林小芬 蓝道奇 刘志兰
王美清 赖敏莲 刘 兵 罗玉梅 周玉芳
邹官娣 吴丽丽 赖 圆 曾 伟 陈 芳
朱美田 冯春莲 张 平 黄小燕 张秀芬
梁燕菁 林小美 周 丽 邓艳薇 明经海
邱 湘 陈剑飞 张 欣 谢 强 李方磊
谢树伟 黄 毅 谢燕芳 蔡 鹏 叶 芳
郭莲娣 肖普秀 张玉静 钟丽梅 龙 燕
郭和平 蓝春莲 卢祥华 刘雯莉 周明英
温盛琼 温花香 袁水莲 罗金娣 蔡艳华
钟鼎珮 吴丽华 谢玉莲 肖 莉 吴 花
曾金梅 范娟英 刘宏梅 邱 瑾

卫生中级：(61人)

李优明　谢淑芳　许晓琴　卢莎娜　杨海峰
邱隆凤　蓝日胜　王　婷　杨志武　袁　薇
黄仁爱　谢　辉　刘安娜　肖孔玉　吴仁旭
黄　丽　曹文韬　胡晓春　曹小春　叶枝祥
廖文英　黄际峰　蓝冬花　王　媛　王　信
申祥芸　廖昌英　郭邦明　刘素华　何水娇
刘　敏　刘风兰　谢开红　廖　健　张州平
钟天生　卢毓琳　伍杏林　陈祥盛　彭永生
黄泽斌　申　亮　卢毓芳　邹　渊　江　莲
刘雁明　蓝　霞　廖梅花　林　燕　汪　莹
蓝菊芳　曾小莉　郭小英　王志芳　吴　煜
石礼红　李　丽　朱志诚　肖慧莲　李秋玲
胡宏生

工程师:(2人)

李干兰　卓富生

非国有工程师:(3人)

刘光绅　吴书兵　刘芳龙

会计师:(2人)

郭惜朝　李丽花

〔晋升高级专业技术资格人员〕(114人)

中学高级教师:(76人)

朱秋鸣　曾毓全　周运江　廖秋华　田小梅
吴晓凤　陈　燕　陈旭鸠　温天河　李小明
陈　云　廖春玲　戴圣福　赖海英　钟　兰
吉登慧　朱文华　幸玉莲　李小林　段先超
陈景春　黄　刚　彭长礼　甘　凡　刘淑梅
温相斌　胡建树　徐国煌　赵桂林　王秀权
郭荣平　康冬桃　王雪英　廖春香　肖德胜
罗　毅　杨帅平　杨美霞　胡文彬　卢志强
申春燕　刘全生　刘烈锋　徐加丰　曹小康
钟建平　郭荣祥　刘水平　刘勤屿　王　金
廖英华　李建平　刘京华　赵　超　蒋世楷
林传有　邱万健　邱邑琦　黄永明　刘素华
朱启黎　黄海龙　黄上明　王德金　欧小津
廖福斌　廖启梁　李传意　梁应亮　刘华生
曾和平　廖震华　周艳云　段先锋　饶建生
范东园

小学特高级教师:(23人)

林玉香　欧阳效强　刘芳楠　朱忠玉　张东桥
卓燕平　阳小青　朱晓莲　刘小龙　古育龙
袁英红　许赋彬　周善旺　赖　瑛　董世凯
刘泉兰　肖莉萍　罗　燕　黎　蕾　廖　燕
郭丽华　梁春科　邹国清

副主任中药师:(1人)

廖天南

副主任护师:(3人)

董　丽　刘玉莲　范莲英

副主任医师:(10人)

李枝鸣　曹世沛　赖　隆　凌永伟　蒙在辉
王　云　肖　天　伍先飞　刘洪涛　王齐荣

高级讲师:(1人)

肖跃龙

〔**工资福利和干部职工退休工作**〕 完成了全市机关事业单位共计14329名职工2012年度考核后的正常晋升工资审批工作，完成了全市事业单位工作人员岗位设置后的岗位等级工资变化审批工作,完成了教护龄津贴审批、转正定级工资审批、调动人员工资转移、机关事业单位遗属生活困难补助审批等其他常规业务工作；为教育系统206名、其他事业单位72名、“三支一扶”期满安置人员16名及机关77名新招录公务员办理了工资待遇有关手续，为255名机关事业单位工作人员办理了退休手续。完成了2013年度全市机关工作人员规范性津补贴和全额拨款事业单位工作人员基础性绩效工资的提标审批工作，津补贴水平为年人均25000元。

〔**劳动关系与仲裁**〕 深入推进南康市劳动仲裁机构的实体化建设进程,成立“南康市劳动人事争议仲裁院”,规范劳动仲裁机构设置,明晰劳动仲裁机构职能。严格执行案件处理流程,提升案件审理质量,依法依规调解仲裁,收到劳动人事争议纠纷案261件,依法受理219件、不予受理42件,调解结案157件,依法仲裁59件,中止审理3件,切实维护了用工单位和劳动者的合法权益。

〔**劳动保障监察**〕 严格落实《关于切实做好企业劳资纠纷信访调处工作，努力构建和谐劳动关系的实施意见》(康办字〔2012〕82号),进一步规范劳资纠纷信访调处交办流程，劳资纠纷问题得到更加妥善迅速解决。积极开展日常劳动监察执法。及时处理举报投诉案件,调处劳资纠纷。市劳动保障监察大队共受理举报投诉案件263起，其中立案188起,结案168起。共追回拖欠、克扣劳动者工资470.05万元，其中制衣、家具等行业334.13万元，餐饮等其他行业135.92万元。清退童工3人。共受理并处理好群体性案件30起，有力地维护了南康市社会和谐稳定。

〔工伤预防和工伤认定〕 严格根据《社会保险法》和《工伤保险条例》的规定开展工伤认定工作，积极贯彻落实市政府《关于切实做好工伤预防和工伤认定工作的通知》(康府办字〔2013〕16号)和《关于进一步加强工伤预防工作的通知》(康府办字〔2013〕85号)的文件要求，规范办案程序，组织开展全市用人单位工伤预防政策培训班，发放工伤预防宣传册等。

经赣州市人力资源和社会保障局授权，承办辖区内工伤认定案件及受理丧失劳动能力程度鉴定案件并送达相关法律文书。积极办理工伤案件，认真进行工伤事故调查，及时送达工伤认定相关法律文书。全年共受理工伤认定申请1160例，已参加工伤保险的有923例，未参加工伤保险的有237例，其中工亡申请11例，已认定为工亡4例，不予认定为工亡的7例。已认定为工伤的995例，向用人单位、伤害职工送达工伤认定法律文书2985份，尚未作出工伤认定决定的有165例，不予认定为工伤的有18例。受赣州市人力资源和社会保障局委托受理劳动能力丧失程度鉴定案件472例，其中作出伤残鉴定结果472例，向用人单位及伤害职工送达伤残鉴定法律文书944份。

〔就业与社会保障〕 多渠道、全方位地做好就业创业服务工作，各项指标任务圆满完成。城镇新增就业人数13260人，安置“4050”下岗失业人员再就业691人，新增转移农村劳动力16783人，市内工业园区定向培训2805人，创业培训710人，家政服务人员培训340人，零就业家庭安置率达100%；增加安排担保基金90万元，小额担保贷款发放4536万元，到期还贷率达到99.8%；失业保险基金征缴302.5万元。

利用春季就业招聘大会、高校毕业生就业援助暨家具企业招聘会和校企对接招聘会等平台，扎实开展公共就业服务工作。2013年2月17~18日在市文化广场举办了春季就业招聘大会，开展了培训对接、就业援助对接、维权宣传对接。全市320家企事业单位，提供就业岗位2.6万个，达成求职意向人员1.23万人，现场录用9260人，为企业发展提供了良好的人力资源。2013年9月10~11日在泓泰家具市场C区前小广场开展了以“服务高校毕业生就业，民企就业大有作为”为主题的高校毕业生就业援助暨家具企业招聘会活动，参会企业32家，提供岗位900余个，达成求职意向人员300余人。与市家具协会共同组织31家家具重点企业赴赣州参加江西环境工程职业学院举办的校企对接招聘会。开展了工业园区重点企业用工信息和用工环境宣传。收集工业园区重点企业用工信息，编印了《南康招工》画报5000份，通过劳动保障事务所及“三送”工作平台进行发放。

积极落实就业创业优惠政策，办理《就业失业登记证》1055本，落实社保补贴156.54万元，落实公益性岗位补贴279.22万元，落实大学生就业见习岗位补贴172.015万元，落实“一村一品”产业专项资金14万元。

举办培训农村危旧土坯房改造工匠培训班80期，培训学员2594人。

城镇职工医疗保险登记参保单位767个，其中企业单位460个，事业单位232个，行政单位75个；参保人数为31792人，其中企业12123人，事业单位14729人，行政单位4898人，其他42人；参保人数比2012年增加了2806人，完成了上级任务数30000人的105.97%。城镇居民基本医疗保险参保人数为100023人，完成全年任务数100000人的100%。工伤保险登记参保单位1703家，其中企业单位1524家，事业单位179家，参保人数为48419人，其中企业单位34137人，事业单位14282人，参保人数比2012年增加了19729人，完成了上级任务数18600人的260.32%。生育保险参保人数为7075人，其中企业参保5589人，事业单位参保1486人。

全市城镇职工基本养老保险参保总人数47187人，完成全年任务106%，其中在职参保人数35630人，在职缴费人数29060人，领取养老金退休人数11557人；征收基本养老保险费11782万元，完成全年任务的119%。全市参加2013年增加基本养老金待遇调整的退休(职)人数为9519人，人均调整增加161.45元，调整前人均基本养老金1221.16元，调整后基本养老金1382.61元。为661名“4050”困难就业人员共计补贴养老保险费1046304元。

城乡居民社会养老保险实现参保人数41.2465万人,收取保费3762.36万元,参保率达到82.1%,累计发放养老金人数8.7693万人,共发放金额6519.69万元,做到了应发尽发;落实省级配套资金751.7万元,市(县)本级配套资金200万元,对16~59周岁城乡居民个人参保缴费按照缴费100元补助30元,每增加一个缴费档次多补贴5元,最高补贴75元的标准给予补助,补助金额近1000万元,全部记入个人账户;全市重度残疾人参保人数1782人,财政代缴参保资金100元/人,共计17.82万元。

强化失业保险征缴措施,完善失业保险个人缴费信息,加大失业保险征收力度,全年基金征缴302.5万元,全面完成目标任务。

〔**社保监督管理**〕 组织完成了全市农村劳动力就业培训资金及城镇居民基本医疗保险基金等社会保障民生资金管理使用情况的自查自纠工作。对自查自纠及监督检查中发现的问题建立了问题台账,在梳理分类的基础上,提出了切实可行的整改意见,督促民生资金管理和使用机构完善内控制度、规范经办程序,切实保障社会保障各项民生资金落到实处。

妥善处置市信访局、赣州市信访热线及96333热线交办的27件社会保障相关信访事项,对相关信访事项均认真进行了调查处理,并及时回复信访人及交办单位,矛盾纠纷得到合理化解。

办理企业职工及灵活就业人员退休审批手续980人,其中企业特殊工种提前退休94人。优化企业职工退休审批程序。在市民服务中心设立专门窗口受理退休申请,月底前进行集中审批,同时,加强了各单位(科室)间的沟通协调,减少了办事群众在各部门间往返次数,既方便了办事群众,又大大提高了工作效率。

积极稳妥推进完全失地农民养老保障工作,拟定了《南康市完全失地农民养老保障实施办法(试行)》和《南康市完全失地农民养老保障待遇兑现实施细则》,认真做好完全失地农民养老保障的综合协调及待遇兑现工作。

批准297名曾在用人单位工作过未参保人员补缴养老保险费参加城镇职工基本养老保险;批准23名返城未安置知青领取养老生活补助待遇;为全市22名改制企业下岗失业五、六级伤残军人提高了伤残津贴标准;为3名因工致残人员调整了伤残津贴、护理费待遇标准,为41名因工死亡职工供养直系亲属调整了抚恤金标准。

〔**领导班子名录**〕

局　长:刘连生
党支部书记:郭名华
副局长:卢伟周
　　　邓世平
　　　赖小明
　　　刘忠萍
　　　肖为军
　　　朱润芝(女)

机构编制

〔**综述**〕 2013年,南康市机构编制工作以邓小平理论、“三个代表”重要思想和科学发展观为指导,全面贯彻落实党的十八大和十八届一中、二中、三中全会精神,牢固树立“发展为先、生态为重、创新为魂、民生为本”理念,以赣南苏区振兴发展为统领,围绕全市经济社会发展大局,统筹推进行政管理体制改革,大力创新机构编制管理,着力加强部门自身建设,机构编制管理取得新成效。

〔**机构改革**〕 1.为规范全市城区车辆停放秩序,确保城市道路畅通,提高城市管理水平,设立了南康市城市管理行政执法局车辆停放管理大队,为市城市管理行政执法局下属正股级全额拨款事业单位,人员编制内部调剂解决。

2.根据赣州市编办文件精神,下达市检察院新增政法专项编制1名、市法院新增政法专项编制1名、市司法局基层司法所新增政法专项编制2名、市公安局新增政法专项编制13名。

3.为规范机构名称,便于开展工作和对外联系,根据赣州市编委办公室《关于县(市、区)行政服务中心管理办公室更名的通知》精神,将南康市行政服务中心管理办公室更名为南康市人民政府行政服务中心管理委员会,更名后机构性质、人员编制、领导职数不变。

4.为进一步加强国家安全防线工作,维护社会稳定,设立了南康市国家安全领导小组办公室,为市委政法委副科级内设机构,核定行政编制2

名,副科级职数1名。

5.为加强全市公安审计工作,设立了南康市公安局审计室,为市公安局正股级内设机构,核定人员编制4名,股级干部职数1正1副。

6.为进一步推进公安机关“大情报”系统建设,增强公安机关发现、预防、打击违法犯罪活动和驾驭社会治安的能力,设立了南康市公安局情报信息中心,为市公安局正股级内设机构,核定人员编制8名,股级干部职数1正2副。

7.为加强和完善出入境管理工作,设立了南康市公安局出入境管理大队,为市公安局正股级内设机构,核定人员编制8名,股级干部职数1正2副,同时,撤销南康市公安局国内安全保卫大队出入境管理科。

8.为加强全市村镇规划建设管理,确保村镇建设健康有序运行,设立了全市各乡镇村镇规划建设管理所,均为市城乡规划建设局下属正股级全额拨款事业单位,核定50名全额拨款事业编制,同时,撤销市城乡规划建设局唐江分局、镜坝分局。

9.为进一步整合力量和资源,提升城区公园的专业化、精细化管理水平,设立了南康市公园管理站,为市园林所下属股级全额拨款事业单位,核定全额拨款事业编制15名,股级领导职数1正2副,同时,撤销东山公园管理处。

10.为适应外事侨务工作的需要,扩大对外开放和交流,根据赣州市编委会文件精神,将南康市外事侨务办公室由整合划入市委统一战线工作部,对外保留牌子,调整为划入南康市政府办公室,对外保留牌子。

11.为完善南康市工业园区管理机制,提高工业园区运行效率,根据省编办和赣州市编办文件精神,将江西南康工业园区管理委员会由在市民营企业局挂牌,调整为市人民政府直属正科级事业单位,核定全额拨款事业编制20名,领导职数为1正3副。

12.为适应新形势新任务的需要,有利于工作的开展,将南康市龙岭工业区管理办公室更名为南康市工业园区开发建设局,并由市政府直属正科级事业单位调整为江西南康工业园区管理委员会管理的正科级全额拨款事业单位,重新核定全额拨款事业编制13名,领导职数1正2副。

13.为有利于工作的开展,将南康市东山工业区管理办公室更名为南康市工业园区企业服务局,并由市政府直属正科级事业单位调整为江西南康工业园区管理委员会管理的正科级全额拨款事业单位,重新核定全额拨款事业编制11名,领导职数1正2副。

14.根据赣州市编委办文件精神,将南康市家具生产基地建设管理办公室由南康市家具产业促进局下属副科级全额拨款事业单位,调整为江西南康工业园区管理委员会下属副科级全额拨款事业单位,其人员编制、领导职数维持不变。

15.为加强城建项目的组织实施,努力把南康打造成活力新城,设立了南康市城建项目管理办公室,为市城乡规划建设局下属副科级全额拨款事业单位,核定全额拨款事业编制11名,副科级领导职数1名,股级领导职数2名。

16.为进一步深化行政审批制度改革,建立规范高效的审批运行机制,提高行政服务效能,在6个市直属事业单位设立行政审批服务科、在10个市直属机关事业单位内设机构增挂行政审批服务科牌子。

17.为加大南康市专利的保护和维权力度,促进专利市场的发展,在市科学技术局增挂南康市知识产权局牌子,实行“两块牌子、一套人马”的运行机制。

18.根据南康市老干部活动的需要,增加市老干部活动室全额拨款事业编制2名,专门服务于全市各类老干部组织。

19.为加强市直机关的党员教育培训工作,设立了南康市直属机关党员教育培训中心,为市直机关工委下属股级全额拨款事业单位,核定全额拨款事业编制3名,股级干部职数1名。

20.为加强市迎宾馆经营管理工作,增加市接待办公室副主任领导职数1名,增加市接待服务中心全额拨款事业编制1名。

21.为加强劳动人事争议处理效能建设,将市人社局调解仲裁管理科更名为南康市劳动人事争议仲裁院,由挂牌调整为下属股级全额拨款事业单位,核定全额拨款事业编制5名,股级干部职数1正1副。

22.在市人社局设立事业单位人事管理科、工伤保险科、信息化综合管理科,为股级内设机构,人员编制内部调剂。同时撤销劳动关系科、劳动监察科、劳动仲裁管理科等3个内设机构。

23.为加强南康市婚姻登记工作,设立了南康市婚姻登记中心,为市民政局下属股级全额拨款事业单位,核定全额拨款事业编制4名,股级干部职数1正1副。

24.为加强对流浪乞讨人员的救助管理工作,设立了南康市流浪乞讨人员救助管理站,为市民政局下属股级全额拨款事业单位,核定全额拨款事业编制4名,股级干部职数1正1副。

25.为进一步做好南康市社会救助工作,设立了南康市社会救助服务中心,为市民政局下属股级全额拨款事业单位,核定全额拨款事业编制8名,股级干部职数1正2副。

〔机构编制管理〕 1.为切实加强和规范机关事业单位机构编制、人员和经费管理,认真做好全市机构编制实名制管理工作,按照赣州市编办的统一部署,于2013年3月完成了全市机关事业单位人员的信息数据采集、审核、录入和系统联网工作,顺利推进了机构编制实名制管理网络系统建设。

2.为严格控制机构编制,严肃机构编制纪律,按照赣州市编委的部署和省编委赣编发〔2013〕4号、赣州市编委赣市编〔2013〕27号文件精神,南康市认真组织开展了机关事业单位超编专项整治工作。

3.为加强机构编制管理,落实编制实名制管理制度,严格控制机关事业单位人员的增长,坚持每月进行财政统发工资人员编制审核。

4. 配合市人社局做好上半年公开招聘72名事业单位工作人员和19名赣州农校“三定向”毕业生安置工作。

5.配合市教育局,抓好2013年义务教育学校自主招聘150名教师、高中学校招聘100名教师、“特岗计划”招聘350名教师工作。

6.配合市人社局、市监察局、市财政局、市公安局开展了全市2013年清理整治“吃空饷”工作。

7.完成了市政协五届二次会议第147号提案的答复。

〔事业单位登记〕 按照《事业登记管理暂行条例》及《事业单位登记管理暂行条例实施细则》的规定和赣州市统一部署,全市应年检的事业单位404个,年检事业单位366个,年检合格率为90%。

〔领导班子名录〕

主　任:刘诗海

副主任:罗天连

　　　　明心华

信访工作

〔综述〕 2013年,全市信访工作在市委、市政府的高度重视和正确领导下,在上级信访部门的关心指导下,以党的十八大和十八届二中、三中全会,以及省委十届七次全会精神为指导,认真贯彻中央、省、赣州市关于新时期信访工作的一系列重要决策部署和文件精神,以党的群众路线教育实践活动为契机,紧紧围绕市委五届六次全会提出的思路举措,致力服务于全市经济建设、社会发展等中心工作,以“和谐阳光信访”为理念,以“一个减少、两个下降、两个杜绝、一个提高”(“一减少”即努力减少信访积案“存量”;“两下降”即越级上访总量明显下降,重复访、集体访总量明显下降;“两杜绝”即杜绝大规模集体赴赣州、赴省、赴京上访,杜绝敏感节点时期发生越级非正常上访;“一提高”即大幅提高初信初访一次性办结率。)为目标,以着力推动信访基层基础建设、建立健全长效机制、强化信访调研、拓展信访渠道、建设人民来访中心为抓手,以推进全市分类联合接访,领导干部包案、信访积案化解和非正常上访处置工作为举措,通过一年来的努力,基本实现了工作目标要求。

〔信访机构〕 南康市处理信访突出问题及群体性事件联席会议　联席会议:总召集人设1人,召集人设4人,成员45人。根据人事变动,总召集人为市委常委、政法委书记严国雄。

联席会议设立14个信访问题协调小组,即:1.农业农村类信访问题协调小组;2.土地征用、城镇拆迁、城乡规划建设类信访问题协调小组;3.纪检监察、干部作风类信访问题协调小组;4.社会保障类信访问题协调小组;5.宣传、网络舆情、文化教育类信访问题协调小组;6. 涉法涉诉类信访问题协调小组;7.赴京、赴省、赴赣州市非正常上访问题协调小组;8.医疗卫生、食药品监督信访问题协调小组;9.环保类信访问题协调小组;10.安全生产类信访问题协调小组;11.交通事故、消防类信访问题协调小组;12. 涉军人员信访问题协调小组;13.组织人事、人口计生类信访问题协调小组;14.家具产业类、山林纠纷等信访问题协调小组。

南康市处理信访突出问题及群体性事件联席会议办公室 南康市处理信访突出问题及群体性事件联席会议下设办公室,负责联席会议的日常工作。由市委办副主任、市信访局局长董来顺担任办公室主任,办公室设在市信访局。

中共南康市委、南康市人民政府信访局

机关性质与工作职责

中共南康市委、南康市人民政府信访局属一级行政单位,受市委、市政府直接领导,业务上接受上级信访部门直接指导。归口党委系统,由市委办公室管理,为市委、市政府的工作机构。

主要工作职责是:1.贯彻落实党中央、国务院及省委、省政府、赣州市委、赣州市政府和市委、市政府关于信访工作的方针政策和规定;2. 处理本级群众来信、来电、接待来访群众,处理人民群众通过"省(市)长手机、信箱"、"网上信访"等渠道反映的信访事项;3. 协调处理上级信访部门受理的信访事项及中央、省、赣州市交办的信访事项;4.向有关乡(镇、街道)和部门转办、立案交办和督促检查来信来访事项,并审查处理结果,向市领导、上级机关反馈所交办的信访事项处理结果;5.对紧急、重大的信访事项进行查办、协调处理或组织有关部门进行联合调查处理,参与息诉稳控工作;6.分析、调查研究人民群众反映的情况和问题,及时向市委、市政府反映,并提出解决问题的意见和建议;7.负责检查、督促、指导全市信访工作,建设、培训信访干部队伍,推动乡(镇、街道)市直(驻市)单位基础和信息化建设;8.其他依照法律法规应该履行的工作职责。

〔**机构设置**〕 根据《中共南康市委、南康市人民政府信访局主要职责内设机构和人员编制规定》(康办字〔2011〕38 号)文件核定信访局内设接访、督查两个科室,行政编制 6 名(含工勤编制 1 名,其中领导职数 3 名,局长 1 名,副局长 2 名。

按实际业务工作需要,市信访局自设接访科、综合科、督查科、办公室。另外有省(市)长手机信箱办,属事业编制股级单位,受信访局管理,编制另设,共 7 个编。

〔**信访干部队伍**〕 1.本局干部队伍情况。2013 年市信访局共有干部职工 11 人(在编 10 人)。11 人中行政编制 5 人(领导职位:局长 1 人,副局长 1 人),省(市)长手机信箱办 6 人(含借调 1 人),为事业编制。50 岁以上 2 人,40~45 岁 3 人,30~39 岁 2 人,30 岁以下 3 人; 大学本科 1 人, 大专 8 人,高中 2 人。从事信访工作 28 年 1 人,10~15 年 1 人,5~9 年 2 人,5 年以下 5 人。男性 9 人,女性 2 人。中共党员 8 人,民盟 1 人。正科 1 人,副科 1 人,副主任科员 2 人。

2.督查专员。

为加大在工作一线中培养锻炼选拔生工作力度,提升选拔生信访维稳工作能力,根据《关于选调 2012 届选拔生担任 2013 年度市信访督查专员的通知》(康组通〔2013〕3 号)的规定,选调 2012 届选拔生担任 2013 年度信访督查专员,分 6 期,1 期安排 4~5 人,为期 2 个月。选调期间工作与原单位脱钩, 工资、资金及福利待遇由原单位照常发放,并由原单位每月发放 300 元伙食补助,食宿由市机关事务管理局解决。其职责是代表市委、市政府专职处理群众来信、接待群众来访,协调处理和督查督办重点信访事项,开展调查研究。

3.基层信访队伍。采取兼职与专职并存的模式,各乡(镇、街道)、各市直及驻市各单位、市委各部门分别设立分管领导 1 名、专(兼)职信访干部 1~2 名,村(居)委设信访信息员 1 名。信访津贴进行规范,其中市纪委信访室属机构编制内信访室,信访室成员享有市财政统发的信访津贴 235 元/月。市委各部门、市直(驻市)各单位信访干部享有 130 元/月的信访津贴,各乡(镇、街道)信访工作人员享有 235 元/月的信访津贴,兼职人员信访津贴由各乡(镇、街道)、各单位统筹发放。

4.选派 1 名干部到赣州市、江西省驻京工作处跟班学习。

〔**场所建设**〕 设在市府后路东头, 面积为 657 平方米,设立来访接待大厅,视频接访厅、联合接访室、市领导接访室、局长办、副局长办、接访科办、督查科办、市长信箱办、综合办。

〔**信访制度**〕 2013 年,根据《关于进一步加强信访工作的意见》精神,进一步完善了 11 个信访工作机制,分别是:联席会议议事机制、大排查、大调解工作机制、社会稳定风险评估机制、形势分析研判暨情报信息会商处置机制、领导干部接访机制、市领导包案机制、责任划分机制、信访救助机制、非访处置机制、督查通报机制、考核奖励机制。

〔**接访工作**〕 以群众工作统揽信访工作的理念，创新工作思路，开展市领导分类联合接访，整合资源，从信访事项的受理、交办、督办、回复等环节环环相扣，提高效率，方便群众。全年本级共接访群众1592批5921人。

2013年开展了市领导“下访听诉、排忧解难”接访活动，全年市委书记接待群众来访24批109人次，市政府市长接待群众35批368人次，其他市领导接访255批1352人次。

一年来，全市共发生突出信访群体性事件30余件，在短期内得到了迅速处置，控制了事态发展，未引起信访人极端行为。

〔**信访督查督办工作**〕 由督查科负责，督查督办工作实行信访局自行督办督查和重点敏感时期联合督办两种方式进行，联合督查由市委、市政府督查室牵头，政法系统、司法、维稳、综治、信访等部门组成。突出抓好“五方式”督办(电话督办、发函督办、联合督办、领导督办、现场督办)，紧扣督查督办“三环节”(转办交办环节、办理时效环节、结果反馈环节)，严把案件办理质量“三关口”(证据关口、程序关口、政策法规关口)，在推动“事要解决”上下真功夫，不断加强和改进督查督办措施，确保案件得到提速办理，及时妥善解决群众信访问题。

〔**网上信访**〕 由省市长手机信箱办负责，主要受理省(市)长手机(信箱)、国家投诉受理中心、赣州接听间、政民互动(南康市市长信箱、南康市投诉举报、南康市建言献策、南康市留言咨询)11个信访渠道的信访件。全年共受理计3039件，已通过126个网络终端对接点转交办处理并及时回复。

〔**特殊疑难信访问题化解工作**〕 实行特殊疑难复杂信访个案进行救助促化解。

根据《关于印发〈南康市信访救助管理(试行)办法的通知》(康府办发〔2012〕18号)，对个案的认定、资金的使用原则、基本程序等方面的规定，2013年共筛选了9件特殊疑难信访问题实施了救助，共计救助31万余元，利用救世主助方式取得了“案结事了”和信访人停访息诉双成效。

专项资金账户设在市财政局，100万账户资金实行滚动使用。

实行领导“五包”促化解。

对疑难复杂信访问题实行集中交办，确定市、乡(镇、街道)、市直单位(部门)领导包案化解，做到包问题调处、包督查督办、包思想教育、包人员稳控、包停访息诉。全年共集中交办市领导包案信访事项932件。

〔**重点信访事项排查交办和积案化解工作**〕 实行重点信访事项和信访积案大排查，大调解制度，件件落实市领导和责任单位主要领导包案，压实责任促化解。2013年共交办932件信访件，已化解670件，化解率71.89%。梳理交办2013年以前的信访积案48件，化解23件，化解率47.92%。

〔**信访信息研判工作**〕 2013年继续执行2011年制定的信访信息研判制度，即:《重要信访信息专报》制度、《每周访情汇要》报告制、《每月信访形势分析报告》制、《每日来访情况通报》、《每日信访要情专报、信访快报制》。其中《每月信访形势分析报告》发至各个乡(镇、街道)、市直有关单位(部门)，其他4项仅向市四套班子领导及相关责任单位报送。

全年共发纸质《重要信息专报》28期，《每周访情汇要》44期，《每月信访形势分析报告》12期。通过企信通信息平台编辑手机短信向市领导报告反馈每日信访要情专报、信访快报224条。

〔**宣传报道**〕 全年用稿情况:

1、《江西信访》杂志调研文章《南康市压实责任做好源头化解工作》(董来顺)

2、《江西信访》网站信息《南康市新录用公务员需挂职“信访督查专员》(明刘春)

3、《赣州信访》(第2期)《南康“三个着力点”规范信访工作新秩序》(巫资生)

4、《赣州信访》(第3期)《新录用公务员需挂职“信访督查专员”》(巫资生)

5、《赣州信访》(第4期)《南康市扎实开展信访工作基层基础建设活动》(巫资生)

〔**信访数据**〕 总体情况 2013年本级共接待群众来访1592批5921人次；交办932件信访件，办结932件，办结率100%；化解670件，化解率71.89%。市联席会议交办并落实包案领导包案的2013年以前的积案有48件，化解23件，化解率47.92%。

途径分类数据

信访形式			2013年	2012年	同比
本级访	来访	批次	1592	923	+72.48%
		人次	5921	5203	+13.8%
	重复访	批次	497	152	+226.97%
		人次	1885	1285	+46.69%
	集体访	批次	313	287	+9.06%
		人次	4122	4135	-0.31%
越级访	赴京访	批次	10	4	+150%
		人次	19	4	+375%
	赴省访	批次	39	56	-30.36%
		人次	82	91	-9.89%
	赴赣州访	批次	353	284	+24.3%
		人次	895	892	+0.34%
	赴赣集体访	批次	44	18	+144.44%
		人次	502	198	+153.54%
来信		总件数	152	168	-9.25%
		重复来信	78	59	+32.2%
		联名信	28	36	-55.56%
网上信访		件	3039	3166	-4.01%
来电		件	113	138	-18.11%

类别分类数据

类别	批次	人次	批次占信访总量比(%)	人次占信访总人数比(%)
城乡建设	477	2039	29.96	34.44
国土资源水利林业	312	1142	19.6	19.29
政法	226	1003	14.2	16.94
劳动社保	28	119	1.76	2.01
农村农业	49	150	3.08	2.53
交通能源环保	49	154	3.08	2.6
纪检监察	26	121	1.63	2.04
民政	169	387	10.62	6.54
其他	256	806	16.08	13.61
合计	1592	5921		

省委巡视组转交办信访件情况　省委巡视组在赣州2个月期间，共交办南康市信访件59件。已成功化解5件,化解率8.47%。

总件数	办结数	办结率		化解数		化解率		
59	59	100%		5		8.47%		
	按信访形式分类	来访		来信		来电		
	件数	41		2		16		
	占总量	69.49%		3.39%		27.12%		
	按类别分类	国土资源水利林业	民政	城乡建设	政法	纪检监察	卫生计生	其他
	件数	18	7	13	8	5	2	6
	占总量	30.51%	11.86%	22.03%	13.56%	8.47%	3.39%	10.17%

〔领导班子名录〕

局　长:董来顺

副局长:袁四方

民族宗教

〔综述〕 2013年,南康市民族宗教工作在上级民宗部门的精心指导和市委、市政府的正确领导下,以党的十八大、十八届三中全会精神为指导,认真贯彻党和国家的民族宗教政策法规，紧紧围绕全市发展战略,全面落实《国务院关于支持赣南等原中央苏区振兴发展的若干意见》,大力开展党的民族宗教政策、法律法规宣传月活动,全力推进民族地区和谐秀美乡村建设，宗教工作依法行政取得了阶段性成效。通过整合各种发展资源,化解各种矛盾纠纷,解决各种实际问题,团结民族宗教界代表人士,民族宗教工作迈上了新台阶、取得了新实效。

2013年,南康市有少数民族26个(第六次人口普查数据),共14000多人。有少数民族乡1个,少数民族行政村3个(富田畲族村、河坝畲族村、花园畲族村),少数民族人口占50%以上的少数民族村民小组51个。有已登记发证的宗教活动场所(点)29处,其中佛教9处(含已停止活动的唐江居士林),道教2处,天主教1处,基督教9处,基督教聚会点9处。

2013年,南康市民宗局被省民族宗教局授予“2013年度全省民宗系统信息工作先进集体”,局长罗福民被授予“2013年度全省民宗系统信息工作先进个人”。

〔机构队伍〕 南康市民族宗教事务局内设1个职能科——综合科(行政审批服务科),核定行政编制3名，市天主教爱国会为市民族宗教事务局下属正股级全额拨款事业单位,人员编制1名。2013年年末实有机关工作人员6名，其中在编干部5名,临时工1名。文化结构:大学本科2,大专4人。年龄结构:40~49岁4人,30~39岁1人,30岁以下1人。

〔民族宗教综合工作〕 一是拓宽宣传信息渠道,发挥新闻媒体的宣传作用。2013年,在国家民委门户网站、中国民族宗教网、江西民族宗教杂志、江西省民宗网、江西省民宗工作简报、赣州市民宗网、赣州市委统战部网等网络、刊物录用区民宗局的信息、文章46篇(条)。二是组织机关采取集中学习、座谈讨论学习心得体会等形式,及时组织机关干部职工系统学习了党的十八届三中全会、习近平总书记系列重要讲话精神。三是及时贯彻落实上级民族宗教工作会议精神，深入民族乡村大力宣讲。协同赤土畲族乡一起,组织召开了乡村二级干部及“三送”干部参加的大会,集中学习传达了省、赣州市民族宗教局长会议精神,由乡村干部及“三送”队员送政策入户,上门宣讲上级民族宗教工作会议精神,做到家喻户晓。四是组织宗教界人士进行宗教工作培训，学习宣讲了上级民族宗教工作会议精神,提出了贯彻意见和2013年全市宗教工作意见。五是扎实开展宗教、民族政策法规宣传月活动。制定了工作方案，举办了培训班，开展了座谈会、歌咏会、宣传画展等宣传活动。六是贯彻落实“八项规定”，提升机关效能。加大学习贯彻力度，进一步整顿工作作风，把“八项规定”与岗位职责结合起来，完善了各项规章制度，精简了文件，提高了工作效率。七是大力推动依法行政和电子政务工作，对涉及民族宗教事务的行政审批和行政许可项目进行了办事流程再造并公示，民族宗教行政审批、许可事项于7月份进入了市民服务中心综合窗口，规范了程序，提高了办事效率，方便了群众。八是抓好“三送”和新农村建设工作。抽调两名干部参加赤土畲族乡富田村和花园村的“三送”工作，深入乡村、农户，帮助农民规划产业，为农民解决了20多个实际问题，调处矛盾纠纷10多起，帮助所包村加强水、电、路等基础设施建设，有力地促进了农民增收。

〔**民族工作**〕 一、抓好赤土畲族乡和谐秀美乡村建设和民族地区民生工程建设，有序实施“四特”工作。1、主动配合市委农工部、赤土畲族乡，在调查研究和科学论证的基础上，起草并制定出了《赤土畲族乡富裕和谐秀美乡村示范路线建设实施方案》。2、学习和借鉴外省少数民族特色村寨建设经验。牵头组织了由民宗局、农工部、赤土畲族乡、横寨乡、规划设计院等单位主要负责同志组成的畲族特色村寨学习考察团赴福建省宁德市、福州市等地实地考察学习，对原来的方案及总体规划设计图进行了结构性调整。3、协助赤土畲族乡启动“四特”建设。协调有关单位，启动了2013年南康市少数民族地区特色村寨建设、特色产业培育、特色文化宣传和特殊人才培养工作（以下简称少数民族“四特”工作），着重协调赤土畲族乡、农工部按总体规划，重点实施赤土畲族乡青塘村大岭背特色村寨和赤土圩镇民族风情街改造工程的建设工作。4、推动整合项目资金，“四特”建设初见成效。推动并协调各相关单位整合新农村建设、赤土河治理、移民搬迁等项目资金，重点打造青塘村大岭背和赤土畲族乡畲族风情街改造建设，仅青塘村大岭背特色村寨建设投入超过180万元。5、大力推进民族地区土坯房改造和新农村建设。结合全市农村土坯房改造工作方案，印发了畲族民居统一建筑设计样图，深入民族村组指导土坯房改造工作，全面掌握工作进度。

二、落实民族政策，加快产业发展，持续推进民族地区各项事业。一是抓好2012年度上级扶持少数民族乡、村、组11个项目的项目实施。二是建立了少数民族扶持项目库和2013年度急须上级扶持项目的申报工作。申报了14个亟须上级扶持的少数民族项目。2013年获得上级扶持的少数民族项目10个扶持资金205万元。三是严把了少数民族考生加分优惠政策关。严格按照《江西省少数民族考生民族成分审核确认办法（试行）》文件要求，由市民宗局牵头，协同公安局、高招办、中招办，对少数民族考生身份确认严格把关。完成2013年72名少数民族高考考生、44名少数民族优惠加分中考考生的身份确认，帮助符合条件的25名高考考生、44名中考考生落实了优惠加分政策。四是协助了民族乡村大力发展产业，支持百姓创业。五是狠抓了“四区”民族工作，促进民族团结进步事业。引导“城区、园区、校区、景区”有关单位建立了民族工作领导小组，明确了分管领导，建立了工作台账。加大了外来就业的少数民族人员矛盾纠纷的调处力度，协助公安部门较稳妥地处置了市区东门南路兰州拉面店主田成林儿子田志强被砍事件处置，预防和化解了群体性事件的可能发生。

〔**宗教工作**〕 一、健全基层网络，强化措施管理，夯实宗教工作基础。为认真贯彻落实市委、市政府《关于进一步加强新形势下民族宗教工作的意见》，经过各乡（镇、街道）推荐，市民宗局严格考察，并报市委组织部备案，任命了刘源等20位同志分别担任所在乡（镇、街道）民宗所副所长（所长由宣传统战委员兼任），调整了290位村（社区）民宗协管员，进一步建立和完善了乡村组宗教工作网络。开展了“四区”宗教工作，建立了工作机构，明确了分管领导，落实了工作责任。开展了宗教界代表人士调查活动，抓好了宗教基础信息录入工作，建立完善了黄名福等69位宗教界代表人士资料库。抓好了“双和谐”创建评比、民间信仰事务管理、“关于处理涉及佛教寺庙、道教宫观管理有关问题”的专项治理活动等“三项”活动，取得了实效，摸清了底数，问题得到了及时稳妥地处置，宗教界的和谐稳定得到了有力推进。

二、深入场所实地，解决实际问题，有效维护宗教领域和谐稳定。一是把帮助宗教界解决实际问题、重大节日维护安全保卫工作作为突出问题来抓。在春节前夕至正月十五期间，市民宗局牵头,全局干部职工齐上阵,协调公安、交管等17个单位220多名公务人员,各司其职,分别在南山生佛寺、唐江镇宝台古寺和东山基督教堂等全市的重点场所帮助维护正常秩序，确保了节日期间人民群众的生命财产安全不受损害。二是帮助生佛寺协调解决寺院内农户的拆迁安置、坟墓迁移、引进饮用山泉水与当地农户的矛盾、围院墙期间等少数农户的土地纠纷矛盾68个。指导十八塘乡南陂庙选举产生了民主管理组织，建立了民主管理制度。与民政局一道深入调查,协调落实基督教房产等历史遗留问题。帮助蓉江基督教会落实教堂新址,协调蓉江街办、规划、土管对新址进行勘察。

三、大力推动宗教场所规范化管理建设。一是统一制作了学习、财产、民主管理、食品卫生、安全管理、重要信息报告等各项规章制度,派送给全市各个宗教活动场所,要求所有的制度必须上墙,宗教界实现了制度化管理。二是统一财务管理。建立健全了各场所的财务管理机构,规范了财务行为。各场所每个季度必须向民宗局报送财务报表,财务管理实现了制度化、民主化、公开化、透明化。三是统一服务社会。通过开展“慈善周”活动及传统节日走访慰问等形式,组织宗教团体、宗教活动场所共走访慰问敬老院5个400余人次、困难群众100余人次、困难信众200余人次,捐款捐物折合人民币10余万元,捐资助学2万余元。结合新农村建设和打造特色村寨契机，宗教界捐资帮助赤土畲族乡富田畲族村沙下垄组修建宽3.5米的通组水泥公路,解决了该组350多人出行难的问题。四是统一培训学习。抓实《宗教事务条例》、《宗教场所财务监督管理办法》两个学习宣传月的学习宣传活动。在全市宗教界大力推动了“双和谐”创建活动,成效喜人,和谐的寺观教堂、和谐的宗教团体、和谐的信众关系展现于世。

四、成立信访维稳工作小组,按照宗教维稳预警机制的工作要求,做到了定期进行排查,每月一大查、每周一小查,有问题及时疏导,把不稳定因素消除在萌芽状态。2013年全市宗教领域未发生越级上访和重大事件现象，宗教领域整体上和谐稳定。

赤土畲族乡青塘村大岭背组被赣州市民族宗教事务局命名为首批“赣州市少数民族‘四特’建设示范点”(全赣州市首批共9个点)。

〔领导班子名录〕

局　长:罗福民

副局长:卢东桥

　　　　罗开锋

工会主席:蓝小芸(女)

扶贫和移民工作

〔综述〕 2013年,市扶贫和移民办在市委、市政府的正确领导下，在上级扶贫和移民部门的帮助指导下,高举中国特色社会主义伟大旗帜,以邓小平理论和“三个代表”重要思想为指导,深入贯彻落实科学发展观,秉承“顾全大局谋发展、和谐福民保民生”的原则，根据国家扶贫开发当前的形势，即从以解决温饱为主要任务的阶段转入巩固温饱成果、提高发展能力、加快脱贫致富、缩小发展差距的新阶段;按照中央“十二五”扶贫开发和《中国农村扶贫开发纲要（2011-2020年)》的要求,紧紧瞄准贫困人口,以贫困村整村推进、库区移民搬迁、社会扶贫、劳动力转移培训和产业化扶贫为工作重点，不断加大扶贫工作力度和投入力度,大力推进贫困地区新农村建设,为全市大力实施“产业兴康、教育强市、品质筑城、和谐富民”发展战略做出了应有的贡献,为全面建设小康社会、构建社会主义和谐社会奠定了坚实的基础。

〔机构队伍〕 南康市扶贫和移民办是市政府直属一级事业单位,编委核定编制8人,内设综合科、社会扶贫科和项目稽查科。在职干部职工12人,其中主任1人,副主任2人,主任科员4人,科员5人。大专以上学历9人。

康编字〔2012〕18号《关于设立南康市扶贫和移民服务中心》文件批准设立扶贫和移民服务中心，该中心为南康市扶贫和移民办股级全额拨款事业单位,核定全额拨款事业编制5名。

〔扶贫资金及项目管理〕 2013年,积极争取到27个扶贫开发贫困村财政扶贫资金810万元，安排扶贫计划项目51个，其中通组道路工程项目41个,39.5公路,共680万元;农田水利工程项目10个,共计130万元;被评为省绩效考评B级单位,获奖励资金60万元，全部安排用于整村推进建设。2013年，争取产业扶贫资金1000万元，主要用于扶持示范镇横市镇的村庄整治、基础设施建设、产业发展等。

据统计，到2013年底，全市共有贫困人口16.1万人，全年减少贫困人口3.7万人。

〔**库区移民**〕 2013年，南康市大中型水库移民后期扶持人数8322人，其中核定到人直补人数5864人（含三峡移民2人），无法核定人数2458人。

根据国务院《关于完善大中型水库移民后期扶持政策的意见》（国发〔2006〕17号）文件精神，以及广大移民的意愿，一是现金直补政策落实到位。按照每人每年600元标准，采取“一卡通”发放形式，通过银行按季度划拨到移民粮食直补账户上，方便移民领取，减少发放环节。全年发放直补资金351.84万元。二是项目实施管理规范。在落实资金直补政策的同时，切实做好项目扶持工作，实施管理规范。全年省办批复后扶项目41个，已全部完成建设任务，并通过了验收，项目完工率100%，下拨项目资金552.48万元。水库移民的生产、生活水平显著提高，移民安置区的基础设施建设不断完善。

〔**搬迁扶贫**〕 2013年，深山区移民搬迁计划135户638人，争取资金255.2万元；下一步将积极争取已通过省、市扶贫和移民办评审的729户3622人移民搬迁扶贫进城进园项目。

〔**社会扶贫**〕 一是结合定点帮扶和三送活动推进扶贫。全市各定点扶贫单位为各扶贫点扶助资金1235万元，举办各类培训256期，培训人员15313人次；从2013年开始，江西中烟公司决定每年安排500万元扶持贫困村基础设施建设，连续扶持8年。二是积极引导非公有制经济参与扶贫。按照市委、市政府的统一部署，积极鼓励引导社会力量参与扶贫事业，其中31家经济实力强的非公有制企业与31个村结对帮扶，投入帮扶资金186.18余万元。

〔**雨露计划**〕 2013年，全市认真组织实施了以贫困户劳动力培训转移就业为主要内容的“雨露计划”。依托南康市职业中等专业学校培训基地，以计算机应用、电子电工、汽车驾驶、电工、车工、电脑绣花、幼师、护士护理等专业为主，在提高技术培训质量和转移就业上下工夫。同时，广泛动员和资助贫困户劳动力，积极主动参加接受培训，提高素质、转移就业、增加收入、脱贫致富。到2013年底，已完成上级分配的253名“雨露计划”贫困户劳动力培训转移就业任务，转移就业率达96%以上。

〔**领导班子名录**〕

主　任：曹伍生

副主任：刘志江

　　　　钟小华（女）

地方志工作

〔**综述**〕 2013年，南康市志办工作在市委、市政府的正确领导下，在省志办、赣州市志办的指导下，深入学习党十八大和十八届三中全会精神，认真学习《地方志工作条例》，结合我市实际，以创精品年鉴，修名志为目标，认真做好各项工作，落实好目标责任内容，各项工作取得新进展。市志办被省编纂委员会评为“省先进集体”，《南康年鉴》（2012）在第七届全国年鉴编校质量检查评比中获三等奖，是江西省唯一县级综合年鉴；《南康年鉴工作的现状与存在问题研究》一文荣获由赣州市志办主办的“2013年赣州市地方志理论与实务研讨会”论文二等奖。

〔**机构队伍**〕 2013年，在职人员5人，其中女2人，主任1人，副主任2人，聘干1人，大专以上学历5人，聘用编辑人员6人，见习生1人。

〔**年鉴工作**〕 按照省市“一年一鉴”的要求，于2001年开始出版《南康年鉴》，坚持每年一鉴。3月，以市政府办公室名义下发了《关于认真做好〈南康年鉴〉（2013卷）编纂出版工作的通知》。随后，及时选派工作人员深入单位催稿，督促落实文件精神，指导单位编写年鉴稿件，征集年鉴资料。6月，完成了年鉴稿件编纂和图片征集。11月，《南康年鉴》（2013）经黄山书社审定，进厂印刷，12月出版发行。

同时，及时报送江西年鉴、赣州年鉴有关南康市的资料稿件,供稿质量居前列。由专人负责收集资料并撰写，稿件反映了南康市2012年政治、经济、文化、生态文明和党的建设等方面取得的新成绩。

6月,按省志办的要求,开展了江西省志《市县概况》的编写试点工作。按照条目要求,《南康市概况》约1.4万字,6张图片。经反复征求意见,历经五稿,于8月份按时上报省志办。

〔“三送”工作〕 根据市委统一部署,市志办成立了市志办驻太窝乡范塘村、洋田村“三送”工作小组,由主任倪贵清任组长。制定了《市志办“三送”活动工作方案》,认真开展走访活动,摸清村情、民情,并记好了民情日记,建好了民情台账。克服工作人员少,经费短缺等困难,千方百计按照市委、市政府的要求做好相关工作。其中挤出“三送”经费约2.1万元给村里开展工作，做好事15件,完成了承诺事项。

〔地方志网站和读志用志工作〕 全年共接待来信来访300多人次，为领导决策施政、基础设施建设、对外宣传、市外乡亲了解南康提供了大量信息和资料。

做好交换志书和年鉴工作，与全国20多个市、区、县地方志办的年鉴进行了交流,虚心学习同仁们的好经验、好做法。

地情资料库建设取得新进展，不断补充更新南康地方志网站的内容，利用互联网快速传递南康风土人情。及时在网站上公布地方志编纂动态,扩大宣传,提高资源利用率,增加信息交流与互动特色,及时解决问题和收集信息资料,由被动服务变为主动服务。全年完成《南康年鉴》(2012)售书任务61本,比去年完成情况差。指导《赤土人物志》的编辑工作,2013年已出版。

〔领导班子名录〕

主　任:倪贵清

副主任:张玉玲(女)

　　　　叶延松

档案工作

〔综述〕 2013年,在南康市委、市政府的正确领导下,在赣州市档案局的关心指导下,市档案局坚持以邓小平理论和“三个代表”重要思想为指导,以科学发展观为统领,认真贯彻党的十八大和省、市档案工作会议精神,按照《档案法》、《江西省档案管理条例》和《赣州市档案管理办法》等法律法规要求扎实开展工作，重点突出档案库房和档案资源建设、业务建设、档案法制建设、档案信息化建设、档案服务建设及干部队伍建设。围绕中心,狠抓重点,加强维护,多措并举,使南康市档案工作步入了一个新阶段。

〔机构队伍〕 档案局和档案馆,实行“两块牌子,一套人马”体制,档案局是南康市人民政府直属正科级事业单位，档案馆是副科级事业单位。2013年,全局(馆)共有干部职工9人,其中男3人,女6人,局长1人,副局长2人,馆长1人,副主任科员1人,馆员3人,助理馆员1人,大专以上学历8人,其中本科学历2人。干部年龄和学历结构日趋合理。

〔档案收藏与保管〕 档案馆现有库房4间,计709.92平方米,馆藏全宗172个,馆藏档案案卷级28752卷,2005年以后以件为单位整理的文书档案有41779件。在馆藏档案中，有民国档案998卷,革命历史档案4件(其中主要资料1076册,收藏个人著作36册,家谱52余册),新中国建立后的档案32716卷(册)。新中国成立后的档案除各单位按规定移交进馆的归档文件外,还有1953年土改时颁发的土地房产证存根和1983年林权改革时颁发的山林权证书存根；历届人口普查等专门档案;时任中共中央总书记、国家主席江泽民,原江西省委书记(后任全国政协副主席)毛致用等党和国家领导人亲临南康县(市)视察的档案;罗贵波追悼会档案；南康名特优产品——甜柚等照片档案;杨成武将军题词“南康县新建小学”、黄新将军题词“中国南康百家姓和谐城”等一大批珍贵档案。此外,档案馆还收藏有社会捐赠的个人和家庭档案,主要有个人著作、回忆录以及陈、叶、朱、王、幸、石、罗、商、钟等10多家(族)谱。档案馆藏有具有重要参考利用价值的各类资料计4875册,主要有历修《南康县志》、《南康年鉴》、部门志书,有建国前的《南康日报》、《新南康报》、新中国成立后的《南康报》、《南康建设》等报刊。有清嘉庆年间南康籍著名人士谢启昆主修的《广西通志》,有《江西省通志》和载有南康及其他县(市)内容的《天一阁明代方志》等史料志书。有《中华苏维埃共和国中央政策文件选编》和《苏维埃组织法》、《赣西临时苏维埃政府土地法》等法律法规,以及《辞源》、《现代汉语大词典》、《俗语典》等工具书。

〔库房建设和丰富馆藏〕 1.加强了库房管理。严格按照档案库房管理制度进行库房管理，有专人对库房温湿度进行记录。年初对各个库房投放了新的防虫药,“八防”措施到位,确保了档案安全。2.综合档案馆建设。2013年,新添置了有效硬件设施---抽湿机2台。3.大力拓展档案资源。2013年,进馆123卷、10139件（其中包括永久338盒，10139件;30年57盒,1690件;10年43盒,1268件;机读目录10139条;相片档案187册,光碟2盘)。随着进馆工作的继续开展,馆藏还将进一步增加。4.统一规范归档。严格按照国家档案局第8号令、第9号令《关于机关文件材料归档范围和文书档案保管期限规定及各级各类档案馆收集档案范围》的规定,对进馆档案进行统一归类,重新整理。

〔档案利用〕 随着馆藏档案的逐步开放，前来查阅利用的干部群众日益增多。2013年,档案查阅利用中心共接待查阅利用者500人次，调阅案卷数达1200多卷次，帮300人解决了有关林权、土地纠纷、精简下放人员、返城知青等方面的问题。还积极配合党史办收集申报原中央苏区资料工作，免费提供苏区珍贵照片320余张，并加盖公章,出具证明。

〔档案法律宣传与法制建设〕 深入贯彻全国档案宣传工作会议上提出的新时期档案宣传工作的指导方针,通过“三送”工作,向广大群众宣传《中华人民共和国档案法》和《江西省档案管理条例》等法律，使之充分认识到档案工作的重要性和特殊性。

〔档案信息化建设〕 档案信息化趋于完备。档案目录较去年增加了近2万条,共63万余条。2013年9月,档案数据目录录入工作全部完成。已将新进馆单位的归档文件目录和2005年以前的案卷目录、全引目录加入到新的数据录入模板中,实现了所有档案数字化管理。同时，信息网已组建完善,网站管理已形成长效机制,有专人负责,并及时在网上发布与广大群众生活密切相关的最新档案信息、可公开现行文件、工作动态、法律法规等规范性文件。还搭建了专网建设平台,为档案查阅利用提供了便捷的服务平台。

〔档案业务指导〕 2013年,先后对市委办、市纪委办、信访局等20多个单位的档案工作进行业务指导。确保各单位档案资料收集齐全、分类正确、整理规范、归档及时。并且继续开展档案达标升级工作。经过市档案局考核和上级档案部门评定,市委办、信访局、安监局已被评为机关档案工作规范化管理省三级单位。此外,进一步加强了到期档案接收进馆工作力度,接收了市委办、市林业局、市信访局、统战部、三江乡、创先争优领导小组等单位的文件类档案,接收了“三送”、“一江两岸”等特色档案。

〔领导班子名录〕

局　长:杨　林

副局长:范文红(女)

馆　长:林丽香(女)

行政审批公共资源交易管理

〔综述〕 南康市行政服务中心成立于2001年7月,是南康市设立的统一办理、联合办理、集中办理行政许可、非行政许可审批、公共服务等事项的综合服务平台。其前身为“南康市行政审批服务中心”,2006年4月更名为“南康市行政服务中心”,2013年4月更名为“南康市人民政府行政服务中心管理委员会”。2013年,中心管委会紧紧围绕市委、市政府总体工作部署,以“便民、高效、公正、廉洁”为宗旨,紧扣“改革、创新、服务”这一主题,勤奋努力,恪尽职守,为服务群众、服务企业、服务发展做了大量切实有效的工作。

〔机构队伍〕 市行政服务中心管委会为市人民政府派出机构,内设秘书科、行政服务监督科、公共资源交易监管科和信息科，下设二级事业单位市公共资源交易中心和股级事业单位电子政务运维管理中心,共22名工作人员。

2013年,在中心设立窗口的有规划建设、城市管理、发改委、人事劳动、交通运输、公安、国土资源、人防、环保、卫生、工商、房管、矿管、安全监督、质量监督、物价、工信、食品药品监督、水保、气象、烟草专卖、消防、财政、残联、档案、统计、旅游、科技、防震减灾、民宗、商务、公路、司法、水利、教育、文广、体育、农粮、农机、畜牧、社保、农保、医保、劳动就业、农医中心、银行收费等45个单位,共有窗口工作人员230多人。

〔**工作制度**〕 市行政服务中心管理委员会建立健全了首问责任制、一次性告知制、限时办结制、否定报备制等一系列提高行政效能的十三项规章制度;对窗口单位按照“三个缩减30%”的要求进行行政审批事项清理,对保留事项实施流程再造,进一步缩短办结时限,减少办理环节,提高审批效率;设立“创业服务专窗”,开通行政服务“绿色通道”,强化并联审批,缩短期限,降低收费;认真落实“即办事项直接办理、一般事项承诺办理、重大事项联合办理、上报事项责任办理、特急事项特别办理、控制事项明确答复”的工作要求,推行承诺服务、预约服务、延时服务、跟踪服务等服务措施。

〔**日常管理**〕 市行政服务中心管理委员会在大厅设立了导政预审台和效能监察岗,实行值班长制度,将工作岗位前移。坚持管委会领导每日带班窗口巡查制度,通过“平时巡查、值周检查、随机检查、暗访明察、视频监察”,确保在第一时间发现问题、解决问题。同时,在中心建立了党、团组织,各窗口工作人员实行双重管理,即业务上受派出单位的领导和管理,日常工作受中心的领导和管理。中心建立了学习、考勤、卫生、综治、廉政等一系列规章制度,并开展争创红旗窗口、服务标兵等活动,完善监督激励机制,规范窗口工作人员的日常行为。

〔**行政审批服务**〕 2013年,按照省、市要求,中心管委会积极协同市有关部门进一步深入推进行政审批“两集中、两到位”改革,形成“许可依法规范、监管到位有力”的“批管分离”机制。认真开展了干部作风集中整治活动、窗口规范化管理和群众评议服务窗口政风行风工作,坚持边评边改,以评促改,纠建并举,加大政风行风建设督查落实力度。积极推进网上审批和电子监察系统应用工作,全市44个单位20个乡(镇、街道)384项行政许可、非行政许可、便民服务事项纳入该系统进行办理,初步建成省、市、县、乡四级联网的网上审批体系,基本实现了电子监察系统全覆盖。通过行政审批监督,推进政务公开,规范了权力运行,提高了行政效能和办事效率,同时,深入开展“依托电子政务平台加强县级政府政务公开和政务服务”国家级试点,研发了全市统一电子政务平台,实时、规范办理主要行政职权和便民服务事项,进一步提升全市政务公开和政务服务水平,并于7月份圆满通过省级验收,相关做法得到省、赣州市主管部门的充分肯定。2013年,中心共办理各类行政审批和服务事项523600多件,办结率达99.9%,月均办件达47600多件,窗口办件效率和服务水平有了明显提升。

〔**公共资源交易**〕 南康市招标投标中心于2006年11月成立,2010年12月更名为“南康市公共资源交易中心”,为市行政服务中心(市公共资源交易管理委员会)下属二级事业单位,内设综合部、政府采购部、产权交易部、工程交易部和土地交易部。现有工作人员共11名。2013年,市公共资源交易中心政府采购、产权、土地、工程交易等四大业务累计成交46099.95万元,增收节支总额达2157.36万元。其中政府采购及工程交易成交金额17801.73万元,比预算金额19291.14万元节约资金1489.41万元,资金节约率为7.72%;土地及产权交易成交金额为28298.22万元,比交易起始价27630.27万元增值667.95万元,增值率为2.42%,较好地实现了“国有资产增值、财政增收、单位增效、阳光操作”的目标。

〔**领导班子名录**〕

市政府党组成员、行政服务中心管委会主任:宗小凡

行政服务中心管委会党总支书记:严　白

行政服务中心管委会副主任:巫远飞

行政服务中心管委会副主任:肖继生

行政服务中心管委会工会主席:陈祥海

公共资源交易中心主任:张凤荣

公共资源交易中心党支部书记:眭明国

机关事务管理局

〔**综述**〕 2013年,在市委、市政府的正确领导下,市机关事务管理局以党的十八大三中全会精神为指导,以市委、政府提出"主动融入都市区,提速提质促发展,千方百计惠民生,真抓实干兴南康"为契机,围绕大力推进节约型机关这一条主线,以构建和谐机关为切入点,扎实开展公共机构节能、公务用车管理的工作,认真落实"三送"服务下基层的活动,全局干部职工自觉发扬爱岗敬业、真抓实干、开拓创新和无私奉献的精神,保证了各项工作的落实,确保了全年各项目标任务的圆满完成。

〔**机构队伍**〕 南康市机关事务管理局隶属中共赣州市南康市委,为正科级事业单位,参照执行国家公务员管理制度,核定编制8名,内设办公室、综合科和节能办三个科室。2013年有干部职工71人,其中在职干部8人,聘用工作人员63人。

〔**队伍管理**〕 一是进一步完善岗位职责、考核办法等规章制度,完善岗位目标责任制度,实行每月由局务会领导对各科室、班组、个人进行绩效考核,安保人员坚持每周六早上周会和每月保洁、会务组例会,会上学习当前政策和上级文件精神,总结近段时工作情况。引导广大干部职工更新思想观念、学习职业道德、业务技能等。二是"三送"服务下基层活动,通过常驻干部在村与百姓同吃同住、走访、资助、帮扶等方式,解决村民的实际困难,进一步促进党群关系。三是通过工会组织关心解决职工生活中遇到的困难。通过慰问、为职工参加工会保险和工伤遇外险等其他保险,切实解决干部职工后顾之忧。

〔**硬件设施改善**〕 一是市政大楼东西停车场装设道闸系统,进一步确保市政大楼进出车辆的管理。二是检测、加固林海大厦、商贸大厦外墙玻璃,预防外墙玻璃安全隐患事故的发生。三是市政大楼三楼会议音响系统、主席台地毯等设施的改造,保障了每场次会议的会务工作平稳召开。四是市委、市政府为了解决单身干部、职工的吃饭问题,对迎宾馆干部职工机关食堂进行了工程改造,工程改造工作获得了市领导的高度好评。五是在办公大楼增设防爆队员12名,以进一步加强各办公大楼安全保障工作。

〔**后勤保障工作**〕 (一)安全保卫、水电工作

1.始终贯彻以预防为主,防治结合的工作原则。保安人员对重点防范部位实行24小时巡逻。在巡逻中始终保持高度的警惕性,做到勤查、勤看、勤听等,发现问题及时上报,果断处理,把一切不安全因素控制在萌芽状态。对进出大门的,坚持勤记、勤问,熟悉的人员也加强督促检查,克服侥幸心理,做好重点部位人防的同时,更加积极地向领导和有关部门建议做好技防工作。

2.加强信访人员的管理。积极协同信访机构做好上访人员的劝退、引导、疏散工作,全年引导上访人员36人次,在疏散、引导上访人员中,保安、特警人员做到礼貌热情、有礼有节,对蛮横闹事的上访人员动之以情、晓之以理,树立了政府部门的良好窗口形象。

3.办公大楼停车管理。对不按规定地点停放车辆的司机进行耐心细致的说服教育,确保办公大楼院内外车辆的安全通行。

4.水电工作人员坚持24小时值班制度。做到日常维护好水泵、配电装置等电气设备和日常维护、巡检消防、电梯设备,确保各栋办公楼的电气设备正常运行。

(二)会务工作

会议服务实行会场管理规范化、服务标准化,更新服务观念,强化会议质量意识。会务人员对承办会务工作全力以赴、精心服务,顺利完成了市委常委(扩大)会议、全市领导干部会议、全市三级干部大会、东山北路征地拆迁工作调度会等重要会议的后勤服务工作。全年累计承办会务场次268次,工作获得了领导的肯定。

(三)卫生保洁、绿化工作

各栋办公大楼环境绿化、美化和净化是市机关事务管理局展示对外形象的一项"面子"工作,将各项绿化美化工作责任到人。一是利用冬春季补栽了大量的花草树木。二是根据气候特点对各栋大楼内的花草树木及时进行浇灌、修剪和灭病虫害,为了不影响机关的正常办公秩序,绿化人员放弃节假日休息时间,突击修剪草坪、拔除杂草和清理白色垃圾。三是加强对各栋大楼的环境保洁工作,确保垃圾日产日清,创造一个优雅洁净的工

作和生活环境。

(四)公共机构节能工作

在赣州市公共机构节能工作领导小组办公室的具体指导下，市机关事务管理局始终把公共机构节能工作摆在突出的位置，加大力度，落实措施，扎实做好全市公共机构节能工作的各项管理和监督，取得了突出的成绩，获得了“2012年度全省公共机构节能先进县(区)”的称号。2013年全市综合能源同比2012年综合能源下降，油下降4.7%，水下降4.1%，电下降4.9%，圆满完成了2013年公共机构节能下降4%的总目标。

(五)公务用车问题专项治理工作

为认真贯彻落实中央、省、赣州市关于党风廉政建设和厉行节约有关规定，管理局加强了全市党政机关公务用车编制管理，严格控制超标准、超数量购置公务用车，推行节能减排，努力建设节约型机关。4月份下发了《南康市党政机关公务用车配备使用管理实施细则》和《南康市党政机关公务用车编制配备的意见》，规范了各部门、各单位车辆购置审批、采购、处置等程序。全市一年来新购置公务用车34辆，报废21辆，公开拍卖4辆，调剂10辆。通过推进公务用车管理规范化，从根本上杜绝了“车轮腐败”，节约了财政支出，加强了党风廉政建设工作。

〔**领导班子名录**〕

局　长:黄春玲(女)

副局长:江来福

工会主席:廖永珊

接待工作

〔**综述**〕　全年接待省部级领导24批次，厅局级领导341批次，各省、市党政考察团57批次，检查考评组50批次，调研组46批次，巡视组16批次，督查组40批次，在外南康籍领导321批次，新闻媒体282人次，客商3145次。同时，还圆满地完成了县级领导班子换届考察、党代会、人代会、政协会议的召开等接待任务。

〔**机构队伍**〕　南康市接待办成立于2001年6月，为一级事业单位，依照执行国家公务员制度。核定事业编制，年末在职11人。领导职数设正、副主任各1名。内设办公室、接待科、接待服务中心。

〔**工作职责**〕　办公室:负责草拟本办各种文件、资料、工作计划、报告、总结；协助办领导组织安排学习和本办各种会议，负责会议记录，做好会议决定事项的贯彻落实和督促检查；负责办文秘档案工作、安全保卫工作；负责财务管理和后勤事物管理工作；负责建立和健全各项规章制度，协助办领导抓好目标管理和岗位责任制的落实；协助办领导做好人事管理工作；负责本办内外关系协调的工作。

接待科:负责接待对象食宿活动安排，车辆调度，及办理与接待相关的事项；负责草拟接待方案、规章制度，归纳整理接待资料、编写接待档案和接待情况登记表；按规定做好食宿补贴清算工作和接待报表的汇总统计，并向领导报告有关工作；负责订购客人所需的机票、火车票、汽车票；负责接待制度的监督检查工作；掌握接待经费使用情况。总结接待工作；负责与承担接待的宾馆、酒店的协调工作；负责信息反馈工作。

〔**领导班子名录**〕

主　任:方宣文

副主任:申　丽(女)

旅　游

〔**综述**〕　2013年，全市旅游工作在南康市委、市政府的正确领导下，紧紧围绕“主动融入都市区，提速提质促发展，千方百计惠民生，真抓实干兴南康”发展战略，结合市委、市政府下达的旅游工作目标，坚持以市场为导向，以发展为取向，加快景区规划编制，完善配套服务设施，强力推进宣传促销，加大旅游市场监督，努力把南康建设成为赣州都市区核心增长极和宜居宜业的活力新城。2013年，旅游局获得了“赣州市全市旅游景区规划和建设工作先进单位”；局长被评为“赣州市‘三八’红旗手”。

〔**机构队伍**〕　南康市旅游局为市政府直属一级正科级单位，定编5人，在编人数5人，聘用临时工3人，下设办公室秘书科、业务科、行业管理科，经费实行财政全额拨款。辖二级单位一个(南山旅游区管理处),定编6人,经费实行自收自支。

〔**旅游接待工作**〕 2013年全市共接待国内外游客65.9万人次,旅游收入2931.76万元,超额完成年初预定接待游客量,旅游收入同比分别增长26.6%和26.9%。

1.提高认识,增加投入,树立旅游新观念。

(1)出台一个文件:2013年初,南康市委、市政府出台了康字〔2013〕 21号《中共南康市委南康市人民政府关于加快旅游产业发展的工作意见》,对南康市旅游工作的发展思路、方向、模式及2013年重点工作措施和保障机制提出了详细要求,并调整了由市政府市长任组长的南康市旅游产业工作领导小组。

(2)增加旅游专项资金:2013年南康市旅游发展专项资金由原来的30万增加到60万。

(3)在2013年元月16日南康市政协五届三次会议上,南康市政协委员、旅游局长邓玉蓉作了题为《创特色,建精品,扬优乘势做强南康旅游业》的政协委员大会发言。在2013年南康的人大、政协两会中,人大代表意见、政协委员提案中关于旅游业发展的共计21件,比2012年同期增加了12件。

2.领导重视,打造精品,旅游项目建设取得新进展。

2013年,南康市委、市政府主要领导更加关心、重视旅游产业发展,多次会见海内外投资旅游开发的客商。由南康市旅游局负责的南山旅游景区开发建设项目代表南康市参加了2013年6月4日赣州市政府在香港主办的2013赣州(香港)重大产业项目签约仪式;南康市政府市长柯岩松和香港汇源投资集团总经理彭志群签订了南山旅游景区开发建设合同;客商彭志群还应邀出席了江西省政府在香港国际会议展览中心举办的重点客商座谈会。

国土资源部将南康市列为"恐龙古生物化石遗迹保护基地",为了加快争取旅游开发用地指标和项目立项,市里决定将南山旅游景区开发项目更名为恐龙文化产业园,产业园围绕"一座南山、十里蓉江、万亩果园"整体规划,从南水新区南山村沿蓉江往浮石方向延伸,连接大山脑生态旅游区,控制红线10平方公里,努力打造一个集旅游度假、健身养身、休闲游乐、科普教育等为一体的国家5A级旅游景区。

3.政策优惠,多措并举,旅游酒店创星取得新成效。

2013年3月,南康市宝辉酒店通过省星评委的严格评审,正式荣升为国家四星级旅游酒店。南康大酒店已通过国家旅游局五星级旅游酒店星评委初审;同时,南康宝辉酒店、宝马酒店被评为2013年中国餐饮名店,蔡开众、邝宏彪等四位同志荣获中国烹饪大师称号。南康市高星级旅游酒店数量在赣州市18个县市中排位第一。

4.强化宣传,积极营销,拓宽旅游新平台。

2013开通了南康旅游微博、南康旅游QQ群,完善丰富了南康旅游网,及时更新南康旅游信息。

2013年9月24日,市旅游局与崇义、大余、上犹旅游局共同承办了2013年江西赣州"中华绿谷·客家摇篮"(郴州)旅游推介会,这次推介会进一步推动了南康市与郴州市的交流合作,扩大了南康旅游影响力,提升了南康市在郴州的知名度和美誉度。

5.恪尽职守,服务大局,积极完成市委、市政府交办的其他中心工作。

在做好自身旅游业务工作的同时努力完成招商引资、征地拆迁、挂点龙岭镇二个村"三送"工作任务、森林防火、信访维稳等各项中心工作。

〔**旅游资源**〕 南山省级森林公园内有气势恢宏、雄伟壮丽的中国·南康百家姓和谐城,有香烟缭绕、梵呗响亮、规模庞大的生佛寺,市内还有奇特造型山石闻名的坪市乡莲花山,有以国家级保护动植物为主题的大山脑林区,有建于明清年间的谭邦古城,有建于嘉庆年间的圩下客家民居,建于明代的大坪南良邓氏宗祠及唐江卢屋村、凤岗大塘村董屋祠堂九井十八厅建筑群等。

〔**宾馆酒店**〕 旅游业是一个新兴的朝阳产业。全市共有旅行社8家,南康大酒店、宝辉酒店等高星级旅游酒店及各种休闲娱乐场所已有100余家。规模较大的有华龙大酒店、君嘉国际大酒店、锦江酒店、宝马酒店、康通宾馆、金凯悦宾馆、方圆大厨、御膳堂、满堂红酒家等。

〔**购物中心**〕 大型购物超市有:太润发购物中心、坚强量贩购物广场、宝林大厦、万客隆购物广场等。大型成衣批发及零售超市有:南康成衣市场、路福国际服装城。大型家具批发及零售有:南康国际家私城、光明家具城、南康家具博览中心、亚琦家具、家具配套市场、家具板材市场等。

〔娱乐场所〕 娱乐方面有:嘉年华歌城、星期8歌城、天籁歌城、海岸娱乐城、休闲大浴场。各宾馆、酒店都设有桑拿浴和歌舞厅。

〔旅游特产〕 甜柚、板鸭、花生巴、南瓜巴、辣椒酱、腐竹、荷包胙、南瓜子养生油、雪片糕等。

〔领导班子名录〕

局　长:邓玉蓉(女)

副局长:李　平

　　　　袁昌云

安全生产监督管理

〔综述〕 2013年,南康市委、市政府高度重视安全生产监管工作,把安全生产作为贯彻落实科学发展重要内容,将安全生产纳入南康经济社会发展战略考核评价指标体系,采取一系列举措,强化基层、夯实基础,理顺体制、健全机制,加强管理、努力创新,保持了全年总体稳定的安全生产态势。

开展"大教育",强化安全生产理念。5月24日市四套班子领导集中学习,传达习近平总书记、李克强总理及省领导关于安全生产工作的重要指示(批示)精神,分析全市安全生产形势,部署贯彻落实。印发专门文件,传达市委书记徐兵8月、11月两次关于安全生产工作重要批示精神,强化安全无小事、安全重如山理念,将安全生产工作持之以恒抓实、抓好。8月16日全市家具行业消防安全整改工作动员会上,市委书记徐兵、市政府市长柯岩松作重要讲话,部署全面整改,强化行业安全发展理念。借助"安全生产月"、"文明交通行动计划"、交通安全宣传"五进"、职业病防治"宣传周"、校车安全宣传周等活动,覆盖机关、社区、工业园区、学校、企业,广泛开展社会化、群众性宣传教育。开展现场咨询、组织集中培训、召开座谈会、签订责任状、出动宣传车、散发宣传单、登载报纸杂志文章、播报电视新闻、发放调查问卷、致市民公开信、发送手机短信等活动,宣传安全生产方针政策、法律法规、决策部署、安全知识,提升公众安全意识,浓厚社会安全氛围。

推进"大建设",夯实安全生产基础。健全管理制度:出台《2013年度安全监管工作目标管理考评方案》(康安字〔2013〕2号),改革考核办法,设立季度考核项、增加"一岗双责"考核内容,采取安监、消防、交管、卫生等多部门分工协作专业考核,使考核向有利于促进"一岗双责"落实、抓好日常工作、抓好重点行业领域工作的方向发力;出台《南康市家具制造企业安全生产规范化管理指导意见(试行)》(康安字〔2013〕3号),系统、规范指导企业加强生产安全、消防安全、职业卫生和环境保护安全管理;出台《关于进一步加强南康市家具行业消防安全管理工作的实施意见》(康办字〔2013〕103号)、《南康市家具企业用电整治工作实施方案》(康办字〔2013〕102号),整合条、块监管资源,理顺属地管理、专项管理、行业指导和综合管理关系,明确联动联管工作程序和要求,强化家具业消防安全源头管理、综合治理,规范组织领导、监督检查、宣传教育、应急救援、责任追究等五个重点方面工作的制度化管理。加大安全投入:增加财政投入,改善交通、学校、城镇等公共安全基础建设;保障配套资金,加强安全监管装备配置;设立专项经费,继续对市政府安全监管督查员、村(居)安全信息员发放岗位津贴,改善工作条件。加强队伍建设:部署扩充乡(镇、街道)巡防(应急)队伍,壮大基层力量;4月23日组织观摩蓉江街道办事处安监站建设以此典型引路;7月16日组织乡(镇、街道)专职安监员开展安全生产大检查岗位练兵;8月19日召开政府安全监管督查员会议开展督查工作经验交流、业务探讨。

开展"大检查",整治安全生产秩序。春季,组织春节、"两会"等重要特殊时期安全大检查,开展烟花爆竹、交通运输、消防等行业领域重点检查,2月6至8日实行日报告、日调度,着力查处非法违法、纠正违规违章。6月至年底,集中开展各行业领域安全生产大检查,制定《南康市集中开展安全生产大检查工作方案》(康府办字〔2013〕72号)等4个文件,按"全覆盖,零容忍,严执法,重实效"总要求,重点推进非煤矿山、尾矿库、危化品、烟花爆竹、有色、消防、交通、建筑施工、水利、电力、农业机械、特种设备、民爆器材等行业领域大检查。深化重点行业领域专项整治、"打非治违"行动,集中开展校车安全专项整治行动、无证幼儿园清理整顿工作，集中开展整治钨、稀土非法开采专项行动，集中开展建筑施工高温室外作业安全专项整治，集中开展有色、化工行业高温作业和有限空间作业安全专项整治，大力开展交通安全整治及“打非治违”，制度化集中开展整治酒驾毒驾、整治货车交通违法统一行动。

开展“大督查”，落实安全生产责任。开展“日”、“周”、“月”、“季”定期督查：家具行业消防安全集中整改阶段，一周一次调度检查，深化整治成效；市政府安全监管督查员每月一次对乡（镇、街道）、工业园区企业服务局的安全生产监管工作进行一次督查，促进属地（辖区）管理；开展安全生产工作季度考核，检查综合工作成效。组织重要特殊时段、重点行业领域、重大整治行动专项督查，开展道路交通安全整治行动、家具消防安全整改行动、地下矿山安全整治行动等整治（整改）行动、重大行动专项督查，严厉查处非法违法行为、着力排查治理安全隐患；开展春节、国庆和党的十八届三中全会期间等重要时期、节假日期间安全生产工作督查，促进保安全、保稳定工作。市委、市政府领导常带队深入一线督查，市委、市政府督查室坚持联合督查通报，有力推进工作落实责任、攻坚克难。

〔机构队伍〕 南康市安全生产监督管理局内设综合科、安全监管一科、安全监管二科、安全监管三科（行政审批科），下设安全生产监察执法大队。至年底，有正式干部职工 15 人，其中局机关 12 人，执法大队 3 人。

〔安全生产综合监督管理〕 强化责任落实，推进“一岗双责”，分析研判季度形势，实施年度工作目标管理考核。组织重要活动（重大行动），1 月至 3 月，组织全市开展春节、两会期间安全生产大检查；4 月，组织出台《南康市家具制造业安全生产规范化管理指导意见（试行）》；6 月，组织全市“安全生产月”活动；6 月至年底，组织全市集中开展安全生产大检查行动；8 月到 10 月，参与组织家具业消防安全整改行动；9 月至 10 月，组织开展中秋、国庆安全生产大检查活动；12 月，组织开展全面排查治理事故隐患严格事故查处专项行动。加强日常督查，根据《南康市政府安全监管督查员管理办法（试行）》（康府发〔2008〕2 号），协调市政府聘任督查员每月定期开展对乡（镇、街道）、工业园区安全生产监管工作的督查，跟踪 111 项问题的整改；根据市政府批准的 2013 年度安全生产监管执法工作计划，落实“定时、定任务、定目标”和“领导挂片、一般干部蹲点”措施和执行季度例会制度，加强乡（镇、街道）和职能部门履责的指导协调和监督检查。强化重点行业（领域）督查，6 月至年底全市集中开展安全生产大检查行动期间，加强金属非金属矿山、尾矿库、危险化学品、烟花爆竹、有色、消防、交通、建筑施工、水利、电力、农业机械、特种设备、民爆器材等行业领域及学校、医院、商业和文化娱乐场所、车站、旅游景点等人员密集的公共场所和其他劳动密集型企业安全生产的督查；8 月至 10 月，在集中整改期间，加强家具业消防安全督查。

〔企业安全生产监督管理〕 实施企业安全生产行政许可、建设项目“三同时”管理。颁发烟花爆竹零售经营许可证 302 家，颁发危险化学品经营许可证（乙证且不含气体或储存经营）195 家；受省安监局委托，颁发非煤矿山（砖瓦粘土类）安全生产许可证 17 家。对相关企业按规定认真实施企业新建、改建、扩建工程项目（统称建设项目）安全设施的设计审查、竣工验收，推进企业建设项目的安全设施“三同时”（与主体工程同时设计、同时施工、同时投入生产和使用）。

开展企业安全生产执法检查、专项整治。加强 2 家地下非煤矿山、2 座尾矿库、2 家勘探企业、16 家采石场及 76 家红砖厂的安全生产监管，下达 51 份整改指令书，对 163 项（处）安全隐患督促限期整改，对 3 家企业实施停产整顿，取缔 4 家（处）非法生产企业（点）。加强 5 家化工企业、33 家加油站、607 家危险化学品经营户（门店）、2 家烟花爆竹批发企业、504 家烟花爆竹零售户（门店）的安全生产监管，下达 36 份整改指令书，对 102 项（处）安全隐患督促限期整改，取缔非法经营门点 11 家（户）。

〔职业卫生监管〕 深入厂矿企业、社区，发放宣传挂图、职业健康知识手册、宣传单等，开展职业病防治宣传教育活动。结合实施《南康市家具制造业安全生产规范化管理指导意见（试行）》，开展“上门送样板”活动，做好企业职业卫生管理指导服务。将加强企业开展职业危害项目申报工作纳入监管常态化管理，年内新增27家企业完成职业危害项目申报。

〔安全生产宣传教育〕 借助手机短信、标语、宣传单、网络、简报等载体，常态化普及安全生产法律法规和安全知识，宣传安全生产政策措施和各级政府工作部署，发布预测预警信息。组织开展“安全生产月”等群众性、社会性活动，6月开展全国第12个“安全生产月”活动，围绕“强化安全基础，推动安全发展”主题，出专栏、挂标语、发传单、开展咨询、组织知识竞答、播放宣教片、现场指导等，积极开展事故警示教育周、安全文化周、应急预案演练周及“安康杯”竞赛、“青安岗在行动”创建等活动;6月8日，市安监、交管、消防、交通、卫生、质监、气象、矿管、文广、水利、农机、规划建设、工商、食药监、供电等15个部门、单位会同镜坝镇政府联合在镜坝新圩开展宣传教育咨询活动。开展职业健康安全教育培训，4月25日至5月1日“职业病防治法宣传周”，深入企业举办现场咨询活动4场次，发放宣传资料7000余份。5月31日，蓉江街办和安监、消防、工会等部门，联合南康市家具协会、蓉江家具协会，组织蓉江辖区40余家家具企业，开展消防安全演练(大比武)活动。依据相关法律法规和部门规章等规定，开展岗位任职资格考核，考核企业主要负责人、安全管理人员992人次，其他岗位任职645人次。

〔家具行业消防安全整改〕 8月16日，召开南康市家具行业消防安全整改工作动员大会，市四套班子领导、乡镇和市直单位主要领导和家具行业协会、企业代表共千余人参加，市委徐兵书记、市政府柯岩松市长作重要讲话。会议通报8月8日鸿海家具厂火灾事故，分析家具消防安全形势，统一全市思想认识，部署全面整改工作。全市构建“党委政府领导，乡镇检查，部门监督，企业落实”工作格局，从8月到10月集中三个多月时间，按动员部署、全面排查、整改落实、验收总结四个阶段，采取3项超常组织领导措施，制定27项整改重点，明确18项整改纪律，遍查6420家(户)家具厂，下发整改通知6000余份，停产(关闭)企业20余家，排查隐患21000余项(处)，大部分在期限内完成整改。随着《关于进一步加强南康市家具行业消防安全管理工作的实施意见》(康办字〔2013〕103号)、《南康市家具企业用电整治工作实施方案》(康办字〔2013〕102号)等制度的出台，家具消防安全工作步入常态化长效管理。

〔家具制造企业安全生产规范化管理〕 2月初起，市安监、家具产业促进、公安消防、环保、质监等部门和单位，根据赣州市政府和南康市委、政府工作部署，参照有关法律法规和国家行业标准，结合本地实际，总结以往工作实践，在反复酝酿和征求一些家具行业协会、家具企业代表意见的基础上，拟定并报经南康市政府审定，于4月出台了《南康市家具制造企业安全生产规范化管理指导意见(试行)》(以下简称《意见》)。《意见》着重从基础管理、设施设备管理、作业环境管理等三个方面，分33个大项共151项具体内容，综合指导行业企业系统、规范地加强生产、消防、职业卫生和环境保护管理。同时，也为整合生产、消防、职业卫生和环境保护行政资源，提高管理效能，提供了制度保障。

〔安全事故〕 2013年，全市发生各类安全生产事故88起，与2012年相比上升8.05%。工矿商贸企业生产事故共死亡3人。生产经营性道路交通事故共死亡8人。火灾事故共死亡3人(同一事故中死亡)。除火灾事故外，其他行业领域未发生一次死亡多人事故。

〔事故调查处理〕 依照《生产安全事故报告和调查处理条例》等法规，坚持“四不放过”和“依法依规、实事求是、注重实效”原则，查明事故原因，依法依规追究责任单位(责任人)责任，督促事故单位开展事故警示教育，认真整改问题，强化安全生产管理。

〔领导班子名录〕

局　长：刘自宏

党支部书记：钟华旺

副局长：卢和松

　　　　谢德明

工会主席：宗雪冰

政协南康市委员会

综　述

2013年是全面贯彻落实中共十八大精神的开局之年，也是赣南苏区振兴发展全面加快推进之年。一年来，政协南康市委员会坚持以邓小平理论、“三个代表”重要思想和科学发展观为指导，在中共南康市委的坚强领导下，在市人民政府的大力支持下，牢牢把握团结和民主两大主题，认真履行政协职能，努力实践“亲民协政、为民履职”工作定位，齐心协力谋发展，尽心竭力惠民生，凝心聚力促和谐，为我市经济社会又好又快发展和谱写“中国梦”南康新篇章作出了新贡献。2013年，市政协召开全体委员会议1次，主席会议11次，常委会议4次。

机构队伍

市政协第五届委员会共有238名，常务委员39名，设置16个界别。

市政协机关内设办公室和经济科技委员会、学习文史教文卫体委员会、提案委员会、法制社团“三胞”联谊委员会5个机构。

2013年，市政协机关在职干部职工12人(不含正副主席及调研员)，核编16人，其中行政编制人员10人，后勤服务人员编制人员2人。

政协重要会议

〔政协南康市委员会五届三次会议〕 政协南康市委员会五届三次会议于2013年1月15日至18日在市文化艺术中心举行，会议主要内容：1.听取和审议政协南康市第五届委员会常务委员会工作报告；2. 听取和审议政协南康市第五届委员会常务委员会关于五届二次会议以来提案工作情况的报告；3. 列席南康市第五届人民代表大会第四次会议；4. 听取政协南康市五届三次会议提案审查情况的报告；5.大会发言；6.听取中共南康市委领导重要讲话；7. 通过政协南康市第五届委员会第三次会议决议。

〔市政协五届常委会议〕 市政协五届常委会第六次会议　于2013年1月9日上午在市政大楼十五楼会议室召开。市政协主席彭秀生主持会议，市委副书记廖琦，市委常委、副市长宋英，市人大常委会副主任施明生莅临会议指导，市政协副处级干部、市政协各委办负责人、市政府办主要负责人列席会议。会议主要内容是：1.协商讨论《政府工作报告》；2. 协商讨论通过《政协常委会工作报告》；3.协商讨论通过《政协常委会提案工作情况的报告》；4.协商通过政协南康市第五届委员会政协委员增补人选；5.通过《关于表彰2012年度“优秀政协委员”、“优秀提案”、“提案承办先进单位”

和“先进委员活动小组”的决定》;6.通过《关于表彰“振兴赣南苏区发展金点子”的决定》;7.协商通过市政协五届三次会议相关事项。

市政协五届常委会第七次会议 于2013年4月11日上午在市政大楼十五楼会议室召开。市政协主席彭秀生主持会议,市政协副处干部、市政协各委办负责人列席会议。会议主要内容是:1.学习传达全国“两会”会议精神;2.协商通过《市政协五届常委会2013年工作要点》。

市政协五届常委会第八次会议 于2013年7月26日上午在市政大楼十五楼会议室召开。市政协主席彭秀生主持会议,市委常委、副市长宋英,市人大常委会副主任施明生莅临会议指导,市政协副处干部、市委农工部、市政协各委办负责人列席会议。会议主要内容是:1.学习习近平总书记在党的群众路线教育实践活动工作会议上的重要讲话以及全省党的群众路线教育实践活动动员大会精神;2.协商讨论通过《关于南康市农民专业合作社发展情况的调研报告》;3.通报市政协委员专题视察“东山北路贯通工程”情况汇报;4.协商同意有关政协委员的请辞。

市政协五届常委会第九次会议 于2013年12月6日上午在市政大楼十五楼会议室召开。市政协主席彭秀生主持会议,市委书记徐兵同志,市委常委、副市长钟旭辉,市人大常委会副主任施明生莅临会议指导,市政协副处干部、市商务局、市国土局、龙岭工业区管理办、镜坝镇、东山街办、市政协各委办负责人列席会议。会议主要内容是:1.学习传达十八届三中全会精神;2.协商讨论通过《关于南康市节能照明灯饰产业发展情况的调研报告》。

政协主要活动

〔拓展协商议政领域〕 注重结合南康市发展实际,围绕市委市政府中心工作,紧紧抓住事关全市经济社会发展大局的重大问题,多形式、多角度地开展协商建言活动,进一步拓宽了协商领域,深化了协商效果。为了在更高层面推动南康家具产业转型升级,组织委员就南康家具产业转型升级问题开展了专题协商,提出的“培育南康家具区域品牌”、“加快实施人才体系建设”、“打造千亿家具产业集群”等建议,进入了党政决策程序。在协商形式上,注重搭建全会协商、常委会协商、主席会议协商、专题会议协商等平台,构筑多层次协商议政格局,共举行常委会议4次、主席会议11次、专题协商会5次。通过各种协商活动,提高了委员参与协商的积极性。

〔完善民主监督方式〕 先后出台了《关于开展民主评议工作的实施意见》、《关于对提案承办单位进行民主评议的实施意见》,使政协的民主监督工作有载体、有规章、有手段。建立了统一选派特约监督员制度,向13个市直部门选派50多名政协委员担任特约监督员,使特约监督员的监督行为由个人意志变为组织意志、个体监督变为整体监督,有效提高了民主监督的组织化程度。对“东山北路贯通工程”、“体育公园建设项目”、“赣州市2013年民生工程100件实事落实情况”、“柑橘黄龙病防控”等专项工作,开展民主监督视察活动,确保了相关工作的有序推进。在监督视察评议中,始终坚持准确性、客观性、公正性和可行性的原则,努力做到不造声势真监督、不走过场求实效、与人为善建诤言,力助提高效率、改进工作。

〔注重参政议政实效〕 坚持紧扣全市工作大局,充分运用调研、视察、提案、社情民意等形式,选准角度、突出重点,富有成效地做好参政议政工作。“党政出题,政协破题”已成为南康市政协调研的工作常态。为使委员们提出的意见建议符合当地经济社会发展的实际,年初将谋划的调研视察课题报送市委、市政府,或者请市委、市政府主要领导拟定课题,2013年,党政交给政协的调研视察课题就有:“节能照明灯饰产业发展”、“农民专业合作社发展情况”、“循环经济产业园建设情况”、“家具企业消防安全”等等。政协组织委员通过专题调研视察,提出了许多有益有价值的参考意见,市委、市政府主要领导多次作出重要批示,一批好的意见建议进入到党政的决策层面。如提出的“切实加强家具生产企业消防安全问题整治”的建议得到采纳,市政府也及时下发了《南康市深入开展家具行业消防安全整改及职业病防治工作方案》,相关职能部门已对辖区内5000多家家具企业进行全面排查,并对排查梳理出的消防安全隐患做好台账,要求相关企业限期整改到位。

〔**创新提案工作机制**〕 市政协五届三次会议以来共收到委员提案168件。其中大会提案167件，平时提案1件；联名提案45件，个人提案123件，提出提案的委员280人次。提案审查委员会按照《提案工作条例》的有关规定，对收到的提案进行了认真审查，共立案163件，占总数的97.02%。这些提案分别交48个承办单位办理，截止2013年10月22日，立案的163件提案已全部办结。所提意见和建议得到解决的有98件(A类)，占提案总数的60.1%；基本解决或列入计划逐步解决的有56件(B类)，占提案总数的34.4%；对因条件限制等原因一时难以解决的有9件提案(C类)，占提案总数的5.5%。从反馈的情况看，提案人对办理结果满意和基本满意率为100%。

2013年，在市政协提案委员会推荐的基础上，经市政协主席会议评审和市政协五届常委会第十次会议协商通过，共评选出《关于南康市节能照明产业发展的建议》、《关于完善城乡污水处理设施和管网建设的建议》、《关于加快打通“断头路”，进一步治理交通拥堵的建议》、《关于加大整治“两违建筑”的建议》、《关于规范发展南康市学前教育的建议》、《关于加快南康市旅游发展的建议》、《关于农村危旧土坯房改造的问题及建议》、《关于提高圩镇垃圾处理能力，改善圩镇卫生状况的建议》、《关于在主城区规划金融中心的建议》等10件优秀提案和市政府办、市城乡规划建设局、市城市管理局、市交通运输局、市教育局、市公安交管大队、市家具产业促进局、市城市管理行政执法局、市委农工部、市卫生局等10个提案承办先进单位。

为进一步规范提案办理工作，市委、市政府下发了《关于进一步加强人民政协提案办理工作的实施意见》，对如何加强政协提案办理工作提出了严格的要求，对政协更好发挥职能将起到巨大促进作用。政协例会前1个月左右，向党政部门征集提案知情材料和参考选题，为委员撰写高质量提案创造条件；开展提案办理工作民主评议，建立提案办理工作考核机制；组织部分政协委员视察城建重点项目建设，与承办单位面对面交流沟通，不断推动提案办理工作取得实效。

〔**献策南康长远发展**〕 围绕全面完成“十二五”规划目标、政府工作报告和《若干意见》的贯彻落实进行广泛深入地协商，五届三次会议期间，组织委员围绕“农村土坯房改造、做优南康旅游业、工业企业退城进园、农村公路养护、幼儿教育发展”等选题进行协商议政。委员们对南康经济社会发展事业等重大问题积极议政建言，呈现齐心协力破难题，凝心聚力谋发展的良好格局。

〔**共谋经济转型升级**〕 组织委员开展了“关于进一步加快南康市产业转型升级，强力推进工业强市战略”重大课题调研，课题成果成为南康市出台优化政策服务环境、加快产业转型升级措施的重要参考。组织委员深入调研节能照明灯饰产业发展状况，形成《关于南康市节能照明灯饰产业发展的建议》，市委主要领导作出重要批示，市政府专门召集有关职能部门研究并落实相关措施。市政协领导在中心工作中积极作为，分别参与了南山恐龙文化产业园、赣州职教园区、金融中心、汽车城、国际物流商贸综合体、循环经济发展等重点项目建设工作，为各个项目的建设做了大量卓有成效的工作，助推了项目建设进程。

〔**建言融入主城区建设**〕 开展了构建大交通重点课题调研，提出完善现代立体交通体系、贯通赣南大道主要连接线，加快建设大广高速南康南出口等建议，为拓展南康城市发展空间资政建言。为缓解城区交通拥堵这一突出问题，联合有关单位就城市公共交通建设和开通市区出租车开展调研，引起市委主要领导的高度重视，有关部门正抓紧推进公交线路的优化完善，为市民工作、生活提供便利。

〔**推动文化发展繁荣**〕 建设文化强市、推动文化大发展大繁荣是市政协履行职能的重要内容。组织委员开展调研视察、研讨论证，为保护谭邦古城、唐江古镇等历史文化名村、名镇鼓与呼。对南康市民间工艺保护发展情况开展专题调研，为抢救非物质文化遗产出力。与百家姓和谐城姓氏文化研究会联合收集和整理客家姓氏族谱等资料，编纂了《和谐城志》，较全面地反映了和谐城建设和客家姓氏文化的相关史料。文史资料征集、编辑工作取得新成效，被省政协评为文史工作先进单位。

〔**促进城市人居环境改善**〕 继续对城区综合整治进行跟踪式监督,就“治脏、治乱、治堵”问题组织委员深入调研,召开市政协常委会对城区散体物运输问题进行专题协商,推动了整治工作的顺利开展;提出“加大工作力度,着力整治城区小型矿产品加工企业”的建议,市委市政府高度重视,采纳政协委员建议,正着力加快对现有的51家小型矿产品加工企业的整合搬迁工作。围绕工业园区节能减排等组织视察调研,为改善城市人居环境出谋划策。

〔**献计民生福利事业发展**〕 针对群众看病难的问题,政协就有关城区医疗资源布局调整建言献策,所提的建议被市政府采纳,推进了中医院的整体搬迁和妇幼保健院建设步伐。组织开展城区饮用水源安全、农产品质量安全等民生问题联动调研,力求使广大群众能够喝上干净水、吃上放心菜。深入了解南康新居民和弱势群体的生活工作状况,呼吁相关部门帮助解决就业难、讨薪难、住房难、子女上学难等问题。针对南康市农村文化建设现状开展调研,围绕加强基层文化阵地建设、丰富农村文化生活等方面提出许多建议,进一步推进了农村基层文化建设。

〔**畅通反映社情民意渠道**〕 发挥反映社情民意工作在政协服务民生中的重要作用,力求通达民情,引导社会热点,疏导公众情绪。制定下发了《关于进一步加强反映社情民意工作的意见》,建立健全信息工作目标考核机制,调整充实信息员队伍,加强业务培训,了解和反映社情民意工作有新突破。一年来,共收到反映社情民意信息200多条,整理报送市委、市政府社情民意专报5期,市委、市政府领导批示20人次,报送省政协社情民意信息3条。

〔**为民办实事做好事**〕 市政协领导深入扶贫结对村察民情送温暖,助推农村危旧土坯房改造、和谐秀美乡村建设等统筹城乡发展重大举措的顺利实施。争取项目资金6万元,对横市镇增坑村沙芜、窑背组一条年久失修的灌溉水渠进行了维修加固,解决了300多亩农田的灌溉,深受群众好评。发挥政协组织在加强和创新社会管理中的优势作用,围绕预防家庭暴力、建设和谐文明社区、流动人口管理等问题献计献策,为促进社会和谐发挥重要作用。积极开展扶贫济困、捐资助学、下乡义诊、法律援助等慈善惠民活动,主动纾解民忧民困。一年来,共组织各类献爱心活动10余批次。全市政协委员主动参与赈灾救援活动,与全市人民共同奏响团结协作、扶危济困、守望相助的感人乐章。

〔**不断巩固多党合作局面**〕 精心组织全体政协委员融入到谱写“中国梦”南康新篇章的实践中等系列活动,巩固社会各界人士团结奋斗的共同思想政治基础,为南康科学发展、和谐发展、率先发展凝聚力量。以政协例会为平台、调研视察为载体、界别活动为纽带,加强与民主党派、工商联和无党派人士的团结合作,努力营造民主和谐的履职环境。充分发挥民主党派、工商联、无党派人士在政协中的骨干作用,广泛团结新的社会阶层,共同致力于南康振兴发展事业。

〔**积极拓宽交往联谊渠道**〕 协助做好民族宗教工作,专题调研视察赤土畲族少数民族乡经济社会发展和全市宗教场所建设与管理等问题,促进民族和谐与宗教和睦。充分利用客联会平台,扩大政协对外交往,积极推介南康投资环境。走访异地南康商会,加强与在外乡亲的联络,动员和促进在外乡亲资本回流、人才回归。密切与省内外政协组织的协作联系,积极配合、热情接待,认真做好上级政协来康的视察调研的配合协调工作,配合省政协调研视察组完成了“重金属污染治理”、“加快发展服装创意产业”、“食品安全”等调研视察。

〔**有序扩大委员政治参与**〕 充分发挥政协协商民主重要渠道的作用,推荐政协委员列席市委市政府的有关会议;全力办好《委员之声》内部刊物,使其成为协商互动的有效平台,政协委员表达观点、反映问题的重要窗口,党委政府科学决策的民意渠道。向社会公开征集提案和社情民意线索,鼓励委员开通博客和微博等,拓宽民主渠道,畅通政情民意,营造具有地方特色的民主氛围。

〔**改进政协宣传工作**〕 市政协高度重视新时期人民政协的宣传工作,营造政协新闻宣传的良好氛围。与南康电视台共同推出《委员风采》电视专题栏目，全年安排了18位委员就个人成长历程、创业亮点、履职业绩进行展示。通过《委员风采》栏目的推介，展现了委员创业履职的风采，提升了政协委员的社会影响力和知名度。栏目在市电视台黄金时段滚动播出后，获得了社会各界人士好评。重视对外宣传，《光华时报》在头版头条以《南康市政协"适销对路"履职创出新天地》为题报道了南康市政协履职成效，在政协系统影响广泛。

〔着力搭建学习研究平台〕 以理论学习中心组、专题辅导报告等形式，组织委员深入学习贯彻党的十八大、十八届三中全会和习近平总书记系列重要讲话精神以及省委十三届七次会议精神，切实增强贯彻落实科学发展观的自觉性和坚定性，切实增强履行职能的使命感和责任感，为助推南康振兴发展凝心聚力。贯彻落实中央八项规定和《党政机关厉行节约反对浪费条例》以及《党政机关国内公务接待管理规定》，进一步促使大家切实转变工作作风，牢记宗旨，廉洁自律，工作效率和服务质量明显提升。围绕协商民主、加强和创新社会管理等主题，组织开展各类理论研讨活动并取得一定的成效，其中《南康市政协协商工作扎实推进、有为有效》等文章在赣州市政协召开的"发挥人民政协协商民主渠道作用研究"专题调研会上作了介绍。

〔着力发挥界别独特优势〕 制定《关于重视和发挥界别作用的意见》等制度，设立13个界别活动组，明确界别活动的组织领导、内容形式、责任分工。支持和鼓励在政协全会、专题协商会等会议中以界别名义发表意见，提出建议。发挥界别在提案、调研视察、反映社情民意中的作用。探索开展委员向界别述职等界别活动的新方法新途径，把界别活动与经常性履职工作有机结合起来，调动各界别参政议政的积极性。一年来，各界别活动组共开展各类活动达30多次，密切了与各界群众的感情。

〔着力强化委员主体作用〕 《南康市政协委员管理办法》，为发挥委员主体作用提供制度保障。实行政协领导联系常委、常委联系委员制度，了解委员具体情况，帮助解决实际困难。认真组织委员学习和培训，一年来，共组织各类学习培训2批次，参加委员500人次，委员履职能力得到进一步提高。建立委员履职服务管理系统，开展评选优秀委员、优秀提案等活动，调动委员参政议政自觉性和积极性。一年来，委员参与调研视察活动的有230多人次，在政协履职工作中的主体作用得到进一步彰显。

〔着力提升机关服务水平〕 加强政协机关党组织建设、干部队伍建设、机关制度建设和工作作风建设，认真开展"四风"自查自纠活动和违规收送"红包"问题专项治理活动，抵制形式主义、官僚主义、享乐主义和奢靡之风的敏感性、自觉性和主动性明显增强，作风建设取得了新成效。加大机关干部培养力度，让年轻干部到征地拆迁一线锻炼，激励机关干部勤于学习、诚于团结、勇于担当、善于创新，提高了工作水平和效率。认真做好老干部服务工作，支持政协各委员活动小组开展活动。

市政协领导班子及领导分工

〔领导班子名录〕

主席、党组书记：彭秀生
党组副书记：李千东
驻会副主席：李　旭
黄绍莲（女）
温　熹
倪　静（女）
谢　康
兼职副主席：李千东
秘书长：明经才

〔领导分工〕

彭秀生同志：主持市政协全面工作，并主管市政协办公室工作。

李千东同志（兼职）：负责统战、民族宗教、外事、民主党派、工商联、农粮、林业、水利、电力、果业、畜牧水产、国土资源、计划生育、扶贫移民、地矿、水保、农机、气象等方面的协商、监督、议政工作。

李旭同志：协助主席分管市政协提案委员会。负责工业、交通、财政、税务、质量技术监督、金融、保险等方面的协商、监督、议政工作。列席市人大常委会。

黄绍莲同志：协助主席分管市政协经济科技委员会。负责发改、审计、物价、统计、商务、供销、工商、中小企业、非公经济等方面的协商、监督、议政工作。

温熹同志：协助主席分管市政协学习文史教文卫体委员会。负责教育、文广、卫生、体育、安全生产和食品药品监督、科技、科协等方面的协商、监督、议政工作。

倪静同志:协助主席分管市政协法制社团“三胞”联谊委员会。负责电信、邮政、移动、联通、建设规划、城市管理和行政执法、环保、政法、综治、民政、房管、港澳台侨、信访、烟草等方面的协商、监督、议政工作。列席市政府常务会议。

谢康同志：协助主席分管市政协学习文史教文卫体委员会。负责群团、精神文明、旅游、档案、市志、人力资源和社会保障、文联、社联等方面的协商、监督、议政工作及老干工作。

方立清同志：协助副主席分管市政协学习文史教文卫体委员会相关工作。

石太林同志：协助副主席分管市政协提案委员会相关工作。

邱建华同志：协助副主席分管市政协法制社团“三胞”联谊委员会相关工作。

吴明能同志：协助副主席分管市政协经济科技委员会相关工作。

明经才同志:协助主席分管市政协办公室。负责市政协机关各委员会的综合协调以及与市直有关单位的联系工作。

〔工作部门负责人名录〕

办公室主任:明经才(兼)
学习文史教文卫体委主任:蔡　英
提案委主任:
经科委主任:邱际兰(女)
法制社团三胞联谊委主任:黎敏军
办公室副主任:卓华林

〔省政协委员〕

黄　平(赣南卷烟厂厂长)

重要文件目录

2013年南康市政协重要文件目录

发文时间	文号	文件标题
1月8日	康协字〔2013〕3号	关于五届三次会议提案征集的通知
2月22日	康协字〔2013〕6号	关于呈送《市政协“振兴赣南苏区发展‘金点子’征集活动”优秀“金点子”》的报告
7月18日	康协字〔2013〕7号	政协南康市第五届委员会常务委员会2013年工作要点
8月8日	康协字〔2013〕8号	关于呈送《关于我市农民专业合作社发展情况的调研报告》的报告
11月8日	康协字〔2013〕10号	关于印发《关于对赣州市2013年民生工程70件实事落实情况进行专题视察的实施方案》的通知
12月19日	康协字〔2013〕11号	关于呈送《关于我市节能照明灯饰产业发展的调研报告》的报告

2013年3月7日上午，市政府召开2013年《政府工作报告》主要目标任务分解落实暨人大代表建议政协提案交办会。

纪检·监察

综　述

2013 年，南康市纪委监察局认真贯彻落实党的十八大精神、省委十三届七次全会精神和市委五届六次全会精神，以中央、省和赣州市纪委全会精神为指导，紧紧把握标本兼治、综合治理、惩防并举、注重预防的工作方针，扎实推进反腐倡廉建设，各项工作取得了一定的成效，为不断开创南康振兴发展新局面，努力把南康建设成为赣州都市区核心增长极和宜居宜业的活力新城提供了坚强保证。

机构队伍

市纪委监察局机关在编人员 30 人。市纪委设书记 1 名，副书记 3 名，市纪委常委 9 名；监察局设局长 1 名（纪委副书记兼）；市纪委监察局机关设办公室、宣传教育研究室、执法监察室、纪检监察和案件监督管理室、案件审理室、信访室（举报中心）、干部管理室、市党风廉政建设领导小组办公室、市政府纠正部门和行业不正之风领导小组办公室、市优化发展环境机关效能监察投诉中心。

下设第一至第七纪工委、监察分局共 7 个纪工委、监察分局，在编人员 24 人。

〔领导班子名录〕

书　记：庄　平
副书记：兰希高
　　　　江香莲（女）
　　　　蒙在俐
常　委：庄　平
　　　　兰希高
　　　　江香莲（女）
　　　　蒙在俐
　　　　张俊华
　　　　范西燕
　　　　李雅焱
　　　　王志红（女）
　　　　曾祖腾
监察局局长：兰希高

〔市纪委各室负责人名录〕

办公室主任：范西燕
信访室主任：张俊华
案审室主任：欧阳人丹（女）
执法监察室主任：廖肇胜
宣教室主任：王志红（女）
干部室主任：曾祖腾
市经济 110 办（市效能办）副主任：吴中春

〔各纪工委、监察分局负责人名录〕

第一纪工委书记：张丰海
第一监察分局局长：黄庆德

第二纪工委书记:李雅焱
第二监察分局局长:廖君明
第三监察分局局长:付芳茜
第四监察分局局长:谢启东
第五纪工委书记:林元平
第五监察分局局长:曹 辉
第六纪工委书记:谢仁亭
第六监察分局局长:肖文琳
第七纪工委书记:卓万南
第七监察分局局长:胡振文

主要会议

2月18日,中国共产党南康市第五届纪律检查委员会第三次全体会议召开。会议由市委常委、纪委书记庄平主持。市委书记谢德强出席会议并作重要讲话。

谢德强在讲话中充分肯定了过去一年党风廉政建设和反腐败工作所取得的成绩。要深刻领会习近平总书记重要讲话精神,扎实推进党风廉政建设和反腐败斗争;要严守党的纪律,在争当苏区振兴发展排头兵实践中锤炼坚强党性。要深入贯彻十八大精神,自觉用党章规范自己的言行,坚决贯彻中央、省、赣州市和市委的大政方针和决策部署;要坚持不懈,在落实争当苏区振兴发展排头兵任务中加强作风建设。要严格落实"八项规定",大力弘扬苏区精神,继续加强作风建设;要惩防并举,在保障争当苏区振兴发展排头兵中有效防治腐败。要坚持和完善反腐倡廉领导体制和工作机制,全面落实党风廉政建设责任制,严肃查处违纪违法案件,扎实推进惩治和预防腐败体系建设,切实加强纪检监察干部队伍建设。

会上,市委常委、纪委书记庄平代表市纪委常委会作了题为《树立模范作风,建设廉洁政治,为打造经济强市和活力新城提供坚强政治保障》的工作报告。报告简要回顾了2012年全市党风廉政建设和反腐败工作,重点部署了2013年的反腐倡廉建设任务。

在家的市委常委,市人大、政协主要领导,市法、检两长,市纪委委员,各乡镇(街道)、各部门、单位主要负责人,各乡镇(街道)纪委书记,市直、驻市有关单位纪检组长,纪委机关、纪工委监察分局全体干部共计230余人参加了会议。

纪检监察主要工作

〔**执法监察工作**〕 全市纪检监察组织紧紧围绕贯彻实施"十二五规划"和国务院《若干意见》的贯彻落实,围绕赣南苏区振兴发展各项决策部署、农村危旧土坯房改造、保障性安居工程建设的贯彻落实;紧紧围绕市委"主动融入都市区、提速提质促发展、千方百计惠民生、真抓实干兴南康"战略部署贯彻执行情况,围绕全市重点项目建设、森林防火、防汛、信访维稳、"送政策、送温暖、送服务"工作、"违法用地和违章建设"整治工作,认真履行纪检监察职责,积极发挥监督检查职能,服务和保障赣南苏区振兴发展。

〔**廉洁自律工作**〕 积极开展了廉政漫画、书画作品征集、上廉课、观廉影、读廉书等丰富多彩的廉政文化活动,打造和巩固了一批廉政文化"六进"活动精品点和廉政教育基地,组织乡镇(街道)和部分重点单位"一把手"80余人赴赣州监狱警示教育基地接受党风廉政教育,不断浓厚廉洁从政氛围。认真开展贯彻中央八项规定情况监督检查,共开展督查85次,通过文件、手机报等形式下发督查通报67期。认真贯彻《廉政准则》各项规定,全年市纪委负责人同下级党政主要负责人谈话11人(次),领导干部任前廉政谈话56人(次),领导干部述职述廉21人(次),审批副科级以上领导干部因私出国(境)18人(次)、红白喜事宴席57人(次)。深入推进农村党风廉政建设标准化作业,积极打造示范点,以点带面全面促进,不断加强"三资"管理,规范便民服务机构建设,推进电子政务平台向100%乡镇(街道)和70%以上村(社区)延伸。

〔**源头治腐工作**〕 国家级电子政务试点工作进展顺利,于2013年7月份顺利通过省级验收,下一步将迎接国家验收。开发建设了具有南康特色的全市统一电子政务平台,对接整合了网上审批、电子监察、信息公开、公文流转、统一触摸查询等12个市级应用系统,为全市政府工作人员提供统一的办公入口。我市政府门户网站累计公开各类信息8万多条,公布、上线行政权力事项445项,便民服务事项36项,行政处罚事项2132项,全市通过网上审批系统及统一电子政务平台已办理行政审批服务事项172000多件,其中乡镇(街道)办理31800多件,村(社区)办理25000多件,总办件量在全省各县(市、区)居前列。公共资源招标投标市场不断规范,认真受理招投标案件举报,对7起群众举报案件进行了调查核实,针对存在的问题提出了处理建议。扎实推进廉能风险防控标准化作业,着力打造了房管局廉能风险防控标准化作业示范点。

〔**民主评议工作**〕 常态化开展民主评议基层站所工作,组织召开集中评议会50多次,参加评议人数达6000多人次,收集群众意见、建议175件,针对群众意见建议下发了督办通知书,督促整改落实。开展了民主评议驻市单位支持服务地方经济社会发展和重点项目建设工作。对33个驻市单位的评议情况进行了通报,对参评人员提出的在服务方面存在的问题,督促有关单位进行了整改。

〔**查办案件工作**〕 保持了惩治腐败的高压态势。全年共受理群众信访举报119件,其中本委直接查办55件,交下级纪委(纪检组)查办44件,转其他部门18件,立案查处违纪违法案件45件,查处违纪违法党员干部47人,给予党纪处分33人,政纪处分10人,党纪政纪双重处分1人。围绕群众反映的热点问题,围绕征地拆迁、土地审批等重点领域和关键环节,着力查处大要案。大要案立案15件,占立案总数的33%,涉及正科级1人,副科级5人。其中,对司法机关移送的凤岗镇镇、村干部贪污征地拆迁补偿款案进行了查处,给予10名党员干部党纪处分,其中科级干部2人;对5起土地征用过程中失职渎职案件进行了查处,对5名干部进行了问责,其中科级干部4人;对司法机关移送的市城市管理行政执法局2名干部收取并私分赞助费一案进行了查处。

〔**纪检监察队伍建设**〕 在纪检监察系统内部开展了会员卡清理清退活动,对全市166名纪检监察系统干部职工持有会员卡的情况进行了自查,未发现持有会员卡的现象。结合"三送"工作,组织委局机关干部深入基层,联系群众,联系农户900户,为群众办好事实事200余件,调处矛盾纠纷100余件。开展了谈心提醒和关爱教育工作,对乡镇纪委书记就贯彻落实八项规定有关问题进行了一对一约谈,对全市纪检监察系统干部开展了干部隐患问题排查。认真落实了中纪发〔2011〕26号文件要求,加强乡镇纪检监察组织建设。完善了《中共南康市纪委常委会议事规则(试行)》、《中共南康市纪委委员履职规定(试行)》。积极组织新进入纪检监察系统的干部参加纪检监察业务培训。

2013年4月25号,赣州市委常委、纪委书记彭光华率调研组到南康市调研赣南苏区振兴发展项目进展情况,以及电子政务和电子监察试点工作。彭光华在唐江镇九驳桥社区调研。

民主党派·人民团体

民　盟

〔综述〕　民盟南康基层委员会是南康市唯一的一个民主党派组织，现有盟员 47 人，其中在职盟员 40 人，退休盟员 7 人，中青年在职盟员占 85.11%，主要分布在教育、文化、政法、国土、卫生、民宗、乡镇等系统。基层委员会下设第一支部、第二支部、第三支部。盟员中有赣州市人大代表 1 人，赣州市政协委员 1 人，南康市人大代表 2 人（副主任 1 人、常委 1 人），南康市政协委员 11 人（其中担任常委的有 2 人）；江西省首批中小学学科带头人 1 人。

2013 年，罗开锋、邓夏生、许华等三位盟员被民盟赣州市委会表彰为“先进盟员”。

〔民盟主要活动〕　2013 年，民盟认真组织引导广大盟员利用自身专业优势，在参政议政、建言献策、结对帮扶等方面积极发挥作用。

一是盟员积极参政议政，为地方发展建言献策。盟内担任各级人大代表、政协委员的盟员充分把握自身代表（委员）权利，正确行使参政议政权利。在南康市“两会”上，盟员代表、委员共提交建议、提案 18 件，其中，蓝永红委员撰写的《关于完善城乡污水处理设施和管网建设的建议》、邓夏生委员撰写的《关于规范发展我市学前教育的建议》被评为 2013 年度“优秀提案”，邓夏生委员撰写的《关于加快我市幼儿教育发展的几点建议》被列为大会发言材料。罗开锋被评为 2013 年度“人大工作先进个人”，石保香、郭世珠、蓝志中被评为 2013 年度“优秀政协委员”。

二是坚持“人才兴盟、人才强盟”与加强学习的培养方针，年内，组织发展上严格把关、认真甄选，发展了 6 名比较有代表性、在行业内有一定影响的民主人士入盟。选派盟员参加了省社会主义学院、赣州市社会主义学院的民主党派新成员培训班、骨干盟员培训班等各种形式的培训学习，参训盟员的思想政治素养获得了较大提高。

三是深入调查研究，撰写高质量调研文章。年内有多篇教育教学论文获奖或发表在各级刊物。其中，在民盟赣州市委会教育研讨会上，选送的论文有 2 篇获二等奖、2 篇获三等奖、3 篇获优秀论文奖，在各基层委员会中名列第二，仅次于赣南师院基层委员会。

四是积极开展“三下乡”和城乡结对帮扶活动。充分发挥了盟员所在的行业优势，年内组织开展了送教、送文化节目、送法律下乡活动。2013 年 7 月，民盟在龙岭镇向阳小学开展农村教育“烛光行动”，民盟盟员、赣州市蓝波涂装工程有限公司总经理肖波先生倾资 6.6 万余元，为该校实施了整体漆化翻新，并在同年 9 月教师节期间送去了一批教学用具，改善了学校的办学环境和办学条件，赣州市滨江一校、伦敦街区英语学校的教师还为向阳小学的师生上了精彩的示范课，互动效果非常好。

〔领导班子名录〕
基层委员会主委:刘小玉(女)
副主委:董太升
委　员:李雅昭、蓝永红、罗开锋
第一支部主委:蓝永红(兼)
第二支部主委:李雅昭(兼)
第三支部主委:罗开锋(兼)

工商联

〔综述〕 2013年,围绕市委、市政府提出的把南康打造成“经济强市”和“活力新城”战略目标,市工商联解放思想,创新工作思路和工作方法,开展了一系列服务非公有制经济活动,为推动南康非公有制经济跨越发展添砖加瓦。

〔机构队伍〕 南康市工商联是一个在南康市委领导下的群团组织,与南康市总商会属一套人马,两块牌子。有工作人员5人,其中领导班子3人,设主席、党组书记、副主席各一人。内设办公室、联络科、会员科。有直属商会4个,乡镇商会4个。

〔工作职能〕 1.民主监督、参政议政的职能作用。

2. 党和政府联系非公有制经济的桥梁和纽带,政府管理非公有制经济的助手作用。

3.民间商会的作用。

〔拓宽服务渠道〕 经济人服务是工商联的立会之本。围绕全联提出的“两个健康”工作,开展了一系列服务活动。一是继续推进结对帮扶服务企业“153”活动(驻会主要领导、副职领导、一般干部职工各结对帮扶服务10户、5户、3户重点企业)。年初,结合南康产业和企业发展实际,制定了结对帮扶服务企业“153”活动实施方案,确定了30家企业作为重点服务对象,明确了帮扶服务目标任务。如帮助金龙矿业、金鑫矿业通过了省环保厅环评审核验收;协助汇丰矿业、众鑫矿业、南山锡业、金龙矿业等七家企业组织开展了钨行业准入申报和钨钼企业环保自查核查申报及在线监测系统申报安装工作;帮助文华家瑞、汇丰矿业、众鑫矿业等三家企业争取省级专项资金,三家企业分别获得专项资金100万元、120万元和130万元。二是大力开展教育培训服务。2013年,正式启动了“万名家具员工”和“千家经销商”教育培训计划,制定了教育培训实施方案,计划用三年时间把教育培训工作在各行业全面推广。已组织蓝天木业、维平创业、殿皇木业等22家较大规模家具企业开展了26场专题学习培训,参训员工超过4500人;已组织西安、昆明、成都、苏州的南康籍家具经销商参加营销培训班5场,培训营销人员900余人。还与赣南师范学院商学院合作,组织开办了“南康市营销人员夜校”培训班,培训了10期,培训人员2200余人(次);协助众鑫矿业、汇丰矿业、文华家瑞、千秋食品、蓝天木业等9家企业举办了企业管理人员和安全生产知识培训班12期,参训人员超600人(次)。三是加强内外交流,大力推介南康企业。为推动南康家具做大做强,开展了“走出去”活动。全年共组织5批次学习考察和参展活动,组织了60余家企业分别赴西安、成都、东莞、苏州参加家具博览会。与家具协会等单位合作,举办了“南康家具采购节暨南康实木品牌家具直销中心活动”项目推介会,吸引外地家具经销商300余人。为更好地搭建平台,推介和宣传南康家具产业和企业,市工商联主办编撰发行了两期《中部家具·家居》杂志,参与策划编写的中国家具产业题材的首部文化专著《客家文化·南康木匠》,2013年9月由江西省人民出版社正式出版发行。

〔基层组织建设〕 为夯实工商联工作基础,强化基层组织建设,充分发挥工商联统战性、经济性、民间性作用,围绕省联提出的“两个健康”、“三项重点”工作目标要求,着力抓了乡镇基层商会、直属商会和异地南康商会的筹建工作,新换届调整了蓉江商会和太窝商会两个乡镇基层商会,成立了河北香河南康商会和昆明南康商会两个外埠商会;组建了南康丰城商会、南康信丰商会、南康吉安商会、南康赣县商会四个南康直属商会;目前,正在筹建唐江商会、龙回商会、龙岭商会、潭口商会、镜坝商会、泉州商会、成都武侯南康商会等7个商会。并建立了与各商会(协会)的工作沟通联系协调制度。

〔开展理想信念教育实践活动〕 为开展好非公有制经济人士的思想政治工作,较好地组织开展了非公有制经济人士理想信念教育实践活动。制定了《南康市关于开展非公有制经济人士理想信念教育实践活动实施方案》,明确了工作计划和目标任务,提出了教育实践活动要围绕组织开展学习讨论十八大精神和习近平总书记关于中国梦的重要论述;弘扬苏区传统,坚定理想信念;创优发展环境,振兴南康经济;民营企业家和中国梦;勇担社会责任,共创和谐南康五个专题大讨论来实施。组织了50余位民营企业家收听收看了赣州市关于开展非公有制经济人士理想信念教育实践活动电视电话会,就理想信念教育实践活动和如何创优南康发展环境组织了座谈讨论,现场收集建议38条。7月13日,在由南康市工商联策划主办的"南康家具企业论坛"活动上,把理想信念教育实践活动作为论坛的主要议程,进行了专题传达和宣讲,并向参加论坛的200余位业主发出了《坚定理想信念,争做促进南康经济社会发展表率》倡议书。

〔**履行参政议政职能**〕 一是认真组织非公经济人士中人大代表和政协委员撰写建议案和提案,分别提交建议案13件,提案43件。二是组织非公有制经济人士开展专题座谈讨论5次,收集各类意见和建议120余条。三是组织开展专题调研两次,撰写了《关于大力推动南康非公有制经济跨越发展》、《关于南康家具员工管理问题的调查报告》两篇调研报告并上交到有关部门。组织开展了规模企业、优秀外出创业人员和重点招商项目调查摸底工作。

〔**非公经济组织党建工作**〕 2013年,帮助3家企业新建了党组织,使全市非公企业党组织达到103个,企业职工党员数达到2153人,帮助企业新发展党员15人,培养入党积极分子40人;结合综治工作进非公企业活动,帮助57家企业确定了综治工作目标,明确了专职综治人员,保障了经费,促进了企业和谐平安。新增补了8名在行业中政治坚定,参政议政能力强,规模较大,成长性好,社会形象好的非公有制经济人士加入到政协委员队伍,使政协委员中的非公有制经济人士达到72名,推荐一名企业家加入江西省民营经济研究会。引导非公有制经济人士参与社会公益事业和光彩事业,如协助家具协会组织131位家具业主捐资支持四川雅安地震灾区活动,募捐善款32.6万元,组织吴述文、刘光清、吴友稼等执委为十八塘乡五保户,残疾人家庭危旧土坯房改造募捐3万元;组织各基层商会,异地南康商会捐款2万元用于龙华崇文村道路维修等。

〔**"三送"活动**〕 协调有关部门关系,主动争取支持帮助,为"三送"挂点服务的龙华乡崇文村争取了"三送"一事一议专项资金5万元,组织企业家采取结对帮扶模式,捐资2.1万元,较好地完成了崇文村百龄路拓宽改造工程;并为崇文村辖区内30余位企业主举办了专题培训2次,使"三送"服务工作取得实效。在重阳节和春节期间开展了慰问老工商业者和老会员活动,共发放慰问金3万元,对挂点村开展救济贫困户活动,发放救济金6000元。

〔**领导班子名录**〕
党组书记:钟义元
主席(会长):刘颜尧
副主席(副会长):钟定承

总工会

〔**综述**〕 2013年,市总工会在市委、市政府的正确领导下,在上级工会的关心、指导下,以邓小平理论、"三个代表"重要思想和科学发展观为指导,深入贯彻落实党的十八大、十八届三中全会和中国工会十六大精神,围绕市委、市政府工作重点和赣州市总工会"163"工作思路,积极发挥工会组织作用,以构建和谐劳动关系为主线,立足服务经济社会发展大局,广泛开展劳动竞赛,深入推进"两个普遍",依法维护职工权益,积极做好帮扶工作,切实加强自身建设,认真履行工会职能,为推动苏区振兴发展做出了积极的贡献。2013年,市总工会荣获"赣州市工会工作先进县(市、区)工会","省总工会新闻宣传工作先进单位"等称号。

〔**机构队伍**〕 市总工会机关有主席一人(市人大副主任兼),常务副主席一人,副主席二人,共计15人(其中借调、聘用7人)。内设机构有办公室、宣教部、保障女工部、基层工作部、法律工作部、经济技术部、困难职工帮扶中心。

〔**基层组织建设**〕 市总工会坚持以党建带工建，深入扎实推进“两个普遍”，切实加强工会组织建设，不断扩大工会组织覆盖面，增强工会组织凝聚力。按照“哪里有职工，哪里就要建立工会组织”的要求，进一步加大工会组建力度，大力推进非公企业特别是“两新”组织工会组建工作，加大了乡镇工会规范化建设力度，将乡镇工会规范化建设和非公企业工会规范化建设纳入党的基层建设的重要内容。按照工会规范化建设“一年抓试点、两年抓推广、三年全覆盖”的工作目标，2013年在龙华、镜坝、三江、大坪等乡镇开展了工会规范化示范点建设，通过示范点的典型示范引导作用，带动其他乡镇（街道）的工会规范化建设，全市20个乡镇（街道）都开展了乡镇（街道）工会联合会规范化建设，每个乡镇（街道）确立了1~2个村级工会作为本乡镇（街道）村级工会规范化建设的示范点。对规范化建设达标的乡镇（街道）和村工会分别给予1台电脑和2至3万元资金奖励，共下拨资金34万元、电脑14台。通过开展乡镇（街道）工会规范化建设，2013年全市新建村级工会16个，纳入乡镇（街道）工会联合会的企业达到186家，新发展会员5400多名。同时，在格棱电子、华利纸品、金泽制衣有限公司等非公企业，通过党建带工建，完善了非公企业的工会规范化建设，扩大了工会组织在企业中的影响力。

〔**企业民主管理**〕 按照省、市总工会关于在企业工会中开展“双亮”活动的要求和2013年基本实现全覆盖的工作目标，市总工会做到组织领导到位，宣传发动到位，工作措施到位，典型示范到位，全力推进企业工会组织“工会组织亮牌子，工会主席亮身份”的“双亮”工作，全市建立了工会组织的企业100%开展了“双亮”活动，实现了全覆盖的工作目标。

与劳动关系协商三方制定了《南康市企业工资集体协商实施意见》等规范性文件，推动建立企业工资支付保障机制，在全市形成多方推进、合力推进的良好工作局面。推进行业性、区域性工资集体协商。在中小企业集中的乡镇（街道）、村（社区），有重点地推行区域性、行业性工资集体协商制度，拓展工资集体协商覆盖面。2013年，全市国有企业工资集体合同签订率达100%，已建立工会组织的企业工资集体合同签订率达到85%，覆盖率达到95%，有效地维护了职工的经济权益。

〔**劳动竞赛**〕 广泛开展劳动竞赛活动，组织带领广大职工积极投身社会经济建设，为苏区振兴发展贡献力量。针对行业、系统、企业特点，组织广大职工开展“当好主力军、建功十二五”劳动竞赛，提高职工职业技能与专业素质。与市供电公司联合在全市供电系统中举办了职工职业技能劳动竞赛，来自各基层供电所的220名参赛选手进行了台区综合标准化改造技术大比拼；与蓉江街道工会、安监站、家具协会联合举行了职工消防技能大比武活动，40多家规模以上家具企业组成的20支代表队参加了大比武活动；与市卫生局联合开展了全市基层医疗机构临床技能大比武活动，全市20个基层医疗机构的220名医务人员分别参加了临床实践技能、护理实践技能和病历书写比赛。2013年，全市用于开展劳动竞赛活动的专项经费达7万多元。此外，还在全市家具行业中举办了南康市“十大木匠工艺师”评选竞赛活动。

〔**劳模工作**〕 大力弘扬劳模精神，营造学习劳模、争当先进的良好社会氛围，凝聚正能量，助推经济社会发展。认真做好劳模推荐评选工作，培养树立了一批职工先进典型和先进集体，其中获省总工会表彰的“工人先锋号”1个，获赣州市总工会表彰的“五一劳动奖状”获得单位1个、“五一劳动奖章”获得者4个、“工人先锋号”2个、“五一”巾帼标兵岗2个、“五一”巾帼标兵1个。同时，积极做好劳模管理服务工作，关心帮助困难劳模，充分利用新闻媒体介绍劳模精神和工人阶级先进典型事迹，宣传“劳模光荣、劳动伟大”的时代精神，营造“关心劳模、学习劳模、争当劳模”的社会舆论氛围，凝聚职工正能量，推动社会经济发展。

〔**职工教育**〕 2013年，市总工会以“中国梦·劳动美”为主题开展各种工作，9月29日，在南康中学体育馆举办了“中国梦·劳动美”全市工会干部拓展训练培训班，培训班上邀请了赣州汇智企业管理顾问有限公司教官授课，来自全市各系统、单位的工会干部在充满乐趣、挑战和现场模拟的游戏与活动中开心体验、快乐学习。通过户外不同类型的体验式挑战活动，拓展了工会干部的思路与视野，提高了工会干部团队精神和创新精神。10月，举办了全市工会系统宣传骨干培训班，邀请赣南日报社张宗兴等专家授课，提升了工会干部的写作水平和宣传工作水平;开展了“劳动我最美”职工微博大赛;在新浪网、腾讯网开通了名为“南康职工家园”和“南康职工之家”两个官方微博;开通了工会移动短信热线平台，把网络和短信平台作为全市工会信息化建设和打造服务型工会的重要载体,让更多的职工和网民认识工会,了解工会,信任工会,充分融入到工会组织这个大家庭里。

〔**职工文体活动**〕 围绕“中国梦·劳动美”主题宣传活动开展职工文体系列活动，丰富了广大职工的文化生活。一是举行了庆“五一”城区干部职工拔河和篮球定点直线传球接力比赛，来自城区各单位的39支代表队500多名干部职工参加了比赛。二是组织职工参加了赣州市总工会“铭党恩、跟党走、促振兴”庆“五一”职工文艺汇演活动,全市总工会选送的舞蹈——“女子青花瓷鼓《瓷鼓魂》”荣获三等奖。三是联合市体育局在全市职工中精心挑选三位棋手参加了赣州市第四届职工象棋赛;四是举办了庆国庆“中国梦·劳动美”南康市工业园区企业职工“抢收抢种”接力比赛,来自工业园区的9个企业职工代表队参加了比赛。同时,各基层工会结合自身实际,围绕“中国梦·劳动美”主题宣传活动开展了各具特色的文体活动，丰富了职工的精神文化生活。

〔**工会宣传**〕 加大宣传力度,创新工作方式,运用移动短信热线平台、官方微博等新媒体扩大宣传覆盖面。在新浪网、腾讯网开通了名为“南康职工家园”和“南康职工之家”两个官方微博,开通了工会移动短信热线平台，把短信平台作为我市工会信息化建设和打造服务型工会的重要载体，通过下发“工会工作动态”等内容,使之成为一个集政务公开、政策宣传等众多功能于一体的信息化平台,进一步扩大了全市工会工作的社会影响力。

〔**扶贫帮困与职工维权工作**〕 2013年是“六五”普法关键年,在总结2012年普法工作成效的基础上进一步加强了调研，向广大职工群众大力宣传《工会法》、《劳动法》、《劳动合同法》等法律法规知识,不断增强职工的法律意识和依法维权意识,做到知法、守法、用法。把“六五”普法规划和意见的落实与开展学法活动有机结合起来，取得了良好的普法效果,受到了广大职工的普遍欢迎。

1.开展了“两节”送温暖和日常帮扶救助活动,帮助职工解决实际困难。在元旦春节送温暖活动中,市四套班子领导、市总工会领导以及各基层工会领导走访慰问困难职工817人，发放慰问金50万元；慰问困难企业17个，慰问困难劳模25户,慰问农民工171人,为每户特困职工家庭送上了600元慰问金以及100元物资。开展大病救助、生活救助、“金秋助学” 等日常帮扶救助困难职工85人,发放帮扶资金13万多元。开展“送清凉”活动，为高温酷暑工作在室外的一线职工发送防暑降温物品1.7万元。

2.举办了困难职工(农民工)职业技能培训班,提高了职工劳动技能和就业能力。在市农民学院举办了5期困难职工(农民工)技能培训班,培训了计算机、市场营销、数控机床操作、家具设计与制造、服装裁剪与缝纫等,参训困难职工(农民工)共计200人;在市中医院举办了女职工职业技能“月嫂”培训班,全市各单位和乡镇报送的80多名下岗女职工、农村富余女劳动力参加了培训,为她们将来从事新生儿护理和产妇护理等“月嫂”相关工作打下了基础,增加了就业砝码。通过培训,进一步提高了广大职工的劳动技能和就业能力。

3.大力实施互助保障计划,提高职工互助互济能力。广泛动员全市职工(农民工)参保,参保职工达27113人次,保费金额共计1223345元;理赔60起,赔付金额共计26.3万元。极大地缓解了职工因大病、意外伤害等造成的经济困难。

〔**机关自身建设**〕 积极争取财政、地税等有关部门的大力支持,做好工会经费划拨和代征工作,与地税部门签订了2013年代收工会经费目标计划协议书,进一步加大了工会经费收缴力度,在年底前可全面完成赣州市总工会下达的年度考核指标和年度预算目标，年底两项经费指标均可超额完成任务。管好、用好工会经费,为开展工会工作积累资金,为开展群众性的技能培训、劳动竞赛、送温暖、开展丰富多彩的文体活动、提高职工文化生活质量等活动提供资金保障。

〔**领导班子名录**〕

主　席:李大庆(女,兼)

常务副主席：刘海鹏

副主席：张小梅（女）

共青团

〔综述〕 2013年，全市各级共青团组织以邓小平理论和“三个代表”重要思想和科学发展观为指导，深入贯彻落实党的十八大会议精神，围绕中心，服务大局，开展了一系列顺民心、得民意的活动并获得了社会各界广泛好评。充分发挥共青团组织青年、引导青年、服务青年、维护青少年合法权益的职能作用。团的各项工作位列赣州市前列。

〔机构队伍〕 共青团南康市委属群团组织，一级单位，内设组织部、宣传部、学少部、办公室，编制6人，实有干部2人。

〔组织建设〕 在基层团组织建设中，为乡镇团委统一制作制度牌，加强对乡镇团委共青团专项工作经费的监管。对456个乡镇实体化“大团委”直属团支部进行完善，对其中80个团支部按“六个一”标准规范化建设。切实加强团干部作风建设，召开全市共青团干部、少先队辅导员经验交流会。举办全市共青团干部、少先队辅导员联谊赛，增进了团干部和少先队辅导员之间的认识和了解，先后召开3次团干部座谈会，分片举办团干部联谊活动2次。吸纳优秀青少年加入团组织，新发展团员6200余名。在全市“两新”组织中新建团组织100个，重点建设了30个团建精品点，提升“两新组织”团建的质量和水平。

〔宣传教育工作〕 通过团干部工作会、座谈会、网络论坛、手机短信等形式，引导全市团员青年深刻领会党的十八大和习近平总书记重要讲话精神，动员号召广大青年特别是团干部结合自身工作，在各自岗位扎实奋斗，切实发挥生力军和突击队作用。在青少年中开展了以“缅英烈、继传统、促振兴”为主题的清明扫墓活动，并鼓励青少年开展网上祭扫活动。以团的基层组织为基础，深入推进党的十八大精神进农村、进学校、进企业活动。联合市纪委开展了青少年廉政文化主题征文活动，有助于引导广大青少年树立正确的世界观、人生观、价值观。积极引导和号召全市团员青年更加自觉地投身到赣南苏区振兴发展的伟大实践中，为赣南苏区振兴发展贡献青春力量。

〔青春建功活动〕 联合市“三送”办开展“书香传递，爱洒苏区”捐书助教活动，向全市21所农村学校发放图书10800册，价值20余万元。认真做好“三送”工作，共帮助解决贫困学生读书难、农民工工资款纠纷、物业管理纠纷等13件比较突出的矛盾和问题，向95户困难群众发放慰问金和子女助学金22400元。

〔学少权益工作〕 在市综治委领导下，牵头协调相关单位开展了针对有不良行为青少年、闲散青少年、刑释青少年、流浪乞讨未成年人、服刑人员未成年子女、留守儿童等六类重点青少年群体的服务管理工作。在城区各学校和部分中心学校开展100多堂青少年法制宣传教育课，有效提升青少年的自护能力。启动“单亲家庭未成年子女援助计划”，对单亲家庭未成年子女进行引导和救助，从源头上减少单亲家庭未成年子女问题。推动建设南康市青少年服务管理中心、南康市涉罪未成年人帮教中心、留守孩关爱家园等一批工作阵地。

〔青年自组织〕 积极支持南康青年商会开展各项工作，青年商会在服务青年就业创业、开展青年企业家培训等方面开展活动50多次，服务南康经济社会发展的作用正不断显现，商会也得到了长足发展，现有会员160多人，每月一期的青商报刊印刷3000份以上，是全市发行量最大的报刊，较好地展现了青年企业家的风采。进一步加强了志愿者队伍、载体、阵地和机制建设，全年义工志愿者开展志愿服务活动230余次。形成了环境保护、交通疏导、关爱老人、扶贫助学、医疗义诊、义务献血、爱心助残七大服务品牌，是目前赣州运作最规范、活动最活跃的志愿者组织。11月1日《南康义工报》正式创刊，为广大群众提供了一个方便求助的窗口，也是义工志愿者展示形象的良好平台。

〔希望工程〕 扎实开展希望工程领导小组捐资助学活动，全年为125名大学生、84名高中生和292名初中小学生发放助学金31.7万元，发放助学金额和受助学生数列赣州市前列，较大程度上缓解了贫困学生的上学压力。联合南康义工联开展两期“我爱我家”公益夏令营，共有105名贫困留守儿童参加。联合赣州合众人寿公司在龙回镇李村小学开展爱心结对帮扶活动，结对帮扶20名贫困留守孩，帮扶资金1万余元。作为全省希望工程工作先进县市，迎接了团中央青基会领导实地调研，得到高度肯定。

〔领导班子名录〕
副书记：杨　春

妇　联

〔综述〕 2013年，在市委、市政府的正确领导下，在上级妇联的指导下，市妇联以坚持“服务妇女，促进发展，共建和谐”为工作目标，认真实施妇女儿童发展规划，全面维护妇女儿童合法权益，充分发挥妇联作为党和政府联系妇女群众的桥梁纽带作用，团结带领全市妇女为建设共促科学发展，共建和谐社会，共创美好生活，为把南康打造成和谐城市和活力新城做出了积极努力。市妇联关爱留守儿童、组织服务“三送”活动、妇联系统创先争优活动等工作获赣州市先进。

〔机构队伍〕 市妇联下设办公室、妇儿工委办、组织部、宣传部、儿童部、发展部、权益部，有行政人员4名。下辖20个乡(镇、街道)妇联，60多个机关事业单位妇委会，配备村(居)妇代会主任224人。

〔党建带妇建工作〕 坚持党建带妇建，继续推进“两新”组织成立妇女组织，“两新”组织共组建妇代会60个，妇委会34个，妇女小组22个，总计116个，有部分企业妇代会还举行了挂牌仪式，建立健全了有关规章制度并上墙；强化乡(镇、街道)妇联、村(居)妇代会、机关妇委会建设，以换届选举为契机，对乡(镇、街道)妇联、村(居)妇代会进行了摸底，为下一步妇女基层组织建设完善打好基础，进一步完善了以妇联基层组织为主体，以其他妇女组织为延伸，广大妇女共同参与的妇女组织体系，确保妇联各项工作更好地落实在基层、受益在基层。

〔“三送”活动〕 积极组织干部深入基层，了解百姓生活动态，关注民生发展，为基层妇女儿童解决实际困难，为群众答疑解惑，为民办好事、办实事，得到了群众的好评，进一步拉近了干群关系。在三送挂点的蓉江街道东街居委会，共资助在校中小“春蕾女童”、贫困学生27人，共计12000余元，使贫困女学生得到实实在在的帮助，解决了她们生活和学习上的部分困难。同时积极向上争取到单亲母亲土坯房改造建设资金7.5万元，缓解了部分贫困单亲母亲资金短缺问题。

〔妇女创业服务〕 市妇联在春季就业招聘大会上积极宣传引导妇女就业、创业，并印发2000本《妇女小额担保贷款财政贴息政策问答》和1600份《保护妇女儿童相关法律法规汇编》等有关法律法规宣传资料，解答咨询795人次。并与农信社合作启动了妇女小额信用贷款，共发放信用贷款3334万元，为586位妇女创业提供了强有力的帮助，并带动就业2000余人。

〔“大嫂车间”建设〕 自2012年8月“大嫂车间”成立以来，吸纳了不少外出务工妇女回家乡就业，解决了横市镇13个村，1个居委会乃至附近坪市、大坪、隆木等乡镇留守妇女的就业问题。组建妇女文体活动队，开展了一系列丰富多彩的活动。开展了技能培训及妇女儿童权益保护法宣讲；设立了维权咨询室；并成立了“大嫂车间”女子篮球队，开展了文艺汇演、拔河比赛、技能比赛、乒乓球、羽毛球比赛等活动。

〔妇女维权服务〕 继续发挥好妇女儿童维权中心的作用，2013年以来，妇女儿童维权中心解决妇女诉求125人次；为妇女儿童提供法律咨询或诉讼、非诉讼代理；为女企业家创业经营提供法律顾问支持，维护女企业家及所属企业的合法权益。

联合政府疏导情绪、化解矛盾、维护稳定。信访工作做到了事事有回音，件件有着落，进一步做好信访接待、登记、处理和回函等制度，及时上报了信访分类统计情况，加强与政法各部门的协作，接待来访89件，125人次，信访案件处理率达98%以上。

争取了价值20多万元母亲健康快车一辆落户在市妇保院，在全市进行健康知识特别是生殖健康知识宣传和培训，联合市妇保院开展了“母亲健康工程——农村妇女‘两癌’免费健康检查”活动，同时组织了城镇妇女、企业女工、单位女干部职工参加了妇科病普查，真正使广大妇女得实惠、普受惠、长受惠。

〔**妇女儿童民生项目**〕 2013年，积极向上争取各类惠及妇女儿童的民生项目资金达66万元，其中母亲健康快车20万元，“大嫂车间”项目建设资金10万元、预防儿童伤害资金10万元、妇女儿童之家示范点建设12万元等，以及“贫困母亲两癌救助”、妇女维权资金、贫困单亲母亲农村土坯房改造资金等各类救助资金达14万元。正在积极筹建南康市妇女儿童活动中心、各乡（镇、街道）和南水新区妇女儿童之家示范点，两项目都已列入《江西省（南康）罗霄山片区区域发展与扶贫攻坚规划（2011~2015年）》，其中南康市妇女儿童活动中心建设还列入市政府“十二五”专项发展规划中，同时还在争取市、乡、村留守亲情家园示范点建设项目等。

〔**庆“三八”表彰大会**〕 3月5日，全市各界妇女代表欢聚一堂，庆祝第103个“三八”国际劳动妇女节，开展了庆“三八”国际劳动妇女节103周年表彰大会暨举办妇女儿童发展规划学习培训班，对2012年度妇女工作的先进集体和个人进行了表彰，其中，三八红旗集体10个，巾帼文明岗10个，优秀妇干10名，三八红旗手40名，巾帼建功标兵20名，农村妇女“双学双比”先进个人18名，和谐平安家庭100户。

〔**实施“春蕾计划”**〕 动员社会各界人士为“春蕾计划”捐款。2013年以来，南康市电信分公司、市地税局、江西微爱留守公益、江西欧亚汽车有限公司、市宝林大厦有限公司等各界爱心单位企业人士为资助贫困女童入学慷慨解囊，捐款捐物6万多元。并在组织各单位干部开展“春蕾10元捐”活动中，募得资金3万余元，近三年共资助贫困儿童、贫困大学生、留守儿童300多名。

〔**庆“六一”活动**〕 5月31日上午，市妇联为凤岗明德小学“春蕾女童”发放了“春蕾计划”资金，微爱留守公益组织向明德小学捐赠了电脑、书籍和一批文体用品，心理专家对留守儿童进行了心理辅导。

〔**开展主题宣讲教育活动**〕 7月8日，为深入贯彻落实党的十八大精神，开展好党的群众路线教育实践活动，南康市妇联积极组织广大妇女收听收看“中国梦·巾帼行”系列讲座启动仪式。通过开展宣讲展示活动，在场的妇女全都深受感动，更好地宣传了中国梦的深刻内涵，号召全市广大妇女自觉参与到实现“中国梦”的行动中来，做实现中国梦的参与者和实践者。

〔**领导班子名录**〕

主　席：蓝海燕（女）

副主席：严修英（女）

　　　　薛　梅（女）

科　协

〔**综述**〕 2013来，在市委、市政府的领导和上级科协的指导下，市科协围绕《全民科学素质行动计划纲要》的目标要求，按照三服务一加强的工作定位，主动融入南康经济社会发展大局，创新推动项目建设及重点人群的科学素质等工作，取得了显著成绩，为南康加快发展、跨越式发展作出了贡献。

〔**机构队伍**〕 2013年，南康市科学技术协会（简称南康市科协）在编干部3人，见习生1人。其中主席1人。全市有20个乡（镇、街道）科协会，专兼职人员62人；有市属学会、协会20个，会员人数1560人；有省科普大使3人，科普服务队伍3000人。

〔**项目争取**〕 以项目争取与实施为抓手，着力为经济社会发展服务。经过培育完善、宣传推荐和积极申报，黄宗俊荣获2013年全国“基层科普行动计划”农村科普带头人，三江乡肖边村甲鱼协会荣获2013年全省“基层科普行动计划”先进单位。两个项目的入选，对于基层科协组织参与农村科普、示范带动农民科技增收具有重要作用。围绕食品安全及生态环保宣传，联合市质监局举办了主题为“社会共治，同心携手维护食品安全”的食品安全生产管理科技沙龙，吸引了100多名食品加工协会会员、企业主参加。现场进行的公开宣誓,递交承诺书及300多份《食品安全生产宣传资料》发放等,彰显了科协服务经济社会发展的活力。此外,组织蓉江、东山街道部分社区书记开展了赴章贡区学习考察社区科普活动,为社区参与科普工作、创新社会服务方式拓展了视野,创造了条件,积累了经验。

〔**科学素质服务**〕 以重点人群的科学素质为抓手,为提升全民科学素质服务。

一、面向农村农民,大力开展农函大等科技培训及指导活动。一年来,共举办以农函大为重点的科技培训21个,培训学员2001人次。主要表现为:一是狠抓了农函大短训班的培训落实。根据年初农函大培训方案,通过主办、联办等形式,开展了一系列实用技术培训活动。全年共举办短训班12期,培训学员1381人。二是举办生猪专业产业化培训班4期,培训学员170多人次,完成了省农函大生猪产业化班培训任务。三是承办了江西省农函大农业农村现代化培训班,吸引了150名学员参训。此外,还先后举办了农村党员科技致富带头人生猪产业化及甜柚生产技术培训班2期、拉多美杯甜柚评审暨生产技术培训1期、赴坪市乡小安村科技指导帮扶活动1次,培训指导学员300多人次。培训活动中,江西农业大学经济管理学院副院长朱述斌教授、江西省林科院林业所所长、高级工程师喻爱林、赣州市旱作所研究员方先兰、江西宝宝仔公司卢普荣、江苏农牧科技职业学院副教授、国家级姜曲海种猪场场长陈章言、华中农业大学动物医学院库旭钢硕士等10多名专家亲临授课,扩大了培训的影响,提升了培训的档次,促进了农民科学素质特别是实用技术能力的提升。

二、面向社区居民,举办了卫生健康科普知识进社区活动。一是举办了以"科技创新·美好生活"为主题的2013年科技周活动。活动先后在南水开发办芙蓉社区、蓉江街道泰康中路、泰康西路社区举行,共举办科普展览5期、播放科普大篷车视频光盘5个晚上;组织8名卫生专家参与卫生健康咨询义诊活动3场,接受居民义诊120多人,开出处方30多张,测量血压300多人,发放《南康市科普知识读本》等科技资料1000多份,受益人数8000人次。二是在全省百场科普报告进社区期间,举办了主题为"科学让生活更美好"的健康养生知识专题讲座,聘请市社联副主任科员蒙汉峰主讲,吸引了唐江镇章良村社区120多名居民朋友参加,赢得了当地党政的好评。

三、面向青少年,着力开展了科技创新大赛等活动。一是举办了"我与科普大篷车"有奖征文表彰活动。活动表彰一等奖5名、二等奖8名、三等奖11名及优秀奖32名,开创了科普大篷车进校园活动的先河。二是组织参与了市内外青少年科技创新大赛。全市大赛上,收到经各校筛选报送的作品共1220件,参与的科技辅导员1500多人,学生40000多人。选送作品参与江西省大赛,再创佳绩。在江西大赛上,共获得26个项目奖:其中一等奖7项、二等奖7项、三等奖10项,11个项目获得第28届全国青少年科技创新大赛的参赛资格。在28届全国青少年科技创新大赛上,九个参赛项目获得表彰:其中1项科技实践活动项目获全国一等奖、1项创新作品获全国创新成果三等奖,同时获得"清华大学环境友好青少年科技创新奖"及2000元奖金。

此外,注重了特殊节日的科普宣传活动。如科普之春期间,举办了麻风病防治知识科普展览;科普日期间,举办了"保护生态环境、你我共同行动"的主题科普展览;第13个国际生物多样性日期间,举办了《保护生物多样性》3D三维立体科普展览;气象日期间,开展了气象科普宣传进万家活动;"服务百姓健康行动"大型义诊活动周期间,开展了"贯彻党的群众路线教育实践活动医学专家下乡义诊服务"活动。活动的开展,为传播科学知识、提升市民科学素质增添了强大的正能量。

〔**构建服务平台**〕 以构建平台为抓手,努力为协会及科技工作者服务。

先后加强了对老科协会员的帮扶,支持3位老科协会员推荐为全省老科协优秀工作者。向省科协推荐了南康市俊萍果树示范场场长黄宗俊,并被评为全国农村科普带头人。在"全国百名科技专家和致富能手赣南苏区行"科技下乡活动中,接待了中国科协考察组对南康市生猪产业协会的视察,为中国科协在协会发展、党组织作用发挥、科普服务拓展等方面的顶层设计提供了重要参考。加强了对基层学会协会的服务,指导恬凯稻业协会、生猪产业协会和食品生产加工协会召开了年会，协助肖边甲鱼协会完成了换届，促进了基层协会的共同发展。

〔**机关自身建设**〕 以强化自身建设为抓手，着力提升综合科普服务能力。

一、着力加强设施建设。建立了科普宣传栏及其管理制度，加强了对科普宣传栏的专人管理及定期更新，全年共更换宣传栏6期120期次。加强了对村级社区科普活动室的建设支持，支出6万多元帮助蓉江街道东门社区、泰康中路社区配置了培训桌椅60套，投影、电脑及音响设施各一套，较好地满足了社区居民的科普活动需求。资助赤土乡花园村、唐江镇章良村加强了村级科普活动室、科普书屋建设，搭建了村民科普学习的有效平台。

二、强力支持协会建设。加强了对协会、科普示范基地及科普带头人等的资助帮扶。共下拨科普及科普惠农等专项资金29万元，大大提高了基层科技组织科普工作的能力。

三、创新激励信息建设。建立并完善了信息报送工作制度，取得显著成绩。共有45篇信息文章在赣州科协以上网站刊登，发放稿费7000余元。

〔**领导班子名录**〕

主　席：蓝希华

社　联

〔**综述**〕 2013年，市社联在市委、市政府的正确领导下，以邓小平理论、"三个代表"重要思想和"十八大"精神为指导，发挥好职能作用，坚持加快发展，推动转型发展，建设和谐城市，践行科学发展观，围绕南康市委中心任务开展工作调研。

〔**机构队伍**〕 核定编制2人，兼职领导1人。

〔**学术活动**〕 本年度我们举办了3次以法律、环保、养身为内容的市民社科讲堂，接受教育人数460人次。其中，9月在唐江镇章良村举办的养生讲座，有168人次到场所听课。此外，10月还开展了反腐倡廉研讨活动。

〔**领导班子名录**〕

主　席：暂缺

副主席：林健武

文　联

〔**综述**〕 2013年，市文联发挥文艺工作者桥梁、纽带作用，团结和组织文艺工作者积极开展各项创作活动，发现培养文艺新人，加强文艺团体和文艺工作者之间的协调和联系，加强各文艺协会的友好往来和学术交流，为全市的现代化建设和精神文明建设服务。市摄影家协会被评为"赣州市先进文艺家协会"。

〔**机构队伍**〕 市文联有干部1人。下属有市书法家协会会员110人；戏剧家协会会员36人；舞蹈家协会会员81人；摄影协会会员226人；南野诗社社员110人；奇石根艺协会会员96人；茶文化研究会会员41人；老年书画协会118人；音乐家协会96人。

〔**文联主要活动**〕 (1)元旦、春节期间举办了书法、美术、摄影展，展出各类作品88版。(2)五一举办书画展览一次。(3)出版《赤土人物志·卷二》。(4)南野诗社组织社员开展采风活动，创作发表诗词、对联960首，出版《南野诗苑》4期。(5)《南康文艺》出版4期。(6)成立了南康市收藏协会。

〔**领导班子名录**〕

副主席：扶诗生(主持工作)

残　联

〔**综述**〕 2013年，在市委、市政府的正确领导下，市残联认真学习贯彻落实党的十八大和十八届三中全会精神，全面贯彻中央、省和赣州市三个7号文件以及我市13号文件精神，以残疾人社会保障体系和服务体系建设为主线，把保障残疾人基本需求作为保障和改善民生的重点任务，强力推进，狠抓落实，较为圆满地完成了全年各项工作任务。2013年，市残联被省残联评为"全省残疾人状况监测工作先进单位"。

〔**机构队伍**〕 市残疾人联合会内设秘书科，下设市残疾人就业服务站(股级事业单位)。残联机关与就业服务站合署办公,年末有干部职工 8 人,其中女 3 人。

〔**救助工作**〕 一是认真实施了“民生工程”残疾人项目。135 名残疾人通过公益性岗位安置,走上了工作岗位,50 名残疾人通过免费培训掌握科学种养技术,320 名精神病人继续获得了全年所需的基本药品,180 多名残疾人获得了适用的辅助器具,方便了走出家门、融入社会;二是认真开展了“阳光家园”计划和残疾人机动轮椅车燃油补助工作。60 名重度残疾人和 211 名下肢残疾人分别获得每年 500 元的“阳光家园”补贴和 260 元的残疾人机动轮椅车燃油补贴;三是开展了扶残助残“送温暖”活动。在春节、“全国助残日”等节日期间,开展了“访贫问苦,慰问残疾人”活动,帮助残疾人解决生产、生活困难。据统计,全年共走访慰问困难残疾人家庭 280 户, 发放慰问金和物品计 5 万 6 千多元。

〔**康复工作**〕 全市 30 个社区康复服务站正常开展工作,为 1450 多名残疾人建立了康复需求评估档案,提供了康复服务信息和转介服务,180 多名残疾人获得了适用的辅助器具。同时,加强了与卫生部门的合作,进一步整合资源、加大投入、互通信息,建立健全了残疾人康复工作长效机制,加大了康复经费投入,全面开展各项康复服务。康复工作做到了工作制度化、服务规范化、内容多样化,基本能够满足残疾人对白内障复明、低视力配助视器、聋儿语训、肢体残疾训练等康复服务的需求。

〔**就业工作**〕 认真执行《江西省残疾人就业办法》,着力推进“按人收金”工作,推动按比例安置残疾人员 28 人,征收残疾人就业保障金 85 万元;认真组织开展了残疾人就业援助月活动,共走访残疾登记失业人员家庭 238 户,实名制纳入年度培训计划残疾人数 80 人,帮助 91 人享受残疾人专项扶持政策。并与劳动部门联合在市文化广场举办了招聘会,在现场设立了政策咨询台,发放《残疾人就业政策宣传单》1000 多份,为残疾人填写残疾人就业需求登记表 150 多份。55 名残疾人在这次招聘会中与用工单位达成协议,获得工作机会。

〔**残疾人宣传工作**〕 以“全国助残日”等活动为契机和载体,着力开展了走访慰问活动、残疾人文化联谊活动、盲人回报社会免费按摩活动、电视台点歌祝福活动等,特别是联合市义工联一起组织开展的“畅游赣州南康”活动,组织部分重度残疾人“赣州南康一日游”,让他们感受家乡的变化,进一步融洽了干部与残疾人以及残疾人之间的关系。同时,还以实施重点工作项目、重要节日、重大活动为平台,充分利用报纸、广播、电视、信息网络等宣传媒体,开展助残系列报道,在社会上大力宣传残疾人事业、弘扬人道主义精神,营造了浓厚的扶残助残社会氛围。

〔**残疾人信访工作**〕 信访工作成为残联的主要工作之一,建立健全了领导干部接访日制度,指定了专人负责残疾人信访工作,本着“谁接待谁负责”的原则,制定了明确的首问工作责任制、责任追究制,对残疾人信访工作实行一站式服务,为广大残疾人提供良好的服务。2013 年,共接待残疾人及亲属来信来访 230 多人次(件),95%以上的来信来访在初信初访后得到妥善解决,“南康市法律援助中心残疾人工作站”无偿为残疾人提供法律服务 5 次(件),有力地保障了残疾人的合法权益,宣传和督促落实了有关残疾人的各项优惠政策,为社会稳定和谐创造了条件,全市未出现重大残疾人集体上访和越级上访的事件。

〔**领导班子名录**〕

理事长:钟名德

副理事长:王　珍(女)

侨　联

〔**综述**〕 2013 年,南康市归国华侨联合会(简称南康市侨联)在市委、市政府的领导下,在上级业务部门的指导下,全面贯彻落实党的十八大、十八届三中全会精神,认真履行职责,创先争优,凝聚全市归侨、侨眷和海外侨胞力量,同心同向奋发有为,以“中国梦”凝聚侨心、侨力,服务大局,各项工作取得了新的成效。切实抓好“三送”工作、履行“群众工作,维护侨益,参政议政,海外联谊”的职能，进一步汇集侨智，不断创新工作方式，充分发挥“侨”的作用。热情为侨服务，努力拓展海外联谊，加强自身建设，不断提高政治素质和业务水平，结合“三送”工作，看望侨眷困难户、老党员、低保户共10户，发放慰问金3000元。

〔**机构队伍**〕 侨联是一级正科级行政单位，财政全额拨款，行政编制2个，实际人员2人，主席1人，副主席兼秘书长1人，主管全市的侨联组织活动。拓展海外联谊、开展海外侨务对台工作，团结海外社团、海外华人、华侨、港澳同胞以及内地眷属、内地外资企业，为南康市经济建设服务。

〔**海外接待**〕 不断提高(升)接待服务水平，协同有关部门接待了华侨、华人、港澳同胞16批128人次。认真做好每批接待工作，遵守接待纪律，在接待中大力宣传南康的经济社会发展的成就，使他们更好地了解南康。组织部分归侨、侨眷学习，贯彻党的十八大、十八届三中全会精神、习近平总书记一系列重要讲话精神、以及中央、省委关于深入开展党的群众路线教育实践活动重要文件、会议精神，切实改进工作作风。认真抓好“三送”工作，推进土坯房改造工作。

〔**侨资引进**〕 紧紧围绕市委、市政府的中心工作，发挥侨的优势，为招商引资工作拓展平台，介绍和宣传南康市取得的成绩和投资发展环境。配合协助有关部门做好外资企业引进的牵线搭桥工作。全年新增侨资企业3家，累计共35家，有力地促进了南康市经济建设的发展。

〔**领导班子名录**〕

主　席：李民福

副主席：卢立智

秘书长：卢立智(兼)

个体私营经济协会

〔**综述**〕 2013年，南康市个私协围绕贯彻落实《若干意见》，以服务发展为主线，主动靠前，积极进位，努力为经济发展和社会管理服务。一年来，诚信建设有成果，非公党建有新招，服务会员有实效。个私协会胸怀全局、服务细处的做法，受到了广大会员的欢迎和认可，得到了社会各界的肯定和好评。

〔**诚信建设**〕 以“倡导诚信”为核心，以服务“主导产业”发展为重点，开展了诚信建设活动，取得了明显成效。基本情况形成综合材料《合力铸就诚信品牌——南康市个私协诚信建设工作侧记》，已刊登在《江西工商》2013年11期。共举办了21次诚信专题宣传教育活动，受训会员2860人。通过“诚信建设”等系列活动，营造了浓厚的“守信光荣”的社会氛围，大大提高了会员们“诚实守信”的自觉性，有效促进了家具、物流等重点行业健康发展，维护了市场和社会的稳定。

1.利用“两会”平台，履行服务职能。为更好地服务区域经济发展，树立协会新形象，2013年“两会”期间，个私协45名人大代表和47名政协委员着眼经济发展大局，充分履行职能，积极参政议政，共向市政协提交各类议案提案160多件。政协委员、个协会长陈晓红提交了4项提案，其中《关于加快企业信用体系建设的建议》，被列为重点提案。围绕企业信用体系建设，向市委市政府提出了“通过政策措施，进一步鼓励和倡导企业的诚信行为，充分运用‘重信用、守合同’和‘江西省名牌产品’评选等活动的成果，让守信者得到政策扶持的实惠，从而带动更多的经营者积极主动信守诚信”的提议。得到了市政协的高度重视和金融、公安、质监等有关部门的支扶配合。结合“3.15”活动，开展了一系列的诚信经营宣传教育活动，共发放宣传手册6000份，印发宣传品（电脑鼠标垫）2000个，环保袋5000只，组织200多名会员参加了“3.15”活动启动仪式。

2.狠抓诚信建设，规范会员行为。把建立行业诚信机制作为基础工作来抓。2月，指导和协助家具协会制定了《南康市家具行业自律公约》，从六个方面规范了行业经营行为。并向全市家具会员发出了《凝心聚力，开拓创新，勇于肩负南康家具产业发展新时期历史使命倡议书》，以“诚信”为核心，从产业发展、社会责任、消费服务、产品质量、做优做强、员工福利、家庭责任、个人修养等八个方面向全体会员提出了要求，强化了会员的社会责任、产业责任和家庭责任意识，组织600多名会员参加了倡议活动宣誓仪式，得到了会员的广泛响应。针对物流行业的经营特点，继续把推广“行业格式化合同”作为重点工作,从源头上减少行业纠纷的产生,规范会员的经营行为。9月,中国物流与采购联合会主办的“A”级物流企业授牌大会上,南康市洪鑫物流有限公司和南康市小松物流有限公司分别被授予“AAA”级和“AA”级物流企业称号。

〔**非公党建**〕 2013年,为全面配合南康市“两新”党工委工作,创新了非公党建工作措施,重点突出党建实效,加强了与组织部门的联系,与工、青、妇等组织的配合,与企业员工的互动,使非公党组织成为促进企业发展的有生力量,促使全市非公党建工作再上新台阶。

1.主动靠前进位,创新服务措施。为进一步加强非公党建工作,发挥非公企业党组织积极服务经济发展的作用,协助市委组织部制定了《在全市“两新”组织中开展“星级党组织”创建活动的工作方案》,提出了“两新”党建工作必须“以保稳定、促发展为目标”的理念和如何引导企业运用星级创建成果推动经济发展的建议,建议被组织部采纳。11月,配合“两新”党工委,联合工、青、妇等组织,在南康家具中心市场启动了“打造全国诚信市场”的活动。

2.重点实施帮扶,促进企业发展。2013年,对非公党建挂点进行重点帮扶。南康市罗边玻纤有限公司现有党员22人,结合组织工作特点和工商个协职能,指导该企业确立了2013年“创五星级党支部”的工作目标,支部按企业区域分工成立三个党小组。通过非公党建工作,推进企业在筹备上市、申报中国驰名商标、提升企业产品档次等工作进程,这些做法,受到了企业的欢迎。重点服务家具企业,以家具博览会为切入点,组织家具企业树品牌、抓质量。加强了质量诚信教育,举办培训班2期,开展咨询服务51人次,走访企业26家,协助3家开展企业商务年会,扩大南康家具品牌知名度。

3.发挥带头作用,增强组织活力。以“三送”为抓手,组织非公企业党组织开展公益、捐助活动。2013年,骨干企业党支部组织会员向贫困学子捐款资助达35万多元,资助学生260人,向小学捐赠新课桌椅300套。全市会员公益事业、扶贫济困等各类捐款达61万多元。

通过党组织开展各种有益的文体活动、劳动竞赛等,进一步强化了党支部的战斗堡垒作用和党员的先锋模范作用,增强了组织的感召力、凝聚力。“五一”期间,罗边玻纤、华利纸业、蓝天木业等23个规模以上会员企业开展了“中国梦·劳动美”劳动技能竞赛活动。把实现“中国梦”与企业发展相结合,与非公党建相结合,与员工岗位相结合,营造了企业积极向上的良好工作氛围,强化了员工的大局意识。

以“七一”为契机,重点组织16个规模企业开展了“创党组织星级”活动。6月中旬至7上旬,有20多家企业组织会员到井冈山、瑞金、兴国、于都等地进行革命传统教育,有一大批年轻员工向党组织递交了入党申请书。

〔**服务会员**〕 立足于服务会员企业做优做强、提升产品质量,积极推进商标品牌战略,对16户规模企业实行商标全程跟踪服务。为35户企业提供了申报著名、知名注册商标导办服务。为申请商标注册企业提供了132次有关法律法规咨询服务。为小微型企业提供融资服务209人(次)。

1.服务品牌战略,助推产业发展。为配合实施品牌战略,2013年在蓉江、金鸡、镜坝分会等个私经济发展相对集中的分会,进一步优化代办导办服务,以商标注册、申报著名、知名商标为工作重点,建立个协服务站,开展代办导办服务。为配合商广科开展著名、知名商标推评工作,走访企业86家,发放宣传单2000多份。无偿帮5户企业提供了代办申报著名、知名商标服务。

2.完善对接机制,服务小微企业。进一步完善了与邮储银行合作制度,为139名会员企业提供了银企对接服务,组织集中推介3次。4月,与赣州银座银行南康分行建立了银协合作关系,向该行推介了53户生产经营好、诚信度高的会员。配合银行发放项目宣传手册300份。全年共为191户会员提供了金融搭桥服务,签约资金1824万元。

3.打造服务品牌,甘做光彩事业。为把“光彩服务日”打造成协会服务品牌,把“光彩服务日”活动与服务产业发展、加强会员教育及“六五”普法结合起来。以分会为单位,集中组织大型活动9次(场),服务群众1062人次。蓉江分会组织开展了5家个体诊所、药店走上街头,共为群众义诊163人次。金鸡分会组织15名协会理事,配合消防部门,集中一周时间,宣传消防知识,检查消防设施,共检查走访家具企业341家,有效消除了消防安全隐患。唐江分会针对农村集市需求特点,分别组织大型超市开展了“光彩服务日惠民让利销售活动”,对摩托车、彩电、冰箱等家用电器及日常用品等上百种商品进行让利销售。赤土分会组织3家修理店,免费、让利为群众修理摩托车、彩电、冰箱等,共服务12台(次)。

〔领导班子名录〕

会　长:陈晓红

副会长:刘事芳(南康市金鸡有色金属有限公司董事长)

陈祥明(南康市众鑫矿业有限公司董事长)

王家新(江西佳兴实业有限公司董事长)

刘光清(南康市光华实业有限公司董事长)

卢和通(江西通达汽运有限公司董事长)

王三英(南康市宝林大厦有限公司总经理)

卢圣兰(南康市迎宾馆总经理)

周少龙(江西龙事达实业有限公司董事长)

赖训阳(南康市阳光家具有限公司董事长)

廖小平(江西三友家具有限公司董事长)

计划生育协会

〔综述〕 2013年,市计划生育协会坚持贯彻落实“以人为本”的科学发展观,围绕人口与计划生育总体目标,狠抓协会组织建设,认真开展“四好”基层协会创建活动,积极参与计划生育村(居)民自治工作、利益导向机制的完善与落实,努力抓好计生系列保险等工作,取得了较好成绩。

〔机构队伍〕 市计生协会共有干部职工9名,其中会长1名,副会长1名。

〔基层基础工作〕 为夯实基础,建立健全协会网络,南康市以创建“四好”基层计生协会活动为载体,全面开展基层网络整顿。调整了一批布局不合理、作用发挥不明显的会员小组,对全市会员之家上墙资料进行了规范,都张贴了“我为协会添光彩,我为国策做贡献”宣传画,村级理事会按照“五四三”模式调整充实了一批致富能手担任理事,进一步提升了南康市计生基层协会的工作水平,全市创“四好”基层协会村达80%。通过创建活动,基层网络更健全,各项活动开展更正常,效果更明显,涌现了一大批典型。

〔计生协宣传工作〕 一是利用“5.29”会员活动纪念日,加大了协会宣传力度。各地结合实际进行了人口和计划生育法律法规、生殖健康、优生优育、避孕节育、预防艾滋病相关知识、协会基本知识等宣传教育。二是设立了协会宣传专栏,每个村有宣传板块,广泛深入地宣传以人为本的科学发展观,倡导男女平等、少生优生、文明进步的婚育观,宣传性别比严重失调的危害性,宣传赣州市不孕症治疗专科医院,使不孕症患者就医少走弯路。三是抓好《人生》杂志的征订。为扩大协会影响,完成杂志征订,协会从早着手、早安排,责任到人,按时完成征订任务425份。

〔计生协服务工作〕 一是做好农村计生家庭子女中考加分工作,全市共有709名学生享受了加分政策。二是抓好计生系列保险工作。1、对全市18名已扎二女户及时进行养老保险,每例投保金额为3000元并发奖励金3000元,由市财政在上级转移支付中统筹。2、认真开展0~22周岁独生子女爱心保险工作。为做好0~22周岁农村独生子女爱心保险工作,召开了多次全市秘书长会议,专门布置保险工作,并多次与保险公司协商,共同做好理赔工作。三是服务不孕症夫妇。建立了不孕症夫妇档案,组织不孕症夫妇参加全市性的集中诊治,并建立回访制度,及时了解治疗效果。为不孕症对象送医送药,解决不孕对象后顾之忧,共送11对夫妇到医院检查治疗,并为他们解决交通费用,减免医药费。

〔计生系列保险〕 2013年加大了保险力度,对全市已扎二女户及时进行养老保险,全市已投保人数为18人,金额为5.4万元。同时开展了0~22周岁农村独生子女家庭爱心保险工作。

〔生育关怀行动〕 中宣部、中央文明办、中国计生协、教育部、卫生部、人口计生委、全国总工会、共青团中央、全国妇联、中国红十字总会共同发起的“生育关怀行动”是以科学发展观为指导,聚焦生育行为、造福于计划生育困难家庭的社会公益活动,其主要内容是:一是关怀困难的计划生育家庭,二是关怀育龄群众生殖健康,三是关怀独生子女,四是关怀女孩健康成长,五是关怀基层计划生育工作者。市计生协认真贯彻,共为计划生育对象做好事实事 1561 件,“生育关怀,阳光助学”活动共为 289 个女孩读高中发放助学金 28.9 万元。

救助计生困难家庭 396 户,救助资金 27.975 万元,对二女户家庭女孩考上大学资助 23 人,资金 11.5 万元,农村独生子女户家庭子女考入大学资助 68 人,资金 13.6 万元,国家奖扶 1521 人,发放奖励费 182.52 万元,城乡死伤残特扶人员 49 人,资金 9.708 万元,计生二女户“绿色养老”1043 户,无偿提供物资折款 146.8 万元,免费提供树苗 24.768 万株,估计收入达 3203.54 万元;为 8125 户农村二女户家庭、独生子女参加新农合,参保费 48.75 万元;为 22 户二女户家庭建房补助资金 26.4 万元。

〔领导班子名录〕

会　长:陈玉清(女)

副会长:奚星海

顾问组组长:邓性安

①

②

③

① 2013 年 12 月 27 日,由团市委、妇联、电信公司联合举办的全市青年干部迎新年联谊会在南康大酒店举行。来自全市各部门单位的男女青年干部 400 余人参加了联谊会。

② 2013 年 12 月 7 日,省知名专家雷秋模教授在南康市中医院为女性患者诊治乳腺病。

③ 农历正月十六,是横寨乡寨坑村举行一年一度送神祭祀祈福活动的日子。上万人从周边县(市)带着鞭炮、香烛来到寨坑村祭祀祈福,祈望来年添丁添福、身体健康。(民间送神祭祀祈福场景。)

政　法

市委政法委员会

〔**综述**〕 2013年，在南康市委市政府的正确领导和赣州市委政法委的精心指导下，全市政法工作坚持以党的十八大和十八届三中全会精神为指导，认真贯彻落实全国、全省和赣州市政法工作会议精神，顺应人民群众对公共安全、司法公正、权益保障的新期待、新要求，着力深化平安建设、推进法治建设、加强队伍建设、全力服务经济社会发展，为全市经济社会发展营造了和谐稳定的社会环境。

〔**机构队伍**〕 市委政法委员会设立办公室、执法监督室，与市委610办、市委维稳办、市综治办、市国安办、市法学会、市铁路护路办合署办公，归口市委政法委员会管理。市委政法委员会现有委员7名，机关核定编制18人（其中行政编13人、事业编5人），实有工作人员19人。

〔**维稳工作**〕 *源头防范*　一是积极推进社会稳定风险评估机制建设。完善了稳评工作组织领导，成立了稳评工作办公室，出台了《南康市重大决策事项社会稳定风险评估实施办法》，通过举办社会稳定风险评估工作培训班，提升了维稳干部业务工作能力，推动了评估工作的顺利开展，已对全市80多件重大决策事项进行了风险评估，做到应评尽评，有效减少了稳定风险。二是深入开展矛盾纠纷排查。突出重点领域，覆盖重点行业，关注重点群体，跟进重点问题，将重点人员的基本情况纳入了台账，按照可能造成的现实危害程度进行分类管理。共排查矛盾纠纷4417件，化解4256件，化解成功率达96.3%。三是完善矛盾纠纷调解组织建设。市综治办、市司法局牵头成立了市矛盾纠纷调解中心，引入第三方调解机制，推进全市“急大难”矛盾纠纷化解。四是积极探索多元化矛盾纠纷解决机制。市法院开展“诉调对接”试点工作，进一步加强了人民调解、行政调解和司法调解的衔接联动。五是坚持依法处置涉稳事件。注重用法治思维和法治方式化解社会矛盾、处置涉稳问题。积极引导群众通过合法渠道和方式诉求维权，对策划煽动、故意扰乱社会秩序的人员，以及一些无理缠访闹访、越级非正常上访人员，依法予以了严厉查处。特别是成功处置了“5.10”蓉江北门岭山体滑坡致一学生被埋身亡事件、“6.30”曾金荣驾驶货车施工违规操作致触电死亡事件和“8.14”赤土乡鳌鱼钨矿青山孜矿3名工人被埋致死事件等60余起较为重大涉稳问题，杜绝了因处置不及时、不得当导致事件激化升级的现象发生。

研判预警　一是畅通维稳信息收集渠道。将情报信息触角延伸到了各村、居、组、户，市委维稳办共收集涉稳信息186条，由于及时准确掌握了信息，科学研判了发展趋势和规律，不断增强了维稳工作主动性，大量涉稳隐患被遏制在萌芽状态。

二是强化信息研判。坚持涉稳信息的定期研判、重点研判和专题研判。做到非敏感时期每周一研判,重要敏感时期每日一研判。2013年共编发维稳形势研判报告12期,一周维稳动态48期,向赣州市委维稳办发送维稳快报45条,维稳专报51条,为及时有效处置涉稳问题提供了有力的信息保障。三是强化了维稳三级预警制度。市委维稳办向相关市领导和单位发出维稳预警89次,使一大批涉稳苗头化解在萌芽状态。

信访维稳以基层单位为主体、以教育疏导为重点、以防止发生现实危害为目标,有关部门整体联动、齐心协力,积极强化人员稳控和舆情管控。一是严格落实重点人员稳控。各地各部门均建立了重点人员台账管理制度,将重点人员的家庭成员、居住地点、联系方式、主要诉求、社会关系等基本情况纳入台账。如对涉军人员、早期民办代课教师等重点利益群体的疏导稳控,市乡联动,相关部门相互配合,因人、因地、因事制宜开展工作,疏导稳控,特别是严防重点人员在重要敏感时期特别是十八届三中全会召开期间失控漏管进京赴省滋事。如针对赣州宝葫芦农庄涉嫌"非吸"案件,市委维稳办和公安部门对9个参与了非法集资的人员逐一进行教育疏导,确保了该类人员的稳定。二是合力开展脱控人员的劝返工作。在重要敏感时期加强了与信访、公安、车站、机场等部门的联动协作,做到域内齐动、内外联动、京地互动。在全国"两会"、十八届三中全会等重要敏感时期成立了驻昌、驻赣州、驻韶关的劝返工作组,通过建立"五条防线"劝返多批次赴省、赣州上访人员,确保了重要敏感时期安全稳定。三是积极加强网络舆情管理引导。针对全市经济、社会方方面面的网络舆情频现,炒作议题多样的现象,制定了《南康市网络舆情监管办法》,建立了一支50人的网上评论员队伍,加强了对网站、微博、QQ群、论坛的监控,全面掌握社情民意,及时封堵各种有害信息,并第一时间落地查人。完善了互联网信息巡查处置责任机制、网上评论员机制、网络舆情宣传引导机制等,及时发现和处置了网络舆情引发的不稳定因素9起,有力遏制了虚拟社会形成的现实危害。

机制建设　一是进一步加强了应急处突救援队伍、原籍干部维稳队伍和妇女干部维稳队伍建设、管理培训和使用。始终保持高度敏感,及时调度处置力量,准确把握处置时机,灵活实施处置策略,发挥原籍干部熟悉情况、社会关系广、群众基础好的优势处置化解重大矛盾纠纷20多次,取得了良好的社会效果。如:抽调南康原籍维稳干部现场处置三江乡严创亿与市第二人民医院医患纠纷,抽调赣州市南康原籍维稳干部参与处置了"三江肖边村土地遗留问题"等重大矛盾纠纷,有效疏导了现场群众情绪,及时疏散了现场群众,防止了矛盾激化,促进了纠纷的化解。二是加强应急处突机制建设,提升处置能力。在工作实践中不断完善处置突发群体性事件及苗头的应急处置预案,专门制定了《市政大楼群体性上访、非正常上访应急处突工作预案》,规范了市领导接访、责任乡镇劝访、公安机关现场处置等工作程序。同时加强专业应急处置队伍的培训演练。组织开展全市性应急处置演练活动,提高了全市应急处置指挥协调能力、联动反应能力,进一步提升全市科学处置各类突发性群体性事件的水平和能力。11月13日,全市举办了食品安全突发事件应急演练活动,演练人员按照预案要求,快速反应,达到了预期效果,受到了广泛好评。12月9日,全市举办了预防和处置群体性事件应急综合演练,进一步提升了全市应对群体性事件的组织指挥、快速响应和现场处置能力和水平。

〔综治工作〕　"非公"企业服务管理试点　一是成立了以市委副书记、市长为组长的试点工作领导小组,5名党政领导挂牌督办分项目落实,明确了组长单位主要领导责任和工作要求。二是建立完善了党建工作指导员、综治特派员、综治联络员、政法领导干部挂点、公安民警挂点等五项制度,着力为企业当好政策法规的宣传员、社会治安的联络员、矛盾纠纷的调解员、富民强企的服务员和组织建设督导员。三是推进综治"六进"。选择了规模以上69家企业全面推进综治"六项"工作,按照"八有"标准完善企业综治工作常态化机制,以治安防控、矛盾化解、平安创建、法律服务、预防犯罪、流动人口服务管理工作六进"非公"企业为抓手,维护企业内部安全稳定和员工合法权益。四是开展"四项创建"活动。由市民营企业管理局、市司法局、市人社局和市人民银行牵头,深入开展了平安企业、法治企业、和谐劳动关系、诚信企业"四项创建"活动。五是打造特色亮点。市民营企业管理局依托中小企业公共服务平台,搭建了非公企业信息管理服务中心；市工业园管委会建立了企业服务管理中心；市家具产业促进局依托家具企业党群服务中心，进一步完善了家具行业党建、综治工作机制，加强了家具市场视频监控系统建设，规范了家具市场综治工作室和矛盾调解室建设。

流动人口服务管理　一是进一步完善出租屋管理机制。制定下发了《南康市加强房屋租赁管理工作实施方案》，建立健全了出租屋管理暂行实施办法、房屋租赁备案登记工作流程等制度。建立了全市出租屋管理信息系统，实现动态化管理；二是加强流动人口信息采集登记和居住证办理。建立了部门联席会议制度和定期情况通报制度，制定了《南康市开展出租屋和流动人口集中普查登记专项工作实施方案》，召开了流动人口与出租房屋普查登记工作动员部署会，全面启动为期两个月的出租屋和流动人口集中普查登记行动。共采集流动人口信息16554人，录入12571人，办理居住证5664份，采集出租屋7459户。

基层基础规范化建设　按照《赣州市乡镇（街道）社会管理服务中心建设意见》要求，全市20个乡（镇、街道）全部建成了社会管理服务中心，为群众提供"一条龙"、"一站式"服务。加强了村（居、社市）综治室、调解室建设，将社会管理服务延伸到基层。在村（居、社市）广泛建立农事村办工作站（社会管理服务站），为群众提供生产、文化、法律、政务等方面的服务，实现了服务窗口前移。同时，结合"和谐秀美乡村"示范市建设，推进平安村、民主法制示范村和村级综治工作场规范化建设工作。2013年全市乡镇、村（居、社市）综治室和矛调室建设及村专职综治室主任均已落实到位。

特殊人群服务管理　一是全面铺开社市矫正工作。完善了市、乡两级社市矫正组织机构和各项工作制度，对监外服刑人员做到统一接收、统一建档、统一派送和分别矫正、分别监管。全市在册122名矫正对象，无一脱管、漏管、失控。在20个乡镇（街道）建立了《社市矫正信息监管平台》，利用GPS手机定位系统对社市矫正对象实行24小时监控管理。二是做实安置帮教工作。建立健全了市、乡两级安置帮教工作组织网络，全面加强刑释解教人员回归接送工作，2013年以来接送率100%。切实采取有效措施做好刑释解教人员扶持安置工作，对农村回籍人员争取当地按规定分给责任田、责任山；对原来有单位的回籍人员尽力争取由原单位给予解决就业。共在册安置帮教人员164人，安置帮教率100%；共接收社市矫正人员58人，解除社市矫正33人。三是加强青少年服务管理工作，认真贯彻全省"丰城现场会"精神，快速启动了学前儿童、不良行为青少年、闲散青少年、刑释青少年、流浪乞讨未成年人和服刑人员未成年子女等六类重点青少年群体管理工作，制定了《南康市加强重点青少年服务管理工作意见》，按照"共青团牵头，综治协调、部门负责、社会协同"的原则，完善了各单项工作推进方案和措施。四是加强重症精神病人服务管理，按照底数清、情况明、监护责任落实的要求，建立完善了精神病人服务管理工作台账。按照应收尽收原则，对有肇事肇祸行为的220名重症精神病人全部负责收治，按政策给予救助，并建立了奖惩措施。全年未发生精神病人危害社会的现象。

社区网格化管理　一是以南水社区芙蓉新城和蓉江街办泰康西路社区为试点，将社区划分为若干个网格，每个网格按"一格四员"配备一名网格管理员，协管员、监督员和警员实行"网格包干"，做到每格定人、定责。初步建立起了由社区党支部为主导，楼院党小组、党员志愿服务组、社区业主委员会、社区物业管理公司和社区治安维稳组共同组成的"1+5"网格化服务体系；二是积极推进城乡社区警务战略。进一步完善了129个警务室建设，积极引导社区民警进村入户、进街入巷，全面开展了入户访查，了解社情民意，化解矛盾纠纷。同时，加强了基础设施建设，新配备了警用车辆11辆，电脑60台、照相机30台、打印机4台、现场勘察箱24个。投入45.3万元建立了"三台合一"接处警系统，使全市警务工作走上了更加科学化的管理之路。

［执法监督工作］　以建立干警执法档案为载体，健全完善以促进执法工作为核心的执法质量管理体系，提高了办案质量。通过推进"阳光执法"，深化审务、检务、警务、政务公开，自觉接受人民群众监督。同时完善了大要案疑难案协调机制，畅通涉法涉诉信访渠道，针对重点信访人，建立工作台账，落实包案责任，按照定领导、定人员、定期限、定方案、包结案"四定一包"要求，由主要领导亲自协调，采取集中分析、统一调度的方法，加快案件化解进度，确保涉法涉诉信访案件得到及时有效

化解。

2013年,开展案件评查60件,上级交办的涉法涉诉信访案件13件,已办结6件,剩余7件均为市法院执行案件。申报省涉法涉诉专项救助资金18件案件,已全部结案,停访息诉。

〔领导班子名录〕

市委政法委员会

书　记:严国雄

副书记:肖建国

　　　　胡化林

　　　　王华兵

委　员:黄亚珍(女)

　　　　马维新

　　　　刘　举

市委610办

主　任:廖肇洲

副主任:郭祥生

市综治办

主　任:王华兵

副主任:赖　肖(2013.12~)

　　　　郭祥生

市国安办

主　任:宋新阳(2013.12~)

公　安

〔综述〕 2013年,南康市公安局在南康市委、市政府和赣州市公安局的正确领导下,围绕全市中心任务,以加快推进平安南康建设为目标,以全国"两会"和十八届三中全会安保为主线,以打防管控一体化工程建设为载体,凝心聚力,艰苦拼搏,开拓进取,勇于创新,有力地维护了全市社会治安稳定。年内,南康市公安局被省公安厅荣记集体二等功,被赣州市公安局评为"全市县级公安机关绩效考评先进单位"。

〔机构队伍〕 市公安局共有民警553人,设有指挥中心(办公室)、政工监督室(督察大队)、法制大队、警务保障室、国保大队、刑侦大队、治安大队(户政科)、经侦大队、特巡警大队、网安大队、宣教科、审计室、情报信息中心、出入境管理大队等17个内设机构,蓉江、金鸡、龙岭、龙回、浮石、赤土、横寨、工业园区、镜坝、朱坊、太窝、唐江、龙华、凤岗、三江、隆木、坪市、横市、大坪、麻双、十八塘等21个派出机构,以及市看守所、市拘留所2个附属机构。

〔基层基础建设〕 利用中央及省级政法转移支付配备大众速腾、丰田RAV4等警用车辆11辆;投入52.6万余元为基层购置了电脑60台、照相机30台、打印机4台、现场勘察箱24个等办公、办案装备;投入67.5万余元购置了法医解剖室设备、同步录音录像设备、刑事现场重建分析系统等侦查专业设备;投入23.7万余元购置了防爆、防弹、防刺服以及各类防护装备;投入45.3万元建立了"三台合一"接处警系统。

〔打击刑事犯罪〕 2013年,全市共立刑事案件2290起,破案1587起,现行命案7起实现全破,破获隐积案363起,协外破案61起,摧毁犯罪团伙14个,打掉恶势力团伙4个,抓获各类刑事犯罪分子222人,抓获网上逃犯89名,逮捕226人,移送起诉154件284人,缴获赃款赃物400余万元。通过连续攻坚,先后成功破获了"1·17"特大杀人案、"3·10"系列持刀抢劫摩的司机案、"5·23"特大绑架抢劫盗窃案等一批情节恶劣、后果严重、社会影响大的案件,打掉了以董某某为首的涉嫌黑社会性质组织,有效维护了社会稳定。

〔打击经济犯罪〕 2013年,全市共受理各类经济犯罪案件50起,立案44起,破案29起,其中部督案件1起,抓获犯罪嫌疑人51人,移送审查起诉25人,挽回经济损失607万元,取得了良好的法律效果和社会效果。破获了赣州市有史以来最大的"4·5"唐江非法制造发票案(公安部督办),缴获各类假发票199.36万份(票面金额达1.68亿元)。还破获了"龙南精诚公司非法经营案"、"钟琦挪用资金案"、"卢致华等人组织、领导传销案"、"李洪浪合同诈骗案"等一批大案要案。

〔治安巡逻防范〕 建立完善涵盖城区主要道路全天候监控、重点单位全方位设防、热点部位多元化防控的技术防控"天网"。新建高清监控点50处,全市共有监控点770个,实现了互为补充、互相支持、遥相呼应的"接力"监控格局。招聘了9名视频监控巡查员,加强了视频侦查室建设。完善了“网格化”巡防机制,整合特巡警、城区派出所、机关单位巡逻警力,同时发挥2辆流动警务车、2个固定治安岗亭和5个治安卡口的作用,实现了对社会面点、线、面的全方位管控。不断强化保安队伍管理,较好地完成了银行金融网点保安服务、押运守库和民爆物品配送等工作。年内,全市“八大类”案件同比下降了49.7%。

〔**治安整治**〕 以“打四黑除四害”、“治爆缉枪”、打击“黄赌毒”等专项行动为抓手,深入开展社会治安整治。2013年,全市共受理治安案件4958起,同比上升5.3%,查处4581起,同比上升4.5%,处理各类违法犯罪人员6376人,其中行政拘留55人、罚款83人。破获毒品案件24起,刑事拘留10人,行政处罚27人,处理吸毒违法人员29人,强制隔离戒毒4人,缴获冰毒33.69克、K粉400余克、神仙水79.2克。收缴群众上交的枪支33支、子弹2000余发、管制刀具323把、雷管18260枚、炸药741公斤。实行异地用警、交叉打击,深入开展了打击游戏机赌博违法犯罪集中行动,共捣毁电子游戏机赌博窝点275处,处理参赌人员152人,销毁电子赌博机530余台。

〔**情报信息工作**〕 在全局组建了40余人的专兼职情报研判队伍,建立健全了各类基础工作台账和工作制度,整合电信、卫生、水电、社保等71类社会信息150万余条,为“大情报”系统建设提供了有力支撑。年内,通过图侦分析、信息资源查询、研判分析、信息比对碰撞破获各类刑事案件100余起,抓获各类犯罪嫌疑人50余名,“大情报”系统建设应用取得了明显成效。共搜集上报各类预警信息179条,共编报《警情快报》51期、《国保信息》54期、《信息快报》157期。通过情报预警,有效化解各类不稳定因素,避免了群体性事件的发生,维护了社会稳定。及时破获国保、反邪教案件25起,确保了国家安全和社会政治稳定。

〔**治安行政管理**〕 全年共办理户口准迁3050人,受理第二代居民身份证46388份,其中指纹二代证18923份,办理临时居民身份证10333份。开展了户口登记管理专项清理整顿工作,共清理人口管理信息系统数据项676个,其中纠正错误数据231个,复核各类户口卷宗2675个,纠正一人多户口34个。在全市范围内组织开展出租房屋和流动人口集中普查登记专项行动工作,共登记备案出租房屋信息1278户,登记录入流动人口信息16611人,办理江西省居住证9825份。全年共受理、审核公民因私出境申请11377人次,同比增长了60.6%,发现双重户籍人员和户籍存疑人员61人。上报国家报备工作人员95人、法定不准出境人员130人,全年未发生因漏报、未报或查控不及时导致法定不准出境人员蒙混出境事件。

〔**监所管理**〕 2013年,看守所、拘留所共收押各类犯罪嫌疑人、被告人502人次,新收拘司法、行政拘留143人次,改造留所服刑罪犯77人次,投送监狱服刑150人次,办理提讯、提审业务1986人次,提押业务260人次,开展深挖犯罪破案46起,确保了监所全年安全无事故。看守所被授予“全国公安监管部门执法规范化建设示范单位”,并被赣州市公安局记集体三等功,所长刘坚同志被省公安厅记个人二等功。

〔**法制工作**〕 全年共开展9次案件月评工作,共考评刑事案件211起、行政案件104起,法制审核刑事案件231起、行政案件128起。扎实开展了取保候审突出问题专项督察。加强和改进了公安信访工作,建立完善分析研判、领导包案、公开接访、督查督办等制度,狠抓初信初访和疑难信访事项化解。2013年,共受理群众来信来访183件次,圆满化解了省公安厅交办的5起重点信访案件。

〔**网安工作**〕 建立了覆盖各警种的38人的网评员队伍,密切关注、正确引导网上舆情。将有害信息巡控处置和网上舆情引导机制建设作为网安工作的重要环节来抓,共发现处置有害信息共1128条,落地查人39人次,其中行政拘留2人,教育训诫20人。会同有关部门加大了对网吧的监管力度,进一步落实了实名登记制度,共依法查处违规网吧6家,其中停业整顿1家。强化互联网基础管理工作,共建立互联网专网用户台账61户,调查访问本地网站备案28个,责令3家网站进行了限期整改。破获了全市首起破坏计算机信息系统案,刑事拘留1人。

〔**110 报警指挥工作**〕 制定了《扁平化指挥运行规定》,斥资 57 万元装备了一辆宣传照明车,依托 350 兆无线集群通信系统、天翼对讲定位系统,严格落实接处警反馈、先期处置、信息控制工作要求,完善突发事件和重点复杂警情指挥调度机制,提高快速反应能力和指挥调度水平。年内,共接群众报警 31852 起,圆满完成了各项指挥调度任务。

〔**安全保卫**〕 先后投入警力 3000 余人次参与了家具博览会、整治非法采矿、重点项目施工、城市管理行政执法等安保维稳任务 50 余次,提供了坚强有力的执法保障,确保了各项工作安全、稳妥、顺利推进。

〔**典型案件**〕 2013 年 1 月 17 日上午 10 时许,欧阳某祥(安远县人,现住南康某小区)到市公安局报案称:其大儿媳钟某等 5 人失踪,家人到处寻找未果。上午欧阳某林(系欧阳某祥大儿子)用手机发短信给欧阳某华(系欧阳某祥小儿子),称欧阳某华的老婆、孩子在他手上,要欧阳某华给他 6 万元钱。

接报后,市公安局迅速启动绑架案侦破机制。1 月 17 日 18 时许,专案组在欧阳某祥家中开展调查时,发现有 5 具尸体藏匿在一卧室床下。经调查,死者分别为:钟某(女,1987 年 12 月生)、欧阳某棋(系钟某儿子,6 岁)、欧阳某辰(系钟某女儿,4 岁)、钟某华(女,1990 年 1 月生)、欧阳某荣(系钟某华女儿,1 岁)。经尸检,5 名受害者均于尸检前 4 天死亡。

1 月 18 日 6 时 30 分许,在广东省深圳市公安局的大力协助下,专案组在深圳市宝安区一出租屋内成功抓获犯罪嫌疑人欧阳某林。查明:1 月 13 日,欧阳某林因家庭矛盾,在家中先后将其妻子钟某、儿子欧阳某棋、女儿欧阳某辰、弟媳钟某华和侄女欧阳某荣杀害;15 日,逃往广东省深圳市;17 日,因手头紧便向家人发短信索要 6 万元。

〔**领导班子名录**〕

市委副书记、公安局长:余学明

局党委副书记、政委:郭万龙

局党委副书记、副局长:吴 克

局党委副书记、纪委书记:李芳元

局党委副书记(市委“610”办主任):廖肇洲

局党委委员、副局长、交管大队大队长:钟世华

局党委委员、副局长:李方钧

局党委委员、副局长:赖爱民

局党委委员、副局长:陈伟生

局党委委员、副政委:罗建华

局党委委员、副局长:肖孟优

局党委委员、治安大队大队长:袁金仙

局党委委员、蓉江派出所所长:李民林

局党委委员、指挥中心主任:李升梁

局党委委员、赤土派出所所长:阳耀明

副局长、拘留所所长:谢玉玺

副局长、刑侦大队大队长:叶符宾

工会主席、警务保障室主任:吴礼海

检 察

〔**综述**〕 2013 年是贯彻党的十八大精神的第一年,市检察院在市委的坚强领导下,在市人大、市政协的监督支持下,紧紧围绕赣南苏区振兴发展的各项工作目标,充分履行检察职责,善谋实干,务实创新,取得了新的成绩。在 2013 年的工作中,市检察院喜获赣州市检察系统基层院考核第二名的佳绩,并荣获“全国文明接待室”荣誉称号。

〔**机构队伍**〕 市检察院内设 13 个职能部门:办公室、政工科(下设法警队)、法律政策研究室、侦查监督科、公诉科、反贪污贿赂局(下设侦查一科、侦查二科、综合科)、控告申诉科(并设举报中心)、渎职侵权检察科、监所检察科、民事行政检察科、技术科、案件管理中心、唐江检察室,新成立未成年人刑事检察科(编办尚未正式批复)。干警 64 人,已有法学(法律)硕士研究生 4 名,第一学历是法学本科的干警 16 名,通过在职学习取得在职研究生学历的 6 人、本科学历 28 人,干警的学历层次和专业知识结构较为合理。

〔**服务大局**〕 自觉把各项检察业务融入到党的工作大局,体现在每一件案件每一个环节中,做到了服务中心工作必到位、处理矛盾当主力。在体育公园征地、东山北路拆迁等中心工作中,从履职的角度,为市委、市政府出谋划策,派出骨干力量上门入户做工作,如期完成了任务。针对家具行业火灾频发等现状,市检察院积极组织力量深入调研,相

继向市委、市政府递交了《家具行业火灾频发的原因及对策》、《违法用地的现状及对策》等几个调查报告，从融入赣州主城区的视野，剖析案例，分析问题，提出建议，得到了市委、市政府的高度重视，主要领导对调查报告进行了专门批示，市检察院所提建议成为了市委、市政府决策的重要参考依据。

〔**打击犯罪**〕 一年来，市检察院始终保持对严重犯罪的高压态势，充分发挥批捕、公诉等职能，依法批准逮捕各类刑事犯罪嫌疑人195人，提起公诉238人。受理故意杀人、故意伤害、强奸等严重侵犯公民人身权利犯罪案件共49件55人，提起公诉45件51人；受理两抢一盗、诈骗等侵财犯罪案件50件78人，提起公诉48件75人。尤其是对严重暴力犯罪和群众反映强烈的侵财犯罪活动，市检察院坚决做到不讲情面、铁心硬手。对一些重大案件，院侦监部门主动提前介入，出现场、搞分析，为侦查机关提供了科学有益的建议，较好地引导了侦查。加强了案件审查，严格把好证据关，确保案件质量，对影响南康经济社会发展的刑事案件，在严格遵循法律的基础上，给予了严厉打击。与此同时，大力开展了不捕说理、不诉听证工作，完善了量刑建议工作，宽严相济的刑事司法政策落实适度，不捕41人，不诉88人，为提质提速促发展、保障人民安居乐业做出了应有的贡献。

〔**预防和惩治腐败**〕 积极贯彻落实党风廉政建设和反腐败工作要求，不断加大查办和预防职务犯罪工作力度。一年来，共立案侦查贪污贿赂等职务犯罪案件10件16人，件数同比上升11.1%，人数同比上升14.29%，其中科级以上干部6人。立案侦查渎职侵权等职务犯罪案件3件7人（含正科级干部1人），立案人数与去年同比上升250%。其中大案2件3人，挽回经济损失900余万元。积极开展职务犯罪预防工作，向有关部门提出消除隐患、堵塞漏洞、健全制度、强化管理的检察建议28份，开展预防调查20次，开展职务犯罪警示宣传教育195次，受理行贿档案查询410件次。

在查办职务犯罪案件中，市检察院把锋芒直指群众反映强烈、影响恶劣、市委市政府高度关注的征地拆迁、“两违”以及非法占用农用地等案件，克服了各种困难，查处了相关案件，使违法犯罪者得到了应有惩处。尤其是在赣州市纪委、赣州市检察院抽调市检察院骨干参与办理上级交办的大要案而导致检力严重不足的状况下，自侦部门从分管领导到全体干警，悉数上阵，实现了从人员调度到侦查侦结的科学化，确保了所办案件顺利进行。面对数量较多的案件，办案部门严把质量关，确保了职务犯罪案件立得起、诉得出、判得了。市检察院查处的凤岗镇黄某、邱某等部分镇、村干部共同贪污征地拆迁款案以及太窝乡主要领导何某滥用职权案，既表达了检察机关千方百计惠民生的一贯做法，同时也表明了市检察院反腐败的坚强决心。

〔**法律监督**〕 坚持依法、有限、理性监督，在监督中更加注重沟通、协调和配合，监督效果明显提高。强化对侦查活动的同步监督，监督公安机关立案7件7人、监督自侦部门立案4件4人，监督撤案20件22人，追捕28人、追诉15人。加强对审判工作的监督，规范了量刑建议、检察长列席审委会等制度，提出并被采纳量刑建议155件，成功提出刑事抗诉1件1人，并对重大量刑情节进行了纠正。认真开展了刑罚执行和监管活动监督，完善了超期羁押预警机制，纠正执行和监管活动中的违法情形19件次。在民事行政检察中，把重点放在提请抗诉和息诉止争上，通过开展法律宣传、法律监督调查等形式，受理不服生效裁判申诉案件12件，提请抗诉4件，息诉8件，切实维护了当事人的合法权益。

〔**特色亮点工作**〕 唐江检察室自2012年成立以来，在掌握社情民意、摸排案件线索、消除不稳定因素等方面做了大量工作，有效地延伸了检察工作的触角，一年来，共初查案件13件，接待群众来信来访83人次，化解矛盾纠纷36起，畅通了检察室周边30多万群众表达诉求的渠道。赣南日报以《群众家门口的检察院》为题，较为详尽地报道了唐江检察室的工作事迹。

市检察院案件管理中心，这个在全市基层检察院中最早成立的案件管理机构不仅承担了普通意义上的受案分案业务，还创造性地开展了案件全程监控、办案期限预警等工作，此外，接待来访、答疑解惑、评查案件等一系列杂而全的工作使案件管理中心功能更加齐全。一年来，共受理公安部门提请批准批捕案件213件283人；受理公安部门及本院自侦部门移送审查起诉案件275件401人;送达案卷和随案法律文书515件;接收法院、公安移交法律文书903份。赣南日报也对市检察院案件管理中心工作进行了专题报道，经验材料也被选送省检察院交流。

为落实好未成年人保护的有关法律规定,市检察院高度重视未成年人刑事检察工作,一年来,共对涉案未成年人作出不批准逮捕决定6件7人,相对不起诉决定7件8人,附条件不起诉1件1人。在办案过程中，共通知法定代理人到场68次,安排亲情会见53次,对涉罪未成年人进行心理疏导39次，通知法律援助中心为40名未成年犯罪嫌疑人指派法律援助律师。市检察院与公安、法院、司法局、综治办、共青团、妇联、民政、关工委、学校、社区等有关部门联系筹建违法犯罪青少年帮教中心,争取尽早实现无缝衔接。市检察院涉罪未成年人帮教工作也成为未成年人检察工作的特色亮点，该项工作代表赣州市接受了省里的检查,获得了好评。

〔**队伍建设**〕 2013年，院党组坚持政治立检,在传承开展隔周政治学习做法的基础上，有意识地组织全院干警学习党的十八大精神、十八届三中全会以来的各种决定以及习近平总书记的重要讲话精神。以“创先争优”、政法干警核心价值观主题教育实践活动为契机,通过开展革命理想教育、党性教育和职业道德教育，全院干警的政治素质得到了明显提高。在“三送”活动中,院班子成员率先垂范,干警积极参与,既访贫问苦,又解决实际问题。龙回祖炎希望小学、蓉江苏茅和谐家园等事关民生的建设项目，都凝聚了市检察院三送队员的汗水，全院干警的群众观念和宗旨意识得到了进一步提升。在抓思想政治建设的同时,院党组坚决执行中央八项规定以及其他一系列规定，落实了一岗双责,做到了逢会必讲、逢事必说、常抓不懈。

一年来,共安排新进人员上岗前培训、初任检察官培训及各项业务培训等36批次共42人次,积极开展岗位练兵和技能培训，队伍素质显著增强。在全省检察系统“两法两规”知识竞赛中,由市检察院两名优秀干警担纲的赣州市代表队脱颖而出,获得第二名。

〔**接受社会监督**〕 严格执行办案纪律，坚持讯问职务犯罪嫌疑人全程同步录音录像，深入推行检务督察制度,通过明察暗访等形式,对干警履行职责、遵章守纪等情况进行监督检查,强化了对自身执法活动的监督,确保了良好的检察队伍形象。完善与人大代表、政协委员沟通联系机制,通过定期走访、邀请视察工作、向人大常委会作专题报告等形式,增强了检察工作透明度。认真组织干警以派发意见征求函的形式向社会各界征求对检察工作的意见和建议,回收意见征求函150份,征求意见24条,并逐条进行定人定期整改纠正,有效监督保障了检察权的正确行使,做到了工作到位,思想不错位。通过一系列的举措,市检察院群众满意度得到了显著提升,名列赣州市检察系统第二名。

〔**领导班子名录**〕

党组书记、检察长:马维新

党组副书记、副检察长:叶和林

党组成员、副检察长兼反贪局长:廖信明

党组成员、纪检组长:谢秀芳(女)

党组副书记:黎衍洪

副检察长兼反贪局副局长:吴少林

党组成员、副检察长:蓝泽海

党组成员、政工科长:段文冬

法　院

〔**综述**〕 2013年,市法院紧紧围绕“努力让人民群众在每一个司法案件中都感受到公平正义”的目标,牢牢把握司法为民、公正司法的主线,忠实履行宪法法律赋予的审判职责，扎实推进自身建设,各项工作取得了新进展。全年共受理各类案件3274件,审(执)结案3178件。通过全院干警共同努力,市法院荣获第八届全国“人民满意的公务员集体”、“江西省第十三届文明单位”、“全省法院新闻宣传工作成绩突出单位” 等市级以上荣誉28项,个人获市级以上奖励36人次。最高人民法院将市法院诉调对接工作模式列为全国三个创新调解工作模式之一。

〔**机构队伍**〕 内设办公室、政工科、研究室、监察室、司法技术科、刑事审判庭、民事审判第一庭、民事审判第二庭、行政审判、立案、审判监督、执行

12个庭(室、局)和1个司法警察大队。下辖唐江、横市两个人民法庭。

〔**刑事审判**〕 刑事审判依法惩治犯罪，维护社会稳定。全年审结刑事案件171件,其中未成年人案件11件,结案率100%。加大经济领域犯罪的打击力度,审理了一批涉合同诈骗、串标围标、虚报注册资本罪等类型案件,如被告人朱某合同诈骗案,诈骗金额230万元，朱某被判处有期徒刑14年,并退赔了43名家具业主货款。审理了多起有重大社会影响的非法经营案件,及南康首例使用"瘦肉精"等有毒、有害的非食品原料犯罪,被告人谢某被判处有期徒刑3年。重点打击生态领域的犯罪,依法判处非法占用农用地、非法采矿、滥伐林木等破坏环境资源案件11件16人。维护了正常的市场经济秩序。

〔**民商事审判**〕 依法审理民商事案件，有效化解民商纠纷,优化经济发展环境。全年审结民商案件2037件,结案率99.7%。坚持"调解优先、调判结合"原则,调撤率达到73%。对简易民商事纠纷实行快立、快审、快结,妥善审理了254件交通事故赔偿案件,裁定先予执行36件,使受害人获得预付医疗费400多万元，司法确认简单交通事故赔偿案件56件。重视对金融秩序的保护,审理银行卡纠纷26件,企业债权债务纠纷93件。积极适用小额诉讼程序审理事实清楚、权利义务关系明确、争议不大的案件143件。审理了银行卡纠纷等一批新类型案件,维护正常金融秩序。

〔**行政审判**〕 坚持保护行政相对人合法权益与支持行政机关依法行政相统一的原则，不断加强和改进行政审判工作,妥善处理行政争议,推动依法行政进程。全年审结行政案件27件，结案率100%。加大行政案件的协调和解力度,积极开展行政诉讼立案前调解工作,6起争议大、影响大的案件在立案前得以调解。从司法审查的视角为行政机关依法行政建言献策，针对行政执法疏漏和社会管理隐患及时向有关部门提出司法建议13条,积极向党委、政府报告或通报行政机关涉诉情况,共同化解行政争议。

〔**执行工作**〕 建立执行联动平台，不断加大执行力度。2013年,执行结案943件,执行标的6127万元,执行和解221件。构建与公安、检察、银行、房管、国土等单位协调配合的联动平台,形成强大的执行合力。集中开展反规避执行专项活动,开设"执行曝光台"，通过法院网络等先后曝光失信被执行人56人次,并结合限制出境、追究刑事责任等措施,有力打击了恶意逃债、规避执行的行为。开展集中清理执行积案活动，全部院领导下挂到每个执行组带头办案,加大执行力度,共计清理执行积案225件，其中执结涉党政机关案件11件，取得良好效果。

〔**人民法庭工作**〕 将人民法庭定位为干警成长的摇篮,加强对人民法庭基础建设和物质保障,实现了跨越式的发展。唐江法庭成为全省硬件、软件设施一流的人民法庭,横市法庭达"二级法庭"标准,唐江法庭达"一级法庭"标准。

〔**司法为民**〕 创新为民举措,便利群众诉讼。积极开展诉调对接工作,实行"一站式"柜台服务,2013年速裁结案326件,巡回审理1269件;积极实施司法救助，对经济困难、老弱病残等社会弱势群体,缓减免交诉讼费用146.5万元,对30余名困难群众司法救助120万元。积极开展"三送"服务和干警下基层大走访活动,筹集和协调20余万元支持村集体做实事，走访慰问困难群众及党员700余人(次)。

〔**涉诉信访工作**〕 全力做好涉诉信访和再审工作。以"法院礼诉、多元疏导"为指针做好信访和再审工作。坚持院领导轮流接访、预约接访、带案下访、信访案件包案化解等制度,全力化解涉诉信访案件。上半年,市法院接待群众来访156人次,处理群众来信22件次，其中院领导定期接访54人次,预约接访38人次,带案下访18人次,办结网上信访案件11件,未出现一例集体上访或非正常上访的情况，实现了涉诉信访案件赴省赴京上访的零纪录。

〔**法官队伍建设**〕 丰富形式载体，以全院干警大会、党总支、支部、庭室等为单位,通过集中学习、分组讨论、电视报道、媒体宣传、演讲等多种形式开展好各类主题教育活动。培养先锋模范,注重发挥先锋模范的正面引导作用,开展向“身边典型学习”等多项活动,尤其注重发挥党员干警的模范作用。加强教育培训提升队伍素质,选派干警到国家、省法官学院培训32人(次),培训归来后组织授课12场。通过专业教育培训,提升了干警素质,增强了司法能力。积极开展法院文化建设,以文化建设助推队伍建设。

〔**领导班子名录**〕
党组书记、院长:黄亚珍(女)
党组副书记、副院长:温春华
党组副书记:钟宝先
党组成员、副院长:肖修省
党组成员、副院长:吴诗运
副院长:蓝志中
党组成员、纪检组长:傅声延
党组成员、政工科长:袁帅
党组成员、执行局长:刘小川
工会主席:罗志华

司法行政

〔**综述**〕 2013年,全市司法行政工作在市委、市政府的正确领导下,上级业务部门的精心指导和市人大、政协的监督、关心下,始终坚持以邓小平理论、“三个代表”重要思想和十八大会议精神为指导,深入贯彻落实科学发展观,紧紧围绕市委“产业兴康、教育强市、品质铸城、和谐福民”战略,突出“社会矛盾化解、社会管理创新、公正廉洁执法”三项重点,着力做好法制宣传教育、矛盾纠纷调处、社区矫正和安置帮教、法律援助、公证服务五项基本工作,强化司法行政队伍建设,提升司法行政工作能力和服务水平。为全面建设小康社会,创建“和谐平安南康”做出了积极的贡献。

〔**机构队伍**〕 局机关内设秘书科、法制宣教科(市法制宣传教育工作领导小组办公室)、公证律师工作科、基层工作科、社区矫正和安置帮教工作科、法律援助工作管理科6个科室,下设蓉江、唐江、东山、龙岭等20个基层司法所,下属市公证处,辖管文峰、泰康、金蓉、袁长城4个律师事务所和横市、唐江、东山、蓉江、泰西5个法律服务所,有在编人员29名(其中局机关干部职工23人、基层司法员6人),法律服务人员71人(其中律师43人、法律服务工作者28人)。

〔**机关作风建设**〕 一、认真开展机关效能建设活动和整治干部作风突出问题活动。根据市委、市政府和赣州市司法局的部署,认真开展了机关效能建设活动和集中整治影响发展环境的干部作风突出问题活动,以转变观念、增强活力、提高效率、搞好服务、加快发展为着眼点,以工作是否有突破、有创新、有实绩作为检验工作成效的根本标准,组织全局政法干警认真学习中央、省及市领导重要讲话,认真查摆在理想信念、宗旨意识、工作作风、机关纪律等方面存在的问题,针对存在的各项问题进行了认真的整改。通过开展活动,较好地解决了司法行政队伍中干部作风存在的突出问题,树立了公正执法、热情服务的整体形象,极大地提升了司法行政工作效率。

二、继续深入开展创先争优活动。根据省、市关于开展争先创优活动的要求,组织全体干警积极投身争先创优活动,通过认真学习有关文件,进一步提高了全体干警对开展这次活动的重要性、必要性的认识,明确了这次活动的目标、任务,增强了发挥职能、优化服务社会经济发展环境的自觉性,在活动中,坚持求实务实办老百姓看得见、摸得着的好事实事,最大限度的便民、利民、惠民,得到了社会的充分肯定。市司法局被中共南康市政法委评为“社会综合治理工作先进单位”和“信访工作先进单位”。

三、加强政法干警中国梦核心价值观教育实践活动。

1.组织全局干部职工和基层司法所工作人员认真学习,持续开展专题学习,设立专门宣传栏,以座谈会、演讲比赛、撰写学习心得体会等形式积极开展中国梦核心价值观主题活动,营造浓厚学习氛围。

2. 组织干部职工和基层司法员集中培训,加强思想政治、组织纪律、职业道德和业务能力教育、全面提高青年干警综合素质和能力。

3.组织开展苏区精神、井冈山精神,中国梦专题学习,坚定广大干警执法为民的信念,向社会倾听民意、广开言路,针对人民群众提出的意见和建议以及工作中存在的问题进行整改,落实责任到人,确保整改到位。

4.加大教育培训力度。重点抓好业务知识和职业道德培训。加强和改进了经常性的思想政治工作,有针对性地抓好队伍的业务培训,不断提高队伍的整体素质,适应变化了的新形势和新任务的需要。组织人员参加省、市举办的各类培训班,如1月28日,举办了由各乡(镇、街道)安置办人员参加的业务知识培训班,对如何做好刑释解教人员无缝对接及社区矫正工作进行了讲解,队伍素质得到提高。

〔基层司法行政工作〕 1. 司法所办公用房建设。全市利用国债资金建设司法所办公用房已下达了五批共20个乡(镇),除朱坊、蓉江外其余18个司法所办公用房建设任务已全部完成。

2.解决了基层司法所职级问题。南康市四届市政府第三十四次常务会和南康市委四届第五十六次常委会会议分别讨论通过了全市乡（镇、街道)司法所由股级升格为副科级机构,其性质为市司法局派出机构,实行市司法局、乡镇双重领导,以司法局管理为主的管理机制。已落实龙岭、镜坝、横寨三个司法所长人选。基层司法所由股级升格为副科级机构,解决了多年未落实的基层司法员岗位津贴问题,进一步激发了基层司法员的积极性。

强化机制,推进司法所规范化达标建设。综合全市司法行政工作的现状和各司法所在当地的作用,突出重点,推进司法所规范化、标准化建设。一是规范司法所工作机制。为规范全市基层司法所的工作流程,对人民调解、帮教安置、社区矫正等工作流程进行了统一规定,建立健全各项规章制度,通过程序的公正、科学保证司法行政工作内容的公正、科学,使各司法所工作做到有章可循,改变了以前各司法所工作随意,不规范的局面。二是规范司法所内部管理。要求各司法所建立健全各项制度建设,如例会学习制度、考勤制度、请销假制度等,将其作为司法所年终考核内容之一。

逐步实现办公现代化。为了提高基层司法所的办公水平,跟上办公现代化的要求,根据实际,为8个司法所配置了电脑、打印机等设备。

〔社区矫正与安置帮教工作〕 1.全面铺开社区矫正工作。健全完善了市、乡(镇、街道)两级社区矫正组织机构和各项工作制度,对监外服刑人员做到统一接收、统一建档、统一派送和分别矫正、分别监管。全市在册106名矫正对象,无一脱管、漏管、失控现象。在全市20个乡镇(街道)建立了《社区矫正信息监管平台》,利用GPS手机定位系统对社区矫正对象实行24小时监控管理。

2.做实安置帮教工作。建立健全了市、乡两级安置帮教工作组织网络,全面加强刑释解教人员回归接送工作,2013年接送率100%。切实采取有效措施做好刑释解教人员扶持安置工作,对农村回籍人员争取当地按规定分给责任田、责任山;对原来有单位的回籍人员尽力争取由原单位给予解决就业。认真落实回籍人员就业优惠政策和社会保障待遇,2013年共扶持刑释解教人员5人,减免相关费用1万多元,共为3名刑释解教人员解决了低保。

〔法制宣传工作〕 1.创新法制宣传教育方式和载体。充分发挥电台、电视台、网络、报纸等媒体宣传优势,着力提升法制宣传教育的社会影响。7月,将“党员活动月”与“法律六进”主题活动相结合,组织15名法律服务志愿者,走进乡村、社区、学校、企业、工地,深入宣传与老百姓生产生活相关的法律法规,开展法律咨询和便民服务活动。

2.扎实推进基层依法治理,坚持法制宣传教育与法治实践并举。以普法依法治理为平台,以依法行政为抓手,以基层和行业依法治理为基础,继续深化民主法治示范村(社区)、诚信守法企业、文明法治学校创建工作,切实加强民主政治建设,推动法治宣传教育与经济社会管理的有效衔接,在服务发展、维护稳定、促进和谐方面寻求新突破。

3.积极组织参与“百万网民学法律”知识竞赛活动。市法宣办发动全市各单位、各部门、各乡镇的干部职工积极参与全省“百万网民学法律”网络法律知识系列竞赛活动,南康市的执法人员在积极参与到“百万网民学法律”知识竞赛活动的过程中,既取得了优异的成绩,也增强了执法理念,推动着文明执法水平再上新的台阶,同时也为“六五”开局之年写下普法新篇章,进一步提升了全市行政部门的学法用法工作。

4.进一步建立健全领导干部学法制度。按照市政府“关于做好依法行政制度制定完善工作”的要求,为进一步加强和规范全市领导干部的法制教育培训工作和专题法制讲座工作,制定了《南康市领导干部集中法律培训制度》及《南康市领导干部专题法制讲座制度》,同时要求各乡(镇、街道)、各部门、各单位制定相应的制度。

〔**人民调解**〕 1.建立和完善了市、乡、村、组四级矛盾纠纷排查调处组织机构。结合在村(居)民委员长会换届选举,对全市的人民调解委员会及人民调解员进行了充实和调整,共有人民调解委员会348个,其中:乡(镇、街道)调委会数20个,村调委会数278个,居调委会26个,行业调委会21个,社会团体调委会3个。人民调解员数1710人。

2.健全完善了矛盾纠纷排查调处机制。实行矛盾纠纷零报告、周排、月报制度,坚持定期排查与集中排查、普遍排查与重点排查相结合,不断强化调处机制,指导各类调解组织综合运用法律、政策等手段和教育、协商等方法,积极稳妥地化解矛盾纠纷,2013年,全市共排查出矛盾纠纷2120件,调处矛盾纠纷2120起,调解成功1921件,成功率达90.6%。

3.认真组织落实好领导接访、约访制度。协助市信访局开展好接访活动,积极参与信访案件的化解,为群众争取合法权益。组织落实涉法涉诉信访案件领导报案责任制,同时采取有力措施开展积案清理。

4.积极完成《人民调解》杂志征订工作,确保每一个调委会都能有一份杂志以提升调解水平。2013年,南康市《人民调解》征订数量居全省第二。积极做好《金牌调解》案源选题工作。11月8日,省司法厅领导及《金牌调解》栏目组赴赣州外采活动,共选出19件有代表性的选题。

5.积极组织基层法律服务人员参与全市的重大疑难复杂纠纷的调处,为政府分忧解难。2013年,各基层法律服务人员共参与调处的重大疑难复杂纠纷21多起、计35人次。如东山法律服务所参与的南康市强力汽车维修中心师傅因操作不当致死引发的纠纷;蓉江法律服务所参与的赤土乡因交通事故引发的一件群体性上访事件。

6.全力以赴筹建好南康市人民调解中心办公场所。南康市人民调解中心在市委、市政府的关心重视下,8月正式启动筹建,办公场所自10月1日起已开始装修,11月30日结束。南康市人民调解中心的成立,将为全市的重大疑难案件和复杂的纠纷的调处提供了极大的便利,可以有效预防、控制、化解群体性的纠纷,维护群众合法权益,促进社会和谐稳定。

〔**律师工作**〕 1.强化"窗口"意识,法律服务日趋规范。律师、公证、法律援助、基层法律服务、司法鉴定是司法行政系统面向社会、服务群众的"窗口"。2013年,围绕市委提出的"和谐福民"战略,整合服务资源,拓宽服务领域,规范服务秩序,取得了良好的经济效益和社会效益。

2.强化监督,规范律师执业行为。按照《关于加强律师事务所行为规范管理的规定》和《关于加强律师行为规范管理的规定》,扎实开展律师集中教育整顿,把"加强教育、强化监督、树立形象"作为总抓手,在律师队伍中开展理想信念、职业道德、执业纪律教育和法制、时事政策教育,增强了广大律师的法制观念和政策法规水平,提高了依法执业、依规行事的自觉性,努力规范律师与法官的关系,规范了律师事务所的内部管理,规范律师个人执业行为,促进了律师业务稳步上升。

2013年,律师事务所和法律服务所共担任法律顾问144家,同比增长27.44%;代理诉讼1719件;代理非诉讼案件346件,代写法律文书492件,解答法律咨询近3476人次,挽回经济损失1832万余元。

〔**法律援助工作**〕 切实维护弱势群体权益,加大法律援助工作力度。强化法律援助制度建设,建立了"统一受理、统一审查、统一指派、统一监督"的工作体系,使全市法律援助工作纳入了制度化、规范化的管理轨道。同时,法律援助中心对指派的法律援助案件的办理情况实行全程跟踪,做到查进度、查卷宗归档,确保法律援助案件质量。开通了"12348"法律援助咨询热线,加强了法律咨询接待工作。结合各类宣传活动,组织了较大规模法律援助宣传活动6次,共受理、指派各类法律援助案件115件,同比上升7.48%,其中民事案件98件、刑事案件17件,在中心解答群众来访法律咨询1020余人次;登录到司法部法律援助管理信息系统的案件93件、来访咨询59件、来电咨询15件、来信咨询2件,为南康稳定做出了贡献。

〔**公证工作**〕 1.规范办证程序,降低办证风险。提高公证服务,降低办证风险一直是市司法局努力的方向，为确保每一件公证都是铁证，有力降低职业风险，从规范办证程序着手，严格依据《公证法》、《公证程序规则》以及其他公证细则规定办理公证，不管公证事项多么简单，都不准随意简化程序，重大复杂的公证事项，一般是由两名公证员共同办理，对于程序规定必须由两名公证员共同办理的公证，坚决由两名公证员办理。每一份公证出证都必须由公证处主任或公证处主任指定公证员审批许可，公证严格按申请——受理——审查——出证——归档的程序操作，多道防范程序尽可能地避免假证、错证的发生。为提高各公证员及公证工作人员的风险意识，公证处结合媒体曝光错证事件，加强风险应对学习，提高公证员及公证工作人员的警惕性，绷紧公证员及公证工作人员的质量之弦。

2.密切联系群众，扩大公证影响，提升公证服务能力。为具体落实“加强职业道德、提升服务效能”主题实践活动，公证处分阶段开展“企业大走访”活动、“法企结对子”活动、“驻百乡、进千村，入万户，强公证，促和谐”活动。在开展“企业大走访”活动中，积极主动与企业联系，送法上门，了解企业在日常经营过程中遇到的法律问题，提供法律意见，对需要公证服务的，热情提供公证服务，特别是企业知识产权维权法律服务得到了企业的高度认可；在开展“法企结对子”活动中，全体公证员深入一线生产企业，主动与企业联系，既维护企业的合法利益、长远利益，也有力维护职工的权益，为企业规范化建设、健康发展提供了有力的法律护航，公证处还积极参与市行业调解委员会的工作，指定每一位公证员负责所定点单位的调解工作。

2013 年，共办理公证 1119 件，同比增长 8.22%，其中国内公证 1012 件，涉外公证 95 件。其中办理民事类公证 928 件，经济类公证 84 件，涉港、澳、台公证 12 件，共收取公证费 346000 元，提供法律援助公证 78 件，法律援助减免费用 3 万多元。拒绝办理公证 31 件、制止不法经济活动 7 件，为当事人避免或挽回经济损失 393 万余元。

〔**领导班子名录**〕

局　长：刘　举

党总支书记：严章伟

副局长、公证处主任：黄亭年

副局长：刘其泉

交通管理

〔**综述**〕 2013 年，市公安交通管理大队在市委、市政府和上级公安机关的正确领导下，深入学习党的十八大和十八届二中、三中全会精神，紧紧围绕“一强化、二建设、三完善、四保持、五下降”的工作目标，以事故预防为第一要务，以保安全保畅通为第一要求，以队伍建设为根本，进一步解放思想、创新社会管理、创新执法理念，不断提升交通事故预防水平，提升人民群众的安全感和满意度，通过不懈的努力，圆满完成了全年各项工作任务。2013 年，大队先后被省公安厅交警总队评为“2013 年度全省道路交通事故预防工作先进单位”；被赣州市公安局交警支队评为“2013 年度全市公安交警队伍建设工作先进单位”、“2013 年度全市道路交通事故处理工作先进单位”；被南康市评为“2013 年度提案承办先进单位”、“2013 年度代表建议办理先进单位”、2013 年度“三送”工作先进单位、“2013 年度信访工作先进单位”。所属龙岭中队被赣州市评为“首届十佳群众最满意基层单位”，被省公安交警总队、赣州市公安交警支队分别评为“全省（市）公安交警系统十佳队所”；副大队长张晓峰被公安部交管局评为“交通肇事逃逸案件集中侦破行动成绩突出先进个人”；事故处理中队指导员彭笑峻被赣州市公安局记三等功一次。

〔**机构队伍**〕 2013 年，大队下设办公室、政工科、秩序科、车管科、财务科、宣教科、交通违法处理中心、信息中心、事故处理中队、督察中队、市区一中队、市区二中队、公路巡逻一中队、公路巡逻二中队、龙岭中队、太窝中队、唐江中队和横市中队。

大队现有民警职工 118 人（女 21 人），其中行政公安政法编制 105 人，省事业编制 8 人，自收自支编制 5 人；大学文化 39 人，大专文化 69 人，中专和高中 10 人；50 岁（含）以上 28 人，40~49 岁 34 人，30~39 岁 33 人，29 岁以下 23 人。

〔**交通管理主要工作**〕 一是狠抓事故预防。以市政府名义下发了《2013 年度南康市安全监管工作目标管理考评方案》，首次系统地将道路交通管理工作纳入各乡镇、单位年度重要考评项目；会同交通、公路、安监、教育等部门,两次对辖区隐患路段进行了地毯式排查,共排查安全隐患路段432处,整改治理258处,治理率达59.7%;深入推动交通事故“三调联动”机制建设和交通事故快处快赔“一站式”服务中心建设,有针对性开展事故预防工作。一年来,办理刑事拘留72人,提请逮捕38人,逮捕28人,取保候审23人,移送起诉39人,撤案4人,办理社会救助基金4人,共计55653元。二是狠抓交通秩序整治。按照上级统一部署,相继开展了“货车大排查、大教育、大整治”、“打非治违”、“知了行动”及涉牌涉证等一系列专项整治行动,各项专项整治行动共出动警力16800余人次,警车4000余辆次,查扣改型改造车辆770辆,三轮摩托车非法载客18辆,校车超员52辆,无牌无证摩托车2214辆,查处酒后驾驶5起,客车超员121起,无证驾驶摩托车2667辆,驾乘摩托车不戴安全头盔12545起及其他交通违法行为共计85406起。同时,政府投入近千万元用于城区交通安全设施建设,先后在金赣北路与323国道交叉路口,东山大桥西端等路口新增设红绿灯和电子警察系统7处,对康唐路红绿灯路口进行渠化改造。同时,新安装各类标牌150套,施划标线1100平方米,增加隔离护栏5000米。三是狠抓交通安全宣传。结合“文明交通行动计划”和“五进”活动,在2012年创建8个文明交通安全示范企业、学校、社区、村落单位的基础上,2013年又新增了3个示范点。同时,借助新闻媒体、短信平台、扩大交通安全宣传覆盖面。一年来,出动宣传警力600余人次,组织开展系列专题宣教活动12个,发送安全提示短信10万余条,印发宣传单6万份,开展宣传活动116次,直接受教育人数达20余万人次。同时,在中央、省、市各级媒体发表新闻稿件326篇。四是狠抓车驾管工作。以创建人民满意“窗口”单位和车管所等级评定为契机,不断创新服务理念、增强服务意识、提高服务水平。2013年,大队共办理DEF证7073本,驾驶证补证换证15866人次,满60周岁驾驶人年度体验231人,汽车上牌12330辆(含赣州上牌8169辆),二轮摩托车上牌11790辆,非机动车注册登记5875辆,超标车过户499辆,检验“五小车辆”47334辆,检验汽车13611辆,满分学习110人。集中清理补录机动车信息180596条,驾驶人信息197740条。五是狠抓规范化执法。5月中旬,大队组织中层以上干部和事故处理民警60余人开展了《刑诉法》及执法业务技能培训。专门聘请6名行风评议监督员对交警日常执勤执法进行监督。同时,投入资金为基层一线配齐配强执法装备,并不断完善取证过程,严格执法程序、规范路面执勤执法,最大限度保障了对交通违法行为处罚的合法合理、公平公正。六是狠抓队伍建设。组织开展了“进、转、改”及“正警风、促规范、提素质、树形象”等主题教育实践活动,并通过开展一个月的作风纪律整顿活动,着力解决了一批执勤执法中存在的突出问题。同时,进一步落实从优待警措施,持续为民警职工、协管员统一办理了人身意外伤害险,建立年身体体检制度和年休假制度,有效促进了队伍的两个文明建设。七是狠抓服务群众、服务地方经济工作。派出“三送”工作队员30余人深入挂点三江乡伍岭、斜角、新江3个行政村联系走访960余户群众,并投入6万余元,帮助伍岭村新建一座小型水泥钢筋桥,硬化了一条600米长、宽4.5米新开的乡村水泥路,为斜角村小学挖了一口水井,解决了师生饮水问题。同时,大队“三送”干部自发捐款6000余元,为新江村修改垃圾池6个,制作警示标牌100余块。

〔**春运安全工作**〕 按照春运“四见面”要求,大队组织民警深入客运场站层层签订春运安全责任状,开展交通安全大排查,督促客运企业落实主体责任,加强司乘人员教育。对全市9家客运企业225辆客运班线车、公交车及出租车逐车进行安全技术检验,对261名驾驶员资质逐一进行审验,严把春运准入关。同时,春运期间,大队将80%以上警力投入路面管控,采取定点检查与流动巡逻相结合的警务方式,依托在苏坊贤等路段设置的4个春运交通安全检查临时服务点,对7座以上客车做到逢车必查,严查严管客运车辆超员、超速、证照不齐、无证驾驶、酒后驾驶等严重违法行为。春运期间,共出动警力4800余人次,警车460辆次,检查登记客运车辆1658辆,查处客车超员11起,卸客转运53人次,交通事故四项指数同比分别下降23.4%,36.8%,11.2%,25.7%,为广大群众平安出行创造了良好的道路交通环境。

〔**畅通工程**〕 以示范公路创建为载体,以中心城区“三治”工作为主线,深入推动实施“平安畅通县区工程”。一是科学组织规划交通。专门聘请专家对城区交通组织进行调查评估，并结合城区规划，制定一整套规范、科学、合理的交通组织方案。二是完善城区道路基础建设和机动车管理机制。在城区道路推行实施货车等车辆限时、禁行等通行管理措施，并对城区蓉江路、宝林路等主干道路实行停车收费管理机制，对城区部分设置不合格的停车泊位进行铲除，重新调整规划。在城区所有路口新增设指示、警示、禁止等交通标志标牌136块，安装中心隔离护栏5000米。并打通东山北路等断头路，有效缓解了道路拥堵现状。三是持续开展交通秩序专项整治。以城区“治堵保畅”为重点、集中警力、集中优势装备，采取灵活多变的整治措施，加大了对公交车、出租车随意停靠上下客，摩托车、非机动车乱闯红灯、机动车逆向行驶，机动车不悬挂号牌和随意遮挡号牌，三轮摩托车（电瓶车）非法载客等交通违法行为的查处力度，通过严管重罚和常态化管理，城区交通秩序有了明显改观。

〔**科学管理交通**〕 始终坚持科技强警战略和科学管理交通的理念，投入300万元建设的太窝中队办公营房和投资110万元兴建的交通管理指挥中心正式投入使用；投入100余万元更新了8台警务用车，45台电脑，为基层中队添置了一批防毒面具、牵引绳、反光锥筒、指挥棒、执法记录仪等防护器材和单警装备，并对龙岭中队办公营房进行了修缮，为深入实施科学管理夯实了基础。同时，适时加强对辖区红绿灯和电子监控系统的监管，及时组织人员对部分红绿灯指示时间、通行方向不合理等问题进行了科学的调整，进一步优化了交通通行组织。

〔**交通事故**〕 据统计报表，2013年，全市共发生道路交通交通事故54起，死亡24人，受伤55人，直接经济损失62700元，四项指数与去年同期相比，事故起数下降3.57%，死亡人数持平，受伤人数下降8.33%，直接经济损失下降21.43%，没有发生一起死亡3人以上重特大道路交通事故。

〔**领导班子名录**〕

大队长：钟世华

教导员：邹天翼

副教导员：肖　云
　　　　　谢岳云

副大队长：申小平
　　　　　蓝希俊
　　　　　吴建华
　　　　　张晓峰

2013年7月24日，由市委政法委、市综治办主办的“平安南康·法治南康”文艺晚会在文化广场举行。

军　事

武装机构

〔**市人武部**〕　中国人民解放军南康市人民武装部(以下简称“市人武部”),位于南康市东山街道南水开发区天马山大道与南山大道交汇处，为军队正团职单位，人民武装部负责行政区或本单位的军事工作,主要是民兵和兵役工作。是本地区的军事领导指挥机关，是同级地方党委的军事部兼同级人民政府的兵役机关，是同级地方党委人民武装委员会的组成单位及其办事机构，受赣州军分区党委和同级地方党委的双重领导。2013 年,市人武部机关现役军官编制 8 人,现有 7 人,在位 6 人,在南京帮助工作 1 人,职工编制 16 人,实有 12 人,设军事、政工、后勤 3 个科,下辖基层武装部 32 个(乡镇 20 个、行业 11 个、企业 1 个),专武干部 67 人(乡镇 33 人、行业 34 人)。

2013 年,在军分区党委和南康市委、市政府的正确领导下,市人武部认真学习贯彻省军区、军分区党委全会精神，紧紧围绕学习贯彻十八大精神这个首要政治任务和“能打仗、打胜仗”这个总体目标要求,坚持“全方位、全时域、全过程”按纲抓建,全面建设继续保持良好发展势头。市人武部被江西省军区表彰为“全面建设先进单位”和“军事训练先进单位”,新闻报道工作被赣州军分区评为“先进单位”,政工科长刘春生同志获赣州军分区“新闻报道二等奖”,后勤科长龙云在军分区组织的“练将练官考核比武竞赛”活动中荣获个人第二名。

〔**领导班子名录**〕

部　长:袁　斐(　~2013.04)

　　　张　东(2013.04~　)

政治委员:沈光泽

副部长兼军事科长:李章荣

政工科长:王君明(　~2013.04)

政工科长:刘春生(2013.06~　)

后勤科长:龙　云

〔**党委班子建设**〕　2013 年,南康市人武部党委始终坚持以加强党委班子能力建设和党的先进性建设为主线,注重强化党委班子的统揽力,把工作标准定在顶端,工作落实抓在末端,努力提高党委班子能力素质。大力推进学习型党组织建设,坚持从党性观念、理论素养、决策水平、业务知识、组织能力、工作作风和自身形象等方面加强对班子成员的教育引导,强化党委“一班人”科学发展、创新发展的理念。广泛开展“争创学习型党委、争当学习型干部”活动,深入抓好党的创新理论、党史军史、信息化及军事高科技知识学习，提高党委班子的政治素养和军事素质。大力加强民主集中制建设,班子成员之间团结和谐,主官之间主动沟通思想,交流看法,遇事善于与班子成员商量,广泛听取大家的意见。始终坚持党委集体统一领导下的首长分工负责制，依靠集体领导提高党委班子的整体合力。6月，新的班子调整到位后，及时组织学习《党委工作条例》和民主集中制原则，掌握党委工作方法，提高党委科学决策、民主决策、依法决策水平，真正在重大问题上形成统一的思想、统一的意志、统一的行动。大力加强党委班子作风建设，坚决克服把人武部当作军旅生涯的“歇脚站”、安排后路的“中转站”、享受生活的“补给站”等错误思想，着力查找解决在理论武装、精神状态、工作作风和遵规守纪等方面存在的差距和问题，不断加强党性修养，以良好的作风形象匡正风气，靠扎实的工作作风抓工作落实，创造一流业绩。结合形势任务、季节特点和驻地民情社情实际，及时进行形势政策、安全常识、信息保密等经常性教育，积极开展谈心交心活动，着力帮助解决实际困难，确保干部职工队伍思想稳定、作风扎实、精神昂扬。充分挖掘军营文化新的时代内涵，精心打造营区特色苏区文化，不断提升军营文化品位，进一步激发干部职工干事创业的内在激情。全体班子成员精神振奋，勤于学习，心往一处想，劲往一处使，有力地带动了各项工作的顺利开展。

〔党委班子名录〕

第一书记：谢德强（　　~2013.03）
　　　　　徐　兵（2013.06~　　）
书　记：沈光泽
副书记：袁　斐（　　~2013.04）
　　　　张　东（2013.04~　　）
成　员：李章荣
　　　　王君明（　　~2013.04）
　　　　刘春生（2013.06~　　）
　　　　龙　云

〔市委人民武装委员会〕　中共南康市委人民武装委员会（简称“武委会”），是中共南康市委领导全市民兵工作的执行机构，是南康市军事工作的权力机构。由市委书记任武委会第一主任，主任由市长兼任，副主任由市委、市政府分管领导和人武部部长、政委兼任，武委会成员由市委办公室，市人武部军事科、政工科、后勤科，组织部，宣传部，人力资源和社会保障局，财政局，交通运输局，民政局，工业和信息化局，团市委，妇联，体育局等单位负责人组成。市人武部为武委会具体事务的执行机构。

2013年，市委、市政府坚持把武装工作与经济建设同步筹划、同步推进，将党管武装工作纳入年度乡（镇、街道）工作目标管理考评范畴（1300分中占100分比重），调动了党管武装的积极性。书记、市长对人武部建设的重大建设亲自批示调度，特事特办，重要活动积极参与组织，定期到人武部现场办公，形成了地方领导主动抓武装工作、社会各界关心支持武装工作、广大民兵参与武装工作的良好氛围。先后投入经费40余万元，用于人武部机关信息化建设、军营文化建设、绿化美化营院、民兵训练补助和兵器室改造等

〔领导班子名录〕

主　任：柯岩松（　　~2013.10）
　　　　何善锦（2013.11~　　）
副主任：杨晓斌（　　~2013.08）
　　　　赖联春（2013.08~　　）
　　　　袁　斐（　　~2013.04）
　　　　张　东（2013.04~　　）

〔市国防动员委员会〕　南康市国防动员委员会（简称“国动委”），由市委书记任国动委第一主任，主任由市长兼任，市人武部部长任常务副主任，市政府分管领导和市人武部政委任副主任，市委办、政府办、组织部、宣传部、发改委、经贸委、民政局、财政局、公安局、粮食局、卫生局、人力资源和社会保障局、商业局、交通运输局、教育局、邮政局、城乡规划建设局、科技局、工业和信息化局、农机局、汽运公司、公路局、总工会、团市委、妇联等部门领导和市人武部军事科、政工科、后勤科负责人为成员，并随人事变动及时进行调整。国动委下设综合、人民武装动员、政治动员、国民经济动员、信息动员、科技动员、交通战备动员、人民防空等8个办公室，分别负责各方面的具体事务。

2013年，市国动委根据南康市民兵分队担负应急作战任务的实际和境内自然灾害频发及公共事件突发的特点，3~6月，按照江西省国动委和赣州市国动委指示精神，组织人武部机关和国动委“八办”人员，对辖区基本重要目标进行了重新梳理，核对了重要目标的有关数据，进一步对完成多样化任务的组织指挥、力量编成和动员、装备器材征用、后勤保障及思想政治工作等方面问题分课

目按专业进行研究探索。国动委综合办组织市属有关部门和驻市单位,共同修订完善了《南康市军地联合应急指挥实施方案》。7~12月,国动委按照新下发的信息系统,重新录入了辖区重要目标数据信息。在全市所辖行政村选拔了民兵情报信息员,进一步完善了市、乡(镇、街道)、村三级情报信息网络,增强了处置抗洪抢险、扑救山火、维稳处突等应急任务的能力。

〔**领导班子名录**〕

主　任:柯岩松(　~2013.10)
　　　何善锦(2013.11~　)
常务副主任:袁　斐(　~2013.04)
　　　　张　东(2013.04~　)
副主任:杨晓斌(　~2013.08)
　　　赖联春(2013.08~　)
　　　沈光泽

军事工作

〔**军事训练**〕 2013年,市人武部始终坚持军事斗争准备龙头地位不动摇,扭住核心军事能力建设不放松,着力提高履行历史使命的能力。紧扣使命任务,认真研究制订年度军事理论学习计划,明确学习任务、研究课题和目标要求,采取邀请专家授课辅导与个人自学、研讨交流与实践检验、启发自觉与兑现奖惩相结合等方式,使军事理论学习研究工作向实处抓、往任务聚焦。同时,深入驻地部队进行保障方案对接,开展信息化条件下民兵修理分队支援保障参战部队作战行动的课题研究。结合形势任务和战备要求,修订完善了8个战备方案预案,做到方案配套、任务明确。1~2月,结合担负任务,对辖区内4类重要防卫目标进行了实地勘察核对。着眼"应急、应战"要求,不断提高民兵训练质量效益,2~4月,组织了1次春节战备值班分队拉动及指挥所开设演练,精心挑选37名民兵分队骨干参加军分区组织的跨县联训,均被评为"先进单位",各项成绩名列前茅。3月24~29日,高标准完成了赣州军分区机关带18个县(市、区)民兵舟艇分队骨干承训任务。先后多次组织民兵分队遂行应急维稳、抗洪抢险、扑救山火、搜救落水群众等任务,检验了队伍,树立了形象,受到军地领导和人民群众的高度评价。坚持把岗位练兵活动作为党委工程,周密筹划,主官主抓,高位推进。以党委中心组理论学习、首长机关训练、执行重大任务等为基本途径,落实每周一标图、每月一考试、每季一交流和每天1小时体能训练等制度,采取以强带弱、以老带新、结对帮扶和评比竞赛等措施,积极开展"三互"活动(互帮、互学、互助),努力提高党委班子成员的综合素质,以良好的作风和过硬的素质随时准备迎接上级的检验,参加军分区副团职干部以下"练将练官"考核中获得优异成绩。

〔**岗位练兵**〕 2013年,人武部围绕习主席"能打仗、打胜仗"强军目标,大力开展岗位练兵活动。4~12月,干部职工坚持落实每周一标图、每月一考试、每季一交流和每天1小时体能训练等制度。10月,采取集中辅导、结对帮扶与自训自练相结合的方法,狠抓基本理论、军事技能(手工、电脑标图、公文写作)和体能3个方面6项课目的强化学习训练,有效提高了干部的综合素质。12月2~3日,部长、政委参加省军区在南昌陆军学院组织的人武部主官同台竞技,12月9~10日,副部长、政工科长、后勤科长参加赣州军分区在章贡区民兵训练基地组织的副团(含)以下干部同台竞技,均取得了较好的成绩。其中,市人武部干部获赣州军分区团体总分第二名,后勤科长龙云获副团以下干部综合考核成绩第二名。

〔**组织民兵舟艇分队骨干集训**〕 2013年3月24~29日,南康市人武部在赣江上游组织全区舟艇分队操作手骨干进行为期7天的集训,高标准完成了赣州军分区机关带18个县(市、区)民兵舟艇分队骨干组训任务,参训人员138名(民兵骨干90人、现役干部18人,军分区机关干部战士30人,分区司令员、参谋长全程参训),动用舟艇38艘,征(租)用运输车5辆。主要进行了冲锋舟基础理论学习,组织了冲锋舟操作机安装与启动、舟艇离靠岸、水上越障、水上救护和应急救援等内容训练,开展了水上搜索救援实兵模拟演练,参训人员进一步熟悉了操舟理论,掌握了操舟技能,增强了排除一般舟艇故障的能力水平,有效提升了全区民兵舟艇分队遂行抢险救灾任务的能力素质。有效提高了民兵分队遂行应急抢险任务能力,走活了"小专业大集中"的民兵基地化训练路子,为民兵分队成建制遂行抗洪抢险任务奠定了基础。

战备工作

〔日常战备〕 2013年,人武部按照省军区、军分区战备规范化建设标准,召开党委会议专题研究,列出清单逐项抓好整改落实。认真组织学习战备制度、熟悉战备规定、正规战备秩序,在2012年设计制作作战值班平台、购置战备作业包、野战指挥作业箱,更新作战值班专用电脑的基础上,重新梳理核对了辖区基本情况,完善了作战值班室办公设施和各类图表,定期组织人员对遂行非战争军事行动所需的冲锋舟、对讲机、战备专用笔记本电脑等抢险救灾装备器材进行养护和维修,战备保障能力进一步提高。并沿袭以往好的做法,采取抽编的方式,在每个乡(镇、街道)选拔6至10名优秀退伍军人,组建1支常驻型民兵应急力量,机关人员分片包干负责,坚持定期联系、定期检查督导、定期讲评总结,结合年度武装工作检查进行评比表彰。落实五一、“十·一”、元旦、春节等重大节日战备值班制度,节前组织城区附近乡(镇、街道)民兵应急分队拉动演练,促进了民兵应急力量战备工作的常态化保持。

〔遂行“2013使命任务”演习保障任务〕 2013年,全军开展大规模跨区机动实战综合演练。10月,广州军区某集团军参演部队途经南康。10月8日至16日,南康市人武部在赣州市支援保障指挥协调机构的领导下,积极动员各部门力量和资源,在辖区龙岭工业园先后开设了国防动员前进指挥所、物资供应站、医疗救援保障站、装备维修保障站各1个,搭设临时厕所4个。动员物资保障、供水供电、装备维修、安全警戒、医疗救护等各类人员328人,动用挖掘机、压路机、洒水车、道路清扫车、垃圾运输车等67台次,铺设应急生活用水管道2270米,安装水龙头5组120个;架设应急通信光缆400米、供电线路3200米,安装临时供电控制盒20个,1000瓦“太阳”灯40个。南康市委、市政府、市人武部领导代表80多万南康父老乡亲慰问了参加演习的子弟兵,赠送了柚子100箱、苹果100箱、矿泉水90箱、方便面166箱、桶装水40桶等慰问品,受到江西省、赣州市领导和参演官兵的高度赞扬。10月15日,江西省委副书记尚勇、省军区副司令员曹文献到南康市龙岭镇泓泰家具产业园慰问演习部队参演官兵,对南康市人民细致、周到有力的保障服务工作给予了充分肯定。10月25日,广州军区某集团军领导政治部主任祝运璇,代表该集团军全体官兵感谢南康人民对演习部队的支援和服务,并向南康市委、市政府和市人武部赠送了锦旗和感谢信。

〔支援扑救火灾〕 2013年8月8日晚22时,南康市人武部值班室接到龙岭镇武装部报告,龙岭镇黎边村米石岭一家具厂突发火灾,镇武装部组织民兵正全力扑救。市委书记、市长率有关部门到现场指挥处置,市有关部门及镇村干部第一时间赶往现场扑救,及时疏散群众,组织灭火。23时55分,火势得到初步控制,当晚未发现人员伤亡情况。次日清理火场过程中,相继发现两男一女3具尸体,均为上犹梅水乡上坪村在南康市鸿海家具厂打工人员。

2013年10月14日,南康市人武部机关及国动委相关成员单位正全力做好保障跨区机动演习任务。20时许,赤土畲族乡杏花村发生山林火灾,人武部值班室密切关注火情发展态势,指导该乡武装部组织乡民兵应急分队和市民兵森林扑火队全力扑救。翌日凌晨3时左右,山火被全部扑灭,民兵分队人员安全返回。

政治工作

〔机关政治教育〕 2013年,是毛泽东等老一辈无产阶级革命家为雷锋同志题词50周年,人武部以开展纪念“学雷锋、学硬六连、学好八连”活动为契机,以立足本职岗位学雷锋为主要平台,扎实开展“三学”活动。在人武部机关和基层武装系统中开展“七个一”活动(读《雷锋日记》、讲雷锋故事、看《雷锋》电影、唱雷锋歌曲、“学雷锋、树新风”主题演讲、向雷锋雕像宣誓、“学雷锋小组在行动”),使雷锋拥有“常住户口”,将雷锋助人为乐无私奉献、硬六连当尖刀打硬仗和好八连拒腐蚀永不沾的精神,在人武系统干部职工中真正内化于心、外化于行。第二季度起,人武部按照上级指示精神,深入开展“读经典、学哲学、研军事”活动。干部职工认真研究制定了“读书”活动方案和个人学习计划,按上级推荐的书籍目录购买了相关书籍。部党委要求每人每天落实不少于1小时的时间看书,每月至少读完1本书,至少撰写2篇学习心得,并做好读书笔记和摘要。部领导利用每周一晚集中学习和每天早上交班时间,随机抽查干部职工汇报交流学习体会。人武部投入1万余元为每个干部职工购买学习书籍,并设立5000元学习奖励基金,每季评选2名学习先进个人,给予一定的物质奖励,充分调动干部职工学习积极性。

2013年,军分区赋予南康市人武部军营文化建设试点任务,11月,赣州军分区军营文化建设试点现场观摩会在南康市人武部举行,受到参会的各级领导交口称赞,圆满完成了军分区赋予的试点任务。

〔**军营文化建设**〕 2013年,军分区赋予南康市人武部军营文化建设试点任务,部党委认真贯彻落实省军区党委《关于大力发展省军区部队先进军事文化的措施》文件精神,把军营文化建设作为建部育人的着力点,坚持军地合力完善设施,在2012年制作雷锋雕像,修建艺术“红井”、送郎当红军、苏区红色小故事雕塑及南昌起义、红军长征浮雕等基础上,又筹措经费100余万元,建成了文化活动场所,健全了各类活动组织,确保活动有场所、经费有保障、活动有机制。在军营文化建设、军事文化熏陶活动中引导大家自觉讲奉献、比贡献,当好创业者、传好接力棒。11月4日,赣州军分区军营文化建设试点现场观摩会在南康市人武部举行,江西省军区政治部主任罗晓东、赣州军分区司令员刘瑄、政委陈庆阳、副政委谢亨舜、政治部主任张福东、后勤部部长欧阳安民和赣州市18个县(市、区)政委、政工科长参加会议,圆满完成了军分区赋予的试点任务,受到了省军区政治部罗主任高度好评和其他参会人员的交口称赞,为军分区下一步抓好军营文化建设探索了路子,为人武部军营文化建设提供了参照标准。

〔**全民国防教育**〕 2013年,南康市的国防教育工作,在市委、市政府和市人武部的领导下,由市委宣传部、市人武部政工科、市广电新闻中心组织具体实施,主要采取广播、电视、手机短信和出动宣传车等方式,结合民兵应急分队战备拉动演练、民兵整组、军事训练、征兵工作、军事日活动等时机进行。2月7日,人武部按照军分区统一部署,组织机关干部职工和民兵应急分队进行春节战备应急拉动演练,演练内容假设“赣县某地发生森林火灾,赣州军分区首长要求南康人武部组织民兵应急分队前往支援”为背景,人武部迅速收拢市林业扑火分队和蓉江、东山、镜坝等城区周边应急分队,携带指挥车、运输车、运兵车、炊事车和1日量保障食品赶赴救援,在保障车辆悬挂“南康市民兵应急保障分队”标语,车辆所经之处,受到市民热议,有效增强市民的国防观念。3月,南康人武部在负责承训全市民兵舟艇分队骨干期间,在赣州市区章江河两岸悬挂横幅,张贴标语,大力渲染国防氛围,鼓舞了参训人员的士气。7月30日,人武部组织市四套领导班子、国动委成员单位领导、乡镇党政负责人和基层专武干部,开展“军事日”轻武器射击活动,指派专人在射击现场向参加活动人员讲解冲锋枪、步枪和手枪射击要领,丰富兵器知识。在射击场四周悬挂宣传标语,大力渲染爱军习武工作气氛,浓厚武装氛围,进一步增强市民国防观念。

针对征兵工作由秋冬季调整为夏秋季的新情况,市征兵办认真贯彻上级征兵工作会议精神,深入基层调研,与基层干部一起进村入户,探索征兵工作的新措施新办法。5月初召开了兵役工作部署会,传达了上级指示精神。全市征兵工作会议召开后,部长、政委结合“基层月”活动,到基层单位调查,对先期摸底的数据进行核实。结合纪念建党92周年,开辟国防教育专栏,让国防知识和征兵政策规定进到学校、进到党政机关、进到社区街道。7月,利用两天时间在市文化艺术中心广场开展征兵咨询活动,为广大适龄青年及家长解答疑难。专武干部深入农村挨家挨户对适龄青年做好耐心细致的宣传动员,发放《致适龄青年及家长的一封信》,利用各种渠道鼓励大专毕业生和高中应届毕业生报名应征,在主要街道、路口、村组悬挂横幅、张贴标语,出动宣传车,出版墙报,利用移动短信平台群发征兵信息,开通飞信和QQ群,开展征兵咨询服务,大力开展国防知识宣传,夏、秋季征兵期间,在南康电视台滚动播放征兵宣传标语,大力浓厚征兵氛围,增强市民的忧患意识和国防观念。

〔**学生军训**〕 南康市2013年的学生军训工作,在人武部的统一领导下,市教育局武装部依据《高级中学学生军事训练教学大纲》组织实施。8月下旬,全市高中招收工作完成后,由招收学校通知新招录学生入学报名，并组织新入校学生进行以条令条例、军事知识、国防知识为主要内容的学习，开展以队列、军姿军容、内务卫生整理为主要内容的训练。其中,南康中学、南康二中、南康三中、唐江中学和南康职业中等专业学校对入校的高中(中专)新生进行了100%的军事训练,南康三中、唐江中学等部分学校对升入初中的学生也组织了军事训练活动,增强了广大学生的组织纪律观念,强化了师生的国防意识，激发了教职员工和学生的爱国热情。

兵役工作

〔**征兵工作**〕 2013年,是征兵工作由秋冬季调整为夏秋季的第一年，南康市征兵办在赣州市征兵办和南康市委、市政府的领导下,认真贯彻上级征兵工作会议精神。针对征兵工作现状进行了认真分析,深入基层调研,与基层一起摸清大学生和高中应届毕业生的底数，努力探索破解征兵难的措施办法，协调解决基层单位征兵工作中遇到的实际困难和问题,做到早筹划、早准备、早宣传。

5月初召开了兵役工作部署会，传达了上级指示精神，对高中毕业生网上预征工作进行专题部署。6月18日省军区、军分区召开会议之后,6月25日,全市征兵工作会议召开,会议由市委常委、市人武部政委沈光泽主持,市政府副市长赖春联,市人武部部长张东参加会议。会议传达学习了江西省、赣州市征兵会议精神,并针对征兵工作由秋冬季调整夏秋季等问题进行了研究部署。会后,各基层单位向市征兵办签订了责任状。6月底,部长、政委结合开展“基层月”活动,到各单位调查了解,对先期调查摸底的数据进行比对、核实。7月初,结合纪念建党92周年活动,开辟国防教育专栏,将国防知识和征兵政策规定进到学校、进到党政机关、进到社区街道。在7月上、中旬,利用两天时间在市文化艺术中心广场开展征兵咨询活动，为广大适龄青年及家长解答疑难，极大地激发了广大适龄青年当兵报国的热情，营造了全市各行业支持征兵工作的良好氛围。7月下旬,人武部组成4个工作组，对征兵工作和基层建设情况进行分片包干检查督导。专武干部同乡、村、组干部结合中心工作一起深入农村挨家挨户对适龄青年做好耐心细致的宣传动员，发放适龄青年及家长的一封信，利用各种渠道通知大专毕业生和高中应届毕业生报名应征。全市乡(镇、街道)在主要街道、路口、村组悬挂悬挂横幅538条，张贴标语5645条,出动宣传车80多台次,出墙报60多期,利用移动短信平台给广大应征青年和家长群发征兵信息38万多条,开通了飞信和QQ群。

征兵办采取民主测评、调查研究、理论考核、专业摸底、逐级推荐等办法,精挑细选体检医生,54名体检医生中,有征兵体检经验的39名,具有副主任医师、中级以上技术职称的30名。7月23日,组织全体征兵体检医生参加赣州市业务培训。对体检医生实行“四统一”和“八个严禁”管理(即:统一食宿场所、统一作息时间、统一办公秩序、统一开展活动;严禁会客,严禁说情,严禁收条子,严禁携带通信工具,严禁接听电话,严禁相互串门,严禁擅自改变标准,严禁索收礼物)。规范了征兵体检报告单,常规体检项目当场做出检查结论,体检医生签名,有争议的问题,组织专家综合会诊做出结论。细化量化了心电图、腹部超声波、艾滋病、吸毒等项目体检标准。体检站设在人武部办公大楼,侯检室张贴体检须知、体检流程和体检标准,实施封闭式体检。应征青年凭“三证一簿一表”(兵役证、毕业证、身份证、户口簿、预征登记表)进站体检;待检青年集中在候检室观看宣传片、学习兵役法规;体检过程做到“五有”(有组织应征青年体检的“带队员”、有干部职工担任的“传表员”、有专人担任的秩序“维护员”、有纪检监察担任的“巡视员”、有人武部领导担任的“协调员”)。体检结束后,组成两个专家组对初检合格青年进行复查。

8月1日,市委书记徐兵亲临体检站指导,提出具体要求,市委、市政府首次把征兵工作作为年度干部考核的重要内容，在全市领导干部大会上做出专门部署，建立征兵工作奖惩保证金和兵员质量问责制,市、乡、村层层签订责任状。市直各部门密切配合,通力协作,形成抓征兵工作的整体合力。市政府从市属各单位抽调政治思想好、工作作风实、业务技能精、工作责任心强的同志成立征兵政审骨干队伍,由征兵办政审组长负总责,各派出所所长具体负责,抓好征兵政审工作落实。成立由纪检、监察、武装部政工科等相关部门人员组成政审监察队伍,形成市、乡、村三级征兵政审监督网络。严格组织应征青年纵向初审、横向联审、复查复审。采取走街串巷、走村入户等多种形式，掌握应征青年的入伍动机、现实表现、政治思想、家庭情况和违纪违法等情况。通过市电视台和举报箱公布廉洁征兵举报电话，体检合格青年的名单及时张榜，给每名预征对象及家长发放入伍工作须知和廉洁征兵电话。全市设立了21个征兵举报信箱，全方位对征接兵工作进行监督。8月21日，赣州市征兵办组织体检医生到南康进行体检抽查，对南康市征兵体检工作给予充分肯定。

坚持“公正、公开、择优”的原则集体审定兵员。市征兵办主动与基层单位、体检政审人员沟通联系，严格按照“高学历青年优先，应届毕业生优先，高中毕业生优先”的原则进行定兵，没有发生徇私舞弊、违反征兵纪律定兵的现象。全市上下紧紧围绕新兵质量标准，以廉洁征兵为重点，以争先创优为目标，严格政策规定，强化“征优”意识，极大地激发了广大适龄青年当兵报国的热情，营造了全市各行业支持征兵工作的良好氛围，高标准完成了新兵征集任务。

〔预备役登记〕 预备役登记分为预备役士兵登记和预备役军官登记，2013年，预备役士兵登记工作主要由人武部军事科负责，结合民兵组织整顿、兵役登记进行，对2012年度的退伍军人和1995年12月31日以前出生的适龄青年进行了登记统计，对1978年1月1日以前出生（超过35周岁）和其他身体原因（如疾病等）免服预备役人员进行了清退注销。6月，按照军分区司令部通知要求，核实了预编预备役专业人员情况，对拟编入现役部队的二炮专业人员进行了专门点验，并将点验情况反馈给部队有关部门。预备役军官登记由人武部政工科负责，主要对2012年退出现役被确定转服军官预备役的人员进行登记，作为指挥人才储备，并核实历年登记在册的预备役军官身份信息，上报军分区政治部备案。

民兵工作

〔基层建设〕 2013年，赣州军分区赋予南康市民兵基层建设试点任务。受领试点任务后，部党委高度重视，多次召开党委会进行专题研究，统一思想，拟制方案，分解任务，并及时向市委、市政府主要领导作了专题汇报，成立了市试点工作领导小组。书记、市长对基层建设工作高度重视，指定分管武装工作的常务副市长牵头负责，“两办”（市委办、市政府办）具体协调，全程跟踪督导，并将基层建设情况作为党管武装工作的一项重要内容，把国防后备力量建设纳入经济社会发展整体规划，把国防教育纳入全民素质教育计划，把专武干部和民兵干部队伍建设纳入地方干部队伍建设整体规划，把民兵预备役基层建设纳入基层政权和新农村建设规划，把人武部基础设施建设纳入城市发展总体规划，形成军地协作、齐抓共管推进民兵基层建设的合力。民兵基层建设试点涉及面广，需研究解决的问题多，时间紧、任务重、要求高，在军分区首长机关的指导帮助下，市人武部精心筹划部署，积极创新思路，认真组织实施。2~3月，部党委先后5次组织召开干部职工大会和专武干部、民兵骨干指挥员座谈会，广泛征求意见，研究确定基层建设调研内容，认真分析民兵基层建设形势，切实摸清底数，找准矛盾问题，理清试点思路，拟定试点方案，确立了队伍建设、民兵组织、征兵工作和潜力核对等4个重点方面，制定了《南康市人武部全面推进基层建设实施计划》。各乡（镇、街道）主要领导高度重视试点工作，在人力、物力、财力上给予政策倾斜、重点保障。市人武部按照具备条件的村、不完全具备条件的村和不具备条件的村三个层次，重点指导了镜坝镇连城村、境坝村、爱民村民兵营（连）规范化建设试点，组织召开了全市专武干部、民兵营（连）长规范建设现场观摩会，进一步统一民兵营（连）部“七个一”建设标准，并在全市推开。部党委采取干部带职工、新老搭配、混合编组、分片包干的方式，逐乡逐村检查“两室一库”和民兵营（连）部建设情况，了解基层建设中遇到的突出矛盾和问题，研究制定整改措施，及时通报检查情况，对基层建设中存在的问题，区分层次，限时整改。对矛盾突出、问题较多的单位，采取集体办公、重点帮带的方式，由军政主官到点到位、共同帮扶，帮助他们理清发展思路，解决重难点问题，推进基层建设整体提高。在2012年《民兵工作调整改革实施意见》的基础上，又协调地方制定出台《南康市村干部调整作用规定》《全市村级组织活动场所规范化建设标准》《南康市农村民兵组织规范化建设实施细则》《民兵基层建设指导手册》等文件规定。至年底，全市20个乡（镇、街道）

武装部“两室一库”建设比较规范，50%以上的村民兵营(连)部建设达到“七有”标准，各类资料内容完整，民兵应急分队装备物资器材配备齐全。

〔**民兵整组**〕 2013年，在省军区、军分区的正确领导下，南康市委、市政府、市人武部认真贯彻落实上级关于深化民兵工作调整改革的指示要求，坚持以使命任务为牵引，紧紧围绕“能打仗、打胜仗”的目标，积极适应民兵使命任务的新拓展、经济社会转型的新特点、军民融合发展的新要求。市国动委将民兵组织区分城区和乡镇两类进行布局，将中心城区和重点乡镇作为主要屯兵点，将京九铁路、赣粤高速等重要交通要道作为主要布兵线，把应急、支援队伍按任务布置到点，把市乡两级力量连成线，使城区力量辐射周边，乡镇力量互为补充，分队之间互相支援，整体布兵相互衔接，做到既突出组建重点，又强调整体协同。按照“突出重点、军地合力、形成机制”的思路，采取“统筹规划，分类建设，上下联动、有效推进”的方法，积极探索新形势下农村民兵组织建设的方法路子，努力提高民兵队伍遂行多样化军事任务的能力。按照“既适应平时又适应战时、既适应属地遂行任务又适应异地支援保障、既适应完成一般性任务又适应在复杂条件下遂行非战争军事行动”的思路，乡镇民兵应急分队赋予多项任务，平时主要担负抢险救灾、维护社会稳定和应急处突任务，战时主要担负守点、护线以及为作战部队补充兵员任务。遇有一般情况做到属地响应、就地用兵，重大情况能区域联动、集中用兵，特殊情况则全域聚合、超常用兵。按照“任务牵引、就近就地、对口编组、配套规范”的原则，结合“防洪、防火、防暴、防化”和“守点、护路、支援”的任务，采取属地混编、专业抽编、人装合编等办法进行编组。按照“沿山灭火、沿水抗洪、沿路保交”的思路，就近就地编队伍，在森林覆盖面积大、易发山火的乡镇编民兵应急排赋予森林灭火任务；在易发山洪灾害的乡镇编舟桥连赋予水上救护任务；在京九铁路、赣粤高速等重要交通要道沿线的乡镇编铁(公)路护路分队。按照规范化管理、常态化保持的要求，综合运用行政、经济、法律和科技等手段，采取人武系统统管、编兵单位主管、相关部门协管、目标单位共管的管理模式，把民兵管理触角向广度和深度延伸。

通过布局调整，科学编组，改变了过去一种专业编组一个分队、遂行一项任务的单一模式，使所建分队“与任务对接、与潜力一致、与储备结合”，做到“快速管用、合成高效”，较好地实现了“五个互补”，即中心城区与边远山区分队优势互补，机动支援与属地编组力量优势互补，民兵抢险抢救与政府专业救援队伍优势互补，民兵与驻地现役和预备役部队优势互补，军队保障与地方保障优势互补，圆满完成了上级赋予南康市支援、应急、储备三类队伍19个专业36个分队的民兵编组任务，其中，支援队伍13个专业17个分队，应急队伍3个专业14个分队，储备队伍5个专业5个分队。4月28日，全市基干民兵集结点验大会在市文化艺术广场举行，军分区副政委谢亨舜、市长柯岩松参加大会并作指示，市国动委成员单位领导、全市专武干部和城区周边民兵参加了点验大会。

部队管理

〔**机关安全管理**〕 2013年，人武部坚持把安全工作作为党委工程、保底工程，采取超常措施，打好安全管理工作战役，确保部队安全稳定。根据形势任务，及时传达学习上级文件精神，先后开展法纪教育、保密教育、安全形势教育，各类学习教育相互穿插和交叉。年初，按照军分区统一部署，开展“条令学习月”活动，组织全体干部职工学习武器装备、车辆安全、战备工作有关规定，观看警示教育片，进行条令条例考核，增强干部职工的思想政治觉悟和自我防范意识。结合人武部实际，健全完善和落实重大节日、重大活动安全工作分析预测、风险评估、定期检查、机关“五级值班”(部领导、科室值班、作战值班、干部和职工夜查巡院、门卫值班)和门岗夜间坐班等制度，落实军政主官安全管理工作责任制，干部职工向科(室)、科负责人向党委逐级签订安全管理责任状。部党委坚持每季度安全形势分析，严格落实星期五下午安全、保密、卫生大检查制度，及时发现并消除安全隐患。7月至10月，结合季节特点，深入开展“百日安全竞赛”活动，坚持以“零事故、零案件”为目标，召开专题动员部署会，成立领导小组，签订责任状，强调“内容不查清不放过、隐患不排除不撒手、问题不解决不收场”的要求，做到分析问题见人见事，查找隐患不走过场，问题整改不留死角，经费投入全力保障。始终把人员管理作为管控重点,把干部职工离开营区和八小时以外的管理当作重中之重,把安全隐患排查的触角向“两个以外”延伸,把抓好源头当作一种低成本和前瞻性的管理。重视在外干部动态管理,成立思想帮带小组,与他们帮扶结对,每月与在外人员电话联系一次,每季度上交一份书面思想汇报,确保组织、思想、行为不失控。建立军警民协作管理机制,重点纠治干部职工夜间会友狂欢和进入娱乐场所消费、打牌、打麻将搞小刺激、饮酒过量影响工作等问题。不断创新单位与家庭联管模式,坚持定期家访、定期召开干部职工家属和预征兵家长座谈会、巡院值班信息通报等制度,有效防止单位家庭“两头挂空挡”现象,消除管理盲区。车辆管理上,严格落实车辆动用和封存规定,建立严格的军车号牌使用管理责任制,健全车场管理制度,将车辆管理责任具体到每个科、每个人、每台车,确保每个环节有人抓、有人管,杜绝私自开车、违规开车现象的发生,并将私家车纳入管理范畴。把军车和号牌管理作为巡院值班员履职的一项重要内容,每天在交接班会上进行汇报,真正做到齐抓共管、人人有责。安全保密上,认真组织学习上级指示精神,把专武干部的武装管理、分队建设、应急行动等业务纳入教育管理视线、纳入排查整治范围,做到上下联动、两级同步、互查互评、相互促进。把纠治对当前安全形势盲目乐观、对超常管理举措不够理解、对落实保密制度心存侥幸等问题作为重点,把临时离开办公室门窗不锁、资料不收、电脑不关等不良习惯,放大到事故苗头去批评教育。营院管理上,协调地方公安、交警、消防、气象、电力、自来水和燃气公司等部门单位,派出专业技术骨干,给干部职工上安全常识课,对计算机网络、营区监控报警、水电器设备、指挥车、运输车、冲锋舟和避雷设施等进行全面彻底的安全技术检测,购置了配电房避雷电源,更换了消防水带、灭火器,排除了依靠自身力量难以排查解决的安全隐患。8月,市城市管理局对营区道路标识进行了更新。人武部把营门警卫工作作为重点,认真组织干部职工和合同兵学习相关规定和应急处置预案,组织针对性演练和训练,增强了干部职工的安全意识,提高了全体人员的事故防范技能。

〔**后勤保障管理**〕 2013年,人武部着眼保战备保生活保发展的要求,大力加强后勤规范化建设。一是狠抓后勤战备训练工作。按现代化后勤战备要求,及时修订完善战备保障方案,落实战备物资器材,狠抓后勤战备训练。年初,后勤科长带队参加军分区组织的为期7天的后勤炊事专业集训,参训人员熟练掌握炊事保障的程序、方法、要领,提高了应急情况下使用炊事车实施野战保障技术水平,在设定条件、限定时间、确保建制分队1餐量熟(热)食比武竞赛中,取得了总分第一的好成绩。积极与蓉江街道、土管、林业等有关部门协调,完成了民兵军事训练基地林地征(租)使用权证的办理,为规范民兵军事训练、科学设置训练课目提供了场地保障。二是严格落实财务制度。坚持党委集体理财,严格执行预算,落实分管领导“一支笔”审批和双主官联审会签等制度。按照“部财市管”要求,加强对资金预算、经费管理使用、有偿服务、工程建设等方面的监督管理,确保财务管理正规有序。坚持每月在“部务公开栏”公布经费收支情况,纪委每季度至少检查1次经费使用情况,提高了经费使用的透明度。三是加大后勤规范化建设力度。落实卫生包干责任制度,坚持日查、周评、月奖,使营院常态化保持卫生整洁。制订完善财务、营房、水电等管理规定,压缩行政消耗性开支,着力强化勤俭建部意识。把“营院综合整治”活动与“安全隐患排查整治”等活动结合起来,捆在一起筹划,统在一起整治,突出重点,列出清单,明确责任,确保隐患查清,整治彻底,问题“归零”。协调地方投入经费30余万元,完善军营文化建设试点器材和各项文化设施建设。四是大力开展爱国卫生运动。全年,在干部职工中开展爱国卫生月活动,积极做好H7N9禽流感防控工作,利用星期一晚上业务学习时机,组织干部职工和家属学习“人预防禽流感”常识和日常防病应急处置措施,普及卫生防病常识,进一步增强了干部职工及家属子女的防疫防病意识。

人民防空

〔**综述**〕 2013年,市人防办紧紧围绕全市工作大局,以经济发展和未来防空斗争需要为中心,创新机制,开拓进取,扎实工作,在队伍建设、人防易地建设费征收、宣传教育、工程建设、应急准备等方面均取得了新的成绩。市人民防空办公室受市人民政府和同级军事机关双重领导，并接受赣州市人民防空办公室主管部门领导的行政职能部门。

〔**机构队伍**〕 2013年，市人防办内设秘书科、指挥科、工程科。参照国家公务员管理5人，事业编制2人。

〔**工程建设**〕 一是坚持“以建为主、以收促进”的原则，抓好结合民用建筑修建防空地下室，把建放在首位，着力推进人防工程建设。已建有亚琦·城市一号人防地下室工程面积达1500平方米，完成了南水国际、御龙城、国光超市等楼盘的地下室工程建设。二是突出抓好了通信警报建设和办公自动化建设。

〔**应急准备**〕 全面完成了城市防空袭预案的修订，确定了人口疏散点、疏散方式及经济目标保护单位。进一步加强了人防专业队伍建设。横市镇确定为赣州市人口疏散区域，蓉江街道桥口村、浮石乡为南康市人口疏散区域，已建立健全了各级网络组织。

〔**人防宣传教育活动**〕 2013年，人防办加大了对《人防法》的宣传教育力度。以宣传单、标语条幅、图片展览、手机短信等方式宣传了人民防空知识及法律法规，使人防的影响力进一步扩大。在城区5所初中的初二年级，全部开设了人防知识教育课程，由市财政出资免费为城区初二年级学生人手发送一本《人民防空》书本，共4900本。并给全市所有单位组织发放了《江西省市民应急手册》1万册。人防知识教育深入学校、社区。

〔**人防易地建设费征收**〕 市里规定：城市规划区内的一切民用建筑工程，未经市人防办审核批准同意的，一律不准发给工程许可证。2008年1月1日起，人防易地建设费征收标准为按总建筑面积每平方米28元。2013年，征收人防易地建设费计650万元。人防应急救援指挥中心，正在选址中，工程概算达4500万元。

〔**领导班子名录**〕

主　任：胡声平

副主任：张　妤（女）

武警中队

〔**综述**〕 2013年，市武警中队按照《军队基层建设纲要》要求，以强军目标为指引，全面落实习主席关于国防和军队建设一系列重要指示，中队全面建设不断取得新进步，年终被江西省武警总队被评为“优秀基层干部”。年内，中队长袁华利、班长王鹏荣立“个人三等功”1次，中队长袁华利被江西省武警总队评为“优秀基层干部”，中队党支部被江西省武警总队评为“优秀基层党组织”；中队三班荣立班集体三等功。姜良恒等13人被赣州市武警支队评为2013年度“优秀士兵”。

〔**组织建设**〕 2013年，市武警中队围绕健全组织工作的目标，着眼能力建设和先进性要求，狠抓了党支部班子自身建设。一是靠理论武装确保了政治上清醒坚定。坚持把学习作为加强班子建设的根本途径，着力在武装头脑、指导实践、推动工作上见实效。按照“高起点筹划、高标准推进、高质量落实”的要求，扎实开展深入学习党的群众路线教育实践活动。围绕“提高党支部依法决策”、“加强遂行多样化任务能力建设”、“破解部队安全发展难题”等8个课题，着力提高中队党支部“三个能力”建设，中队党支部“一线战斗堡垒”作用得到有效发挥。突出实践特色坚持立说立行，强化各级安全发展理念，研究破解安全发展难题，切实把学习成果转化为服务官兵、解决问题的强大动力。通过大抓学习教育实践活动，进一步改进了支部班子成员的工作作风，有效提高了班子成员的理性思维层次和实际工作能力。二是靠共同的事业凝心聚力。坚持用小中队大作为的共同理想信念统一思想，增进团结；用“四抓五突出”的工作思路统一思想，增进团结，切实形成了“想干事、会干事、干好事、好共事”的良好局面。三是靠作风建设促真抓实干。四靠风清气正取信于官兵。中队党支部重拳出击，着力在扭转部队风气上下功夫。坚持抓教育预防，进一步浓厚了“以廉为荣、以贪为耻”的氛围；逐步规范重点敏感事务办理，突出“四不”等问题的纠治；严格办事程序，妥善处理官兵关注的敏感事务。

年内，市武警中队党支部被江西省武警总队分别评为“优秀基层党组织”；中队指导员付自华被赣州市武警支队评为“优秀党员”;副队长杜建强被江西省武警总队评为“优秀团干部”;战士付明晓、尹璞分别被赣州市武警支队评为“优秀团员”。中队团支部、武警委员会积极发挥“参谋”、“助手”作用,加强自身建设的同时主动协助中队党支部开展工作,促进中队又好又快的建设。

〔**思想政治建设**〕 紧紧围绕培养“永远做党和人民忠诚卫士”要求,立足“两个前沿”实际,突出学习中国特色社会主义理论体系这个根本,打好拒腐防变主动仗,确保官兵政治信念坚定和思想道德纯洁。坚持把学习党的十八大精神作为重大政治任务,突出理论武装和解决问题,官兵思想观念和政治觉悟有进步,制度机制建设有加强,一些具体问题得到解决,有效推进部队建设科学发展;着眼官兵思想实际,深入细致的抓好经常性思想教育;扎实开展“牢记强军目标、献身强军实践、永远做党和人民的忠诚卫士”主题教育,“学创新理论、学党史军史、学英模典型,做忠诚卫士”和“立足本职为建设现代化武警做贡献”等主题实践活动,打牢部队思想根基。紧贴中心任务和官兵思想实际,抓好遂行任务中的政治工作,为圆满完成执勤处突维稳任务提供了强大精神动力。结合支队广泛开展“深知兵、真爱兵、带好兵”活动,大力加强政治环境建设,扎实做好一人一事的经常性思想工作,认真抓好“四反”、“个别人”排查转化、心理疏导、法律服务等工作,没有发生政治性问题。广泛参与南康市警民共建活动,警政警民关系和谐密切。

〔**军事训练**〕 2013 年,市武警中队严格按照上级部署,以高标准实现“两个确保”为目标,以经常性执勤和管理为重点;突出整治固定目标执勤和经常性管理中存在的各种安全隐患;以任务需求为牵引,加强现代条件下执勤信息化指挥手段的研究,不断提高能力素质。贯彻总队《“五小练兵”实施细则》,广泛开展“五小练兵”活动,营造群众性练兵热潮;积极参加赣州市武警支队军事科目比武,并取得了团体第三名的好成绩,中队长袁华利参加干部的比武中取得干部第一名的优异成绩。在赣州武警支队的全年季度考核成绩中,中队连续四个季度考核都为优秀,被江西省武警总队评为“基层建设先进中队”。

〔**执勤和处置突发事件**〕 坚持把“两个确保”作为抓工作搞建设的出发点和落脚点,围绕中心抓建设,抓好建设保中心;依据执勤是武警部队的中心工作,2013 年中队着重提高官兵体能、擒敌和处置情况的能力;较好地提高官兵的执勤能力。一是按照《军事训练与考核大纲》要求,着力抓好基础训练,切实提高了送行多样化任务能力。坚持依法治训、严格按纲施训,认真抓好部队基础技能、体能科目训练,努力提高单兵执勤(作战)能力,确保人员、内容、时间和质量落实。扎实抓好“五小练兵”、专勤专训和勤训轮换,促进了军事训练水平整体提升。二是各类勤务完成出色。充分发挥“三个载体”作用,与目标单位共同集中治理执勤隐患,确保了固定勤务万无一失。同时,中队还精心组织各类临时勤务,出色完成了短途武装押解 15 起,有效履行了职能,树立了武警良好形象。三是战备工作正规有序。按照“执勤安全有保证、处突反恐有把握、防卫作战有准备”的目标,中队 2013 年认真加大落实战备教育的力度,特别是抓好了敏感时期的社情教育和对《处置突发事件规定》、《战备工作规定》的学习,牢固树立“上一线、打头阵”的思想。中队认真执行战备制度规定,有针对性地进行一些模仿对抗性的训练和方案演练,严格战备管理,始终保持良好的战备状态。

〔**正规化建设与后勤保障**〕 2013 年,中队全面推进正规化建设再上新高。执勤设施建设也上新台阶,监区球机、探照灯、哨位信息化终端系统等设备一应俱全,“四防一体化”建设全面升级。此外,市武警中队坚持把后勤建设摆在和其他工作同等重要的地位,每月分析形势,查找不足问题,研究解决办法。在后勤人员挑选上,坚持标准,把军政素质过硬、热爱后勤工作、具有一技之长的战士选入后勤队伍。严格后勤人员管理,抓好后勤人员的思想教育和业务培训,努力提高后勤人员的责任心和业务水平。加强了中队营房和系列化营产营具的维护,并对营区进行了绿化亮化,使官兵的生活条件得到很大改善。加强对经费的管理,严格按照规定,对重大经费开支实行“阳光操作”,互相监督。每月公布经费收支情况,向官兵做好解释说明工作。认真落实伙食管理五项制度,按照营养均衡、口味兼顾、花色搭配的原则,努力搞好伙食调剂,官兵对伙食满意率比较高。严格落实卫生防病工作制度，及时接种疫苗，开展环境卫生整治，突出抓好甲流、口蹄疫、人禽流感，乙肝、肠道传染等重点传染病和食物中毒的防控工作，卫生防病工作实现无食物食物中毒和烈性传染病发生，昼夜发病率控制在1.5%以下。

〔**拥政爱民工作**〕 2013年，中队官兵视人民为父母，把驻地当故乡，始终与地方人民“同呼吸、共命运、心连心”，不断密切警政、警民关系，大力开展警民共建和学雷锋活动，积极参加驻地抢险救灾、经济建设、社会治安综合治理和义务植树、爱国卫生、希望工程献爱心等活动，用实际行动谱写了一曲曲“人民武警爱人民”的赞歌。

〔**领导班子名录**〕

中队长：袁华利

指导员：付自华

消防大队

〔**综述**〕 2013年，南康市公安消防大队以“保稳定、谋打赢、站前列”为总目标，紧盯依法防控火灾、打造消防铁军、正规化建设精细化管理三项工作重点，注重队伍建设、业务建设、基础建设协调发展，奋力拼搏，奋发向上，努力向管理要素质、向时间要进度、向质量要效益，高水平推动部队建设再上新台阶，为促进南康经济社会发展创造了良好的消防安全环境。大队连续两年被总队评为先进大队、被省委、省政府表彰为“江西省第十三届文明单位”、实现了省级文明单位“三连冠”；大队教导员赖伦勇被省公安厅表彰为“全省公安消防警卫部队优秀领导干部”；2名同志被支队表彰为“优秀士官”，1名同志荣立个人三等功。荣誉的获得，进一步彰显了南康消防的形象魅力。

2013年，大队党委召开会议24次，召开专题民主生活会2次，组织中心组集体学习12次，开展专题座谈3次，组织工作更趋规范、班子决策更为科学、官兵作风更加优化。全年共吸收3名同志加入中国共产党，2名预备党员按期转正。坚持开展了以党建带团建的帮建活动。“五四”前夕，中队团支部发展吸收了2名团员，被支队团委表彰为“五四红旗团支部”、被南康市团委表彰为“十佳团支部”，3名同志被评为“优秀共青团员”。

〔**火灾扑救和抢险救援工作**〕 大队严格落实等级战备制度，认真做好火灾扑救和抢险救援等各项准备，枕戈待旦，闻警而动，出色完成了各项灭火救援任务。2013年，大队共接警出动405次，扑救火灾269起（其中家具行业火灾126起），参与抢险救援和社会救助136起，抢救人员47名，抢救和保护财产价值约2亿元。大队严格按照三星级铁军中队建设标准，持续深入开展了铁军中队达标创建活动，目前，创建步伐不断加快，大队官兵素质更加过硬、初战控制更加及时、整体战力更加强大，部队实战训练水平和灭火救援攻坚能力得到了显著提升。一年来，大中队共开展重点单位实地演练70余次，其中夜间演练20余次，进一步促进了官兵对各类重点单位的情况熟悉，锻炼了部队的作战能力。

〔**提升执法水平**〕 大队努力从三个方面提升执法水平：一是严格按照规定程序办案，制定审核、验收等各类工作的推进表，及时提醒办案人员在规定时间内结案，并及时归档、作好登记；二是规范办证大厅的设置。细化便民服务措施，公开值班信息，设置取表、填表处，明确参谋的岗位职责，公开每个执法人员的联系方式，大大提高了人民群众的办事效率。三是错时执法，实行监督执法“双错时”。大队实行白天和晚上错时、节假日和工作日错时，对宾馆、饭店、歌舞厅、网吧、洗浴等夜间营业场所，加大了夜间检查力度，对家具市场、成衣市场、文化艺术中心、超市等人员密集场所加大节假日的检查力度。

为进一步加强歌舞厅、宾馆饭店、医院等人员密集场所消防安全管理工作，大队提请政府召开了全市人员密集场所消防安全专项整治工作会议，下发了《南康市人员密集场所消防安全专项整治工作方案的通知》（康府办字〔2013〕48号），会议结束后，大队分三组于2013年4月23日至2013年6月18日对全市的人员密集场所进行了消防安全大检查，共检查321家次，发现火灾隐患543处，整改火灾隐患540次，下发行政处罚决定书11份，罚款67000元。提请政府下发了《南康市集中开展违章搭建彩钢板临时建筑及人员密集场所门窗设置影响逃生灭火障碍物专项整治行动方案》，成立了专项整治行动领导小组，并于5月27日下午召开了专项整治行动会议，公安局、城市执法局、城市管理局、教育局、卫生局、民政局、商务局、规划建设局、文广局和家具产业局等行业或系统行政主管部门，分四组对全市人员密集场所和建筑工地进行火灾隐患排查，消除了火灾隐患，确保了全市消防安全工作。提请政府下发了《深入开展消防安全大排查大整治活动工作方案》(康府办字〔2013〕71号)，并于6月18日在市政府6楼办公室召开了大排查大整治活动会议，要求有关单位和部门要积极行动起来，严格按照市政府文件要求，制定具体的实施方案，成立组织机构，明确工作职责，建立工作机制，召开专门会议，迅速部署开展工作。6月份以来，大队共检查单位860(家、次)，发现火灾隐患或违法行为1050处，下发《责令改正通知书》675份，下发《行政处罚决定书》25份，临时查封8家单位，责令"三停"8家单位，罚款299000元，拘留2人。

大队严格按照《消防宣传五进标准》，积极拓宽活动领域，抓好消防宣传"五进"活动。大队在市金赣社区、芙蓉社区、南康实验小学、南康中心幼稚园、巴德士涂料厂和金塘村等单位，建立了消防宣传示范基地，组织开展消防安全培训，累计参加培训人员达860次。大队监督干部定期每月到学校、企业等单位开展消防宣传培训，并组织消防站开放，向参观者展示消防部队的精神风貌，学习掌握防火、灭火和逃生技能。重点抓好了元旦、春节、"五一"等重大节日的消防安全保卫和消防宣传活动，共发放"五进"宣传牌600余张，消防知识宣传资料1500余份，出动宣传车20余次。重点单位及场所悬挂宣传标语，并散发了《致南康市家具生产企业经营户的一封信》5000份，在市中心区设立消防咨询服务，南康"夕阳红"老人消防宣传队也深入城市社区、街道进行消防知识义务宣传，群众交口称赞。全年大队对公众聚集场所、易燃易爆场所、家具生产企业等单位进行了消防安全培训，培训人数达220多人，大队充分发挥消防安全职业技能培训的契机，有力推进了消防工作社会化的进程。

〔领导班子名录〕

大队长：陈此兴

教导员：赖伦勇

2013年4月28日下午，南康市在市文化艺术中心广场组织召开基干民兵集结点验大会，赣州市军分区副政委谢亨舜，南康市市委副书记、市长柯岩松、人武部部长张东、人武部政委沈光泽出席。

经济管理

发展和改革委员会

〔**综述**〕 2013年，南康市发改委在市委、市政府和上级发改部门的正确领导下，紧紧围绕市委、市政府“把南康建设成为赣州都市区核心增长极和宜居宜业的活力新城”战略部署，牢牢把握苏区振兴发展的重大历史机遇，以重点工程项目建设为抓手，解放思想，乘势而上，积极作为，突出重点，狠抓落实，扎实推进争资争项、项目开发、投资管理、发展规划、经济分析与预警等各项工作，充分发挥发展改革工作职能作用，圆满完成了各项工作任务，获得了“赣南苏区振兴发展工作先进集体”、“赣州市发展改革系统项目工作先进单位”等荣誉，黄光、钟泽玉同志被评为“赣州市重点工程建设先进工作者”。

〔**机构队伍**〕 市发改委内设秘书科(产业协调科、第三产业发展办公室、国民经济综合和规划科、市国防动员委员会经济动员办公室、行政审批服务科)，工交、能源、高新科，固定资产投资和社会发展科及农村经济科等4个科室，代管市属二级事业单位市项目开发办公室和股级事业单位重点工程管理办公室。共有干部职工18人。其中行政编制6人；事业编制8人；聘用人员4人。在职人员大中专以上学历18人，中共党员7人。

〔**社会发展规划与经济分析预警**〕 一是全力做好“十二五”规划中期评估工作，准确分析和把握了南康市经济社会发展的新形势，对“十二五”规划中的地区生产总值、财政总收入、固定资产投资等重要经济指标进行了评估测算，进一步完善了经济发展、经济结构、社会民生和资源环境方面发展目标，为推动“十二五”规划的顺利实施打下了扎实的基础。此外，还组织提出了《南康苏区振兴发展规划(草稿)》、国家证监会、民航局对口支援南康市两年工作计划及重点工作计划等，为推动南康市苏区振兴发展和对口支援工作明确了发展方向。二是积极做好经济运行监测和分析，组织开展了4次经济运行调研工作，选取9家样本企业，积极开展经济运行监测，按季度分析经济运行情况，形成分析材料，为市委、市政府科学决策提供了科学依据。

〔**争资争项**〕 2013年，全市争取国家、省级投资项目136个，争取资金156913.39万元，完成任务占计划任务的150%，比去年全年增长65%。其中：中央资金125777.95万元，省级资金19852.39万元，赣州市级资金11283.05万元。城建项目资金39765.4万元，农林水项目资金21456.76万元，工交能源项目资金16799万元，保障性住房项目资金8705万元，教育、文化、卫生、体育、民政等社会发展项目资金68868.23万元，以工代赈及其他项目资金1319万元。以上项目资金为南康经济社会发展做出了重大的贡献。

〔**项目开发与管理**〕 全年开发各类项目230个,其中招商引资项目88个,列入赣州市项目库项目180个,列入本级项目库项目230个。市发改委行政审批窗口审批、备案各类项目241个;获得省发改委审批、核准、备案项目2个;列入省重大项目调度项目4个,通过省国土厅预审用地指标1464亩。进一步完善了项目开发管理机制,相关职能部门单位分工更清晰,职责更明确,配合更协调,重大项目的策划、开发、申报更加高效,为全市经济社会发展提供了丰富的高质量的项目资源。

〔**投资管理**〕 2013年,全市安排重点建设项目108个,总投资315亿元。组织开展了项目建设攻坚年活动,筛选重中之重的31个项目,按照“落实责任、强化措施、挂图作业、倒排工期”的要求,实行“每月一督查一考评”,举全市之力加以推进。500万元以上固定资产投资100亿元,增长28.8%。全年共召开3次重点项目建设调度会,加强了重点项目建设督查考评工作,坚持每周开展重点项目检查、督导,编印重点项目建设督查专报16期。严格执行了重点建设项目“双公示”制度,固定资产投资的服务与管理更优化,投资环境更优越。

〔**计划制定**〕 2014年,全市国民经济和社会发展的主要预期目标为:实现生产总值152亿元,增长11%;规模以上工业增加值64.1亿元,增长14.5%;财政总收入21.5亿元,增长17%,其中公共财政收入15.9亿元,增长18%;500万以上固定资产投资125亿元,增长25%;社会消费品零售总额32.7亿元,增长16%;实际利用外资10100万美元,增长10%,外贸出口10977万美元,增长5%;城镇居民可支配收入20016元,增长11%,农民人均纯收入7633元,增长13%;人口自然增长率控制在7.6‰以内;居民消费价格总水平涨幅控制在3.5%以内;节能减排完成上级下达任务。

〔**计划执行**〕 2013年,全市经济社会保持快速发展态势,主要预期目标增长,经济结构优化,质量和效益提高。全市生产总值达到137亿元,增长10.7%。500万元以上固定资产投资100亿元,增长28.8%,拉动全市经济增长16.3个百分点。社会消费品零售总额28.2亿元,增长13.9%。时尚、文化、养老、健身等消费渐成热点,电子支付、定制消费等新兴服务业态发展迅猛。实现出口总额10454.26万美元,增长34.4%,增速高出2012年6个百分点,拉动全市经济增长1.3个百分点。完成财政总收入18.4亿元,增长22.7%,占GDP的13.6%,税性收入占财政收入比重达85.5%;公共财政预算收入13.5亿元,增长23.4%。

三次产业协调发展,结构调整持续优化。工业经济快速发展。全年实现工业增加值65.3亿元,增长13%,规模以上企业净增32家,达到114家,规模以上工业增加值56.1亿元,增长12.7%。家具、矿产两大主导产业增势良好,分别实现总产值152.5亿元和127.2亿元,合计占全市工业总产值的83%。家具产业基地通过省级产业基地评估,成功获批全国首个实木家具知名品牌创建示范区。现代服务业积极推进。金融业加快发展。全市现有金融机构48家,银行、保险、证券、融资性担保等门类较多。现代物流业发展迅速。国际物流商贸综合体开工建设,启动了家具物流企业信用评级工作,被评为“赣州物流产业发展工作先进市”。电子商务崭露头角,家具电商企业超过300家。现代农业稳步发展。粮食总产量达到23.5万吨,成功实现“十连增”,并首次获中央财政产粮大县奖励。“两主四特”稳步发展,生猪出栏85万头,果业开发面积6000亩,新造油茶5300亩。全市有省级农业产业化龙头企业6家、赣州市级14家,华星葡萄酒庄园、建华集团生猪养殖基地等重点项目进展顺利,东进农牧一期工程已完工投产。

项目推进扎实有力,发展后劲不断增强。项目建设再兴高潮。策划了总投资达29.7亿元的96个苏区项目,组织实施了总投资达315亿元的108个重点项目。启动了“重点项目建设攻坚年”活动,赣州职教园区、汽车城、金融中心等项目加速推进。产业平台日臻完善。南康工业园区升级为省级经济开发区,且被列为省循环化改造试点园区。龙华工业园、镜坝工业园、龙回工业园、家具产业园等产业平台建设步伐加快,新增园区开发面积1200亩,承载能力进一步提升。争资争项创历史新高。全年争取上级投资项目136个,争取资金15.7亿元。成功申报了4个项目进入省战略性新兴产业绿色通道,4个项目列入省重大项目调度,争取省级用地指标 2059 亩。

城乡统筹步伐加快,城市功能日益提升。规划编制有序推进。积极推进南康与赣州中心城区的规划衔接,组织专家启动了《南康市城市总体规划(2009~2030)》修编评估工作,编制了《赣州职教园区控制性详细规划》、《镜坝工业园扩园规划》等专项规划,城市控制性详规覆盖率达 93.7%。城建项目稳步实施。积极推进东山新区首期 5.4 平方公里建设,城区建成面积达 31.1 平方公里,城镇化率达 44.2%,城区绿化覆盖率达 41.8%,体育公园、南山风景区、城区断头路、大广高速南康南出口及连接线工程等重点城建项目顺利推进。城乡统筹步伐加快。唐江、横市入选全省首批百强中心镇。城乡供水一体化项目全面开工,赤土、麻双人饮工程建成供水,北部乡镇富裕和谐秀美乡村建设初见成效。

改革开放逐步深化,发展活力充分激发。积极推进金融体制改革。启动了"财园信贷通"园区企业融资试点工作,印发了《南康市企业上市引导资金管理暂行办法》。深入推进行政管理体制改革。制定了 11 项行政调解制度,开展了"依托电子政务平台加强县级政府政务公开和政务服务" 国家级试点工作,推进了以"两集中、两到位"为主要内容的行政审批制度改革。探索了征地拆迁新办法。实行了重置价补偿和安置点建设先行的补偿安置新方式。对外开放不断扩大。全年实际利用外资 9182 万美元,同比增长 10.1%。积极开展央企对接工作,已与中节能、中电建等多家央企达成投资协议或意向。民营经济活力强劲。全市现有民营企业(含个体工商户)31334 户,净增 4867 户;从业人员达 28 万人,占全社会就业人口的 80%,民营经济税收占财政总收入的 71%。先后获中国驰名商标 3 个、江西省著名商标和名牌产品 23 个,2 家企业获批为国家高新技术企业。全市专利申请和授权量实现历史性突破,居全省各县市首位。

社会事业全面进步,民生福祉不断改善。居民收入稳步提高。全年实现城镇居民人均可支配收入 1.8 万元,农民人均纯收入 6755 元,分别增长 13.3%、17.9%。社保体系日趋健全。城乡居民基本养老保险参保人数达 32.7 万人,增长 8%。城镇居民基本医疗保险参保人数达 10 万人, 增长 21%。新农合参保人数达 67 万人,增长 1.8%。社会事业全面发展。体育馆即将完工,妇幼保健院新院、中医院住院大楼新建项目扎实推进。市文化馆、图书馆、博物馆及乡镇文化站免费开放。农村中小学、乡镇卫生院等建设项目稳步实施。民生投入持续加大。民生工程投入资金 24.8 亿元,占公共财政预算支出的 73.6%。启动了 27 个省定贫困村整村推进工作,135 户家庭 638 人迁出深山区。完成了 3220 套保障性住房建设和 28022 户农村危旧土坯房改造任务。农村电网升级改造速度提升,完成低压电网改造 157 公里,年度扶贫攻坚、以工代赈项目全面开工,农村道路、水利等基础设施日趋完善。

〔领导班子名录〕

主　任:黄　光

副主任:幸世祎

　　　　刘福建

　　　　江　璟

项目办主任:郭称德

统计局

〔综述〕 2013 年,南康市统计局在市委、市政府的领导和上级统计部门的指导下,坚持以党的十八大和十八届三中全会精神为统领,牢固树立"用数据说话、为发展服务"的统计理念,认真贯彻落实《国务院关于支持赣南等原中央苏区振兴发展的若干意见》精神,坚持依法治统、优质服务,为实现南康市加快发展、转型发展、跨越发展提供了统计保障。

〔机构队伍〕 市统计局内设秘书信息科、统计调查科、统计检查科、数据处理科、农村社会经济调查队、统计执法大队、普查中心。各乡(镇、街道)设有统计站,配备统计员 1~2 名,负责本乡(镇、街道)的综合统计工作;各行政、事业、企业单位有专、兼职统计员,负责本单位的统计工作。2013 年末,有干部职工 18 人,其中正科 2 人,副科 3 人,干部职工 13 人,其中有统计师职称 3 人,助理统计师职称 2 人。

〔统计工作成效〕 2013 年,全市统计工作紧紧围绕市委、市政府的中心工作,不断创新工作思路,充分发挥部门职能,严格执行国家统计报表制度,加强对数据的评估审核，全面提高数据质量，准确、及时、全面完成各专业2012年统计年报和2013年定报，全面客观反映了全市经济社会发展情况。2013年，全市经济呈现平稳增长态势。全年完成地区生产总值(GDP)137.3亿元，按可比价格计算，增长10.7%；财政总收入完成18.4亿元，增长22.7%；规模以上工业企业实现增加值56.1亿元，增长12.7%；500万以上固定资产投资突破100亿元，增长28.8%；全社会消费品零售总额实现28.2亿元，增长13.9%。

〔统计调查〕 1. 顺利完成全市2012年文化产业调查工作。一是抓好文化产业调查培训。2月25日，与市委宣传部联合召开全市2012年文化产业统计年报及法人单位核查工作培训会，部署安排全市文化产业及法人单位核查认定工作，并对相关统计人员进行了业务培训。二是认真做好调查表的审核、上报工作。对各部门上报的调查表进行认真的审核，按时间要求上报到赣州市统计局。

2.圆满完成投入产出调查。此次调查南康市共抽中11家企业，根据赣州市统计局安排，市统计局专业人员认真做好报表的审核和上报工作。

3.推进了城乡住户调查一体化改革。城乡住户调查一体化改革是国家统计局统一部署的一项重大统计制度方法改革。2013年圆满完成了全市一体化改革试点工作。在全市的实施过程中，组织召开了四次会议进行动员、部署、培训、宣传，得到了市领导的重视和支持，市政府出台了《关于开展城乡住户调查一体化改革工作的通知》，为一体化改革工作提供了组织、人员、经费保障，较大幅度提高了调查员和记账户补贴标准，有效克服了一体化改革中调查员选聘难、记账户落实难的问题。

4.顺利开展2013年人口变动调查。10月14日召集了被抽中的6个乡镇(街办)7个村(居)委会的统计员召开人口变动调查业务培训会议，对人口变动调查工作进行了安排布置。

〔统计服务〕 1.统计服务内容不断深化。

紧紧围绕全市经济社会发展的热点、难点问题，深入企业和基层开展调研，加强统计分析和统计预测，适时提供统计分析报告，为市委、市政府决策提供重要参考依据。为进一步提高统计信息服务的质量和水平，2013年市统计局对以前制定的统计信息考核办法进行了修改完善，制定了新的《南康市统计局信息分析考核奖励办法》，把任务和质量分解到人。全年共印发统计信息116条、统计分析43篇，多篇信息和分析文章被市委、市政府简报和赣州市局、省局的内外网采用。每月认真编印《南康月度经济社会动态》和《月度经济运行情况分析》，让各级领导干部在第一时间了解掌握全市经济社会发展动态。积极搜集整理年度统计数据，发布了《2012年南康市国民经济和社会发展统计公报》、《2012年南康市国民经济和社会发展统计资料提要本》、《2010~2012年南康统计年鉴》等统计资料，全面反映了南康市2012年和近三年的经济社会发展情况。还充分利用政府信息公开网站，在第一时间把干部职工撰写的统计服务资料公布，扩大统计服务渠道，及时为社会各界提供真实、准确的统计信息。

2.统计监测预警功能不断增强。

一年来，市统计局密切关注经济运行态势，适时对南康经济运行情况加以分析研究，提出参考、预测意见，充分发挥统计工作的监测预警职能。一是开展县域经济考核监测预测。进一步完善统计监测手段，建立和完善县域经济发展统计监测体系，做好主要经济数据的月度、季度、年度监测和发布，对全市县域经济情况进行研究分析，就做好县域经济工作提出统计部门的意见和建议。二是重点关注矿产品、家具、电子等全市经济支柱产业的发展态势，加强了对全市经济运行的监测预警。紧紧围绕市委、市政府提出的目标任务，提前分析，加强对经济运行态势的预测，密切关注南康市、赣州市、全省经济形势发展变化。

〔统计法制〕 1.加强统计法制宣传教育工作。一是积极利用各专业年报会开展统计法制宣传教育工作。3月11日，利用召开乡镇(街办)和村基本情况统计工作会议之机，开展学习《统计法》活动，进一步提高乡镇村统计员的法制意识。二是开展形式多样的《中华人民共和国统计法》颁布30周年纪念宣传活动。第一，积极动员基层统计人员参加省统计局组织的撰写纪念文章活动，全市共推荐3篇优秀作品给省统计局；第二，开展《统计法》颁布30周年知识竞赛。10月，下发《南康市统计局关于组织开展统计法知识竞赛的通知》到机关、事业、企业单位，要求社会公众积极参与竞赛。通过此次活动，广泛深入宣传统计法律知识，增强全社会依法统计意识，为第三次全国经济普查顺利开展营造良好的社会氛围。

2.加强对统计违法违纪案件的查办和案卷制作。全年共稽查统计单位40家，查处统计违法案件5起，警告5起，罚款3起，处罚金额比上年增加19.4%。进一步完善了对有统计违法记录的单位实行统计监督检查回访制度，加大了对屡次迟报、拒报或提供不真实、不完整统计资料等统计违法违纪行为的查处力度。3个行政处罚案卷接受市法制办2012年度行政许可案卷和行政处罚案卷评查，评查结果较好。

〔统计队伍建设〕 一是抓好“企业一套表”和联网直报工作的培训。为确保各企业顺利完成“企业一套表”和联网直报工作，市统计局加大培训力度，利用各专业召开年报会对统计员进行统计知识培训，进一步提高了统计员的业务素质，使各企业统计人员掌握“企业一套表”报表工作的相关要求，提高专业知识水平，为顺利报送“企业一套表”年报和月报工作奠定扎实的基础。

二是抓好统计从业资格和专业技术资格的报名、培训和考试工作。2013年全市共有92人报名参加统计从业资格培训；5人报名参加统计专业技术资格考试。市统计局认真组织，制订培训计划，认真做好统计人员岗位培训工作。通过周密安排，9月15日，南康市顺利完成2013年度全国统计从业资格考试并全部通过，报名人数和通过率创历史新高，位列赣州市第二位。

加强自身建设，树立南康统计新形象，一方面落实党风廉政建设责任制。认真贯彻落实市委、市政府关于党风廉政建设工作的安排部署，做到一手抓统计业务工作，一手抓党风廉政建设工作，以党风廉政建设工作促进统计工作的快速发展。层层签订党风廉政建设目标责任书，由局长与各科室长签订党风廉政建设目标责任书，形成一级抓一级，层层抓落实的党风廉政建设工作格局。

另一方面加强机关作风建设。严格执行已制定的《南康市统计局机关工作制度》，强化干部职工的制度意识，自觉形成用制度管事、按制度办事的工作氛围。严格遵守中央关于改进工作作风、密切联系群众的八项规定、六项禁令，严格遵守工作纪律，大力精简会议和文件简报，坚持厉行勤俭节约，进一步改善局机关的工作作风，全局形成了严守工作纪律、争先创优、廉洁务实的良好风气，树立了统计部门的良好形象。

〔统计基础规范化建设〕 进一步推进了统计基础规范化建设，加强统计管理规范化，努力提高统计数据质量，确保数据来源合法有效、源头数据真实可信。

一是切实推进工作规范。按照赣州市局制定的《赣州市统计工作考核实施方案》，市统计局加强管理，不断规范各项工作，取得显著成绩。在赣州市统计局2012年考核评比中，市统计局被评为“赣州市统计工作先进单位”一等奖，连续三年获得先进单位荣誉称号。

二是继续推进乡镇统计基础规范化建设。修改完善了对乡镇统计工作的考核办法，重新制定《南康市乡镇（街办）统计工作考核办法》，对2013年农村统计调查基层基础工作进行了检查，通过先乡镇自查，市统计局复查的方法。检查的内容主要是对各乡镇2013年主要农作物播种面积、产量统计和畜牧业统计情况以及2012年农村经济统计综合年报的数据质量和统计基层基础工作进行全面检查。通过检查，全市进一步加强农村统计基层基础工作，规范统计工作规程，提高统计数据质量。

三是加大局内各专业统计基础规范化建设力度，各专业积极推进规范化建设工作，并取得了明显成效。

〔“三送”工作〕 2013年，市统计局抽调了3名干部参加“送政策、送温暖、送服务”活动，进驻镜坝镇红星村、连城村、联民村开展“三送”活动，市统计局工作队以“求真务实”为抓手，深入挂点村，全面走访联系户，了解百姓心声，各项工作开展有序。（一）在确定了干部帮扶联系户后，队员充分利用雨天和节假日等群众在家的时间段，深入走访结对帮扶户，对群众反映的意见和要求，认真撰写“民情日记”。干部沉到一线，致变了过去“群众找干部”为“干部找群众”，达到了情况在一线掌握，问题在一线解决，矛盾在一线化解，极大密切了党群、干群、政群关系。（二）身体力行，积极支持配合做好苏区振兴规划编制对接工作。2013年，市统计局工作队发挥统计部门职能作用，全力配合做好赣南苏区振兴规划编制工作：一是认真做好农村生产生活条件现状调查统计工作；二是积极配合镇、村做好农村贫困人口数据台账建立工作。这些基础性工作为市、乡编制南康市规划起到了举足轻重的作用。

〔企业一套表改革〕 一是做好服务业企业纳入一套表改革工作。针对新纳入企业,市统计局专业人员多次深入企业进行指导，确保这些企业按时完成联网直报工作。切实做好重点服务业纳入一套表改革工作,把全市符合条件的11家重点服务业企业纳入一套表上报对象,于2月18日召集企业统计员进行业务培训，确保了重点服务业企业纳入一套表改革工作的圆满完成。

二是认真开展企业联网直报“三查”自查工作。根据《赣州市统计局关于认真做好企业一套表联网直报“三查”工作的通知》要求,为贯彻落实国家统计局、省局和市局企业联网直报“三查”工作会议精神,真正查清、查实名录库单位,真正搞准统计源头数据,真正落实“四大工程”建设的各项要求,市统计局积极谋划,迅速启动企业联网直报“三查”自查工作。及时制定了《南康市统计局关于认真做好企业一套表联网直报“三查”工作的通知》(康统发〔2013〕16号)文件和“三查”工作方案，下发到全市各一套表联网直报企业。按照方案,南康市企业联网直报“三查”工作分为两步,第一步就是要求企业认真自查。第二步就是在企业自查的基础上,根据专业分工业、贸易、房地产、服务业四个组,由分管领导带队,迅速深入全市185户“四上”企业全面进行“三查”,确保一家不漏。“三查”结果表明:我市“一套表”调查单位是真实和准确的,“一套表”联网直报数据质量较高,“四大工程”总体部署落实情况到位。

〔第三次全国经济普查〕 2013年是经济普查年,按照上级安排,南康市认真做到普查机构、人员、经费和办公地点“四落实”,顺利完成普查指导员和普查员选调、普查宣传、单位清查各阶段的工作任务。

1.普查机构、普查人员、普查经费、普查办公地点落实到位。

市委、市政府高度重视全国第三次经济普查工作,市政府及时下发《南康市人民政府办公室关于成立南康市第三次全国经济普查领导小组的通知》(康府办发〔2013〕95号),成立了以分管副市长为组长,市政府办、市统计局、市委宣传部、市发改委、市财政局分管领导为副组长,17个政府部门为成员单位的市第三次全国经济普查工作领导小组。专门安排了一间会议室作为经普办日常办公场所，从成员单位抽调的6名工作人员专职到经普办工作。全市20个乡镇(街办)和南水开发办均成立了经济普查机构，每个乡镇选配了普查业务骨干,普查办公场所也全部落实。为保障普查工作的顺利开展,市政府安排了48万元作为全市经济普查经费，为普查工作的顺利开展提供了物质保障。

2.精心组建高素质的普查队伍。

普查队伍是普查工作的关键，普查队伍人员素质高低将影响普查质量的好坏。为做好普查指导员和普查员选调,市经普办专门下文(康经普办发〔2013〕2号)对普查指导员和普查员选调要求和配备人数作了具体的要求。全市各乡镇(街办)按照市经普办要求,精挑细选,将责任心强、对普查区情况熟悉、掌握相关统计知识和财务知识的人员选调为普查指导员和普查员。全市共选调普查指导员176人,普查员391人。

3.广泛宣传,营造良好的普查社会氛围。

经济普查是一项浩大的社会系统工程，需要社会各界特别是普查对象的密切配合。为使广大人民群众了解、支持并配合经济普查工作,大力开展经济普查宣传工作。市经普办、市广电新闻中心以及各乡镇充分运用广播、电视、报纸、网络等载体进行大力宣传;乡镇、村(居)委会采取张贴宣传画、宣传标语、开设宣传橱窗、黑板报、悬挂横幅等多种形式进行宣传。整个宣传工作做到电视有图像、街上有标语、墙报有专栏,形成经济普查立体宣传网络,努力营造一个“领导重视、群众参与、社会关心、普查对象配合”的良好氛围。

4.精心组织,单位核查工作顺利开展。

单位核查是经济普查的一项基础性工作,是保证普查工作顺利实施的关键。为抓好单位核查工作，一是积极抓好市乡两级单位核查的业务培训工作;二是认真收集部门资料,建立单位核查底册；三是于8月20日至9月25日开展规模浩大的单位核查入户登记工作;四是严把质量关,认真开展核查表编码审核录入工作;五是认真组织,抓好单位核查数据质量验收工作；六是认真做好核查对比，切实开展查缺补漏工作，确保单位数的不重不漏和核查数据高质量。2013 年，全市共核查出个体经营户 28859 户，与 2008 年第二次经济普查的 22492 户相比，增加了 6367 户，增长了 28.3%；法人单位 3191 个，与第二次经济普查的 1480 个相比，增加了 1711 个，增长了 115.6%。

〔领导班子名录〕
局　长：刘吉贵
支部书记、副局长：古质平
副局长：明益兵
工会主席：邓永山

物价局

〔综述〕 2013 年，南康市物价局深入贯彻党的十八大精神，紧紧围绕市委、市政府提出的“加快发展、转型发展、跨越发展”战略目标，在上级业务部门的指导下，以“稳定物价、服务发展、保障民生”为工作重点，强化价格监测预警，稳妥推进价格改革，大力整顿和规范价费秩序，为南康经济平稳较快发展及社会和谐作出了应有的贡献。2013 年，市物价局被评为“2013 年全市物价工作先进集体”。

〔机构队伍〕 市物价局内设秘书科、基金办、价格科、收费科、监测科、价格认证中心、物价检查所（副科级单位）。2013 年，市物价局共有干部职工 22 名（其中女 7 名）其中正科级干部 6 人，副科级干部 4 人，一般干部 8 人，职工 4 人。

〔价格监测〕 （1）坚持“一日一监测、一周一分析”的价格监测制度。重点加强了对粮油、蛋肉蔬菜等日常生活必需品价格的跟踪监测；同时加派人员对农药化肥等农资产品价格监测，确保其价格稳定运行，服务民生。

（2）加强建材价格预警监测，促进农村危旧土坯房改造工作。对全市 20 个乡（镇、街道）及南水新区建材市场中红砖、钢材、砂石等市场价格进行全方位的预警监测，确保价格平稳运行，护航农村危旧土坯房改造工作。

〔价格管理〕 完善定价机制，全力做好垄断商品和服务价格的管理。督促各乡镇生猪定点屠宰场、城区定点屠宰场规范执行代宰费标准；继续深化价格改革，加强廉租住房租金管理；加强对高中水电费成本、物业服务定价成本监审；对小水电上网电价进行了调查和研究，并提出相关建议，并加强了对电力部门安装、维修方面的价格监管。

〔价格监督检查〕 （1）开展阶段性突击检查。在节假日期间开展市场价格检查，重点检查“米袋子”、“菜篮子”等生活必需品价格和旅游景点价格等；在春运期间开展汽车客运票价检查，规范了春运客运价格秩序，保护了消费者合法权益；在开学期间整顿和规范教育收费行为。

（2）开展群众关心的价格和收费检查。认真开展了全市涉企中介机构服务收费检查；配合赣州市价检局开展了医疗收费专项检查；配合赣州市价检局认真开展了涉农收费检查，重点检查了城区规划、国土、车辆检测等部门和企业的乱收费行为；整顿和规范了银行金融及通讯行业价格秩序。

（3）开展阶段性重点检查。结合“3.15”国际消费者权益日和《价格法》颁布纪念日，大力宣传《价格法》《价格违法行为行政处罚规定》等，解答群众提问，发放宣传材料，整顿和规范明码标价工作，狠抓明码标价工作，特别是对指定承担医保定点药店。

（4）完善价格举报工作制度。

坚持依法行政，完善价格举报受理、查处、回复工作制度。全年受理价格举报咨询案件 23 件、查处回复 23 件，查处回复率达 100%，及时高效地解决了投诉人所反映问题。

〔价格调节基金〕 加大基金增收、增强调控能力。2013 年，市物价局积极与地税局、交通局、房管局加强沟通与联系，加大基金征收力度，全年共征收价格调节基金 320 万元。积极推进农副产品平价商店建设。正式批复坚强量贩、清华购物超市开展农副产品平价商店建设试点工作，通过平价商店建设，实现了农副产品的产销对接，低价让利，服务民生，有效平抑市场价格。

〔价格认证服务〕 （1）以涉案物品价格鉴证为重点，积极做好价格鉴证工作。受公安、法院等司法机关的委托,涉案物品价格鉴证137件,鉴证金额1679.9万,其中刑事案件106件,鉴证金额100.7万元,民事案件31件,鉴证金额1579.2万元。

(2)加强对道路车物损失鉴定工作的服务。受市交通管理部门委托,承办道路交通事故车物损失估价案40件,鉴证金额45万元。

(3)做好国有资产拍卖及其他资产的价格评估工作。受有关部门(单位)的委托,价格评估案件8件,评估金额82.6万元。

(4)积极为政府及社会提供优质高效的价格认证服务。价格认证案件2件,认证金额201.8万元。

〔收费管理与调整〕 继续加强收费管理,严格按收费管理权限审批收费项目,严把收费审批关,根据规定,在全市范围内开展收费年审工作,对全市54个行政事业性收费单位上门进行了全面的年审,并对250个事业单位的收费单位实行了送审,年审率100%;根据上级文件精神,2013年,全市共取消收费项目17项,降低收费项目3项,免征收费项目4项,并对相关单位的收费许可证进行了注销和变更。

〔领导班子名录〕

局　长:曾静萍(女)

书　记:林国方

副局长:胡方珍(女)

　　　曾玉平

检查所长:陈庆积

工会主席:伍振发

审计局

〔综述〕 2013年,市审计局在市委、市政府和上级审计部门的领导下,按照业务求精、执法求严、工作求实、方法求新、质量求高的总要求,努力把握财政预算执行审计、政府投资审计、民生专项审计、经济责任审计和信息化建设5项工作重点,积极推动审计制度和审计工作方法创新,使审计效率进一步不断提高,较好地发挥了审计"免疫"功能的作用。

一年来共完成审计项目62个,其中:经济责任审计项目14个,涉及经济责任人15人,共查处违规金额2277万元;管理不规范金额17103万元;审计处理已收缴财政金额189万元;查处"三乱"行为15起,涉及金额659万元;向市委、市政府及有关部门出具审计报告62份;审计提出建议162条;被各类期刊媒体采用的理论文章或信息12篇。

〔机构队伍〕 内设人秘科、财政金融审计科、行政事业审计科、经贸审计科、农业资源环保审计科、固定资产投资审计科;下设基建工程预决算审计中心。年末在职干部职工32人(含聘用、借用),其中本科学历26人,大专学历6人;主任科员6人。

〔本级财政预算执行审计〕 6月,市审计局派出审计组进驻本级财政及部分预算执行单位,开展了审计和审计调查。针对全市国有资产处置收支情况、财政资金投资主要公共设施投资情况以及廉租房、民生一卡通等民生项目资金的使用情况以及上一年审计整改情况进行了重点跟踪调查。审计报告提出审计建议8条,为市政府决策提供了保障和依据,得到了市人大认可。

在对市地税局及部分纳税人的审计与审计调查中,审计组采取计算机审计、采用相关信息比对核实等方法,揭示出税收征管中存在的漏征漏管行为。地税局针对审计提出的问题进行一次全面清理整顿,有效清除了税收征管死角。

〔领导干部经济责任审计〕 受市委组织部的委托,2013年对龙回镇、财政局等15个部门、单位的领导干部开展了经济责任审计,共审计查出违纪违规金额582万元,上缴财政45万元。客观揭示了领导干部任期内单位财务活动中存在的问题和应承担的责任,并督促被审计单位及时制定、落实整改措施,促使领导干部进一步增强法纪意识,较好地发挥了经济责任审计的作用。

〔财政财务审计〕 2013年共完成财政财务收支审计项目31个,将"三公经费"列入审计内容之一,并在审计报告中如实反映。对民政、教育、城建等部门下属单位及其专项资金进行审计调查,做到依法依规、审深审透。通过审计,及时暴露了单位资金在使用和管理中存在的问题,并责令被审计单位进行审计整改。

〔**专项审计和审计调查**〕 根据上级审计机关要求,对南康市保障性住房、卫生专项资金等6项重要民生资金情况开展专项审计。派出审计组完成了全南县农村危旧土坯房等涉农资金专项审计、支援原中央苏区转移支付资金管理使用情况审计和相关人员的经济责任审计,以及兴国县政府性债务的交叉审计。积极配合有关单位做好了全市教育乱收费突出问题专项整治、清理化解乡村垫付农业两税债务检查、大广高速沿线两厢民房装饰、扶贫资金调查核实以及全市民生资金管理使用情况监督检查等工作,及时出具了审计报告或提出了建议性意见,为健全制度和经济决策提供了参考意见,进一步促进南康市委、政府完善富民惠民政策措施,提高行政效能。

〔**项目投资审计**〕 共完成政府投资工程预结算审计401个,投资总额10.81亿元,审计核减1亿元,核减率10.26%。其中:主审投资结算项目126个,结算总额1.47万元,核减825.76万元,核减率5.27%;主审投资项目预算2个,预算总额150.98万元,核减28.28万元,核减率22.25%;会审投资结算项目97个,会审结算总额2.61亿元,会审核减2303.82万元,核减率5.91%;会审投资预算项目179个,会审预算总额6.72亿元,会审核减7928.66万元,核减率13.67%。

审计投资项目涵盖廉租房、水库加固、教学楼建设、敬老院建设、安置点道路建设等方面,赣南大道、艺术中心4个分项的投资审计已完成。审计中将审查分析资料与现场勘察有机结合,通过走访市场了解材料价格,获取充分证据材料,反复论证审计判断,严把抽审项目结算关。同时,认真做好审计宣传教育,向被审计对象宣传依法、客观、公正审计的政策。有效控制了工程建设中的高估冒算、偷工减料、损失浪费等现象,节约了政府投资。针对正在紧张推进的体育公园项目,市审计局及时与管理单位协调,要求建设方及时提交送审资料,有效避免工程集中送审的时间跨度、工程量大、项目繁多等矛盾。

〔**机关作风建设**〕 市审计局抓好领导班子建设和队伍建设,努力构建团结、创新、奋进的领导集体和干部队伍。采用集中学习与自学、自学与培训相结合的方法,加强了对党的十八大报告、“八项规定”、“红包”专项治理等政治理论学习,使干部职工思想进一步解放,政治素质进一步提高。业务方面重点组织学习了《江西省审计条例》,有针对性地开展了法律知识讲座、组织全市行政部门财务人员参加了《条例》知识竞赛等活动。

通过开展“审计大练兵、全面提高干部素质,打造审计铁军”主题活动,通过读书活动、撰写心得体会、开展优秀审计项目评比等系列活动,提升干部职工的“六种能力”,即:服务大局、依法审计、审计监督、为民服务、执行政策和综合治理的能力,营造了人人敢争先进、赶当先进的良好氛围。

围绕落实“八项规定”开展宣教活动,将节能减排、节约理念、服务观念深入人心。规范公务用车、公务接待等9项内部管理制度,“三公经费”的管理和使用更加透明。

〔**审计业务管理**〕 2013年,通过每半月召开一次审计业务工作会议,严格审计程序,加强审前调查,提出时限要求,确保审计质量。创新信息化建设管理方法,充分利用AO与OA等信息化系统,提升审计质量和工作效率。

市审计局采取审计回访、审计整改情况的跟踪落实,对审计成果进行深加工、精加工,提升了审计成果的转化,确保了审计成果有效利用。同时实行审计纪律公告制和回访制,签订责任状,从严管理审计队伍,确保机关人员廉洁从审。

〔**“三送”工作**〕 市审计局在唐江镇茶亭、中田、白石三村挂点“三送”工作,派出20名审计干部与625名群众开展结对帮扶,帮助群众解决生产生活困难。2013年落实帮扶资金12万元,争取项目资金17万元,化解矛盾纠纷37起,办理好事实事18起。

帮助茶亭村完成茶亭小学校舍维修和周边环境卫生整治,为村办公楼添设了楼梯扶手和铝合金窗户,完成办公楼余平硬化和水沟修复等。为中田中学、小学完成校舍维修,帮助完成上湾u型槽修复800米、下湾公路等项目建设,为白石村做好沙溪河河堤修复、灌溉水渠修复、白石老年体协门球场、老年人日间照料中心、土坯房集中点等项目建设。

〔**领导班子名录**〕

局　长:曹世明
党支部书记:谢楚平
副 局 长:吴才全
　　　　许裕建
工会主席:邹明英(女)

质量技术监督管理局

〔综述〕 2013年,市质量技术监督局在南康市委、市政府的正确领导下,以邓小平理论和“三个代表”重要思想为指导,紧紧围绕党的十八届三中全会精神,抓住科学发展主题和加快转变经济发展方式主线,树立“发展为先、生态为重、创新为魂、民生为本”的理念,以服务地方经济建设为中心,认真贯彻落实科学发展观和构建社会主义和谐社会的重大发展战略,解放思想,转变作风,科学发展,依法行政,全面履行综合管理和行政执法职能,依据质监法律、法规,认真开展了质监各项工作,确保了食品、特种设备和产品质量安全,树立南康质监良好形象:一是进一步转变干部作风,突出干部作风建设,实现了发展质监事业与营造良好的服务创业氛围两不误;二是食品和特种设备安全监察措施得力,成效显著,确保了“两大安全”无事故;三是计量、标准化等业务工作有了新起色;四是江西省南康家具产品质量监督检测中心已投入试运,国家家具产品质量监督检验中心(江西)项目获国家质检总局批准筹建;五是重点抓好大案要案,有效地维护了市场秩序;六是加强了内部管理,规范了财务管理,完成了政务信息上报工作;七是全面完成了综合治理及和谐平安创建工作。2013年荣获赣州市质监系统“全市质监工作先进单位”荣誉称号,还荣获全市“质量管理、政务工作、纪检监察、计财工作、绩效管理”先进单位荣誉称号。

〔机构队伍〕 南康市质监局内设办公室、综合业务股、食品办、特种设备安全股、稽查队和计量检测所、下设南康家具产品质量监督检测中心(事业机构)。

全局共有在岗干部职工26人。男性17人,女性9人。

文化结构:本科学历5人,大专19人,中专3人,高中5人,初中及以下1人。

家具检测中心在岗职工12人,其中男性8人,女性4人,有研究生4人,本科生8人。

〔法规宣传〕 2013年,为增强全民质量意识,大造声势地宣传了质监法律、法规。一是走进基层乡(镇)开展了农资打假“三下乡”活动;二是开展了“3.15”、“5.20”世界计量日和“质量月”系列宣传活动;三是开展了送法进社区,送法进园区活动;四是以安全为主题开展了“安全月”宣传活动,五是结合南康市全国实木家具产业知名品牌创建示范区工作,组织千家家具企业开展“质量诚信我先行”质量诚信承诺签名活动。活动中采取了制作宣传牌,悬挂宣传标语,印发宣传单和走上街头、走进企业开展法律法规宣讲咨询,全年共印发宣传单2000份,接受消费者咨询达1000余人次。同时,还充分利用广播、电视、报纸、杂志等新闻媒体,大力宣传质量技术监督法律法规和质监工作动态,全年共在各界新闻媒体发表稿件38篇,消息12条,编发简报13期。

〔计量检定〕 一是组织了检定人员的业务知识学习,检定人员的素质和检定水平得到了较大的提高。二是对企业使用的计量器具进行了强制检定和周期检定,共检定计量器具648台件,其中衡器125台件,压力表276台件,加油机135枪,医用计量器具112台件。三是服务意识和水平得到了提升,实施了随叫随到服务,获得了企业好评。四是开展“关注民生计量惠民”活动。开展“诚信计量进市场”工作,共检查市区集贸市场5个,超市16家,检查在用计量器具130台,检定合格125台,对有困难的个体摊贩免费检定计量器具28台,减免收费共2800元;开展“健康计量进医院”活动,共检查医院11家,检定合格医用计量器具112台,对确有困难的乡镇医院医用计量器具免费检定38台,减免收费共1900元;开展“放心计量进油站”活动,共检查加油站31家,检定合格加油机总数135枪,受检合格率达到100%。五是落实收费减免政策,对南康市辖区内在用工作压力表有原来每块70元降至50元。六是开展“5.20”计量日服务活动,进入社区进行了计量宣传活动,向群众发放计量宣传手册和资料,为群众免费检定血压计(表)20多台。七是开展了节能减排服务,倡导低碳生活。

〔**计量监督**〕 为维护广大消费者的合法权益，加大了计量监督检查力度。一是开展了节日市场计量监督检查，检查节日商品58个批次；二是开展了与百姓生活密切相关的“菜篮子、火炉子、米袋子”等“三子”商品的专项检查；三是开展了以105国道、323省道及城区周边为主的加油站的专项执法检查；四是以“3.15”、“质量月”和“5.20”世界计量日等重大纪念日为主题，开展了“民生计量进社区、进园区”活动；五是以节能降耗为重点，全面推进能源计量工作，加强了对3家年耗标煤5000吨以上的企业的节能降耗监管，开展了节能减排服务，倡导低碳生活；六是开展了建筑材料计量专项执法检查，共办理计量案件4起；七是开展了定量包装计量执法检查，共检查食品生产企业36家，检查超市5家，检查定量包装商品120余批次；八是开展了加油机、电子秤专项检查。

〔**标准化管理**〕 紧紧围绕市委、市政府的工作部署，以发展优势特色产业为目标，着力推进技术标准体系物质载体项目建设，着力提高企业产品质量和整体竞争力，建立健全南康市技术标准体系，为南康市经济社会的可持续发展提供重要的技术标准支撑。一是建立了3300家包括家具、食品、矿产品加工等生产企业在内的质量档案台账；二是大力开展了“质量兴园”、“质量兴企”活动，帮助企业完善标准化体系建设；三是大力开展农业标准化示范区工作和南康甜柚国家地理标志后续监管工作，大力推进农业标准化示范区建设，协同农业部门积极申报大坪无公害优质稻示范区为省级农业标准化示范区。四是联合市教育局在南康八中举办了标准知识进校园活动；五是大力推进服务业标准建设，协同南康物流协会申报国家级服务业标准化试点；六是联合制定了《南康全实木家具》地方联盟标准。

〔**代码和条码管理**〕 加强了代码、条码管理，两码工作有了突破性进展。一是发挥行政服务中心设置窗口的作用，通过电脑网络信息化平台，加快办证效率；二是强化联动机制，与有关部门大力协作，实行业务办理查验代码证制度，全年完成代码证新办(换)证2449份，代码证年检1983份，代码电子档案扫描率达到99%以上。续展条码成员单位5家。

〔**食品监督**〕 获得食品生产许可证企业共计37家，39本食品生产许可证，包括大米15本、桶(瓶)装饮用水生产企业9本，糕点企业5本，膨化食品生产企业3本，蜜饯和其他粮食加工企业各2本，肉制品、酱油、蛋白饮料各1本；食品相关产品(聚酯无汽饮料瓶)生产企业1家；食品添加剂生产企业1家。

一是深入开展肉及肉制品专项检查，未发现违法违规购进注水肉、病害肉、私宰肉和变质肉加工肉制品等违法行为。二是开展了桶装饮用水专项整治行动。三是全面加强人感染H7N9禽流感防控工作，重点对南康市唯一一家肉制品生产企业(南康市祥龙食品有限公司)进行监管。四是深入开展节日和中高考期间食品安全专项整治行动，有效确保了元旦、春节、中秋、国庆等节日及中、高考期间的食品安全和市场供应。五是开展赣南脐橙“提质量保安全促销售”主题活动，加强赣南脐橙地理标志产品保护。对果品市场开展了专项监督检查，严查脐橙生产企业使用染色剂、增甜剂等化学物质对未自然成熟脐橙进行催熟、染色等违法行为。同时，根据国家质检总局部署和赣州市政府的安排，三次赴西安开展了赣南脐橙地理标志产品保护专项打假。六是召开全市食品生产加工企业负责人食品安全监管工作会议，对全年食品安全工作进行了部署。开展了食品安全宣传周活动，邀请科技协会、人大代表、政协委员、媒体和群众代表参加食品安全宣传教育活动。推动食品生产加工企业开展“道德讲堂”建设工作，完成了第一批企业的讲堂建设工作。组织食品安全监管人员、部分食品企业代表和消费者代表参加了“福庐泉杯”江西第二届食品安全知识竞赛活动。

2013年，执法检查共出动123车次340人次，查办案件60件，抽检食品40批次，合格38批次，合格率95%。

〔**特种设备安全监察**〕 南康市在用特种设备共有1349台，2013年新增设备185台，共检查特种设备使用单位563家、特种设备1126台次，出动执法人员824人次，下发特种设备安全监察指令书110份，提出整改意见206条，已落实隐患整改94家，立案查处违法案件38起。

一是先后组织元旦、春节、两会期间、五一、中秋、国庆节日期间安全大检查工作。

二是为认真贯彻落实赣州市安委会《关于印发赣州市集中开展"土锅炉"专项整治工作实施方案的通知》(赣市安〔2013〕3号),为进一步巩固南康市安全生产成果,保护人民群众的生命财产安全,集中组织开展了"土制特种设备"专项整治行动,此次专项整治共出动执法人员42人次,检查企业16家,检查设备18台次,未发现使用"土制特种设备"企业。

三是完善了以气瓶充装站为安全责任主体的气瓶安全监管模式,有效解决气瓶违法充装、掺混二甲醚等问题,规范和强化气瓶充装站的安全管理。

四是依法对全市的火锅店、烧烤店、小吃店等使用液化石油气钢瓶的餐饮场所进行了全面治理。

五是联合南康市教育局在南康市第一小学组织小学生观看了由国家质检总局和教育部联合制作的电梯安全宣传动画片《电梯侠》,全面直观的向小学生宣传了电梯乘坐安全知识,有效的引导了小学生正确、安全乘坐电梯,活动结束后,受到老师和小学生们好评。

六是对全市压力容器压力管道集中的工业园区、企业及劳动密集型企业开展了安全隐患重点排查。

七是对全市铁路、公路、电力和水利等工程建筑领域施工用起重机械和场内专用机动车辆进行了安全检查重点对电力和水利等工程建筑领域施工用起重机械和场内专用机动车辆进行了安全检查。

八是继续开展了特种设备安全使用管理标准化创建,在2012年南康市建立了45家特种设备标准化管理企业的基础上,2013年南康市新增了10家特种设备安全使用管理标准化创建。范围已覆盖辖区内所有医院、宾馆、酒店、车站、机场、公园、游乐场、学校和化工企业,着力提高了企业安全主体意识、规范化管理水平、作业人员素质和安全技术保障能力。

〔产品质量管理〕 为维护消费者合法权益,加强行政执法工作,采取打、防、扶的工作方针,有效地从源头上强化产品质量监管。一是开展了产品质量建档工作,对全市企业产品质量实施档案管理;二是"全国实木家具产业知名品牌创建示范区"顺利通过国家质检总局验收:2013年9月1日在成都市举办的知名品牌示范区授牌仪式上,南康"实木家具产业知名品牌创建示范区" 等6个知名品牌示范区被授予"全国知名品牌创建示范区"。

三是积极推动市长质量奖的实施,健全评价机制,推荐了南康蓝天木业有限公司、江西维平创业有限公司、南康大奥涂料有限公司申报"赣州市市长质量奖"的评选,江西维平创业有限公司荣获"赣州市市长质量奖"。江西木牛家具有限公司、蓝天木业有限公司、蒙特欧家具有限公司获得了2013年赣州市质量管理先进单位,刘裕平等四人荣获质量管理先进个人称号。

四是组织评比了2012年南康市家具质量守信企业,与家具产业促进局、工商局一起严格把关,认真筛选,初步评选了17家重质量、守信用、树品牌的家具企业为2012年南康市家具质量守信企业。

五是推进名牌发展战略,2013年南康市又新增了7个江西名牌产品和4家江西省质量信用AAA级企业。全市共获得17个江西名牌产品、11家江西省质量信用AAA级企业。

六是完成了省局布置的65家企业产品质量竞争力指数调查。

七是成立了网格化监管检查小组,对辖区内获证企业认证情况进行了详细认真的检查,重点检查了全国实木家具产业知名品牌创建示范区内骨干企业、江西名牌企业、省质量信用AAA企业。

〔产品质量监督〕 2013年,坚持打假与服务、专项执法与日常监管的方针,开展了农资、化肥、水泥、红砖、涂料、钢材、人造板等领域的专项检查。共抽取了53家红砖生产企业、10家肥料经销商的17批次复合肥和2批次有机肥,16家板材、2家瓦楞纸箱、8家树脂胶、2家油漆生产企业。及时完成了市局下达2013年的定检任务,共立案查处案件59起,其中无生产许可证案件6起、认证认可案件3起,国家明令淘汰产品案件1起、标准化案件2起,质量案件43起,其他案件2起。

〔领导班子名录〕

党组书记、局长:朱红英(女)

党组成员、南康市家具产品质量检测中心主任:刘道斌

副局长：董海斌

李　俊

纪检组长兼副局长：刘宏芳（女）

工商行政管理局

〔综述〕 2013年，市工商局在市委、市政府和赣州市局党组的正确领导下，以深入学习党的十八大、十八届三中全会精神为契机，切实改进作风，充分运用工商“五大职能”，全力服务南康经济社会发展，取得了明显工作成绩。南康市工商局被赣州市工商局评为2013年度全市工商行政管理绩效考核优胜单位。南康市个私协会被江西省个私协会评为2013年度先进单位。南康市消费者协会被赣州市消费者协会评为2013年度调解投诉先进单位。徐广城同志被赣州市工商局党组评为“2013年度优秀公务员”。熊暑萍、杨华平、申鹏被赣州市工商局党组记三等功一次。钟莎莎同志在江西省消协组织的投诉调解技能大赛中荣获二等奖。南康局蓉江分局、金鸡分局、龙华分局、凤岗分局被南康市评为“2013年度群众满意基层站所”。

〔机构队伍〕

一、局机关（科室、直属局、直属事业单位）

下设办公室、人事教育科、政研法规科、监察室、个体科、商标广告科、市场管理科7个职能科室，企业注册局、公平交易局、消保局3个直属机构，机关后勤服务中心、信息中心、个协办公室、消协办公室4个直属事业单位。

二、基层

辖蓉江分局、金鸡分局、唐江分局、龙回分局、赤土分局、镜坝分局（与朱坊分局合署）、凤岗分局、龙华分局、横市分局（与坪市分局、麻双分局合署）。

三、队伍

2013年末全局有正式在编人员131人，退休人员99人。

〔市场监督管理〕 在农资监管方面，2013年共检查农资经营户2389户，抽检化肥20批次，合格17批次，不合格3个批次，合格率85%，经营不合格农资经营户已立案查处。在成品油监管方面，检查加油站33户，检测成品油40批次，合格33批次，合格率82.5%，立案查处经营不合格成品油案件7件。在建材市场监管方面，对建材市场进行了专项整治，摸清了建材经营户数，全市共有钢材、红砖、水泥、铝合金等建材经营户1265户，其中钢材经营户154户，水泥93户，红砖50户，铝合金123户，其他建材经营户845户，全部建立了经营户台账，每季一次对部分钢材经营户经营的建材进行了商品质量抽检，共抽检了25个样品，检测出2个样品不合格，立案查处建材案件2件。在防控禽流感方面，对辖区内的农贸市场进行了检查和集中整治，进一步加强畜禽市场监管，防控H7N9禽流感。整治活动共出动执法人员317人（次），出动92辆（次）执法车，检查辖区内农贸市场108个（次），共检查禽类经营户644户次，其中店铺186户次，固定摊贩458户次，未发现销售病死病害禽类产品等违法行为。在网络监管方面，建立网络经济户口80户，网上巡查80户企业，受理网络投诉2起，作行政调解处理。在拍卖监管方面，办理拍卖备案13份，拍卖委托书13份，拍卖委托书金额3217.48万元，拍卖确认书11份，拍卖确认书金额4415.5万元。在动产抵押登记方面，办理动产抵押登记16份，抵押担保（反担保）借款合同16份，抵押物价值16022.56万元，担保主债权金额7926.4万元，办理动产抵押注销登记11份，主债权金额4605万元。

〔企业注册监督管理〕 市工商局认真落实国家总局《关于支持赣南等原中央苏区振兴发展的意见》及省、市局有关配套具体政策措施，按照“非禁即入、非限即许”的原则，最大限度降低市场准入门槛；下放登记权限，对个人独资企业、合伙企业、农民专业合作社及其分支机构委托基层分局登记；帮扶家庭农场、农民专业合作联社等新兴市场主体发展壮大；加强重点产业和重大项目建设的服务工作，对省市重点项目企业落实了责任领导、责任科室和责任人，建立工商—企业联络员制度；支持鼓励注册资本在5000万元以上的企业申请变更使用不含行政区划的企业名称，鼓励符合条件的企业申请集团公司登记注册。2013年，新设立企业565户，变更企业405户，注销企业90户。共优惠企业（户/次）2023户，减免企业注册登记费112.59万元。

〔个体私营经济监督管理〕 2013年,南康市共有各类市场主体31794户;其中,内资企业286户,私营企业2151户,个体工商户29183户,农民专业合作社174户,分别占总登记量的0.9%、6.8%、91.8%、0.5%。南康市各类市场主体登记注册资本(金)达1235373万元;其中,内资企业注册资本(金)36598万元,私营企业注册资本(金)508704万元,个体工商户资金数额659516万元,农民专业合作社出资总额30555万元。2013年,全市新登记私营企业538户;

新登记个体工商户4831户;新登记农民专业合作社29户;新登记家庭农场5户;办理"个转企"转型升级93户,累计指导个体工商户转型升级企业登记290户。2013年,全市共办理各类市场主体注销登记503户,其中:私营企业注销77户,个体工商户注销425户,农民专业合作社1户。

〔合同管理〕 认真抓好格式合同备案,共办理格式合同审查备案35份,查处一般格式条款侵害消费者权益案6件。重点做好家具企业合同行政指导工作,制定了统一格式的《南康市家具买卖合同》(示范文本),逐步在全市家具企业中推行使用,省工商局对此充分肯定。该合同具有商品描述、说明书附随义务、交货验货及三包责任、违约责任、争议解决方式等核心条款,对规范家具生产企业市场交易行为,提高企业的合同法律意识,促进产销将起到积极的推动作用。全市4200多户家具企业使用该文本,占家具企业总数的60%。

"2012~2013年度江西省守合同重信用AAA单位"名单

1、南康清华购物超市

2、南康德发家具厂

"2012~2013年度赣州市守合同重信用AA单位"名单

1.南康市伊利斯达家具有限公司

2.江西红鼎轩家具有限公司

3.江西家有儿女家具有限公司

4.江西千多多家具有限公司

5.江西永红家具有限公司

6.江西世纪豪轩家具有限公司

7.江西金业辉煌家具有限公司

8.南康恒兴人造板厂

9.南康华远宏伟家具厂

10.南康市跨世纪家具厂

11.南康市爱民家具厂

12.江西华民盛家具有限公司

13.南康御品轩家具厂

14.南康东方兴业家具厂

15.江西澳福莱家具有限公司

16.赣州宝得丽家具有限公司

17.南康市三联家具有限公司

18.江西长生帝旺实业有限公司

19.南康市康明斯有限公司

20.南康荣盛家俱厂

21.南康鑫森家具厂

〔商标管理〕 稳步推进南康家具产业商标战略实施示范园区建设。南康市家具产业商标战略实施示范园是赣州市首个商标战略示范园,也是南康家具产业转型升级的重要平台。市工商局经过深入调研起草的《南康市家具产业商标战略实施示范园区建设方案(草案)》经市政府常务会议通过,以"两办"名义行文下发。建立健全了商标战略实施示范企业认定标准,确定50家规模较大、商标知名度较高、影响力较大的家具企业作为首批商标战略实施示范企业。在市工商局的指导帮助下,南康家具企业商标品牌意识显著增强,江西嘉美瑞家具有限公司和南康市文华家瑞家具实业有限公司2家企业正积极申报中国驰名商标,江西李氏王朝家具有限公司等企业的20件商标被认定为江西省著名商标,江西澳福莱家具有限公司等企业的41件商标被认定为赣州市知名商标。2013年,南康市共有有效注册商标2264件,其中驰名商标3件、省著名商标56件、市知名商标96件,地理标志商标1件,各项指标均居赣州市前列,注册商标总量名列全省各县市区第三位。

2013年度初次认定的江西省著名商标名单

序号	申请人	注册商标	使用商品
1	江西晓春家具有限公司	鲁派	家具
2	江西三友家具有限公司	金赣	办公家具，桌子，床
3	南康市文华家瑞家具实业有限公司	文华家瑞	家具，床
4	南康市昭玺家具有限公司	昭玺	家具，沙发
5	江西庆富家具有限公司	庆富	家具，床
6	南康市金牛家具有限公司	金牛家缘	家具，床
7	江西豪迈家具制造有限公司	豪森威利	家具，沙发，床
8	南康长城家具有限公司	乐满家	家具，沙发、床
9	南康世纪家缘家具有限公司	大堂风景	家具，沙发
10	江西富龙皇冠实业有限公司	富龙皇冠	家具，床
11	江西木之宝家具有限公司	木之宝	家具、床垫
12	江西李氏王朝家具有限公司	李氏王朝	家具，椅子（座椅）
13	南康市一见喜家具有限公司	凡人梦	垫子，床，家具
14	江西金郎家具有限公司	金郎	家具，办公桌，陈列柜
15	南康市木鸟匠家具实业有限公司	木鸟匠	家具，床，细木工家具
16	南康市水晶梦床具有限公司	水晶梦	家具，非纺织品制装饰墙板（家具）
17	江西富丽华家居发展有限公司	天祥华瑞	家具，床

2013年度延续认定江西省著名商标名单

序号	申请人	注册商标	使用商品
1	南康市培华沙田柚场	培华	鲜水果
2	南康市金月亮床垫家居制造中心	金月亮	床垫
3	南康市金海家具有限公司	亚欧神韵	家具，沙发，茶几

2013年新认定赣州市知名商标名单

序号	申请人	注册商标	使用商品
1	南康市赣桥化工涂料有限公司	赣桥及图	油漆、木材涂料（油漆）
2	江西晓春家具有限公司	鲁派	家具
3	江西龙泉家具有限公司	龙泉王及拼音	办公桌（家具）、办公室用家具、沙发
4	南康市康之龙家具有限公司	康龙美艺	家具
5	江西澳福莱家具有限公司	澳福莱	床、家具、沙发
6	南康市金源家具有限公司	精源及图	家具、床
7	南康完美家具厂	梦赛欧	办公家具、家具、床
8	唐江双兄木业	虔城居	家具、床、沙发
9	南康尺度空间家具制造厂	尺度家缘及图	家具、床、沙发
10	南康市亮鑫家具有限公司	亮鑫·缘	家具、床、床垫
11	南康长乐家具厂	启典	床、陈列柜（家具）、化妆台

(续上表)

序号	申请人	注册商标	使用商品
12	南康明珠家具厂	明盛祥及图	床、沙发、家具
13	江西英华木业有限公司	睿涵家园及图	办公家具、沙发、弹簧床垫
14	南康双裕家具有限公司	双裕及图	家具、办公家具、文件柜
15	南康飞龙家具有限公司	申飞龙	家具、床、桌子
16	南康市志盛家具有限公司	志盛及拼音	家具
17	江西金塔家具有限公司	金塔之光及图	家具
18	江西永红家具有限公司	殿美及拼音	家具
19	江西豪迈家具制造有限公司	豪森威利及拼音	家具、沙发、床
20	南康长城家具有限公司	乐满家	家具、沙发、床
21	江西林华嘉盛家具有限公司	港康及图	家具、床
22	江西富龙皇冠实业有限公司	富龙皇冠	家具、床
23	江西顺意家具有限公司	志趣家	家具、床
24	赣州市宝得丽家具有限公司	宝得丽	床垫
25	江西皇都家具实业有限公司	米奢华及拼音	家具、床
26	南康市三联家具有限公司	三联紫金阁	家具、床
27	江西三木家具实业有限公司	三木匠及拼音	家具、学校用家具
28	南康市礼明家具有限公司	礼明及图	家具、床垫
29	赣州市康盛家具有限公司	兰家工艺	家具、衣服罩(衣柜)
30	南康锦瑞家具有限公司	港楠及图	家具、桌子
31	南康天乐傢俱厂	天乐缘	家具、茶几
32	南康市廖氏兄弟弯曲木厂	廖氏兄弟	家具、床、椅子(座椅)
33	南康市自由王国家具厂	自由王国	家具
34	江西福瑞家具有限公司	福瑞家缘及图	玻璃钢工艺品
35	江西辉泰家具有限公司	辉泰及图	板式办公家具
36	南康德发家具厂	德发嘉豪及拼音	家具、床
37	南康市福联家具实业有限公司	周福之联	家具、床架(木制)
38	南康明扬轩家具厂	兰氏木匠	板式家具
39	江西祥光木业有限公司	悦洋洋及拼音	家具
40	江西升伟家具实业有限公司	升伟及拼音	家具、床
41	赣州泓科农业发展有限公司	泓科	莲子

〔**广告管理**〕 认真组织开展广告经营资格检查，督促媒介单位履行责任。对南康电视台和南康教育电视台两家广告经营单位在落实《大众传播媒介广告发布审查规定》方面进行了全面检查。针对检查发现的问题,对两家电视台进行了行政指导，下发了责令改正通知书，要求两家电视台停播违法广告,完善广告管理制度,落实好《规定》的有关要求,严格实行广告审查员责任制,从源头上杜绝违法广告的发生，切实增强合法经营意识和社会责任感。积极开展虚假违法广告专项整治工作,规范广告市场秩序。在全市范围内继续开展了各类广告专项整治行动,重点对药品、医疗服务、保健食品、医疗器械、非法集资、网上售药广告进行整治,有效地规范了广告发布行为。指导广告协会的

筹建工作，充分发挥广告协会的桥梁作用。成立了由 10 户企业主发起的南康广告协会筹备委员会，制定了筹备方案，联系了全市广告公司，定期召开了筹备会议，与赣州市广告协会和周边地市广告协会交流沟通，使南康广告协会的筹建工作按计划正常开展。

〔**公平交易执法**〕 加强对驰名、著名、知名商标和知名企业和知识产权的保护，查处 2 起“傍名牌”的不正当竞争案件，同时还积极向经营者进行法规宣传，揭露“傍名牌”不正当竞争行为对社会的危害性。市工商局加大了“二虚一逃”的查处工作，与公安部门配合，立案查处了 21 起公司涉嫌虚报注册资本案，维护了公司和其他股东的利益，震慑了经济违法犯罪行为。与公安等部门密切配合，重点对“资本运作”、“1040 工程”、“连锁销售”、“西部大开发”等为名实施的“拉人头”式传销违法犯罪，以“电子商务”、“原始股投资”、“基金发售”、“网络游戏”等为幌子的网络传销违法犯罪以及外籍人员跨境传销违法犯罪活动的线索进行摸底排查，全市尚未发现传销违法犯罪行为。市工商局与市公安局正联合开展打传销、反欺诈、促和谐专项执法行动，传销违法犯罪活动始终保持高压态势，切实维护社会稳定。

〔**消费者权益保护**〕 继续抓好食品安全监管工作。继续履行好流通环节食品安全监管工作，确保改革时期坚持工作不断，监管不乱。积极做好 H7N9 禽流感防控工作，严格执行早市巡查，对辖区农贸市场中的家禽类经营户实施重点监控，严防禽流感通过市场传播；开展婴幼儿配方乳粉和农村儿童食品专项整治，进一步净化食品消费环境；加强食品流通仓储监管，积极做好改革过渡期间的食品流通许可证发放工作。加大消费维权力度。开展了“诉调对接”维权机制试点工作，指导南康家具中心市场实行消费者购假由市场主办者“先行赔付”制度。市场主办单位与家具经营商户签订先行赔付协议书，当消费者在场内商户购买的商品(服务)出现质量问题且责任在商户时，由市场主办者向消费者先行赔偿损失，市场主办者再向该商户追偿。2013 年通过赣州市 12315 行政执法网络及现场受理等方式，共受理消费者投诉 185 件，成功调解 185 件，调解率 100%，为消费者挽回经济损失 22.68 万元。

〔**领导班子名录**〕
党组书记、局长：徐广城
党组成员、副局长：袁　勇
党组成员、副局长：王莉华
党组成员、副局长：朱占先
党组成员、副局长兼纪检组长：唐镇宇
党组成员、副局长：王　林

国土资源局

〔**综述**〕 2013 年，南康市国土资源局在市委、市政府以及上级国土资源部门的正确领导和大力支持下，深入贯彻落实党的十八大和十八届三中全会精神，坚持以科学发展观为统领，以服务经济建设为中心，以保护资源为己任，严格规范国土资源管理，切实转变工作作风，圆满完成了全年各项工作任务，为赣南苏区振兴发展和全市经济社会平稳较快发展做出了积极贡献。被中共赣州市委、赣州市人民政府命名为“赣州市第八届 2012~2013 年度文明单位”，荣获赣州市国土资源系统管理综合“先进单位”、国土资源系统土地管理“先进单位”、国土资源系统作风整治暨创建作风模范区活动“先进单位”等荣誉。

〔**机构队伍**〕 市国土资源局内设人秘科、后勤服务中心、财务科、耕地保护科、规划管理科、土地利用管理科、地籍管理科、测绘管理科、政策法规科、纪检监察室、征地管理科、土地执法监察大队、行政审批服务科、土地开发整理中心、土地勘察设计队、土地价格服务中心。全市 20 个乡(镇、街道)国土资源所为局派驻机构；市地产交易管理所为市直二级事业单位；市地产公司为市直二级企业单位；市土地收购储备中心为市直一级事业单位，隶属市国土资源局，财务实行独立核算。全市国土资源系统共有干部职工 190 人。其中：行政编制 19 人(含工勤人员 3 人)；事业编制 117 人；企业编制 26 人；退休 28 人。在职人员中大专以上学历 88 人，中共党员 108 人，中级以上专业技术职称 1 人。

〔**土地资源**〕 全市国土面积 1848 平方千米(含潭

口、潭东)。其中耕地总面积32280公顷(48.42万亩),占国土面积的17.5%;其中基本农田保护面积26903.3公顷(39.14万亩),保护率达80.8%,林地面积占59.5%;水域面积占4.5%。

〔**苏区振兴发展**〕 全力争取低丘缓坡土地综合开发利用试点,编制完成了全市专项规划和镜坝联民低丘缓坡等未利用地开发利用实施方案。省国土资源厅批复下达南康市试点规模2000亩,已基本完成征地工作,平整土地1500亩,现有26家灯饰照明企业落户项目区。2013年,申报试点规模1500亩,已批复。

〔**依法报批和征用土地**〕 积极争取用地计划,计6096亩,保障南康经济社会发展用地需求,其中:争取低丘缓坡专项计划2230亩,争取振兴赣南苏区国家计划3150亩,争取省级计划568亩,争取市级计划148亩。严格执行《南康市集体土地征地拆迁补偿安置办法(试行)》征地拆迁新政和“告知、确认、听证”和“两公告一登记”征地程序,严格审查征地补偿安置、基本生活保障落实情况,建立健全征地工作日常监督机制,保障被征地农民的知情权、参与权、监督权。进一步完善被征地农民基本生活保障制度,保障被征地农民的长远生计和合法权益。2013年,全市共完成征收集体土地面积2545.932亩。

〔**耕地保护**〕 高度重视保护耕地和基本农田工作,认真落实耕地和基本农田保护责任制。市、乡、村、组层层签订了基本农田保护责任书,确保全市耕地保有量和基本农田保护面积不减少、质量不降低,并圆满通过了省政府组织的2012年耕地保护履行情况检查验收。永久性基本农田划定工作已落实具体地块,设立市、乡、村三级基本农田保护标志牌277块,建立了图、表、册、库,通过了市级外业核查初验及省国土资源厅组织的外业核查。2013年,全市非农建设占用耕地1491.195亩,按照“占一补一”的原则,已补充耕地1491.195亩,其中自行补充914.13亩,异地补充545.382亩,增减挂拆旧区补充耕地31.683亩,实现了耕地占补平衡。

〔**土地开发整理**〕 开展全市土地整治专项规划修编工作,实施完成了朱坊乡新志村等3个乡9个村土地开发项目,建设总规模1876.68亩,新增耕地1746.82亩,项目投资667.83万元。积极申报农村土地整治重大工程项目,根据高标准农田建设要求,选择唐江、大坪、隆木、太窝等乡(镇)共申报建设面积24800亩,预计总投资6397万元、预计新增耕地230亩。

〔**城乡建设用地增减挂**〕 2013年度申报增减挂试点项目规模1186亩;2012年度增减挂项目正式启动,试点规模1040.36亩;2011年度增减挂项目实施规模992.62亩,已完成初验工作待验收;2010年度增减挂试点项目已通过省级检查验收。

〔**土地利用管理**〕 编制公布了2013年度国有建设用地供应计划,坚持经营性用地和工业用地招拍挂出让制度,2013年,全市共招拍挂出让国有建设用地使用权44宗,出让土地面积2747.56亩,成交总价款14.18亿元,其中:商住用地22宗,面积1006.2亩,成交价款127854.7万元;工业用地22宗,面积1741.54亩,成交价款13948.2万元。报批国有存量建设用地29宗,面积91.69亩,重点保障安居工程用地需求。

〔**土地规划修编**〕 积极开展土地利用总体规划修改工作,对职教园区、赣州脐橙市场、农村危旧土坯房改造等13个项目不符合规划部分进行了修改。共调整规划面积8998亩。组织编制了《南康市土地整治规划(2011~2015年)》,2013年12月27日经市政府批复实施。

〔**土地调查与确权发证**〕 全市农村集体建设用地和宅基地使用权调查工作进展顺利。先后开展了太窝等13个乡镇的外业地籍测量工作,共计完成测量面积94平方公里。农村集体土地所有权确权登记发证成果顺利通过省级验收,国有宗地1237宗,集体宗地8815宗。完成扫描挂接宗地数8815宗,所有权登记宗地数8815宗,已颁发土地证宗地数10848宗。

〔**土地产权登记**〕 认真执行《土地登记办法》,切实规范土地登记行为,严格执行土地登记审批制度,做到权属来源合法,界址清楚、面积准确、材料齐全、程序合法，切实保障权利人的合法权益。2013年，登记发证1694宗，土地登记面积13101.64亩。其中，办理国有土地使用权初始及变更登记1307宗，土地登记面积8182.93亩（其中出让登记1293宗，面积6679.27亩；划拨登记14宗，面积1503.66亩）；办理农村宅基地使用权初始及变更登记267宗，土地登记面积53.50亩；办理国有土地使用权抵押登记120宗，土地登记面积4865.21亩。

〔**测绘管理**〕 加强对测绘资质单位从事测绘活动的监督检查，完成测绘资质年度注册工作。强化测绘质量监管，对全市测绘资质单位测绘成果进行了质量检查。根据省测绘地理信息局《关于实行测绘项目网上备案的通知》，认真部署开展了全市行政区域内测绘项目的网上备案工作，完成3家测绘资质单位6个测绘项目的备案工作。

〔**土地信访**〕 进一步完善信访工作制度，严格执行信访领导接待日制度。2013年，处理涉土信访件65件，接受群众法律法规及土地政策咨询20件(次)。认真落实信访包案制，对突出信访建立台账，逐一落实包案领导，落实责任，明确化解措施，及时调查处理，处理率达98%以上。办理人大代表建议2件，政协委员提案3件，办结率100%，满意率100%。

〔**土地法规宣传**〕 制定了国土资源"六五"普法规划及年度计划，坚持以《土地管理法》、《测绘法》为主线，以国土资源法规政策为重点，以全民普法活动为载体，通过采取主题宣传、典型宣传、重点宣传和日常宣传等形式，重点围绕"6.25"全国土地日、"4.22"世界地球日、"8.29测绘宣传日"、"12.4"法制宣传日等主题宣传活动，以广播、电视、报纸、网络等新闻媒体为平台，面向社会各界进行宣传教育，广泛宣传国土资源管理法律法规。发放国土资源法律法规宣传资料10000余份，悬挂、刷新宣传标语300多条，组织街头咨询活动10多次，群发宣传短信10万条，大力开展送法"六进"和"送政策、送温暖、送服务"等活动，深入乡、村、组、企业及千家万户，扩大国土资源管理法律法规宣传教育覆盖面，进一步增强广大干部群众的国土资源法治意识。

〔**依法行政**〕 大力推进政务公开，严格按照政务公开目录要求制定业务流程，明确每一个环节，形成上下衔接、前后协调、内容清晰的工作流程，实行"首问制"、"一次性告知"，细化服务承诺措施，网上公示服务承诺及投诉电话，接受群众监督，增强了机关决策和业务工作的透明度。

〔**土地执法监察**〕 2013年，全市规划区外土地违法行为查处406宗，土地总面积584.31亩，其中耕地234.47亩，立案查处违法用地案件2宗，其中对龙岭镇李某非法占用、破坏基本农田案移送司法机关。通过动态巡查查处97宗违法用地行为，涉及土地面积95.14亩，其中耕地34亩。拆除"两违"97户，拆除违章建筑面积63427.5平方米。积极配合做好国家土地督察南京局开展了土地例行督察工作。针对督察发现的问题，以消除违法用地状态为重点，采取"销账式"整改推进，逐项进行了整改落实。按照卫片执法检查工作要求，全面完成了全市45个监测图斑监测总面积1032.3亩的核查工作，卫片执法检查工作成果已完成组卷归档。

〔**领导班子名录**〕

党组书记、局长：罗　峰

党组成员、副局长、市土地收储中心主任：吴梦喜

党组成员、副局长：刘　政

党组成员、纪检组长：黎德信

副局长：郭世珠

党组成员、地产公司经理：吴　勇

地产交易所所长：朱雪平

土地开发整理中心主任：陈祥兵

土地收购储备与管理中心

〔**综述**〕 2013年，南康市土地收购储备中心以党的十八届三中全会精神为统领，紧紧围绕"主动融入都市区，提速提质促发展，千方百计惠民生，真抓实干兴南康"的工作目标和要求，创新和优化土地收储工作方法，充分发挥了土地资源宏观调控作用，为南康市项目建设提供了有力的资源保障。

〔**机构队伍**〕 设有综合科、土地收储科和开发供应科三个职能科室。2013年实有干部职工10人

(女5人),聘用、借用各1人。其中本科学历4人,大专4人,中专和高中2人。

〔土地储备与供应〕 面对市场对土地多样化的需求,中心积极创新土地收储模式,合理配置土地资源。特别是对南康市因城市规划调整、企业转型,变现或企业闲置土地积极推行协议收购或合同收购模式,与企业签订合同后其土地进入土地储备库,然后根据市场需求经招、拍、挂程序再进入市场。年内,中心协议收回江西新佳兴置业有限公司位于南康市东山工业园内国有工业土地265.206亩,随后再按正规招、拍、挂程序投放市场,另外还按此模式预约协议收购江西钧茂金属有限公司土地及建筑物及镜坝节能照明产业园11-3地块。有效地实现了国有土地增值,科学地配置了土地资源。

〔土地储备融资管理〕 根据财预〔2013〕182号《财政部国土资源部关于核定土地储备融资规模等问题的意见》加强了土地储备融资管理,中心根据土地市场实际情况,合理把握收购储备土地的规模储备使土地布局相对合理,既调控市场供求,又保证城市建设需要,及时规避市场风险。实施土地储备时协调好当时政府与被征地者的关系,土地出让后,做好跟踪服务,努力营造良好的用地环境。

附件2013年土地储备和土地出让一览表

2013年土地收储情况表

收储宗地名称	土地坐落	收储性质	面积(亩)
原新佳兴实业有限公司土地	东山工业园	工业	265.206
合 计			265.206

2013年土地出让情况表

宗地名称	面积(亩)	用途	成交价(万元)	买受单位	出让方式
原新佳兴实业有限公司土地	265.206	规划调整为商住用地	43900	新佳兴实业有限公司	挂牌
合 计	265.206		43900		

〔"三送"工作〕 7名干部包扶200户农户,"三送"人员张贴了联系牌,发放了连心册,架起了连心桥,实现"三送"工作全覆盖常态化。中心还积极筹措资金为洋江小学木窗更换铝合金玻璃窗,改善村小教学环境,协调有关单位在洋江村新增二台变压器,带领村干部在中车、高峰建了两个排灌站,出资1万元修复观河村河堤,"三送"工作得到了基层群众由衷赞扬,被镜坝镇人民政府推荐为"三送"先进单位。

〔领导班子名录〕

主　任:吴梦喜(兼)

副主任:曾玉英(女)

南康市城市建设发展有限责任公司

〔综述〕 2013年,在市委、市政府的正确领导下,在各相关职能部门的大力支持下,城发公司圆满完成了各项工作任务。

1.顺利完成融资工作任务。年内完成4亿元融资工作任务,其中:以"东山新区土地开发项目(一)"向赣州银行南康支行融资1亿元;以"南康市章江一江两岸防洪工程项目"向农发行南康支行融资2亿元;以"南康中学北校区建设项目"向交通银行南康支行融资1亿元。

2. 扎实推进重点项目建设。年内共投入23619.83万元用于重点项目建设,其中:东山新区征地拆迁支出7160.7万元;东山新区返迁房建设支出3220.8万元;体育公园建设支出2844.68万元;金融中心建设支出2129.8万元;龙岭汽车城建设支出8263.85万元。

3.积极完善公司组织架构。年内出资收购、登记设立4家子公司,其中:出资3000万元收购国有资产经营投资有限公司;出资2000万元登记设立城发房地产开发有限公司;出资500万元登记设立户外广告经营有限公司;出资2000万元登记设立市政管网投资经营有限公司。

〔领导班子名录〕
董事长:邱建华
总经理:吴梦喜
筹建办副主任:吴　云

地质矿产资源管理局

〔综述〕　2013年,市矿产资源管理局紧紧围绕市委、市政府的发展战略和赣州市矿管局“服务发展、管好资源、带好队伍”的工作要求,牢固树立“发展为先、生态为重、创新为魂、民生为本”的理念,认真实施市委、市政府和赣州市局的各项工作部署,努力推动科学发展和促进社会和谐,以落实八项规定和解决“四风”问题为重点,深入基层调研,为民务实解忧,开拓创新,积极进取,扎实工作,自觉履职,以南康撤市设区和苏区振兴发展为契机,深入推进“三送”活动全覆盖常态化,进一步促进干部职工队伍的思想政治、党风廉政和素质能力建设,有效促进了矿政管理工作和矿业经济的持续健康发展。

〔机构队伍〕　市矿产资源管理局内设办公室、开发管理科、资源管理科、地质环境科、法规科,另设纪检组(监察室),下设矿产资源执法监察大队。2013年全局共有职工22人(女3人),其中党员16人,占职工人数的73%。初级职称7人,中级职称2人。大专以上文化程度16人。

〔矿产资源〕　南康矿产资源较丰富,种类较多,金属矿产、非金属矿产、燃料矿和地下水、矿泉水4大类均有。金属矿产中有黑色金属、有色金属、贵重金属、放射性金属、稀有金属和稀土金属矿产,非金属矿产有冶金、化工、陶瓷、玻璃、水泥原料,还有燃料和地下水资源等。

探明储量的矿产有27种,未探明储量的矿产有32种,合计59种矿产,135个矿区、点。已经开采,储量较大的有钨、锡、铜、金、稀土、石材、砂石、黏土。已计算储量的27种矿产有铁、锰、钛、铜、钨、锡、钼、钴、金、银、钽、铌、钕、钐、镧、铈、镨、石英、钾长石、泥炭、高岭石、长石、石灰岩、煤、石煤、地下热水、矿泉水等。未计算储量的有铅、锌、铀、锂、铍、锆、钇、钬、铒、镥、萤石、硫铁矿、岩盐、碘、白云母、建筑花岗岩、饰面用花岗岩、板岩、砂、砾石、砖用黏土、压电石英、胶岭石、蛭石、绿柱石、熔炼水晶、滑石、刚玉、地下水、医疗用矿水。

各种矿产的主要矿区

(1)铁矿:有浮石岗子地前铁矿、三益梅子坑铁矿。

(2)锰、钛矿:有龙华石人坑钴锰矿、横市黄土斜钛铁矿。

(3)钨、锡、铜矿:有红桃岭钨锡矿、平安脑钨矿、邹家地白钨矿、水松山钨、锡砂矿、径背铜矿点。

(4)钼、铋、钴矿:有白石钼矿、罗龙钨铋矿、赤土钴矿。

(5)金、银矿:有黄金坑金矿、官坑孜金矿、谷田金银矿、赤土砂金矿。

(6)稀有金属矿产:有大坪阳团铌钽矿、大坪陈源坑铌钽矿、大坪水保站铌钽矿。

(7)稀土金属矿产:有龙井稀土矿、寨足下稀土矿、蛇含里稀土矿。

(8)放射性元素矿产:有圩下花潭铜铀矿。

(9)萤石矿:有横市鹅窝里萤石矿。

(10)钾长石矿:有隆木塘上钾长石矿、大坪钾长石矿。

(11)磷矿:有赤土青塘磷矿点。

(12)石灰岩矿:有隆木邹家地石灰岩矿。

(13)泥炭矿:有大坪石码头泥炭矿,龙华湖元坑草炭矿、大坪江背泥炭矿、大坪上期岭背坑泥炭矿、坪市林子坑泥炭矿。

(14)含碘盐卤水:有潭口含碘盐卤水。

(15)高岭土矿:有三益刘屋瓷土矿、三益老雅山瓷土矿、朱坊新民、七井高岭土矿。

(16)砖用黏土矿:有西华销江砖用粘土矿、龙岭砖用黏土矿。

(17)工艺美术制品原料矿产:有内潮李村刚玉矿。

(18)其他非金属矿产:有坪市横沙坑一带水晶矿点、大坪阳团白云母矿。

(19)煤、石煤:有龙华高山煤矿、赤土花园地前石煤矿。

(20)地下水矿:有潭口地下热水矿、浮石山矿泉水。

〔矿产资源开发监督管理〕 坚持"在开发中保护、在保护中开发"的原则,努力推动为当地社会和经济发展提供资源保障和保护资源两促进,着力建立长效监管机制,不断推进矿产资源开发的规范化管理。

一是依法审批矿业权并优化了办事流程。进一步完善采矿权并联审批制度,做到了"三个确保":确保环保、水保、安监、林业等前置审批到位,确保采矿权设置不与重要交通干线、城乡规划、土地利用规划发生冲突,确保采矿权设置符合矿产资源总体规划和国家产业政策。同时,完善审批流程,优化办事程序,加强与相关单位的协调,杜绝服务对象多头跑,来回跑的现象。采矿权出让均按规定进入了赣州市公共资源交易中心进行出让。二是进一步落实钨矿山企业开采总量控制工作。督促钨矿山企业编制了2014年钨开采计划,并对开采计划及申报控制指标进行了初审。三是县级发证矿山采矿权有偿处置工作已基本完成,市级以上发证矿山采矿权有偿处置工作按省厅、市局要求正在稳步推进。同时,加强了对矿山企业的定期巡查、现场检查工作,掌握矿山企业的开采情况,指导并督促矿山企业依法依规开采,对现场检查情况进行了记录归档。四是加大了勘查监督力度,对各探矿权履行勘查责任的情况全部进行了实地检查,杜绝了以采代探、非法转让等违法行为,但勘查投入普遍较少。五是继续做好农村危旧土坯房改造砌砖供应工作。对全市砌砖供应情况进行了再摸底、再调查,全面做好农村危旧土坯房改造砌砖供应保障工作。七是继续加大对无证开采的打击力度。坚持矿业秩序每周一查,县级巡查人数达256人次,巡查范围遍及全市所有钨和稀土资源地,检查面达100%,制止违法行为16次,下发制止违法行为通知书16份。全年开展多次联合执法行动,按照赣州市统一部署开展了稀土矿业秩序整治和监管专项行动,结合南康实际开展了赤土河流域专项整治行动,有效制止了非法采选矿行为。全年共联合执法2次,出动人数260余人次,共拆除工棚89座、土墙房5间、摇床5台。全市非法采选矿现象得到基本遏制,矿业秩序得到根本性好转。

〔矿产资源储量管理〕 一是继续对钨矿山执行限量开采,钨矿山企业均签订了限量开采状,认真督促矿山企业报送生产情况月报表,并组织工作人员经常性深入矿山进行储量消耗的核对检查。2013年,所有钨矿山企业没有出现超采现象,也没有越界越层开采行为。

二是甲类矿山企业进行储量年度动态管理检测和"三率"考核,甲类矿山均按时间和要求完成了储量动态检测,有效地保障了矿产资源科学、合理开采,不断提高企业主的资源保护意识和责任意识。

三是认真贯彻落实《矿产资源登记统计管理办法》以及有关储量管理的规范性文件。

四是在采矿权设立、延续、变更登记中严把储量审批关。及时核销矿山企业已开采的资源储量,无实际可采储量的,均不予以延续、变更登记。建立健全了储量评审认定制度,加强了新立矿山地质储量的认定工作。

〔地质灾害防治〕 坚持"以人为本、预防为主、防治结合"的原则,落实工作责任制,完善群测群防网络体系,全面扎实推进了地质灾害防治工作和矿山环境恢复治理等工作,实现了南康市防灾减灾工作的平稳局面,为保护人民群众的生命财产安全作出了积极努力。

一是精心编制防治方案。年初根据南康市地质灾害发生的特点和汛期前调查摸底情况,编制了《南康市2013年度地质灾害防治方案》。

二是加强主汛期间地质灾害防治检查指导。进入汛期后,市局会同市有关部门组成了督查组,对全市各乡(镇、街道)地质灾害防治工作建设落实情况,通过走访式巡查,现场询问农户等方式进行了一一核查。

三是强化落实各项防灾措施。其一,强化多部门联合会商机制,做好预警预报工作,严格执行提前转移制度。2013年发布地质灾害相关通知8条。其二,强化了地质灾害防灾宣传,汛期期间,派遣了流动宣传车下乡10余次,对全市各重点防灾区域发放了宣传资料,共发放了明白卡2862份。其三,强化地质灾害的监测工作。在全市范围内每村设立了一名协管员,作为全村的地质监测的负责人。在每个地质灾害隐患点设立警示牌,指定专人实时监测,加强信息沟通,及时反馈信息,安全度汛。其四，强化汛期值班制度和信息报送工作。

四是应急处置险情。5月10日蓉江街道旭山北路东西两侧边坡发生崩塌，接突发应急报告后，市局第一时间赶赴现场调查处置，并及时启动了应急预案。6月4日市十八塘中学发生小型山体滑坡，掩埋山脚排水沟，危及十八塘中学师生生命及学校财产安全。接到灾情后，立即组织相关部门进行了现场踏勘，部署防灾工作，并成立了应急工作小组，及时安抚、转移受灾人员，在滑坡区周边划定了危险区，并对滑坡区进行了实时监测。

五是统筹兼顾，根据省市主管部门的文件要求，在开展矿山环境调查的基础上，4个金属矿山正在开展矿山环境保护和治理恢复方案的编制工作。建立了矿山环境恢复治理保证金。

〔“三率”考核监督管理〕 2013年主要对金属矿山企业的采矿回采率、采矿贫化率、选矿回收率(即“三率”)进行了检测考核，考核实际达到核定指标，与往年保持基本稳定。

〔领导班子名录〕

党组书记、局　长：朱汉祚

党组成员、副局长：罗隆杰

党组成员、副局长：李康华

党组成员、工会主席：廖福春

党组成员、纪检组长：黎声汾

执法监察大队队长：陈兴清

①

②

③

④

① 2013年7月20日，国土资源部规划司司长董祚继一行在省、赣州市有关领导及柯岩松、钟旭辉、邓晓楠等的陪同下，来到镜坝镇节能照明灯饰产业园施工现场，实地评估检查了南康市低丘缓坡荒滩等未利用地开发利用试点工作情况。

② 2013年3月14日上午，南康市开展“3·15”消费维权进农村活动。

③ 2013年6月7日，赣州市防范和打击非法集资宣讲团到南康市宣讲。

④ 2013年9月26日上午，南康市召开专题会议总结部署全市森林防火暨松材线虫病防控工作。

农 业

农业和粮食局

〔**综述**〕 2013年，市农业和粮食局认真贯彻中央、省、赣州市农业和农村工作会议精神，紧紧围绕市委、市政府提出的“主动融入都市区，提质提速促发展，千方百计惠民生，真抓实干兴南康”的发展战略，以发展现代农业、转变农业发展方式为主线，以农业基础建设及项目建设为抓手，以农业增效、农民增收为核心，积极推进现代农业发展。被省农业厅评为“2013年度全省种子市场监管工作先进单位”和“2013年度测土配方施肥工作先进单位”。2013年，南康市首次获得产粮大县国家奖励资金938万元，连续第4年获得产油大县国家奖励资金143万元。

〔**机构队伍**〕 内设人事秘书科、农业综合科、市场信息与合作科(农业行政执法队)、粮食行业管理科(在市粮食流通服务中心)、种子管理站、农业技术推广站、经济作物站、植保植检站、土壤肥料工作站、农村经营管理站（农民负担监督管理办公室)、农村环保能源站、农产品质量检测站、农业培训学校(农业科教站)等12个科站。年底实有干部职工46人(其中8人从原粮食局划入，全部在市粮食流通服务中心上班)，正科级13人，副科级8人，科员7人，机关工勤人员2人，高级职称2人，初级职称13人，局下属副科级事业单位2个(农科所、红壤开发项目办公室)，股级事业单位1个(种子公司)。

归口管理市农业机械管理局、市果业局、市畜牧水产局、市粮食流通服务中心等4个正科级事业单位。

〔**粮油生产**〕 2013年，粮食作物播面61.3万亩，比2012年增加0.1万亩，其中水稻播面57.8万亩，比2012年减少0.2万亩(其中早稻播面26.5万亩，中稻1.4万亩，晚稻29.9万亩)，粮食单产达388公斤，比2012年增加2公斤，实现总产量23.83万吨，比2012年增加0.19万吨，增长0.84%。油料播种面积8.8万亩，单产199公斤，总产量1.75万吨。其中花生播种面积8.65万亩，单产201公斤，比2012年增加1公斤，总产量1.74万吨，比2012年增加0.03万吨，增长2.19%。

〔**良种良法推广**〕 1、大力推广水稻优良品种，全市优质杂交水稻播种面积57.6万亩，优质稻推广率98.7%。2、推广粮油增产技术。①实施“多播一斤种，增收百斤粮”工程，示范面积36.5万亩。②推广水稻抛秧大田种植面积47万亩。③推广壮秧剂、旱育保姆育秧等大田种植面积36.8万亩。④示范推广少、免耕栽培技术，面积9.2万亩。3、实施水稻高产创建项目。分别在朱坊乡、大坪乡抓了双季稻万亩高产示范片，项目通过推广良种良法等措施，完成了项目目标任务。4、实施现代农业新品种展示项目。分别在朱坊乡茶园村、大坪乡上期村、龙华乡牛石村、龙回镇龙西村、坪市乡小陂村设置试验点，早晚稻参试品种均为22个，并在朱坊乡茶园村开展了新品种展示大田示范，项目组织了市乡农技人员、种粮大户、大米加工龙头企业主现场观摩，以加大全市优良品种的引进推广力度。5、抓花生产业的发展，开展花生高产示范。一是与赣州市旱作所实施国家花生产业试验示范项目，重点开展了花生除草剂试验，并开展了11个花生新品种试验示范。二是在三江乡和龙华乡抓了一个万亩花生高产示范片，并在三江乡伍村抓了一个300亩集中连片花生高产核心示范点。三是在三江乡和龙华乡分别抓了两个百亩翻秋花生良种繁育基地。6、搞好早稻集中育秧工作，早稻集中育秧面积64亩，农户参与数960户。

〔蔬菜生产〕 全市蔬菜播种面积16.35万亩，总产量23.07万吨。制定了《南康市2009~2013年蔬菜产业发展规划方案》，下发了《关于印发2013年发展蔬菜产业实施方案的通知》（康府办字〔2013〕35号）文件，成立了南康市蔬菜产业发展领导小组及办公室，明确了蔬菜产业工作目标，制定了工作措施，出台了产业扶持的政策等。2013年市里继续安排100万元资金用于发展蔬菜产业，专项用于扶持土地流转、规模基地建设和补助基地种植大户等。重点抓了"菜篮子"基地建设，全市新增的规模蔬菜基地有赣州市添成现代农业发展有限公司唐江唐南蔬菜基地600亩，龙回红光鑫辉有机蔬菜基地100亩，扩建提升基地有横市增坑洪鑫蔬菜基地300亩，其中赣州市添成现代农业发展有限公司唐江唐南蔬菜基地、横市增坑洪鑫蔬菜基地被列为赣州市2013年度中心城区商品蔬菜基地建设项目。

〔经济作物〕

花卉苗木面积1750亩；

西瓜播种面积8293亩；

〔土壤肥料技术推广〕 1.大力推广测土配方施肥技术。2013年全市推广测土配方施肥面积80.52万亩，其中水稻57.75万亩，花生8.13万亩，蔬菜9.79万亩，甜柚、脐橙5.03万亩。推广面积占全市农作物播种总面积的72.54%，实现测土配方施肥区亩均节本增效54.76元。

2.大力推广土壤有机质提升技术。全市推广应用腐熟剂秸秆还田面积17.47万亩，其中水稻17.32万亩，甜柚、脐橙0.15万亩，应用腐秆剂400吨（水稻396吨，甜柚、脐橙4吨）。技术推广区域重点以横市镇、大坪乡、坪市乡、麻双乡、十八塘乡、龙回镇、朱坊乡、赤土畲族乡、龙华乡、唐江镇、横寨乡、凤岗镇、唐江镇、隆木乡、浮石乡为主，辐射推广至三江乡和龙岭镇、蓉江街办、东山街办、太窝乡等，推广区域共19个乡（镇、街道）205个行政村。根据监测点试验结果，水稻应用腐秆剂稻草还田后，亩均增加稻谷19.5公斤，总增产3377.26吨，增加收入945.63万元（稻谷按2.8元/公斤计算）。同时可减施尿素8.54吨，节约氮肥成本2.05万元（尿素按2400元/吨计算）；增加氯化钾958.76吨，节约钾肥成本345.2万元（氯化钾按3600元/吨计算）。通过项目的实施，实现总节本347.25万元，总节本增效1292.88万元，扣除腐秆剂成本150万元，纯增收节支1142.88万元，折亩均纯增收节支65.99元。

3.高标准粮田建设。2013年，在坪市乡坪市村、大路坪村投资513.6万元建设高标准农田面积4000亩。建设内容包括土地平整、新修田埂、水利沟渠、机耕道、生产路等农业基础设施建设。该工程于2013年11月1日开始动工，已完成沟渠建设2.97万米，涵洞、水闸等水工建筑359座，新、改建机耕道1.1万米，平整土地面积1970亩，新筑田埂7.22米，预计在2014年5月底可全部竣工验收。项目区建设基本达到了"田成方，渠相通，路相连，旱能灌，涝能排，渍能降，机能进，物能运"的农田建设标准。

4.大力巩固退耕还林成果基本口粮田建设。

2013年在镜坝镇健民村、洋江村及十八塘乡内潮村、群丰村、欧田村开展巩固退耕还林成果基本口粮田建设1300亩，建设途径以改良土壤为主，主要技术措施包括农业措施、水利措施、土壤分析化验和项目区农民培训。农业措施中应用腐熟剂秸秆还田2600亩次（早晚稻），稻草还田量650吨，使用腐秆剂5.2吨；种植红花草1300亩；增施磷肥32.5吨；增施石灰32.5吨；推广"玉露"牌配方肥104吨，施用面积2600亩。水利措施中新建水泥砼三面不见土水渠4259.8米，开三沟2600米。项目实施后，项目区亩均播面增产38公斤,总增产稻谷 98.8 吨,总增收 27.66 万元。

〔**农作物病虫害**〕(一)水稻。病虫害发生相对较轻,略轻于 2012 年。病虫发生面积约 150 余万亩次,防治面积达 180 余万亩次。因病虫为害损失稻谷 0.60 万吨,挽回损失 4.0 万吨。病害仍以纹枯病为主,稻瘟病局部发生,但为害较重;虫害以稻飞虱为主,其他相对较轻。

1.纹枯病。偏重发生,局部重发。发生面占 50%以上,防治面达 55 余万亩次,挽回损失约 1.0 万吨,实际损失 0.25 万吨。

2.稻瘟病。偏轻发生,局部中等发生,发生面占 10%,防治面积达 20 多万亩次,挽回损失约 0.60 万吨,实际损失约 0.10 万吨。

3.稻纵卷叶螟。偏轻发生。发生特点:早稻重于中晚稻,局部中等发生。防治面积达 30 万亩次,挽回稻谷损失约 0.30 万吨,实际损失约 0.08 万吨。

4.稻飞虱。稻飞虱中等发生,发生面约 50%,全年防治面积达 50 余万亩次。

5.螟虫。螟虫以二化螟为主,偏轻发生,局部中等发生,发生面达 30%,零星发生,防治面积达 40 万亩次。

6.福寿螺。中等发生,发生面约 30%,防治约 20 万亩次。

(二)花生。病虫害发生较重,发生面约 10 万亩次,防治面达 15 万亩次,挽回损失 0.24 万吨,实际损失约 0.02 万吨。病害重于虫害。病害仍以褐斑、根腐、茎腐病为主。花生褐斑病发生普遍,但其为害较轻。根腐病或茎腐病中等发生,局部偏重发生,对产量影响极大,发生面占 40%,防治面达 5 万亩次。虫害以螨类及蚜虫为主,发生面达 60%以上;其次是夜蛾类害虫(如地老虎、斜纹夜蛾等)中等发生,发生面约占 20%。花生治虫面积达 4.0 万亩次。

(三)蔬菜。虫害以蚜虫、叶甲类、菜粉蝶、小菜蛾等为主,发生面积占 50%以上,防治面积达 20 万亩次;其次是夜蛾类害虫,发生面达 20%,防治面达 10 万亩次。病害以炭疽病、疫病及霜霉病等为主,其发病率约 20%,对产量及品质影响较大,防治面积达 10 万亩次。

蔬菜病虫害以生物防治为主,大力推广高效低毒低残留农药,按无公害标准做到科学与安全用药,确保农产品安全。

(四)柑橘类果树。病虫害相似于 2012 年。病害以溃疡病、炭疽病、疮痂病为主。柑橘溃疡病中等发生,少数果园偏重发生,发生面约 20%。炭疽病、疮痂病偏轻发生,局部中等发生,发生面达约 20%。

柑橘虫害略重于 2012 年, 特别是红蜘蛛发生数量及为害程度与 2012 年相似,发生面在 50%以上。白粉虱中等至偏重发生,近几年有上升趋势,特别是不合理修剪或通透性差的果园已上升为主要害虫,发生面在 18%以上。蚧壳虫中等发生,少数果园偏重发生,发生面占 20%。锈壁虱偏轻发生,局部中等发生,发生面约占 40%。金龟子或叶甲类害虫在春夏交替之际发生较重,与 2012 年相似。夜蛾类害虫,如斜纹夜蛾在幼树或苗木上时有发生,与 2012 年相似。吸果夜蛾在秋季为害果品,造成烂果、落果,近几年防治较好,发生仍呈下降趋势。

〔**植物检疫**〕在全市开展了红火蚁、水稻稻水象甲全面普查工作,以及柑橘大、小实蝇的普查与监控工作,同时对新发现的检疫对象扶桑绵粉蚧进行了两次普查工作。对全市农作物种苗及果品开展了植物产地检疫和调运检疫工作,严格控制新的检疫对象进入南康市。

〔**农民培训**〕开展了培育新型农民科技培训工作,通过 IP 视频、圩日咨询、农户座谈、发放资料等形式,重点宣讲中央 1 号文件和惠农政策,传授农业先进实用技术,培训学员 2200 多人,并免费赠送了科技资料 10 万多册(份)。在农民务工职业技能培训方面,继续实施了农村劳动力转移培训"阳光工程"项目,依托南康职业中等学校(南康市农民学院)阳光工程培训基地,全年培训学员 1400 人。2013 年南康市被列为农业部新型职业农民培育试点县(市),2013 年共培育新型职业农民约 300 人,全部培育培训工作 5 月完成。

〔**农民负担监督与管理**〕7 月中旬,下发了康农负字〔2013〕1 号文件,印发《南康市深化涉农乱收费专项治理工作方案》。全市 20 个乡(镇、街道)、南水开发办及市直相关单位均在 10 月 5 日前组织开展了自查工作,并将自查报告及相关报表上报市农粮局。

自查工作结束后,根据市政府分管领导的指

示，由农粮局牵头，从监察、农业、土管、教育等4部门抽调人员，分成四个检查组，对全市各乡（镇、街道）及涉农收费单位执行涉农收费政策情况进行了全面检查，对检查中发现的有乱收费、乱执罚问题的单位，以市委办、市政府办名义督办，限期整改，并跟踪相关责任单位整改情况。

〔**农村土地承包管理**〕 积极做好农村土地承包证书换证、补证等日常工作，强化土地承包管理档案建设工作。及时调处各类农村土地承包纠纷，2013年，全市共调处农村土地承包纠纷38起，其中市经管站调处5起。为了加强调处力度，2013年还聘请了常年法律顾问1名。

〔**农民专业合作经济组织**〕 2013年，全市新增注册农民专业合作社21个，总计达167个。在农粮局的帮扶下，新增了4个农民专业合作社省级示范社。2个专业合作社分别获得了2013年省财政支持农民专业合作社发展资金10万元。组织利民农机、富民脐橙、凯达果业等部分合作社参加了省青年理事长培训班，有12个合作社列入赣州市级示范社申报。

〔**一事一议监管**〕 认真做好村级“一事一议”财政奖补项目的审核审批工作，市减负办严把审批关，2013年全年共审批了114个村级公益事业项目，筹资金额100.8万元。其中：“三送”一事一议项目87个，水利项目27个，“和谐秀美乡村建设”一事一议项目96个。

〔**完全失地农民认证**〕 认真做好失地农民身份认定工作。以市政府名义制定下发了康府办字〔2013〕109号文件，印发了南康市完全失地农民身份认定和完全失地农民证发放细则（试行），定期召开了调度会，下到乡镇巡回指导。

〔**农村能源建设**〕 在全市20个乡（镇、街道）新建户用沼气池1015座；完成养殖小区和联户沼气工程26处，供气农户260户；2008年农村沼气国债项目顺利通过验收；实施了2013巩固退耕还林成果农村能源（太阳能热水器）项目，计划实施太阳能热水器260台，积极开展了全国“美丽乡村”创建活动，横市镇增坑村入选全国“美丽乡村”首批创建试点乡村；开展了全市农产品产地土壤重金属污染防治普查样品采集工作，全年举办了二期培训班，培训学员100人次，其中阳光工程沼气工培训50人、阳光工程“美丽乡村”培训50人。

开展了章水南康流域水质保护工作情况调研，呈报了《关于章水南康流域水质保护工作情况调研汇报》，为保护好章水南康流域水质提出了对策和建议等。

〔**大中型沼气工程**〕 在三江乡赤湖村新建大中型沼气工程1处，实现了畜禽粪便的资源化利用和环境治理的目标，有效地减少了农村面源污染。地处浮石乡江口村的南康市红鑫牧业有限公司大型沼气工程建设项目已完成土建工程招标工程量。

〔**农业行政执法**〕 全年组织520余人次对全市20个乡（镇、街道）24个圩场近300家农资经营户进行经常性的监督管理，开展了春夏种子市场专项检查，共检查种子180多个品种，其中未审先推的品种4个，标签不规范的品种有30多个，立案查处了20起；肥料市场重点整治了复合肥、液肥、果树专用肥、微生物肥，未登记的产品2个，立案6起；农药市场共检查980个品种，无证的75个，占7.6%，擅自修改标签内容的有560个，达57.1%，以肥充药的产品2个，立案处理26起，有力地整治了农资市场秩序，维护了农民的合法权益。

〔**农产品质量安全检测检验**〕 由中央投资200万元，地方配套100万元，面积428平方米的检测大楼实验室已改造完成，已购置仪器设备85台（套），肩负全市农产品质量安全检测检验任务，全年共抽检115个农产品样品。

〔**芙蓉现代农业示范区**〕 立足南康市农业主导产业和特色产业、乡村自然、生态和文化资源，积极争取加大投入，抓好芙蓉现代农业示范区提升扩建，紧紧围绕富裕和谐秀美乡村建设，加快大坪-坪市4万亩现代农业示范区建设，整合各种农业发展资金，努力把示范区建成产业化、规模化、标准化、生态化猪-沼-果（渔、林、菜）等现代农业高科技和休闲观光旅游的精品园区。同时，积极创造条件，努力申报国家级现代农业示范区。

〔领导班子名录〕

局　长:龙清生

副局长:邓联福(兼粮食流通服务中心主任)

邬正林(兼农机局局长)

卢致融(兼畜牧水产局局长)

曾庆明(兼果业局局长)

张永协

林福生

郭红卫

工会主席:明文珍

农业综合开发

〔综述〕 2013年,市农业综合开发办公室认真贯彻落实农业综合开发的各项方针政策，坚持科学发展观,围绕市委、市政府提出的“同城发展、富民强区”发展战略,以深入开展党的群众路线教育实践活动为切入点,结合“三送”工作,精心组织,扎实推进,认真实施全市农业综合开发工作。

〔机构队伍〕 南康市农业综合开发办公室内设业务科和人秘科2个科室，为南康市人民政府直属正科级事业单位,核定全额拨款事业编制5人,年底实有干部职工6人(含临时聘用1人),其中主任1人,副主任1人,本科学历3人,大专学历3人。

〔项目开发与实施〕 2013年，市农业综合开发工作在市委、市政府的正确领导下,在赣州市农发办、市财政局的关心指导下，在相关部门的密切配合下,通过项目区广大干群的共同努力,突出工作重点,全面强化管理,主要做了以下几方面的工作:

(一) 做好2012年度农业综合开发土地治理验收工作。

根据2012年项目资金计划批复,对照项目区的开发完成情况进行了逐项检查验收。2012年小流域治理项目共完成治理小流域面积9000亩,项目总投资975万元(中央资金650万元,地方配套260万元,自筹资金65万元)。2013年6月赣州市开发办组织有关专家,对照项目批复计划、实施方案、施工图纸,对项目区工程建设的数量、质量、标准等进行了全面严格的检查验收，对项目内业档案资料、财务档案资料、资金管理进行了严格的检查,对2012年度国家农业综合开发土地治理项目所取得的成绩给予了充分的肯定。2014年1月南康市农业综合开发办公室被江西省农业综合开发领导小组评为“2013年全省农业综合开发项目管理先进单位”;被赣州市农业综合开发领导小组评为“2013年度综合奖先进单位”。

(二)组织2013年小流域治理项目和2013年农业产业化经营项目的实施。

2013年小流域治理项目总投资1350万元(中央资金900万元，地方财政配套360万元,自筹资金90万元)。产业化项目4个，财政总投资104万元(其中财政补助资金56万元,中央财政贴息资金48万元)。

1.小流域治理项目情况

2013年南康市小流域治理面积为1.3万亩，涉及坪市、赤土、龙回三个乡镇,24个行政村。扩建机耕路80公里,修筑梯田埂175公里,新建山塘2座,开挖土方2.1万立方米,水陂6座,开挖疏浚衬砌渠道8公里,技术培训600人次,印刷资料5000份,甜柚技术示范推广1000亩。

2.农业产业化经营项目情况

争取产业化项目4个：涉及中央财政补助资金56万元，用以扶持南康市1800亩脐橙标准化生产基地改建项目和南康市1800亩脐橙种植基地扩建项目;中央财政贴息资金48万元,用以补助年产2万头生猪养殖基地贷款贴息项目和年收购3万吨脐橙流通贷款贴息项目。

通过农业综合开发项目的实施，加快了全市甜柚产业的发展步伐,扶持了坪市、赤土、龙回等重点果业基地主干道基础设施的建设，培植了果业龙头企业,推广了新技术,促进了我市农业产业结构的调整,提高了农业综合生产能力,真正达到了农业增产、农民增收的目的，取得了良好的经济、社会和生态效益。

(三) 精心编制2014年农业综合开发土地治理和农业产业化经营项目建议书。

为贯彻落实市委、市政府“同城发展、富民强市”战略,市农业综合开发办组织农业、水利、交通、财政等部门的专家现场勘测,调查研究,广泛征求项目区干群意见,编制了科学、合理、操作性强的项目建议书。2014年土地治理项目1个,计划投资750万,治理面积计划7500亩;申报农业产业化财政补助项目2个，申请财政补助资金

190万元,用以扶持1800亩果业基地改扩建项目和年存栏5万羽蛋鸡养殖基地新建项目。

〔领导班子名录〕
主　任:黄逸清
副主任:郭同华

市粮食流通服务中心

〔综述〕 2013年,南康市粮食工作认真贯彻落实十八大精神,按照“守住管好‘天下粮仓’,做好‘广积粮、积好粮、好积粮’”三篇文章的总要求,围绕省政府办公厅关于加快现代粮食流通产业发展意见中提出的“五大体系”内容,不断创新工作方法,完善工作措施,团结拼搏,真抓实干,圆满地完成了年初制定的工作任务。

1.围绕作风建设,创优发展环境,切实保障粮食经济持续健康发展。

作风无小事,事事连民心。中心以贯彻落实中央“八项”规定为主线,边学边改,重点解决作风中存在的群众反映强烈的“四风”问题,实现以优良党风带政风,以政风促民风,形成党风正,政风清,民风纯的良好发展环境。一是制定了《2013年党风廉政建设和反腐败工作任务分工》,将责任分解落实到各单位和个人,确保了一手抓经济,一手抓党风廉政建设。二是开展了“走基层、转作风、察粮情、兴粮业”为主题的调查研究和“倡导兴正气、刹歪风、加强干部作风建设活动”,认真解决“四风”问题。三是深化“三送”工作,帮民困、解民忧。筹资16000元为挂点的唐江镇章良、伍塘两村群众解决实际困难,为减少农户储粮损失,还资助两村价值21500多元的农户科学储粮仓。

2.围绕保障和改善民生,大力实施“和谐福民”战略,着力构建和谐粮食局面。

中心大力实施“和谐福民”发展战略,以群众最关心、最直接、最现实的利益问题为切入点,坚定不移地办好事关民生的实事,着力构建和谐的粮食局面。一是强化措施做好综治维稳工作,坚持做到领导“一岗双责”责任制、领导干部接待的制度、领导包案制度、责任追究制度和落实了维稳信息员,签订了《2013年和谐平安建设及社会管理综合治理责任状》,坚持每半年集中排查制度,做到早发现、早控制、早报告,掌握调处矛盾的主动权。对2013年收到的5宗信访件都及时安排人员查证,依法依规给予回复。坚持做到安全生产教育与检查的经常性,制定下发了《南康市粮食流通服务中心关于2013年安全生产工作要点的通知》,做到每月一小查,每季一大查,7月还开展了安全生产“百日行动”,对检查中发现的问题隐患及时整改到位。二是工会工作以维护职工合法权益为重点,以关爱职工为己任,注重保障和改善民生。为在岗职工办理了工会意外伤害险、女职工幸福险、特种重病互助险、大病住院自负险,交付保金计3万多元;为60多名职工建立档案,争取补助4万多元;为4名职工子女申请办理金秋助学;为职工邹庆林之子邹磊考上北京大学送上助学金5000元;发动干部职工为胡才飞妻子癌症患者朱小兰捐款12200元。

〔机构队伍〕 市粮食流通服务中心为南康市农业和粮食局管理的正科级事业单位,核定领导职数一正两副、人员编制10人,内设科室还未审批,办公地点在蓉江西路16号。

南康市粮食流通服务中心所属单位有:市粮油质量监督检验站、市粮食执法队、市粮食收储公司、市饲料公司、市康西米粉厂、唐江饲料厂、蓉江粮油加工厂、粮食汽车队、调味品厂。

2013年,有在岗干部职工50人,其中女职工10人,共产党员27人,干部8人,返聘41人(其中资产管理员4人),离开本单位还未签订解除劳动关系6人。

在岗职工文化结构:大学3人,大专13人,中专9人,高中14人,初中及以下11人。

技术职称:初级10人,中级1人

技术等级:经营师2人,高级工8人,中级工3人,初级工15人,

在岗职工年龄结构:35岁及以下7人,36岁~45岁9人,46岁~54岁18人,55岁及以上16人。

〔粮食行政管理〕 中心围绕监督检查体系建设,着力开展全国粮食流通服务监督检查规范执法示范单位创建活动。一是加强了监督检查机构建设。做到监督检查职能、机构、人员、经费的全面落实,执法人员由5人增至7人,中心在资金极其困难的情况下,想方设法筹集10万多元添置了办公设备,改善办公场所,配置了行政执法服装,为粮食

执法创建了良好的环境，使执法人员的形象焕然一新。二是进一步完善了各项规章制度并上墙，确保执法行为有据可循，有规可依、文明执法、廉洁守纪。三是强化队伍建设，采取平时自学、参加培训和赴外县市参观学习的方式，不断提高执法队伍的综合素质。四是大力开展执法宣传活动。组织开展了《国家粮食流通管理条例》、“2013 年粮食科技食品安全周宣传活动”和“2013 年早籼稻最低收购价政策”的宣传工作，共出板报二期、悬挂横幅标语三条，组织宣传车现场咨询、发放宣传资料 26000 份。五是认真组织开展了 2013 年清仓查库工作，对全市 22 个国有储粮仓库逐一进行了实地丈量，检查库存粮食账实是否相符。六是及时组织开展了“2013 年粮食收购资格专项检查”和“2013 年早籼稻最低收购价政策执行情况”专项检查，确保了粮食市场井然有序，保护了种粮农民利益。七是完善执法联动机制，2013 年与信丰、大余、上犹等县粮食部门建立了粮食行政执法联动机制，与市工商、质检、卫生、物价等部门建立了粮食市场监管联动和信息共享机制，充分发挥各涉粮行政部门的管理优势，保护了粮食生产者、经营者、消费者的合法权益。八是加强对全社会粮食流通监督检查工作力度，2013 年出动检查人员 60 人次，检查企业 23 家，查处违规企业 10 家，其中责令改正 4 家，行政处罚 6 家。

〔**粮食调控**〕 加强粮食宏观调控，维护粮食市场和价格稳定，保障粮食安全，是粮食部门的行业使命。中心正确把握调控目标和时机，科学运用调控方式和手段、继续完善和健全粮食应急体制机制、全力以赴保障我市“种粮卖得出、吃买得到”这一“底线目标”。一是全力抓好粮食最低收购价工作，全年收购早籼稻 248 万公斤、中晚稻 130 万公斤，确保中央惠农政策不折不扣落到实处。二是储备粮适时吞吐调节，全年竞价销售粮食 136 万公斤(稻谷)，保证粮食市场价格稳定。三是树立“以兵为本”的观念，认真做好军粮供应保障工作。对每一批采购的军粮都委托“南康市粮油质检站”进行质量抽检，以确保安全。一年来，从未出现一例断供、欠供、不供现象。“和平使命 2013”军演期间，参演部队途经南康市，中心做到物资齐备，中心领导与军供人员 24 小时待命。“八一节期间中心领导走访慰问了子弟兵，送上慰问金 600 元。

〔**粮食政务信息**〕 在粮食政务信息方面加大了工作力度，扩大了宣传范围，提升了宣传质量。一年来做到了及时宣传粮食法律、法规、粮食政策以及工作动态，较好地展示了南康粮食部门形象，按规定在政府网站公开政务信息 97 条；向《省粮食局网站》、《赣州农业和粮食网》、《南康信息》发稿 25 篇，用稿 26 篇。参加赣州粮食经济学会河西片理论研讨会的交流论文二篇。

〔**经营机构**〕 南康市国有粮食系统经营机构包括购销企业和经营性企业两部分。

(一)购销企业

市粮食收储公司，为市粮食流通服务中心所属的独立法人企业，由全市的非独立核算的粮油公司、粮管所组成。各基层粮油公司、粮管所等收储单位为市粮食收储公司下属非独立核算单位，不对外发生调销业务和资金往来，在财务上实行报账制，市粮食收储公司对其实行目标管理，制定和落实奖惩措施。

(二)经营性企业

经营性企业只有唐江、潭口、凤岗、龙华四个粮油加工厂有场地，其余只有单位名称而无经营场地。

1.粮油加工企业。企业有：康西米粉厂、调味品厂、蓉江粮油加工厂、唐江粮油加工厂、潭口粮油加工厂、凤岗粮油加工厂、龙华粮油加工。

2.饲料企业：市饲料公司、唐江饲料厂

3.运输企业：粮食局汽车队

〔**购销网点**〕 南康市国有粮食系统购销网点遍及全市各乡镇，由 11 个基层粮油公司、粮管所，21 个库点构成，购销网点占地面积 13.17 万平方米、仓库 61 座、仓库总容量 56300 吨，其中城区粮油公司、横寨粮管所只有单位名称而无经营场地。还有遍布全市城乡各地的个体粮食加工厂和个体粮店，其中有 24 户已办粮食收购许可证。

┌—城区粮油公司(未算库点)
├—唐江粮油公司
├—潭口粮油公司
├—凤岗粮油公司
├—龙华粮油公司
├—镜坝粮管所

粮食收储公司	├—赤土粮管所
	├—横寨粮管所(未算库点)
	├—横市粮管所
	├—隆木粮管所
	├—朱坊粮管所
	├—十八塘库点
	├—┼—内潮库点
	├—麻双黄埠库点
	├—圩下库点(仓库报废,未算库点)
	├—大坪库点
	├—坪市库点
	├—小安库点
	├—大窝库点
	├—三益库点
	├—茶叶坳库点
	├—龙回库点
	├—龙东库点
	└—浮石库点

〔**粮食财务**〕 粮食财务工作认真执行财经法规,扎实做好会计基础工作,完善内控制度,加强资金监管,努力做好企业的增收节支工作,2013 年,实现利润 1 万元。一是及时与税务部门沟通,为收储公司办理了粮食销售免征增值税认定手续;申请减免了 2013 年房产税 2.16 万元,土地使用税 12.9 万元。二是加强了与市财政和省储粮公司的联系,地方储备粮补贴收入及时、足额到位,保障了企业的正常运营。三是克服困难,为曾经在粮食部门工作的老同志查找会计档案,为退休职工按政策补交社保办退休提供依据。四是切实做好核销贷款 538 万元的申报工作。与市农发行、市农业和粮食局、市财政局、市工商行政管理局等有关部门通力协作,重新清理核查南康市 22 个粮管所上世纪九十年代附营业务(养猪)亏损占用贷款情况,查找有关文件资料,如期向农发行申报核销附营业务停息挂账占用贷款 538 万元。

〔**粮食仓储**〕 粮食仓储工作从管理制度完善、仓储设施的更新、仓储技术的创新方面入手,加强科学管粮的能力建设取得了明显成效,所辖储粮安全稳定,“四无”、“三低”储量比例达 100%,在两次省级粮食检查工作中均获得了检查组的好评。一是落实了工作责任制。采取层层签订责任状和定期与不定期相结合的检查方式,加强对粮食仓储工作的监管,对发现的问题及时下达整改通知限期整改。二是围绕提升粮食仓储功能,拓展新技术新工艺在科学储粮方面的应用,采取自筹和向上争取的办法筹得资金 13 万元,对唐江库区五号仓进行了内环流熏蒸改造、八号仓门扩建改造以及对进出红石岑库区地面进行了硬化,对横市库区一号仓进行整体维修,使其具备安全储粮功能。三是强化业务知识培训。6 月在唐江库区举办了一期保防人员培训班,使参训人员夯实了理论功底,更新了知识,提高了操作技能。四是组织各库区骨干人员到粮仓机械生产厂家实地培训,提高机械操作水平和维修能力,确保安全生产无事故。五是开展了“危仓老库”的调查,编制了我市“危仓老库”修复改造实施方案,为启动“危仓老库”的修复任务、管住管好“天下粮仓”做好了充分准备。六是散粮中转库建设取得突破性进展。江西南康粮食物流中心散粮中转库 2008 年获省发改委批准立项,2010 年列入中央投资预算计划内粮食物流项目,2012 年列入苏区振兴发展重大项目。多年来,因 200 亩建设用地指标迟迟没有落实,该项目工程的筹建工作一直毫无进展。中心抓住苏区振兴的有利时机,以实干兴赣的作风跑厅走部、持之以恒地做好该项目的跟踪服务,使该项目在 2013 年列为赣州市赣南苏区争取国家用地计划项目,2013 年 8 月通过了省国土厅项目用地预审意见,11 月省政府批准该项目用地规模 200 亩,项目选址为我市东山街道办事处金鸡村。七是推广农户科学储粮仓“首战告捷”。开展农户科学储粮,改善储粮设施,减少产后损失是增加“无形粮田”的有效途径,是一件一举多得、户户受益、人人欢迎、利国利民的好事实事。中心以服务农民为已任,把该项工作纳入当前工作的重中之重,采取各种有效措施,首次推广就取得了 6000 套的好成绩。如果按每套一年最低可减少 2%的粮食损失来算,这相当于每年可为社会增加有效供应粮食 11 万公斤。

〔**粮食质检**〕 粮油质量监督检查站不断提高检测能力,努力维护市粮油食品消费安全,全年扦抽取样品 94 个,检测样品 79 个,准确及时出具检验报告 79 份,维护了市粮油食品的消费安全。一是严格监管了军供粮地方储备粮托市粮的质量,对 2013 年收购的托市粮扦取检测样品 4 个,并建立了质量档案。二是在8月和10月组织人员对全市的早、晚稻进行了收获粮食质量调查和品质测量样品以及省粮食质量安全监测样品的扦样工作，扦取质量调查样品22个、10个品质测报样品、5个全省粮食质量安全监测样品。收获粮食质量状况为南康市农民调整种植适销对路的优良品种提供了依据，深受广大种粮农户的欢迎。三是按照国家粮食局《全国粮食质量安全检验监测能力“十二五”建设规划（2011—2015）》要求，编制了《粮食质量安全检验监测能力建设项目可行性研究报告》等资料，报送省、市发改委后，分别获得省、市发改委备案。该项目一经实施，能够检验的质量参数将超过88个，能够检验的储存品质类参数将达到5个，能够检验的安全卫生参数将达到21个，检测能力将得到飞跃发展。

〔**粮油工业**〕 南康市粮油工业有五个粮油加工厂，一个米排粉厂和一个调味品厂。企业改制之后，老旧的机器设备不适应形势需要，都已经拍卖，也无从业人员。粮油工业主要是全市各地24家民营粮油加工企业，年生产能力547500吨，其中：日处理原粮30~50吨（含30吨）有11家，日处理原粮50~100吨（含50吨）有8家，日处理原粮100~200吨（含100吨）有3家，日处理原粮200~400吨有2家。

〔**领导班子名录**〕

主　任：邓联福

副主任：卢圣塔

工会主席：卢圣塔

畜牧业

〔**综述**〕 2013年，在市委、市政府的正确领导和上级业务主管部门的关心指导下，市畜牧水产局紧紧围绕以“保供给、保安全、保生态”为目标，以“规模化、标准化、生态化、品牌化”为路径，着力转变畜牧水产发展方式，着力提升产业化经营水平，着力推进畜禽水产标准化规模养殖，着力强化动物疫病防控，着力加强畜牧水产品质量安全监管（简称“三保四化五着力”），努力推进全市畜牧水产业向规模化、生态化方向发展上取得显著成效。

2013年，南康市以生猪为主的畜牧业荣获省农业厅“生猪清洁化生产先进县（市）”称号和“防控重大动物疫病先进单位”，荣获赣州农粮局“畜产品安全监测先进单位”等称号。

〔**机构队伍**〕 南康市畜牧水产局是市政府主管养殖业的职能部门，负责全市养殖业的生产规划发展、养殖技术推广、医疗防疫检疫、品种培育改良等工作，内设办公室、畜牧技术推广站（含畜牧水产学校）、动物疫病预防控制中心（含市防重办）、动物卫生监督所、水产站（含渔政站）等站（中心、所、室），下辖市畜科所、市水科所2个市二级养殖科研场所和18个乡（镇、街道）畜牧兽医站。系统现有干部职工403人，其中高级职称8个、中级职称27人，初级职称291人。

〔**畜禽饲养**〕 全年生猪饲养量达125.1461万头，同比增长1.27%。其中出栏79.1196万头，同比增长1.27%；存栏46.0265万头，同比增长1.26%；家禽饲养量达964.08万羽，同比增长0.65%。其中出笼577.38万羽，增长0.48%；存笼386.70万羽，同比增长0.91%；耕牛饲养量达6.984万头，同比增长1.59%。其中出栏2.112万头，存栏4.8715万头，同比分别增长1.32%和1.53%。

全年新建栏舍面积2.34万平方米，年末拥有万头猪场12个，千头以上猪场42个，500头以上猪场744个，200~500头猪场1120个，200头以下猪场1030个。已建成（或在建）的生猪生态示范小区有14个，其中横寨、镜坝、龙回、龙岭、三江、太窝等的生猪示范小区水、电、路等配套设施落实到位，功能较健全，辐射能力强，已带动2024户农民从事规模养猪。所有的园区都按照无公害、清洁化生产技术要求，走“猪—沼—果—渔”生态发展模式，努力打造南康的“优质生猪”品牌。2013年市畜牧水产局认真开展“千场万户畜禽清洁生产行动”。整合生猪发展基金、生猪调出大县奖励资金和良种补贴资金等项目，在全市范围内选择了84户养猪重点户，开展高层次、高标准畜禽养殖标准化示范场的创建活动。新建沼气池9450平方米、调节（蓄）池1.54万平方米、发酵车间910平方米、无害化处理井810平方米，全年用于生猪标准化改造资金达320万元。同时，大力推广“猪—沼—果（油茶）”、“猪—沼—菜”和“发酵床养猪”等生态养殖模式，粪污无害化处理率达到92%，实现了循环利用,变废为宝。

〔**生猪改良**〕　新建生猪二级扩繁场2个，累计引进杜洛克、大约克、长白等优良母猪324头,公猪4头投入生产。

〔**畜禽检疫**〕　实行检疫员岗位目标责任制。检疫员待遇与检疫成效挂钩,重奖重罚。一年来,没有发生一起病(死)肉类上市坑害消费者事件,畜禽产品检疫到位率达100%。市动物卫生监督所查处无证经营、逃避检疫的屠工7人,处理检疫员违规操作事件1起，没收并销毁未经检疫或检疫不合格的肉品115公斤,确保了群众吃上“放心肉”。

〔**疫病防治**〕　畜禽防疫实行“窝边注射、春秋两防、重点突击、常年补针”的方针,经检查,生猪春防密度达99.12%,家禽春防密度达89.32%;生猪秋防密度达99.24%，家禽秋防密度达88.78%,均高于省定标准。尤其是“防五”方面,积极落实“二强化、五强制”措施,联合公安、工商、交通、公路等部门组成巡逻队,常年巡回在国道沿线,严禁可疑贩运畜禽车辆停靠,把疫源拒之境外,确保了南康市连续28年养殖业清净无大疫。

〔**兽药饲料监督**〕　兽药经营实行申报许可制度。2013年共发放《兽药经营许可证》7份。执法队加大了兽药饲料执法力度。全年对饲料抽样化验254份,达标率99.7%;查处无证经营兽药者5人,没收并销毁假冒、伪劣饲料兽药计1543包(瓶)。合计240公斤。

〔**特色养殖**〕　建立了龙回土鸡、横市灰鹅、坪市肉兔等三个特种养殖基地。2013年,龙回土鸡出笼54万羽，横市灰鹅7万羽，坪市兔肉产量为15吨。此外,全市养蜂10170箱,增长1.8%,蜂蜜产量215吨,增长1.9%;地鸽、鹌鹑等珍禽饲养量达895万羽,增长1.70%;山羊、肉牛等特种家畜饲养量为1.222万头,增长1.16%。

〔**领导班子名录**〕

局　长:卢致融

副局长:谢代琪

　　　　刘昭钧

何弘文

渔　业

〔**综述**〕　全市水域分为河流、水坝、池塘、水库4大类型。水域总面积14.45万亩,占全市土地面积的5.3%。2013年可利用养鱼水面为33700亩。

2013年,池塘、水库养殖面积33700亩,稻田养鱼面积6820亩。水产品总产量21630吨,同比增长4.52%。其中:养殖产量20570吨,捕捞产量1030吨,同比分别增长4.1%和3.1%。全市有鱼种场6个,其中国营1个,集体1个,个体4个,鱼苗投放总量达25100万尾。年末渔船拥有量32艘/17吨/90马力。

〔**成鱼饲养**〕　以池塘、水库为主,养殖面积33700亩,养殖产量20570吨,平均亩产611公斤。稻田养鱼发展较好,总产量达2103吨。

大水面得到开发利用，主要采用鱼—猪—果或鸭—鱼等形式综合养殖，种草养鱼配合饲料养鱼得到了较好推广,养殖单产达611公斤/亩。稻田养殖总产量达2103吨。

〔**苗种繁育**〕　全市有鱼种繁育场6个，亲鱼培育池54亩,产卵池15个,孵化环道24个。2013年鱼苗产量25100万尾。苗种培育形式有专池培育、成鱼塘套养、稻田培育等。2013年鱼种产量2724吨。

〔**鱼病防治**〕　市内常见鱼病主要有:出血病、烂鳃病、赤皮病、肠类病、白头白咀病、白皮病、车轮虫病、小爪虫病、指环虫病、中华鳋病、鱼虱病等。对鱼病坚持“预防为主、防治结合、防重于治”的原则,提倡在放养前清淤清塘消毒,在鱼病流行季节用药物定期预防。2013年,草鱼注射式免疫防治、药物防治方法推广较好。

〔**特种养殖**〕　特种水产品产量为6865吨,同比增长1.22%。其中:甲鱼301吨，彭泽鲫等鲫2110吨,大口鲶鱼32吨,淡水白鲳45吨,鮰鱼7吨,黄颡鱼15吨,鳗鲡2吨,泥鳅541吨,蛙35吨等。全市特种水产养殖户1450户,主要集中在中、南片乡(镇、街道)。

〔渔政管理〕 为制止电鱼、毒鱼、炸鱼现象,保护渔业资源,维护生态平衡,市渔政监督站强化了渔政监督。一年来查处非法捕鱼人员 16 人次,收缴电鱼船只 1 艘、渔网 4 张、电瓶 6 只,放生渔获物 154 公斤,污染事件 1 起。

果　业

〔综述〕 2013 年,南康市果业局围绕赣州市提出的将赣南脐橙打造成产值超百亿元产业集群的战略目标,扎实推进社会主义新农村建设,努力打造"南康甜柚"和"赣南脐橙"品牌。在果业工作中着重抓了如下七个重点方面:一、狠抓规模基地开发,大力培植甜柚产业。二、狠抓果业管理,不断提升南康甜柚、脐橙的管理水平。三、狠抓农业招商,提高产业发展后劲。四、强化协会的功能和作用。五、积极运营和保护"南康甜柚"地理标志产品,强化品牌管理。六、积极开拓市场,畅通销售网络。七、狠抓黄龙病的防控工作,确保南康果业健康稳定发展。经过一年的扎实工作,较好地完成了 2013 年的工作任务,完成山地流转 8000 亩,新开发果业面积 6000 亩,完成定植 6000 亩。尤其在果业开发上取得了较大的突破,规划开发了大坪-坪市 4 万亩现代农业示范区,多次得到了上级领导的肯定和好评。

2013 年,全市果园面积 12.35 万亩,水果总产 7.11 万吨,甜柚 4 万吨,年内新增果园面积 6000 亩,推广脱毒苗木 40 万株。其中甜柚 9.2 万亩,产量 4 万吨,脐橙 2.39 万亩,产量 1.73 万吨。

〔机构队伍〕 市果业局内设人事秘书科、综合科、市场信息科、果业技术推广站。2013 年底,有干部职工 14 人。下属事业单位有柚子中心苗圃,现有干部职工 7 人。

〔甜柚生产〕 南康甜柚为南康水果生产传统产品和主导产品,品种有沙田柚、斋婆柚、龙回早熟柚、江坝柚、新引进早香柚,以沙田柚面积居多。主要分布在朱坊、龙华、三江、唐江、蓉江、东山、横寨、赤土、浮石、龙回、龙岭、麻双。2013 年,面积 9.2 万亩,产量 4 万吨。

〔脐橙生产〕 脐橙开发有了新的发展,品种主要有纽贺尔、朋娜、华盛顿脐橙、夏橙、奈尔尼娜等,以纽贺尔居多。主要分布在朱坊、三江、唐江、龙华、蓉江、横寨、赤土、龙回、三益、龙岭、太窝等乡镇。2013 年,面积 2.39 万亩,产量 2.26 万吨。

〔其他水果生产〕 除甜柚、脐橙外,还有温柑、杏子、李、桃、梨、柿子、枇杷、葡萄、枣、梅等水果。2013 年底面积 0.55 万亩,总产量 0.8 万吨。

〔规模基地开发〕 市果业局从抓产业规划入手,以抓规模基地为切入点,将甜柚产业作为新农村建设的重点培植的优势农业产业,努力营造一种产业发展的氛围。根据全市果业"十二五"发展规划和南康甜柚产业发展规划,龙回—浮石万亩基地在原来开发 2 万亩基础上向周边延伸,重新规划了 2 万亩,规划开发了大坪-坪市 2 万亩现代农业示范区、赤土青塘和朱坊胜利-兰坑万亩基地,编制了开发作业设计书,三个万亩基地总规划面积为 12 万亩。为了将基地打造成"生态、休闲、旅游、观光"客家园林式观光农业,万亩基地坚持"五统一分"的模式进行开发。实行山顶戴帽,修筑反坡梯田和竹节沟,防止水土流失。2013 年全市果业开发面积达 6000 亩,规模基地完成山地流转达 8000 亩,完成整地达 6000 亩。

〔果业管理〕 一是积极开展果业技术培训,狠抓了甜柚三项技术推广工作。为了提高果农的果业技术管理水平,推进南康甜柚的产业化建设,南康市结合农民知识化工程紧紧围绕新农民培育工作,年初制定了南康甜柚三项技术工作方案,成立了南康甜柚三项技术领导小组及工作小组。落实了分管领导及项目负责人,全年举办培训班 12 期,聘请了江西农大教授邓毓华、中柑所所长彭良志、赣州市果业局高级农艺师陈慈相、赖小华、王进华等省内外知名专家及本地专业技术人员 12 名进行授课、指导。共培训果农 1300 多人次,培训面达 95%以上。举办了规模基地果业开发培训班,做到了先培训后开发,新开发户 100%得到了培训。举办了果业送科技下乡活动,编印了果业信息 6 期,发放技术资料 1500 多份,发放甜柚三项主推技术光碟和资料各 2000 份,为了使南康甜柚三项技术推广落到实处,组织了果业重点乡镇的果技站长及市果业局的果技人员长期深入田间地头进行技术推广，实行结对帮扶和培植科技示范户，通过科技示范户带动周边果农推广三项主推技术，为了保障南康甜柚三项技术推广，在果业基金中安排了十万元的技术推广经费，通过一年的扎实工作，提高了果农的管理水平。

二是狠抓了甜柚、脐橙无公害、标准化生产工作。规划开发了龙回–浮石的四万亩甜柚基地，大坪–坪市2万亩现代农业示范区，朱坊胜利–兰坑、赤土青塘的万亩基地，做好了规划设计书和规划设计图。在示范区推广微喷节水技术1800多亩，推广渗灌节水技术600多亩，为全市大面积推广提供了宝贵经验，起到极好的示范带动作用。在示范基地建设中，实行统一施肥标准，统一施用无公害农药，统一土壤和肥水管理，统一树体管理和统一采收时间等“五统一”管理，并在每个生产环节派出专人进行指导和培训，达到了节本、增产、增效的目的，取得了很好的示范效果。

三是强化苗木管理。为了确保果农种上优质健康的甜柚苗木，确保甜柚产业健康发展，下发了《关于清理整顿无证育苗的通知》，杜绝了无证育苗的现象。2013年柚子中心苗圃，繁育苗木20万株。占地140亩的柚类种质资源圃，现已建成并已投入使用，引进了国内外优良品种53个，本地品种7个。

四是强化柑橘黄龙病防控，确保南康甜柚和赣南甜柚产业安全。近几年来，柑橘黄龙病程扩散爆发的趋势，为了严防柑橘黄龙病，确保南康甜柚产业安全，市政府先后下发了《关于印发南康市柑橘黄龙病防控工作方案的通知》(康府办字〔2013〕106号)，《关于组织开展柑橘黄龙病防控技术指导工作的通知》(康府办函〔2013〕41号)，《关于印发南康市柑橘黄龙病防控督查工作方案的通知》(康府办函〔2013〕55号)，《关于印发2013年度南康市柑橘黄龙病防控工作考评方案的通知》(康府办字〔2013〕126号)，南康市脐橙产业发展领导小组下发了《关于规范柑橘黄龙病防控措施和建立长效防控机制的通知(康橙字〔2013〕1号)，市财政局、市果业局联合下发了《关于印发南康市柑橘黄龙病防控补助专项资金使用和管理办法的通知》(康财农字〔2013〕14号)，市政府召开了由市长参加的柑橘黄龙病防控工作动员会，各乡镇召开了柑橘黄龙病防控工作动员大会，各乡镇书记同市政府签订了《柑橘黄龙病防控工作责任状》，各行政村向所在乡镇签订了《柑橘黄龙病防控工作责任状》，市政府成立了柑橘黄龙病防控工作技术组、督查组和考评组，对全市柑橘黄龙病防控工作进行技术指导，督查和考评，各乡镇加大了对干部、果农的技术培训力度，技术培训覆盖了每一位乡镇干部和每一位果农，发放各类技术资料八千多份，各乡镇成立了柑橘黄龙病普查工作队和清除工作队，对所在乡镇的每一个果园和零星柑橘果树进行柑橘黄龙病普查，先后普查出十四万多株柑橘黄龙病树，在2013年底全部清除到位，下拨柑橘黄龙病工作经费和补助资金207.35万元。

五是加大了基础设施的扶持力度。2013年，为了做大做强甜柚产业，做优做亮赣南脐橙，市财政安排了120万元的专项资金用于果业开发补助和技术培训，安排了80万元专项资金用于脐橙销售，同时捆绑各项涉农资金计1200多万元用于果业发展。

〔果业协会建设〕 积极引导规模基地成立协会和合作社，为了强化规模基地的服务和管理，南康市积极引导，大力扶持规模基地成立果业经济组织，至2013年成立了协会和合作社39个，合作社成员占果农的90%。特别是成立了南康市果品营销联合会。

〔果业品牌管理〕 积极申报“南康甜柚”地理标志产品和“南康甜柚”证明商标。一是市果业局派出专人与技术监督局一道，积极组织“南康甜柚”地理标志产品保护运营和保护工作；二是积极将南康甜柚申报江西省著名产品；三是通过协会认真制定执行采摘时间、采摘标准，确保南康甜柚的质量，通过协会统一使用“南康甜柚”品牌，统一使用“南康甜柚”包装，统一规格和质量，严禁出现以次充好、以假乱真、假冒伪劣的现象。四是积极向国家工商总局申报“南康甜柚”证明商标，已经获得了批准。

〔开拓销售市场〕 市果业局年初制定了“赣南脐橙”和“南康甜柚”营销工作方案。为了搞好南康甜柚营销工作，市果业局年初制定了“南康甜柚”营销工作方案。11月16日，果业局营销小组带领南康市经销商及果业大户到主攻城市西安举办了赣南脐橙南康甜柚推介会，大力宣传推介南康甜柚和赣南脐橙。

〔领导班子名录〕
局　长:曾庆明
副局长:龙清祥
　　　　熊名像
　　　　黄宗俊
工会主席:廖永樑

林　业

〔综述〕 2013年,市林业局在市委、市政府的正确领导下,在上级林业主管部门的指导下,以党的十八大精神为指针,以党的群众路线教育实践活动为统领,以苏区振兴发展为契机,以作风建设为抓手,以生态南康建设为目标。围绕市委、市政府"产业兴康、教育强市、品质铸成、和谐福民"发展战略扎实工作,取得了较好成绩,圆满完成了各项工作任务。

〔机构队伍〕 局班子成员8人(党委书记兼局长1人,党委副书记1人,党委委员兼副局长1人,党委委员1人,党委委员兼森林公安局局长1人,副局长2人,工会主席1人),内设机构有党委办公室、局办公室、人事教育科、营林科、林政科、财务科、野保科、林改办、林业工作总站、审批科、林业办证中心、国有林地管理站、项目办、绿化办、长防办;下属单位有森防站、专业森林消防大队、唐江木材检查站;核定行政编制17名,全额拨款事业编制11名。机关现有工作人员45人,退居二线干部7名。

下属二级单位4个,其中防火办,编制5人,现有工作人员5名;林业技术推广站,编制6名,现有工作人员7名;山林权属纠纷调处办公室,编制5名,现有工作人员5名;森林公安局,编制15名,现有人员21名。局派出21个乡(镇、街道、新区)林业工作站,编制60名,现有工作人员53名。

原有4个国有林场已全部转制。

〔森林资源〕 南康市有林地面积163.75万亩,占国土面积的62.7%,其中国有林地面积13.1万亩,集体林地146.28万亩,林木蓄积量211.13万立方米,森林覆盖率60.82%,林木绿化率63.97%。按林业分类经营要求,全市已规划公益林面积39万亩,商品林面积101.67万亩,其中油茶面积14.1万亩,果业面积8.89万亩。国家一级保护动物1种,国家二级保护动物6种,省级保护动物26种;国家一级保护野生植物1种,国家二级保护野生植物1种,省级保护野生植物8种。

〔林政管理与家具产业〕 一是规范了林木限额采伐管理制度。编制了《南康市2013年度木材生产计划分配方案》,下达2013年度商品林木材生产计划蓄积41220立方米,其中国有林12330立方米,集体林28890立方米。全市审批林木采伐蓄积为16117立方米,毛竹采伐10668支;二是高度重视林地变更暨森林资源补充调查和林地管理工作。举全系统之力在强化措施、明确责任和确保质量的前提下,认真开展了林地变更和森林资源补充调查工作。同时对全市公益林地理信息系统数据库和林地"一张图"中公益林小班属性信息进行了核实更新。强化林地管理,全市依法审批林地17宗(其中:临时占用林地10宗,永久占用林地7宗),面积80.3959公顷(1206亩),征收森林植被恢复费511.9405万元;三是扎实有效开展了"三乱一非"专项行动和全面开展了对2012年度135个伐区的检查验收工作,进一步加大了对各类涉林案件的打击力度。据统计,全市共受理查处各类案件28起,其中刑事案件16起,林业行政案件12起。追究刑事责任27人次,为国家挽回经济损失340多万元。同时,积极参与市严厉打击开采稀土等非法占用林地的违法行动,有效保护了我市森林资源;四是切实抓好行政审批"两集中,两到位"改革整改工作,成立了审批科,设立了林业办证窗口。据统计,全市共受理林业审批事项250起,已办结224起,正在办理的25起,不予受理的1起,办件率达100%;五是成功申请了由国家林业局和省政府主办的中国(赣州)第一届家具产业博览会,为提升南康家具转型升级奠定了坚实基础。据统计,全市新办理木材加工许可证4户,毛竹加工许可证1户,木材经营许可证22户,申请变更木材加工企业122户,下达木材加工剩余物放行指标96200立方米。林业部门常年出具家具企业证明为家具业主年审等提供方便,全力为南康家具产业服务。

〔造林绿化及林业项目〕 一是确定了以突出森林城乡建设为重点,继续抓好通道绿化工作。以创特色、做精品、出亮点为目标,重点抓了一江两岸绿道工程建设,百家姓和谐城绿化工程,大广高速横市出入口,赣南大道(南康段)绿化提升工程,高速公路两侧仰面山造林绿化,康赤公路沿线两侧绿化工程等。结合北六乡和谐秀美乡村建设,重点抓了横市镇森林乡(镇)创建及大坪乡上期村、坪市乡小安村等10个精品村庄的绿化工作。据统计,2012~2013年度全市完成造林面积20042.7亩,占省任务的131%,其中,山上造林12648.7亩,山下造林7394亩。二是抓住赣南苏区振兴发展机遇,大力抓好林业项目建设。全面完成了2012年度巩固退耕还林成果后续产业发展,新造油茶林1575亩;完成就业技能培训128人次;完成了2011年度省级低产油茶林改造任务5000亩。另外,继续把发展油茶产业和花卉基地建设作为惠民富民项目来抓,特别是在市被列为全国油茶种植示范县(市)后,采取有力措施,把加强技术培训和提供优质服务放在首位,大力推进油茶产业发展。据统计,2013年新增花卉苗木基地1602亩,新造油茶面积5275亩。

〔森林防火〕 始终贯彻"预防为主、积极消灭"的森林防火工作方针。2013年,全市共发生森林火灾15起(其中:一般森林火灾9起、较大森林火灾6起),森林火灾过火总面积4581.2亩、受害森林面积2995亩,造成直接经济损失约74万元。组织了由市委、市政府四套班子领导带队,市直有关单位主要负责人任组长,"两办"督查室、监察局、林业局等部门干部组成的明察暗访组对森林防火工作进行督查;加大野外火源管理,开展了野外用火集中整治月活动;加强了专业森林消防大队队伍建设,新成立了南山专业森林消防中队;启动了森林消防大队营房建设工作;强化防火基础设施建设,市财政投入资金94.43万元,在重点区域新建防火线134.5公里,维护防火线6.8公里,维修林区公路2.3公里,营造生物防火林带11.59公里。

〔森林病虫害防治〕 加强体系建设,在现有基础设施上,添置购买了必要的森防办公设备。下发了《关于切实做好2013年松材线虫病预防和除治工作的通知》及《关于对松材线虫病疫情严重的乡(镇、街道)实施重点管理的通知》;设立了乡级监测点57个,固定监测点9个,设置诱捕器40套;完成种苗产地检疫面积110亩,调运检疫木材90万立方米;组织专业队在全市有关乡(镇、街道)施放1%噻虫啉160桶防治松褐天牛,防治面积10000多亩;组织专业人员完成了全市松材线虫病春季及秋季普查工作,全市发生疑似松材线虫病面积为131275.5亩,枯死松树为13659株,涉及150个行政村。市委、政府对松材线虫病的防治工作高度重视,2013~2016年投入资金450万元对龙华、唐江、凤岗三个乡镇施行松材线虫病绩效防治承包试点工作,防治面积达78784亩。

〔林业产权制度改革〕 继续妥善处理林改遗留工作。安排了专人对全市林权档案进行归档整理;对各地有误的19本林权证进行了更正;依规撤销了镜坝等9本林权证;受理了流转山林登记13起,变更登记宗地32宗;初始登记发放林权证65本;办理了林权证贷款抵押登记6起,抵押面积18012亩,抵押贷款2265万元。接待群众来访200余人次,答复隆木、东山、镜坝群众信访件6件,行政复议案件1起。

〔山林纠纷与信访维稳〕 高度重视信访维稳工作。始终把山纠调处列为林业工作重点。通过加强领导、深入排查、突出重点和充分发挥信访、综治和山纠的联动作用做好维稳工作;通过96333平台的答复来为民排忧解难。据统计,2013年共排查矛盾纠纷13起,已调处11起,正在调处的2起,接待群众来信来访156人次,回复办理上级转来的信访件15件。通过大家的辛勤工作,有效维护了全市林业的社会稳定。

〔"三送"工作〕 在认真抓好以上各项主要业务工作的同时,统筹兼顾抓好招商引资、武装、工会和兵、青、妇等常规工作。据统计,2013年,局机关干部"三送"挂点联系农户1117户,发放联心册1117本,收集合理化建议68件,筹集资金5.5万元,解决群众困难等56件,还与750家家具企业建立了重点联系户关系。积极争取上级有关部门支持,为9名林业系统职工办理了特殊工种提前退休手续。

〔领导班子名录〕

党委书记兼局长:刘九生

党委副书记:张贻连

党委委员兼副局长:邱善辉

党委委员:王昌奉

党委委员兼森林公安局局长:李雪阳

副局长:曾照磁

副局长:李干绩

工会主席:陈天芙

森林公安

〔综述〕 2013年,南康市森林公安局坚持以科学发展观为统领,以增强软实力为核心,牢固树立发展为先、生态为重、创新为魂、民生为本的理念,坚持以执法办案为中心,以严管队伍为纽带,以理顺体制为保证,锐意进取,开拓创新,较好地完成了全年工作任务。全年受理查处各类森林案件14起,其中刑事案件12起,林业行政案件2起,查处各类违法犯罪人员19人次为国家挽回直接经济损失268万元。

〔机构队伍〕 2013年,南康市森林公安局有民警21人,下辖区横市、东山两个派出所。

〔岗位练兵和队伍建设〕 2013年,开展了学习中央"八项规定"活动、"正警风,促规范,提素质,树形象"队伍教育整顿活动、"三项纪律"专题教育活动等,全体民警在活动中认识得到了提高,队伍作风有了明显的改进,一年来未发生民警违纪行动,从严治警成效明显。还积极参加了赣州市森林公安局举行的现场勘验、动植物识别竞赛、车辆驾驶技能竞赛、法律知识竞赛、赣州公安第一届运动会选拔赛等,活动中,大家都能积极参与,以练为战,以比促能,在队伍中形成了浓厚的学习氛围,使业务素质和身体技能都有了较大提高,队伍形象有了较大提升。

〔专项行动〕 2013年,先后开展了"三乱一非"、打击破坏野生动物资源违法犯罪、夏秋林区社会治安整治、候鸟保护行动、打击破坏野生植物资源违法犯罪专项行动等专项行动,并根据林区特点,组织开展了严厉打击开采稀土等非法占用林地违法犯罪行动。全体民警主动出击,重拳整治,坚持高压严打攻坚战,制止了乱征滥占林地、乱挖滥砍林木等林区乱象的频繁发生,取得了较好成效。仅非法占用林地刑事案件就查处了6起,其中刑拘3人,取保4人,林政处罚5人。由于行动目标明确,工作措施落实到位,查处有力迅速,"稳、准、狠"地打击了违法犯罪分子,得到了林区群众和社会各界的高度评价。

〔办公用房建设〕 2013年,东山派出所办公用房暨森林公安大楼项目建设已经动工兴建到第三层,总投资达1千多万元。

〔领导班子名录〕

局　长:李雪阳

指导员:董晓勇

水土保持

〔综述〕 2013年,南康市水土保持工作是以科学发展观为指导,以控制水土流失改善生态环境为手段,以改善民生、增加农民收入为根本出发点和落脚点,以体制机制创新和科技进步为动力,以小流域为单元,山水田林路统一规划,综合治理,大力发展特色经果林,培育壮大农业特色优势产业,实现水土资源的可持续利用和生态环境的可持续维护,促进老区经济社会可持续发展,为老区全面建成小康社会奠定坚实基础。紧紧围绕市委"产业兴康,教育强市,品质铸城,和谐福民"的战略部署,不断开创水保工作新局面,为把南康市建设成为经济强市和活力新城做出了新的贡献。2013年,水土保持工作主要是围绕一个主题(推进赣南苏区振兴发展),实施二大项目(国家水土保持重点建设工程项目、农发水保项目),完善三大基地建设(坪市—大坪现代农业示范基地、赤土—横寨循环农业示范基地、龙回—浮石甜柚基地),做好四项工作(争资争项、预防监督、新水保法宣传、干部队伍建设)开展工作。全市综合治理水土流失面积1.5万亩,南康治理模式走在全省前列。启动了《国家水土保持重点建设工程沙溪河项目区》2013年度计划项目。农发水保项目顺利通过了省级三年验收。

〔**机构队伍**〕 市水土保持机构有水土保持委员会(下设办公室)和水土保持局。“水土保持委员会”由市政府分管领导担任主任，办公室设在水土保持局，由水土保持局局长兼任办公室主任。市水土保持局为市政府部门管理的全额拨款正科级事业单位，人员身份参照公务员制度管理，核定正式编制10人。年底实有工作人员13人，其中正式干部职工10人，外聘大学生3人。局班子有1正2副和1名工会主席，局长同时兼任市水利局副局长。局内设机构有人事秘书科、治理开发科、预防监督科、生态环境监督大队。

〔**水土流失**〕 南康市是全省水土流失重点县(市)之一。据全省第三次土壤侵蚀遥感调查公告，全市仍有水土流失面积677.18平方公里，占国土面积的36.72%，其中轻度流失面积187.31平方公里，中度流失面积204.33平方公里，强度流失面积176.62平方公里，极强度流失面积78.82平方公里，剧烈流失面积30.1平方公里。其水土流失严重程度居赣南各县之首，在全省也屈指可数，是南方红壤丘陵水土流失重点防治区。

南康市的水土流失具有流失时间长，分布范围广，流失程度烈，造成危害严重的特点。水土流失广泛分布于全市20个乡镇、街道。水土流失类型以水力侵蚀为主，兼有部分重力侵蚀。侵蚀形态以面蚀为主，沟蚀为辅。水土流失主要分布情况为：南北两端成片的风化花岗岩流失区，主要包括大坪、坪市、横市、麻双、十八塘和龙回等乡镇；中部以唐江、风岗、镜坝、蓉江、东山、龙岭朱坊等乡镇、街道为主的紫色页岩和红砂岩流失区；以三江、太窝、横寨等乡为主的第四纪红土流失区。经过多年的连续治理、综合治理，南康市的水土流失已呈现逐年下降的良好态势。到2013年底，全市仍有水土流失面积533.86平方公里（约80.08万亩，其中：轻度23.69万亩，中度23.02万亩，强度19.84万亩，极强度9.83万亩，剧烈3.7万亩）。

〔**水土流失综合治理**〕 水土流失综合治理工作坚持以人与自然和谐相处为理念，坚持以小流域为单元，紧密结合新农村建设，突出发展农村产业，不断加大治理力度，提高水土保持生态效益、社会效益和经济效益。全年合计完成水土流失综合治理面积10平方千米(1.5万亩)。其中：种植经果林1950亩，营造水保林1350亩，水保种草450亩，封禁治理11250亩。修建山塘10座、蓄水池55座、沉沙池60口，开挖沟渠30千米，修建水平台地33公顷，生产道路8公里，完成土石方总量29万方。

〔**预防监督**〕 监督工作以绿色生态建设为目的，加强网上审批建设，一切为市民服务，以服务方便业主、群众为目标，做到一切事项在窗口办理，公开透明、公正、方便。加强项目源头审批，对不符合要求的做到决不审批，全年共行政审批122个，编制方案报告书8个。使生产建设项目的水土保持工作真正落到了实处，最大限度地减少了新的人为水土流失的产生。

〔**项目建设**〕 2013年，抓了两个项目的实施：一是国家农发水保项目。依照上级下达的项目实施计划，抓了黄泥巷、西陂、青塘和苏茅4条小流域水土流失综合治理工作，完成水土流失综合治理面积15000亩。其中：种植经果林1950亩，营造水保林1350亩，水保种草450亩，封禁治理11250亩。修建山塘10座、蓄水池55座、沉沙池60口，开挖沟渠30千米，修建水平台地33公顷，生产道路8公里，完成土石方总量29万方。二是《国家水土保持重点建设工程沙溪河项目区》2013年度计划项目的启动。1.完成了4条小流域的初步设计，顺利通过专家评审。2.完成了对项目区内的坪市、大坪、麻双、横市等地的施工调查和专项设计。3.对项目所需物资进行了政府采购，对水保林、雨水积蓄工程等项目进行了公开招投标。4.一批拦沙坝、山塘等水保项目已在施工之中。

〔**领导班子名录**〕

局　长：刘传玉

副局长：李小林

　　　　明福古

工会主席：陈　中

水　利

〔**综述**〕 2013年，市水利局认真贯彻落实党的十八大精神和十八届三中全会精神，不断深化水利改革发展。不断加大水利建设投入，进一步完善水利基础设施建设,提升防汛抗旱能力,增强水行政执法能力,为全市经济社会提速提质发展提供坚强保障。

〔机构队伍〕 市水利局现有工作人员61人,其中在编人员37人,聘用(借用)人员24人。其中副高1人,工程师5人,助工8人,助理会计师4人。内设10个科室:秘书科、计财科、水政水资源科(水政监察大队、水上警务室)、水利建设与管理科、农水科、防汛办、工管站、水技站、设计室、机电站。下设2个事业单位:章江灌区管理局(现有职工21人)、章惠渠水电站(现有职工70人)。

〔小农水重点县建设〕 该项目于2009年启动,2013年是实施小农水重点县建设的第五年。2013年小农水项目批复总概算投资2200万元,其中中央资金1600万元。该项目工程于2013年10月25日开工建设,并于2014年3月底前全面完工。该项目区涉及8个乡镇43个行政村,完工后可改造38座小型灌区,改造灌溉面积3.59万亩。

〔中小河流治理〕 列入2013年建设任务的中小河流治理项目有龙华河、赤土河、横市河等3个防洪工程。其中龙华乡圩镇防洪工程批复资金为2413.95万元,其中中央资金1809.13万元,要求的本级财政配套资金403万元足额到位;赤土畲族乡防洪工程批复资金2870.9万元,其中中央资金2101.12万元,要求的本级财政配套资金536万元足额到位,横市镇防洪工程批复资金为1996.91万元,中央资金1598.72万元,要求的本级财政配套资金339万元足额到位。龙华河、赤土河、横市河等3个防洪工程项目完成了招投标工作,因征地拆迁工作尚未完成,至目前,上述3个项目工程均未开工。

〔城乡供水一体化〕 2013年启动实施中北部城乡供水一体化工程,4月27日市政府与省水利投资集团有限公司签订了《南康市中北部城乡供水一体化项目合作协议书》,2013年起计划实施龙华自来水厂一期工程,项目工程投资1.18亿元,日供水规模3万吨,项目完工后可解决项目区内10.1万农村人口饮水问题。该项目于2013年6月份开工建设,年内已完成场地平整。

〔农村饮水安全〕 完成了2013年解决师生饮水安全项目的建设任务,南康市第七中学、横寨中学、横寨中心小学管网延伸工程于2013年10月底完工,并开始供水,解决不安全饮水师生人数4500人。

〔水库除险加固〕 水库除险加固工作自2004年启动,至2013年底全面完成了剩余的9座重点小(2)型和21座一般小(2)型水库除险加固任务,该项任务的完成标志着全市58座水库除险加固任务的全面完成。南康市在组织领导、本级财政配套资金、工作措施力度上都高度重视,尤其在配套资金上,2013年市财政足额配套1963.38万元用于21座一般小(2)除险加固建设,全市水库除险加固工作走在赣州市的前列。

〔防汛抗旱〕 1. 雨情:据气象部门统计,2013年(1~9)月累计降雨1123.4毫米,比历年同期均值(1309.7毫米)少186.3毫米,偏少14.2%。降雨呈现两个明显特点:一是时间分布严重不均。(1~4)月累计降雨338.1毫米,较历年同期均值少219.7毫米,偏少39.3%。进入5月急转直上,降雨量达349毫米,较多年均值多127.3毫米,偏多57.4%。二是局地强降雨明显。4月3~4日,凤岗、三江降雨分别达91.5毫米、87.5毫米;5月15~16日,全市平均降雨79毫米,有28个站点超过50毫米的暴雨雨量,6个站点超过100毫米,以梅源水库122.5毫米最大,横寨水库113.5毫米次之,6月4日晚,十八塘、龙华、麻双、凤岗、唐江等中北部乡镇在2~3小时内遭暴雨袭击,局部大暴雨。监测显示,6个站点超100毫米,13个站点超50毫米。以龙华木林180.5毫米最大,十八塘163.5毫米次之。其中十八塘1小时降雨达80毫米,2小时132.5毫米。三是伏秋降雨明显不足。7月1日到8月10日,降雨71.8毫米,比历年同期均值(150.6毫米)偏少52.3%。尤其是8月上旬降雨仅6.3毫米,比历年同期均值(41毫米)偏少85%,造成阶段性干旱。

2.水情:5月14日大余、上犹、崇义等上游临县遭遇超强降雨,油罗口水库从14日12时起开闸泄洪,最大下泄流量达276立方米/秒。17日11时,上犹江水库下泄流量400立方米/秒。受区间强降雨和泄洪共同影响,上犹江、章水洪水陡涨。

16日17时章水河窑下坝站洪峰水位119.64米，超警戒水位0.64米，洪峰流量1000立方米/秒。上犹江田头站洪峰水位115.43米。

3.灾情：由于强降雨和局地暴雨，导致南康市“5.9”、“5.16”、“6.5”3次洪灾。7月以来出现持续高温天气。受降雨偏少、持续高温影响，部分乡(镇、街道)发生旱灾。

5月8日8时至9日8时，全市平均降雨50.3毫米，其中十八塘、龙华木林超100毫米。受强降雨影响，“5.9”洪灾共造成10个乡镇1.6357万人受灾，其中紧急转移人口280人，倒塌房屋6间，直接经济损失317.7万元。

5月14~16日，受高空低槽、低层切变和西南气流共同影响，南康市出现入汛以来最强的一次暴雨过程，暴雨导致我市严重受灾。14日8时到16日8时，有16个站点降雨量超过120毫米，24个站点超过100毫米，以梅源水库151.5毫米最大。降雨过程主要集中在15日22时到16日凌晨，全市33个站点平均降雨79毫米，有28个站点超过50毫米的暴雨雨量，有6个站点超过100毫米，以梅源水库122.5毫米最大，横寨水库113.5毫米次之。同时，由于大余、上犹、崇义等上游临县遭遇超强降雨，油罗口水库从14日12时起开闸泄洪，最大下泄流量达276立方米/秒。17日11时，上犹江水库下泄流量400立方米/秒。受区间强降雨和泄洪共同影响，上犹江、章水洪水陡涨，造成全市流域性洪灾。全市有20个乡(镇、街道)、南水开发办等遭受不同的洪涝灾害，受灾人口达2.9152万人，倒塌房屋11间，洪灾直接经济总损失3446.26万元。龙回、浮石、蓉江、赤土、麻双等乡(镇、街道)受灾严重。蓉江、南水新区、等部分地方内涝积水严重，麻双等地质灾害较重。

6月4日晚，十八塘、龙华、麻双、凤岗、唐江、三江、太窝、横市等乡镇遭暴雨袭击，局部大暴雨。监测显示，6月4日8时至5日8时，全市33个站点平均降雨48.5毫米，其中6个站点超100毫米，13个站点超50毫米。以龙华木林180.5毫米最大，十八塘163.5毫米次之。其中十八塘出现1小时80毫米、2小时132.5毫米的强降雨。暴雨造成十八塘、麻双、龙华、唐江等7个乡镇受灾，直接经济损失2033万元。

3次洪灾共造成全市20个乡（镇、街道)受灾，受灾人口5.8776万人，倒塌房屋31间；农作物受灾面积2.2073万亩，成灾面积0.9835万亩；公路中断45条次（乡村道)；损坏堤防48处2.33千米，损坏护岸11处，冲毁塘坝4处，损坏灌溉设施50处。因洪涝灾害造成的直接经济损5796.96万元，其中农林牧渔业2049.9万元，工业交通运输业258.9万元，水利设施1464.6万元。

7月下旬到8月中旬，因持续高温少雨，全市14个乡(镇、街道)发生局部旱情，作物受旱面积1.99万亩，其中轻旱1.5万亩，重旱0.49万亩，水田缺水面积0.086万亩，旱地缺墒面积0.162万亩，干旱造成直接经济损失504万元。受旱区域主要集中在中南部的太窝、唐江、龙华、龙回、横寨等乡(镇、街道)。

2013年汛期，南康市陆续遭受“5.9”、“5.16”、“6.5”等3次较大洪灾；7月下旬到8月中旬，因持续高温少雨，14个乡(镇、街道)又遭受不同程度的旱灾。

〔水利行政执法〕 深入贯彻落实《江西省水资源条例》和《江西省河道管理条例》，不断加强水行政执法工作。

1.加强水资源管理。一是实行最严格的水资源管理制度。二是开展水库水环境保护专项整治行动。三是做好水质保护工作。

2.加强行政执法管理。一是加强河道采砂管理。二是做好采砂矛盾纠纷调处工作，把矛盾和问题解决在萌芽状态，维护了社会稳定。

〔水利规划〕 1.编制完成了《麻桑河流域规划修编报告》、《赤土河流域规划修编报告》，并呈报市政府分别进行了批复。

2. 编制了完成了《朱坊河流域规划修编报告》、《上犹江流域规划修编报告》、《龙华江流域规划修编报告》，并呈报赣州市政府分别进行批复。

〔领导班子名录〕

局　长：谢小龙

副局长：洪水生

　　　　廖肇蔚

总工程师：邹庆荣

工会主席：李　焕

工　业

工业和信息化局

〔综述〕 2013年，南康市工信局在南康市委、市政府的正确领导下，在上级工信部门指导下，认真贯彻十八大和十八届三中全会精神，特别是习近平总书记的系列重要讲话精神，加强自身建设，努力提升工作水平，紧紧围绕上级工作部署，坚定不移地推进工业转型升级，在工业经济、党建等各项工作中都取得了明显的成效，较好地完成了上级交办的各项工作任务。2013年，南康市被赣州市评为“工业工作先进县(市、区)”、“新增规模企业数第一名”、“信息化工作先进县(市、区)”等。

〔机构队伍〕 市工信局内设机构有秘书科、经济运行科、行业管理与信息化科、产业投资规划科、节能与资源综合利用科、行政审批服务科。南康市工业研究中心与南康市墙体材料革新领导小组办公室属市工信局下属单位。市工信局机关现有行政人员14名，工勤人员2名；其中党委书记、局长1名，党委副书记1名，副局长3名，工会主席1名，主任科员3名，副主任科员2名。

〔经济运行〕 按照上级部署，坚持把工业放在“第一经济”的地位，采取各种措施，促进工业转型升级，不断实现全市工业总量的快速扩张和工业效益的持续提升。

1. 加强运行监测，确保工业平稳较快运行。2013年，全市工业完成增加值73.1亿元，同比增长16.6%；工业税收达4.6亿元，同比增长25.4%，全市工业用电量达7.5亿度，同比增长9.9%。2013年，全市新增规模以上工业企业34户，全市规模工业企业达到114户。全市规模以上工业增加值总量和增速在赣州市的排名分列第2、第10位。

2.加快推进项目建设。把推进在建项目建设作为工作的重点，强化挂点服务和合同管理，落实好项目建设进度倒排时间表和工作措施，及时解决项目建设中存在的问题。2013年，全市有10个亿元重点工业项目列入赣州市重点项目调度，22个项目列入省级调度，其中列入省重点调度项目12个，列入省战略性新兴产业重点调度项目10个；市本级重点项目投资计划的工业项目有53个，包括园区和市场建设项目10个，工业项目43个，累计总投资140亿元。

3.加快推进平台建设。一是谋划龙华、镜坝、龙回、家具等特色园市的产业定位，合理布局产业及相关联项目；二是加强园市基础设施、在建项目的调度跟踪，通报工作进展；三是加强项目入驻审核把关，严格入园门槛；四是做好园市的命名工作，通过努力，龙华项目获得了“江西省再生资源利用产业示范基地”称号，家具产业园获得了“江西省家具产业基地”称号。

4.加快推进转型升级。

为加快工业主导产业转型升级步伐，加强了

对产业转型的调研，提出了加快产业转型升级的建设性建议，从发展规划、平台建设、政策扶持，特别是对企业改进生产工艺、创新驱动、产业链延伸、做大做强等方面提出了一系列政策措施，支持产业转型升级。为市委、市政府提供了决策依据，市委、市政府出台了《关于推进工业强市、加快转型升级的实施意见》。加强了对企业的服务，采取领导、科室挂点服务企业，切实为企业解决了一些生产中的困难和问题，市工信局挂点服务的开源矿业澳斯麦特炉技改项目进展顺利。推动了全市矿产品企业的整顿整治工作。

5.加大争资争项、招商引资工作力度。2013年，帮助企业争取上级部门专项扶持资金745万元，超过前三年争取资金的总和。通过省战略性新兴产业项目推进会平台，争取省重点调度项目5个，争取用地指标845亩。2013年，共引进有工作进展的项目4个，其中通联光电、亚泰矿业两个项目已经投产，客家包装彩印项目已确定了项目用地选址，正在做项目建设前期工作。液化天然气项目正在选址之中。加快推进"财园信贷通"工作，首批43户企业已公示。

〔**行业管理**〕 依照有关法律法规，加强了对墙材革新、散装水泥等的监管和治理，规范生产经营秩序，使相关行业健康、有序发展。

1.加强领导，落实政策，全力扶持墙材企业。一是和各成员单位密切合作，各司其职，通过定期召开会议和联合执法，沟通协调，确保工作落实到位。二是专门制定了有关政策，积极引导新型墙体材料发展，积极打造自主品牌提供政策支持。三是堵疏结合，积极引导企业转产，发展新型墙材，2013年，共发展新型墙材企业40多家。

2.加强规范执法，全力推动"禁实"工作。加大力度，进一步强化对有关企业使用新型墙材情况的监管。一是对全市所有的实心粘土砖生产企业进行了调查建档，掌握企业的生产情况。二是加强了建筑工程建设过程中各环节的"禁实"管理。对"禁实"执行情况等进行了综合执法大检查，一年来共开展行政执法监督和检查84次，纠正违反设计使用实心粘土砖行为4起。

3.加强协调，推进信息化工程建设。加强了政务网站的协调管理，落实了政务信息的上传上报，参与做好依据电子政务平台加强政务公开和政务服务的国家级试点工作，调度协调了全市工程建设领域项目信息与信用信息公开的网络平台建设工作。

〔**维稳与安全工作**〕 1.信访维稳工作。对于存在上访苗头的问题，制定了预案并积极主动进行化解，在源头上给予有效稳控，保持了矛盾纠纷和信访数量不断减少的良好势头。同时，积极为下岗职工解决实际困难，配合市总工会开展了特困职工申报工作，特别困难的职工由各企业协助向街道办申报低保户。2013年共争取总工会特困职工86人，申请低保户32户。

2.安全生产工作。市工信局会同有关部门，一起深入到全市冶金有色企业和园市外规模以上企业下发有关文件，召开会议，根据全市安全生产大检查会议精神，要求企业全面开展自查自纠，及时纠正违法违规行为，全面消除安全隐患。全年安全生产监管活动共检查冶金有色企业72家，排查出安全隐患146处。通过一年来的努力，实现了全年无群体性进市、进省、进京上访事件，同时也未发生重大安全事故。

〔**党建工作**〕 市工信局认真学习党的十八大精神和十八届三中全会精神，学习习总书记系列重要讲话精神，开展了一系列活动，党建工作各项任务圆满完成。

1.认真抓好理论知识学习。组织班子成员认真学习党的十八大精神和省、市党代会精神，深刻领会并准确把握十八大报告中关于全面提高党的建设科学化水平的精神实质。组织党员干部精研细读十八大报告和习近平总书记的一系列重要讲话，深入学习党的基本理论、基本路线、基本纲领、基本经验、基本要求，坚定中国特色社会主义的道路自信、理论自信、制度自信。

2.重点抓好班子建设。按照班子建设"五好"要求，围绕民主团结、务实高效清廉的目标，抓好班子建设。要求班子成员在机关中起带头作用，带头抓理论学.习，带头执行各项规定，带头遵纪守法，坚持每周开一次班子成员会议，集体研究工作，局班子是一个民主、团结、务实、清廉的班子。

3.着力抓好党员发展工作。2013年，党委按照"坚持标准、保证质量、改善结构、慎重发展"的方针，采取群众推荐、党员推荐、群团推荐和支部筛选确定的“三推一定”方式发展党员。2013 年发展新党员 18 名,培养入党积极分子 7 名。

〔党风廉政工作〕 1.严格遵守廉洁从政和廉洁自律有关要求。认真抓好学习宣传,按照上级的工作部署,组织党员和领导干部认真学习《廉政准则》、《党政机关厉行节约反对浪费条例》和《党政机关国内公务接待管理规定》等文件,并将其作为工信局党委中心组学习和党性党风党纪教育的重要内容,出了 1 期宣传栏。

围绕《廉政准则》、“八个严禁”、“52 个不准”的要求,狠抓了红包问题专项治理工作。及时召开会议认真学习省、赣州市、南康市各级纪委关于严禁收受红包、有价证券、支付凭证等文件和会议精神,做到警钟长鸣,保持高压态势。认真进行了自查自纠,从班子成员到一般干部都进行了自查自纠,共有 23 人填写了有关登记表,做出了郑重承诺。

2.认真学习十八届三中全会精神,严格遵守党的政治纪律。多次召开班子会和干部职工大会,认真学习十八届三中全会精神,学习了十八届三中全会公报、中央关于进一步深化改革的决定和习近平总书记重要讲话精神。组织全体党员进行了一次培训,以学习十八届三中全会精神、习近平总书记一系列重要讲话为主要内容,以如何结合实际抓好贯彻落实为主题,给党员干部上好党课。通过学习培训,广大党员干部不仅坚定了永远跟党走的信心,而且强化了拒腐防变,廉洁自律意识。

3.严格贯彻落实中央八项规定。进一步简化了公务接待,所有客人在机关食堂接待,不得以任何名义接受和赠送礼金、有价证券、购物卡、各类纪念品和土特产;严禁“同城吃请”,城市范围内不相互吃请。2013 年以来,每月的接待次数和接待费用比 2012 年同期有大幅下降,下降幅度在 40%以上。

进一步强化车辆管理。公务用车禁止用于婚丧喜庆、探亲访友、度假休闲、接送亲友等各种私人活动。严格执行节假日公车集中停放、封存入库制度。

〔领导班子名录〕

党委书记、局长:胡伏生

党委副书记:李军方

副局长:谢水林

卢新华

袁长钧

工会主席:古康生

农机局

〔综述〕 2013 年,南康市农机局在市委、市政府的坚强领导下,在省、赣州市农机业务主管部门的精心指导下,紧紧围绕市委、市政府的工作部署,以“三送”活动为主抓手,以撤市设区为新契机,全面统筹农机化工作,全面完成上级交办的各项工作任务。南康利农农机专业合作社被评为省级农机合作社示范社。

〔机构队伍〕 一、南康市农业机械管理局是南康市农业和粮食局下属正科级事业单位,参照公务员管理。办公地址在南康市蓉江街道泰康西路 109 号。

局内设科室 5 个,即人事秘书科、农机管理科、农机技术推广科、农机学校和农机安全监理站。下属企业 2 个,即:南康市汽车配件制造总厂,现正处在改制过程中;南康市拖拉机站于 2003 年年底成功进行了改制。目前 2 个企业留守人员各 1 人,负责企业改制工作和改制后相关事宜。全市 20 个乡(镇、街道)及南水开发办均有农业服务中心,下设农机站。

局机关干部职工 37 人,其中在职 18 人,临时工 2 人,离退休 17 人。

局机关岗位设置:局长 1 人,副局长 2 人,工会主席 1 人,主任科员 3 人,报账员 1 人,科(站)长 5 人。

二、南康市汽车配件制造总厂属市农机局下属企业,地处南康市唐江镇新唐江路 43 号。根据市政府办公室“要求市农机局在房地产市场转暖时,对农机厂资产进行公开拍卖,安置企业职工”(康府办字〔2008〕106 号)抄告单精神,我局启动了企业资产变现工作,于 2010 年 4 月 19 日,在市招投标中心对农机厂房地产进行了公开拍卖,拍卖金额为 2211 万元。后因该宗土地的规划设计条件不符合唐江镇总体性控制规划而流拍。2013 年 12 月,经市政府领导同意,于月底再次启动拍卖程序,拍卖工作正在按程序办理过程中。

三、乡镇农机站。全市 20 个乡(镇、街道)及南水开发办均有农业服务中心,下设农机站,现有农机技术人员21人,属财政全额拨款事业编制。农机站人员工资、福利由市财政和乡镇政府共同负担解决。农机站实行两级管理,业务由主管局指导,人事由市委组织部和乡镇共同管理。

〔**农机应用与管理**〕 2013年,在农机购机补贴惠农政策的鼓励带动下,全市农业机械拥有量大增,农机总动力达到66.3666万千瓦;拥有拖拉机811台,10297千瓦;拖拉机配套农机具819台(套),其中大中型拖拉机配套农机具56台(套);耕整机5756台,25183千瓦;水稻插秧机78台,234千瓦;联合收割机226台,7538千瓦。在农业机械应用中,种植业机械最多,依次是农副产品加工机械、运输机械、果(林)业机械、渔业机械和农田基本建设工程机械。

全市农机专业合作组织不断壮大,农机作业服务产业化、专业化、社会化水平明显提高。2013年,南康市大力推广"工厂化育秧"、机械化插秧技术和果业生产机械化技术,加强农机化作业示范地建设、组建农机专业合作社和扶持发展农机大户工作,并积极开展农机跨区作业服务,培育发展农机作业服务市场。一是引进市外高性能联合收割机300多台跨区来南康作业,规范建设好农机作业服务市场;二是适时组织引导本地联合收割机,跨省开展水稻、小麦机收作业服务,并开展了水稻插秧机跨区机械化插秧工作,提高了我市农机装备利用率和农机经营效益。全年举办水稻机械化育(插)秧、机械化联合收获技术现场演示会8次。

全年完成机耕作业面积37869公顷,其中水稻机耕面积35618公顷、花生机耕面积2251公顷;机械化插(抛)秧面积3576公顷;机械化收获面积20026公顷;机械化秸秆还田面积7975公顷;机械脱粒粮食达18.81万吨;机械加工农副产品数量83.15万吨;农机运输作业量8508万吨公里;农业生产农机作业实际耗油10379吨;农机化作业收入达22576万元。

加强对农机维修网点、农机产品质量监督及农机化投入的监管力度。全市农机修理厂及修理网点机构64个,从业人员229人;社会化拖拉机驾驶培训学校1个,从业人员6人。全年农机化总投入2382万元,其中中央财政投入农机购置补贴资金650万元,地方财政投入191万元,农民个人投入800万元。开展了"3·15"打击假冒伪劣农机产品专项整治活动,查处假冒伪劣农机产品(零配件)26件,受理并协调解决农机产品"三包"服务投诉2起,净化了农机市场经营秩序,维护了农机手合法权益。

〔**农机供应和修造**〕 2013年,全市农机总动力达66.3666万千瓦,拥有各类拖拉机811台,配套农机具819台套;水田耕整机5756台,手扶拖拉机配套旋耕机756台,中型拖拉机及旋耕机、铧式犁56台套;插秧机78台;联合收割机226台,机动脱粒机19649台;农用运输车2289台,拖拉机变型运输机2378台,农田基本建设工程机械199台。全市农业机械原值24283万元,净值14228万元。

全市农机修理厂及修理网点机构数64个,有三级修理网点54个,专项维修点9个,拥有农机维修技术人员229人。全年维修拖拉机2298台次,维修联合收割机559台次,维修水稻手扶式插秧机156台次,维修运输机械17754台次,维修其他农机具45993台次。全年农机修理收入达573万元。

〔**农机服务组织及农机专业户**〕 2013年,市农机局从信息、资金、政策和技术培训服务等方面扶持农机专业合作社发展,并协助做好农机合作社登记、宣传培训、争取银行贷款、税收优惠等方面的服务工作。整合风岗镇、龙华乡崇文村和赤土民族乡富田村现有农机装备资源,分别成立了"南康市民惠农机专业合作社"和"南康市绿耕农机农民专业合作社"等2家农机专业合作社;加强扶持发展农机大户工作,培育新发展农机固定资产20万元以上的农机大户10户。全市农机化作业服务组织及农机户22013户,其中农机固定资产20万~50万元的农机合作组织8户,农机固定资产50万元以上的农机合作组织9户,农机固定资产20万~50万元的农机大户15户,农机固定资产50万元以上的农机大户2户,农机化作业服务专业户2877户;农机服务组织及农机专业户农机经营收入达22576万元,其中农机化作业收入22003万元;农机维修收入572万元。

2013年,全市共有17家农机专业合作社,有社员785人,拥有插秧机、中拖及旋耕机、联合收割机、手扶拖拉机、耕整机、碾米机以及农产品加工机械等各种类型的农业机械11051台套。南康利农农机专业合作社被评为全省农机合作社示范社。

〔**农机技术宣传与培训**〕 2013年,紧紧围绕全市“农民培训阳光工程”实施方案,按照市农民学院农机技术分院开展培训工作的要求,结合农机工作实际,重点开展了水稻工厂化育秧、机械化插秧、联合收割机和农机驾驶员等操作技能培训,举办了水稻机械化育(插)秧、机械化联合收获技术现场演示会8次,现场培训农机人员4320人次,举办农机技术培训班2期,培训农机操作手和农机维修人员100人,现场培训新购置农机操作手4220人,普及了农机科技知识,提高了农机手农机技能操作水平。

2013年,制定了切实可行的农机宣传报道工作奖励措施,扎实推进农机宣传报道工作,做到了电视上有图片、广播上有声音、报纸上有文章,先后在《赣南日报》、《中国农机化导报》、《南方农机》以及省、市专业刊物和中国农机化信息网、中国农业信息网、江西省农机化信息网、赣南农机化信息网等媒体发表信息135条,完成任务的135%,进入了全省农机化信息宣传报道工作先进行列。

〔**农机技术推广**〕 深入开展“推进机插秧,创建高产县”活动,以农机购机补贴工作为抓手,以农机示范基地建设为载体,以推广“工厂化育秧”、机械化插秧技术和果业生产机械化技术为重点,大力推广先进实用农机新机具、新技术,实现了农机新技术、新机具推广工作的新突破。建立了省级示范区1个即“南康龙回水稻生产全程机械化示范区”,示范面积1085亩,机械化程度达到90%;实施坪市乡、大坪乡“以机代牛”工程;重点抓好了南康市恬凯稻业水稻工厂化育秧示范点建设,落实水稻工厂化育秧面积22亩,示范机插面积达2200亩,辐射农户792户,面积达1.2万亩。建立了省级示范区1个即“南康太窝果业生产机械化示范区”,示范面积达1053亩,机械化程度达到80%;重点抓了特色农机化示范区即唐江唐南蔬菜机械化示范区建设,面积达到610亩。

〔**农机安全监理**〕 以加强农机安全监管体系和农机监理队伍建设为抓手,以强化源头管理,提高农机“三率”为重点,以创建“平安农机”和“为民服务、创先争优”示范窗口为载体,创建农机安全示范乡(镇)1个,农机安全村2个,农机安全示范户40户;农田作业机械及联合收割机上户挂牌118台;完成变拖年检1389台;农机“三率”分别达到100%;农机事故控制在目标任务内,未发生人员死亡事故,提升了农机安全水平。

1.落实责任,建立机制。建立和完善了“源头管理、执法监控、安全宣传”的长效管理机制,按照条块责任分工的原则,一把手负总责,将具体责任落实到人。加强了农机安全示范乡(镇)(龙回镇),农机安全示范村(龙回镇龙回村、大坪乡大坪村)和全市的农机安全示范户建设。市、乡、农机手三级都层层签订了农机安全生产责任状,并实行安全生产倒查制和一票否决制,做到农机安全生产层层有人抓,级级有人负责,从源头上有效消除了农机安全事故的隐患。

2.创新形式,强化宣传。市农机局创新农机安全教育宣传形式,除了通过传统意义上的农机安全教育宣传外,还充分利用现代信息手段,利用“12316”信息平台、手机短信平台,在“节假日、春耕备耕、双抢”期间发送安全提醒短信,做到了横到边、竖到底,不留盲区、不留死角,在全市营造了浓厚的农机安全生产氛围。同时,组织农机监理人员深入基层,开展农机监理工作业务咨询和法规宣传活动,加强农机驾驶员的警示教育工作,增强了农机驾驶员的遵章守法自觉性,并对农用运输车及其驾驶人员的基本情况进行了全面调查摸底、分类统计、设立台账,做到了各种情况了然于心。共发送安全提醒短信1.5万余条。

3.突出重点,专项整治。以“农机安全生产年”活动为切入点,重点整治涉及农机安全生产的重大危险源和重大农机事故安全隐患,并开展了督查,每个点督查了3次以上,督查面达到了100%。对发现的问题及时抓好整改落实,重点做到了“五整治”,即整治违章载人、超载、超速、酒后及疲劳驾驶;整治无牌无证、报废车辆上路行驶,整治拼组装农用运输车上路行驶;整治农用机械驾驶培训机构;整治农用驾驶员的考试发证工作。到目前,全市共查处农用运输车超载、超速20起,酒后及疲劳驾驶6起,无牌无证车辆2台,较好地解决了农机安全中存在的突出问题。

4.把好关口,严格检审。根据省、赣州市局的文件精神,全市的农机车辆及驾驶员的检审工作从6月1日正式开始。为确保年度检审工作顺利开展，全市印发张贴检审通告3000余份，群发手机短信6100余条次；同时，严把检测关，做到不检测不检审，完成检审车辆1389台，完成任务率达100%。

〔农机购置补贴〕 2013年，共受理购机申请1058户，申请购买补贴机具1154台，补贴资金189.497万元；已结算资金161.363万元；申请节水灌溉农户104户，面积4410亩，已施工2260亩，其余正在施工。

〔领导班子名录〕
局　长：邹正林
副局长：幸垂明
　　　　刘涵龙
工会主席：沈瑞平

2013年主要农业机械拥有量

项目		单位：台(辆)	单位：千瓦	项目		单位：台(辆、套)	单位：千瓦(M2)
拖拉机及配套机械	拖拉机	811	10297	农副产品加工机械	柴油机	1456	13101
	配套农机具	819			电动机	5828	51485
种植业机械	耕整机	5756	25183		粮食加工机械	5108	
	机引犁	2266			油料加工机械	2182	
	手扶拖拉机	756	8651		果品分级机	8	
	旋耕机	807		渔业机械	增氧机、投饵机	377	559
	插秧机	78	234	设施农业设备	工厂化育秧设备	6	1400000
	排灌动力机械	16183	67965	运输机械	低速载货汽车	2289	80115
	农用水泵	16183		农田基本建设工程机械		199	14925
	节水灌溉机械	375					
	机动喷雾机	651	699				
	联合收割机	226	7538				
	机动脱粒机	19649	29473				
	谷物烘干机	1	3	总动力合计		66.3666万千瓦	
	种子加工机械	2	11				

供电公司

〔综述〕 2013年，国网江西赣州市南康市供电有限责任公司总资产3.57亿元，境内220千伏变电站1座，总容量300兆伏安，110千伏变电站5座，总容量266兆伏安，35千伏变电站9座，总容量128.4兆伏安；配电变压器3529台，总容量703兆伏安；110千伏线路31.948公里，35千伏线路160.88公里，10千伏线路1704公里。

2013年供电量完成104072万千瓦时，比2012年同期增加12014万千瓦时，增长13.05%；售电量完成96551万千瓦时，比2012年同期增加11550万千瓦时，增长13.59%；实现售电收入75786万元(含税)；实现利润总额349万元；综合线损率完成7.23%；实现税收900万元；电费回收率100%。

〔机构队伍〕 公司内设办公室、发展建设部、财务资产部、安全监察质量部(保卫部)、人力资源部、党群工作部(工会、纪委办公室、团委)、乡镇供电所管理部和电力调度控制分中心8个机关部室；下设营销部(客户服务中心)和运维检修部(检修(建设)工区)2个业务支撑机构；设置蓉江供电所、南水供电所、金鸡供电所、龙岭供电所、龙回供电所、赤土供电所、镜坝供电所、朱坊供电所、唐江供电所、龙华供电所、凤岗供电所、十八塘供电所、横市供电所、大坪供电所和坪市供电所15个乡镇供电所。

2013年,公司共有职工336人,其中男职工227人,女职工109人。硕士研究生1人,大学本科72人,大学专科129人,中等职业教育28人,高中55人,初中及以下51人;高级职称2人,中级职称23人,初级职称122人;技师80人,高级工147人,中级工63人,初级工1人。

〔电网建设〕 2013年,《若干意见》政策效应初步显现,南康市供电公司坚持以赣南苏区振兴发展为主线,全力以赴争资金、争项目、争政策,不遗余力保供应、促发展、惠民生,全面解决农村低电压等民生问题,加快推进智能电网建设,推动工业经济发展和产业项目建设,争当服务经济社会发展的排头兵。一是加大投资力度,推动电网跨越式发展。2013年完成技改资金1860万元,大修运维资金662万元;投资1976万元,完成了2012年农网改造升级35kV及以下工程建设任务。2013年,进一步加大了南康区农网改造升级工程建设,总计投资4669万元;主要工程为新建南水110千伏输变电工程、扩建蓉江110千伏变电站工程、建设南水新区10千伏主干线工程、城乡新建配电变压器244台及配套线路。启动稍江220千伏输变电工程、龙华110千伏输变电工程、龙回(三益)110千伏输变电工程等前期工作,投资规模约2.51亿元。同时对南水新区、东山新区配电网进行了规划修编,进一步完善城区电网结构;投资200万元在芙蓉新城小区启动了城区电网智能化试点,不断提高电网科技含量。二是以整治低电压为抓手,全面解决民生问题,履行企业社会责任。2013年结合台区综合标准化改造和土坯房改造工程建设,完成了2.8万户低电压治理任务,覆盖了全市20个乡镇的260多个自然村,总计投资5989万元。确保土坯房改造到哪里,供电保障服务延伸到哪里。

〔安全生产〕 为全面实现年度安全生产工作目标,公司始终坚持"安全第一、预防为主、综合治理"的方针,坚持速度、质量、效益与安全的有机统一,严格执行国家电网公司安全生产各项管理制度,贯彻落实全面、全员、全过程、全方位保安全的工作思路,严格落实安全生产责任,强化生产现场安全督察,推行标准化作业,全面推进安全管理标准化建设。2013年全面开展"安全管理提升"活动,做到组织措施、安全培训、安全活动、隐患排查、现场监督、应急管理和企业安全规范化管理"七个到位",全年安全生产形势稳定,未发生人身、电网、设备等事故;未发生交通和消防事故;完成重大节假日、重要活动保电任务。截至2013年12月31日,实现连续安全生产4992天。

〔优质服务〕 公司将行风建设和优质服务作为企业的中心工作来抓,以服务党和国家工作大局、服务电力客户、服务发电企业、服务经济社会发展为一切工作的出发点和落脚点,坚持服务至上,积极推进优质服务规范化、常态化和人性化,为客户提供安全可靠的电力供应和真诚规范的服务。一是建立健全了企业内部管理制度,不断完善大客户经理负责制;健全服务投诉监督机制;建立完善事故抢修制度。二是认真执行《江西赣州供电公司推动赣南苏区振兴发展行动纲领》,创新优质服务举措。实行"一口对外,内转外不转";建立重大产业项目用电工程战略协作机制,推行电话预约、现场办公、上门服务等举措,促进项目早用电、早投产。三是建立人性化服务机制,持续提升供电服务水平。立足企业实际,优先服务民生工程,按照优先保障、优化流程、优选方案、优化服务的原则,实施特色服务、主动告知制度,努力实现供电服务规范高效,铸造一流的供电服务品质。

〔企业文化〕 公司从服务党和国家工作大局,加快推进"两个转变",建设"一强三优"现代公司的战略高度出发,按照统一价值观念、统一发展战略、统一企业标准、统一行为规范、统一公司品牌的要求,以"四个服务"为宗旨,大力加强企业文化建设,用优秀企业文化凝聚人、塑造人、激励人,用"诚信、责任、创新、奉献"的核心价值观统一广大员工思想,用"努力超越、追求卓越"的企业精神激发广大员工锐意进取、干事创业的热情,增强贯彻落实上级决策部署的自觉性和坚定性。

〔领导班子名录〕

经理、党委副书记:郑山海

党委书记、副总经理:李俊杰

纪委书记、工会主席:钟　鑫

副经理:卜光文

刘长征

卢和珉
财务总监:舒卫红
安全总监:李慧卿

〔售电价格表〕

南康市销售电价表

单位:元/千瓦时

居民生活用电	非居民照明、商业用电			非工业、普通工业用电			大工业用电		农业生产用电			贫困农业排灌用电			非贫困农业排灌用电
	不满1千伏	1–10千伏	35–110千伏以下	不满1千伏	1–10千伏	35–110千伏以下	1–10千伏	35–110千伏以下	不满1千伏	1–10千伏	35–110千伏以下	不满1千伏	1–10千伏	35–110千伏以下	
0.600	1.0584	1.0434	1.0284	0.8164	0.8014	0.7864	0.6754	0.6604	0.7634	0.7484	0.7334	0.4534	0.4384	0.4234	0.6534

注:1、上表大工业电价为电度电价。基本电价按变压器容量28元/千伏安/月或最大需量42元/千瓦/月计算

2、非居民照明和商业用电分类中,三星级及以上宾馆、饭店用电价格降低10分钱。

3、执行依据:根据赣发改商价字〔2011〕2690号文件精神,自2011年12月1日起执行。

民营企业管理局

〔综述〕 2013年,市民营企业管理局在市委、市政府的正确领导下,围绕"产业兴康、教育强市、品质铸城、和谐福民"的发展战略,紧密结合"中小企业成长工程、能人创办企业、小企业创业基地、服务体系建设"总体工作要求,以做大经济总量为核心,以项目建设为抓手,努力在做大经济总量中加快发展方式转变,在转变发展方式中促进总量做大,创新机制体制,大力促进民营经济发展,取得了明显成效。南康市民营企业管理局被省中小企业局评为省级先进县(市)中小企业主管部门,南康市民营企业管理局被赣州市民营企业管理局评为创业培训工作先进单位。

〔机构队伍〕 市民营企业管理局是市政府直属事业单位,新的三定方案尚未正式下达,现有内设机构为:人事秘书科、规划发展科、民营经济科、科教信息科、合作指导科、外经贸科。局机关核定编制27人,其中局长1人,副局长2人。2013年,有局长1人,党总支书记1人,副局长2人,工会主席1人,一般干部18人,共计23人。

〔民营经济〕 2013年,全市民营企业达30688户(含个体工商户),其中私营企业2074户,个体工商户28614户;注册资本(金)达到1012468万元,新增注册资本(金)321546万元,注册资本(金)100万以上的达725户;实交税金149685万元;民营企业从业人员达293251人,增长16%。

〔领导班子名录〕
局　　长:龙　伟
党总支书记:康遇仙
副 局 长:肖锡云
　　　　　钟　平
工会主席:刘建明

东山工业区管理办公室

〔综述〕 东山工业区位于市区东部京九铁路与105国道交汇三角区域,距赣州黄金机场仅22公里,105国道、323国道、京九铁路、赣粤高速公路、昆夏高速公路邻区而过,区位优势明显。园区周围有南康火车站、南康汽车站、自来水厂、变电站、电信大楼、邮政大楼、第六中学、逸夫小学、南康工业园、个私工业园、国际家私城和国际服装城,商业、服务业、社会公益事业配套完善。

〔机构队伍〕 为实施工业强市战略,2013年,南康工业园区被评为省级工业园区,更名为江西南康经济开发区,下设两局,为工业园区企业服务局和工业园区开发建设局,原东山工业园区更名了工业园区企业服务局,为市政府直属一级事业单

位,定编10人,在编人数10人,下设综合管理科和企业管理科,经费实行财政全额拨款。主要职责是负责入园企业的服务与管理,制定园区发展规划,包括园区开发的总体规划,并负责按规划组织开发、建设;建立高效、务实的工作机制,园区的内外协调工作;抓好优惠政策在园区的兑现落实,维护园区企业的合法权益;负责园区的招商引资工作,加强宣传,搞好土地销售;加强园区工程质量监督;负责入园企业的审批工作,强化服务职能,为园区企业提供办证、信息、咨询等各项服务;协助解决园区企业生产、生活中出现的各种问题及承办市委、市政府交办的其他工作。

〔**园区建设**〕 东山工业区于2001年7月动工建设,规划总面积3200亩,按照“政府协调服务,社会资金投入,市场化运作,公司化管理”的建设模式规范运作,实行“引凤筑巢”与“筑巢引凤”并举,建园与招商并重。在产业选择上,以劳动密集型产业和高新技术产业为重点,兼顾地方传统产业,园区已形成服装针织、竹木精深加工、电子机械等三大产业。

1.基础设施建设。道路建设:共投入资金3000多万元,基本完成了园区的文峰路、工业一路的改造,2013年共投资500多万元完善安置点的供电和道路建设,共安装变压器12台,实行一户二表工程,大大解决了安置户用电难问题。结合“三送”工作,园区工作人员下企业搞对接,为企业的招工、融资做了大量工作,2013年共为企业争取省级财源通无抵押贷3.335亿元,极大地解决了大部分成长型企业扩张所欠缺的资金问题。通讯、闭路电视管线建设:线路从无到有、从短到长、从一般管线到光纤上网,已经全面遍布园区。

2. 土石方工程建设:2013年单位承接了龙回产业园的开发建设工作,共招投标工地4个,总工程量近300万方,基本能按合同工期完工,较好地保证了入园项目的施工按计划进行。

3.加强了园区企业的管理服务工作:园区的入园企业156家,,企业园工15000多名,针对人员相对集中,主要做了三方面工作,一个企业安全生产工作,先后对所有入园企业进行了4次安全生产检查,帮助企业建设了一套比较完整的安全生产规程,大大减少了企业生产安全事故的发生;二是健全了企业党建工作,共建立支部11个,为企业党员保障了组织生活的正常开展,使企业党员能够及时了解党的各项方针政策,带领企业员工更好地为南康市的工业强市战略的实施提供人力支持。通过“筑巢引凤”方式来打造招商引资平台。三是加强服务意识,结合“三送”,我单位工作人员全部与企业结对,为企业解决了一些招工、用电、用水及卫生等方面的具体问题。

〔**入园企业**〕 2013年东山工业区共有入园企业、工厂158家,实现工业总产值95亿元,实现税收12.89亿元,从业人员15600人,完善基础实施投入为3.2亿元,出口创汇6.9亿元。

〔**园区管理**〕 1.规划管理。为提高和维护园区的整体形象,园区着力抓了规划管理:一是建立了规划报审制度,所有入园企业建设前都必须报规划方案,初审后,再报市规划局审定,有些大项目还必须报市分管领导审核;二是建立了按报审规划验收制度,即入园企业必须按审批通过的规划进行施工建设,否则验收时不予通过,而且必须在完善后才会给予办理土地使用和房产证;三是加强了规划监督,对投产后又违规搭建的建筑物,给园区形象造成影响的,建立了限期拆除制度。

2.环境管理。一是协调市环卫处部分接管了园区主干道,保证了园区道路和企业的卫生条件;二是邀请市城管大队协调,对园区主干道上违规乱堆乱放原材料、建筑材料的现象进行大力度的整顿,经过几次整顿以及城管大队的巡逻,这种现象得到基本遏制;三是邀请市物业公司对园区摊点进行了整治,做到了按时有序进行;四是鼓励入园企业加大厂区绿化工作,朝绿色生态园区逐步迈进。

3.安全生产管理。园区建筑工地、生产企业众多,危险点随处都是,而且家具加工企业多,很容易造成建筑工地的事故或火灾事故,在繁忙的开发建设任务中,园区把安全生产当作一项头等管理工作来抓,不断地派人不定期进行安全检查,及时下发安全生产通知进行预警,努力把事故降到最低。

4.综治管理。会同园区派出所使园区的综治工作迈上了新的台阶,多次接受省、赣州市领导及有关部门的检查和考察,得到了高度评价,园区偷、盗、抢、斗殴现象明显下降。

5.服务工作。作为园区主管部门,为入园企业搞好服务是一项责无旁贷的工作,也是每一位干部职工的主要工作职责。从企业老板到员工、从自身的施工队伍到企业的施工队伍、从园区的失地群众到安置点的居民、从外来考虑的客商到已经入园的客商,可以说服务事项非常多、服务范围非常大,到目前为止,还没有一起因服务不到位而引起的上访,这充分说明了服务工作是合格的。

6.统计工作。作为南康市一个主要工业区的管理机构,承担起了市工业园区管委会办公室的全部工作,对上、对外的联系、协调、交流都由单位负责,特别是承担起了工业园区的考评工作,要做好园区参评的各种数据和材料的收集和分析、上报。因而,既要做好东山工业区的统计工作,又要汇总龙岭工业区、东山合作示范区的各种数据,进行每月上报和年终统报。

〔领导班子名录〕

主　任:吴　皓

书　记:陈丽萍(女)

副主任:刘安胜

工会主席:申明东

龙岭工业区管理办公室

〔综述〕 2013年,龙岭工业区管理办公室全面落实科学发展观,围绕市委、市政府主动融入都市区,提质提速促发展,千方百计惠民生,真抓实干兴南康,努力把南康建设成为赣州都市区核心增长极和宜居宜业的活力新城总体目标,开拓创新,攻坚克难,积极履职尽责,创造性开展工作,着力构建工业发展平台,不断创新机制,提升服务水平,强化工作措施,狠抓工作落实,重点项目建设工作取得明显成效,较好完成市委、市政府下达的的目标工作任务。2013年龙岭工业区管理办公室被市维稳领导小组和市委、市政府分别授予"维稳信息工作先进单位"和"平安南康建设暨社会管理综合治理工作先进单位"称号。

2012年始,园区管理体制逐步按照建管分开,专业化管理的思路运作,全面转变工作职能。按照市委、市政府部署,龙岭工业区管理办公室专司全市范围内工业园区开发建设。组建了"南康市中小企业投资发展有限责任公司(下称工投公司)",与龙岭工业区管理办公室两块牌子,一套人马的模式和思路运作。

〔工投公司简介〕 南康市中小企业投资发展有限责任公司是2012年8月根据公司法由南康工业园区投资发展有限公司变更设立的公司。其性质为有限责任公司、注册资本金为11000万元,由江西南康工业园区管理委员会、南康市众鑫矿业有限公司、南康市源广矿业有限公司、江西维平创业家具实业有限公司、南康蓝天木业有限公司共同投资。

工投公司是自主经营、独立核算、自负盈亏、具有独立法人资格的经济实体。是一家从事工业性土地开发、工业园区基础设施建设、房地产、物业管理等的综合性公司,主要承担南康市工业平台建设融投资、规划、建设等职能。公司坚持"政府主导、市场运作、平台实施、绩效管理"的原则,有效建立南康市工业园区投融资机制。2013年,按照市委、市政府"一区六园"的总体框架,通过工投公司良性运作,包括镜坝工业园、龙回工业园、龙华工业园等在内的一批重点工业项目全面开发建设,呈现全面铺开、立体推进态势。

〔机构队伍〕 龙岭工业区管理办公室为市政府正科级事业单位,年末实际在编11人,其中主任1人,总支书记1人,副主任2人,工会主席1人;大学本科学历4人,大学专科学历5人,中专学历2人,中共党员7人,下设人事秘书科、规划基建科,单位经费由财政全额拨款。

〔平台建设〕 2013年,以项目为抓手,强化工投公司平台运作职能,着力搭建工业发展平台,为南康市工业发展、招商引资、承接产业转移提供有效保障。

1.尽早谋划,理清思路,为重点工业项目建设打基础。按市政府工作部署,年初制定了工作总体目标;6月根据《南康市重点项目攻坚年活动实施方案》要求,制定了重点工业项目龙华工业园、镜坝工业园、龙回工业园、家具检测中心等项目工作计划和详尽的倒计时工作目标,并认真进行任务分解和责任落实,为全面推进重点工业项目建设奠定了基础。

2.理顺机制,良性运作,转变职能,为全市工业园区建设铺路搭台。充分发挥南康市中小企业投资发展有限责任公司投资平台作用,拓宽融资平台,多方筹措资金,缓解政府投资风险和资金压力,实现“政府引导,市场运作,平台实施,滚动发展”,为我市工业园区开发建设搭建平台。年初制定了《工投公司2013年投融资计划》并认真加以执行。一年来,支付重点工业项目征地拆迁和基础设施建设资金35498.7万元,确保了全市工业平台建设资金到位,为园区建设市场化运作积累了一定经验。

3.精心组织、强化措施,全力以赴,强力推进重点工业建设项目进展,成效显著。

在市委、市政府的领导和部署下,龙岭工业区管理办按照南康市“一区六园”规划布局,主要承担了龙华工业园、镜坝工业园、龙回工业园、南康市国家家具产品质量检测中心、龙岭工业东西区扩园等重点工业项目开发建设。面对繁重的工作任务,园区办克服征地拆迁难度大、人员紧缺、施工环境不佳等诸多困难,攻坚克难,精心组织,强化调度,全面推进。

(1)充分发挥工投公司职能和技术优势,着力完成工程项目规划、招投标等基础性工作,为工程建设快速推进提供保障。一年来,完成龙回工业园二期土石方工程及家具检测中心场地平整工程等3个标段的招标工作,预算价1557万元,中标价691万元,节约资金866万元;完成镜坝工业园安置点及龙华工业园安置点道路排水工程等6个标段的招标工作,预算价1946.8万元,中标价1765万元,节约资金181.8万元;完成家具检测中心规划设计及施工图设计;完成物流园、物流园安置点及龙回工业园扩园的地形测量工作;完成龙岭东西区扩园道路排水工程设计。

(2)完成土石方655万方,其中镜坝310万方,龙回174万方,龙华171万方,占总方量856万方的76.5%。

(3)完成土地平整3100亩,其中龙华工业园1000亩,镜坝工业园1200亩,龙回工业园700亩。

(4)安置点已征地平整基本到位,正在加紧道路排水工程建设,力争尽早交付使用。

(5)园区道路排水工程进展较快,已完成雨水管、污水管(排水沟)10050米,其中镜坝6200米,龙回850米。

〔入园企业〕 企业陆续入园进场,共为27家企业提供土地,其中镜坝9家,龙华1家,共10家企业已进场施工。开源矿业有限公司年产3万吨精锡生产线奥斯麦特炉冶炼技术改造项目5月29日与南康市人民政府签订《项目投资合同书》,6月28日,市委、市政府举行该项目开工仪式,项目正式入驻龙华工业园。该项目占地530亩,预计总投资20.6亿元,其中固定资产投资10.6亿元以上,投产后实现年总产值65亿元。

〔苏区振兴对接工作〕 一是成立了组织机构。成立了张时清主任为组长,王强总支书记为副组长的领导小组负责苏区对接工作;二是积极配合上级和市人大代表和政协委员苏区振兴参观、调研工作,与有关部门密切协作,推进苏区振兴政策的落实到位;三是稳步推进苏区振兴项目进程。

〔“三送”工作〕 根据市“三送”工作要求和安排,龙岭工业区管理办11名机关干部分别参与到唐江镇的竹下村、隘孜村、学田村开展“三送”工作,进行结对帮扶,其中常驻工作队员三名。共结对包户重点户400多户,全年共筹资80000元,用于改善村部办公条件,帮助修桥修路,解决竹下小学困扰多年的饮水难题,节日慰问困难群众,切实解决了村里和群众的一些实际困难,为群众办了一些看得见、摸得着的实事,赢得当地群众的一致好评,密切了党群关系。

〔党建工作〕 围绕中心,服务大局,龙岭工业区管理办公室各项工作全面协调发展。一年来,信访、维稳、综治形势总体向好,呈良好发展态势,为十八届三中全会顺利召开、构建和谐园区提供了有效保障;在党总支领导组织下,积极开展党风廉政建设、两新党组织规范化建设、两新组织调查摸底、发展党员等工作,党建工作有序开展,有声有色。通过单独建、联合建、挂靠建等形式组建企业党支部13个,覆盖企业38个,基本覆盖了园区规模企业,党员81人,发展党员6人。

〔领导班子名录〕

龙岭工业区管理办公室:

主　任:张时清

总支书记:王　强

副主任:温见明

　　　　罗余伟

工会主席：谢春兰（女）
南康市中小企业投资发展有限责任公司：
董事长：罗华兰（女）
总经理：张时清

家具产业促进局

〔综述〕 在市委、市政府的正确领导下，市家具产业促进局紧紧抓住赣南苏区振兴发展的历史机遇，以推进家具产业转型升级为目标，按照园区化、品牌化、专业化的总体思路，着力推进家具产业做大做强做优。2013年，全市家具企业达5959家，规模以上企业64家，其中58家家具成品生产企业、6家人造板企业，123家家具企业办理了一般纳税人。2013年家具产业工业总产值243亿元，与2012年同期相比增长31.3%，销售收入233亿元，与2012年同期相比增长47.8%。围绕“建一流专业市场”的目标，大力推动家具产业园区建设和市场开发建设，专业市场集中连片占地面积超过1000亩，总建筑面积达到120万平方米，市场经营户超过5000户，家具市场规模排全国前列。全市家具行业2013年新增省著名商标17个，市知名商标39个。南康家具行业获国家驰名商标3个，江西省著名商标47个，江西名牌产品15个，赣州市知名商标97个，南康家具区域品牌已初具规模。全市家具物流企业243户，物流线路630条，基本覆盖全国各地。2013年9月，国家质检总局授予南康“全国实木家具产业知名品牌示范区”，南康家具产业促进局获“2013年中国家具行业杰出贡献奖”。国家林业局于2013年10月正式批复同意由国家林业局、江西省人民政府主办“中国（赣州）第一届家具产业博览会”。博览会的升格将对打造全国一流家具产业集群产生积极的作用。

〔机构队伍〕 南康市家具产业促进局是市政府一级事业单位，下设三个二级单位和一个股级事业单位：家具市场建设管理办公室、家具物流管理办公室、家具生产基地建设管理办公室，家具研发中心。局内设秘书科、宣传科、企业科，是市家具协会、市物流协会和市家具电子商务协会的主管部门。编制38人，现有工作人员45人。其中局长1人，副局长3人，局班子成员5人；党员22人；研究生2人，本科18人；获中级职称4人。

〔中国中部第三届暨南康第八届家具博览会〕 2013年家具博览会于3月20~22日举办，以“科学发展、绿色崛起”为主题，由江西省家具协会、南康市人民政府主办，市家具产业促进局、市家具协会、泓泰置业投资有限公司承办，中国家具协会给予了大力支持。本届家博会主展馆设在泓泰家具交易市场E区会展中心，主展馆面积1.5万平方米，参展企业5200家（其中外地企业740家），观展人数达到9万多人次，与上届同比增长25.3%；展会期间签约成交金额1.725亿元，与上届博览会同比增长30%，全国共有72家一线媒体派出记者报道本届家博会。本届博览会呈现出办展简约化、参展精品化，企业积极性高，优质客户较多，产品档次大幅提升，采购商团队抱团参加等特点。在南康家具产业转型升级取得阶段性成果，产业发展逐步实现由规模到品质的时代背景下，本届家博会成效显著，南康家具在全国的知名度与美誉度进一步提升。

〔家具宣传〕 主攻“中国中部家具产业基地”区域品牌和“全国实木家具产业知名品牌示范区”宣传，充分利用电视、网络、报刊、杂志等媒体，着力推进中国中部家具产业基地区域品牌宣传，编辑出版了《南康家具》报12期，共发行72000多份，编辑出版了《南康家具》杂志4期，共发行24000多份杂志，完善南康国际家具城网站，以中国中部第三届暨南康第八届家具博览期间的宣传为突破点，家具博览会新闻登陆央视。同时2013年多家企业投入巨额资金，在央视播放广告片，获得了良好的效果。

〔转型升级〕 1.抓品牌质量。一是支持和鼓励企业引进和使用新技术、新设备，通过提升产品质量，来提高产品的附加值。二是扶持培育一批家具品牌，通过南康实木家具地方联盟标准建设，促进整个产业品牌提升，增强行业竞争力。三是擦亮“全国实木家具产业知名品牌创建示范区”这个金字招牌，大力唱响区域品牌。2.抓销售渠道。创新销售方式，以销售渠道的扩张促进企业生产。大力发展电子商务、专卖、代理、出口等渠道，打造覆盖全国辐射全球的南康家具销售网络。3.抓平台完善。通过完善产业园园区平台和检测、培训、喷涂、烘干等公共服务平台推动产业的快速发展。园区建设推动产业集约用地,集群发展,检测和培训平台不断提升产品质量和从业人员的素质。喷涂和烘干平台强化产业链条的分工,提高竞争力。4.抓品牌打造。打造行业内知名品牌,提升南康家具影响力,不断将南康家具品牌推向全国,增加南康家具在消费者心中的知名度。

〔**对外交流**〕 一是广泛开展行业活动。全年共组织开展涉及行业方方面面的各类活动130余次。重点做好南康家具“春秋两展”,开展了中国家具“一家人”联谊、与顺德木业商会和北京香河家具市场点对点交流等活动,多次组织会员企业到西安、青岛等国内主要城市和东南亚国家考察学习,扩大了南康家具对外交流面,促进了产业上下游交流合作。二是密切配合职能部门工作。积极配合环保局、质监局、消防大队等职能部门开展工作,企业质量、环保、消防意识不断提高。开展消防安全大排查活动,发放消防宣传资料6000份,分组到企业排查消防安全隐患,受灾企业快速完成安全整改、恢复生产,行业消防安全生产意识明显提高。三是组织开展社会公益活动。全年组织开展各类义捐、慰问“救人雷锋”黄继伦、送春联、参加羽毛球赛等大型公益活动10余次。组织家具企业在雅安震后第一时间开展大型义捐活动,共有123家家具企业参加义捐,进一步维护和提升了南康家具关爱百姓、回馈社会的良好形象。

〔**产业培训**〕 围绕造就一批精于管理、研发和营销的核心人才这个目标,2013年南康市共举办了5期家具业主培训课程,共培训了家具业主和中层以上管理人员4000多人次,特别是南京林业大学家具与工业设计学院院长吴智慧等专家的“产品规划设计与转型升级”等培训课程深受家具业主的好评。培训活动的开展不但极大地提升了从业人员素质,更带动了企业发展思路和理念的转变,企业也开始由被动接受转变为主动参与,对产业的长期健康发展具有重要作用。为配合行业培训活动,挖掘行业人才,由市家具产业促进局和市家具协会联合举办“南康市首届十大家具营销高手”评选活动正在积极筹备当中。为引入更多的人才,与市家具协会成立了人才信息库,同时组织企业外出东莞厚街、大岭山等地进行了2次大型招聘活动,引入外来技术人员约500人。

〔**品牌建设**〕 积极引导企业重质量,树品牌。持续开展质量守信企业评选活动,并建立了诚信企业进退机制,且对企业的诚信经营提出了更高更严的要求。讲质量、讲诚信已成为全行业普遍共识,产品质量得到了快速提高。越来越多的企业开始采用进口高档木材,产品从低端不断往中、高端方向发展,生产高端家具的企业越来越多,市场美誉度不断提高。同时大力推动全国实木家具产业知名品牌示范区的创建,建立南康实木家具地方标准。引导企业大力提升产品质量,形成了一批质量标准化示范品牌企业。9月,南康市顺利通过国家质监总局的考核,成功创建全国实木家具产业知名品牌示范区。

〔**协会建设**〕 南康市家具协会自2011年6月份成立了以刘学春为会长的第二届理事会,进一步完善了协会各项规章制度,推行了“轮值会长制度”、“财务公开制度”,制定了《南康家具行业自律公约》等。协会不断强化服务职能,成立了南康家具企业人才招聘中心、南康家具产业知识产权保护协调工作办公室等行业服务平台;协助举办了第八届南康家具博览会、中国中部第二届秋季家具展销会等行业重大活动,充分发挥桥梁纽带作用,加快产业转型升级,加强行业自律,增强服务能力,维护产业及社会稳定,不断加强自身建设,为推进南康家具产业转型升级和快速健康发展做了大量工作。

〔**党的建设**〕 市家具产业促进局坚持以党组织领导家具产业的发展,始终把党建工作贯穿始终。为推进家具产业的党建工作,在市委组织部的指导下,大力引导非公有制企业建立通过单独建和联合建的方式建立党组织,将党组织充实到了家具产业第一线,充分发挥党组织的战斗堡垒作用,服务于家具产业转型升级。家具产业建立了5个家具市场党支部,13个家具企业党支部。

〔**领导班子名录**〕

局　长:蔡湖南

副局长:叶青毅

　　　　申昌亮

　　　　肖桂文

物流办主任:廖肇青

江西中烟工业有限责任公司赣南卷烟厂

〔综述〕 江西中烟工业有限责任公司赣南卷烟厂始建于1969年。2006年，赣南卷烟厂更名为南昌卷烟总厂赣南卷烟厂。2007年，更名为江西中烟工业公司赣南卷烟厂。2009年，更名为江西中烟工业有限责任公司赣南卷烟厂。

企业占地面积为12万平方米。拥有制丝线1条，卷接机组11台(套)、德国FOCKE硬盒包装机组3台（套)，天津ZB43A型硬盒包装机组7台(套)，上海ZB45型硬盒包装机组2台(套)，年卷烟生产能力125亿支(25万箱)。2013年，共有在岗员工857人。

〔卷烟生产〕 2013年，企业生产的卷烟品牌有“赣”、“庐山”，合作生产品牌有“七匹狼”。全年生产卷烟118.5亿支(23.7万箱)(含定向加工)。生产“赣”3.0亿支（0.6万箱)，“庐山”69亿支(13.8万箱)；合作生产卷烟46.5亿支(9.3万箱)。

全年万元产值综合能耗为26.50千克标煤/万元，万支卷烟综合能耗为5.16千克标煤。烟叶、滤棒、盘纸平均消耗分别为7.28千克/万支、1684支/万支、609米/万支。水、电平均消耗分别为0.2吨/万支、7.39千瓦时/万支。

〔企业管理〕 把TnPM管理与其他管理工作有效地结合起来，以现场改善为立足点，继续推进持续改善活动，组织开展了56个工艺类文件评审以及标准体系文件评审，开展了2次工艺类文件执行率专项检查、1次部门文件自查自纠活动、1次企业管理标准文件执行率专项检查，文件执行率均在97%以上，建立了创优活动检查督导制度，着力提升企业制造能力。在13项创优指标中，达标的有10项，达到了13项创优指标至少10项达标的行业创优目标。为确保公司下达的目标任务完成，制定下发了《2013年绩效考核方案》及《2013年度综合目标管理指标》，将目标层层分解到部门、岗位、个人，完善了各部门、岗位、人员的工作职责、工作标准和考核要素。

〔质量管理〕 积极开展以“稳定产品质量，确保顺利对接”为主题的质量月活动。通过宣传条幅、OA、看板专栏、班前会、电子显示屏等媒介，积极引导全厂员工牢固树立“质量第一”的质量理念，积极开展“比、学、赶、超”活动，通过“比质量、树标杆、创先进”活动，进一步增强全员质量意识。公司技术中心抽检卷制包装加权得分97.87分，平均得分98.31分。国家局及省局抽检各4个样品，技术中心月度抽检34个样品，抽检合格率均达到100%。

〔人力资源管理〕 根据企业实际情况，完善用工分配制度改革方案及配套措施，确保改革方案及配套措施的科学性和实用性。通过进一步完善干部考核评价指标体系，创新考评方式，提升企业干部的学习力、判断力、决策力、执行力和影响力；加大干部交流力度，提高干部自身在不同岗位、不同环境的工作能力，增强干部多岗位工作的经验。通过与行业内兄弟单位、江西理工大学以及各类教育培训机构合作，采取开设各类培训班以及现场带教等培训形式，对专业管理、专业技术和技能三类人员进行了有针对性的培训。共举办内部培训班23个，1267人次接受培训，送外培训班70个，378人次接受培训，两项合计共1645人(次)参加培训，其中专业管理人员1007人(次)，专业技术人员37人(次)，专业技能人员601人(次)。

〔安全生产〕 全厂上下严格按照实施方案要求部署，积极组织推进落实；通过完善《环境和职业健康安全管理手册》等30多个标准化管理文件，做到制度化、规范化、标准化管理，有效渲染了安全氛围，提高了安全责任意识和安全管理水平，实现了火灾事故为零，重大交通事故为零，重大设备事故为零，重大卷烟，烟叶霉变事故为零，重大因工伤亡事故为零的目标。

〔领导班子名录〕

厂长、党委书记：黄　平
工会主席：刘海清(　　~2013.3)
副厂长、党委委员：朱　平
副厂长、党委委员：汪新华
副厂长、党委委员：王　军
党委委员、纪委书记：丁声文
工会主席：丁声文(2013.3~　　)

交通·邮政·通信

交通运输局

〔综述〕 2013年,在市委、市政府的正确领导下,在上级交通主管部门的业务指导下,市交通运输局以《国务院关于支持赣南等原中央苏区振兴发展的若干意见》为机遇,紧紧围绕市委、市政府"主动融入都市区,提速提质促发展,千方百计惠民生,真抓实干兴南康"目标要求,解放思想,开拓进取,不断开创南康交通振兴发展新局面,较好地完成了各项目标任务。2013年,编制完成了四项苏区振兴交通发展项目规划,积极准备和做好了国家民航局对口支援调研工作;争取国家民航局对规划内的道路基础设施给予政策支持,争取省交通厅对三江浮桥改造和大广高速省公路南康南互通立项,争取一条省道路已升为国道,两条县道已升为省道,争取到上级交通科研经费20万元,争取将市客运总站纳入赣州国家公路运输枢纽规划;落实立项建设章惠渠红色旅游码头项目;胜利完成了赤土畲族乡至南康公路改造工程和大广高速横市出入口道路拓宽改造;横市、大窝两个农村公路综合服务站建设项目扎实推进;完成通组水泥路建设项目98个;完成129座桥梁的排查,完成危桥重建、维修、加固资金660万元;公路管理养护机制进一步完善,道路运输市场健康发展。2013年共运送旅客634万人次,旅客周转量55639万人公里,货运量1776万吨,货物周转量263981万吨公里。

〔机构队伍〕 1.交通局内设机构:

办公室、财务审计科、行政审批服务科、安全监督管理科、交通战备办公室。

2.交通局管理的副科级事业单位:

市高速公路建设领导小组办公室(市支援铁路建设领导小组办公室)、市公路运输管理所、市港航管理所、市横市养路队、市赤土养路队。

3.交通局下属正股级自收自支事业单位:

公路管理站、市城市客运管理办公室、市渡口安全管理站。

4.交通企业单位:

市汽车站,市汽车修理厂,市汽车运输公司,市交通局劳动服务公司(下设东门客运站,汽车修理厂)。

5.交通大集体企业单位:

蓉江搬运队

6.省市交通驻南康市单位:

南康公路分局,南康火车站。

〔交通基础设施建设〕 1.县、乡、村公路建设

2013年全市完成通组水泥路建设项目98个,完成投资2471.2万元;新建桥梁、危桥改造、维修或加固项目12个,完成投资709.6万元;县道升级改造项目1个,完成投资552万元;乡道升级改造1个,完成投资170.5万元。

2.国省道建设

⑴整修路面22098.8平方米/2.46千米；

⑵整修路肩92310平方米/61540米；

⑶清理边沟143602.4米；

⑷中修打板3100平方米；

⑸示范路创建57千米；

⑹路树刷白与安全标志刷新115.227千米。

3.公路养护与管理

2013年，县道实现平均好路率83.8%，乡道实现平均好路率68.5%，较同期有所提高；进一步搞好公路绿化工作，全市完成植树3660棵，路树成活率和保存率均较高。据统计，全市县养公路完成公路绿化种植里程80多公里。整修路肩26公里，横市养路队中修打板1042平方米。

4.高速公路建设、铁路建设

2013年，赣韶铁路项目进入紧张的后期施工建设阶段；大广高速南康南互通、昌吉赣铁路客运专线等项目进入前期准备工作；京九铁路，赣粤高速、厦蓉高速赣州城西段、赣大高速公路（三益—梅关段）、赣州环城高速等项目遗留问题得到较为妥善解决；振兴苏区相关项目规划工作井然有序开展。

〔道路水路运输生产〕 2013年，南康市道路水路运输生产坚持突出践行科学发展观，解放思想、勇于开拓，做到严格执法和热情服务相结合，进一步规范道路水路运输市场秩序，优化发展环境，取得了显著的工作成效。2013年，有267辆客车投入运输，其中：公交车100辆、出租车24辆，总共完成运送旅客634万人（次），旅客周转量55639万人公里；有载货汽车3493辆，完成货运量1776万吨，货物周转量263981万吨公里。

〔道路水路运政管理〕 2013年南康市交通运输局道路水路运政管理以科学发展观统领道路水路运政管理工作；务实高效，锐意进取，开拓创新，狠抓行风建设，强化道路水路运政管理，规范行政执法行为，加强内部管理。全年共查处违法违章运输车辆630起，查处非法营运“黑车”63辆，罚没款入库169.8余万元。

〔安全生产〕 2013年，市交通运输局以“保运输企业生产、保水上交通安全畅通、保重点工程施工，保道路畅通质量无隐患”为工作重点，积极采取各种有效措施，抓安全规章制度落实，抓问题整改不放过，实现了交通安全“四个零”。

〔交通战备〕 南康市交通运输局交通战备、人武工作在上级的正确领导和各界的大力支持下，深入贯彻党的十八大精神，以科学发展观为指导，全面落实国防和军队建设主题主线战略思想，以“能打仗、打胜仗”为目标，加强科学统筹，深化军民融合，紧密结合实际，进一步完善战场交通设施体系，加强交通专业保障力量建设，深化交通动员准备，加快信息化建设步伐，努力提升以打赢信息化条件下局部战争能力为核心的完成多样化军事任务保障能力。

抓好理论学习，提高思想认识和增强国防意识。着眼提高能力，深化军事斗争交通保障准备。依据部队战时保障需求和平时应急需要，及时完善交通战备资料。抓好硬件建设，做好保障充分准备。深入贯彻平战结合、军民兼容原则，充分发挥优势，努力改革创新，积极主动工作，不断扩大服务领域，深化服务意识，提高服务质量，健全服务制度，逐步实现为国防建设服务，为经济建设、社会进步和社会主义新农村建设服务，不断规范化、制度化和经常化。

〔党群工作〕 2013年，交通系统党建工作在市委的正确领导下，紧紧围绕深入学习贯彻党的十八大精神和科学发展观、“创先争优”、“三送”活动、苏区振兴工作开展的。各支部按照局党委年初制订的工作要点，求真务实，扎实工作，在党的建设、党员思想教育、发展党员工作中取得了一定的成绩，党建工作发生了新的变化，增强了党的凝聚力、创新力和战斗力。

1.以创先争优活动为依托，完善工作机制，党风廉政建设责任制的意识得到增强，认真落实学习教育制度。大力开展廉政宣传教育。积极开展专题教育。

2.以“五带”为本，强队伍之基，充分发挥党员先锋模范作用，在苏区振兴发展、“三治”“创先争优”和“三送”等各项工作中，党员“带头学习提高、带头争创佳绩、带头服务群众、带头遵纪守法、带头弘扬正气”，在各个岗位上先行示范。

3.强化责任意识，落实党建工作责任制

进一步落实主要领导抓党建工作责任制。始终把加强党建工作纳入重要议事日程。

在入党分子和发展对象的教育、培养和考察中,严把发展对象确定关、新党员接收关和预备党员转正关,注重在工作一线青年中发展党员。

2013年,有1人被发展为预备党员,有1名预备期满的预备党员按期转为正式党员。

〔**公路建设工作**〕 2013年,公路建设工作,以民生工程为总抓手,紧扣项目促发展这根主线,积极做好“推进创业、宜居、平安、生态、幸福赣州示范区建设,促进南康发展提升”工作。2013年累计完成交通固定资产投资6832.1万元,其中:农村公路建设项目完成投资6122.5万元;桥梁建设项目完成投资709.6万元。

(一)重点工程建设

根据市政府安排,市交通运输局承担3个市重点工程项目建设。

1.赤土畲族乡至南康公路改造工程,起点为赤土畲族乡旗山,终点为南康油库,按三级公路路基8.5米宽,路面7米宽标准设计建设,路线长12千米,项目总投资4472万元(其中建筑安装工程费1944.34万元)。该工程勘察设计单位为江西省赣南公路勘察设计院。全线分四个标段施工,一标段施工路段为K0+000—K5+212,施工单位为万载正大公路桥梁工程有限公司;二标段施工路段为K5+212—K9+289.3,施工单位为新余市天工水陆建设有限公司;稍江桥改建段为K9+289.3—K10+581.5,施工单位为江西际洲建设工程集团有限公司;三标段施工路段为K10+581.5—K11+964,施工单位为吉安市金光道建设工程集团有限公司。一至三标段监理单位为赣州诚正公路工程监理有限公司;稍江桥标段监理单位为佛山市盛建公路工程监理有限公司。工程于2012年3月开工建设,于2013年9月全面完工。

2.大广高速横市出入口道路(增坑至沙芫桥)拓宽改造和渠化岛建设工程,路线全长935米,红线宽12~18米,决算总投资445万元(其中建筑安装工程价428.54万元)。该工程设计单位为萍乡市规划勘察设计院;施工招标代理为江西省赣州昌顺工程建设监理有限公司;监理单位为赣州市中韵工程咨询监理有限公司;施工单位为江西牧鑫建设工程有限公司。项目业主为市交通运输局。工程于2012年11月中旬开工,于2013年6月底完工。

3.赣丰线南康至唐江段公路改造工程暨赣州河西片区机场快速干道,道路起于南康市105国道与泰康路交叉处,终于省道赣丰线飞翔路路口,全长约19.5千米,总投资13.6亿元。于2013年成立了市赣丰线南康至唐江段公路工程建设指挥部,公路站彭良春同志参与该工程建设管理,并做了大量前期工作。根据赣州市政府办公厅赣市府办字〔2013〕106号通知精神,该项目已批准退出赣州市2013年重点工程投资计划项目,目前,项目处于暂缓实施状态。

(二)农村公路建设

1.通组水泥路项目

(1)积极做好2012年度通村水泥路项目竣工验收工作。公路站及时整理各项验收内业资料,并配合赣州市交通运输局完成了2012年度73.766公里通村组水泥路项目初验工作,报验项目100%通过赣州市初验。

(2)积极向上申报通组水泥路建设计划,2013年争取了284个通组水泥路项目,计划里程247.3公里,比2012年计划增长185.3%。由于上级下达计划时间在11月底,预计,至2014年春节前可完成通组水泥路建设180公里,实际可完成投资5400万元。

2.县道升级改造项目

2013年,向上争取了9.9公里罗霄山集中连片特困地区县道升级改造建设计划,其中完成增坑至兰田公路改造2.5公里,完成投资552万元;寡婆桥至上营(寡婆桥至朱坊段)公路改造计划7.4公里,总投资2051万元,目前正在组织施工招投标工作,预计2014年上半年开工建设。

除此之外,大力协助乡镇向上争取2014年县道升级改造项目,申报了7个项目计56.337公里县道升级改造建设计划,预计该批项目工可于2014年春节前可获省交通运输厅批复。

3.乡道升级改造项目

麻双乡坝孜至塅上公路改造计划3.1公里(2012年度计划),项目业主为麻双乡坝孜村村民委员会,于2013年3月开工,2013年8月完工,完成投资170.5万元。

(三)新建桥梁及危桥改造项目

1. 十八塘乡长滩村凤形桥新建工程,桥长

86.08米，宽6.5米，总投资190.5万元，目前正准备组织施工招标，预计2014年上半年开工建设。

2. 龙华乡卫东大桥于2012年6月23日倒塌，造成龙华乡上蒙村、腊树村进出的唯一交通中断，市政府决定先垫资540万元新建卫东大桥，拟建桥长249米，宽9米，总投资980万元，项目业主为龙华乡人民政府。工程于2013年10月开工，目前已完成下部构造桩基础施工及部分梁板预制，完成投资200万元，预计2014年10月全面完工。

3.横市镇横市桥于2012年5月倒塌，以致中断交通，市政府决定先垫资80%资金新建横市桥，拟建桥长66.08米、宽7.5米，总投资155.3万元，项目业主为横市镇人民政府。工程于2013年11月开工，预计2014年春节前可基本完工。

4.朱坊乡枫树桥于2012年5月被洪水冲毁，经市政府批准同意重建，桥长26.02米，宽7米，总投资70万元，项目业主为朱坊乡人民政府。工程于2013年3月开工，2013年8月完工。

5.十八塘乡欧田桥、内潮桥和坳下桥于2013年被洪水冲毁，经市政府批准同意重建，其中欧田桥长39.04米，宽7.5米，投资99.2万元；内潮桥长33.04米，宽4.5米，投资87.8万元；坳下桥长16米，宽5.5米，投资45.1万元。这三座桥均于2013年10月开工，预计2014年春节前可完工。

6.除上述桥梁建设项目外，还重建了三江乡赤湖村摇钱桥、龙华乡中古村下屋墩桥；维修或加固了龙华大桥、横市镇增坑桥、三江乡河孜头桥，总投资52.2万元。

〔**农村公路养护**〕 南康市农村公路列养总里程1875.581公里，其中：县道273.161公里、乡道338.885公里、村道1263.535公里。县道由市横市养路队和市赤土养路队负责养护；乡、村道由乡村两级共同养护，做到了农村公路养护全覆盖。

2013年，有167辆客车投入运输，其中出租车24辆，总共完成运送旅客634万人次，旅客周转量55639万人公里；载货汽车3493辆，个体经营户2895户，货运量1776万吨，货物周转量263981万吨公里。

(一)道路客运车站

1.南康市汽车站

2013年，在上级交通运输主管部门的正确领导和省、市公路运输管理部门的精心指导下，紧紧围绕市交通运输局的总体工作目标和服务交通发展这个中心，通过深入学习科学发展观，结合实际，突出践行科学发展观和行风建设年活动，制定了行之有效的方案，努力做好旅客运输工作。一年来，以车站站务管理和服务质量为工作重心，以提高客运管理整体水平为目标，从量化工作目标考核入手，对照《江西省道路旅客运输质量信誉考核办法》标准，从服务质量、安全生产、经营管理、基础管理、社会责任等工作入手，预约服务，延时服务，狠抓工作落实，通过车站全体职工的共同努力，各方面的工作取得了显著成效，圆满地完成了上级交给的各项任务，达到了上级的要求。

南康市汽车站现在只剩下南康至鸽矿、赤土、横寨和南康至唐江、朱坊、龙回几条短途线路了，在业务量大量减少的情况下，加强站务管理，不断提高服务水平和服务质量是我们的重要工作。在抓好管理的同时，立足本职，勇于开拓，大胆改革，富于创新。春运期间全市已有100多辆短途营运客车同市汽车站签订了《进站作业协议》，短途班车进站率达100%，这样就共同维护了广大旅客和经营业户之间的利益。经过全体职工的共同努力，2013年1月至12月共发出73000班次客车，运送旅客88万人次，取得了较好的社会效益和经济效益。

2.唐江客运站

2013年，市委、市政府及省、市公路运输管理部门的正确指导下，按照行业主管部门的工作要求开展工作，认真贯彻执行《道路运输条例》，通过全体人员的共同努力，确保了旅客的运输安全、优质、畅通、有序地进行。实现全年旅客运输量78万人次，上缴税费19万元。取得了企业经济效益和社会效益同步发展和未发生行车责任安全事故的好成效。

牢固树立“服务社会、服务旅客”的思想。坚持“以人为本”的工作理念，加强了服务人员的职业道德教育，组织学习了业务知识，开展了技术技能竞赛。通过这些活动，提高了广大员工的业务水平，提高了服务的技术技能。所聘用的各岗位人员都能遵纪守法，遵守本单位的各项制度。要求广大员工做到职业道德好、素质高、技术精。在岗工作人员皆挂牌上岗，热情、优质服务、用语文明。2013年，正班率达到99.98%，正点率达到98%，旅客满意率达到99%,意见处理率达到100%,并严格执行运价和有关收费规定,旅客向行业主管部门投诉企业服务质量次数为零次。

3.南康市汽车东站

2013年,在各级交通主管部门的正确领导下,在总公司的亲切关怀下,通过全站员工的共同努力,圆满完成了全年的各项工作任务。

注重安全生产运输,防患于未然。车站从年初开始,就把安全生产运输摆上议事日程,大小事情都会讲安全。一是在运送旅客方面,安全例检工作做到了始发车辆必检的操作流程,做到了不符合例检要求的车辆一律不排班、不报班、不配客。二是车辆进站、出站检查情况严格按照"三不进站、五不出站"的指导思想,全年未发生超员、超载的现象,并做到了出站车辆各项手续要进行登记。三是严格"三品"等危险物品检查、严禁携带"三品"进站上车,把"三品"拒之客车车门之外。为了搞好检查,安全检测仪从安装到现在一直正常运行,做到了对所有旅客的行包都进行了安全检查。

多形式交换,尽量减少差错。在长途票房售票的过程中,车站采取多问、多动的形式,帮助旅客售好票。全年错售车票情况与往年相比有更加明显的改变。特别是今年春运期间旅客多、走得急、售票忙,但是没有出现错售车票现象。乘坐短途汽车的旅客,自从把售票迁入到站内,实行微机售票以来,客源情况比以往有了很大的提升,站内人员的服务质量受到了各公司驻车站人员的充分肯定。长途售票人员在有时客源较少,需要合并班次的时候,能主动将需要改乘车次的旅客改好。做到改乘、验票同步进行,密切协同公司做好各项工作。行包托运中心及夜班值勤人员,对来往旅客的行包能认真做好托运登记、办理有关手续,并认真做好交接工作,使全年的行包托运差错率为零。

(二)道路运输生产

南康市的道路运输行业面临外出务工人员减少、人流量减少的现实情况。2013年,全市运输企业克服多种不利外部因素,眼睛向内,节能增效,取得了较好的成绩。

1.江西通达汽运有限公司

在全体职工的共同努力下,坚持以"诚信为本、安全为纲"的经营宗旨。对照资质标准,对内进一步完善了安全、服务、管理等措施,对外大力发展客运服务网络,积极创建和谐平安客运市场,基本完成了全年的各项工作任务,取得了一定的社会效益和经济效益,该公司是一家"二级道路旅客运输企业",现在拥有三个分公司(即赣州分公司、南康分公司、上犹分公司),两个汽车客运站(即唐江汽车站、凤岗汽车站),一个汽车修配厂,有192辆营运客车(其中大型高级客车88辆),公司有员工680多名。营运线路开通有赣州至东莞高速直达班线,南康、唐江、上犹至广州、深圳、东莞、福建泉州、石狮、龙岩等省际班线20多条,省内班线10多条,全年运输旅客近200万人次,旅客周转量1436.872万人公里。

2.江西钟山汽车运输公司

在市委、市政府及省市公路运输管理部门的正确指导和关心支持下,江西钟山汽车运输有限公司经省运管局2006年核准为三级客运资质企业,现有员工126人。2013年,公司坚持"安全是效益、诚信求发展"的经宫理念。树立了"团结、务实、拼搏、奉献"的企业精神。奉行"以人为本、安全第一、优质服务"的服务宗旨。在搞好物质文明建设的同时,注重搞好精神文明建设,成立党支部、团支部、工会、民兵连、妇联等组织,并建立了一整套企业经营管理机构和与之相适应的管理制度,为企业的发展壮大奠定了坚实基础。经公司辖驻外的八个办事处,及上犹分公司、唐江客运站、南康市钟山汽修厂全体人员的共同努力,主要经营的唐江上犹至广州、深圳、东莞、增城、佛山、顺德、番禺、清远、韶关等省际班线及南康至营前,上犹至赣州等跨区县班线和县内多条乡村班线的38辆公车公营车辆,完成客运量82万人次,客运周转量8201.7万人公里。实现运输收入1660万元,上缴税费163万元。取得了企业经济效益和社会效益同步发展和未发生行车责任安全事故的好成绩。

3.南康市鑫达汽运有限公司

成立于2006年6月,该公司拥有营运客车20辆,主要经营南康至赤土、麻田、莲塘、青塘、苏茅、钨矿、小水、杏花、小岭等农村客运班线。2013年共安全运送旅客59.5万人次,没有发生一起重特大道路运输安全事故。该公司有员工60多人,其中驾驶员24人,乘务员26人,管理人员10人。延伸农村营运班线5条,为农民群众出行提供了"点对点"服务,深受广大农民群众的欢迎。该公司还投资160万元在赤土圩兴建了赤土畲族乡汽车站，各项配套设施齐全，经赣州市运管处验收评定为三级汽车站，为赤土畲族乡的群众出行提供了舒适、安全的候车环境和乘车服务。

（三）道路货物运输

2013年，南康市出台了物流产业绿色通道，规模以上货运物流企业税费奖励等多项政策，有效遏制了货车外挂现象，促进了我市货运物流产业的快速发展。南康市家具物流行业发展迅速、已初具规模。全市已登记办证的家具物流企业有240家，市交通运输局被评为2013年度赣州市物流工作先进单位。目前我市货运物流经营户5162户，其中企业218户，个体经营户4955户，拥有营运货车5024辆，全年完成货运量1374.37万吨，完成货物周转量97281.55万吨公里。通过2013年开展的货运市场专项整治行动，全市物流市场秩序更加规范。

〔**道路水路运政管理**〕 2013年班线客车167辆，客运经营业户6户，有公交车100辆，有货车3493辆，有出租车24辆。全年共查处违章运输车辆经营违法行为630起，共查处非法营运黑车63辆，全年罚没款收入1698790万元。

一是道路客运工作。2013年春运期间，全市共投入春运客车180辆，春运40天，共开行客运班次36985班，累计运送旅客115.95万人（次），未出现一起旅客滞留现象，未发生一起重大交通事故。

二是农村客运市场快速发展。在2012年农村客运网络化建设取得较好成绩的基础上，继续加大农村客运的投入。完善农村客运的相关扶持政策力度，全市行政村通班车率达到了更高的水平，同时，在南康市运管所的积极筹备下，农村客运市场又有了进一步地提升。

三是公交水平提高。南康市现有公交车100辆，开通公交线路7条（包括1条临时公交线路），公交数量、覆盖面运营里程在全省县级城市中位居前列。

四是出租车行业健康发展。2013年，南康市交通运输局加强了对出租车的经营行为的监管力度，加大了对违规出租车经营行为的查处力度，为了增加出租车在南康市区内经营，改善服务态度，提升服务水平，我局经过广泛调研并形成方案报请市政府增加出租车。

五是运输市场规范有序。在面对燃油税费改革的新形势下，南康市交通运输局及时调整工作重心，将工作重点从收费转到行业管理上，组建了2个打黑队和2个稽查队，加大了对全市道路运输市场的监管巡查力度，打击非法营运“黑车”63辆，运政稽查队查处货运车辆的道路运输经营违法行为630起，有力地维护了道路运输市场秩序，保障了合法经营者的正当权益。

六是维修、驾培市场健康发展。全市现有驾校12所，其中二级驾校10所，三级驾校2所，拥有教练车辆278辆（大型货车20辆、小型汽车258辆），2013年培训学员6000余人，培训质量和学员考试通过率连续多年位居赣州市前列。2013年全市有机动车维修企业442户。其中二类维修企业16户，三类维修企业426户，2013年维修车辆11000余次。为提高维修质量和服务水平，我局通过建立行业标准、推行质量信誉考核和完善投诉制等方式加强维修市场监管，有力促进了我市维修行业的健康发展。

七是道路运输安全有序。2013年全市未发生重、特大道路客运安全事故，全市道路运输安全有序。

八是应急运输保障有力。为做好应急运输保障工作，组成了应急运输车队，全年完成了市委、市政府下达的抗洪抢险、森林防火、运送新兵、接送高考学生等指令性运输任务16次。

〔**“三送”工作**〕 2013年，根据上级统一部署，“三送”工作调整至赤土畲族乡。一年来，驻赤土畲族乡“三送”工作组紧密结合工作实际，认真落实各级关于“三送”工作要求，工作认真，作风扎实，活动经常，解决问题及时到位，获得各级领导与群众的广泛好评。

4月26日、11月7日，两次组织50余名干部职工成立3个工作队，分别深入到青塘村、爱莲村、红桃村开展走访活动。全体队员在乡村干部带领下深入每家每户，详细询问了其家庭经济收入情况，目前存在的困难和急需解决的问题。发放“联系牌”，填写“连心册”，留下联系电话，解释群众疑问。对外出务工的农户采取电话、短信的方式进行联系，主动与农民群众交朋友，确保“三送”工作全覆盖。通过走访活动，干部与群众有了进一步的沟通，增进了相互了解和友情。据统计，全局干部职工共走访农户1290户,收集群众意见、建议40余条。

工作组积极围绕不同时期中心工作，深入细致地向群众做好各项政策宣传工作。通过走访、座谈、开会、贴宣传标语等多种形式向群众宣传十八大精神、十八届三中全会精神以及习近平同志系列讲话精神。尤其是围绕富裕和谐秀美乡村建设和农村危旧土坯房改造工作,各驻点"三送"干部深入走访农户,做好入户宣讲,使各项政策家喻户晓,深入人心。

"三送"驻点干部深入一线、深入群众中去广泛收集民情民意，与自己的帮扶对象见面谈心交流，以最快的速度掌握群众最迫切、最关心的问题,认真记好每一个问题,做好民情台账,能解决的问题立即解决。下到村里及时排查,确保农村社会稳定。全年共调处所驻村矛盾纠纷35起,调处率100%。

2013年5月16日下午，青塘村南坑组水泥路发生塌方,使该路段交通中断,"三送"工作组立即组织人员、工程机械进行疏通,共清理500余立方砂石,方便了200户村民出行。2013年5月31日,爱莲村黄泥湾小组地处低洼地段,没有排水设施道路经常出现内涝积水现象，严重影响村民出行,"三送" 工作组了解情况后，筹集资金1万余元,修建了129米排水沟,解决了近百户村民出行难题。5月初，工作组帮助青塘村枫树湾至青塘尾、红桃村徐屋组、南坑组等通组路3.2公里列入2013年我市通自然村公路建设计划。5月份,因连日暴雨,致使青塘村岭孜上至下屋路、红桃村老虎极口上至砖街组、红桃桥至南安脑道路、爱莲村爱莲公路至小水路段塌方及河堤缺损，工作组及时向局主要领导汇报,经局长办公会通过,紧急拨付水毁修复资金4.5万元。8月13日,向上争取水毁维修资金24.34万元,用于修复爱莲至小水、青塘岭子上至夹江口、红桃康扬公路、莲塘下坝孜至石孜坳、十里乌石下至寨头公路。9月17日,开展"心系山区教育"活动,为爱莲、红桃、青塘3村304名小学生送上价值2万余元的爱心书包和文具。10月28~30日,为改善青塘村级公路的路容路貌,组织人员、机械设备对公路两侧影响交通视线的堆积物进行重点整治，共计清理杂草6处1000余米,清理塌方12立方米,清扫路面1.1公里,整治路肩0.5公里,方便了村民出行。

〔领导班子名录〕

书记、局长:肖　立(女)
副书记、兼运管所所长:张贵生
副局长:赖华京
　　　陈启明
工会主席:卢玉兰(女)
港航所所长:王礼东

赣州机场

〔综述〕 2013年,公司秉持"没有安全,一切归零"的安全理念，持续将安全作为各项工作的出发点和落脚点,圆满完成年度的各项目标。机场全年完成旅客吞吐量626849人次,起降7038架次,货邮吞吐量3795.5吨，确保"元旦"、"春运"、"五一"、"十一"等重大节假日旅客运输安全,顺利实现安全年,也是赣州机场连续实现的第20个安全年。

〔航空运输〕 协助赣州航空发展服务有限公司与各个航空公司联系开辟新航线（夏秋季开通石家庄-西安-赣州航线及南宁-赣州-杭州航线，冬春季开通赣州-南昌-天津航线及赣州-昆明航线），不断完善赣州机场的航线网络布局，满足旅客的出行需求。保持机场航线的正常发展,提高机场旅客吞吐量,增加机场收益。

充分利用春运和暑运高峰期,拉高流量,和航空发展公司合作营销航班航线市场，做好航班换季的市场宣传工作，利用新开通航线出台相关的优惠营销政策，如国航北京航线出台中转免费住宿优惠政策；赣州-广州和赣州-深圳航线出台一系列的中转联程套票等，极大地方便旅客对航空延伸服务的需求。针对春运单向性特征,进行节前出港和节后进港特价机票促销。按实际需求配合航空发展公司联系南航、东航调配运力,合理安排赣州至广州、上海航线的春节加班,满足春节期间往来旅客的需求。不断挖掘潜力,重点开发地市市场和中间市场，与当地旅行社建立定期的信息沟通机制。

赣州机场运营航线16条,通航城市17个(北京、深圳、广州、上海、成都、厦门、南昌、武汉、福州、南宁、天津、西安、石家庄、海口、杭州、昆明、杭州),平均周航班量140架次,进出港平均客座率73.1%,平均载运率55.9%。

全年赣州机场共完成旅客吞吐量 626849 人次，起降 7038 架次，货邮吞吐量 3795.5 吨。

〔**运输服务**〕 开展红色服务品牌建设工作。红色服务品牌常识学习，加强服务外包单位的监督管理，组织“红马甲”志愿者服务，认真开展服务质量整治工作，制定并落实《分公司工作人员行为规范》，加强服务知识培训。多角度全方位提升分公司服务品质。对候机楼、贵宾楼内进行全面改造，新增手机充电器、电信电话等各类设备，面向所有旅客免费、不限时开放 Wifi 服务。

〔**安全保障**〕 开展各类安全监察活动，适时组织召开各类安全管理会议。加强各类安全教育和培训工作。深入开展“安全整顿、提升品质”专项行动和安全大检查。加强飞行区专项整治工作，加强驱鸟、围界、净空检查，积极协调当地政府部门，妥善处理机场周边违规建筑及超高树木。强化航空安保工作，积极落实空防安全三级响应机制。全力以赴做好重要旅客运输保障任务。强化机场流动人口管理，建立治安管理工作联动机制，做到群防群治。全面梳理候机楼安全管理工作并进行专项整治。加强设施设备维护保养。圆满完成助航灯光、导航设备校飞工作。强化应急管理工作，增强与市应急办的沟通、协调、联动工作，并把机场应急救援方案纳入地方政府应急管理方案中，加强各类应急预案的学习和演练工作，组织完成当年应急救援桌面演练。

〔**领导班子名录**〕

总经理、党委副书记：张福胜

副总经理、党委书记、纪委书记、工会主席

郭成宏（2013~ ）

副总经理：郝司阳

肖承东（2013~ ）

高速办

〔**综述**〕 2013 年，赣韶铁路项目进入紧张的后期施工建设阶段；大广高速南康南互通、昌吉赣铁路客运专线等项目投入前期准备工作；京九铁路，赣粤高速、赣崇高速、康大高速、赣州环城高速等项目遗留问题得到较为妥善解决。

〔**机构队伍**〕 1992 年 8 月 23 日，成立“南康县支援铁路建设领导小组办公室”；2001 年 7 月 1 日，成立“南康市高速公路建设领导小组办公室”；2004 年 4 月 6 日，设立“南康市机场建设领导小组办公室”。实行三块牌子、一套人马，为市政府直属事业单位（正科）。办公室内设有人秘科、财务科、综合科。2010 年 5 月因机构改革，撤销“南康市机场建设领导小组办公室”，保留“南康市高速公路建设领导小组办公室”和“南康市支援铁路建设领导小组办公室”，隶属市交通运输局。2013 年，正式编制 10 人，实有在职职工 11 人，退休职工 4 人。其中党员 14 人，本科文化 4 人，大专文化 4 人，中专高中 2 人，初中 1 人；中级职称 3 人，初级职称 2 人。

〔**赣韶铁路建设**〕 正在建设中的赣韶铁路起于京九铁路南康火车站，终于广东韶关火车站与京广铁路接轨。铁路途径南康市东山、龙回、浮石三个乡（镇、街道）13 个行政村，南康境内主线长约 19.78 千米，疏解线 6.276 千米。

赣韶铁路由赣韶铁路有限公司建设，中铁二十五局承建，项目于 2009 年 8 月开工建设，南康段总投资 9.48 亿元。

2013 年，征地拆迁和协调服务工作中，市高速办领导坚持深入一线，采取积极有效的排查措施，使施工中的问题得以及时发现，及时处理，确保了铁路建设顺利施工。一是完成赣韶铁路通信基站、站外供水、配电所等新增配套工程用地和道路、水利接顺等配套用地征地 15.023 亩。二是协调处理了临时用地的续租和复垦问题。三是完成了东山金鸡社区要求新增下穿京九铁路 K1883+135 交通涵的施工，可缓解该路段交通拥堵状况。四是协调解决了一批因铁路施工影响乡村道路、水利设施的修复接顺问题，维护了沿线村民的合法权益及社会稳定。

〔**昌吉赣客专项目**〕 2013 年 8 月 27 日，项目建议书获国家发改委批复。2013 年 10 月 18 日省铁办就线路走向和站场设置等问题在南昌征求沿线政府意见。10 月 21~25 日中国铁路总公司在昌召开客专项目工程可行性意见会议。11 月 22 日中铁四院征求赣州市政府对昌吉赣客专赣州站址及进站线路的意见。市高速办积极配合赣州市铁路办、规划建设局和设计单位中铁四院项目组做好现场调研、资料收集、意见反馈沟通等工作,尽最大努力争取客专赣州站选址凤岗镇。

〔**大广高速公路南康南互通项目前期工作**〕 大广高速公路南康南互通项目位于东山街道桐梓村,匝道上跨大广高速(桩号K3054+144),向东设一处匝道收费站后,过竹坑西侧向西北绕行,之后依次下穿大广高速既有桥、在建赣韶铁路疏解线(桥梁段)、京九铁路既有桥和在建赣韶铁路正线(桥梁段)后接至G105,并与规划的倚峰大道对接。互通匝道长2.805千米,连接线长2.122千米,采用一级公路标准。项目用地面积约325亩,拆迁约1300平方米,总投资为2.13亿元。

项目所需的各项前置审批(规划选址、环境评估、文物调查、地质灾害和压覆矿调查、交通行业意见、土地预审意见等)已完成,11月1日省发改委委托江西省华信投资咨询中心组织专家对本项目工程可行性报告进行了评审,工程可行性报告按专家意见修改完善后报省发改委批复。

〔**"三送"工作**〕 由原来挂点联系浮石乡罗坳村调整为挂点联系东山街道文峰村、上垅村、窑边村。在"三送"工作中办了一批为民实事好事外,还资助每个村1万元,用于改善农村水利、道路建设。

〔**领导班子名录**〕

主　任:戴丁山

副主任:方学荣

　　　　朱雪仁

火车站

〔**综述**〕 2013度,南康火车站货运工作在上级的正确领导下,在段业务部门的正确指导下,认真贯彻南昌路局的运输政策,深入开展货运安全生产专项整治活动,狠抓运输组织工作,积极开展货运营销工作,提升货运服务质量,广揽货源,为货主营造优良的服务环境。

南康火车站简介如下:

1. 南康站位于江西省南康市东山街道所在地;京九线南段,中心里程为K1881公里+655米。本站共有货场一个,总占地面积37010平方米。

2.货场设计能力:年办理运量37.1万吨。

3.业务性质:属货运站。营业办理限制为:整车。

4.技术等级:四等中间站。

5.简况:车站货场隶属赣州车务段。1996年9月1日投入使用,货场现有2条货物线路(货1、2道)。主要办理整车货物的到发储运业务。货场拥有仓库、堆场及各种运输装卸机械,最大起重能力16吨,可为企业提供各种仓储和装卸作业需要。货场实行一个窗口收费,快捷方便。

〔**机构队伍**〕 南康火车站内设货运部、行车调度部,加设铁路派出所、工务领工区、电务等部门。共有干部职工70人,临时工30人。

〔**营运业务**〕 2013年共完成:装车142车,发送吨9011吨,卸车2067车,到达吨:129627吨;货运收入216.33万元,,静载重60吨,截至12月31日完成年度计划数分别为:发送吨:105%;货运收入73%,与2012年同期相比,装车多装11车,发送吨增加660吨。火车站实现无责任货运事故及赔偿,无一起路风不良反应及投诉,在安全、路风方面都取得了一定的成绩。

自2013年6月15日实行货运组织改革以来,南康火车站落实铁路总公司的总体思路和目标:以最大限度方便客户为目标,改革受理方式,简化办理流程,敞开受理客户需求,实行电子订单管理,根据"实货"需求集中配置运力,实现业务办理简单化、内部管理精细化、外部服务人性化,不断提高铁路货运服务质量和市场竞争力。家具铁路运输实现了零的突破。

〔**领导班子名录**〕

站　长:郭小毛

副站长:廖世炳

　　　　文中虎

货运主任:朱林斌

公路分局

〔**综述**〕 2013年,南康公路分局以迎接党的十八届三中全会胜利召开和学习宣传贯彻党的十八届三中全会精神为动力,以赣南苏区振兴发展为契机，以养护好公路为要务，把握新形势，开拓新思路，全体干部职工齐心协力，真抓实干，实现了南康公路事业的较快发展。

〔**机构队伍**〕 南康公路分局隶属赣州市公路管理局管辖的正科级事业单位，现有在职干部职工105人，肩负着南康市境内国道105线、323线及省道赣丰线、县道康唐线、社唐线、东坪线共计118.576公里的公路养护与路政管理任务。分局内设5个职能科（室），分为党政办公室、养护科、路政科、财务科、经营科。下设唐江、东山两个中心道班。

〔**公路基础设施建设**〕 1.2013年5月，在临水临崖路段新增设钢化防护栏450米，增设标志标牌18处。

2.2013年6月，为道班新购置了安全墩300只，安全牌10套。

3.2013年6月，完成了G105线A13标路面改造工程。

4.2013年8月，完成了赣南大道建设工程的审计决算。

5.2013年8~12月，在G105线K2144+200-K2149+940、K2164+545-K2164+900、K2174+360-K2177+951、G323线K179+940—K181+320进行水泥砼板块重建，共计5389.63平方米。

6.2013年12月，省道S324赣丰线南康辖区路面重建项目完成了招投标，该项目已进入赣南苏区振兴发展交通规划项目（赣州市级）。

〔**公路养护与路政管理**〕 1.公路养护：一是加大公路养护考核评比、监管监督力度。细化月度考核制度、完善计量考核制度，以多劳多得、奖优罚劣等措施推动干部职工工作的主动性与积极性。以不定期、不定时通过步行的方式对养护工作进行检查及评比，并对好作风、好做法进行表扬、宣传、奖励及对工作态度懒散、工作质量不过关的进行批评整改，增强了职工的危机意识和竞争意识；建立路况病害动态数据库，及时了解掌握路况情况；按迎部检要求完善养护内业资料，并纳入常态化管理，做到资料齐全、规范。二是狠抓路面养护。预防性养护方面实施了油砂封面和水泥路灌缝；加大对高路肩和排水系统的整治。在日常养护上对出现的坑槽、松散、跳车等病害进行了及时修复；加大路面保洁力度，确保路容路貌整洁；及时修复砼路面病害，确保安全畅通。三是做好水毁预防和抢修。成立应急抢险机构，制定《应急抢险预案》，完善应急保畅体系建设。以保障汛期公路畅通为己任，雨季抢修做到领导靠前指挥，干部职工全员上阵。对突发事件采取集中人力、物力、机械设备进行突击抢修办法，及时消除水毁痕迹。四是做好桥梁养护与维修。贯彻落实桥涵养护“三个一”责任制，确保人员、责任、措施“三到位”。做好了及时清扫桥面杂物、疏通泄水孔、更换破损桥栏杆、修复桥面坑槽和裂缝等病害的工作；2013年完成了店前桥的重建，筹措资金对尾公塘桥、金鸡桥等桥梁病害进行了修复，对323线多个涵洞、水沟盖板进行了及时修复与兴建。全年完成整修路面22098.8平方米/2.46千米；整修路肩92310平方米/61540米；清理边沟143602.4米；路面割草477272平方米；路面保洁28806.5千米；疏通涵洞980道；新埋设公路排水管道246米；新建7个沉沙井；清理塌方7132立方米/15处；水泥路补灌缝46.9千米；修补基层918.8立方米；中修打板3100平方米；油沙封面15000平方米；示范路创建57千米；路树刷白与安全标志刷新115.227千米。

2.路政管理：一是加强队伍建设。落实《路政管理考核办法》，实行每月一考评。开展“安全月”、“平安交通”、“文明交通示范路创建”活动，执法过程中能做到“三在先、四公开、五统一”，实现路政执法全年“零拖延、零差错、零投诉”，未发生公路“三乱”事件。二是加大管理力度。针对辖区内国省道周边砂石场多的特点，采取从源头治理的措施，通过以主动上门宣传为第一阶段、以拦截教导为第二阶段、以严格整治为第三阶段三步走的形式严格控制南康公路分局管养的105国道、323国道、赣丰线等公路干道运输车辆超载超限问题及抛、洒、漏对路面的污染，公路运输车辆超载超限问题及抛、洒、漏现象得到有效遏制；发挥片区联合整治威慑力量，做好路域环境整治工作。三是加强公路法律法规宣传。南康公路分局大力开展公路法制宣传月活动，通过送法上门、设立法律宣传点、发放宣传资料等形式，全方位、多渠道、深层次集中开展公路法律法规普及宣传活动。据统计，在国省干线及主干线悬挂横幅8条，发放宣传单450份及小册子100份，张贴宣传标语46张。路政巡查人员上路1420次，出动巡查车284次,清理堆积物1273立方米/199处,清除非法公路标志牌19块,查处路损案件16起,依法办理行政许可18起，路政案件查处率达到95%，结案率达到100%。

〔**党群工作**〕 一是扎实开展了“为民务实清廉”主题教育实践活动和“中国梦”主题教育活动及“党建月”活动。着重解决在贯彻落实科学发展观、贯彻民主集中制、履行职能、维护群众利益、组织纪律、生活作风六个方面的突出问题，广泛征求社会各界、服务对象和职工的意见,组织评议,对整改的意见制定出整改措施,逐一抓好落实。通过宣讲、讨论、实践等多种方式开展“中国梦”主题宣传教育活动,有效地增强了全局干部职工的思想素质,进一步增强服务意识,提高了工作效率,形成了“共筑‘中国梦’,公路人在行动”的强大精神力量。二是在认真组织全局干部职工学习宣传中央八项规定的同时,为营造良好作风,树廉洁正气的氛围,继续深入开展了“廉政文化月”活动和收受“红包”、公款旅游、吃喝风等违纪现象警示教育活动,大力开展“弘扬苏区干部好作风,争当廉洁从政模范”等活动,警醒广大干部职工守住廉洁从政这条底线,营造了廉荣贪耻的良好风气。没有发现一起收受“红包”、公款旅游、吃喝风等违纪现象。三是积极为职工办好事、办实事。改善了唐江道班居住环境,采购电视、热水器、家具等生活设施;改善了老年协会活动场所,积极支持南康市老年体协活动场所建设;积极组织乒乓球赛、拔河活动、户外团队拓展等文体活动;坚持积极开展落实好结对帮扶、为职工购买团体及互助保险、为职工体检、老年体协等活动;积极开展了送温暖活动,利用春节、重阳节慰问了所有退休、困难职工,坚持金秋助学、创建“职工书屋”活动,通过以上活动有效增强职工队伍的凝聚力和向心力。

〔**“三送”工作**〕 2013年大力开展“三送”工作,切实为民办实事。局党政领导非常重视,全局干部职工以“改进工作作风、密切联系群众”为中心,服务大局,勤奋努力,任劳任怨,充分展示了公路人特别能吃苦、特别能战斗、特别能奉献的行业品德和“把心放在路上,把路放在心上”的高尚情怀。根据南康市委、市政府对“送政策、送温暖、送服务”的部署与要求,实行“三送”工作全覆盖。局“三送”工作队在宣传国家政策的同时，着力为群众解决实际问题,共投资5万多元,为“三送”村解决困难户与五保户土坯房改建、困难户子女上学、修建老人活动中心等资金问题、整治了乡村公路、化解矛盾纠纷。据不完全统计,共解决农村、农民问题68起,为群众排忧解难,用真情温暖群众心灵,用真诚赢得群众信任。

〔**领导班子名录**〕

局　长:李国良

书　记:姚若兰(女)

副局长:赖雅丰

海事管理

〔**综述**〕 2013年,市地方海事处水上交通安全管理工作在分局领导和各业务科室的指导下，以科学发展观为指导,树立“安全发展”的理念,坚持“安全第一、预防为主、综合治理”的方针,认真贯彻执行水上交通安全生产法律法规和规章制度,充分发挥水运安全管理的职能作用，落实各项安全防范措施,纠正水上运输过程中的各种违法、违章行为,严厉打击取缔“三无”船舶,大力宣传水上交通运输法律、法规,切实加强现场监督检查,认真做好各项业务管理工作。以“杜绝重特大事故,控制一般事故”为目标,突出“重点水域、重点渡口、重点船舶、重点时段”的安全监控,定期开展了“春运”、“国庆”、“汛期”水上交通安全大检查工作及隐患排查、船舶专项整治工作,强化现场监督管理，落实安全管理责任。通过全体职工的努力工作,真抓实干,全年水上交通未发生一起事故,为创建平安和谐社会再立新功。

〔**水上交通安全监督**〕 1. 开展船舶专项整治活动。在市政府的高度重视和主管局的大力支持下,与有关部门通力配合,认真开展船舶专项整治。一是精心组织,积极依靠政府,落实船舶安全管理责任。二是加强宣传教育,对乡镇交安员进行水上交通安全管理知识宣传，不断提高了乡镇船管员和船员的水上安全意识。三是强化船舶安全管理,加大对船舶安全检查力度,确保水上交通安全。

2.开展隐患排查治理专项行动。明确了整治行动的指导思想、工作目标、治理内容、职责分工、工作步骤及工作要求。深入船舶，全面排查事故隐患，认真解决存在的问题，建立隐患跟踪监控机制。并主动和南康市水利局联系，做好砂石运输船舶的办证的前期准备工作。特别是对南康市龙华乡腊树渡口的非法渡运情况分别以处和分局的名义建议当地政府进行整改。

3.进一步加强重点时段的安全监管。十分重视抓好“春运”、“国庆”、“汛期”期间的水上安全监管工作，落实安全监管责任，加大现场检查力度，坚持提前介入，制定监管计划，抽调人力，集中力量实施现场检查，确保水上交通安全。

4. 加强对大桥的安全监管和通航维护工作。坚持每座大桥每月至少两次安全检查。对可能存在的安全隐患进行认真分析和梳理，严格控制隐患转化为事故，对一时难以整改的隐患，制定整改方案，落实整改责任人，真正将事故隐患消灭在萌芽状态之中。

〔**“三费”征收**〕 2013 年，切实加强水上交通安全监督管理工作，促进“三费”征收，加大现场监管力度，确保水运安全畅通。深入贯彻落实《安全生产法》、《内河交通安全管理条例》，保障水上交通安全，消除事故隐患，遏制重特大事故的发生，促进辖区内水上交通安全形势的持续稳定。

〔**内部安全生产管理**〕 认真做好安全生产宣传月活动期间的工作，加强内部安全生产管理工作，确保车辆、办公楼内部安全。抓综治工作的责任意识更加增强，干部职工参与社会管理综合治理的热情更加高涨，努力形成齐抓共管的良好局面。

〔**领导班子名录**〕

处　长：曾祥福

邮　政

〔**综述**〕 赣州市南康区邮政局下辖东山、泰康、金赣、东环、龙岭、唐江、凤岗、龙回、镜坝、朱坊、浮石、赤土、龙华、沙溪、麻双、横市、大坪、坪市、隆木、潭口、营业班、三江 21 个支局所及营业班。目前全区邮政设置信箱信筒 22 个，建设信报箱格口数 9352 个。邮路 6 条，单程总长度 167 公里，农村邮路 5 条，单程总长度 142 公里，其中：自办汽车邮路 1 条，23 公里；委办汽车邮路 3 条，142 公里。全区投递段道 60 条，其中城市段道 9 条，投递段道长度单程 285 公里；农村 51 条，投递路线总长度单程 1487 公里。

2013 年，企业荣获江西邮政十强县局、江西省第十三届文明单位、企业文化建设先进单位、先进基层工会等系列荣誉称号。

〔**机构队伍**〕 南康邮政内设机构有：综合部（保留创建办的牌子）、财务部（挂靠综合部）、市场经营部，支撑中心、电子商务中心、代理业务中心、客户服务中心、邮件处理中心。现有从业人员 162 人，其中，合同用工 61 人，劳务用工 101 人。另有外包投递员 26 人。邮政局党支部有中共党员 23 人，其中在职党员 10 人，退休党员 13 人。

〔**业务经营发展**〕 全局累计完成业务收入 4316 万元，完成赣州市局计划的 102.6%，同比增长 17%，增幅列赣州市第一位，业务收入占赣州市业务收入总量的 9.1%；实现收支差 1655 万元，同比增长 122%。全局邮储余额年末达到 17.7 亿元，全年累计净增余额 12274 万元。

1.邮政储蓄。开办的业务种类主要有：整存整取、零存整取、定活两便、存本取息、活期储蓄等。南康邮政局共有邮政代理储蓄网点 19 个，所有网点均已开通全国通存通兑业务，全年实现邮储业务收入 3429 万元。

2.其他代理金融业务。包括代理保险、基金理财、国债、汇兑等业务，2013 年累计代理新保 2380 万元，销售各类基金理财产品 22016 万元，汇兑是邮政传统业务之一。19 个代理金融网点个均可办理汇兑业务。年内代理国内汇票 4.4 万笔，汇票金额达 9306 万元。

3.报刊发行。2013 年全市累计订销报刊 421.7 万份，杂志 22 万份，报刊流转额实现 460.4 万元。

4.函件。包括信函、明信片、邮简、印刷品、盲人读物、商业信函、邮送广告、账单等。2013 年，全市函件业务量累计达到 21.62 万件，业务收入完成 96.9 万元。

5.包件。2013 年，普通包裹 9600 件，代理国际及港澳台包裹 11 件，业务收入完成 17.8 万元。

6.集邮。2013 年，全市共销售集邮邮票 27.1 万枚，集邮册 6652 册，实现集邮收入 285 万元。

7.分销。2013年,以服务“三农”为宗旨,为广大农民朋友配送优质、高效产品,办理种子邮购、农资分销和日用商品分销业务。年内共办理分销产品25143千克,实现农资销售额56.3万元。

〔企业能力建设〕 2013年,改造网点7个,分别是唐江、镜坝、沙溪、麻双、大坪、隆木、龙回支局所。新增ATM机10台,开展网点基础达标升级评定工作、营业服务规范达标活动,投入190余万元对网店进行改造及设备的更新,网点服务品质不断提高。

〔企业文化建设〕 完善企业文化建设实施方案,在深度融合、丰富内涵、融入个性、彰显特色、立足实际、创新提升上下工夫,立足于文,重点于化。组织员工宣誓、文化知识测试、撰写企业文化小故事,切实抓班组文化建设。巩固职工小家建设成果,同时积极配合市局创建职工书屋和投递员之家建设,改善基层员工的生产、生活、学习条件。

〔精神文明建设〕 连续四届获省级文明单位(第十届、十一届、十二届、十三届),用户满意度达到95%以上。以改善邮政服务水平、提高干部职工整体素质为切入点,深入开展创建文明单位活动,使创建活动不断上台阶、上水平,通过星级服务评定、民主评议行风、“青年文明号”等活动的开展,促进企业健康发展。

〔党建工作〕 2013年,邮政局支部被评为南康市先进基层党支部。先后开展了争先创优活动、习近平总书记系列讲话学习讨论活动、第一批党的群众路线教育实践活动,充分发挥党组织的战斗堡垒作用,为企业经营发展提供有力保障。抓学习教育,提高党员干部队伍的思想政治素质;抓作风建设,有效提高反腐倡廉能力;抓组织建设,增强基层党支部的凝聚力、战斗力和创造力;1名预备党员转正,1名入党积极分子转预备党员,两名入党申请人评为入党积极分子。

〔领导班子名录〕

局　长:谢良千

副局长:黄立峰

局长助理:梁应强

中国电信

〔综述〕 2013年,市电信公司全体员工在省、市公司和南康市委、市政府的正确领导下,深入贯彻落实科学发展观,围绕省、市公司总体要求和市委市政府信息化建设目标,精确管理,强化执行,扎实有效地开展了各项工作。

〔机构队伍〕 2013年底,机构设有三部一室,即销售部、政企客户部、网络部、综合办公室。销售部下设渠道运营中心、服务督查中心、VIP客户服务中心、业务支撑中心、主营业厅;网络部下设设备维护中心、客户网络支撑中心、客户终端维护中心。另有10个农村营业部,即唐江、潭口、横市、龙华、龙岭、凤岗、赤土、镜坝、龙回、坪市10个营业部。5个城区营业部,即城东、城西、城南、家具城、工业园5个城区营业部。

2013年,全公司在册员工61人,其中:女14人;30岁以下9人,31~40岁28人,41~55岁24人;中级职称12人,助工11人,技术员1人;大学本科22人,大专28人,中专2人,高中9人;中共党员35人,共青团员8人。退休员工61人,内退员工10人。

〔手机业务〕 主要业务介绍:

中国电信3G业务使用国际流行并成熟的3G技术,承载于高覆盖率、高质量的3G网络,向客户提供上网速度快、通话音质高、应用丰富、绿色健康、保密性好、网络覆盖完备的移动宽带互联网服务。天翼3G应用主要有天翼空间、天翼视讯、爱音乐、189邮箱、综合办公、无线视频监控、天翼对讲、易信、翼支付等。

天翼空间应用商城是中国电信提供给用户的手机应用下载平台,用户可以通过多种访问方式来获取手机各类应用,目前天翼空间的应用包括游戏、音乐、主题、娱乐、财务经等11类应用。

天翼视讯业务是基于中国电信整合了国内知名媒体的资源,向CDMA用户提供丰富的视频流媒体服务。通过手机观看新闻、影视、综艺、体育等电视内容及精彩的视频短篇。

“爱音乐 imusic”是中国电信数字音乐业务的品牌名称。为广大用户营造一个新颖、动感、便捷的音乐互动娱乐空间，提供全面、时尚、无缝音乐体验服务。面向固话、小灵通、天翼手机及互联网等用户提供的爱音乐数字音乐娱乐服务，融合了七彩铃音、音乐盒、网络试听、全曲音乐/振铃下载、音乐资讯、在线搜索、会员服务等多种音乐产品功能。

189邮箱是中国电信为天翼用户、宽带用户提供的专业电子邮箱服务，它将互联网服务与移动服务完美结合。客户在申请业务后，既可通过PC终端处理邮件，也可在移动终端通过短信、彩信、WAP、邮件推送客户端等方式随时随地收发邮件。

综合办公业务是基于固定网络和移动网络，针对客户使用的PC终端和移动终端所搭建的支持政企客户综合办公需求的应用系统。该系统提供单位通讯录、信息应用、公文处理、工作安排、信息发布、移动邮件、协同通信等功能，以满足政企客户随时随地办公的需求。

移动全球眼业务是“全球眼”业务的子业务，依托“全球眼”平台及中国电信移动网络，面向客户提供手机视频浏览服务及无线视频采集服务，实现随时随地的实时、移动视频监控应用，帮助客户提升远程视频监控管理能力。

天翼对讲是基于中国电信广覆盖、大容量的移动通信网络和电信级的业务管理平台，利用Push to Talk(一键通)技术，使用带有对讲功能的专业手机，为用户提供移动通信网络覆盖范围内的半双工集群通信业务。用户可以进行一对一或一对多的类似于对讲机功能的通话，指挥调度、协同工作。天翼对讲同时融合了手机与对讲机的功能，一部工作手机，两种通话方式，便携又方便，同时还可大幅节省手机通话费、漫游费。

易信是由网易和中国电信联合开发的，一款能够真正免费聊天的即时通讯软件，独特的高清聊天语音、免费海量贴图表情及免费短信及电话留言等功能，让沟通更加有趣。易信支持跨通信运营商、跨手机操作系统平台，可以通过手机通讯录向联系人发送免费短信，向手机或固定电话发送电话留言，同时，也可以向好友发送语音、视频、图片、表情和文字。此外，还可以通过“朋友圈”拍照记录生活，上传文字、图片与好友们分享自己的近况。易信支持Wi-Fi、2G、3G和4G数据网络，目前支持iPhone、Android手机系统版本，以及windowsPC平台。

翼支付是中国电信旗下电子商务公司推出的一项产品。天翼手机将集成校企一卡通、公交卡、行业卡、银行卡等多项应用，向用户提供方便、快捷、全方位的移动支付服务。翼支付银行卡应用以手机替代传统的银行卡进行消费。

通信能力：

2013年，南康电信重点对CDMA网络进行了网络优化扩容，全市共新建CDMA基站16个，基站总数达186个，信号覆盖率快速提高，其中城镇覆盖达99.28%，行政村96%，自然村91%。2013年，天翼手机后付费在网数为8.9万户（其中3G用户4.8万户）。

〔**数据通信业务**〕 主要业务介绍：

中国电信数据通信业务凭借国内最先进、最完善、覆盖最广泛的数据网络，能够为国际、国内客户提供多种数据通信服务，包括ADSL、LAN、ATM、FR、DDN、数字电路、IPLC(国际专用出租电路）等带宽型业务，以及IP-VPN等虚拟组网方案。

ADSL（Asymmetric Digital Subscriber Line非对称数字用户线环路)被誉为“现代信息高速公路上的快车”。常用下行速率高达8Mbps，上行速率也达640Kbps，具有速度快、频带宽、性能优、覆盖范围广等特点。

LAN(Local Area Network，局域网)业务主要采用以太网技术，以信息化小区的形式为用户服务。在中心节点使用高速交换机，为用户提供FTTX(光纤到小区)+LAN(网线到户)的宽带接入。用户只需一台电脑和一块网卡，就可高速接入互联网。

WLAN业务运用了先进的Wirless LAN无线局域网技术，是对有线宽带接入的延伸和补充。它包括了为电脑终端配置的无线网卡、像移动基站一样能够通过无线收发数据的基站，以及其他一些接入控制设备。用户只需在个人电脑上加插一块无线网卡，再安装其他配备软件，即可在覆盖范围内实现移动宽带上网。

无线宽带是中国电信WIFI、天翼3G、CDMA1X网络基础上无线高速上网业务，您可使用电脑上的WiFi网卡和3G数据卡，使用统一的无线宽带客户端软件，选择WiFi、天翼3G、

CDMA1X 网络接入互联网，享受高速的无线上网服务及丰富网络服务。

iTV：宽带视界是以电信宽带网络为传输通道,以电视机为终端,集互联网、多媒体、通讯等多种技术为一体,向用户提供点播、回看、时移、信息等多种交互式服务的新媒体业务，是先进的数字电视的形式之一。它为宽带客户提供的新一代互动电视服务,有 90 多个直播频道,数万小时的海量点播,每月呈现。

“智慧家庭”是在电信宽带、3G/4G、Wi-Fi 四网合一的基础上，填充多终端组网和家庭综合布线等一站式服务。包含三部分:一是原有的宽带、iTV 和固话等基础产品的标准服务；二是家庭室内组网和布线服务;三以智能机顶盒、互联网智能电视、智能网关和手机客户端,通过 iTV 增值业务管理平台,开展 iTV/OTT 等合作;四是智能家居产品推荐、安装调测等服务。

通信能力：

2013 年,南康电信数据通信业务继续快速发展。完成了数据传输设备的扩容与割接工作,使得南康上行链路带宽新增 15 个 G，总容量达 45G，较大程度上提高了南康 Ip 网的上行带宽。新增宽带设备端口 5004 线，全市宽带容量达 73021 线；新增 120 条 VIP 大客户电路,15 条 MSTP 电路，VIP 电路累计达到 495 条,MSTP 累计达到 283 条；在城区主推进光网城市建设,FTTH 覆盖用户达到 6.5 万户,FTTH 用户数达 6619 户。新增室内分布 2 个,WIFI 网络覆盖 3 个,AP22 个,WIFI 网络 AP 数达到 245 个,完成现代商城等 9 个光纤到户小区整体工作，进一步完善了固网有线+C 网(3G)+热点 WLAN 共同组成的城市数字化无缝覆盖网络。2013 年,宽带在网用户为 5.9 万户。

〔**固话业务**〕 主要业务介绍：

公共事业类特服接入业务是中国电信通过以电话为基础的多种通信方式为用户提供的通过拨打公共事业特服号码进行业务查询及紧急救援请求等的一项服务。现已开通的特服务号有“110”(匪警电话)、“12121”(天气预报)、“114”(查号电话)、“119”(火警电话)、“120”(医院急救电话)、“122”(交通事故报警电话)、“168”、“160”、“968”(声讯电话)、“10000”(咨询投诉电话)等。

电信声讯信息业务是指以公用电话网为通信基础，以公用电话网上的各类终端为服务对象开展信息服务的电信增值业务，是电信通信信息服务业务的一个重要组成部分。主要有电话聊天、综合娱乐、语音祝福、电话投票、电话收音机等业务。

电话聊天业务主要是一档集电话聊天、交友、娱乐、社区、游戏于一体的大型综合娱乐节目,主要提供多人社区主题聊天室,一对一兴趣交友,听歌点歌,过关斩将,小说连载,社区服务,线下兴趣活动等。

综合娱乐业务主要是以听故事、点歌、真情祝福、整蛊搞笑、聊天、生活咨询查询等业务,综合娱乐节目包括一千多个不同类型节目，资费各不相同。

语音祝福业务是指个人、企事业单位或其他组织,通过号百语音平台,向其指定的客户群发送语音祝福。

电话投票业务是指通过电话语音的方式为政府或相关机构提供一种征询意见或民意测验的服务,需要进行民意测验的单位,通过电话调查大众对某件事的意见。愿意投票的用户使用投票号码根据录音通知的提示,按键选择输入自己的意见。

电话收音机是集团公司重点关注的一项新型业务,即在电话中融入电台广播、相声、小品等综艺节目。118970 为全国节目,118971 为江西本地节目。

通信能力:2013 年,全市共新建交换点 0 个,传统交换缩容 3472 线，新增容量 0 线（不含 EPON 窄带),共有交换点 102 个。2013 年,固话在网数为 10.2 万户(不含村通等无线座机)。

〔**ICT 业务**〕 ICT（Information and Communication Technology)即信息和通信技术,是电信服务、信息服务、IT 服务及应用的有机结合,这种表述更能全面准确地反映支撑信息社会发展的通信方式,同时也反映了电信在信息时代自身职能和使命的演进。

ICT 业务是中国电信针对大客户所提供的重要转型业务。ICT 业务包括:系统集成、视频监控(包括全球眼等)、VPN、灾备等应用业务。ICT 是一个比较宽泛的概念,即综合信息服务提供,以计算机为核心的,包括互联网、多媒体、IT 专业服务等业务，近年来,ICT 凭借网络飞速发展,已经渗透到社会生活的各个领域。

对于全业务经营的中国电信来说，目前更多地把ICT作为一种向客户提供的服务，这种服务是IT(信息业)与CT(通信业)两种服务的结合和交融,通信业、电子信息产业、互联网、传媒业都将融合在ICT的范围内。中国电信为客户提供的一站式ICT整体服务中,包含集成服务、外包服务、专业服务、知识服务、软件开发服务等。事实上，ICT服务不仅为企业客户提供线路搭建、网络构架的解决方案,还减轻了企业在系统升级、运维、安全等方面的负担,同时能为企业运营节约成本。

〔**商务领航业务**〕“商务领航”是中国电信专门服务于企业客户的客户品牌。中国电信商务领航网址:http://www.bnet.cn 它依托中国电信品牌、产品、服务、网络、渠道和客户资源优势,利用中国电信企业信息化综合服务平台,将众多IT软、硬件产品与电信的基础通信业务和增值业务相融合,为满足商企客户信息化需求而提供的综合信息应用服务。企业用户只需要支付低廉的月租费即可享用长期、稳定的更为专业和更高质量的电信级信息化服务,而无需以昂贵的代价独立建设IT软件和硬件环境，单独斥资购买各种企业信息化应用软件,以及接下来繁琐的系统升级和维护工作。其特点有:(1)“租赁”式的全新信息化服务消费理念;(2)“即开即用”的信息化服务使用模式;(3)零信息化投资风险;(4)丰富多样、完善的信息化解决方案。其产品种类有:企信通、企业邮箱、企业名片、企业彩铃、企业商情中心、全球眼、自助建站、视频会议、金山毒霸、蓝剑、蓝盾、内网安全管理、办公自动化IOA、进销存、管家婆、网络传真、物流信息管理、身份证查询服务等。

〔**旺铺助手业务**〕“旺铺助手”是通过客户端应用为载体,以客户资料管理为主要切入点,为中小企业和普通聚类用户提供集客户资料管理、来电弹屏、点击拨号、短信收发、简单商品管理等功能于一体的综合应用服务。旺铺助手具有:客户管理、来电弹屏、通话管理、短信管理、点击拨号、挂机短信、消费管理数据、共享及统计等功能。

〔**FTTH宽带到户**〕 FTTH (Fiber To The Home),顾名思义就是一根光纤直接到家庭。具体说，FTTH是指将光网络单元(ONU)安装在住家用户或企业用户处,是光接入系列中除FTTD(光纤到桌面)外最靠近用户的光接入网应用类型。FTTH的显著技术特点是不但提供更大的带宽，而且增强了网络对数据格式、速率、波长和协议的透明性,放宽了对环境条件和供电等要求,简化了维护和安装。FTTH的优势主要是有5点:第一,它是无源网络，从局端到用户，中间基本上可以做到无源;第二,它的带宽是比较宽的,长距离正好符合运营商的大规模运用方式;第三,因为它是在光纤上承载的业务,所以并没有什么问题;第四,由于它的带宽比较宽,支持的协议比较灵活;第五,随着技术的发展，包括点对点、1.25G和FTTH的方式都制定了比较完善的功能。

在光纤接入家族，还有FTTB (Fiber To The Building)光纤到大楼,FTTC(Fiber To The Curb)光纤到路边,FTTSA(Fiber To The Service Area)光纤到服务区等等。将光纤直接接至用户家,其带宽、波长和传输技术种类都没有限制，适于引入各种新业务,是最理想的业务透明网络,是接入网发展的最终方式。

〔**号码百事通业务**〕“号码百事通”是一切基于中国电信114台的增值业务的统称，其目的就是要在充分挖掘和整合用户号码信息的基础上，延伸和拓展传统的查号业务，满足用户现实和潜在的各类信息查询需求，将114台打造成一个综合类信息服务平台,提高中国电信差异化服务优势。业务种类有:行业首查类业务——行业首查、品牌查询、实名查询、临时报号、查询信息分析;查询转接类业务——查询转接、短信/传真报号、话务呼转;信息发布类业务——语音广告、指路服务、网址查询、产品介绍、人才热线;通信助理类业务——语音号簿、自动转存、自动转接、企业总机、可选业务。

〔**IDC 业务**〕 互联网数据中心 (Internet Data Center)简称IDC,就是电信部门利用已有的互联网通信线路、带宽资源,建立标准化的电信专业级机房环境,为企业、政府提供服务器托管、租用以及相关增值等方面的全方位服务。通过使用电信的IDC服务器托管业务，企业或政府单位无需再建立自己的专门机房、铺设昂贵的通信线路,也无需高薪聘请网络工程师，即可解决自己使用互联网的许多专业需求。

赣州数据通信中心 IDC 机房，是目前赣州地区网络资源最雄厚,规模最大、标准最高的 IDC 机房,机房采取 7*24 小时实时监控维护,更稳定、安全，是客户使用 IDC 业务的最佳选择。业务种类有:虚拟主机、域名代理、网络广告、企业邮箱、网站推广、主机托管等。

〔**光缆、电缆建设**〕 2013 年，新建通信光缆 10949.05 纤芯公里;退出铜缆 25600 线对公里。全市累计有通信光缆 79965 纤芯公里，铜缆 298843.03 线对公里。

〔**领导班子名录**〕

总经理:刘名海

高级技术经理:刘引强

副总经理:林群敏

总经理助理:廖群惠

移动通信公司

〔**综述**〕 2013 年,中国移动江西有限公司南康市分公司加强干部作风建设，围绕创建最优发展环境,提升办事效能和服务水平,有计划、有步骤抓好各项工作落实,深入开展“百千万”内设机构测评活动,强化对权力运行的监督与制约,特别是服务窗口工作人员的服务意识，进一步提高了公司的综合素质、办事效率、服务质量和水平。

〔**机构队伍**〕 公司内设机构划分为综合财务部、市场营销部、网络建设维护部、集团客户部、城区区域营销中心、城区营业中心、东山区域营销中心。合同制员工 16 人,其中:男 13 人,女 3 人;派遣制员工 93 人,其中男 40 人,女 53 人。

〔**业务发展**〕 公司以业务发展为核心，加大力度对工业园、校园、大众、店铺和农村市场进行宣传营销推广,重点强化客户净增、流量提升、重要客户维系、家庭宽带和终端销售等业务发展。大力发展专线、校讯通、集团彩铃、办公 OA 等集团信息化产品。

〔**开展营销活动**〕 在每个季度都开展了劳动竞赛活动和单项业务的短程竞赛,针对新春卡、终端和宽带等业务开展了渠道包销活动，持续深入开展合家欢、宽带等业务进圩镇、入村以及企业驻点营销等各类活动。

〔**营业网点建设**〕 合理规划渠道布局，加强渠道建设力度。2013 年,南康新增兼营店 4 家,IT 专营店 4 家,指定专营店 20 家,自建他营手机卖场 3 家。全市有 BOSS 终端的厅店达到 235 家。

〔**网络建设**〕 强化网络建设,夯实网络优势。2013 年,南康圆满完成各项建站任务。GSM 建设:GSM 网络质量提升工程、城区弱覆盖补盲工程,新建站点 38 个,其中宏站 31 个,室分 4 个,直放站 3 个;TD 建设:TD 六期 138 个,宏站 131 个,室分 7 个;LTE 建设:新建站点 115 个,共址站点 110 个,室分站点 5 个。南康在网使用的 GSM 基站已有 418 个，直放站 14 个,TD 站点 196 个,LTE 站点 115 个。

〔**服务能力**〕 1.夯实基础提升服务,强化营业厅前台工作服务规范的管理，强化服务检查等多种方式对各合作网点的服务规范进行监督、检查,保证前台服务规范的统一性和一致性，提高整体的服务规范及水平。2.跨部门协调沟通提升整体服务,每月开展部门沟通推动服务工作的协同开展。3.强化团队建设,开展团队活动,增强团队凝聚力、融合度、协作能力。4.开展服务激励,根据短板及客户关键触点提升服务，如开展“微笑天使”、“多说一句话”、“谁先站起来”等活动。

〔**综治安全工作**〕 1.做好安全综治,助推企业发展。一是高度重视,成立领导小组。成立了由公司一把手任领导小组组长的社会治安综合治理工作领导小组。将这项工作纳入公司年度总体工作目标,和经营、建设维护等工作同布置、同落实、同考核。根据年初签订的“社会治安综合治理安全生产责任状”,分部门、人员分解责任,压力层层传递。二是整章建制,使安全工作制度化、规范化。三是强化宣传教育、整治综治隐患。2.强化员工关爱，营造和谐氛围。一是加强员工关爱。对各类企业形象墙、宣传品、电脑屏保等均按照集团公司规范标准进行重新制作、编印,统一对外形象。二是,以广场文化活动、团队活动等为载体将企业文化宣传活动于无形。

〔领导班子名录〕
经　理:李夏生
副经理:江树平
　　　赖愈钢
见习副经理:谢才炳

联通公司

〔综述〕 2013年,在市委、市政府及市分公司的正确领导下,南康公司强化管理、提升服务、有效发展,取得了较好的经营发展成绩,各专项业务合计完成收入3000万元,同比增幅达15%。

〔机构队伍〕 公司内设机构分五个中心:综合中心、渠道中心、营销中心、客服中心、建维中心。在职员工30人,合作伙伴超过60家,且在各大乡镇均有服务网点,确保客户服务便利。

〔市场营销〕 2013年,在原有业务的基础上南康联通又推出了一系列惠民营销活动,预存话费送手机、送话费、送月饼、送水壶、积分兑换礼品等活动。这些活动深受广大用户的喜爱,为用户带去实实在在的优惠。

〔业务发展〕 1、移动业务。2013年,中国联通在大力发展3G业务的同时,为满足多元化的市场需求推出以下套餐:(1)随意打,适合话费多,3G流量少的用户;(2)随意玩,适合3G流量多的用户。

2、固网业务。2013年,公司借助国家宽带战略实施,加快光纤网络改造,持续开展宽带提速营销行动,现各乡镇均已开通了联通宽带业务。

〔网络建设〕 2013年,南康联通基站总数达200余个,其中城镇覆盖达98%,行政村覆盖达90%,自然村85%,信号覆盖率极速提高,网络质量今非昔比。

〔领导班子名录〕
经理:廖桂生
副经理:孔　莉(女)
总经理助理:王丽芸

①

②

① 2013年1月,途径南康市的赣崇高速路段正式建成通车。图为赣崇高速唐江出口

② 2013年7月18日上午,市政协组织部分政协委员对“东山北路贯通工程”开展专题视察。

城建·环保

城乡规划建设局

〔综述〕 2013年,在市委、市政府的正确领导下,市城乡规划建设局抢抓苏区振兴发展机遇,纵深实施“主动融入都市区、提速提质促发展、千方百计惠民生、真抓实干兴南康”的发展战略,主动衔接赣州城乡总体规划要求,科学谋划南康的城乡规划、基础设施和产业布局,加快把南康打造成赣州都市区的核心增长极和宜居宜业的活力新城,取得新成效。2013年,新增城镇人口1.33万人,达36.50万人;新增建成区面积1.2平方公里,达30.8平方公里;城镇化率提高1.6个百分点,达44.5%。

2013年获得省级荣誉:全省住房城乡建设系统工作先进集体;获得南康市级荣誉:南康市干部作风建设(含电子政务工作)三等奖、安全监管工作三等奖、争资争项工作三等奖、招商引资工作三等奖、提案承办先进单位、公共机构节能工作先进单位、行政服务红旗窗口等。获得其他荣誉:2013年11月27日市城乡规划建设局选派的选手谢宝万、刘福生在江西省“振兴杯”建筑业职业技能竞赛中分别荣获精细木工竞赛第二、三名,被授予“江西省技术能手”荣誉称号。

〔机构队伍〕 市城乡规划建设局为市政府组成部门,内设秘书科、行政审批服务科、规划管理科、工程监察科、建筑业管理科(工程抗震办公室)、城市建设科、乡村建设科等7个科室。管理3个科级单位:城乡规划设计研究院(正科)、建筑勘察设计院(副科)、城建项目管理办公室(副科)。下属23个股级事业单位:建设工程招标投标管理办公室、城建档案馆、建筑工程质量监督站(建筑业安全生产监督管理站)、建设工程质量检测中心、建设工程装饰装修管理站、18个村镇规划建设管理所(市城乡规划建设局唐江分局、镜坝分局正处于撤并过渡阶段)。下属3个企业:工程建设总公司、一建公司、二建公司。在编人员102人,合同工34人,借用13人,见习生4人,实习生1人,下属事业单位合同工38人。

〔领导班子名录〕
局长、党委书记:李春平
党委副书记:刘民山
党委委员、副局长:吉森林
　　　　　　　　　邱俊忠
副局长:邓理岗
　　　　张林文
　　　　付声洪
　　　　刘洪滨
系统工会主席:卢全华(女)
城乡规划设计研究院副院长:罗少伟

城乡规划

〔规划编制〕 组织专家完善了南康中心城区农贸市场专项规划、南康市中心城区教育专项规划,同时协助有关单位编制了南康市中心城区商业网点专项规划、南康市燃气专项规划及南康市排水专项规划。完善了部分区域的地形图测绘工程,其中包括:南康市东山测区 1:500 地形图测绘、南康市物流园区 1:1000 测区地形图测绘、南康市龙华高速公路出入口 1:500 测区、南康市新屋下 1:1000 地形图测绘工程、南康市坨圳精细化工基地地形图测绘。正在完善南康市有色金属/非金属材料基地控规、赣州(中山)节能照明产业园控规。形成了上下衔接、层次分明的规划体系,为城乡建设提供了科学指引。

〔规划审批〕 一是加强规划制度建设。出台了《南康市房地产开发项目规划设计联合审批、规划批后监管和竣工联合验收暂行管理办法》《南康市市政工程管线规划建设管理办法》《南康市建设项目规划变更管理办法(试行)》《南康市城乡居民个人建房审批管理暂行办法》等一系列规划管理制度,形成了城乡规划规范管理的长效机制。二是规范规划审批管理。坚持以规委会和局业务会为平台,严格执行"一书两证"制度,依法加强阳光规划。全年受理各种行政许可事项 606 件,办结 510 件,共核发《选址意见书》89 份、《建设用地规划许可证》331 份、《建设工程规划许可证》154 份、《乡村建设规划许可证》106 份。组织召开了规委会 4 次、专家评审会 12 次,审核了 25 个建筑设计方案。调处规划信访 16 起,各类回复件 150 份。

〔规划宣传〕 充分利用局公示栏、社会公告牌、项目现场醒目位置公示、流动宣传车、局网站、政务公开网、广播电视等多种方式,开展了全方位的规划宣传。规划建设窗口为每位服务对象赠送《规划建设窗口服务指南》,全面介绍办证依据、办证条件、办证程序、办证时限、收费标准,累计发放近 800 多份。通过全方位、多层次的宣传,形成了支持规划、服从规划、执行规划的浓厚氛围。

〔规划监察〕 加强与市国土局、房管局、执法局等单位联动管理,特别是针对未批先建、超面积建设等违法违规行为及时函告国土局和执法局,进一步规范了全市规划建设秩序。建立了单位内部业务科室之间的联动管理机制,实现了项目建设信息互通共享。加强建设工程全程监督管理,重点抓好规划放线、验线、建设过程检查监督及竣工验收等工作。全年共组织放线 44 批次,其中房地产开发建设工程 24 批次,个人建房和单位建房 20 户(不含拆迁户和灾后重建户),合格率达 100%,比上年同期上升 4.76%。完成竣工验收 150 户,其中个人建房 132 户,验收面积 195799.24 平方米;开发商建设工程 18 户,验收面积 676861.15 平方米,总户数比上年同期下降 41.51%。参与调处了 35 起违法违规建设和信访件的调查处理。

建筑业管理

〔行业管理〕 出台了《南康市建设工程招标投标活动及标后管理办法》。全年建设领域在建房建、市政等工程新开工项目 76 个,其中房建项目 59 个、市政项目 17 个,房屋建筑面积 99.45 万平方米,工程造价 14 亿元,核发《建设工程施工许可证》52 份。全年开展了 5 次质量安全大检查、2 次专项整治活动,共检查了在建工程累计 420 个(含小区),累计下发了事故隐患整改通知书 385 份,累计发现一般性质量安全隐患 1400 处。其中要求工地进行限期整改 356 次,要求工地进行停工整改 29 个,收到整改反馈单 356 份。加大力度对全市在建工程民工工资支付情况进行了检查,共检查 36 个项目,全年协助劳动部门处理民工工资纠纷 42 起,清理拖欠民工工资和工程款共 1175 多万元,清偿率达 100%。规范施工图审查,认真把好施工图审查备案关,房屋建筑工程图审率达到 100%,使建筑市场更加规范有序。

〔企业管理〕 认真做好 2013 年建造师考试报名、初审及注册工作,集中开展了南康市建设工程量计算和造价计算软件培训的培训,共培训 85 人。对全市 12 家建筑企业进行了资质复查。

〔招投标管理〕 一是认真贯彻执行招标投标告知制度,建设工程项目招标告知率达 100%。二是狠抓招标投标各方主体行为,以查处"规避招标、假招标”为重点,加大查处招标投标活动中违法违规行为的力度。三是打破行业垄断和地区封锁,严禁建设单位或招标代理机构在招标时制定限制性条件阻碍或者排斥其他地区、其他系统进入本地区、本市系统市场。四是加强设计项目和监理项目的招标。全年共有102个项目进行了招标,其中勘探招标1个,测绘招标1个,设计招标项目1个,监理招标项目7个,施工招标82个;公开招标项目92个,邀请招标项目10个;应招标项目招标率、应公开招标工程公开招标率均达到100%,招标工程造价为4.5亿元,通过招标共节约资金3988万元。受理并调查核实处理了5起招标投诉,没有发生一起招标过程中违法违规的事件。

〔**建筑工程质量监督管理**〕 2013年,全市在建工程123个(含小区),建筑面积1488458.02平方米,工程造价196021.18万元,其中新开工建设工程78个,建筑面积1215643.02平方米,工程造价151211.18万元,历年未竣工在建工程项目45个(含小区),建筑面积272805平方米,工程造价44810万元。其中保障性住房方面新开工项目有:⑴南康市2012年保障性住房工程一标段地下室、5#、6#楼,建筑面积75000平方米,工程造价11500万元;⑵南康市东山返迁房(Ⅰ期)工程一标段,建筑面积130000平方米,工程造价20000万元。历年未竣工验收在建工程项目:⑴南康市廉租房第五期建设工程(一标段),建筑面积9468.6平方米,工程造价900万元;⑵南康市廉租房第五期建设工程(二标段),建筑面积5609.3平方米,工程造价492.7万元;⑶南康市廉租房第五期建设工程(三标段),建筑面积9588.8平方米,工程造价860万元。

〔**建筑质量安全**〕 2013年,开展了5次质量安全检查,2次专项整治活动,共检查了在建工程累计420个(含小区),累计下发了事故隐患整改通知书385份,累计发现一般性质量安全隐患1400处。其中要求356次工地进行限期整改,29个工地进行停工整改,收到整改反馈单356份。

1.制定市建设工程安全生产专项整治工作方案。结合南康市建筑安全生产实际,制定了《2013年南康市建设工程安全生产专项整治工作方案》(康规建字〔2013〕70号)。以建筑起重机械设备、高大模板支撑体系、深基坑工程、脚手架工程为整治重点,分工作部署、自查自纠、执法检查、总结提高四个阶段着力抓好安全生产整治工作。

2. 着力开展建设工程安全生产大检查的活动。组成两个检查组在全市范围内开展了四个季度建设工程安全生产大检查。从全市建设工程安全质量的监管情况分析,各建设单位、监理单位和施工单位的工程安全质量意识和执行工程建设强制性标准的意识都明显提高,勘察单位、设计单位及检测机构能严格按照国家有关建筑法律、法规履行职责,确保建设工程基础、主体结构安全可靠,全市建设工程安全质量总体情况平稳,未发生四级及以上重大质量事故。

3. 着力开展建筑施工消防安全专项整治活动。成立两个检查工作小组对全市范围内开展建筑施工现场消防安全专项整治检查,通过查资料、看现场等方式对全市所有在建工程进行了全面检查。共检查在建工程55个(含小区),公建项目25个,房地产开发项目30个,下发整改通知单55份,有效的预防和遏制施工现场火灾事故的发生。

4. 着力加强对建设工程施工砼试件的管理。特别要求砼试件制作单位必须落实两个事项:⑴砼在浇筑前一定要在建设、监理单位见证下做塌落度实验,对未做或塌落度实验不合格的砼一律不得使用;⑵2013年6月1日开始制作的砼试件必须贴有建设、施工、监理三方签字盖章的标签,否则视为无效。确保了现场砼试件送检数据更真实、更具代表性,保证了建设工程质量。

5.着力开展建筑安全生产大检查和“打非治违”专项检查。在全市范围内开展了建筑施工安全生产大检查、现场消防安全大排查大整治活动和“打非治违”专项检查。组成四个检查组分组分片对全市所有在建建设工程进行了一次全面的检查,共检查在建工程77个(含小区),其中公建房项目47个,房地产开发项目29个,市政项目1个,共下发事故隐患整改通知单67份,共检查出安全隐患353处,其中一般安全隐患289处,消防安全隐患64处。组织检查组对所检查出的安全生产隐患进行了整改复查,共复查在建项目67个(含小区),其中整改情况较好的项目55个,基本整改到位的项目9个,未按要求整改到位的项目3个。

6. 加强农村危旧土坯房改造质量安全监管。

结合农村危旧土坯房改造质量安全工作实际，制定了《南康市2013年农村危旧土坯房改造质量安全督查工作方案》(康危改办字〔2013〕5号)。明确了乡(镇、街道)为农村危旧土坯房改造的责任主体，明确了乡(镇、街道)土坯房改造安全质量监管机构要采取驻点、巡查等方式加强质量安全监管。成立了农村危旧土坯房改造质量安全督查指导工作组，下设5个督查指导小组，由督查指导小组负责分组分片包干定期对全市农村危旧土坯房改造质量安全开展督查和技术指导工作。2013对7150人进行了工匠培训。经过培训，提升了工匠技术水平，强化了工匠的安全意识。

7.召开季度质量安全形势分析会。每季质量安全巡查后，立即对巡查结果进行了汇总，并邀请施工单位、监理单位对全区建筑工程质量安全形势分析、研究、制定措施形成总结，并出专题会议纪要。在市政广场、文化宫等地开展咨询活动6次，开展“安全生产月”和“质量月”活动5次。共接受咨询546人次，发放宣传资料7000余份。

8.加强培训学习，提高质监员业务水平及执法能力。组织参加起重设备安全培训4次，质量监督培训班2次，重大危险源(高大模板、扣件式钢管支撑体系)监督培训1次。

〔**精品工程创建**〕 积极开展创精品工程活动，荣获2013年度江西省优质建设工程杜鹃花奖一个：南康市文化艺术中心(2013年批准)，面积为3.88万平方米；获得2013年度赣州市优良结构工程6个：御龙城、佳兴花园城一期工程、五星公馆四期一标、五星公馆四期二标、路福大酒店(主楼)、天宇幸福家园，建筑面积共31.18万平方米；申报2013年度赣州市文明工地、优良工程3个：佳兴花园城一期工程、南康市体育公园工程。

〔**建筑质量检测**〕 南康市建设工程质量检测中心负责全市建筑工程材质的检测工作，现有常规检测项目包括水泥、钢筋、红砖、砼(砂浆)配合比等。2013年，共检测工程项目190余个，签订合同116份。出具报告47268份；料实验室完成钢筋(含焊接)检测21958组，砂浆抗压1501组，混凝土强度测试10624组，墙体材料457组，水泥检测1223组，混凝土抗折249组；混凝土构件强度检测共1456个，出具报告145份；地基检测共114个项目，共编制检测报告130份；比2012年同期增长了15%。5月中旬开展了客户满意度调查，发放调查问卷112份，收回108份，满意率达97.86%，全年无工作质量投诉。

〔**装饰装修管理**〕 2013年，进一步加大了装饰装修行业管理的工作力度，增强了工程安全生产、文明施工的意识，全年共质监装饰装修工程2个，工程造价500万元，严把质量安全关，开展了2次质量安全大检查，下发停工或整改通知单5份。进一步做好南康市拖欠工程款及农民工工资的清理工作，解决了民工工资纠纷42起，清理拖欠民工工资和工程款共1175多万元，清偿率达100%。对南康行政区域内从事建筑装饰装修活动的企业加强了行政监督管理，使装饰装修市场规范、有序、健康发展。一是强化装饰装修工程的招投标管理，全年装饰装修工程招标率达100%；二是着力规范工程报建和工程质量及安全监督制度，使装饰装修工程的报建与质量竣工验收备案制度进一步完善，全年工程报建率及质量监督率达100%；三是狠抓图审及施工单位的资质及从业人员的管理，严格规范执行施工许可制。

〔**建筑勘察设计**〕 南康市建筑勘察设计院是国家建筑工程设计丙级资质设计单位。严格坚持建筑工程设计实行合同管理、坚持注册人员签章执业、坚持工程质量负责制和分级负责制，加强了建筑节能设计和施工图设计文件审查，进行了软件升级及新规范、新图集更新，确保建筑工程设计质量与设计深度。2013年，市建筑勘察设计院完成了南康市龙岭镇中心小学食堂、教学楼(框架四层，总建筑面积2094平方米)工程、南康市第五小学第二综合楼(框架六层，建筑面积2138平方米)工程、南康市人民检察院警示教育基地(框架四层，建筑面积870平方米)工程、南康市逸夫小学综合楼(框架五层，建筑面积2890平方米)、南康市天宇房地产开发有限公司天宇·财富新城(共6栋，总建筑面积32678平方米)、南康市第一小学新建教学综合楼(框架四层，建筑面积2638平方米)、南康市唐江镇平田片中心小学中田小学综合楼、营养餐食堂(框架三层，总建筑面积1449平方米)、南康市旭山公馆(框架十一层，建筑面积74477.74平方米)、南康市佳嘉房地产开发有限公司旭日山庄(共5栋,总建筑面积25291.91平方米)、赣州德福房地产开发有限公司德福·金福花园(框架十一层,建筑面积23510.98平方米)、南康市体育公园附属工程、全市68个中、小学校学生营养餐食堂等工程设计任务。

〔**城建档案馆**〕 城建档案馆主要负责全市规划审批、施工管理、质量监督等业务管理和业务技术档案及各类工程档案的收集整理。一是完善了管理制度。从城建档案的登记、业务指导、报送接收、编制整理、验收审核、编目入库、借阅利用、统计、鉴定销毁到库房管理,已建立了一套完整制度和程序。二是进一步健全工作网络。与局机关各业务科室和局属各单位保持密切联系,建立了以城建档案馆为中心,局机关各业务科室业务人员兼职档案员及有关建设单位、施工单位、监理单位基层档案室为基础的城建档案管理网络。三是加强了业务管理。档案入库规范完整。制定修订了《编制及报送建设工程档案告知书》《工程档案归档目录表》,将工程档案报送工作列入了竣工验收的必备条件,明确了对不按规定要求移交工程档案的建设项目将给予相应处罚。2013年,对各类档案做到应收尽收,且能及时整理上架,无积压和零散文件。全年完成26个工程项目档案的收集、预验收、整理工作,工程档案整理入库6011卷,本年新增1084,累计入库上架7702卷,其中文书档案2034件,本年新增518件。

燃气管理

〔**综述**〕 全市现有瓶装液化气站8家,城区分别有方圆、华亨、万胜、岭背和金鸡等5家气站;乡镇分别有龙岭金塘气站、唐江气站和平田等3家气站。全年液化石油气销量达7000吨,比上年增加800吨。有新仕高燃气(南康)有限公司等1家管道燃气企业。

〔**燃气安全监管**〕 坚持"安全第一、预防为主、综合治理"的方针,创新举措,强化监管,燃气管理取得新成效。一是健全复审换证制度。认真对照燃气法律法规要求,坚持"统一标准,分步实施,成熟一家,核发一家"的原则,严格抓好复审换证工作。二是积极推广管道燃气。居民签约用户19000多户,已通气点火51个小区,点火用气7000多户,商业用户16户;工业用户2户。到2013年已铺设各类中压干管80公里。三是完成了西气东输南康门站对接工程。新仕高燃气(南康)有限公司投资2000万元在镜坝镇连城村建设1个门站,占地约5.45亩,分区设置,分为生产区(计量、调压、储气、加臭等设施)与辅助区(变配电、消防泵房、消防池、办公楼、仓库等);铺设输气管道约8公里。该工程已竣工,待与省天然气公司对接通气。四是加强燃气安全隐患检查治理。积极开展燃气安全排查治理,发现安全隐患21处,下发责令整改通知单9份,责令其限期整改或停业整改。四是抓好燃气安全常识宣传。通过开展现场咨询、入户查访、短信群发等方式,进一步增强了燃气用户的安全生产意识,有效防止燃气安全事故。全年群发安全常识短信38万人次,宣传资料3万余份,入户入企宣传6500余人次。

〔**燃气储备**〕 紧紧围绕保安全、保供应、保民生的原则,抓好燃气储备。一是管道天然气储备现状。新仕高燃气(南康)有限公司在南水新区建有一座105立方米×4台贮罐总容量为420立方米的液化天然气站,储量约180吨,现安装储罐两台,实际动态储量为210立方米(约90吨),2013年,管道气用户数为7000多户,日供气量约3.6吨。二是瓶装液化气储备现状。城区有方圆液化气站、华亨液化气站、万胜液化气站、金塘液化气站等4个气站,液化石油气储气量为330立方米,储量约150吨,日常动态储量约为110吨,现有瓶装气用户6万户,日消耗量12吨。在中断气源供应的情况下,能够维持10天以上的供应。

小城镇建设

〔**圩镇建设管理工作**〕 一是组建村镇规划建设管理机构。按一乡一所的要求,新设18个村镇规划建设管理所,新招录了17名村专业技术人员分派到各乡镇村镇规划建设管理所。二是规范村镇规划建设管理。严格核发"两证一书"。全年各乡镇共核发《建设项目选址意见书》89份、《建设用地规划许可证》331份、《建设工程规划许可证》46份、《乡村建设规划许可证》106份。三是突出抓好示范镇建设。已争取将横市镇列为赣州市示范镇,将安排3000万元示范镇建设专项建设资金，并安排200亩商住用地。已争取横市、唐江列入全省百强中心镇，并争取进入全国名镇。四是争取村镇建设资金。已争取省级垃圾处理设施补助资金70万元，分别补助凤岗镇镇30万元、镜坝镇20万元、朱坊乡20万元。

〔**农村危旧土坯房改造工作**〕 坚持把农村危旧土坯房改造工作作为贯彻落实《若干意见》、推进苏区振兴发展的开局工程、惠民德政来推进。一是科学规划选址。会同国土、林业、矿管、水利等部门，逐一到各建房点实地踏看，共同出具选址意见，科学合理确定建设地点，确保避开崩塌、滑坡、泥石流等地质灾害发生地点建房。二是狠抓规划编制。坚持规划先行，积极指派规划设计院技术人员蹲点抓好规划编制工作，科学搞好地形测绘、资料收集、规划方案等工作。确定集中建设点24个，完成24个集中建设点规划编制和报批。三是积极推广新户型。编印一套计520套新户型图集，免费发放到每个行政村并张贴挂图，并将选定的户型图纸复印到每位建房户手中，推广新户型建房农户3325户。四是狠抓工匠培训。会同人社局、农民学院等部门，采取集中培训和分散培训的方式，加强农民建筑工匠培训，将培训网络覆盖延伸到乡到村，缓解用工紧张。同时，会同"三送"办对"三送"工作队开展房屋建筑知识的培训。全年培训工匠7500名。五是加强质量安全监督。将质监站技术人员和聘请的建筑企业技术员组建专门的工作组，分片包干，分解落实到乡镇到村到户，进行高频率巡查指导，确保每户都建成安全房、达标房。同时，建立完整系统的农村土坯房改造验收质量标准，推广运用到建设过程中。全年拆除空心房16150户，超赣州下达任务数6户；修缮、新建已开工14275户，超赣州下达任务数2397户，完成率为120.2%。

〔**北部和谐秀美乡村建设工程**〕 工程涉及北部7个乡镇29个村点，按照定时间、定人员、定任务、定责任等"四定"要求，采取乡村干部包政策宣传、农户筹资收集、工作协调、按时完成任务等"四包"措施，重点对北部乡村和大广高速唐江以北沿线开展民房装饰、改坡顶、拆除危旧土坯房和牛厕栏等三项工作。

重点工程建设

〔**体育公园建设工程**〕 第一期实施体育馆工程，该工程是南康市重点基础设施工程，总投资约2.3亿元，其中体育馆工程6222万元，已投入建设资金3000多万元。目前已完成热身馆地下室剪力墙、柱、楼梯浇筑至正负零；正安装玻璃幕墙龙骨架、砌筑体育馆二层墙体、安装体育馆网架；体育馆室外大台阶已测量放样。年底已开工建设体育公园景观一期工程和高架平台综合工程。2014年春节前完成体育馆主体工程，预计于2014年6月前全面完成体育馆工程建设，并交付使用。建成后将承接2014年江西省运动会的羽毛球比赛。体育馆工程杆件安装已合拢，土建主体已完成，正进行网架安装。已完成总工程量的65%。

〔**东山北路拓贯通工程**〕 东山北路贯通工程南起泰康东路林海大厦，北至新323国道交接点，全程约1004.77米。按照Ⅰ级城市道路标准进行设计，道路红线宽50米。在与泰康东路交叉口、新323国道交接点分设红绿灯，总投资约1200万元(不含征地拆迁费用)。2013年9月下旬，征地拆迁有了实质的进展，施工及时跟进和配合征地拆迁责任单位，清除拆迁遗留建筑垃圾3万多立方米。已完成具有施工作业面的片区进行清表工作、道路路基软基处理、道路路基垫层、水泥稳定层工作，工程施工总体形象进度已达60%。

〔**金河路工程**〕 金河路建设工程南起泰康东路，北至赣南大道，道路总长787米，红线宽为40米。设置两座箱涵。道路按城市次干路(Ⅱ级)，设计时速为30公里/小时。工程总投资约3000万元(不含征地拆迁费用)。自2012年4月开工以来现已完成湖滨南路箱涵、爱国路箱涵施工，金河路建设工程二标段(文峰河西侧)道路施工已竣工通车，形象进度达到96%。

〔**章江"一江两岸"防洪工程**〕 位于章江左岸南康大桥—康东大桥段，分为A、B、C三个区域，总长约2公里，景观建设总面积约8.5万平方米。项目总投资2500多元。于2012年4月6日招标，于2013年元月1日建成开园。之后，增加金赣北大道南康大桥至抽水泵房段河堤挡土墙加固工程，全长约650米，投资约280万元，并于7月25日竣工验收。

〔旭山北路拓宽改造工程〕 起于旭山北路红绿灯，终于新323国道红绿灯，总长约1670米，道路施工分为两个标段：一标段从泰康路红绿灯至岭背桥，长940米，路宽10~20米，中标价5502533.48元；二标段从岭背桥至323国道，长730米，路宽40米，中标价15167597.62元。工程于2012年1月23日开工，道路工程、桥梁工程和旭山北路连接323国道平交口及渠化岛工程均已竣工验收。

〔赣南大道与工业大道连接线建设工程〕 位于东山坪塘村，项目总投资约1000万元，道路全长约610米，道路红线44米，征地拆迁红线70米。路面工程于2012年10月开工建设，2013年9月底主车道半幅通行，12月底完成总工程量的95%。

〔芙蓉北大道延伸一期污水管网工程〕 芙蓉北大道延伸一期污水管网工程（幸福河东岸污水管网工程），该工程铺设污水管网约5公里，工程造价为1537.5万元，分两个标段建设，主要收集华亿产业园至龙岭工业园西区段污水。该工程已完成施工、监理招标，完成工程量的30%。

〔东湖路一期污水管网工程〕 该工程铺设污水管网约1.1公里，工程造价约300万元，主要收集泓泰家具市场与赣南大道平交口处至朱边村片区的生活污水。该工程完成施工、监理招标，完成工程量的60%。

〔倚胜路一期污水管网工程〕 该工程铺设污水管网约0.9公里，工程造价约195万元，主要收集老自来水厂到和谐桥的生活污水。目前该工程完成施工、监理招标，完成工程量的40%。

〔湖滨北路污水管网工程〕 该工程铺设污水管网约3.5公里，工程造价约773万元，主要收集芙蓉桥南岸到105国道及南水片区生活污水。目前该工程已完成施工、监理招标，完成工程量的20%。

〔截污干管二期6标及7标维修工程〕 为污水管网维修加固工程，全长约1550米，工程造价约220万元，维修加固市疾病控制中心到康洋电站水坝段污水管网。由于时间紧迫需在康洋电站空库期间进行施工，该工程采用邀请招标确定施工单位。

〔国际板材城规划路建设工程〕 位于国际板材城东、南侧，项目总投资约700万元。东侧道路北起迎宾东大道，南至30米规划路，全长约460米，路宽40米，其中机动车道宽16米，非机动车道6米宽，绿化带、人行道各3米宽，本次建设内容为道路、排水、绿化和路灯工程；南侧道路东起40米规划路，西至家具产业园主干道，全长约550米，路宽30米，本次建设内容为路基工程。2013年，完成形象进度30%。

争资争项

2013年，市城乡规划建设局争资争项任务数2.64亿元，已完成33365.4万元，完成率为126.4%。

〔市城市生活污水处理厂二期工程〕 市城市生活污水处理厂二期工程项目，在一期已建成4万吨/日污水处理设施的基础上，扩建4万吨/日污水处理设施，总投资为6000万元，已争取中央资金4462万元。

〔唐江镇生活污水处理厂及配套管网工程〕 唐江镇生活污水处理厂及配套管网工程项目，总投资约为1.39亿元，将分期建设2万吨/日污水处理设施，目前将建设0.5万吨/日污水处理设施及配套管网48公里，已争取中央资金11098万元，争取用地指标36亩。

〔幸福河东岸截污干管工程〕 幸福河东岸截污干管工程，总投资7300万元，拟新建19.5公里污水管网及两个泵站，已争取中央资金5840万元。

〔节能照明产业园污水管网工程〕 节能照明产业园污水管网工程，总投资3500万元，拟新建11.5公里污水管网及一个泵站，已争取中央资金2800

万元。

〔**农村危房改造工程**〕 农村危房改造项目,2013年改造任务为28022户,其中修缮、新建11878户(其中省级任务4700户),拆除空心房16144户。已争取上级补助资金7095.4万元,其中中央财政安排资金5105.6万元,省级财政安排资金599.8万元,赣州市配套资金1390万元。

〔**集镇垃圾处理设施建设工程**〕 已争取省级补助资金70万元,分别补助凤岗镇30万元、镜坝镇20万元、朱坊乡20万元,用于集镇垃圾处理设施建设工程。

〔**示范镇建设工程**〕 已争取将横市镇列为赣州市示范镇,争取3000万元示范镇建设专项建设资金和200亩商住用地指标;已争取将横市、唐江列入全省百强中心镇。

小区选介

〔**龙祥·城南花园**〕 项目位于南水新区内,用地西临白马山大道,南面为二十米规划路,用地东面,北面与南水国际住宅小区相邻。项目总用地面积为35482平方米,总建筑面积为138064.197平方米,计容建筑面积97575.5平方米。由住宅和商业共同组成,其中商业12000平方米,住宅85026.188平方米。商业裙房2层,层高4.8米;住宅由2栋34层高层、3栋32层高层和10栋3层住宅组成,是一个功能配套完善的高品质居住小区。其中商业沿西侧和南侧两条市政路布置,面积12000平方米,以临街商铺为主,形成多界面外向型商业街区,方便住区居民集中购物休闲娱乐。住宅由2栋34层高层、3栋32层高层和10栋3层住宅组成,设置在商业和地下车库之上,与商业完全脱开,互不干扰,保证了小区内的居住舒适度。用地的现状为山地,高差较大,现状地形呈西低东高的态势,其中西侧临天马山大道的标高多为134~138米,东侧标高在152~158米之间,高差约8~24米。且天马山大道的南北标高高差约为2.5米,南面规划道路东西标高高差约为2.5米。标高变化较为复杂,落差较大。

〔**天域·半山豪庭**〕 位于南水新区体育公园东侧,南山大道北侧,北面紧临正源华府。项目用地面积32648.30平方米,容积率小于2.4,建筑密度小于35%,绿地率大于35%。项目地形较为方正,整体呈L字状,地块东西标高落差9米,南北最大高差22米,平均高差15米。东西长约310米,南北宽约90米,项目轮廓方正,有一定的坡地沟谷。

〔**文峰馨城**〕 位于区东山工业园工业大道(现名文峰大道)东侧,基地东临50米规划道路,西为50米规划大道,北临工业园规划路,南为卡洛岛别墅区。项目规划总用地8322平方米,总建筑面积37491.78平方米,计容建筑面积30783.12平方米,住宅面积20613.33平方米,商业面积10001.74平方米,不计容建筑面积6708.66平方米,容积率3.70,建筑占地面积4472.80平方米,建筑密度53.75%。住宅户型紧凑合理,户型布置以南向布置为主。因该地段紧邻城市主干道工业大道,交通条件便利,用地性质为居住用地。基地内地势平坦,高差不大。项目集整体性、功能性、前瞻性、创新性、标志性、生态型、可持续发展原则为一体。

〔**宏景苑**〕 位于南水大道旁,总用地面积2170平方米,北侧靠南水大道临南康中学,交通极其便利。采用现代主义建筑风格,与周边环境相协调,在色彩上采用白色、米黄、咖啡色三段式的设计手法,使得整个建筑自然、和谐。总体布局强调环境与生态,住宅布局尽可能紧凑简化,注重立面的转折变化与高低错落,特别是北侧建筑的立面设计,为着重强调北侧城市次干道的城市天际线,固使其成为整个建筑的高潮。

〔**正源时代**〕 位于南水新区中心地段,北临南山大道,紧邻体育公园,西侧和南侧为城市规划路,东临南康市管道燃气站,地形为山地地形,高低起伏,场地内由两个小山丘组成,北面的山地至高点标高达到了165米,南侧山地至高点标高为159米。地块用地面积67120平方米,容积率小于2.6,建筑密度小于30%,计入容积率建筑面积小于174512平方米,绿地率大于40%。周边配套成熟,拥有南康体育公园、南康第一小学、南康中学等公园和名校资源。北临南山大道,南山大道是城市主干道,与G105迎宾南大道相接,交通便捷。

〔**文昌家园**〕 项目位于南水新区,总占面积8806平方米,总建筑面积19559.2平方米,计入容积率面积19311.2平方米,不计入容积率面积248平方米,容积率2.2,总建筑密度34%,绿化覆盖率36%。建筑采用联合连排组合布局方式,采用一梯两户的典型平面,有利于通风采光和卫生的要求。

〔**宝辉幸福城**〕 位处南水新区南山大道(南康第四小学对面),项目用地南靠南山路,东靠幸福路,交通发达,项目总建筑面积近10万平方米,由6栋99米地标式高层组成,用地分15b和16a两个地块,面积分别为13042平方米和10693平方米,以住宅和商业为主。

〔**佳龙雅苑**〕 位于南水新区内,西临公园路,北侧隔一规划路为南康市第一小学,东面为原有居民安置点,规划用地面积为6066.97平方米,总建筑面积为30980.88平方米,用地平面呈狭长的矩形,南北长约有231米,东西宽约23~30米,地块地势南高北地,地段紧临城市交通干道,既有很高的商业和居住价值。

〔**旭山公馆**〕 位于南康市旭山北路与东门北路交接口,南面为泰康中大道,为城市主要干道,用地占地2395平方米,商业建筑面积900平方米,绿地面积大于28%,项目定位为及商业、住宅一体的综合性项目,社会公共配套设施齐全。

〔**金鼎豪阁**〕 位于南康市城区内,北面临南水大道,东面为其他公司开发用地,南面为拟建返迁用房。整个地块呈规则较方正,方向为南偏东,场区规划用地面积4915平方米,建筑基地面积3871.51平方米,总建筑面积32580.57平方米,其中住宅建筑面积19299.74平方米,商业建筑面积7732.26平方米,容积率为5.499,建筑密度78.77%,绿地率18.11%。土地平整,高差变化不大。该地块地理位置优越,交通方便,空气清新,环境优美,是一片理想的商务住宅用地。

〔**尚品·世纪城**〕 项目东临文峰大道,南、北、西为坪岭安置点。项目总用地面积5988.30平方米,总建筑面积26204.46平方米,其中住宅面积14294.34平方米,商业建筑面积6283.61平方米,公共服务面积110.15平方米,容积率3.45,建筑密度56.50%,绿地面积301平方米,绿地率5%。项目由四块用地组成,由北至南有S1、S2、S3、S4地块,S1地块长79.90米,宽11.8米;S2地块长70.20米,宽11.8米;S3地块长80.80米,宽17.30米;S4地块长47.50米,宽13.30米。

〔**泰康锦苑**〕 项目位于市泰康西路,建设项目为商住小区,小区整体地块呈南北长,东西短的不规则形状。基地南临规划路,东为泰康西路,西北面临地。地块区域位置优越,规划总用地面积4868.00平方米,总建筑面积10695.15平方米,其中住宅面积6745.68平方米,商业面积3742.21平方米,车库、杂间面积207.26平方米,容积率2.2,绿地率35%,建筑密度45.5%。

〔**天宇·幸福家园**〕 项目位于南水新区B-12北部部分地块商业用地内,基地东临幸福路,西为南平路,北临南水大道,南为居民安置点。项目地块总用地面积为3958平方米,拟建房屋总建筑面积26642.83平方米,其中,地上建筑面积21762.97平方米;地下建筑面积(不计容积率)3233.63平方米,结构转换层(设备层)建筑面积(不计容积率)1646.23平方米。地上(计算容积率)建筑面积中,住宅建筑面积为15690.43平方米;商业建筑面积为5872.16平方米;社区管理和服务用房建筑面积为66.74平方米;物业管理用房建筑面积为108.08平方米;公共厕所一处,建筑面积为25.56平方米。规划总户数144户。其中套型面积90平方米以下的户型有64套,套型面积110~120平方米的户型有80套。项目用地呈东西长方形规则地块,基地南北长最大处170米,东西宽为24米,基本呈东西长方契形地块,基地内现状地势平坦,较利于建设。

〔**御景桃源山庄**〕 位于南康市蓉江街道旭山北路西侧,基地总用地面积7952平方米,总建筑面积23919.08平方米,计入容积率面积为17488.02平方米,其中住宅建筑面积17401.62平方米,物业管理用房74.6平方米,公厕11.8平方米,地下室建筑面积为6431.06平方米(不计入容积率),总户数 148 户,停车位 121 个(其中地下 116 个,地上 5 个),容积率 2.199,建筑高度 21 米,建筑层高 6+1F,建筑间距 1:1.0,绿化率 36.3%。

市场建设

〔**泓泰家具交易市场**〕 位于迎宾东大道北侧,占地面积约 1100 亩,总投资约 10 亿元,总建设面积达 60 多万平方米。整个项目分为 A、B、C、D、E、F 六大区,A 区、C 区、E 区市场已开工建设。A 区已建设完成,拥有店面 1500 多间,建筑面积 15 万平方米,于 2013 年 10 月 1 日开始招商,已入驻企业 350 家,签约店面 700 多间。该市场 C 区正在加紧建设中,C 区拥有店面 900 多间,建筑面积有 9 万平方米。

〔**国际板材城**〕 位于龙岭工业园西区,用地东西宽 500 米、南北宽 420 米,由低层商业区的 44 栋板材商铺和高层商住区的商业小户型住宅构成。低层板材市场商铺区总用地 161882.7 平方米,总建筑面积 242662.16 平方米,建筑占地 64214 平方米,建筑密度 39.67%,容积率 1.499,绿地率 30%,总高度 13.75m,总层数 3 层;高层商住区总用地 17333.3 平方米,总建筑面积 75465.03 平方米,建筑占地 6931.59 平方米,886 户,建筑密度 39.99%,容积率 3.499,绿地率 30%,高度为 81.8 米(A)、60.8 米(B),层数为 25F(A)、18F(B),地下停车位 416 个。2013 年,华西 1 至 8# 楼外墙装修完毕;华东 1 至 10# 楼:1# 楼尚未开工建设;2#、3# 楼正进行外墙装修;5#、6# 楼已封顶;7# 楼外墙装修完毕;华东 11 至 18# 楼已封顶;华北 1 至 4# 楼外墙装修完毕;华中 2 至 6# 楼外墙装修完毕;华南 3#、4# 楼正进行外墙装修;5# 正在结砖;7#、8# 楼主体结构;1#、2# 外墙装修完毕。

〔**东山购物中心**〕 位于东山街办东山南路北面、金山路西面,项目投资约 3000 万元,总用地面积 6996 平方米。总建筑面积 36311.58 平方米,其中地下面积 2858.20 平方米,地上面积 33453.38 平方米,商场面积 8574.6 平方米,餐厅面积 2858.2 平方米,设备转换层兼会所 1071.70 平方米。容积率 4.78,建筑密度 40.85%,绿地率 32%,停车泊位 86 个。拟建 29 层(地下 1 层,地上 28 层),其中商场 3 层,餐厅 1 层,住宅 24 层,框剪结构。

城市管理局

〔**综述**〕 2013 年,市城市管理局在市委、市政府的正确领导下,在上级业务主管部门的精心指导下,全面实施"产业兴康,教育强市,品质铸城,和谐福民"战略,以赣南苏区振兴发展为契机,纵深推进"三治"活动,扎实开展园林绿化、环境卫生、市政建设维护、城市供水、公园管理等各项工作,城市管理事业取得了新的更大的进步。

2013 年,全市建成区绿化覆盖面积达 1240.60 公顷(18609 亩),绿地面积达 1181.50 公顷(17723 亩),公园绿地面积 318 公顷(4770 亩)。建成区绿化覆盖率、绿地率和人均公园绿地面积分别达 44.15%、42.05%和 12.64 平方米。承担着全市 21 条主干道及市区内次干道 475 万平方米面积的清扫保洁、垃圾收集和主干道 350 多万平方米的路面洒水,每日清运处理生活垃圾达到 220 吨。据统计,新安装高压钠灯总计 617 盏,新铺线路 30850 米,新装控制柜 9 台,换灯泡 1800 多个,维修线路 6000 余米。全年完成售水量 1606 万吨,与去年同比增长 9.6%,水质综合合格率 100%,新增供水主管 15950 多米,完成供水管网改造 1000 米,新增用水户 6912 户。城市环境进一步改善,城市功能进一步完善,广大市民对城市管理工作的满意度进一步提高。

〔**机构队伍**〕 市城市管理局机关人员编制数 19 人,内设科(室)4 个,即秘书科、市容督查科、市政建设科、行政审批服务科。下属二级单位 3 个,即南康市市容环境卫生管理所、南康市园林绿化管理所、南康市自来水有限公司。股级单位 2 个,即南康市市政管理处、南康市东山公园管理处。

〔**市容督查**〕 市容督查科负责对局属各单位(科室)贯彻落实主管局布置各项工作任务的督促检查和考评。坚持根据局《日常督查工作方案和目标考评实施细则》和市"三治"工作要求对局属各单位、科室的工作进行日常督查,发现问题及时通知有关负责人,并跟踪落实情况,对严重影响市容环境的现象则下发书面督办通知单,要求有关部门限期整改到位。协助园林所、市政处等局属部门查处了部分违章事件。

〔行政审批与服务〕 行政审批服务科负责本局实施的行政许可和非行政许可事项的具体审批及收费事项的办理工作；按照有关规定负责本局其他审批事项的转交审批或者审批联络工作等；负责城区户外广告、店招牌匾设置的批后管理工作。2013年，共计办理临时占道审批11件、道路开挖审批47件、占用绿地审批9件。根据机关效能办和行政服务中心有关文件精神，进行了行政审批“两个集中”改革和行政审批事项的梳理工作，制定了《南康市城市管理局关于单位内部实行并联审批的实施意见》，进一步提高了审批服务效率。

〔市政建设与管理〕 2013年，完成了文峰路改造工程一、三、四标段的路基开挖换填，碎石垫层和水稳层的浇筑，并完成了该工程一、三标段的竣工验收工作，四标段的竣工验收工作正在筹备中。一江两岸整治改造工程于2012年1月30日正式开工，于2013年1月中旬全面完工，严格按照施工图要求对土建工程和排水工程进行完善，并完成苗木补种，10月初经过监理和建设单位的代表的全面质量检测，施工单位及时按照要求进行整改，11月底一江两岸工程于正式竣工验收并交付使用。

〔环境卫生管理〕 南康环卫所承担着全市21条主干道及市区内次干道475万平方米面积的清扫保洁、垃圾收集和主干道350多万平方米的路面洒水，每日清运处理生活垃圾达到220吨。2013年，全面接管了赣南大道南康段以及部分新硬化路面的清扫保洁工作，新增清扫保洁作业面积110多万平方米。一年来，环卫所稳步推进市容环卫管理日常工作，努力完成各项临时突击任务，切实做好重要节点期间环境卫生保障工作，深入推进城区“治脏”工作，大力开展国道和城区居民安置点的环境卫生整治工作，城区环境卫生面貌得到较大改善。

〔城区绿化与管理〕 市园林绿化管理所共有94名干部职工，其中临时人员81人，园林专业技术人员5名。

2013年，全市建成区绿化覆盖面积达1240.60公顷，绿地面积达1181.50公顷，公园绿地面积318公顷。建成区绿化覆盖率、绿地率和人均公园绿地面积分别达44.15%、42.05%和12.64平方米。一年来，先后完成了赣南大道（赣南大道与323国道交界段）续建绿化工程；赣南大道南康段绿化提升工程；旭山北路拓宽改造绿化工程；城区行道树新植、补植绿化工程；横市高速出入口小游园及周边绿化工程；百家姓和谐城绿化提升改造工程。

〔公园管理〕 做好了东山公园、旭山公园、文化公园、一江两岸滨江公园等公园的建设与维护工作。同时，加强对保安保洁人员的管理，安全应急机制也在不断完善。整合全部力量做好了一江两岸涨洪水期间的安全防汛工作。做好文化公园游乐项目对外招标工作。配合财政局国资委对旭山公园小卖部的业主更替招标及后续工作。积极做好南康市公园管理所筹建工作。

〔市政设施建设与维护〕 2013年，市政处不断加强路灯照明、排水排污、道路标志标线等市政设施建设与管理，为市民排忧解难。亮灯管理严格遵照部颁标准，确保路灯亮灯率达到了96%以上。2013年，新装高压钠灯总计617盏，新铺线路30850米，新装控制柜9台。路灯维修方面，更换灯泡1800多个，维修线路6000余米。维修更换检查井、雨水井盖385个，清理沉砂池、雨水井2486座，疏浚了排水道约2154米。道路维护方面。据统计，共维修更换城区彩色人行道板面积约达3750平方米，维修更换路缘石约106米，维修小街小巷道路面积约1000平方米。共划设道路标线面积达19773平方米。完成了泓泰家具城东路与赣南大道交叉口渠化岛改造工程及红绿灯、电子监控安装，完成了323国道与康赤公路红绿灯、南康大桥东、西头红绿灯、夜市街红绿灯安装。

〔城区供水〕 2013年，市自来水公司精诚团结、科学管理、奋发有为地努力工作，较好地完成了各项工作任务，保障了城市优质正常供水，启动了二水厂扩建工程建设，推动了供水事业健康持续发展，为文明和谐的南康城市建设做出了积极贡献，实现销售水量1649万吨，与2012年同期上升了12.5个百分点；产销差13.85%；全年投入管网建设资金1390多万元，新铺设供水主管25950米，水质综合合格率达100%。

〔领导班子名录〕

党委书记、局长:伍祖培

党委副书记、副局长:廖光禄

副局长:朱日森

钟俊丰

邱全平

彭　飞

工会主席:刘玉荣(女)

房地产管理局

〔综述〕 2013年,在市委、市政府的正确领导下,市房地产管理坚持以邓小平理论、“三个代表”重要思想为指导,深入贯彻落实科学发展观,大力加强干部队伍建设,树立了机关良好形象,营造了良好的政务环境,服务水平明显得到了提高,有效地促进了各项工作的开展,落实民生保稳定,廉能防控促规范,各项工作取得较好的成绩,在房地产管理、综治、招商引资、新农村工作、信访等工作受到省住建厅、赣州市及南康市有关部门表彰。

〔机构队伍〕 南康市房地产管理局下属副科级单位有市场物业管理局、房地产公司。局机关设人事秘书科、行政审批服务科、预告及抵押登记科、市场监管与物业管理科、执法大队、市场管理所、交易事务所、产权登记室、档案室、拆迁办、白蚁防治所、住房保障中心等12个职能科室所,下设唐江分局,局机关共有干部职工78人。

〔房地产开发管理〕 加强市场监管,规范运行行为,建立完善市场准入制度,把好开发企业准入关;加强商品房预(销)售管理,严格执行预(销)售许可证制度,把好预售关;加强商品房合同备案管理,把好备案关;强化竣工验收制度,把好验收关;住宅小区交付使用必须有资质的物业管理公司实施物业管理,把好物业管理关。建立长效机制,常年开展整顿和规范房地产市场秩序工作。对房地产市场中存在的违规开发、无证销售、违规刊播商品房预售广告、开发商乱收费行为、物业管理行为不规范等问题进行全面整顿、查处,有效净化了房地产市场。建立开发企业不良行为登记备案和信用制度,规范房地产中介市场监管,要求中介企业公平竞争,规范经营。建立企业及其从业人员信用档案纳入省房地产信用系统管理。

〔房屋预告及抵押登记〕 简化抵押登记手续,试点与市农信社签订《代抵押人办理抵押登记手续的协议》,减少抵押人重复签字;他项权证实现数据库微机化打证,简化工作流程,提高办事效率,大大缩短办结时限;为配合南康市活跃的房地产开发形势,重点做好期房抵押工作,与银行、开发商共同磋商,三位一体,实行联动监管,简化办事程序,避免出现期房抵押纠纷。同时,努力搞好与金融部门的协调,尽量争取贷款到期的办理转贷手续而不办延期,从而大大地增加了抵押业务量。房地产交易市场日趋活跃,全年办理预购商品房抵押权预告登记5374宗,债权金额137830.93万元,现房抵押贷款4428宗,抵押金额329385.13万元,对地方财政收入和活跃南康经济做出了贡献。

〔房地产交易管理〕 认真履行管理职能,切实维护群众利益。作为房地产市场交易管理机构,还负有私房政策落实职能,对历史遗留问题进行调查、取证。及时处理信访件,给予民众满意的答复,对私下交易和场外交易进行处罚,有力地维护了房地产市场的正常秩序,防止了国家税收流失。积极搞活住房二级市场,来满足更多中低收入家庭的住房需求,采取切实有效的措施,加强了与金融、财税部门的协调,增加交易业务量,促进了住房增量市场的联动发展,全年二手房交易(含遗留的集资建房)交易1556宗,面积达20余万平方米。

〔房地产权属登记〕 建立健全了严格的房屋权属登记质量管理体系,积极实行房地产交易和权属登记管理实现网络化,对房地产交易与权属登记管理过程中的受理、办理、审核、缮证、计费、档案管理、统计分析等业务处理实行计算机管理,实现办公自动化。房地产权属登记业务开展,全所共计办理产权登记个私房2556户,商品房2969户,共计5525户,面积达60.61平方米(其中私房39.56平方米,商品房21.05平方米)。

〔房屋拆迁管理〕 要充分发挥征收办的职能作

用,服务大局,对重点项目、重点工程内的征收安置工作进行跟踪,规范征收程序,督促依法行政,平安拆迁。对属于征收办管理职权内的难通户要依法配合相关部门进行法定裁决,确保城市建设、棚户区改造和家具工业园区建设的顺利进行;开展了城镇房屋征收侵害群众利益专项治理工作。专项检查中未出现损害群众利益问题和违规违法的行为,协助完成旭山北路1户、金河路3户、板材城6户钉子户房屋征收工作,筹备成立赣州职教园区建设指挥部,帮助完成238户、11.14万平方米房屋征收管理工作。

〔**房地产行政执法**〕 严格依法查处房地产交易过程违法违规现象,切实维护广大人民群众的合法权益,使商品房预售健康有序进行。加强管理,规范商品房预售秩序。主要是加强商品房预售许可管理,预售登记、统计和备案管理,预售公示管理,预售广告管理,开发企业销售行为管理。加强动态监管,加大违法违规行为查处力度;加强联合执法,充分发挥联动效能;加强巡查与普查力度,严堵漏洞;加强对开盘项目的跟踪督查;加大对侵害消费者权益行为的查处力度,落实商品房销售"一房一价"和明码标价制度;严格查处擅自预售行为。凡涉及业主信访举报违规核查属实的,根据相关法律法规,暂停该楼盘的预售合同备案、抵押登记、产权登记等业务。加强房屋质量管理,我局严格执行有关管理规定,要求5层以上或500平方米以上房屋申请产权登记时必须提供房屋质量鉴定报告;规范市场,对无资质擅自从事房地产开发经营的行为进行整治,现已查处87户,处罚金额85万元。

〔**物业管理**〕 新建住宅小区物业管理覆盖率已达100%,南康市有28家具有资质的物业管理企业,物业管理市场已初步形成,2013年市房管局与物价局一起完成物业管理服务等级评定10家。2013年,指导成立了6家业主大会和业主委员会工作;严格执行《南康市物业服务收费管理实施办法》,要求物业管理企业严格按规定向业主提供服务时实行公开收费标准。督促369万元物业共用部位、设施设备维修资金及时存入南康市管理专户,专项维修资金已归集到2032万元。

〔**保障性住房建设**〕 2013年,全市住房保障性建设总任务数为3220套(户),其中新建廉租住房520套,公共租赁住房1500套,城市棚户区(危旧房)改造1200户。完成方式以及进度情况:廉租住房520套已经全面开工,建设地点位于东山街道坪岭卡洛岛小区南侧,目前进度达到100%;公共租赁住房1500套已经全面开工并已基本完成,全部采用企业代建方式和单位自建完成,选址位于东山、龙岭工业园区内企业用地,目前进度达到100%;城市棚户区改造1200套已经全面开工,达到100%,分别为东山新区城市棚户区改造(窑边)项目和龙珠坊城市棚户区改造项目;第四批廉租住房于2013年6月30日截止报名。报名完成后,由市住房保障中心牵头,工商、税务、公安、房屋产权登记、车辆管理所、民政等部门对申请家庭进行审查,并于2013年8月份由各部门及街道社区组成调查小区对申请家庭进行入户调查。按照"三审三公示"的原则确定了第四批廉租房分配名单。第四批廉租住房预计于2013年12月底摇号分配;对于保障性住房后续管理,实行了动态管理的模式,对于不符合条件的租户将对其实行清理清退工作。这项工作于2013年开始实行,收到了一定的成效。2013年,有汽车的清理清退了8户,有房屋的清理清退了12户。通过公开招投标的方式,对于小区的物业管理进行招标。燕兴物业管理有限公司以总价145.5万元中的廉租房小区三年物业管理权,并于2013年11月1日开始对廉租房小区的物业进行管理。通过南康市公共资源交易中心以挂牌方式将廉租房小区沿街店面进行公开招租,共租出54间沿街店面,半年租金将近35万元。

〔**房地产测绘工作**〕 紧紧围绕全局2013年工作部署和工作目标,积极开展测绘工作创新、抓业务、严管理、促规范。坚持贯彻"技术求新、测绘求精、服务周到、与时俱进"的质量方针,在公司全体职工的共同努力下,超额完成了全年测绘的工作任务。先后多次派员到省测绘局参加省测绘局的测绘业务的专业培训,从而提高职工队伍的能力和水平。全年累计完成房产测量面积1870442.68平方米。

〔**白蚁防治**〕 加强管理,提高白蚁预防质量。从实际出发，制定了一整套白蚁预防规程，本着先服务，后收费的原则，建立了一个联系网和预防工程备案制度，对急需白蚁预防的开发工程，及时通知开发单位签定白蚁预防合同，并建立白蚁预防档案。按照工程进度，做好预防施工计划和方案，做到不延误时间，使用环保药物，以免污染环境，确保人身安全。履行承诺，认真做好灭治工作。2013年，制定了白蚁灭治管理机制，专人分片管理，做到随叫随到，积极提高服务质量，白蚁灭治面积5.5万平方米，签订白蚁防治合同620份，完成施药预防面积75万平方米。

〔领导班子名录〕
局　长：张祥明
副局长：卢　平
　　　　梁志杰
　　　　王志军
　　　　张　超
　　　　黄学才
工会主席：张运兵

市场物业管理局

〔综述〕 2013年，市场物业管理局以邓小平理论、“三个代表”重要思想和科学发展观为指导，全面贯彻党的十八大和十八届三中全会精神，紧紧围绕市委、市政府提出的“主动融入都市区、提速提质促发展、千方百计惠民生、真抓实干兴南康”战略部署，在主管局的指导下，以“突出一个重点(工作落实)，牢抓两个强化(强化担当意识、强化团队精神)，力促三项提高(市场形象有新的提高、单位发展力有新的提高、效能建设有新的提高)”为主抓手，扎实开展机关效能建设和队伍作风建设，推动了市场物业管理事业的进一步发展。

〔机构队伍〕 内设人事秘书科、业务科、财务科、市场建设科、督查室5个科(室)，一个大队(市场整治大队)，下设蓉江所、成衣市场所、东山所、家具城所、南水所、中心农贸市场管理办公室、唐江所、镜坝所、龙回所、龙岭所、龙华所、横市所等12个基层所。全局现有干部职工105人，其中高级工38人，中级工35人，初级工14人，中级职称3人，初级职称3人，管理岗位11人。有大学本科学历7人，大专学历44人。

〔市场管理与服务〕 为营造安全、整洁、有序的市场环境，花大力气在提高管理力度上下工夫，进一步完善了市场人员“三定”(定人、定岗、定职责)工作制度，在城区重点市场实行了十二小时不间断管理制度，使市场管理工作不留死角，确保了市场经营期间的秩序稳定，促进了市场形象的进一步提升。同时，及时对市场内摊位、公用厕所、老化线路等设施进行修缮，并结合东山农贸市场实际，对鲜鱼行进行合理化改造，以市场硬件设施的完善推动市场交易环境的优化。在完善服务措施，提高服务水平的基础上，大力开展为经营户办实事、办好事活动，5月中旬雨季汛期期间，针对洪水即将涌入北门岭临时农贸市场的实际情况，及时启动应急预案，并抽调机关全体干部职工及城区部分基层所人员投入抗洪救灾行动，在此项工作中，干部职工不畏艰辛，在洪水即将淹没市场的关键时刻，积极协助经营户将货物转移至安全地带，避免了直接经济损失10余万元，得到经营户及市委、市政府的充分肯定。在预防H7N9工作中，制定并实施了对城区市场实行每日两次定期消杀工作制度，市场日均消杀面积近千余平方米，并严格做好活禽类商品的登记和归档工作，确保南康市场未出现禽流感疫情，得到广大市民和经营户的称赞。此外，继续配合有关部门做好城区中心市场主要农副产品价格监测和信息公示工作，并充分发挥自产自销农副产品免费销售区域平抑农产品价格的作用，引导市场农产品价格平稳、合理运行，管理水平的提升和服务质量的提高，推动了社会各界及经营户对市场物业管理局工作满意度的进一步提升。

〔市场规划建设与培育〕 为切实解决南康城区市场规划滞后引发的占道经营问题，在深入调查研究、召开专题工作会议的基础上，委托规划设计部门编制完善了《南康市城区农贸市场专项规划(2012~2030年)》，该《规划》已经南康市城市规划委员会审议通过并报市政府审批，这项规划的完成为实现城区农贸市场合理规划布局提供了理论依据。

为进一步做大市场总量，积极抓好坪岭农贸市场、五陂上临时农贸市场、塔坝临时农贸市场的建设工作,这些市场已建成并投入使用,切实解决了城区部分路段以路为市、占道经营问题。同时,切实加大了对南水临时农贸市场、太窝商贸城的规行划市整治和费用收取工作,促进了市场的繁荣和稳定。以赣南苏区振兴发展为契机,加强了对城区中心农贸市场、东山农贸市场升级改造及南康农副产品批发市场建设等项目的申报立项工作力度,已将市场升级改造建设项目上报至省、市商务部门,并进入2013年度市场改造升级项目库。

为进一步盘活国有资产,合理制订了宝鼎山一楼店面招租工作方案,并通过公开招租的方式,顺利实现了国有资产承租权的延续。同时,为切实规范东山河边街水果行市场的管理,经与市城管职能部门的协调一致,自筹资金新建了规格统一的钢架结构水果市场,并在5月底顺利实现水果行店面的公开招租和开业,实现了管理权限的拓展和延伸,占道经营的取缔,得到了广大市民和经营户的一致好评。积极谋划东山农贸市场第一栋的加层建设工作,该市场主体建设已完工,下一步将在明确使用性质的基础上,尽快实现该楼层的整体对外招租,实现国有资产的保值和增值。

〔队伍和组织文化建设〕 2013年是市场物业管理局的"工作落实年",为顺利实现"123"工作思路确定的各项目标任务,年初对各项主要目标进行细化分解,明确了完成时限,将任务、责任按照职责分工分解到分管领导及各部门,并结合城区市场分类管理工作对部分基层所人员进行调整,使部门责任意识和落实意识有了进一步提高。同时,继续严格按照督查制度的规定,切实加强对各基层所、机关各科(室)工作作风的督查,及时纠正和处理日常工作中出现的违反制度的人和事,使干部职工工作作风有明显转变。此外,在各基层所聘请廉政义务监督员的基础上,采取日常检查和抽查相结合的方式,加大对各基层所的财务和台账建设工作的监督检查力度,有效防止了费源流失和违反财务纪律行为的发生,确保了各项经济任务的圆满完成。

为进一步强化作风建设,扎实开展以机关效能建设有关文件、内部管理制度及有关法律法规为内容的学习活动,使干部职工的纪律观念和履职能力得到明显提升。同时,扎实开展基层党建工作,支部通过分组学习的形式,组织全体党员干部学习党的十八大、十八届三中全会精神、中央"八项规定"和相关文件精神,认真解决形式主义、官僚主义、享乐主义和奢靡之风等"四风"问题,使党员干部的思想得到升华,党支部的战斗堡垒和党员干部的模范带头作用得到了进一步强化。在四川芦山地区发生强烈地震后,全体干部职工自发进行爱心捐款伍仟余元,为灾区建设尽一份绵薄之力,充分体现了市场管理人对灾区人民的深切关注。此外,继续抓好计划生育管理工作,确保育龄妇女环孕检率达到100%。工会继续发挥凝心聚力作用,走访慰问退休、困难职工,解决干部职工的实际困难,促进了干部职工队伍的稳定,并经常性组织干部职工开展以爬山为主要内容的体育锻炼活动,深化了"和谐发展、团结协作"的组织文化,营造了相互信任、互相关心、团结协作、配合有力的良好氛围,推动了市场管理事业的全面发展。

〔"三治"工作〕 为深入推进城区市场"三治"工作,按照市委、市政府的要求,扎实开展城区市场经营秩序和交易环境的集中整治。在此项工作中,以整治市场环境卫生、交易秩序和车辆停放秩序为工作重点,制订了市场"三治"工作实施方案,并完善以城区农贸市场、专业市场为对象的市场交叉评比制度,以评比促管理,进一步推动市场定期冲洗和卫生动态保洁日常化,摊位三包常态化,车辆停放规范化,促进了城区市场"三治"工作的扎实开展。同时,加强与城市管理相关职能部门的协调,就管理区域进行了划分,明确了管理范围和职责,并争取行政执法局抽调两名业务能力强、思想素质高的管理人员充实市场整治大队的管理力量,行政执法权的有效整合,促进了城区市场周边环境的净化。据不完全统计,自开展城区市场"三治"工作以来,共出动整治宣传车300余辆次,开展集中整治500余次,重点对市场内乱吊乱挂、乱堆乱放、串行交易及市场外占道经营、货物出摊(店)等行为进行了整顿治理,进一步规范了市场经营秩序。此外,各基层所还积极配合乡(镇)对照"三治"工作要求,扎实开展市场"脏、乱、差"和圩镇整治工作,营造了规范整洁、文明有序的市场交易环境,促进了市场整体形象的提升和优化。

〔"三送"工作〕 按照市委推进"送政策、送温暖、送服务"工作的部署要求,由分管副局长和3名业务能力强、农村工作经验丰富的队员组成“三送”工作队在蓉江街道挂点社区(村)开展“三送”工作。在此项工作中,“三送”工作队密切联系群众,深入蓉江街办东门社区、西门社区、桥口村居民农户中,认真开展走访工作,并通过张贴联系牌、填写“连心册”、发放宣传资料等方式,积极做好中共江西省委十三届七次全体(扩大)会议,赣州市委常委会(扩大)会议,南康市委五届六次全体(扩大)会议精神和各项强农惠农富农政策的宣传,使政策的透明度和知晓度得到进一步提升。同时,还积极筹集资金解决挂点帮扶群众的生产生活难题,配合挂点村扎实推进危旧土坯房改造工作,切实为帮扶对象送温暖,办实事。

〔**社会管理综合治理**〕 社会管理综合治理工作是一项长期性、系统性工作,为确保各项工作任务的落实,以创建平安市场为主抓手,按照属地管理的原则,与各基层所签订了市场安全防火责任状,明确所长为市场安全工作第一责任人,在落实安全生产工作责任到人的基础上,还指导并督促各所切实加强日常市场巡查和矛盾排处工作,促进了市场安全平稳运行。为推进市场平安建设工作,元月,在各市场开展了一次以安全防火和信访维稳为主要内容的大排查工作,及时排除市场安全隐患,化解市场矛盾,把影响市场稳定的不利因素消灭在萌芽状态,确保了春节和“两会”期间市场的繁荣稳定。3月中旬至4月中旬,为深入推进和谐平安南康建设,组织开展了社会管理综合治理宣传月活动,在此项活动中,以《江西省商品交易市场管理条例》《南康市市场物业管理局农贸市场管理规定》为切入口,利用宣传车、宣传栏等多种形式,集中宣传市场综治政策和工作举措,使广大人民群众对平安市场建设的知晓率、参与率、满意度得到进一步提高,为全市经济社会又好又快发展营造了良好的舆论氛围和监督环境。

〔**市场法规宣传**〕 市场物业管理局充分利用宣传车、横幅标语、发放宣传简报等形式,对《江西省商品交易市场管理条例》《南康市市区管理办法》《合同法》等法律法规进行了广泛地宣传,其中,发放宣传简报2600余份,悬挂横幅标语28条,切实增强了市场经营户的法制意识和自我保护意识。

〔**领导班子名录**〕
局　长:王志军

住房公积金管理中心

〔**综述**〕 2013年,赣州市住房公积金管理中心南康市办事处以构建社会主义和谐社会、坚持科学发展观为指导,坚持依法管理、强化服务、规范操作、防范风险,进一步推进了南康市住房公积金管理事业健康发展,努力开创全市住房公积金管理工作新局面。全年归集住房公积金13506.03万元,同比增长了19.32%;发放职工个人贷款443户11402.3万元;实现增值809.83万元,同比增长了19.73%,较好地完成了各项工作任务。

〔**机构队伍**〕 办事处内设财务科、归集科和信贷科。有干部职工9人,其中,大专以上学历7人,中级职称3人,中共党员2人。

〔**公积金管理**〕 2013年,全市参缴单位309个、参缴职工1.74万人。累计归集住房公积金59308.07万元,职工离退休等情况当年支取住房公积金4039.79万元,累计支取13336.76万元,累计发放职工个人贷款48262.76万元,共为4425户职工购建自住住房解决了资金短缺问题;营运风险逐步减小,个贷逾期率由年初的0.4‰降到了0.1‰。

〔**住房公积金政策**〕 住房公积金是国家机关、国有企业、城镇集体企业、外商投资企业、城镇私营企业及其他城镇企业、事业单位、民办非企业单位、社会团体及其在职职工缴存的长期住房储金;职工个人缴存和所在单位为其缴存的住房公积金,属于职工个人所有;职工离休、退休的,完全丧失劳动能力,并与单位终止劳动关系的,出境定居的,户籍迁往外市的,职工享受城镇最低生活保障的,企业改制时,职工与单位终止劳动关系未再就业造成家庭生活严重困难的,非公有制企业或户口在外市或属农村户口的职工,与单位劳动合同到期未再续聘的,职工在职期间死亡或被宣告死亡的等情形可全额支取职工住房公积金账户内的存储余额。有三种情形可部分支取账户内的存储余额:职工在南康市范围内购买、建造、翻建、大修自住住房、未申请个人住房公积金贷款的,一年内可支取保留100元外的存储余额,但夫妻双方合计支取总额不得超过实际发生额的70%;职工全部丧失劳动能力以及遇到其他突发事件(指自然灾害)造成家庭生活严重困难的,夫妻双方无住房公积金贷款余额的,可支取保留100元外的存储余额;对已办理住房公积金贷款的职工,提前一次性还清公积金贷款本息的,可支取保留100元外的存储余额,但不能超过住房公积金贷款余额。所在单位和个人住房公积金缴存账户开户时间满1年,且按时足额连续缴存1年以上的职工,在赣州市辖区内购买、建造、翻建、大修自住住房的,夫妻双方均没有公积金或商业贷款拖欠6次以上或连续拖欠3个月以上或逾期1个月以上的不良还款记录的,可以向住房公积金办事处申请住房公积金贷款,贷款标准为在赣州市范围购买、建造、大修自住住房的,每户贷款最高额度为30万元,还款最长期限30年,还款方式为等额本息还款或等额本金还款。

〔**业务办理程序**〕 住房公积金转移:本市范围内转移的,领取《住房公积金转移通知书》加盖转入和转出单位公章后交办事处办理;调离本市的,领取《住房公积金转移通知表》除加盖转入和转出单位公章外,还需提供职工本人有效身份证和调令复印件交办事处办理。住房公积金支取:职工申请→单位财务人员审核并填制"职工住房公积金支取通知书"→本人(或配偶)携带相关资料→办事处办理

住房公积金贷款:职工申请并提交资料→信贷人员审核→赣州市中心审批→办理抵(质)押手续→签订借款合同→发放贷款

〔**领导班子名录**〕

主　任:钟璐擎

副主任:黄大志(　~2013.5)

　　　　易志峰(2013.5~　)

南水新城区
开发建设委员会办公室

〔**综述**〕 2013年,南水新城区开发建设委员会办公室在市委、市政府的正确领导下,在社会各界的关心和支持下,紧紧围绕市委、市政府提出的"产业兴康、教育强市、品质铸城、和谐福民"的发展战略及年初制定的工作目标,抢抓机遇,从项目建设入手,突破瓶颈,保稳定,各项工作取得明显成效。

〔**机构队伍**〕 南水新区于2012年11月21日成立中国共产党南康市南水新区工作委员会,隶属中共南康市委。管辖范围包括南水新城区开发建设委员会办公室党支部、南山村党支部、大卫村党支部、南水社区党支部。南水新城区开发建设委员会办公室下设人秘科、建设科和征地拆迁科,为市政府直属一级事业单位。共有干部职工74人,其中在编干部20人,借用干部9人,聘用20人,村官1人,抽调干部22人。男女比例56:18。文化结构:研究生1人,大学本科21人,大专21人,中专和高中12人。年龄结构:40~49岁12人,30~39岁21人,30岁以下22人。

〔**土地储备出让工作**〕 2013年,结合城中村改造和项目推进的有利时机,逐步加大土地储备的力度,在项目推进中,采取房屋拆迁与土地丈量征用相结合的方式,最大限度把周边的土地收储,同时为尽最大限度保证净地出让,从相关职能部门抽调工作人员与开发办工作组一并上户做工作,简化程序,缩短环节,在较短时间内解决了大部分问题,为商业地块和项目建设的运作和推进提供了先决条件。全年共收储土地200多亩,成功出让了2宗土地,出让面积65.546亩,成交总价23122.64万元,为政府融资作出了突出贡献。

〔**城中村改造工作**〕 为把这一惠民工程做好、做实,安排了10名工作人员入驻改造区域,专门负责改造工作,并要求工作组深入一线,了解民意,及时发现问题。由村干部包组,及时掌握动态,并从党员、干部、有威望的人员入手,做好思想工作,让他们带头签订协议拆迁,从而影响身边的群众和周边邻居。加强与村组代表、难点户的协调、沟通,对村民所提出的合理诉求及时解决,对村民提出的合理性建设意见加快实施,取得群众的信任和支持。在改造工作中,增加透明度,从面积的确权登记、协议的签订、补偿的标准到拆迁,采取一把尺子量到底,一份协议多人多层次把关,多方人员到会集中审批协议等方式,杜绝人情关和关系

门,体现了公平、公正、公开。全年共完成174户的协议签订、232户的房屋拆除,征地295.2124多亩,拆迁面积达5万多平方米。

〔土地征用和房屋拆迁工作〕 在新、老拆迁政策交替之际,立足于南水新区的实际,及时调整思路,在广泛宣传新政的同时,对老项目加大了推进力度。采取各个击破、合理应用各种应对措施、分组包干、分户包干,对各个项目的拆迁、征地对象落实好责任领导和具体责任人,明确时限,多方施压,依法依规解决项目存在的遗留问题。和谐大桥、体育公园、日豪花园等一批结转项目有了较大的突破,四小、妇保院、长排上安置点、南山大道东延及土地收储等新项目有了较大的进展,2013年共完成征地1445多亩,拆迁面积达13万多平方米。

〔城市规划建设管理工作〕 紧紧围绕市委提出"进一步完善南水新区功能布局"的思路,为南水新区后续发展作好基础,完成了南水安置点三期、长排上安置点、龙珠坊城中村改造安置点的规划、施工图设计、图审、可行性研究报告编制工作,新增安置点道路面积约12000平方米,为2014年安置点的建设打下了良好的基础。同时加大各重点工程项目的监管力度,确保施工质量。2013年共投入建设资金1000多万元。

〔领导班子名录〕

书　记:杨　辉
主　任:肖相如
副主任:赖小平
　　　　罗圣彬

城市管理行政执法局

〔综述〕 2013年,南康市城市管理行政执法局(简称"市执法局")以推进赣南苏区振兴发展为契机,紧紧围绕市委、市政府"主动融入都市区、提速提质促发展、千方百计惠民生、真抓实干兴南康"要求和把南康建设成为赣州都市区核心增长极和宜居宜业的活力新城目标,扎实推进城区"三治"、"两违"治理等重点工作,全力完成市委、市政府交办的中心工作任务,城市面貌和形象有了较大改观,"两违"的高发、频发、多发态势得到较全面遏制,市重点项目和工程建设扎实推进。

〔机构队伍〕 市执法局为市政府直属正科级工作部门,局机关内设秘书科、督查科、宣教科、法制科、信访室5个科室,下辖蓉江执法大队、东山执法大队、龙岭执法大队、机动巡查大队、规划执法机动大队、车辆停放管理大队等6个大队。全局共有干部职工216人,其中在编人员56人,协管员160人。

〔队伍建设〕 一是健全完善民主集中制和局党委会集体议事制度。组织党委中心组学习14次,不断提高班子成员的政策理论水平和处置复杂局面能力。召开党委(扩大)民主生活会,广泛接纳、充分听取意见、建议,使领导班子定思路、拍板子、做决策更贴近实际,操作性更强。二是多形式、多层次组织执法人员专题学习党的路线、方针、政策,法律法规、业务知识等;开展"道德讲堂"活动,举办新入车停协管员培训班,举行竞争上岗、法律知识考试,并派员参加民兵整组和集结点验,全面提升了队伍整体素质。三是加强对中层干部督查考核,以更高的标准管严、管好中层干部队伍,做到严上带下、以上率下。四是结合"党的群众路线"教育实践活动、"四风"问题集中整治活动和收送"红包"问题专项整治活动,整顿队伍风纪,促进执法人员遵章守纪、转变作风、贴近群众。五是在实行局、大队两级领导带队督查制度的基础上,采取更灵活的方式对执法人员和队伍进行动态跟踪督查,极有效地提高了全局上下的工作责任感和紧迫感。六是对全局在编人员和协管员进行了加权考核考评,对表现优秀的予以奖励,表现不佳的诫勉谈话,奖优罚劣、奖勤罚懒;通过考核,较大改善了队伍风纪,鼓舞了工作干劲。

〔参与中心工作〕 一是全力以赴支持重点项目建设、协助配合征地拆迁和参与保护性施工。参与保护性施工108次、征地拆迁124次,涉及重点建设项目的联合行动68次,累计出动执法人员达3800余人次,有力地推进了赣州职教园区、南康金融小区、汽车城、节能照明灯饰基地和市场、家具产业园和市场、家具板材市场、旭山北路拓宽改建、东山北路贯通、南山大道延伸、体育公园建设等一系列重点项目和工程建设。6月,对家具板材市场的征拆户进行责任包干,7月初完成动迁工作并拆除到位。二是全力以赴维护重要时期市容秩序。在国家民航局等中央部委、外省(市)、江西省、赣州市领导莅临南刃市考察调研、南康市举行家博会、秋季家具展销会、第七届国际稀土开发与应用研讨会等时段以及元旦、春节、"五一"、端午、中秋、国庆等节假日期间,全员上岗,全力做好市容秩序维护工作,向上级领导、投资商客、外来宾客展示了良好的城市形象。三是全力以赴做好信访维稳工作。依托赣州市信访热线服务管理系统、96333"三送"信息服务平台和行政调解室等"三个窗口",扎实做好信访维稳工作,全力维护社会稳定。全年共受理信访投诉举报213起,群众来电举报191起,现已办结并回复390起。四是全力以赴推进"三送"全覆盖常态化工作。全面加强挂点乡(朱坊乡)基础设施建设。在日常工作中,以建立结对帮扶、工作例会、协调联系、上门走访、夜访等机制为抓手,严格按照"五步"台账工作法和"六个率"要求,扎实推进"三送"工作。坚持党的群众路线,为群众办好事、实事,排查调处矛盾纠纷9起,协助乡、村干部完成了58户农户的土坯房改造工作,并协助落实了通组路拓宽、水圳清淤、小额贷款办理等惠民措施。

〔行政执法〕 "六项机制"纵深推进"两违"治理工作　2013年是全市推进国土和规划执法体制改革的重要一年,作为"两违"治理工作的主管和综合协调部门,市执法局以构建"统一领导、分级负责、条块结合、以块为主"的"两违"治理新格局为抓手,以铁的决心、纪律和手段治理"两违"。2013年,全市共拆除"两违"建筑846处,面积达294228平方米,拆除数量和面积比2012年增幅分别达263.09%和880.8%。"六项工作机制"简介:1.协调机制。发挥市"两违"治理办职能作用,加强城市规划区各镇(街道)、南水新区之间的工作协调,形成全面推进格局。2.信息汇总和分析研判机制。全面了解工作进展和形势,确保工作有的放矢、有序推进。3.工作联动机制。建立局班子成员联系乡镇(街道)协调对接制度、"两违"举报移交办理制度和"两违"建筑联合强拆制度,构建齐抓共管、协调配合、整体联动格局。同时,对部分乡镇(街道)提出的联手治理"两违"的请求,给予全力支持。4.督查考评与"两违"行为直接查办机制。通过现场检查、查阅资料台账、下发督办函等方式,强化"两违"督办、督查和考核,促成"守土有责、事有落实"格局。5.群众举报和领导批示督办"两违"行为的查处机制。规范了群众举报和领导批示督办"两违"行为的办理流程,完善了局信访室与派驻"两违"治理队伍的工作联动制度,查处了一批举报或市领导批示的违章建筑,并予以拆除到位。6.牵头强拆机制。对影响恶劣的、须采取联合行动强制拆除的违章建筑,牵头组织好较大规模的强拆行动,严厉打击典型"两违"行为,形成了强大的影响力和震慑力。

"四项措施"深入推进城区"三治"工作　市执法局加强做实、做细、做精"三治"工作,城市面貌发生了看得见的明显变化,人居环境进一步改善,城市品位进一步提升。一是着力推进网格化管理。整合执法力量和装备资源,将城区划分为20余个管理网格,并逐个落实责任人,实现重点区域网格内巡查和定岗值守的有机结合,形成了"标准明确、责任细化、考核严格、规范高效"的网格化管理体系,进一步提高了对城市管理领域违法违章行为的发现和处置效率。二是大力实施常态化整治。为深入推动城区"三治"工作,7月启动夏季专项整治活动。按照"宣传教育引路、专项整治为主、集中整治攻坚"的工作思路,通过开展占道经营、户外广告、夜宵摊点、散体物运输、随意设置斜坡、市场周边环境等专项整治,促进了"三治"工作的常态化、长效化。三是致力完善长效化机制。坚持疏堵结合。3月新组建车辆停放管理大队,先后对城区9条主要拥堵路段实行停车收费管理,用好经济杠杆,调节拥堵路段停车流量,促进车辆停放更加规范、有序,并为市民提供停车管理服务,逐步实现管理者向服务者的角色转变。四是全力推进"十项整治"。全力推进占道经营、户外广告、环境污染、乱停乱放、侵占停车泊位行为、随意倾倒建筑和生活垃圾行为、建筑工地和散体物料运输污染、建材乱堆乱放、市场周边环境、擅自设置人行道斜坡等"十项整治"。全年共纠正、查处占道经营、流动经营行为5328起,拆除违章占道搭设的帐篷、遮阳棚230处,规范、控制占道装修行为386起并敦促业主及时清走了装修垃圾;清理破旧、破损、内容庸俗、未经审批设置的广告牌、条幅2274处,敦促业主更换因暴雨大风受损的广告牌

267处;查处沿街店面广播噪声扰民现象175起,餐馆酒店直排油烟扰民现象39起;现场教育、纠正违章车辆28371辆次,拍照处罚机动车侵占城市道路行为15393余起;清理商家擅自占用停车泊位设置的各类标志、交通锥等物品104件;查处随意倾倒垃圾行为78起,并责令70位当事人清走所倒的垃圾;查处建筑工地和散体物料运输污染路面现象89起,查处未按既定线路运输渣土行为5起;纠正、查处随意堆放建筑材料行为185起;查处影响各类市场周边环境的违法违章行为2238起;拆除擅自设置的人行道斜坡84处。

〔领导班子名录〕

党委书记、局长:陈伟生

党委委员:李东生

党委委员、副局长:曹建平

党委委员、副局长:肖礼锋

工会主席:黄成滨

环境保护局

〔综述〕 2013年,南康市环保局在市委、市政府的正确领导下,在上级环保部门的指导下,认真贯彻落实党的十八大精神,围绕市委、市政府中心工作,以环境保护促进经济发展方式转变为核心,以"保环境、优生态"为工作重点,强化环境监管、加强污染治理,创新机制体制,不断加强环境能力建设,不断提高环境监察和监测能力,高度重视信访维稳工作,确保信访案件事事有回音,件件有落实。

〔机构队伍〕 环境保护局内设秘书科、行政审批服务科、污染控制科、政策法规宣教科技产业科(信访室),全局共有在编干部职工32人(女7人),其中行政编制12人。

下属机构有环境监察大队、环境监测站、唐江工作站、潭口工作站4个事业单位;有事业编制人员20人,其中财政全额拨款8人、自收自支12人。

文化结构:大专以上22人,中专(高中)10人。

专业技术结构:助理工程师7人,会计员1人。

年龄结构(根据年报):35周岁以下10人,36~45周岁10人,46~55周岁9人,56~59周岁3人。

〔环境宣传教育〕 2013年,南康市环保局高度重视环境宣传教育工作,开展了一系列卓有成效的宣传活动,一是积极培养生态文明观念,在全市开展环保图片展,环保宣教"四走进"(进乡村、进学校、进社区、进企业)活动,发放"我低碳、我行动—全民低碳行动手册"3000份,向公众倡导低碳生活、绿色消费、共建生态文明等意识,培育市民的生态文明观念。二是开展"6.5"世界环境日系列宣传活动。组织部分企业法人座谈会,宣传有关环保法律法规,在主要街道悬挂标语横幅,在市电视台播放环保电视广告等。

〔环保项目投资与规划〕 2013年度实施的环保项目资金685万元,其中用于南山锡业烟气处理300万元、农村重金属镉污染治理245万元、监察装备45万元。(2012年争取省级环保资金150万元,争取重金属污染防治专项资金400万元,污染物减排资金766万元,共计1216万元)。

2013年争取省级环保资金504万元,重金属污染防治专项资金600万元,共计1104万元。

环境监测和环境执法中心大楼于2013年开工建设,计划投资1200万元,预计2014年底完成。计划启动赤土河污染治理工程,预计2014年内完工。

〔环境管理〕 2013年,认真落实环境保护基本原则和环境保护基本制度,规范南康市环保局建设项目审批管理程序,按照审批权限负责辖区内基本建设项目、技改项目和开发项目环境影响评价审查和审批;负责建设项目"三同时"监督管理工作,组织建设项目环保设施竣工验收。南康市环保局全年共审批项目26个,其中报告书3个,报告表5个,登记表18个,建设项目环境保护竣工验收7个。2013年,为了进一步优化投资创业发展环境,根据建设项目环境保护管理的有关规定及行政审批制度改革的要求:1. 取消建设项目初步设计阶段环境保护方案的审核。对环境影响较大的项目,其环保方案可由项目建设单位委托环保技术评估机构组织专家进行评估后报环保审批部门备案；2. 加强对建设项目环境保护管理的指导和服务。对项目是否符合当地的环境保护规划、是否符合环境功能区划的要求等及早提出环保意见，指导项目建设单位办理有关报批手续。对一些环保问题较为简单的项目，可先出具环保初步意见，具体要求待环境影响报告审批时确定；3.建立重大项目建立集体评审制度。设立重大项目集体评审机制，对环境影响较大或公众较为关注的敏感项目等列为重大项目，提交重大项目评审机构集体评审；4. 实行建设项目环境影响审批结果公开、重大建设项目审批前公示和验收公示制度。

〔**环境监察**〕 2013 年，环境监察主要开展了以下工作：

1.牵头拟订了南康市主城区大气污染防治行动计划，报市委、市政府研究布置。2.全面开展了主城区大气环境质量调研工作。3.启动了家具企业污染防治工作。4.把生猪养殖污染防治列为了重要工作加以推动。5.建立了建设项目环境监察和重点项目施工期营运期环境监察制度。6.2013 年征收排污费 462 万元。

〔**污染物减排**〕 根据赣州市人民政府下达给南康市人民政府污染减排年度目标任务，南康市人民政府及时制定了《2013 年主要污染物总量减排工作计划》，成立了以市长任组长，分管副市长、环保局局长任副组长，各相关单位分管领导为成员的污染减排工作领导小组，负责指导全市的污染减排工作，并明确了各成员单位的工作责任，确定城镇生活污水处理厂二期工程、南康市大坪米粉厂（COD 结构减排企业）、江西康临牧业公司（农业 COD 工程减排企业）、赣州桃源牧业公司（农业 COD 工程减排企业）为主要减排企业，全年减排量为 COD750 吨，NH3-N90 吨。对重点减排企业的污染减排工作进行严格监管，多次召开污染减排调度会，研究布置减排工作，关闭了污染物长期超标排放的南康市大坪米粉厂。

〔**污染治理**〕 1.饮用水水源地保护。加强饮用水水源保护区管理，加大监察、执法力度，在通往饮用水水源地各个路口设置保护栏和保护水源永久性告示牌与标语，增强市民依法保护饮用水资源的法律意识，每月监测一次饮用水源水质。2.章江水系污染防治。加强章江水系河流两岸 1.5 公里范围内污染企业检查，对设施不完善、污染物排放不能全面稳定达标的企业实行限期治理，逾期未完成治理任务的，依法责令停产或关闭。3.大气与噪声污染防治。一是整治了城区餐饮店、家具厂污染；二是开展了城区噪声整治。整治了娱乐行业、建筑施工场所。4.对全市有关辐射与危险废物的单位企业严格执行“三同时”制度，随时跟踪监督。5.老污染源限期治理。对六家超标排放企业下达了限期治理通知书，关停一家污染严重企业。

〔**自然生态保护**〕 南康市南山森林公园为省级自然保护区，市环保局积极开展自然保护工作，禁止在保护区核心区和缓冲区进行生产建设和经济开发活动，使保护区动植物得到有效保护。做好农村生态环境保护工作。以科学发展观为指导，统筹规划，突出重点，因地制宜，有针对性地对章江水系源头乡（镇）村（居）和问题较严重地区进行重点整治。

〔**辐射与危险废物安全监管**〕 根据国家、省、赣州市核与辐射事故应急办统一组织安排对核与辐射应急组织系统各类核与辐射应急人员的培训。全市有关辐射与危险物废物的单位企业严格执行“三同时”制度，环保局随时跟踪监督。

〔**环保信访工作**〕 2013 年，环保信访工作紧紧围绕市委、市政府工作目标，认真树立科学发展观和正确的政绩观，正确处理改革、发展、稳定关系，把信访工作、维护稳定纳入全局的重中之重工作去研究、部置和落实。坚持了矛盾纠纷排查制度，做到每月一排查、一调度。关键、敏感时期坚持了每天一排查、一调度、一汇报，切实做好接访、约访、下访和回访工作。认真落实了领导包案，强化了包案责任。对上级交办、群众来信、来访和本级排查案件，100%落实了包案责任领导和具体责任人。针对污染行业、污染重点区域进行了大排查、大调处，从源头上预防杜绝因污染等纠纷而引发的信访、上访、越级访问题。坚持了信访“双向规范”工作，书面答复率、办结及时率都达到 100%，为环境保护工作和经济又好又快发展创造了更加和谐的社会环境。全年共收到信访投诉案件 85 件（省厅 2 件，市局 17 件，领导接访和信访局转 25 件，直接受理41件），做到了件件有着落，事事有回音，处理率达100%。取缔了6家未取得环保行政审批许可，无污染处理设施、污染严重、群众反映强烈、联名投诉的家俱厂，下发整改通知书79份，切实维护了群众的环境权益。坚持了责任追究制，对重信重访案件进行了重点管理，坚持做到思想教育、疏导工作和依法处理相结合，杜绝了极端行为的非正常访、赴省、赴京集体非正常访。

〔**环境质量**〕 2013年，南康市的城市环境质量水平总体尚好。其中水环境质量符合《地表水环境质量标准》（GB3838-2002）中Ⅲ类水质标准；城市环境空气质量基本达到《环境空气质量标准》（GB3095-1996）中的二级标准；城市区域声环境基本符合《城市区域环境噪声标准》（GB3096-93）的Ⅲ类标准。

一、地表水环境质量状况

随着国家对环境保护的日益重视，在省环保厅的布局下，全省环保单位加大了对地表水环境的监测力度。市环境监测站每月一次对境内章水上犹江及五个一级支流的监测断面进行了定期不定期的取样监测。监测项目包括PH值、高锰酸盐指数、氨氮、溶解氧和BOD5。PH值、高锰酸盐指数、氨氮、溶解氧和BOD5采用《地表水环境质量标准》（GB3838-2002）中一级标准评价。

表1 南康市2013年度城市地表水环境质量监测结果

单位：mg/L

项目	高锰酸盐指数		氨氮		溶解氧		生化需氧量	
	本年	上年同期	本年	上年同期	本年	上年同期	本年	上年同期
章惠渠	2.0	2.52	0.301	0.365	7.6	6.9	0.9	1.1
东山桥	2.1	2.4	0.250	0.443	7.6	6.8	0.9	1.1
蔡边河	2.1	2.5	0.252	0.402	7.6	6.9	0.9	1.2
平均值	2.1	2.47	0.267	0.403	7.6	6.9	0.9	1.1

除各断面水质PH值维持在6.11~7.54之间，波动比2012年稍大以外，各项指标总体稍好于2012年，达到地表水水质环境质量Ⅰ类标准。

在分析水质断面的同时，环境监测站对二水厂所处的南康市城区自来水水源地章江区段水温、PH、DO、CODCr、BOD5、氟化物、氨氮等29个项目每月的情况进行了调研。通过将2013年南康市城区自来水水源地水质数据与2012年的数据相比较，各项指标均变化不大，均符合Ⅲ类标准。

综合上述抽样检测和调研的情况来看，南康市地表水环境质量状况总体较好。

二、环境空气质量状况

市环境监测站在旭山公园、苏馨园、千秋食品公司厂内和官坑村廖坑等4个地点设立了监测点。定期进行各个季度的城市环境空气质量状况抽样调查，抽样调查的项目包括SO2、NO2和PM10。从抽样的情况来看，各采样地点SO2浓度日均值都在国家环境空气质量二级标准以内，NO2日均值均达到国家环境空气质量一级标准，PM10浓度日均值极少量数据超越二级标准，但均达到国家环境空气质量三级标准。

南康市环境空气的主要污染物仍然是SO2和可吸入颗粒物。SO2和2012年接近，达到二级标准。NO2仍维持在一级标准以内，状况尚好。可吸入颗粒物变化不大，总体趋于平稳。

三、环境噪声质量状况

2013年，南康市主城区声环境质量较2012年有所改变，区域环境噪声、交通干线噪声平均等效声级较往年上升。

（一）城区功能区噪声

城区4类声环境功能区，2类区年平均等效声级夜间超过0.5分贝（A）；4类区（交通干线两侧）年平均等效声级达到环境噪声标准。

（二）城区区域环境噪声

城区建成区共布设区域环境噪声监测网格点位113个。平均等效声级55.2分贝，较2012年提高0.1分贝，达到Ⅰ类区域环境噪声标准。

区域环境噪声声源构成：社会生活噪声占49.6%；交通运输噪声占42.3%；工业噪声占6.6%；建筑施工噪声占1.5%。

(二)城区道路交通噪声

南康城区 27 条主干道 57 个路段测点，交通干线噪声平均等效声级 69.8 分贝，接近《城市区域环境噪声标准》4 类区限值，所测路段的超标率较 2012 年上升 0.1%。交通干线噪声质量仍属于较好级（68.1~70 分贝）。37 条路段中，好级占 27.1%，较好级 43.2%，轻度污染 24.3%，中度污染 2.7%，重度污染 2.7%。

2013 年，南康市环境质量状况：地表水环境质量、环境空气质量和环境噪声质量整体较好。

〔**环境监测**〕 2013 年，南康市环境监测站紧紧围绕全市环境保护工作重点，着重做好地表水和饮用水等常规监测，紧密配合建设项目环评与环保设施竣工验收工作，积极做好环境污染应急监测，不断加强监测能力建设，在提供技术支持、技术服务与技术监督方面做了大量卓有成效的工作。

夯实基础，强化监测能力建设。南康市环境监测站顺利通过了省质量技术监督局计量认证监督检查，并围绕环境保护工作的需要。通过对评审组提出的 6 项有缺陷的内容的整改，强化了三级审核制度，加强了在分析过程中密码平行样的控制以及技术资料、档案、仪器设备和试剂的管理，将质量控制和质量保证的技术手段和管理程序贯穿在环境监测全过程，保证了监测报告的准确性、公正性；完成仪器设备的年度检定工作，确保了各类仪器设备在计量准确的前提下的有效运行，为环境监测及时提供科学、公正、准确的数据奠定了基础；购置了铜、锌、铅、铬、砷、六价铬等 23 个种类的环境标准样品，加强了实验室质量控制，保证了日常监测工作的正常开展。

完成环境质量监测。按时完成饮用水源地的水质送检工作；每季度监测城区空气环境质量 1 次，每次 5 天，获得有效数据 1628 个数据；环境质量监测工作做到了定点准确、操作规范、数据可靠、上报及时。全年累计出具各类监测报告 88 份，获得有效监测数据 8642 个。

做好委托服务性监测和信访仲裁监测。全年完成企业委托监测 35 次、共提供有效监测数据 3946 个，为委托单位提供了科学、准确的数据及优质、高效的服务。全年参与信访仲裁 8 次，维护了群众、企业合法环境权益，为政府决策提供了技术支持，为保障市域环境安全、信访稳定做出了积极贡献。

加强监测队伍自身建设，全面提升人员素质。印制了《监测人员上岗证考核复习题》《质量手册》《程序文件》，做到人手一套，组织全站人员采用平时自学、周五集中学习的方式进行学习，提升人员业务知识水平；采取“走出去”方式，先后多次派站里的同志参加上级组织的实验操作技能培训；严肃工作纪律，强调了服务群众与客户保密制度，杜绝质量事故与客户投诉事件的发生。

〔**领导班子名录**〕
党支部书记：刘引建
副局长：刘志云
　　　　钟金明
　　　　陈孝雄
工会主席：丁瑞锋

2013 年 8 月，西气东输工程赤土段在市国土局、赤土畲族乡、管道二公司等单位通力协作下，目前已顺利完工，全长约 7.6 公里。

图为施工现场。

财税·金融·保险

财政局

〔综述〕 2013年，南康市财政局在市委、市政府的正确领导和赣州市财政局的悉心指导下，全市财政系统以十八大及三中全会精神为指导，紧密结合《若干意见》精神，以精心聚财、科学理财、依法管财、高效生财为管理目标，努力发挥财政“稳增长、调结构、惠民生、促发展”的职能，全面完成了市委、市政府下达的目标任务，为推动南康市加快发展、转型发展提供了坚实的财力保障。

2013年，南康市国民经济总体运行良好，GDP为135亿元，500万以上固定资产投资总额为100亿元，规模以上工业增加值56亿元，城镇居民可支配收入18033元，农民纯收入6755元，全年实现财政总收入184020万元，同比增收33991万元，增长22.7%。地方财政收入135126万元，同比增收25596万元，增长23.4%。

〔机构队伍〕 南康市财政局内设人秘科、预算科、国库科、行政政法科、教科文科、农业科、社保科、经建科（企业科）、基建科、会计科、外经科、监督科、综合科等13个科（室），下辖预算外资金管理局、乡镇财政管理局2个股级局和南康市人民政府财经监督检查办公室、南康市人民政府采购办公室、南康市会计培训中心、市财政研究所、南康市重点工程财务管理办、南康市财政国库集中收付核算中心、南康市财政信息中心、南康市财政投资评审中心、南康市国有资产监督管理办公室国有资产运营管理所等单位以及20个乡（镇、街道）财政所。

2013年，实有干部职工215人，与2012年相比增加了1人，其中局机关131人，占总人数的60.93%，基层财政所84人，占总人数的39.04%。在215名工作人员中，行政编制35人（其中公务员34人），事业编制180人，分别占总人数的16.28%和83.72%；党员122名，占总人数的56.74%，团员12人，占总人数的5.58%，无党派人士81人，占总人数的31.63%；从学历上看，大专以上文化程度170人，占总人数的79.07%，中专文化程度25人，占总人数的11.63%，高中以下文化程度20人，占总人数的9.3%；具有专业技术职称的人员有119人，占总人数的55.35%；从年龄上看，45周岁以下人员有133人，占总人数的61.86%；46~59周岁之间人员有82人，占总人数的38.14%；从参加工作时间来看，1990年以前参加工作的人员有93人，占总人数的43.26%，1991年以后参加工作的人员有122人，占总人数的56.74%。

〔一般预算执行情况〕 财政收入 2013年，全市财政总收入完成184020万元，同比增长22.7%；地方财政收入完成135126万元，同比增长23.4%。

分部门看:国税部门完成53101万元,同比增收8111万元,增长18%;地税部门完成104198万元,同比增收6463万元,增长37.6%;财政部门完成26721万元,同比增收1706万元,增长6.8%。

分级次看:上划中央两税收入完成27529万元,同比减收607万元,下降2.2%;上划中央所得税收入完成21365万元,同比增收9002万元,增长72.8%;地方财政收入完成135126万元,同比增收25596万元,增长23.4%。

税收收入完成157298万元,同比增收32285万元,增长25.8%,税收收入占财政总收入85.5%。

非税收入完成26721万元,同比增收1706万元,增长6.8%。地方财政收入中税收收入完成108404万元,同比增收23890万元,增长28.3%。地方财政收入中税收收入占地方财政收入的比重为80.2%。

财政支出　2013年,全市财政支出累计完成336785万元,同比增支36776万元,增长12.3%。主要支出分项目情况是:

一般公共服务支出33067万元,同比增支5517万元,增长20%。

公共安全支出14631万元,同比增支3585万元,增长32.5%。

教育支出98470万元,同比增支6018万元,增长6.5%。

科学技术支出352万元,同比增支37万元,增长11.7%。

文化体育与传媒支出3006万元,同比增支421万元,增长16.3%。

社会保障与就业支出46094万元,同比增支6584万元,增长16.7%。

医疗卫生支出36065万元,同比增支6870万元,增长23.5%。

节能环保5731万元,同比减支155万元,下降2.6%。

城乡社区事务支出9623万元,同比增支327万元,增长3.5%。

农林水事务支出37824万元,同比增支684万元,增长1.8%。

交通运输支出4234万元,同比减支333万元,下降7.3%。

资源勘探电力信息等事务11241万元,同比增支5767万元,增长105.4%。

商业服务业等事务4046万元,同比减支798万元,下降16.5%。

国土资源气象等事务支出2730万元,同比增支1855万元,增长2.1倍。

住房保障支出26419万元,同比增支479万元,增长1.8%。

粮油物资管理事务1582万元,同比增支1387万元,增长7.1倍。

国债事务支出88万元,同比增支12万元,增长15.8%。

其他支出1582万元,同比减支794万元,下降33.4%。

〔**基金预算执行情况**〕　基金预算收入　2013年,政府性基金收入实现235888万元,同比增收124362万元,增长111.5%.收入分项目完成情况是:

散装水泥专项资金收入188万元,同比增收145万元,增长3.4倍。

新型墙体材料专项基金收入1087万元,同比增收764万元,增长2.4倍。

育林基金收入70万元,同比减收33万元,下降32%。

森林植被恢复费收入59万元,同比减收82万元,下降58.2%。

地方水利建设基金收入480万元,同比增收114万元,增长31.1%。

残疾人就业保障金收入153万元,同比增收150万元,增长50倍。

政府住房基金收入475万元,同比增收190万元,增长66.7%。

国有土地使用权出让金收入223497万元,同比增收119122万元,增长114.1%。

国有土地收益金收入8655万元,同比增收3466万元,增长66.8%。

农业土地开发资金收入658万元,同比增收382万元,增长138.4%。

彩票公益金收入566万元,同比增收144万元,增长34.1%。

〔**财政改革**〕　一是深化预算改革,严格预算执行管理。制定了《南康市部门预算管理办法》等文件进一步规范部门预算。选择了20个部门(单位)进行预算绩效管理试点，开展对2012年项目支出进行绩效自评价和财政再评价工作，同时对2014年部门预算项目支出进行绩效目标管理。二是深化国库集中支付改革。下发了《关于进一步完善财政资金拨付程序、提高财政资金运转效率的通知》文件，重点是优化业务流程，完善预算单位（财政所）"其他资金"的拨付程序。同时，不断推进公务卡改革工作，目前已经发放公务卡951张。三是全面推进营业税改征增值税试点工作。2013年南康市纳入"营改增"试点的企业有319户，企业税负减轻143万元。四是深化农村综合改革。进一步完善村级公益事业建设一事一议财政奖补政策措施，不断加大资金投入。全年共批复公益项目188个，财政奖补资金1320万元。五是扎实开展"规范化财政所"建设。2013年完成新建财政所3所，改造财政所4所，共投入130万元。

〔**预算管理**〕 提高财政保障水平 一是足额安排国家规定的行政事业单位在职职工和离退休人员的工资和津补贴。二是加强资金整合，研究并制定了《南康市关于加强财政资金整合集中财力办大事的实施意见》（康府办发〔2013〕6号），通过资金整合使大广高速唐江以北沿线富裕和谐秀美乡村建设项目、"三送"等资金得以保障。

多措并举促发展 一是积极支持工业平台建设。积极调度资金，对城投、工投审核拨付征地拆迁资金2.47亿元，大力支持汽车城、金融中心、物流园、职教园区和几个产业园区等市重点项目建设。二是积极支持新型工业化发展。奖励政策方面，全年预算安排工业经济发展奖励资金、科技创新奖励资金等1亿元支持工业经济发展。支持中小企业方面，加速做好了工业园区"财园信贷通"融资试点工作，年底前通过"财园信贷通"向44户符合条件的企业提供了无抵押、无担保贷款20050万元。三是加大争资争项力度。央企对接方面，南康市确定了"南康市重金属污染综合治理防治项目"、"南康市屋顶光伏发电示范项目"等项目与引进中电建、中节能2家中央企业进行对接并签订投资框架协议，争取引进更多央企到南康市投资建厂。同时争取了国家开发银行"直贷县"政策。招商引资方面，全年共安排招商引资专项资金预算并拨付644万元，比2012年增长35%，为招商引资工作上新台阶提供有力的经费保障。

〔**农业财务管理**〕 抓好农业财政支出预算和落实，确保支农资金稳定增长，一是加大财政支农力度。全年涉农支出累计达到3.78亿元，增支1.8%。二是突出财政支农重点。全年拨付新农村建设专项资金6031.75万元，有力地推进了南康市新农村建设；大力支持农业基础设施建设，向上争取农业项目资金8504万元，改善农业生产条件，提高农业综合生产能力；加大农业产业化支持力度，安排农业产业化发展资金320万元，重点扶持生猪、果业、油茶等产业发展。三是落实惠农补贴政策，全年通过"一卡通"发放惠农补贴资金共35559.49万元。四是整合支农资金12200万元，专项用于北部乡镇富裕和谐秀美乡村建设。五是足额落实配套资金，整合扶贫、苏区振兴等资金用于农村危旧土坯房改造，全年拨付农村土坯房改造资金11878.7万元，解决14275户农户的住房困难问题。

〔**社会保障财务管理**〕 着力完善社会保障体系 一是继续提高企业退休人员基本养老金。二是加大投入，继续推动城乡居民社会养老保险工作。三是制订《南康市完全失地农民养老保障实施办法》，筹集资金，妥善解决南康市完全失地农民养老保障。四是稳步提高各类优抚对象的补助标准。五是全面落实高龄老人长寿补贴政策。2013年，全市长寿补贴支出1351.58万元，增长11%。六是完善城乡大病医疗救助体系，重点对低保对象、五保户、特困优抚对象及因病致贫的人群中患重大疾病的人员实施救助。

着力深化医药卫生体制改革 一是推进公共卫生服务均等化。农村人口按每人30元/年的标准安排公共卫生服务经费；二是加大资金投入，加强食品安全监管。2013年积极筹措资金100多万元用于食品安全监管。三是积极推行新型农村合作医疗工作。2013年，南康市新农合共筹资2.45亿元，补偿参保农民医疗费用共计1.87亿元，参合农民总受益面达129.54%。

〔**教科文财务管理**〕 抓好预算管理工作 一是完成2013年度教科文口行政事业单位经费预算的编制、批复工作。二是严格执行预算原则，做好工资统发工作。三是所有管理单位均实行了国库集中支付，合理调度资金，及时审核各单位用款计划,加强各单位资金的监督管理。四是加强事业单位资产管理,完成全市事业单位单位信息管理系统的编制工作。

加大教育支出,促进教育事业发展 2013年,全市教育支出7.13亿元,增长14.1%,保证了教育正常经费的需要。一是落实义务教育保障机制政策,加强学校公用经费管理,足额拨付到位。二是加强高中、职校经费管理,促进非义务教育发展。三是落实教育民生工程资金,解决贫困学生上学难问题,补助困难学生12166人,切实保障家庭经济困难学生顺利完成学业。四是加强"农村义务教育学生营养改善计划"资金管理。五是稳步推进全市中小学校舍建设。六是积极推进乡镇公办幼儿园建设。

〔行政政法财务管理〕 做好行政政法单位的经费保障工作 属于政策性的人员工资、津补贴部分的财政支出,都列入年初财政支出预算,足额安排。公安、检察院、法院等政法部门公用经费,按照江西省财政厅对政法单位规定的标准予以安排,公安机关(含派出所)大案要案经费、巡防经费、民警医疗保险费、体检等履行职能所需经费全部纳入财政预算安排。法院、检察院均按年人均27000元标准安排了公用经费。司法局按13000元/人年标准、基层司法所按8000元/人年的标准安排。公安消防大队按年人均21000元的标准,安排了公用经费。其他全额拨款单位人员公务费分档核定,其中一档按每人每年5600元,二档按每人每年5400元,三档按每人每年5100元的标准足额安排,公用经费保障水平明显提高。

大力支持"三送"工作 安排"三送"资金2000多万元。其中安排111万元用于"三送"96333群信通服务平台建设和运行,整合"和谐秀美乡村"建设、"一事一议"财政奖补、五小水利资金1885万元用于横市增坑、坪市小安、大坪上期、横寨三塘、赤土虎岗5个富裕和谐秀美乡村建设和"三送"示范点建设。

〔经建和综合规划财务管理〕 抓好土地收支管理 一是抓好土地收入入库。加强部门协调,及时跟踪土地招、拍、挂等情况,督促国有土地出让收入及时入库;二是加强土地收入的使用管理,严格按照征地拆迁资金补偿管理办法,配合相关部门做好征地拆迁补偿工作。

服务经济发展 一是加大园区投入,积极支持经济发展大平台建设。2013年共拨付4233.83万元用于工业园区基础设施建设。拨付征地拆迁资金2.47亿元,支持市重点项目建设。二是巧用财政杠杆,灵活支持各类经济发展。为落实工业经济发展奖励政策,对纳税多、贡献大的工业企业给予重奖,2013年共拨付工业经济发展奖励资金1539万元,促进了南康市工业企业发展。全面落实中小企业发展财政扶持政策,服务全民创业。安排中小企业发展资金280万元,用于奖励企业争创品牌和企业管理人员培训。积极支持家具产业发展,安排工业发展资金1000万元专项用于工业企业技改、科技创新等财政扶持。新增安排企业上市引导基金1000万元以投资或入股方式引导企业上市融资。

加强监管,提高资金使用效益 一是积极抓好农村公路养护资金使用的监管;二是积极抓好排污费专项资金使用的监管;三是积极抓好中央和省级投资资金的监管;四是认真抓好家电下乡和摩托车下乡财政补贴资金调度及清算工作。

〔外资管理〕 积极做好了亚行贷款项目还本付息的催收工作。

〔会计管理〕 一是认真做好会计从业资格日常办证工作;二是抓紧做好会计人员继续教育工作;三是精心组织会计人员各类考试;四是做好新旧会计制度转换衔接工作;五是做好罗边股金证的兑付工作。六是在市民服务中心设立"财政窗口",实行办证"一次性告之制度"。七是严格规范代理记账业务的申报和批复。

〔财政监督检查〕 认真开展财务收支检查 2013年,完成32个单位检查(含会计信息质量检查)。查处各类违纪违规资金745万元,追缴入库财政资金53万元。扎实开展"小金库"治理"回头看"工作。

〔政府采购管理〕 2013年,全市政府采购规模达13317.13万元,比2012年增长6%,节约资金1200万元,节约率8.6%。公开招标占采购总额的81%,政府采购的主要特点是:建立和完善政府采购运行机制，不断创新工作方法，采购方式更趋合理，对办公自动化设备及其他成熟实行政府采购代理机构与采购单位双向询价、低价择优采购，提高政府采购效率，方便广大采购单位，进一步规范政府采购操作程序。采购范围拓展到事关强农惠农、卫生、教育、市政建设等诸多领域，充分发挥了政府采购在预防腐败中的积极作用。

〔基建财务管理〕 2013年，共完成了718个建设工程预决算的审查，审查金额136077万元，节约资金16129万元，核减率达11.85%。

〔乡镇财政管理〕 认真做好财政惠农补贴资金“一卡通”录入发放工作，不断完善“一卡通”运行机制，全年通过“一卡通”发放的财政惠农补贴资金达3.56亿元，确保“一卡通”项目资金100%发放。做好了2013年度“一事一议”资金的安排、项目资料审核及资金拨付等工作和乡镇财政资金国库集中支付运行工作。

〔非税收入管理〕 2013年，非税收入完成26721万元，同比增收1706万元，增长6.8%。

〔国有资产管理〕 根据《国有资产管理暂行办法》有关规定，加强经营性国有资产征收管理力度，全年共征收经营性国有资产租金429万元，增长12.3%。

〔国库集中支付核算〕 2013年，共接收市直单位用款计划额度合计168739.88万元，其中直接支付额度96782.25万元，占55.36%，授权支付额度71957.63万元，占42.64%；累计支付150224.57万元，其中直接支付86670.97万元，占57.69%，授权支付63553.6万元，占42.31%；用款计划额度余额18515.31万元。拒付手续不全、不合规票据所涉金额130.18万元，加大了对国库集中支付改革单位专项资金的管理。积极推进“公务卡”结算试点工作。

〔领导班子名录〕

财政局长：陈德怀

党总支书记：罗华兰（女）

副局长：幸泽伟

何耀奎

工会主席：李雅燕

国家税务局

〔综述〕 2013年，在赣州市局和中共南康市委、市政府的正确领导下，南康市国税局坚持以科学发展观为指引，深入学习贯彻十八大精神，紧紧围绕组织收入“一个中心”，着力突出收入质量和苏区振兴“两条主线”，努力强化工作纪律、队伍素质、创先争优“三种观念”，积极创建“税收优质、服务优化、管理优良、团队优秀”的“四优”国税机关，攻坚克难、奋发有为、各项工作进展顺利，圆满完成了全年各项国税工作目标任务，为推进赣南苏区振兴发展做出了新的贡献。

〔机构队伍〕 南康市国税局内设9个科（股）室，1个稽查局，1个事业单位，3个农村分局。现有在职人员123人，其中机关人员56人，信息中心2人，稽查局9人，基层分局56人。中共党员75人；研究生1人，本科学历106人，大专学历15人，中专学历1人；35岁以下人员11人，36~45岁人员42人，46岁以上人员70人；行政职位有正科1人，副科12人，享有非领导职务待遇的有正科6人，副科6人；离退休人员共有65人，其中离休4人，退休人员61人。

〔文化建设〕 南康市国税局一直注重文化建设，以精神文明创建为主线、以创建学习型机关为抓手，积极开展创先争优活动，从思想、管理、制度、环境等方面加强国税文化建设，荣获赣州市第七届文明单位和江西省第十三届文明单位。

1.加强思想政治建设。一是注重经常性思想政治教育。坚持周五下午政治理论学习制度和平时的思想教育，充分利用“一网一报”（南康国税网站和南康国税信息报），认真组织学习时事政治、党风廉政、纪律作风、艰苦奋斗精神等方面的知识，深入开展以爱岗敬业、公正执法、诚信服务、廉洁奉公为基本内容的税务干部职业道德教育。二是大力倡导社会主义核心价值体系。大力弘扬“忠诚、敬业、守法、廉洁、创新”为主要内容的税务精神，进一步加强人文关怀，开展大病救助，年终对机关特殊情况干部职工、“三八”节对妇女同志、

“八一”节对军转干部、退伍人员进行慰问,既讲道理又办实事,既以理服人又以情感人,发挥好文化引领方向、凝聚人心、推动工作的重要作用。三是注重民主与法制教育。加强干部职工学法、懂法、守法教育,3月和4月开展了社会治安综合治理宣传月和税收宣传月活动,12月组织全体人员进行法律知识考试。四是注重主题实践教育等活动。每年都开展多次主题实践活动,如七一党的生日时期,积极开展“永远热爱党、永远跟党走”主题实践系列活动。开展了清理街道垃圾志愿活动、慈善一日捐献爱心活动以及义务献血活动。

2.加强管理。一是严肃纪律。要求每一位干部职工都要严格执行“十个禁止”等管理规定,坚决做到上下班不迟到、不早退,上班期间不得聚众闲聊、网上聊天、购物、炒股、玩电脑游戏、看电影、打麻将、玩扑克、赌博等与工作无关的事情。二是强化监督管理。经常组织对计算机进行清理,逐个办公室逐台电脑删除有关炒股、聊天及游戏软件,对外网机安装炒股、游戏屏蔽软件。对自带笔记本电脑的,签订承诺书,上班时间在工作场所不得利用笔记本电脑炒股、聊天及玩游戏等违反纪律的行为。建立人员去向牌,凡是离开办公场所的,在按规定的程序批准后,均须在去向牌上做相应标识,否则视情节轻重以旷工、擅自离岗、早退处理。

3.完善规章制度。2013年,进一步制定和完善了各项制度,逐步形成了一个健全的制度体系,坚持按制度办事、用制度管人、靠制度规范,做到令行禁止、违者必纠,努力使制度成为广大税务干部必须遵守的行为准则。

4.抓好环境建设。一是为纳税人提供优良的服务环境。按区域人性化布置办税服务厅,实行服务承诺,坚持首问责任制,一窗式服务制,预约服务制,设立绿色通道,保持局容整洁,庭院环境优美窗明几净,温度适宜;二是丰富干部职工的文化生活。积极完善“三室一廊”(阅览室、文化活动室、荣誉室、文化走廊)。每月开展一次活动,形式有书画摄影比赛、棋类比赛、计算机知识比赛、政治业务知识比赛、体育比赛等等,营造浓厚的环境氛围。

〔税种税率〕 一、税种

(一)国税部门负责征收的税种有4种:增值税、消费税、车辆购置税、企业所得税。

(二)税率。

1.增值税税率:增值税一般纳税人税率17%或13%(粮食、农资、图书、矿产类),小规模纳税人征收率3%,纳税人出口货物税率为零。

2.消费税税率:

税目	计税单位	税率
甲类卷烟		45%
乙类卷烟		40%
雪茄烟		25%
烟丝		30%
粮食白酒		20%,另定额征收0.5元/斤
薯食白酒		20%,另定额征收0.5元/斤
黄酒	吨	240
啤酒	吨	220
其他酒		10%
酒精		5%
化妆品		30%
护肤护发品		8%
贵重首饰及珠宝玉石		10%
金银首饰		5%
鞭炮、焰火		15%
汽油	升	0.2
柴油	升	0.1
汽车轮胎		3%
摩托车		10%
小轿车		3%-8%

3.车辆购置税税率:10%。

4.企业所得税税率:25%(小微企业除外)。

〔税收减免〕 严格执行有关税收政策,对享受增值税优惠的福利企业按规定及时办理增值税退税3685.84万元,对新闻出版物予以退税168.63万元,对农村低压线路维护费及农产品的增值税按政策给予免征。对符合享受优惠政策的业户及时审批,累计对864户农、林牧、渔及服务业户减免增值税535.06万元。有力地推动了全民创业、富民兴赣活动。

〔**税收收入**〕 2013年,国税部门累计入库各项税收收入57426.36万元,同比增收8625.32万元,增长17.67%,完成赣州市局下达考核计划任务51800万元的110.81%。其中:财政口径税收收入53100.57万元,同比增收8110.62万元,增长18.03%,完成南康市政府年初下达税收计划任务5.2亿元的102.12%。其中:增值税入库36817.82万元,同比减收671.86万元,下降1.79%;消费税入库21.22万元,同比增收2.21万元,增长11.63%;企业所得税入库16261.53万元,同比增收8780.27万元,增长117.36%;个人所得税入库3.19万元,同比减收4.93万元,下降60.71%;车辆购置税入库4322.60万元,同比增收519.63万元,增长13.66%。

2013年重点税源企业纳税百万元一览

单位:万元

序号	纳税人名称	2013年	上年同期	增减额	增减%
1	南康市农村信用合作联社	4331	977	3353	343.19
2	钜盛(赣州)鞋业有限公司	4053	0	4053	净增
3	南康市汇丰矿业有限公司	3729	7679	-3951	-51.45
4	赣州市烟草公司南康分公司	3058	2997	61	2.04
5	江西亚琦置业投资有限公司	3046	1579	1467	92.91
6	南康市南山锡业有限公司	2721	1846	875	47.40
7	南康市金丰矿业有限公司	2063	213	1850	868.54
8	赣州市德普特科技有限公司	1900	288	1612	559.72
9	南康市新源有色金属有限公司	1466	1	1465	146500.00
10	南康市众鑫矿业有限公司	1372	2914	-1542	-52.92
11	南康市源广矿业有限公司	1087	1274	-187	-14.68
12	赣州市超越精密电子有限公司	1009	14	995	7107.14
13	南康赣商村镇银行股份有限公司	962	528	434	82.20
14	南康市罗边玻纤有限公司	949	234	715	305.56
15	国网江西南康市供电有限责任公司	921	78	843	1080.77
16	南康市开源矿业有限公司	891	227	664	292.51
17	南康市建辉房地产开发有限公司南水分公司	816	241	576	239.00
18	格棱电子科技(赣州)有限公司	791	16	775	4843.75
19	中国石油化工股份有限公司 江西赣州南康石油分公司	761	840	-79	-9.40
20	江西丰凯置业有限公司	590	293	296	101.02
21	赣州市铭基置业有限公司南康项目部	530	165	365	221.21
22	赣州集盛科技有限责任公司	511	766	-254	-33.16
23	赣州银行股份有限公司南康支行	486	428	57	13.32
24	南康市大澳涂料有限公司	466	284	182	64.08
25	赣州荧光磁性材料有限公司	456	821	-365	-44.46
26	江西省金力房地产开发有限公司	404	26	379	1457.69
27	南康金亿工贸有限公司	381	525	-144	-27.43
28	江西三和医药有限公司	328	196	132	67.35
29	南康市小兰金属加工有限公司	326	218	108	49.54

(续上表)

序号	纳税人名称	2013年	上年同期	增减额	增减%
30	赣州德福房地产开发有限公司	311	7	304	4342.86
31	南康市建辉房地产开发有限公司	299	91	208	228.57
32	南康金泽制衣有限公司	281	14	266	1900.00
33	南康市康大新型环保建筑材料有限公司	247	91	157	172.53
34	南康市圣塔新型建材有限公司	244	93	152	163.44
35	新仕高燃气(南康)有限公司	234	23	211	917.39
36	恩慧服装(赣州)有限公司	215	0	215	净增
37	南康市康飞矿业有限公司	177	236	-59	-25.00
38	赣州华利纸品有限公司	176	170	6	3.53
39	江西润田(赣州)饮料食品有限公司	174	184	-9	-4.89
40	南康蓝天木业有限公司	158	68	90	132.35
41	南康弘达电子有限公司	158	176	-18	-10.23
42	江西穆格比利制衣有限公司	156	1	155	15500.00
43	南康市荣康鞋业有限公司	138	170	-32	-18.82
44	南康市英朗服饰有限公司	129	0	129	净增
45	赣州水务集团南康市自来水有限公司	118	120	-2	-1.67
46	江西海鑫房地产开发有限公司南康项目部	112	89	23	25.84
47	嘉鸿音膜(赣州)有限公司	104	86	18	20.93
48	江西红旗电缆有限公司	104	64	40	62.50
49	南康市东环钨制品有限公司	103	12	91	758.33

〔**税收征管**〕 到2013年12月31日,国税部门登记纳税人共12028户,其中:各类企业1577户,个体工商户10451户。

一、加强“两个质量”管理工作。一是成立“两个质量”工作领导小组,成员由各职能部门组成。二是按照《赣州市国家税务局2013年税收数据及征管质量管理考核办法》考核指标,及时调整增设市局征管考核指标,加强“征管质量”指标监控。三是对考核指标中容易出错扣分指标安排专人进行提前提醒通知,及时修改,全面提升税收征管质量。

二、认真做好税务登记管理工作。加强税务登记管理是做好税收征管工作的前提和基础。税务登记管理环节的瓶颈就是信息共享问题,以推进信息共享和应用为重点加强税务登记管理,从税务登记源头实行税源监控。2013年共发放税务登记证2303份。

三、加强对注销户、非正常户、停业户的核查工作。要求各分局严格执行南康市局的有关征管规定,健全考核制度,户管员应增强责任心,提高使命感,以高度认真负责的态度,加强税收管理,提高征管质量。2013年共办理税务登记注销1351户,非正常户认定23户,非正常注销92户。

四、认真做好了个体税收管理工作,加强个体税收动态管理。1.定期对个体工商户“三个面”(征税面、免税面、零申报面)进行查询和通报,提供各部门分析参考,加强个体税收淡旺季管理,做好未达点业户动态管理,个体征税户从2012年12月的1951户增加到2013年底的2377户。征税面从18.7%增加到22.9%,2013年,家具行业户数4009户,个体达点户数1858户,企业家具户数335户(一般纳税人123户),特别是加强了家具行业税收征管力度,将原接近起征点的纳税户逐步纳入征税户,有力地促进了个体税收征管质量的提高。2.将三益辖区内的197户纳税人由横市分局调整为东山分局管理,理顺了征管秩序。3.通过调查测算,从2013年8月起重新调整了红砖征税标准。

〔**发票管理**〕 1.做好发票管理日常工作。要求税收管理员对发票存根联审核面应达100%,建立了详细的发票审核台账,全年共审核发票近6万份,补税1.6万余元,处理纳税人未按规定开票投诉5起,对纳税人未按规定开票行为依法进行了处罚,罚款共计1800元,有效遏制制售假发票、大头小尾发票和非法代开发票。

2.做好宣传工作,推行网络发票,网络发票推行户数达912户,网络发票开票11600份,开票金额累计3.3亿元,提高纳税人对网络发票的认知度和认可度。

3.2013年,配合公安部门成功破获"4·5"特大非法制售发票案,查获假发票196.06万份,假发票半成品15.74万份,假增值税专用发票498份,涉及手工发票、机打发票、定额发票等,除无最高开票金额限制的机打发票外,假发票金额1.67亿元。是江西省迄今为止破获的最大制售假发票案。

4.全年累计发售专用发票35000份,发售普通发票941000份

5.抓好12366服务热线发票服务工作,认真回答解决纳税人提出的发票问题,为纳税人排忧解难。

〔**税务稽查**〕 2013年,南康市国家税务局稽查局充分发挥稽查职能作用,通过自查补报、重点检查等方式,大力开展了行业税收专项检查,入库税款2360.08万元,入库罚款31.81万元,加收滞纳金13.83万元。共计入库稽查任务2405.72万元,严厉打击了税收违法犯罪行为。

一、税收专项检查方面:

1.圆满完成药品、医疗器械生产经营单位税收检查工作,共补税36.54万元,加收滞纳金7.79万元。

2.组织对税收优惠企业进行检查,补税加收滞纳金共27万元。

3. 组织房地产企业入库自查税款滞纳金共471.29万元;积极配合省局房地产行业重点检查工作,房地产重点检查入库税款1610万元。

4. 对电力公司2011~2012年度纳税情况,与纳税评估科相互配合开展检查,部分检查经验在全赣州市电力企业税收检查中进行推广。

二、日常税收检查方面:

1.集中力量,搞好停歇业户、注销户和非正常户的核查工作。共查处6户假停业户,补税0.57万元,罚款1.38万元。

2.着力打击发票违法犯罪活动,配合公安部门查处印制假发票案件查处了南康"4·5"特大非法制售发票案抓捕犯罪嫌疑人黄某等7人,依法查获机器10台(其中印刷机5台、切纸机1台、打孔机1台、晒版机1台、烘干机2台)和大量发票及其他票证,此外,还扣押了大量印制票证用的菲林、硫酸纸等。此案涉案假票证数量及票面金额特别巨大,票证涉及全国多个省(市、区),是江西省迄今为止破获的最大制售假发票案。

3.按时保质完成好金税工程发票协查系统和案件举报系统的升级安装运行。共完成12个协查案件的回复工作,补税30.56万元,加收滞纳金1.28万元。

4.完成了家具户的强制执行工作,补税罚款共计4.4万元。

〔**税收宣传**〕 为认真开展全国第22个税收宣传月活动,围绕"税收·发展·民生"的宣传主题,成立了税收宣传工作领导小组,制发了税收宣传活动方案,在完成上级统一部署的工作的基础上,结合实际,努力创新,认真做好了活动谋划、活动开展、宣传报道等各阶段工作,开展了"家具企业规模化发展专题税收政策宣讲"活动,"引进总部企业上门宣传服务",赣州市执行西部大开发税收政策宣讲活动,重点企业税收直通车活动,"以案说法"促进纳税遵从活动,"营改增"税收政策宣传活动,纳税服务需求调查活动,"短信搭建连心桥"宣传活动,"走村入户"宣传惠民政策活动,"上市公司公告中的涉税风险防控"税收专题讲座等丰富多彩的活动。税收宣传月活动取得了预期效果,其中,市国税局组织开展的"家具企业规模化发展专题税收政策宣讲"活动被赣州市国家税务局评为"2013年全市税收宣传月活动优秀项目"。

〔**信息化建设**〕 市国税局共有服务器3台,办公用电脑139台,打印机60台,扫描仪4台,业务运用系统14个,POS刷卡机7个,发行金税卡16张,全年网上报税3884户次,网上报税24909万元。

〔领导班子名录〕

党组书记、局长:刘小舫

党组成员、副局长:罗允志

古祖明

黄成建

杨　坚

黄丽婷

党组书记、纪检组长:周贤

地方税务局

〔综述〕 2013年,南康地税局以邓小平理论为指导,深入贯彻落实党的十八大精神,坚持江西省地税发展的新理念,认真按照省局的总体工作部署和赣州市局的具体要求,继续深化征管改革,不断推进创新创特,围绕"四好"地税机关建设,突出"三型"地税机关建设和地税文化建设等要求,结合南康实际,为努力把南康市地税事业推进到一个新阶段开展了一些富有成效的工作。2013年,南康市累计组织入库各项收入114851万元,同比增收25307万元,增长28.3%,其中地税收入104198万元,同比增收24174万元,增长30.2%,完成南康市委、市政府下达年度税收计划95000万元的109.7%,南康地税收入占赣州市(剔除市直)地税收入的比重为9.81%,占南康财政总收入(南康全年财政总收入为18.4亿元)比重为56.6%,比2012年提高3.3个百分点,比赣州市同期高7.8个百分点,占地方财政收入比重为77.1%,比2012年提高4个百分点;累计税收总量和增幅位列全市19个县(市、区)局第三;教育费附加及各项基金(费)收入10653万元,同比增收1133万元,增长11.9%。

〔机构队伍〕 南康市地税局机关内设办公室、人事教育股、监察室、税政管理股、征收管理股、法规股、计财股等7个正股级行政机构和信息中心、发票所、后勤服务中心3个正股级事业机构;下设稽查局、办税服务厅2个直属机构;蓉江分局、东山分局、潭口分局、唐江分局、横市分局5个基层分局,为副科级派出机构;龙回所、市民服务中心地税窗口两个正股级派出机构。2013年,在编人员123人(其中行政105人,事业18人)有党员101人,占82%;女职工25人,占20%;硕士研究生2人,大学本科学历102人,占85%,大学专科学历17人,占20%,中专学历2人,占1.6%,高中以下学历15人,占12.3%;获中级技术职称82人,占68%;获全国计算机等级四级证书2人,二级证书77人,获全国计算机等级一级证书27人。

〔税种税率〕 在南康市境内征收的地方税税种有:

一、营业税

1.交通运输业、建筑业、邮电通信业、文化体育业,税率为3%;

2.服务业、转让无形资产、销售不动产,税率为5%;

3.金融保险业,税率为5%(其中农村信用社税率为3%);

4.2011年1月1日起,除高尔夫10%外,其他娱乐业税率为5%;

二、企业所得税:比例税率为25%;

三、个人所得税:

1.超额累进税率;

2.比例税率20%。

四、资源税:定额税率。

五、城市维护建设税:

比例税率:市区7%;

建制镇5%;

农村1%。

六、房产税:

比例税率:　余值计算1.2%;

租金计算12%。(对个人出租住房,对企事业单位、社会团体以及其他组织按市场价格向个人出租用于居住的住房,其房产税暂减按4%的税率征收)

七、印花税:比例税率;

定额税率。

八、城镇土地使用税:

定额税率:从2007年1月1日起,市区:一类8元/平方米,二类6元/平方米,三类4元/平方米;建制镇:四类2元/平方米。

九、土地增值税:核定征收率3%、5%、6%、7%。

十、车船税:定额税率。

地方政府授权代征的费和资金有:

一、教育费附加:费率3%;

二、地方教育附加：费率 2%；
三、文化事业建设费：费率 3%；
四、防洪保安资金。
五、工会经费。
六、副食品价格调节基金。
七、残疾人就业保障金

江西省车船税税目税额表
（从 2012 年元月 1 日起执行）

<table>
<tr><th colspan="3">税目</th><th>计税单位</th><th>年基准税额</th><th>备注</th></tr>
<tr><td rowspan="7">乘用车〔按发动机气缸容量(排气量)分档〕</td><td colspan="2">1.0 升(含)以下的</td><td rowspan="7">每辆</td><td>180 元</td><td rowspan="7">核定载客人数 9 人(含)以下</td></tr>
<tr><td colspan="2">1.0 升以上至 1.6 升(含)的</td><td>300 元</td></tr>
<tr><td colspan="2">1.6 升以上至 2.0 升(含)的</td><td>360 元</td></tr>
<tr><td colspan="2">2.0 升以上至 2.5 升(含)的</td><td>660 元</td></tr>
<tr><td colspan="2">2.5 升以上至 3.0 升(含)的</td><td>1200 元</td></tr>
<tr><td colspan="2">3.0 升以上至 4.0 升(含)的</td><td>2400 元</td></tr>
<tr><td colspan="2">4.0 升以上的</td><td>3600 元</td></tr>
<tr><td rowspan="3">商用车</td><td rowspan="2">客车</td><td>大型</td><td rowspan="3">每辆</td><td>600 元</td><td rowspan="2">核定载客人数 20 人(含)以上，包括电车核定载客人数 9 人以上 20 人以下</td></tr>
<tr><td>中型</td><td>480 元</td></tr>
<tr><td>货车</td><td>整备质量每吨</td><td>80 元</td><td>半挂牵引车、三轮汽车和低速载货汽车等</td></tr>
<tr><td>挂车</td><td colspan="2"></td><td>整备质量每吨</td><td>按照货车税额的 50%计算</td><td></td></tr>
<tr><td rowspan="2">其他车辆</td><td colspan="2">专用作业车</td><td>整备质量每吨</td><td>60 元</td><td rowspan="2">不包括拖拉机</td></tr>
<tr><td colspan="2">轮式专用机械车</td><td>整备质量每吨</td><td>60 元</td></tr>
<tr><td>摩托车</td><td colspan="2"></td><td>每辆</td><td>60 元</td><td></td></tr>
</table>

〔**税收收入**〕 2013 年，南康市累计组织入库各项收入 114851 万元，同比增收 25307 万元，增长 28.3%。

〔**税源管理**〕 1.开展税源普查，摸清税源底数。根据赣州市局要求，部署开展了地方税源管理普查工作。1 月 28 日下发了《南康市地方税务局关于印发〈税源普查工作实施方案〉的通知》（康地税发〔2013〕3 号），明确了指导思想、普查内容、普查时间、普查方法与步骤及有关要求，集中时间，集中人员，采取与工商、国税信息逐户比对、实地摸底调查、与巡查巡管、税法宣传、纳税辅导等方面有机结合的方法进行普查，通过普查，全面掌握了税源状况、基层征管情况及税源管理的薄弱环节，为推进税源专业化管理决策、进一步强化征管措施、确保税收任务的完成提供了依据。

2.加强重点税源监控。通过开展税源调查，完善税源数据管理档案和监控网络，扩大重点税源监控范围，提高监控收入比重，拓展重点税源监控数据应用领域，加强数据质量的源泉控制，进一步提高重点税源监控数据的及时性、完整性和准确性。加强重点税源数据在税收分析和纳税评估中的应用，从宏观上找问题、在微观中找原因。一是加强对重点行业、重要领域的税收经济分析，加强宏观调控政策出台前的量化测算和出台后的跟踪反馈，深入开展税收经济分析、政策效应分析、税收风险分析；二是积极与财政、银行、发改委、统计局、房管局、土管部门联系，全面掌握地区经济和行业经济信息，加强经济税收预警分析，预见可能发生的变化，科学判断税收增长趋势，切实提高组织收入工作的预见性和前瞻性，及时了解和分析测算税收政策调整对地方税收的影响，努力做到事前积极测算，事后准确反映和认真分析，为领导科学决策服务。三是加强分析成果应用，加大与相关经济部门的协作力度,在完善税收制度、深化征管改革、实施信息管税、优化纳税服务等方面发挥更大的作用。

3.深化税源专业化管理。5月,进一步整合机构职能,调整了各分局(所)税收征管范围,进一步深化税源专业化管理。潭口分局对房地产业(含二手房交易税收、土地交易税收和非正规开发房地产业税收)、建筑业、卷烟业税收实施专业化管理;东山分局对工业园区税收实施专业化管理;唐江分局对家具业税收实施专业化管理;蓉江分局对车辆税收和驾校行业实施专业化管理;龙回所负责专项评估。

4.强化社会综合治税,提升信息管税水平。

一是社会综合治税工作运行常态化。第三方涉税信息交换、分析利用和反馈通报常态化。有19个政府部门每月传递信息。2013年,南康市政府各部门提供的涉税信息达到321905条,其中:财政局110872条、国税局109972条、工商局4159条、烟草公司27725条、供电公司79705条、房管局7254条、土管局74条、交通局694条、建设局116条、公共资源交易中心145条、矿管局3条、发改委111条、质监局799条、工信局47条、家具产业促进局2条、商务局6条等。

二是税源管理面不断拓宽,增收效果明显。实现了由单纯的征收管理向税源监控和征收管理并举的转变,将潜在税源实实在在变为现实税收。

2013年,利用交警部门提供的汽车驾校学员考试合格人数信息,组织开展了汽车驾驶培训行业纳税评估,查补驾校培训税收145.63万元,比去年同比增长168.10%,增收91.31万元。房管、土管、交通、农机、财政、国税等代征部门共代征地方税收22039.06万元,同比增长503.05%,增收19173.64万元。

三是挖掘第三方信息价值,促进行业税收征管。

2013年,利用南康市政府各部门提供的涉税信息,通过涉税信息比对分析增加的管户有523户,通过涉税信息比对增收的税款达317.42万元。其中:国税达点地税未达点的管户调整增加的税收有12.7万元。利用建设局、发改委、公共资源交易中心等部门提供的信息,加强私人开发建房管理,增加税收186万元;通过国税局提供的管户信息和电力部门提供的用电信息,增加家具业管户306户,增收税款92万元。

股权转让税收一直是税收征管的难点,税收流失严重。实行综合治税以来,工商部门在办理股权变更登记关口协助把关,税务部门及时准确地掌握涉税信息,使股权转让税收得到了有效控管。2013年,地税部门稽查查补股权转让税收51笔共800.39万元,比2012年同比增长707.33%。

〔税收征管改革〕

1. 全面整合了各机构职能。调整了各分局(所)税收征管范围,进一步深化税源专业化管理。

2.推行自行申报纳税工作。为落实《省政府办公厅转发省地税局关于进一步深化税收征管改革的意见》和赣州市地税局关于进一步深化税收征管改革的各项工作要求,决定在改革现有征管模式方面进行突破。2013年重点在非查账征收方式单位纳税人中推行自行申报纳税,改变过去那种纳税人被动纳税,税务部门核定征收的管理模式。努力尝试引导和促成纳税人自行申报,税务机关有效评估、重点稽查的征管模式,进一步规范征纳双方的权利和责任,突出强化纳税人应尽的自觉申报纳税责任,有效降低税收执法风险,解决现阶段的征管难题。

2013年,首先从年所得12万元个人所得税纳税申报着手,通过大力宣传,营造氛围,取得了初步成效。年度自行申报人数达450人,完成计划人数的112.5%,补交税款86万多元,人数和补交税款分别比上年增长了23.3%、53.6%。

3.严格落实税收优惠政策。积极、严格落实下岗优惠、未达起征点等各类税收优惠政策,共减免优惠税收645.12万元,其中下岗优惠47户共减免税收79.52万元;营业税、增值税未达起征点户共413户共优惠税收98.23万元;其他类减免税收467.37万元。7月,实行市局领导挂片、股室挂点、税收管理员挂户措施,对全市企业所得税地税实行查账征收的90户企业进行全面走访,逐户发放《支持赣南苏区振兴发展税收优惠政策及纳税服务措施汇编》、《服务地方经济发展税收优惠(分行业)汇编》,宣传赣南苏区振兴及小微企业各项税收优惠政策。经纳税人申请、管理分局及县局审核,赣州市审批,有南康市金汇小额贷款股份有限公司、南康市罗边玻纤有限公司等11户企业从2012年起享受西部大开发企业所得税优惠政策,共减免企业所得税 195.96 万元。

4.落实营改增相关政策，切实减轻企业负担。按照营业税改增值税工作部署，将工作任务分解落实到部门，落实到人，切实加强内外部门配合，通力协作，实现了管户的顺利移交，共移交“1+7”（交通运输业、部分现代服务业及广播影视业）营改增纳税人 269 户，确保了营改增政策的贯彻落实。

5.开展执法督查，规范税收执法。为加强税收执法监督，规范税收执法行为，5 月对各征管单位 2012 年 1 月至 2013 年 3 月地方税收政策法规执行情况开展了一次执法督察和执法监察，发现并通报了存在的问题，并结合赣州市局执法督查通报的问题，各征管单位举一反三落实整改。

6.认真开展企业所得税汇算清缴及专项评估工作。

由市局在管理分局、稽查局、龙回所抽调人员组成三个重点汇缴检查组对赣州宏辉贵金属投资有限公司等 15 户重点企业进行重点检查。11 月，龙回所对南康市环宇招标代理有限公司等 4 户企业开展了行业专项评估。

7.抓好了土地增值税清算工作。

一是成立了土地增值税清算工作领导小组，统一组织、指导、协调土地增值税清算工作，解决难点问题。二是抓好日常管理。从健全项目档案和台账、落实土地增值税预征、税种联动比对分析等方面，切实做好土地增值税的日常管理。三是及时组织清算。对符合清算条件的项目，及时通知纳税人清算，地税机关把好审核关。

8. 进一步夯实了二手房交易税收征管基础。一是城区存量房估价系统顺利上线运行。委托江西同致房地产土地估价咨询有限公司做好城区存量房信息采集工作，通过与房管、土管、城区各居委会等相关单位信息采集的协调确保了南康市存量房估价系统按期顺利上线运行。城区存量房交易计税单价普遍增长 30%以上，计税单价与实际单价的差距进一步缩小。二是调整房地产市场基准价格。市地税局与市房管局联合召开会议，研究调整了基准价，形成了 2013 年度房地产市场基准价格的协调会纪要，新标准于 2013 年 10 月 1 日起执行。城区非住宅单价普遍调增 50%以上，非城区基准价普遍调增 30%以上。通过上述措施，促进了全市二手房交易税收的稳步增长。

9.加强了对个体税收的管理。为进一步加强对个体税收的管理，严格依法治税，规范税收执法，提升征管质效，促进个体经济健康发展，下发了《南康市地方税务局关于进一步加强个体税收管理的通知》，从规范登记管理、规范定额管理、加强日常巡查巡管、加强涉税信息比对、规范个体业户资料管理、加强检查、加强税法宣传与优化纳税服务、强化考核等方面进一步加强个体税收管理。

2013 年，市地税局管户总数达 12513 户，其中达点户数为 2281 户，占全局总双定户数 10022 户的 23%，比 2012 年同期 1448 户增加 833 户。

〔**提高税收业务水平**〕

1.抓业务建设，促业务素质提高。

2.多形式培训纳税人，提高纳税人税法遵从度。

举办了 6 期纳税人培训班，培训纳税人 500 多人，同时发放培训材料、办税手册等宣传材料共 1000 本，大力宣传税法知识。

3.稳步推进法治型地税机关建设。全年举办法律知识考试 1 次，综合业务考试 1 次，与税收有关的法律知识培训 6 次，坚持了每月一法学习制度。开展了一次税收执法督（监）察，对 2012 年 1 月至 2013 年 3 月税收执法情况进行了重点检查，通报并整改了相关问题，促进了市局税收执法水平的提高。

4. 充分发挥业务领导小组会议制度作用，切实解决税政业务难题；严格依法落实各项税收优惠政策。全年共召开 10 多次税收业务领导小组会议，并且对各类税收优惠政策减免和纳税人资格认定进行了有效监督与管理。

5.结合实际开展税收科（调）研活动。

下达了 2013 年科（调）研任务共 15 篇（其中赣州市局课题论文 10 篇，市地税局课题论文 5 篇），税收科（调）研工作稳步推进。

〔**党风廉政建设**〕 1.督促贯彻落实“改进作风、密切联系群众”各项规定。一是为认真贯彻落实中央“八项”规定，结合实际制定了《南康市地方税务局关于严肃纪律进一步加强廉洁自律和励行勤俭节约、反对铺张浪费的通知》，对公务用车、公务接待等做出了明确具体的规定，要求大家严格执行省局制定的“十项”规定和“六个”严禁等廉洁从政的各项规定,切实改进工作作风,规范干部职工从政行为。二是在全市地税系统开展了“转作风、颂清风、树新风”主题活动,大力转变思想作风、工作作风和生活作风,以优良的作风破解地税事业发展进程中的难点问题,使干部职工思想观念有新的变化,工作能力有新的提高,工作作风有新的进步,与纳税人关系有新的改善,地税形象有新的提升。

2.进一步加强了党风廉政建设。学习传达了各级党风廉政工作会议精神,制定了《南康市地方税务局贯彻落实党风廉政建设责任制实施方案》,层层签订了《党风廉政责任状》,并将2013年党风廉政建设工作和反腐败工作任务进行了分解,分工明确,责任到人,保证反腐倡廉工作任务的贯彻落实,努力实现“零违纪、零立案、零处分”的工作目标。

〔领导班子名录〕

局　长:林　健
党组书记:吴　忠
党组成员:肖　彬
党组成员、副局长:廖德煌
刘兴政
刘道善
纪检组长:陈振芳
党组成员:刘运贵

人民银行南康市支行

〔综述〕 2013年,人民银行南康市支行全面贯彻落实人民银行总行、省人民银行业务工作会议和赣州中支行长会议精神,以邓小平理论、“三个代表”重要思想和科学发展观为指导,科学贯彻稳健的货币政策,切实加强金融管理,维护金融体系稳定,继续优化金融服务,提升金融服务水平,加强内控内管,稳步推进队伍建设,较好地完成了全年工作任务。

〔机构队伍〕 支行设“两股一室”,即办公室、货币信贷统计股、会计国库发行股。办公室重点负责综合文秘、人事政工、后勤服务、纪检监察、内审监督、队伍建设、安全保卫等工作;货币信贷统计股负责货币政策传导、调查统计、风险监测、征信管理、科技等工作;会计国库发行股负责国库、发行、财务、账户、结算、现金管理、反洗钱、外汇等业务。2013年,有职工25人,中级职称13人,其中经济师11人,政工师1人,工程师1人;初级职称11人,其中助理经济师7人,助理会计师2人,助理政工师2人。

〔货币政策〕 1.实施稳健的货币信贷政策,为地方经济发展增加有效投入。2013年国家继续实施稳健的货币政策,以处理好稳增长、调结构、控物价、防风险的关系。一是适时出台了2013年货币信贷指导意见,引导金融机构增加对赣南等原中央苏区振兴的有效信贷投入,信贷投放保持快速增长。2013年12月末,账面反映驻地金融机构存款余额为223.04万元,较年初增长46.08亿元,增长26.04%;贷款余额为139.95亿元,较年初净增35.03亿元,增长33.38%;贷款余额总量、增量和增速分别居赣州市第二位、第二位和第一位,实现了“三个略高于”的信贷目标,即贷款略高于赣州平均水平,中小微企业贷款和涉农贷款占全部贷款比重稳定2012年水平的目标;二是制定了银行业经营目标考评办法。引导银行加大信贷投入,并对银行合规性经营情况,不良贷款抓降清收情况,信贷增长情况等内容进行综合考评,年终给予奖励,以此调动银行改善金融服务的工作积极性;三是为解决“三农”及小微企业贷款难问题,积极向上争取“支农再贷款”3000万元,并积极为农村信用社争取信贷规模,一定程度上缓解了南康市资金供应紧张的局势,对促进经济发展发挥了积极作用。同时,要求农村信用社控制信贷投放速度,严格遵循国家的宏观调控规划,把信贷投放速度在各个季度关键节点调整到正常的轨道。

2.构筑信息沟通平台,疏通货币政策传导渠道。一是宣传解读货币政策,引导金融机构贷款合理增长和均衡投放。采取各种有效措施,广泛宣传货币政策,深入解读货币政策,引导社会公众准确和精确把握“稳健货币政策”的核心内容,引领金融机构有效加大信贷投入,切实做到“总量适度、节奏平稳、结构调整、风险防范”。二是完善季度经济金融形势分析报告制度,通过召开经济金融形势分析会等形式,召集各金融机构信贷管理部门负责人和有关经济管理部门及重点企业参加,传达金融方针、货币信贷政策,及时通报各行社信贷指导意见执行情况，提出信贷工作存在的问题，商讨增加有效信贷投入的措施。三是根据地方政府的要求，组织全市银行业金融机构和部分中小微企业举办“中小微型企业融资对接签约仪式”，签约的150户中小微企业的15亿多元贷款基本到位。

3.加强调查研究，及时反馈货币信贷政策在基层的情况。2013年继续执行稳健的货币信贷政策，为了及时反馈货币信贷政策在基层各行各业的反映，结合南康经济金融实际，根据金融政策的变化和上级行重点约稿有针对性地开展调研，提高信息工作的效率和效果。2013年开展对南康市家具企业“三角债”情况、银行卡刷卡手续费调整对社会各界的影响、金融支持土坯房改造等20多项调查，为上级行和市委市政府提供决策参考。

4. 做大金融总量，营造良好金融生态环境。2013年，南康市作为赣州市内的重点经济发展地区，工作任务重，压力大，支行根据上级会议精神，结合苏区振兴规划，稳步推进全市金融服务体系建设，取得了较好的成绩。全年新设银行业金融机构1家，办事机构3家，经营网点4个。金融体系的建设和完善，促进了南康金融总量的做大做强。

5.创新创优金融产品，完善农村金融服务体系。南康民营经济活跃，实体民营企业众多，当地政府努力推进专业市场建设，通过市场促产业发展，形成了家具、服装、矿产品加工、甜柚等二大专业市场四大支柱产业。但人口多，自然资源贫乏，民营企业资金底子薄、实力弱，急需银行信贷支持。而由于抵押不足，小微企业获得贷款难。支行积极通过金融产品和服务方式创新，为小微企业“量体裁衣”，开发适销对路金融产品，满足区域经济社会多元化、多层次的金融服务需求，推动解决小微企业“贷款难”问题。如通过实行信用共同体贷款、联保等方式，解决中小企业抵押难、贷款难问题。特别是创新“联保+保险”信贷模式支持家具产业发展以来，已累计发放了1609个联保体4617户家具企业（业主）18.42亿元贷款。南康市被评为江西省“农村金融创新示范县（市）”。

〔**金融服务**〕 1.依法办理行政许可事项。为充分履行好基层人民银行的职能，进一步提高金融服务质量，支行一是做好窗口服务，实行“首问负责制”、“一次性告知制”和“限时办结制”；二是开展“送金融知识下乡”活动，对群众迫切需要了解和掌握的反假知识、征信知识、信贷政策等进行了宣传；三是依法合规办理行政许可事项。2013年，共开立账户2278户、变更账户244户、撤销账户1086户；办理贷款卡227户、个人担保卡85户、贷款卡年审414户、征信查询达1650人次、办理机构信用代码证1051户。

2.强化反洗钱工作。一是积极参与上级行组织的反洗钱专项检查，提高反洗钱工作监管水平；二是完成上级行反洗钱工作试点任务。2013年7月《江西省人民银行系统县级支行反洗钱工作指引》（以下简称《指引》）开始在部分县支行试点，南康支行作为赣州唯一试点县支行，以贯彻落实南昌中支印发的《指引》为目标，结合赣州中支试点工作方案，不断加强辖内反洗钱制度建设，选择了农信社、村镇银行两家金融机构作为试点单位，通过召开座谈会、反洗钱走访、风险评估、工作总结等形式，全面完成了试点工作，进一步树立了人民银行反洗钱监管权威，开创了县支行反洗钱工作新局面；三是组织反洗钱培训。共组织了6次大小不同的电视电话会议和培训，提高了业务人员的知识水平。

3.提升国库服务质量。一是狠抓会计核算风险管理。严格按照内控管理制度要求和业务操作程序办理会计核算业务，确保每一笔业务都准确无误；二是重点防范业务系统风险。加强系统日常监控和业务运维，强化与科技部门、联网单位的协调沟通，杜绝发生重大系统事故，加强系统应急管理，进一步提升应对系统突发事件的能力，开展了TCBS向TBS切换的前期准确工作，及时进行了机器的联通测试；三是加强国库资金风险排查。密切关注外部环境变化、内部制度调整、业务系统推广等带来的新问题、新风险，及时开展全面的风险排查，发现问题立即整改，充分发挥了经理国库的职能和作用，切实守好库、当好家、理好财。年度实现财政总收入184020万元，比2012年增加33991万元，增长22.7%；其中本级财政收入135126万元，比上年增长23.4%；退库11238万元。

4.规范财务管理。一是确立勤俭意识和管理制度，面对日趋紧张的支行财务费用，把节俭财务费用的思想确立到每一位职工日常工作中，引导群众的节约意识。二是加强了财务费用审批的监督管理。按照“严格遵守财经纪律、严格执行财务制度、严格控制费用开支、严格处理违规违纪行为”的要求，在费用安排上坚持厉行节约、避免铺张浪费，在费用审批行为上严格规范，对审批手续不全、资金使用不明的坚决不予办理。三是加强财务日常分析。对财务收支的日常核算上做到合法合规，每月对支行财务收支情况进行分析说明，及时发现财务收支中存在的问题和不足，做到各项财务指标均严格控制在规定的范围内。

5.加强外汇管理。2013年，支行对建行、邮政储蓄银行2013年1月1日~6月30日国际收支统计间接申报情况进行了现场核查。对查出的内控制度和业务方面的问题，提出相关建议和意见，提高了南康市国际收支统计申报的有效性和及时性，申报率及正确率达100%。

6.做好人民币管理工作。一是采取检查与辅导相结合的办法，加大对金融机构营业网点的检查辅导频度以及对人民币兑换、残损人民币兑换、假币柜面收缴情况进行了检查。规范金融机构人民币反假、残损人民币兑换、对外支付人民币挑残、假币收缴上解、登记管理等工作；二是提升柜面服务水平。临柜人员加强了对《中国人民银行残损人民币兑换办法》的学习，提高了兑换、鉴定水平，并加强了柜面宣传和服务，为顾客排忧解难，提供纸张、胶水、剪刀等；三是大力推进人民币反假宣传。2013年，支行在继续推进农村人民币反假工作的情况下，以农村金融机构营业网点为基地，实现宣传活动的常年开展，并积极配合公安机构加强对制贩假人民币犯罪活动的打击，2013年，共收缴假币金额16.94万元。

7.做好节能减排工作。2013年支行用电消费量6.49万千瓦时、用水消费量0.78万立方米、汽油消费量0.2万升，人均综合能源消费量比2012年下降了0.85%。

〔**内控内管**〕 1.强化日常安全管理。一是明确安全责任。按照“谁主管、谁负责”的原则，层层签订了《社会治安综合治理责任状》《安全保卫工作目标管理责任书》《保密责任书》《支行消防责任书》，建立了“一把手”带头抓、分管领导具体抓、全体员工齐动手的工作机制；二是加强安全教育。组织学习了保卫科下发的《江西省人民银行发行库安全监控系统建设及运行管理实施细则》等6个制度；组织相关人员参加南康市政法工作会议及南康市社会管理综合治理干部培训；三是按季开展安全检查。对支行报警设施、消防器具、电器电子设备、信息保密等进行全面检查，把安全生产百日督查行动引入日常安全管理，确保安全意识不松、安全管理不懈。

2.加强保密管理。一是继续抓好保密法制宣传教育和培训。根据赣州市委保密办、市国家保密局的要求，派人参加了赣州市保密普查工作动员培训会；二是制定了支行的保密普查方案，并组织实施；三是开展了政府信息公开保密审查专项检查工作，上报了自查报告；四是建立了保密工作台账。根据中支保密标准化的要求，建立了保密工作台账，实施动态管理。台账分两个部分，第一部分由中支机关和各支行保密办专职人员负责登记（简称台账一）；另一部分由机关科（室）和各支行股（室）兼职人员负责填写（简称台账二），每年由科（股）室负责人签字后交保密办合并归档。

3.深入开展工会活动。一是春节期间支行领导班子走访慰问离退休老干部，送上慰问金、慰问品；二是组织召开支行女职工（含临时人员）座谈会。3月9日，组织支行女职工（含临时人员）参加河西片5县市支行庆“三八”暨“学习十八大、创先争优见行动、巾帼展风采”活动；三是召开了七届职工大会四次会议。听取审议了2012年度支行工作报告、工会工作报告、工会财务工作报告、工会财务审计工作报告，对职工合理化建议进行了答复说明，选举产生了新一届工会委员；四是每季组织职工参加排球比赛，并和中支、寻乌支行等兄弟支行开展了友谊赛；五是组织支行员工开展“向四川芦山地震灾区募捐活动”，募得资金2650元。

4.积极开展文明单位创建活动。组织相关人员对支行文明单位创建工作进行了自查，制定了《人行南康市支行2012~2014年度文明单位创建工作规划》《人行南康市支行2013年度文明单位创建活动实施方案》，报送《文明单位创建工作报告》，并组织开展文明单位创建工作管理系统相关数据的录入工作。

5.做好科技工作，保障业务开展。一是对支行计算机及移动存储介质进行清理检查；二是完成支行10台客户端TCBS-V1351版升级、对会计国库股计算机“TMIS-国债子系统-客户端软件升级”（V20130613版）、第二代支付系统上线切换期间ABS业务管理工作、TMIS统计分析子系统升级

(tmis–tj–20131121–v20131107)、TCBS 国家金库会计数据集中系统升级 (tcbs–v1357–20131123.exe); 三是组织学习《赣州中支信息安全风险提示》和参加“信息网络安全管理培训”、“信息网络安全管理培训考试”。

〔**队伍建设**〕 1.扎实推进对党的十八届三中全会精神的学习。制定具体学习方案, 列出学习时间表,学习内容等,采取领读、解读、讨论、辅导、座谈讨论、撰写学习体会等多种形式,广泛深入地进行学习,吃透精神,推进工作。

2.学以致用,撰写学习心得体会。一是组织党组中心组成员进行了四个专题的学习。二是党组书记、行长给全体党员上了一堂党课。

3.加强干部队伍建设,激发员工活力。一是开展了中层干部竞聘上岗。二是开展了中级职称竞聘上岗。三是对员工实行绩效考核。制定了《2013年度绩效考核暂行办法》,从专业考评、岗位考核、文章信息、工作作风、综合荣誉五个方面对员工进行量化考核,进一步规范、统一、完善支行员工绩效考核体系。

4.加强党的建设,激发党员干部工作热情。一是组织党员参加“十八大报告知识竞赛”和“十八大党章知识竞赛”。二是建立规范化党员活动室。三是组织全体党员开展《创建服务型基层央行党组织的问卷调查》。

5.落实党风廉政建设责任制,增强员工勤政廉政意识。

层层落实党风廉政建设责任制。一是对党风廉政建设和反腐倡廉工作任务进行了分工, 明确了各个层面的党风廉政建设和反腐倡廉工作任务;二是落实了党风廉政建设责任。按照“谁主管谁负责、一级抓一级、层层抓落实”的原则,按规定要求全行 27 位员工层层签订了任期内《党风廉政建设责任书》和《案件防范责任状》,支行“一把手”与市政府签订了“市直(驻市)单位党风廉政建设责任状”;三是加强了党风廉政建设责任制量化管理考核。结合支行实际,制订了《人行南康市支行 2013 年党风廉政建设责任制量化管理考核实施细则》(康银党〔2013〕04 号)文件,把责任制进行了细化、量化,把责任具体分解到每个部门,每个工作岗位,落实到每位干部身上。

加强教育,构筑思想道德防线。开展了“廉政文化建设示范单位”及“一行一品”活动,提出了南康支行廉政文化品牌名称:旭山崇廉;品牌内涵:厚德善思,重业善为;廉于心境,德在民生;廉政文化理念:以旭山—南康市勤廉教育基地、革命烈士纪念碑为载体, 承载以大革命时期的工人领袖陈赞贤“德在民生,革命者岂能贪财”的廉政文化理念,激励当代央行人传承清正廉洁、艰苦朴素的优良作风和高尚情操为内容的支行廉政文化。

严格落实中共中央八项规定的要求。为贯彻落实中共中央《关于落实八项规定、改进工作作风、密切联系群众》的文件要求,支行结合工作实际,一是制定了《人行南康市支行落实八项规定、改进工作作风、密切联系群众的实施方案》;二是不折不扣地贯彻落实各项规定。支行党组充分认识改进工作作风、密切联系群众的极端重要性和紧迫性, 在作风建设方面, 在履职过程中不图形式、不搞“花架子”、不走过场;三是加强对领导干部的监督管理,强化权力运行监督,确保各层面的权力行使不变异;四是严格依法行政,完善监督、公开机制。支行在行政审批方面做到依法合规、公开透明;利用《南康市网上电子审批系统》涉及行政审批的事项进行录入和公示, 自觉接受客户监督。

〔**领导班子名录**〕

行　长:冯　欣
副行长:谢宝华
　　　　黄达瑞
纪检组长、总稽核:康中华

银监办

〔**综述**〕 2013 年,南康银监办在分局党委的正确领导下,在南康市委、市政府的关心支持下,面对复杂多变的经济金融形势挑战, 全市银行业机构以邓小平理论为指导, 把贯彻落实宏观调控政策与南康市具体实际相结合,加大信贷投入,调整优化结构,强化风险防控,提升服务水平,促进了南康市经济金融的发展。一是各项存款大幅增长。截至 12 月末,南康市银行业机构本外币各项存款余额为 223 亿元, 比年初增加 46.1 亿元, 增长 26.04%。二是银行贷款超常投放。截至 12 月末,南康市银行业机构本外币各项贷款余额为 140 亿元,比年初增加35.03亿元,增长33.4%。三是整体实力显著增强。南康市银行业机构全年累计实现利润5.63亿元,同比增加1.46亿元,增长35%。

〔**金融业统计信息**〕 2013年,辖内共有机构96个(新设银行业机构4个,即民生银行南康支行、建行家具城分理处、赣商村镇银行潭口支行、唐江支行),人员1174人。

2013年各银行业金融机构存、贷款一览表

单位:万元

名称	各项存款	各项贷款
中国工商银行	266390	215071
中国农业银行	398911	165804
中国银行	159206	182909
中国建设银行	164021	132974
中国农业发展银行	24332	130044
赣州银行	147616	78100
南昌银行	80251	40998
农村信用社	583735	287682
邮政银行	261141	58046
赣商村镇银行	75150	49839
招商银行	36329	58077
银座村镇银行	38534	38577

〔**金融监管**〕 2013年,南康银监办在完成好上级布置的现场检查任务,认真抓好银行业案件防控、非法集资处置宣传、机构网点搬迁、高管人员任职资格初审和安全保卫等工作的同时,主动出击、勤督查、巧沟通。一是及时召开会议。办事处共召开了银行业监管工作和柜台业务风险排查等3次会议,及时传达学习了文件精神和新政策、新规定,并结合南康实际提出了具体的贯彻落实意见。二是勤督查、巧会谈。办事处对农村信用社、村镇银行等机构共督查了4次,共发现问题5个,票据业务不规范、员工案防意识有待加强等等。针对日常监管中发现的这些问题,对村镇银行和农联社分别进行了两次审慎监管会谈,提出了多条监管要求,加强从业人员的廉洁教育、依法合规经营,严禁不正当竞争行为、加强信贷管理、强化内部管理,做实基础工作、把控信贷隐性风险等等。三是做实日常监管。⑴做好机构选址、变更及升格初审上报工作。办事处对赣商村镇银行唐江支行等4个新增网点(赣商村镇银行唐江、潭口支行,民生银行,建行家具城分理处)选址进行现场勘查,对邮政局隆木所等6个网点(邮政局3个、信用社3个)变更营业场所及对农联社11个网点升格进行了实地勘查并出具了初审意见;⑵做好高管人员变动、资格审查初审工作。2013年共对15名(赣商村镇银行3名、农行南康支行1名、农联社11名)拟任高级管理人员进行了任职资格初审,并出具了初审意见;⑶做好群众信访接访工作,2013年共接访并处理信访5件。

〔**创新服务**〕 为了充分体现监管部门的地位和作用,坚持在严格履行监管职责的同时,热情为地方金融与经济建设服务,赢得了当地党政、金融部门、社会公众的好评。一是协助市政府召开了银企恳谈会暨项目签约仪式,此次签约仪式共有100户企业参加,签约金额为191199万元,涉及果业、家具和矿产品等行业,既支持市政府确定的重点项目、重点企业,也支持小微企业;二是积极向市政府领导建言献策,如向市领导汇报的《关于引导南康民间资本的几点思考》和《关于支持南康市小微企业金融服务的指导意见》等相关材料,得到了市领导的肯定和表扬。三是服务小微企业,督促各银行业金融机构“立足当地,服务小微”,实现两个“不低于”目标,主要工作有:督促各银行业加大信贷支持力度,提高金融服务效率,加大金融创新力度,提升金融服务质量,积极发展小型金融机构,健全金融组织体系,建立信用体系,提供全方位金融服务,发展多种融资方式,拓宽多元化融资渠道,营造良好环境,防范金融风险等。

〔**“三送”工作**〕 一是迅速进入角色,切实开展了联系走访工作。根据调整后包村联户的要求,认真开展了联系走访工作。严守工作纪律,严格执行考勤及请销假制度,确保到岗到位开展工作,切实做到了联系群众全覆盖,服务群众无盲区。在走访群众的过程中,张贴好“联系牌”、填写并发放好《连心册》;与群众深入交流,收集群众意见建议,了解群众的诉求,掌握村情民情,切实帮助群众解决实际困难和问题,并据此撰写了《民情日记》,建立了《民情台账》。以帮助解决群众反映强烈的问题为目标,切实向群众作出公开承诺,并将公开承诺向村民公示,接受群众监督。二是协助政府扎实推进农村土坯房改造。“三送”干部对房改农户进行了走访，掌握其基本情况，按照要求落实了入户宣讲、坦诚谈心、做好规划、选好户型、算好成本、协筹资金、建好台账、规范运作等八项任务，使农村危旧土坯房改造工作科学规范、健康有序推进。三是突出服务产业发展，帮助村民创业致富。协调信用社解决了一批群众融资难的问题，支持了当地产业的发展。2013 年已发放到位贷款的有 507 万元整，共 70 户。该做法得到了当地群众和乡政府的好评。四是突出民生工作，让群众得到实惠。着力解决一些群众关心关注的问题，工作队积极向上争取资金，完成了黄屋组 800 米长塘村至坞石组 1200 米及西陂组至王屋组 1100 米公路水泥硬化；争取市扶贫办扶贫资金 10 万元用于团岭组一池塘堤坝(长约 150 米)维修加固。五是突出矛盾纠纷调解工作，营造和谐向上的社会氛围。工作队员对所有包扶的农户进行了深入的走访，主动听取群众诉求，进一步畅通利益诉求渠道，认真排查梳理可能存在的不稳定因素，及时发现和掌握影响基层稳定的各种隐患、各种突出问题，切实做到情况明、底数清，加大了矛盾纠纷排查调处力度，妥善处理了医疗、土地纠纷等矛盾 14 起。

〔领导班子名录〕

主　任：邹礼棋

中国工商银行

〔综述〕 2013 年，是工商银行南康支行被省行列为重点县城支行的第二年，南康支行认真贯彻落实总行、省行行长会议精神，坚持在发展中促转型，在转型中谋发展，加大优质市场营销拓展力度，加强业务和产品创新，强化风险防范和内部控制，加强队伍建设，营造“积极奋进、开拓创新、团结和谐”的发展氛围，为顺利实现全年经营目标奠定基础，在 2013 年全省 82 个县域支行经营情况综合评价中列第 3 名。

年末各项存款余额为 266390 万元，较年初增加 33442 万元。其中储蓄存款余额为 210685 万元，较年初增加 20210 万元；对公存款余额为 55705 万元，较年初增加 13232 万元。贷款余额为 215071 万元，比年初净增 19916 万元。不良贷款率为 0.03%。实现拨备前利润 11958 万元，增幅达 29.8%，人均利润 128.58 万元，其中实现中间业务收入 4624 万元，四行占比为 46.18%，列第一。

〔机构队伍〕 2013 年，工商银行南康支行根据工行江西省分行《重点支行理顺管理体制、优化经营机制改革的指导意见》，对经营机构进行了调整优化，共设 9 个部门，综合管理部、对公业务部和个人业务部为内设部室，营业部、唐江支行、潭口支行、市政广场支行、服装城支行和家具城支行为 6 个对外营业机构。年末在册职工 93 人，其中正式员工 87 人，劳务派遣人员 6 人；男 64 人，女 29 人。2013 年上级行分配入行大学生 2 名。

〔资产业务〕 2013 年，工商银行南康支行深化信贷结构调整与转型，确保信贷业务持续稳健发展，紧扣当地经济特点，把握苏区振兴发展机遇，实施”蓝海”策略，继续开展好“走万家、拓千户”活动，深入市场，了解客户信息，挖掘客户需求，扩大客户数量，夯实客户基础，促进全行信贷业务稳健长效发展。至年底，各项贷款余额为 215071 万元，余额占比为 30.87%，列四行同业第一。其中公司贷款余额 57168 万元，比年初减少 3000 万元；个人贷款余额 157903 万元，比年初增加 22916 万元。个人住房贷款余额 96456 万元，比年初增加 23740 万元；个人经营贷款余额 44486 元，比年初增加 4424 万元；小企业贷款余额 29804 万元，较年初减少 669 万元。

〔市场拓展〕 2013 年，工商银行南康支行坚持把大个金工作放在重要位置，树立积极的竞争观和营销观，从早着手，优化机制，拓宽市场，敢于竞争，不唯计划、不唯任务，着力提升大个金业务的市场核心竞争力。

一、厘清工作思路，强化营销意识。树立存款的基础性地位不动摇，转变经营理念，积极调整经营思路，提出了“要淡化任务意识、围绕市场抓发展”的工作思路，把存款工作作为一项“面子工程”来抓，要求全行上下要进一步坚持以市场为导向，以客户为中心，要从同业抢客户、争市场，分得市场应有的一杯羹。实行了行领导挂钩联系责任制和三级走访制，密切与客户联系，加强沟通，交流信息，进一步强化客户经理的营销意识。

二、把握市场主动，夯实存款基础。一是加强了“阵地”营销,一方面加强柜面业务营销,柜面经办人员根据客户需要,适时开展产品营销;另一方面加强了大堂营销,要求大堂经理要想客户所想,站在客户的角度,适时推介工行好的产品,帮助客户提高收益率,达到以产品吸引客户、留住客户的目的。二是加强了上门营销,支行组建营销小分队,分赴劳务人员较多的重点乡镇进行上门宣传营销和业务咨询,并要求各网点结合各自实际组建旺季营销小组深入重点乡镇加强营销。三是借助个网批量转账功能,突破打工储蓄市场。随着近年来宏观经济调控,企业内迁等原因,越来越多的打工者回到了家乡,打工储蓄的市场也从外地转回到了本地,出现“打工储蓄本地化”,通过推荐个网批量转账代发工资,从而实现储蓄存款体内循环,确保存款的稳存增存,最大限度地挖掘客户对全行存款的贡献度。

三、以两大市场营销为抓手,加速推进“蓝海”领域营销。按照“占领市场、抢抓客户”经营思路,积极“跑马圈地”,推动农村市场和商品交易市场两大市场的营销拓展,提升客户发展质量,扎扎实实推动两大市场纵深发展。继续将两大市场的营销重点放在家具市场和服装城商品市场上,针对两大市场商户对金融产品的不同需求,制定出不同的营销方案,并通过商友卡、转账 POS 和个人经营性贷款等金融产品打开市场,进军农村市场,巩固市场商户的忠诚度。2013 年,市工商银行对商品市场客户发放个人助业贷款 12702 万元,并联动营销了银行卡 1351 张,POS 机 69 台。

四、树立联动意识,强化营销措施。一是对公司存款落实分级负责管理制度,巩固和拓展客户关系。实施层层负责、分层维护、密切配合、协同作战的措施,并配备了专职对公客户经理,积极深入市场,挖掘潜力,全力做好稳存增存工作,推动公司存款持续稳定增长。二是继续按照“提前介入、源头参与、主动服务、全程跟进”的要求,加强了与当地政府及发改委、城发公司、招投标中心等职能部门的沟通与联系,及时掌握第一手招商引资客户信息,制订营销计划,开展全方位营销,通过“追、赶、超”三部曲来实现对公存款的翻身战。三是开展联动营销,协同发展。要求对公客户经理在营销公司信贷业务时,要以客户为中心,不能仅营销单一的信贷产品,一定要有联动营销的意识与能力,做到资产业务与负责业务联动、公私联动、表内表外联动。四是有效调动全行“外争占比、内争排位”的营销积极性,全力打好市场争夺战。

〔**渠道建设**〕 2013 年,工商银行南康支行加强了对电子银行自助网点的建设力度,新增了南康市府后路和南康唐平路自助银行(均在建),完成了南水大道和东门北路自助银行的选点工作,现已开业的离行式自助银行达 10 个,其中龙岭和蓉江西为自助服务区,共计有离行自助设备 23 台(11 台为存取款一体机),每个网点增配了 1 台大堂式存取款一体机,至少增配了 1 台自助终端,通过加强大堂引导,让客户自主办理网上银行业务,通过网上理财、结算、代理收付等核心业务的发展,进一步增强 ATM、电话银行、网上银行的自助服务功能作用,提高对目标客户的市场渗透力和自助产品的使用率,全力推进了离柜业务,提高银行卡的使用率、引导客户自助办理业务,减少了客户办理业务的等候时间。

〔**行风行貌**〕 2013 年,工商银行南康支行树立严格、规范的管理观,以“员工行为管理年”和“珍惜职业生涯,远离违规违章”主题教育活动为切入点,坚持从严治行,以德治行,防范和杜绝了各类案件事故,员工精神面貌、行风行貌出现了新的气象。完善了职工之家和职工小家设施,唐江支行被省行评为先进职工小家,为全行 11 名“功勋员工”颁发了银质奖章;“三八”妇女节期间组织女员工外出参观学习,开展丰富的工会活动,员工生日送上慰问品,员工住院进行看望,组织员工登山和开展农家乐活动。全年共为 10 名员工申报了困难救助,凝聚力工程进一步落实。

〔**领导班子名录**〕
行　长:许含放
副行长:伍学忠
行长助理:李　俊
内控专管员:曹克春

中国农业银行

〔**综述**〕 2013 年,南康农行深入贯彻落实科学发展观,咬定“三个银行”,建设“一个目标”,立足加快有效发展、严守风险底线“两条主线”,以加快有效发展为主线，各项存款余额达398911万元，各项贷款余额165804万元；实现利润11341万元。实现中间业务收入2501万元。先后被评为全国总工会模范职工之家、第七届全国农行精神文明建设工作先进单位、省分行经营效益十佳支行、省分行第二届文明单位、赣州分行四好领导班子、经营效益先进单位、社会治安综合治理先进单位、党风廉政建设先进单位、委托资产处置先进单位、客户拓展先进单位、综合绩效考核优胜单位等。

〔机构队伍〕 内设综合管理部、运营财会部、风险与信贷管理部、客户部4个部门；下设支行营业部、文明分理处、芙蓉分理处、家具城分理处、潭口支行、金鸡支行、龙回支行、凤岗支行、唐江支行、龙华支行、横市支行11个营业网点和7个离行式自助服务网点。2013年末，在职员工122人，其中长期工101人，劳务派遣工21人；男员工75人，女员工47人，硕士文化1人，占0.8%，大学本科文化38人，占31.1%；大专文化67人，占54.9%，中专及高中文化12人，占9.8%，初中及以下文化4人，占3.4%。

〔网点建设〕 2013年，南康农行稳步推进网点转型工作。为优化网点分布结构，新增镜坝连城圩和唐江镇唐平路、西华南水3个离行式自助银行，为客户提供24小时自助服务；落实11位外包大堂副理充实到所有营业网点，实施“赢在大堂”战略。重视大堂人员和柜员业务素质的培养，切实发挥在客户分层、产品分销方面的作用。

〔“三农”业务〕 南康农行继续做好新农保、新农合业务。加强对“惠农通”工程服务点的维护，确保布放的278台电子机具的有效使用。

〔资产业务〕 2013年，南康农行加大了信贷结构调整力度，通过前瞻性退出低效客户，逐步腾出信贷空间，实放扩户提质工程，增强对优质客户的发展与维护。贷款主要投放在南康市的主导产业，如家具、矿产及民生工程，为南康市工业经济的快速发展，为主导企业的做大做强贡献了自己的力量。各项贷款余额为165804万元，较年初增加1906万元，其中个人生产经营贷款130013万元，较年初增加9826万元。

〔负债业务〕 组织开展“大行德广、伴你成长金钥匙春天行动”、“激情仲夏” 等季度性综合营销活动。通过召开银企座谈会、手机短信贺年、回馈感恩客户、迎春送“福”等形式多样的活动，提升了社会对农行的认同感和农行个人金融产品品牌的认知度。通过加强组织领导、明确任务目标、员工个人收入挂钩等措施，有效调动了各网点和全行员工的营销积极性，使存款业务实现了淡季不淡的良好态势。

〔中间业务〕 在挖掘银行卡、代理保险等传统中间业务产品增收潜力的基础上，着力推进投资银行、代客理财、电子银行、惠农信用卡等新兴中间业务产品营销。全行共实现中间业务收入2501万元，同比多增292万元。

〔内控管理〕 全行推进“强基控险”工程，不断夯实发展根基，扎实开展了“风险管控年”和“员工行为管理年”等多项活动，持之以恒地加强内控基础建设，加强信贷风险管理，加强会计“三化三铁”建设，实现了全年无刑事案件、无责任事故的目标。坚持以人为本，加强民主管理，强化队伍建设，大力改善员工生活环境，实施精细化管理，努力改善服务环境，提升服务质量，打造服务品牌，营造合规文化氛围，金融服务水平得到较大提升。

〔领导班子名录〕
行　长：李　华
副行长：王升文
　　　　刘　欣
　　　　卢振华

中国农业发展银行

〔综述〕 2013年，中国农业发展银行南康市支行新一届领导班子团结和带领全行员工，深入贯彻党的十八大和十八大三中全会精神，坚决落实上级行各项工作部署，紧紧围绕新的发展目标，同心同德、真抓实干，攻坚克难，开拓进取，以创新管理为动力，以“一控两防”为重点，以“三项活动”为抓手，各项业务呈现出“稳中趋好，好中趋快”的良好态势，各项工作成效明显，为推进苏区振兴发展做出了新贡献。

〔**机构队伍**〕 中国农业发展银行南康市支行内设机构:办公室、客户部、营业结算部,下设大余、崇义、上犹三个客户组,业务范围管辖南康、大余、崇义、上犹三县一市。现有在职员工31人,内退职工7人,退休职工17人。

〔**业务经营有效发展**〕 一是各项贷款创历史新高。各项贷款余额130044万元,比年初增加28321万元,增长27.84%,增幅超过全省、全市平均水平。二是各项存款实现新突破。各项存款余额26654万元,比年初增加18881万元,增长242.9%。日均存款余额22322万元,比2012年增加4919万元,增长28.27%,余额和日均增长均超过全市平均增长水平。三是中间业务稳定发展。在规范中间业务收费,让利于企业的形势下,实现中间业务收入156万元。代理保险业务实现保费收入16.3万元,比2012年增加9.4万元,增长136.23%。国际业务结算量140笔,金额225.72万美元,比2012年增长222.73%。四是财务计划实现合规圆满。财务收支计划控制在市分行下达的计划之内,做到了合规合法,实现账面利润3131万元。五是不良贷款连续九年保持零纪录。

〔**着力做大信贷规模**〕 突出支持水利和新农村建设,助推苏区振兴发展。主动作为,科学安排,认真谋划,快速推进农业农村基础设施建设中长期信贷业务,立足"早营销、早立项、早审批、早发放、早受益"的经营理念。成功营销,获批项目4个,贷款金额58000万元。其中南康市城市发展投资有限公司20000万元章江河两岸防洪工程建设贷款项目。上犹县城市发展投资有限公司20000万元,章江源生态环境综合治理工程建设贷款项目。上犹县土地收储中心土地收储整治项目10000万元贷款。崇义县城市建设旅游发展投资有限公司8000万元,北门老桥至平角河防洪工程建设贷款项目。项目批复后,积极落实贷款条件,向上级行争取贷款规模。全年发放项目贷款48000万元,占批准贷款金额的82.76%。

〔**信贷支农成效显著**〕 全年累计发放贷款58512万元,累计收回贷款29053万元,贷款增加28321万元。一是积极支持粮食收储。认真履职,站在讲政治、讲大局、保民生的高度,认真落实国家粮食托市收购政策,维护农民利息,稳定市场粮价,确保粮食安全。累计拨付粮食收购资金2699万元,支持粮食企业托市收购粮食1054万公斤,确保了粮食收购不打"白条"。贷款822万元,支持大余县县级粮食储备300万公斤,进一步完善了粮食储备保障体系建设。发放自营粮食收购调销贷款2050万元,调销粮789万公斤,搞活粮食流通。二是支持产业化龙头企业转型升级,做优做强。累计发放贷款17390万元,支持农业产业化龙头企业和加工企业生产经营,发展壮大,带动农民增收致富。积极支持"经营好、资信好、老板好"企业做优、做强。如为大余章源生态旅游公司从1500万元增贷至2500万元。

〔**资产质量持续优化**〕 一是对客户实施分类管理。组织信贷力量对全行自营业务的32家企业进行分类排队,摸清情况,明确重点。通过评级授信,保留客户27家,其中AA+以上企业10户,占37.04%,产业化龙头企业25家,占92.59%。退出"散小弱"劣质客户5家,收回贷款1680万元。二是调整信贷结构。不断收缩自营业务,做大平台贷款。至年末,自营业务贷款余额15340万元,比年初减少1850万元。中长期贷款余额101670万元,占贷款总额的77.5%,比年初增加10.1百分点。三是严控不良贷款。2012年度粮食收购贷款提前实现"双结零",省分行真实性检查无底稿。落实责任,规范操作,强化管理,有效防范和化解了信贷风险。四是清理核销粮食附营业务呆账。全行清理核销粮食附营业务呆账23笔,金额1137.76万元,已清"零"。信贷结构不断优化,资产质量持续提升。

〔**内部管理有效夯实**〕 一是扎实推进"三项活动"。在抓"员工行为管理年"活动中,着力在执行政策、改进作风、文明服务上下工夫;在抓"基础工作提升年"活动中,着力在执行各项规章制度、提高业务水平、规范操作、强化执行上下工夫;在抓"信贷精细化管理年"活动中,着力在落实信贷制度、精细管理、有效发展、防控风险上下工夫。通过"三项活动",员工人人有收获,个个有提高。二是加强信贷基础管理。实行信贷精细化管理,实行"实、细、严、勤"四个字。即贷前调查情况实,贷款条件落实细,信贷资金支付严,贷后检查频率勤。

一年来的内外部检查,无违规积分处罚现象,工作质量得到提升。三是加强资金计划管理。保证了粮食收储和重点项目的信贷资金需要。资金运用率达到111%,同比提高了13个百分点。四是加强财会监督管理。认真履行副行长兼主管职责,坚持账户管理、银企对账、反洗钱、印押管理、经费报账、岗位轮换等制度,做到不踩“红线”,不越“雷池”,财务收支真实规范。五是加强信息科技建设。加大资金投入。更新了一批计算机、UPS、空调等设备,进行了网络线路改造,完成了平台升级改造工作,信息系统稳定运行,为全行综合业务,办公自动化提供了科技支撑。六是加强内控监督管理。以“一控两防”为重点,发挥信贷、财务、监察经理的作用,对重要岗位、敏感岗位、客户经理进行了轮岗,对各类检查组发现的问题,进行了认真的整改,加大对权力运行和员工行为的监督制约,确保了“一控两防”目标的实现。七是加强安全保卫、办文办事、后勤服务等工作,实现了安全无责任事故的目标,提升了办公效率和后勤保障水平。

〔**队伍建设不断加强**〕 一是加强队伍建设。开展学习贯彻党的十八大、十八届三中全会精神和习近平总书记的一系列重要讲话,统一思想,提高认识,与党中央保持高度一致。贯彻落实上级行的决策部署,顾全大局,同行同向,牢固树立“一盘棋”的思想,凝心聚力,形成合力,增强发展的紧迫感和责任感,努力提高驾驭全局和治行理政的能力。通过竞聘,1人聘任为高级业务副经理,2人聘任为支行副行长,2人聘任为业务副经理(副专员)。二是加强党风廉政建设。认真贯彻落实中央八项规定,围绕“反对‘四风’,转变作风、联系群众”主题,召开专题民主生活会,认真查摆“四风”,“庸软懒散”等方面的问题,认真开展批评和自我批评,抓好整改落实。坚持民主集中制原则,避免了“一言堂”和“家长制”现象。党员干部的党性观念、宗旨意识进一步增强,工作作风更加扎实,艰苦奋斗更加务实,党群关系更加密切。三是加强教育培训。坚持学习制度,明确学习内容,举行“以考促学”,落实学分管理。积极组织员工参加上级行举办的各种培训班和视频培训。鼓励员工参加各类学历考试,从业资格考试等,有效地提高了员工素质。四是加强创先争优工作。大力开展“条线树标杆,岗位树标兵”活动,申健康、谭忠亿、卢平生等分别被省分行授予2星级柜员和客户经理。上犹客户组被市分行授予“先进客户组”荣誉称号。申健康、卢平生、谭忠亿被市分行授予“先进个人”荣誉称号。林达祥、肖学政被市分行授予“优秀党员”荣誉称号。五是加强送温暖工作。关心员工、爱护员工、慰问员工,着力构建和谐农发行。加强老干部管理,三次分片召开老干部座谈会和开展户外活动,发放活动费和慰问费48000元。为8位因病或困难员工,筹集发放慰问金9000元,让他们感到农发行大家庭的温暖。

〔**领导班子名录**〕
行　长:林达祥
副行长:曾　军(女)
　　　　邱有发

建设银行南康支行

〔**综述**〕 2013年,南康建行在市委、市政府及上级行的正确领导下,以党的群众路线教育为指针,认真贯彻落实上级行工作会议精神。强化基础管理、防范经营风险、提高服务水平,加快业务发展、提高经营效益。以创新工作机制、开拓市场为动力,努力拼搏,勇于创新,各项工作稳健发展。同时开展了员工行为管理年活动,努力提高优质服务水平。牢固树立“以客户为中心”的服务理念,以满足客户最迫切的要求,解决客户最关心的问题为目标。进一步优化业务流程,以有利于满足客户多样化的需求,有利于提高处理交易的能力,以便捷高效为原则,进一步提高服务质量和服务水平。严格以网点转型标准设置岗位,加强了岗位交流和岗位制衡约束,进行了岗位制衡监督检查,规范了操作流程,强化了服务考核,提高了服务整体水平。确保了支行业务的正常发展和安全无事故,为支行业务持续、稳步发展打下了坚实基础。

〔**机构队伍**〕 建行南康支行内设二部一室三处:即综合部、客户部、营业室、蓉城分理处、唐江分理处、家具城分理处。有职工47人。其中中共党员15人;男职工24人,女职工23人;中长期员工47人;大学学历16人,大专文化程度31人。专业技术人才中,管理岗6人;六级客户经理21人;一级业务员5人。中级职称5人,初级职称26人。

〔存款业务〕 2013年全口径存款余额163522万元，比年初新增27544万元。其中储蓄存款余额85458万元,比年初新增8605万元;企业存款余额为78063万元,比年初新增18939万元。

〔贷款业务〕 2013年,建行南康支行加大贷款营销力度，结构不断优化。全行各项贷款余额132973.83万元,比年初新增41768.18万元。其中中小企业贷款发放34笔,余额20029.99万元,比年初新增7939.99万元,增速175%;个人贷款发放1643笔，余额112934.85万元，比年初新增33828.19万元，累计发放45550.30万元，增速175%;公积金贷款发放299笔,金额7880万元,增速225%;个人消费贷款42笔,累计发放748.70万元;个人助业贷款44笔,累计发放金额3660万元。各项贷款完成计划267%。在信贷规模偏紧的宏观环境下,利用好稀缺的信贷资源,调整信贷投向,优化信贷结构,为支持赣南等原中央苏区振兴和小企业发展,充分利用各种合作平台,积极开展公私联动营销推广。一是利用赣州银监局在南康龙岭开展送金融服务进园区活动搭建的合作平台。获取客户信息资源,采取重点营销,批量营销等方式,取得了较好的效果。二是不断创新,出台新产品,满足客户需求。在传统业务的基础上,大力发展国内信用证产品、票据业务等贸易融资产品,向南康家具产业客户推出联贷联保业务产品,深受客户欢迎。三是为支持中小企业的振兴与发展,结合南康经济特色,通过区域市场调查,掌握区域经济信息、经济市场特点、小企业经济结构特色,对本区域内的小企业客户资源进行认真梳理,按区域、行业、客户、产品四位一体,拟定投放客户名单,累计发放中小企业贷款20030万元。

〔电子化建设〕 建设银行南康支行积极营销各种金融产品,实现中间业务收入1441万元。一是努力提高中间业务对支行利润的贡献度。把中间业务经营摆在重要位置,以代理保险、电子银行、网上银行、自助银行、手机银行、电话银行、龙卡汽车卡、银证通、速汇通、汇得盈、国际业务、分期业务等金融产品为重点,大力推进银行产品销售,有效提升中间业务市场竞争力。二是重视高端客户的服务工作,客户结构得到明显改善。三是加大电话支付和POS商户的营销，为中间业务收入创造了增收的渠道。

〔网点建设〕 建设银行南康支行有四个营业网点和两个离行式自助银行。有员工39人。其中营业室12人、蓉城分理处10人、唐江分理处8人、家具城分理处9人。四个营业网点均安排了保安人员、安装了数码监控。安防设施均已获得公安、消防安全设施合格证。

〔中间业务〕 积极营销各种金融产品，中间业务实现了较快增长。全行实现中间业务收入1441万元。一是努力提高中间业务对支行利润的贡献度。把中间业务经营摆在重要位置,以代理保险、电子银行、银行卡、国际业务等金融产品为重点,大力推进银行产品销售，有效提升中间业务市场竞争力。二是重视高端客户的服务工作,客户结构得到明显改善。三是加大电话支付和POS商户的营销,为中间业务收入创造了增收的渠道。

〔领导班子名录〕
行　长:康　胜
副行长:钟红斌
　　　　林　铭
纪检特派员:邓同群

中国银行

〔综述〕 2013年,中国银行南康支行积极贯彻落实省、市分行2013年工作会议精神,紧紧围绕“稳中求进、稳中求质、稳中求效、实干兴行”工作宗旨,筑牢资产、负债基础,稳步提升市场份额,突出重点产品销售,有力促进效益增长,强化内控风险管理，确保持续安全合规，主要业务实现稳步增长、市场份额稳步提升、渠道建设同业领先、经营效益大幅提升的优良业绩,员工爱岗敬业、奋发向上,网点服务流程优化,服务效能明显提升,圆满完成了2013年各项工作任务,获得了中国银行总行“文明单位”、江西省分行十佳效益县支行、江西省分行五四红旗团组织、赣州市分行先进单位、赣州市分行内控合规先进单位、赣州市分行创新奖等荣誉。

〔机构队伍〕 中国银行南康支行是江西省分行七

家重点县域机构之一，设有综合管理部、业务发展部及财会营业部三个部门，管辖蓉江支行及唐江支行两个机构，年末在册人数49人，其中男员工19人，女员工30人，学历在大专以上的47人，占比96%，中共党员10人，占比20%，35岁以下青年员工35人，占比71%。

〔存贷款业务〕 2013年末，中国银行南康支行各项人民币存款余额159206万元，比年初新增26558万元，其中储蓄存款余额91338万元，比年初新增16190万元；对公存款余额67868万元，比年初新增10368万元；外币折美元各项存款余额为179万美元，比年初减少83万美元。人民币各项贷款余额182909万元，比年初新增57030万元；其中个人贷款余额160443万元，新增45468万元；公司贷款余额22466万元，新增11562万元。信贷资产质量优良，无不良贷款。

〔经营效益〕 2013年，中国银行南康支行实现拨备前利润7292万元，比2012年增加1692万元，增幅为30%；税后净利润5023万元，比2012年增加1197万元，增幅为31%，中间业务收入1397万元，比2012年增加294万元，增幅为27%。连续三年列为全省效益十佳县支行。

〔网点建设〕 南康支行设有财会营业部、蓉江支行、唐江支行三个营业网点，网点员工40人，其中：财会营业部17人、蓉江支行13人、唐江支行10人。2013年，支行狠抓了网点转型及功能升级，实施产品下沉，提升网点效能，三个网点营业环境优越，功能分区合理，硬件设施配套齐全，每个网点均配备了大堂经理、客户经理及理财经理，加强了网点文明优质服务工作，有效提升了网点服务水平和综合创利能力。

〔渠道建设〕 南康支行财会营业部、蓉江支行、唐江支行均设有附行式自助银行，同时在市民服务中心、锦绣城、金河路、新康东大道第一人民医院、蓉江西路万客隆购物广场等设有5个离行式自助银行，在市内各大百货超市、医药超市、电器商场、家具城经销商及众多家具生产企业、家具配件商店、成衣服装商店安装了POS刷卡机，服务网络覆盖面广，为广大客户提供了方便、快捷的金融服务环境。

〔微金服务〕 2013年8月，南康支行列为江西省分行微型金融服务业务试点行，14名客户经理集中到南昌参加了省行微型金融服务专项业务培训学习。为了让微型金融服务业务走进南康市场，南康支行做了大量艰苦细致的工作，先后召集了家具行业、服装行业、养殖业、有色金属加工业等行业精英进行业务宣传推荐和交流座谈，从中筛选了一批优质客户进行业务对接，在较短时间内完成了业务培训—客户筛选—贷前调查—材料叙做—上报审批—贷款发放等环节，实现了6户企业放款1380万元，顺利完成了微型金融服务业务试点工作，为实施业务推广积累了宝贵经验。期间，中国银行总行、江西省分行、赣州市分行领导就微型金融服务业务的试点情况先后到南康支行进行业务调研，充分体现了上级行领导对微型金融服务业务的高度重视。

〔企业文化〕 南康支行积极实施“建立一套长效管理机制、打造一支优秀员工队伍、培育一种先进企业文化”战略，高度重视企业文化建设，不断提升金融服务水平，在各营业网点掀起了柜台文明优质服务学习演练高潮，从仪容仪表、文明用语、言行举止、规范动作等方面，进行了反复学习、反复演练、反复点评，最终达到领导认可、客户满意的水平，提升了员工文明优质服务意识和服务水平，增强了网点综合竞争能力，树立了良好的窗口形象，2013年，中国银行总行授予南康支行“文明单位”荣誉称号。

〔领导班子名录〕
行　长：邹顺科
副行长：涂　佺、刘乘海

市农村信用合作联社

〔综述〕 2013年，全市农村信用社积极拓展资金运营渠道，债券投资规模稳步增长，各项收入持续保持了平稳向好的发展趋势，2013年共实现各项收入3.91亿元，同比增加5455万元，增长16.19%。其中贷款利息收入2.68亿元，同比增长35.21个百分点。债券投资、存放同业等资金营运收益为8086万元。

〔**机构队伍**〕 南康市农村信用合作联社共有营业网点38个,现有在岗职工338人,其中35岁以下174人,占比51.47%;大专以上学历者292人,占比86.39%;中级以上职称者6人,占比1.78%。

〔**存贷款业务**〕 2013年,全市农村信用社各项存款余额58.37亿元,较年初增加10.55亿元,完成全年计划的105.5%,存款增幅22.06%。各项贷款余额28.77亿元,较年初增加5.53亿元,增幅23.77%。存款余额、增幅及增量继续保持全市银行业金融机构首位。

紧紧围绕经济社会发展大局,加大了对"三农"与小微企业等实体经济和薄弱环节的信贷投入,社会责任进一步增强,行业口碑得到充分肯定。贷款投向以涉农和中小微企业为主。12月末,涉农贷款余额25.53亿元,全年累放涉农贷款37.49亿元,新增涉农贷款占新增贷款的88.74%,涉农贷款增幅为23.77%;中小微企业贷款余额11.3亿元,增幅为45.41%,高于各项贷款增幅21.64个百分点,涉农和中小微企业贷款增幅均实现了"两个不低于"目标,为支持全市经济社会发展做出了积极贡献。

〔**业务转型**〕 资金业务、票据业务、电子银行业务和中间理财业务等均实现平衡较快发展,业务向多元化转型趋势正在显露。一是债券投资稳步发展。12月末,全市债券投资余额为4.5亿元,其他投资约3.4亿元。二是票据业务有所进展。开办银行承兑汇票,截至12月末,全社银行承兑汇票余额为2439.41万元。三是中间业务有较大进展。理财业务实现了新的突破,拓展了代收、代付等中间业务,启动了贵金属代理销售业务。全年中间业务收入实现673万元,增长57.98%。中间业务来源主要集中于代理业务、结算业务及银行卡业务。

〔**电子银行业务**〕 截至12月末,全市农村信用社百福卡发行总量为221037张,新增46421张;卡内存款余额15.36亿元,新增3.14亿元;布放自助现金设备总数达81台,乡镇ATM覆盖率达100%;2013年度通过自助现金设备交易笔数281.9万笔,交易金额达67.6亿元;2013年新增新一代POS终端1024台,2013年度通过转账终端交易累计44万笔,累计交易金额达95.7亿元;网上银行存量8629户,较年初增加4398户,其中企业客户50户,个人客户4348户,2013年度通过网银交易累计21.9万笔,累计交易金额达128.5亿元。

〔**资产质量**〕 在各项业务发展加快的同时,新增贷款质量稳中有升,不良贷款逐步下降,资本不断得到补充,风险抵补能力得到提高,主要监管指标不断优化,总体抗风险能力增强。一是不良贷款保持"双降"。12月末,全市农村信用社不良贷款余额为6195万元,较年初下降1889万元,不良贷款占比为2.15%。二是主要监管指标继续向好。按新口径计算,资本充足率达到10.9%,较规划要求的2013年底达到8.5%高2.4个百分点,流动性比例35.74%,高于监管标准10.74个百分点。三是风险抵补能力显著增强。贷款损失准备余额1.72亿元,贷款专项损失准备充足率103.35%,比年初提高3.35个百分点。拨备覆盖率277.03%;贷款拨备率7.5%,比年初提高1.27个百分点。

〔**企业文化建设**〕 积极搭建平台,通过开展"撰写一篇心得体会、组织一次全员考试、开展一次演讲比赛"活动,深入学习银监案防制度、省联社规章制度等,扎实推进合规文化建设,提高全员风险防范能力和合规意识;并择优挑选一名基层网点高管、两名青年员工组成代表队参加赣州市银行业员工行为管理年知识竞赛,荣获第一名,为全市农村信用社争得了荣誉。

〔**党的群众路线教育活动**〕 按照省联社党委的指示精神和统一部署,认真组织召开党的群众路线教育实践活动动员大会,认真落实好各个阶段的工作任务,组织听取了肖四如董事长的专题学习辅导报告,深入学习了党的群众路线专用读本、参加听取市委讲师团在南康党的群众路线和宗旨意识教育等辅导报告,撰写了学习心得,同时领导率先垂范,分片深入全辖38个网点调研,认真听取员工和客户对联社和自身工作的意见、建议,并以"为民务实清廉"为主题,以反对"四风"为重点认真组织召开党委专题民主生活会,多次修改个人对照检查材料,积极开展了批评与自我批评。切实做到思想上有触动、认识上有提高、整改上有措施。

〔群团工作〕 着力改善员工的工作生活环境,关心员工生活中的困难和问题,组织实施"五个一温暖"工程,共为基层网点员工安装电视机249台,安装网络165台,安装空调275台,配置洗衣机25台,添置办公桌126张,衣柜165个,乒乓球桌10张,开辟菜园10块,配送茶油、花生油300余公斤。同时,组织召开青年员工座谈会及举办青年员工联谊晚会活动,努力为青年员工交流互动、释放心情搭建沟通载体。

〔企业形象〕 一方面做好赣州市农信社存款突破600亿元暨全社存款突破50、60亿元系列宣传。利用赣南日报、南康电视台、南康市政府网、赣州金融网地方新闻媒体全方位宣传南康联社支持特色农业发展、小微企业升级、苏区振兴建设,自身服务网络、服务设施建设等方面内容。另一方面加快网点改造升级,继续实施全辖网点三年改造升级规划,除三江、内潮社外,已基本完成了辖内网点的改造升级,搬迁网点2个。彻底改变了旧有的"土、旧、小"的网点形象和"脏、乱、差"的卫生环境,实现网点形象的整体提升。

〔领导班子名录〕

书记、理事长:李　斌

委员、主　任:叶　虎

委员、副主任:卢丽红(女)

　　　　　　　罗田生

纪委书记、监事长:张振伟

赣州银行

〔综述〕 赣州银行南康支行成立于2005年12月19日,历经9年的发展,在总行的正确领导下,在区委、区政府、监管部门和社会各界及广大客户的关心支持下,以赣南苏区振兴发展为契机,紧紧围绕"服务市政、市企、市民,服务实体经济,服务小微企业"的市场定位,以打造"区域性知名品牌银行"为目标,加大存款营销力度,做大做强授信工作,强化内控管理,促进支行稳健发展。

2013年,在赣州银行全行考评中,南康支行荣获综合考评先进单位、利润考核先进单位、信贷质量先进单位等荣誉。同时,支行获得了"南康市最受欢迎的驻市单位"等荣誉称号。

〔机构队伍〕 赣州银行南康支行内设综合管理部、公司业务部、个人业务部、营销部、营业部等五个部门,同时设有一个同城支行——东山支行。现有在岗职工39人,其中女职工25人;大专以上学历39人,占总人数的100%。

〔网点建设〕 支行下设两个营业机构——营业部、东山支行。同时,设立了4个24小时自助服务点,其中,文化艺术中心自助银行、泰康中路自助银行为离行式自助银行。

〔存贷款业务〕 2013年,各项存款余额14,617.26万元,比年初增长24,667.13万元,增幅20.06%;日均存款139,145.4万元,较年初增长16,195.29万元,增幅13.17%。其中,储蓄存款余额31,250.62万元,较年初增长13,326.86万元,增幅74.35%。各项贷款余额78,100万元,比年初净增长12,044万元;全年累计发放贷款55,973万元,其中向小微企业发放贷款32,815万元;实现贷款利息回收率100%,无承兑垫款,不良贷款为零。账面利润5454.56万元,同比增长9.7%;人均账面利润185.4万元;中间业务收入712.69万元,同比增长220.61%。

〔经营管理〕 1.强化授信业务管理。一是积极做好授信业务"三查"制度,加强贷前尽职调查和贷后管理;二是优化信贷结构,采取"有保有压"授信策略,注重信贷风险防范。

2.加强内控管理。一是加强业务学习,提高会计基础水平。二是完善规章制度,做到有章可循,有制可依。三是增强"三防一保"意识,严防金融案件。四是加大业务事后监督力度。五是加强费用控制与管理。六是压缩低盈利、非盈利资金占用。七是加强资金营运,向内挖潜要效益。

3.抓好案防工作。一是认真开展"员工行为管理年"活动,进行全面自查自纠。二是根据责任追究制度,全行员工签订了《赣州银行案件专项治理及综治安全保卫工作目标管理责任书》。三是加强学习培训,增强合规经营意识。

4. 加强安全保卫和社会治安综合治理工作。一是加强安全保卫检查与自查工作,二是切实加强矛盾纠纷排查,维护社会稳定。

5.健全重大事项报告制度,加强员工行为分析排查,及时化解不稳定因素,做到风险可控。

〔主题教育活动〕 1. 开展“员工行为管理年”活动。围绕《赣州市银行业“员工行为管理年”活动实施方案》,支行认真组织召开了动员大会,成立了“员工行为管理年”活动领导小组,开展了一系列自查自纠活动,规范各项业务操作,有效防范了案件的发生。

2.加强企业文化建设。开展了“送金融知识进社区进企业进乡镇”活动、打击非法集资宣传活动、反洗钱知识宣讲、“赣州银行杯”南康市城区老年门球赛等活动,普及了金融知识,展示了支行精神风貌,提升了支行形象。

3、开展员工技能培训。以提高客户满意度为宗旨,举办了“提素质展形象”礼仪服务培训、点钞和数字录入技能培训、信贷业务培训、案防知识讲座等活动,大大提升了业务操作水平。

4.密切联系群众,改进工作作风。按照区委、区政府工作部署,积极开展“三送”活动。坚持务实高效的工作作风,深入走访困难群众,了解群众诉求,解决实际困难。2013年,支行为“三送”挂点村隆木乡民丰村新村部建设和福田村道路修建筹集了项目短缺资金,同时,多次走访了“三送”挂点农户591户。

〔领导班子名录〕
行　长:傅贝加(女)
副行长:黄　宇
　　　　彭民良

中国邮政储蓄银行

〔综述〕 2013年,在上级行和市委、市政府的正确领导下,在监管部门的关怀指导下,南康支行全面落实科学发展观,进一步解放思想、坚定信心,圆满完成了各项工作任务,实现了“又保首佳”的工作目标,全年无安全生产和资金安全事故,荣获了全国邮政系统及邮政储蓄银行总行“先进集体”、全省“合规大讨论”活动“先进单位”、全市“增收创效”活动“先进单位”等荣誉称号和全省公司业务公司存款日均余额十佳县、全市新闻宣传二等奖等奖项,被评为赣州市第八届(2012~2013年度)文明单位,在全省“综合十佳县支行”排名、全省收入绝对值县支行排名、全省个人业务县支行排名中均列全省第一位。

〔机构队伍〕 支行内设综合管理部、三农金融部、公司业务部。下设一类网点4个,二类网点7个,代理网点12个。现有员工58人,其中男员工28人,女员工30人;大中专以上学历人员52人,高中学历人员6人,占比分别为89.66%、10.34%;25岁以下职工4人,26~35岁职工23人,36~45岁职工28人,46~55岁职工3人;中共党员13人,占在岗职工的22.41%。

〔网点建设〕 辖内有23个营业网点,其中一类网点4个,分别为南康市支行营业部、蓉江支行、潭口镇支行和广场支行;二类网点7个,分别为泰康中路支行、芙蓉路支行、唐江镇支行、赤土镇支行、龙回镇支行、龙岭镇支行、坪市乡支行;代理网点12个,分别设立在城区和全市各主要乡镇。

〔存款业务〕 年末邮储余额达22.28亿元,其中邮储银行存款余额达4.51亿元,比上年净增8629.63万元,其中活期余额32131万元,较年初净增6696.37万元,占计划的167.41%,活期占比重71.22%。

〔信贷业务〕 支行主要开办了小额贷款、个人商务贷款、个人二手房贷款、小企业贷款。年末,结存5.91亿元,较上年净增1.89亿元,累计放款2371笔,金额5.4亿元,资产质量优良,逾期金额41.33万元,逾期率为0.06%。实现信贷业务收入3072万元,占年计划的122.88%,比2012年同期增长73.89%。

〔公司业务〕 2013年,公司业务继续保持稳定增长,年末对公存款存量账户171户,余额3.82亿元,比上年底净增了657万元,活期存款比例为71.25%。

〔中间业务〕 2013年,邮储银行网点累计代理保险197.21万元,代销基金理财13381.51万元。基金理财销售总量完成市行计划的101.64%。

〔电子银行〕 个人网银新增注册客户数为4641

户，完成计划的103.13%，交易笔数58351笔，完成计划的129.67%。电话银行新增注册客户4954户，完成计划的110.09%，新增注册客户数、交易笔数、交易金额的完成均列县市支行前茅。

〔**内部管理**〕 1.财务管理。加强了财务资金预算管理，保证全年成本费用均衡列支，确保了全年利润的完成。严格执行财务会计管理"五规范"，规范财务管理行为。网点损益核算工作进一步推进，有效地完成了网点损益核算并且成效显著。

2.人力资源管理。严格执行《劳动合同法》及《劳动合同法实施条例》的各项规定，做好了劳动合同续签、劳务派遣用工管理等工作，完善了用工手续，严格岗位管理，进一步提高劳动关系管理的规范化水平。严格执行岗位轮换，强制休假、亲属回避制度。每周二组织员工学习制度，提高员工整体素质。优化用工结构，有四名劳务派遣员工被转为合同用工。

3.渠道建设。2013年，自助设备投放不断加大，在资金需求旺盛的家具市场新增了自助银行，满足家具行业的资金需求，新增了CRS和ATM机各2台，办公环境进一步优化，网点配备或更新了生产设备，如叫号机、网银终端等，布放了商易通、POS机100多台。

4.审计安保。一是抓好日常风险排查，稽核审计工作，安全管理工作。坚持常规检查与突击检查相结合，做到四到位，即检查频次到位，检查质量到位，检查通报到位，处罚整改到位。二是抓好各岗位的履职检查，尤其是管理岗。各岗位的履职检查，做到横向到边，纵向到底。坚持谁检查谁负责，谁主管谁负责的原则，不留盲区，不留死角，不走过场。三是坚持联席会议制度，互通信息，加强管理。做到一类网点不放松，二类网点不放过，代理网点不放手。加强与邮政企业的沟通和交流，利用联席会议制度这个平台，年内进行了多次联合检查，做到互通信息，及时提出意见和建议，随时掌握各网点的动态，各司其职，共同管理，分项整改，全面落实。四是加强员工日常安防教育培训工作，组织员工开展多种形式的警示教育，如法律讲座、观看警示片，参观看守所等。

5.风险管理。一是风险管理工作扎实推进，组织召开四次风险管理委员会会议、反洗钱领导小组会议、案件防控领导小组会议。二是开展了非法集资排查工作。三是开展了总行组织的"合规大讨论"活动，对内外存在的安全隐患、违规行为进行了全面排查和整改。四是认真开展了资产风险分类工作。五是认真执行银监部门、物价局"七不准"及收费公示规定。

〔**企业文化建设**〕 开展了"进门知情解忧"员工家访活动，领导亲自上门看望困难员工，了解员工的实际困难，解决员工在生活中、工作中遇到的问题。为员工过生日，为员工子女庆祝"六一"儿童节，为网点人员提供免费午餐。组织员工开展爬山、羽毛球比赛、演讲比赛等活动，丰富员工的业余生活。企业文化气氛浓烈，宣传报道工作表现突出，全年在《中国邮政报》、《江西邮政金融》、《赣州金融网》等各大媒体成功投稿45篇次。全行上下都积极地工作并自我展现，反映了支行员工出彩的精神风貌。

〔**电子化建设**〕 开通了邮储银行固话支付业务系统、网上银行系统、电话银行系统、手机银行系统、pos收单交易系统、电子稽查系统，开通了信用卡业务，在行式自动取款机五台，CRS存取款一体机四台。

固话支付业务系统：在邮储银行固定话机设备上集成刷卡器，绑定客户的绿卡借记卡，为客户提供余额查询、实时转账等服务，充分体现了"足不出户办转账，省时省力省费用"的产品特点。

网上银行系统：是通过互联网（中国邮政储蓄银行个人网银网页）向客户提供的交易平台和服务渠道，主要包括账户查询、转账汇款、信用卡业务、网上支付功能管理、投资理财、外汇通、个人贷款、客户服务等十多项功能，以全面满足客户多样化的业务需求的服务系统。

电话银行系统：通过电话这种现代化的通信工具，使用户不必去银行，无论何时何地，只要通过拨通电话银行的电话号码"95580"，就能够得到电话银行提供的往来交易查询、转账、申请技术、利率查询等业务，极大地方便了客户办理业务。信用卡业务是支行发行的，给予持卡人一定信用额度，允许持卡人在信用额度内先消费后还款的信用支付工具。

手机银行系统：手机银行是由手机、GSM短信中心和银行系统构成。是网络银行的派生产品之一,它的优越性集中体现在便利性上,客户利用手机银行不论何时何地均能及时交易,节省了ATM机和银行窗口排队等候的时间。手机银行主要是通过银行账户与手机的捆绑,为用户提供账户理财信息和消费情况。手机银行,可以很方便地解决查询账户、查询历史明细、查询利率、查询汇率、查询债券、转账、汇款、消费支付、缴电话费、缴手机费、修改密码、改支付卡、注销等基本银行业务。手机短信服务,每当账户变动或交易,就会有短信通知账户所有者账户的变更情况或交易情况,让账户所有者对自己账户的情况一目了然。

〔领导班子名录〕
行　长:幸飞斌
副行长:刘青云
行长助理:刘　坚

南康赣商村镇银行

〔综述〕　南康赣商村镇银行是经江西银监局核准成立的新型农村社区金融机构,是江西省银监局为进一步深化农村金融改革而成立的首批试点银行,也是赣州市第一家村镇银行。采用先进的经营理念和科学管理,稳健经营,有效改善农村金融服务,更好地支持社会主义新农村建设,实现社会效益与经济效益双赢。主要是立足城乡、服务“三农”、服务小微企业。

2013年南康赣商村镇银行认真落实国家宏观政策,践行科学发展观,聚精会神抓经营,一心一意谋发展,加强内控建设,扩大业务经营规模,实现了年度经营目标和零案件的防控目标。

〔机构队伍〕　南康赣商村镇银行由赣州银行发起成立,注册资金8000万元。赣州银行出资4655万元,占总股本的58.19%;其余股本由7家企业和4个自然人共同出资,出资额3345万元,占总股本的41.81%。市场竞争力和风险防范能力进一步得到提高,支农支小功能进一步得到发挥。设有董事会、监事会和经营班子,现有董事5名,监事3名,行领导4名,员工50人,大专学历13人,本科学历35人,行领导均为中级职称以上。行内设综合管理部、审计部、客户经理部、营业部等4个部门。

〔网点建设〕　南康赣商村镇银行设有营业网点4个,支行3个,即光明支行、唐江支行、潭口支行。2012年6月13日光明支行正式开业;2013年4月23日唐江支行正式开业;2014年1月6日潭口支行正式开业。

〔制度建设〕　2013年,以“制度梳理、流程再造”活动为契机,立足全行内部管理的客观性、操作的规范性、经营的科学性,结合我行稳健发展需要,成立了制度汇编领导小组,并结合各项业务的发展,各部门对涉及的岗位职责进行了细化,增强员工的责任意识,确保责任落到实处,风险可控。经过系统梳理,全行共更新或新建制度157个,如《南康赣商村镇银行声誉风险实施细则》、《南康赣商村镇银行舆情工作实施方案》、《南康赣商村镇银行大额资金汇划查证制度暂行规定》、《南康赣商村镇银行大额现金管理办法》、《南康赣商村镇银行大额支付交易审批、授权实施细则》等,力求各方面的制度等相互衔接配套,形成了一个比较完整、有序的综合制度体系。

〔业务经营〕　截至12月31日,资产总额达9.54亿元,比年初增加2.76亿元,增长40.72%;负债总额8.1亿元;所有者权益1.44亿元;各项存款7.51亿元,比年初增加2.17亿元,增长40.65%,完成目标任务的180.84%;各项贷款5亿元,比年初新增1.61亿元,增长47.53%;营业收入5394万元,实现利润4242万元,完成目标任务的116.22%。存贷比59.93%,资本充足率27.82%,无不良贷款、无安全责任事故、无案件发生。

〔经营范围〕　吸收公众存款,发放短期、中期和长期贷款,办理国内结算,办理票据承兑与贴现,同业拆借,银行卡业务,代理发行、代理兑付、承销政府债券,代理收付款项及代理保险业务等。

〔结算手段〕　依靠发起行(赣州银行)的科技力量,实现了与发起行之间的双向通存通兑。一是推出“免费银行”理念,各档次存款利率按国家基准利率再上浮10%。对45项收费项目,如支付结算类10项、银行卡类7项、电子银行类17项等予以免费办理,以“让利”促发展,有力增强了市场竞争能力;二是银行卡,代发工资。持续推进赣商卡、网银、POS机、代发工资业务的全面发展，截至12月31日，赣商卡发行了2633张，网银办理了762个、POS机安装了46台。

〔**特色业务品种**〕 兴康系列贷款（兴康惠农贷款、兴康家俱贷款、兴康果业贷款、兴康便民贷款、兴康暖贷、兴康循环贷款）、林权抵押贷款、涉农协会会员联保贷款等特色贷款业务品种。

〔**金融服务工作**〕 南康赣商村镇银行坚持立足“三农”和小企业，及时给予客户信贷支持。一是金融产品不断丰富。以支持小微企业快速、优质、高效发展作为支持苏区振兴的着力点，为中央支持赣州建设先进制造业基地和特色农产品深加工基地尽微薄之力。成立了由分管信贷工作的副行长为专题调研小组，以客户部信贷员为成员的小分队，深入调研市场，在原有抵押贷款的基础上，推出“抵押+担保”信贷品种，抵押、质押率达到100%，为三农和小微客户享受平等金融服务创造良好空间。成功开办了票据贴现业务，进一步拓宽了小微企业融资渠道。12月4日第一笔贴现业务办理，标志着村镇银行业务发展的又一个里程碑。截至12月底，银行承兑汇票敞口授信余额2475.63万元，共办理贴现6笔，金额2141.3万元。二是积极申请支农再贷款。为加大支农、支小力度和信贷投放，积极向央行申请了4800万元支农再贷款，有效缓解了“三农”和“小微”客户融资难题。紧紧围绕农村经济结构调整，主动适应新形势下农村经济发展的需要，改变过去单一支持种养业的习惯做法，树立“大农业”观念，全力扶持“两高一优”农业、“特色农业”和“公司+基地+农户”等产业经营模式，集中优势资金，提高支农水平，促进农牧业生产向专业化、集约化方向发展。如南康市九鼎农业发展有限公司市级农业龙头企业，该企业在村镇银行信贷资金的支持下得到了长足的发展。截至12月31日，累放涉农贷款4.57亿元，占比89.7%，发放额比上年度增长42.52%。在满足“三农”资金需求的基础上，把贷款领域延伸到涉农小微企业和个体私营经济。截至12月底，共向小微企业发放贷款5.13亿元，重点支持了南康家具行业、物流运输行业、餐饮服务业等小微企业。三是加强银企合作。结合地方实际，充分发挥一级法人灵活、快捷的优势，积极支持、培育了发展潜力大、带动能力强的龙头企业，提升了农牧民产业化、组织化程度。积极参加了赣州银监分局举办的银企签约洽谈会，现场与南康市赤土花果园新华农社等4名涉农小微企业签订授信合同，金额为700万元，助力小微企业的发展。

〔**内控建设**〕 着力抓好案防建设。一是深入开展“员工行为管理年”活动。2013年为“员工行为管理年”，根据监管部门相关文件精神拟写了我行“员工行为管理年”实施方案，具体组织开展了“员工行为管理年”自查自纠工作，积极推动了全行“员工行为管理年”活动有序、有效开展，提升了案防工作水平和质效。二是深入开展打击非法集资活动。为深入开展打击非法集资活动，组织员工进乡入企设点宣传，在乡镇人流量大的场所或企业及我行各营业网点设置宣传台进行宣传活动，向群众发放宣传资料，宣传银行卡、网上银行、假人民币等相关业务知识、金融消费者投诉处理流程、有关法规政策等，并与广大群众密切交流。同时营业厅内的醒目位置公布消费者投诉的专门机构、投诉方式、投诉电话等。并设专人投诉处理工作台，深刻跟踪处理结果并接受金融消费者的监督。三是深入开展“重点业务风险排查月”活动。7月，印发了《关于开展重点业务风险排查月活动的通知》。按照要求，全行各部门及支行积极组织人员开展了自查活动，审计部抽调业务骨干组成检查组开展了抽查活动，对重点业务进行了排查。四是执行重要岗位人员轮岗和强制休假制度。五是加大稽核检查力度。2013年，组织开展各项审计检查工作19次。如季度案件风险滚动排查、内部控制检查、柜台业务风险排查、代销业务风险排查、报表统计错误事件核查、员工行为排查等，检查发现10个方面的问题，大部分问题已按要求整改到位。

〔**文明优质服务**〕 一是借发起行狠抓文明优质服务管理的契机，积极参与赣州银行的文明优质服务培训。二是积极开展“送金融知识下乡”、“金融知识万里行”活动。通过“进园区”、“进乡镇”、“进企业”等形式，把触角向下延伸，增加与农民和客户面对面机会，把金融服务送到家。分时点、分阶段在龙岭、东山等各大乡镇举行了“小微企业服务宣传”、“央行支付，服务大众”、“履行反洗钱义务，维护金融秩序”、“金融服务在身边”、“农村支付结算,进乡村、进社区”、“反假货币,人人有责”等主题宣传活动。荣获江西省银行业协会、江西银监局团委授予“金融知识下乡宣传服务站”称号。三是加强明查暗访,每周对文明规范服务进行一次检查,召开文明优质服务现场督导会,做到有问题必整改、有检查必通报。

〔领导班子名录〕

董事会

董事长:肖　剑

董　事:刘光清

张国华

李启涛

黄玉琴(女)

监事会

监事长:张慧娟(女)

监　事:王　龙

陈祥明

经营班子

行　长:肖　剑

副行长:李启涛

黄玉琴

中国人民财产保险股份有限公司

〔综述〕 2013年是人保财险公司基层服务建设年,也是公司转变发展方式,推进改革创新,夯实管理基础的关键之年。南康支公司在上级公司和中共南康市委、市政府的正确领导下,以科学发展观统揽全局,进一步落实“促发展、增效益、防风险、抓管理、强服务”工作,紧紧围绕车险保效益指导思想,牢固树立“效益第一”的经营理念。解放思想,同心协力,深化改革,强化管理,在机遇中求发展。进一步转变发展方式,提升服务质量,深化改革,激发内部活力,不断创新,全面加强员工和营销团队建设,坚持依法合规经营,实现公司业务快速发展。全年实现保费5948万元,赔款支出2504万元,承保利润1060万元。

〔内控制度建设〕 科学制定了全年经营目标,完善各项制度,做到各项工作有章可循。坚持周会和晨会制度,每月考评及时兑现,做好员工的业务培训工作,组织员工学习反洗钱法和践行科学发展观。公司还认真学习和贯彻了保监会关于规范车险和财产保险市场的决定。通过完善各类制度和学习工作,坚持以科学发展观为统领,以“四个一流”为标准,以专业化、标准化、集中化、差异化建设为路径,以“以效益合规年”为抓手,坚持改革创新不动摇,进一步完善公司新机制;坚持科学发展不动摇,进一步推动业务新跨越;坚持强化管控不动摇,进一步促进效益新提高;坚持依法经营不动摇,进一步落实合规新要求;坚持企业文化建设不动摇,进一步实现和谐新局面;全面推动公司持续协调健康发展。

〔业务结构调整〕 公司积极调整工作思路,根据业务发展需要公司设置经理室、综合部、直销业务部、中介业务部、理赔分部、三农保险部、营销部、营业一部、营业二部、营业三部、金鸡营销服务部、唐江营销服务部共十二个部门。从抓好大客户入手,努力寻求业务新的增长点,元月份公司一把手赖叶华经理亲自带队在各汽贸公司和物流公司驻点,保费快速发展,对业务工作做到早计划、早安排,大力发展车险和非车险业务。

一是以车险为龙头险种,巩固现有汽贸公司、物流公司等代理单位,培育新的代理单位并达成协议、合作共赢;努力搞好与银行、物流、汽贸中介业务的代理关系,银保业务得到巩固,特别是各大银行与公司签订合作协议,银行每位员工为公司代办业务,并取到了一定效果;公司以“效益第一”,公司开辟新的销售渠道,开设了19个三农保险服务站。在摩托车业务方面,增设了交警部门出单点以及摩托车经销商出单点,南康各个主要验审处都设了点,确保了该项业务有了新的起点,找到了摩托车保险发展方向。电销、网销业务得到进一步发展,在各大主要街道挂标语,大力宣传网销业务。公司树品牌,比服务,做大做强机动保险业务。

二是以政策性保险为切入点。公司一把手亲自带队到各乡(镇)林管站宣传林木火灾保险工作,并把承保工作落实到位。2013年农险保费547万元(其中种植业保费81.6万元;养殖业保费463万元;林木火灾保险保费1.6万元),农险业务再上了一个台阶。

三是拓展了企业财产险,使得辖区内各家具

厂有了保障,为南康的家具行业做出了贡献。在学平险、校园方责任险和非煤矿责任保险方面,公司做到早计划,通过参加全市招标竞标学平业务,加强与教育局联系,学平险保费达到392.8万元,比2012年同期增长保费42.33万元,使学平险业务又创佳绩。进一步与安全局协作,非煤矿责任保险保费得以稳定。

〔**理赔管理**〕 公司对赔付率高的保户,限制承保,实行业务与赔付率挂钩的办法,通过政策引导员工发展有效益的业务。减员增效,公司通过加强理赔管控防止跑、冒、滴、漏,严格管控查勘定损、报价、核赔、医疗审核、诉讼案件等各个理赔环节,提高理赔质量。2013年,公司加大对理赔工作的考核力度,奖优罚劣,根据上级公司理赔集中的要求,抓好理赔各个环节的管控,特别是抓好人伤案件的管理,诉讼案件的管理,大案要案的管理,努力降低未决案件存量,提高理赔服务水平,提高理赔员工素质和业务技能,以服务促发展,以理赔促效益。

〔**合规自律**〕 公司坚决贯彻落实中国保监会70号和江西保监局33号文件要求,严格执行"见费出单"政策和车辆保险差异化承保、差异化费用管理规定,并以此为契机调整险种结构,公司严格按上级公司授权经营的范围开展各项工作,以内控制度体系建设为重点,着力提高风险管控能力,公司完善和补充了相关的文件及规定,健全制度建设,以制度促管理,用制度来约束人,以"专业化、标准化、集中化、差异化"建设为路径,以盈利能力为中心的各项改革向纵深拓展。

〔**创新服务举措**〕 随着保险业的迅猛发展和知识经济时代的到来,谁能占领市场、融入市场,谁就能更好地生存、更快地发展;突出服务重点,加大服务力度,提高服务质量。随着财产保险市场竞争主体的不断增加,市场竞争更加激烈,各公司推出了各种各样的保险优惠政策,南康公司积极调整工作思路,组建三个业务部,从抓好大客户入手,努力寻求业务新的增长点,对业务工作做到早计划、早安排,努力创新,发展新业务。进一步提升服务品质,树立人保品牌。

〔**企业文化建设**〕 营销工作是公司的一项重要工作,也是公司的一项长期的战略工作。2013年公司不断扩大营销队伍,把增员当作重中之重的工作来抓,同时加强营销员队伍的管理,坚持每周开两次晨会,经常组织员工培训,让员工掌握保险业务知识。加强了团结,凝聚了人心,鼓舞了斗志。2013年,城区、金鸡和唐江三个营销服务部,通过每月开展劳动竞赛和意外险劳动竞赛,提高营销员的待遇,关心营销人员的生活,真正打造了一支团结奋进的营销团队。

〔**领导班子名录**〕
经　理:赖叶华
副经理:郭越洪
　　　　王　琮(女)

中国人寿保险股份有限公司

〔**综述**〕 2013年,中国人寿保险股份有限公司南康市支公司在省市分公司党委、总经理室的正确领导下,认真贯彻全系统工作会议精神,坚定信心,迎难而上,凝聚发展力量,抢占发展先机,创新发展思路,营造发展氛围,攻坚克难,奋勇直前,各项工作取得了辉煌的业绩。

〔**机构队伍**〕 公司内设经理室、综合科、个险科、团险科、银保科、客户服务科。公司现有正式职工2人,退休职工1人,聘用员工10人。

〔**险种**〕 公司主要经营以人的寿命和身体为标的的人寿保险、健康保险、医疗意外伤害保险、养老和年金保险及大病补充医疗保险六大类保险业务。2013年推出新险种—国寿瑞鑫两全保险(分红型)(2013版)。

〔**经营管理**〕 2013年,公司总保费收入1.3亿元,其中个险新单保费1346万元,银保新单趸交保费3566万元,短险保费907万元。

〔**理赔给付**〕 2013年,公司受理各类赔案12231件,赔付支出6380万元。

〔**领导班子名录**〕

经　理:卢年英(女)
经理助理:钟建华(女)

中国人寿财产保险股份有限公司

〔**综述**〕 2013年,中国人寿财险南康支公司坚持以集团公司"一轴二极六战略"和总公司"一二三四"战略为指导,准确把握经济趋势和市场发展规律,加快转变增长方式,不断优化发展结构,切实防范经营风险,全面提升综合经营管理能力和核心竞争力,推动公司持续健康较快发展,全面完成和超额完成上级公司下达任务。公司成立5年来,机构布局和保费规模都发展较快,员工队伍通过5年市场的洗礼,也具备了一定的市场拓展能力,队伍数量和能力相对整齐,形成了一定的公司核心优势。

〔**机构队伍**〕 公司设有经理室,综合科(含财务)、承保部、理赔部、营销渠道部、互动渠道部、银保部。有员工12人,保险营销员56人,互动营销员304人。

〔**保险种类**〕 中国人寿财险经营的范围包括机动车辆保险、机动车第三者责任强制险、企业财产保险、家庭财产保险、工程保险、责任保险、货物运输保险、意外伤害保险、综合保险等九大类产品。上述业务的再保险业务,国家法律法规允许保险资金允许的保险资金运用业务,经中国保监会批准的其他业务。

〔**保费收入**〕 2013年,共实现保费收入19400万元。

〔**机关内部管理**〕 2013年,全体员工以高度的责任感和使命感,围绕业务发展这个主题,在强化公关的基础上,采取了有效措施,积极参加行业竞争,实现了业务的快速扩张。一是强攻大客户,进一步维护汽贸公司等大客户的战略合作关系,在巩固存量业务的基础上,积极拓展了新业务,较好地支撑了业务的快速发展,二是继续发挥人脉优势,加强了政府采购业务的公关对接,加大了家用车业务的拓展,为车险业务的发展获取了更大的空间。

〔**领导班子名录**〕
经　理:黄庆伟

① 2013年2月28日上午,赣州市执行西部大开发税收优惠政策培训班在南康市举行。

② 2013年3月7日,国家开发银行江西省分行副行长张国良一行到南康市考察。

贸 易

商务局

〔综述〕 2013年,市商务局牢牢把握苏区振兴发展历史机遇，以党的十八大和十八届三中全会精神为引领,紧紧围绕“引外资、活民资、畅流通、促消费、强执法、常服务”这一主题,进一步解放思想,开拓进取,统筹兼顾,重点突破,主动融入都市区,提速提质促发展,千方百计惠民生,真抓实干兴南康,商务工作呈现了蓬勃发展的新局面,获得了“2013年全省外贸出口进位赶超先进单位”、“2013年全省利用外资工作先进县(市、区)”及“2013年全市外贸出口工作先进县(市、区)”等荣誉称号。

利用外资、引进内资规模有了新突破。2013年,全市新批外资项目6个、增资项目2个,合同外资额9164万美元;实际利用外资9182万美元,完成年目标(9172万美元)的100.11%,同比增长10.12%;其中现汇进资2296万美元,同比增长219.78%。全市新引进省外5000万元以上内资项目11个(其中亿元项目5个),合同引资33.64亿元,同比增长28.45%;实际进资27.65亿元(其中亿元项目进资15.95亿元),同比增长18.72%,完成年目标(27亿元)的102.41%。

对外贸易首次突破亿元大关。全年实现外贸进出口11393万美元,同比增长28.97%。其中,外贸出口10454万美元,完成年目标(8630万美元)的121.14%,同比增长34.35%。

招大引强有了新成效。2013年,全市先后组织41个招商责任单位外出招商91批次,跟踪在谈项目129个,意向总投资金额287.59亿元。其中内资项目119个,意向投资金额279.21亿元,含5000万元以上项目94个,包括亿元项目59个;外资项目10个,意向投资金额13294万美元,包括500万美元以上项目7个。

口岸工作有了新进展。2013年,全市顺利实现口岸工作“3个10%增长”目标,即在本地报关运输的国际集装箱量(含公路、铁路运输)增长10%,进出口货物总量增长10%,进出口生产企业本地报关率增长10%。其中,本地报关(检)进出口货值6162万美元,完成年目标(5200万美元)的118.5%;新增本地报关(检)进出口企业3家,超额完成年目标(2家)。

内贸工作继续保持繁荣发展态势。2013年,全市有商贸流通企业、个体工商户6900多家,从业人员96280人,社会消费品零售总额达到32.56亿元,同比增长18.3%,居民购买力持续保持强劲发展态势。新增了太润发大型超市,进一步促进了商业网点的合理布局和协调发展。中心农贸市场、东山河边街农贸市场两个农贸市场改造项目已入省项目库。“万村千乡市场工程”共建设和改造农家店224家,覆盖了全市100%的乡镇和95%的行政村。全市13家屠宰场点全年屠宰生猪167862头,无害化处理742头,确保了肉食品消费安全。

商务综合执法工作卓有成效。全年出动执法人员589人次,移送司法机关案件一件,发出生猪屠宰违法经营整改通知书8份,收缴病害肉、私宰肉232.14公斤,行政处罚14起,行政罚款2600元整;对成品油经营企业发出整改通知书14份,没收加油枪二把;对再生资源回收企业发出整改通知书26份;依法没收"谷酒王"579瓶,并销毁了一批劣质酒。

服装、电子产业蓬勃发展。2013年,全市拥有服装加工企业500多家,服装产业年产值达20亿元人民币,已形成了基础设施较全、制版技术较强、人力资源丰富、销售网络健全地发展格局,产业集聚较为明显。全市服装类注册商标151件,其中江西著名商标3件,赣州知名商标7件,"康意"、"卓莉娅"服装品牌荣获"江西省十大服装原创品牌"殊荣。电子产业2013年产值达到18亿元人民币,出口创汇2000万美元,利税2000万元人民币。

机关各项工作展现新风貌。党建工作全面发展,综合治理、行政调解等工作卓有成效,竭力做好"三送"工作,医药公司改制工作顺利推进,全力做好安全生产及消防安全隐患大排查大整治工作,都取得了良好效果。

〔**机构队伍**〕 一、商务局局机关

局机关与招商服务中心混岗上班,在编干部职工34人(其中局长1人,副局长4人,工会主席2人(商务局、招商服务中心工会主席各1人),主任科员5人,副主任科员4人,科员7人,工勤人员12人),另外聘请工作人员15人(商务行政执法大队和商业转制办),司机2人。

二、招商服务中心

人员编制10人,主任1人,副主任2人,工会主席1人,主任科员1人,科员1人,工勤人员3人。

〔**开放型经济**〕 1.利用外资、引进内资规模有了新突破。市商务局紧紧抓住苏区振兴发展的历史机遇,通过积极开展对外宣传推介,积极争取上级业务主管部门的工作支持和政策扶持,积极开展"访外企促增资发展"等帮扶活动,取得了良好成效。全市新批外资项目6个、增资项目2个,合同外资额9164万美元;实际利用外资9182万美元,完成年目标(9172万美元)的100.11%,同比增长10.12%;其中现汇进资2296万美元,同比增长219.78%。全市新引进省外5000万元以上内资项目11个(其中亿元项目5个),合同引资33.64亿元,同比增长28.45%;实际进资27.65亿元(其中亿元项目进资15.95亿元),同比增长18.72%,完成年目标(27亿元)的102.41%。

2.引进项目质量有了新提升。市商务局突出开展招大引强,引进项目质量较以往有了大幅度提升。总投资70亿元的国际物流商贸综合体项目、总投资20亿元的颐高数码产业园、总投资10亿元的物联网产业园等一批重大项目相继签约落户;家具产业园首批12个供地项目即将完工;镜坝工业园、龙华工业园完成了一期的土地平整,58个项目已通过项目评审,宇森照明科技等一批项目已开工建设;节能照明产业办已协助9家企业完成规划图纸预审工作,协调解决了土地、供电、供水方面的问题,加快了落户企业的施工进度;积极开展央企对接工作,已与央企中航集团、中纺集团、中节能、中国电力集团、中电华通通信,上市公司瑞丰光电、宏达高科、深圳华为、创维集团、老凤祥等一批优质项目达成投资协议或意向。

3.外贸出口总量有了新高度。2013年,市商务局加大工作举措,积极拓展国际市场:一是积极组织出口企业参加各类国际、国内展销会,巩固传统市场,开辟新兴市场,拓展外贸出口新渠道。3月,南康市成功组织17家企业34人参加马来西亚国际家具展,为江西省境外参展团规模之最;先后接洽了马来西亚、泰国、印度、印尼联合采购团,达成了合作意向,签订了家具采购合同,迈出了南康市家具出口的第一步。二是与商务部轻工工艺品进出口商会签订了家具产业转移生产基地协议。三是与省国际贸易促进会建立了长期合作关系,加强了与上级业务主管部门的联系,先后组织举办或参加了5期外贸出口业务培训班,召开了3次出口企业座谈会,帮助提升企业业务人员业务素质和工作水平。四是动员和鼓励有出口潜力的企业申办外贸经营者备案,赋予外贸进出口经营权,扩大外贸出口主体和队伍。全年已新增近30家外贸出口企业。全年实现外贸进出口11393万美元,同比增长28.97%。其中,外贸出口10454万美元,完成年目标(8630万美元)的121.14%,同比增长34.35%。

4.招商引资工作有了新成效。一是出台了《南康市鼓励投资促进开放型经济又好又快发展的若干意见》、《2013 年开放型经济工作意见》,编印了《南康市招商引资工作指南》，筛选确定了重点招商项目 88 个，对招商引资工作进行了早谋划、早部署。二是四套班子领导和各单位负责人都安排了招商任务,实行“每月一调度、每季一督查、半年一考核、年终一考评”制度,其中 8 支产业小分队的排名情况每月进行通报,63 个招商责任单位的排名情况则每季度进行通报。三是重点开展招大引强，主攻产业集群项目，着力引进产业配套项目,积极开展电子商务招商。市领导亲自带队考察招商项目 20 个,其中上市企业 3 家(中航地产、瑞丰光电、宏达高科),中国国有企业 500 强 2 家(中纺集团、上海农工商集团),国家高新技术企业 2 家(八百通技术、山东恒远),有“木材市场晴雨表”之称的全国第二大木材企业广东鱼珠木材有限公司已经投资落户，与中电华通通信有限公司洽谈的物联网项目将有望成为南康市引进的首个可申报网络小贷公司牌照的电子商务项目。四是积极组织参加省、市大型招商引资活动。3 月，参加了赣州(清远)铜铝产业推介会,签约项目 2 个,签约资金 8.6 亿元;6 月,参加了赣州(香港)经贸合作活动，在赣州市执行西部大开发优惠政策专题对接会上签约项目 3 个,总投资 1.6 亿美元;8 月,参加了赣台会,签约合同项目 1 个,总投资 5000 万美元;10 月,参加中国光彩事业赣州行活动,签约项目 1 个,签约资金 70 亿元;11 月,参加央企入赣投资合作洽谈会,签约项目 2 个,签约资金 23 亿元。五是接待了广东赣州商会考察团、国际企业联合会、国家电子商务研究院、中电华通通信有限公司、浙江宁波客商考察团,就有关投资项目进行了深入洽谈。六是加强了与高等院校合作,先后拜访江西理工大学、同济大学浙江学院、浙江嘉兴学院、山东科技大学等高校教授、国务院政策咨询委员会专家、国家发改委产业顾问,推动南康主导产业转型升级。2013 年,全市先后组织 41 个招商责任单位外出招商 91 批次，跟踪在谈项目 129 个,意向总投资金额 287.59 亿元。其中内资项目 119 个,意向投资金额 279.21 亿元,含 5000 万元以上项目 94 个,包括亿元项目 59 个;外资项目 10 个,意向投资金额 13294 万美元，包括 500 万美元以上项目 7 个。

〔**内贸及行业执法管理**〕 1.扎实推进商贸流通工作。一是积极开拓产品销售市场。6 月初组织企业参加“2013 年江西特色产品(广东)展销会”,把南康市名优特企业推向外省市场；精心组织企业参加 10 月在南昌的江西首届特色商品展销会、11 月在南昌国际展览中心的第六届中国绿色食品博览会,积极推销南康名优产品,取得了良好成效,推介和销售了南康市名特优产品，扩大了南康产品的知名度和美誉度。二是组织开展消费促进活动。组织全市名优特产企业、超市,在五一、端午、中秋、国庆等节假日期间举办一系列促销活动,有力地促进了全市城乡消费。三是加强对家电下乡、以旧换新资金监管。家电下乡政策已于 2013 年 1 月底正式结束，为了进一步规范全市家电下乡民生资金管理使用行为,确保中央、省、市保障改善民生政策措施落到实处，在市民生资金管理使用情况监督检查工作领导小组的统一部署下，市商务局对照相关工作方案,及时开展了倒查,发现问题并上报,上级对南康市实施家电下乡、以旧换新政策中出台的制度、做法给予了充分的肯定。全市现有商贸流通企业、个体工商户 6900 多家,从业人员 96280 人，社会消费品零售总额达到 32.56 亿元,同比增长 18.3%,居民购买力持续保持强劲发展态势。

2.稳步推进市场体系建设工作。一是稳步推进城市商业网点规划。《南康市城市商业网点规划》已由专家组评审论证,市政府审核同意实施；新增了太润发大型超市，进一步促进了全市商业网点的合理布局和协调发展；积极向上申报农贸市场改造项目，两个农贸市场改造项目已入省项目库(中心农贸市场、东山河边街农贸市场)。二是加强了市场监测运行,建立和完善了监测制度,建设好了南康市商务预报网站平台，做好了商务预报日常信息报送工作；新增设南康市中心农贸市场为生活必需品监测企业，推荐南康家具市场为全国重点商品贸易市场；同时督促各监测企业做好信息报送工作，切实提高了监督信息的准确性和时效性,提高了市场运行的监测质量。三是继续推进“万村千乡市场工程”建设。全市共建设和改造农家店 224 家，覆盖了全市 100%的乡镇和 95%的行政村。开展了“万村千乡市场”工程补贴资金使用情况的督查,确保民生资金按时、足额下发到承办企业及加盟的农家店。四是加强了再生资源回收利用体系建设。加强了对全市再生资源回收网点监督管理,完成了全市50家回收网点的备案年审工作。加强了对城区再生资源回收站(点)的整治,取得了良好成效,废旧物资回收秩序有了明显改善,周围环境达到了城市管理的基本要求。

3.大力推进市场流通秩序工作。一是加强全市生猪定点屠宰场点建设,强化生猪定点屠宰监管。全年13家屠宰场点屠宰生猪167862头,无害化处理742头,确保了肉食品消费安全。二是加强了成品油市场的监管。对32家加油站进行了年审,除太窝加油站因危化证办理中未能如期年审,其他均年审完。并多次开展全市范围内成品油市场的专项检查,严厉打击农村无证经营点,规范了各网点经营行为,维护了市场经营秩序,消除了安全隐患。建立了加油站点监测报表及市场预警制度,对全市重点监测站点每周销量、油价进行监测,加强分析预警,指导企业合理调配货源,保障各行各业用油需求。三是抓好商务综合执法工作。一年来,执法人员起早贪黑出动589人次巡查市场,移送司法机关案件一件,发出生猪屠宰违法经营整改通知书8份,收缴病害肉、私宰肉232.14公斤,行政处罚14起,行政罚款2600元整,净化了市场环境,生猪屠宰秩序有了明显好转;对成品油经营企业发出整改通知书14份,没收加油枪二把;对再生资源回收企业发出整改通知书26份;开展酒类经营企业执法检查,与工商、质监、食药监等部门联合查处了一家劣质酒生产企业,依法没收"谷酒王"579瓶;在"3.15"开展了肉食品质量、知识产权知识宣传,并销毁了一批劣质酒。

〔国有企业转制工作〕 2013年,商务转制办紧紧抓住维护社会稳定这个中心,精心组织力量全面做好转制各项相关工作。一是了解转制职工、特别是对越自卫反击战伤残军人的思想动态,掌握情况,及时将党和国家的相关政策传达到转制职工和伤残军人中。二是积极为符合条件的转制职工办理医保参保手续。三是召开会议、研究对策、出台方案,有序推进南康医药总公司转制的各项工作。

〔国有转制企业剩余资产〕 2013年,市商务局国有转制企业剩余房地资产有:

一、原百纺公司天桥酒楼:上世纪(下同)80年代建,框架结构1层,建筑面积328平方米,地处蓉江西路,市委党校对面。

二、原煤炭公司房产:地磅房砖木结构1层8.91平方米,唐江煤站1085平方米;地处蓉江路与宝林路口的燃料大楼2楼及附属简易房,燃料大楼3、4、5层的扇形房,90年代建,建筑面积267平方米。

三、商业大厦:底层17间店面,90年代建,框架结构,建筑面积共计600平方米,地处蓉江路与旭山路十字路口。

四、原五交化公司商住房:80年代建,1套2间1厅,砖木结构,建筑面积63平方米,地处旭山南路(原红旗商店旧址)。

五、原唐江工业品公司下大街百货批发仓库及其附属房:60年代建,土木结构,占地面积1870平方米,建筑面积931平方米。

六、原唐江食品厂冰糖车间:占地约428平方米,地处原唐江木器厂对面。

七、原唐江商业分局办公楼:50年代建,土木结构2层,建筑面积528.81平方米,占地面积406平方米,地处唐江镇打铁街。

〔领导班子名录〕

商务局机关

局　长:钟定岩

副局长:邱家佑

　　　卢林峰

　　　刘　峰

　　　朱　军

工会主席:张玉梅(女)

招商服务中心

主　任:邱家佑(兼)

副主任:谢月煊

　　　董　毅

工会主席:尹年生

供销社

〔综述〕 2013年是深入贯彻党的十八大精神的起步之年,也是南康市供销社系统推进振兴发展的重要一年。一年来,在南康市委、市政府的正确领导和上级社的关心指导下,全系统干部职工紧紧围绕改革发展稳定这条主线，以服务三农为中心，以和谐发展为重点，各项工作取得了一定成绩,较好地完成了全年各项工作任务。

〔**机构队伍**〕 市供销社是为“三农”服务的合作经济组织,为市政府一级事业单位。年末市社机关设人事秘书科、合作指导科、经营管理科,有在岗在编人员6人,返聘人员5人。全系统下辖资产经营管理公司、烟花爆竹经营公司、农资公司、土产公司和龙岭中心基层社。

〔**经济效益**〕 2013年全系统商品购进、总销售、农副产品购进分别完成16220万元、21600万元、1460万元，同比分别增长15.6%、22.40%和17.5%,汇总利润实现25万元。

〔**“三送”工作**〕 全体“三送”干部根据包村联户的要求开展进村入户大走访，收集意见建议60多条。同时切实为农民群众解决农田水利、道路交通、水电线路和农村危旧土坯房改造等问题,为东山街办桐梓村在105国道旁修建了3个垃圾池，并筹资2万元修建了一条长60米、宽8米的水泥路,出资1万元捐赠给“三送”挂点的东山社区辖区内的赞贤小学,用于该校改善办学条件。认真开展矛盾纠纷排查工作,及时组织化解处理,全年帮助挂点村调解矛盾纠纷5起，促进了挂点村的和谐稳定。

〔**新农村建设工作**〕 按照新农村建设的工作要求,一方面大力开展农产品经纪人、合作经济组织领办人、再生资源分拣分类人员的业务培训工作,全市分南中北各举办了1~2期培训班，培训农民学员1500多人。另一方面落实好农村清洁工程的各项工作任务,发展再生资源回收网点149个,加强对农村可利用垃圾的技术指导和网络规划建设,有力促进了社会主义新农村建设。

〔**扶持农民专业合作社发展**〕 按照“加强扶持、积极指导、市场运作、注重实效”的总体思路,大力推进农民专业合作社建设，为合作社做好事、办实事、解难题。2013年推荐金色果业合作社申报全国供销合作总社新网工程建设项目，争取到总社下拨2014年实施项目扶持资金78万元；协助三清源大米、鑫发生猪合作社各获取28万元贴息贷款支持,解决了合作社融资难问题;指导红心果业合作社争创南康市级“十佳”示范社,获得财政奖励资金15万元;协调冠农果业合作社与市农业综合开发部门的联系,获得了2014年实施的110多万元修路及配套项目资金的扶持。2013年三清源大米专业合作社被全国供销总社评定为示范社，金色果业专业合作社被评为全省供销社系统百强示范社。

〔**经营服务**〕 全系统始终坚持服务为本，积极开展生产和生活资料供应、技术指导、市场信息等产前、产中、产后系列化服务,千方百计满足农民的生产消费需求,得到了农民群众的好评和赞誉。全年全系统一共供应各种农资商品3.6万吨，供应生活资料必需品300多种。

〔**资产管理**〕 把全系统剩余资产的拍卖转让、租赁等全部纳入了市招标投标中心进行规范管理。与赣州开发区管委会就潭东农资仓库纳入赣州综合物流园区项目改造建设达成协议，实现了社有资产的保值增值。

〔**安全稳定**〕 一年来，全系统按照落实信访维稳工作责任制的要求，花费了大量时间和精力做好信访维稳和安全生产工作，妥善处理改制遗留问题，协调有关部门为伤残军人和转制职工解决了合理诉求,为特殊利益群体解决实际困难,促进了和谐平安建设。协助30多名曾在供销社工作过的合作商店、城镇小集体职工顺利参加社会养老保险,为50多名家庭困难的转制职工申请取得了大病救助或工会补助总计3.5万元。同时抓好全系统经营场所、出租场所和烟花爆竹安全整治,督促整改安全隐患8处,社会管理综合治理和“六五”普法工作得到进一步加强,一年来,总体上保持了全系统的安全稳定。

〔**作风建设**〕 一年来，市社机关和全系统上下认真落实中央关于改进工作作风、密切联系群众的八项规定，深刻领会八项规定的内涵和加强作风建设的重要性。一是围绕中心工作和重点工作,推进机关干部下基层常态化，针对供销社改革发展中的问题,加强调查研究,一年来向上级报送调研材料10多篇。二是健全市社领导定期接访和信访包案制度,年内协调信访事项和解决实际问题20多起近百人次。三是加强值班工作,坚守工作岗位,提高办事效率,在全市机关效能建设评比中没有扣分,并在优化发展环境和干部作风建设民意测评中排名同比大幅靠前。

〔领导班子名录〕

主　任:陈超峰

党总支书记、副主任:王嘉明

副主任、工会主席:王一凡(女,　~2013、12)

副主任:陈振洪(2013、12~　)

烟草专卖局

〔综述〕 2013年,南康市烟草专卖局(分公司)在赣州市局(公司)的正确领导下,在南康市委、市政府的关心支持下,认真贯彻落实党的十八大精神和十八届三中全会精神,牢固树立"国家利益和消费者利益至上"的行业价值观,紧紧围绕"勇于跨越,更有作为,在新起点上全面推进卷烟上水平"的工作目标,秉承"和谐、敬业、文明、进步"的企业文化,坚持科学发展观,以人为本,不断深化内部改革,强化内部监督管理,加大市场整治力度,市场控制力得到明显增强,经济运行得到持续稳定健康发展。实现卷烟销售25205.6箱,同比增长8.12%;省产烟销售15463箱,同比增销985箱,增长6.81%,省外销售9743箱,省内、外比例为61:39;重点品牌销售16765.5箱,同比增销2165.3箱;金圣烟销售8316.48箱,增长了22.37%,金圣人均销量2.92条,卷烟人均销量8.84条,同比增长0.67条;网上结算客户2786户,网上结算面达81.17%,结算成功率在95%以上;现代终端上线180户,占总户数5.24%。实现利润5209万元。

〔机构队伍〕 2013年局(分公司)下设机构有:综合管理办公室、专卖监督管理办公室(稽查大队)、客户服务部、市局派驻内部专卖管理监督工作组。

下设专卖机构有:

市区中队,管辖区域:龙岭、龙回、蓉江、浮石、赤土、横寨、镜坝、东山、朱坊;

唐江中队,管辖区域:太窝、唐江、三江、凤岗、龙华;

横市中队,管辖区域:十八塘、横市、麻双、大坪、坪市、隆木。

下设客户服务部有:

蓉江客户服务部,服务区域:潭口、龙岭、龙回、蓉江、浮石、赤土、横寨、镜坝、东山、朱坊;

唐江客户服务部,服务区域:太窝、唐江、凤岗、三江、龙华;

横市客户服务部,服务区域:横市、麻双、大坪、坪市、十八塘、隆木。

年末在岗职工53人,其中正式工37人,聘用工16人。

〔网络建设〕 局(分公司)认真贯彻省、市局烟草工作会议精神,狠抓管理,齐头并进,在以市公司为经营主体"网上订货、电子结算、现代物流"的网建运行模式下,突出县级专卖执法主体地位,注重市场监管和内部监管。卷烟销售以服务为宗旨,增强了服务意识,提高了服务质量,建立了"正向督查、逆向调查、三线互控、捆绑考核"的监督考核分配体系,把系统外销量、品牌培育、打假破网、市场查处作为主要考核指标,做到专销有机结合,相互协作、相互监控。开展"按客户订单组织货源"工作,强化改革力度,实行全过程表单化质量管理。

〔卷烟营销〕 卷烟营销工作坚持"532、461"品牌发展战略,根据南康市场销售现状和消费特点,制定了《2012~2015年现代卷烟零售终端建设发展规划》、《卷烟价格自查实施方案》和《推广网上结算实施方案》等各项机制,坚持规范经营,改善服务质量,强化客我关系,狠抓品牌培育。立足本地、开拓市场、做强企业、做大品牌。一是完善制度、提升了管理水平。二是加强督导、提升了营销工作效率。三是细化考核,提升了经济运行质量。四是量价联动,提升了客户盈利水平。五是狠抓网上结算,提升了现代营销水平。六是推进终端建设,提升了网建管理水平。六是抓好培训工作,制定年度的培训细则和计划,严格按照培训计划表组织落实培训工作,并结合学习培训内容开展测试,以达到总结提高,学以致用。

〔烟草专卖管理〕 专卖管理围绕"注重实效、强化考核,全面推进卷烟打假破网和市场监管工作上水平"的工作要求,以"打团伙、破网络、端窝点"为重点，抽出精干人员组成破网络专职队伍，做到方法多样、灵活多变，加强组织严密性、扩大布控范围、注重线索收集、缜密侦察，认真开展新形势下“突出重点、坚持不懈、整体联动、综合治理”的卷烟打假工作，做到守土有责，保持打假高压态势，形成打假威慑力。2013年，专卖查处违法案件589起，其中销售假烟案件15起，未在当地烟草批发企业进货案件411起，无证经营案件147起，无证运输案件7起，非法收购案件9起，查获卷烟19421.4条，5万元以上的大要案8起，实现罚没收入379228.89元，破获了1起案值达21万余元的非法经营市标网络案件。全年受理许可申请693份，新办许可证358份，停业55户，歇业229户，延续24户，恢复营业18起，变更6户。

〔内管派驻组〕 专卖内管工作坚持“以内管促内控，以内控促自律”的工作理念，加强领导，落实责任，扎实推进内部专卖管理监督的有效开展。编制了《南康市局内管派驻组内部专卖管理监督工作流程及规范》，进一步优化了监管工作流程，内部监管工作模式逐渐成熟，监管体系逐渐完善。2013年，局专卖内管工作坚持“以内管促内控，以内控促自律”的工作理念，加强领导，落实责任，扎实推进内部专卖管理监督的有效开展。全年内部监管共处理系统预警5737条，启动调查核实程序24起。共销毁烟梗、烟沫及烟土497.53吨、废滤嘴棒16.271吨、废丝束14.951吨、废卷烟纸7.546吨，杜绝了废弃专卖品流人地下烟厂事件的发生。通过内管机构的改革和内管机制的完善，全市卷烟工商企业全年来未发生一起内部人员违法违规案件，内部专卖监督管理工作水平也得到了明显提高。

〔领导班子名录〕

局长(经理)：黄春海

副经理：廖英海

副局长：吕先庆

石油经营部

〔综述〕 2013年，在南康市委、市政府以及赣州分公司的正确领导下，紧紧围绕建设“诚信、创新、和谐、强盛”的新型石化企业目标，以“创先争优”为指导思想，以“为民服务创先争优”为活动主线，大力开展优质服务活动，全面提升加油站服务水平。2013年，在面对成品油消费需求增长乏力，成品油市场竞争加剧，资源间歇性紧张、长期低库存运作的复杂形势，紧紧围绕分公司年初工作会议部署，增强责任心，提高执行力，较好地完成了分公司下达的各项工作任务，并且有效的做好了南康成品油市场保供工作。

〔机构队伍〕 南康公司下设城区、城南、城北、龙回、龙岭、东山、赣丰、横寨、十八塘、横市、坪市、大广高速横市服务区东站、西站、赣定高速南康服务区东站、西站、共15座加油站，易捷便利店13个。队伍情况，共有员工145人，置换工8人、临时工137人。

〔油品、非油品购销〕 经营总量稳步增长。全年成品油零售量12.95万吨，同比增长5.97%，全市零售贡献率12.86%，零售经营总量在全省县分公司中排名第2名，全市县分公司中第2名。

非油业务增幅明显。全年非油品营业额708万元，完成年度任务的83%，同比增长27.13%；易捷精品营业额79.48万元，占非油品营业额比例11.22%；毛利额130.98万元，同比增长13.57%。

经营效益稳步提升。全年发售加油卡量18194张，完成年度任务的154%，同比增长263%；IC卡充值额1.7249亿元，完成年度任务的114.9%，同比增长67.49%；持卡消费量3.73万吨；上缴利税878万元。

〔石油市场〕 充分利用江西省人民政府与中国石油化工集团公司签订的战略合作协议配合当地政府科学地编制了加油站规划布局。到年底止，南康境内有加油站28座。其中南康石油经营部所属加油站有15座。进一步强化了市场管理。为加强行业管理，整顿石油市场秩序，配合有关部门对南康区域内的加油网点进行有效整顿，对所有的网点进行了隐患排查，发现问题及时处理。视情况分别做出了限期整改，停业整顿，从而进一步保障了石油市场规范、安全运行。发挥中石化主导作用，为“你创业、我服务”创造了条件。

〔安全管理〕 一是扎实开展“抓三百保平安”活

动。按照“三保、两防、一禁”的工作思路,认真落实安全生产责任制,层层签订HSE、数质量及综治工作责任状,全员签订安全承诺书,推进HSE进班组。结合岗位工作实际,落实“七想七不干”工作要求内容,深化全员岗位危害识别,狠抓隐患排查和治理,结合全员查找身边HSE“十大薄弱环节”活动,对重点环节、重点部位进行全面排查,消除事故隐患。二是强化加油站现场管理,严格落实加油站着装和手机管理规定。进一步完善各类应急预案,按照“预案在手、有事不慌、平日要练、急时会用”的要求,开展各类预案的演练活动,提高加油站员工应对突发事件的应急处置能力。三是积极组织油品升级工作。在时间紧、任务重的情况下,积极配合分公司职能部室,将油品周转期长的加油站的油品转运至销量大、周转期短的加油站进行销售,按时保质完成了国三普柴、国四汽油的油品置换升级。通过努力,全年未发生等级上报事故。

〔领导班子名录〕

经　理:孙永辉(2013.12~)

副经理:张朝宏

经理助理:刘繁梅

①

②

③

①2013年2月19日上午,市政府与广东省惠州市华星集团有限公司就葡萄产业园项目举行签约仪式,落户南康。市领导柯岩松、宋英、钟旭辉出席签约仪式。

②2013年2月27日,市农粮局组织工作人员来到龙回镇,开展农技、种子、科教等方面技术人员与农民面对面交流。

③2013年1月13日,南康市举行首届“红鼎轩杯”十大木匠工艺师大赛。

教 育

教育管理

〔综述〕 2013年，全市教育系统以赣南苏区振兴发展为契机，锐意进取，真抓实干，各项工作取得新成效。

1.办学条件明显改善。校舍建设稳步推进。投入校建资金1.33亿元，其中争取中央、省级资金8690万元，市本级安排资金4580万元，大力实施校安工程、城区学校扩容改建项目、乡镇公办幼儿园建设项目等校建项目125个，新增校舍面积8万多平方米。教育装备不断优化。筹集资金1510万元，用于添置仪器设备和装备多功能教室等。

2.师资水平不断提高。加强学校班子建设。推荐后备干部96名，提拔、重用了64人。优化师资队伍结构。通过自主招聘和特岗教师招聘等方式招聘新教师567名(自主招聘新教师245名，招聘特岗教师322名)，其中招聘硕士研究生14人，调入省级骨干教师1人。重视师德师风建设。通过大力弘扬师德模范先进事迹、历年感动中国人物事迹和“干部下基层、教师访万家”等主题教育活动，引导教师增强职业使命感和社会责任感，广大教师的思想政治素质和道德修养明显提高。注重教师业务培训。积极开展中小学校长培训、班主任培训、新教师岗前培训等，年培训达1万人次以上，有效促进了教师队伍的专业成长。全市小学教师达专科及以上学历有3087人(占82.28%)，初中教师达本科及以上学历有1636人（占85.21%)，高中教师达研究生学历有45人(占4.53%)。

3.教学质量稳步提升。坚持和完善教学常规管理制度，充分发挥片区教研协作组的作用，深化课程改革，教学质量全面提升。2013年高考，600分以上人数44人，占赣州市的21.05%；一本上线人数492人，占赣州市的12.91%；二本以上上线人数1396人，占赣州市的12.28%。邹磊同学以673分列赣州市理工类第一名，共有4人考取清华、北大。2013年，中考总分达702分以上的尖优生人数18人，占赣州市的10.40%；总分达663分以上的优秀生人数372人，占赣州市的17.29%；总分达624分以上的优良生人数1335人，占赣州市的15.73%。同时，不断完善片区教研制度，开展课改沙龙、同课异构、送教下乡、巡回示教、业务竞赛等活动106次，教师专业水平和教学能力得到很大提高。

4.素质教育扎实推进。德育活动亮点纷呈。各校围绕立德树人根本任务，以“我的中国梦”主题教育活动为主线，重点开展了行为习惯、诚信和文明礼仪“三项专题教育”活动。同时，扎实开展全省素质教育月、校园文化特色学校创建等活动，广大中小学生的素质得到提高，特长得到发展，个性得以张扬。文体活动丰富多彩。以“教育强市同心共筑中国梦”为主题，举办了第18届中小学文艺调演，充分展现了广大青少年学生多姿多彩的校园文化生活；积极实施“阳光体育”运动，举办了第

19 届"体彩杯"高(完)中学生篮球赛、第 19 届"体彩杯"中小学生田径运动会等体育比赛活动,为学生的终身发展和健康体魄奠定良好基础。各类竞赛喜获丰收。2013 年全市师生在各级各类比赛中取得了优异成绩:获得国家级奖 20 人次、省级奖 177 人次、赣州市级奖 538 人次;教育局获最佳组织奖 7 次;特别是在省中学生田径运动会上,南康市获高中组团体总分第一名,实现"三连冠"。

5.各类教育协调发展。一是义务教育发展趋于均衡。通过规范管理、划分学区、城区学校扩容改造等方式,城区"大班额"问题有效缓解;大力实施"农村薄弱学校改造"和"城乡学校结对帮扶"工程,全市优质教育资源覆盖面不断扩大。二是高中教育发展更具活力。整合利用现有高中教育资源,尽可能足额招生,高中阶段毛入学率 65.7%;大力实施普通高中改善办学条件工程,高中学校发展承载能力进一步增强。三是职业教育发展迎来新机遇。市职业中专以"国家中等职业教育改革发展示范校"为契机,大力推行"校企合作、订单培养"、"毕业生就业担保制"等措施,培养了一大批实用技术人才。2013 年,赣州市职教园区启动建设,一期工程约 3860 亩,现已完成征地 1700 亩。四是学前教育发展向"公办"迈进。市政府出台了《关于进一步加强公办幼儿园建设和管理工作的意见》等文件,启动了每个乡镇建设 1 所中心幼儿园工程。2013 年 11 所乡(镇)公办幼儿园,已做好征地拆迁等前期工作;同时,安排资金 1282 万元,用于南水新区幼儿园项目建设,项目已开工建设。

6.教育更加公平普惠。农民工随迁子女就学基本保障。高度重视随迁农民工子女入学问题,明确了随迁农民工子女入学的程序、手续等,2013 年秋季,城区新增学生 4327 人,其中小学 2943 人,初中 1384 人,基本保障了随迁农民工子女享有同等上好学的权利。"留守孩"关爱工程有效实施。建立了政府牵头,教育、综治、民政、计生协会、妇联、团市委等部门联动的"关爱留守孩"工作体系;创建了第一小学、横市中学、横市增坑小学等市、乡、村三级"留守孩亲情家园示范点"。安全维稳防线基础夯实。一年来,全市各中小学校实施"一岗双责",切实加强安全教育,严格落实安全措施,积极做好学校安全维稳工作,教育系统安全稳定,没有发生重大安全责任事故和越级上访事件。

2013 年,市教育局被评为第 28 届全国青少年科技创新大赛基层赛事优秀组织单位;被省教育厅评为 2012~2013 学年家庭教育工作和省家长函授学校办学工作先进集体;被赣州市教育局评为 2013 年度全市教育综合工作先进单位、2012~2013 学年度全市中学教学质量综合评价先进单位、2012~2013 学年度全市初中教学质量先进单位、2012-2013 年度全市现代教育技术工作先进单位和赣州市首届中小学教师信息化教学大奖赛活动最佳组织奖;评为南康市提案承办先进单位、代表建议办理先进单位等。

(刘建平)

〔机构队伍〕 2013 年,内设机构有:党办、行办、人事科、教育科、财务科、审计科、安监科、校建办、中招办、勤办、机关工会、机关党支部、高招办、电教室、教研室、学生资助管理中心、青少年学生校外活动中心。

2013 年 9 月年报统计,全市共有教职工 7222 人,其中专任教师 6891 人,校长 76 人,教辅、工勤人员 255 人。

学历情况:小学专任教师 3752 人,其中本科以上学历 1651 人,大专学历 1436 人,中师(含高中)学历 658 人,初中及以下学历 7 人,学历达标率为 99.81%,专科以上学历占 82.27%。初中专任教师 1920 人,其中硕士研究生 9 人,本科学历 1627 人,专科学历 267 人,中专(含高中)学历 17 人,学历达标率为 99.11%,本科以上学历占 85.20%。高中专任教师 993 人,其中硕士研究生 45 人,本科学历 928 人,专科学历 20 人,学历达标率为 97.98%。职业中专专任教师 113 人,其中本科学历 105 人,专科学历 6 人,高中学历 2 人,学历达标率为 92.92%。教师进修学校(含三室一站)专任教师 65 人,其中本科以上学历 53 人,专科学历 12 人。市幼儿园专任教师 33 人,其中本科学历 25 人,专科学历 5 人,中师(含幼师、高中)学历 3 人,学历达标率为 100%。特殊教育学校专任教师 15 人,其中本科学历 6 人,专科学历 9 人,学历达标率为 100%。

(刘建平)

〔师德师风建设〕 2013 年,坚持把师德师风建设

专任教师专业技术职称和年龄结构情况（不含校长和主持工作的副校长）

类别	职称＼年龄	合计	其中（女）	25岁以下	26—30岁	31—35岁	36—40岁	41—45岁	46—50岁	51—55岁	56—60岁	61岁及以上
小学	合 计	3752	2040	485	1411	396	181	247	289	282	461	0
	中学高级	36	20	0	0	2	9	13	6	6	0	0
	小学高级	1770	569	0	108	284	163	226	277	267	445	0
	小学一级	1251	892	57	1047	108	9	6	5	7	12	0
	小学二级	380	293	199	178	1	0	0	0	1	1	0
	小学三级	0	0	0	0	0	0	0	0	0	0	0
	未 评	315	266	229	78	1	0	2	1	1	3	0
	其中（女）	2040	0	409	1061	237	79	109	85	60	0	0
	少数民族	42	14	2	15	4	4	3	3	4	7	0
初中	合 计	1920	710	113	461	431	318	202	218	77	100	0
	中学高级	571	84	0	0	14	120	140	175	58	64	0
	中学一级	643	213	0	29	301	186	59	41	16	11	0
	中学二级	622	352	53	412	116	12	3	0	2	24	0
	中学三级	7	3	1	4	0	0	0	1	0	1	0
	未 评	77	58	59	16	0	0	0	1	1	0	0
	其中（女）	710	0	88	305	162	82	40	32	1	0	0
	少数民族	26	14	3	8	4	2	4	4	1	0	0
高中	合 计	993	400	85	241	255	121	118	127	35	11	0
	中学高级	358	87	0	0	6	81	104	123	34	10	0
	中学一级	339	147	0	69	216	36	13	3	1	1	0
	中学二级	205	107	28	141	32	2	1	1	0	0	0
	中学三级	10	5	0	8	1	1	0	0	0	0	0
	未 评	81	54	57	23	0	1	0	0	0	0	0
	其中（女）	400	0	59	129	113	46	34	17	2	0	0
	少数民族	16	7	1	5	3	0	0	5	2	0	0

放在教师队伍建设的首位，常抓不懈。一是印发了《关于在全市教育系统广泛开展“干部下基层、教师访万家”活动的通知》，广泛开展了“干部下基层、教师访万家”活动，并及时做好总结表彰工作；二是印发了《关于强化师德师风教育切实规范教师从教行为的紧急通知》，制定了《南康市教师队伍师德师风建设专项整治工作方案》，开展了师德专题教育、师德专项排查、师德专项督查等活动；三是转发《关于坚持立德树人深入进行师德师风专项教育和整治的紧急通知》和《关于做好师德先进典型学习宣传工作的通知》，认真做好《师魂》的征订和学习宣传；四是完善了师德师风考评制度，组织开展了考核工作；五是开展了“十佳教师”、“十佳班主任”、“十佳校长”“优秀教师”、“优秀班主任”、“优秀教育工作者”评选活动，市政府表彰了杨赛明等10名“十佳教师”、吴继康等10名“十佳班主任”、刘毓球等10名“十佳校长”、邓瑞金等50名优秀教师、黄丽梅等40名优秀班主任、明邦胜等30名优秀教育工作者。

（刘建平）

〔**教育督导工作**〕 1.教育工作综合评估。抽调教育局部分机关干部及教育督导评估专业人才库人员，分成5个组，对全市各中小学校的“办学思想、领导班子建设、师资队伍建设、学校工会工作、学校管理、教育管理、教学管理、教育宣传、安全稳定、电教仪器青科辅”等十个方面进行评估检查，评定出南康中学、第二中学、职业中专、第六中学、第三中学、龙岭中学、唐江红旗学校、第八中学、朱坊中学、凤岗中学、横市中学、坪市中学、内潮中学、第一小学、实验小学、第六小学、逸夫小学、第五小学、镜坝中心小学、平田中心小学、第四小学、龙华中心小学、朱坊中心小学、横市中心小学等24所学校为2012~2013学年度综合评估先进单位。

2.义务教育合格学校评估。三江中心小学、龙岭中心小学、浮石中心小学、镜坝中心小学、三益中心小学等校及其所辖村小，第五小学所辖村小，第四小学、凤岗中学、18塘中学、连城初中等校接受了新一批“义务教育合格学校”评估，均以较好成绩获得通过。至此，2011~2013年三年新一轮义务教育合格学校评估任务全部完成，全市所有中小学均顺利通过评估。

3.督学责任区建设。根据国务院《教育督导条例》(国务院第624号令）和国务院教育督导委员会办公室《中小学校责任督学挂牌督导办法》的要求，开展南康市中小学校责任督学挂牌督导工作。印发了《南康市责任督学挂牌督导实施方案》，将全市划分为北部、中部、南部及城区4个督学责任区，聘请了35名责任督学和74名督学助理，每名责任督学负责督导1个乡(镇、片区)学校或1~3所学校，每所中小学校聘请1名责任督学助理，责任督学挂牌覆盖所有中小学校。召开了全市责任督学工作会议，明确了挂牌督导工作主要措施，所有学校均已在校门口显著位置悬挂统一制作的“责任督学公示牌”。

(刘建平)

〔**教育审计**〕 2013年教育审计工作坚持“依法审计、服务全局”的审计方针，结合市局2013年工作思路和群众关注的热点问题，认真履行审计监督职能，全面开展了学校离任法人任职期间经济责任审计工作。共审计19所法人学校，主要涉及2009年9月1日至2013年8月31日会计资料，审计各项收入资金人民币11638多万元（其中专项资金4688万元）。充分发挥内部审计“免疫系统”功能，督促学校进一步规范财务收支行为，确保公用经费主要用于教育教学开支，防范“举债办学”带来的风险；向市局提交汇总审计报告1份，并提出建议和设想3条。

(刘建平)

〔**网点调整**〕 1.合理调整教学网点布局。根据国务院、省政府关于规范农村义务教育学校布局调整意见，下发了《南康市义务教育学校布局专项规划(2013~2015年)》，科学合理整合规划义务教育资源。根据“尊重民意、方便入学”的原则，2013年撤并了赤土小水教学点、镜坝西坑教学点，恢复了浮石乡高车小学(教学点)，将三江乡赤湖小学、朱坊荷树小学、朱坊新民小学由教学点调整为村完小。

2.进一步扩充城市教育资源。第四小学、第五小学、赞贤小学、第八中学等学校扩大办学规模，满足进城农民工子女就学需求。2013年，城区中小学比2012年新增学生4140人，其中初中增加学生1197人、小学增加学生2943人。

(刘建平)

〔**德育工作**〕 2013年，中小学德育工作按照“贴近实际、贴近生活、贴近时代”要求，以“中国梦”主题教育活动为主线，以“行为习惯教育、诚信教育和文明礼仪教育”等三项教育为切入点，扎实开展“弘扬雷锋精神、建设心灵家园”主题教育读书活动、“复兴中华、从我做起”读书征文活动、素质教育月活动，暑假读一本好书活动等。

2013年，中小学德育工作成效显著：教育局被评为全省家庭教育工作先进集体，第五小学被评为全省家庭教育工作先进教学点；第五中学七(17）班等6个班集体被评为“赣州市雷锋班集体”，逸夫小学王天宇等2人被评为赣州市“美德少年”，南康中学钟鸿豪等23人被评为江西省优秀学生干部、三好学生；南康中学何显山等6人获赣州市首届班主任“育人风采”展示活动二等奖。张辰等55名学生分别获全省素质教育月主题征文一、二、三等奖；何显山等6人获江西省第二届中小学班主任专业技能竞赛二、三等奖。“六一”期间，第一小学开展的“我的梦·中国梦”签名活动，“爱在留守·共圆中国梦”游园活动和书法教育得到鹿心社省长的高度评价。

(刘建平)

〔**校园文化建设**〕 各中小学按照“优势项目一学

校特色—特色学校—品牌学校”的发展思路,坚持走内涵发展之路,“一校一品”的校园特色文化格局基本形成。以第三小学为代表的“书香文化”,以赞贤小学为代表的“廉政文化”,以第一小学为代表的“书法文化”,以第三中学为代表的“礼仪文化”,以龙回祖炎小学为代表的“红色文化”,以大坪中心小学为代表的“根雕艺术文化”等各具特色。2013年,全市围绕“读好书、写好字”主题,深入开展“书香校园”创建活动。一是举行了全市中小学生“好书伴我成长”、教职工“书香讲坛”主题演讲比赛;二是举办了全市师生书法作品展示及评选活动;三是开展了全市中小学书法教师优秀书法教案评选活动。

(刘建平)

〔**教育经费**〕 1. 教育经费财政拨款比2012年增长,且增长比例高于财政经常性收入增长比例的1.50%。2013年教育经费拨款98470万元,比2012年92452万元增加6018万元,增长6.50%;2013年财政经常性收入37489万元,比2012年35731万元增加1758万元,增长4.92%;2013年教育经费拨款增长比率高于财政经常性收入增长比率1.58个百分点。

2.继续深入贯彻义务教育经费保障机制改革精神。2013年,义务教育学校学生免除学杂费、住宿费,免费提供教科书,补助家庭经济困难寄宿生生活费,实施农村义务教育学生营养改善计划。提高了公办义务教育学校公用经费补助标准:小学每生每学年560元(不满100人的教学点按100人补助),初中每生每学年760元;继续补助民办义务教育学校学生学杂费;继续按小学每生每学年1000元、初中每生每学年1250元的标准补助家庭经济困难寄宿生生活费;对全市义务教育学校学生(含民办)免费提供教科书。

(刘建平)

〔**中小学收费**〕 严格执行收费政策,贯彻落实收费公示制及工作责任制,规范中小学服务性收费和代收费的管理,坚决杜绝教育乱收费。

(吴建平)

〔**学生资助**〕 完成教育“民生工程”各项任务。一是完成了义务教育阶段公用经费和学杂费补助工作,补助人数123982人,补助金额7256.13万元。二是完成了义务教育阶段中小学校免费提供教科书工作,免教科书人数123982人,补助金额1535.02万元。三是完成了义务教育阶段家庭经济困难寄宿生生活费补助工作,补助人数3976人,补助金额481.48万元。四是完成了普通高中贫困生国家资助金补助工作,补助人数2920人,补助金额438万元。五是完成了高考入学政府资助金发放工作,发放人数424人,发放金额212万元。六是完成了中职国家助学金资助工作,补助人数2319人,补助金额173.93万元。七是做好了农村义务教育学生营养改善计划的实施工作,实施学校326所,惠及学生76809人,其中农村小学56517人,农村中学20292人。八是做好了生源地信用助学贷款工作,贷款人数3536人,金额2113.57万元。

(吴建平)

〔**党建工作**〕 2013年,市教育局党委设书记1名、副书记1名,党委委员5名,管辖基层党组织30个。共有正式党员1090名,预备党员13名,入党积极分子32名。一年来,教育局党委以邓小平理论、“三个代表”重要思想、科学发展观为指导,以学习贯彻党的十八大精神和十八届三中全会为主线,以深入开展“三送”活动为着力点,大力实施基层党组织活力工程,深入开展“中国梦”主题宣传教育活动和学习宣传贯彻习近平总书记重要讲话精神系列活动,广泛开展向龚全珍、兰辉同志学习活动,大力开展党员“先锋创绩”活动、“廉政文化进校园、进机关”活动、“党的基本知识进校园”活动和建党92周年、建国64周年纪念活动,积极探索基层党建工作方法和途径。

(吴建平)

〔**教育宣传信息**〕 重视教育宣传工作,为南康教育发展营造了良好的氛围。一是积极做好宣传平台建设工作。编印内部刊物《南康教育》10期,印发1200多份;充分利用南康教育网,及时、全面、准确地宣传教育系统先进典型人和事。二是推出了一批有深度、有分量的宣传作品。有100多篇新闻、信息被国家级报刊、杂志和新闻媒体录用,有410多篇被省、赣州市报刊、杂志和新闻媒体录用;有360多条被《南康手机报》刊用,220多篇稿件被南康广播电视台采用，被采用稿件数量在全市遥遥领先。三是加强了网络舆情的正确引导，指定专人进行跟踪引导，积极引导网络舆论与全市经济和社会发展思路相统一。四是配合做好了全市统一电子政务平台建设工作和政务信息公开工作，及时报送了相关政务服务事项台账，在政府信息公开网公开教育信息390多条。

（吴建平）

〔**安全稳定**〕 市教育局坚持“安全第一、预防为主”的理念，注重教育与管理并重，有针对性地开展了一系列安全教育活动和安全隐患排查整治行动。一年来，杜绝了学校安全责任事故和重特大事故的发生，一般事故大幅下降。

1.安全教育工作。一是多措并举开展了“学生防溺水安全教育”活动，切实增强了广大师生的防溺水意识和自护自救能力，形成了家校共管，多方联动的防溺水安全工作机制。二是切实上好“开学安全第一课”。各校将开学第一课列为学校安全教育课，并结合季节特点，向学生传授防溺水、防交通事故、防雷、防汛、防山体滑坡、防传染病、防食物中毒等安全知识，提高学生安全防范意识和能力。三是精心组织应急疏散演练。各校开展了应急了疏散演练，并做到分工明确，责任到位，确保每一位参与演练的教师明确自己的岗位和职责，每一位参与演练的学生清楚演练的所有程序和各项要求。四是开展了中小学生安全知识竞赛活动，通过此次竞赛活动，提高了学生安全意识，增强了安全防范能力。

2.安全管理工作。一是建立健全学校安全管理制度。建立了《南康市教育系统地震应急预案》，完善了《学校火灾事故应急预案》《防校园踩踏事故应急预案》《学校甲流防控应急预案》等一系列制度和应急预案。二是全面排查整治学校安全隐患。各校把安全隐患排查列入日常管理中，发现安全隐患第一时间上报安全台帐网络管理系统，并根据隐患类别和性质采取相应整治措施。三是进一步强化学校安全保卫工作。按规定配足配好学校保安，加强保安管理。2013年，全市义务教育阶段学校共聘请293名保安，市财政每名保安补助1万元。严格学校门卫制度，切实做好外来人员和车辆登记及必要的验证工作，坚决杜绝无关人员和车辆进入校园。建立健全学校领导、值周值日教师、学校保安人员的校园巡查制度。

3.专项整治工作。一是纵深推进校车交通安全集中整治工作。市政府印发了《南康市校车安全管理实施办法》(康府发〔2013〕6号)，进一步明确了乡(镇)及校车安全管理联席会议成员单位的工作职责，对校车管理工作提出了具体要求；市安监、教育、公安交管、交通运输等部门组成三个督查组，对全市各乡(镇、街道)校车安全进行了专项整治，共排查出29辆幼儿园接送车存在未办理校车手续、未喷涂校车专用标识等违规行为，下发了整改通知书，并依法对这29辆违规接送车进行了取缔。二是认真开展学校食堂食品安全专项督查。教育局组织中小学开展了食堂食品安全自查，并会同市食品药品监督管理局对学校食堂进行了专项检查。通过检查，指导帮助学校建立了以校长为第一责任人的学校食堂食品安全责任制，配备了专职食品安全管理人员，明确了岗位职责，落实了食品安全管理措施，有效防范食品安全风险。三是积极开展校园及周边环境集中整治行动。开展了多次校园及周边环境集中专项整治行动，共清查排除了校园周边可疑人员3名，清理整顿违规经营饮食店、流动摊点96个，整治违规经营网吧19个，取缔校园周边200米范围内的网吧、电游室、音像书刊点及容易滋生“黄赌毒”等社会丑恶现象的歌舞娱乐、洗浴按摩场所24个，治理学校周边交通安全隐患32处，设立减速带28条、警示灯25个，取缔违规接送幼儿车29辆，拆除校园周边违章建筑12栋。四是大力开展教育系统消防安全保卫工作。开展了为期三个月的“消防安全大排查大整治活动”，下发了《南康市教育系统深入开展消防安全大排查大整治活动工作方案》，全面排查整治火灾隐患。同时，组织包片领导和挂点干部深入各校，对全市各中小学校消防安全大排查活动开展情况进行了全面督查，共督查学校76所，发现消防安全隐患22处，下发整改通知单22份，整改到位22处。

（吴建平）

〔**教育工会**〕 教育系统工会下辖基层工会80个，工会干部152名，会员7222名，其中女会员3328名。教育工会结合重点工作，开展了各种有益于教工身心健康和学校和谐发展的活动，取得了良好成效。一是深入学习贯彻党的十八大和十八届三中全会精神，重点开展了“爱党颂党促振兴”系列活动，组织局干部职工深入到“送政策、送温暖、送服务”工作联系点开展专题党日活动。二是积极开展创先争优活动，组织开展“中国梦.劳动美”主题系列活动，举办了“中国梦.我的梦”教师才艺比赛活动，积极开展了“金秋助学”活动。三是切实维护教职工合法权益。大力开展“送温暖”活动，为教职工办维权实事80多件，走访慰问职工资金达10多万元。四是进一步完善民主管理制度，充分行使工会的“知情权、评议权、参与权、监督权和决策权”，全面落实教代会职能，有效保障职工的合法权益。

2013年，教育系统工会被省教育工会评为“全省教育系统先进工会”，被南康市总工会评为“工会重点工作目标管理考评先进单位”、“工会宣教工作先进单位”。

（吴建平）

〔**教师在职进修**〕 2013年，按照“科学规划、强化管理、不断创新、突出特色”的工作思路，圆满完成了上级各类培训任务，为建设师德高尚、业务精良、善于开拓、充满活力的师资队伍打下了扎实基础。

1.教师培训。一是远程培训。全市参训人数7394名，参训率100%。市教师进修学校被评为全省“中小学(幼儿园)教师全员远程培训工作先进集体”。二是“国培计划”培训。“国培计划(2013)江西农村教师培训”人数1015名，“国培计划(2013)置换脱产研修”人数121名，“国培计划(2013)幼儿教师培训者研修”人数3名，“国培计划(2013)示范性集中培训”人数8名，“国培计划(2013)江西省幼儿教师网络研修工作室培训者培训”人数4名，“国培训计划(2013)江西省农村幼儿园园长研修班”人数1名，“国培训计划(2013)—江西省中小学网络工作室教育培训者培训”人数8名，“国培计划(2013)—江西省农村初中英语教师短期集中”人数1名，“国培计划(2013)江西省农村小学科学(专兼)教师短期集中培训班”人数2名。三是公需科目培训。开展了《科学素养与科研方法》公需科目培训，参训人数7394人。四是送教下乡活动。聘请赣州市中小学优秀教师讲师团来南康市授课8场，培训中小学、幼儿教师1000多人。组建了南康市中小学优秀教师讲师团，分批赴农村中小学开展送教下乡活动，共培训中小学、幼儿教师3000多人。五是心理健康辅导员资格培训。组织了275名教师参加赣州市中小学教师心理健康辅导员资格培训。六是新教师培训和班主任培训。培训小学新教师324人，组织258名骨干班主任参加中国教育学会中小学德育分会举办的“提升尊重意识，培养健康人格”专题培训。七是小学英语骨干教师培训。举办小学英语骨干教师培训班，聘请了四位美籍教师授课，培训小学英语教师90人。八是幼儿教师《3~6岁儿童学习与发展指南》培训。分二批次对220名幼儿园骨干教师进行《3~6岁儿童学习与发展指南》专题培训。

2.教育干部培训。培训小学校长50人，幼儿园园长82人。选送3人参加教育部举办的“农村校长”培训班；1人参加全省第33期高(完)中校长任职资格培训；1人参加全省第34期高(完)中校长任职资格培训班；3人参加赣州第22期初中校长任职资格培训班。

3.学历提高培训。与西南大学开展网络教育联合办学，开展汉语言文学、数学、英语、小学、学前教育等专业本、专科教育，在籍学员390人。与赣州师范高等专科学校开展函授大专联合办学，招收学前教育专业函授大专学员38人。与赣州师范高等专科学校、南昌广电中专开展中专幼师联合办学，在籍学员521人。

（吴建平）

〔**教育科研**〕 1.课题研究。2013年全市立项课题共116项，其中省级课题30项，重点课题5项；设区市级课题86项。全年结项课题共45项，其中省级结项课题9项，设区市级结项课题36项。课题研究的范围覆盖全市各级各类学校。一大批中青年教师已成为教科研骨干，教科研成果或阶段成果已开始在教育教学中发挥效益，教科研意识和观念深入人心。

2.教研活动。为提高教师业务素质，共组织开展20次教育科研活动：举行了南康市初中化学优质课展评活动，评出一等奖3名，二等奖3名；举行了初中语文基础年级送教到片活动；举行了初中数学教师综合素养比赛，评出一等奖47名，二等奖69名；举行了初中英语新课程优质课竞赛，评出一等奖3名，二等奖3名；举行了初中思想品德新课程优质课竞赛，评出一等奖3名，二等奖3

名;举行了全市首届小学语文教师素养大赛,评出一等奖5人,二等奖10人;分学科召开了中考复习研讨会;举行了全市第二届小学英语优质课竞赛活动,评出一等奖6人,二等奖9人;召开了全市小学语文低年级教学问题透视及对策研讨会;召开了全市小学六年级语文、数学教学研讨会;举行了中、小学修订教材培训会;开展了小学教学"问题征集、研讨"活动;举行了初中化学教师说课竞赛,评出一等奖15名,二等奖14名;举行了城区小学古诗词教学竞赛,评出一等奖3名,二等奖5名;召开了全市中、小学教学工作会议;举行了城区小学数学教师选拔赛;举行初中思想品德课教师说课比赛,评出一等奖11名,二等奖11名;举行了小学数学课堂教学竞赛活动,评出一等奖5名,二等奖10名;举行了初中新教师系列教学技能素养大赛之教学设计竞赛,评出一等奖99名,二等奖135名;举行中小学课业负担调查活动。

3.教研成果。南康市教研室被省教育厅表彰为"全省示范性教研室",有4名教研员被省教育厅表彰为"优秀教研员",有2名教研员被赣州市教育局表彰为"优秀教研员";2013年《江西教研》杂志第5期以专刊形式对南康教研经验作了具体介绍;共有32名教师在赣州市级以上教学业务竞赛中获奖,其中省一等奖1人;省二等奖1人,设区市一等奖17人,二等奖12人,三等奖1人;市实验小学编写的《南康市实验小学安全教育校本教材》在江西省义务教育阶段新课程优秀地方教材、校本教材评选活动中获一等奖;逸夫小学编写的《中华经典诗文诵读》获二等奖;共有192名中学生在赣州市级以上学科竞赛中获奖,其中国家级二等奖4人、三等奖8人;省一等奖3人、二等奖12人、三等奖32人;赣州市级一等奖54人,二等奖40人、三等奖39人。

(吴建平)

〔**勤工俭学**〕 勤工俭学以"服务"为宗旨,认真做好校服、作业本的征订工作,不断加强教育行业风险管理体系建设和学生平安保险的投保工作,切实做好学校和学生安全防范风险转移工作。根据上级主管部门的要求,在学校试创办小菜地、小食堂等,为全面推行素质教育提供劳动实践场所。

(吴建平)

〔**校舍建设**〕 2013年,全市筹集校建资金17225.5万元,其中中央补助资金3516.6万元,省级补助资金6287.4万元,县级配套资金786.5万元,县级教育费附加4266.5万元,地方基金2123.5万元,社会捐助资金65万元,其他资金180万元。

大力实施校建项目154个,新增校舍面积9.87万平方米。其中实施了南水新区幼儿园、东山中心小学整体新建工作;实施了市幼儿园附属工程、第一小学附属工程、第四小学2号教学楼工程、南水中学附属工程、第六中学东校区新建教学楼及附属工程等扩容工程建设项目;实施了赤土民族乡、唐江镇、横寨乡、大坪乡、横市镇、太窝乡、镜坝镇等7个乡镇公办中心幼儿园建设项目前期工作,建成后,面积可达12240平方米;实施了学前教育校舍改建资金工程项目11个,建筑面积3207平方米;实施了本级教育费附加安排校安工程项目56个,建筑面积23300平方米;实施了中小学校舍安全工程省级资金项目7个,建筑面积5940平方米;实施了农村中小学校舍维修改造工程项目6个,建筑面积6190平方米;实施了农村义务教育阶段学校校舍维修改造长效机制中央追加专项资金日常维修改造和抗震加固工程项目6个,建筑面积6450平方米;实施了中西部农村初中校舍改造工程项目1个,建筑面积1600平方米;实施了大班化小班资金(薄弱学校工程)项目2个,建筑面积3650平方米;实施了边远艰苦地区农村学校教师周转宿舍建设工程项目2个,建筑面积1120平方米;实施了农村义务教育学校标准化建设工程项目44个,建筑面积38546平方米;实施了民族乡教育事业发展资金工程项目1个,建筑面积1000平方米;实施了普通高中改善办学条件工程项目4个,建筑面积7732平方米。

(吴建平)

〔**中小幼教育**〕 1.幼儿教育。全市共有独立设置的幼儿园337所(城市64所,农村273所),其中,公办园1所(市幼儿园),民办园336所,小学附设幼儿园(学前班)223所。赣州市级示范幼儿园4所(市幼儿园、中心幼稚园、清华现代幼儿园、青少年宫幼儿园蓝田分园),南康市级示范幼儿园13所(青少年宫幼儿园国际公馆分园、青少年宫幼儿园泰康分园、青少年宫幼儿园欧陆经典分园、太窝乡苗苗幼儿园、镜坝镇贝贝幼儿园、蓉江街道六一幼儿园、浮石乡欢欢幼儿园、东山街道小燕子幼儿园、唐江镇蓝天幼儿园、东山街道大拇指幼儿园、蓉江街道向阳幼儿园、龙回镇小毛幼儿园、龙华乡星星幼儿园等)。现有在园幼儿38440人(公办幼儿园580人，附设学前班5718人，民办幼儿园32142人)，教职工2514人(在编公办幼儿园35人),园长及专任教师1904人,获中专及以上学历1819人。学前三年幼儿入园率81.8%,学前一年幼儿入园率93.8%。

2.小学教育。全市共有小学306所(含教学点125个),教学班2180个,在校学生87953人。适龄儿童入学率100%,在校学生巩固率99.98%,小学升入初中阶段比例达100%。

3.中学教育。全市共有普通高中3所(省级重点中学),完全中学1所(省级特色高中),初级中学35所,九年一贯制学校2所(唐江红旗学校、新世纪中英文学校),共有教学班950个,其中高中295个,初中645个;在校学生55071人,其中高中生17269人，初中生37802人。初中巩固率95.04%,高中阶段毛入学率65.70%,高中在校生巩固率96.48%。

4.特殊教育。以随班就读为主体,以特殊教育学校为骨干，努力保障残疾少儿与正常少儿同步接受义务教育。2013年,市特殊教育学校开设一、二、三、四、五、七年级,招收听障、智障儿童109人,其中听障42人,智障67人,综合施策,对残疾儿童开展基础教育、启智教育和语言训练康复训练。普通中小学全面落实"随班就读"政策,全市在校残障少儿528人,随班就读儿童419人,残疾少儿入学率达93.5%。

5.素质教育。落实素质教育措施有力。一是开齐艺术和体育课程,实施大课间体育活动,保证学生每天锻炼1小时。二是持续改善体育实施,落实《国家学生体质健康标准》,大力开展"阳光体育"运动,激发学生热爱运动、参与运动的热情。三是以赣州市第十一届"英东杯"文体竞赛活动为载体,继续开展文艺调演、高中生篮球赛、田径运动会等各类文体活动,促进了广大中小学生、幼儿素质的全面提高。文体活动丰富多彩。一是举办以"弘扬苏区精神,推动教育强市"为主题的第十八届中小学文艺调演,共有16所学校参加,演出节目46个。评选出"先进单位"16个,"优秀节目"24个,"优秀导演"16名,"优秀演员"160名。二是举行第十九届高中生篮球赛,全市5所高中、中职学校组队参赛。三是举行第十八届中小学生田径运动会，全市共有57个代表队,360名运动员参加了66个项目的比赛。素质教育成果丰硕。在全省中学生田径运动会上，南康市代表队获高中组团体总分第一名。在全省中学生篮球锦标赛上,南康中学女篮获第二名,男篮获第三名。在赣州市第十一届"英东杯"文体竞赛活动上,南康市代表队获田径运动会团体总分第一名,并获"道德风尚奖",连续18年夺得赣州市第一名;获得男子篮球比赛第二名、女子篮球比赛第二名;获文艺类一等奖3项,二等奖5项,三等奖11项。在全省第五届中小学生、幼儿展演活动中,第一小学校园剧《中华少年》获三等奖。在赣州市第十一届中小学幼儿在赣州市中小学教师才艺选拔赛上,4人次获二等奖,4人次获三等奖。

(吴建平)

〔**社会力量办学**〕全市共有民办中等职业学校2所，分别是南康电子工业学校、南康科汇技工学校。

1.科汇技工学校。2004年由江西省劳动保障部门批准设立,开设计算机应用、电子技术应用、数控模具、服装设计、幼儿教育会计等专业。现有教职工60人，专任教师40人，学历教育在校生503人。

2.电子工业技术学校。1996年由赣州教育局批准设立,开设汽车高等教育、中职教育、技能培训;汽车贸易、汽车美容、汽车维护与检测(汽车维修)等专业。现有教职工16人,专任教师16人,学历教育在校生152人。

(伍复晁)

〔**教育技术装备**〕1. 组织实施了2013年农村义务教育薄弱学校改造工程。基本完成了隆木中心小学等26所中心小学教学设备类和龙华中心小学等9所学校"班班通"项目的建设任务。南康市电教仪器室被省教育厅评为全省"农村义务教育薄弱学校改造计划"教学装备类先进单位,陈晓男、王建中两位同志被省教育厅表彰为全省"农村义务教育薄弱学校改造计划"教学装备类先进个人。

2.在高中生综合实践活动和通用技术设计竞赛中,获省级奖43人次,获赣州市级奖64人次。南康市教育局荣获赣州市综合实践和通用技术竞赛优秀组织奖,南康中学荣获省综合实践活动竞赛及通用技术设计竞赛初赛团体一等奖,南康二中、南康三中、唐江中学荣获竞赛初赛团体三等奖。

3.组织参加了优质课评比竞赛活动。选送实验小学刘园作品《生活中的静电现象》荣获首届全国中小学实验优秀案例展演一等奖;选派实验小学郭婷老师参加全省2013年小学优质课评选活动,荣获二等奖。

(伍复晁)

〔**现代教育技术**〕 1.在第十二届江西省中小学电脑制作活动中,获国家级奖2项、省级奖23项、赣州市级奖26项。

2.在第十九届江西省中小学、幼儿园教师优秀教学资源评比活动中,获省级奖36项、赣州市级奖183项,南康市教育局获赣州市优秀组织奖。

3.在江西省第三届中小学教师"班班通"应用现场赛课、说课活动暨赣州市首届中小学教师信息化教学大奖赛中,第六中学邱隆斌老师获赣州市初中组化学学科一等奖,并代表赣州市参加省决赛,获省一等奖。

4. 在高中生英语听力竞赛中,获省级奖21项、赣州市级奖104项,18名教师获第十二届江西省高中英语听力竞赛优秀指导奖,55名教师获2013年赣州市高中英语听力竞赛优秀指导奖,市教育局被评为2013年赣州市高中英语听力竞赛优秀组织单位。

5.在2012~2013年度赣州市现代教育技术工作评比中,南康市教育局被评为先进单位,陈晓男同志被评为先进工作者。

6. 南康中学被省教育厅表彰为2013年江西省中小学现代教育技术示范学校建设先进单位。

(伍复晁)

〔**青少年科技教育**〕 1.青少年科技创新大赛继续保持在全省和全国的领先地位。2013年,南康市在各级青少年科技创新大赛获奖数量创历史之最,获国家级奖9项、省级奖26项,赣州市级奖71项,市教育局获全国"基层赛事优秀组织单位",这是南康市第五次获得全国优秀组织单位奖;第四小学的科技实践活动《好习惯伴我幸福成长》(指导老师:黄先湖、赖登明、肖飞)获全国一等奖,南康市已连续三届获得该项目全国一等奖;《公共体检亭》等3个项目获全国二等奖;《新型公交汽车投币箱》等3个项目获全国三等奖;南康三中阳旭坤同学获清华大学环境友好青少年科技创新奖,第六小学获江西省"十佳创新学校"奖。

2.在第十九届全国青少年信息学(计算机)奥林匹克联赛(江西赛区)中,南康三中李楠同学获省提高组二等奖;南康中学钟达成、曹聚阳同学获提高组三等奖;南康三中叶开、卢宇同学,南康六中周佐运、伍振汉同学获普及组二等奖;南康三中黄子宬、刘良镇同学获普及组三等奖;第一小学李强奋同学获初级组三等奖。另有34人获赣州市级奖。

3.在江西省第十一届青少年科技教育论坛论文征集评选活动中,龙岭中心小学钟建新老师的论文《浅谈农村小学科技教育的现状与对策》获一等奖,张黄娱、刘芳玲、钟北京、赖华芳、刘诗芳、刘媛6名教师的论文获二等奖,钟立祥、袁慧芳2名教师的论文获三等奖。

(伍复晁)

〔**青少年校外活动**〕 南康市青少年学生校外活动中心是2004年国家返还省彩票公益金扶持的自建项目,2010年12月,经南康市编委批准正式成立,隶属南康市教育局,系全额拨款事业单位。

作为南康市唯一一所面向青少年学生的公益性校外教育基地,活动中心始终坚持公益为主,以青少年学生为主要服务对象,把中心办成青少年学生"学习才艺、增长见识、提升素质、展示自我"的平台,开展丰富多彩的校外教育活动,赢得家长认可,获得社会赞誉。2013年,中心被授予"赣州市三八红旗集体"的光荣称号。

开展社会公益活动。每周一、二、三、四下午课外活动时间,中心各活动室向青少年学生免费开放。2013年,中心开展了中小学生科技创新制作展览、"永远热爱党,永远跟党走"中小学生书画大赛、"弘扬苏区精神,激扬红色梦想"卡拉OK比赛、"七波辉杯"唱红歌贺新年文艺汇演、"七波辉杯"金色童年少儿才艺大赛、教育系统"中国梦我的梦"中小学教师才艺大赛等主题教育活动、积极参与并组织了全市中小学生文艺调演等大型文体活动。同时，与城区中小学联合，组建舞蹈队、合唱团、乒乓球队，开展文艺联演、才艺大赛、手工剪纸等竞赛活动。

开展特长培训和实践活动。活动中心及下属各活动站开设民族舞、拉丁舞、绘画、书法、乐器、小主持人、声乐、新概念英语、阅读与写作、数学思维训练、科学小博士、棋类等20多个特长班。与市青科辅办公室密切配合，每年组织一次全市青少年科技创新大赛，开展科普知识讲座、小发明、小制作等活动。积极开展劳动与社会实践教育：如组织学生到第五小学劳动基地学习农作物种植、参观工厂、调查市场、慰问敬老院老人、参加街头环保宣传活动等。

传承赣南特色文化。赣南采茶戏是赣州最具特色的地方文化，为了传承这一富有地方特色的艺术形式，中心紧密结合市教育局的校园文化"建设活动，全面开展"采茶戏进中心、进校园"活动。多次邀请专业采茶戏教师培训舞蹈教师、组织师生学习采茶戏相关知识、编排充满少儿童趣的采茶戏节目，经常走上街头、走进社区公益演出。舞蹈教师每周定期到各个活动站进行采茶戏的辅导和教学工作。

依托中国校外教育网，加大"网络社区"建设力度，更新活动图片，传送理论文章、工作动态，刊登学生作品……积极向《江西校外教育》杂志、《南康电教》、《赣州文明网》等媒体投稿，向社会介绍各项活动成效。在2012年江西省第六届青少年体育舞蹈锦标赛中，"中心" 派出的选手获得了6枚金牌、8枚银牌、22枚铜牌、60个奖项的喜人成绩。在2012年、2013年"江西省青少年校外活动中心竞赛活动"比赛中，分别有3人次和4人次获奖。在2013年青少年科技创新大赛活动中，有1人获得国家级奖项、2人获得省级奖项、5人获得设区市级奖项。

（伍复晁）

〔职成教工作〕 1. 全市中职学校建设步伐加快。全市中等职业学校4所，其中公办全日制职业中等专科学校1所（职业中专），成人职业中等专业学校1所（教师进修学校），民办2所（电子工业学校、科汇技工学校）。全市中职学校在籍学生2662人，招生887人。全市中职学校加强与企业对接，专业与市场对接，采取与院校、企业联合办学、合作培训等方式，提高学生的专业技能和就业率。市职业中专与江西服装学院、赣南师院、江西环境工程职业技术学院、江西应用技术学院等高校联合，开展师资培训、教学教研、联合办学等方面交流合作；职业中专与东莞焦点科技有限公司、赣州文清服饰有限公司开展校企合作建立校内生产性实训基地，投资总价值达800多万元，同时引进企业工程师8名到校任教，有效地解决了学校经费、设备、师资不足的困难，提升了人才培养质量；电子工业学校与市通达汽修公司联合举办汽车运用与维修专业，实现理论与实践相结合。

全市职业教育专业种类齐全，开设了电子技术应用、制冷与空调、电气运行与控制、汽车运用与维修、机电一体化、模具设计与制造、数控、服装技术、电子商务、会计电算化、计算机应用、农经管理、服装设计与工艺等专业，其中市职业中专的电子技术应用、数控技术应用、会计电算化专业为国家重点建设专业和省市示范性专业；开设了服装、电工、电氧焊、汽车摩托车修理、针织等23个职业技能类短期培训专业；开设了南康甜柚栽培技术、生猪养殖技术、农机技术等9个农业技术类短期培训专业。

各乡镇成人文化技术学校和农民学院及其分院继续开展农民培训。2013年，农民学院继续推行"免除学员学费、教材费、实习费、住宿费，补贴生活费，送教上门、就近培训，免费颁发《职业资格证》，免费为学员提供就业信息、就业指导和就业推荐"等五项培训优惠政策，鼓励广大农民积极参加培训。农民学院培训农民42204人次，院本部共培训学员4204人，圆满完成上级下达的培训任务。

2.赣州职业教育园区建设取得重要进展。一是教育部、江西省、赣州市高度重视赣州职业教育园区建设。教育部将赣州职教园区建设列入支持赣南等原中央苏区教育改革发展重要内容之一，在《教育部、江西省人民政府关于共建赣州市教育改革发展试验区的意见》中，将赣州职教园区列为江西省重点扶持项目，纳入国家、省职业教育科研项目联系单位，打造职业教育统筹管理和产教融合发展试验区，到2018年基本完成职教园区建设任务。支持赣州在职教园区内建设产教融合发展的职业院校。支持国家示范性高职院校在赣州职教园区设立分院或教学点，引进国内知名企业在园区内设立研究所、实验室、生产性实习场所。支持职教园区内每一所职业院校集中力量办好特色优势专业，到2018年，建成若干个与产业集群紧密对接的专业集群。江西省政府已将赣州职业教育园区确定为省教育园区试点园区，并安排建设用地2900亩；赣州市将赣州职业教育园区建设纳入赣州发展大局。赣州市第四次党代会及市四届人大一次会议都把规划建设赣州职业教育园区建设列入赣州经济社会发展的重要战略部署，并将其列为赣州市重点建设项目，编制了项目建议书。二是初步明确了园区建设目标。赣州职教园区定位为立足赣州、面向全国，以创建全国一流职教园区为目标，着力打造学历教育与职业培训并重、产学研相结合、高中等职业教育相衔接，全方位培养、塑造、输出中高级技能人才的基地，力争建成中高等职业院校、科研机构的成果孵化和项目转化基地，成为新技术、新产品研发和中试基地。建设规模较大。赣州职教园区规划占地10000亩(合6.6平方公里)，设职业院校区、资源共享区、研发实训区、生活配套区等四个功能区。建成后，将入驻职业院校10所以上，科研机构若干所，在校生约10万人。项目投资较多。项目总投资近百亿元，其中征地拆迁费用约13亿元，公共基础设施投资约13亿元，校舍、附属设施等建筑物投资近70亿元(其中院校区35亿元，实训区2亿元，研发区5亿元，共享区8亿元，居住区20亿元)，购买实训设备等其他费用4亿元。现已明确首批5所退城入园院校，分别是赣州技师学院、赣州农业学校、赣州育才职业中专、赣州应用技术职业学校、南康市职业中专。另外，赣州市拟在职教园区新组建1所高职院校。三是基本解决了首批项目用地指标。通过努力，园区已解决2833.91亩用地指标。其中，已明确搬迁至园区的赣州农校、赣州技师学院用地1880亩，使用上级用地指标解决，现已获省政府批准。园区内返迁安置点270.79亩用地，通过农民建房指标解决，已获赣州市政府审批通过。园区内683.12亩农村居民点集体建设用地，已由南康市政府报省政府办理完土地征收手续。四是确定了项目选址。高度重视项目选址。赣州市委、市政府主要领导、分管领导高度关注园区选址，多次赴南康市三江乡、镜坝镇、太窝乡实地踏看，反复比较研究，最终经赣州市政府常务会议、赣州市委常委会研究，明确项目选址在大广高速以西、上犹江以南的三江乡、唐江镇、太窝乡区域。五是出台了建设工作方案。赣州市政府办公厅印发了《赣州职业教育园区建设工作方案》，明确南康市政府作为职教园区建设主体，负责做好项目区的征地拆迁和园区内基础设施建设，赣州市城市规划委员会负责规划审批，赣州市教育局负责整合资源、引校入园，相关部门全力配合，文件还明确了用地安排、税费优惠、项目和资金支持及融资服务措施。六是保障了项目建设资金。赣州市政府明确由赣州市财政分五年拨付6亿元财政资金用于建设该项目，其中首期2亿元启动资金已拨付到位。七是完善了领导机构。成立了由市政府市长任指挥长，分管建设、教育工作的副市长任副指挥长，相关部门主要负责人为成员的赣州职教园区建设南康指挥部，下设办公室、纠纷研判组、房屋丈量组、资金审核组、安置建设组、“两违”清查组等“一办五组”，并从相关部门抽调66名得力干部到指挥部工作，指挥部办公地点设在园区内，具体负责园区征地拆迁、规划建设等相关工作。八是稳步推进征地拆迁工作。赣州职教园区分多期建设，其中首期面积约3860亩，现已完成征地1700亩；共有391户需拆迁，现已签订征地拆迁协议366户，建筑面积18.77万平方米，分别占户数391户、总面积21万平方米的93.61%、89.38%。已签订协议的拆迁户中，拆除验收户已达321户，拆除面积为15.7万平方米。九是成立了园区投融资平台。南康市为更好地保障该项目的建设工作，由南康市国资办作为出资人，成立了运营独立、专账管理、单独核算的赣州市职业教育开发投资有限责任公司，专门负责该项目的投融资工作，保障项目建设资金需求。

(伍复晁)

〔**中招工作**〕 2013年，应届初中毕业生总数为11647人，中招报考人数为10532人(不含职业中专秋季招生数)，初中毕业生中考报名率为90.4%。

考试科目及卷面分数：语文、数学、外语三科各120分，思想政治(思想品德)与历史合卷120分(其中思想政治70分，历史50分)，生物与地理合卷60分，每科各40分，物理、化学各100分；体育30分。理化实验操作考查，总分10分(物理、化学实验操作各5分)记入中考总分。合计总分780分。

文化考试共设考点17个,考场361个,考务工作人员1038人,每场考试实行随机交叉滚动监考方式进行监考。

中考体育考试统一使用仪器测试。共安排36名专业测试人员分两个测试组进行,5月11日完成所有体育测试工作。

中考理化实验操作考试共安排90名专业测试人员分6个测试组进行测试,5月16日完成所有理化实验操作测试工作。

4月16日前考生在省教育考试院网站自行填报志愿。6月17日-19日中考文化考试,6月25日~28日网上评阅试卷。

全市共录取高一新生6059人，重点班录取2450人，其中南康中学1101人，南康二中809人,南康三中399人,唐江中学141人。

普通班录取2584人，其中南康中学543人，南康二中593人，南康三中312人，唐江中学1136人。

南康中学、南康二中、南康三中、唐江中学重点班统招最低分数控制线分别为664分、598分、571分、474分。

南康中学、南康二中、南康三中普通班统招最低分数控制线为555分。唐江中学统招最低分数控制线为490分。南康市继续贯彻执行省、市中招政策,南康中学、南康二中、唐江中学仍继续实行均衡招生（均衡招生计划占总招生计划的70%),以对应统招线下降70分为最低录取控制分数线。

中等职业专科学校录取新生887人（含本市民办学校），录取到外地（省内）职业学校的有1271人，录取到外地（省内）普通高中的有329人。

（伍复晁）

〔学考工作〕 普通高中学业水平考试全省统考科目为语文、数学、英语(含听力测试)、思想政治、历史、地理、物理、化学、生物、信息技术、通用技术共11科。成绩以百分制记分,成绩报告采用四级等第制,即A、B、C、D(D为不及格)。

2013年5月25日,南康市共有5624人参加了信息技术学业水平考试。2013年6月20日下午，举行普通高中学业水平考试,5567名考生参加生物科考试,5566名考生参加政治科考试。2013年12月21日至22日，举行普通高中学业水平考试,开考语文、数学、英语、历史、地理、物理、化学、生物7个科目,设南康中学、南康二中两个考点,共189个考场,考生计5649人。

（伍复晁）

〔高招工作〕 1.普通高校招生考试。2013年普通高考各项工作实施顺利。南康市有考生5134人，其中文史类2155人(兼报400人),理工类2950人(兼报73人),高职类29人。共设考点2个,试场172个,实际安排5040人应考。其中:第二中学考点安排文史类72个试场，包括文史本56个试场,文兼类14个试场,文史专2个试场,考生合计2106人;南康中学考点安排100个试场,其中三校生类1个试场,理工类99个试场,包括理工本94个试场、理工兼3个试场和理工专2个试场，考生共2934人。2013年南康市高考取得优异成绩:一本上线492人,上线率9.58%。二本以上上线1396人,上线率27.19%;本专科院校在南康市录取新生4501人,录取率87.67%;本二以上录取新生1554人(不含艺术、体育),录取率30.27%。

2.成人高校招生考试。2013年,继续实施网上报名,报名时间为8月22日-8月31日,报名点确认时间为8月30日-9月10日,考试时间为10月26日-27日，报名人数2523人，其中专升本662人,高达本697人,高达专1145人。南康市设南康中学、南康三中2个考点,考生4733人。

3.高等教育自学考试。2013年自学考试共进行了2次,考试时间分别在四月份、十月份。现场累计报考人数10人,共计19科次。2013年共有61人毕业,其中本科59人,专科2人。

（伍复晁）

〔老年人体协工作〕 2013年,老年体协教育分会会员增至320人，其中70岁以上的会员136人，占会员总数42.5%。一年来,分会在市老年体协和教育局的直接领导和关心下，坚持以老年人健康为本的老年体育工作方针,努力做到活动正常化,管理制度化,科学健身,科学养身,促进了会员的身心健康。被市老年体协评为市直(驻市)老年体协分会“先进单位”。

一年来,分会着重抓好如下几项工作:一是积极贯彻落实老年体育工作方针，促进全民健身活动的深入开展，树立健康、快乐、长寿的新观念。二是围绕“健康、和谐”两大主题，深入持久开展老年体育活动。分会坚持每日有晨练，每月有活动，每季有比赛。2013年分会新组建教育分会合唱队，参加人数60余人，本着“感受快乐，传递幸福”的宗旨，月活动2次，获广大会员的赞许。各专业队加强日常训练，地掷球2个队分获年终一、二等奖；门球2个队分获第一和第三名；老年象棋赛获市第一和第四名的好成绩；秧歌队、柔力球队积极参加市老年体协的大型表演展示活动，在佳木斯广场健身表演的1500人中，每10名中就有一名教育分会会员。三是倡导科学健身，增强服务意识。教育分会订阅“康乐寿”杂志和“健康老人”杂志共计244份，有力地促进了科普宣传和科学健身的需求。为了弘扬“尊老敬老爱老”的传统美德，在“九九”重阳节之际，分会向每位会员表示祝福，并给了一定的慰问金。全年看望慰问住院会员34人次，使会员感受到了分会组织的温暖。许多会员本着老有所学、老有所为的精神，坚持不懈，奋斗不息，甘作奉献，不计报酬，不断增强服务意识，健康生活，幸福指数不断提高。

（伍复晁）

〔领导班子名录〕

书记、局长：刘乘波

副书记：林　平

党委委员：梁贵椿

谢开中

刘家玉

钟阳华

康　明

副局长：梁贵椿

谢开中

刘济清

教育系统工会主席：郭秀华（女）

局班子成员：陈清明

（伍复晁）

南康中学

〔综述〕 江西省南康中学位于南康市南水新区，占地364亩，建筑面积7.8万平方米。2013年在校学生5741人，教职工382人，其中省特级教师8名，省学科带头人2名，省骨干教师8名；赣州市学科带头人10人，赣州市骨干教师27人，南康市学科带头人14人，南康市骨干教师27人。2013年，高考成绩辉煌，一本上线440人，二本上线1093人，600分以上44人，邹磊同学以总分673分获赣州市理科状元；赣州市理科前5名中，南康中学有4人；赣州市文科前5名中，南康中学有2人，多项指标居赣州市第一。魏娟、余琼林同学被清华大学录取，邹磊、曾繁同学被北京大学录取。2013年学校被省政府评为“江西省第十三届文明单位”，被省教育厅评为“江西省中小学现代教育技术示范学校建设先进单位，被评为“全国亿万学生阳光体育冬季长跑活动优秀学校”。

〔德育工作〕 学校以《关于加强班级德育团队建设的意见》为指导，认真贯彻落实《中共中央国务院关于进一步加强和改进未成年人思想道德建设的若干意见》精神，加强德育队伍建设，完善“蹲点校长包年级，中层干部包片、班主任包班级，科任教师包学生”的四级德育管理网络机制，建立了层层有人抓，事事有人管的全员育人机制。

一是继续坚持抓好班会课、升旗仪式和国旗下讲话等重要德育阵地，协同各年级分管领导组织召开好学生座谈会和家长会，针对不同年级的不同特点，肯定优点，表扬先进，鞭策激励，指出不足并提出改进要求；二是深入开展班风竞赛活动，在团委和各年级学生会的大力支持下，三个年级继续开展年级内部的班风竞赛活动，由学生会年级分会成员对三操、两室一区的卫生、早晚自习及就寝纪律等十个项目进行评比打分，评选出优秀班级授予流动红旗；三是加强对班主任的培养和考核，进一步修订和完善了班主任工作月考核方案，加强细节管理，建立了对班主任工作月考核与期末考核相结合的考评机制，努力做到有理、有据、公平、公正，派出部分老师到赣州参加班主任业务培训；四是组织全体学生积极参加全省中小学安全知识网上竞赛。

〔教学科研〕 2013年，学校继续以办朴实的教育和理想的教育为目标，为孩子未来幸福生活打基础，全面贯彻落实新课程理念，积极推进课堂教学改革，以打造卓越课堂为契机，努力推进素质教育，继续实施《南康中学教师十二五发展规划》，造就一支师德高尚、数量充足、结构合理、具有现代教育理念和掌握现代教育技术的教师队伍。

2013年，学校共有立项课题31个，其中省级立项4个，赣州市级立项27个；课题结题23个。在各级各类报纸杂志共发表教学论文135篇，教学论文、教学设计、教学课件获省、市奖分别为30篇、19篇、29篇。黄邦活、龙文军老师的微课荣获省一等奖。学校成功举办了“南康中学第四届科技文化节”，共收到学生制作类参赛作品近20件，学生各类科技小论文及调查报告等38篇。学校被省教育厅评为“江西省中小学现代教育技术示范学校建设先进单位”。

学校艺术体育工作也喜获丰收，学校田径队荣获江西省中学生田径比赛三连冠，获赣州市及南康市第一名，学校男女篮获得赣州市英东杯第二名，南康市第一名。

〔领导班子名录〕

党总支书记、校长：卢川平

党总支副书记：袁大东

副校长：钟懋伟

林奇焕

谢荣生

工会主席：陈孝秀

校长助理：曾新华

肖 中

（钟建华）

2013年南康中学各项教学科研成果一览表（表一）

序号	作者	学科	论著题目	采用刊物或学术会议	级别
1	谭新阳	语文	莫言中篇小说《透明的红萝卜》节选批读	《读写在线》	省级
2	谭新阳	语文	《野地上的麦子》阅读训练	《新课程研究·阅读与写作》	省级
3	谭新阳	语文	记忆中的那片苇塘	《读写在线》	省级
4	陈孝秀	语文	2013年高考语病辨析题错例分类解析	试题研究	省级
5	张新燕	语文	巧用作文素材，增强表达效果	教学考试	省级
6	黄邦活	数学	巧展开，求最值	教学考试	省级
7	黄邦活	数学	简化高考数列运算的几种策略	教学考试	省级
8	黄绍文	语文	2013年江西卷高考作文解析及佳作点评	作文通讯	省级
9	黄绍文	语文	江西省中考作文评析	大作文	省级
10	黄绍文	语文	情，应知所起——诗歌鉴赏之思想情感类解析	求学	省级
11	黄绍文	语文	探寻规律，判断语病	求学	省级
12	黄绍文	语文	闲吟初冬，感受自然	初中生天地	省级
13	卢升海	体育	创编小游戏，缓解大压力	中学生课程辅导	省级
14	李宪银	语文	文言文阅读训练	语文世界	省级
15	邱婷婷	音乐	音乐课程改革的新视角——多元文化的音乐教育	学园	省级
16	黄连英	英语	英语完形填空解法大荟萃	求学	省级
17	黄连英	英语	剖析高考英语单项填空题热句型	求学	省级
18	黄连英	英语	题干小变化，答案大不同	求学	省级
19	黄连英	英语	高考英语要点提纲类作文写作指导	求学	省级
20	黄连英	英语	剖析近两年高考英语单项填空题十大热点句型	高中生之友	省级
21	黄连英	英语	英语阅读理解：主旨题之六种变体	求学	省级
22	黄连英	英语	高考英语单项填空题热门考点荟萃	教学月刊	省级
23	黄连英	英语	2012年高考江西英语作文剖析与启示	中学生英语	省级

(续上表)

序号	作者	学科	论著题目	采用刊物或学术会议	级别
24	黄连英	英语	高考英语单项填空题热门考点荟萃	中学外语教与学	省级
25	梁舒慧	政治	浅谈教师个体反思和集体反思的意义	文理导航	省级
26	梁舒慧	政治	高中政治图表类主观题解题策略与例题分析	中学生课程辅导	省级
27	陈建锋	体育	高中体育教学中的多媒体运用	中小学电教	省级
28	陈建锋	体育	尊重学生的主体地位 ——体育课堂的定位与角色设置	学周刊	省级
29	陈建锋	体育	夯实体育技能,提升学生素质	教育研究	省级
30	陈建锋	体育	培养一专多能的合格学生	新疆教育	省级
31	陈建锋	体育	对体育传统校项目开设体育选修课的探讨	中国教育技术装备	省级
32	何显山	语文	超越苦难的读音灵魂	读写月报	省级
33	赵健	历史	中央苏区在赣南、闽西兴起控缘	新课程	省级
34	赵健	历史	高中历史课中情感教学初探	文学教育	省级
35	张元亮	数学	新课标下高中数学概念教学初探	高考	省级
36	张元亮	数学	浅谈如何做好初高中数学的过渡工作	语数外学习	省级
37	张元亮	数学	一道2013年江西高考题的探究历程	中学数学	省级
38	周海钰	数学	谈高中数学教学手段的优化	读写算	省级
39	周海钰	数学	如何创设和谐教学环境	课程教育研究	省级
40	周海钰	数学	谈长方体性质的灵活运用	教学研究	省级
41	曹华钦	语文	"九读"法筛选病句	教学考试	省级
42	曹华钦	语文	形象说理巧论证	同学少年	省级
43	叶俊玉	语文	路边演奏无人问,艺术殿堂票难求	高中生之友	省级
44	陈振毅	物理	解决匀变速直线运动问题的四种有效方法	考试周刊	省级
45	陈振毅	物理	在变形中彰显平抛运动的解题思路	中学物理教学参考	省级
46	陈振毅	物理	解决动态平衡问题的三种给力的方法	考试周刊	省级
47	林爱莲	语文	舞动感情的神来之笔	知识窗	省级
48	林爱莲	语文	修辞,让文章文采飞扬	作文成功之路	省级
49	彭长礼	物理	"运动的合成与分解,抛物运动"考点例析	数理化学习	省级
50	朱娟	英语	小议现代英汉翻译操作在高中教学材中的应用	中学课程辅导	省级
51	谭荔	英语	关联理论视角下的高中英语阅读词汇教学	科技信息	省级
52	黄平	地理	提高中学地理教学效率的三条途径	教育研究	省级
53	朱小玉	历史	高效课堂背景下的历史课堂教学流程分析	教育研究	省级
54	严慧	英语	分析学案导学式教学法在高中英语阅读教学中的应用	中学课程辅导	省级
55	谭荔	英语	关联理论在英语阅读中的应用	文学教育	省级
56	邱文华	语文	一道好的作文题的标准是什么?	语文教学通讯	省级
57	徐国煌	生物	高中生物试卷讲评课有效性之我见	中学教学参考	省级
58	严慧	英语	高中英语选修课的开设现状及策略	语数外学习	省级
59	钟金平	政治	如何增强学生学习哲学的内部动力	中学教学参考	省级

(续上表)

序号	作者	学科	论 著 题 目	采用刊物或学术会议	级别
60	张人天	英语	2013年高考英语阅读理解长难句解析	教学考试	省级
61	张人天	英语	非谓语动词用法比较探析	教学考试	省级
62	张人天	英语	高考英语考场应试技巧	教学考试	省级
63	张人天	英语	定语从句变式探析	教学考试	省级
64	钟居正	语文	古今异义的辨析	中学生阅读	省级
65	钟兰芳	生物	生物教学的反思与总结	中学教学参考	省级
66	钟兰芳	生物	理综生物复习的有效方法	高中生之友	省级
67	陈金英	生物	结合生活实例导入新课教学	名校	省级
68	陈晶	数学	谈新课标活动教学法中如何发挥高中数学教师的作用	数学教学通讯	省级
69	谢晓梅	物理	电场常考题型解读	中学生数理化	省级
70	廖宝翔	英语	浅谈“自主学习教学理念”在课堂教学中的应用	读写算	省级
71	廖宝翔	英语	高中英语“先学后教学,当堂训练”教学模式探究	中学课程辅导	省级
72	廖宝翔	英语	新课标下高中英语词汇教学模式探讨	中学课程辅导	省级
73	谭礼忠	生物	解决“酶切”,突破《基因工程》教学的难点	理科考试研究	省级
74	谭礼忠	生物	与“工具酶”相关的计算难题解析	吉林教育	省级
75	谭礼忠	生物	真正搞懂“一代杂交实验”与“一次杂交实验”	内蒙古教育	省级
76	张媛媛	生物	新课程背景下有效的试卷讲评教师需要做什么	吉林教育	省级
77	张媛媛	生物	学以致用,模拟创新	理科考试研究	省级
78	张媛媛	生物	高中生物实验设计中平行重复原则	内蒙古教育	省级
79	刘小芳	英语	高考词汇讲解	高中生之友	省级
80	黄婷	英语	形容词和副词及其比较等级	高中生之友	省级
81	蓝晓冬	微机	正常中的不正常	网络运维与管理	省级
82	胡晓飞	地理	浅谈如何培养学生的读图能力	文理导航	省级
83	胡晓飞	地理	让多媒体技术走进地理课堂教学	考试周刊	省级
84	胡晓飞	地理	精彩的导入带学生走进地理课堂	高考	省级
85	谢莉	音乐	论新课标理念下提升高中音乐鉴赏课堂教学实效性的探索	学园	省级
86	谢莉	音乐	高中音乐课堂“自主、合作、探究”学习的冷思考	考试周刊	省级
87	肖金莲	心理	如何克服上课走神儿	考试周刊	省级
88	董洪文	语文	全国卷科技文阅读	中学生阅读	省级
89	刘继龙	语文	社科文阅读复习法有效策略	高中生之友	省级
90	卢花	化学	突出实验情境,注重背景烘托	教育研究	省级
91	卢花	化学	略谈建构主义学习理论在化学习题课教学中的运用	教育学	省级
92	廖安健	美术	中学生如何看懂西方现代绘画的几点建议	课程教育研究	省级
93	彭爱萍	数学	课前3分钟学生讲题活动教学法初探	教育前沿	省级
94	彭爱萍	数学	高三第一轮复习“学生讲题”教学法教学案例	新课程	省级

2013年南康中学各项教学科研成果一览表(表二)

序号	作　者	学科	论　著　题　目	采用刊物或学术会议	级别
1	谭新阳	语文	众里寻他千百度——写人散文鉴赏之人物形象	《考试指南报·高一阅读》	省级
2	谭新阳	语文	《大卫·科波菲尔》导读	《考试指南报·高一阅读》	省级
3	谭新阳	语文	一条清澈的河——评贝西姨婆的形象	《考试指南报·高一阅读》	省级
4	谭新阳	语文	《家》导读	《考试指南报·高一阅读》	省级
5	谭新阳	语文	密林深处的精灵——浅谈《家》中觉慧的形象	《考试指南报·高一阅读》	省级
6	谭新阳	语文	乌江易水在,明月照千年	《考试指南报·高一阅读》	省级
7	谭新阳	语文	明月装饰了你的窗子,你装饰了别人的梦	《考试指南报·高一阅读》	省级
8	谭新阳	语文	声情并茂——现代诗歌朗诵技法谈	《考试指南报·高一阅读》	省级
9	谭新阳	语文	对“旧金山空难”的反思	《考试指南报·高一作文》	省级
10	谭新阳	语文	“中国大妈”抢购黄金大战	《考试指南报·高一作文》	省级
11	谭新阳	语文	登高舒啸　临流赋诗——魏晋南北朝诗歌赏练	《考试指南报·高一阅读》	省级
12	谭新阳	语文	以景衬情　线索分明	《考试指南报·高一作文》	省级
13	谭新阳	语文	经典电影台词对白表演赛	《考试指南报·高一作文》	省级
14	谭新阳	语文	悬念迭出　引人入胜	《考试指南报·高一作文》	省级
15	谭新阳	语文	2013年国内重大事件盘点	《考试指南报·高一作文》	省级
16	谭新阳	语文	不为寻君也留住　那知花里即君家——记叙文情节之巧合成书	《考试指南报·高一作文》	省级
17	谭新阳	语文	风行水上　自然成文——记叙文技巧之过渡衔接	《考试指南报·高一作文》	省级
18	谭新阳	语文	“萧山飞机返航”事件	《考试指南报·高一作文》	省级
19	谭新阳	语文	一场智慧的争辩	《教育周报》	省级
20	谭新阳	语文	孤岛	《教育周报》	省级
21	黄邦活	数学	向量法搭台,空间角活解	学苑新报·数学天地	省级
22	黄邦活	数学	数列的基础知识复习导航	中学生学习报	省级
23	黄邦活	数学	芳香四溢的考题盛宴	中学生学习报	省级
24	黄邦活	数学	《解析几何初步》导学	中学生学习报	省级
25	黄邦活	数学	导数的概念、运算及其几何意义	少年智力开发报	省级
26	赵小和	语文	珠联璧合　结构浑然	考试指南报·高二作文	省级
27	赵小和	语文	严丝合缝浑然一体	考试指南报·高二作文	省级
28	赵小和	语文	材料作文”过刚易折与当位即妙“导写与示例	考试指南报·高二作文	省级
29	赵小和	语文	一材多用——曼德拉肺部感染再次入院治疗	考试指南报·高二作文	省级
30	赵小和	语文	热点说吧——室友投毒,校园伤害何时休	考试指南报·高二作文	省级
31	赵小和	语文	素材点评——人生的糖要慢慢吃	考试指南报·高二作文	省级
32	赵小和	语文	多材组合,雄辩有力	考试指南报·高二作文	省级
33	赵小和	语文	拓展运用	考试指南报·高二作文	省级
34	赵小和	语文	一材多用——励志“酥鱼哥”	考试指南报·高二作文	省级
35	彭长礼	物理	电源和电流　电动势	少年素质教育报·理化	省级
36	彭长礼	物理	带电粒子在电场中的运动	少年素质教育报·理化	省级

（续上表）

序号	作　者	学科	论　著　题　目	采用刊物或学术会议	级别
37	彭长礼	物理	静电现象的应用电容器的电容	少年素质教育报·理化	省级
38	张功倍	历史	中国古典文学的时代特色	考试报·高中历史	省级
39	张功倍	历史	20世纪以来中国重大思想理论成果复习	考试报·高中历史	省级
40	张文芳	语文	《寡人之于国也》探微三问	语文报·高一版	省级
41	彭孝辉	语文	留住童真　守护希望	帅作文	省级

2013年南康中学各项教学科研成果一览表(表三)

序号	论文(教案、课件)名称	获奖人	学科	发奖单位	获奖等次
1	高中地理教学“学案导教”模式的建立与思考	龙文军	地理	中国地理学会	一等奖
2	巧妙设疑，激发活力——我教《寡人之于国也》	付永红	语文	江西省教育学会	省一等奖
3	阅读教学中拓展环节的有效性设计浅议	王朝辉	语文	江西省教育学会	省一等奖
4	人教版高中“名著导读”教学的几点思考	何显山	语文	江西省教育学会	省一等奖
5	直击摩擦力	彭长礼	物理	江西省物理学会	省一等奖
6	把常态课上成优质课	肖华平	物理	江西省物理学会	省一等奖
7	植根传统文化沃土，培育真实语文之花	彭孝辉	语文	江西省教育学会	省二等奖
8	教好语文须下巧功夫	吴继康	语文	江西省教育学会	省二等奖
9	以读带讲，以声传情	钟居正	语文	江西省教育学会	省二等奖
10	借助物理图像面积巧解题	陈新平	物理	江西省物理学会	省二等奖
11	试论如何提高高中物理习题教学有效性	林建华	物理	江西省物理学会	省二等奖
12	浅论物理教学中的课堂设问	周兆文	物理	江西省物理学会	省二等奖
13	物理教学中的趣味探究	周道斌	物理	江西省物理学会	省二等奖
14	新课标下培养学生探究问题能力的教学探讨	潘昳	物理	江西省物理学会	省二等奖
15	浅谈如何运用多媒体突破教学难点	朱小琼	物理	江西省物理学会	省二等奖
16	渗透物理学史教育，培养学生的“三科”	黄刚	物理	江西省物理学会	省二等奖
17	新课标下物理课堂提问技巧	曹扬勇	物理	江西省物理学会	省二等奖
18	高中化学课程科学探究的理解	闫晗	化学	赣州市教研室	市一等奖
19	浅谈化学高效课堂	刘勇	化学	赣州市教研室	市一等奖
20	现代信息技术与高中地理教学的整合探究	龚斯文	地理	赣州市教育局	市一等奖
21	孟德尔豌豆杂交试验(二)教学反思	陈云春	生物	赣州市教研室	市一等奖
22	基因在染色体上	张媛媛	生物	赣州市教研室	市一等奖
23	对话教学的话题设计反思	刘明生	生物	赣州市教研室	市一等奖
24	例谈生物教学的有效性	刘剑飞	生物	赣州市教研室	市一等奖
25	〈绿叶中色素的提取和分离〉的教学后记	刘剑飞	生物	赣州市教研室	市一等奖
26	〈免疫调节〉教学反思	刘剑飞	生物	赣州市教研室	市二等奖
27	关于高中生物第一轮复习课的课堂教学反思	张媛媛	生物	赣州市教研室	市二等奖
28	生物教学的探索历程与反思	钟兰芳	生物	赣州市教研室	市二等奖
29	关于高中生物教学的反思	刘明生	生物	赣州市教研室	市三等奖
30	加强生物概念教学的有效性	刘剑飞	生物	赣州市教研室	市三等奖

2013年南康中学各项教学科研成果一览表(表四)

序号	获奖人	学科	竞赛、教案、课件名称	发奖单位	获奖等次
1	胡建树	化学	高中化学优质课比赛	赣州市教研室	市一等奖
2	卢文芳	历史	高中历史教师比赛	赣州市教研室	市一等奖
3	陈庆涛	政治	高中政治教师教学比赛	赣州市教研室	市一等奖
4	严由星	政治	高中政治教师教学比赛	赣州市教研室	市二等奖
5	叶水娣	生物	中学生物教师微课说课比赛	赣州市教研室	市二等奖
6	张媛媛	生物	微课——《基因在染色体上》	赣州市教研室	市二等奖
7	肖华平	物理	班主任专业技能比赛班会展示课	赣州市教育局	市二等奖
8	龙文军	地理	微课——《巧析恒星日与太阳日》	江西省教育厅	省一等奖
9	黄邦活	数学	微课——《三视图的画法》	江西省教育厅	省一等奖
10	陈晶	数学	优质课——《直线与圆、圆与圆的位置关系〉	中国基础教育学会	一等奖
11	罗建成	语文	优质课——《消息:带着露珠的新闻>	中国基础教育学会	一等奖
12	陈晶	数学	课件——〈两角和与差的正切公式〉	中国基础教育学会	一等奖
13	罗建成	语文	课件——〈通讯:讲述新闻故事〉	中国基础教育学会	一等奖
14	龚斯文	地理	课件——〈地球的运动〉	江西省教育厅	省一等奖
15	伍第桄	物理	课件——《万用表的构造和原理》	江西省物理学会	省一等奖
16	肖华平	物理	课件——《光的粒子》	江西省物理学会	省一等奖
17	黄绍球	物理	课件——《功》	江西省物理学会	省一等奖
18	黄刚	物理	课件——《光的反射与折射》	江西省物理学会	省一等奖
19	梁明	物理	课件——《楞次定律》	江西省物理学会	省一等奖
20	陈文平	物理	课件——《加速度》	江西省物理学会	省二等奖
21	朱祥林	物理	课件——《变压器》	江西省物理学会	省二等奖
22	廖玉桥	物理	课件——《加速度》	江西省物理学会	省二等奖
23	朱小琼	物理	课件——《光的干涉》	江西省物理学会	省二等奖
24	潘昳	物理	课件——《恒定电流实验专题复习》	江西省物理学会	省二等奖
25	曾裕尧	地理	课件——《地球的圈层结构》	赣州市教育局	市二等奖
26	陈金英	生物	课件——《染色体变异》	赣州市教育局	市二等奖
27	曹华钦	语文	课件——《声声慢》	赣州市教育局	市二等奖
28	叶俊玉	语文	课件——《父母与孩子之间的爱》	赣州市教育局	市二等奖
29	刘明生	生物	课件——《细胞核——系统的控制中心》	南康市教育局	一等奖
30	何显山	语文	课件——《人是一根能思想的苇草》	南康市教育局	一等奖
31	王朝辉	语文	教学设计——《雨巷》	中国教育学会	一等奖
32	郭承优	生物	教学设计——《物质跨膜运输的实例》	江西省教育厅	省一等奖
33	陈晶	语文	教学设计——《三视图》	江西省基础教育学会	一等奖
34	潘昳	物理	教学设计——《摩擦力》	江西省物理学会	省一等奖
35	黄绍球	物理	教学设计——《自由落体运动》	江西省物理学会	省一等奖
36	彭长礼	物理	教学设计——《库仑定律》	江西省物理学会	省一等奖
37	谭祖红	物理	教学设计——《变压器》	江西省物理学会	省二等奖

（续上表）

序号	获奖人	学科	竞赛、教案、课件名称	发奖单位	获奖等次
38	黄刚	物理	教学设计——《欧姆定律》	江西省物理学会	省二等奖
39	廖玉桥	物理	教学设计——《自由落体运动》	江西省物理学会	省二等奖
40	陈新平	物理	教学设计——《光的粒子性》	江西省物理学会	省二等奖
41	黄符俊	物理	教学设计——《探究感应电流方向》	江西省物理学会	省二等奖
42	曾钰辉	物理	教学设计——《动能和动能定理》	江西省物理学会	省二等奖
43	朱祥林	物理	教学设计——《变压器》	江西省物理学会	省二等奖
44	朱小琼	物理	教学设计——《牛顿第三定律》	江西省物理学会	省三等奖
45	罗建成	语文	教学设计——《消息:带着露珠的新闻》	江西省基础教育学会	二等奖
46	刘勇	化学	教学设计——《盐类的水解》	赣州市教研室	市一等奖
47	石乾坤	化学	教学设计——《生活中两种常见的有机物之乙醇》	赣州市教研室	市一等奖
48	钟斌	政治	教学设计——《民主选举:投出理性的一票》	赣州市教育局	市二等奖
49	彭孝辉	语文	教学设计——《合欢树》	赣州市教育局	市二等奖
50	张玉莲	化学	教学设计——《化学能与电能》	赣州市教研室	市二等奖
51	陈全凤	化学	教学设计——《化学能与电能》	赣州市教研室	市二等奖
52	钟晓慧	化学	教学设计——《水的电离和溶液的酸碱性》	赣州市教研室	市二等奖
53	廖仁元	化学	教学设计——《盐类的水解》	赣州市教研室	市二等奖
54	王芳	化学	教学设计——《二氧化硫探究学习》	赣州市教研室	市二等奖
55	黄连英	英语	教学设计——《unit4usinglanguage》	赣州市教育局	市二等奖
56	闫晗	化学	教学设计——《化学反应与能量变化》	赣州市教研室	市三等奖
57	刘秋华	化学	教学设计——《难溶电解质的溶解平衡》	赣州市教研室	市三等奖
58	黄仁福	语文	教学设计——《鸿门宴》	南康市教育局	一等奖
59	曹华钦	语文	教学设计——《故都的秋》	南康市教育局	一等奖

2013年南康中学各项教学科研成果一览表(表五)

序号	课题名称	负责人	学科	立项或结题时间	级别
1	《学生命题能力的培养与高中语文课程目标的对接》	赵小和	语文	2013年11月结题	市级
2	《开发教材古诗资源,丰富学生写作素材》	刘玉珍	语文	2013年11月结题	市级
3	《新课标下高中生名著阅读现状与应对策略》	朱玉华	语文	2013年11月结题	市级
4	《学生命题与文本阅读之模块教学的研究》	叶俊玉	语文	2013年11月结题	省级
5	《建构观下的中学数学建模教学的实验研究》	谢小翔	数学	2013年11月结题	市级
6	《新课标下高中生数学阅读能力现状的调查分析与提升对策的研究》	段先锋	数学	2013年11月结题	市级
7	《消除高中女生物理学习困惑心理的策略研究》	潘　映	物理	2013年11月结题	市级
8	《提升化学习题课有效性能的教学策略研究》	卢　花	化学	2013年11月结题	市级
9	《新课程理念下高中生物与信息技术有效整合的研究》	钟兰芳	生物	2013年11月结题	市级
10	《多媒体技术在高中生物新课程探究式教学中的应用研究》	肖庆辉	生物	2013年11月结题	市级
11	《生物知识类型与相应学习方式有效选择的调查与反思》	张媛媛	生物	2013年11月结题	市级

(续上表)

序号	课题名称	负责人	学科	立项或结题时间	级别
12	《依托多媒体探究新课标政治课堂的时效性》	康冬桃	政治	2013年11月结题	市级
13	《新课程标准下高中历史"先学后教当堂训练"课堂模式的探索研究与实践》	钟恢飞	历史	2013年11月结题	市级
14	《我国古诗词的历史教育功能研究》	蒙象骅	历史	2013年11月结题	市级
15	《新课标下高中历史教学中家庭课程资源开发和利用的研究与实践》	明心伟	历史	2013年11月结题	市级
16	《重点中学高一新生适应不良的心理问题分析及对策研究》	肖金莲	心理学	2013年11月结题	市级
17	教学反思对教师成长的影响研究	梁舒慧	政治	2013年5月结题	省级
18	高中数学课堂教学中"设疑激思"的技巧与研究	林金红	数学	2013年5月结题	省级
19	新课标下高中数学教师专业发展研究	黄邦活	数学	2013年5月结题	省级
20	在高中数学教学中培养学生思维能力的研究	陈桥平	数学	2013年5月结题	省级
21	数学教学中培养学生的讲题能力的探究	彭爱萍	数学	2013年5月结题	省级
22	《高中信息技术课程教学质量与评价研究》	叶枝伟	计算机	2013年8月结题	省级
23	生命教育在高中古诗文教学中的有机渗透	吴继康	语文	2013年8月结题	省级
1	农村高中选修课程新闻阅读与实践教学现状的调查与反思	罗建成	语文	2013年11月立项	市级
2	散文、小说阅读及其命题的探究	谭新阳	语文	2013年11月立项	省级
3	江西省高考文学类文本阅读设题特点及对教学的启示	邱文华	语文	2013年11月立项	省级
4	高中语文生本化作文评改与提高学生读写能力之探究	廖晓翠	语文	2013年11月立项	市级
5	将名著阅读引入学生作文写作的教学模式探索	刘继龙	语文	2013年11月立项	市级
6	关于新课标下高中语文小说教学中探究式阅读教学模式的研究	彭燕	语文	2013年11月立项	市级
7	数形结合方法在高考数学复习中有效运用的研究	彭知峰	数学	2013年11月立项	市级
8	新课程背景下高中数学教师专业发展的研究	黄邦活	数学	2013年11月立项	省级
9	基于农村高中英语教师专业化发展的"同课异构"研究	陈媛	英语	2013年11月立项	市级
10	高中英语词汇教学法中主要问题的调查分析以及应对策略的研究	朱娟	英语	2013年11月立项	市级
11	新课标下高中英语"学生自主学习"课堂教学模式探究	王丽芬	英语	2013年11月立项	市级
12	高中艺体生英语课堂教学法有效性的调查研究	黄婷	英语	2013年11月立项	市级
13	高考英语阅读理解测试型对高中英语教学反拨作用的研究	刘婷	英语	2013年11月立项	市级
14	在实验中教中,探究创新能力培养的有效途径	陈新平	物理	2013年11月立项	市级
15	新课标下高中物理教学中学生探究能力培养的研究与实践	肖华平	物理	2013年11月立项	市级
16	高中物理新课程教学生知化元素的开发和利用	何茜	物理	2013年11月立项	市级
17	新课改背景下高中化学学案导学教学模式的探讨	郑燕霞	化学	2013年11月立项	市级
18	新课标下探究式教学的化学课堂教学实践探索	韩磊	化学	2013年11月立项	市级
19	巧用化学实验,提升高中化学探究式课堂有效性的教学策略研究	邹长杰	化学	2013年11月立项	市级
20	化学实验教学中贯彻"绿色化学"观点的教学策略研究	陈全凤	化学	2013年11月立项	市级
21	选修课中微型绿色化学实验的探索和实践	蓝永红	化学	2013年11月立项	省级
22	新课程背景下高中化学"生活化"教学策略的研究	谢荣沛	化学	2013年11月立项	市级

(续上表)

序号	课题名称	负责人	学科	立项或结题时间	级别
23	高中生物学科学困成因分析及对策研究	谭礼忠	生物	2013 年 11 月立项	市级
24	关于构建新媒体技术下高中生物高效教学模式——课堂生活化的研究	刘明生	生物	2013 年 11 月立项	市级
25	高中新课程政治课课堂教学有效性策略的研究	钟 斌	政治	2013 年 11 月立项	市级
26	"微活动课"渗入高中政治课堂中的“溢出效应”	郭惠文	政治	2013 年 11 月立项	市级
27	苏区精神与中学生健全人格的培育研究	幸冬梅	政治	2013 年 11 月立项	市级
28	切实运用历史地图教学提高学生综合素质的探究	张功倍	历史	2013 年 11 月立项	市级
29	如何在体育课教学中融入健康模式的研究	邓文娟	体育	2013 年 11 月立项	市级
30	信息技术教育与学生兴趣和特长培养的研究	刘杨珺	信息技术	2013 年 11 月立项	市级
31	在课堂教学中数学史运用的研究	钟建芳	数学	2013 年 10 月立项	省级

市教师进修学校

〔**综述**〕 2013 年，南康市教师进修学校围绕市委、市政府“教育强市”战略目标，以“严谨、勤奋、崇德、求实”的办学理念为引领，以“服务基层学校、服务一线教师”为宗旨，以提高教师整体素质为目标，按照“科学规划、强化管理、不断创新、突出特色”的工作思路，着力在“管理、培训、服务、提升”四个层面开展工作，实现了培训设施现代化、培训手段多样化。2013 年，培训突破万人次，被省教育厅评为“中小学(幼儿园)教师全员远程培训工作先进集体”，被赣州市教育局评为“中小学教师心理健康辅导员资格培训先进集体”。

〔**培训与管理**〕 学校为加强教师的培训与管理，一是建立基层调研制度，加强培训的针对性，在认真实施上级规定项目的基础上，大力开展自主项目培训；二是完善培训服务体系，大力改善办学条件，改进培训服务，加强学员管理监督；三是加强教学研究，开展校本培训，提高教师业务能力；四是健全规章制度，建立激励机制，充分调动教师的工作积极性和创造性。

〔**教师在职培训**〕 1.圆满完成了上级下达的培训任务。一是中小学(幼儿园)教师全员远程培训。中小学教师远程培训参训人数 7394 人，参训率 100%，全面完成省教育厅下达的任务。中小学(幼儿园)教师全员远程培训工作业绩突出，学校被省教育厅评为“先进集体”，校长刘家玉被省教育厅评为“先进工作者”，教师刘钱广被省教育厅评为“优秀辅导教师”。二是“国培计划”。参加“国培计划(2013)”系列培训 1163 人，其中参加“江西农村教师培训”1015 人，参加“置换脱产研修”121 人，参加“幼儿教师培训者研修”3 人，参加“示范性集中培训”8 人，参加“江西省幼儿教师网络研修工作室培训者培训”4 人，参加“江西省农村幼儿园园长研修班”1 人，参加“江西省中小学网络工作室教育培训者培训”8 人，参加“江西省农村初中英语教师短期集中培训”1 人，参加“江西省农村小学科学(专兼)教师短期集中培训班”2 人。三是中小学教师心理健康辅导员资格培训。赣州市下达南康市中小学教师心理健康辅导员资格培训人数 272 人，实际参训人数 275 人，超额完成培训任务。四是中小学骨干班主任培训。组织 258 名骨干班主任，参加中国教育学会中小学德育分会举办的“提升尊重意识，培养健康人格”专题培训。五是教育干部培训。选送中小学校长、教育干部参加国家、省市级培训 8 人，其中教育部举办的“农村校长”培训班 3 人，全省第 33 期高(完)中校长任职资格培训 1 人，全省第 34 期高(完)中校长任职资格培训班 1 人，赣州第 22 期初中校长任职资格培训班 3 人。六是其他项目培训。选送教师参加其他类别的国家、省市级培训 525 人，其中参加全省中小学教师教育技术能力省级培训 310 人，全省教学点数字教育资源全覆盖培训 123 人，省骨干教师学科教研能力提升培训 14 人，全省幼儿园安全教育和管理培训 34 人，全省小学班主任教师安全教育和管理培训班30人,全省中小学紧缺学科专任教师提高培训12人,全省培智教育骨干教师培训1人,全省特殊教育教师培训班1人。

2.大力开展自主项目培训。一是送教下乡培训。聘请赣州市中小学优秀教师讲师团来南康市授课8场,培训中小学、幼儿教师1000多人;组建南康市中小学优秀教师讲师团,分批赴农村中小学开展送教下乡活动,共培训中小学、幼儿教师3000多人。二是新教师培训。举办了两期新教师培训班,共培训小学新教师324名。培训采用专题授课和实践观摩的方式,从巩固专业思想、提升理论修养、掌握教育教学常规入手,较好的促进了新教师的专业成长。三是小学英语骨干教师培训。2013年暑假,学校举办了小学英语骨干教师培训班,聘请四位美籍教师现场授课,培训小学英语教师90人。四是小学校长提高班培训。举办了小学校长提高培训班,培训为期两个半月,共计240学时,采取面授、自学、撰写在岗研修论文和学习心得体会文章、研讨交流、参观考察、结业考核等形式,共培训小学校长50人。五是第二期幼儿园园长任职资格培训。2013年1月至3月,举办了南康市第二期幼儿园园长任职资格培训班,培训采用集中面授、考察学习、考试考核等形式,邀请了赣州市教科所、赣南师院的专家授课,组织了学员赴瑞金市示范幼儿园参观学习,共培训幼儿园园长82名。六是《3~6岁儿童学习与发展指南》培训。为切实做好《3~6岁儿童学习与发展指南》的宣传、贯彻和落实工作,进一步提高南康市各类幼儿园保教保育水平,2013年7月,学校举办了《指南》培训班,共培训公办民办幼儿园、小学附设幼儿园(学前班)园长、教学管理人员、骨干教师220人。七是《科学素养与科研方法》公需科目培训。承担了南康市教育系统专业技术人员公需科目《科学素养与科研方法》培训,培训采用送教下乡的形式,共培训中小学、幼儿园教师7394人。

〔**学历教育**〕 与西南大学开展网络教育联合办学,开设了汉语言文学、数学、英语、小学、学前教育等专业本、专科教育,在籍学员390人;与赣州师范高等专科学校开展函授大专联合办学,招收学前教育专业函授大专学员38人;与赣州师范高等专科学校、南昌广电中专开展中专幼师联合办学,在籍学员521人。

〔**科研成果**〕 作为以实施全市中小学教师继续教育工作为主要任务的县级教师培训机构,为提高教师业务能力,学校扎实开展教学科研工作,取得了较好的成绩,其中刘家玉校长主持的课题《培养学生的数学应用意识与能力的研究》获省级立项,朱启黎老师主持的课题《运用“双网”培训农村新教师策略研究》获赣州市级立项,刘钱广、袁华玲、朱启黎等老师在国家级、省级专业报刊、杂志发表论文6篇。

〔**学校建设**〕 积极争资争项,大力改善办学条件。一是争取资金60万元,装修了多功能报告厅,满足了大规模培训教师的需要;二是学生教室装备了3套交互式电子白板设备,计算机房添置了微机14台,计算机房和多媒体教室添置空调6台,改善了舞蹈房、琴房的教学设施;三是学生食堂添置了全自动不锈钢电热开水器、大屏幕平板液晶彩电,学生寝室定制了储物柜,增建了洗衣池等。

〔**“三送”工作**〕 学校“三送”工作挂点镜坝镇镜坝村。学校高度重视“三送”工作,主要领导亲自抓,成立了以工会主席刘显龙任队长、朱启黎为常驻队员的“三送”工作队。工作队围绕“促进创业致富、促进环境提升、促进民生改善、促进社会和谐、促进基层党建”工作目标,以“党员干部受锻炼、工作作风求转变、社会和谐促发展、人民群众得实惠”为目的,密切联系群众,开展政策宣传,了解群众诉求,调处矛盾纠纷,兴办好事实事,取得了较好的工作成效。

〔**领导班子名录**〕
校长、党支部书记:刘家玉
党支部副书记:陈志敏
副校长:康　明
　　　　陈清明
　　　　刘明阳
工会主席:刘显龙
校长助理:刘建平

(钟建华)

市职业中等专业学校

〔**综述**〕 南康市职业中等专业学校创办于1983

年，位于南康市龙岭镇樟桥圩105国道旁，校园占地面积160亩。2000年，被教育部评估为首批“国家级重点职业高中”；2002年，被教育部、国家经贸委、劳动和社会保障部评为“全国职业教育先进单位”；2004年，被教育部复评为“国家级重点职业中专”；2007年，被教育部、人事部评为“全国教育系统先进单位”；2012年，被教育部、人社部、财政部确定为第二批“国家中职改革发展示范校”建设学校。

学校坚持学历教育与农民培训并举的办学举措，着力打造“国家中职示范校”和全省一流农民培训基地。2013年，学校在江西省第五届中等职业学校“文明风采”竞赛活动中，冯新星、朱林、谢金英等27名教师的作品获奖，林妍、钟思思、袁会忠等10名学生的作品获奖；在江西省“第六届服装设计师生作品大赛”中，李光明、刘莹两位教师的作品《D调的华丽》荣获教师组三等奖，学生欧阳迎君作品《花漾》荣获学生组一等奖。刘桂萍、吕作亮、段飞燕等3名教师参加国家级培训；王明华、黄小明等18名教师参加了省级培训；肖泽勇、刘琳等12名教师赴企业挂职锻炼；尹才明、谢声权等19名教师参加了高级工培训并通过考核；邓锋、邓芳芳、宋金长等7名教师被认定为江西省中等职业学校“双师型”教师。

〔专业设置〕 学校本着“市场需要什么人才，就开办什么专业（工种）”的思路，灵活设置和开设专业（工种）。2013年，学历教育开设了“服装、家具、电子、机电、模具、数控、财会、幼师、农经管理、电子商务、计算机应用”等11个专业，在校生3641人（其中家具设计与制造专业在校生127人）；农民培训开设了“服装、家具、电子、甜柚栽培、生猪养殖”等38个中、初级培训工种，以及农民创业班、农民企业家MBA课程班两个高级班，年培训农民6万人次以上（其中2013年度实木家具机械操作工、板式家具机械操作工、批灰贴纸油漆工、真皮沙发制作工、家具设计与制造等家具类工种培训1632人次）；各专业（工种）校内实习实训室（含果园、苗圃）共计35个，仪器设备总值近3000万元。与江西服装学院、江西环境工程职业学院、江西应用技术学院、赣南师院等高校联办了服装、家具、数控、电子、会计、幼师等专业函授大专班。

〔办学特色〕 学校坚持“师生为本、特色为重、发挥职能、服务社会”的办学理念和“立足农村，面向社会，灵活办学，多出人才”的办学宗旨，形成了“学校与企业合作、专业与产业对接、学历与培训并举”的鲜明办学特色。

1.学校与企业合作。学校与省内外近40家知名企业建立了紧密的合作关系。其中，东莞焦点科技有限公司、赣州文清服饰有限公司共计投入仪器设备1000多万元，在学校建立实训基地，同时派出工程师到校任教，“订单培养”机械、数控和服装专业人才，极大地解决了学校师资、设备的不足，提高了人才培养质量；福建冠捷、苏州聚力集团、浙江人本集团等国内百强企业以及南康市康意服饰、格棱电子、德普特科技等企业也与学校有良好的合作关系。

2.专业与产业对接。学校围绕南康市主导产业开设了服装、家具、电子、机械、财会、电商等主干专业；通过加强对企业的人才需求调研，不断完善《人才培养方案》和《课程体系》，开发和共建了39门国家级精品课程和11门校级精品课程，其中服装专业成为了全国课题组的组长单位。学校与江西服装学院、江西环境工程职业技术学院联合建立服装教研推广中心、家具教研推广中心，服务本地服装、家具企业；与赣南师院联合举办农民企业家MBA课程班，提升本土企业家的经营管理水平；电子、数控、会计等专业还建有社会服务平台，为南康市相关产业提供技术咨询和人才培训。

3.学历与培训并举。学校坚持学历教育与农民培训“两条腿”走路的办学方针。通过农民学院、农村党员创业培训基地、创业人才培训基地等平台，整合全市涉农培训资源，推行公益免费培训，完善市、乡、村三级培训网络体系，采取“脱产培训、现场培训、网络培训、送教入企、送教下乡”等灵活形式，大规模地开展农民培训工作，有力服务了南康市主导产业和经济社会发展。

〔农民学院〕 学院按照年初工作计划和上级涉农培训部门的培训要求，2013年共计培训农民42204人次。其中，学院院部集中培训农民4204人次（主要包括新型职业农民500人，农业专项技术100人，“雨露计划”253人，“农村土坯房改造”工匠培训3000人，入党积极分子培训270人，农民企业家MBA课程班培训81人）；乡（镇、街道）

分院开展当地农业实用技术培训计3000人次;工业园区分院培训园区企业员工3000人次;职能部门分院培训农民计32000人次(农口部门进行农业、果业、林业、畜牧水产等实用技术培训计5000人次;总工会分院培训职工190人;文广部门利用广播电视网络远程教育进行农业科普知识培训27000人次)。培训的主要特色有:

1.农民培训网络体系更加科学合理。2013年,按照市委、市政府《关于进一步做好农民培训工作的意见》,一是进一步调整了学院组织机构,扩大了学院的组织框架,将组织部、总工会、扶贫办等具有培训职能的单位整合进来;二是进一步明确理顺了部门职责,即市职业中专为学院院部,院部下设乡镇(街道)分院、工业园分院、职能部门分院(包括农口部门分院、文广部门分院、组织部门分院和总工会分院)三大分院,分院下设村(社区)培训站(点、学校);三是进一步整合了培训资源,扩大了培训范畴。在整合"阳光工程"、"雨露计划"、"金蓝领"培训和农村党员培训等资源的基础上,将劳动预备制培训、退伍军人培训等资源有机整合到学院;四是进一步明确了公益性培训的方向,把培育现代新型农民,作为重要的公益性事业、重要的民生公共产品来建设。

2.农民培训内容和形式更加丰富多样。一是初中高各层次培训相结合。学院围绕南康市主导产业发展和农民培训愿望,同步开设初、中级班及农民创业班、农民企业家MBA课程班两个高级班。2013年招收了来自家具、服装、商贸、物流、餐饮服务、广告设计等10多个行业的企业老板或企业高管81人参加农民企业家MBA课程班培训。二是课程设置贴近产业,实用有效。在课程设置上,根据南康市主导产业的发展、农民的培训愿望及上级项目要求来设置。如:农业部门分院围绕农业项目和产业发展,以主推品种、种养技术、测土配方施肥、农产品质量安全等知识为重点,分别开设了以恬凯稻业、富民果业、三清源大米合作社等3个省级示范社骨干社员培训;以"和谐秀美乡村"为主题的"美丽乡村"建设农民培训和农村土坯房改造工匠培训。培训课程紧紧抓住"职业化农民、农民职业化"的主题,着力培养和造就一大批综合素质高、生产经营能力强、主体作用发挥明显的新型职业农民队伍,课程设置针对性强,实用有效。三是"集中培训+送教下乡"灵活授课模式。学院充分考虑参训对象的实际情况,根据培训内容和农时季节,实行集中培训和送教下乡相结合的授课形式。专家送教下乡既节省时间,又讲求实效,深受学员的一致好评。

〔领导班子名录〕

校长、党总支书记:陈祥生

党总支副书记:邱德欢

副校长:刘家源

杨品前

工会主席:肖玉珍(女)

校长助理:陈旭鸠

(钟建华)

市第二中学

〔综述〕 南康市第二中学位于蓉江河畔,校园面积81585平方米,校舍面积46743平方米,校园绿化面积23900多平方米,现有93个教学班,5500余名学生,教职工329名,其中专任教师315名,研究生学历17人,本科学历239人,高级教师101人,赣州市骨干教师、学科带头人26人。

学校教学区、生活区、运动区规划合理,建筑错落有致,环境优雅。学校教学设施先进,拥有设备齐全的计算机中心、多媒体教学与外语教学系统、理化生实验室、音体美教学设施等。学校图书馆藏书15万多册,电子图书30万册。

学校大力推进教育教学改革,按照"以质量求发展,以质量促发展,以质量检验发展,努力提高教育工作质量,办人民满意的教育"的总体要求,致力于创新机制,强化管理,深挖潜力,打造特色,全面深化课堂教学改革,科学实施"分层教学",扎实推进"音、体、美"特长教育,狠抓日常规范化管理教育,努力探索出一条符合实际,独具特色的可持续发展办学之路。学校发展规模逐步扩大,教育质量连年提升,各项工作得到上级党政和教育主管部门的充分肯定。

2013年,学校高考成绩再创佳绩。一本上线49人,二本以上上线人数262人,艺体特长生录取二本以上院校218人,三本以上上线537人。

〔德育工作〕 2013年,学校继续深入贯彻执行《中共中央国务院关于进一步加强和改进未成年人思想道德建设的若干意见》，坚持以德育为首的宗旨和以人为本的原则，结合学校实际，把握未成年人身心成长的客观规律，扎实开展未成年人思想道德教育工作，多层次、多渠道地开展丰富多彩的文体活动，提高学生的参与意识、文明意识和竞争意识，使学生在学习、生活诸方面得到全面发展。

1.加强学生养成教育和思想道德教育。一是坚持认真落实《中学生日常行为规范》和《南康二中一日行为规范》，长期持久的抓好“建设文明校园，告别不文明行为”活动；二是加强对学生进行思想道德、法制、安全等教育；三是培养学生良好的卫生和生活习惯，规范宿舍管理，督促落实各项检查工作；四是通过“抓反复，反复抓”加强“班风综合评比”的检查力度，倡导文明之风，净化校园环境；五是充分发挥宣传橱窗、班报、校报、广播的宣传作用，丰富宣传内涵，加强环境育人效果。

2.开展丰富多彩的主题教育活动。一是重视爱国主义、集体主义、革命传统等教育，在坚持以爱国主义教育为主线的基础上，开展丰富多彩的教育活动和社会实践活动；二是根据学生实际开展青春期心理和生理健康教育；三是充分利用重要节日、纪念日对师生进行爱国主义教育、理想教育、环境教育、健康教育等；四是不定期组织学生召开法制教育主题班会，利用宣传栏开辟法制园地，组织学生集中观看法制教育片，通过采取学生喜闻乐见的形式，使学生了解国家的法律法规，进而关心国际、国内大事，做一个知法、守法、护法的中学生。

3.建德育网络，实现全员育人。学校全面贯彻全员、全程、全方位的“三全”管理工作方略，大力推行“学生教育承包制”，实行教师由行政干部包组，学生由教师包组的措施，让每一位学生在高中三年的学习生活中都有具体的指导老师，使每一位学生都得到关心、指导和帮助。

〔**教学科研**〕 学校积极稳妥地推进课程改革，加强“271”高校课堂模式的研究与实践，加强新课程背景下课堂教学模式的研究，改变传统的课堂教学方式，优化学生学习策略，提高课堂教学效益，形成各年级各学科纵向衔接、横向贯通的课改格局。学校始终做到以学生全面发展、教师专业成长、学校质量全面提升为根本，努力开拓进取。为充分发挥教科研在课程改革中的先导作用，学校继续加大对教科研的投入，以课堂教学为主阵地，积极营造教科研氛围，开展各项教科研活动，极大地促进了教师的专业发展，使学校教科研水平有了很大提高，学校科研工作在全体教师的共同努力下，尤其在课题研究方面，取得了突出的成绩。

〔**校园建设**〕 2013 年，在市委市政府的关心支持下，学校积极落实校园建设规划，致力于改善校园面貌。为了适应学校发展的需要，为师生服务，学校加快建设步伐，艺术特长生练功房、塑胶篮球场相继竣工；为了解决学生住宿问题，学校正在筹建学生公寓，这些基础设施的建设，将大大地改善校园的学习环境和人文环境。

〔**领导班子名录**〕

校长、党支部书记：黄忠东

党支部副书记：仲承全

副校长：吴健飞

李雅昭

康浒珍（女）

工会主席：杨东平

校长助理：邓海忠

（钟建华）

2013 年市第二中学各项教学科研成果一览表

教师论文发表情况统计表

序号	论文题目	作　者	学科	发表何刊物	何期
1	书面表达	曹　平	英语	英语周报	高一外研 SDL29 期
2	谈谈数学的美	吴　芳	数学	高考	2013 年第 143 期
3	注重知识内化，搞好政治复习教学	左爱玲	政治	中学课程辅导	2013 年第 20 期
4	如何在政治课堂中实施课堂艺术	左爱玲	政治	中学课程辅导	2013 年第 20 期

(续上表)

序号	论文题目	作者	学科	发表何刊物	何期
5	浅谈体育课的讲解与示范	许尚华	体育	中学课程辅导	2013年第20期
6	构建高效课堂,提高课堂效率	左爱玲	政治	时代青年教育	2013年6月
7	高中美术鉴赏课教学的优化	黄恒	美术	知识窗教师版	2013年9月月末总第445期
8	试探创设高中美术有效课堂的策略	黄恒	美术	美与时代	2013年7月
9	探究学习高中物理的方法	秦彩云	物理	教育前沿	2013年第12期
10	浅谈如何打造高中物理高效课堂	王伟	物理	教育前沿	2013年第12期
11	浅谈体育教学中如何激发学生学习兴趣	许尚华	体育	教育前沿	2013年9月
12	论化学实验教学的重要性和教学方法	邹泽华	化学	教育前沿	2013年第12期
13	如何提高物理课堂教学的有效性	董大庆	物理	试题与研究	2013年第27期
14	高中数学培养创新意识的几点看法	黎慧姿	数学	试题与研究	2013年第27期
15	浅谈中学数学教学中创新思维能力的培养	龙凤霞	数学	试题与研究	2013年第11期
16	谈谈高中化学研究性学习的方法	廖祥彪	化学	试题与研究	2013年第27期
17	巧用戏剧模式创新活化高中语文教学	王慧	语文	语数外学习	2013年第9期
18	社会文化变迁对新词语的影响	王慧	语文	读写算	2013年第29期
19	运用化学实验发展学生能力	刘观禧	化学	读写算	2013年第41期
20	信息技术环境下英语阅读教学的有效措施	康昆凤	英语	当代教学论坛	2013年第6卷第10期
21	高中英语试卷讲评有效性的实践与探索	吴德嫂	英语	当代教学论坛	2013年第9期
22	高中阶段二次函数的应用	龙凤霞	数学	中学生数理化	2013年12月
23	高中语文课堂有效讨论的实施策略	刘誉	语文	考试周刊	2013年第67期
24	高中数学小组化教学的实践与思考	廖震华	数学	考试周刊	2013年第55期
25	浅谈构建活力的地理课堂	王红文	地理	新疆教育	2013年11月
26	多媒体技术与传统英语教学整合的实践与研究	高琴丽	英语	新疆教育	2013年11月
27	谈高考议论文而不变色	刘运雯	语文	江西教育	2013年12月
28	成语辨析题解题中应注意的几个问题	刘誉	语文	高中生之友	2013年12月上半月第231期
29	浅析高中语文教学培养学生的探究意识	刘誉	语文	高中生学习(教育教学)	2013年9月
30	高中物理教学中“探究性学习”教学模式探究	卜为平	物理	考试	2013年第07期
31	高中物理教学中多媒体应用情况的调查研究	卜为平	物理	高考	2013年10月1日
32	浅谈体育游戏在中学体育教学中的灵活运用	何先华 杨帅平	体育	时代青年	2013年6月1日
33	高中体育教学中自主探究模式的运用分析	何先华 杨帅平	体育	时代青年	2013年9月1日

课题立项、结项情况统计表

序号	课题名称	负责人	学科	立项时间	结项时间	级别
1	高中数学271高效课堂教学模式的实践与探索	方宣海	数学	2013年9月		赣州市
2	新课改下如何利用多媒体打造高中英语高效课堂	曹飞飞	英语	2013年9月		赣州市
3	新课改下如何提高高中词汇教学的有效性	罗惠珠	英语	2013年9月		赣州市
4	高中政治生成性课堂中的平衡策略研究	赵志坚	政治	2013年9月		赣州市
5	“学案导学,合作探究”地理课堂实践初探	彭 栋	地理	2013年9月		赣州市
6	新课程背景下中学美术课堂教学有效性的研究	张君毅	美术	2013年9月		赣州市
7	中学英语课堂展示与评价的研究	施明伦	英语	2013年11月		江西省
8	传统文化与新课程背景下的语文教学	刘成辉	语文		2013年11月	赣州市
9	高中语文新课程与传统文化的互动研究	蔡仲平	语文		2013年11月	赣州市
10	高中生物学困生的成因调查及转化对策的研究	汤海勇	生物		2013年11月	赣州市

市第三中学

〔综述〕 市第三中学成立于2006年7月,学校位于南康市泰康西路53号,占地面积105亩,现有教职工262人,其中省特级教师1人,省骨干教师3人,高级教师110人,中级教师97人,共有初、高中教学班83个,在籍学生5600多人。

2013年,学校荣获全国最具发展潜力特色学校、全国教育科学“十二五”规划教育部规划课题“少教多学”先进实验学校、江西省中小学平安校园示范学校、江西省“科技创新教育”重点课题学校、平安南康建设暨社会管理综合治理工作先进单位、南康市教育工作综合评估先进单位、南康市教学质量先进单位、南康市城乡学校结对帮扶工作先进单位、南康市教育宣传工作先进单位、第十九届“体彩杯”文艺、体育竞赛优胜单位等多项集体荣誉称号。学校中考成绩显著:其中陈诗璐同学以738分取得南康市中考第一名,南康市前十名占了4名,南康市前一百名占了26名,中考各档完成率均居全市前列。

〔办学目标〕 学校确立了“以创新引领发展,用实力铸就品牌”的办学理念,以“育人为本、和谐幸福”的文化建设理念,以“强化素质,弘扬个性,一切以学生的发展为本”的教育理念,努力探索“成功教育模式”,大力开展“科技创新”教育活动,努力实现“做强初中教育,做优高中教育”的办学目标。

〔德育工作〕 1.师德教育。一是组织教师认真学习党的“十八大”精神、中央“八项规定”,加强教师廉洁自律教育;二是以“群众路线教育实践活动”为载体,鼓励教师争当“创新型教师”;三是大力开展“我的三中梦”主题教育活动,教育和引导教师多讲奉献,为学校跻身名校献计出力;四是要求广大教师认真落实《中小学教师职业道德规范》等师德师风文件,强化师德教育;五是建立部门(年级)管理责任检查制和部门(年级)工作落实反馈制,杜绝“四风”现象,提升全体教职工的工作创新力和执行力。

2.品德教育。一是以“干部下基层,教师访万家”活动为纽带,努力构建江西省级“家校合作试点校”平台;二是倡导赏识教育和爱心教育,做到关爱“问题”生、关心学困生、关注后排生;三是开展学习“航天精神”、“亮剑精神”系列教育活动,培养学生“特别能吃苦、特别能战斗、特别能攻关、特别能奉献”的航天精神和“永不言败、锲而不舍、勇往直前”的亮剑精神,大力提升学生正能量。

〔教学工作〕 1.常规——提升质量之本。学校教学常规检查采取教导处、教研组与年级组多边检查机制,精细落实教学"六切实"管理,抓实备课、上课、作业、辅导、考试、教研活动、科技创新活动等各个环节,细化教学管理,规范教学行为。

2.教改——提升质量之魂。以新课程方案为指导,以《南康三中有效教学十标准(试行)》为标杆,大力推行有效教学课堂改革,大力实施"有效作业"策略,通过有效作业来促进有效教学的实施,同时强化"有效考试"策略,规范学校考试制度,完善了学校质量评价体系,提高学生成绩评价的科学性。

3.师资——提升质量之源。学校按照"立足校本培训,扩大校外交流"的培训模式,采取集中培训与自主研修相结合的形式,以中华资源库、北京四中网校、网络开放课程为学习平台,以南康三中教师专业成长网络平台为成长载体,促进教师专业成长。

4.特色——提升质量之眼。学校坚持"创新融入课程,课程激活创新"理念,按照学校科技创新教育实施方案的总体要求,努力抓好科技创新、电脑制作、信息学奥赛、通用技术、综合实践等比赛活动,深入开创学校"科技创新教育"特色。

5.责任——提升质量之基。学校高中部以《关于深入实施新课程改革积极推进科技创新活动全面提高高中教学质量实施方案》为指南,按照新课程方案实施要求,从常规教学与教研、综合实践活动、学科竞赛、科技创新活动和升学指导五个方面分工负责,提高学校高中教学质量和办学水平。

〔安全工作〕 积极构建安全保障机制,建立并完善了南康三中"六个三"安全管理模式,确保了师生安全。"六个三"是指三"预"(安全预案、安全预警、安全预告)、三"账"(学校安全台账、班级安全日账、学生安全细账)、三"管"(校内及周边的安全环境综合管理、校内设施设备的安全管理、学生行为的安全管理)、三"防"(学校重大安全事故的防止、传染疾病的安全防控、易发事故的安全防范)、三"练"(学生安全演练、学生安全技能的训练、学校安全保障措施的操练)、三"线"(学生自我管理的保护线、学校安全管理的保障线、校外协管部门的信息畅通线)。

〔科研成果〕 2013年,学校结合"科技创新"和"素质教育"两大主题,扎实开展教研教改工作,取得了较好成绩。

1.学校教师共有180篇论文在国家、省级等各级各类专业报纸杂志中发表或获奖,其中省级以上发表142篇;共有41人次教师在各级优质课、教学设计、课件、微课制作等业务竞赛中获奖,其中省级奖6人,市级奖13人,县级奖22人。

2.立项课题13个(其中省级课题立项5个,1个省重点课题);在研课题28个,其中省级以上课题9个。达到了组组有课题,人人皆科研的目标。

3.科技创新成果丰硕:在信息学奥赛中获国家级奖1人(贰等奖);在第12届电脑制作比赛中获省级奖1人,市级奖3人;在第28届江西省青少年科技创新大赛中,有3项作品获省一等奖,1项作品获省二等奖,1项作品获省三等奖;在第28届全国青少年科技创新大赛中,有1项作品获国家级银牌,2项作品获国家级铜牌。

〔领导班子名录〕

校长、支部书记:刘毓球
支部副书记:谢代德
副校长:邓雪梅(女)
　　　　吉金平
工会主席:朱经胜
校长助理:张国忠

(杨万里)

唐江中学

〔综述〕 唐江中学位于南康市中部唐江镇,创办于1938年3月,前身为私立岭北中学。1949年9月,私立岭北中学与光华中学两校合并为"私立唐江中学"。几经更名后,于1973年7月,平田中学与唐江镇中学合并,复称"南康市唐江中学"。1999年9月,南康市完中网点调整,横市中学、凤岗中学高中部并入。2002年10月,被江西省教育厅确定为"十五"期间重点建设普通高中学校。2007年9月剥离初中部,2009年被评为省重点中学。学校历经75年,现为赣州市规模较大的普通高中之一,是一所具有悠久历史的赣南老校。

学校占地面积79072平方米,建筑面积48325平方米。拥有办公大楼2栋、综合楼1栋、教学楼3栋、多功能报告厅1个、多媒体教室4个、大型食堂2个、标准学生公寓3栋,教工单元楼3栋,宿舍楼3栋、300米运动场1个等。现有教职工241人(其中高级教师70人,中级教师60多人,省、市学科带头人和骨干教师多人),中共党员74人。现有教学班68个,在校学生4080人。

2013年高考成绩名列赣州市普通高中前茅。

〔招生工作〕 学校招生工作严格执行上级的“三限”(限分数、限人数、限钱数)规定和其他相关政策,2013年高一年级共招收新生1512人,其中正取1287人,择校225人,录取线为490分。

〔德育工作〕 学校始终把德育工作摆在首位,狠抓学生行为习惯养成教育,一是根据学生实际制定了《唐江中学德育工作纲要》《唐江中学德育工作目标》,通过教室内务整理、寝室内务整理、学生胸卡佩戴、校园秩序整治狠抓学生行为习惯养成教育,从学习习惯、卫生习惯、文明礼貌、安全要求四个方面对学生在校期间学习、生活、行为习惯等方面高标准严要求;二是细化《中学生日常行为规范》《中学生守则》,注重过程管理,建立“教师值日、班务日誌、胸卡”的“三位一体”管理机制,使学生从早到晚的每一时段的表现都在班主任的视线范围内;三是根据《唐江中学“新三好”学生评选方案》评选出“新三好”“二好”“一好”学生,根据《唐江中学学生违纪处罚条例》对违纪学生进行处分、批评、教育,使学生管理工作制度化、规范化;四是绷紧安全这根弦,把安全工作放在德育工作的首位,建立健全了学校安全制度,成立了校园“110”,建立安全台账,印发了《唐江中学安全知识手册》等,确保学校师生安全。

〔教学教研〕 学校要求教师不折不扣执行《教学常规》实施细则,对教师备课、上课、作业、辅导、考试等环节都作了严格的量化要求。教师在平时的教学工作中,对照实施细则认真备课、上课、布置和批改作业,进行课内外辅导。教研组配合教导处检查或抽查教师的教案、作业的布置和批改情况,学校行政人员深入教学第一线,参加教研组听课、说课和评课等活动,有力促进了教师教案的规范化,杜绝了无教案上课现象。随着办学规模的扩大,在抓好教研组活动的同时,特别加强了备课组活动。要求备课组活动要经常、具体、规范,有时间、有计划、有记录,每次活动有中心发言人,统一教学进度、教学内容、作业和考试。各备课组充分发扬团结协作精神,分工合作,扬长避短,群策群力,在管理中逐渐形成了教导处—教研组、教研组—备课组的教研模式,管理行之有效。为掌握第一手材料,充分了解教师教学情况、业务水平,建立了唐江中学教师业务档案。定期召开了各年级学生代表座谈会和成绩分析会,进行教学信息反馈,进一步检查《常规》的落实情况,并将学生的意见、建议进行归纳和整理,及时反馈给有关教师,大大促进了教师教法的改进,不断地提高课堂教学效果和教师教学水平。数学组叶加德申报的《新课标下农村中学生数学学习能力现状研究与对策》获得省级立项,生物组王建明申报的《新课标下农村高中生物教学中地方课程资源的研究与开发》、政治组钟名福申报的《高中思想政治课堂教学与学生个性化发展的研究与策略》、李泽星申报《乡土资源在农村高中政治课课堂教学中的运用研究与策略》等分别获地市级立项。罗太平老师代表赣州市参加了江西省2013年中学数学教师综合比赛,执教题为“直线与平面垂直”的课,获得农村组省级一等奖,综合素质比赛获得省级三等奖,叶加德、王正人分别获得指导教师省级一等奖。在江西省2013年度“课堂教学特色案例”评选活动中,王海燕老师撰写的《处理民族关系的原则》教案获得省级二等奖。

〔领导班子名录〕

校长、党支部书记:王建明

副校长:钟庆华

　　　　叶加德

工会主席:卢致琳

校长助理:陈礼权

（杨万里）

2013 年唐江中学各项教学科研成果一览表

教研课题

学科	级别	课题名称
语文	国家级	《农村高中语文“少教多学”的策略与方法研究》
生物	省级	《新课标下农村高中生物教学中地方课程资源的研究与开发》
政治	市级	《高中思想政治课堂教学与学生个性发展的研究与策略》
政治	市级	《乡土资源在农村高中政治课堂教学中的运用研究与策略》
语文	省级	《高中新课程下农村高中学生人文素质培养与作文研究》
数学	省级	《新课标下农村中学数学学习能力现状研究与对策》

论文发表

序号	论文题目	作者	学科	发表于何刊物何期
1	《高中英语课堂动态教学策略初探》	王玉芳	英语	《中学生英语》2013.2
2	《高中英语写作课高效课堂模式探讨》	明荣钰	英语	《英语学习辅导报》2013.2
3	《高中语文作文教学中联想思维的培养》	赵美华	语文	《阅读与作文》2013.4
4	《浅谈高中语文阅读教学新思路》	赵美华	语文	《语文天地》2013.4
5	《浅谈修辞在高中作文中的作用》	吴　健	语文	《阅读与作文》2013.3
6	《让古典诗歌教学活起来》	吴　健	语文	《语文天地》2013.3
7	《促进整合多媒体优化高中地理教学》	游志华	地理	《中国教育技术装备》2013.3
8	《在英语课堂教学中实施情感教学的策略》	商叙英	英语	《江西教育》2013.2
9	《量长避短,减小相对误差》	曾翠蓉	物理	《读写算》第十一期
10	浅谈新教师如何高效备课	肖镇剑	物理	中学教学参考 12
11	如何在物理教学中提高学生的学习兴趣	陈冬梅	物理	教育学 8
12	浅谈在教学中如何使学生形成物理概念与掌握规律	陈冬梅	物理	素质教育 8
13	浅谈高中化学有效的学习方法	方晓龙	化学	新课程 10
14	关于微课问题的思考	胡佐明	生物	教育艺术 9
15	浅谈从初中物理到高中物的教学过渡	肖镇剑	物理	新疆教育 10
16	浅谈如何培养学生物理审题能力	胡春香	物理	新课程 12
17	浅谈新教师如何备课	胡春香	物理	素质教育 4
18	对高中近地运动规律的一些理解	张大伟	物理	新课程 12
19	宽容和信任是师生间的心桥	张大伟	物理	教学研究 12

市第五中学

〔**综述**〕 南康市第五中学前身是南康市西华中学,创建于 1971 年,2005 年 8 月改为现名。学校位于南康市南水开发新区,南接 60 米大道,北临蓉江。现有教职工 157 人,专职教师 152 人,硕士研究生 1 人,大学本科 122 人,专科 29 人,学历达标率 100%,中学高级教师 67 人,中学一级教师 59 人,其中江西省学科带头人 2 人,江西省骨干教师 2 人,赣州市学科带头人 1 人,赣州市骨干教师 2 人,南康市中青年骨干教师 3 人。现有教学班 53 个,在校学生 3735 人,是南康市办学规模较大的城区初中。

〔**招生工作**〕 2013 年下学期,初一招收新生 1332

人，其中男生756人，女生576人，分19个平行教学班。

〔**德育工作**〕 学校坚持“规范行为、提升素质、塑造人格、培养校风”的德育原则，把“以人为本，立德树人”作为德育工作的主线，坚持制度管理和人文关怀相结合，坚持增强素质和培育人格相结合。一是大力开展学生文明行为养成教育，扎实抓好《中学生日常行为规范》和《南康市第五中学行为规范十不准》的学习和落实。二是积极开展“感恩”主题教育活动，运用活动引领、细节渗透，文化熏陶等有效的策略，通过形式多样的活动引导学生从感恩，懂得感恩，健全德育品格。三是大力开展爱国主义教育活动，教育引导学生懂得国家好、民族好、大家才会好的道理，培育心向党、爱劳动、有礼貌的道德品质，增进爱国情感。四是大力开展“中国梦”主题教育活动，学校举行了“中国梦，我的梦”主题演讲比赛活动。五是大力开展书香校园创建活动。让学生养成良好的阅读、书写习惯，促进素质教育的全面实施，营造好浓厚的书香校园氛围。六是创新学生评价工作，学校实行“新三好”学生评价制度，引导学生在学校做个好学生，在家做个好孩子，在社区做个好公民，进一步完善了学校—家庭—社会三位一体的教育网络。

〔**教学科研**〕 教学工作是学校的中心工作，提高教学质量是学校一切工作的核心。学校狠抓了教学常规的管理：一是抓好教学常规的落实检查工作，重点是抓好教师的备课、上课、自习辅导、考试等重要环节的检查，二是抓好学科组教学研讨工作，完善集体备课制度，集全组教师的智慧为一体，坚持“四点二线、五位一体”有效集体备课；三是积极抓好教师的能力提升培训工作，学校组织教师赴赣州参加全国中小学实施有效教学、构建高效课堂途径与方法研讨会，组织部分骨干教师赴南昌参加全省德育工作现场报告会，组织数学学科部分优秀教师赴上饶参加全省数学学科研讨会，组织语文学科部分优秀教师赴赣州参加全省语文优质课比赛观摩会。让学校教师与教育专家近距离的学习，拓展了教育视野，更新了教育理念，掌握了更多高效课堂的教学策略，提升了教师专业素质。四是抓好新教师听课指导工作，对上学期新调入的教师，学校三个年管会的领导，分别对所在年级的新教师实施了随堂听课制度，发现问题，及时反馈，细心指导。

教育科研是实施素质教育的先导，是学校可持续发展的根本动力，是提升学校核心竞争力的根本途径。学校的校本教研确立了“以促进学生的发展为宗旨，以课程实施过程中学校所面对的各种具体问题为对象，以教师为研究的主体，以改变教师的教学行为和学生的学习方式为目的”为指导思想，按照“一个依托、三种力量、实行九个一教研实施计划”的工作思路，大力开展教研教改工作。

〔**教学教研成果**〕 2013年，学校中考取得了优异的成绩：中考一档目标任务完成率达181.08%，雄居城区学校排名第一，中考平均总分达500.1分，居城区学校第一，中考目标任务总完成率达150.97%，城区学校第一。录取南康中学重点班人数145人。录取南康中学实验班（名列全市总分前100）人数达22人。学校荣获2013年南康市教学质量目标管理先进单位。教研论文有4篇获国家奖，6篇获省级奖，2篇获设区市级奖；有16篇论文发表在各级各类刊物上；承担省级教研课题7个，市级课题5个，在江西省中小学教师优秀征文比赛中1人获得省级一等奖；在江西省数学教学设计比赛中1人获二等奖；在赣州市初中数学青年教师基本功大赛中1人获得一等奖，1人获得二等奖；在赣州市化学说课比赛中1人获得二等奖；在2013年赣州市中小学班主任育人风采展示比赛中1人获三等奖；在赣州市地理教师电脑制图比赛中1人获一等奖。在南康市初中语文复习课教学设计比赛中5人获得一等奖；2人获二等奖；在南康市初中英语复习设计比赛中6人获得一等奖；在南康市初三数学总复习优质课比赛中1人获得一等奖。学校在赣州市“英东杯”中小学生文艺调演中获初中组三等奖，在市中学生田径运动会中获初中组第三名。学校先后获得赣州市“十一五”教育教学科研先进学校、赣州市义务教育合格学校、南康市中小学教学质量目标考评先进单位、南康市第十八届中小学文艺调演初中组先进单位、南康市教育系统师德师风演讲比赛优秀组织奖等荣誉称号。校长黄龙同志被评为“赣州市优秀教育工作者”和“南康市十佳校长”。

〔校舍建设〕 学校校园占地面积48666平方米，校舍建筑面积11410平方米，有六层综合教学大楼1幢、五层教学大楼1幢、四层教学大楼2幢、学生宿舍食堂大楼1幢、实验室4个、多媒体教室2个、微机室1个、微机86台;有300米环形跑道运动场1个,篮球场2个,校园文化广场1个,学校还建有图书室、阅览室,藏书4.5万册。

〔领导班子名录〕
校　长:黄龙

(杨万里)

市实验小学

〔综述〕 学校现有教学班66个，在校学生4767人,教职工175人,专任教师170人,学历层次逐年提高,本科学历100人,占专任教师的59%,专科学历及以上的164人,占专任教师的96%。专任教师中，小学特高级教师16人，小学高级教师114人；省学科带头人5人、省学科骨干教师10人,赣州市、南康市第五批学科带头人、骨干教师13人。2013年,学校投入资金60多万元,不仅更新了1000套学生课桌,还对东校区的教学办公楼进行了装饰装修和用电线路的改造，学校面貌焕然一新;另外,学校还争取上级部门的关心支持,为学校装备了55套“班班通”设备,进一步改善了办学条件,大大提升了学校的办学水平。

〔德育工作〕 1.学校遵循以德为先、以人为本、修身养性的原则,坚持“景文化”和“人文化”建设,让校园书香常驻、环境常美。学校的墙面文化,反映学校的重点工作和发展方向，每月一期的校园风景线,每周一期的班级板报,都体现了校园文化的底蕴浓厚;为了让孩子们亲近经典,努力营造书香校园，学校经常组织学生诵读中华经典传统文化的精髓,如《百家姓》《三字经》《千字文》《弟子规》等,从而引领着学生做一个有志向的礼仪之人。

2.学校十分注重校园对队员的良好影响和教育功能。一年来,学校采取多种方式鼓励队员充分融入校园生活,自主参与校园管理的全过程,形成了“师教生、生管生”的校园管理值日制度。通过学生“他律”,逐步实现了自律,将良好习惯升华为学生自觉的道德行为。学校特别加强了一年级班级管理,开展了一年级行为习惯专项管理活动。

3.丰富多彩的主题教育,体现着学校浓厚的文化氛围。学校利用校园广播、橱窗、校报、班队会课、专题活动等载体,对孩子们进行传统节日的熏陶和理想、信念、法制教育,让孩子们在活动中感受中华传统文化魅力,抒发自己的美丽情怀。在第64个少先队建队日到来之际,学校以“光荣少先队美丽实小人”为主题举行了一年级庄严而隆重的新生入队仪式;各班还利用队会课开展了“光荣少先队美丽实小人”主题队会。开展了“我的中国梦”主题教育活动,通过“中国梦我的梦”主题班会、学生演讲比赛和新年诗会等,让学生为梦想启航,为梦想努力。学校邀请了学校法制副校长、蓉江派出所民警为学生作法制教育讲座，教育学生争做遵纪守法小公民。

4.家校共育,创和谐实小。学校积极变通家教指导渠道,有效指导家长做好家教工作。学校通过“办一堂讲座、开一次家长会、发一条短信、走一趟家访”等方式,向家长介绍教育方法,宣传学校活动。此外,学校还召开了学校家长委员会会议,举行了家庭教育讲座,拓宽了家校共育渠道。

〔安全工作〕 学校专门成立安全保卫办公室,不断完善安全保卫工作管理流程，建立健全了定期检查和日常防范相结合的安全管理制度，制定了突发事件应急预案。联合城管增加重点时段的巡逻、交通疏导力量，加强了对学校周边环境的治理。

1.安全教育常抓不懈。学校制定了完善的安全工作制度,以板报、橱窗、校报、班队会、每周一次的安全教育课为阵地,对学生进行交通安全、校园安全、用电、防火、防雷电安全等系列安全教育;每天上午、下午下课前2分钟、放学时利用校园广播系统播放安全注意事项；放学路队离校前教师都对学生进行安全温馨提示；多次组织开展了防溺水专项教育活动。

2.安全管理督促到位。课间时间值日教师坚持在校园巡查,预备铃响后,每个楼梯每天都有教师值日,做操、放学由老师组织护送,确保了学生课间活动和上下楼梯安全有序。学校护卫队定期在校园和上、放学高峰期巡查。同时取得与相关部门的支持和配合,集中整治和净化校园周边环境,获得了良好的效果。

〔**教学管理**〕 严格执行课程计划，加大课程管理力度，落实常规管理制度。一是优化有效备课。学校继续坚持集体研讨备课与个人创新备课相结合，“教研组资源共享”的备课方式进行备课，并加大了检查力度，提高了集体备课的有效性和针对性。二是坚持和落实了候课制度，使候课变成了教师的自觉行动。三是加强了对课堂教学指导，继续实施落实了“推门课”制度。四是规范了作业设计、批改要求。让“四精”，即：精选、精讲、精练、精批，成为教师不断追求的方向；提倡教师写“作业批改札记”，记录学生作业中的独特见解和典型错误。五是加强了课外辅导。课外辅导紧紧围绕了提优转差这一总目标，针对性和实效性都有所提高。六是继续采用学生学业成绩分项考核的评价办法，加强了写字教学的引导和管理，把学生的书写质量纳入了教学考核；开展了特色体育教学活动。跳绳、踢毽子已成为学校体育教学和考核的重要内容，不仅做到了人人参与，还大大提升了体育教学质量。

〔**校本教研**〕 1.深入开展了“有效课堂、高效课堂”的研究，让每一位教师都能精确把握课程标准，明确把握教学目标，准确把握学生特点，精心设计教学情境，精心组织教学活动。

2.开展了教师“微课题”升级研究活动，让教师的微课题经历了从“个人——备课组——学校——市——省——国家”逐层升级过程，取得了良好的效果。

3.继续以名师工作室为依托，加强教师业务培训，培养省、市级名师，提升学校影响力。

4.加强了现代教育技术工作。以教育部第一批教育信息化试点单位为契机，以“班班通”设备为平台，强化了信息技术与教育教学深度融合，努力提升了信息化教育软件、硬件水平，为教师素质、教科研水平的提高提供了保障，使学校教育信息化工作迈进了省、市先进学校行列。

〔**教育教学成果**〕 2013年，学校的各项工作取得了可喜的成绩，被评为江西省“尊师爱生”主题教育活动先进单位、江西省教育学会第九届理事单位，赣州市现代教育技术工作先进学校、2013年赣州市第五届中小学生围棋比赛优秀组织奖，南康市2012年素质教育活动先进单位、2012~2013学年城乡学校结对帮扶先进单位、综合评估先进单位，学校三(2)班被赣州团市委评为“雷锋班集体”等。学校教师在各级业务竞赛和教学论文评比中也屡创佳绩。

〔**领导班子名录**〕

书记、校长：刘玉玲

副书记：蔡文华

（杨万里）

市幼儿园

〔**综述**〕 南康市幼儿园是一所管理先进、师资力量雄厚、保教质量高、信誉度好、家长放心、有办学特色的公办、示范性幼儿园。学校创办于1951年，原占地1867平方米，建筑面积2257平方米。老教育局院内新园区以2014年2月正式投入使用，新园占地面积3196平方米，建筑面积总计1975平方米。现共有教学班13个，在园幼儿580人，是一所全日制幼儿园。现有教职工43人，专任教师33人，其中本科学历25人，专科学历5人，小学特高级教师2人，小学高级教师20人。

2013年，市幼儿园围绕“一切为了孩子，一切为了家长”的办园宗旨，不断改善办园条件，加强师资队伍建设，优化幼儿园管理，积极探索幼儿园特色教育的课程模式，培养幼儿良好的素质，促进幼儿身心和谐全面发展，积极打造“家长满意、社会满意”的赣州市一级一类示范园。

〔**教学工作**〕 2013年，市幼儿园抓好教学研究提升保教质量。一是继续加强理论学习，组织教师深入学习《幼儿园教育指导纲要》及《3~6岁儿童学习与发展指南》，了解国内外幼教理念与实践的最新动态和成果，不断更新知识结构，提升科学保教能力。二是继续开展课题研究工作，两个省级课题《传统游戏在幼儿园活动中的创新与运用》及《3~6岁幼儿社会交往能力培养的研究与探索》正在实施阶段。2013年9月，市幼儿园参加江西省“健康、快乐、发展”主题活动，获得南康市优秀组织奖，被评为先进集体。蓝晓燕、刘慧颖老师的《编织乐》、刘志华、谢芳芳老师的《会变魔术的呼啦圈》、邱小勇、李小丽老师的《有趣的纸盒》分别获得了南康市一等奖。2013年9月，伍玉华园长荣获赣州市优秀教育工作者荣誉称号。

2013年,市幼儿园全体教职工团结、务实、创新,紧跟时代步伐,为幼儿营造了一个自由、宽松、和谐的育人环境,让幼儿健康快乐成长,为幼教事业做出了更大的成绩。

〔领导班子名录〕
园　长:伍玉华(女)

(杨万里)

部分学校简介

〔市第六中学〕　第六中学创办于1968年,前身是金鸡中学,位于市区泰康东大道93号,东临南康工业园区。学校占地面积27600平方米,校舍建筑面积11818平方米;2013年有教职工240名,其中高级教师67人、中级教师101人,省级骨干教师7人,赣州市学科带头人2名,赣州市中青年骨干教师15名;现有教学班76个,学生人数5189人。由于南康城市化进程的加快,学校规模迅猛增加,六中发展备受社会关注,引起政府高度重视。目前,占地45亩的南康六中东校区正在建设施工,投资1080万元的首期工程已列入市重点工程项目。

学校坚持用科学发展观为指导,以“以生为本、以德为高、以学为上”为校训,秉承“厚德树人、自信共进”的发展理念,落实名师培养工程,改革课堂教学模式,提升教育教学质量。已形成“刻苦、善思、求真、进取”的学风,“敬业、善导、博识、奉献”的教风和“文明、团结、求实、创新”的校风。

2013年,学校各项工作再创辉煌,先后荣获江西省“素质教育月”活动先进集体,江西省平安校园示范校,南康市十佳团总支,第十八届中小学生文艺调演初中组先进单位,第十九届中小学生田径运动会初中组第一名等多项荣誉。教师队伍建设成果喜人,黄巿校长被评为“南康市十佳校长”,黄小林老师被评为“赣州市优秀教师”,袁海健老师被评为“南康市优秀班主任”,明森华老师被评为“南康市优秀教师”,任善龙老师被评为江西省第二批骨干教师,曾庆金、郑建华老师被评为赣州市第五批中小学学科带头人,夏春明、刘小元、朱平、吴玉英、许国强、杨泰燕、黄小林、曾和平、邱建、龚嘉慧、申继华、钟俊慧、刘淑梅、朱弘峰等老师被评为赣州市第五批骨干教师,邱隆斌老师在江西省教学信息化大赛中荣获一等奖,邓淑兰老师在江西省第二届班主任技能大赛中荣获二等奖,许国强老师在赣州市青年教师数学综合素质比赛中荣获一等奖,黄过房老师在赣州市青年教师数学综合素质比赛中荣获二等奖,朱颖老师在赣州市青年教师英语综合素质比赛中荣获二等奖,廖际锋老师在赣州市地理学科微课比赛中荣获二等奖,朱弘峰老师在赣州市美术教师基本功比赛中荣获二等奖,刘新妹老师在赣州市化学教师综合能力比赛中荣获三等奖:赖剑峰老师在赣州市初中语文听课评课比赛中荣获三等奖,邓淑兰老师在南康市教育系统举办的“两个永远”演讲比赛中荣获二等奖,刘艺凯老师在南康市思想品德优质课比赛中荣获一等奖,刘程燕老师在南康市化学优质课比赛中荣获一等奖。

(王全盛)

〔市第七中学〕　第七中学位于距离市区2.5公里的蓉江街道稍江社区,占地面积10500平方米,校舍建筑面积6494平方米。学校设有图书室、阅览室、理化生实验室和仪器室、音体美器材室和活动室、多媒体教室、远程教育接收室、电脑室、劳动器材室等功能教室,图书室现有图书22600余册。2013年有9个教学班,学生415人,教职工31人,专职教师30人,其中中学高级教师11人,中学一级教师7人。

学校秉承“以德立校、以质强校、精细管理、科学发展”的办学思想,以提高教学质量为中心,规范教学过程管理,向管理要质量;高度重视学生行为习惯的养成教育,采取制度规范、教师指导、学生自主管理的模式,构建了政治处、班主任、学生会三级德育网络,以形式多样的教育活动为载体,提升学生思想素质。2013年,学校有2名学生被评为赣州市三好学生,1名学生被评为赣州市优秀学生干部,2名同学在“我的梦中国梦”书信大赛中获奖;胥华良老师被评为南康市“优秀班主任”、邱玉华老师被团市委评为“优秀团干部”;朱由明、邱玉华等教师在国家级刊物《中小学数学》、《中学生数学》等上发表6篇论文;学校被授予赣州市“文明单位”光荣称号。

(王全盛)

〔市第八中学〕　第八中学是2010投资新建的一

所初级中学，前身为南康市南水中学，2013年6月更名为南康市第八中学。学校位于南水新区挹翠路182号，规划占地面积69亩，总建筑面积18000平方米。2013年有教学班级46个，在校学生2169人，教师140人。

学校本着“在做人上有突破，在学习上有进步”的办学宗旨，努力贯彻“三成”（让每一个学生健康成长，体验成功，顺利成才）教育理念，以提高教师综合素质为抓手，以提高教育教学质量为中心，狠抓学校管理，优化育人环境，形成了“教风正，学习浓”的良好氛围。

学校在2012~2013学年度被市教育局评为“教学质量先进单位”、“学校工会工作先进集体”、“宣传工作先进集体”、“综合评估先进单位”、“南康市教职工书香讲坛演讲比赛优秀组织奖”，被南康市委市政府评为“市文明单位”。2013年中考完成率达183.61%，490名毕业生中，有243位同学录取到高中就读（其中144人进入重点高中），校长林志军被评为“赣州市优秀教育工作者”、“南康市十佳校长”。

（王全盛）

〔**唐江红旗学校**〕 唐江红旗学校创办于1912年，是一所拥有百年办学历史的老牌名校，2013年有学生4498人（小学部3017人，初中部1481人），教职工249人。学校古朴典雅、百芳吐艳、文明向上，既镌刻出清晰的历史印痕、又充满了浓郁的现代气息，走出了一条“常规+特色”、“传承+创新”的品牌办学之路。

红旗学校以“办人民满意教育”为办学目标，倡导“好习惯成就好人生”的育人理念，形成“健康生活、快乐工作、与时俱进、争创一流”教学氛围，大力实施素质教育，全面推进教研教改，努力把学校打造成“花园、乐园、书香园、成功园”。2013年，红旗学校中考目标完成率全市第一，创历史新高，还被授予“南康市综合评估先进单位”、“南康市基层工会先进单位”等荣誉称号。

（王全盛）

〔**市第一小学**〕 第一小学成立于2007年8月。2013年有教学班78个，在校学生5565人；在编教职工197人，其中本科学历141人，专科55人，中专学历1人，学历达标率100%；有小学特高级教师5人，小学高级教师116人，江西省学科带头人1名，骨干教师3名，赣州市学科带头人2名，骨干教师4名，南康市学科带头人3名，骨干教师9名。学校以“办名校、出名师、育新人、创特色”为办学目标，秉持“兴趣比分数更重要，成长比成才更重要，幸福比成功更重要”的教育理念，积极倡导“敢为人先，争创一流”的“第一文化”，努力实现教育质量和办学效益的新跨越。

学校以“第一小学”为切入点，倡导“第一文化”。一是提高认识“想第一”。校领导是“第一文化”的领跑者，中层干部是“第一文化”的促进者，教师和学生是“第一文化”的践行者。通过沟通、交流、交心，逐步激发了全体师生“敢为人先，争创一流”的进取精神。在这一精神的指引下，学校每个成员都心往一处想、劲往一处使。二是齐心协力“争第一”。在教师中倡导“不是在竞争中证明我比你强，而是在竞争中共同进步共同提高”，不断引导教师开展良性竞争，实现共同发展。三是大张旗鼓“庆第一”。学校采取多种形式大张旗鼓地为获奖个人或团队进行庆祝：发喜报、通报表扬、张贴红榜、举办优秀教师事迹展览、建设名师长廊、实行考核评优奖励……实现了“想干事的有舞台、能干事的有作为、干成事的有地位”。

学校初步形成了四大办学特色：一是四大平台，塑造名师；二是五语教育，以德育人；三是书法教育，以字立人；四是艺术教育，特长树人。学校连续4年获全市教育综合评估小学组第一名，连续3年获全市教学质量考评小学组第一名，连续2年获市中小学田径运动会小学组团体总分第一名，2013年被评为“全国亿万学生阳光体育冬季长跑活动优秀学校”，各项工作得到了学生、家长和社会各界的广泛赞誉与认可。

（王全盛）

〔**市第二小学**〕 第二小学地处市区泰康西路，创办于1940年，原名为西门华保小学，1960年更名为蓉江镇小学，2005年更名为第二小学。学校占地面积7190平方米，校舍建筑面积7754平方米，有36个小学班，学生2550人，教职工94人，被列为全国“科学教育实验基地”，是全国“教育科学十五规划”重点课题《教育信息化理论与实践模式》实验基地、“小学生诚信教育研究”研究基地、江西省“现代教育技术示范学校”、赣州市“文明单位”、赣州市"雏鹰奖章(消防章)先进单位"、江西省教育工会"四个一"活动先进单位、江西省教育科学规划项目"文化立校"实验项目基地学校,连续多年被评为南康市"教育综合评估先进单位"。

学校坚持"一切为了教师专业发展和幸福工作,一切为了学生全面发展和幸福生活"的办学理念,坚持"实施精细管理,打造精致校园"的办学思路,确立"以人为本,优化学校管理;以德为先,提高教育实践;质量至上,创新教学局面,研训到位,提升教师素养"办学目标。学校教师严格遵循"讲秩序,守规则,扬正气"的工作原则,形成了"求实、求精、求细、求新"的良好工作作风。营造了"诚信平等、开拓进取"的优良校风,"学高德厚、崇尚人本"的喜人教风,"自主探究、突显个性"的良好学风。一年来,学校围绕教学质量提升落实"五化"(教学常规细则化,课程管理规范化,常规检查制度化,质量监控程序化,英语教学专业化);文化建设注重"三个文化"(美化校园环境,构建景观文化;巧用校园墙体,浓厚语言文化;自觉规范言行,弘扬礼仪文化);队伍建设强化"四种意识"(学习意识,管理意识,服务意识,责任意识);教研教改做到"四有"(研有方向,改有目标;研有主题,改有成效);德育工作狠抓"四项教育"(养成教育,诚信教育,法纪教育,爱国主义教育);构建和谐环境发展把握"四个到位"(安全到位,服务到位,管理到位,宣传到位)。

(王全盛)

〔**市第三小学**〕 第三小学创建于民国二十六年(1937年),原属私塾学堂。民国三十一年(1942年)更名为南康县南水中心小学,1960年更名为南康县蓉江区中心小学,1967年更名为南康县西华人民公社南水小学,1970年更名为南康县西华人民公社南水附中,1973年更名为南康县西华中学附设中心小学,1975年更名为南康县西华中心小学,1995年更名为南康市西华中心小学,2003年8月被确定为城区学校,2005年8月更名为南康市第三小学。

学校占地6854平方米,校舍面积为5655平方米,有32个教学班,在校学生2323人。学校有教学楼二幢,办公楼二幢,综合实验室1个,仪器室1个,图书室1个,藏书33150册,阅览室1个,电脑室1个,计算机125台,多媒体教室1个,远程教育接收室1个,教师电子备课室2个,体育器材室1个,大队部活动室1个,心理咨询室1个,音乐室1个,工会活动室1个,会议室2个。

学校现有教职工79人,其中小学特高级教师8人,小学高级教师46人,江西省学科带头人1人,江西省骨干教师5人,赣州市骨干教师2人,南康市学科带头人3人,南康市骨干教师13人。

学校确立了"文化立校,质量兴校,名师强校"的发展战略,坚持"学生全面发展,教师专业发展,学校特色发展"的办学理念,砥砺出"励志崇德,睿健自强"的校训,以打造"健康、快乐、高雅"的书香型校园为目标,铸就"与文明携手,与书香为伴,与快乐同行"的学风。学校被授予全国首届"百强特色学校"、"江西省绿色学校"等荣誉称号。

(王全盛)

〔**市第四小学**〕 第四小学坐落在南康市东山街道东南部,毗邻幸福河畔,矗立幸福桥头。学校以"心在哪里、幸福就在哪里"为文化主题,提出"幸福教育"的办学特色,围绕"奠基幸福人生"办学理念,确立了"让学生享受成长的快乐、让教师享受工作的愉悦、让学校成为幸福乐园"的办学宗旨,倾力打造"幸福四小"学校文化和品牌。学校2013年开设39个教学班,学生2810人,教师95名,其中省首批学科带头人1人,省骨干教师3人,小学特高级教师3人。

学校本着"奠基幸福人生"的德育理念,不断丰富德育内容,开发德育资源,广辟德育蹊径,推进学生素质的全面提高,促进少年儿童健康幸福成长;秉承"教育服务于学生的生命成长,管理服务于教师的专业发展"的工作宗旨,实施了"校本培训四步工作机制"——"培、磨、学、赛",让教师在"培养"中整体提高,在"磨课"中不断成长,在"学习"中更新理念,在"比赛"中锤炼业务素质。通过校本培训三大工程——"基本功训练"工程、"名师引路"工程、"青蓝结对"工程,抓好校本教研,使教师队伍专业化;通过开展"晨诵、午读、暮省"、"读写听算"工程、学科能力竞赛、阳光体育艺术"2+1"等活动,抓好特长培养,使学生成长个性化;通过抓实考察监控、完善术科考核细则,强化质量意识,使学校教学品牌化。

学校先后被南康市教育局授予"综合评估先进单位"、"宣传报道工作先进集体"等荣誉称号;

科技实践活动连续两年取得全国一等奖的好成绩;2013年,《赣南教育教学研究》杂志对学校开展科技实践活动的先进事迹进行了专题报道,共有10多篇教学论文在国家级、省级、市级刊物发表,共有20多位教师在各级各类竞赛中获奖,有10多位学生在市级以上各类竞赛中获奖。

(王全盛)

〔**市第五小学**〕 第五小学位于南康市区旭山北路,创办于1941年,原名蓉江街道岭背小学,2007年8月升格并更名为南康市第五小学,下辖11所村完小,1所教学点,现有学生5944人,教职工251人。学校(本部)现有46个教学班,学生2778人,教职工123人,校园面积23600平方米,校舍面积7105平方米。第二综合楼、运动场配套设施全面竣工并投入使用,实验室、图书阅览室、音体美器材室、计算机教室、多媒体教室等功能教室一应俱全,是一所高标准的现代化小学。

学校秉承"质量立校、科研兴校、民主理校、特色靓校、文化润校"的办学理念,始终树立质量是学校生命线的质量意识,继续坚持"四线"管理模式,积极开展"三优"校本教研,深入挖掘"劳动创造美"综合教育实践教育基地深层价值,引导学生传承经典文化,深入推进第五小学"少年宫"建设,积极推进"书香校园"创建工作,多形式多渠道开展"三项专题"教育活动,深层次渗透"三爱"、"三节"教育,着力凸现文化特色,学校办学水平不断提升。学校先后荣获南康市教育工作综合评估"先进单位"、小学教学质量目标考评"先进单位"、南康市教育宣传工作"先进集体"、教育工会工作"先进集体"等称号;2013年,学校获"体彩杯"全市中小学田径运动会第六名、省家庭教育工作和省家长函授学校办学工作"先进教学点"、赣州市"文明单位"等荣誉。

(王全盛)

〔**市第六小学**〕 第六小学位于赣州市南康市工业二路,创办于2008年8月,学校设施一流,篮球场、足球场、百米文化长墙、多媒体教室、电脑室、实验室、图书阅览室、舞蹈排练厅等一应俱全。学校现有40个教学班,学生2785人。教职工116人,大专以上学历占100%,小学特高级教师2人、高级教师28人,其中省级骨干教师及省级学科带头人2人,市级骨干教师6人。

学校管理凸显"人文化"和"精细化",班子成员分工明确,精诚合作,构成了一支学习型、干事型、服务型、创新型的领导班子队伍,为教职工树立了良好的榜样。针对学校年轻教师多、来自农村学校的现状,学校还非常注重教师队伍建设,促使教师专业发展,形成了"特色化"校本培训,学校通过专家引领、外出学习、专题研讨、课题驱动等形式为教师的提升搭建平台,培养出一支博学自信、为人师表、爱岗敬业、业务过硬的高素质师资队伍。

学校坚持在内涵上下工夫,在特色上做文章,管理水平和教学成绩稳步上升,得到了社会各界的高度认可。学校以省级课题"城乡结合部小学生学习习惯培养的研究"为重点,充分落实"学生行为习惯"的养成教育,开展了形式多样的文体活动,红五月合唱比赛、六一儿童节歌舞表演、元旦游园活动、趣味乒乓球竞赛……为孩子们搭建了快乐成长的平台,除此之外,学校还开展了丰富多彩的兴趣班,让孩子们课余生活更加多姿多彩。

学校先后被江西省教育厅授予江西省"提升质量年"先进单位、江西省"素质教育月"活动先进单位、"第二批全省中小学幼儿园平安校园示范学校"、"第28届江西省青少年科技创新大赛'十佳创新学校'奖"等荣誉称号,获得了赣州市、南康市"文明单位"、"综合评估先进单位"、"小学教学目标质量考核一等奖"、"优秀党支部"、"工会工作先进单位"、"宣传工作先进集体"、"科技创新大赛优秀组织奖"、"小学英语听力竞赛最佳组织奖"、"中小学生文艺调演优秀集体"等50多个团体荣誉称号。董九英、赵乘禄被评为省级骨干教师、省级学科带头人,钟菁代表南康赴赣州执教示范课,彭和云、龚昆、曾翠英、赖芬、蔡艳华等36人次在国家和省级报刊杂志上发表文章,钟菁辅导学生参加全国书画比赛获奖,丁华平、谭广泰、邹文群等教师辅导学生参加市级以上竞赛获奖268人次;曾小林、李梅香、李青、黄莹、罗小红等教师参加论文、课例等竞赛获奖200多人次;张燕明、卢圣燚、康宏有、朱京玲、肖莉等教师参加市级以上优质课比赛、素养大赛、演讲、听评课、教材教法考试等现场业务竞赛获奖38人次等。

2013年小考更是取得了一类学校第一名的好成绩。

(彭　勇)

〔**市逸夫小学**〕 南康市逸夫小学位于南康市东山街道金山路,创办于1998年秋季。学校占地面积18668平方米,校舍面积11431平方米,拥有5400平方米的塑胶运动场。现有66个教学班,学生4908人,教师165人,其中特级教师1人,小学特高级教师5人,小学高级教师82人;研究生学历1人,本科学历104人,大专学历55人,中专文化程度5人;江西省骨干教师6人,赣州市学科带头人2人,赣州市骨干教师8人,南康市学科带头人3人,南康市骨干教师9人。是中央教育科学研究所"全国科学教育实验基地"、全国青少年科学教育师训计划"优秀实验基地"、中国地理学会"环保科普教育基地"、江西教育学院基础教育研究中心"课改实验基地"。

学校认真落实了两个方面的管理:一是人文管理。坚持在政治上引导人,思想上教育人,业务上锤炼人,体制上激活人,关注、关心、尊重每一位教师的工作、生活与发展,尽可能为每一位教师的成长创造良好的条件,搭建广阔的平台,激励全体教师朝着"有志、有为、有能、有绩"的优秀教师目标迈进。二是制度管理。强调公平公正,力推制度管人,明确提出制度面前人人平等,没有任何人有逾越制度的特权,坚持用明明白白的制度,清清楚楚的"尺子",加强对教师的师德、教学、班务、考勤及其他综合性等方面的考核,努力实现学校人性化管理和制度化管理的有机融合。

学校坚持将有限的资金用在刀刃上。重点做好了育苗楼拆建思齐楼工程及配套设施的建设工作,重新规划和建设了感恩楼前操场,47个教室安装了班班通设备,分三批接收了"薄改计划"省级政府采购的图书、音乐、体育器材,成功配备了电子期刊阅览室,极大改善了学校的办学条件。尤其是随着思齐楼的顺利竣工并交付使用,困扰学校发展的大班额难题得到了有效地化解。

学校自2005年起提出"打造特色鲜明的人文校园"目标,到2013年已过了8个春秋。2013年上学期,学校组织专人对人文校园创建历程及宝贵经验进行了科学、全面地总结,形成了《以文化人塑脊梁——人文校园建设的"三足鼎立"》专题论文及《"人文逸小"唱响幸福歌》专题通讯。

2013年,《中国现代基础教育》、《江西教育》、《赣南日报》先后对学校的办学特色进行了专题报道,先后荣获南康市"教育工作综合评估先进单位"、"教学质量目标评估先进单位"、"城乡学校结对帮扶工作先进单位"、"教研工作先进学校"、"工会工作先进单位"、第十九届中小学生田径运动会小学组第三名、优秀组织奖。教师有1人次获赣州市级以上表彰,9人次获南康市级表彰;教师论文29篇发表于省级刊物,29篇获省级奖项;教师业务竞赛6人次获南康市级以上奖项。学生123人次获市级以上奖项。

(彭　勇)

〔**市赞贤小学**〕 南康市赞贤小学位于东山街道东山社区,泰康东路北侧,毗邻东山大桥。学校由赣南著名工运领袖陈赞贤创办于1918年,原名"东山高等小学",后更名"东山中心小学"。学校历经沧桑,几易校名。1985年,经江西省人民政府批准,以陈赞贤烈士英名命名,改为"南康县赞贤小学",校名由原中顾委委员、山西省省长罗贵波题写,被列为南康市爱国主义教育基地。2006年8月,赞贤小学经上级主管部门批准,重新升格为东山街道中心小学。

学校占地面积12.7亩,校舍总建筑面积5923平方米,其中有崇廉楼、赞贤楼、尚德楼、二层教学楼各一幢。现有教学班31个,学生1870人,教职工84人,其中本科学历57人,专科学历23人;江西省骨干教师3人;赣州市骨干教师2人;南康市学科带头人1人,南康市骨干教师4人。学校有陈赞贤事迹展览室、计算机室、多媒体室、实验室、仪器室、音体美器材室、远程教育室、舞蹈室、图书室、教工活动室等功能室。

学校确立"一切为了学校的发展、一切为了教师的发展、一切为了学生的发展"的办学宗旨,秉承"以德为本、质量立校、特色导航"的办学理念,确立"崇廉尚洁、从我做起"的廉政理念,恪守"弘扬赞贤精神、培育时代英才"的校训,形成了"和谐、文明、求真、感恩"的校风、"敬业、爱岗、博才、善教"的教风和"立志、笃行、多能、乐学"的学风。

学校先后被评为南康市"文明单位"、南康市"先进基层党组织"等荣誉称号,多次被南康教育局评为"先进党支部"、工会工作"先进单位"、2007年至2013年连续七年被评为教育宣传工作"先进单位"、连续五年被评为教育工作综合评估"先进单位"。学校获得南康市青少年科技创新大赛优秀组织奖、南康市小学质量目标考评二等奖、南康市中小学文艺调演二等奖、南康市中小学秋季田径运动会小学组团体总分第八名、南康市城乡结对帮扶“先进单位”等荣誉；还先后获得赣州市“文明单位”、赣州市“先进基层党组织”、赣州市“少先队工作先进集体”、赣州市“人民群众满意学校”、江西省“安全文明校园”等荣誉称号；2010年学校被江西省纪委和省监察厅定为江西省“廉政文化建设示范点”；2013年6月学校被江西省教育学会、江西日报社、大江网、中国江西新闻网联合评为江西省“十大人民满意的好学校”。

（彭 勇）

〔**市特殊教育学校**〕 南康市特殊教育学校创办于2009年8月，是一所由政府主办，教育局主管的九年一贯义务教育公立学校，是一所集特殊少年儿童基础教育、启智教育和听障少年儿童语言训练康复教育于一体的现代化学校。

学校占地面积11333平方米，建筑面积5568平方米，交通便利，环境优雅。学校装备了现代化的多媒体教室、电脑室、语训室、律动室等；配备了先进的听力测试设备和语言、智力康复的启音、启聪设备；有一支爱残乐教的教职工团队，14位专业教师中，中学高级教师1人，本科学历8人，大专学历6人；现有教学班6个，共有学生80多人。

自开办以来，学校确立了以“以爱育爱、和谐发展”为办学理念，以“文化教育为基础、以职业教育为关键、以艺术教育为亮点、以康复教育为特色”为办学思想，以“学会沟通、学会交流、融入主流社会”为办学目标；建立了以“感恩教育”为切入点，以丰富多彩的实践活动为载体、以“培养良好的行为习惯”为重点的德育教育体系。

学校重视加强教师队伍的建设，注重教师的培养。在师德建设中大力开展“五心”教育活动，要求教职工具有爱心、细心、耐心、恒心和信心，用爱心付出、用细心呵护、用耐心施教、用恒心坚持、用信心坚守。坚守着这份特殊的教育事业。

学校依托“双语教学”模式，按照全面发展的差异发展相结合的要求，开展了和正常少年儿童内容一样但形式不同的教学活动，全面提高学生的综合素质。语言能力康复训练是专为听障儿童开设的特殊训练课，是学校的办学特色之一，尽管学校办学伊始，但却对学生的语言听力康复训练进行了有力的探索，为听障少年儿童打开声音的天国之门创造了必要条件。

学校注重常年开展丰富多彩的系列活动，如令人难忘的市中小学田径运动会的特色表演，助残日的爱心茶话会、剪纸绘画展、“六一”儿童节的文艺表演、教师节的“情感师恩、铸造师魂”、国庆节的“珍爱生命、感恩祖国”系列活动等。这些活动既丰富了特殊少年儿童的知识，开阔了特殊少年儿童的视野，又提高了特殊少年儿童的能力。

学校的办学先进事迹先后在南康市、赣州市、江西省电视台、江西教育电视台等媒体播出。2010年被南康市政府评为“文明单位”，获得市教育局、体育局颁发的2010年、2011年全市中小学学生田径运动会“体育道德风尚”奖，2010年南康市教育综合评估“先进单位”，2011年、2012年南康市“新华杯”中小学生文艺调演“先进单位”，2012年南康市教育宣传工作“先进单位”。2013年南康市“先进团总支(部)”。

（彭 勇）

〔**市新世纪中英文学校**〕 南康市新世纪中英文学校是创办于2000年秋的一所九年一贯制民办学校，坐落于蓉江西畔，交通便利，环境优美，是学生学习的好地方。

学校占地70亩，拥有功能完备的图书馆、阅览室、微机室等，建有宽敞的室内排球馆、综艺馆、直通冷热水的学生宿舍、规范的能容纳2000人就餐的食堂和现代化的标准塑胶跑道运动场。

学校以人的全面发展为办学宗旨，以“三心”(即爱心、诚心、恒心)育人为办学理念，以“厚德笃学、勤奋上进”为校训，实行小班制教学，24小时准军事化管理，内强素质，外塑品牌。

学校现任董事长卢圣兰，是一位热心教育事业、关心学生、爱护教师的商界著名女强人；现任校长曾广湖是优秀共产党员、优秀教育工作者、江西省优秀校长、省级骨干教师、赣州市初中物理教育专家。

学校拥有一支优秀的教师队伍，市级以上学科带头人或骨干教师共有32名。教师们充满活力，敢拼敢闯，积极肯干，富有爱心，经验丰富，理念先进，团结进取。

学校特别注重提高学生的综合素质，经常开展丰富多彩的活动，如：校运会、趣味团队比赛、师生同乐比赛、演讲比赛、朗诵比赛、书法比赛、环保制作、歌手大赛活动、科技创新活动等等,让学生积极参与各项活动,培养各项能力,增强团队意识。

学校现已逐渐成为赣州市乃至江西省的品牌民办学校。学校中学部、小学部教学质量分别摘取了南康市“八连冠”和“九连冠”的殊荣。学校先后被评为“全国艺术教育特色单位”、“全国科学教育实验基地”、“全国素质教育基地”、“全国特色教育先进单位”、“江西省先进社会组织”、“赣州市文明校园”、“赣州市师德师风先进集体”、“赣州市基层党建十面红旗”、“赣州市德育示范学校”、“南康市先进党支部”、“南康市教育工作综合评估先进单位”、“南康市‘三八’红旗集体”、“南康市文明单位”、“南康市教育工作先进单位”。

(彭　勇)

〔**市中心幼稚园**〕　南康市中心幼稚园开办于2003年,位于南康市夜市南街接官亭路。建筑面积达10500平方米,现有75名教职员工,992名幼儿,开设小班、中班、大班,共27个教学班。2010年被评为南康市一级一类幼儿园,2011年被评为赣州市一级一类幼儿园。

办园条件进一步改善。投资30多万元,对园内地面、墙面进行全面翻新整修,教室墙壁及楼道全部重新装修;投资10多万元更新、添置幼儿生活用品和卫生、消毒设施设备;投资10多万元对厨房进行改造;投资10多万元新添了大量的电教设备;还添置了大量桌面玩具。办园条件的改善,进一步优化了育人环境,为实现幼教现代化奠定坚实基础。

教师素养进一步提升。实施青年教师培养计划,开展大练基本功,实施三个一工程(说一口流利的普通话,写一手漂亮的粉笔字,讲一堂精彩的公开课)等,鼓励教师加强业务学习,不断更新教育观念,注重自我成长。同时,重点加强了幼儿教师信息技术学习与培训,为实施多媒体教学提供了有力保证。

课题研究取得新成效。坚持以教科研为先导,制定了分级管理、责任到人的教研方案,人人参与教科研,以幼儿为研究对象,以教材为研究对象,研究教学中存在的问题,研究幼儿一日生活中存在的问题,市级课题《民办幼儿园开展礼仪教育与幼儿行为习惯养成的实践研究》已以2013年5月顺利结题。

家园共育活动丰富多彩。成立“家长学校”和“家长委员会”,通过举办各种专题讲座等多种形式向家长宣传科学的家教知识,密切家园之间的联系。除家访、电话访问、“家长开放日”、“每月家园亲子活动”等形式外,还利用短信平台、家长会与家长交流,及时了解家长意见并进行反馈。

(彭　勇)

〔**龙华小学**〕　南康市龙华中心小学位于犹江之滨,学校管理科学,环境优美,宜教宜学。校园占地面积30851平方米,建筑面积8028平方米。现拥有1个200米的环形跑道运动场、1个足球场、2个篮球场、1个乒乓球室。建有图书室、实验室、仪器室、红领巾校园广播站、心理咨询室、微机室、远程教育室、多媒体演播厅等综合教学体系设施;建立了全乡性的无纸化办公系统,拥有现代化的综合办公楼、宽敞明亮的教学楼,功能齐全的教工宿舍楼和整洁卫生的教工食堂。

学校构建了本着“让就读于农村小学的孩子在不断变美的校园中享受高品质的教育”的办学理念,确立了“办特色学校,育全新人才”的办学目标。始终坚持全面贯彻党的教育方针,紧紧围绕教育教学这一中心工作,全力提高教育质量,全面推进素质教育。学校组建了文艺队、鼓号队、科技组、萌芽剧社等十五个兴趣小组,常规性开展采茶戏进校园、青少年科技创新实践、弘扬书法教育等活动。每年元旦,学校将举办一台内容丰富的汇报演出,使素质教育充满思想、承载希望、溢满幸福。

学校抓住新课程改革的发展机遇,以发展教育为主线,全面落实新课程理念。立足本校,从教师实际出发,结合“三三三”校本培训课题研究的成功经验,构建了“三三三”校本培训运行机制,通过新教师岗前培训会、“一帮一”师徒结对帮扶等活动,大力培养专业的新时代教师。

学校围绕发展目标,乘胜前进,屡获殊荣,被评为江西省首轮第二批“实施素质教育示范校”、“全国优秀科学教育实验基地”、江西省“中小学(幼儿园)平安校园示范校”、江西省“安全校园”、江西航空航天车辆模型“重点单位”、江西省农村中小学工会工作“四个一”活动先进单位、江西省“塑造江西教育新形象”先进单位、江西省教育系统“规范管理年”活动先进集体、江西省“安全文明”校园、江西省“校本培训”示范校;曾多次为省

(地)级督导评估提供现场展示；连年被评为南康市“教育工作综合评估先进单位”。

（彭　勇）

〔**横市中学**〕　横市中学位于南康市横市镇万寿南路，创办于1956年，占地14665平方米，现有校舍建筑面积10830平方米。拥有按国家二级标准装配的仪器室、实验室、电脑教室、多媒体教室、音乐教室、藏书量达18043册的图书室，学校建有一流的留守孩活动中心、心理咨询室；体育实施齐全，建有110米塑胶跑道。

学校拥有一支高素质的教师队伍，现有教学班16个，学生861名，教职工57人，专任教师52人，本科学历49人，专科学历3人，赣州市骨干教师1人，南康市十佳班主任1人，中学高级教师10人，中学一级教师5人。现任校长吴祖林荣获“赣州市十佳校长”荣誉称号。

学校全面推行素质教育，突出科研兴校的特色，秉承“不求学生个个成才、但求学生个个成人”的办学理念，遵循“以人为本、以德育人、以研促教”的办学思路，在“寓教于学”中，实现“创新发展”。以“乐学、博学、明理、自强”的校训教育学生，扎实开展“寝室文化”、“教室文化”、“两操文化”等校园文化建设活动。校园文化建设、留守孩教育成为南康市中小学教育独树一帜的亮点。

学校始终坚持以人为本，制度管理与人性管理刚柔相济，构建实施学习型组织，突出校本培训，促进教师自我发展，造就了一支安教、乐教、善教的高素质教师队伍，形成了“诚信执教、博爱育人”的优良教风。

学校先后获得了“赣州市农村中小学工会‘四个一’活动先进集体”、“南康市教育工作综合评估先进单位”、“南康市初中教学质量目标考评一等奖”、“南康市教育宣传工作先进单位”、“南康市工会工作先进单位”、“南康市第十四届中小学生文艺调演初中组二等奖”、“南康市第十四届中小学生田径运动会初中组第六名”、“南康市第十五届中小学生田径运动会初中组第四名”、“横市镇先进党支部”等荣誉称号。

（彭　勇）

〔**赤土民族小学**〕　赤土小学位于江西省最大的少数民族乡——赤土畲族乡，学校占地面积11230平方米，建筑面积7503平方米，计算机教室、多媒体教室、远程教育室、图书阅览室、仪器室、实验室等功能教室配备齐全。现有中心小学1所，村小学8所，教学点9个，其中民族村小3所。全乡现有教学班87个，学生2781人，教职工161人(其中赣州市骨干教师2人，南康市学科带头人1人，南康市骨干教师5人)。学校周围围绕众多畲族村寨，畲族历史源远流长、畲族文化底蕴深厚，风情民俗异彩纷呈。

学校以“发展民族教育，提高民族素质”为己任，通过强化“夯基础，大力改善教育设施；固根本，大力提升教师素质；抓关键，全面实施新课标；添后劲，扎实推进教育科研；增活力，大力开展课外活动”等办学举措，努力推进学校全面发展。在新一轮课程改革进程中大胆创新、锐意改革，为农村小学实施校本培训作出了有益的探索，现已完成2个省级课题的研究工作，其中《农村小学“双师同堂”教研模式的研究》取得了可喜的成绩。《中国教育报》、《江西教育》、《赣南教育教学研究》等媒体先后介绍学校取得的先进经验，得到了上级有关部门的肯定和好评。

学校自2008年开始，立足畲乡实际，深入挖掘客家文化，组织开展了“畲族孩子走进客家文化”，“走进畲乡看变化”等社会实践活动，《美得畲民笑呵呵》民族歌曲传唱活动，组建了竹竿舞队、腰鼓队、秧歌队、民族器乐队、推铁圈队、剪纸队等民族文化宣传队伍，并在2013年南康市“新华杯”第十八届中小学生文艺调演中获“先进单位”，创作的节目《畲乡禾竿舞》被评为“优秀节目”。在努力开发具有浓厚民族特色的校本课程中，取得了可喜成效，被南康市教育局推荐为民族文化进校园活动重点建设单位。

在学校教师的共同努力下，屡获殊荣，多年来被评为南康市小学质量目标考评“二等奖”、“三等奖”，南康市“文明单位”、南康市“教研工作先进学校”、南康市学校工会工作“先进单位”、南康市教育宣传工作“先进单位”、南康市“新华杯”第十八届中小学生文艺调演“先进单位”、南康市中小学“我的梦·中国梦”少年儿童书信文化活动“优秀组织奖”、赤土畲族乡教育教学工作“先进集体”。课题《反思是桥：农村小学“一课二上三反思”有效模式的研究》和《农村小学“双师同堂”教研模式的研究》已顺利结题，经评审，《农村小学青年教师“四课联动”校本研修模式的研究》于2013年立项并被评为省级课题;李玉芳教师获全市青年教师“数学优质课竞赛活动”“一等奖”,李魁峰教师的数学课件《圆锥的认识》获江西省“一等奖”,廖筱琰、罗芳、黄湖青教师的录像课分别获赣州市“二等奖”、“三等奖”。

(彭　勇)

〔**龙回中学**〕　龙回中学创办于1958年,学校环境优美,景色秀丽,面积61亩,校舍建筑面积6074平方米;有3栋教学大楼、1栋综合办公楼、2栋学生宿舍、1栋食堂等;现有14个教学班,学生775人,教职工48人,其中高级教师17人,中级教师18人。

学校坚持以“办南康市闻名农村初中学校”为目标,秉承“创新进取、求真尚美”的校训,努力构建“诚信、尊爱、博采、进取”的校风、“乐教、善研、会教”的教风和“乐学、勤学、会学”的学风。坚持以精细化管理为切入点,以青年教师培养为着力点,以红色革命教育为特色点,以有效课堂构建为增长点,努力构建和谐校园,倾心打造品牌学校。

按照“虚做实、实做细、细做精、精做优、优做特”的工作思路,抓实做活思想教育工作,真正做到思想教育“润物细无声”。学校在学生的成人上下工夫,把德育工作抓实、抓细、抓优、抓特。大力开展学生习惯养成教育,开展了“快、静、齐、洁、序”系列活动,构建班级、年级、学校三级“星级互助学习小组”和“学生之星”评比活动,实施欣赏教育法,在师生间、师师间、生生间开展互相欣赏活动。大力开展“苏区精神进校园”活动,利用龙回红色革命历史的特色,加强红色革命传统教育,大力开发校本课程,继续完善《龙回苏区革命史》校本课程的开发,确实做到《龙回苏区革命史》进入课堂。制定《龙回中学学生安全三字经》。让安全在学生心中扎根、开花、结果,愿每一位学生,每一个人一生平安、幸福快乐。

始终坚持“质量为立校之本”的思想,以实施教学常规为抓手,以有效课堂教学研究为突破口,实行年级管理与部门管理结合。狠抓校本研究,加强教研组和备课组建设,规范教研活动程序,讲求教研实效,实施行政人员“一跟一”,骨干教师“一帮一”帮扶活动,开展教师业务竞赛和“教学大比武”活动,让年轻教师在帮扶中成长、在竞赛中进步。细化教学常规管理,实行学校值日、年级值日、行政人员三级课堂巡查制度,实行“推门课”、“公开课”、“优质课”、“调研课”、“展示课”等各项课堂展示活动。

学校各项工作扎实开展,教育教学质量稳步提高,先后获得“赣州市教育工会先进单位”、“赣州市平安校园示范校”、“南康市文明单位”、“南康市教育工作综合评估先进单位”、“南康市十佳团总支”、“南康市教育宣传工作先进单位”、“南康市中考质量达标单位”、“南康市中小学秋季田径运动会团体总分第七名”、“南康市科技创新活动优秀组织单位”、“龙回镇先进党支部”、“南康市教育工会工作先进单位”等荣誉称号。

(彭　勇)

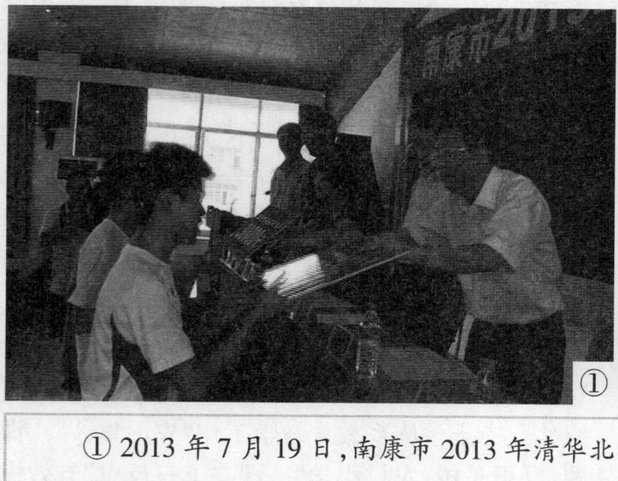
①

②

① 2013年7月19日,南康市2013年清华北大奖颁奖仪式在南康中学举行。

② 2013年9月14日,南康市举行希望工程助学金集中发放仪式。本次共向145名大一新生和高中生集中发放助学金15.1万元。

文　化

文化管理

〔**综述**〕 2013年，全市文化工作在市委、市政府的正确领导下，在上级业务部门的指导下，认真贯彻落实党的十八大及十八届三中全会精神，坚持以邓小平理论、“三个代表”重要思想和科学发展观为指导，紧紧围绕市委、市政府“主动融入都市区，提速提质促发展，千方百计惠民生，真抓实干兴南康”发展战略，按照“打造品牌、夯实基础、繁荣市场、做大产业、建强队伍”的工作思路，牢牢把握先进文化的前进方向，坚持两手抓，一手抓公益性文化事业，一手抓经营性文化产业，以文化体制改革、赣南苏区振兴发展、国家文化场馆免费开放和创建国家公共文化服务体系示范区为契机，狠抓了创建国家公共文化服务体系示范区、文化品牌建设、文化长效激励机制建设，着力提升了文化的组织引领能力、开拓创新能力、保障供给能力，有力地推动了南康市文化大繁荣大发展。

〔**机构队伍**〕 市文化和广播电影电视局内设人事秘书科、社会文化科、宣传艺术科（戏剧创作研究室）、行政审批服务科（文化市场管理科、产业发展科），下辖广播电影电视新闻中心、文化馆、图书馆、博物馆、采茶歌舞演艺有限责任公司。市文化和广播电影电视局有行政编制8个，工勤事业编制1个，市文化市场综合执法大队编制12个，戏剧创作研究室编制2个。

〔**乡镇文化站建设**〕 全市20个乡镇、街道办均有文化站，文化站有人员1~2人。为切实把乡镇综合文化站、农家书屋建设和管理工作抓好抓实，全面落实了“五有”（有机构、有人员、有设施、有经费、有活动）、“四统一”（桌椅、书柜、制度、标识）要求；促进了乡镇、村（社区）文化阵地规范化、制度化建设。开展了首次乡镇综合文化站评估定级工作。指导了7个乡镇建起了以乡镇干部为主体286人的乡镇文艺表演队。乡镇综合文化站实行免费开放。乡镇综合文化站免费开放后，丰富了群众文化生活。乡镇综合文化站已成为农民群众思想道德教育的重要阵地、精神文化生活的重要场所、传播科学文化知识的重要课堂。有力地推动了农村文化建设，丰富了广大群众的文化生活。2013年，全市乡镇自身组织开展文体活动98次。全市行政村组织开展文体活动820场。

〔**文化市场管理**〕 2013年文化市场管理和执法工作重点：1.坚持开展文化市场专项整治和“扫黄打非”行动。以强化服务意识，畅通监督渠道，规范执法行为主题，不断提高文化市场监管的执行力和公信力。全面落实行政审批制度改革各项措施，完成了网上审批资料上报、运行管理工作，年内经营单位检查覆盖面100%以上；全面实施文化行政执法责任制，完善落实文化市场监管制度，采取专项整治与日常稽查相结合的方式，严厉打击网络服务、音像出版、文化娱乐等中存在的违法经营行为加强社会舆论引导和主流宣传工作、加大网络监管力度。2013年,出动执法车辆108台次,出动执法人员280余人次,检查各类场所360余家次。

2.积极开展了非法卫星电视广播地面接收设施专项整治行动。依法打击了非法出售、安装卫星地面接收设施的违法违规行为。收缴非法卫星电视广播地面接收设施，共开展集中整治行动47次,共出动执法人员492人次,出动执法车126辆次，清查擅自销售卫星电视地面接收设施经营户225户,没收卫星电视地面接收设施260余套,查处非法安装使用卫星电视地面接收设施的用户360余户，没收设施246个（台)，自行拆除186户,补装有线数字电视用户568户,有力地维护了广播电视行业秩序。

3.扎实开展了校园周边文化环境综合治理活动。集中整治文化市场中存在的影响未成年人健康成长的突出问题，为未成年人健康成长创造良好的社会文化环境,协同教育、公安、工商、环保等部门执法人员，对城区校园周边文化环境开展集中整治，有效遏制了不利于青少年健康成长的不良文化的传播。在高考、中考期间,市文广局和市环保局联合在城区公共宣传栏发出公告，组织人员在城区进行巡查，营造了安静、舒适的考试环境,确保了高考、中考顺利进行。

4.强化安全生产监管。严格执行文化市场安全管理责任制，确保文化市场不发生安全责任事故;认真落实安全生产责任制,进一步做好了博物馆、文化馆、图书馆及文化经营场所安全保卫、值班值守、技术保障、完善应急预案及处置等工作;严格落实了消防安全、治安管理等措施,加强监督检查,确保了全市文化市场安全有序发展。

〔“扫黄打非”工作〕 2013年,按照全国“扫黄打非”工作部署,加大了“扫黄打非”的工作力度,组织开展了45次“扫黄打非”活动,收缴了非法音像制品21000多张，非法书刊出版物2500多册,4月18日在浮石乡举行了“南康市非法出版物销毁活动”,保护了消费者的合法权益。

〔领导班子名录〕

局　长:朱吉祥

总支书记:刘述洗

副局长:林红艳(女)

　　　　刘庭福

系统工会主席:刘家兰(女)

群众文化

〔综述〕 2013年,南康市的群众文化工作全面按照上级文化主管部门的部署开展工作。认真贯彻党的十八大精神,坚持“二为”方向和“双百”方针,开拓创新,扎实工作。以苏区振兴发展、“三送”和“创建国家公共文化服务体系示范区”为契机,开展了一系列群众文化活动,全面实行了免费开放。文化馆有音乐戏曲活动室、舞蹈活动室、美术书法摄影文学活动室、文学创作阅览室(资料)室、非物质文化遗产展览厅、多功能排演大厅及书画展览厅。馆内设文艺活动部、辅导培训部、馆务工作部。馆直属业余文艺学校,校内开办了舞蹈培训班、音乐(器乐、声乐)培训班、美术书法培训班。现为国家二级文化馆。

2013年,以广场文化、社区文化、乡村文化、校园文化、企业文化为特色的群众文化活动非常活跃。全年共组织演出20场,组织节目参加赣州市级以上重大演出(比赛)5次,组织展览6次,组织文化下乡活动13次。丰富了群众文化活动,带动了文艺创作的持续繁荣。极大地活跃了广大人民群众的精神文化生活，营造了浓厚的城市文化氛围。

〔重大文化活动〕 重大纪念日活动:6月文化遗产日,文化馆举办了南康市非物质文化遗产展览。

社区文化活动:2013年社区文化活动丰富多彩,如东山街道芙蓉新城社区、现代商城建起了报刊阅览室、游艺室,成立了军鼓乐队、舞蹈团、合唱团、老年太极拳健身队,经常开展自娱自乐的文体活动,同时还开展扑克、象棋、书法美术比赛活动。

〔文化遗产保护工作〕 成立了文化遗产保护中心,有两位专职干部常年负责文化遗产保护工作。共有县级非遗保护项目13个：鲤鱼灯、古文、天车、火树银花、古老制糖、客家年俗、元宵龙船歌(木根源)、哭嫁、纸扎、南康采茶戏、德福斋辣椒酱、客家方言、横寨祭大神。赣州市市级非遗保护项目7个，省级非遗保护项目5个：南康市民间民俗《鲤鱼灯》、南康市民间曲艺《古文》和南康市民间传统手工技艺《天车》、南康市民间文学《木根源》、南康市民间民俗《南康横寨唱船》。

〔**文艺创作**〕 2013年，南康市广大文艺工作者积极创作，取得了一定的成绩，涌现了一大批获奖作品：

1.李秀忠书法作品《隶书毛泽东诗词三首》入展中国书法家协会主办的全国"王安石奖"书法作品展；在全国法治文化书法作品展获优秀作品展；参加江西省第九届书法展获优秀奖；书法临帖作品参加江西省第七届书法临帖展获三等奖。

2.刘福林国画作品《幸福在路上》在中国美术家协会主办的首届"八大山人"全国花鸟画展中获优秀作品奖。

3.市采茶歌舞演艺公司创作的采茶戏《一棵柚子树》获省戏剧家协会、省艺术联合会颁发的"汤显祖"戏组奖三等奖。

4.吴明能摄影作品《东龙送大神》、周善明摄影作品《老屋深深》、《古桥辰韵》、《火树银花不夜天》、曾玉明摄影作品《客家大餐》、许朝阳《硕果累累》、《加油》获得中国摄影家协会主办的"客家摇篮"国际大赛优秀奖。

5.吴明能摄影作品《百丈泉下秋正浓》、许朝阳摄影作品《秋天诗韵》获得中国摄影家协会主办的"梦想客家美丽橙乡"大赛优秀奖。

6.周善明摄影作品《村头游龙》、许朝阳摄影作品《山里人家》、《石塘石村印象》获中国摄影家协会、凤凰网举办的中国风光优秀奖。

7.周善明摄影作品《古桥晨韵》、刘非《添伙》分别获中国摄影报擂台赛一等奖和三等奖。

8.许朝阳摄影作品《景色拾修》获全国网络摄影大赛优秀奖。

9.周善明摄影作品《闹春田》获"江西的表情"摄影大赛三等奖。

10.周善明摄影作品《乡村之夜》获江西省摄影家协会、省农业厅优秀奖。

11.钟丽霞摄影作品《电力工人之歌》、《冒雨抢修》分别获江西省电力公司中国梦劳动美摄影大赛三等奖和优秀奖。

12.钟丽霞摄影作品《冒雨抢修》获江西省摄影家协会比赛优秀奖。

13.黄俊明散文《夜宿蒙古包》入选《中国当代作家书画代表作文库》。

2013年，文化馆业余文艺学校的艺术培训举办了三期，全年共培训学员380人。2013年有干部职工37人，其中副高1人，中级职称5人，初级职称23人。有全国、省、市级各类文艺协会会员5人，馆聘群众文化辅导员5人。馆长：钟春雨。

〔**重大文化活动**〕

2013年群众文化活动情况一览

名称	时间	地点	场次	形式内容	观众人数	参演单位
"科学发展·幸福南康"大型文艺晚会	2013.3.20	文化艺术中心	1	歌舞、颁奖晚会	3000	南康市家具产业促进局
广场文化	2013.7.2	文化广场	1	歌舞、小品、诗朗诵	2000	南康市林业局
广场文化	2013.7.24	文化广场	1	歌舞、小品	2000	中共南康市委政法委员会
第二十届南埜之声	2013.9.27	文化艺术中心	1	小品、配乐诗朗诵、音乐快板	3000	全市十八乡镇
广场文化	2013.9.28	文化广场	1	歌舞	1500	江西省广播电视网络传输有限公司南康市分公司
广场文化	2013.10.22	文化广场	1	歌舞、小品	2000	南康市交通运输局
唱响山区·舞动梦想	2013.11.9	大坪乡	1	方言说唱、音乐快板、舞蹈	2000	南康市凤岗镇路塘农民艺术团
广场文化	2013.11.20	文化广场	1	歌舞、小品、音乐快板	3000	国网江西南康电力有限责任公司

〔乡村文化〕 2013年,在全市大力实施了农村文化三项活动和乡镇综合文化站免费开放,实行政府买单,农民免费看戏、看电影,参与文化活动,全年送戏下乡114场,深受广大农民好评。市大众文化发展有限公司组建了17支农村电影放映队,在18个乡镇和2个街道的行政村开展电影放映工作。电影放映4088场,深受农民的欢迎。乡镇自身开展文体活动98场、全市行政村组织开展文体活动820场,同时,全市13支业余民间艺术团体常年深入田间地头,为农民演出,共演出60多场。较好地丰富了农民群众的业余文化生活。如凤岗路塘民间艺术团、唐江白石老年艺术团长年活跃在乡村。同时还加强了农家书屋建设,2013年全市有农家书屋278家。全市所有行政村都建有农家书屋。同时,加强对全市278个行政村文化信息资源共享服务站点运行指导,积极开展服务活动并发挥作用。

戏　剧

〔综述〕 2013年,南康市采茶歌舞演艺有限责任公司在市委、市政府及主管部门的正确领导下,紧紧围绕市委、市政府的工作大局,服务于社会、服务于人民,为南康的科学发展构建和谐社会,营造良好环境。特别是为了加快基层文化事业的发展,弘扬社会主义文化,满足广大农民群众精神的需求,积极完成江西省农村文化事业专项资金文艺下乡演出任务。全年总演出场次88场,观众人次达24万多,全年生产下乡演出新剧目5台。

2013年创作生产的小型采茶戏《一棵柚子树》获江西省艺术联合会、江西省戏剧家协会联合颁发的"汤显祖戏剧奖"三等奖。

〔机构队伍〕 2013年公司设经理1人:林咏梅(副科)副经理1人:董勇,公司职员23人。

〔文艺演出工作〕 1.坚持送戏下乡,在各乡镇党委、政府对文艺事业的关心和支持下,2013年文化下乡活动在往年的基础上创新形式,内容丰富。认真做好农村文化事业专项资金文艺演出和"文化三下乡"演出工作,生产、排练了一系列反映全市新农村建设中取得伟大成果的作品,在全市各乡镇、村组、学校进行巡回演出,全年下乡演出总场次达83场,其中专项资金演出78场,政法宣传5场,观众人次达20多万人次。

2.做好各种重大节日及庆祝演出活动。积极配合市政法委做好政法宣传工作,组织生产排练一台政法宣传演出文艺节目到赤土乡、横市镇、十八塘乡、大坪乡、唐江镇等巡回演出。

3.广泛开展群众文化活动。为了丰富和活跃群众文化生活,与市公安局、广电网络公司等单位开展联谊文艺演出活动。

4.搞好文化流。2013年到寻乌、赣州市黄金区搞好对外文化交流演出。

〔送戏下乡〕 坚持送戏下乡,认真完成好农村文化事业专项资金文艺演出。2013年,生产排练了一系列反映新农村、新风貌,农村文化生活的小品、舞蹈、快板、音乐剧、采茶戏等形式多样,内容丰富的文艺节目,在全市各乡镇、各村组进行巡回演出,以及"文化三下乡"文艺演出,全年下乡演出场次达83场,其中农村文化事业专项资金演出达78场,观众达20多万人次。

〔文艺作品创作〕 2013年共创作了戏剧、歌舞、音乐等文艺作品小品《贴心人》《健康体验》,舞蹈《天下无双》《茶香中国》《天下相亲相爱》《花开盛世》,采茶戏《一棵柚子树》等7个。

2013年全年演出总场次达88场,其中专项资金下乡演出场次78场,"文化三下乡"和政策法规宣传演出5场,观众达40万人次,经济收入达20多万元。

采茶戏《一棵柚子树》叙述了一位司法工作者为解决群众纠纷,亲自深入群基层,为群众现场解决矛盾动人故事。

图书馆藏

〔综述〕 2013年,为进一步将南康市图书馆打造成为市民学习中心,2013年4~11月市图书馆利用江西省文化厅下拨的两馆维修改造专项资金120万元(其中馆舍维修改造资金80万元,设备资金40万元)对图书馆室内、室外进行了维修改造,图书馆以崭新的面貌迎接广大读者,外借室、少儿阅览室原面积太小,阅览楼道的护栏空隙大,采光差、外面街道噪声大等,也严重适应不了免费开放后读者数量增长的要求,读者阅览环境差等。经过维修改造,临街外墙全部安装了铝合金窗,院内外墙安装了钢化玻璃幕墙,室内安装了吊顶,扩大了外借室、少儿阅览室的面积,并调整了图书馆功能布局,更换了全新阅览座椅,每个阅览室添置了两台大功率空调,改善读者阅读环境,崭新的阅览室,美观大方、宽敞明亮、布局合理,干净整洁,制度完善,整个大楼洋溢着浓郁的书香,让进馆借阅的每位读者都沉静在温馨和谐的阅览环境之中。

2013年,坚持"一切为读者、为一切读者"和"读者至上、服务第一"的办馆理念,开设了外借室、报刊阅览室、少儿阅览室、电子阅览室、古籍室、书库、多媒体教室、地方文献资料室和文化信息资源共享工程南康市支中心。2013年继续全面实行免费开放工作,中央、省、地方共20万元免费开放经费全部到位。2013年购书专项经费10万元,3.5万共享工程运行费均列入财政预算。全年新增图书3000余种,征订期刊268种,报纸35种,2013年,图书馆投入一万余元新购进了192册盲文图书,开设了盲文阅览室,这是继2011年在南康看守所开设了图书馆图书流通服务点后,继续为特殊人群开展特殊服务。使图书馆的服务面进一步扩大。

自实行免费开放以来读者明显大量增加,全年外借9.6万册;累计办证为1932个,每天接待读者240多人次。全年接待读者8.6万人次。全年对共享工程基层服务点进行网络视频培训9次。2013被江西省文化信息资源共享工程省级中心评为"江西省文化信息资源共享工程先进单位"。

现有编制7个,馆长叶兰兰,副馆长郑忠发、曹辉,工作人员8人。

〔藏书与借阅〕 全市除市图书馆外,还有南康中学、南康二中、唐江中学、进修学校、中英文学校和赣南烟厂、各中小学校等图书馆,这些图书馆的藏书都在5000至10万余册,全市藏书约190万册,其中市图书馆藏书15.86万册。

2013年全年市财政拨款10万元用于南康图书馆购置图书及报纸杂志。全年新增图书3000余册。2013年,图书馆藏书15.86万册。

〔免费开放〕 自2011年12月起全面实行免费开放工作以来,图书馆制订了一系列免费开放服务方案与措施,自实行免费开放工作以后,图书馆读者明显大量增加,在2013年利用省文化厅安排的两馆维修资金进行了半年改造,2013年全年仍接待读者8万多人次,图书外借册次9.6万册。全年累计办证1932个。

文 博

〔综述〕 2013年,南康市博物馆以党的十八大和十八届三中全会精神为指引,不断创新管理理念,积极探索工作思路,坚持保护与利用、服务与管理并举,解放思想,开拓创新,确实加强文物保护工作,积极推进博物馆对社会免费开放工作。

2013年,南康市博物馆有馆藏文物456件,其中,一级文物1件,二级文物4件,三级文物61件,县市级文物保护单位22处。南康市博物馆现有编制3人,实有人员5人,馆长文祥春。

〔文物保护〕 1.2013年,南康市博物馆采取多种宣传手段,结合国际博物馆日和文化遗产日等重大节日,加大了文物安全宣传工作,使社会各界加入到文物安全保护的队伍中来,取得了良好的成效。2.进一步完善了全市文物安全巡查制度,加大了不可移动文物(特别是市文物保护单位)的安全巡查力度,及时排除各项文物安全隐患,确保了文物安全无事故。3.按照维修方案要求,保质保量完成了文物保护单位"岗背蓝氏节孝石门坊"的维修保护工作。4.按照五河治理防洪工程(赣州段)文物古迹调查工作会议要求,组织开展了"南康市浮石乡防洪工程"、"南康市唐江镇防洪工程"和"南康市城市防洪工程"的文物古迹调查工作。5.为保护革命旧居旧址,向上争取维修经费,南康市博物馆聘请赣州市大屋顶建筑保护设计有限公司完成了文物保护单位"潭口武装暴动旧址"维修方案的编制工作,并争取到"中央补助地方文化体育与传媒事业发展专项资金"维修保护经费40万元。6.积极配合南康市重点工程项目建设,联合江西省文物考古研究所完成了机场快速干道工程项目和大广高速公路南康南互通工程考古调查工作。

〔博物馆建设〕 2013年,南康市博物馆围绕硬件设施和软件建设两个方面,不断加强自身建设,全面提升免费开放服务水平。

1. 为确保馆藏文物安全，南康市博物馆于2013年4月开始对五楼闲置的文物库房进行了维修改造,更换了库房老旧电线,重新安装了照明设施和通风排气设备,采购了一批文物密集架,在扩大文物库房面积的同时，进一步提升了文物安全保管条件。

2.为社会公众提供服务,展示博物馆自身形象，南康市博物馆完成了南康市博物馆网站的建设和上线工作。

3.结合南康市博物馆实际,努力加强博物馆制度建设,建立完善了30多项制度,并在全馆展开了认真学习,落实到位。

4.2013年,南康市博物馆举办的展览《工运先驱——陈赞贤生平事迹展》和《南康市第三次全国文物普查成果图片展》继续对社会免费开放,成功接待原全国总工会书记处书记李永海等多批领导参观。全年共免费开放310天,接待观众10.3万人次,其中未成年人8.4万人次。

〔**第一次全国可移动文物普查工作**〕 2013年,是全面开展第一次全国可移动文物普查的第一年,南康市各级领导高度重视此次普查工作。市人民政府副市长黄菊兰和相关部门的分管领导在南康分会场分别收听收看了国务院第一次全国可移动文物普查电视电话会议和江西省第一次全国可移动文物普查电视电话会议。按照相关文件精神,成立了南康市第一次全国可移动文物普查领导小组及办公室，制定了南康市第一次全国可移动文物普查宣传计划和实施方案，派业务骨干参加了江西省第一次全国可移动文物普查骨干培训班学习。南康市还根据实际情况编制了南康市第一次全国可移动文物普查实施方案和南康市第一次全国可移动文物普查经费预算，开展了全市国有单位文物收藏情况调查等工作。

江西新华发行集团有限公司南康市分公司

〔**综述**〕 2013年，南康市分公司在集团公司、赣州市分公司和当地政府的正确领导下，深入学习贯彻党的十八大及十八届三中全会会议精神,以邓小平理论、“三个代表”重要思想、科学发展观为指导,牢牢把握正确导向,以发展为要务,以改革为动力,以实现中华民族伟大复兴中国梦为引领,以开展“八项规定”活动为契机,进一步解放思想,务实进取,开拓创新,团结一致,坚定信心,迎难而上,围绕上级下达的经营管理目标奋斗,全年南康市分公司实现营业收入4059万元,完成全年任务的102%,净利润308万元,完成全年的105%,被评为“赣州市文明单位”、“全省教材发行先进单位”、“全省新华书系统创利标兵”。公司实现了持续健康稳定发展,经济效益和社会效益显著。

〔**机构队伍**〕 2013年,设有综合科、教材储运科、中心门市部、唐江教材发行网点。共有职工38人。

〔**收入指标**〕 2013年,上级下达给南康市分公司营业收入挑战目标为4158万元,分公司实际完成4059万元,完成97.6%,同比增加7%。

收入增减的原因:2013年南康市分公司班子成员和业务骨干众志成城一心放在教辅征订发行上，通过市场化运作，加强与教育部门沟通和协作,依法依规,以《致家长一封信》的形式,耐心细致地向学校、学生、家长及教育部门做好宣传解释,取得了较好的成绩;积极扩展多种经营,扩大一般图书销售。

〔**经营工作**〕 1.抓好免费教材和教辅资料征订发行工作。

百年大计，教育为本，为确保全市中小学校“课前到书、人手一册”做出不懈努力,南康市分公司努力做好2013年免费教材的征订发行,提高南康市分公司教材发行工作质量，按时保质保量圆满完成2013年教材发行工作任务,按教材发行的时间要求、质量要求、服务标准、保障措施等有关承诺和规定，按时保质保量圆满完成教材发行工作任务。

为做好2013年教辅图书征订发行,班子成员和业务骨干众志成城一心放在教辅征订发行上,通过市场化运作,加强与教育部门沟通和协作,根据国家发改委、新闻出版局、教育部、纠风办、江西省和赣州市相关部门下发的文件精神，南康市分公司依法依规做好教辅发行工作,合法经营,不违规操作,对不健康、劣质盗版的教辅坚决抵制,不引入校园，保质保量，满足广大学生对教辅的需求。在严格遵守国家教材征订发行各项规定的前提下,应用“情商”的理念,秉持“双赢、诚信、质量”的原则和教育、物价、纪检、财政等部门广交朋友,赢得他们的理解支持,争取有利政策,以《致学生家长一封信》的形式,耐心细致地向学校、学生、家长及教育部门做好宣传解释工作,取得了较好的成绩;2013年教辅资料人均册数配套率达98%以上。

2.积极扩展多种经营、扩大一般图书销售,提升门市窗口形象。

在激烈的图书市场竞争中,经营既面临发展机遇,又潜伏着风险。为了竞争取胜,7月,南康市分公司与上海晨光公司合作,开设了晨光生活馆南康店,调整经营领域和产品结构,向新的产品领域和市场领域渗透、拓展。提高一般图书在南康市公司的销售比重,降低经营风险,牢固树立“以读者为中心”的经营理念,改善门市环境,提高服务质量,开展各种促销方式,拓展业务结构,创新营销手段,以全民阅读为契机,实现一般图书销售的突破。一是做好政治理论读物图书销售、机关单位团购业务;二是做好节假日青少年读书活动,特别是“暑期一本好书”活动,通过到学校广泛宣传,激发学生参与的积极性,提高学生和家长参与的热情,实现销售码洋5万元;三是做好开学期间全省教辅图书联展活动和学生工具书的销售。2013年门市销售额可达140万元,比2012年增长7%。门市经营工作取得了比较良好的工作效果和社会效果。

3.认真做好“农家书屋”和“薄弱学校”图书发放工作。

2013年,积极配合省、市公司做好农家书屋建设和薄弱学校图书相关工作。按规划南康市有35个“农家书屋”网点补充增加图书、36个“薄弱学校”图书馆馆配图书配发加工任务,时间紧、任务重、要求高,特别是“薄弱学校”图书,数量大,有4000多件图书,又与教材教辅发行到货时间同步、库容上存在冲突。南康市分公司组织精干人员,科学调度安排,按照省发行集团和赣州市分公司要求,及时做好图书收货和配送工作,对所有的图书、音像制品进行分发,按要求、及时将图书及配套物品配送到全市各个网点,并且组织了相关学校图书馆管理员进行了图书管理软件的培训工作,圆满完成了工作任务。

〔企业管理工作〕 1.深入开展学习党的十八大及十八届三中全会会议精神和践行八项规定活动工作。

按照集团公司和中共南康市委的要求,统一安排南康市分公司开展了深入学习党的十八大及十八届三中全会会议精神和践行八项规定活动,在市委学习教育活动领导小组的领导和指导下,在全体学教对象的共同努力下,结合新华书店工作实际开展学习教育活动活动,较好地完成了各阶段学习任务,加强了对学习党的十八大及十八届三中全会会议精神和践行八项规定活动的思想认识,学习了中央、省、市领导重要讲话精神,查找出部分存在的差距和问题,有针对性地开展了破解难题活动,做到学习工作两不误,两促进,学习教育活动取得了良好工作成效。

2.践行“三送”工作全覆盖常态化。

2013年,按照中共南康市委的统一安排,南康市分公司“三送”工作组挂点凤岗镇龙泉和横岭两村。“三送”工作组积极开展了深入走访农户,帮扶特困农户,解决一些农户的实际困难;为两村兴修水利帮扶三万元资金,慰问和帮扶一些特困农户;通过“三送”工作全覆盖常态化,充分发挥了分公司党组织推动发展、服务群众、凝聚人心、促进和谐的作用。

〔领导班子名录〕

经　理:王冬来

副经理:刘康丰

　　　　王　健

　　　　曾祥福

广播电影电视新闻中心

〔综述〕 2013年,在市委、市政府的正确领导下,在上级业务部门的精心指导下,中心牢牢把握正确的舆论导向,积极推进广播“村村响”、电视“村村通”工作,不断扩大市本级广播电视节目的覆盖面,在不断提高广播电视宣传质量的同时,加快了事业建设的步伐。

〔机构队伍〕 市广播电影电视中心内设办公室、技术部、电影科,下辖南康人民广播电台、南康电视台,在职人员45人。

〔宣传工作〕 2013年,中心始终坚持团结、稳定、鼓劲和正面宣传为主的方针,紧紧围绕"主动融入都市区、提速提质促发展、千方百计惠民生、真抓实干兴南康"发展战略,按照新闻宣传"三贴近"的要求,以务实的工作作风,扎实的工作态度,创新报道形式,严把新闻采编和节目播出质量关,充分发挥舆论引导作用。南康电视台在《南康新闻》节目中先后开设了"千名干部下基层、送政策送温暖送服务","上项目、兴产业、促发展"、"治脏、治乱、治堵"、"'两违'整治特别报道"、"记者走基层"、"社会公德大家谈"、"尊老敬老养老我们在行动"、"十八届三中全会精神解读"等21个专栏,为市委、市政府的中心工作营造了良好的舆论氛围。与此同时,南康电视台在办好《关注》、《农村科苑》、《卫生与健康》等专题栏目的基础上,2013年又开办了《委员风采》栏目,由政协江西省委员会主办的《光华时报》在2013年11月29日头版,以《展示委员风采,扩大政协影响》为题,介绍了南康电视台开办《委员风采》栏目的做法和经验。为全市经济和社会各项事业建设做了大量的深度报道。2013年,南康广播电视台共播出新闻1901条,播出专题157个;并在中央人民广播电台和中央电视台播出新闻5条;在江西电视台播出新闻29条,在江西人民广播电台播出新闻22条;在赣州电视台播出新闻1098.5分,在赣州市各县(市、区)中名列第四;在赣州人民广播电台播出新闻2596分,在赣州市各县(市、区)中名列第一。

〔网络建设〕 年初,为了使南康市的广播电视传输更加规范有序,中心在充分协商、论证的基础上,将地面无线数字电视项目转让给广电网络南康分公司经营。与此同时,中心重新修订了"广播、电视村村通规划",将农村危旧土坯房改造集中建设示范点纳入了电视"村村通"规划之中,并主动与各乡镇政府协调、联系,为边远山区4412户农户安装了卫星电视接收设施,解决了边远山区群众收看电视难的问题。南康市为边远山区群众安装卫星电视接收设施的做法和经验,得到了上级业务部门的充分肯定,为此,赣州市文化和广播电影电视局在南康市专门召开了现场会推广"南康经验"。2013年,南康市新发展无线、有线数字电视用户4562户,使全市有线电视、无线数字电视用户达74650户,大大扩大了市本级(赣州、南康)电视的公共覆盖面。还积极指导、督促各乡镇充分发挥现有广播设施的作用,使农村广播"村村通,天天响",成为农村广大群众了解党和政府有关对农政策、举措的重要渠道。

〔队伍建设〕 2013年,中心积极争取市委、市政府对广播电影电视工作的关心、支持,努力做好人才队伍建设工作。在市委、市政府的关心、重视下,南康电视台面向社会公开招考了两名记者、1名图像编辑,为广播电视宣传队伍补充了"新鲜血液"。为了提高广电系统干部职工的政治、业务素质,中心采取"请进来、走出去"、"结对帮扶"等办法,加大了人才培养力度。中心建立、健全了干部职工业务学习制度,投资30多万元建设的图书、阅览室和健身房,坚持每天定时开放,专人管理,使干部职工在紧张的工作之余,有了良好的学习、健身场所。中心还建立、健全了激励机制,充分调动全员的工作积极性,使广播电视工作不断充满活力。

〔电影工作〕 2013年,中心重新修订了"农村电影目标考评方案",充分调动农村电影放映员的工作积极性,精心组织,合理调度农村电影放映工作。2013年,全市农村共放映电视4436场(其中,农村行政村放映3341场、农村中小学校放映1014场、农林场放映81场),观影群众达755504人次,实现了"每村每月放映一场公益电影、每所(农村)学校每季放映一场公益电影、每个农林场每月放映一场公益电影"的工作目标。在城区,中心主动指导、协助大地数字影院,通过加大宣传力度,与学校、企业联营等办法,不断提高数字影院的上座率,2013年,大地数字影院票房收入达310万元,进入全省县(市)级数字影院前列。

〔广告产业〕 为了使南康市的广播电视广告业务健康有序发展,2013年,中心按照上级广电部门有关净化荧屏的要求,加大了对广播电视广告发布的监管力度,严把广播电视广告审查关。同时,针对当前广告发布形式多样化,国家有关部门又加大了对药品、医疗广告的监管力度的情况,为了使南康市广播电视广告业务不滑坡,采取招商引资的形式,于年初引进富有广告经营经验、有较强经济实力的浙江省射阳市的一个团队,到南康市经营广播电视广告业务。积极协助广告承包商通过举办南康市首届青年歌手电视大奖赛、汽车展销会、少儿才艺大赛等大型活动,开办电视购物商场等形式,扩大市本级广播电视的收听、收视率,做大广播电视广告总量,确保了南康市广播电视广告收入稳步增长。

〔领导班子名录〕

主　任:刘述洗

副主任:周善明

　　　　朱华清

工会主席:蔡京玲(女)

广播电台台长:黄禄辉

广电网络南康市分公司

〔综述〕 2013年,江西广电网络南康市分公司在省、赣州市分公司和南康市委、市政府的正确领导下,与时俱进、锐意开拓、扎实工作,以省公司下达的经营目标为方向,分公司全体干部员工进一步解放思想,转变观念,以经营发展为中心,以改革创新为动力,以服务质量为保证,以做大做强做优南康广电网络为目标,不断寻求新的增长点,努力拓展经营领域,增强企业竞争力,实现了较好的经济效益和社会效益。2013年分公司完成经营总收入2353万元,完成总任务的91.6%。全年城网新增有线电视用户2709户,农网新增有线电视用户2391户,收并地面无线数字电视用户11200户,总用户数达到7.4万户。

〔机构队伍〕 江西广电网络南康市分公司内设机构有综合科、财务科、客户信息科、工程技术科和运维科、农网科,下辖唐江、凤岗、三江、龙华、龙岭、浮石等17个乡镇有线电视站。

〔事业建设情况〕 1.城网业务稳中有升。随着近几年来南康城区有线电视业务逐呈饱和态势,为巩固老用户,实现城区业务稳中有升,运维科不断强化优质服务,除24小时保证城区各宾馆集体户的全天候服务外,还要求员工对任何一个报修电话都认真对待,仔细解决,真正做到不以善小而不为,全面提高服务水平,换取用户的信赖。与此同时,运维科、工程技术科主动提前加强与全市各房地产商的联系,采取为其设计管道方案,并按其房屋建设进度适时布放管线、开展施工,这种互惠互利的合作方式得到各房地产商的青睐,为抢占城区小区新增用户占了有利先机。一年来,公司新开通了16个小区的有线电视信号。

2.农网建设如火如荼。农村是个广阔的天地,有线电视大有作为。2013年,分公司加大了对农村的有线电视数字整转力度,在全市18个乡镇全面启动了有线电视数字整转工作,并对全市农村具备条件的村进行了网络拓展。一年来,除龙岭、潭口、镜坝外新增光接点78个,架设光缆84.8公里,架设电缆80公里,进一步促进了农村有线电视的发展规模,为全市农村数字整转夯实了基础。

3.增值业务逆境博弈。城区内卫星天线泛滥,电信的IPTV异军突起,面临着巨大的挑战。运维科、客户科着重在提高服务质量、讲求工作效率、加强用户沟通上下工夫,从而在激烈的市场竞争中求得一席之地。一年来增值业务完成实际收入178万元。

4.全面进行数字电视整转。2013年是分公司乡镇用户数字电视整转工作的第一年,按照省公司的经营决策,分公司着眼全局,把提高农村有线电视数字整转率作为工作重中之重,展开了一系列工作:一是增设农网组,全力配合整转工作,在硬、软件上体现优质服务。年初,公司专门增加了数字整转农网BOSS系统录入组,对农村整转提前做好了BOSS农网地址的建立和农网各站地址的情况归纳在各乡镇整转时抽调人员帮助审核,加班加点完成了各乡镇站整转工单相关数据录入工作,为客户提供良好的服务环境。二是定期开展BOSS培训,积极开展数字电视业务。在省公司安排BOSS用户管理系统学习后,分公司客户科组织相关业务人员开展培训,确保每位营业员都能正确操作新的管理系统。分公司业务人员都能熟练操作BOSS系统并能积极开展相关数字电视业务工作。

〔安全播出工作〕 安全生产是企业发展的基础与保证,始终坚持“安全第一,预防为主”方针,狠抓安全生产三个到位,一是安全生产责任落实到位;二是安全意识贯穿生产全过程到位;三是员工安全生产教育到位。2013年分公司未发生一起安全生产事故。有线电视网络作为党的喉舌,安全播出至关重要。一是重大事件启动应急预案，建立部门、乡站分工合作机制，保持部门乡站的联系与沟通，使各部门既分工又合作，及时处理各种网络故障。二是加强了机房前端设备的检修、维护，消除机房隐患，确保了设备安全平稳运转。

〔**企业党建**〕 分公司充分发挥党支部先锋堡垒作用。分公司党支部认真贯彻落实党的路线、方针、政策，坚持围绕工作抓党建，抓好党建促发展，不断加强党风廉政建设，加强班子建设，强化员工业务素质，狠抓工作落实，以卓有成效的工作推动了企业经济发展，从而使分公司的党风廉政建设取得了良好的成效。一是加强思想政治工作，增强员工整体素质。围绕党的群众教育活动，分公司党支部把学习党的十八大三中全会和习总书记一系讲话精神作为政治理论知识的主要课程。一年来，政治理论学习常抓不懈。同时，结合工作实际，不定期组织员工开展相关业务培训，提高员工业务技能。二是加强制度建设，营造良好工作氛围。在坚持“三会一课”、学习制度、党风廉洁制度外，公司还健全完善了一系列现代企业管理制度，建立健全了配套完善的评估机制和激励机制，大力宣传表彰群教活动中的先进典型，带动了公司“工、青、妇”组织工作开展，在全公司营造了干事创业、创先争优的良好氛围。

〔**领导班子名录**〕
总经理：潘忠民
副总经理：吴秋平
　　　　　廖美华(女)
总经理助理：邱振宇

①

③

②

①2013年11月19日，市采茶剧团表演队来到十八塘乡马头村为当地群众带来了一台精彩的文艺演出，丰富了农村文化生活。

②2013年3月5日下午，江西省新闻出版局巡视员程利民、赣州市新闻出版局局长章隆元到南康市就文化产业发展等方面情况进行调研，市领导黄琨、黄菊兰陪同调研。

③2013年7月，教育系统举办“中国梦、我的梦，中小学教师才艺大赛”。

科技·体育

科　　技

〔综述〕 2013年，全市科技工作紧紧围绕“发展为先、生态为重、创新为魂、民生为本”发展战略开展工作，全面实施主动融入都市区，提速提质促发展、千方百计惠民生、真抓实干兴南康。一年来，全市科技工作特别是知识产权工作实现了新的突破：全年共争取省级科技项目经费260万元，其中坪市小安村科技创新重大研究项目经费100万元，省知识产权富民强县项目60万元，省科技富民强县项目50万元，省科技入园项目50万元，赣州市级项目19万元。由于各级的关心支持和全市上下的共同努力，南康被评为“全国县（市）科技进步考核先进市”。钟旭辉、刘晓方、谢伟高、李德华4人获“2013年全国县（市）科技进步考核先进个人。

〔机构队伍〕 2013年8月5日，市委五届三十一次常委会审议通过，设立“南康市知识产权局”，与市科技局实行两块牌子、一套人马的运行机制，科技局内设秘书科、计划发展成果市场科、行政审批科、信息服务站、技术市场管理办、科技兴市办和生产力促进中心。知识产权局内设“江西维权援助中心南康工作站”，编制12名（行政、事业各6名），实有人员9人。科研机构有市农科所、畜科所、水科所和柚子中心苗圃及部分企业研发中心。

〔科技人才〕 2013年，全市有各类科技人才2569人，其中专业技术人才9380人，经营管理人才1648人，技能人才12130人，农村实用人才2500人。

〔宣传与培训〕 2013年，举办各类科技培训26期（次），其中以科技局（或知识产权局）的名义举办的培训班4期，讲座1期。由市科技局牵头，各科研所共同参与的送科技下乡4次。制作巨幅知识产权宣传壁画一幅，编印科技和知识产权类书籍6000余本；上传各类科技信息170余条，其中被省级业务部门采用3条。为“三送”挂点村和相关企业赠送科普书籍、宣传资料3000余份（册）。

〔科技创新〕 项目申报和立项有较大突破。已立项并获国家资金扶持的项目有：通用机械公司申报的“多功能智能卧式带锯机”和赣州博晶科技公司的“汽车尾气净化催化剂”。省级项目有：知识产权富民强市——专利推进优势特色家具产业的发展，科技富民强县——南康甜柚标准化种植及加工关键技术示范与产业化，科技创新重大研究——甜柚无公害技术栽培示范推广和科技入园项目——科技入园技术示范与应用等。赣州市项目分别有：德普特科技公司申报的“电容屏专利技术生产实施”和南康市亚泰矿业公司申报的“钨渣综合回收利用过程中除钼关键性技术研究”等。

组织实施了本级项目7项，分别为：“先科巨鲫的繁育与推广”、“南康甜柚产后贮藏保鲜及加工处理技术示范”、“养猪废弃物高值化利用技术推广”、“水稻绿色防控技术示范”、“油茶优良品种示范与推广”、“农村太阳能热水器推广”、“轮扣直插式模板支撑系统”、“水稻工厂化育秧技术示范推广”。

〔**知识产权**〕 知识产权工作实现重大突破。在2013年8月成立市知识产权局的基础上，2013年11月30日由省知识产权局特批的“江西维权援助中心南康工作站”揭牌成立，这是江西省首家县级工作站。同日，为把南康打造成为“全省知识产权强市”，省知识产权局还与市政府签订了“框架协议”，并举行了签字仪式。

2013年，专利申请741件，专利授权631件，双双遥居全省县级市第一名。开展专利维权活动一次，完成专利调解43次。由于工作表现出色，2013年，南康以总分第一的成绩被省知识产权局评为“专利工作十强市”。年内还先后成立了“协调办”和“工作站”并卓有成效地开展了工作。

〔**“三送”工作**〕 一是下拨4.5万元项目资金，在“三送”点兴办了6件实事，其中老年公寓、精品村改造、油茶低改、组级公路路基建设等项目的实施颇受群众称赞。二是“三送”工作有新起色。土坯房拆建，村级基础设施建设、农村计划生育等工作完成较好。三是下拨3万多元资金，狠抓了农村适用技术的推广。四是狠抓了科技培训，运用科技手段，为全市科技企业转型升级提供了科技支撑。

〔**领导班子名录**〕
局　长：谢伟高
副局长：邱俊红
　　　　彭雪年
班子成员：王功平

气　象

〔**综述**〕 2013年，市气象局在省、市气象局和南康市委、市政府的正确领导下，深入贯彻落实科学发展观，紧紧围绕全省气象局长工作会议精神，以三农气象服务和气象科技服务为重点，全体干部职工齐心协力，全年工作取得了较好的成绩，南康气象事业得到进一步发展。

〔**机构队伍**〕 市气象局实行“上级气象部门与地方政府双重领导、以气象部门管理为主的管理体制”，内设办公室、综合业务室、雷电防护管理局、人工影响天气办公室、防雷检测所。党群组织有：党支部、气象学会、工会。全局在职干部职工8人，其中工程师4人，助理工程师4人。学历：本科5人，大专3人。退休人员9人，外聘人员4人。

〔**气象业务**〕 南康气象局属国家一般气象站，承担主要任务是地面气象观测、农业气象、天气预报等。观测项目包括：气压、气温、地温(地表、浅层)、相对湿度、风向、风速和雨量；目测项目有云、能见度、天气现象。农业气象业务属国家一级站，主要开展土壤肥力、稻田小气候、水稻生长发育、水稻品种等项目的监测。天气预报有日常天气预报、短时、短期灾害性天气、雷电预报等，同时还开展了地质灾害预警分析、电视天气预报和“12121”自动答询电话。防雷检测所，主要开展对新建建筑物防雷工程的设计、施工、验收，定期开展对易燃易爆场所的防雷检测工作。

1.现代气象业务服务系统本地化运行。

2013年，在双顺达公司的配合下，建成了现代气象业务服务系统，并开展了本地化运行。按照集约化管理，本系统集预报产品制作与发布、气象预警短信发布平台、灾情直报平台、电子显示屏和大喇叭发布平台为一体，使用快捷、方便。

2.完成中小河流洪水和山洪地质灾害气象风险预警服务业务平台的安装。

2013年，在省、市局的指导下，成功安装了中小河流洪水和山洪地质灾害气象风险预警服务系统。

3.气象业务改革调整。

2013年是气象业务改革之年。首先是取消了人工仪器的读数，其次是取消旬(月)报和人工取土，逐步形成人工转自动化。开展了学习国家局、省局业务改革文件的培训，切换期间分管领导亲自带班，保证业务切换无失误。

4.业务质量上升。

2013年，地面气象测报、农业气象测报、自动土壤水分测报错情率均小于0.02‰，各类仪器、网络均保持正常运行。2013年获得“全国优秀测报员”1人次,百班7人次。

5.加强气象环境监探测。

2013年,严密监测气象探测环境,每月及时上报上一月的气象探测环境变化情况,全年,共对2处房屋进行了限高。

〔**气象服务**〕 2013年,建立健全了预报业务流程,完善了预警信号发布流程,严格执行预警信息签发制度。更新了突发灾害天气服务基本数据库,包括县、乡、村级及部门负责人手机号码库及山塘水库基本数据库。

全年南康市共出现暴雨7次,市气象局提前做出预报,制作天气情况反映材料报送到市政府分管领导及相关部门,并通过手机短信发布暴雨、雷电、强对流天气预警87次,接收短信72644多条。暴雨过后,及时开展预报总结,并向市局业务科提交预报总结2篇,积极派人参加预报技术交流,学习预报经验,有一篇论文参加市局交流并获奖励。

每天按时认真填写《天气预报服务值班记录簿》,做好灾害性天气过程跟踪监测预报,及时准确发布气象灾害预警信号,全年共发送预警短信119次,接收短信207759多条。

2013年,利用3·23世界气象日、5·12防灾减灾日、安全生产月和科普知识进校园活动,开展防灾减灾科普宣传,宣传活动发放防灾减灾知识材料共3000多份。

〔**“三农”气象服务**〕 1.开展了“知农时、懂农事、察农需、接地气”调研活动。

3月下旬,在龙回镇恬凯稻业协会农民培训室组织召开“知农时、懂农事、察农需、接地气”调研座谈会。市农业局及部分农产品基地、农民专业合作社、农民种养大户及部分农民代表参加了此次座谈会。开展了针对气象信息员工作的问卷调查活动,通过与气象信息员进行面对面的交流与问卷调查,真实把握乡村气象信息员工作实际情况,了解气象信息员在工作中的实际需求,对气象信息员的管理、培训等工作的开展提供了新的思路,进而为充分发挥气象信息员队伍的作用打下基础。

2.多举措开展春播气象服务

一年之计在于春,为确保2013年春耕备耕工作顺利开展,早动手、早安排、多项措施并举,做好全市春耕春播气象服务保障工作。一是组织科技人员深入田间地头,农民合作社和农户家中,实地了解农民朋友的需求,为农民开展春播春种工作提供科学的针对性指导和服务;二是密切监视天气变化,尤其是做好强对流、强降温等灾害性天气的预报,并加强对春播期间土壤墒情的监测服务;三是加强春耕春播期间气象信息制作和发布,制作《春耕春播气象服务专报》,并通过乡镇气象信息服务站、手机短信平台、电子显示屏和农村大喇叭等多种方式发布实时天气预报;四是做好人工增雨各项准备工作,确保人工增雨作业及时、顺利、高效开展。

3.建立部门联合机制,联合开展“直通式”农业气象服务

加强了与农业局、农业开发办、果业局、移动公司等部门的合作。2013年与果业局联合开展了甜柚开花期调查。调查组深入到三江乡精品甜柚生产基地,仔细察看了甜柚开花期情况,并提出了防范意见。全年还召开了1次专家联盟会议和1次病虫害预防与措施的新闻发布会,全方位的联合为农服务。

4.开展了三农气象服务培训

2013年,共举办三农气象服务培训2次,一次是气象灾害信息员培训,一次是农民专业合作社负责人培训,2次培训共300多人参加,培训效果较好。

〔**气象科技服务**〕 1.重点规范防雷工作流程。

为了规范防雷工作,市气象局从人员、制度、流程、设备、档案等进行了更新和完善。

一是对科室进行调整,将气象科技服务中心分成防雷检测所、防雷工程部、气象服务大厅窗口,同时对人员进行了调整,大厅办事人员1人,防雷检测3人(其中1人负责整理报告单),防雷工程2人(其中1人负责防雷施工监督,1人负责整理档案资料)。

二是对防雷工作制度、流程、风险防控进行了完善。

三是配齐了防雷检测专用设备。

四是档案资料规范齐全。

2.加强防雷安全监管。

2013年,联合市安监局开展防雷安全检查一

次,全面清查防雷安全隐患。重点加强了对易燃易爆场所及学校的检查。对存在防雷安全隐患提出了整改方案,并限时整改到位。

3.加强行政执法工作。开展了对易燃易爆场所防雷装置检测执法和气象探测环境保护执法。

4.行政审批规范。

2013年,认真执行“两集中,两到位”,行政审批科已移至行政审批大厅,行政审批人员有2名职工常年驻窗口办公,其中有1名为审批科科长,行政审批权限到位。2013年,被评为全市群众满意窗口。

〔**党风廉政与精神文明建设**〕 2013年,认真贯彻落实全国气象部门党风廉政建设工作电视电话会议的精神,主要负责人与市局签订了责任状。开展了“为民、务实、清廉”为主题的廉政文化宣教月活动。活动以知识竞赛、观看警示教育片、上党课、开民主生活会等形式开展。制定了2013年廉政风险防控工作方案,规范了制度建设,风险防控图全部上墙。认真履行财务规章制度,按时完成预算执行进度,并及时上报预算执行报表。严格执行“三重一大”决策制度,深入推进局务公开工作。严格执行信访报告制度,全年没有发生违纪违法案件。

按照省局《关于开展气象部门基层职工学习领会党的十八大精神远程培训的通知》(气人函〔2013〕2号)文件的要求,全体干部职工积极参加了培训学习。通过在线学习,使每位职工更加深刻领会党的十八大精神,力求把握实质、融会贯通、开拓视野,对新形势下气象事业发展有了新的理解和认识,增强了迎接新挑战的信心和决心,用实实在在的学习效果,推动南康气象事业跨越式发展。

积极组织参加全省气象部门气象精神征文和演讲比赛活动,提交了2篇征文文章。继续推进精神文明创建工作,提高文明创建档次和水平,2013年获得了江西省文明单位称号。

〔**2013年天气概况与特点**〕 2013年,年平均气温20.2℃,较多年平均值19.3℃偏高0.9℃,除12月气温偏低,其余月份气温均偏高,年极端最高气温为39.8℃,出现在8月10日,年极端最低气温为-2.4℃,出现在12月28日。年降水量为1330.9毫米,较多年平均值1449.3毫米偏少118.4毫米。全年共出现5次暴雨,分别出现在5月8日、10日、16日、27日、和12月16日,日雨量分别为54.4毫米、67.4毫米、79.6毫米、50.6毫米和65.3毫米。年日照时数1816.5小时,较多年平均值1673.2小时偏多143.3小时。

〔**2013年重大天气气候与灾害**〕 1.5月8日、10日、16日和27日,受高空低槽、中低层切变和西南气流共同影响,分别出现了日雨量为54.4毫米、67.4毫米、79.6毫米和50.6毫米的暴雨天气。

2.12月16日,受高空低槽东移和弱冷空气影响,出现了日雨量为50.6毫米的暴雨天气。

3. 受副热带高压控制,8月1日至12日南康市中南部乡镇出现了不同程度的干旱。

〔**领导班子名录**〕

局　长:曾庆南

副局长:林　冰

体　育

〔**综述**〕 2013年,全市体育工作在市委、市政府的正确领导和上级业务部门的关心指导下,紧紧围绕市委、市政府“产业兴康、教育强市、品质铸城、和谐福民”发展战略,认真贯彻落实科学发展观,树立有为才有位的指导思想,抢抓机遇,团结奋进,扎实工作,竞技体育、群众体育、体育产业和体育设施建设等都取得了可喜的成绩。

〔**机构队伍**〕 南康市体育局为市人民政府直属事业单位。南康市体育局参照公务员单位,全额事业编制5名,在岗职工4人。下设市少年儿童体育学校,为南康市体育局下属正股级全额拨款事业单位,现有编制4名,在岗职工5人。

〔**群众体育**〕 为认真贯彻落实《全民健身条例》和《全民健身计划(2011~2015)》,2013年,组织开展了新年贺岁杯足球比赛、庆三八妇女节袋鼠跳比赛、庆五一“赣桥涂料杯”羽毛球比赛、庆五一城区干部职工拔河比赛和篮球定点直线传球接力比赛、赣州市第三届汽车场地越野大赛、第二届西华加油站杯游泳邀请赛、“舞动赣鄱健康江西”大型广场舞展示表演、工业园区企业职工“抢收抢种”

接力比赛、第五届农村老年门球赛等一系列群众体育比赛活动，进一步丰富了全市干部群众的文体生活。据统计，2013 年集中参与全民健身活动的干部职工、个体业主、学生和农民群众有 16500 人次，其中 8 月 6 日，南康市“舞动赣鄱健康江西”大型广场舞展示表演，参加表演活动人数 1500 多人，被江西省体育局评为优秀组织奖，获赣州市广场舞大赛二等奖。全年举办大型活动不少于 15 次，基本做到月月有赛事，活动有特色，如汽车场地越野大赛，挑战极限，惊险刺激；趣味体育比赛活动，有新鲜感，有吸引力；广场舞和佳木斯健身操，动作优美，实用性强，深受广大市民喜爱。通过举办一系列群众体育活动，进一步激发了全市干部群众积极参与全民健身活动热情，有力地推动了全民健身活动的蓬勃发展。2013 年 10 月，李右球同志被评为“全国群众体育工作先进个人”。

〔**竞技体育**〕 1.切实加强竞技体育后备人才的培养力度。以备战参赛省第十四届运动会、赣州市第四届运动会为主要工作任务，积极做好全市业余训练工作。2013 年共布局项目 7 个，长期坚持训练运动员 155 人，其中田径 45 人、游泳 25 人、举重 15 人、羽毛球 25 人、网球 15 人、乒乓球 15 人、跆拳道 15 人。新注册运动员 47 人，2013 年有 40 人参赛。2.积极组队参加省、市系列比赛获可喜成绩。一是参加江西省第七届县(市、市)田径运动会获得团体总分一等奖。二是参加了江西省青少年田径、网球、羽毛球、游泳、乒乓球、拳击、篮球比赛，获得了 5 个优秀、12 个良好、5 个第一名。三是参加 2013 年赣州市少儿系列摔跤、赛艇比赛，分别获得团体总分第二名、第三名。四是参加赣州市第十届中学生“英东杯”田径运动会比赛，获团体总分第一名，届此，已连续夺得 18 连冠。南康市少年儿童体育学校荣获全省青少年体育先进集体，李德华同志荣获全省青少年体育先进个人。

〔**体育设施**〕 体育公园项目建设进展顺利。体育公园项目总占地约 215 亩，总投资约 2.3 亿元，是南康市的重点工程和民生工程。体育公园首期工程体育馆建设项目，总投资 6222 万元，按照能承办全国单位赛及综合体育馆标准进行建设，进展顺利，计划 2014 年 6 月底前全部完工。

〔**中国电脑体育彩票**〕 2013 年，全市体育彩票销售额达 4115 万元，列全省第二名，荣获全省体育彩票销售贡献奖和体育彩票“即开型”先进单位。

〔**体育协会**〕 全市有各级老年体协组织 293 个，会员达 13000 多人，经常开展的活动有气排球、门球、地掷球、太极拳、健身气功、健步行、健身操等，2013 年 9 月，国家老年体协气排球专项委员会调研组到南康市调研，11 月，南康市被命名为“全国老年气排球之乡”。城区共有健身练习点 42 个，比 2012 年增加 4 个，每天早晚参加太极拳、健身操、广场舞等活动的市民约 6500 人。2013 年 8 月，张青忠同志参加全国第十四届“松鹤杯”老干部象棋大赛获第 8 名，被授予“全国业余象棋大师”。

〔**领导班子名录**〕
局　　长：张　洪
党支部书记、副局长：李德华(女)
工会主席：王明华

2013 年 6 月 13 日，市安监局、交管大队、消防大队、卫生局等 17 家单位在镜坝联合开展安全生产日现场咨询活动。

卫生医药

医疗事业

〔**综述**〕 2013年,市卫生局坚持深化医药卫生体制改革这条主线,不断加强卫生服务能力建设,稳步提高医疗技术水平,医疗卫生事业有了较好较快发展。全市共有编制病床1977张,国有医疗机构门诊131.46万人次,住院8.98万人次,总收入4.86亿元。

2013年,市卫生局被评为2011~2013年赣州市卫生服务能力建设工程先进单位、赣州市卫生系统纠风工作先进单位、南康市先进基层武装部、南康市提案承办先进单位,一医院荣获赣州市临床实践技能大比武精神科组一等奖,市中医院荣获赣州市临床实践技能大比武外科组一等奖,市妇保院荣获赣州市临床实践技能大比武病历书写组一等奖,朱坊防保站、凤岗防保站荣获赣州市优质服务预防接种门诊;刘平华同志被评为全省爱国卫生先进个人,刘斌同志被评为全省百名优秀乡镇卫生院院长,黄龙同志被评为全省医德医风标兵,杨金英同志被评为全省优秀护士,钟春华同志被评为全省百名优秀乡村医生,严梅英同志被评为赣州市优秀护士,孙良同志荣获赣州市临床实践技能大比武病理技能组一等奖。

(肖长江)

〔**机构队伍**〕 市卫生局设办公室、党委办公室、干部人事科、医政科、防保卫生法制监督科、规划财务审计科、宣教信息科、纠风办。全市有市级医院3个、社区卫生服务机构2个、中心卫生院7个,一般卫生院11个,防保站12个,疾控中心、妇保院、皮防所、结防所、卫生监督所、爱卫办、红会办、卫生培训学校、农医中心各1个,民营医院9个。卫生系统有人员1713人,高级职称55人,其中主任医师3人、副主任医师52人,中级职称503人。有村卫生所、个体诊所835个,从业人员898人。

(肖长江)

〔**卫生改革**〕 2013年是深化医药卫生体制改革进入深水区的关键一年。南康市继续巩固扩大基本医保覆盖面,新农合参合率为99.19%,筹资标准提高到每人每年340元,全面实施了按病种付费、按床日付费、总额预付等支付方式改革;继续巩固完善基本药物制度和基层运行新机制,基本药物制度拓展延伸到村,全市共568所村卫生室实施了基本药物制度,同步落实了对乡村医生的各项补助和支持政策;深化基层医疗卫生机构综合改革,提高基层医疗卫生机构服务能力,筑牢农村医疗卫生服务底线。同时,推进医疗资源结构优化和布局调整,继一医院、中医院整体搬迁后,充分利用苏区振兴政策,积极争取了中央项目资金1500万元的市中医院住院楼建设工程和780万元的妇保院整体搬迁工程正式开工建设,完成了龙华中心卫生院整体搬迁。

（肖长江）

〔**行业作风建设**〕 开展了“加强职业道德教育，深化‘三好一满意’主题教育实践活动”、“谈心提醒”、“道德讲堂”等系列主题实践活动，将“假如病人是我亲人”大讨论贯穿教育实践活动始终，把改进工作作风作为首要任务来抓，围绕各项卫生民生实事的落实，全面提升卫生效能建设水平。严格执行网上招标采购，及时与市纠风办联合下发了《关于进一步规范药品和医用耗材采购工作的通知》，要求各单位严格执行网上招标采购工作，并作出“凡未经网上采购平台采购药品和耗材的，也未报主管部门备案的，一律不予报账”的硬性规定，进一步规范了药品和医用耗材采购行为，防范医疗购销领域商业贿赂现象发生。

认真受理群众咨询和投诉，解决群众反映强烈的难点热点问题。通过开展集中治理农村医疗卫生领域不合理用药、不合理检查、收受回扣、开单提成活动，进一步纠正开大处方、开单提成和收受回扣、“红包”等不正之风，强化对“三务”公开的有效监督，特别是公示基本药物制度实施前后主要药物的价格对比和新农合报账情况，较好的缓解了群众“看病难看病贵”问题。扎实开展了对医改、卫生服务能力建设、卫生民生工程建设等国家项目、资金落实情况的督查，进一步加强了对新农合基金监管，完善了资金使用管理制度，确保了惠民资金落实到位。

（卢金兰）

〔**公共卫生管理**〕 基本公共卫生服务得到进一步推进，由各医疗卫生单位领导带队，实行异地交叉方式，对各单位基本公共卫生服务工作开展情况进行了交叉检查，全面推动工作进程。2013年，全市已建立居民健康档案503755份，建档率达66.63%、健康档案电子化建文件率达65.3%，0~6岁儿童、65岁以上老人、孕产妇、高血压病人、糖尿病人、精神病人等六类重点人群管理率分别完成任务数的97.3%、121.5%、135.6%、104.2%、101.7%、121.7%。农村孕产妇住院分娩补助人数、叶酸补服人数分别完成任务数的133.68%、132.73%；一类疫苗实行免费接种，接种一类疫苗251486人次，适龄儿童国家免疫规划疫苗接种率99.35%。农村育龄妇女补服叶酸人数9291人。

（郭晓清）

〔**卫生执法**〕 卫生监督体系装备不断完善，以卫生监督所为主体，乡镇防保站为两翼的卫生监督执法体系进一步完善。深入开展了打击非法行医专项整治活动。全市立案医疗机构违法案件354起，进一步规范了医疗市场秩序。继续加大了公共场所、生活饮用水、学校卫生等日常监管工作，确保了全市人民群众的生命安全。

（王裕宣）

〔**血液管理**〕 加强了采供血机构建设和医疗机构用血管理，积极开展公民无偿献血活动。全市共组织12次大型无偿献血活动，献血总量151.58万毫升。

（郭晓清）

〔**医政管理**〕 联合市总工会举行了全市基层医疗机构病历书写、临床检验技能竞赛；市一医院、中医院、妇保院分别组队参加赣州市临床技能竞赛，促进了全市医疗管理水平提高。定期或不定期地对医疗机构医、护、药、技人员的在岗情况、院前急救制度执行情况、操作规范情况等进行了全面检查。3月，组织执业（助理）医师考试工作，11月，组织执业护士2013年度首次执业注册工作。

（郭晓清）

〔**药械管理**〕 国家基本药物已全部纳入医保“三张网”《用药目录》范围，乡镇卫生院基药报销比例比非基本药物提高15%。全市所有乡镇卫生院（国有社区卫生服务机构）、村卫生所严格实施国家基药制度，100%的基药通过省级平台采购，基药配备率达到95.44%，乡镇卫生院的基药销售种类、金额占比均达到了上级要求。

（郭晓清）

〔**中医医疗**〕 2013年，形成了以市中医院为重点，帮助扶持乡镇卫生院、村卫生所（含中医诊所）的工作格局，发展巩固传统医学。中医医疗借用现代先进诊断设备，运用中医传统理论施治，在治疗慢性支气管炎、中风、急慢性肝病、妇科病、腹泻等取得较好效果，为人民群众提供了价格低廉又深受欢迎的中医药技术服务。

(郭晓清)

〔西医技术与设备〕 市、乡、村三级西医医疗网络健全,科室齐全。有内、外、妇、儿、口腔、皮肤、急诊科等。技术设备较先进,一般卫生院有X光机、心电图、B超、化验室,市级医院拥有磁共振、CT、碎石机、彩色经颅多普勒、500mAX光机、电子胃镜、尿十项分析仪、全自动生化分析仪等。一些常见病、多发病在乡镇卫生院治疗,危急诊病通过绿色通道—120急救电话,及时转送市级医院得到有效救治。科技兴医力度不断加大,诊治水平大大提高。全市各医疗卫生单位新添置10万元以上大型设备26台(套),群众就医条件得到了极大改善,有效缓解了“看病难”的情况。

〔医疗事故处理〕 根据《医疗事故处理条例》,发生医疗事故争议时,医患双方可协商解决,也可向赣州市医学会申请医学鉴定,或向赣州市司法局申请医患纠纷仲裁,或向人民法院提出诉讼。2013年,发生医疗纠纷21起,同期相比下降36%,走鉴定司法仲裁以及诉讼程序的14起,其中:申请医疗事故拨款鉴定的7起,申请司法仲裁的3起,申请南康市医患纠纷调解处理中心调解4起、医患双方协商解决7起。

〔农村卫生〕 2013年,继续实施农村基本公共卫生服务项目,1~12月共建立居民健康档案503755份,健康档案电子化建档率达65.3%。。强化乡医、个医的医疗业务知识培训,全年举办乡医培训班10期,培训人员871人次。

〔大病救助工作〕 2013年,继续实施“光明·微笑”工程,全年免费实施白内障手术422例、完成任务数的220%,免费实施唇腭裂手术30例,白血病救治5例,先天性心脏手术34例,尿毒症患者免费血透219人。

〔领导班子名录〕

书记、局长:刘平华

副书记:林慧琼(女)

副局长:曹明华

卢致顶

林端瑞

黄成斌

苏绍红(女)

系统工会主席:张晓春

健康教育馆馆长:曾庆文

市第一人民医院

〔综述〕 市第一人民医院始建于1932年,是一所集医疗、教学、科研为一体的综合性二级甲等医院,爱婴医院,卫生部指定国际紧急救援中心网络医院,江西省“园林化单位”,南昌大学第一附属医院、赣南医学院第一附属医院、赣州市人民医院协作医院,赣州市“群众满意医院”,赣州市卫生科技先进单位,南康市城镇职工、居民医疗保险、新型农村合作医疗定点医院。

市一医院新院位于南康市东山街办新康东大道,占地100亩,建筑面积54000平方米,开放病床800张。开设门诊部、急诊科、内科一区、内科二区、内科三区、外一科、外二科、妇产科、儿科、感染科、五官科、口腔科、麻醉科、手术室、供应室等15个临床专科。医技科室设有:检验科、放射科、CT磁共振室、功能科、病理科、输血科、门诊西药房、中药房、住院部药房及血透室、高压氧等诊断治疗室。

医院配有现代化的净化手术室、供应室、血透室、ICU、NICU和信息管理、备用电源、冷热水供应、污水处理、中心供氧、吸引、传呼等系统;拥有磁共振、全身螺旋CT、计算机放射成像系统、全自动生化分析仪、高压氧舱、腹腔镜、膀胱镜、电子胃镜、电子结肠镜、电子阴道镜、电子喉镜、支气管镜、鼻窦内窥镜、裂隙灯显微镜、手术显微镜、输尿管镜及钬激光腔内碎石系统、体外冲击波碎石机、动态心电图、心电工作站、彩色多普勒超声诊断仪、B超、高档全身彩超、脑血流彩色多普勒诊断仪、脑电地形图仪、血液透析机等先进诊疗设备。

2013年,全院诊疗总人次354121人次。其中门急诊量325486人次,收治住院病人数为28635人次,与2012年同期相比(下同)增长23.3%,病床使用率229.9%。实现总收入18967万,收支节余1333万元,总资产18808万元,同比增长33.27%,净资产13243万元,比年初增长25.16%。

2013年,市一医院病理科获江西省临床病理质量控制检查第一名;参加赣州市临床实践技能大比武，精神科门诊获大比武优胜单位一等奖，妇产科获大比武优胜单位二等奖，病历书写组、外科组、消毒供应组获大比武优胜单位三等奖，7人获“岗位技能标兵”的荣誉称号；被市委市政府评为定点医疗机构新型农村合作医疗工作先进单位。

〔**医疗护理工作**〕 一是医疗质量管理体系逐步建立和完善。投资20余万元组建规范化实训操作室，加强业务学习与技能培训；定期组织病例书写、“三基”“三严”培训，狠抓三级医师查房等核心制度落实，完善会诊制度和医患纠纷分析会、质控员例会制度，开展医疗、护理、药剂、医技、财务审计和消防安全的检查共计389次，院、科、组三级质控网络不断完善，全年共检查归档病历12436份，甲级率98.9%。

二是重点专科建设得到加强。购置呼吸机、心电监护仪、除颤仪、运动平板、数字胃肠机、体外冲击波碎石机等一批先进的医疗设备，着力打造10个重点建设专科和2个省级重点发展专科。分别于3月和9月开设了NICU、ICU科室，提高了医院对危急重症患者的急救水平，填补了南康市学科空白；血透室增加10台血透机，解决了血透病人就近治疗透析的问题；20座的高压氧舱正在着手实施安装，预计2014年投入使用。

三是医疗业务培训全面开展。引进硕士研究生3人，选送58人到省级以上医院进修学习，派出各类短期学习208人次，完成继续医学教育646人次，选送医师、护士、医技人员参加赣州市卫生局临床技能大比武，获得12项荣誉；其中病理科在全省医疗机构临床病理质控检查评比中获排名第一的好成绩，孙良同志参加赣州市病理技能大比武获得一等奖。接收乡镇卫生院卫技人员进修12人次，赣州市科技局立项课题5项，发表论文19篇，其中国家级6篇，提高了相关学科的学术水平，人才梯队建设趋于合理，为创“三级医院”奠定了人才基础。

四是抗菌药物整治初见成效。加强和完善了药事管理与治疗学委员会职能，引进3名临床药师开展处方点评和病历用药监测工作，制定实施《南康市第一人民医院控制药占比和暂停医师处方权的有关规定》，严格规范医师处方行为，对不同管理级别的抗菌药物实施医师处方权限定，对超药占比的临床医生进行诫勉谈话和暂停处方权。医院药占比从年初的56.3%下降到46%，促进了临床合理用药、合理治疗，控制医疗费用不合理增长，门诊人均每人次收费水平仅为194元，有效地减轻了人民群众的就医负担。

五是信息化建设迈上新台阶。在原有的基础上，投入300万元打造信息化网络建设，数据中心网络设备、住院结构化电子病历、抗菌药物管理、合理用药监测系统已完成招标，即将实施。实施后将进一步优化诊疗程序，提高信息化水平，提高工作效率，全面提升医院的现代化和数字化水平。

〔**民生工程项目工作**〕 启动了2013年“光明微笑”工程和“中西部地市儿童口腔疾病综合干预试点项目”，共免费实施白内障手术199例，完成窝沟封闭2080颗。10月开设了精神科门诊，全面实施江西省贫困家庭重症精神病患者免费救治项目。

〔**传染病防控工作**〕 一是加强对手术室、产房、消毒供应室和检验科等感染管理重点部门的管理和监控，加强职业暴露风险的防控，开展各项监测516次，合格率达99.8%，检验科开展HIV筛查12700例，开展痰检838人次，为尽早发现和控制传染性疾病提供了技术支持；二是加强对医疗废物的分类、暂存及处理工作，有效预防和控制医院感染；三是组织重点科室重点人员培训、制定H7N9人感染禽流感疫情的应急处置预案，开展应急演练，保证了人、物、技、财、药五到位，提高了应急防控和处置能力。

〔**医疗保障工作**〕 开展各级会议、征地拆迁等医疗保障20次，完成单位体检9077人次，认真做好了征兵体检、高考体检等中心工作，有效保障了市中心工作的稳步推进。

突出“规范临床用药、加强管理考核、整顿违规挂床”等重点，完善服务管理；实行医疗救助同步结算和住院中“先诊疗、后结算”服务模式，做好“一站式”补偿。2013年，医保共发生费用2385万元，同比增长26%，住院人次26213人次，补偿比例68.5%；新农合住院病人15315人次，同比增长28%，补偿金额3227.6万元，同比增长16.3%，月均住院人数1373人次，比2012年同期增加21.8%，次均费用3715.93元，下降了3.17%，日均住院费用499.18元，下降了2.34%，补偿比例60.97%，进一步减轻了农村患者的经济负担，充分显示了新农合的优越性。

〔开展“干部作风集中整治”活动〕 按照上级安排，结合专项治理“红包”问题活动和“三好一满意”活动，在全院干部职工中开展医德医风教育和干部作风突出问题集中整治，活动坚持以党的十八大精神为指引，以“中央八项规定”为准则，以习总书记一系列重要讲话为主要内容，制定了《实施方案》，成立了领导小组，召开了动员大会和工作会议，开展了一系列专项治理活动，做到了有部署，有落实，有进度。

为使活动取得实效，医院将活动与“道德讲堂”和院务公开等业务工作有机结合，通过开展“道德讲堂”、“假如病人是我的亲人大讨论”、“满意护士奖”、“优秀质控员”、“优秀总带教”等活动，提高了医务人员责任意识、法制意识、服务意识，树立了爱岗敬业、廉洁行医、礼貌待患的行业风尚。全年组织职工捐款8万多元，无偿献血120人次，累计无偿献血达4万毫升，被赣州市评为“2013年度无偿献血先进单位”。

〔领导班子名录〕

院　长：曾毓平

副院长：龚　华

　　　　赵云长

　　　　郭祥兰(女)

副书记：胡华康

院长助理：文祥飞

　　　　　钟伟建

　　　　　奚　晶

工会主席：郭祥兰(女，兼)

市中医院

〔综述〕 南康市中医院是省卫生厅授予的“特色中医医院”、“人民群众满意的医院”、“省级示范中医院”、“行风建设先进单位”，是江西中医药大学教学基地，是赣州市规模最大、功能最全，集临床、教学、科研、急救、保健、康复于一体的中医院。医院整体搬迁后，占地面积达3万平方米，开设病床400张。设有内、外、妇产、儿、急诊、骨伤、眼、耳鼻喉、针灸、推拿、口腔、肛肠、皮肤性病等科室以及肝病专科、感染性疾病科等。急诊科、肝病科、五官科是省重点专科。医院人才队伍结构合理，现有职工464人，其中：正高职称4人，副高职称18人，硕士研究生3人，享受政府特殊津贴的专家1人，江西省名中医2人。2013年，门诊病人293182人次，住院病人18343人次，业务收入10961.8万元，医院净资产3897.89万元。

〔医疗设施〕 拥有先进的GE螺旋CT、X线直接数字化成像系统(DR)、西门子S2000四维彩超、爱科凯能70W钬激光碎石系统、史赛克腹腔镜、奥林巴斯150电子胃肠镜、西门子和东芝全自动生化分析仪、血球仪、进口呼吸机、中药煎熬仪等仪器设备，1.5T超导核磁共振即将投入使用。

〔文化理念〕 以“仁德为本、博爱至诚”为办院宗旨；谨遵“崇德尚学、开拓创新”的医院院训；坚持“中医特色有优势、综合实力上水平”的发展战略。

〔医疗条件改善〕 随着医院的健康快速发展，现有病床仍不能满足人民群众的就诊需求。医院正在建设一栋13层，面积为23000平方米的新住院大楼，现已完成主体工程建设，进入装修阶段，功能涵盖住院病区、洁净手术室、消毒供应中心、血透室、ICU、NICU，投入使用后将大大改善就医条件，提高医院综合服务能力。

〔创建三级中医医院〕 医院制定了《南康市中医院2013~2017年中长期发展规划》，明确了以人才为根本，以特色树品牌，以名科创名院的措施。在迎评期间，对照《三级中医医院评审标准实施细则》和《专家手册》，做了大量卓有成效的工作，一是认真对照创建标准与考核细则，吃透精神；二是制订计划，按考核要求与内容分解到各相关职能部门，明确责任人，狠抓工作的落实；三是认真查找差距，制定整改措施，对于科室难以解决的问题，多次召开创建小组协调会，由院领导当场研究解决；四是紧扣得分点，完善相关资料；五是以三级中医医院规范化标准推动各项工作的开展，努力提高服务满意度；六是坚定信心，克服困难，求真务实，切实做好三级中医医院评审迎检的具体工作。在最后的迎评冲刺阶段，各迎检分管领导对各组的资料进行了多次审阅检查、多次对照标准交叉检查，经过大家加班加点刻苦努力，以较高分数通过了三级中医医院的评审，推动了整体服务功能和水平的完善提高。

〔**医疗护理质量管理**〕 认真组织定期开展医疗质量检查，对病历、处方的书写，抗生素的使用以及消毒隔离执行情况进行认真检查，综合分析，出台更加严厉的加强药品比例控制的有关规定，对超出控制比例的前三名医师给予停处方权和经济处罚，严格按照医院管理制度进行奖罚。强调行政职能和后勤保障部门的服务意识，为临床一线提供支持和后勤保障。由于工作措施得力，医疗护理质量稳步上升，促进医院健康发展。2013年参加赣州市临床技能大比武，外科获得一等奖。

〔**人才队伍建设**〕 人才是医院的核心竞争力。人才强院是医院发展的重要支柱。医院修改了《优秀硕士毕业研究生享受安家费补助规定》，适当提高补助标准，引进高素质人才；加强中医人才队伍建设，鼓励临床类别执业医师参加中医学历教育，规定凡临床类别执业医师取得中医学历者，报销学费。2013年，医院所有临床类别执业医师接受了“西学中”培训；加强学科建设，选派业务技术骨干外出学习，规定进修期间工资奖金照发，2013年参加进修学习、学术交流人员达76人次。注重发挥中医临床经验传、帮、带作用，不断强化老中医的经验传承和中西医结合的临床实践工作措施，培养了一批后备人才。

〔**重点专科建设**〕 医院始终把重点专科作为医院长远发展的主题，制订了专科建设发展规划。保持现有重点专科，发展当前建设专科，培育潜在优势专科。加强重点专科的建设，增加重点学科的经费投入，并在人员、医疗设备等方面给予支持，以促进重点专科在原有基础上取得更大的发展。

〔**弘扬中医药文化**〕 在门诊楼悬挂古代名医画像、医院核心价值理念等标语；在各层楼道内布置《大医精诚》等内容的书法艺术作品；在中医文化长廊介绍古代名医；在候诊区和各科室走廊布设中医药知识宣传栏等。确立了“崇德尚学、开拓创新”的中医院院训，以及充满中医文化韵味的院徽、院歌等。编制涵盖精神理念、管理理念、行为规范等内容的员工手册。注重提高职工，引领职工热爱中医事业。医院印发了《中医传统文化核心价值理论培训读本》和《中医药文化特色礼仪》，加强职工技术文化素质培养，倡导中医典籍精读，使人们在中医院感受到中医药魅力的同时，了解中医药文化的精髓。

〔**中医治未病**〕 医院治未病科具备与医院规模、科室功能相适应的场所、设备设施和技术力量，以保证治未病服务工作的有效开展。按规范设置了健康咨询与指导区域、健康干预区域、辅助区域。开展健康宣教、服务管理以及特需服务等。以“治未病”理念为核心，针对个人健康状态，实现“未病先防、既病防变、愈后防复”的目标，达到防病治病、健康长寿的目的。2013年已完成健康体检13645人次。其中干部职工体检4762人次，学生体检6923人次，药品从业人员体检577人次，招录人员体检776人次，其他人员体检607人次，比2012年增加体检2933人次。

〔**领导班子名录**〕

院　长：朱挺朝
书　记：朱林春
副院长：江　辉
　　　　李德权
　　　　尹英斌
院长助理：曾福英
　　　　　卢和柏

市第二人民医院

〔**综述**〕 南康市第二人民医院创建于1958年。1997年3月，经市委、市政府批准，市二医院、平田卫生院、唐江卫生院三所医院合并，重组改造，组成新的市第二人民医院，位于南康市唐江镇章石村，1998年7月，征地4亩，在原平田卫生院再兴建而成，占地面积约7.8亩。2010年新建一幢住院大楼，建成后建筑面积约8100平方米。是南康市中北片规模最大，技术力量最雄厚，医疗设备最先进，集医疗、急救、教学、科研、预防保健于一体的综合性公立医院。新型农村合作医疗定点医院、城镇居民职工医疗保险定点医院。医院现有在岗职工306人,其中副高职称6人,中级职称58人,初级职称181人。编制病床160张,实际开放238张。2013年门诊达131054人次,住院超10164人次,医院总收入4940万元,医院总资产达4625万元,国有资产大幅增值。

医院临床科室齐全,开设门诊部、急诊科、内一科、内二科、外科、妇产科、儿科、五官科、麻醉科、手术室、血透室等临床专科。医技科室设有:检验科、放射科、CT磁共振室、功能科、西药房、中药房及供应室等科室。

医院拥有德国西门子彩超、日本富士能电子胃镜、日本希森美康POCH—100I全自动血球计数议、意大利BT—2000全自动生化分析仪、脑电地形图仪、经颅多普勒、膀胱镜、心电监护仪、麻醉机、呼吸机、体外振波碎石机、德国爱克发35-XCR、500MAX光机、数码电子阴道镜、母亲/胎儿监护仪、红外线乳腺诊断仪、电解质分析仪、心电工作站等一大批先进医疗设备。

〔医德医风建设和廉政建设〕 一是严格按上级有关廉政建设文件及规定办事,不允许铺张浪费;在工作中坚持民主集中制原则,实行民主决策,重大支出及重要制度出台都通过院务会讨论。二是加大对职工医德医风教育,牢固树立以病人为中心,爱岗敬业,乐于奉献的精神。提升服务理念,树立良好的窗口服务形象,全体医务人员牢记服务宗旨,时刻以病人第一、服务第一,文明用语,文明规范服务。三是加大医德医风督查力度,医院在院外聘请了多名行风监督员,成效显著。严禁在医疗活动中收受红包和吃请,进一步重申有关规章制度,在病人看病、手术、检查、住院期间,医务人员一律不得接受病友及其家属的红包和吃请,违者发现一次,查处一次,为减轻病人的经济负担,住院病人因病情需要,需请外院专家会诊,就餐费由医院负责。从根本上遏制了医疗活动中收受红包和吃请的现象发生。四是专门成立了药事委员会和医院招标采购领导小组,对药品、医疗器械的招标采购制定了一整套长效机制,药品采购按照省招标价格,制定了药品价格定价机制,对超过5000元的医疗器械均由政府采购办统一招标采购。在房屋修缮及医院基建涉及支出较大项目时均实行预算制、工程完工验收制、工程结算公示制、工程最终结算审计制等一系列制度。在医院内部实行财务公开,较大支出时均通过院务会集体讨论决定是否列支,这些制度的实施从根本上起到了预防和遏制医疗行业腐败现象的发生。

〔医院管理〕 以完善科室内部管理为抓手,进一步理清了科室管理体制,出台了科组长考核目标及奖励措施,科组长负责抓医疗质量及医疗安全,不再具体管病床,提高了住院医师的积极性,各临床科室都安排了二线班及护士长查房制度,出台措施完善出院病人回访制度,从中发现了医院管理工作中的薄弱环节并逐项改正,参加了医疗责任保险,制定了医疗事故及医疗纠纷处罚制度,对一些常见危急重症病人的诊治及突发卫生事件制定了相应预案。

〔人才队伍建设〕 医院每年选派部分优秀青年医务人员到相关专科技术知名的大医院进行学习;定期聘请市内外知名专家、教授来院讲课、手术。在不断的"走出去、请进来"中,先进理念、技术、信息不断植入医院,使医院的整体医疗水平得到提高。

〔预防保健〕 强化医院感染管理工作,抓好重点传染病的预防和监测,做好疫情网络直报工作,使疫情报告更加完整、及时、准确。重新规范医院感染管理工作流程,改造消毒供应室和医疗废物暂存处,统一全院的消毒供应。

〔领导班子名录〕

院　长:蒙在辉

民营医院简介

〔骨创伤医院〕 骨创伤医院成立于2002年5月,是一家以"创伤骨科、手外科、风湿与骨质疏松症"为专业特色,以"人本主义、全信息化、换位思考"为管理特色的大专科小综合性医院。现有病床108张,员工120人,中高级职称30人。主要设备有:德国进口西门子双排螺旋CT、鑫高益核磁共振MRI、阿洛卡3500彩超、富士数字DR、意大利进口双能X线超声骨密度仪(RMD-1000)、普朗PLX112C型C臂机、北琪R-2000B型射频控温热凝治疗仪、多功能麻醉机、呼吸机、心电监护仪、高频电刀、血球仪、尿液分析仪、生化分析仪、电解质仪、ICU重症监护设施、熏蒸治疗床、功能锻炼器（CPM）、电脑三维牵引床、射频治疗仪等，还拥有最先进的骨科内固定器材和理疗康复设备。

（张兆芳）

〔**众和医院**〕 众和医院是一家非营利性综合医院，为南康、赣县、上犹新农合定点医院，医保定点医院。位于南康市唐江镇。医院设置病床220张，设有急诊科、内科、外科、儿科、妇产科、五官科、中医科、麻醉科、预防保健科等临床科室，拥有核磁共振、螺旋CT机、500mA X光机、CR、彩色经颅多普勒血流分析仪、心脏彩超、彩超、B超、全自动血球仪、生化分析仪、德国进口腹腔镜、前列腺汽化电切镜、输尿管镜、电子胃镜、肠镜、鼻腔内窥镜、钬激光碎石系统、体外震波碎石机、德国费森尤斯血透机、心电监护仪、多功能除颤仪、多功能麻醉机、C型臂机等一大批先进设备。创伤骨伤科、微创外科、泌尿外科、脑外科、妇科、风湿病科、消化内科和耳鼻喉科为特色专科。

医院技术力量雄厚，现有职工190余人，有中级职称以上的专业技术人员30余人，汇集了各学科专家教授及骨干医师，医院特聘专家徐中和享受国务院特殊津贴，是广州医学院附属广州市第一人民医院教授、主任医师、研究生导师，从事骨科工作30多年，在创伤外科、脊柱外科、关节外科及显微外科积累了丰富的临床经验；擅长颈肩痛、腰腿痛、骨关节损伤、骨肿瘤、关节炎等疾病的诊治和颈椎、腰椎、关节置换等手术。

医院可进行各类创伤、骨科手术，断指再植、关节置换手术、椎间盘突出的微创治疗；腔镜胆囊切除、肝胆管结石、胆囊息肉等疾病的微创手术；肾、输尿管结石，膀胱、尿道结石，前列腺增生及膀胱肿瘤的微创手术；胃、肠手术，疝修补术以及乳腺癌、甲状腺瘤的手术治疗；可施行颅内肿瘤、椎管肿瘤、颅骨修补手术；无痛人流术、腹腔镜附件肿瘤切除、腹腔镜子宫切除、腹腔镜异位妊娠、妇科肿瘤以及计划生育手术；脑出血的微创引流、开展了心肌梗死的溶栓治疗；采用现代鼻内镜手术及微波技术治疗各种鼻炎、鼻窦炎、鼻息肉、鼻中隔偏曲手术。为各型肝炎、肝硬化及顽固性肝硬化腹水患者进行综合治疗；对系统性红斑狼疮，风湿、类风湿性关节炎以及慢性腰腿痛有独特的治疗效果；中医治疗内科、儿科、妇科常见病、多发病及疑难杂症具有丰富经验；

医院设计科学、布局合理，有电梯、中心给氧装置和智能传呼系统等设施，方便了病人就医，为抢救危重病人赢取宝贵时间。医院地处乡镇，立足服务村镇，踏踏实实地履行 “仁心仁术，精廉为民”的服务宗旨，为病人提供安全快捷、疗效满意、价格合理的高质量健康服务，为民众健康提供有力的技术保障。

（周兆锋）

〔**金鸡医院**〕 位于南康市东山街办泰康东路365号，建筑面积2800平方米。以口腔特色专科为龙头，开设了内科、外科、儿科、妇产科、中医科、眼耳鼻喉科等业务科室。有职工30人，其中高级职称2人，中级职称6人。引进全套豪华电脑全自动牙科治疗台、200mAX光机、阿络卡B超机、心电图机、红外线乳腺检查仪、全自动血细胞分析仪、尿十项检测仪、生化分析仪等先进诊疗设备。

（陈晓星）

〔**新华医院**〕 位于东山街道迎宾东大道南侧，是一所集医疗、预防保健于一体的综合性医疗机构。科室设置有内儿科、妇产科、外科、中医科、皮肤科、眼耳鼻喉科等。现有职工36人，其中高级职称3人，中级职称5人，核定病床65张。主要设备有：彩超、大功率X光机、血细胞分析仪、半自动生化分析仪、尿液分析仪、计算机验光仪等。医院奉行“以人为本、病人至上”的服务理念，重视人文关怀，为群众提供安全、快捷、方便、满意的医疗服务。

（邹济春）

〔**友好医院**〕 位于东门北路4号社会停车场大门左侧，是赣州市人民医院协作医院、浙江东亚胃肠超声研究所临床医院、百姓满意医院、平价医院、江西省省级示范小市卫生服务机构、新农合及医保定点医院。医院交通便利，环境温馨优雅。开设内科、外科、妇科、产科、中医肝病科、体外碎石科、心脑血管科、皮肤泌尿科、胃肠专科。并为泰康中路、东门、金赣居民提供预防、医疗保健、康复、健康教育、计划生育等六位一体医疗服务。现有职工30人，高级职称1人，中级职称6人，主要设备有迈瑞血球仪、生化分析仪、B超、24小时动态心电图、尿十项、电子胃镜、阴道镜、乳腺透视仪等设备。

(李枝杰)

〔**祥联医院**〕 位于十八塘乡原内潮乡政府院内,以治疗中医、妇产、骨科、内儿科、口腔疾病为特色。医院现有职工23人,其中中级职称6人,初级职称5人。主要设备有:200mAX光机、B超机、心电图机、心电监护仪、生化分析仪、血球分析仪、电解质分析仪等。医院坚持"以人为本,以患者为服务中心"的服务宗旨,为周边群众提供便捷、优质的医疗服务。

(刘太莲)

〔**康华医院**〕 位于唐江镇羊燕岭20号(原南康市第二人民医院内),以治疗精神病和癫痫病为特色的专科医院。现有职工36人,其中执业副主任医师2名,执业精神科主治医师4名,执业内科主治医师2名,执业护士14名。医院采用传统中医和现代西医相结合的临床治疗模式,同时辅以心理治疗、行为干预治疗、音乐治疗和精神疗法。专治各种因素引起的精神障碍和神经精神性疾病。医院设备先进,功能科室齐全。住院部有170多张床位,环境幽雅、宁静,是患者治疗、疗养、康复的好场所。

(张君福)

〔**仁爱医院**〕 位于家具城红绿灯路口,建筑面积2000平方米,现有职工38人,其中主治医师5名,开设病床20张,设置内科、外科、妇产科、检验科等科室,主要设备有:螺旋CT型体外短波治疗仪、微波治疗仪、LEEP刀治疗仪、数码电子阴道镜、B超、便携式多参数监护仪、二氧化碳激光治疗仪、GE彩超、半自动生化分析仪、电热恒温培养箱、自动液基薄层细胞涂片机、振荡器、恒温水箱、低速离心机、尿液分析仪、定时微量振荡器、精子质量分析仪等。

(陈金贵)

〔**逸佳口腔医院**〕 由市委组织部招商引进的,经市卫生局批准,2011年11月12日成立的一家非营利性口腔医疗机构。医院建筑面积1200余平方米,内设有口腔内科、外科、种植科、修复科、正畸科、儿童牙病科。现有医务人员20余名,其中高级职称2人,主治医生11人,客座专家3人。

口腔种植技术是高科技术发展的结晶,是口腔学史上一次深刻的革命,至今发展已有三十多年,被誉为"人类的第三副牙齿",口腔种植技术其尖端、科技其精湛,深为世人所推崇。医院种植中心拥有国际先进的多种种植系统,开展骨挤压、骨增量、上颌窦提升等多种复杂种植技术,为患者解除了缺失牙的痛苦,大大提高了缺失牙患者的生活质量。

(张兆志)

疾病预防控制

〔**综述**〕 2013年,市疾病预防控制中心内设办公室、业务办公室、财务科、疾病控制科、卫生监测科、卫生检验科、免疫规划科、预防接种门诊。在岗职工69人,其中高级职称1人,中级职称19人,初级职称39人;卫技人员占总在岗人员的85%;先后派出48名技术骨干参加江西省、赣州市举办的专业培训和学术交流。

〔**卫生监测**〕 2013年,累计检测各类食品样品156份;考核餐具消毒样品72份;全年理化检验生活饮用水669份,其中一项以上指标不合格的水质212份;自来水常规检测308份,不合格137份;医疗机构消毒监测96份,不合格8份;从业人员体检3280人,开展内、外环境疫源检索,对河水及海、水产品进行疫源检索,监测样品293份,均未检出霍乱弧菌。5月至10月,完成了江西省饮用水卫生监测项目46个监测点的基本情况调查及采样送检工作,46个监测点丰水期、枯水期各两次共92个水样进行采样送检,并按时对92个水样3036项指标进行了系统录入;10月至11月,完成了农村饮水安全集中供水工程水质卫生监测项目35个监测点的基本情况调查及采样送检工作。35个农村饮水安全集中供水工程丰水期、枯水期各两次共140个水样进行采样送检,并按时对140个水样4620项指标进行了系统录入。参与农村义务教育学生营养改善计划营养健康监测。市疾控中心与教育局联合举办了学生营养餐培训工作。并督促60个常规监测学校完成了基本信息、供餐调查表、学生出勤表以及12464个学生的基本信息、体格指标的系统录入。2013年，中心实验室参加了江西省卫生厅委托省疾控中心环卫所进行的水质盲样考核样品一份；江西省质量技术监督局委托省认证认可协会组织的食品中病原菌盲样考核；江西省HIV质控考核5份盲样血清，梅毒质控考核4份盲样血清，中心实验室均按要求上报了结果，实验室考核结果均为合格。

〔**免疫规划**〕 2013年，全面履行扩大国家免疫规划义务，继续保持以乡为单位常规免疫接种率在90%以上，麻苗接种率在95%以上，全年累计发放一类疫苗25.14万余剂次，销售各种二类疫苗86316支。组织开展了麻疹疫苗补充免疫、流行性腮腺炎疫苗、流感疫苗预防接种活动。南康市于2013年4月15~22日开展了适龄儿童麻疹疫苗补充免疫活动，并组织制定了《南康市2013年麻疹疫苗补充免疫活动实施方案》。通过入户和到幼儿园摸底相结合，共摸底麻疹疫苗应补充免疫儿童49081人，包括本地儿童45807人，外地儿童3274人，对应补充免疫的儿童均发放了告知单。实际补充免疫儿童46960人，包括本地儿童43818人、外地儿童3142人，补充免疫率为95.68%。为有效控制流行性腮腺炎的发生和流行，保护儿童及青少年的身体健康，按照省、市卫生部门工作要求与部署，制定了《南康市流行性腮腺炎疫苗预防接种工作实施方案》，4月11日对各防保站相关人员进行流行性腮腺炎疫苗预防接种活动培训，此次活动时间为4月15日至5月15日，活动对象为2~15岁幼儿和青少年及其他自愿接种的易感人群，全市共接种腮腺炎疫苗31702支。2013年12月开展流感疫苗推广活动，接种对象为6个月以上儿童、学生及成人，重点人群为婴幼儿、学生及老年人、慢性病患者，共接种了13000多人。疫苗相关疾病，疑似预防接种异常反应的监测工作。2013年15岁以下新发乙肝病例0例，无新生儿破伤风、乙脑、白喉、百白破病例。报告37例疑似预防接种异常反应病例，其中一般反应31例，异常反应5例，偶合症1例，48小时报告率100%，调查及时率100%，处置率100%，乡镇报告覆盖率100%。均通过网络进行报告，并按照《江西省预防接种异常反应补偿办法(试行)》的要求处理。组织开展了2013年儿童入学、入托查验预防接种证和查漏补种工作。为了切实做好2013年新生入托入学预防接种证查验工作，印发了查验预防接种证的各种表格和流程，对各防保站下发了“关于开展儿童入托、入学查验预防接种证工作的通知”。同时，针对蓉江城市人口多，工作量大的特点，为方便儿童查验预防接种证及补种疫苗，决定对蓉江城市六月份开展查验预防接种证工作，共查验预防接种证1710本。全市小学共261所，开展查验接种证工作的小学261所，查验率100%；小学新入学人数14858人，实际查验14345人，查验接种证率96.55%，需补种人数5907人，完成补种人数5575人，补种率94.38%。全市幼儿园共315所，开展查验接种证工作的幼儿园315所，查验率100%，幼儿园新入托(园)人数10336人，实际查验10066人，查验接种证率97.39%，需补种人数2706人，完成补种人数2578人，补种率95.27%。加强预防用生物制品管理。严格执行《疫苗流通和预防接种管理条例》，保障全市预防用生物制品的供应需求，各种生物制品均有进、发登记，账目清楚，确保冷链正常运转。全年累计发放第一类疫苗25.14万余剂次，销售各种二类疫苗86316支。创建“优质服务门诊”工作。完成朱坊和凤岗2个“优质服务门诊”初评工作，并将2个门诊创优申报材料上报赣州市疾控中心。

〔**传染病防治**〕 2013年，发生了乙、丙类传染病17种，计2588例，年发病率为328.06/十万，死亡9例，死亡率为1.14/十万，病死率为0.35%。乙类传染病发病率上升的病种为肝炎、痢疾、淋病；发病率下降的病种为艾滋病、肺结核、梅毒。病种增加甲型H1N1流感、狂犬病、伤寒+副伤寒、猩红热、钩体病；病种减少麻疹。发病数居前五位的为肺结核、肝炎、梅毒、淋病、痢疾。

2013年乙类传染病各病种发病、死亡情况一览表(按发病日期统计)

病种	发病数	发病率(1/十万)	病死数	死亡率(1/十万)	病死率(%)
肺结核	556	70.48	1	0.13	0.18
肝炎	535	67.82	1	0.13	0.19
梅毒	127	16.10	0	0	0
淋病	90	11.41	0	0	0
痢疾	19	2.41	0	0	0
艾滋病	4	0.51	4	0.51	100.00
甲型H1N1流感	4	0.51	0	0	0
伤寒+副伤寒	4	0.51	0	0	0
猩红热	4	0.51	0	0	0
狂犬病	2	0.25	2	0.25	100.00
钩体病	2	0.25	0	0	0
疟疾	1	0.13	1	0.13	100.00

2013年新发现HIV阳性病例7例。2013年，南康市共发现报告HIV阳性病例51例，死亡17例。正在管理的艾滋病病毒感染者/艾滋病病人有34例。南康市随访管理的34例HIV阳性病例均已完成结核筛查,结核筛查比例为100%。对32例HIV阳性病例开展了CD4检测,尚有2例病例本年度未开展1次检测,CD4检测比例为94.29%。对8例单阳配偶开展了配偶检测，配偶检测比例100%。有25人在接受抗病毒治疗,尚有6人未接受治疗,抗病毒治疗比例为80.65%。对所有在接受抗病毒治疗的病人均开展了一次病毒载量检测,检测比例为100%。

全市3个自愿咨询检测点均正常运行，累计接待自愿咨询检测1239人次，全年任务数为1082人次，完成全年任务数114.51%，初筛检测1239人次，检出HIV阳性病例4例。在原有的3个艾滋病初筛实验室的基础上新增了市妇保院、市中医院2个初筛实验室及7个艾滋病检测点，同时，督促尚未取得资质的医疗卫生单位开展初筛实验室及快速检测点的创建工作。全市累计开展艾滋病筛查54462例，初筛阳性病例检出15例,确证7例(其中自愿咨询检测4例);共筛查监管场所羁押人员408人次，完成全年任务数125.93%,未检出HIV抗体阳性者。完成南康市的两个国家级哨点性病门诊男性就诊者、孕产妇哨点均完成监测任务400人,未发现HIV、丙肝、梅毒阳性病例,完成省级哨点暗娼监测任务400人,未发现HIV、丙肝、梅毒阳性病例。每月组织高干队对相关娱乐场所开展综合干预，累计在娱乐场所张贴海报90余张，发放宣传材料10530份,外展覆盖场所累计390家，月均干预场所32家,干预从业人员4323人次,月均干预352人次,月均覆盖率为76.52%，首次HIV检测数为793,HIV抗体检测率为98.50%。发放安全套29540只,发展同伴教育员11人,同伴教育员活动117次。

〔**卫生应急**〕 2013年,坚持预防为主、以人为本的原则;加强领导、统筹兼顾健全卫生应急组织体系;加强专业人员培训,全面提升专业人员的应急处置能力；建立健全突发公共卫生事件的应急机制;完善体系建设、建立健全卫生应急预案;保证应急物资储备;组织开展防控应急处置演练,增强卫生应急综合处理能力。2013年,分别开展了“甲型H1N1流感疫情”、“人感染H7N9禽流感疫情”、“食物中毒事件”等事件应急处置演练。2013年顺利通过了省卫生计生委专家创建卫生应急综合示范县评估工作组现场评估。全年未发生和报告突发公共卫生事件。

〔**地方病防治**〕 为巩固地方病防治成果,2013年共监测了5个乡(镇)20个村(居委会),300户居民,共采集食盐300份进行了检测,合格290份,不合格10份,非碘盐0份,非碘盐率0%,碘盐覆盖率100.00%,碘盐合格率96.66%,合格碘盐食用率96.66%。举办了“南康市疟疾防治知识培训班”,培训40余人;完成“三热”病人疟原虫血检1364人;共完成了10次媒介监测,捕集蚊虫总数4559只,其中中华按蚊2233只,占48.98%,库蚊2326只占51.02%。

〔**慢性病防治**〕 2013年开展了死因监测、肿瘤登记报告工作;开展了慢性病防治示范区、示范乡镇(社区)创建工作;开展了全民健康生活方式行动示范社区(单位、食堂)的创建工作;开展了中西部地区儿童口腔疾病综合干预项目工作等。

〔**卫生宣教工作**〕 2013年,市疾控中心与多部门合作,结合多种活动日,通过电视台、悬挂横幅、设立咨询台、发放宣传单、问卷调查、现场解答等多种形式向广大群众宣传疾病防治知识,提高群众健康知识知晓率。4月14日在电视台《卫生与健康》栏目播出人感染H7N9禽流感专题访谈节目,4月25日在市东山国际家俱城开展了以“宝宝健康——从接种疫苗开始”的主题预防接种宣传周活动。5月15日在市家具城工商银行门口开展了以“科学补碘,保护智力,成就梦想”为主题的第二十届“防治碘缺乏病日”宣传活动。5月18日与教育局在市体育场联合举办了全国学生营养日宣传活动。12月2日,在国际家俱城开展艾滋病宣传咨询活动,活动内容围绕艾滋病防治宣传主题,开展以禁毒、性传播疾病、母婴传播疾病为主的自愿咨询检测宣传活动。

(黄礼明)

〔**领导班子名录**〕

主　任:李红波

书　记:邱劲松

卫生监督

〔**综述**〕 卫生监督所现内设综合科、监督一科、监督二科等职能科室,开展公共场所卫生、饮用水卫生、学校卫生、传染病防治、采供血、职业卫生、放射卫生和医疗卫生等卫生监督执法工作。在岗职工25人,其中医师职称以上人员9人,公卫专业人员7人,中级职称人员4人。全年查办各类卫生违法案件154起,向上级推荐典型案例优秀案卷2例。

〔**公共场所卫生**〕 以量化分级管理为抓手,强化公共场所卫生监管,突出对公共场所经营服务单位的“两证”、消毒设施、消毒记录、采购索证等监督检查。监督指导数达567户次,督促79户申办卫生许可证,推行量化分级管理150户。限期改正360户次,立案查处违法案件2起。

〔**学校卫生**〕 以学校教学环境卫生、传染病防控、生活饮用水卫生安全为工作重点,组织开展春季、秋季开学期间学校卫生安全和教学环境卫生专项检查。监督检查学校1601次,限期改正901户次,督促3所学校食堂餐厅申办取得公共场所卫生许可证。

〔**职业和放射卫生**〕 切实开展职业和放射卫生监督工作,加强日常卫生监督检查,加强相关卫生法规知识宣传培训。重点完成放射诊疗防护检查30户次,建立健全放射工作人员健康监护档案30户,放射诊疗许可率达100%。

〔**医疗卫生**〕 对辖区内医疗机构和采供血单位,依法全面进行监督检查,严厉查处卫生违法违规行为,开展基层医疗机构集中整顿和整顿医疗秩序、打击非法行医专项行动。监督检查医疗机构达1064户次,立案查处无证行医24起、非卫技人员上岗13起、超科目行医11起、擅自变更执业地点79起、医疗废物违法处置26起,其他医疗卫生违法1起。

〔**饮用水卫生**〕 对集中式供水单位推行生活饮用水卫生监督量化分级管理;对二次供水和学校饮用水,以学校自备供水、二次供水为重点对象,以自备水源防护、储水设施清洗、水质净化消毒等为重点内容,加强监督,强化监测,切实做好饮用水卫生安全工作。完成生活饮用水调查摸底工作,其中城市集中供水1户,农村集中式供水9户,二次供水9户。并加强与教育部门的沟通联系,进一步完善学校饮用水卫生管理工作,建立健全监督档案。

〔**卫生宣传**〕 依托南康新闻、赣市所网站、南康卫生等宣传载体,抓住节假日、普法宣传日等时机,开展卫生监督宣传教育。集中开展《公共场所卫生管理条例实施细则》宣传和生活饮用水安全打击非法行医专项行动等专题宣传活动15次,在《南康卫生》卫生监督专栏刊登稿件达36篇,印发宣传材料达6000份。

〔领导班子名录〕

所　长:王齐明

结核病防治

〔综述〕 市结核病防治所是市政府指定实施免费治疗结核病的唯一机构,主要工作职责为全面落实国家结核病防治规划政策,着力构建政府主导、部门协作、社会参与的结核病防控体系,扎实推进全民健康教育、结核病人系统管治。2013年末在岗职工26人,卫生专业技术人员22人,占84.6%,中级职称6人,内设行后办、督导室、门诊部。

〔结核病控制项目〕 继续实施中央财政转移支付项目。充分发挥市政府专项配套经费38万元、中央财政转移支付经费28万元(含药品)的作用,对全市704例结核病人实行了免费治疗和管理,完成全年任务数650例的108.3%。按项目要求对11位耐多药患者进行了独立的免费管理治疗。

〔结核病疫情及管治〕 2013年,通过网络直报全市肺结核病1328例,患病率为161.9/10万(总人口以82万计)。对所有结核病人落实了免费政策,实行免费检查、免费治疗、免费管理,DOTS覆盖率100%。对在结防所登记的肺结核病人全部实行系统管理,新涂阳患者治愈率89.5%。

〔结核健康教育工作〕 以全国"百千万志愿者结核病防治知识宣传行动"为主线,继续与南康市义工联合会合作,招募结防义工组成结防宣传小分队。在"3·24"世界结防日、节假日、义工活动日等时间,通过南山环保、敬老院面对面、街头发宣传单等形式,开展了大型巡回宣传活动。全年共派出结防宣传队18批次、宣传员135人次,义诊咨询4700余人次,发宣传资料3.5万份。通过宣传,提高了市民对结核病防治的知晓率。同年利用网络为媒介,开展了多种形式的宣传,通过南康结防的新浪微博、腾讯微博,定期发布结防知识。全年编印《南康结核病控制简报》(彩色)4期。

〔技术引进与设施改造〕 继续开展痰培、药敏监测新技术,2013年痰结核菌培养381例,培养阳性率44.6%,对150株分枝杆菌进行了药物敏感性试验,检出耐药菌株42株,总耐药率28%;检出耐多药(同时耐利福平和异烟肼)10株,耐多药率6.7%。

(张坚华)

〔领导班子名录〕

所　长:刘勤连

妇幼保健

〔综述〕 2013年,全市妇幼保健工作以"一法两纲"为核心,以"医疗质量万里行"、"三好一满意"和"抗菌药物临床使用专项整治"等活动为抓手,积极实施妇幼安康工程,坚持以保健为中心,以保障生殖健康为目的,保健与临床相结合,面向群众、面向基层的工作方针,不断强化质量管理,保障医疗安全,持续巩固"母婴安全乡卫生院"建设成果,努力实现提高出生人口素质,降低孕产妇死亡率、5岁以下儿童死亡率,消除新生儿破伤风的目标要求,提高全市产科质量,创建和谐平安医院。同时,通过开展新型农村合作医疗工作及小区服务中心(站)工作,让更多的妇女、儿童免费享受到基本医疗服务。市妇幼保健院积极履行职能,加强内涵建设,提升医疗服务能力,各项工作不断迈上新台阶。2013年,全院门诊人次12.58万人次,住院人次3453人次,业务收入3495.99万元。

〔孕产妇保健管理〕 以实施妇幼安康工程为切入点,从孕产妇怀孕开始至产后四十二天,为孕产妇及胎儿、婴儿提供医疗保健服务。由市、乡村级保健人员按要求定期进行孕期检查,筛查出高危妊娠,采取适宜技术对孕产妇及胎儿进行监护,并按其危险程度,得到相应的保健医疗服务。据统计,2013年全市产妇数10318人次,活产数10435人次,建卡管理率达97.85%,住院分娩率达99.84%,

高危孕产妇住院分娩率达100%，产前检查率达96.25%，产后访视率达97.77%，有效降低了孕产妇死亡率、婴儿死亡率和五岁以下儿童死亡率。2013年，农村孕产住院分娩补助7700人，完成任务的133.68%；开展叶酸补服7959人，完成任务的113.70%；实施农村妇女宫颈癌免费检查10000人次，检出癌前病变28例，宫颈癌0例。

〔新生儿疾病筛查〕《中华人民共和国母婴保健法》明确规定，各医疗保健机构应“逐步开展新生儿疾病筛查”。南康市中心卫生院以上医疗机构已逐步开展了先天性甲状腺功能低下症和苯丙酮尿症的筛查。2013年开展新生儿疾病筛查10114人次，其中确诊先天性甲状腺功能低下0人，苯丙酮尿症1人，做到了早诊断、早治疗，预防残疾的发生。

〔婴幼儿保健管理〕市、乡二级医疗单位开设儿保门诊，村级卫生所为辖区婴幼儿生长监测点。儿保人员按检查项目定期对婴幼儿进行体格检查，并建立健康档案，重点是突出体弱儿管理，以降低婴幼儿死亡率。

〔儿童保健管理〕市、乡（镇）妇幼保健机构组织人员深入各托幼机构为3~7周岁儿童进行体检，检查内容：身高、体重、血色素、内外科检查，进行体格发育评价，做到早发现、早诊断、早治疗。有条件的还开展了口腔、听力、眼保健工作。对城市16810名幼儿园儿童进行了健康体检和两次口腔护齿工作，对7688名新生儿进行了出生缺陷监测等，极大地保障了广大妇女、儿童的身心健康。

〔妇科病查治〕由市总工会、各级妇联组织，市妇幼保健院及小区服务中心（站）、乡卫生院负责实施，开展了每年一次的对城乡已婚妇女妇科疾病和乳腺疾病的普查普治及针对性健康教育，广大妇女自我保健能力得以提高。全年对城镇已婚女职工进行妇科病普查3500人次，对妇科常见病、多发病做到了早发现、早诊断、早治疗。

〔婚前保健管理〕婚前保健管理是对准备结婚的男女双方，在结婚登记前进行的婚前医学检查、婚前卫生指导、婚前卫生咨询服务。

〔三网合一监测〕开展孕产妇死亡监测、5岁以下儿童死亡监测。市级医院为出生缺陷监测点，监测资料按时上报。乡级每季进行一次漏报调查，县（市）每半年进行一次抽查，广大妇女儿童的健康水平得到很大的提高，消除了新生儿破伤风的发生。

〔领导班子名录〕
院　长：黄正平
书　记：施光兰

皮肤病防治

〔综述〕2013年，市皮肤病防治所内设办公室、皮肤性病科、麻防科、药剂科、护理科、检验科、理疗科等科室，承担全市的麻风病、皮肤病和性病防治工作。有职工27人，其中副高级职称1人，中级职称9人，初级职称12人，工勤5人。

〔宣传与教育工作〕坚持日常的麻风病、皮肤病和性病防治知识宣传。

〔麻风病防治〕累计发现1276例，复发86例，治愈1101例。新发现病人1例。五年平均发现率0.1/10万，患病率0.375/10万。五年平均发现率和患病率达到国家基本消灭麻风病标准。2013年底，有现症病人3例，其中服药治疗1例。

〔领导班子名录〕
所　长：李芳英（女）

爱国卫生运动

〔综述〕2013年，围绕“产业兴康、教育强市、品质铸城、和谐福民”的工作重点，以开展城市“三治”工作和农村改厕工作为核心，深入开展环境卫生综合整治、健康教育和“除四害”活动，切实改变城乡环境面貌。全年共改厕2300座，培训“三格式”厕所改建工作人员和改厕村民共计550人次，确保了厕所改建的质量。

〔机构队伍〕市爱国卫生运动委员会，下设办公室，简称爱卫办，挂靠市卫生局，编制6人。

（吴中红）

〔领导班子名录〕
主　任:吴明康

红十字会

〔综述〕　坚持人道主义宗旨，积极开展了困难群众的慰问活动。市红十字会积极向上级红十字会争取救灾物资,2013 年共争取上级红会下拨药品 6.13 万元;争取赣州市红十字博爱基金会大病(困难)救助款 25.91 万元,救助对象 209 名,较好地缓解了大病(困难)群众的生活困难;争取赣州市红十字会尊老敬老项目专项资金 63 万元,用于龙回镇光荣敬老院改善基础设施；积极组织开展全市公民无偿献血活动,全年共集中组织开展 12 次大型无偿献血活动,献血人数 4273 人,献血总量达 151.58 万毫升。

〔机构队伍〕　市红十字会办公室负责全市红十字会工作,制定方案并组织实施。红会办专职人员 2 人,即主任、干事各 1 人,全市有基层红会机构 38 个,会员 6491 人。

〔红会实体〕　2013 年,冠名红十字医院(门诊部)共 4 家,增强了红十字会的救灾备灾能力。

(肖长江)

〔领导班子名录〕
红十字会会长:曹明华
红十字会办公室主任:袁金山

卫生培训

〔综述〕　2013 年,充分利用卫生培训学校教育基地优势,加强在职卫技人员继续教育培训。积极邀请临床经验丰富的高级职称人员讲学，共培训卫技人员 30 期,专题讲座 45 次,参加人员达 3476 人次;乡村医生在岗培训 10 期,培训 871 人。更新了卫技人员业务知识水平，不断提升了医疗服务能力。对培训情况登记入档,作为卫技人员职称评聘以及乡医、个医《医疗机构执业许可证》验审的重要依据。

〔机构队伍〕　市卫生培训学校负责为全市卫生技术人员提供短期培训服务，对全市卫生工作人员的继续(医学)教育学分进行审核、验证,编制 4 人。

(陈兼平)

〔领导班子名录〕
校　长:陈兼平

农医中心

〔综述〕　2013 年,南康市新农合参合率达 99.19%(赣州市政府目标参合率 98%,省政府目标参合率 95%)。修订下发了《2013 年度新型农村合作医疗统筹补偿方案》,政策范围内统筹基金最高支付限额为 8 万元/人·年，市财政全额资助 33739 名民政救助对象和 567 名农村困难党员参合，资助 7872 名农村计生对象参合。

2013 年,依据市、乡级定点医疗机构历年的新农合平均住院率、次均住院费用和补偿情况,以及 2012 年住院补偿金额占全市住院补偿金额的份额,制定了 2013 年市、乡级定点医疗机构的次均费用、住院补偿总额限额、一次性报账率和政策范围内住院费用支付比例等控制指标，并在市农医中心与各市、乡级定点医疗机构签订的医疗服务协议中予以明确。

2013 年 4 月 16 日起,在各市、乡级定点医疗机构中全面实施住院按床日付费制度,确定市、乡级定点医疗机构危急重病人占比、一级护理天数占危急重病人住院天数的比例等控制指标。对不符合危急重病诊断的，按非危急重类标准进行核报。对超过控制指标的部分,在审核中直接予以扣除。月度赢利超过 10%的,按 10%拨付。

加强审核和督查力度,确保基金安全、平衡、有序地运行。对定点医疗机构放低入院标准,挂床住院,滥用高值耗材、高价药品和套餐式检查,不合理检查、不合理用药、不合理治疗、不合理收费等违规行为所涉及的金额及超次均费用和总额部分金额予以扣除。定期、不定期对定点医疗机构新农合工作开展情况进行督查，对存在的问题及时下发整改通知,提出整改措施并给予处罚。

在严格执行上级有关新农合政策的基础上,制定部分有南康市特色的便民、利民、惠民举措:

一是实施“本地参合、异地就医、同等报账”政策。参合农民在遂川县巾石卫生院、万安县夏造卫生院、上犹县社溪卫生院、大余第二医院（新城镇）住院医药费用按市内乡级定点医疗机构补偿标准补偿，在赣州开发区潭口红十字会医院、黄金医院住院治疗医药费用按市级定点医疗机构补偿标准补偿。

二是将重症糖尿病、尿毒症（血液透析）、恶性肿瘤（放化疗）、结核病、原发性高血压Ⅱ期以上、脑卒中后遗症、冠心病、再生障碍性贫血、系统性红斑狼疮、血友病、器官移植后（抗排斥反应药物治疗）、肝硬化（失代偿期）、精神分裂症等13种疾病列入门诊大病补偿范围。

三是参合农民在一年内患同一种疾病连续转院治疗的，或恶性肿瘤、尿毒症、血友病、器官移植病人年内多次住院的，只计算其中最高级别医疗机构的一次起付线。肾衰透析、恶性肿瘤、血友病输血（含Ⅷ因子）、器官移植后（抗排斥反应药物治疗）等疾病的门诊治疗医药费用，按市级定点医疗机构住院补偿标准进行补偿，每年只计算一次起付线。

四是在市外定点医院住院治疗的，可携相关材料在所就诊的市级定点医疗机构或户口所在地的卫生院提出申请，开具转诊证明在市外定点医院直接办理新农合补偿。

五是在市外非定点医疗机构住院的，出院后3个月内携相关补偿资料到相应的直报医院申请补偿，对材料齐全的，在7个工作日内可补偿到位。

〔机构队伍〕 市农村合作医疗管理中心于2008年2月29日正式成立，内设综合科、业务稽查科、基金信息管理科三个科室，核定编制12人，现有人员12人。

〔新农合工作〕 全年筹集新农合基金23041.18万元，参合农民门诊、住院1012558人次，补偿医药费21807.22万元，大额补偿5000元以上8380人次（其中:5万以上24人次），新农合政策范围内住院费用支付比例为75.02%，统筹基金使用率95.21%，一次性报账率99.82%，参合农民年住院补偿受益面为12.49%，参合农民总受益面达151.03%。

（苏绍红）

〔领导班子名录〕

主　任：苏绍红（女）

医药总公司

〔综述〕 2013年，市医药总公司在市委、市政府的正确领导以及有关部门的监督指导和大力协助下，坚持以邓小平理论和“三个代表”重要思想为指导，深入学习实践科学发展观，牢固树立“发展为先、生态为重、创新为魂、民生为本”的理念，以构建和谐社会为目标，坚持做好企业划转改制过程中的职工思想工作，正确处理改革、发展、稳定的关系，加强企业财产管理，并结合公司的实际，做到“经营业务已停止，企业管理不放松，日常工作不敷衍，履职服务不懈怠，改制事务不中断，安全维稳不马虎”，确保企业资产安全和增值升值，用好用活企业现有闲置资产，取得了较好的效果。

〔机构队伍〕 按照2006年10月12日省政府召开的全省省属国有医药商业企业整体划转市县政府管理工作会议精神和省国资委、省医药集团公司的工作部署，自2006年10月16日，经公司研究决定，将原有的人秘科、财会科、质量管理科、业务管理科、企业管理科等5个科室撤并为综合办公室。2010年10月12日，南康市政府正式接管市医药公司，2013年，公司只保留了5名干部职工为公司办公室日常工作人员。

公司现有在册在职职工89人，退休职工42人，享受抚恤待遇的职工遗属25人。公司领导干部1人。在职职工人员中，有本科学历1人、大专学历9人、中专学历18人、技校毕业17人，高中学历21人，其他文化程度23人。专业技术职称人员中，有政工师1人、中药师（含药师）50人、中药士（含药士）15人，其他药学专业技术人员14人。

〔管理体制和经营机制〕 自1981年7月1日起，公司划归省医药集团公司实行“人财物、产供销”一条线管理，负责全市医药商品的供应，同时根据国务院和省政府的有关文件规定，公司为县（市）正科级单位，享受政府职能部门政治待遇，并于1995年6月增设了“医药管理局”，履行政府医药行业行政管理职能，“两块牌子、一套人马”。由于公司历史经济亏损包袱沉重,至2005年5月。公司职工原实行经营目标责任管理的基层零售业务已全部停业,大部分职工向公司递交停薪留职申请,易名更改为个体药店,继续从事药品经营活动。

公司自2006年9月1日起停止了所有医药商品批发、零售经营业务活动。2004年12月通过验收获得的药品经营质量管理规范(GSP)认证资格的药品批发经营期限至2009年12月31日止。根据省政府赣府字〔2006〕72号文件和2006年10月12日省政府召开的省属国有医药商业企业整体划转市县政府管理工作会议精神,按照"先划转、后改制"的原则,市政府于2010年10月12日正式接管南康市医药总公司。

〔**医药商品购销**〕 公司原主要经营范围为:中药材、中药饮片、中成药、化学原料药、化学药制剂、抗生素制剂、生化药品、生物制品、医疗器械和保健品等,自2006年9月1日起,已停止了所有医药商品批发、零售经营业务活动。

〔**中药材生产与收购**〕 因气候、土壤和环境等因素,南康市适合中药材种植的地方主要以坪市、隆木、大坪、赤土等乡镇为宜,原为当地农民脱贫致富的主要途径之一。种植品种均以金银花、海金沙、柴胡、牛夕、泽泻、黄枝子、茯苓、生地、穿心莲、山药、淮山、桔梗等。近十多年来,随着生活水平的提高,人们对身体保健意识增强,药膳保健已成为人们日常生活中不可或缺的饮食调理之一,许多企业在研制中药保健品,野生中药资源越来越少,药品生产企业对药品质量的提高,需求量大,市场、产区存货量不多,使有的中药材供不应求,中药材收购价格上涨,如:通草市场统货售价160元/kg、泽泻含潮新货售价8.3~9.5元/kg不等、草豆蔻涨至27元/kg、党参100元/kg左右,金银花涨至120元/kg左右、板蓝根涨至8.5元/kg、柴胡75元/kg、淮山20~40元kg左右。市医药总公司近十多年未从事中药材种植,自2006年9月1日起也停止了中药材收购业务。

〔**日常工作**〕 针对公司停业多年、已无经营收入、无财政拨款的实际状况,为了确保日常工作的开展,保障正常办公经费的开支,公司对现有闲置房屋实施租赁有偿使用,采取公开招租的形式确定承租人,签订或续签租赁协议,明确租赁双方的权利和义务,其中对位于各乡镇的房屋,在做到"以租养房、保证财产安全"的基础上对其房租给予适当的优惠,使公司的闲置房屋有人用、有人住、有人管、有人修、有租金收入,并设立了联系电话,同时实行动态跟踪管理,及时进行调整更新,做到了情况清、底数明。改变了以往那种多占多用、无偿使用的局面,筹集了公司办公经费,确保了公司日常工作的运转。

〔**监督管理**〕 一年来,面对公司停业多年、机构不健全、在岗上班人员少的实际,在市政府有关部门的监督指导下,公司根据本企业目前的实际,严格遵守《企业法》和《国有资产管理法》等国家有关规定,坚持企业财会制度,加强财务监督管理。公司领导坚持做到以身作则,廉洁自律,认真遵守中央"八项规定、六项禁令"和《国有企业领导人员廉洁从业若干规定》,严格费用开支,做到不乱花一分钱。一是凡公司的一切费用开支,必须经严格审核批准后方可报销;二是围绕单位工作需要,本着开源节流、厉行节约、反对浪费的原则,既要满足单位日常工作的合理需要,又要防止铺张浪费和腐败现象的滋生,最大限度地发挥资产的利用效率;三是切实加强现金和银行存款的管理,确保账款相符。四是严格依照国家法律法令和企业财务制度规定,在市委、市政府领导的支持下,坚决抵制违规挪用公司改制专项资金、强行到公司报领费用的现象。一年来,公司房租收入18.8万元,与2012年同比增加1.90万元;全年费用支出21.42万元,同比减少1.73万元,尤其是招待费用,全年0.16万元,同比减少了1.47万元。

〔**信访维稳工作**〕 2013年,根据市委、市政府有关工作部署,公司在上班人员少、工资低、待遇差、事务繁杂的情况下,在努力做好在岗人员思想工作的同时,完善《南康市医药总公司矛盾纠纷排查调处工作制度》、《南康市医药总公司职工来访信访值班工作制度》和《南康市医药总公司维稳、综治与信访工作制度》,按照工作的实际需要和职能,整合内部资源,发挥综合优势,坚持值班节假日制度,保证了每次职工来访和每起矛盾纠纷有人问、有人管、有答复、有结果。同时,公司还采取了相应措施,做好企业维稳工作。

一是物色明确了义务信息员。公司通过做工作,从职工中物色了10名义务信息员,密切关注和掌握职工的思想动态,及时传递上报有关信息。二是严格政策法规,做好宣传解释工作。对职工提出的要求和问题,能解决的,及时给以解决。无法解决的,及时向职工做好解释工作,争取职工的理解和谅解。三是加强不稳定因素的排查掌控。公司对改制过程中是否引发影响社会稳定的重大事件或危及公共安全的情况进行先期预测、先期研判、先期介入、先期化解,正确引导职工以理性合法的方式表达自身的诉求,维护自己的合法利益,最大程度地把矛盾和问题解决在企业、化解在萌芽状态。

2013年,公司接待上访职工及其职工遗属7批20人次,受理信访1件,解释说服率为90%。一年来,公司没有发生一起职工群体越级上访事件,没有发生一起因工作失责引发的重大群体性事件和重大信访事项。

〔**维护企业权益**〕 公司现有7宗房地产,其中有5宗分别分布在坪市、横市、唐江、凤岗、龙回等乡(镇)。自2005年8月公司停业以来,原在各基层药站上班的职工,全部已离开原工作岗位自谋职业,使其房屋无人居住,对公司在其房屋的管理和使用上存在着巨大问题。因此,凡是涉及公司邻居的房屋改造修建,公司均在第一时间派人赶赴现场进行察看,发现有越界侵权行为,及时给予纠正和制止。一年来,公司共纠正和制止涉及越界侵权建筑问题3起。

〔**领导班子名录**〕

总经理、书记:朱星星

食品药品监督管理局

〔**综述**〕 2013年,市食品药品监督管理局在市委、市政府和上级业务主管部门的正确领导下,以党的十八大三中全会精神为引领,以整顿干部作风建设等主题实践活动为依托,以保障公众饮食用药安全为落脚点,定计划、明目标、强措施,强化监管、服务发展、保障民生,提升饮食用药安全保障水平,确保了全市未发生重大食品安全事故和药害事件。

〔**机构队伍**〕 南康市食品药品监督管理局内设5个职能科室,即:秘书科、餐饮服务监管科(行政审批服务科)、保健食品和化妆品监管科、药品医疗器械监管科、稽查科,下辖2个股级事业单位即:餐饮服务食品安全监督所和食品药品检验所。现有工作人员23人,其中专业技术人员20人,大专以上(含大专)学历20人,研究生学历3人,全体工作人员均具有医、药、食品和法律等相关专业知识。

〔**餐饮服务食品安全监管**〕 以餐饮服务食品安全专项整治工作为抓手,不断完善餐饮服务监管体制,以专项整治促规范、促提高、保安全。

1.规范准入行为。严格按照《餐饮服务许可管理办法》的规定及要求,对申办餐饮服务许可证的餐饮单位严格进行核查。全年共办理《餐饮服务许可证》230份,其中餐馆123份,学校、幼儿园及企事业单位食堂95份,小餐饮临时证12份。

2. 加强了餐饮服务环节食品安全监督抽检。全年共完成了食品抽检172批次,抽样范围涉及:食用油、肉及肉制品、调味品、火锅底料等22个大宗食品品种。其中,食品抽样送检90批次,合格率98.5%,食品现场快速检测82批次,已对不合格食品涉及的餐饮单位依法进行查处。

3. 加大对餐饮环节违法违规行为的查处力度。大力开展了餐饮环节的肉及肉制品、食用油、皮蛋食品安全等各项专项整治行动,突出解决了餐饮业当前存在的主要问题。全年共检查各类餐饮单位、学校(幼儿园)食堂415户次,下达整改意见书261份,立案查处了24起违法违规行为,涉案金额约0.6万元,共销毁问题食品及原料约300公斤。

4.开展了餐饮服务环节食品安全事故食物中毒应急演练。2013年11月13日,市食品药品监督管理局联合南康市疾控中心等相关部门和单位开展了餐饮服务环节突发事件应急演练,通过演练进一步提高了应对餐饮服务食品安全突发事件的应变和处置能力。

5.开展了对全市中小学食堂(含幼托机构)食品安全监督检查。市食品药品监督管理局分别与市教育局联合开展了两次学校食堂专项检查工作,累计检查学校食堂25户次,下达整改意见书25份,对未办理《餐饮服务许可证》且向学生供餐的学校下达了责令整改通知书2份,并向南康市政府汇报了专项检查情况。

6.全力做好重大活动及节假日期间的食品安全保障工作。全年完成了"两会"、家俱博览会、"中高考"等各项重大活动及节假日期间的食品安全保障工作,做到了有方案,有驻点人员,有保障措施,有总结,有应急措施,确保了保障期间不发生一起食品安全事故。

〔**药品和医疗器械监管**〕 1.围绕监管重点,深入开展药品安全专项整治。始终保持打击制售假劣药械的高压态势,强化"四品一械"监管,扎实开展"两打两建"专项行动。全年共查处药械案件65起,其中药品案件40件,医疗器械案件25件,案值11.4万元,结案62起。一是充分运用快检和稽查信息系统,大力开展药品抽验初筛和药品抽检工作。全年共快速检验药品101批,完成药物抽验65批次。二是深入开展了药品无证经营、中药饮片、非药品冒充药品和医疗器械等十项专项整治,及时发现和消除影响群众健康的药械安全隐患,有效保障了人民群众的用药用械安全。三是加强广告的监督治理。对违法广告药品采取强行下架,停止销售的行政强制措施,对经营违法广告产品的企业,列入黑名单,并在相关媒体曝光。全年共取缔违法大众广告宣传4次,收缴违法广告牌50块,非法印刷品820张。

2.创新监管手段,着力推进全程监管工作。一是严格把好准入关。全年新增药品连锁门店18家、连锁变单体17家,GSP认证25家,换证9家。二是完善《电子地图》的制作。通过对电子地图的补充、完善和维护,实现地理数据与监管数据的衔接,为食品药品质量追溯、监管和应急处置提供支撑。已完成药品经营企业208家、医疗器械经营企业10家、餐饮服务647家、医疗机构818家电子地图标注工作。三是是加强药械不良反应(事件)监测。全年共上报药品不良反应报告308例(其中新的严重的47例),医疗器械不良事件监测报告72例。

〔**保健食品和化妆品监管**〕 1.健全和完善保健食品、化妆品经营企业的"一企一档"管理。对保化企业的"一企一档"进行了补充和完善,建立纸质和电子双重档案,对档案实行动态管理。同时,加强了保健食品的品种监管,对保健食品的品种采取"备案"制。2013年建立档案企业189家。

2.开展保健食品打"四非"专项行动。加大对保健食品"四非"打击力度。2013年检查保健食品化妆品经营企业213家,下达责令整改通知书130份,查处假冒保健食品25种次,立案45起。

〔**饮食用药安全宣传教育**〕 1.开展了"食品安全宣传周"和"3.15"等宣传咨询活动。组织食品药品安全宣传及咨询活动11余次,发放宣传资料5000余份,接受现场咨询2000余人次。

2.把宣传饮食用药安全知识与"三送"活动有机结合起来。向驻点村每户农户发放了一本饮食用药安全科普知识读本,与市第二人民医院、十八塘卫生院联合在"三送"驻村点开展"饮食用药安全咨询、老年健康服务"活动,现场发放饮食用药安全知识读本180多册,宣传单400份,接受群众咨询160人次,受到村民的一致好评。

3.开展了饮食用药安全社区创建活动。在全市饮食用药安全社区设立宣传栏、发放宣传资料、开展咨询服务和知识讲座等方式,全面宣传食品药品安全知识,进一步普及了饮食用药安全知识。

4.加大对药品、医疗器械、餐饮服务从业人员的培训。对全市药品、医疗器械从业人员开展了法律知识和业务知识培训,对餐饮单位、企事业单位食堂和学校(幼儿园)食堂的从业人员进行了餐饮服务食品安全知识及食物中毒应急处理的培训,提高了餐饮服务业食品安全质量管理水平和防范食品安全事故的能力。

〔**领导班子名录**〕
局　长:张立伟
书　记:张志平
副局长:刘京康
　　　　胡华健

社会生活

精神文明建设

〔综述〕 2013年,市精神文明创建工作按照中央文明委、省文明委、赣州市文明委和市委、市政府的决策和部署,以邓小平理论、“三个代表”重要思想、科学发展观为指导,把开展“中国梦”主题教育与学习宣传贯彻党的十八大精神和习近平总书记一系列重要讲话精神相结合,扎实开展各项精神文明创建创评活动,扎实推进思想道德和文化建设、群众性精神文明创建、农村精神文明建设和未成年人思想道德建设和各项精神文明创建活动,较好地完成了各项工作任务。全市共有省文明村镇1个,省文明村镇工作先进单位3个,赣州市文明村4个、省级文明单位11个,赣州市文明单位25个,南康市文明单位34个,文明村23个。

〔机构队伍〕 南康市精神文明建设指导委员会办公室(简称文明办)属正科级单位,隶属市委宣传部,共有干部4人。

〔市民思想道德建设〕 2013年,全市认真贯彻落实《公民道德实施纲要》。一是认真组织全市各级文明单位和成员单位收看全国“弘扬雷锋精神,开展志愿服务”视讯会议。积极组织“学雷锋,做文明有礼南康人”主题志愿服务活动。二是组织各级文明单位和成员单位收看《关于参加全国未成年人思想道德建设工作视讯会议》和市关工委一起就加强全市青少年工作召开了专题会议,并在全市中、小学校社区开展了关爱“留守儿童”等形式活动。在全市中、小学校社区开展了关爱“留守儿童”等形式活动。三是在全市组织开展学习宣传朱贤度等英雄事迹的活动。四是在全市各个窗口开展“讲文明、树新风”活动。五是开展了南康市第四届道德模范评选活动以及“我评议,我推荐身边的好人”活动。

〔农村思想道德建设〕 大力推进农村思想道德建设,努力培育共同理想信念和良好道德风尚。一是深入开展社会主义核心工作价值体系宣传教育。紧紧围绕社会主义核心价值体系这个根本,紧密结合农村的改革发展实际,面向农村基层广泛开展理论宣讲。通过组织宣讲团、百姓宣讲团,选派干部下乡,举行报告会等多种形式。注重用事实说话,用典型说话,用农民群众的语言说话,推动社会主义核心价值体系进村入户,引导农民群众团结向上,共同前进。二是继续深化农村思想道德建设。开展了以“中国梦”为主题内容的社会主义核心价值观教育。切实加强社会公德、职业道德、家庭美德、个人品德建设,大力提倡爱国、守法、敬业、诚信等基本道德规范。充分发挥道德评议会、村民议事会、红白理事会等群众组织的重要作用。在全市农村开展了“做一个有道德的人”等主题教育活动,引导广大未成年人快乐生活,健康成长。

三是深化农村文明圩镇、文明村、文明信用农户的创评工作。

〔**文明单位建设**〕 2013年,开展是创评江西省第十三届文明单位、第四届文明村工作,省级文明单位10个指标,文明村镇1个,争取文明单位2个指标。为了更好地把创评工作搞好,抓了二个示范点、示范引路。有市法院、电力公司、邮政银行、消防大队、电信公司、邮政局、国税局、行政执法局、南康中学、气象局、移动公司等十一个单位评为省级文明单位。龙岭圩镇评为省第四届文明村镇。为了提高全市行业窗口的服务质量,树立南康形象,在全市各行业各窗口开展了"加强诚信建设,提升窗口形象"的主题实践活动,通过评比,南康市国税务局、南康市供电公司等单位窗口形象荣获好评。

〔**社会公德和职业道德建设教育**〕 大力开展社会公德教育,启动了全市"弘扬公德,呼吁真爱"的主题教育活动。继续在全市干部职工中开展"提高公民素质,建设活力南康"文明礼仪知识竞赛活动。在全市开展了"道德讲堂"建设工作,"道德讲堂"主要包括四个方面:社会公德、职业道德、家庭美德、个人品德。

〔**未成年人思想教育**〕 在城市中小学校扎实开展了"爱我南康争做文明礼貌小市民"主题教育活动,发放"爱我南康争做文明礼貌小市民"倡议书38000多份,利用"小手拉大手,共向文明走"、"讲文明,树新风,除陋习"、"争做环保卫士"等教育活动,在赣州市2013年"美德少年"评选表彰活动中,南康市第八中学黎超和逸夫小学王天宇分获赣州市"美德少年"和"美德少年"提名奖。

〔**领导班子名录**〕

主　任:廖永峰

副主任:李升香(女)

民　政

〔**综述**〕 2013年,南康市民政工作在市委、市政府的正确领导和上级民政部门的关心支持下,围绕"以民为本,为民解困,为民服务"的民政工作核心理念,解放思想,开拓创新,扎实工作,上争资金,下抚民生,内转作风,外树形象,切实加强社会救助保障、双拥优抚安置、养老福利服务体系和公共服务等职能建设,着力构建为民、开放、和谐、高效民政,有力推动了全市民政事业全面协调可持续发展。2013年全市民政工作被评为赣州市综合达标单位;社会救助工作被评为赣州市先进单位;养老服务体系建设被评为赣州市先进单位;龙回敬老院被评为全省"三星级敬老院";三江、唐江敬老院被评为全省"一星级敬老院";南康友好医院被全国老龄委评为全国"敬老文明号";凤岗镇被评为赣州市"老龄工作先进乡(镇、街道)"。南水芙蓉社区被评为"全国综合减灾示范社区",镜坝镇老镜坝村被评为"全省综合减灾示范社区"。龙岭镇邱边村水德社区被评为"全省农村精品社区"。

〔**机构队伍**〕 设有秘书科、救灾救济科、优抚科、低保科、社会事务科、退伍军人安置工作办公室。有市军队离休退休人员安置办公室、市地名办、市救灾救济中心、市婚姻登记中心、市社会救助服务中心、市流浪乞讨人员救助管理站、市慈善救济会办公室、市老龄办、市殡葬管理所、市福利院10个下属事业单位。局机关工作人员37人。

〔**社会福利**〕 一是落实孤儿保障经费,维护孤儿合法权益。进一步提高了孤儿生活补助标准,其中福利机构抚养孤儿生活补助标准由上年的每人每月1000元提高到1100元,城乡散居的孤儿生活补助标准分别由上年的每人每月570元和400元统一提高到700元,实现了孤儿养育标准的城乡一体化。全年共向145名孤儿发放基本生活费141.29万元,落实了孤儿医疗救助、教育救助、住房救助等相关救助政策,保障了孤儿权益。二是把握苏区振兴发展机遇,争取中央、省级彩票公益金3796万元,开工建设了唐江镇敬老院、浮石乡敬老院、镜坝镇观河村老年人颐养之家等32个养老服务项目,新福利院工程的竣工启用,新增养老服务面积达6000多平方米。三是提高了城镇"三无"特困群众供养标准。从2013年1月起将城镇"三无"特困群众生活标准提高100元,达到月人均供养标准500元,全年共发放资金92.4万元。

〔**优抚工作**〕 一是做好重点优抚对象抚恤补助发

放工作。严格执行上级规定的抚恤补助标准,充分保障优抚对象的生活。2013 年全市共有重点优抚对象 3714 人,全年共发放抚恤补助 1345.9 万元。二是做好一至四级残疾军人护理费调标工作。一至四级残疾军人护理费,即因战、因公一级和二级残疾的,月护理费由 1077 元调整为 1210 元;因战、因公三级和四级残疾的,月护理费由 862 元调整为 970 元;因病一至四级残疾的,月护理费由 646 元调整为 730 元。全年发放护理费 15.7 万元。三是进一步提高了义务兵家庭优待标准。农村义务兵家庭优待标准由 3550 元/年提高到 4010 元/年,城镇义务兵家庭优待标准由 8690 元/年提高到 9670 元/年,2013 年义务兵家庭和部分优抚对象优待人数 570 人,发放优待金 249.3 万元。四是切实做好抚恤定补优抚对象医疗补助工作。建立“一站式”医疗结算服务,发放门诊定额补助,发放人数 3714 人,发放补助金 132 万元;市外住院医疗补助,补助人数 71 人次,补助金 26.94 万元;重点优抚对象在市内定点医院住院医疗,在医院通过“一站式”与医保、新农合同步结算人数 132 人次,发放民政医疗补助 8.5 万元。五是认真做好给部分农村籍退役士兵发放老年生活补助工作。2013 年符合发放生活补助条件的年满 60 周岁农村籍退役士兵 1541 人,全年发放生活补助金 105.3 万元。六是做好铀矿开采人员身份认定及生活补助发放工作。经审核认定南康市铀矿开采人员 413 人,符合由民政发放补助人员 308 人,发放生活补助金 168.2 万元。七是做好部分烈士子女普查、身份认定和审批工作。给部分年满 60 周岁烈士子女每人每月发放定期生活补助 130 元,经审核认定,南康市符合发放生活补助的年满 60 周岁烈士子女 101 人,发放生活补助 27.9 万元。

〔**城乡居民最低生活保障**〕 一是城市最低生活保障标准提高。从 2013 年 1 月起,全市城市低保保障标准由上年的每人每月 350 元提高到 400 元,月人均补差达到 240 元,全市共发放城市低保金 1667.866 万元,累计保障 70165 人次;农村低保保障标准由上年的每人每月 170 元提高到 200 元,月人均补差达 125 元,共发放农村低保金 4262.74 万元,累计保障 337864 人次。二是强基础重规范,低保管理水平提升。对照先进县评选标准,查遗补缺,完善制度,分门别类、扎实做好先进县创建工作,低保操作管理规范化、低保动态管理常态化落到实处. 全年共清退生活条件改善的城市低保对象 1242 人,新增符合享受人员 239 人。清退生活条件改善的农村低保对象 1694 人,新增符合享受人员 2116 人,做到了“应保尽保,应退尽退”。

〔**城乡医疗救助**〕 通过加强部门协作和争取医疗机构配合,全市各级医保(新农合)定点医院全部纳入民政对象医疗救助同步结算工作范围,实现了救助模式的创新和救助程序的简化,缓解了困难群众看病难问题。全面开展十七种重特大疾病免费治疗、重性精神病免费治疗、妇女两癌免费治疗等一站式服务工作,进一步提高了部分困难群众医疗救助保障水平。2013 年全年共救助 9291 人次,发放大病医疗救助金 1807.46 万元。资助 33828 名农村困难群众免费参加新农合,资助金额 203 万元。

〔**五保供养**〕 一是进一步提高了五保供养标准。全市集中供养五保对象补助标准由上年的每人每月 220 元提高到 245 元,分散供养五保对象补助标准由上年的每人每月 180 元提高到 220 元。2013 年全市在册享受五保对象 3681 人,全年发放五保供养补助金额 988.72 万元。二是抓规范管理,三院建设有新面貌。严格敬老院安全管理,维护了全市敬老院的安全稳定。开展了星级敬老院创评工作,对敬老院内务管理组织进行了检查评比,对管理人员进行了考核评价。筹措资金对全市敬老院进行了环境整治和美化绿化,改善老人居住质量,提升了敬老院档次。对于生活不能自理的院民,配备专职护理人员,对其生活起居、护理康复进行专职服务。

〔**救灾救济**〕 2013 年全市共发生“5.16”和“6.4”两次洪涝灾害,受灾人口 2.7 万人,倒损房屋 205 户,其中:全倒户 25 户,受灾农作物 1702 公顷。直接经济损失 2703 万元,其中农业损失 1561 万元。灾害发生后,局机关第一时间派出工作组,分赴灾区指导救灾、核灾和灾后重建工作,紧急下拨救灾款 200 万元用于生活救助,保证了灾民的基本生活。冬春季节,低温冰冻天气频发,部分困难群众缺衣被、缺口粮。全市民政干部深入村组进行摸底调查,分配春荒救济款 80 万元,分配大米 20 万斤,采购保暖内衣1000套,发放到急需救助的困难群众手中,确保了困难群众有衣穿、不挨饿。在救灾的同时,更加注重减灾示范社区的创建和防灾知识的普及工作。南水芙蓉社区被评为“全国综合减灾示范社区”,镜坝镇老镜坝村被评为“全省综合减灾示范社区”。5.12全国防灾减灾日期间,开展了一系列防灾减灾知识宣传和逃生演练等活动,提升了全民防灾减灾和自我保护能力。

〔**殡葬改革**〕 一是将殡葬改革纳入乡镇工作目标考核内容,形成了齐抓共管的殡葬改革推进氛围,全年共火化遗体2560具,发放免费火化补助资金116.6万元。二是加强生态文明安葬体系建设,结合全市产业发展和城市规划布局,新增农村公益性墓地建设点5个,使全市已建立农村公益性墓地的乡镇(街道)达到11个,占全市乡镇总数的53%。三是大力组织开展主要交通干道沿线可视墓区专项整治工作,采取植树披绿的方法,通过在墓区种草、种树,缓解了青山白化现象。

〔**民间组织管理**〕 坚持培育和监管并重的方针,民间组织规范管理水平和参与社会事业发展的热情逐步提升。开展了民间组织的年检审核工作,依法对69家社会团体、59家民办非企业单位进行年度检查。同时严格按照“两个条例”的要求,认真把好审核登记关,2013年以来共登记新增民办非企业单位188家。在监管的同时,积极引导民间组织参与到民政公共服务社会事业发展中来,组织夕阳红老年公寓和蟠桃园老年公寓申报了两个涉及为老服务和助残类公益创投项目。

〔**社区和基层政权建设**〕 切实履行职责,加强以民主管理、政务公开为主要内容的村级民主管理建设指导。向全市673名离任“两老”村干部发放生活补助61.8万元。以“居民自治、管理有序、服务完善、环境优美、治安良好、生活便利”为原则,总结创建精品社区建设经验,高标准、高起点规划建设的龙岭镇邱边村水德村落社区被评为全省农村精品社区。

〔**收养登记**〕 依法依规办理收养登记,全年办理收养登记1例。

〔**流浪乞讨人员救助管理**〕 建立了由民政、公安、城管、卫生、交通等部门组成的救助联席会议制度,加强了部门协作,建立了三级联动的工作机制,落实了排查、救助、送返措施。全年共组织巡查15次,出动人力100余人次,帮助了16名流浪儿童回校园,救助了2873多名生活无着、返乡无钱的流浪人员回家。

〔**退伍安置**〕 落实了退役士兵接收安置计划,共接收200名军队退役人员。按照4500元/年的标准,向176名2012年度退役士兵发放了249.7万元的一次性生活补助。组织了92名退役士兵免费参加汽车驾驶、糕点制作、烹饪等技能培训,提升了退伍士兵就业、创业能力。

〔**区划地名**〕 全面完成乡镇堪界和县界联检工作。为配合城市建设发展扩容需要,新编制了《南康市城区道路名称规划方案》。完成了全市278个行政村的村级地名设标工作,埋设村级地名标牌556块。

〔**军休干部管理**〕 一是落实了军休人员的各项生活待遇和政治待遇;二是组织军休干部参加各类文体活动,如登山、钓鱼、门球等活动;三是开展军休干部需求问卷调查,帮助解决军休干部生活中的实际问题。

〔**婚姻登记**〕 一是加强硬件建设,按照国家3A级婚姻登记机关建设标准,建设新的婚姻登记中心,改善了服务环境。二是婚姻登记档案管理规范,做到每天一整理,实行分类归档。2013年,共办理结婚登记7093对,离婚登记983对,补领婚姻登记证3578对,登记合格率达100%。

〔**老龄工作**〕 一是高龄补贴及时足额发放,根据上级文件精神,100周岁以上老年人的补贴标准从2013年1月1日起由原来的每人每月500元提高到每人每月1000元,全市现有80周岁以上老年人12894位,全年共发放高龄补贴1350万元;二是通过在电视台开辟《尊老敬老·我们在行动》专栏和发放2万余份宣传手册等形式积极宣传《老年人权益保护法》和身边的孝老敬老模范,营造了浓厚的敬老氛围。三是大力开展敬老院文明号和老龄先进单位创建评比活动，引导单位和社会资源参与为老年人提供优质温馨服务活动中来，工作取得了良好成效，南康友好医院被全国老龄委评为全国“敬老文明号”，凤岗镇被评为赣州市“老龄工作先进乡(镇、街道)”。

〔**慈善救助**〕 进一步完善和执行了公开透明的运行机制，加强慈善工作宣传引导。四川雅安地震发生后，及时在媒体发出倡议，公布捐赠热线和账号信息，积极参与到各项社会捐赠活动中去。通过精心组织，共募集雅安地震专项捐款80.98万元。社会组织、企业参与公益事业的慈善热情进一步高涨，2013年共接收鑫业集团定向捐助唐江红星小学、麻双坝孜小学校建捐款30万元，江西青峰药业有限公司定向捐赠三江新红村村部建设3万元。充分发挥慈善扶困济弱的功能，共助医、助困110人，发放救困资金8.2万元，慈善工作在群众中的口碑和发挥的社会效益大幅提升。

〔**领导班子名录**〕
局　长：谢宝菇(女)
副局长：曹昌龙
　　　　曾玉兰(女)
　　　　黄学荣
工会主席：肖孟飞
安置办主任：方秋平
地名办主任：李本伟
老龄办主任：姚　霞(女)
殡葬所所长：卢华平

人口与计划生育

〔**综述**〕 2013年，全市人口和计划生育工作在市委、市政府和上级计生部门的正确领导下，坚持计划生育基本国策，稳定低生育水平，提高人口素质，优化人口结构，着力解决制约全市人口计生工作的主要矛盾和问题，夯实基础，争创特色，取得了明显成效。2013年，全市人口出生率13.06‰，出生政策符合率78.8%，出生人口性别比112:100。多年来，南康市的人口计生工作水平总体排位处在全省、赣州市中上位置。

南康市2013年度人口和计划生育工作主要指标情况一览表

项目	内容
总人口	841993(人)
出生人数	11000(人)
出生率	13.6‰
计内出生人数	8667(人)
出生政策符合率	78.8%
死亡人数	4560(人)
自然增长率	7.76‰
独生子女领证累计数	20992(对)
四项手术合计数	8672(人次)

〔**机构队伍**〕 市人口和计划生育委员会内设10个科室，辖二级单位1个(计划生育服务站)，下辖21个乡(镇、街道)(包括1个南水新区)计生办、计生服务所及人口学校。有计生工作人员243人，其中医疗技术人员56人。学历结构为：大学本科30人、大专153人、中专49人、高中6人、初中5人。

〔**信息化建设**〕 能根据相关部门、省实名制平台、流动人口管理平台等反馈的信息，及时准确地录入全员系统，对全员人口个案、WIS个案、逻辑关系准确性进行核实。南康市的全员人口个案覆盖率、主要数据项完整率和逻辑关系准确率，均达到省目标要求95%以上。2012年被省人口计生委评为人口信息化建设先进单位。

〔**奖扶工作**〕 计划生育利益导向政策全面落实。据统计，(1) 国家奖励扶助的有1521人，共计1825200元；(2) 国家特别扶助的有49人，共计97080元；(3) 新农合代缴参合费50元的有8215人，共计487500元；(4) 享受中考加分的有709人；(5)已扎二女户奖励费的有18人，共计54000元；(6) 计生绿色养老补助的有1043人，共计521500元；(7)生育关怀爱心救助的有396人，共计220000元；(8) 计生家庭爱心保险的有9325人；(9)二女户建房补助的有2人，共计42000元；(10)发放城镇独生子女奖励费的有3928人，共计463200元；(11) 阳关助学的有289人，共计289000元；(12)二女户家庭子女考上大学奖励的有23人，共计11.5万元；独生子女户家庭子女考上大学奖励的有68人，共计13.6万元；（13）事业单位招考加分的有3人。

〔**宣传工作**〕 1.宣传工作更加规范。出台了《南康市人口和计划生育宣传报道工作实施意见》，要求信息员上传新闻宣传报道稿件必须按程序审批上传上报，确保宣传报道真实及时、有效安全。

2.宣教活动丰富多彩。春节期间，开展“三下乡”活动；与南康市邮政局联合举办了“迎新春国策杯免费孕前优生健康知识邮政贺卡有奖答题竞赛”活动；结合“三送”工作，积极开展了“打造秀美乡村创建幸福家庭”活动；启动了“计生政策进企业 优质服务到职工”活动。

3.新闻报道成效显著。国家《人口与计划生育杂志》分别刊登了南康市4篇计生宣传文章，2013年《中国人口报》刊登了10篇计生宣传文章，江西卫视《新闻联播》6月1日播报“南康开展关爱留守儿童活动”；《江西工人报》刊登了3篇文章；《江西省人民广播电台》分别5次、赣州电视台分别40次播报了南康市人口计生工作。《江西人口杂志》刊登了6篇文章。2013年，向各级媒体上报信息693篇，各大媒体共录用信息652篇，其中国家级126篇、省级88篇、赣州市级218篇、本市级223篇。南康市人口计生宣传工作荣获2013年度国家人口计生委与人口计生杂志社颁发的“全国人口宣传工作先进集体”荣誉。9月选送了5篇论文参加2013年度幸福家庭论文征文活动，10月选送了6篇论文参加江西省人口学会举办的论文比赛。

〔**依法行政**〕 1.行政审批制度改革深入推进。严格按照“两集中、两到位”的试点要求，增设了行政审批服务科，且成建制进驻市民服务中心窗口集中办公，全年全市共审批申报政策性照顾再生育一个孩子29例，吻合术6例。

2.信访维稳工作扎实有效。共受理来信来访88件次，其中赣州市信访热线管理系统29件，江西省信访管理系统17件，南康市网上审批系统42件。合格率达100%，办结率达100%，信访人满意率达100%。

3.出生人口性别比整治成效明显。全年已查实并处置“两非”案例14例，其中查处涉案单位5家，非法引产7例，非法鉴定13例，非法售药1例，涉案医生9人，取消涉案对象生育证6例。

4.党员、国家公职人员和名人富人违法生育查处力度加大。全年全市共清查出党员干部、名人富人违法生育人员5人。

〔**基层建设**〕 1. 强化人口计生基层服务站所建设。认真编制了《南康市乡级计划生育服务中心建设项目建议书》，积极申报了7个乡（镇、街道）计生服务所新建、改建和扩建项目。

2.人口文化“幸福家庭”创建活动特色鲜明。突出了新型文化阵地建设，成功在横市镇增坑村、大坪乡上期村、坪市乡小安村分别新建了“婚育新风示范园”、“人口文化示范园”“幸福家庭示范园”等各有特色的示范园区。

〔**技术服务**〕 1.认真开展国家免费孕前优生健康检查工作。投入150多万元资金，为市计生生殖健康服务站购置化验设备及相应试剂，印制了孕前优生健康检查档案、登记表格和各种宣传资料，全年全市已开展孕前优生健康检查8442例，已建档家庭档案信息录入工作已全面完成。

2.大力开展生殖保健服务。免费向育龄群众发放避孕套1800盒、生殖健康教育处方3500多份、避孕药具宣传资料3300份、发放关爱女孩宣传折页1800多份；更新宣传栏、窗392块，新书写规范宣传标语600余条，接待咨询群众2.3万余人次，为育龄妇女查病治病1.2万余人次。

3.扎实做好避孕药具发放管理。全年全市使用避孕药具人数达17325人，药具使用率达9.31%，有效率为99.99%。

4.严把病残儿医学鉴定和计划生育手术并发症鉴定工作关。全年完成了24例病残儿鉴定，同时加强对病残儿家庭的跟踪随访和再生育优生指导。

5.积极开展“失独”家庭再生育技术服务工作。全年对全市符合生育条件的“失独”家庭建好档案，建立“失独”家庭再生育信息化管理，对全市49周岁以下有再生育愿望的“失独”家庭，建立一户一档，实行跟踪随访、全程服务，共建家庭档案44户。

〔**流动人口管理**〕 1.完成了国家卫计委下达的流

动人口动态监测工作任务。挑选了4名责任心强、有经验、善于做群众思想工作的人员担任调查员，带着计生宣传品上门入户，按时按质完成了东山街办监测点40名对象的问卷调查及微机录入工作，为上级政府进一步完善相关政策，提升基本公共服务均等化水平提供准确的参考依据。

2.进一步推进南康市工业园区流动人口服务管理工作。新的工业园区计划生育服务站于2012年末设立，办公地点设在市工业园区管委会，设有计生服务平台，为园区育龄妇女查环查孕、办理相关证明、计生政策宣传、优生优育知识的普及等提供了便利。

3.开展了跨省区域协作。2013年6月初，由赣州市人口计生委牵头，参与了赣州深圳（龙岗）流动人口计划生育区域协作服务活动。这次专项服务活动围绕为流动人口提供政策法规、两地利益导向措施和奖励优待政策的宣传、上门便民维权等服务为主题，重点解决长效避孕节育措施难、政策外怀孕补救措施落实难、征收社会抚养难等"三难"问题。

4.开展了"守望童心"关爱留守儿童爱心活动，关心留守儿童的成长。"六一"期间在横市镇长南小学举行了"守望童心"关爱留守儿童爱心活动，为他们送去了学习用品。

〔"三送"工作〕 1、抓基层打基础，夯实党在农村执政基础。全年为长南、西湖、大陂等三个村委会的村级组织活动和办公场所建设，下拨了28.6万元的建设资金，指导村支部发展了年轻党员3名，培养了入党积极分子5名，后备干部2名，有效改善了党员结构。

2、抓发展惠民生，创建群众满意工程。协助了长南、西湖、大陂三个村抓好计生工作，全年共发放计生利导资金12.8万元，计生对象结扎15例（其中二女户2例），上环39例，收缴社会抚养费21万元；为长南村修固畦上水陂两座，投入资金1.8万元，西湖村太富组新修水陂一座，投入资金0.98万元，解决了312户农户农田灌溉问题；帮助长南、西湖、大陂村向上申请低保217户，其中新增21户，五保户35户，其中新增4户，农村土坯房改造155户，其中已经验收达标的126户；为长南村新修水泥路两条，全长1.5公里，人口计生委投入资金30000元；修通西湖村村部至洋石组、郭屋组4.5米宽路基8.5公里；修通大陂村村部至瑶源组、木下组路基2公里，投入资金8820元。兴建背水便桥；投资18800元，完善了大陂村石陂、大陂两座桥梁的加固，为过往行人消除了安全隐患；协助西湖村向民政部门争项目和资金25.3万元，初步建成西湖村村级孤寡老年人安置点。

〔领导班子名录〕

主　任：赖新林
副主任：王子中
副主任、协会会长：陈玉清（女）
副主任：朱年生
副主任、协会副会长：奚星海
副主任：赖忠华
工会主席：金永斌

劳动就业

〔综述〕 2013年，市劳动就业服务管理局在市委、市政府的正确领导下，以党的十八大提出的新时期就业方针为指导，以民生工程就业目标为引领，落实困难群体就业政策，健全就业援助长效机制，服务园区企业用工，推动公共就业服务信息化、标准化、专业化建设，打造公共就业服务品牌，推动实现更高质量的就业。全市城镇新增就业人数13260人，城镇就业率96.4%，零就业家庭安置率100%，安置"4050"下岗失业人员再就业691人，新增农村劳动力转移16783人。

〔机构队伍〕 2013年，市劳动就业服务管理局内设副股级科室5个：秘书科、基金财务科、失业保险科、培训科、人力资源服务中心；下属股级事业单位2个：市再就业小额贷款信用担保中心、市就业培训中心。2013年底在职人员20人，退休人员10人。

〔落实就业优惠政策〕 一是为就业困难人员发放《就业失业登记证》1055本；二是为全市736名"4050"下岗失业人员、残疾人、退役军人、高校毕业生以及"两参"人员落实公益性岗位补贴279.22万元；三是为下岗失业人员、高校毕业生、农民工、退役军人发放小额担保贷款4536万元，直接扶持个人创业376人，扶持密集型小企业11家，带动就业2430人;四是对全市289名大学生就业见习岗位落实就业见习补贴172.015万元;五是全市安置“4050”下岗失业人员再就业691人;六是为全市870名就业困难且从事灵活就业人员和“六大战役”退役士兵落实社会保险补贴156.54万元;七是实现了“零就业”家庭月报制,发现一户安置一户。

〔**开展就业援助活动**〕 一是2013年2月17~18日在市文化广场举办了春季就业招聘大会,开展了培训对接、就业援助对接、维权宣传对接。全市320家企事业单位,提供就业岗位2.6万个,达成求职意向人员1.23万人,现场录用9260人,为企业发展提供了良好的人力资源。二是2013年9月10~11日在泓泰家具市场C区前小广场开展了以“服务高校毕业生就业,民企就业大有作为”为主题的高校毕业生就业援助暨家具企业招聘会活动,参会企业32家,提供岗位900余个,达成求职意向人员300余人。三是与市家具协会共同组织31家家具重点企业赴赣州参加江西环境工程职业学院举办的校企对接招聘会。四是开展了工业园区重点企业用工信息和用工环境宣传。市劳动就业局收集工业园区重点企业用工信息,编印了《南康招工》画报5000份,通过乡、镇(街道)劳动保障事务所及“三送”工作平台进行发放。

〔**失业保险征缴扩面工作**〕 全市参保单位125家,参保人数24500人,全年征收失业保险费302.5万元,完成任务的100.8%,为11名下岗失业人员发放失业金6.45万元,医疗补助金0.63万元。

〔**就业培训**〕 一是组织710名申请小额担保贷款人员开展了SYB创业培训;二是完成市内工业园区定向培训2805人;三是完成农村危旧土坯房改造工匠培训2594人;四是完成其他培训860人。

〔**领导班子名录**〕

局　长:刘忠萍

社会保险

〔**综述**〕 2013年是贯彻落实党的十八大精神的开局之年,也是实施“十二五”规划的关键之年,市社保局在市委、市政府正确领导下,在上级主管部门精心指导下,紧扣社会保障“民生工程”这一主题,扎实工作,开拓创新,较好完成了全年各项基本养老保险工作。全市城镇职工基本养老保险参保总人数47187人,完成全年任务106%,其中在职参保人数35630人,在职缴费人数29060人,征收基本养老保险费11782万元,完成全年任务的119%。

〔**机构队伍**〕 2013年,市社保局内设秘书信息科、基金财务科、综合业务科、登记稽核科和档案管理科,在职人员15人,退休人员12人。

〔**养老金发放工作**〕 企业离退休人员养老金已全部实行社会化发放,全市企事业单位离退休人员11557人,共发放养老金17805万元,发放率100%;为9519名离退休人员调整基本养老金,人均增加161.45元。

〔**落实“特殊群体”政策**〕 (一)妥善解决历史遗留问题。进一步做好《关于<社会保险法>实施前曾在城镇用人单位工作过未参保人员补缴养老保险费参加城镇职工基本养老保险有关问题的通知》(赣人社发〔2013〕58号)文件的落实工作,共受理了215人参保申请。

(二)情系困难群体,社会保险补贴落实到位。减轻“4050”就业困难群体参保缴费负担,为全市为661名“4050”困难就业人员共计补贴养老保险费1046304元。

〔**扩面宣传工作**〕 建立扩面宣传的长效机制,多渠道,全方位地宣传社保政策,让社保政策家喻户晓,人人明白。全年印发了2万份基本养老保险政策法规宣传资料;动员干部职工撰写社保信息及论文,全年投稿76篇,刊登73篇,其中在省部级以上网站、刊物刊登48篇,市(县)级网站、刊物刊登25篇。

〔**领导班子名录**〕

局　长:邓世平

书　记:李光富

医疗保险

〔综述〕 2013年，市医保局在市委、市政府的正确领导下，在市人力资源和社会保障局及上级业务部门的指导和大力支持下，认真贯彻落实科学发展观和南康市“主动融入都市区，提速提质促发展，千方百计惠民生，真抓实干兴南康”发展战略，遵循“统一、规范、便民、公平、效率、可持续发展”的原则，围绕“基金征缴与待遇发放”的工作重点，与时俱进，开拓创新，努力促进南康市医疗、工伤、生育保险工作全面、协调、快速发展。荣获了2013年度赣州市医疗工伤生育保险工作绩效考核先进单位。

〔机构队伍〕 市医保局系南康市人力资源和社会保障局下属副科级事业单位，内设秘书科、基金财务管理科、保险管理科、医务监督科、稽核审计科五个职能科室。共有全额拨款事业编制职工12人。

〔扩面参保情况〕 1.城镇职工医疗保险：登记参保单位767个，其中企业单位460个，事业单位232个，行政单位75个；参保总人数为31792人，其中企业12123人，事业单位14729人，行政单位4940人；参保总人数比去年增加了2806人，完成了上级任务数30000人的105.97%。

2. 城镇居民基本医疗保险：参保总人数为100023人，完成上级任务数100000人的100%。

3.工伤保险：登记参保单位1703家，其中企业单位1524家，行政事业单位179家，参保总人数为48419人，其中企业单位34137人，行政事业单位14282人。参保总人数比去年增加了19792人，完成了上级任务数18600人的260.32%。

4.生育保险：参保人数为7056人，其中企业参保5589人，事业单位参保1486人。

〔基金运行情况〕 1. 城镇职工基本医疗保险：年基金收入总额6927.64万元，年支出总额5526.80万元，当期结余1400.83万元。

2.城镇居民基本医疗保险：年基金收入总额4407.46万元，年支出总额2795.48万元，当期结余1611.97万元。

3.工伤保险：年基金收入总额1809.68万元，年支出总额2563.10万元，当期结余-754.22万元。

4.生育保险：年基金收入总额110.93万元，年支出总额55.91万元，当期结余55.02万元。

各项保险基金当年运行基本平衡、基本实现略有结余的目标。

〔医保政策宣传〕 通过举办培训班4次，印发政策宣传单6万多张，开展政策咨询12次，到厂矿企业及其层社区宣传社会保险法24次，形式多样、全方位宣传医疗工伤生育保险的政策。用典型事例做宣传吸引群众与职工参保，进一步增强了群众和用人单位及其职工参保意识，提高了群众和用人单位及其职工参保的积极性。

〔基金管理〕 建立基金运行分析和风险预警制度，加强基金征缴与支付使用的监管，加强基金预算管理，控制基金结余，加强基金监控，提高使用效率，进一步完善基金使用管理制度，确保基金平稳运行。

1. 落实了赣市社医字〔2012〕11号关于做好2012年企业参保单位缴费基数调整工作通知精神。对未同时办理参加医疗保险和工伤保险手续的用人单位，必须同时申报办理参加医疗保险和工伤保险手续，才能接续医疗保险或工伤保险关系。

2. 调整了城镇居民基本医疗保险费征缴标准。由上年度的成年人360元/人.年(其中个人缴120元，各级财政补贴240元)，未成年人290元/人.年(其中个人缴50元，各级财政补贴240元)，调整为成年人400元/人.年(其中个人缴120元，各级财政补贴280元)，未成年人330元/人.年(其中个人缴50元，各级财政补贴280元)。

3. 调整了2013年城镇职工大病保险缴费标准。从2013年7月1日起，城镇职工大病保险缴费标准调整为13.7元/人.月，其中单位缴纳8.22元/人.月，个人缴纳5.48元/人.月。

4.扩大覆盖面，增加工伤保险基金收入。根据康府办字〔2013〕34号《关于机关事业单位工作人员参加工伤保险的通知》精神。把全市所有行政事业单位及其职工全部纳入工伤保险，每年增收工伤基金180多万元。

5.规范了工伤保险待遇支付办法。进一步规范了工伤保险一次性工伤医疗补助金和一次性伤残补助金的支付操作办法，确保伤残职工按时足额享受伤残待遇，切实维护参保人员的基本权益。

6.建立了基金运行分析和风险预警制度。加强各项基金收支管理和基金预算管理，按相关规定控制当年基金结余与累计结余，提高基金使用效率。建立各项基金风险预警制度，确保基金运行安全，保障基金运行平衡。

7.规范了基金管理，严格支出范围。进一步完善定点机构动态管理考评办法，与医保定点零售药店、医保定点医疗机构签订服务协议，加强对“两定”机构管理与督查力度。要求定点机构严格执行“三个目录”，对使用非医保药品必须征得参保人员同意并签字确认，对限用药品严格控制适应证及履行审批手续，对特殊材料的使用要求选择质优价廉并征得参保对象的同意。不定期地对各医保定点机构进行明察暗访，对违反医保政策的违规行为及时查处，规范医保服务行为，切实维护参保人员利益，堵塞基金流失漏洞。对定点医疗机构全面实施医保定岗医师管理，对医疗机构的监管延伸到医务人员的医疗服务行为。根据服务协议进行了年检。按省市要求做好我市基本医疗保险定点医疗机构等级评定和分级管理工作。

〔**机构建设**〕 1.实现“阳光”医保，提高管理服务水平。积极落实行政审批“两集中、两到位”工作，将单位审批事项集中在一个科室办理，公示审批事项目录，提供办事指南，接入政府外网，在大厅行政审批窗口全面启用统一电子政务平台办理相关业务，各窗口经办人员人均配备一台电子政务评价器，窗口监控纳入全市统一视频监察系统。将医疗、工伤、生育保险政策、操作办法、服务流程全部在政府网上公开，让群众及时了解政策，实行窗口一窗式办理业务、一次性告知制、AB岗制度，为群众提供方便快捷的优质服务。

2.不断提高信息化管理水平，逐步完善了医保信息管理系统，“数字”医保稳步推进。医保工作全部实行计算机网络化管理，上与赣州市医保局、下与99家医保定点机构联网，全市现有定点医院35家，定点零售药店64家，整个医保网络完善、规范、畅通。重视医疗保险系统建设，在推进医疗保险费用即时结算的同时，加快推进业务经办网上申报。用人单位通过互联网登录市医保局网上业务平台，实现医保信息申报和变更，极大减少办事环节和缩短办理时间。

3.对医保信息管理系统升级，并对全市医保系统信息操作人员进行了业务培训。城镇职工医保、城镇居民医保就医在赣州市范围内已实现医保“一卡通”即时结算，解决了参保人员跑腿报账和垫付资金的问题。

4.加强数据统计分析和精算工作，切实做好统计报表及医疗保险统计台账，规范业务档案管理，市医保局业务档案管理工作已通过省社保中心验收达标。

5.按南康市人民政府办公室关于印发《南康市市民服务中心窗口规范化管理办法（试行）》等有关管理制度的通知要求，建立健全各项制度，严格工作纪律，改善服务态度，规范工作流程和办事程序，提高服务质量和服务效率。

〔**医保定点机构**〕 1.定点医院管理与服务：一是完成了对定点医院2013年度执行医保政策情况的考核。从管理制度、药品质量、门诊处方和住院病历、参保对象意见等多方面对其进行了严格考核和审查，并就存在问题下发了整改通知书。二是进一步加强对定点医院稽核力度。对定点医院的规范化监管工作进行不定期的明查暗访，并出台了对定点医院的监管细则，对违反医保政策的违规行为，查实一例，处罚一例，坚决规范医保服务行为，切实维护参保人员利益，堵塞医保基金流失漏洞。

2.定点药店管理与服务：一是出台了定点零售药店监管细则，并对定点零售药店2013年度执行医保政策情况进行了考评，根据考评结果公布名次，并将考评分数与考评金挂钩。二是要求药剂人员要精通业务，改善服务态度，了解医保有关政策；三是要求保证药品质量，不出售假药、劣药、不以物代药；四是要求遵守物价标准，对所有的药品明码标价，不擅自提高药品零售价格。

〔**落实优惠政策**〕 1.实施二次补偿，提高医保待遇水平，保障参保人利益。按康人社字〔2013〕24号《关于转发赣州市人力资源和社会保障局、赣州市财政局（关于对赣州市2012年度城镇居民基本医疗保险参保人员进行二次补偿的通知）的通知精神，对符合条件的相关人员进行了二次补偿，共补偿了315人，补偿金额为135.91万元。按康人社字〔2013〕23号《关于转发赣州市人力资源和社会保障局、赣州市财政局(关于对赣州市2012年度城镇职工基本医疗保险参保人员进行二次补偿的通知)的通知》精神，对相关人员进行了二次补偿，共补偿了304人，补偿金额为129.16万元。

2.落实特殊群体优惠政策，让患重病大病的困难群众看得起病。为54名白内障患者免费提供治疗，免费金额达70200元，为5名“两癌”妇女提供免费手术，免费金额达56633元，为14名贫困家庭重性精神病患者提供免费救治，免费金额达144287.23元，为25名白血病儿童提供免费治疗，为3名先天性心脏病儿童提供免费救治。

3.调整了因工致残人员待遇。根据赣人社发〔2013〕55号文件精神，调整了因工致残人员伤残津贴等待遇，共有56个人享受了此待遇。

4.争取了财政补贴资金，落实国有关破改企业老工伤人员待遇。认真落实赣人社字〔2011〕21号关于印发《江西省国有企业老工伤人员等纳入工伤保险统筹管理工作方案》通知精神，做好全市国有企业老工伤人员上报工作，南康市国有企业共上报老工伤人员242人，其中享受供养亲属53人，争取各级财政补助资金270万元(其中省级补助94.80万元，市级补助资金175.20万元)，并按规定对相关人员落实了政策待遇。

5.为国有关破改和困难企业职工争取财政补助资金参加城镇职工基本医疗保险。根据赣人社字〔2013〕34号文件精神，2013年度上报已关破改及困难企业126个，职工人数共计5627人，其中退休人员4698人，在职职工929人。争取各级财政补助资金1311.69万元（其中省级补助资金295.20万元，市级补助资金1007.49万元）。解决了国有关破改和困难企业职工参加城镇职工基本医疗保险的问题。

6.积极争取各级财政补助资金，让老百姓缴得起费。

财政补贴参保城镇居民医保由2012年每人每年240元提高到2013年每人每年280元，提高了40元。2013年各级财政补助居民医保3031.01万元，其中县级补助195.61万元，省级补助853.40万元，中央财政补助资金1982万元。补贴人数达100023人。

7.严格落实特殊参保对象由财政全额补助参加城镇居民医疗保险政策。对4590名城镇低保户（五保户）、119名优抚对象、1118名重度残疾人员、862名60岁以上低收入老人等特殊群体共6689人参加城镇居民医保免交个人缴费，由省市省市财政全额补贴个人缴费，享受城镇居民医保待遇。2013年市财政补贴特殊参保对象共70.51万元。

8.做好城镇基本医疗保险门诊特殊慢性病工作。2013年组织鉴定4批次城镇基本医疗保险门诊特殊慢性病，其中鉴定20种城镇职工医保门诊特殊病种588人次，19种城镇居民医保门诊特殊病种332人次。经确认为门诊特殊慢性病的参保患者可在医保定点医院门诊直接就诊就医开药，按规定即时结算医药费，切实减轻了参保患者门诊医疗费用负担。

〔“三送”活动〕 成立组织机构，制订实施方案，按照要求完成三送服务工作。一是全局正式职工全部参与“三送”工作，经常深入所挂点村，与村民交朋友，了解他们的需求和困难，帮助他们解决生产与生活实际问题。并为他们解决矛盾纠纷。在市医保局资金相当困难的情况下，仍为唐江卢屋村修桥提供了资金11000元，店前村修路提供了资金8000元，春节期间送上慰问金3000元。二是结合单位职能，认真开展医疗、工伤、生育保险工作调研和政策宣传活动，让群众及时了解党和国家的政策，享受到党和国家的温暖。

〔领导班子名录〕

局　　长：卢伟周

支部书记：谢元莉(女)

农村养老保险管理

〔综述〕 2013年，市农保局在市委、市政府的关心支持和正确领导下，在上级业务部门和主管局的悉心指导下，深入贯彻落实科学发展观，克服困难，突出重点，抓好难点，稳步推进，各项工作进展顺利，取得了较好成绩。2013年，城乡居民社会养老保险实现参保人数41.2465万人，收取保费3762.36万元，参保率达到82.1%，累计发放养老金人数8.7693万人，共发放金额6519.69万元，做到了应发尽发;落实省级配套资金 751.7 万元,市(县)本级配套资金 200 万元,对 16-59 周岁城乡居民个人参保缴费按照缴费 100 元补助 30 元,每增加一个缴费档次多补贴 5 元,最高补贴 75 元的标准给予补助,补助金额近 1000 万元,全部记入个人账户;全市重度残疾人参保人数 1782 人,财政代缴参保资金 100 元/人,共计 17.82 万元。

〔**机构队伍**〕 南康市农村养老保险管理局是全市农村社会养老保险经办机构,为副科级财政全额拨款事业单位,编制数 18 个,在编人数 18 人,在岗 18 人。内设秘书科、基金征缴科、基金财务科、待遇审核科、信息管理科、稽核科 6 个科室。

〔**政策宣传**〕 结合"三送"活动组织政策宣讲队,上门入户抓好宣传、咨询服务,提高群众的政策知晓率。始终坚持舆论的先导作用,努力在宣传发动工作上狠下工夫。通过发放宣传单、悬挂横幅标语、广播电视播放等多种方式进行深入广泛的宣传。各乡镇在主要交通路口和人员密集地方悬挂标语横幅,制作宣传栏,张贴宣传单进行宣传,形成了政策天天讲、标语处处挂、资料户户有、干部村村走、政策人人懂的模式。同时,农保局专门组织工作人员深入乡镇,利用各乡镇赶场日人员密集的特点,不失时机宣传政策。重点宣传了参保范围、缴费标准、待遇计算、待遇继承等内容,提高了居民参保的自觉性。

〔**参保扩面和续保工作**〕 2012 年 11 月召开了 2012 年城乡居民社会养老保险试点工作总结表彰大会暨 2013 年动员大会,2013 年度城乡居民社会养老保险工作正式启动。把参保扩面作为推进城乡居民社会养老保险工作的重点,鼓励引导城乡居民早参保、长期参保、高标准参保,促使符合参保条件、有参保意愿的城乡居民应保尽保。重点围绕年轻、富裕农民,返乡农民工,漏保人员,未参保保持观望态度的中年人开展工作,积极做好参保扩面工作。同时要把已参保的续保工作作为一项常规工作来抓,确保延续不中断。2013 年,城乡居民社会养老保险实现参保人数 41.2465 万人,收取保费 3762.36 万元,参保率达到 82.1%。

〔**养老金发放**〕 养老金实行社会化发放,确保按月及时足额到位,做到应发尽发,不遗不漏。按照城乡居民养老保险制度的有关要求,做好参保人到龄,待遇领取人死亡上报工作,及时对重名、错号、未消户、未上户等异常情况进行清理,做到不重发、不漏发、不错法,确保准确发放,杜绝虚报冒领等现象。2013 年,城乡居民社会养老保险累计发放养老金人数 8.7693 万人,共发放金额 6519.69 万元,做到了应发尽发。

〔**规范档案管理**〕 城乡居民养老保险参保人员达 41 万多人,市农保局高度重视档案整理工作,在市委、市政府的支持下购置了密集型档案柜,定制了城乡居民养老保险档案盒及档案内芯,建起了城乡居民社会养老保险专用档案室,实行统一领导、分级管理、集中保存,实现了"记录一生、跟踪一生、服务一生"的档案管理目标。市农保局共完成 9 万多人领取人员及 35 万多参保人员的档案资料整理工作。

〔**示范点创建工作**〕 重点抓好蓉江街道莲花村、三江东红村示范点建设,投入资金近 2 万元,在示范点悬挂宣传牌、公示栏、工作制度及工作流程图制作等基础建设,跟代理银行签订了代扣代缴协议,在示范点全面开展代扣代缴工作,认真做好全国城乡居民养老保险试点工作先进典型的考察推荐工作,通过典型带动作用,全面推进工作开展。

〔**领导班子名录**〕

局　长:朱润芝(女)

2013 年 3 月 12 日上午,南康市召开大广高速唐江枢纽以北沿线及示范线路富裕和谐秀美乡村建设动员大会。

人物·荣誉

2013~2014年新任区领导

何善锦 男，1968年1月出生，汉族，江西上犹人，1988年8月参加工作，1994年10月加入中国共产党，中央党校大学学历，现任南康区委副书记、区政府区长。

1986年9月至1988年7月，赣南师范学院政教系学生；1988年8月至1990年9月，任上犹中学教师；1990年9月至1992年10月，任上犹县广播站记者、编辑；1992年10月至1993年9月，任上犹县委办公室干事；1993年9月至1995年1月，任上犹县委办公室科员；1995年1月至1996年2月，任上犹县委办公室副科级秘书；1996年2月至1997年9月，任上犹县委办公室副主任；1997年9月至1998年1月，任赣州地委办公室干部；1998年1月至1999年2月，任赣州地委办公室综合科副科长；1999年2月至1999年7月，任赣州地委办公室办公自动化管理科科长；1999年7月至2002年11月，任赣州市委办公室自动化管理科科长；（1998年8月至2000年12月，中央党校大学函授学院党政专业学习）；2002年11月至2003年7月，任赣州市委办公室副主任；2003年7月至2006年5月，任赣州市委办公厅副主任；2006年5月至2007年5月，任赣州市委副秘书长；2007年5月至2011年6月，任信丰县委常委、副县长，县委农工部长；2011年6月至2013年2月，任崇义县委常委、副县长；2013年2月至2013年11月，任赣州市委副秘书长、政研室主任；2013年11月至2014年2月，任南康市委副书记、市长提名人选，市委副书记、代市长；2014年2月至2014年3月，任南康区委副书记、代区长；2014年3月，任南康区委副书记、区长。

曹子海 男，汉族，1974年9月出生，内蒙古和林格尔人，1996年3月加入中国共产党，1996年7月参加工作，法学硕士，现任南康区委副书记、副区长（挂职两年）。

1996年7月至2001年6月，任深圳市中级人民法院行政审判庭、立案庭书记员。2001年6月至2004年11月，任深圳市中级人民法院行政审判庭助理审判员（期间：2000年9月至2003年7月，深圳大学国际法专业研究生课程班在职学习，获法学硕士学位）。2004年11月至2006年10月，任中国证监会深圳监管局稽查二处五级助理、主任科员。2006年10月至2008年2月，任中国证监会深圳监管局机构二处主任科员。2008年2月至2010年2月，任中国证监会机构监管部检查二处干部、主任科员。2010年2月至2013年8月，任中国证监会机构监管部检查二处副处长。2013年8月至2014年1月，任中国证监会机构监管部检查二处处长。2014年1月，到南康挂职锻炼，任南康区委副书记、副区长。

刘文彦 男，汉族，1976年10月出生，江西会昌人，1995年8月参加工作，2001年9月加入中国共产党，在职研究生学历，高级经济师。现任章贡区委常委、纪委书记，南康区委常委、副书记（挂职）。

1995年8月至1997年4月，核工业华东地质局技术员；1997年5月至2005年8月，赣州开发区规划建设局用地科科长、办公室主任兼赣州开发区团委书记；2005年9月至2008年2月，赣州市国土资源局开发区分局副局长；2008年2月至2011年12月，赣州市国土资源局开发区分局局长兼赣州开发区土地收储中心主任；2012年1月至2013年1月，赣州开发区党委委员、管委会副主任；2013年1月至今，章贡区委常委、纪委书记。2014年7月至今，南康区委常委、副书记（挂职）。

王纪恩 男，1970年5月出生，汉族，浙江奉化人，1990年7月参加工作，1995年7月加入中国共产党，大学学历，现任南康区委常委、副区长（挂职两年）。

1990年7月至1991年11月，任上海交通大学制冷技术工程公司职员。1991年11月至1996年10月，任民航华东管理局劳动人事处科员（其间：1991年9月至1994年7月在上海第二工业大学机电一体化专业学习）。1996年10月至1998年12月，任民航华东管理局劳动人事处副主任科员。1998年12月至2003年8月，任民航华东管理局劳动人事处主任科员。2003年8月至2009年5月，任民航华东管理局人事科教处主任科员。2009年5月至2014年1月，任民航华东管理局人事科教处副处长。2014年1月，到南康挂职锻炼，任南康区委常委、副区长。

连天浪 男，1969年5月生，汉族，1987年6月入党，1987年8月参加工作，现任南康区区委常委、常务副区长。

1984年8月至1987年7月龙南师范学校学生。1987年8月至1988年8月信丰糖厂子弟学校教师。1988年8月至1992年8月信丰制糖厂行政办公室秘书。1992年8月至1995年4月任信丰制糖厂团委副书记（主持工作）。（期间：1990年9月至1993年8月参加江西省广播电视大学文秘专业学习）。1995年4月至1998年12月任信丰县人民政府办公室干部。1998年12月至2002年4月任信丰县人民政府办公室副科级秘书。（期间：1997年8月至1999年12参加中央党校函授学院经管学院学习）。2002年4月至2005年2月任信丰县人民政府办公室副主任。2005年2月至2007年6月任信丰县大塘埠镇党委副书记、镇长。2007年6月至2008年7月任信丰县人民政府办公室主任、县政府党组成员。2008年7月至2011年6月任信丰县西牛镇党委书记、人大主席。2011年6月至2014年1月任章贡区人民政府副区长、政府党组成员。2014年1月至2014年7月任章贡区委常委。2014年7月至2014年8月任南康区委常委。2014年8月任南康区委常委、区政府常务副区长。

李春平 男，1963年8月出生，汉族，江西南康人，1980年8月参加工作，1986年11月加入中国共产党，大专学历，现任南康区政府副区长。

1980年12月至1984年5月任东坑公社青年干事。1984年5月至1987年8月任南康县浮石乡团委书记。1985年9月至1987年7月江西省团校马列主义基础理论专业学习。1987年8月至1989年5月任共青团南康县委宣传部长。1989年5月至1995年1月任南康县人大常委会办公室副科级秘书。1995年1月至1995年10月任南康市人民政府办公室副科级秘书。1995年10月至1997年5月任南康市人民政府办公室副主任。1997年5月至2000年1月任南康市人民政府办公室副主任兼市外事侨务办公室主任。2000年1月至2003年1月任南康市人民政府办公室主任。2003年1月至2011年9月任中共南康市委办公室主任。2011年9月至2013年12月任南康市城乡规划建设局党委书记、局长。2013年12月至2014年2月任南康市人民政府副市长。2014年2月任赣州市南康区人民政府副区长。

钟定岩 男，汉族，1967年4月出生，江西南康人，1988年8月参加工作。现任南康区政府副区长。

1988年至1989年，在潭口江坝初中任教；1989年至1990年，为南康县文化馆美术专业干部；1990年至1991年，任南康县文化局干部；1992年至1993年，任南康县劳动人事局干部；1993年至2005年，任南康市劳动就业局科长；2005年至2007年，任南康市蓉江街道办事处副主任；2007年至2012年，任南康市政协提案委主任；2012年至2013年，任南康市商务局局长；2013年12月至2014年2月，任南康市副市长；

2014年2月至今,任南康区副区长。

刘丽华 女,1971年1月出生,汉族,江西瑞金人,1990年8月参加工作,1993年12月加入中国共产党,江西省委党校硕士研究生学历,现任南康区政府副区长。

1987年9月至1990年7月,为瑞金师范学校普师专业学生。1990年8月至1991年9月,任瑞金县叶坪中心小学教师。1991年9月至1992年10月,任瑞金县解放小学教师。1992年10月至1995年12月,任瑞金市武阳乡乡长助理。1995年12月至1998年3月,任瑞金市叶坪乡党委专职委员。(1992年9月至1996年9月在南昌大学函授汉语言文学专业学习)1998年3月至2001年1月,任瑞金市泽覃乡党委组织委员。(1997年9月至1999年12月在中央党校函授学院法律专业学习)2001年1月至2007年6月,任瑞金市妇联主席。2007年6月至2010年7月,任瑞金市丁陂乡党委书记、乡长。2010年7月至2014年1月,任瑞金市九堡镇党委书记、人大主席。(2009年9月~2012年12月在江西省委党校研究生班中共党史专业学习)2014年1月至2014年2月为南康市副市长提名人选。2014年2月至2014年3月,任南康市副市长。2014年3月至今任南康区副区长。

赖剑鸣 男,1968年2月出生,南康三江人,大学学历,1986年11月参加工作,1991年7月加入中国共产党,现任南康区政协党组成员、副主席候选人。

1986年10月至1989年9月任第三十一集团军八十六师炮团一营战士。1989年9月至1992年7月任长沙炮兵学院一中队学员。1992年7月至1993年1月任炮兵第三旅152营四连排长。1993年1月至1994年1月任长沙政治学院三中队学员。1994年1月至1996年8月任炮兵第三旅政治部宣传科干事。1996年8月至1999年3月任大余县人武部军事科参谋。1999年3月至2000年11月任赣州军分区政治部宣保科干事。2000年11月至2001年6月任龙南县人武部政工科干事。(期间:在国防科技大学在职学习)2001年6月至2004年6月任赣州军分区政治部宣保科干事2004年6月至2008年3月瑞金市人武部政工科科长。(期间:在南京陆军学院在职学习)2008年3月至2009年3月任会昌县人武部副部长兼军事科长。2009年3月至2010年8月任赣州军分区后勤部副部长。2010年8月至2013年10月任寻乌县人武部部长。2013年10月任南康区政协党组成员、副主席候选人。2014年2月当选南康区政协副主席。

李长荣 男,1977年12月14日出生,江西丰城人。现任南康区人武部副部长兼军事科长。

1996年9月1日至2000年6月在江西师范大学计算机科学院学习;2000年7月至2001年6月在中国人民解放军武汉通信指挥学院学习;2001年7月至2003年10月在宜春军分区司令部作训科任参谋;2003年11月至2005年5月在赣州市龙南县人武部军事科任参谋;2005年6月至2014年2月在赣州军分区司令部任参谋;2014年2月任赣州市南康区人武部副部长兼军事科长。

赣州市“五一”劳动奖状

南康区总工会 多年来,南康区总工会在上级工会的关心、指导下,始终以邓小平理论、“三个代表”重要思想和科学发展观为指导,深入贯彻落实党的十八大、十八届三中全会和中国工会十六大精神,积极发挥工会组织作用,以构建和谐劳动关系为主线,立足服务经济社会发展大局,广泛开展劳动竞赛,深入推进“两个普遍”,依法维护职工权益,积极做好帮扶工作,切实加强自身建设,认真履行工会职能,为推动苏区振兴发展做出了积极的贡献。连续七年被评为赣州市先进县(市、区)总工会,全国工会职工法律援助维权服务先进单位;2013年赣州市工资集体协商工作先进单位,赣州市幸福职工之家创建活动先进单位;赣州市工会经费收缴工作先进单位,赣州市职工互助保障工作先进单位,赣州市职工劳动竞赛、赣州市技术创新活动先进单位,赣州市工人报刊征订工作先进单位。

赣州市“五一”劳动奖章

李干兰 女,汉,1964年8月出生,中共党员,大专文化,南康区林业局林业工程师,2013年获赣州市“五一”劳动奖章。

李干兰从事林业技术工作30多年,稳扎稳打,兢兢业业,善于从工作中发现问题并及时解决问题，注重技术指导服务和林业科技成果的转化。2013年负责完成了南康市公益林核对、林地年度变更及森林资源补充调查数据库的系统更新，独立完成了十八塘乡、龙岭镇的林业补充调查，调查的小班数1359个，名列全市调查工组第一。2009~2010年负责完成了南康市生态公益林地理信息系统工程。2010~2011年负责并完成了南康市土地保护利用规划编制的挂库落界及文本编制工作。2011~2012年在省级刊物发表了论文《解决巩固退耕还林成果》、《南康市公益林管理之我见》的探讨论文2篇。2012年获赣州市“巾帼标兵”荣誉称号。

黄忠波 男，汉，1968年8月出生，中共党员，大学本科在读，南康区供电有限责任公司供电所所长，2013年获赣州市“五一”劳动奖章。

黄忠波始终坚持着“退伍不褪色”的军人作风，坚守在电力生产第一线。以一个老共产党员强烈的责任心和使命感，以振兴南康电力发展为事业、推动南康经济发展为己任，努力实践为人民服务的宗旨，廉洁奉公，开拓进取，无私奉献，在电网改造、安全生产管理、生产经营等方面取得了突破性进展，其突出的政绩、良好的业绩和求真务实雷厉风行的工作作风以及无私奉献、甘作公仆的精神，无不为公司领导和职工所称赞。

台区综合标准改造工程劳动竞赛中获第一名；2012年江西省电力公司评为安全生产先进班组；黄忠波被评为2012年江西省电力公司“创先争优优秀共产党员”；朱坊供电所2012年被评为“南康市供电公司先进文明单位，黄忠波被评为先进个人；2008年在抗冰救灾中被南康市委、市政府评为先进个人；荣获2013年度安全生产先进个人荣誉称号。

赣州市工人先锋号

南康区第一小学六年级组 南康区第一小学六年级组有职工28人，中高级职称25人，是一支充满活力、踏实肯干的教师队伍。自2007年学校成立，第一小学6年中连续6年被评为先进集体，其中4年获得第一名；六年级组教学成绩也连续三次获得全市第一，三次获得全市第三。在教育科研方面，六年级组的老师们注重自主研发、科技创新，不断提高自身的科研水平。在“十二五”课题申报过程中，教师参与的课题《优化小学数学书面测试题设计的研究》等在江西省“十二五”课题立项，《如何提高大班额英语课堂教学》在赣州市“十二五”课题立项。获南康区教育综合评估第一名；南康区教育质量第一名；南康区中小学生田径运动会第一名。

南康区第一人民医院计生工会办公室 南康市第一人民医院现有员工766名，作为一支锐意进取、团结协作、勇于创新的团队，他们关爱生命，精益求精，用优质服务与严谨的工作作风，肩负起白衣工作者救死扶伤的光辉使命，用自己精湛的技艺和良好的精神风貌向人们展示着新时代职工群众的自尊、自强、自立和自信。几年来，在全院职工的共同努力下，多项工作走在了全市卫生行业的前列。

医院先后获得了南康市妇联“2011年度实施春蕾计划先进集体”、赣州市“医疗质量万里行活动先进单位”、南康市“创先争优先进基层党组织”、“和谐平安建设先进单位”及“定点医疗机构新型农村合作医疗工作先进单位”、2012年度江西省先进“职工之家”、赣州市“医疗质量万里行活动先进单位”，以及南康市“人口计生工作先进单位”等荣誉称号。

2013年度全市“十佳教师”、“十佳班主任”、“十佳校长”和“优秀教师”、“优秀班主任”、“优秀教育工作者”

一、十佳教师（10名）

杨赛明 邓玉梅 钟丽华 明经海
廖信辉 朱敬瑞 邱善娇 黄 莹
朱明香 吴金井

二、十佳班主任（10名）

吴继康 张君甜 钟志旺 钟 瑜
龙晶晶 邱翠英 杨品玉 古岳龙
洪丽娟 钟阳新

三、十佳校长（10名）

刘毓球 林奇焕 林志军 赖宏桂
巫春福 董九英 谭新明 叶加林
王福生 邓世清

四、优秀教师（50名）

邓瑞金　伍海洪　郭良香　吴仁暑
张龙洲　程火勤　洪　云　张　名
王志辉　黄家友　李剑慧　叶权燕
明建华　张金生　钟　山　刘运斐
李君文　钟恢飞　彭长礼　幸晨亮
黄新华　罗太平　明志超　杜聪明
潘曹生　朱　萍　舒丽芳　田宗福
欧阳兆明　赵东平　谢宝健　邱　湘
肖世干　刘书娟　王华武　马超河
江丽娟　付芳金　赖华芳　蔡冬方
赖小丽　谢玉红　郭惠林　罗秀容
肖林华　林莉荣　廖菊英　刘嫣玲
蓝晓燕　胡东红

五、优秀班主任(40名)

黄丽梅　胡华平　曹　峰　刘华清
刘可剑　谢　峰　何承彬　卢春长
郭显炜　朱震宇　严由林　杨保平
刘华洲　钟　云　王承辉　杨运标
蒙贤林　郭　晶　邓　锋　陈秀梅
肖诗优　胥华良　睦　平　谢　敏
刘　茂　冯　娟　赖正有　兰筱琼
凌平秀　黄林英　刘章旺　黄任华
李小珍　江　琴　卓玉芳　何明英
朱京玲　梁官秀　曾　文　吴永青

六、优秀教育工作者(30名)

明邦胜　廖光福　张佐华　肖贵云
陈隆汉　王诚亮　黄新东　林金兰
刘光伟　刘钱广　廖明贤　王建明
张小明　黄　龙　朱小林　罗　健
明经胜　段宗标　梁　玲　赖丽梅
刘云莲　赵乘禄　罗太法　刘永锋
钟阳华　刘安林　伍复晁　王建中
关　键　游挺福

2013年全市"十佳村党支部书记 十佳村委会主任"

一、十佳村党支部书记

赵春发　龙回镇油田村党支部书记
廖为田　镜坝镇城埠村党支部书记
饶中华　赤土畲族乡红桃村党支部书记
苏光有　龙华乡丹材村党支部书记
陈水连　十八塘乡乌溪村党支部书记
明经权　隆木乡陈源村党支部书记
郑传民　坪市乡罗洞村党支部书记
明心山　麻双乡坝孜村党支部书记
赖新远　横市镇长南村党支部书记
刘忠苑　大坪乡大坪村党支部书记

二、十佳村委会主任

廖树江　东山街道坨圳村村委会主任
肖　玉　蓉江街道苏茅村村委会主任
黄昌乔　龙岭镇新屋村党支部书记、村委会主任
刘金石　浮石乡高洲村党支部书记、村委会主任
张先红　唐江镇竹下村村委会主任
朱挺庆　凤岗镇朱家村村委会主任
卓贞逵　横寨乡三塘村村委会主任
伍复东　三江乡伍岭村村委会主任
罗春妹　太窝乡范塘村村委会主任
邱积洪　朱坊乡胜利村村委会主任

2013年1月，南康中学被评为首届"江西十大榜样学校"。

乡镇简介

隆木乡

〔综述〕 隆木乡位于南康市北陲，素有南康的北大门之称。中央红军曾在瑞坑村、隆木村安营扎寨，留下了许多红军标语。隆木东接吉安市万安县、遂川县，南康大坪乡、坪市乡，西临上犹县、遂川县，北靠遂川县。全乡13个行政村，164个村民小组，4530家农户，19488人，辖内总面积96平方公里，耕地面积16110亩，林地面积106690亩。白鹤岭以海拔1042米的高度成为南康最高峰。乡政府位于隆木圩，院内总面积1.2万平方米，其中建筑面积3148平方米，距南康市78公里，距遂川县25公里。境内隆沙公路10.2公里，是贯通105国道最便捷的县级公路之一，也是通往唐江、南康的交通要道。隆木乡与105国道相接的公路还有隆木至坪竹公路，黄石、晓源至塘村公路。大广高速公路穿越隆木乡晓源村，高速公路汤村进出口距离晓源村1.2公里。2013年，隆木乡党委、政府在市委、市政府的正确领导下，团结带领全乡人民，深入贯彻落实科学发展观，以苏区振兴发展为契机，紧紧围绕“生态立乡、产业兴乡、圩镇靓乡、和谐福乡”的工作思路，抢抓发展机遇，挖掘发展潜力，夯实发展基础，凝聚发展动力，全乡社会经济稳中有进，健康发展。

〔党建工作〕 1.不断加强理论学习，增强责任感和使命感。坚持不懈抓好学习型党组织建设，教育引导党员、干部，尤其是党员领导干部，深入学习马克思列宁主义、毛泽东思想、邓小平理论、“三个代表”重要思想和科学发展观、学习贯彻十八大和十八届三中全会精神，为全面深化改革和全面建成小康社会打好理论基础。

2.强化班子和干部队伍建设，提高科学发展能力。坚持正确的用人导向，坚持德才兼备、以德为先用人标准，配齐配强村“两委”班子。加强乡党委政府班子建设，提高基层理论水平和业务素质，不断提升服务科学发展的能力。创新性地开展乡党政班子末位排名制、乡干部末位待岗制和村干部末位淘汰制等“三个百分制”考核，强化乡、村两级干部的绩效考核。

3.夯实基层组织，增强组织的创造力、凝聚力和战斗力。坚持把“三送”工作作为一项经常性工作来抓，不断丰富活动内容，突出实践特色，引导基层党组织和广大党员与时俱进、创先争优。抓好党员队伍建设，改进发展党员工作，加强对流动党员的管理，加强对老党员、生活困难党员的关怀帮扶，建立健全教育、管理、服务党员的长效机制。加强基层党组织的制度建设和活动场所建设，推进基层党建工作项目化发展。

4.改进作风建设，增强发展凝聚力。始终把人民利益放在一切工作的首位，切实做到权为民所用、情为民所系、利为民所谋，永远保持并不断密切党同人民群众的血肉联系。深入贯彻落实中央

“八项规定”,大力弘扬苏区干部好作风,大兴密切联系群众之风、大兴一线工作法,全乡干部综合素质明显提升,工作作风明显改观,服务效率明显提高,干群关系明显改善,班子的凝聚力和战斗力不断增强。

〔**经济发展**〕 1.经济总量持续提升。2013年,全乡生产总产值达到8900万元。财政收入29.58万元,农民人均收入达到2300元,增长21%。

2.产业经济持续发展。围绕产业兴乡的发展目标,进一步优化了民营经济的发展环境,优化了发展结构,优化了全民创业的沃土。全乡石材,木材加工,大米加工,油茶,豆腐,管子等产业得以持续发展。

3.项目经济持续增长。一年来,加大了招商引资步伐,做到政策上优惠,保障上优先,建设上凝心聚力。推动了各项涉农惠农项目的快速发展。葡萄产业园项目已完成项目区域林地、耕地流转工作。市政府已规划建设通项目园公路,年内已完成了征地工作。

〔**社会发展**〕 1.农业基础地位得到巩固。完成了小农水改造7.6公里,新建重建水陂3座,全乡水利基础设施进一步改善。

2.路、桥建设取得新成绩。全年硬化乡内公路10条,共13.1公里。

3.新农村建设凸现新亮点。新农村建设以村庄整洁、农民增收、和谐文明为目标,着力实施晓源5个集中建设点,并结合扶贫工作在瑞坑、西木两个省级贫困村建设了均竹坪、红门岭两个新农点。投入356万元,完成了98栋民房装饰,在全市率先完成了大广高速两厢富裕和谐秀美乡村建设工作。

〔**民生工作**〕 1.危旧土坯房改造稳步推进。连续2年实施危旧土坯房改造工作,全乡累计完成710户危房改造,其中65户特殊困难户。结合深山区移民搬迁工作,打造了瑞坑村均竹坪土坯房集中建设点,规划建设20户,年内已有13户深山区农户搬迁至该点建房。

2.医疗条件大为改观。乡卫生院争取上级资金用于隆木医技大楼建设,已经完成土地平整工作。乡卫生院、村卫生所服务质量和医疗水平有了较大提高,新农合报账快捷方便,创造了更好的经济效益和社会效果。

3.惠农补贴及时发放。全年共发放粮食直补资金225.98万元,五保、低保、高龄、“两老”等保障资金397.30万元。有效解决了困难群体老有所养问题。

4.新农合、新农保参保人数稳中有升。及时兑现了新农合报账金额,大大减轻了群众就医负担,激发了农民参加新农合的积极性。2013年,新农合、新农保的参合率分别上升到98%和80%。

5.文化教育事业有了新突破。兴办公立幼儿园已纳入议事日程,已初步完成选址工作。

〔**干部作风建设**〕 深入贯彻落实中央“八项规定”精神,按照“照镜子、正衣冠、洗洗澡、治治病”要求,着力解决干部队伍中存在的形式主义、官僚主义、享乐主义、奢靡之风等问题。对照“为民、务实、清廉”的总体要求,不断强化干部为民服务意识,不断提升干部为民服务水平。按照发展是硬道理,稳定是第一责任的要求,开展了经常性的矛盾纠纷大排查、大化解,完善了治安信息网络建设,落实了党政领导包案包片责任制,确保矛盾纠纷调处化解在萌芽状态。干部以“三送”为平台,真情“三送”,真心为民,拉近了干群距离,融洽干群关系,解决了一系列民生问题,为民做好事办实事260多件。

〔**领导班子名录**〕
书记、人大主席:陈国正
副书记、乡长:陈　华
副书记、纪检书记:杨振华
组织委员:钟　利
宣传、统战委员:肖　玮
政法委员、武装部长:李　坚
副乡长:易祖伟
　　　　石保香
　　　　杨志杰

坪市乡

〔**综述**〕 坪市乡位于南康区北部,东临大坪乡,南连横市镇,西接上犹县紫阳乡,北邻隆木乡。总面积91平方公里,地势周围高中间低,山区占总面积的84%,丘陵、河谷平地分别占总面积的11%和5%。最高点位于坪市村的莲花山,主峰海拔930.8米;最低点位于长坳村的海螺峰,海拔240米。其他地区海拔为250~500米。辖李岭、境口、溪上、坪市、大路坪、松林、长坳、小陂、谭邦、小安、白马塘、罗洞等12个行政村和一个居委会(银岗),150个村民小组,7533户,23432人。乡政府驻于坪市圩大街上,距南康市区69公里。全乡共有耕地面积16943亩,人均耕地0.83亩。有林地面积6187.8公顷(92817亩),森林覆盖率达84.9%。坪市盛产优质大米,全乡有大中型大米加工厂11家,年加工能力在6万吨以上,加工的优质大米远销广东、福建等沿海城市。土特产品有蜜饯、茶油和雪片糕,特别是雪片糕,质地细腻柔软,色鲜味甜,清香可口。

〔**农村危旧土坯房改造**〕 乡党委、政府坚持以集中建设点为示范,带动其他分散户建设,主抓罗洞老屋、大路坪上街和谭邦横岔等3个集中建设点,其中罗洞老屋点新建入住29户,大路坪上街点已完成规划和土地平整,谭邦横岔点新建入住13户。在集中建设点的示范带动下,全乡拆旧建新462户、维修加固200户、拆除空心房604户,共计1266户改造任务全面完成,在完成比例上居全区前列。

〔**和谐秀美乡村建设**〕 2013年,乡党委、政府在长坳、小安、罗洞、白马塘等四个村开展拆旧、建新、穿衣、戴帽、硬化、绿化、景观和文化等方面的建设,共拆除空心房、破旧牛猪栏厕所240多间,完成精品点及沿线房屋装饰260多栋;完成小安塘里至罗洞老屋公路沿线及小安塘里精品点的绿化;打造了功能完善的新村部,拓宽了小安桥;完善了罗洞老屋精品点的水沟、道路、彩化等基础设施,新建了"农耕文化园"、中秋广场、节气广场,并为230户群众安装了"村村通"电视信号接收器。

〔**产业发展**〕 乡党委、政府始终把产业化建设作为发展坪市、富裕百姓的主抓手,围绕发展主导产业抓土地流转、做建设服务、改工作作风,一年来,全乡流转土地3000多亩,开发果园400亩,建华牧业栏舍进展良好,东进农牧罗山上基地已经投产,完成小安甜柚基地道路建设、观柚台建设,罗洞石磨中药材种植基地正在建设,示范区内的水利、道路、电力等基础设施进一步完善,生猪、甜柚、中药材等主导产业稳步提升。

〔**基础设施建设**〕 在公路建设上争取立项17条通组公路共20.5公里,新修通组水泥路15.4公里,尤其是罗洞至石磨通组公路,是石磨人民盼望最强烈但有心无力解决的节点问题,2013年终于在多方的共同努力下得于建设。在水利建设上,对五座小二型水库进行除险加固、对2口万方山塘进行了改造,完成第二轮小农水工程及和谐秀美沿线水利工程,共铺设U型槽2万多米,浇筑排水沟1万多米,新建、维修大小水陂40多座。2200亩的高标准农田改造已经基本完成,"双居工程"已经投入使用,"增减挂"项目进展顺利。

〔**社会事业**〕 教育、医疗、城乡低保、救济养老等社会事业体系进一步完善;森林防火工作得到进一步加强,全年未发生大的火灾;对全乡63个家具企业进行消防安全排查,并全部下发消防安全整改通知;进行了"黄龙病"防治知识宣传和排查;社会稳定和安全生产工作水平进一步提升,妥善处理了一批信访难题,全年没有发生越级上访和群体访,没有发生重大安全事故,全乡社会稳定,人民群众安居乐业。

〔**景观简介**〕 莲花山,坐落于坪市乡莲花组,海拔930.8米,总面积12000亩,地处南康市坪市乡境内,是一块未开垦的旅游处女地,因主峰像盛开的莲花而得名。南唐时期,乡民为避战乱在深山构筑山寨,势力日增,人称"莲花寨",后来山寨被毁,乡民散居莲花山周围,形成今日的山里人家。到了那里,你可以听到这样一个有趣的传说:古时这一带是一个大湖,水碧景雅,湖中两朵并蒂莲花硕大奇异,所以人们称之为莲花湖。一天有两个仙人见那里景色可爱,便驾云飞到莲蓬上下棋。他们返回天庭时忘了棋盘,便托小白龙去取。小白龙被莲花湖的美景迷住了,尽情游玩,忘了仙人的嘱托。一日,小白龙发现一朵莲花被虫钻了一个窟窿,便回东海请来千年修炼得道的青蛙用舌头把虫子勾出来吃了,从此青蛙和小白龙就成了莲花忠实的保护者。后来周边的人知道湖里水产丰富,纷纷来湖边扎寨捕鱼。不知过了多少年,湖干了,两朵莲花变成了现在的莲花山，莲蓬上的棋盘变成了平整的大莲花山山顶。虫子钻开的窟窿变成了山腰上的石岩洞。小白龙不见了，留下了龙潭（地名）。青蛙不见了，它张开嘴的头变成了“大岭”（山名），脚变成了“钯泥岭”（山名）。渔民也不见了，留下了他们泊船的“船寨”（村落名）。

古老美丽的传说固然撩人心扉，然而这里无数的奇洞暗岩，天然神石更是让人感叹造物主的垂青，使你一睹为快，流连忘返。风动石、天柱石、拇指石、天门、石岩蛙、音乐泉、海龟岩、木鱼石、情人洞……姿态万千，叹为观止。有的如翘首远眺的人头；有的如静卧海滩千年的一叶方舟；有的如竖立的大拇指，惟妙惟肖。据当地人说，莲花山上的天然石洞有99处，奇景探幽，非一、二日能走出，一些岩洞隐藏于何处成了神秘的谜……

莲花山云海茫茫，绿树浓荫，山泉飞瀑，深涧幽谷，奇石岩洞千姿百态，各色花草、奇禽异兽共享这一世外桃源……

莲花山吸引了一批又一批探险爱好者，给莲花山陡添了几分神秘色彩，那缭绕云雾、袅袅仙气、云海林涛、嶙峋怪岩、神秘山洞、飞禽走兽交织成一个神话般的梦……

莲花山周边人文景观意蕴深厚，山下有座未受污染的红卫水库，面积200亩，人称莲花湖。附近有座石质客家古廊--永安桥（又称暗桥），经考证，该桥为清朝始建，桥长13.2米，宽4米，桥上盖有走廊式的楼阁，桥身与桥墩均为麻条石垒砌而成，桥墩为船形，前尖后方，为赣南四大古廊桥之一。整个建筑风格鲜明，坚固耐用，至今仍可供行人通行、小憩。

坪市圩外有座石头建成的谭邦古城，是赣州宋城的袖珍版本，在赣南乡村绝无仅有！古城倚山而建，面积约2万余平方米，城状如巨龟，城墙全由巨石垒成，气势恢宏。经过千年风雨，古城已然没落，留下的是无尽的沧桑和遐想，还有当代谭邦人的奋斗与希望……

谭邦古城，城墙连绵呈环抱，东南西北四座城门雄奇地瞪视着四面旷野的逶迤大山，整个城形似巨龟，尾直抵屏风状“网形山”，前面南门乃龟首，气势轩昂地目睹着稍远处的圩镇，一副王者风范。古城面积较大，至今仍有700余人生存在其中，全是谭家族人。上个世纪的五十年代末期，因为修水库，城墙被大规模拆毁，如今只剩下古南门，以及周边古城的段段残垣。

谭邦城最富特征的是环城的无数池塘了。从南门始，一路看去，只见一个池塘连着一个池塘，中间仅隔着一条过道，池塘或方或圆或大或小，毗邻绵延，蔚然成景。原来是谭邦城的风水意识使然。谭邦城背倚如网状似的“网形山”，再过来是呈下山之势的虎形山，村里人以网形山为风水山，认为网要捕鱼才有生气。于是，便于这城外挖掘了众多的池塘并养着鱼，以求风水旺盛、家庭兴旺。这池塘在谭邦村是个宝，历代人只能是修补与掘建新塘，谁也不能毁塘，所以这谭邦城周围的池塘便愈来愈多，到如今倒便成了一种意想不到的别致风景。现在，谭邦古城已成为省级文物保护单位。

〔领导班子名录〕
党委书记、人大主席：许志雄
副书记、乡长：程宗毅
副书记、纪检书记：黄　莹（女）
政法委员、武装部长：钟志鹏
宣传委员、统战委员：钟　荣
组织委员：李晓明
委员、副乡长：曾广油
副乡长：钟　林
　　　　曾世敏
　　　　曹建华

横市镇

〔综述〕 横市镇位于南康市北部，是南康市北部经济、交通、文化中心。相传“横市”于明崇祯17年（公元1644年）开圩，因一横石横亘圩门，侧有一麻石砌水井，泉水清澈见底，四时不涸，故名“横石井”。但亦因此横石使得附近村民赶圩来往十分不便，后经百姓合力将此横石搬移，四方居民才通商无阻，市场也通衢繁荣起来，自此改名“横市”。

时隔369年（2013年），横市镇修通了连接高速路与圩镇的明珠大道，迎来了历史上难得的发展机遇。2013年10月，横市镇入选江西省首批百强中心镇，被列入赣州市小城镇建设示范镇，拟推全国重点镇，增坑村入选全国“美丽乡村”首批创建试点。全镇上下坚持团结奋进，攻坚克难，经济社会保持了良好的发展态势。

辖区面积122平方公里，下辖13个行政村、1

个居委会(相安居委会),人口25375人。镇政府驻横市圩,距南康市区49公里,距赣州市区51公里,交通便利。横市圩是南康市北部交通中心,唐江至隆木、横市至大坪、横市至社溪、横市至沙地4条公路在此交叉汇合。赣粤高速公路穿境而过,横市出口距圩镇仅1公里。

横市镇积极策应“主动融入主城区,提速提质促发展,千方百计惠民生,真抓实干兴南康”战略部署,紧紧围绕“做亮康北明珠,打造魅丽山城”的目标,抢抓机遇,开拓进取。2013年,完成地区生产总值1.9亿,同比增长16%;农民人均纯收入5248元,比上年增长28%;财政总收入164.95万元,累计完成139%。

〔**农业经济**〕 按照农业产业发展思路和目标,大力发展蔬菜、水稻种植、果业种植、油茶等产业项目。全年共组织300多农户学习培训果业种植技术和油茶种植技术培训。全镇优质无公害水稻种植,播种面积约13000亩,年总产量在1.17万吨。洪鑫蔬菜基地已建成近300亩,并被赣州市列为赣州中心城区蔬菜供应基地,省级龙头企业丰泰粮油有限公司不断壮大。东进农牧有限公司饲料加工厂顺利投产,横市园林有限公司落户增坑村,罗山、长南、禾田油茶基地正在规划编制,并立项建设。

〔**项目建设**〕 富裕、和谐、秀美乡村建设深入推进。全年已完成523户土坯房改造任务,建设农村居民集中点4处共计43户贫困户统建房。水车坝40户土坯房改造公寓楼年底已建设完工,并交付使用。镇村水利设施建设进展良好,重点对相安河堤进行了加固建设,修缮了增坑村沙芫、窑背灌溉水渠,土桥清江山塘得到除险加固。深挖了罗山、大源、禾田等村山塘6口,还完成了横市村、长南村、土桥村、增坑村、新坑村U型槽建设等水利工程。中小流域治理横市河堤加固工程项目已由省水利厅公开招标,即将动工建设。对增坑水库、桃树排水库进行了道路加宽和坝堤加固,并建设了水库值班房,储备了一定的防汛物资,实现了水库的三通(即通电、通路、通信号)。全年完成了通组公路硬化11条,共计12公里,横市大桥已动工兴建,即将竣工,这些都有力地改善了横市镇的交通条件。

加大小城镇建设投入,扩大圩镇容量,完善圩镇功能,基本形成“一纵、两横、三心”格局(“一纵”即新大街,“两横”即万寿路和湾下大道,“三心”即麻石古井生活住宅区、桥头森林公园休闲健身区、曙光广场文化活动区)。高速公路入口至明珠大道、明珠大道至圩镇道路长1.2公里,宽30米的明珠大道现已全面通车,明珠大道两厢商住用地土地交付工作顺利进行,现基本完成土地平整。

〔**圩镇环境整治**〕 2013年,投入资金600多万元,按照青砖黛瓦马头墙的客家风格完成了曙光广场周边及湾下大道、横市大道、万寿路、新大街等主要街道两侧,共计368户房屋改造工作;新装太阳能路灯80盏,新植桂花树、杜英、香樟等绿化树木500余株,实现了街道的畅化、绿化、亮化和水沟的暗化、人行道彩化、空中线网静化、广告标牌统一化。共完成富贵高升墙建设170栋,民房外墙装饰5.2万多平方米,并联合市城市环境执法局对横市圩镇进行了统一整治,拆除违章建筑13处,违规搭建雨棚80多张,完成拆除空心房、破旧牛栏厕近万平方米,清除垃圾上万吨,清除淤泥近千吨,建设点平均改水改厕率达100%,较好地改变了原来的“脏、乱、差”现象。圩镇环境得到全面改善。

〔**“三送”工作**〕 2013年,横市镇“三送”工作组及挂点在横市镇的6个市直单位、2个赣州市级单位工作队共计发放各种政策法规宣传单2.6万多张,收集了群众意见建议1596条,为群众办好事实事300多件,极大地密切了党群干群关系。“三送”队员联系牌、连心册、包括对工作组成员名单、所在单位及职务、联系电话的公示,覆盖率达到100%。2013年,横市镇充分发挥“三送”工作平台作用,完成了11个农村公路建设项目,增坑沙芫等26个水利项目得到落实,为全面扎实推进“三送”工作的全覆盖常态化奠定基础,真正做到民事有人管,民难有人帮。

〔**民生工程**〕 养老保险覆盖率稳步提升。全镇参加城乡居民养老保险人数共14669人,收取保费123.54万元,发放60周岁以上享受基础养老金待遇领取人员银行卡269张,发卡率为100%;全镇参加新型合作医疗人数达到22993人,参合率达到99.37%以上,全镇住院补偿人次2688人,补偿金额444.1万元，医疗保险事业顺利推进；2013年全年享受城市最低保障户数达到1138户，累计发放生活保障金191.28万元；享受农村最低生活保障户数达到999户，累计发放生活保障金150.36万元。实现了“病有所医，老有所养”，有效地解决了群众生活问题。乡村综合文化站免费开放。养老、失业、医疗、工伤和生育保险覆盖面不断扩大，社会救助、优待抚恤保障水平进一步提高，敬老院新建楼房竣工并启用。

〔**社会事业**〕 教育事业稳步发展。稳步推进中小学教育布局调整，有效整合了教育资源，有效改善了办学条件，在横市镇中学、明德小学分别建立两个留守儿童（青少年）之家。计生卫生工作进一步优化，认真落实人口和计划生育政策，深化宣传教育，完善服务条件，优化服务质量，提升信息化建设水平。统筹协调解决人口问题，全镇人口出生率控制在13‰，计划生育率达到76%。社会管理进一步完善，高度重视群众利益，维护机制建设，不断畅通群众诉求表达渠道，坚持领导干部带班接访包案化解制度。加大矛盾纠纷排查调处力度，创建横市镇平安创建点，妥善化解各类矛盾纠纷89起，严厉打击各类违法犯罪活动，着力健全完善基层社会治安综合管理体制，加快发展创建和谐稳定的社会环境。

〔**机关作风建设**〕 加快转变政府职能，以“三送”工作为载体，各级干部为群众解决困难和问题15300多个，办好事实事300多件，办结率达98%。深入推进电子政务改革，深化政府信息公开，积极开展电子政务培训，2013年在政府门户网站发布工作动态、政务公开等信息共计2100余条。

稳步推进人事人才工作，认真落实机构编制实名制管理。深化“六五”普法，顺利组织法律知识考试。主动接受镇人大法律监督。充分发挥镇公共资源交易中心的作用。

坚持贯彻落实中央“八项规定”，积极整治“四风”问题，认真落实廉政建设目标责任制，切实加强惩防体系建设，不断加大对干部的教育、管理和违纪案件查处力度，干部作风进一步好转，为廉政建设和反腐败工作开创了新局面，为加快发展营造了风清气正的良好政治环境。

〔**领导班子名录**〕

书记、人大主席：刘吉军
副书记、镇长：刘朋生
副书记、纪检书记：杨　丽（女）
委员、副镇长：陈　斌
委员、人武部长：王　华
组织委员：张　欣
副镇长：肖福斌
　　　　钟　毅

大坪乡

〔**综述**〕 大坪乡地处南康市北部，距横市高速公路出入口9公里，距赣州市区52公里，距南康城区58公里。全乡总面积108平方公里，其中耕地面积1.944万亩，山林面积11.1万亩，辖10个行政村，193个村民小组，有农户6311户，总人口25788人。主要农产品有优质稻米、山茶油等，是江西省无公害优质稻生产基地，素有“南康金粮仓”的美称。2013年，大坪乡在市委、市政府的正确领导下，紧抓罗霄山脉集中连片扶贫开发和赣南苏区振兴发展的契机，以“三送”工作为总抓手，大力实施“生态立乡、科技兴乡、产业富乡、和谐建乡”的发展战略，团结带领全乡人民齐心协力谋发展，尽心竭力惠民生，凝心聚力促和谐，全乡经济快速发展，社会事业全面进步。

〔**农业经济**〕 全乡无公害优质水稻播种面积近2万亩，粮食总产量达2万吨，“江西省无公害优质稻生产基地”这一品牌的影响力不断得到巩固和壮大；依托大坪-坪市四万亩产业带建设，完成了大坪村500亩油茶基地的条带开挖，争取了上期村2700亩“造地增粮”项目的立项；依托绿色、无公害的自然环境条件，在上期村新建30亩大棚蔬菜示范基地；东进农牧集团一、二期工程已经投入使用，存栏母猪4300余头，2013年出栏乳猪67068头；完成了华星生态园项目在东村村的300余亩山地流转，龙头企业示范效果彰显。农民人均纯收入持续稳步增长。全年完成财政收入172.15万元（其中：国税完成9.38万元，地税完成162.77万元），完成了任务数的172.15%，完成率在全市20个乡（镇、街道）中排名第二位。

〔新农村建设〕 全乡21个新农村建设点累计完成改水957户、改厕946户,拆除空心房、破旧牛猪栏舍面积21000平方米。土坯房改造累计完成维修加固187户,拆旧建新495户,拆除空心房666栋,投资300余万元重点打造了大坪村桥头组章石窝乡村统建示范点。投资2300余万元全面完成了大广高速沿线571栋房屋和大坪村岭下自然村等三个精品点168栋房屋的外墙装饰和坡顶建设等风貌改造,打造出了居住环境优美、产业集中发展、集居住观光旅游为一体的富裕和谐秀美乡村。

〔基础设施〕 2013年,对基础设施项目建设的投入力度空前。完成了"横市—大坪—夏造"15.9公里三级县道改造项目的工程可行性审批。筹资350多万元完成了蒋坑村清沅组等12条累计15.5公里的村组道路硬化。新建了永丰汽车桥,完成了三合廖屋和西垄梅坑等2座危桥的维修加固工程。投资500多万元完成了大坪、上期、上洛、中垄四村2800多亩高标准农田建设。新建了石谷坊等8座水坡工程,投资95万元实施了大坪和上期两村的水土保持项目。

〔社会事业〕 建成了中心小学综合楼、完成了上期村小学维修改造。大坪卫生院扩改建项目已完成立项,争取中央预算内资金120万元。全年向区农民学院输送学员50余名,举办各种实用技术培训班15期,培训1000余人次。对困难农户发放电视卫星接收器600余套,组建了老年龙灯队。在赣州市委组织部"三送"工作队的支持下实现了上期村远程教育"户户通"。救助城镇和农村低保对象1037人,共发放低保补助资金187万元,新型农村养老保险参保率达81%,上缴参保资金120万元。积极完善乡村医疗救治体系,全乡新农合参合率达97.1%,上缴参合资金140万元,全年补偿参合农民200余万元。

〔人口和计划生育〕 全乡环孕检率为96.5%,计划生育率逐年提高,达到79.52%,四术累计完成293例,节育率达98.38%,奖扶计划生育对象26例,完成孕前健康检查140对。

〔社会维稳和安全生产〕 坚持不懈地深入基层宣讲党和国家的方针政策、法律法规,高度重视人民群众的利益诉求,及时主动排查和化解各类社会矛盾,全年收集和梳理群众反映的困难问题和矛盾纠纷440起,解决430起,解决率高达97%,防微杜渐,将问题化解在萌芽,化解在当地,实现了"小事不出组、大事不出村、重大事情不出乡"的目标,有效维护了社会的稳定,全年全乡没有出现一起群体性事件和越级上访事件,沿袭多年的"三无上访乡镇"荣誉得到了传承和夯实。开展食品药品、烟花爆竹等专项整治活动,严厉打击各种违法经营行为,规范了市场经济秩序。加强对重点领域、重点部位的安全监管工作,加强巡护,切实做好了森林防火工作,全乡无重特大安全生产事故。

〔"三送"工作〕 实行"四个一"(每月一小结、每季一分析、半年一测评、一年一总结)制度,推动干部直接联系服务群众"双向全覆盖",使"三送"干部在开展工作时积极性更高、针对性更强、前瞻性更突出。此外,还建立了"三查一问"(即查民情日记、查台账、查岗位、问群众)等日常检查考核机制、监督机制,加强督促检查,推动入户走访。

并围绕四个"结合"(与党的基层组织建设相结合、与改善民生相结合、与富裕和谐秀美乡村建设相结合、与维护社会稳定相结合),通过深化拓展"进村入企"、"入户听诉"、"民情夜访"、"农事村办"等工作做法,始终把人民群众的安危冷暖放在心头,在群众最"盼"上赢民心,在群众最"急"上见真情,在群众最"需"上办实事。促进了作风转变、工作落实、问题解决和群众满意。

〔机关作风建设〕 深入推进"庸懒散"整治,切实解决"假浮蛮"现象,落实首问首办责任制、限时办结制、责任追究制,着力根治不作为、乱作为以及责任心不强、服务质量不高、办事效率低下等问题。严格执行中央"八项规定"有关要求,厉行勤俭节约。加强对政府采购、工程招投标等关键环节规范和管理,提高行政效率、降低行政成本,打造廉洁政府、阳光政府。

〔领导班子名录〕

书记、人大主席:朱隆泽

副书记、乡长:曹健生

副书记、纪检书记:肖祖盛

委员、副乡长:张田生
宣传委员、统战委员:唐进
组织委员:谢莉(女)
政法委员、人武部长:张英杰
副乡长:曹之廷(~2013.06)
刘福建
彭 伟

麻双乡

〔综述〕 麻双乡位于南康市北部山区。东与赣县沙地镇、五云镇接壤,南接十八塘乡,西临上犹县社溪镇,北连横市镇,乡政府驻麻双圩,距市区42公里,辖行政村15个,居委会1个,全乡面积127.4平方公里,耕地面积1.5万亩,林地面积13.9万亩,森林覆盖率62.5%。全乡总人口30036人,非农业人口2288人,人口自然增长率6.59‰。

〔经济发展〕 2013年,全乡实现生产总值9200万元,同比增长9.8%,完成财政收入428.95万元,其中地税62.57万元,国税366.38万元,完成任务的186.5%,完成率全市第一。

麻双经济主要以农业为主,农田主要种植水稻,全年粮食种植1.4万亩,粮食产量达到1068.5万公斤,初步实施了"三农"保险。

〔新农村建设〕 2013年,完成了兴麻居委会、鹅坊、麻双、东排、坝孜及长坑扶贫村等村(居委会)27个新农村建设点的建设任务,改水、改厕率均达到95%,培训农民1500余人次。顺利完成富裕和谐秀美乡村建设工程,涉及高速公路沿线鹅坊、麻双、兴麻居委会、东排和坝孜等行政村、居委会543户农户的外墙装饰和坡顶建设,以及沿线破旧土坯房拆除。其中完成坡顶改造3.32万平方米、墙漆涂料28.68万平方米、外墙粉刷8.95万平方米,拆除土坯房109栋,种植绿化树2400多棵,高速公路沿线面貌焕然一新。

〔产业建设〕 粮食生产持续稳定增长。油茶、生猪等特色优势农业产业发展迅速,完成坝孜村油茶低改1360亩,引导注册成立了南康市长兴、润清油茶专业合作社。通过引进实力雄厚的公司投资,打造城孜村460亩油茶基地,形成茶农抱团发展、共享致富成果的局面。乡政府全力协助做好山地流转、低产油茶改造和油茶深加工,万亩油茶基地规模效应初显。大力推进农机生产,有100户种粮大户购买农机103套,规模化、集约化、机械化农业种植初步推广。

〔农业农村工作〕 农村集体土地确权登记发证工作顺利开展。农村"违法用地、违章建房"得到有效遏制并建立了长效工作机制。松江村老山下、坝孜村芭蕉"增减挂"项目完成验收。长坑村沫口、花潭村车田"增减挂"项目顺利推进。农村集体资产、资金、资源(即"三资")清产核资和清理化解乡村垫交农业两税债务等工作取得了实效。扶贫、移民工作有了新进展,全面完成了扶贫对象识别建档立卡工作,长坑村扶贫工作初见成效,松江村老山下地质灾害移民工作基本完成。林业、森林防火、防汛以及预防地质灾害工作进展顺利。

〔苏区振兴发展〕 通过落实结对帮扶等措施,重点解决五保、低保户和贫困残疾人等特殊群体,对无能力建房的特别困难户采取集中统建、乡村代建等方式,确保解决特别困难农户的安居问题。2013年,完成农村危旧土坯房改造1194户,其中新建、修缮473户,拆除空心房721户,超额完成上级下达的1100户改造任务。其中集中建设点5个,共安置103户贫困户。

〔民生工程〕 2013年,全乡共发放粮食直补资金253.1万元、农村贫困学生"两资一补"50.6万元、公益林及退耕还林补贴54.93万元,油茶低改补助25.5万元;发放民政救助救济资金402.11万元;实施新型城乡居民养老保险,参保人数12244人,参保率达到80.5%;新型农村合作医疗覆盖面不断扩大,参合人数27695人,参合率达到99.01%。

〔三送"工作〕 2013年,"三送"挂点单位7个,"三送"干部118人,按照市委双向全覆盖的要求,覆盖了全乡6727户农户。一年来,全乡通过"民情家访"共收集群众意见建议1420多条,为群众解决实际问题340多个,为群众办好事实事450多件。受理96333信访件11件,全部回复处理到位。

〔**基础设施建设**〕 公路方面：争取项目资金160多万元,完成了坝孜到黄埠3.15公里农村客运道路升级改造工程；全年还硬化了松江和树至樟木佘等18条通组公路共13.9公里。全年共争取通组公路项目资金150多万元，乡级财政扶持各村公路建设资金约82.89万元，乡级财政扶持力度之大、投入之多均为历年之最；多方筹集68.6万元完成黄麻公路长3.7公里扩宽改造工程；对麻双至圩下公路两侧路肩进行养护性扩宽，安装安全警示牌24块、弯道镜4片；新建黄坑村罗田、甫竹村樟木洞通行桥2座,多方筹资20多万元新建寨下口、高屋檐等2处挡土墙地质灾害塌方隐患整治点,保障道路通行安全。

水利方面:争取上级项目资金完成官坑、昌莆坳等2座小(二)型水库除险加固;争取和自筹资金40多万元对圩下村元当境等4座山塘水库进行除险加固；争取第二批小农水专项资金128.4万元共计10.7千米15个项目的水渠三面不见泥硬化;新修城孜村、长坑村和黄埠村水陂共3座;争取并完成了水保部门投资160万元沙溪河项目区欧田小流域系列水土保持工程项目建设。对其他小型水毁项目始终做到群众主导、乡级适当扶持,确保全乡群众农事用水。

其他方面:民兵预备役工作进一步加强,顺利完成2013年征兵工作。老年体协工作有声有色,成绩斐然。文化体育设施不断完善,投资20多万元修建了占地面积2600平方米的农民体育健身工程。建成了12个雨量报警装置和1套山洪地质灾害预警系统，有效保障了山区群众的生命财产安全。长坑村沫口等“增减挂”项目顺利验收,新增耕地面积20.94亩;农村“两违”现象得到有效遏制并建立了长效工作机制。开展“粮仓下乡”活动,推广科学储粮仓221套。深入开展柑橘黄龙病防治工作,集中清理病树286株,确保了全乡柑橘黄龙病防控到位,杜绝了爆发性灾害。

〔**计划生育服务**〕 坚持以村(居)为主的服务管理机制,进一步稳定了低生育水平,人口出生率、政策符合率、人口性别比分别控制在13.3‰、77.55%、118。全年计划生育奖励补助20.98万元,对19户符合政策进行了土坯房改造的二女结扎户,每户补助1.2万元。同时不断优化生殖保险、孕前优生健康检查等计划生育服务，全年完成孕前优生健康检查308例。

〔**社会管理创新**〕 高度重视群众利益维护机制建设,构建了乡、村、组“三级”联动机制,全年处理矛盾纠纷63起,调处率100%;坚持领导干部带班接访、包案化解制度,全年处理信访案件16件,办结16件,办结率100%;全年实现了无越级访、无群体访、无重复访等非正常上访现象；实行对采石厂、家具制衣作坊、烟花爆竹店等常态化巡查,全年未发生安全生产事故，维护了麻双的高度和谐稳定。

〔**教育卫生事业**〕 全乡中小学共争取资金908.4万元，新建4栋综合教学楼、2栋营养餐食堂和1栋学生宿舍楼等一批教育基础设施项目,中小学教育教学和教师学生生活条件得到较大改善。麻双卫生院投资40万元修建了职工周转房，农村居民公共卫生健康档案建设进一步完善,农村卫生医疗服务水平明显提高。免费发放了798套“村村通”卫星接收设备,基本实现有线电视信号全覆盖。

〔**干部作风建设**〕 加强政风行风建设。开展民主评议基层站所政风行风活动，解决少数基层党员干部作风不实、简单粗暴、办事不公等突出问题,提升机关办事效能。对农村修路建房等方面的乱收费、乱罚款和乱集资、乱摊派等问题进行专项整治,全乡未发生违法违纪现象。

加强基层党风廉政建设。进一步推进“三务”公开标准化,加强村集体“三资”监督管理,加强对农村基层干部权力运行的监督。认真落实农村基层干部任前廉政谈话、诫勉谈话等制度,全面推行乡、村级班子成员廉政承诺制度、述职述廉制度、勤廉评议公示制度。

严格落实党风廉政责任制。采取主要领导亲自抓,分管领导具体抓,形成齐抓共管局面,建立了分工明确、任务具体的责任机制。加强党员干部的人生观、价值观和世界观教育,抓好各级党员干部廉洁从政的思想认识到位,一年来,全乡党风廉政建设取得较明显的成效,2013年未发生违反廉洁从政相关规定的人员和现象。

〔**领导班子名录**〕

书记、人大主席:谢　兴

副书记、乡长：邹建华
副书记：吴崇河
政法委员：李洪全
委员、纪检书记：胡凯
组织委员：古卯林
委员、武装部长：刘庆明
委员、副乡长：赖积谋
宣传、统战委员：卢　玲（　~2013.8）
副乡长：洪定茂
　　　　李向前
　　　　钟胜平
人大副主席：李志彪

十八塘乡

〔**综述**〕 十八塘乡位于南康市北部，东临赣州开发区及凤岗镇，南连唐江镇及龙华乡，西接上犹县社溪镇，北界麻双乡。全乡总面积130.15平方公里，辖14个行政村和2个社区，人口36762人。2013年，在市委、市政府的正确领导下，乡党委政府坚持以科学发展观统领全局，紧抓赣南苏区振兴发展的契机，按照“主动融入都市区，提速提质促发展，千方百计惠民生，真抓实干兴南康”发展战略，紧扣发展和稳定这条主线，注重兴产业、惠民生、重生态、促和谐、倡实干，抢抓机遇、克难攻坚，全乡经济社会呈现稳中有进、健康发展的态势。全乡实现财政总收入310.53万元，其中国税248.93万元，地税61.6万元。全乡经济发展明显提速，基础设施建设不断增强，可持续发展能力显著提高，社会各项事业全面进步。

〔**基础设施建设**〕 一是强化升级供电设施，2013年，与供电所积极配合，做好塘兴社区供电设施完善工作，新增400KAV变压器2台，改建线路3000米，确保塘兴社区的供电能力上新台阶，保障社区居民的电力供应。及时更新升级街区电表，统一采用电子电表，满足社区居民用电需求。二是加速水毁工程修复，组织对长滩村水陂、群丰村新排水陂、乌溪村罗雪下水陂等三个水毁工程进行维修加固，确保了500多亩农田的灌溉用水及安全。全面启动水利线浇灌渠工作，全乡线浇建设17公里。三是不断完善交通设施建设，顺利推进欧田小学至沙排段、楼下周屋、楼下大营等三条通组公路建设，群丰埠头人行桥重建完工，完成长滩凤形桥一阶段施工图纸设计工作。开展欧田桥、内潮桥、坳下桥灾后重建工作，实现内潮桥的竣工通车。四是稳步实施森林增长工程，打造森林城乡、绿色通道，完成森林村庄植树900株，油茶造林626亩，积极除治松材线虫病，除治病死树332株，有效保护森林资源。

〔**农业产业发展**〕 因地制宜科学制定产业规划，立足自然资源这条生命线，组织农业规划专家对十八塘乡进行实地考察，全面规划农业产业发展蓝图，形成了“一区三带五示范基地，一村五心六生态农庄”的规划布局，规划核心区面积约6万亩。着力打造富裕和谐秀美乡村，2013年，完成大广高速沿线民房装饰84户，共15568平方米；完成坡顶改造233栋，面积11665平方米；拆除空心房及牛栏厕所共58栋，面积约6200平方米，村庄面貌焕然一新。稳步开展新农村建设工作。群丰村排上组、楼下村大营组、李村村广埠组等13个自然村开展新农村建设工作，改水128户，改厕200户，修建通组路760米，硬化余坪2865平方米。逐步使全乡形成初具规模的产业带和产业集群，农民合作经济组织发挥作用，新登记注册乌溪油茶农民合作社1个，塘丰白莲专业合作社、樟坊兴源油茶合作社、马头优质稻种植合作社、塘兴蔬菜种植专业合作社运行良好，提高了农民从事农业生产的组织化水平。

〔**民生工程建设**〕 一是“三送”工作扎实推进。以“六个率”为考核标准，进一步规范了“三送”干部管理。2013年，“三送”单位和干部为群众办理好事实事167件，争取项目16个，资金186万元，调处矛盾纠纷34起。重点抓好了马头村“三送”精品示范点建设，投入16.7万元对马头村村部功能布局、软件资料、环境卫生进行了进一步的规范和提升。二是有力推进农村危旧土坯房改造。2013年，全乡危旧土坯房改造任务748户，已有542户通过市级验收，占任务数的72.46%，共拆除空心房72户，开工户数1172户，开工率为156.68%，已有788户完工，完工率为105.34%。合江村、欧田村等集中建设点陆续建成，集中解决了五保户、低保户等弱势群体的居住问题。着力推出小高层公寓建设模式，顺应了部分农村危旧土坯房改造群体的用房需求。三是不断强化新型农村社会养老保险工作。2013年,全乡参保人口15775人,缴纳保费167.34万元,参保率达89%;累计为全乡60周岁以上老人办理领取卡326张,养老金发放率达100%,确保了国家惠农政策落到实处。纵深推进新型农村合作医疗工作,2013年度全乡参合人口33824人,参合率达98.5%。全年累积发放住院补偿金额20.3万元,有效地解决了农民看病难、看病贵的问题。四是大力落实农村最低生活保障制度。2013年,共有农村低保对象1399人,城市低保对象80人,五保供养户183人,基本实现了应保尽保。全年共发放低保金210.9288万元、五保金44.2860万元,发放自然灾害救济金18万元,所有资金全部按规定用一卡通及时足额发放到位。

〔**项目开发建设**〕 完成了第一批造地增粮项目面积的核实工作,引进江西汇丰农林科技有限公司对开发土地进行综合利用,已向农户预发租金10万余元。启动了第二批造地增粮项目工作,涉及欧田村、下埠村等共2个村10个村民小组,面积约2400亩。全面完成首批"增减挂"土地复垦项目。2013年,全乡共有187.33亩土地取得了市国土局的初步批准,新增耕地面积187.33亩。全面完成了第一批"增减挂"土地复垦区域实地调查摸底工作并有序推进土地复垦工作。

〔**社会和谐稳定**〕 第一,持续抓好综治维稳工作。实现全乡16个村(社区)维稳信息员队伍全覆盖,共有维稳信息员232人,实行治安承包责任制、十户联防制、邻村治安防范联运制管理,织密防控网络。所辖16个村(社区)全部成立了警务室,由派出所工作人员担任警长,增强综治工作快速反应和处置能力。第二,不断加大矛盾纠纷调解中心、社会管理服务中心的建设力度。在14个行政村和2个社区组建社会管理服务站,进一步完善村级农事村办服务体系。建立以司法为主体,公安、信访、土地、计生等有关部门参与联动的行政调解服务中心和信访接待中心,专门负责接访、调处和解决各类纠纷和信访问题,共调处各类矛盾纠纷83起。第三,不断加大安全生产工作力度。2013年,联合派出所、防保站等单位开展多次安全大检查,覆盖到药店、学校、幼儿园、沙场等所有重点领域。开展安全生产教育培训18次,安全生产大检查活动15次,重点查处了存在严重安全隐患的单位5处。

〔**社会事业发展**〕 稳步提升人口计生水平。2013年,全乡出生516人,出生率13.07‰,政策内出生404人,出生政策符合率为78.29%。在出生人口中男孩267人,女孩249人,出生婴儿性别比为107:100。国家免费孕前优生健康检查工作完成460例,全年落实长效节育措施401例。教育文体事业全面进步。新增校舍2007平方米,择优补充新教师52名,教学条件进一步改善。免费配备广播电视"村村通"工程电视接收设备620套,进一步满足了贫困家庭的文化需求。实施十八塘村、樟坊村农民体育健身工程,提高了群众体育健身设施建设水平。顺利推进武装征兵工作,2013年,应征入伍12人,其中大学生7人,大学生占比达到58.3%,圆满完成任务。有效开展"两违"整治工作。成立"两违"整治工作领导小组和土地巡查队伍,强化"两违"政策法规宣传工作,实行土地动态巡查工作制度,坚持在"两违"高发期每天实行动态巡查。将"两违"治理工作任务落实到各村挂点党政领导、"三送"干部及村组干部,明确责任形成合力,有效遏制"两违"现象发生。全年共制止"两违"现象26起,拆除"两违"建筑8栋。

〔**机关作风建设**〕 进一步浓厚学习氛围,大兴学习之风,认真学习党的十八大会议、十八届三中全会、省委十三届七次全会、市委五届六次全会、五届七次全会精神,不断地提高乡机关干部的政治素养。成立夜间理论学习研讨班,通过讲课、自我批评、学习讨论等方式,提高学习能力,夯实理论基础。进一步改进工作作风,严格执行住宿制度,严禁乡干部"走读",所有乡干部周一至周四都必须在乡政府住宿。严格执行请销假制度,乡干部因工作需要或特殊情况在工作日需要离开的必须请假。严格执行干部去向公示制度,在农民服务中心设置公示栏,公布干部的职务和联系电话,方便群众联系。进一步提高政府信息公开力度,在乡政府设立党务公开栏、政务公开栏,将发展党员情况、党费收缴情况,党员干部学习教育培训情况、财政收支情况、重要工程项目建设情况等党务、政务进行公开。通过政府门户网站进行信息公开,全年共公开各类政府信息246条,丰富了人民群众了解政府、监督政府的渠道和途径。进一步改善机关院内工作条件,新建机关办公楼与财政楼,改善政府办公条件,解决干部职工住宿问题。

〔领导班子名录〕

书记、人大主席:吴　斌

副书记、乡长:刘泽文

副书记:欧阳有生

委员、副乡长:卓　宇

委员、组织委员:邓理平

委员、宣传委员:裴红燕(女)

纪检书记:黄　宇

人武部长:林露松

副乡长:傅声清

　　　　谢　斐

　　　　吉　飞

人大副主席:董世荣

龙华乡

〔综述〕 龙华乡地处南康市西部,东邻唐江镇、南接朱坊乡,西界上犹县,北连十八塘乡,乡壤107平方公里。2013年,辖区总人口50711人,总户数10846户,其中农村劳动力25930人。是赣州市“三送”工作先进乡镇,家具企业147家,特色农业蓬勃发展。

2013年,全乡实现国民生产总值5.5亿元,增长14.6%;财政收入1620.43万元,完成任务数的127.59%;其中国税收入1202.32万元,地税收入418.11万元;农民人均纯收入达到4745元,增长7%;社会固定资产投资2.6亿元,增长30%。

〔项目建设〕 始终将项目建设摆在振兴发展的重要位置。不断加大工作力度,创新工作方法,推进龙华工业园征地拆迁和基础设施建设。2013年,龙华工业园3000亩范围内已完成征地2563.2104亩。其中1350亩红线范围内完成征地1307.1747亩,丈量并签订协议房屋81户142栋。园区“三通一平”建设全面提速,开源矿业澳斯麦特炉精锡冶炼项目已经落户。工业园配套设施建设稳步推进。圩镇安置点已完成征地146.9026亩,部分基础设施建设已完成。自来水厂已完成征地148.1233亩,“三通一平”工程在有序开展。双江黄竹和新华罗边土坯房改造示范点已被列为“三送”精品示范点,建设工作正在快速推进;罗边-双江灌区建设项目已经顺利启动,正在开挖罗边至双江南北两条干渠;卫东大桥重建项目已完成设计和招投标,正在加紧施工。

〔圩镇建设〕 进一步加快了圩镇开发步伐。圩镇新区已规划好的三个地块正在加紧建设,圩镇新区已初具规模。龙华乡汽车站、中心卫生院等公共设施已建成完工并投入使用。严格执行了圩镇土地规划。加大了对圩镇规划区范围内兴建住房、厂房的管理,进一步加强了土地稽查,严格了土地审批程序,采取“一支笔审批制度”,对圩镇和赣丰线沿线两厢100米内的各类土地,严格进行管理。对规划区内“两违”现象进行了重点打击,拆除违章建筑2处,制止违章行为11起。建立了圩镇管理长效机制。以健全制度为抓手,推动圩镇管理工作制度化、规范化、常态化;强化了圩镇居民责任,全面推行和落实“门前三包”责任制;加强了环卫和城管队伍建设,采取多种手段“治脏、治乱、治堵”。

〔产业发展〕 工业经济实力增强。抓好了罗边工业小区和赣丰线沿线家具产业链建设。截止目前,工业小区已有企业26家,全乡共有家具企业141家,产业发展已初具规模,解决就业岗位2600多个,拓宽了农民增收渠道。其中,赣州集盛科技有限公司实现产值4000万元,纳税290万元。农业经济稳步增长。在稳定好优质稻、蔬菜、高产花生等传统农业产业同时,集中精力抓好了生猪、甜柚、苗木、渔业等4大特色产业。继续巩固崇文、新文、新华等传统生猪养殖大村,不断带动新的养殖户。2013年全乡生猪出栏34000头,新增栏舍面积9000平方米,扶持发展养殖30头以上良种母猪专业户20户;新落实果业开发面积430亩,使主导产业不断巩固发展,特色产业不断涌现。

〔民生建设〕 民生工程有效推进。认真贯彻落实《国务院关于支持赣南等原中央苏区振兴发展的若干意见》,迅速有效地推进了农村危旧土坯房改造工作。2013年,共完成1330户农户的危旧土坯房改造任务。其中新建931户,维修加固399户。加强了水利设施的建设。投入资金31万元,完成了100米上蒙24~25组大壤河堤护岸修复、60米崇文何屋组河堤修复和50米沙田塅窑边组河堤修复工程；完成了6座小型水库和重要灌溉山塘的除险加固，提高了抗洪防灾能力。加强了交通网络建设。圩镇18米大道延伸工程建成通车，缓解了老赣丰线交通压力；新建了黄塘、牛石、双江等村的通组路1500米，进一步完善了村组交通网络；全年安排资金60万元维护了赤江、中岭等乡村交通干线，确保了沿线群众安全出行。社会事业全面进步。坚持教育优先发展战略，加快了中小学校园环境改造工作，新建了中心小学综合教学楼；大力推进中心幼儿园建设，中心幼儿园教学楼已完成楼面浇筑。全面推进社会保障体系建设，有序推进新型农村合作医疗、城乡居民社会养老保险工作，2013年，新型农村合作医疗收取参合费289.956万元，参保率达到98%以上，共有48326人享受到新农合报账补偿；城乡居民社会养老保险完成了60周岁以上老人银行卡发放工作，收取社保金241.62万元，提前完成了2013年社保金收缴任务。对农村低保对象实行动态调整，坚持应保尽保，杜绝关系保、人情保。继续动员分散五保户入敬老院集中供养，集中供养率持续提高。计划生育工作得到加强，加大了人口与计划生育法律法规的宣传教育，强化了计划生育基层网络建设，加强了计生技术优质服务，加大了依法行政的力度，严厉打击违反计划生育政策的人和事，有力地稳定了低生育水平。人口自然增长率控制在6.9‰以内。

〔**社会治理**〕 高度重视群众利益维护机制建设，不断畅通群众诉求表达渠道，坚持领导干部带班接访、包案化解制度，着力解决群众合理诉求，依法规范信访秩序。构建了乡、村、组矛盾纠纷排查调处网络，健全了人民调解、行政调解、司法调解衔接联动机制，围绕砂场综合治理、涉军人员维稳等重点信访问题，深入开展排查化解行动，全年排查各类影响社会稳定的矛盾纠纷130余件，调解率和成功率达98%。积极推进社会治安防控体系建设，完善"网格化"巡防机制，积极开展社会管理创新试点工作，群众安全感得到提升。加强了校园安全、食品安全、交通安全、消防安全等公共安全监管，安全生产形势整体平稳，家具企业消防安全状况良好。进一步完善了森林防火干部包干责任体系，配齐配强村级护林员队伍，强化监督考核，防范了森林火灾的发生。

〔**机关作风建设**〕 坚决贯彻落实中央"八项规定"，积极整治"四风"问题，干部作风进一步好转。大力推进依法行政，进一步开展了规范性文件的清理、修订或废止工作。政务公开力度加大，多途径、多方面做到信息公开，扩大了群众的知情权、参与权和监督权。深入开展机关效能年活动，机关作风得到进一步转变。扎实推进民主评议基层站所政风行风工作，提高了基层站所服务群众的效率、质量和水平。坚决纠正各种侵害群众利益行为，重视解决征地拆迁、失地农民保障、农民建房、民政救济等工作中存在的问题。坚持不懈地开展廉政建设和反腐败斗争，进一步健全了反腐倡廉工作机制。健全完善了各项应急预案，应急反应能力进一步增强。

〔**领导班子名录**〕

书记、人大主席：李立生
副书记、乡长：赖正祥
副书记：刘芳艳(女)
宣传委员：李千飞
纪检书记：刘克银
委员副乡长：黎传富
政法委员：刘明东
组织委员：邱家源
武装部长：刘昭元
副乡长：肖　松
　　　　邱秀文
　　　　田素华(女)
人大副主席：钟运滨

唐江镇

〔**综述**〕 唐江镇位于江西省赣州市南康市中部，上犹江畔，距离赣州市主城区仅20公里。东临凤岗镇、三江乡，南连太窝乡，西至龙华、朱坊乡，北接十八塘乡。自古以来，唐江就是赣南地区的重要商贸中心，民间素有"小赣州"、"头唐江，二营前"之美称，是江西四大历史名镇之一。辖30个行政村、3个社区，镇域面积96平方公里(其中镇区面积9000亩、耕地40198.82亩，山地140010亩)，人口11.8万人，占南康市总人口的近六分之一。

2013年，唐江镇深入贯彻落实党的十八大精神，以赣南苏区振兴发展为统领，以"三送"工作为抓手，以加快发展、转型发展、跨越发展为要求，打造富裕和谐秀美新唐江。坚持不懈以项目建设带动经济发展和城镇化发展，紧紧把握国家密集出台支持赣南苏区振兴发展配套政策的机遇，在城镇建设、道路交通、民生事业、农田水利、生态建设和其他基础设施等方面全面启动建设项目。抓住机遇，积极策应主城区战略布局，充分发挥交通区位等优势，立足把唐江打造成一个承接大赣州商贸物流、宜居休闲、教育卫生的特色服务功能区域板块。一年以来，在“三送”工作、城镇建设、社会管理、产业发展、和谐秀美乡村建设等方面创新提升成效显著，被列为全省首批百强中心镇和全市商品蔬菜基地重点乡镇。

2013年，唐江镇紧紧围绕年初制定的工作总体要求，即深入贯彻落实党的十八大精神，高举中国特色社会主义伟大旗帜，以邓小平理论、“三个代表”重要思想、科学发展观为指导，牢固树立“发展为先、生态为重、创新为魂、民生为本”的理念，以赣南苏区振兴发展为统领，以加快发展、转型发展、跨越发展为要求，打造富裕和谐秀美新唐江。全镇实现地方财政收入1570.34万元，同比增长13.12%。

〔**苏区振兴发展**〕 2013年是赣南苏区振兴发展全面加快推进的一年，唐江镇把振兴发展放在全体工作的重中之重，共计实施了26个苏区振兴重点项目的申报、建设工作，申报立项了一批好项目，顺利完成了一批大项目。2013年也是农村危旧土坯房改造工作的关键之年。唐江镇明确了“以点带面、分类实施、统筹推进”的工作思路，将任务分解到村，责任落实到人，对住房最危险、居住最困难的五保户、低保户和其他改造积极性高的农户纳入优先解决对象，全镇农村危旧土坯房改造工作得到统筹推进，取得了较好的成效。2013年土坯房改造市级下达任务667户，申报户数1000户，其中低保户数152户，分散供养五保户数28户，验收合格户数974户，农户基本在春节前搬迁入住。顺利推进了九驳桥、白石、幸屋等集中安置点建设。

〔**重点项目建设**〕 坚持不懈以项目建设带动经济发展和城镇化发展，紧紧把握国家密集出台支持赣南苏区振兴发展配套政策的机遇，在城镇建设、道路交通、民生事业、农田水利、生态建设和其他基础设施等方面全面启动建设项目。全年项目总投资累计达1900多万元。一是顺利实施了财富商贸新区项目的道路建设及其他基础设施建设和唐兴大道绿化亮化提升工程及老街老巷硬化修补工程。二是实施了镇区内沙溪河河道清淤疏通和多条防洪堤加固工程，启动了九驳桥改扩建工程。三是顺利完成油树大桥两端绕行道路建设工程征地工作和镇中心幼儿园建设项目征地工作。四是积极配合市级做好赣州职教园区建设项目征地拆迁工作，抽调干部主攻征地拆迁，征地拆迁工作进展顺利，2013年，共完成征地253户，拆迁97户，完成92.38%。

〔**城镇建设与管理**〕 抓住机遇，积极策应主城区战略布局，充分发挥交通区位等优势，立足把唐江打造成一个承接大赣州商贸物流、宜居休闲、教育卫生的特色服务功能区域板块。一是加快新区开发建设力度，科学规划，顺利实施了财富商贸新区项目的道路建设及其他基础设施建设。投资50多万元实施唐兴大道绿化亮化提升工程及老街老巷硬化修补工程，逐步完善配套设施，提升镇区品位。二是大力整治镇区环境，重点治理“脏、乱、堵”现象，在圩日和节假日、重大节日，集中力量突出对人流量车流量大的区域进行重点疏导、管理和清洁，镇容镇貌、交通秩序持续好转。三是坚决遏制违法用地和违章建设行为，切实维护城镇建设成果。建立镇村联动的“两违”防控体系，基本形成了由镇“两违”整治工作综合执法队员巡查为主，村干部巡查为辅，相互监督、相互制约、及时发现、及时制止、及时防控的有效工作机制，同时加大宣传力度，形成对“两违”整治工作有利的舆论氛围和高压态势，“两违”势头得到有效遏制。2013年，唐江镇城镇建设发展提升成效显著，被确定为全省首批百强中心镇。

〔**富裕和谐秀美乡村建设**〕 以发展生产和富裕农民为首要任务，以“三清六改四普及”为切入点，坚持以人为本，通过政府主导，充分发挥农民主体作用，以点带面，分步实施，整体推进新农村建设。2013年，唐江镇有12个省扶点、4个自抓点，涉及9个村838户农户。大广高速唐江枢纽以北沿线房屋风貌改造工程顺利开展，根据市级工作安排，重点做好村民与工程施工队的协调、配合工作,使大广高速沿线富裕和谐秀美乡村建设工作的各个环节、各个阶段顺利进行,较好地完成了工作任务。完成了坳里、白石、隘孜、流源、上坑、通古等全镇高速沿线6个村900多户农户的民房装饰,形成了"点上有精品、线上有特色、面上有提升"的格局,逐步将大广高速唐江枢纽以北沿线建设成为创业致富的示范线、观光旅游的风景线和文明和谐的展示线。

〔**产业发展与扶持**〕 始终坚持"工业强镇"的理念不动摇,同时大力发展现代农业,积极发展第三产业。一是以新型工业化为支撑,大力发展新型产业,拓宽产业链条。大力做好招商引资工作,整合各方资金,引进了一批发展前景较好的项目或企业。积极实施家具企业"引企入园"工作,培植扶持了5家知名家具企业,继续做大做强交通运输、羽绒加工等产业。二是立足于发展特色农业,推进农业产业化,促进农民增收。2013年,唐江镇被列为全市商品蔬菜基地重点乡镇,围绕"一个基地三个合作社"的目标做出唐江蔬菜产业特色,全镇商品蔬菜面积达到8000多亩。引进客商落户唐南建设蔬菜基地,该项目投资1000万元,高标准建成600亩连片商品蔬菜基地;扶持了平田、横江、唐西三个蔬菜合作社,修建了基地排灌水渠6000多米、机耕道路3000多米。一年来投资用于扶持蔬菜产业发展的资金达30万元,进一步提升了蔬菜产业发展水平,更好地对接市场,提高了农户的经济效益。三是积极发展商贸物流、餐饮娱乐、中介服务等第三产业,增加创业就业机会。

〔**民生事业**〕 认真贯彻落实中央和省市区各项支农惠农政策,统筹推进各项民生工程,使发展成果惠及于民。积极动员,千方百计完成2013年农村危旧土坯房改造任务,帮助农户在春节前入住新房。加强农村基础设施建设,新建通村组公路12公里,着力实施小农水项目,完成水利建设投入180万元,在全镇31个村铺设U型槽共8万米,保障群众生产生活用水安全,完成农村电网升级改造项目56个,总投资800多万元,提高了农村用电安全保障能力。在镇区集中建设农民公寓58套。完成"增减挂"项目土地复垦100亩。实施了唐江敬老院长寿楼工程,建成后将新增床位130张,切实改善五保老人生活及住宿条件。强化城乡低保动态管理,做到应保尽保,2013年,共计保障了城市低保799户1483人、农村低保2243户3375人、五保户473人(敬老院集中供养126人)的基本生活。不断完善社会保障体系,2013年,全镇城乡居民社会养老保险参保人数40177人,占目标人群的80.29%,新农合参保人数22205户76021人,占全镇农业人口的98.07%。

〔**社会稳定工作**〕 采取"多管齐下",信访维稳、社会治安和安全生产监管得到进一步加强。一是广泛开展矛盾纠纷排查调处,认真做好来信来访接待工作。坚持每周排查,每月汇总分析制度,将矛盾纠纷化解在萌芽状态;对重点信访事项召开专题会议,进一步落实责任,明确责任人,由农村组三个片的领导亲自抓,驻村干部具体办,让群众相信干部,让干部贴近群众;建立了群众信访接待室,每天至少安排一名党政领导及两名专职干部负责接访处置。二是深入开展社会治安重点地区排查整治工作。坚持排查和整治齐头并进,建设巡逻执勤点,构建"网格化"治安巡逻机制,强化治安秩序管理;健全治安防控体系,在重点路段、商贸区域新增了天网摄像头12个,实行全天候监控,及时了解并记录镇区各个角落的情况,有效弥补了人防、物防的不足,为和谐平安唐江建设奠定了坚实的基础。三是高度重视安全生产工作,对安全生产工作常抓不懈。重点强化了对交通安全、消防安全、道路安全、易燃易爆物品、家具服装企业防火、森林防火、城乡建筑施工、学校周边环境等重点领域的安全监管。着力开展了家具企业消防安全专项整治行动,对全镇家具企业开展了多频次、全覆盖、地毯式的排查整治,家具企业消防安全状况明显好转。

〔**"三送"工作**〕 2013年,唐江镇"三送"活动共派驻274名干部到33个村(社区),其中镇机关干部60人,13个市直驻市单位下派"三送"驻点干部共34人,不驻点干部180人,共与24000多户农户结对联系,实现了"三送"工作双向全覆盖。全年干部共走访群众12万多人次,征求各类意见369条,兴办大小实事好事956件,解决实际困难502个,全镇处理"老大难"历史遗留问题3个,成功调处矛盾纠纷345起,来信来访同比下降32.2%。

96333 信息按时回复率达 100%。完成了中田村上屋窝至竹子坑公路硬化、九驳桥社区元岭至大坑通组公路硬化、平田村水渠修建等 5 个“三送”项目建设。高标准建设了九驳桥社区、木塘村、白石村、坳里村、隘孜村 5 个“三送”示范点。

〔领导班子名录〕
书记、人大主席：黄万林
副书记、镇长：肖礼兵
副书记：刘春水
武装部长：钟南方
组织委员：曾凡平
委员副镇长：申昌雷
宣传委员：蓝　艳（女）
党委委员：刘小斌
纪检书记：黎　俊
副镇长：吴垂永
　　　　黄礼任
　　　　刘勇明
人大副主席：幸玉明

凤岗镇

〔综述〕 凤岗镇位于南康市东部，东接赣州经济技术开发区蟠龙镇，南滨上犹江，与三江乡依水为邻，西临唐江镇，北连十八塘乡和赣州经济技术开发区湖边镇。赣丰线、飞翔路、夏蓉高速横贯全镇，赣州黄金机场坐落其中。全镇辖区面积 63 平方公里，耕地面积 22954 亩，林地 49225 亩，辖 16 个村 1 个社区，246 个村民小组，总人口 4.6 万，其中农业人口 3.9 万，城镇人口 0.7 万。全镇共有 23 个基层党支部，992 名党员，其中农村党员 856 人。

〔经济建设〕 2013 年，全镇财政总收入为 1182.94 万元，占年初预算 950 万元的 124.52%，同比增长 50.24%。其中国税完成 691.65 万元，占年初预算 690 万元的 100.24%，同比增长 30.58%；地税完成 491.29 万元，占年初预算 260 万元的 188.96%，同比增长 90.7%。公共财政预算收入完成 582.89 万元，比上年增加 239.04 万元，增长 69.5%。

〔重点工程〕 一是引进了龙凤生态旅游开发有限公司农林牧综合开发项目和赣州上瑞休闲农庄责任有限公司观光休闲建设项目，积极协调了发改、国土、规划等部门，完成了项目的申报立项工作。二是全面做好赣州新机场改扩建、综合保税区、昌吉赣高铁等项目前期准备工作。全面完成了全镇农户现有房屋摸底调查，建立了农户住房档案，摸清了家底。三是全力推进重大项目征地拆迁工作。进一步规范征拆程序，完善征拆资料，强化征拆队伍，组建专项工作组重点攻克项目征拆遗留问题，抽调精干力量，着力推进新上项目征拆工作。赣州监狱新增征地任务 40 余亩全部完成，机场走廊经济带项目征拆工作有序推进，赣州虔东新型建材有限公司项目平稳进展。四是提升安置点建设水平。制定了《安置点建设管理办法》，加强拆迁户安置房建设和规范管理，明确拆迁安置户的相应职责，维护征地拆迁安置户建房合法权益，并积极与城投公司协调，着手安置点基础设施配备建设，正在分期分批实施道路硬化和排水排污设施建设。

〔制止“两违”工作〕 制定了制违拆违防控层级责任制，包片领导、包村领导、包村镇干部、包组村干部包干责任地段的制违拆违联动机制，将责任层层落实到每一位镇村两级干部。同时与各村签订了制止违法违章建筑工作责任状，实行经济处罚与组织处理相结合的惩处机制。整合国土、行政执法等部门力量，由党委委员带队，充实加强了“两违”整治工作队力量。全年共拆除“两违”建筑 29 处，面积 4036 平方米，有效遏制了“两违”现象。

〔社会事业〕 一是加大了对公路、水利等基础设施建设投入力度，共投入资金 342 万元，新修村组道路 14.2 公里，修缮水利设施 34 处。自来水工程建设大力推进，部分农户集中居住点、安置点用水已纳入赣州市统一配备。二是加大了圩镇建设投入，全年共投入资金 50 多万元，进一步改善了圩镇基础设施，如：对朝阳路、南北街、金凤街等主要圩镇街道规划了交通标识线、设置了 50 个路边停车位；对部分下水道进行了清淤；对垃圾中转站进行了提升改造；另投资 20 多万元，新建了横岭农贸市场，切实方便了村民生产生活，有效规范了飞翔路的管理。三是切实做好计划生育工作，通过进村入户、发放药品、专车接送、跟踪随访等各种贴心的服务推进国家免费孕前优生检查工作，全面完成了市下达的各项任务目标。全年全镇共出生新生儿613人,政策符合率76.8%,人口自然增长率8.74‰,出生婴儿性别比111。四是危旧土坯房改造工作有序推进。全年全镇农村危旧土坯房改造验收申请农户共562户，完成年度任务比例为156.11%，完成2013年和2014年总任务比例84.26%。五是林业工作水平得到了提升。镇村两级层层建立责任制,林业部门和护林员签订责任状,各村都成立了护林防火队，对扑火物资进行了充分储备。加大护林防火的处罚力度,有效确保了全年全镇不发生森林火灾。松材线虫病防治有力,已清理病死树木6000余株,全面完成了任务。塘屋村森林村庄示范点建设也有序推进。六是文教卫生事业快速发展。新建了凤岗中心小学大楼、大塘小学、蔗山小学、凤岗中学食堂,整改规范了一批乡村幼儿园；总投资230万元的卫生院综合大楼正在兴建中,医疗系统从业人员素质逐步提高;农村文化发展日益繁荣,如:农民群众自发组织的路塘村农民艺术团多次参加赣州市、南康市的文化活动,获得社会各界的一致好评。七是新农保、新农合工作有序开展,2013年，新农保参保人数为18576人，收缴保费227.88万元,60岁以上老人享受基础养老保险金356人，被评为全市先进单位,并有41296人参加了新型农村合作医疗,收缴230.526万元,参合率居全市第一。

〔**机关作风建设**〕 把党建工作作为常规工作常抓不懈,以“三送”工作全覆盖常态化为切入点,以党的群众路线教育实践活动为载体，以完善镇村办公活动场所和提升镇村基层组织服务水平为重点,注重制度创新,着力抓好基层党组织建设和党员干部队伍建设,切实夯实基层基础,改变干部作风，密切干群关系，全面提升全镇党建科学化水平。一是继续深入推进“三送”工作,坚持既有体制机制不动摇,继续深入推行“八个全覆盖、六个常态化”工作机制,做到“三个结合”即形式与内容相结合、做功与唱功相结合、常规与特色相结合,落实办理一大批民生实事,切实密切干群关系。二是强化干部教育培养。加强年轻干部的结对帮扶培养力度,强化党性修养;进一步畅通干部晋升进出渠道,完善村干部绩效考核管理,规范后勤管理制度,优化值班守岗管理,改善生活居住条件,搭建活动平台,丰富沟通交流载体;注重组织关怀,完善干部工作激励机制,尊重干事的干部,善待干事的干部,激励干事的干部,倡导做干事的干部,让愿干事的有舞台、能干事的有平台、干得成事的有地位、不干事的就下台。三是夯实基层基础。按照分类分批原则,发挥示范带动效应,逐步提升村级办公活动场所建设水平，精心打造镇为民服务中心和塘屋、蔗山等“三送”党建中心示范村;彻底解决村部没有办公桌椅和卫生间等基本办公生活设施问题;规范健全为民服务机制,推广塘屋全天候值班定点服务机制,发挥群众的主动参与意识,变被动为主动,提升村干部工作效率。

〔**领导班子名录**〕

书记、人大主席:邹焕铁
副书记、镇长:仲玉峰
副书记:肖泽昆
委　员:邱积祥
纪检书记:曹承斌
委员、副镇长:黎明莉
宣传委员:邹杰勇
人武部长:杨文亮
组织委员:李正武
副镇长:薛　军
　　　钟灵花(女)
　　　李智渊
人大副主席:王华人

三江乡

〔**综述**〕 三江乡地处南康市中部，东与赣州市开发区潭东镇交界,南与赣州市开发区潭口镇、潭东镇及南康市太窝乡3个乡镇接壤，西与唐江镇为邻,北与凤岗镇隔河相望。全乡面积为29平方公里,辖11个行政村,125个村民小组、人口30972人。地势南高北低,沿江地势低洼,易遭洪水灾害,上犹江和章江沿岸为冲积平原,其余属丘陵。最低点为东红村三江口,海拔106米。上犹江与章江在境东汇合,形成三江交叉口,三江乡因此得名。三江乡气候温和，年均温19℃，无霜期约286天(2月中旬至11月下旬)，年降水量1314毫米左右。经济以农业为主。全乡耕地面积为13736亩,山林面积1800亩,水面面积4700亩。主种水稻,兼种花生、豆类、黄麻、瓜果蔬菜等。全乡现有卫生院、派出所、信用社等站所各一个。现有2所中学,1所中心小学,8所村小,1所联小。

〔农业产业〕 坚持以农民增收为出发点,狠抓特色农业产业发展,不断优化农业产业结构。一是特色产业增效明显。在巩固扩大新红村葡萄种植基地,谷山村西瓜种植基地,肖边甲鱼养殖基地,伍岭、伍村农业高产示范基地的基础上,引进建成了谷山村蔬菜种植基地,发展家庭农场模式的果园种植类型。二是农业发展基础不断夯实。充分争取小农水、扶贫项目建设,新建排灌站2个,新修水渠6.2公里,改善农田灌溉面积2300余亩。三是农业产业服务不断完善。充分利用农技宣传平台,扩大三江乡特色产业的知名度,提升农产品的科技含量,2013年,全乡组织农技推广20余次,开展特色产业宣传30余次。

〔重点工程〕 2013年,规划1万亩的赣州职教园区建设这一重大项目落户三江,启动区征地面积3800亩,占了2622亩。2013年,全乡累计拆迁189户,面积共84721.75平方米,完成总任务的93.2%,累计征地297户,面积850.869亩,累计迁坟554穴,其中安置点内拆迁房屋35户,征地300亩,完成清表工作,征拆速度成为南康征拆工作的样榜。

〔民生工程〕 一是农村基础设施日益完善。整合"三送"、扶贫、新农村建设和交通水利等项目资金,加上社会各界的捐助,开工建设基础设施项目12个,其中修建桥梁2座,硬化道路6.601公里,加固河堤2千米,新修电灌站2个,改造供电线路4.3公里,修建村民休闲场所2个。全面完成了新红村、谷山村、斜角村、东红村等村4个省扶点和4个自建点的新农村建设,惠及340户农户。二是社会保障机制日益健全。大力发动宣传城乡居民参加社会养老保险和医疗保险,新农保参保人数13765人、参保率达到84%。新农合参合人数29283人、参合率达到100.29%,在全市评比中,新农保全市第3名,新农合排名第5名,两项工作均评为"先进单位"。三是实施《国务院关于支持赣南等原中央苏区振兴发展的若干意见》成效日益凸显。深入落实苏区振兴政策,扎实推进农村危旧土坯房改造。市政府下达危旧土坯房改造任务305户,完成318户,完成率104.2%,同时大力推进土坯房改造集中建设点,引导村民集中建房或参加公寓房建设,2013年在肖边牛形排建设公寓楼3栋30户。建成11户的赤湖村棚下集中建设点。

〔基层组织建设工作〕 2013年,乡党委、政府紧紧围绕"两新"组织党组织建设、流动党员教育管理等难点问题,在党组织设置、流动党员活动证发放等方面,取得了较好的成绩。乡党委采取"走出去"为流动党员异地建"家"的办法,在广东省广州市、福建省漳州市建立两个流动党支部。新组建了三江乡家具行业联合党支部,为家具安全生产提供安全保障。已完善全乡11个村部的硬件与软件设施建设。党员发展重质量,2013年,共发展11名入党积极分子,都具有大专以上学历。

〔社会综合治理〕 2013年,乡党委、政府高度重视群众利益维护机制建设,不断畅通群众诉求表达渠道,坚持乡领导带班接访、包案化解制度,着力解决了一大批信访积案,依法处理缠访、闹访和非正常访的违法行为,信访秩序进一步规范。构建了乡村组矛盾纠纷排查调处网络,健全了人民调解、行政调解和司法调解衔接联动机制,完善了乡领导坐班接待信访和信访包案化解制度,形成齐抓共管的维稳工作格局。全年共受理信访案件294件,及时调处化解289件,结案率达到98.3%。强化建筑安全、校园安全、校车安全、食品安全、交通安全、消防安全等公共安全日常监管力度。每月开展建筑工地、砂场、家具厂和制衣厂的安全隐患大排查并督促整改,并在主要道路、浮桥及事故多发路段设立交通警示牌共计150余块,全年安全生产形势整体平稳。

〔文教卫生〕 乡党委、政府坚持教育优先发展战略,对教育工作给予了高度重视,把教育工作摆到了政府工作的首要位置。2013年,在校学生3622人,其中中学学生1233人,小学学生2389人;全乡中小学有教职工181人,其中中学教师73名,小学教师108名。

〔领导班子名录〕

书记、人大主席:刘其海

副书记、乡长:叶福平

副书记：卓　巍
宣传委员：魏佐财
人武部长：刘贤忠
政法委员：王涛
纪检书记：兰善林
组织委员：谢元剑
委员、副乡长：朱生强（2013.2~　）
副乡长：范世光
　　　　明　慧（女）
　　　　杨开文
人大副主席：蔡启宝

太窝乡

〔**综述**〕 太窝乡位于南康市中部，东邻三江乡和龙岭镇，南临镜坝镇，西接朱坊乡，北连唐江镇，总面积36.52平方公里，辖9个行政村，153个村民小组，总人口21809人。太窝乡交通十分便利，赣粤高速公路贯穿中边、高山、范塘三个行政村，长约4公里，康唐公路纵贯境内5公里。2013年，太窝乡紧紧围绕市委、市政府“主动融入都市区，提速提质促发展，千方百计惠民生，真抓实干兴南康”发展战略和乡“115”工作目标，团结和依靠全乡人民，实现了经济社会发展的主要目标，全乡各项事业平稳较快发展。

〔**经济实力明显增强**〕 2013年，全乡经济总量进一步提升，经济结构进一步转型升级，主要经济指标都有较大的增长。2013年，全乡财政收入完成326.04万元，占任务数的108.68%，其中：国税完成238万元，占任务数的103.47%，地税完成88.04万元，占任务数的125.77%。家具产业有序健康发展，家具企业达400余家，从业人员1.8万余人，2家企业被列为全省100强企业，17家企业通过ISO质量认证，30余家企业通过环境测评。

〔**土坯房改造有序推进**〕 2013年，全乡农村危旧土坯房改造工作扎实有效推进，土坯房改造任务数625户，已完成改造632户，占任务数的100.01%。空心房拆除任务数180户，已拆除空心房216户，面积达15976平方米，占任务数的120%。2013年新增土坯房改造任务数599户，已完成改造734户，占新增任务数的122.5%。土坯房改造公寓楼集中建设点总投资60余万元，已全面竣工。

〔**项目建设提档加速**〕 一是重点项目顺利推进。在赣州职教园区征地拆迁中，太窝乡充分发扬“5+2”、“白加黑”的连续作战精神，不断突破节点、难点，已完成拆迁86户，计44987.19平方米，完成率97.70%，征地270.92亩，迁坟147穴。二是城乡建设用地土地增减挂工作稳步推进。结合低丘缓坡综合开发试点工作，以促进城乡一体化发展为目标，不断促进城乡用地统筹发展，共完成土地增减挂51亩。三是快速推进太窝农村汽车综合客运站建设。完成征地8亩，拆迁300平方米，已完成土地平整，现正在抓紧施工建设。四是狠抓土地巡查和整治工作，开展了“两违”集中整治月活动，严厉打击抢搭抢建现象，辖区内违章建筑和违法用地现象得到有效遏制。

〔**农业农村加快发展**〕 果业、生猪产业加快发展，品牌建设和产品质量显著提高，果业产量达7500吨，出栏生猪3.5万头。农村基础设施大为改善，完成乡村道路硬化12公里。加速农村电网升级改造，增加变压器7台，改线增线12000余米。加大新农村建设力度，农村清洁工程有序推进。扎实做好山塘、水渠等小农水利项目建设，深挖山塘22口，修筑水渠3公里。柑橘黄龙病得到有效防控，共砍除黄龙病柑橘7267棵，发放柑橘黄龙病防控补贴10.9万元。

〔**民生改善更加有为**〕 新农保、新农合等社会保障工作开展良好，被评为市先进单位。新农合参合人员20092人，参合率达99.1%，新农保参保人员9447人，共交保费119万元，参保率达80.6%，全面完成了参保任务。加大低收入人群生活保障和大病医疗救助力度，共发放低保金140余万元，共救助城乡低保、五保1035人次，发放大病医疗救助金27万元。

〔**社会事业协调发展**〕 教育文化事业全面进步，中边小学教学综合楼顺利竣工，全乡各校的营养餐食堂建设完成前期准备工作。计生工作进一步加强，继续稳定低生育水平。创新社会管理，扎实开展和谐平安创建工作，严厉打击各种违法犯罪行为。构建了乡、村、组三级矛盾纠纷排查调处网络,健全行政调解、司法调解体制机制,成立了太窝乡群众接访中心,全年共受理矛盾纠纷案件37起,成功调处35起,调处率达94.6%。

〔领导班子名录〕

书　记:何耀灵(　　~2013.6)

　　　张雪刚(2013.12~　　)

乡　长:张雪刚(　　~2013.12)

　　　刘芳艳(女,2013.12~　　)

副书记、纪委书记:梁　健

委员、副乡长:钟晓敏

组织委员:叶晓峰

宣传委员:王善波

武装部长:肖　云

副乡长:彭俊超

　　　张衍东

　　　黄　青(女)

朱坊乡

〔综述〕 朱坊乡位于南康市中部,东临太窝乡、镜坝镇,南连蓉江街道、横寨乡,西接崇义县龙沟乡和上犹县黄埠乡,北界龙华乡、唐江镇。总面积99平方公里。辖15个行政村,325个村民小组。有12560户,40300人。其中男20483人,女19817人;非农业人口2044人,人口出生率13.25‰。死亡率6.37‰,自然增长率6.88‰,人口密度每平方公里404人,少数民族有畲族等1个,共830人。国民生产总值16.8亿元,工农业总产值91000万元。财政收入7565.11万元,财政支出1927.85万元。各项贷款余额2000万元,存款余额23300万元。

2013年,在市委、市政府的正确领导下,朱坊乡党委、政府深入贯彻落实党的十八大、十八届三中全会精神,紧紧围绕"发展升级、小康提速、绿色崛起、实干兴赣"的方针,认真贯彻落实"主动融入都市区,提速提质促发展,千方百计惠民生,真抓实干兴南康"战略,结合实际,迎难而上,以项目建设为主抓手,以和谐平安建设为目的,加快发展,转型发展,各项工作得到有序推进。

〔"三送"工作〕 优化党员干部联系户的结构,建立"双向全覆盖"工作格局。结合工作实际,在"愿不愿意送、怎么送、留不留得住"等方面下工夫,突出全员参与、突出载体建设、突出力量整合,取得了明显成效。市乡两级干部共联系全乡9277户农户,累计慰问困难农户823户,帮扶群众3411人次,开展政策宣讲1040场,调解矛盾纠纷675件,解决群众实际困难1447件。统筹"三送"、水利、交通、移民、农业开发等项目建设资金600余万元,硬化胜利、桥头、枫树等6个村通组路7.1公里,新建枫树大桥,维修加固新田坑大塘、新兴上山塘、茶园山塘等11口山塘,新建茶园桃树下排灌站等。

〔产业富民〕 工业产业升级发展引领致富信心。引导汇丰矿业、罗边玻纤等骨干企业加大技改投入,转变发展方式,落实乡党政成员挂企业责任机制,切实解决企业的实际问题。加强家具企业管理,引导产业集聚发展,形成以胜利宏基工业园、新兴工业园为聚集区的产业格局。2013年,家具企业数增至112家,其中引进仟亿家具等中型规模以上企业3家,实现税收8269.5万元。

农业产业规模化发展效益显现。投入30万元用于扶贫产业化项目建设,扶持土石村白莲基地、红心村果业基地、李姑村油茶基地,按照"企业+基地+农户"的模式,发挥农民专业合作社的作用,带动更多农户自主创业致富。

〔项目建设〕 节能照明产业园征地工作有序推进。年初,在完成节能照明产业园征地摸底工作基础上,宣传政策,广泛动员村组干部,全面完成一期25亩征地任务。二期征地过程中,抽调24名乡村干部,组成4个征地工作小组,制定了责任明确、奖惩分明的征地拆迁方案,严格落实"每日调度"制度,开展"奋战80天"活动。完成二期608亩征地任务及房屋安置点、公墓安置点规划工作,拆除房屋174平方米,发放征地补偿款1520万元。

快速推进朱坊乡变电站建设。完成了朱坊乡35KV变电站的15亩征地拆迁工作。总投资3000万元的朱坊乡变电站已完成工程基建,建成后可有效解决朱坊、横寨等周边五个乡镇农村居民用电难问题,同时可为龙华、镜坝工业园区提供电力保障。

完成增减挂项目。新兴增减挂项目,经土地整治后新增耕地40亩,共拆迁安置90户,通过拆除土坯房,复垦形成了路直、沟通、田成方,彻底改变了原先的脏乱差现象。全面完成新志1500亩造地增粮山地流转工作。

〔**民生工程**〕 2013年,多措并举有力推动土坯房改造工作。实行"片长包片、驻村干部包点、村书记第一责任人"制度,完善一户一档工作,共完成集中改造20户,分散新建294户,维修加固147户,拆除空心房1410户、4541间。在土坯房改造中,优先解决"两红"人员及革命烈士的子女家庭、五保低保户等特殊群体,对无能力建房的特别困难户采取集中统建方式,确保解决特别困难农户的安居问题。

进一步完善基础设施建设。继续推进农网升级改造工作。新建配变器10台,新建10KV线路7公里,改造低压线路19公里,完成了新兴村下湾标准化台区改造工程。乡村道路建设,维修了寡婆桥至朱坊圩至罗边破损公路13000米,总投资130万;启动寡婆桥至上营县级公路改造工程,已完成寡婆桥至朱坊7.5公里图纸评审,整个项目全长14.3公里,总投资5000多万元。

大力推进水利工程建设。一是全面完成章江灌区罗边灌片征地拆迁工作,完成征地96.67亩,拆除房屋980.6平方米,发放征地款213.96万元;二是完成了李姑、罗坑2个小(二)型水库的除险加固;三是实施了11个水毁工程的修复工作。

切实推进扶贫移民工作。关注贫困地区人口的生产生活状况,在资金投入、项目安排等方面给予大力支持,硬化通组路2公里,硬化红心果业和土石太空白莲两个产业基地道路共计5.7公里,新修水渠5千米,完成土石村生猪养殖基地和水产养殖基地基础设施扩建工程。

〔**家具企业消防安全整改工作**〕 进企入户详细排查,掌握全面情况,针对自查自纠、排查整治两个阶段出现的消防安全意识不强、相关制度不齐全、消防设施不健全等问题,采取奖惩并举有效措施进行改进。共集中开展5次检查,发放消防安全及职业病防治的《整改通知书》,确保100%的家具企业开展消防知识教育,查处4家已搭厂房未正常生产企业,对1家企业进行停电整改。

〔**信访维稳工作**〕 工作上精心部署,重视信访人的诉求,狠抓落实,认真做好信访维稳工作部署。设立信访接待室,每天安排一名党政成员负责,进一步规范信访登记制度。开展信访案件全面清理工作,共整理本级访案件34件,已办结32件,2件正在办理中。

〔**服务群众**〕 1、社会保障有新进展。进一步拓宽再就业渠道。社会保障工作进展顺利。完成新农保收缴16000人,保费210万元,参保率超过80%。

2、民政帮扶更接地气。开展困难群体调查摸底工作,对低保户、五保户进行动态调整。发放低保、五保资金240万,发放救灾救济款物12.2万,救助人数1539人。

3、黄龙病防治工作更科学。组织4个专业队和15个"三送"工作队迅速深入群众,张贴、发放《柑橘黄龙病识别与防控彩图》宣传资料1000份,指导帮助果农识别黄龙病,针对病树,坚决清理干净。确保全乡柑橘黄龙病防控到位,不发生爆发性灾害。

4、人口计生服务水平有提升。进一步加强计生工作队伍建设。注重计生服务工作,主动为群众服务。全乡共为217对夫妇实施孕前优生免费检查,办理独生子女证、一卡通54人次,爱心保险298人次,农村独生子女爱心保险284人,发放计生奖励资金32960元。

5、卫生改革成果得到强化。全面促进均等化服务制度,认真落实医疗救助工作,前三季度救助5271人,救助资金133.6万元。

〔**领导班子名录**〕

书记、人大主席:赖忠猛
副书记、乡长:李　江
副书记:钟孝荣
委员、副乡长:刘光斌
宣传委员:李　慧
武装部长:王　明
纪检书记:彭家林
政法委员:曹开权
组织委员:朱新宇
副乡长:邓志坚
　　　　申昌平
　　　　夏九英(女)
人大副主席:董世清

镜坝镇

〔综述〕 镜坝镇位于南康市中部,东临龙岭镇,南连蓉江街道,西接横寨乡和朱坊乡,北界太窝乡。辖区总面积30.5平方公里,现建成圩镇面积0.5平方公里,规划控制区面积1.5平方公里,辖10个行政村,182个村民小组。耕地总面积15231亩,人均耕地0.47亩,主要种植水稻、花生。

全镇总人口32707人,其中农业人口30653人,城镇人口2054人。少数民族有畲族1个,共375人。镜内的主要产业是家具制造、成衣加工、交通运输、节能照明(建设中)等,其中家具产业为全镇的龙头支柱产业,现有家具产业园5个,总面积达2800亩,全镇共有家具企业725户,从业人员2.2万人,投资百万元以上企业615户,全年营业总额达21.5亿元,全市十大家具企业中镜坝有3户。

〔经济概况〕 2013年,全镇经济持续健康发展,全镇实现财政总收入782.54万元,完成任务的147.27%;城镇居民人均可支配收入7665元,增长10.84%;农民人均纯收入6763元,增长16.5%。

〔项目建设〕 全镇上下牢固树立抓征地拆迁就是抓项目、就是抓平台、就是抓机遇的思想,通过推进项目建设来带动全镇经济发展。

一是节能照明产业园建设成效凸显。2013年,镇党委、政府进一步调整思路,创新方法,实行集体土地上房屋按重置价补偿,启动完全失地农民养老保障工作,抓紧抓快安置点建设,节能照明产业园征地拆迁步伐明显加快,完成征地3480多亩,拆迁房屋430多栋,迁移坟墓1200多穴,有力促进了园区平台建设。已有26家灯饰企业摘牌落户园区,奥科特照明、冠华照明、雅伦灯饰等6家企业已开工建设,园区道路、排水等基础设施建设正抓紧实施,整个园区的建设有序推进。节能照明产业园建成后,将大大提升镜坝镇经济发展后劲。

二是返乡农民工家具创业园建设稳步推进。利用镜坝家具产业基础较好,人流、物流、信息流资源丰富的优势,不仅抓好了原有3个家具园区的建设,而且着力加快红星、洋坑两个返乡农民工家具创业园建设,两个园区已基本完成征地拆迁、土地平整、规划设计等工作,完成道路硬化3000米,基础设施建设有序推进,组织企业入园工作稳步进行。镜坝的家具产业的规模效应、集聚效应不断凸显。

〔土坯房改造〕 2013年,全镇上下始终把"农村危旧土坯房改造"作为工作的重中之重来抓,以《若干意见》精神为指导,配合南康和赣州城市建设的需要,扎实推进农村危旧土坯房改造工作。2013年全年完成维修加固805户,提前完成2014年改造任务,完成集中建设点建设48户。

〔计划生育〕 紧紧围绕"稳定低生育水平"主题,提高优质服务水平,落实奖扶政策,加强流动人口管理。2013年,镜坝镇被评为"赣州市计划生育工作先进乡镇",洋江村被评为"全国计划生育工作示范村"。

〔两违整治〕 一是壮大两违整治队伍。在原来的基础上新聘用了10名行政执法队员,增强充实行政综合执法中队力量,大力打击两违行为。二是建立长效性的两违整治机制。村书记、包村干部为两违第一责任人,严格执行奖惩;采取"五加二、白加黑、节假日加强巡查"的工作方式,打击两违建设。三是采取强有力的措施打击两违行为。适时组织全镇力量依法行政,对违章建房、违法用地等行为进行打击。2013年共依法拆除违章建筑11000多平方米,"两违"势头得到有效遏制。

〔综治维稳工作〕 全面开展了综治工作的部署和实施,以维护治安为中心,以创安为载体,以防范为重点,使综治维稳取得了明显效果。积极探索适应新形势下社会管理综合治理新路子,建立健全镇、村、组三级综治网络,全面夯实党的执政基础,一个"以领导责任制为龙头,以综治队伍为骨干,以和谐平安创建为载体,以矛盾纠纷排查调处为基础"的治安防范体系已初具规模。

〔机关作风建设〕 一是以"三送"、"党的群众路线"等主题教育实践活动为载体,不断创新工作形式,改进工作作风,加强机关效能建设,政府自身建设不断加强。二是以电子政务公开平台建设为依托,加强政府公开和政务服务建设,实现为民办事"两集中、两到位"。不断完善农民服务中心,全面推进服务型政府建设。三是深入推进党风廉政建设,认真贯彻落实中央“八项规定”,严格整治“四风”问题,积极推行目标考核制度,进一步增强镇村干部的事业心和责任感。

〔“三送”工作〕 镜坝镇在“三送”全覆盖常态化工作中,不断创新工作形式,为群众提供针对性、个性化的服务。根据群众需求,把农民分为就业创业、种植养殖、扶困救助、纠纷调处、公益事业建设等五大类菜单服务对象,分别由镇“三送”办牵头组建五大服务队,对口帮扶指导,真正做到“农民点菜,干部买单”,促进‘三送’工作落到实处,送出成效。

2013 年,全镇“三送”活动共走访农户 8000 多户,收集群众意见建议 1200 多条,为群众办好事实事 350 多件,化解矛盾纠纷 280 多起,大大密切了干群关系,有力改进了干部作风。

〔社会事业〕 2013 年,全镇人口出生率为 12.34‰,性别比为 115.5:100,人口自然增长率为 8.13‰,节育率为 97.93%。全镇民政优抚对象共 140 人,分散供养 124 人,集中供养 35 人,一年发放低保资金 162.4 万元,农村低保共 719 人,城市低保共 34 人,发放大病医疗救助资金 63.3 万元。全镇新农合参合 28552 人,参合率 98.43%,新农保参保 17021 人,参保率 81.2%,农村合作医疗发放补助 510 万元。10 个村已全部通水泥公路,共有水泥路 73.5 公里。境内有初中 2 所,在校学生 868 人(连城初中 456 人,镜坝中学 412 人),教职工 80 人;小学 12 所,其中完小 9 所,教学点 3 个,在校小学生 2535 人,教职工 122 人。

〔领导班子名录〕

书记、人大主席:钟 伟

副书记、镇长:朱 芳

副书记:周德任

纪检书记:严济化

组织委员:王恩民

宣传、统战委员:眭相友

人武部长:朱作祥

政法委员:朱卫裕

委员副镇长:李建华

副镇长:陈玉万

张 锐

方 静(女)

人大副主席:李巧明

横寨乡

〔综述〕 横寨乡位于南康市西南部,康赤公路中段,距市区 5 公里。全乡总面积 31.2 平方公里,辖 8 个行政村,129 个村民小组,4276 户,总人口 17257 人,2013 年实现财政收入 1900.42 万元。

横寨乡地貌以山地、丘陵为主,耕地总面积 8410 亩,人均耕地 0.5 亩。境内的横寨水库,是南康市最大的小(一)型水库,最大库容 540 万立方米,干渠总长 23.5 公里,设计灌溉面积 1.2 万亩。为加快发展,大力加强了农村基础设施建设,使得全乡水利设施水平得到了极大提升。

2013 年,横寨乡在各项工作年度考评中,获得了“南康市城乡居民养老保险工作先进单位”,“南康市先进基层武装部”、“南康市文明单位”等荣誉。

〔农村经济〕 克服了全球经济疲软、国内经济增速放缓的不利影响,通过加大投入、强化服务,主攻矿产品加工、家具、生猪、果业、蔬菜五大产业,实现了全乡经济平稳较快发展。

2013 年,全乡增加个体工商户 42 户、企业 15 家。生猪标准化养殖猪舍面积达到 9 万平方米,年生猪出栏达 7 万头。新增果业面积 700 亩、油茶面积近 1000 亩。农民人均纯收入增长近 13%。全乡完成财政收入 1900.42 万元(全部为税性收入)。

〔新农村建设〕 一是抓好了三塘村、黄田村、寨里村等 4 个省扶新农村建设点建设,涉及农户 284 户,受益人口 1202 人。投入 110 万元对黄田圩进行了硬化、美化、亮化、彩化,大大提升了黄田圩道路通畅能力和市场容纳能力。共浇筑通组环组水泥路 1800 米,通户路硬化 197 户,改水改厕 102 户,修筑水沟 2800 米,拆除空心房 23 栋,拆除栏厕 9 间,房屋亮化 7000 多平方米,人居环境大为改善,村容村貌焕然一新。

二是以“生态宜居村庄美、兴业富民生活美、文明和谐乡风美”为目标,打造了“森林村庄”。黄田圩种植天竺桂 200 株;三塘村种植桂花树 800

株;康赤公路沿线绿化全面完成。

三是有效遏制了“两违”现象有所抬头的趋势。充分发挥基层国土管理所和村级国土监察信息员的监督作用,对全乡8个村的违法用地、违章建筑行为实行严密监察,做到分工负责、分片包干、不留死角,全天候掌握“两违”动态情况,发现一起,立即制止一起,依法处理一起。

〔**社会管理**〕 一是建立了综治维稳工作责任制,进一步完善了矛盾纠纷排查调处机制,织牢乡村组三级工作网络,基本上实现了“小事不出组、大事不出村、重大事情不出乡”的目标。全年共排查出矛盾纠纷121件,并成功调解了119件,成功率达98.35%。

二是健全了信访工作机制。深入开展乡党政领导包案和值班接访活动,安排专人受理群众来信来访,群众合理诉求得到有效解决。协调和整合各方力量,有效化解了一大批信访积案,畅通了群众诉求渠道,消除了群众怨气,理顺了群众情绪。

三是做好了防汛抗灾工作。组织人员分组对乡内水库、塘坝和地质灾害隐患点进行了彻底排查,在山塘水库设置安全警示牌37块,确保了人民群众生命财产的安全。

四是加强了防火救灾工作。重点加强家具企业消防整改,加强巡山,加大野外用火查处力度,严格落实防火措施,实现了森林防火和消防安全“零火灾”的目标。安全生产工作再获佳绩,年内未发生安全生产事故。

五是加强了流动人口管理,清查登记工作全面完成。持续保持严打高压态势,确保了社会面的控制,维护了社会和谐稳定,群众安全感、幸福感进一步提升。

〔**民生工程**〕 狠抓民生工程建设和惠民政策落实,农民就业、就学、就医条件得到改善,农村社会保障水平明显提高。

一是狠抓了土坯房改造惠民工程。建立了“一周一调度,半月一汇总”的督查机制,健全了“三送”干部结对帮扶机制,完善了考核奖惩机制,促进了改造工作落实到位。全乡571户土坯房改造农户全部落实并完成。

二是有力推进了水利项目建设。完成总投资5万元的小河村河庄组山塘维修加固项目、总投资20万元的齐社下渠道除险加固项目及横寨水库主干渠道清淤,极大地缓解了农田的灌溉压力,有效促进了粮食的增产增收。总投资498.14万元的横寨灌区续建配套与节水改造工程项目已通过省水利厅评审。

三是完成了三塘村三塘组、寨里村乌石组、寨里村李屋组、寨里村王屋组、长塘村其山组、长塘村龙井组、长塘村上坑组、草坵村草坵组、草坵村枫树组、埜塘村郭屋组、埜塘村上排组等11个通组公路硬化项目,总长10.2公里。

四是顺利实施了农村安全饮水项目。赤土集中供水工程已完工并开始供水,基本解决了横寨圩镇及周边村庄饮用水问题,保证了农户喝上安全卫生的饮用水。

五是有序推进了农村电网改造升级工作。新增或扩容变压器10台,农网供电可靠率和电压合格率稳步提升。

六是全面落实了各项低保政策和五保政策。于2013年3月对低保对象进行了年审和调整,加强了城乡低保的动态管理,切实做到“应保尽保、应退尽退”。调整后,全乡共有农村低保对象802人,城市低保对象7人,全年共发放农村低保资金120.30万元,城市低保资金2.016万元。全乡共有分散供养的农村五保对象62人,集中供养的农村五保对象6人(全部在横寨乡敬老院集中供养),全年共发放农村五保资金20.592万元。

七是积极做好了社会救助和优抚安置工作。调整了享受养老津贴的80岁以上老人对象,取消已去世老人的养老津贴,为2013年达到80岁的老人办理养老津贴。全年向281位高龄老人共发放养老津贴34.56万元,向11名精减退职人员发放生活困难补助费2.86万元,向21名优抚对象发放抚恤金11.70万元。

八是全面完成了新农合、新农保任务。新农合参合率达99%、新农保参保率达90%。

九是进一步加强了扶贫攻坚力度。完成岗上组公路、黄田圩水沟建设等8个扶贫开发项目,全年共投入扶贫资金73万元。

〔**社会事业**〕 2013年,全乡在加快发展经济的同时,努力推动各项社会事业进步,促进经济社会协调发展。

一是完善了横寨敬老院的软硬件设施,兴办

了埜塘村老年公寓,丰富了老年体协的活动。真正做到了“老有所养、老有所居、老有所乐”。

二是加快了教育基础设施的建设。总投资20万元的少年活动中心已竣工,总投资180万元的小学教学楼和食堂已完成招标,总投资500万元的乡公办幼儿园完成图审,即将开标。

三是抓好了计划生育工作。加强了人口与计划生育法律法规的宣传教育,强化了计划生育基层网络建设,落实了各项计生优惠政策,集中整治了婴儿出生性别比失调问题,严厉打击了违反计划生育政策的人和事,有力地稳定了低生育水平。通过一年的努力,人口出生率、政策符合率、人口性别比等三项生育指标较好地控制在14.3‰、78.8%、114。

四是群团工作再上新台阶。征兵工作完成任务,输送新兵8人,其中高素质大学生新兵5人。民兵预备役得到全面加强,各项装备添置到位,软件建设全面达标。

五是实施了130多亩的土地“增减挂”项目。投资550万元,完成了土地整理项目中的塌损地堰整修、坡改梯、土地平整和行道树栽植、水利设施建设。

〔领导班子名录〕

书记、人大主席:康兴
副书记、乡长:余　文
副书记、纪检书记:尹英清
人武部长:张健斌
委员、副乡长:袁国锋
组织委员:李泽华
宣传委员:吉学方(　~2013.07)
副乡长:温开忠
　　徐海琳(女)
　　钟　东

赤土畲族乡

〔综述〕 赤土畲族乡地处南康市西南部,与大余、崇义两县接壤,因境内红壤甚多,又产赤金,故名赤土。全乡国土面积157平方公里,山地面积19.1万亩,耕地面积1.6万多亩。共辖17个行政村、1个社区,309个村民小组,10137户农户,4.6万人口,其中畲族人口9800多人,主要居住在富田、河坝、花园三个少数民族村。2001年9月经省人民政府批准撤镇改设民族乡,是江西省八个民族乡中总人口最多、少数民族人口最多、居住最集中的民族乡。2013年,全乡经济产业快速发展,财政收入大幅增加,基础设施加速完善,农民人均收入不断增加。

〔民族工作提档加速〕 始终坚持把握“共同团结奋斗,共同繁荣发展”这一主题,打好民族品牌,用活、用好、用实民族政策,多方争取政策、资金、项目。2013年争取项目39个,资金5274万元,为民族乡的经济社会发展注入强劲活力。完成青塘村大岭背少数民族特色村寨建设,有效保护和充分展现了畲族文化特色。多形式开展民族团结进步创建活动,有效促进畲汉两族共同团结进步。

〔振兴发展成绩斐然〕 抢抓苏区振兴历史机遇,全面推进农村危旧土坯房改造工作,2013年完成土坯房改造任务2107户,完成旗山花果园土坯房改造集中建设点建设,解决了大部分贫困户住房问题。

〔产业规模持续扩大〕 始终坚持“政府引导、企业主导,群众参与”的产业发展思路,优化全乡投资、创业环境,加大招商引资力度,鼓励畲乡民众自主创业、投身家乡建设。2013年,全乡新增甜柚、脐橙果业种植面积1000多亩,新增油茶种植面积3000多亩,新建生猪栏舍近3000多平方米,年出栏生猪7万头以上,基本建成“五个万”产业基地,产业呈现规模化发展趋势。

〔圩镇建设效果凸显〕 赤土圩老街改造工程顺利完成,总投入超过300万元,已全面完成道路修建、房屋立面装饰、绿化带建设和线路管道整改。以少数民族风情一条街为载体,全面完成圩镇房屋外墙统一装修亮化,融入了凤凰图腾等畲族元素。完善新农贸市场配套设施,投入30余万元加强了对新圩镇卫生和摊位的管理。全乡圩镇建设实现跨越式发展,民族特色得到充分彰显。

〔社会事业全面发展〕 赤土民族卫生院投资120万元的住院大楼已基本完工,群众就医环境得到极大改善;民族中小学各项教学设施设备得到进一步完善，投资340万元的中学民族体育场工程已进入填土施工阶段，投资100多万元的民族小学食堂楼投入使用，篮球场建设项目工程顺利竣工，投资近100万元的瓦岭小学教学楼已投入使用，投资120万元的花园小学教学楼已进入招投标阶段，投资近300万元的公办幼儿园已完成征地进入土地平整阶段，教育事业全面发展；2013年发放民政救助救济资金达415万元，新农保、新农合等工作全部完成任务，群众生活得到基本保障。

〔**基础设施日趋完善**〕 2013年，全乡完成公路硬化13公里，并对沿线主干道进行了统一的绿化，完成了2公里的沿线水沟硬化配套；投资2870万元赤土河治理项目已进入征地拆迁阶段；投资600多万元农村饮用水安全项目已竣工供水；争取“一事一议”项目12个，资金41万元，完成莲塘大桥、柯木桥、神下水渠等多个项目建设；全面开展“送温暖、送政策、送服务”活动，争取“三送”项目8个，资金120余万元，累计发放慰问金20余万元，投入20余万元完成虎岗村“三送”示范点建设；结合新农村建设，初步投入1000余万元，打造横寨—赤土富裕和谐秀美乡村示范线路。全乡农村面貌焕然一新，基础设施日趋完善。

〔**发展环境明显优化**〕 持续开展“违法用地、违法建设”整治工作，共拆除违章建筑11处约13200余平方米；多次开展矿产资源非法开采专项整治活动，查处40余处非法采矿选矿点；多次开展烟花爆竹销售点安全检查；对全乡71家家具厂全面开展消防安全检查，查处“三合一”工厂11家；乡信访接待中心已投入使用，处理矛盾纠纷案例80余件，社会环境相对和谐稳定，发展环境明显优化。

〔**干部作风有效转变**〕 不断加强基层党组织建设，完善体制机制，转变干部作风，大力弘扬苏区精神，大幅增加干部值班安排，解决乡干部“走读”问题，坚决贯彻落实中央八项规定和《党政机关厉行节约反对浪费条例》等规定，坚决反对形式主义、官僚主义、享乐主义和奢靡之风。

〔**领导班子名录**〕

书记、人大主席：蓝永清
副书记、乡长：卢洸华
副书记：朱小年
纪检书记：袁耀祖
组织委员：何祥云
宣传、统战委员：杨　威
人武部长：严　毅
政法委员：兰华红（女）
委员副乡长：刘庭生
副乡长：明邦北
　　　　赖冬梅（女）
　　　　范首高
人大副主席：谢月林

浮石乡

〔**综述**〕 浮石乡地处南康市西南部，东邻龙回镇，南连信丰县，西毗大余县新城镇，北依蓉江街办和赤土畲族乡，距南康市区11公里，属公益林地带和限制开发区域，是纯农业乡。全乡国土总面积110平方公里，其中大山脑林场即占30平方公里。土地资源中，山地面积达88737亩，而耕地面积仅为13720亩，经济林面积4204.5亩，果茶面积5795亩，水面面积931亩。全乡辖12个行政村，192个村民小组，居民5420户，总人口24713人，其中农业人口21956人，劳动力12100人。农业主导产业为甜柚、生猪、板鸭、甜玉米。全乡森林覆盖率达74.8%。2013年，全乡生产总值完成8223万元，比2012年增长10.8%；农民人均纯收入达到4935元，比2012年增长9.2%；完成财政总收入82.97万元，其中国税38.02万元，地税44.95万元。

〔**农村危旧土坯房改造工作**〕 坚持“政府主导、农民主体、干部帮扶、群众互助”的工作机制，严格落实乡村两级干部责任，对乡、村干部实行“一对一”包户制度和改造进度考核制度，书记或乡长每周五下午召集责任乡、村干部开会，听取工作汇报，了解改造进度和困难，提出解决措施等，做到每周一调度、每半月一研判，深入细致推进农村危旧土坯房改造。2013年全乡农村危旧土坯房改造新建、修缮加固489户，其中新建435户，修缮加固54户，拆除空心房494户，帮助2户困难农户实施了乡村代建,其中还打造了20户以上危旧土坯房改造集中建设点6个,涉及农户159户。2013年还着力打造了具有赣南客家民居风格装饰的坳上土坯房改造集中建设巩固提升点。集中点21户农户已全部完成工程建设,80户农户按照富裕和谐秀美乡村建设标准进行了统一风貌改造,一幅生态、文明、秀美的"罗坳山居图"已经形成。有序推进新农村建设,对罗坳村坳上、赖屋、邓屋,江口村江孜口等建设点进行全面建设,新修建设点主干道道路3.8公里,硬化通户路1000余米、余坪3000余平方米,绿化树木800株,兴建垃圾池7个,安装太阳能路灯21盏,村庄环境面貌得到了明显改善。

〔**民生工作**〕 乡党委、政府工作始终注重保障和改善民生,协同社会各项事业发展。一是在项目建设方面注重倾斜民生。全年争取的50余个大小项目中,绝大多数是优先安排在群众反映最突出、最迫切、最现实的问题上,注重了项目建设的社会效益,让广大群众得到了实实在在的实惠并感受到了项目建设带来的效益和方便。二是大力支持文化教育卫生等各项事业发展。乡综合文化站新添置了一批办公桌椅、书柜、电脑等设备,并配备多功能活动厅、书刊阅览室、文化信息资源共享服务室、培训室等。着力做好校园周边环境整治、幼儿园校车专项治理等专项整治工作,净化了校园周边环境。乡中心幼儿园工程建设顺利推进。全力支持了医疗卫生事业发展。三是民政救助工作有序开展。对全乡低保对象进行了清理整顿,核减各类不符合条件人员51户91人;四是社会保障机制不断完善健全。2013年,城乡居民社会养老保险收缴参保资金116万元,参保率达83.38%,待遇发放2877人;新型农村合作医疗全乡共有2.2万人参合,参合率100.06%,共有3.2人次获得门诊统筹补偿6.75万元,2000人次获得住院医疗补助4万余元。五是公益林补偿金、粮食直补、良种补贴、农机补贴的发放以及其他农业补助、医疗救助、自然灾害补助等民生资金的发放更加规范有序。六是人口和计划生育工作稳步推进。全面完成了市里下达的123对免费孕前优生健康检查任务,完成了计生对象电话号码录入工作,进一步规范了社会抚养费征收工作,完成了2例名人富人的征收,各类计生指标控制较好,全年共有748人享受了国家各类计生奖励扶助。七是着力做好林业工作。建立了野外用火定人定期巡查制度,严防山林火灾。开挖了幸福村和窝坑村14公里防火线,发放退耕还林资金8.6万元,公益林补助资金65万元;柑橘黄龙病防控工作稳步推进,成立了专业队伍,落实了乡村两级干部责任,对境内4800余亩果园层层进行了排查,共对5321株黄龙病树进行了砍伐,发放补助资金5.4万余元。八是加强耕地保护,狠抓"两违"整治工作。确保耕地保有量指标落实,按标准建立健全档案资料,做好基本农田保护的各项基础性工作;坚持土地巡查制度,严厉打击"两违"现象,全年共查处违法用地23宗、占地15470平方米,拆除18宗,占地14900平方米。

〔**社会各项事业发展**〕 一是强化了综合治理和信访维稳工作。畅通信访渠道,建立健全信访工作机制,深入开展乡党政领导每日带班接访制度、行政调解制度和包案化解责任制。全面推行村每日排查、乡每周排查机制。严格执行乡每月召开两次信访案件交账会议制度。强化了对行政调解办公室和综治办公室的软硬件配备。全年共排查各类矛盾纠纷45例,化解44件,结案率达98%。二是安全生产工作常抓不懈。进一步加大了对各类场所安全隐患的排查力度,对境内道路、采石场、家具厂、学校、烟花爆竹销售点等155家企业,实行党政领导包村、乡村干部包企业责任制,逐一地毯式进行了安全排查,共排查出386处安全隐患并及时落实了整改措施,已整改隐患点150余处。特别是加强了对家具企业消防安全的排查整治工作力度,对境内103家家具企业逐一落实了包企干部,先后召开了两次家具企业消防安全整治工作会议,对消防安全隐患逐一落实了整改措施,整改成效明显。加大了道路交通安全管理工作,在事故易发路段新设立了交通警示牌12块。三是严厉打击各类违法犯罪活动。联合派出所,始终对违法犯罪活动保持了高压态势,公众安全感和群众满意度进一步提升。

〔**机关作风建设**〕 坚决贯彻落实中央"八项规定",积极整改"四风"中存在的问题,"三公"经费控制较好,干部工作作风明显好转,依法行政意识明显加强,抓落实和攻坚克难的能力明显提升。深入推进电子政务平台建设。2013年，在全乡8个村进行电子政务试点工作，配齐了人员及硬件，全年共办件2908件，其中乡服务中心办件1470件，村便民服务中心办件1438件，极大地简化了办事程序，方便了群众。以“三送”工作为载体，全体干部深入一线，共帮扶走访企业118家，收集意见和问题267件，公开承诺办实事好事和帮扶事项82件，帮助群众解决实际困难327件，排查调解矛盾纠纷180余件。

〔领导班子名录〕
书记、人大主席：黄清华
副书记、乡长：张齐武
副书记、纪检书记：王恩民
人武部长：林显昌
委员、副乡长：朱　平
宣传委员：钟宏意
组织委员：肖承亮
副乡长：黄振华（女）
　　　　叶景宇
　　　　王平康

龙岭镇

〔综述〕 龙岭镇位于南康市东南部，东临赣州经济技术开发区潭口镇，南连赣县，西接东山街道、镜坝镇，北邻太窝乡。全镇总面积68平方公里，辖19个村（居）委会，250个村民小组，人口达4.5万人。

2013年，全镇财政收入达到11809.98万元，完成任务的116.81%。其他主要经济指标与2012年相比均有较大幅度提高。争资争项成效较好，全年向上争取财政补助资金200多万元，有力推动了全镇经济社会加快发展。

〔重点工程建设〕 一是重点推进了物流商贸综合体项目征地拆迁工作，已征地1312.69亩，拆迁495户、拆迁主房面积217902.61平方米，迁坟668穴。二是汽车城项目快速推进，完成征地1030亩，完成拆迁328户，拆迁面积243500平方米，已拆除房屋290户，迁坟510穴。三是家具产业园一期全面完成征地拆迁任务，二、三期遗留问题得到有力解决，基本保障了项目的顺利实施，全年完成征地177.52亩，拆迁22户、拆迁主房面积9424.05平方米。四是国际建材板材城全面完成征地拆迁任务，征地25.24亩，拆迁5户、拆迁主房面积3776平方米。五是污水管网延伸项目扎实推进，共征地37.42亩，拆迁1户、拆迁主房面积177.6平方米。六是积极推进秀峰安置点、马鞍岭安置点、井坑安置点建设工作，完成了圩镇土地招拍挂前期准备工作。

〔城乡统筹建设〕 一是以《若干意见》的出台为契机，扎实推进农村危旧土坯房改造等工作。2013年，新建了李源、清田土坯房集中建设点，全镇共新建102户，维修加固419户，高标准地完成了该项工作。二是提升圩镇品质。坚持规划先行，抓好新一轮圩镇规划。立足市镇村三级联动，着力构建“以城区为龙头、以圩镇为支撑，以特色村落为裙带”的城镇联动发展格局。三是积极调整农业产业结构，引导土地向种养大户流转。积极拓宽农民的增收渠道，引导农民发展大棚蔬菜、花卉苗木、特色养殖。加强对农村生活垃圾的清运工作，对农村垃圾进行集中清运，有效地改善了农村人居环境。四是强势推进规划区“两违”专项整治工作，成立了镇综合执法中队，使“两违”整治走上规范化执法、常态化监控、制度化管理的轨道。2013年，共查处“两违”264户、面积85750平方米，拆除143户、拆除面积48066平方米，有效地遏制了违章建筑和违法用地行为的蔓延，维护了规划的严肃性和权威性。

〔社会事业建设〕 一是计生工作上新台阶，一年来共完成婚前免费孕检564人次，征收社会抚养费410.88万元，顺利通过上级计生部门的检查。二是卫生、医疗保障事业快速发展，2013年新农合参合率为102%，超额完成任务；新农保参保率达80%，获全市三等奖。三是武装工作成效显著，2013年向部队输送新兵13人，其中大学生7名，高标准输送了一批人才，党管武装工作荣获全市一等奖。四是森林防火工作扎实有效，充分运用宣传车巡查、短信提醒等方式加大森林防火的防控力度，全年全镇境内未发生森林火灾。五是社会管理创新工作取得新突破。充分发挥镇社会管理服务中心的平台作用，为群众提供方便、快捷、高效的服务，受到赣州市、南康市等各级领导和群众的好评。信访维稳工作责任有效落实，圆满完成了敏感时期的维稳工作任务，积极化解了一批征地拆迁、土地纠纷等信访难题。六是扎实推进安全监管工作,开展了家具企业火灾隐患整改工作,在龙岭村排孜上和汪背村蛇观树背开展了家具企业消防安全试点工作，提升了全镇家具企业消防安全管理工作。

〔**党建工作**〕 一是"三送"活动全覆盖常态化扎实开展。龙岭镇19个驻村工作组、23名市下派干部、84名镇干部实现了对全镇11649户农户和718户居民的全覆盖,服务事项涵盖产业发展、民生工程、设施建设、计划生育、征地拆迁、信访维稳、基层党建等各个方面。2013年,共为群众办理好事实事215件,化解各类矛盾、纠纷367起,收集群众意见建议278条,发放慰问物品和资金10多万元。二是班子建设进一步加强。始终坚持民主集中原则,大胆放权于班子成员,充分调动班子成员的积极性、能动性和创造性。三是党风廉政建设进一步深化。坚持和落实党风廉政建设责任制,坚持党政"一把手"负总责,班子其他成员管住管好职责范围内的责任制工作。电子政务试点工作代表南康市顺利通过省级验收,行政村全覆盖。作风建设得到进一步加强,2013年被赣州市委、市政府评为作风建设模范单位。

〔**领带班子名录**〕

书记、人大主席:李邵武
副书记、镇长:王　俊
副书记:赖俞晖
委员、副镇长:谢开东
人武部长:奚劲松
宣传、统战委员:肖利(女)
政法委员:吴乐明
纪检书记:黄学进
组织委员:陈　矗
副镇长:谭　权
　　　邱国税
　　　邱大盛
人大副主席:黄　波

龙回镇

〔**综述**〕 龙回镇位于江西省南康市南部，东南与赣县阳埠乡、信丰西牛镇毗邻,西连浮石乡,北接东山街道。距南康市区18公里,距信丰县城23公里,总面积137.5平方公里,辖窑下、半岭、龙东、仓下、坪沙、岐岭、龙回、新圩、红光、龙西、三益、石滩、茶叶坳、油田、李村、九江等16个行政村,共253个村民小组,9757户,总人口35104人。

镇政府驻窑下村,距南康市区18公里。境内交通发达,京九铁路、105国道和赣粤高速、赣韶高速公路贯穿境内，京九铁路天字号工程—岐岭隧道在龙回穿经而过,并在窑下曹村(洋边)设有小站;赣粤高速公路在半岭李丰设有出口,在龙东村建有占地180亩的高速公路服务区，是投资兴业、居家的理想之地。

龙回是农业大镇,以种植业和养殖业为主,主导产业有甜柚、生猪、板鸭、腐竹、蜂蜜等。其中"龙回早熟柚"1992年获中国农业博览会金奖，具有果大、质优、早熟、丰产稳产、抗逆性强等优点;"龙回板鸭"1990年获省农业食品博览会金奖，所生产的板鸭色、香、味俱全,远销省内外。

〔**工业园工作**〕 2013年,全力做好龙回工业园扩园项目,同时以半岭工业园为平台,全力做好落户企业服务工作。一是在建项目抓进度,采取书记挂帅,副职分包,明确责任,细化方案的工作机制,全面加快做好龙回工业园扩园征地拆迁工作;二是在谈项目紧跟踪，对意向性进驻龙回工业园的项目主动跟进,加强沟通协调,争取龙回工业园项目早日签约落地,开工建设。三是开工项目优服务,从基础设施建设、资金、技术等方面提供帮扶,帮助半岭工业园、返乡农民工创业园的家具企业解决用地、用工、融资、产品研发和销售等问题,促进家具企业升级发展。

〔**新型城镇化工作**〕 一方面加快基础设施建设:一是积极配合启动105国道改线项目建设，让龙回与赣州城区地域连接更紧密、区位优势更明显、城镇发展更靠前;二是积极申请开通南康城区通往龙回的公交线路,拉近城乡距离,解决关系群众切实利益的问题,方便群众出行。另一方面加快小城镇建设:一是高标准、高要求做好圩镇控制性规划修编工作,对现有总体规划进行扩容提质,因地制宜开展圩镇建设,进一步提升圩镇建设品质,突出特色，打造亮点;二是加强镇城管环卫队伍建设，努力开展“三治”活动，强力规范“市场、交通、卫生、治安、建筑”五大秩序，切实改变圩镇、105国道沿线等处面貌，方便群众生产生活，改善人居环境，提升小城镇品位。

〔“三农”工作〕 一是充分发挥“龙回早熟柚”、“龙回红脐橙”品牌优势，通过引导协助果农做好黄龙病防控工作，加强农科培训、指导、服务，完善果园路网和水利设施等措施，切实扶持好以甜柚、脐橙为主的果业发展，保证增产增收。二是注重扶持龙回板鸭、稻业、腐竹、蜂蜜等传统农业产业发展，扩大龙回板鸭厂、东坚米业、恬凯稻业基地的生产规模，力争做强做大，打造全市强势品牌。三是全面推进茶叶坳村和谐秀美乡村项目建设，坚持在原有村庄形态上增加现代生活必要元素，让居民望得见山、看得见水、记得住乡愁，致力于将茶叶坳村打造成和谐秀美乡村中的南康示范点，赣州精品点；四是大力开展社会主义新农村建设，切实利用好300万的项目专项资金，全力推进龙西村西岭下新农村建设点的村庄整治工作，让龙西村焕然一新、宜居宜业。五是稳步开展“增减挂”项目建设，强调规划先行、因地制宜的原则，明确相关责任人与拆迁补偿标准，努力实现增加耕地有效面积，提高耕地质量，节约集约利用建设用地，镇村用地布局更合理的目标；六是抓好龙回村沙坝孜、油田村下排及茶叶坳村石堂排3个农村危旧土坯房改造集中建设点建设，力争打造成精品点、示范点。

〔民生社会事业〕 2013年，镇党委、政府始终突出利民、惠民、亲民、福民的执政理念，抓紧解决一批群众最迫切、最直接、反映最强烈的突出民生问题，加快发展各项社会事业，促进基本公共服务均等化。一是加快基础设施建设，完成石滩、新圩、仓下等10个村15个水利项目建设；完成半岭陈坑、李村鸭公坵等九个交通项目立项并完工；完成龙回至南康班线候车亭和招呼牌建设；积极申报龙浮公路等级公路改造，争取列入2015年计划；实现万人千吨农村安全饮水项目早日竣工并投产使用。二是2014年新农合完成参合人数34621人，目标参合率达98%。四是积极向上争取民政项目资金，完成南康烈士陵园项目和光荣敬老院扩院项目立项与建设工作。五是进一步推进教育、文化建设，协助中学、中心小学解决截水、截路等校园周边环境难题，并继续大力实施农民体育工程建设等。六是按时保质完成2013年度森林防火阻隔设施建设，加大农村野外火源的监控和查处力度，做好森林防火工作，保障人民群众的切身利益。七是继续加强计划生育工作，依法落实“单独两孩”生育政策。八是逐步开展净水、净空、净土工程，加强生态保护，对全镇范围内的污染企业进行整治，加强行业自律，确保污水不进农田农户，净化各乡道周边空气，改善人居环境。

〔“平安龙回”工作〕 一是完善信访工作领导接待制度，进一步提高信访接待人员工作素质，提高回复及时率。加强矛盾纠纷一周一排查一调度等有效机制执行力度，提高效率，恪尽职守。二是大力抓好安全生产工作，加强日常安全生产宣传，开展好安全生产隐患排查，同时扎实做好家具企业消防、用电整治，“两违”整治、食品药品监察，地质灾害防控等工作。

〔机关作风建设〕 以党的群众路线教育实践活动为契机，切实转变作风，提高效能，依法行政，努力建设人民满意政府。一是改进工作作风。政府的主要职责在于抓落实。全面提高全体机关干部的理解力、执行力和操作力，提高攻坚克难和运用基层工作经验与方法的能力。大力倡导敢于担当、积极进取的精神，大力弘扬脚踏实地、埋头苦干的作风，只争朝夕、雷厉风行，全力以赴推进镇党委、镇政府确定的中心工作和各项重大工程建设项目。二是坚持依法行政。把依法行政作为政府工作永恒主题，全面落实行政执法责任制，严格规范行政行为。自觉接受镇人大主席团的法律监督、工作监督，接受社会各界的民主监督和舆论监督，完善政府内部监督。真正做到履职必实、失责必究、问责必严。三是坚持清正廉洁。结合全市纪检监察系统开展的“转职能、转方式、转作风”大讨论活动，深入推进党风廉政建设和反腐败工作，恪尽职守，从严治政，加强行政监察，坚决贯彻好中央“八项规定”，坚决杜绝“乱作为”、“不作为”、“慢作为”现象，真正树立政府清正廉洁的形象。

〔领导班子名录〕

书记、人大主席：李坊富

副书记、镇长：黄孝斌

副书记:邹杰勇
委员、副镇长:袁伟民
人武部长:方　云
政法委员:谭崇作
宣传委员:刘华燕(女)
纪检书记:伍学江
组织委员:王甲生
副镇长:洪鹰腾
　　　　张思炜
　　　　徐娟琼
人大副主席:曾宪有

蓉江街道办事处

〔综述〕 蓉江街道办事处位于市境南部,是市委、市政府所在地,历为南康市政治、经济、文化中心。东以章江河为界,西与赤土、横寨两个乡的山水相连;南与浮石乡毗邻;北与镜坝镇接壤。全境总面积约39平方公里。共辖8个社区居委会和11个行政村,总人口13.6万人,农村劳动力百分之八十已转入从事第二、三产业。

2013年,蓉江街道认真贯彻落实党的十八大、十八届三中全会以及省、赣州、南康重要会议精神,紧紧围绕市委"同城发展、富民强区"的发展战略和街道"提升经济实力、建设品质城市、加快城乡统筹、共创和谐文明"这一主线,以"三送"活动为总抓手,扎实抓好经济发展、城市建设、城乡一体化建设、改善民生、干部作风建设五项工作,立足实际,凝心聚力,锐意进取,开创了蓉江振兴发展的新局面。

〔经济工作〕 一是财政收入稳步增长。2013年完成财政收入14280万元,其中国税完成10971.18万元,地税完成3308.82万元。完成全年任务数的128.07%,比2012年同期增长70.07%。二是个私经济持续活跃。辖区个体工商户和私营企业突破6300家,特别是家具产业,在蓉江家具协会的引领下,发展规模和质量不断提高,2013年与赣州银座银行、民生银行签订合作协议,办理贷款8300多万元,促进家具产业转型升级,主导产业优势进一步显现。三是群众生活更加富裕。通过争资争项,水、电、路等基础设施得到进一步完善,农村生产生活条件得到提升;通过扶持企业发展,更多剩余劳动力得以就业创业,工资性收入显著增加;通过社会保障体系的完善,更多困难群体的基本生活得到了较好保障。

〔城乡一体化〕 一是推动市重点项目建设取得新进展。在任务重、时间紧、拆迁难度大的情况下,充分发挥"上级部门+街道机关+涉及村居+小组组长+村民代表"五方联动合力,扎实推进了旭山北路拓宽改造工程、旭山岭北路连接线延伸工程和莲花村50亩土地收储3个市重点工程项目。二是抓好了农村危旧土坯房改造工作。2013年,街道土坯房改造任务为1906户,其中修缮加固和新建377户,拆除空心房1529户,街道按照"改造工作早完成,群众早得实惠"的工作理念,做到早谋划,早安排,早推进,提前全面完成任务,并兴建苏茅村老年公寓一所,实现了五保老人在村一级集中供养。三是"城中村"改造稳步推进。东门接官亭"城中村"改造基本完成,完成了从"城中村"到"商业街"的华丽蜕变,岭背社区8~9组及12~13组"城中村"改造成功探索并实施了联建楼建设,使拆房户得到先期安置,保障和维护了先拆户的利益。同时,按照自愿报名的原则,完成了第一批80多户居民每户一套地皮的安置。东门下坝"城中村"改造也有了"破冰"之举,首批10多户居民安置了一套地皮,整体改造工作正朝着有利的方向行进。四是基础设施日臻完善。2013年共启动完成了稍江、莲花、叶坑等12条公路的硬化及村道维修工程,完成了章惠渠洋坝、莲花等渠段的U型渠硬化。在麻田和苏茅村完成了自来水管道铺设工程,解决了饮水困难村的饮水问题。在麻田、岭下等村增设了变压器,并进行了线路改造,解决这些村电压低的问题。在城区实施了一批排污沟的清理维修及硬化工作,为多个路段及小区安装了路灯,方便了群众生活。

〔和谐平安建设〕 一是创新社会管理综合治理工作进一步加强。在街道设立了"群众来访接待室",每天由至少一名班子成员带队坐镇接待来访群众,处理来访诉求。进一步落实了包案领导、驻村(居)干部及所涉站所的责任,实行"倒查问责机制",加大了首访调解力度,使绝大部分矛盾纠纷调解在街村两级,一年来,未出现赴省赴京等恶性上访案例,基本实现了辖区和谐稳定。二是大力开展消防安全隐患专项整治工作。重点对辖区"三合一"家具厂、制衣厂进行了多次集中整治，分片包厂上户进行安全隐患排查和落实消防措施。经过整治，每个家具厂及制衣厂基本添置了消防器材、设置了禁烟标识，安全意识有了明显提高，特别在稍江片家具区，建立了较为完善的公共消防设施，成为南康市一个消防安全的典范。三是计划生育工作进一步加强。全年人口出生率在13.8‰以内，人口自然增长率控制在7.8‰以内，出生政策符合率达77%。三是社会保障工作进一步加强。办理"4050"补贴380人，办理城镇居民医疗保险35578人，办理城乡居民养老保险18913人，办理新农合38378人，发放城乡低保资金900多万元，发放各类慰问金30多万元。四是教育、妇女儿童、老龄、残联、武装、文化等其他各项事业进一步加强。

〔"三送"活动〕 街道以"三送工作促和谐、创先争优促发展"为主题，以宣传动员、结对包扶、走访慰问、收集民意、调解纠纷、兴办实事、解决问题为重点，共成立工作组19个，组织下派干部251名，共联系群众20689户，联系辖区家具企业763家，共筹集资金300万元办好涉及水利、道路、供电等方面的好事实事40多件，为群众解决大小问题200多件，调处矛盾纠纷83起，大力开展访贫问苦活动，为困难群众发放大米510袋，送去慰问金30万元。

〔党建工作〕 一是加强基层组织建设。进一步完善了党员的教育、培养、管理和考核办法，全年共发展党员41人。街道所有村级组织活动场所均达到3星级以上标准。二是狠抓基层作风建设。扎实推进了作风建设，切实解决当前干部工作作风上的"庸、懒、散"等突出问题，三是全面落实廉政勤政机制。认真落实了"中央八项规定"，扎实开展了民主评议基层站所（基层工作人员）工作，深入开展行政权力公开透明运行、效能建设和专项资金综合治理三项重点工作。

〔领导班子名录〕
党工委书记：钟春莲（女）
副书记、办事处主任：刘经辉
纪检书记：肖富炳
组织委员：董　超
宣传、统战委员：刘　晋（女）
政法委员：陈鼎岳
委员、副主任：蒙在亮
人武部长：曾勇燕
办事处副主任：刘荣忠
　　　　　　　蓝善普
　　　　　　　张衍欣
人大联络处副主任：陈渊贵

东山街道办事处

〔综述〕 东山街道位于南康市区东部，2003年10月由原金鸡镇与原西华乡5个村（居）合并而成。东临龙岭镇，南临龙回镇，西临蓉江街道，北临镜坝镇。

2013年元月因辖内南水社区、南山村、大卫村成建制划归南水开发办代管，现辖9个行政村和4个社区，228个村（居）民小组。全境现国土面积69.64平方公里，其中山地面积49089亩，耕地面积13449亩。常住人口达7.9万人，户籍人口4.2万人，其中农业人口30475人；总户数1.23万户，其中农业户数8744户；党支部37个（其中"两新"党组织21个），党员785名。

2013年东山街道牢牢紧扣"强党建、谋发展、惠民生、促和谐"这根工作主线，突出"三大重点"：①强党建，改作风，高效为民树形象；②强城建，重拆迁，统筹城乡助发展；③强基础，惠民生，社会稳定促和谐。努力实现"五个牢牢把握，五个着力推进"工作目标：①牢牢把握党的建设这个关键，着力建设基层组织和干部队伍建设工作；②牢牢把握项目建设这个重点，着力推进征地拆迁工作；③牢牢把握民生幸福这个根本，着力推进民生工程工作；④牢牢把握全面统筹这个原则，着力推进农业农村各项工作；⑤牢牢把握社会维稳这个抓手，着力推进和谐社会建设工作。一心一意谋发展，一以贯之抓落实，一往无前攻难关，一体同心争先进。

〔党建工作〕 1.依托"送政策、送温暖、送服务"这一载体，进一步增强基层党组织的创造力、凝聚力和战斗力；依托"基层党组织整改提高晋位升级"和"村干部绩效考核"，创新"村级后备干部"选拔机制,狠抓村级班子建设;依托党员"创绩",积极落实"群众评议党员"和"党员定区联户",不断强化农村和社区党员管理和使用。

2.严格贯彻执行中央八项规定,坚决反对"四风",不断加强党风廉政和惩防体系建设,认真落实民主集中制,完善重大事项决策制,狠抓班子建设。按照"集体领导、民主集中、个别酝酿、会议决定"的原则,不断健全了"党政联席会、主任办公会、每周班前会、平时工作布置会"等会议议事决策制度,打造了一个"学习型、团结型、实干型、廉洁型"的好班子。

3.建立健全了"一天一汇报、一周一调度、半月一述职,一月一考评"的工作调度机制,不断强化工作目标的考评和督促,使街道上下始终保持了一种"争一流、创一流"的良好工作氛围,强化了干部的责任落实、担当意识、攻坚意识和敬业精神,提高了执行力。

4.建立健全了《东山街道机关干部职工请假制度》《机关干部职工考勤制度》《机关财务管理制度》《征地拆迁统计管理制度》等一系列制度,进一步规范和强化了机关干部工作纪律、工作作风,党风、政风、民风进一步好转,干部使命感、紧迫感有了显著增强,苦干实干、锐意进取、团结协作的精神状态和工作氛围正在形成。

5.通过完善村级目标考评办法,强化村级财务管理,全面推行村级"三务"公开和坚持村(居)重大(突发)事件报告制度,构建了一个"上下联动、高效为民"的基层网络。

〔**征地拆迁**〕 1.2013年,在东山已实施的市重点工程征地拆迁项目有27个,共完成征地2860余亩,拆迁民房236户,拆迁厂房35户计63500余平方米,迁坟967穴。(1)持续五六年的"断头路"东山北路已打通并通车;(2)全面完成金河路、工业大道与赣南大道连接线、市场东路征地拆迁任务;(3)只用一个月时间就全面完成七八年久拖未决的芙蓉北大道贯通工程;(4)年底启动的金融中心和大广高速南出口在最短的时间强势推进征迁工作,完成征地1500亩、拆迁民房130多户、迁坟600多穴、迁厂房24户;(5)其他重点工程如考训中心、18号地块土地收储、泓泰家具市场、泓泰低密度小区、赣南大道朱边安置点(一期)及24米规划路、新巴德士安置点、赣韶铁路上坪安置点、赣韶铁路坨圳安置点、东山北路安置点、赣南大道坪塘安置点等均已完成征迁任务的90%以上。

2.强化调度和考核。通过建立健全"工作进度一日一报、工作情况三天一汇总、工作任务一周一调度、工作奖惩一月一兑现"工作机制,这既重面上总量要求,又重时间节点,促成了各工作组、各村(居)形成"学、比、拼、超"的良性竞争局面。强化协调和配合。通过建立健全街道、村(社区)、村民小组组成的"三位一体"征地拆迁体系,并采取任务层层分解落实的办法,最大限度地激发了各级组织的主体作用,充分调动了社会各类资源来全力保障、配合、服务好各重点项目,征地拆迁工作不断向前推进,强化作风和纪律。一是发扬"白+黑"、"5+2"的工作作风,坚持全天候与拆迁户谈心谈判,充分确保时间、精力全集中,各工作组多次关键时刻谈签协议到凌晨;二是坚持公平、公正、公开原则,一个标准量到底、签到底,杜绝吃拿卡要,坚决守住政策和干部自身的底线。

〔**计划生育**〕 1.2013年,东山出生人口599人,人口出生率14.37‰,已婚育龄妇女9808人,计划生育率80.1%,完成四术任务556例,在计划生育考评中,各项指标名列全市第一。

2.加强了流动人口管理。一是切实加强了对流动人口的持验证管理,全年共登记流动人口育龄对象6828例,并全部纳入信息化管理;二是完成了国家流动人口监测点各项工作。

3.在全市各乡镇(街道)率先完成1例"两非"案件和2例"党员干部"违反计划生育的查处。

4.全面落实了奖、优、免、扶、救、保等利益导向政策,为360户家庭送上了"爱心保险",为农村13户结扎二女户入读高中、10户结扎二女户入读大学办理了"阳光助学"。

〔**民生工程**〕 1.以村庄整治和农村清洁工程为重点,继续做好文峰村水阁上市级自抓点新农村建设工作:共建设通组路310米;修筑灌溉水渠210米,浇筑公共水渠220米;完善了村级活动场所;清垃圾、污泥25吨,清路障2处;拆除了16间空心房、12间破旧栏厕,改水46户,改厕40户,硬化通组路500米、余坪750平方米、阶沿760米、水沟840米,外墙装饰3010平方米,安装太阳能6台,安装变压器1台,新建电网1.2公里。

2.全力推进农村危旧土坯房改造工作。在时间紧、任务重、人员力量相对不足的情况下，2013年414户任务已全面完工，并验收完毕。

3.统筹做好了农业农村工作。完全失地农民养老保险工作已全面完成调查摸底工作；农医合工作全面推进，全年共有30494人参加了新型农村合作医疗保险，覆盖率达到了100.83%；城乡居民社会养老保险全面完成任务，参保人员高达14669人；民政工作扎实开展，全年共落实“五保户”86人，兑现“五保”资金19.71万元；落实农村低保718户，兑现农村低保金191.56万元；发放民政救灾款20万元；落实农村医疗救助241户53.06万元；兑现优抚资金109.47万元；交通和水利工作稳步实施，全年共硬化通组路4.5公里，浆砌灌溉水渠1.4公里，并对文峰水库灌区、坨圳荀孜坑水库灌区、石塘石壁下水库灌区的水渠进行了三面不见泥改造；林业工作扎实开展，砍伐松材线虫病树263株；农业、农技、农机、畜牧等其他工作进展有序。

〔“两违”整治〕 1.健全了以村(居)为单位的属地负责制，对所有“两违”建立了专项档案，对辖区内出现的乱搭乱建做到摸准情况，及时上报。

2.充实了执法力量，加强了执法监管，坚持疏堵结合，形成了“两违”快速反应联合执法的长效机制，持续保持“两违”整治高压态势。

2013年，共计发放“两违”整治宣传材料1300余份，张贴、悬挂宣传标语130余处，累计下发停建通知书300余份，依法强制拆除“两违”13户共32000余平方米，违章建房和违法用地行为得到有效遏制。

〔信访维稳〕 1.继续实行“五包五到位”和党政领导公开“接访、约访、下访、回访”制度，严格落实信访突出问题集中交办和党政领导轮流接访，努力把矛盾化解在基层、化解在萌芽之中，妥善处理社会矛盾纠纷和群体性事件。

2.严格执行“每周一排查，每周一研判”工作机制，集中时间、人员和精力，努力化解和息访一批“老案、旧案”，并结合“三送”工作，进村入户，听民声、集民意，及时开展各项活动解民难、聚民心。

3.整合各部门优势，积极打造信息共享平台，实行社会综合治理，进一步完善突发事件应急反应和处理机制，做到“早发现、早汇报、早处置”，增强了灾害应急救援和防灾减灾能力。

2013年，街道调处各类矛盾纠纷396起，共接待群众来信来访和上级交办件351起，已处理信访案件373起，结案率为94%，其中初信初访停访息诉率达85%。

〔安全生产〕 1.大力开展制衣企业消防安全大排查大整治工作。为期两个多月的排查整治工作中，共收发《自查报告表》640余份，发现安全隐患23处，下发整改通知23份，整改安全隐患21处。

2.认真组织开展家具行业消防安全整改及职业病防治工作。在全市率先举办了家具企业业主消防安全知识培训班，张贴、悬挂消防安全宣传标语120余处，加大了宣传力度；落实了党政领导包村负责制，组建了13个由包村领导、驻村干部、村组干部排查整改工作组，下发了《限期整改通知单》1540份，整改了安全隐患1000余处；统一格式制作了1540张《消防安全管理制度牌》，要求每家家具企业切实做到制度上墙，时刻绷紧安全生产这根弦。

3.突出重点，协同开展“三合一”场所消防安全整治工作。在全市率先组建了由工商、供电、派出所等3个部门共同参与的工作组，并开展了持续两个多月的督促整改工作，共下发1200份限期整改通知书，发现隐患850余处，家具企业消防安全隐患整改正在有序进行中。

〔领导班子名录〕

党工委书记：欧阳效桂

副书记、办事处主任：江晋斌

宣传委员：李民萱

纪检书记：肖金红(女)

人武部长：尹英书

政法委员：黄　珍(女)

委员、副主任：邹健伟

组织委员：吉康生

副主任：谭祖礼

　　　　刘筱金

　　　　肖诗龙

人大联络办主任：卢和池

附　录

南康市2013年金融形势分析

2013年，面对世界经济复苏乏力、国内经济承受下行压力的宏观形势，全市金融部门在市委、市政府的正确领导和大力支持下，以十八大精神为指导，紧紧把握《国务院关于支持赣南等原中央苏区振兴发展的若干意见》重大历史机遇，进一步增强发展信心，稳增长，优结构，促发展，各项金融事业取得了持续向好和稳中求进的明显成效。全市金融运行整体平稳。从金融总量来说，存、贷款均保持上升态势。账面反映驻地金融机构存款余额223.03亿元，各项贷款余额为139.95亿元，存、贷款较年初净增分别为46.08亿元和35.02亿元。促进了全市经济社会平稳较快发展。但在结构和速度上有微小变化，南康市农村信用社表现尤其突出，其存款比年初增加10.55亿元，贷款比年初增加5.52亿元。新成立的招商银行存贷款余额为3.63亿元和5.80亿元。

一、当前的金融形势

金融改革面对资金供给端和需求端两手都要硬。有消息人士称，2013年12月四大行新增贷款投放1800亿元人民币，同期存款大幅增长1.2万亿，而目前市场人士对2012年12月全行业新增贷款估计为6000亿左右。考虑到前11个月已累计新增8.4万亿，2013年全年信贷新增9万亿左右。与此同时，2013年前11月社会融资规模已累计新增16.05万亿，12月社会融资总量可能在9500亿附近，全年社会融资规模有望新增17万亿。无论12月贷款和社会融资规模增长多少，从前11月累计数据来看，2013年新增货币供应都超过了过去几年的历史记录，但市场在半年末和年终却上演了两次钱荒。并伴随着利率水平的不断攀升，足以佐证中国金融资源配置的低效率。如何通过多层次资本市场的建设和金融创新来增加资金供给，并通过投资体制的改革来抑制不必要的资金需求，包括通过资产重组来淘汰债务依赖型的僵尸企业，以实现社会资本的有效配置，无疑成为中国金融改革的重点方向。应该以市场化发展统领国内金融改革。

对影子银行的监管。经多方证实，国务院年前下发了《关于加强影子银行监管有关问题的通知》（107号文），该《通知》立足2012年8月份国务院统筹金融监管的精神，通过“八项规范”，肯定了影子银行的贡献，厘清了中国影子银行的概念，明确了一行三会、发改委、地方金融办等部门对影子银行的监管责任分工，以及如何完善监管制度和做好风险管控等内容，用以规范影子银行在满足经济社会多层次、多样化金融需求的同时，所暴露出来的业务不规范，管理不到位和监管套利等问题。《通知》首先明确了对影子银行的分类：一是不持有金融牌照、完全无监管的信用中介机构，包括新型网络金融公司、第三方理财机构等；二是不持有金融牌照，存在监管不足的信用中介机构，包括融资性担保公司、小额贷款公司等；三是机构持有金融牌照，但存在监管不足或规避监管的业务，包括货币市场基金、资产证券化、部分理财业务等。对此，《通知》提出要按照谁批设机构谁负责风险处置的原则，根据统一归口监督管理和表内外并重的原则，来逐一落实各类影子银行主体的监督管理责任。其中，银行业机构的理财业务由银监会负责监管；证券期货机构的理财业务及各类私募投资基金由证监会负责监管；保险机构的理财业务由保监会负责监管；金融机构跨市场理财业务和第三方业务由央行负责监管协调；融资性担保公司则根据银监会牵头制定的统一的监督管理制度和经营管理规则，由地方政府负责具体监督管理。对于尚未明确监管主体的，比如第三方理财和非金融机构资产证券化、网络金融活动等，则要求由央行会同有关部门共同研究制定办法。小额贷款公司不得吸收存款、不得发放高利贷、不得用非法手段收贷，银行业金融机构按规定与小额贷款公司发生的融资业务要按照一般商业信贷业务，典当行要回归典当主业，不得融资放大杠杆，融资租赁公司要依托适宜租赁物，不得转借银行贷款和相应资产。融资性担保公司要明确界定担保余额和净资产比例上限，防止违规放大杠杆倍数、超额担保。107号文基本反映了央行行长周小川在2013年初对中国式影子银行的看法。周小川认为，中国影子银行机构本身就在监管体系内，“错判”甚至武断地“喊杀”将使中国间接融资比重维持在高位，增加经济或金融运行中的诸多矛盾，同时扼杀金融服务的多元化，加剧社会资源配置失衡。监管层对影子银行的分类规范监管，比一刀切地限制某些业务更加值得肯定，对多层次资本市场的建设和系统性风险的防范应该算是长期利好，市场化和发展应当成为未来规范影子银行政策的基调。总体来看，107号文基本反映了监管层对综合化解区域性和系统性金融风险的系统思考，但关键的看点还在于各监管部门对具体监管尺度的把握，那才是真正影响市场资金供给的核心。尤其在十八届三中全会提出市场在配置资源中起决定性作用的时代背景下，对于影子银行的发展也要以市场化和规范发展的眼光来看待，这也是中国金融市场发展的需要。

二、2013年南康市金融运行整体情况

（一）、南康市存贷款在赣州市辖区所处位置。2013年，赣州市辖区各项存款余额2624.32亿元，各项贷款余额1592.91亿元。南康市各项存款余额和贷款余额均位列赣州市第二；各项存款的增速为26.04%，位列赣州市第一；各项贷款的增速为33.38%，位列赣州市第三。

（二）金融总量得到有效扩张。2013年，南康市作为赣州市内的重点经济发展地区，工作任务重，压力大，为扎实推进金融服务体系建设，中国人民银行南康市支行根据上级会议精神，结合苏区振兴规划，制定了体系建设的年度工作计划，在市政府的强力推动下，使全市金融服务体系建设稳步推进，取得了较好的成绩。全年新设银行业金融机构1家，办事机构3家，经营网点4个。金融体系的建设和完善，促成了南康金融总量做大做强，全市金融机构围绕当地政府的经济发展战略，根据货币信贷工作指导意见的精神。努力做大做强金融总量，银行信贷支持地方经济发展的作用日臻显现。

（三）信贷投向更趋科学合理。从信贷投向来看，一是涉农贷款为贷款投放的重点。2013年，全市涉农贷款余额为80.62亿元，占贷款总额的57.80%。二是主导产业仍为贷款投放的主要增长点。六大支柱产业贷款比2012年同期新增6.22亿元，余额为33.87亿元。其中，矿产品加工10.34亿元，家具产业22.65元；服装产业0.7亿元，食品行业0.9亿元。南康市主导产业的信贷投放的满足率较高，较好地保证了实体经济发展的资金需求，特别是家具产业类贷款首次成为南康市全贷款投入最多的行业。三是消费类贷款受国家宏观调控影响变化不大。消费信贷余额为43.90亿元，同比增加12.36亿元，其中中长期个人消费贷款增加10.05亿元。

（四）金融业运行质量提高，盈利能力进一步增强。2013年，全市金融机构在加大不良贷款清收力度的同时，各行社还大力创新金融产品，不断寻找新的利润增长点，取得了较好的效果。从财务方面看，全市银行业金融机构中间业务收入11187万元，较2012年同期增加5264万元；利润56270万元，比2012年同期增加25444万元。金融机构不良贷款余额7229万元，比年初减少

1534万元,比2012年同期减少41000万元。各金融机构经营更趋稳健,抗风险能力进一步增强,金融业的经营在稳健中实现了快速增长。

(五)政银企互动不断增强发展活力。一是为配合“苏区振兴”工作,各家银行都在积极寻找切入点,主动寻找项目,进行对接扶持,努力把握发展机遇,扩大自身的信贷发展空间。二是围绕“财园”建设,各银行机构积极组织调查,加强银企信息沟通,落实扶持对象。三是按季召开金融运行情况分析会议,为地方政府准确把握金融运行状况及趋势提供平台,使政府、银行、企业沟通更为便捷。四是强化信息沟通推进银企合作。2013年,签约的150户中小微企业的15亿多元贷款基本到位。

三、2013年南康市金融运行中出现的几个问题

2013年,南康市金融运行中出现的一些问题值得认真思考。首先是信贷供需缺口趋势扩大,但各行表现不一,有的行(社)积压大量客户贷款申请没有办法解决,而有的行有大量的信贷规模闲置却苦于没有客户,银行与客户信息不对称导致的借贷“两难”情况再次显现。其次是地方法人金融机构信贷额度受限,小微企业融资形势严峻。第三是大型实体经济的信贷需求不足,做大信贷总量缺乏支撑等问题。具体地说:

(一)农村信用社信贷规模受限,小微企业融资形势仍然严峻。当前,信贷额度受限是地方法人金融机构信贷业务的突出问题,也是制约其发展和影响全市信贷总量加快扩大的重要因素。二、三两个季度末,南康市农村信用合作联社受信贷规模严格管控,有5个亿的信贷资金游离于信贷规模之外,成了季初放季末收的临时性资金。使一些中小企业为了筹措资金还贷在季末东凑西借,疲于奔命,对新客户的信贷需求更是难于满足。这也导致了其传统的服务“三农”和小微企业的力量不足。而小微企业是南康非常活跃的经济组成部分,由于受担保缺陷、管理不健全以及对其信贷资质的培育等因素影响,加上小微企业近年来发展较快,对资金的需求较多,小微企业融资难于得到满足,资金缺口较大。

(二)银行间争抢优质客户。近几年,多家银行相继进驻南康市,使全市金融体系不断得到完善。银行面对南康的企业市场,后来者不会甘于只吃残羹剩饭,优质客户自然成了香饽饽。据三家银行反映,园区内的法人企业,只要有贷款要求,银行有多少做多少,不受信贷规模限制。

(三)南康市家具产业所占信贷资金仍是个“谜”。据调查统计:截至2013年5月末,南康市银行机构(含小贷公司及非驻市的民生银行)共发放涉及家具产业的贷款29.75亿元,发放单位为6131个(包括企业、个体户、自然人)。与会的信贷部门负责人一致认为:南康市家具产业所占信贷资金远不止这些,从其他贷款科目转入家具用途的贷款却难于统计。

(四)有些银行从调整担保方式上降低信贷风险。就贷款担保方式来看,以南康市29.75亿元家具产业贷款为例,以抵押贷款方式发放的贷款12.31亿元,占比41.93%;以担保方式发放的贷款7.50亿元,占比25.21%;以信用方式发放的贷款9.94亿元,占比33.41%。赣商村镇银行根据当时南康市家具产业不太景气,有些原有40个工人的家具企业,现在剩下20人不到的情况。因而,从上半年开始调整担保结构,使抵押贷款率从原来的10%左右提高到现在的29%。

(五)建设银行房贷贷记卡不良记录明显增加。据建行反映,房贷贷记卡不良记录原本几乎为零,2013年起出现了明显上升。反映出部分购房者的还款能力不足。

(六)大型实体经济的信贷需求不足,做大信贷总量缺乏支撑。三季度,受房地产调控政策影响、加上限制地方政府融资平台、企业利润下降以及结构性减税等政策支持力度不足等多重因素影响,部分原计划年内推出的项目延期,影响了商业银行项目储备转信贷投放进度。2013年,全市固定资产贷款余额14.10亿元,比2012年同期下降1.3亿元。企业技术改造、扩大生产规模等中长期项目投入明显下降,法人机构的中长期贷款均显萎缩。受此影响,银行难于在短期内迅速扩大信贷投放总量。

(七)家具产业不甚景气,关注“三角债”信用危机。上半年出现了部分原来三、四十个工人的家具厂只剩下二十人左右的情况,现在这种局面也没有得到根本改观。更重要的是企业产品积压,互相拖欠债务已成为家具行业中十分普遍的问题。这种问题如一旦出现资金链断裂,将出现连锁反应,引发信用危机。

四、对南康市金融工作的建设性意见

国家对赣南苏区振兴发展进行了专题调研，已出台较为具体的扶持措施，南康市金融行业将要抓住这难得机遇，积极争取更大信贷规模，争取授权授信等信贷政策倾斜，力争2014年全年新增贷款有较大突破，为赣南苏区振兴发展提供有力的信贷支持。

（一）积极寻找项目，做大信贷总量。要及时跟踪掌握赣南苏区振兴发展的重点项目及资金需求信息，做好项目储备，提前主动介入，做好资金规划和项目对接工作，加速项目储备转化为信贷投放进度。迅速做大信贷总量，最大限度地发挥金融对经济的推动作用。尤要抓住农村危旧土坯房改造的改造贷款金融支持这一契机，做大金融总量。

（二）做好信贷规模争取工作。一是积极争取股份制商业银行在南康设点；二是向上级人民银行争取对地方法人金融机构在贷款规模上的支持；三是争取国有商业银行在南康的贷款比重，加大对实体经济的投入。

（三）做好信贷资质培育。企业资质是获取融资的首要条件，当前辖内小微企业金融资质普遍较差，获取金融资源能力不足，而且金融中介对企业融资资质的培育、指导功能尚不完善。一是企业自身资质是决定企业能否获得金融资源的基础性因素，尤其是企业的财务信息更是融资成败的关键。但不少中小企业由于会计制度不健全，财务报表不能真实反映其财务信息和经营状况。甚至有些企业存在弄虚作假行为，导致融资部门很难对其资信状况做出全面而准确的评价，进而影响自身融资。二是金融中介机构服务难以深化。当前辖内金融中介服务机构服务难以跟进金融体系的发展，缺乏权威的会计、审计、信用评级等融资中介服务机构，对企业融资资质培育、指导服务等功能不足，难以有效发挥中介机构在解决企业融资难中的作用。针对这种情况，中小企业管理部门要加强引导，银行、财政及税务部门要加强协作，共同强化对小微企业贷款资质的培育。

（四）落实信贷扶持优势产业，挖掘发展潜力。要求各银行机构牢牢把握金融服务实体经济的本质要求，加强信贷指导，跟踪掌握信贷指导意见落实情况，充分运用信贷政策导向效果评估，推动全市“实体金融”建设。按照“有扶有控”的原则，引导各金融机构重点扶持矿产品加工和家具等优势产业集群，加大对“三农”、“小微企业”、“下岗失业”及“保障性安居工程”等事关国计民生领域的信贷支持力度。大力改善对环保产业、循环经济发展、节能减排技术改造等方面的金融服务。定向支持重大项目建设，着力扶持一批重大项目开工。引导金融机构加大对新能源、新材料、绿色照明等具有比较优势的战略性新兴产业的金融支持；引导金融机构全面落实关于金融支持文化产业、服务外包、旅游业、家庭服务业等行业发展的支持要求；引导金融机构以信贷资质培育为手段，以完善创新担保方式为突破口，积极探索服务于实体经济发展的信贷产品和服务方式，支持发展服务经济。

（五）强化信贷管理，推进诚信社会建设。面对当前银行不良贷款反弹的情况。一方面，银行要加强信贷管理，杜绝贷款违规现象。另一方面，要继续强化舆论宣传，提高全社会信用意识。倡导诚实守信，营造守信良好氛围，市人民法院要强化经济纠纷执法，着力打击恶意逃废债行为，要加大对有还贷能力和执行能力的赖债户、钉子户的清收力度，推进诚信南康建设。要努力维护南康市连续被评为金融信用环境建设工作先进县（市）这一来之不易的荣誉，争取更多银行到南康来支持经济发展。

2013年10月12日，市人民法院的法官利用群众赶圩的好时机，来到龙华乡进行法制宣传，为农民朋友答疑解惑，赢得群众的赞誉。

2013年南康市主要用稿统计一览表

作品标题	体裁	媒体	作者	时间	版次	要闻
江西赣州10万干部走村入企为“老表”解难 放下“官架子”当好“贴心人”	通讯	经济日报	赖永峰	7.19	1版	综合稿件
江西南康查处网络散布谣言案	消息	人民日报	记者魏本貌	8.28	4版	
南康项目建设助力经济	消息	江西日报	刘家喜、张石桥 记者鄢朝晖	1.17	A4版	
三个普通家庭的“民生账本”	通讯	江西日报	刘家喜、张石桥 记者鄢朝晖	2.15	A1版	千字版
“干什么”让百姓选“好不好”让百姓评 南康踏实做好民生实事	消息	江西日报	刘家喜、王庭燕 记者鄢朝晖	2.20	A4版	
“民生钥匙”开启“幸福之门” ——南康“三个提高”惠民生	通讯	江西日报	刘家喜 记者鄢朝晖	3.28	B3版	头条
政府不当主角当配角 ——南康家具博览会改由企业主办	通讯	江西日报	刘家喜 记者蔡超然	3.29	A1版	千字版
“三送”干部向菜农传授预防早熟茄子绵疫病技术	图片	江西日报	阳金华	4.07	A1版	千字版
要素倾斜技改扩能 南康壮大龙头企业促转型升级	消息	江西日报	黄振中、刘家喜 记者鄢朝晖	4.19	A2版	
南康绿色理念撑起“工业腰杆”	消息	江西日报	刘家喜、刘　涛 记者鄢朝晖	5.08	B2版	
鹿心社在我市与少年儿童共庆“六一”时指出让孩子们健康快乐成长 史文清冷新生分别陪同参加活动	消息	江西日报	张石桥 记者桂榕	6.01	A1版	
南康家具产业产值超百亿元 带动配套产业快速发展	消息	江西日报	刘家喜、刘　涛 记者鄢朝晖	7.06	A2版	
南康巧做“加减法”	消息	江西日报	刘家喜 记者鄢朝晖	7.17	B2版	
建平台强集聚抓项目添后劲 南康壮大工业实力推动振兴发展	消息	江西日报	刘家喜、古康生 记者鄢朝晖	8.27	B2版	头条
南康家具产业人才兴旺	消息	江西日报	刘家喜 记者鄢朝晖	8.29	B2版	
中国中部第二届秋季家具展销会开幕	消息	江西日报	刘家喜刘涛记者 鄢朝晖	9.10	A2版	
南康打造千亿元产业集群	简讯	江西电台	刘雅琼	1.12		
家具、矿产品两大产业年产值过“百亿”	简讯	江西电台	黄振中	1.22		
开会用活“加减法”	简讯	江西电台	阳金华	1.22		
200名师傅为土坯房改造抢抓工期保进度	简讯	江西电台	阳金华	2.04		
农村“大嫂车间”帮助农村留守妇女	简讯	江西电台	阳金华	2.19		
启动小型农田水利重点建设项目	简讯	江西电台	宗家财	2.26		
南康强化地质灾害隐患点监控	简讯	江西电台	阳金华	4.03		
将投1.01亿建农村中小学营养餐食堂	简讯	江西电台	宗家财	4.15		
一古籍入选《国家珍贵古籍名录》	简讯	江西电台	黄振中	4.23		
南康新增4家规模以上家具企业	简讯	江西电台	黄振中	8.14		

(续上表)

作品标题	体裁	媒体	作者	时间	版次	要闻
南康流动人口享受“均等化”免费计生服务	简讯	江西电台	宗家财	11.8		
南康“招大引强”夯实工业经济“底盘”	简讯	江西电台	黄振中	11.18		
首个生产自动灭火装置企业在南康面世	简讯	江西电台	宗家财	11.22		
南康倾力打造千亿元产业集群	消息	赣南日报	刘雅琼	1.10	1版	综合头条
南康:百姓新春绘新景	通讯	赣南日报	蔡芳兰 特约记者刘家喜	2.11	1版	综合头条
绿色理念撑起南康工业“腰杆”	消息	赣南日报	刘 涛 特约记者刘家喜	5.03	1版	头条
鹿心社在我市与少年儿童共庆“六一”时指出让孩子们健康快乐成长 史文清冷新生分别陪同参加活动	消息	赣南日报	张石桥 记者桂榕 陈济才	6.01	1版	头条
鹿心社在我市调研时指出 让赣南老区人民同步进入全面小康社会 史文清冷新生分别陪同	消息	赣南日报	张石桥 记者桂榕 陈济才	6.03	1版	综合头条
建平台强集聚抓项目增后劲 南康壮大工业实力推动振兴发展	消息	赣南日报	古康生 特约记者刘家喜	7.21	1版	头条
产业升级城市提质民生改善 南康全面加快振兴发展再破题	消息	赣南日报	张石桥 特约记者刘家喜	9.22	1版	头条
优化环境服务项目攻坚克难推进项目 南康项目建设激发经济活力	消息	赣南日报	古康生 特约记者刘家喜	10.07	1版	头条

①

① 2013年10月13日,市老年体协在文化艺术中心举行了重阳节文艺汇演,来自南康市4个乡镇的代表队共计260名演出人员参加活动。

② 2013年12月3日上午,省委政法委常务副书记刘和平到南康市调研非公企业综治工作。

②

主要统计资料

行政区划和土地面积

单位:个、平方公里

乡镇街道	村	村民小组	居委会	土地面积
总计	278	4542	27	1722.35
蓉江	11	218	9	39
唐江	30	572	4	90.2
东山	9	228	4	72
赤土	17	270	1	157
凤岗	16	233	1	63
横市	13	175	1	122
龙岭	18	242	1	51
龙回	16	253	1	135.3
镜坝	10	192		30
浮石	12	192		110
横寨	8	129		31
朱坊	15	321		99
太窝	9	153		35
三江	11	133		27.35
龙华	17	228		107
十八塘	14	234	2	130
麻双	15	213	1	123.5
大坪	10	186		107
坪市	12	150	1	91
隆木	13	168		91
南水	2	52	1	11

国民经济主要指标

指　　标	单位	2013 年	2012 年	增减%
土地面积	平方公里	1722	1722	0.0
年末总户数	户	285070	287374	–0.8
年末总人口	人	832792	829447	0.4
#:农业人口	人	686322	683845	0.4
非农业人口	人	146470	145602	0.6
出生人口	人	15432	15240	1.3
死亡人口	人	10840	5233	107.1
生产总值	万元	1372921	1228860	10.7
#:第一产业	万元	228931	208840	2.9

（续上表）

指　标	单位	2013 年	2012 年	增减%
第二产业	万元	722173	639860	14.3
#:工业	万元	653381	586943	13.0
第三产业	万元	421817	380159	8.4
全社会从业人员	人	559322	538355	3.9
#:第一产业	人	171025	170108	0.5
第二产业	人	234484	222113	5.6
#:工业	人	199768	173410	15.2
第三产业	人	153813	146134	5.3
农业总产值(现价)	万元	342034	321763	6.3
工业总产值(现价)	万元	3367253	2866149	17.5
规模以上工业增加值	万元	560601	513541	12.7
500 万元以上固定资产投资	万元	1000204	776556	28.8
#:房地产开发投资	万元	230233	196465	17.2
#:工业投资	万元	476091	303679	56.8
财政总收入	万元	184020	150029	22.7
公共财政预算收入	万元	135126	109529	23.4
财政支出	万元	336785	300009	12.3
社会消费品零售总额	万元	281598	247159	13.9
签约外资	万美元	9164	10242	-10.5
实际进资	万美元	9182	8338	10.1
外贸出口	万美元	10454	7781	34.4
工业用电量	万度	74934	68183	9.9

主要指标年人均水平

指标	单位	2013 年	2012 年	增减%
年平均人口	人	723534	720025	0.5
生产总值	元	18975	17068	11.2
农业总产值	元	4727	4469	5.8
工业增加值	元	9030	8152	10.8
财政总收入	元	2543	2084	22.0
地方财政收入	元	1868	1521	22.8
社会消费品零售总额	元	3892	3433	13.4
粮食总产量	公斤	329	328	0.3
油料总产量	公斤	48	24	100.0
肉类总产量	公斤	100	99	1.0
水产品总量	公斤	30	29	3.4
水果产量	公斤	86	74	16.2

(续上表)

指标	单位	2013年	2012年	增减%
在岗职工年平均工资	元	38578	32376	19.2
城市居民可支配收入	元	18033	15914	13.3
农民人均纯收入	元	6755	5728	17.9
农民生活消费支出	元	5739	5040	13.9
居民储蓄存款	元	20926	17793	17.6

户数及人口

乡镇街道	总户数(户)	总人口(人)			
		合计	男	女	非农业人口
南康市	285070	832792	429932	402860	146470
蓉江街道办	58346	111119	57396	53723	73167
唐江镇	33004	102624	52447	50177	22155
东山街道办	21246	57340	29030	28310	17923
赤土畲族乡	13507	47298	24703	22595	3068
凤岗镇	16206	46106	23484	22622	4479
横市镇	8049	28315	14847	13468	2505
龙岭镇	16764	47314	23978	23336	3160
龙回镇	12689	37280	19785	17495	2857
镜坝镇	10778	32435	16277	16158	2006
浮石乡	7399	23904	12457	11447	1252
横寨乡	6028	19433	10018	9415	780
朱坊乡	12544	39655	20278	19377	1990
太窝乡	6486	21792	11031	10761	1167
三江乡	9785	31538	15999	15539	1606
龙华乡	14390	50701	26154	24547	2309
十八塘乡	10319	36863	19558	17305	1674
麻双乡	8095	30006	15885	14121	1357
大坪乡	6923	24955	13223	11732	972
坪市乡	6637	23252	12235	11017	1302
隆木乡	5875	20862	11147	9715	741

国民经济主要比例关系

指　标	单位	2013年	2012年
生产总值			
#:第一产业	%	16.7	16.9
第二产业	%	52.6	52.1
#:工业	%	47.6	47.8

（续上表）

指　　标	单位	2013 年	2012 年
建筑业	%	5.0	4.3
第三产业	%	30.7	30.9
全社会从业人员			
#:第一产业	%	30.7	31.6
第二产业	%	41.9	41.3
#:工业	%	35.7	32.2
第三产业	%	27.5	27.1
农业总产值			
农业	%	30.3	35.3
林业	%	1.9	2.7
牧业	%	56.2	50.3
渔业	%	10.8	11
农业服务业	%	0.8	0.6
财政总收入			
工商税收	%	56.4	61.6
企业所得税	%	15.2	10
专项收入	%	3.4	3.9
其他收入	%	11.1	12.8
财政支出			
一般公共服务支出	%	9.8	9.2
科教支出	%	29.3	30.9
农林水支出	%	11.2	12.4
城乡社区事务支出	%	2.9	3.1

六大产业生产情况

单位：万元

产业名称	总产值		增加值	
	2013 年	增长%	2013 年	增长%
矿产品	1272000	15.4	264772	14.3
家具	1525000	29.8	315136	21.5
服装	154000	11.2	35586	5.2
食品	60500	40.7	12822	26.9
电子信息	189000	16	42783	14.6
精细化工	60800	12.6	13960	8.5
合计	3261300	21.9	685059	17.1

八大产业税收情况

单位:万元

产业	2013年			2012年			增长%
	合计	国税	地税	合计	国税	地税	
矿产品	16352	14724	1628	18957	16986	1971	-13.7
家具	3977	3039	938	2215	1378	837	79.5
服装	421	324	97	173	106	67	143.4
食品	100	71	29	112	82	30	-10.7
电子	1259	1185	74	457	385	72	167.3
化工	912	751	161	1213	1057	156	-24.8
商贸物流	6459	5248	1211	15350	13699	1651	-57.9
饮食娱乐	782		782	1021		1021	-23.4
合计	30262	25342	4920	39498	33693	5805	-23.4

工业总产值和规模以上工业增加值

指标	单位	2013年	2012年	增减%
全社会工业总产值	万元	3367253	2866149	17.5
#规模以上工业总产值	万元	2296235	1878228	22.3
#市属国有	万元	66848	59198	12.9
2000万元以上非国有	万元	2229387	1819030	22.6
规模以上工业增加值	万元	560601	513541	12.7

规模以上工业企业主要经济指标

指标	单位	2013年	2012年	增减%
企业单位数	个	112	82	36.6
#:亏损企业	个	3	5	
产成品	万元	90753	42759	112.2
资产总计	万元	1010024	580871	73.9
负债合计	万元	505520	275133	83.7
主营业务收入	万元	2254096	1653233	36.3
主营业务税金及附加	万元	9142	4724	93.5
利润总额	万元	164064	120851	35.8
亏损企业亏损总额	万元	1886	216	773.1
利税总额	万元	253549	178174	42.3
从业人员年平均人数	万元	25548	19121	33.6

乡村基本情况

指　　标	单位	2013 年	2012 年
乡村总户数	户	178478	176524
乡村总人口	人	717384	712315
乡村从业人数	人	375496	368978
(1)男	人	184837	182267
(2)女	人	190659	186711
其中:农业从业人员	人	168020	170108
外出(离乡)的从业人员	人	165796	172131
#出省的	人	103189	106624
自来水受益的村	个	93	92
通汽车的村	个	278	278
通电话的村	个	278	278
通电的村	个	278	278
通有线电视的村	个	245	233

乡村劳动力情况

单位:人

乡镇街道	劳动力资源总数(人)	乡镇街道	劳动力资源总数
南康市	434834	横寨乡	10863
蓉江办	24683	朱坊乡	23858
东山办	31480	太窝乡	12239
唐江镇	58025	三江乡	16954
凤岗镇	24547	龙华乡	26812
龙岭镇	22990	十八塘乡	19638
龙回镇	23664	麻双乡	15020
镜坝镇	26608	大坪乡	14012
横市镇	12489	坪市乡	12531
浮石乡	15715	隆木乡	14410
赤土畲族乡	23366	南水	4930

农业总产值

单位:万元

指标	2013 年	2012 年	增长%
农业总产值	342034	321763	6.3
农业产值	103520	113719	–9.0
林业产值	6350	8830	–28.1
牧业产值	192425	161779	18.9
渔业产值	37007	35463	4.4

(续上表)

指标	2013 年	2012 年	增长%
农林牧渔服务业产值	2732	1972	38.5

农业用地情况

单位:亩

指标	2013 年	2012 年	增长%
1.耕地	387454	389959	-0.6
2.园地	85252	88623	-3.8
3.林地	1366487	1336449	2.2
4.草地	1869	1995	-6.3
5.设施农业用地	26464	25334	4.5

主要农作物面积和产量

指标	播种面积(亩)	播面单产(公斤)	总产量(吨)
农作物总面积	1308255		
一.粮食作物	613629	388	238358
(一)谷物	579421	400	231539
1、稻谷	578641	400	231407
(1)早稻	264570	395	104525
(2)中稻及一晚	14081	446	6286
(3)二季晚稻	299990	402	120596
2.杂谷			
(二)豆类	16097	94	1515
1.大豆	5292	121	641
2.绿豆	1415	97	137
3.蚕、豌豆	9390	78	737
(三)薯类	18111	293	5304
二、油料作物	391344		35037
1.花生	88062	199	17552
2.油菜子	86567	201	17443
3.芝麻	685	61	42
四、麻类	120	417	50
其中:黄红麻	120	417	50
苎麻			
五、甘蔗	130	4200	546
六、烟叶类	410	112	46
1.烤烟			

（续上表）

指标	播种面积(亩)	播面单产(公斤)	总产量(吨)
2.晒烟	410	112	46
七、药材类			
八、蔬菜、瓜类	171886		243226
1.蔬菜类(含菜用瓜)	163518	1411	230676
2.瓜果类	8368	1500	12550
九、其他农作物	130736		
1.席草			
2.荸荠	1930		
3.红瓜子	1128		
4.莲子			
5.青饲料	15253		
6.绿肥	110140		
7.其他	2285		

茶、果生产情况

指标	单位	2013 年	2012 年	增长%
茶园总面积	亩	829	825	0.5
茶叶总产量	吨	30	29	3.4
果园总面积	亩	139486	132975	4.9
水果总产量	吨	61941	53453	15.9
#:柑桔类	吨	57031	48504	17.6
#:甜柚	吨	29929	24861	20.4

牧渔业生产情况

指　标	单位	2013 年	2012 年	增长%
一、生猪存栏	万头	46	45.5	1.1
生猪出栏	万头	79.1	78.1	1.3
二、牛存栏	万头	4.9	4.8	2.1
耕牛出栏	万头	2.11	2.07	1.9
三、年末养蜂	万箱	1.02	0.99	3.0
蜂蜜产量	吨	215	211	1.9
四、家禽存笼	万羽	387	383	1.0
家禽出笼	万羽	577	575	0.3
禽蛋产量	万吨	0.76	0.74	2.7
五、肉类总产量	万吨	7.24	7.12	1.7
六、水产品产量	万吨	2.17	2.07	4.8

主要农业机械拥有量

指标	单位	2013 年	2012 年	增长%
拖拉机	台	811	1408	-42.4
耕整机	台	5756	5777	-0.4
机引犁	台	2266	6	376.67
旋耕机	台	807	1408	-42.7
排灌动力机械	台	16183	16346	-1.0
农用水泵	台	16183	17630	-8.2
机动喷雾机	台	651	648	0.5
联合收割机	台	226	247	-8.5
机动脱粒机	台	19649	20468	-4.0
农用运输车	辆	2289	2245	2.0

固定资产投资(一)

单位:万元

指　标	2013 年	2012 年	增减%
500 万元以上固定资产投资	1000204	776556	28.8
#:城镇以上投资	644968	553943	16.4
农村非农户投资	234782	222613	5.5
#:第一产业	29640	31186	-5.0
工业	476091	303679	56.8
第三产业	494473	446300	10.8
#:房地产开发投资	230233	196465	17.2
总投资中:#:国有投资	348747	343761	1.5
非国有投资	651457	432795	50.5
#:民间投资	651457	432795	50.5
本年新增固定资产	731553	557220	31.3

固定资产投资(二)

指标	单位	2013 年	2012 年	增减%
本年施工房屋面积	平方米	4907411	4863907	0.9
其中:住宅	平方米	2169013	1691462	28.2
本年竣工房屋面积	平方米	782648	96569	710.5
其中:住宅	平方米	276171	75769	264.5
商品房施工面积	平方米	3073000	2367144	29.8
其中:住宅	平方米	1531891	1211536	26.4
商品房竣工面积	平方米	782648	96569	710.5
商品房销售面积	平方米	657916	504557	30.4
商品房销售额	万元	387913	290547	33.5

社会消费品零售总额

单位:万元

指标	2013 年	2012 年	增减%
社会消费品零售总额	281598	247159	13.9
一、按销售单位所在地分组			
1.城镇	231970	203513	14.0
2.乡村	49628	43647	13.7
二、按行业分组			
1.批发业	94006	82692	13.7
2.零售业	144466	125893	14.8
3.餐饮住宿业	43126	38574	11.8

金融机构信贷收支

单位:万元

指标	2013 年	比年初增减额
各项存款年末余额	2230359	460810
#:单位存款	682017	210230
城乡居民储蓄存款	1505822	224711
各项贷款年末余额	1399545	350288
#:短期贷款	706173	194712
个人贷款及透支	465035	146102
单位贷款及透支	228638	67009
#:经营贷款	228638	67009
贸易融资	11500	-17700
#:中长期贷款	685804	154092
#:个人中长期消费贷款	400002	100568
固定资产贷款	141053	34108

财政收支

单位:万元

指　　标	2013 年	2012 年	增减%
财政总收入	184020	150029	22.7
#:工商税收	103772	92423	12.3
农业四税	25541	17644	44.8
企业所得税	27985	14946	87.2
专项收入	6239	5850	6.6
其他收入	20482	19165	6.9
公共财政预算收入	135126	109529	23.4
地方财政一般预算支出	336784	300009	12.3
一般公共服务支出	33067	27550	20.0

(续上表)

指　标	2013 年	2012 年	增减%
教育支出	98470	92452	6.5
科学技术支出	352	315	11.7
城乡社区事务支出	9623	9296	3.5
农林水支出	37824	37141	1.8

教育、卫生、邮电

指标	单位	2013 年	2012 年	增减%
普通中学:学校数	所	41	41	0
在校学生	人	55071	52357	5.2
专任教师	人	2913	2846	2.4
小　学:学校数	所	304	304	0.0
在校学生	人	87953	86347	1.9
专任教师	人	3752	3830	−2.0
卫生机构数	个	871	856	1.8
病床数	张	2722	2362	15.2
卫生技术人员	人	3711	3519	5.5
#医生	人	1407	1275	10.4
电话年末到达户数	部	112178	100700	11.4
#农村电话	部	55996	50700	10.4
年末移动电话用户	部	657862	579104	13.6

在岗职工人数与工资

指　标	单位	2013 年	2012 年	增减%
1.年末在岗职工人数	人	28833	27844	3.6
#:国有经济单位	人	18102	16497	9.7
城镇集体经济单位	人	1136	1175	−3.3
其他经济类型单位	人	9595	10178	−5.7
2.在岗职工工资总额	千元	1113061	887827	25.4
#:国有经济单位	千元	752635	565069	33.2
城镇集体经济单位	千元	55285	36255	52.5
其他经济类型单位	千元	305141	286503	6.5
3.在岗职工年平均工资	元	38578	32376	19.2
#:国有经济单位	元	41816	34898	19.8
城镇集体经济单位	元	48572	33231	46.2
其他经济类型单位	元	31396	28258	11.1

国有单位在岗职工人数与工资

指标	年末人数(人)	年平均人数(人)	工资总额(千元)	年平均工资(元)
合计	18102	17999	752635	41815
# 市及市以下	16013	15929	611038	38360
1.企业	2567	2506	160132	63899
2.事业	11265	11244	420367	37386
3.机关	4270	4249	172136	40512

农村住户调查

指标	单位	2013 年	2012 年	增减%
调查户数	户	73	70	4.3
常住人口	人/户	291	279	4.3
整半劳力	人/户	177	196	-9.7
劳动力负担人口	人/劳动力		1.42	
生产性固定资产原值	户/元	1531	657.31	132.9
住房面积	平方米/人	47	45.8	2.6
#:砖木结构面积	平方米/人	30	13.17	127.8
钢筋混泥土结构面积	平方米/人	15	28.56	-47.5
全年纯收入	元/人	6755	5728	17.9
(一)工资性收入	元/人	4564.4	3695.31	23.5
(二)家庭经营纯收入	元/人	1499	1417.7	5.7
1.第一产业纯收入	元/人	969	910.1	6.5
2.第二产业纯收入	元/人	62	55.68	11.4
3.第三产业纯收入	元/人	468	451.92	3.6
(三)财产性纯收入	元/人	35.6	33.49	6.3
(四)转移性纯收入	元/人	656	581.73	12.8
二.总支出	元/人	6235	6327	-1.5
(一)家庭经营费用支出	元/人	223	567.98	-60.7
(二)购置生产性固定资产支出	元/人	38	26.81	41.7
(三)税费支出	元/人	5	4.34	15.2
(四)生活消费支出	元/人	5739	5039.8	13.9
1.食品	元/人	2968	2222.31	33.6
2.衣着消费支出	元/人	223	195.65	14.0
3.居住消费支出	元/人	916	1062.48	-13.8
4.家庭设备.用品消费支出	元/人	547	369.81	47.9
5.交通和通讯消费支出	元/人	475	418.93	13.4
6.文化教育.娱乐消费支出	元/人	258	222.28	16.1
7.医疗保健消费支出	元/人	260	432.46	-39.9
8.其他商品和服务消费支出	元/人	96	115.88	-17.2

(续上表)

指标	单位	2013 年	2012 年	增减%
(五)财产性支出	元/人	10	8	25.0
(六)转移性支出	元/人	220	688.14	-68.0

对外贸易招商引资及个体私营企业情况

指标	单位	2013 年	2012 年	增减%
1.对外贸易				
进出口总额	万美元	11392	8833	29.0
#进口	万美元	938	1052	-10.8
出口	万美元	10454	7781	34.4
2.外商直接投资				
签约项目	个	6	11	-45.5
签约资金	万美元	9164	10242	-10.5
实际使用外资	万美元	9182	8338	10.1
3.对外经济合作				
签约项目	个	11	9	22.2
合同引资	万元	336400	261900	28.4
实际进资	万元	276500	232900	18.7
4.个体私营				
个体私营企业户数	户	31334	26467	18.4
#私营企业	户	2151	1690	27.3
个体私营企业从业人员	人	255131	227778	12.0
#私营企业	人	61723	53539	15.3
注册资金	万元	1168220	928220	25.9
#私营企业	万元	508704	410775	23.8

备注:内资项目指5000万以上项目。

2013 年 12 月 20 日，全市加快产业转型升级推进工业强市工作调度会在市政大楼召开。

索 引

说明

1.本索引采用主题分析法编制,主题词按汉语拼音字母顺序排列。

2.篇目未作索引,分目采用黑体字,条目采用宋体字,表格采用楷体字。

3.主题词后面的数字表示内容所在页码,数字后的a、b分别表示页码的左、右栏。

Y